财经法治

《破产法文库》编审委员会

总 序

《中共中央关于全面深化改革若干重大问题的决定》指出:"健全优胜劣汰市场化退出机制,完善企业破产制度。"《中共中央关于全面推进依法治国若干重大问题的决定》指出:"社会主义市场经济本质上是法治经济。使市场在资源配置中起决定性作用和更好发挥政府作用,必须以保护产权、维护契约、统一市场、平等交换、公平竞争、有效监管为基本导向,完善社会主义市场经济法律制度。"破产法是市场经济法律体系的核心制度,亦被称为市场经济之"宪法"。市场经济社会的基本法则乃公平竞争、优胜劣汰。故凡市场经济之法治国家,无不将破产法视为其法律体系不可或缺之重要组成部分,乃至作为衡量市场经济法制完善程度之标志。

新中国破产法的历史虽然短暂,但也已蹒跚走过30个春秋,即便是《中华人民共和国企业破产法》亦已颁布逾10载。然而,1986年第六届全国人大常委会在彭真委员长主持下审议《企业破产法(试行)》时激烈争辩之声至今仍回荡耳畔、恍如昨日。由于中国的破产文化理念尚不健全,所以,破产就是"死亡"、破产就是"耻辱"这些社会观念依然存在于今日中国,有待改变。

现代破产法,包括破产清算、和解和重整3套程序且可依法转换。破产法是警醒正常市场主体"向死而生"之法,是帮助困境企业"涅槃重生"之法,是促使失败企业、“僵尸企业”规范退出之法。破产审判之市场化、法治化、常态化,是市场经济可持续发展之保障,所以市场经济之发展注定离不开破产法学研究之繁荣。

中国人民大学破产法研究中心和北京市破产法学会自成立以来,始终坚持学术为本、理论联系实际和以问题为导向的研究理念,不遗余力创办“中国破产法论坛”及其专题研讨会等权威交流平台,多年连续编辑出版《破产法论坛》《破产法动态》等书刊,凝聚了中国破产法理论与实务界顶尖研究力量,致力于破产法治事业之发展与进步,赢得了破产法同仁之赞誉与支持,实属难能可贵。

为进一步整合中国破产法理论界与实务界的研究力量,经与时任浙江省高级人民法院民二庭章恒筑庭长、中国人民大学破产法研究中心郑志斌副主任、中国人民大学法学院徐阳光副教授、法律出版社财经分社沈小英社长商议,中国人民大学破产法研究中心、北京市破产法学会决定联合法律出版社创办“破产法文库”,面向国内外同仁开放。“破产法文库”设置五个系列,其中,“学术系列”希冀囊括中国学界高水准之破产法专著;“译著系列”拟推介域外之经典破产法文献与法典;“论坛系列”继续推出“中国破产法论坛”及其专题研讨会之优秀论文;“实务系列”侧重出版破产法实务经验总结之佳作;“茶座系列”则旨在分享破产法同仁从事理论研究与实务工作之心得体会与趣闻逸事。

“破产法为一重要之法律,然学者研究之者,远不如研究民刑之法之夥;良以向者适用较少,兴趣遂减。”民国时期法学家吴传颐先生数十年前之感仍让今人有好似现实写照之叹。破产法是一个综合性法学领域,破产法事业是我们共同的事业。愿“破产法文库”之创办能够团结更多法学同仁关注和研究破产法理论与实践之重点难点问题,并将自己高水平的研究成果收入文库出版,共同推动中国破产法学术之繁荣、立法之完善与司法之进步。

是为序!

王欣新

2016年7月16日

序 言

近年来，国家愈加重视破产法对市场经济的社会调整作用，并出台了很多重要文件，不断促进破产法立法与实施的健全与完善，全国各地的破产法学术活动也愈加繁荣。

2015年中央经济工作会议公报强调指出："积极稳妥化解产能过剩。要按照企业主体、政府推动、市场引导、依法处置的办法，研究制定全面配套的政策体系，因地制宜、分类有序处置，妥善处理保持社会稳定和推进结构性改革的关系。要依法为实施市场化破产程序创造条件，加快破产清算案件审理……要尽可能多兼并重组、少破产清算，做好职工安置工作。"全国各地各级政府部门、人民法院积极贯彻落实中央经济工作会议的精神，加快推进破产案件的审理，并通过制度规范、人才队伍建设、府院联动机制等方式，探索破产案件处理的市场化、法治化、常态化路径。

2016年6月21日最高人民法院发布了《关于在中级人民法院设立清算与破产审判庭的工作方案》（法〔2016〕209号），要求直辖市应当至少明确一个中级人民法院设立清算与破产审判庭，省会城市、副省级城市所在地中级人民法院应当设立清算与破产审判庭。其他中级人民法院是否设立清算与破产审判庭，由各省（区、市）高级人民法院会同省级机构编制部门，综合考虑经济社会发展水平、清算与破产案件数量、审判专业力量、破产管理人数量等因素,统筹安排。这是最高人民法院贯彻落实中央关于推进供给侧结构性改革的决策部署和习近平总书记关于供给侧结构性改革的一系列重要指示精神的重要举措,旨在充分发挥人民法院审判职能作用,为实施市场化破产程序创造条件,加快公司强制清算与企业破产案件审理工作。2016 年 8 月 8 日广东省高级人民法院破产审判庭(执行裁判庭)成立,这是全国首家省级层面的破产审判庭。

2016 年 8 月 1 日最高人民法院正式开通运行全国企业破产重整案件信息网,并发布了《关于企业破产案件信息公开的规定(试行)》《企业破产案件破产管理人工作平台使用办法(试行)》《企业破产案件法官工作平台使用办法(试行)》等配套的规范性文件。全国企业破产重整案件信息网由全国企业破产重整案件信息互联网、企业破产案件法官工作平台、破产管理人工作平台三部分组成。信息网通过"破产案件全覆盖、利益主体全覆盖、法律流程全覆盖",将债权人、债务人企业、市场投资者、其他利害关系人以及人民法院紧密联系在一起,既可以实现企业破产程序的高效便捷启动,又有利于落实破产案件各环节正当法律程序,实现依法公平保护。

在破产法的实施由春天转入盛夏之际,2016 年 8 月 13 ~ 14 日,第七届中国破产法论坛在北京成功举办,这是贯彻落实中央供给侧结构性改革政策精神和最高人民法院破产审判的工作部署,推动全国破产法理论界与实务界广发而深入的交流,推动破产法学术繁荣和立法进步的一次重要的年度盛会。本届论坛由中国人民大学法学院、中国人民大学破产法研究中心、北京市破产法学会共同主办,北京市炜衡律师事务所、北京大成律师事务所、北京市金杜律师事务所、北京市中伦律师事务所、山东华信清算重组集团有限公司、江苏新天伦律师事务所协办,时任最高人民法院审委会专职委员杜万华发表书面主旨演讲。中国破产法论坛组委会主任、中国人民大学破产法研究中心主任、北京市破产法学会会长王欣新教授,中国人民大学常务副校长、中国民法学研究会会长王利明教授,北京市法学会党组书记、常务副会长苗林同志,中国人民大学法学院党委书记兼副院长林嘉教授先后在开幕式致辞。最高人民法院信息中心副主任钱晓晨、最高人民法院民二庭副庭长付金联、国家工商行政管理总局企业监管局副局长洪丹,国家工商行政管理总局中国消费者报社副总编周卫军,北京市委政法委副书记鲁为,时任北京市第一中级人民法院党组书记、院长吉罗洪,吉林省高级人民法院副院长吕洪民，辽宁省高级人民法院审委会专职委员杨悦等领导应邀出席本届论坛。

本届论坛共吸引了来自全国28个省、自治区、直辖市的750余位专家学者与会交流，会议主题包括“僵尸企业”处置与破产法实施、企业挽救制度、关联企业合并破产制度、破产法其他问题4个议题，近百位嘉宾在论坛上发表演讲或者担任主持人和评议人。论坛组委会共收到了200余篇参会论文，会后根据文章的主题、质量进行遴选，最终有64篇论文收入本书出版。同时，为了让更多未能参会的专家学者能够了解到会议研讨的情况，秘书处根据现场文字速录稿进行删减定稿，全文收入本书出版，以飨读者，但需要说明的是，文字实录稿并未逐一征得发言人本人的确认，特此说明。

我们由衷感谢北京大成律师事务所对本书出版工作的大力支持，感谢法律出版社财经分社社长、编审沈小英老师及其团队成员的辛勤付出，感谢中国人民大学破产法研究中心、北京市破产法学会秘书处范志勇、朱琳薇同学在协助主编统稿、定稿方面做出的努力。在书籍编辑出版过程中也难免错误不当之处，恳请各位作者和读者批评指正。

中国破产法论坛是中国人民大学破产法研究中心、北京市破产法学会联合有关单位共同创办的破产法领域的学术交流平台，得到了最高人民法院、国务院有关部委、全国高校科研系统以及国内外专家学者的大力支持。我们一直秉承开放、共享的理念，持续深入开展有关破产法的各类学术活动，凝聚全国破产法同仁的思想和智慧，并将研究成果及时总结提炼，形成专项调研报告递交中央有关部门，作为国家破产立法和司法工作决策的重要参考。

我们愿意继续和国内外破产法理论界与实务界的专家学者携手合作，推动破产立法的进步，为实现破产审判的市场化、法治化、常态化目标而共同努力。

王欣新　郑志斌

2018年9月20日

目　录

一、"僵尸企业"处置与破产审判

二、企业挽救制度

三、破产管理人制度

四、关联企业破产问题

五、破产债权与清偿顺位

六、公司清算及其他破产法问题

七、第七届中国破产法论坛文字实录

一、“僵尸企业”处置与破产审判

“僵尸企业”司法甄别与破产清算的市场出清功能

——从“执破衔接”快速退出的市场“清道夫”视角

徐根才*

2015年12月中央经济工作会议把“去产能”列为2016年五大结构性改革任务之首，要把积极稳妥处置“僵尸企业”作为化解产能过剩的“牛鼻子”。如何“去产能”？中央强调，要依法为市场化破产程序创造条件，加快破产清算案件审理。2016年1月中央政法工作会议再次提出，要加强企业破产案件审理，依法处理“僵尸企业”。何为“僵尸企业”？只有明确其概念、内涵，才能作实质性的把握。也只有分析其危害，才能坚定去处置的信心，只有弄清处置“僵尸企业”与“去产能”关系，才能够领会抓住“牛鼻子”意义。然而，中央也强调要用法治思维、法治方式解决矛盾和问题。那么，无论从实践出发，还是逻辑的必然，处置“僵尸企业”的法律手段应当运用破产清算程序，达到市场出清，毫无疑问这是主要途径。使不符合市场需要的主体退出市场，才能满足“去产

* 浙江省江山市人民法院副院长，中国人民大学破产法研究中心兼职研究员。

能”的要求,达到市场健康、平衡、自洽。尽管政府在处置“僵尸企业”的作用不可缺位,但破产法在其中具有不可或缺的重要地位,处置“僵尸企业”是中国破产法面临的一项历史任务。本文重点探讨的是司法如何甄别“僵尸企业”,如何运用破产清算程序保证“僵尸企业”市场出清,助力“去产能”。这是当前司法服务于供给侧结构改革一项重要举措。

一、何为“僵尸企业”

“僵尸企业”是美国经济学家提出的概念。指的是那些无望恢复生气,但由于获得放贷者或政府的支持而免于倒闭的负债企业。在法学领域,没有“僵尸企业”的概念,只有困境企业概念。这种困境状态,法律上称为“无力偿债”。然而,尽管“僵尸企业”这一概念难以成为一个严谨的法律概念,但在其已经约定俗成、广泛使用并实际延伸到法律领域,乃至需要运用法律手段处置“僵尸企业”时,就不得不从法律的角度对其加以适当的界定了。①

“僵尸企业”这个概念从全国层面来看,较为明确地指向钢铁、煤炭等产能过剩的央企和大型国企。2015 年年底国家发改委办公厅和工信部办公厅联合发文对特困企业开展摸底调查时把符合下列 4 个条件之一的特困企业作为“僵尸企业”:一是生产经营困难造成停产半年以上或半停产 1 年以上;二是资产负债率超过 85% 且连续亏损 3 年及以上;三是主要靠政府补贴或银行续贷等方式维持生产经营;四是长期欠薪、欠税、欠息、欠费。笔者认为,这个概念是从限缩的角度来阐述的。

针对浙江民营企业居多,要勉强界定“僵尸企业”,只能是从广义的概念扩张上来理解。根据浙江省经信委摸排的情况来看,各地上报的符合条件的“僵尸企业”,主要集中在民营企业和过剩产业,企业享受的政府补贴很少,长期“四欠”的企业也不多。浙江“僵尸企业”成因大致有三种情况:一类因为“资金链”“担保链”处理不及时而变得不死不活、停在那里的企业;另一类因为把制造企业当融资平台,以现有土地、厂房、设备作为融资平台以获得银行贷款,而贷来的款不投入实业,而是投入房地产、资本投资等。为了持续获得贷款,这样的企业即便亏

① 参见王欣新:《僵尸企业治理与破产法实施》,载《人民司法(应用)》2016 年第 13 期。

损生产也不会停。还有一类企业是趁前几年工业用地便宜跑马圈地，靠土地抵押转让赚钱。他们看准的是土地增值，而不是做实业。① 若要按“僵尸企业”的概念强调之，浙江省乃至长三角区域的所谓“僵尸企业”则是广义上来说的，是指在市场经济中陷入困境的企业，需要得到破产司法救济的企业。

这样的探讨，民营企业为主的南方和国企占多的北方，对“僵尸企业”的定义是有所不同的。但抽象、本质地看，“僵尸企业”应是不从市场出清，会妨碍市场健康发展，不利信用体系建设；从现阶段来看，“僵尸企业”是指那些阻碍“去产能”，没有市场前景已丧失市场自我生存能力的企业。这就有了从法律上对其加以适当界定的可能。笔者认为，法律人要做的是认定其法律上应该是什么，司法要将“僵尸企业”处置，所依据只能是具备了《企业破产法》规定的破产原因（我国《企业破产法》第2条）的企业。

二、“僵尸企业”与“去产能”关系

“僵尸企业”不仅因地域和企业的类型不同而有含义上的区别，而且在经济政策上和法律上也有区别。“僵尸企业”是在中央提出“去产能”的大背景下提出的，在此语境下，只有厘清“僵尸企业”与“去产能”的关系，才能界定什么是“僵尸企业”。处置了真正的“僵尸企业”，才能达到“去产能”、服务“供给侧结构改革”的目的。

作为“去产能”过程中的“牛鼻子”工程，清退“僵尸企业”的工作任务是不能回避的。“僵尸企业”的存在制约了新兴企业崛起，使创新动力逐渐丧失，经济增长陷入停滞，严重阻碍生产率提高。企业、行业和宏观经济就像3个互相联动的齿轮。只有企业充满活力，行业才能蒸蒸日上；只有行业蒸蒸日上，经济发展才能大展宏图。然而，“僵尸企业”就像锈掉的齿轮，无法顺畅地转动。一旦企业的齿轮被卡住，宏观经济的齿轮也终将停止转动。

一般而言，行业的产能水平需要与市场需求相匹配。市场需求减少意味着落后产能首先被淘汰，随着落后企业不断倒闭，落后产能逐渐减少，直到行业产能与市场需求再次匹配为止。“僵尸企业”的存在会打断去产能过程，它们在市

① 参见夏丹：《去产能，我省有什么高招》，载《浙江日报》2016年1月18日，第3版。

场需求减少时没有被淘汰,客观上加剧了产能过剩。这部分多余产能并不是因经营需要而出现的,而是因为"僵尸企业"阻碍了行业去产能的过程。

当行业不景气时,产能过剩加剧,产品价格连连下跌,企业承受着更大的经营压力,甚至有可能出现全行业亏损。"僵尸企业"之所以能够挤垮好的企业,是因为它们更能承受亏损。好企业不断退出,银行的优质客户逐渐减少,银行只能把更多的钱投向"僵尸企业",造成的终极危害是劣胜优汰。

如果描述这个恶性循环的形成过程,即"僵尸企业"拿到钱—好的企业被淘汰—银行没有好的项目—"僵尸企业"拿到更多的钱。最终,"僵尸企业"大行其道,银行反而成了"僵尸企业"的附庸,银行成了"僵尸银行"。整个经济一蹶不振,陷入长期衰退。①

加快"僵尸企业"出清步伐,可以纠正信用定价体系扭曲,缓解汇市压力和防范系统性金融风险,有利于创造良好融资环境和创新创业的条件,可以进一步解放出信贷资源和人力等要素,更好地发挥市场机制的优胜劣汰功能,促进经济转型升级。②

所以,"去产能"的对象是"僵尸企业",处置"僵尸企业"是"去产能"所要达到的目的。

三、如何处置"僵尸企业"来"去产能"

如何处置"僵尸企业"?从宏观来讲,应抓住重点、分类化解、精准施策、协调推进。从具体方法来讲,有诸如并购重组、托管经营、扶持发展、破产退出。但处置"僵尸企业"特别是大型企业往往会面临阻力:一是会造成大量职工下岗,如果社会不能给这些下岗职工提供失业后的生活保障、妥善安置他们再就业,可能会影响社会稳定;二是银行为维持好看的"报表"不影响考核,坏账问题不暴露,银行会想方设法使企业能够按期偿还贷款利息。

下岗职工的生活保障和安置,银行呆账核销都需要钱,钱从哪里来、人到哪

① 参见《"活不起"也"死不得"谁是"僵尸企业"的保护伞?》,载新华每日电讯网:pit.ifeng.com,最后访问日期:2016年5月29日。

② 参见清华大学国家金融研究院联合中国政法大学破产法与企业重组研究中心课题组:《加强破产法实施、依法促进市场出清》,载"破产法快讯"微信公众号,最后访问日期:2016年5月30日。

里去,处置“僵尸企业”,司法不能无所作为,但政府不能缺位。政府除了让市场看不见的手起作用外,还要通过看得见的手,制定相关的政策,从宏观上界定哪些属于“僵尸企业”,通过税收、用工、信贷等政策措施,让“僵尸企业”露形,逼其退出。同时,对退出市场企业的一些资源、资产的重新配置,制定具体的政策,便利变价出售、鼓励重组利用,使其在市场上有效配置,合理使用。对下岗的工人制定重新就业的政策和具体的分流措施,对一些暂时不能就业的工人除了在生活上给予保障外,要通过就业培训,增加就业的机会。

市场经济是法治经济,市场主体的进入需要以法治方式,市场的退出,也要用法治思维来考虑,用法治手段来保证依法退出。因此,运用市场化的手段,依法规范运用破产法来处置“僵尸企业”,对具有挽救可能的企业,较好用和解或重整程序,使企业再生,适应市场的需要;对无挽救可能的企业,要通过破产清算程序,使企业尽快退出、市场出清。通过破产程序使可以重生的得以重生,无法重生的发挥“清道夫”功能,把“僵尸”和“死亡”企业出清,保证市场主体健康、活跃,经济良性发展。

四、处置“僵尸企业”的司法途径

从前面的分析来看,“僵尸企业”并没有十分精准的定义,也没有明确的构成要件来界定。但“僵尸企业”对经济的危害是严重的,“去产能”中也是必清理的,这是共识。

本文不讨论政府如何从宏观上的把握,运用行政手段处置国有大型重点的“僵尸企业”,而是单从司法的视角,即依照企业破产法运用破产审判功能如何去除“僵尸企业”。笔者认为,只有司法程序能常态化地受理破产案件,辅之以“阶段性的行政手段”处理一些“僵尸企业”,企业病了能“就医”,死亡了能“入土为安”,“僵尸企业”才能从市场出清。

长远和常态化地看,也只有破产程序才是“僵尸企业”合格筛选者、精准判别者。因为,破产程序的识别有两台最先进的“仪器”:一是市场机制;二是企业破产法。

市场经济的基本规律是自由竞争,竞争的结果必然是优胜劣汰、适者生存。在市场竞争中当一个市场主体败下阵来,企业陷入财务困境,丧失了清偿能力,或者简单地说,当债务人的财产不足以对所有债权人进行清偿时,就符合了破产原因。如果债务人自己意识到自己的"病",主动去法院这一"生病企业医院"寻求破产法的保护,或许还可以经过破产程序的挽救,使企业再建重生;如无挽救可能的,也就不可能成为"僵尸企业"残喘下去,因为破产清算程序能使其及时退出市场,起到"清道夫"作用。至于债权人或者其他法律规定的"人",送去"生病企业医院",也能达到同样的结果。这是正常市场规律下法治的理想状态,此时"僵尸企业"几乎没有存在的空间。

现在要讨论的问题是,有病硬撑着本应断气的却"被某种巫术复活的尸体"——"僵尸企业"。虽然没有明确的界定,但借用托尔斯泰的一句话:"幸福的家庭都相似的,不幸的家庭各有各的不幸。"[①]笔者认为,基本的特征至少有这种明显的症状:无望恢复生气,也不仅断气的背负着无力偿还债务的企业。除了这些相似的症状,不幸的"僵尸企业"各有各的病症。这造成诊断难,各家有各家的说法。

对自己不主动"就医",也无他人送去"就医"的"僵尸企业"。笔者发现有一种犹如神医能精准号脉的发现并处置"僵尸企业"的方法——"执破衔接"。这是目前能实现"僵尸企业"市场出清的最精准办法。

所谓"僵尸企业",姑且把它作为一个约定俗成的概念。在此语境下理解"僵尸企业"是妨碍"去产能"而必须处置的企业。市场经济的企业竞争优胜劣汰,竞争结果是劣势企业的市场退出。但也有老死不退出的,既无法兼并重组,又不申请破产清算,被形象成为"僵尸企业"。这只"看不见的手"推出的,其实若要更准确形象地定义应是"企业尸"。这样的定义,是区别于"那些丧失市场自我生存能力,但因获得政府补贴或银行不当续贷等非市场化措施支持而免于倒闭的负债企业,即必须依赖非市场因素这一巫术生存的企业"。[②]"看得见的手"抱出"僵尸企业",政府在改革的顶层设计时予以考虑并加以处置,当为更合适。

对于市场这只"看不见的手"推出的"僵尸企业",在市场经济的汪洋大海中如何识别,如何处置的问题,笔者认为,当下最管用的是"执破衔接"。唯有在执行程序中发现多个申请执行人,而作为被执行人的企业法人符合《企业破产法》第2条第1款规定的情形的企业,因在执行程序经过执行财产调查、强制措施等

① [俄]列夫·托尔斯泰:《安娜·卡列尼娜》(第一部),周扬译,人民文学出版社1956年版,第2页。

② 王欣新:《僵尸企业治理与破产法实施》,载《人民司法(应用)》2016年第13期。

之后被认定为“僵尸企业”,十分精准。之后,从执行程序及时导入破产清算程序,可以实现快速退出。

五、“执破衔接”的市场出清

既已精准识得“僵尸企业”,“执破衔接”又是如何实现快速退出的?2015 年 2 月 4 日公布施行的最高人民法院《关于适用〈中华人民共和国民事诉讼法〉的解释》第 513 条规定:“在执行中,作为被执行的企业法人符合破产法第二条第一款规定情形的,执行法院经申请人之一或者被执行人同意,应当裁定中止对该被执行人的执行,将相关材料移送被执行人住所地人民法院。”本条司法解释即是在执行程序与破产程序之间建立链接。执行法院对债务人企业财产情况具有信息优势,经过执行程序的财产调查、采用相关执行措施,债务人企业仍不能向申请执行人清偿时,我们将这种情况称作“执行不能”。这种“执行不能”债务人企业具备了《企业破产法》规定的破产原因,在执行实践中更多地表现为:经人民法院强制执行,无法清偿债务;长期亏损且经营扭亏困难,有的“人去楼空”已无人管理财产。这些无不表明其是“僵尸企业”,甚至是“企业尸”。

该解释第 508 条规定,明确了参与分配的被执行人主体是“被执行人为公民或者其他组织”,被执行人的其他已经取得执行依据的债权人发现被执行人的财产不能清偿所有债权的,可以向人民法院申请参与分配。也就是排除了“被执行人是企业法人”适用参与分配制度。倒逼符合破产原因的被执行企业法人进入到破产程序。

有了制度的规定,实务中从执行程序转到破产程序。笔者认为,还是以申请启动为原则。至少执行法院在采取强制措施后仍不能清偿债务的,出现破产原因时,可以向债权人(申请执行人)或者债务人(被执行人)释明,促使债权人或者债务人主动提出破产申请。债务人不同意的,为了债权的公平清偿,法院执行部门向申请执行人(债权人)释明,取得其同意移送。在申请执行人中没有人同意的情况下,也可向在执行中发现的还没有取得执行依据的债权人通报相关情况,“倒逼”这些不能在执行分配中受偿的债权人申请破产。

“执破衔接”要解决好以下几个问题:一是执行程序导入破产程序,不管是本院执行与审判部门之间,还是执行法院和被执行人住所地法院,衔接要顺畅、配合要到位、受理要及时。二是执破产结合简易审、体现审理的快捷、高率。如执行中把生效法律文书确认的未履行的债权制成清册移送,管理人只要对债权人身份等再审查核实一下,就可以直接在债权表中作为确认的债权。三是对执行程序中已固化的成果,如评估、拍卖已进行的,破产程序可以吸收这一既有的成果,无须进行再评估;已经在执行程序中公告拍卖或准备就绪要进入拍卖的,破产程序中管理人认为执行程序继续下去,完成拍卖有利于破产程序和有利于债权人利益的,就可以请求执行程序继续下去,等完成管理人请求完成的事项结束时再中止执行程序。[①] 创造性地探索两个程序中能够吸收和归并的环节,节约司法资源,缩短审理期限。本文对此并不展开讨论,只是提示要解决好这些问题,才能更好、更快地处置“僵尸企业”,实现市场出清。

六、结　　语

总之,处置“僵尸企业”是特定时期的历史性任务,它不仅涉及法律,更涉及国家的宏观社会经济政策,而非单纯的法律问题。因此,对一些历史形成陷入财务困境的大型国有企业,符合“去产能”的“僵尸企业”,政府既要从宏观上作出规定,又要从微观上进行具体处置。因为涉及“钱从哪里来,人往哪里去”的大量社会问题,非司法所能信任,只是在处理中需要运用法律思维和法治的手段。“僵尸企业”市场主体也有责任主动退出市场,在自行清算不能时,债务人自己或债权人等主体向法院申请对“僵尸企业”破产。最后,是法院在执行程序中因执行不能发现符合破产原因的,应及时将这些“僵”与“尸”的企业,通过“执破衔接”,从执行程序中发现,导入破产清算程序,发挥破产清算程序的“清道夫”功能,实现市场出清。

因此,要下决心处置“僵尸企业”,完成“去产能”,顺利地达到供给侧结构改革的目标,还需国家有明确的政策,完善相关法律,政府、市场主体、司法各自的职责与义务要明确,各尽其职,做到相互配合、不越位。如此,方能使“僵尸企业”市场出清。

---

① 参见徐根才:《破产法实践指南》,法律出版社2016年版,第264页。

论诉讼程序中“僵尸企业”的甄别与处理

康临芳* 郝文婷**

关于执行程序与破产程序的衔接制度，最高人民法院《关于适用〈中华人民共和国民事诉讼法〉的解释》已有明确规定，该制度的落实亦已引起学界及司法实务界重视，如浙江省高级人民法院近期出台了具体的操作细则。然而，在执行中发现的可以适用破产程序处理的部分“僵尸企业”，在诉讼阶段早已存在，该部分企业涉及案件适用普通的诉讼、执行程序处理，是否存在理论及实践问题，在诉讼中及早发现并引入破产程序处理这些企业是否更为合适，是本文意图解决的问题。笔者希望借本文抛砖引玉，供大家批评指正。

一、问题的提出：没有争议的诉讼

（一）据以研究的案例

下面提出的三个案例，是司法实践中经常遇到的案件，通过对三个案例的分析追问，引出讨论的问题。

案例一：被告对债务存在无异议，但称无法清偿。具

---

* 北京市大兴区人民法院民四庭庭长。
** 北京市大兴区人民法院民二庭副庭长。

体案情为:甲公司以乙公司拖欠买卖合同的货款20万元1年未付为由,将乙公司诉至法院。乙公司到庭后,对拖欠货款20万元无异议,但称公司目前已经停业,无法清偿债务。法官认为,本案债权债务关系明确,双方当事人无争议,乙公司缺乏清偿能力,故组织双方当事人调解。乙公司称因公司已无财产,无法承诺清偿期限。甲公司亦知晓乙公司的经营状况,但为避免法院判决后乙公司为拖延时间而上诉,请求调解。考虑到调解可以减少工作量,而判决需要至少15日后(判决作出后,被告依法享有的上诉期)才能生效,法官从以下几个方面建议乙公司调解:(1)从法律角度来看,本案案情简单,裁判结果明显,调解和判决法律效力一样,而判决书一律在网上公开,影响公司信誉;(2)从现实角度来看,欠债不还,如果调解,双方当事人尚有回旋余地,判决则表明双方情分尽失,此后再无合作可能。最后,双方当事人达成协议,法院出具民事调解书对该协议确认,案件审结。调解书载明的付款期限届满后,乙公司未还款,甲公司向法院申请强制执行。法院受理后,经查乙公司早已停业,确无财产可供执行,执行案件长期未结。

案例二:被告下落不明,法院经公告后判决被告偿还欠款。丙公司以丁公司拖欠承揽合同加工费35万元为由,将丁公司诉至法院。法院经向丁公司的注册地及丙公司提供的丁公司的经营地址邮寄送达、现场送达,均无法向丁公司送达,因此告知丙公司通过公告方式送达。公告期届满后,法院缺席开庭审理并作出判决,后通过公告方式送达判决。判决生效后,丙公司向法院申请强制执行。法院受理后,经查丁公司无经营地点、无财产,法定代表人亦无法联系,执行案件长期未结。

案例三:已有针对被告的生效裁判无法执行,其他债权人以类似事由起诉要求偿还欠款。A公司系一家房地产公司,因经营不善自2010年起停止营业。2010年至2013年,数个债权人分别以建设工程合同、借款合同等事由将A公司诉至法院,证据中均有李某签字的结算单或欠款证明,A公司经合法传唤均未到庭应诉,法院无法有效联系到被告,故均依据证据认定债权债务关系成立。判决生效后,案件均因被告无财产可供执行而无法执结。2014年某债权人通过购买股权的方式控制A公司。同年,B公司以借款合同起诉A公司,证据为李某签字的借款及还款协议。A公司到庭应诉,以李某签字为虚假且无公司授权为由抗辩,并申请鉴定。经鉴定,B公司所持借款及还款协议李某签字为虚假,法院据此驳回 B 公司的诉讼请求。A 公司就此前李某签字的证据的案件均提出再审申请,请求对案件均进行重新审理。

(二)案例引发的思考

在上述三个案件中,被告在审判阶段已经不能清偿到期债务且明显无清偿能力,虽这些案件的审判及执行,看似从程序上保障了原告的权利,但原告的实体权利并未得到保障,法律对社会秩序的调整规范作用并未发挥,丧失清偿能力的被告亦未退出市场。而第三个案例,更提示了可能出现的虚假诉讼、恶意躲债的道德风险,以及可能出现的矛盾裁判、损害司法权威的法律风险。通过这些案例,以下几个问题值得思考。

1. 没有争议的纠纷是否应当适用诉讼程序审理

诉讼程序的设置初衷及适用范围问题,实质上是哪些通过法院解决的纠纷应当适用诉讼程序解决的问题。程序的选择决定了矛盾是否能够解决,是否能够达到预期的效果。

2. “僵尸企业”是否必须在执行不能时才进入破产程序

“僵尸企业”的甄别及破产原因的认定,实质是一个问题的两个方面。如果能够在审判阶段甄别并处理“僵尸企业”,使其及早进入破产程序,则能实现法律层面程序应用的正当选择和市场经济秩序层面的及时调整。

3. 法官是否可以依职权启动破产程序

破产程序的启动主体是否包含法院,实质是公权力在破产程序启动时的界限问题。若允许在审判阶段发现并处理“僵尸企业”,是否赋予法官启动权利,法官行使公权力的界限如何划定,则是必须慎重讨论的问题。

上述问题的解决,将为三个案例中出现的问题提供有效的解决途径,也是本文将着重讨论的问题。

二、问题的分析:发生错位的程序

(一)民事诉讼程序的越位

民事诉讼,“指民事争议的当事人向人民法院提出诉讼请求,人民法院在双方当事人和其他诉讼参与人的参加下,依法审理和裁判民事争议的程序和制度。"[①]民事诉讼程序的目的之一即为解决民事纠纷,无纠纷即无诉讼。而争议,是指主体之间围绕某一具体权益的行为对立或者意见分歧,若争议能够在法律框架内解决,则称为纠纷。[②] 因此,从理论上分析,能够适用民事诉讼程序解决的纠纷,在双方当事人之间必须存在行为对立或意见分歧。因与破产程序相关的诉讼仅涉及给付之诉,故本文仅讨论给付之诉。在给付之诉的诉讼中,作为一方当事人的被告具备给付能力,而由于法律上的原因拒绝给付,才存在对立的意思或行为,构成民事纠纷。若被告同意给付,但已丧失给付能力,则双方当事人就民事实体权利义务的认识一致,双方不存在实质的对立,因此并不构成纠纷。根据我国《民事诉讼法》第 119 条规定:"起诉必须符合下列条件:……(三)由具体的诉讼请求和事实、理由;(四)属于人民法院受理民事诉讼的范围和受诉人民法院管辖。"在司法实践中,被告的抗辩意见,需要在原告起诉后方能得知。据此分析,对无实体权利义务争议的案件,原告起诉至法院的,在立案阶段应当受理,在审理后发现,被告有给付能力的,且同意给付,双方就给付时间、方式达成一致的,应当调解解决;若被告无给付能力的,则应当考虑裁定驳回起诉。

上述三个案件中,案件一的被告明确表示不能清偿,案件二、案件三的被告在 2010 年至 2013 年下落不明,显然已经丧失清偿能力,在案件一和二中,并无争议存在,法院依旧按照民事诉讼程序进行审判、执行,结果导致案件从受理之日起即注定成为执行积案,使法院裁判文书成为一纸空文,削弱了司法权威。

(二)破产程序的缺位

破产程序,是在债务人丧失清偿能力时,法院强制对其全部财产清算分配、公平清偿债权人,或通过债务人与债权人会议达成的和解协议清偿债务,或进行企业重整,避免债务人破产倒闭的法律程序,包括破产清算、破产和解及重整程序。破产程序的宗旨在于,"保证对债权人的公平、有序清偿和对债务人正当权益的合理保护,进而实现对社会整体利益与经济秩序的维护"。[③] 因此,破产解决的主要矛盾是多数债权人之间因债务人有限财产不足以清偿全部债权而发生的

---

① 张卫平主编:《民事诉讼法教程》,法律出版社 1998 年版,第 2 页。

② 参见赵旭东:《纠纷与纠纷解决原论》,北京大学出版社 2009 年版,第 7 ~ 8 页。

③ 王欣新:《论新〈破产法〉立法宗旨的创新》,载王保树主编:《中国商法年刊(2007)》,北京大学出版社 2008 年版,第 358 页。

冲突。

就诉讼程序、执行程序及破产程序的适用范围,王欣新教授表述如下:“在市场经济下,当债务人有清偿能力而不履行债务或债务有争议时,通过法律上的债权制度和民事诉讼及执行制度便可以保障债的确认和履行,使被阻断的商品交换关系重新得以有序进行。当企业结束退出市场时,法律也规定要进行清算,清偿债务,了结全部法律关系。但在债务人于经营或解散、清算过程中丧失清偿能力,对到期债务无法全部还清的情况下,要想公正借解决债务问题,就不能仅靠债权制度和民事诉讼及执行程序了……这就是破产法。”①因此,破产程序与其他程序适用范围的界限在于:债务人是否丧失清偿能力。债务人一旦丧失清偿能力,寄希望于运用诉讼和执行程序解决纠纷、保障权利,结果只能事与愿违。

在案例一、案例二中的被告,以及案例三中,2010 年至 2013 年的被告已经缺乏清偿能力,②由于实践中破产案件受理难、破产程序运行不顺畅、债权人未认识到破产程序可能带来的权利保护效果而无申请破产意识、债务人不愿意申请破产,以及企业退出市场无制度规制等原因,前述案例中的原告作为债权人,只能适用诉讼及执行程序。而被告作为已无经济效益的企业,却占用浪费市场和法律资源,未退出市场。案例三中,若启动破产程序,尽早通知全部债权人,既可避免裁判矛盾,又可早日进入和解或重整程序,尽早挽救企业。破产程序的缺位,与诉讼程序的越位对应,不当加重当事人的诉累、加剧案多人少的司法资源矛盾,导致了部分执行积案。而“僵尸企业”的存在,影响了市场经济秩序的有效运转。

三、问题的解决——回归应然的选择

(一)“僵尸企业”的甄别

“僵尸企业”,并非法律术语,通常是指没有办法继续经营,应该破产清算但又没有破产清算的企业,这些企业或以吸食银行贷款和政府资金为生,或以逃避债务、苟延残喘为务。从法律角度来说,“僵尸企业”是指具备我国破产法规定的

① 王欣新:《破产执行、清算程序的无缝衔接与债权人利益保护》,载《国际商报》2010 年 3 月 31 日,第 13 版。

② 文章第三部分具体论述从现行法律规定的层面的 3 个案例均可适用破产程序。

破产原因而未进入破产程序的企业。因此,在审判程序中甄别“僵尸企业”,亦将法律关于破产原因的规定作为标准。

1. 破产原因分析

最高人民法院《关于适用〈中华人民共和国企业破产法〉若干问题的规定(一)》(以下简称《破产法规定(一)》)第 1 条规定了破产原因的具体情形,而第 2 至 4 条对各种具体情形进行了解释。第 1 条第 1 款规定:“债务人不能清偿到期债务并且具有下列情形之一的,人民法院应当认定其具备破产原因:(一)资产不足以清偿全部债务;(二)明显缺乏清偿能力。”第 2 条规定:“下列情形同时存在的,人民法院应当认定债务人不能清偿到期债务:(一)债权债务关系依法成立;(二)债务履行期限已经届满;(三)债务人未完全清偿债务。”第 3 条规定:“债务人的资产负债表,或者审计报告、资产评估报告等显示其全部资产不足以偿付全部负债的,人民法院应当认定债务人资产不足以清偿全部债务,但有相反证据足以证明债务人资产能够偿付全部负债的除外。”第 4 条规定:“债务人账面资产虽大于负债,但存在下列情形之一的,人民法院应当认定其明显缺乏清偿能力:(一)因资金严重不足或者财产不能变现等原因,无法清偿债务;(二)法定代表人下落不明且无其他人员负责管理财产,无法清偿债务;(三)经人民法院强制执行,无法清偿债务;(四)长期亏损且经营扭亏困难,无法清偿债务;(五)导致债务人丧失清偿能力的其他情形。”有学者认为,破产法理论上的破产原因为“支付不能或不能清偿,指债务人因丧失清偿能力,对请求偿还的到期债务较长期间内全面持续不能清偿的客观状态”。前述规定的第 2 条实质规定了“停止支付”,并将其等同于“支付不能”,第 3 条规定的“资不抵债”只是特定主体或特殊情况的辅助性破产原因,即以有限财产为清偿范围、无人对债务负无限责任的民事主体。第 4 条规定的“明显缺乏清偿能力”属我国独创概念,与“停止支付”相同,是缺乏清偿能力的推定原因。[①] 最高人民法院赞同学者的理论分析,对前述条文的应用持以下观点:“支付不能”是破产法规定的破产原因,而“停止支付”是债权人申请破产的推定原因,“资不抵债”适用于特殊情况下的破产原因推定,“明显缺乏清偿能力”是从实务角度出发的推定原因,旨在解决破产原因认定的困难。[②]

① 参见齐明:《我国破产原因制度的反思与完善》,载《当代法学》2015 年第 6 期。

② 参见最高人民法院民事审判第二庭编著:《最高人民法院关于企业破产法司法解释理解与适用》,人民法院出版社 2013 年版,第 37 ~ 78 页。

符合破产原因的申请,法院应当受理。而我国破产法关于破产案件采取宽进严出的规定,若受理后经审查,不符合破产案件受理条件,则裁定驳回申请。

前述案例一中,被告以明示方式表示不能清偿,案例二及案例三中的被告经多次诉讼及执行,可以判定为无财产可供执行。这种不能清偿,应当认定为长期连续的支付不能,而不仅是停止支付。因此,这三个案例中被告的状态均构成《企业破产法》规定的破产原因,而我国《企业破产法》并未规定债权需经执行无果,方能进入破产程序,故均作为破产案件受理,符合现行法律规定。

2. 具体情形分析

与本文提到的案例相似,在诉讼程序中,下列情形可以判定为"债务人支付不能",进而适用破产程序审理。

(1)被告人员下落不明的案件

被告人员下落不明的情形,在实践中表现为,法院经过直接送达、邮寄送达等方式,均无法向被告的住所地或原告提供的被告经营地点送达,亦无法与被告的法定代表人或负责人员联系,导致无法送达的案件。这种情况下,被告虽未办理注销登记,但已无经营场所,负责人员为逃债亦无法联系,债务人显然丧失清偿能力,与《破产法规定(一)》第4条规定相似,但此时债务人无资产可供清偿。而最高人民法院法释〔2008〕10号《关于债权人对人员下落不明或者财产状况不清的债务人申请破产清算案件如何处理的批复》,认为债权人的该种申请应当受理,并依法审理。因此,在被告下落不明的情况下,债权人可以直接申请债务人破产,而无须适用诉讼程序公告送达后审理裁判。

(2)被告被吊销营业执照、责令关闭的案件

就法律层面而言,注销是企业主体资格灭失的必经程序,未经注销,无论被吊销营业执照还是责令关闭的企业,均可作为民事诉讼中适格的被告,但该类企业实质上已经丧失经营能力,对债务亦缺乏清偿能力。实践中,该类企业作为被告时,法院往往无法有效送达,被告人员亦下落不明。因此,债权人无须提起诉讼,可直接申请破产清算。

(3)已有针对被告的生效判决,经强制执行未清偿的案件

企业经营不善,无法清偿债务时,通常不止对单一债权人负债,而数个债权人不一定同时起诉。此时,针对后起诉的债权人,若曾有针对被告的生效判决经强制执行无清偿时,亦表明被告持续丧失清偿能力,依据《破产法规定(一)》第4

条规定,债权人可以申请破产,而无须再行诉讼确认其享有的债权无法清偿。允许此类型的案件债权人直接申请破产,更符合破产法实现多个债权人公平清偿的目的,避免重复送达、重复采取执行措施,使企业尽早进入破产程序,通过重整、和解等实现企业挽救,避免造成案例三中的裁判矛盾。

(4)被告对债权债务无异议,只是不能清偿的案件

如前文分析,若被告在诉讼中对债权债务无异议,仅辩称无法清偿,符合停止支付的意思表示,若原告所持债权长期未能清偿,或被告明确表示长期无法清偿,企业已停止营业,此类案件,因不存在争议,应当告知原告作为债权人申请被告破产,不宜在诉讼程序中予以处理。

(二)诉讼中的处理

诉讼中若法官发现案件具有前述四种情形,符合破产案件受理条件,笔者建议作出如下处理:

一是针对前三种情形,法院向原告释明,告知与被告相关的其他诉讼及执行案件情况,由原告自行选择继续诉讼或者申请破产程序。若原告选择继续诉讼,则法院继续审理;若其选择申请破产程序,则法院将案件移转至相应法院或庭室,按照破产程序审理。

二是针对第四种情形,法院向原告释明,案件实质无争议,且案件符合破产程序受理范围,裁定驳回起诉,并依职权移转至破产程序。

(三)激励机制的建立

讼程序中甄别"僵尸企业"并尽早进入破产程序,需要通过理论探讨和制度构建,更需要建立对当事人、法院的激励机制方能使制度得到落实。

针对债权人,基于利益导向,有担保权的债权人、起诉时间在前的债权人等,为避免"搭便车"现象出现,或者希望获得大部分的清偿,不愿申请破产。法院在释明时,建议向债权人告知破产法关于撤销权、无效行为等规定,引导其认识到破产程序相对其他程序在保障债权实现方面的特殊优势,提高债权人申请破产程序的积极性。

针对法院,鉴于目前破产案件受理少的现状,以及破产案件审理的特殊性,建立科学的考评制度,培养专门破产审判人才,使法院认识到将部分案件纳入破

产程序审理,能够提高司法效率,实现司法公正,使法院愿意并敢于审理破产案件,让当事人的权利能够通过适当的程序及时公正的得到保障。

诉讼程序中“僵尸企业”的及早甄别和处理,需要破产程序的顺畅运行、法院针对拒绝破产清算的“僵尸企业”股东等清算责任人的责任倒逼机制的裁判实践的有效推进。以能够有效运行的诉讼、执行及破产程序存在为前提,企业作为理性的市场经济参与者,在制度引导下选择能有效解决矛盾的程序,才能最大限度发挥司法保障市场经济参与者的权利,维护市场经济秩序的有序运行。

“僵尸企业”处置、破产制度和经济增长

徐立佳*

近年来,产能过剩作为中国最为重要的宏观经济风险之一已经成为普遍共识。现有文献测算结果表明,2001~2011年中国工业产能利用率平均为69.3%。以2008年为分界点,之前基本呈现上升趋势,2008年以来则呈现逐年下降趋势。对于部分行业而言,产能过剩压力尤为明显。截至2015年12月,钢铁、煤炭、水泥、玻璃、石油、石化、铁矿石和有色金属8大行业的生产价格指数(PPI)已连续40个月呈现负增长状态,对整个工业PPI的下降贡献超过70%。① 由于产能过剩对于宏观经济波动、要素配置扭曲等具有显著的负向作用,“去产能”作为2016年中国供给侧结构性改革的首要任务,获得了来自政策决策层和经济学界的广泛关注。为化解我国较为严重的产能过剩问题,清退“僵尸企业”至关重要。

那么,我们该如何理解清退“僵尸企业”对经济增长的重要意义?要实现“僵尸企业”处置的预期目标,破产

---

* 北京市炜衡律师事务所律师。

① 参见《清退僵尸企业打响攻坚战八行业僵尸国企逐步退出》,载中国证券报网:http://vntcj.com.cn/2015/12/280052920305172.shtml,最后访问日期:2015年12月28日。

法律制度又在哪些方面提供了有效的制度保障？目前，破产法律制度的功能的发挥又存在哪些障碍，我们又该如何弥补？此即本文的写作目的。在论述思路上，首先，本文阐明了实现经济内涵式增长是经济发展的战略目标；其次，本文阐明了处置"僵尸企业"符合内涵式经济增长的要求；再次，本文阐明了破产法律制度为"僵尸企业"处置提供了重要的制度保障；最后，本文阐明了破产法律制度功能的发挥存在的障碍及其改进建议。

一、实现经济内涵式增长是经济发展的战略目标

我国原先依靠高投入、高消耗、高污染的粗放式经济增长模式已经难以为继，在这种情况下，经济转型发展势在必行。[①] 转型发展的出路在哪里？我们在告别传统的发展方式之后，要以怎样的方式继续保持中高速发展？在回答这个问题之前，我们有必要借鉴经济学的理论，认清经济发展和经济增长模式的问题。

（一）经济发展的概念

在中国，虽然经济发展和经济增长经常作为同义词而混用，但是早在 20 世纪 70 年代，两者之间的联系与区别已经是国际论坛上的一个热门话题。萨缪尔森（Paul A. Samuelson）在他的《经济学》（1976 年第 10 版）一开头就为我们讲述了这样的故事：

"近来出现了许多政治经济学的批评者。他们非常反对以实利主义的态度来把注意力集中于经济物品的数量。用一位年轻的激进派引人注意的话来说：'不要向我提国民总产值（GNP）这一概念。对我而言，GNP 的意思是国民总污染。'"[②]为了矫正这种偏差，人们提出用经济净福利（net economic wealth，NEW）来取代 GNP。

对于发展，斯蒂格利茨（Joseph E. Stiglitz）有过这样的陈述："发展代表着社会的变革，它是使各种传统关系、传统思维方式、教育卫生问题的处理以及生产

---

① 参见朱敏：《"十三五"时期我国所处环境、挑战及对策》，载国家信息中心网：http://www.sic.gov.cn/News/455/6033.htm，最后访问日期：2016 年 3 月 4 日。

② ［美］I. P. 萨缪尔森：《经济学》，高鸿业译，商务印书馆 1982 年版，第 5 页。

方式等变得更'现代'的一种变革。然而变化本身不是目的,而是实现其他目标的手段。发展带来的变化能够使个人和社会更好地掌握自己的命运;发展能使个人拓宽视野、减少闭塞,从而使人生更丰富;发展能减少疾病、贫困带来的痛苦,从而不仅延长寿命,而且使生命更加充满活力。根据这一定义,发展战略应以促进社会变革为目标,找出不利于变革的障碍以及潜在的促进变革的催化剂。"①

国民生产总值(GNP)和国内生产总值(GDP)的增长是度量发展的一个基础性指标,但是正如森(Amartya Sen)所指出的,将发展简单地等同于GNP增长、个人收入提高、工业化等,是一种狭隘的发展观。这些指标在发展过程中十分重要,但归根结底,它们只属于工具性范畴,是为人的发展和福利服务的。人才是发展的中心,发展的根本目的是为人谋福利。"发展可以看作是扩展人们享有真实真由的一个过程。"②

据此而言,经济发展侧重于表达包含了经济总量增加在内人的全面发展,经济增长侧重于表达经济总量的增加。由于经济增长的模式不同,如果经济增长是内涵式的增长方式,也就与经济发展的含义更为贴近。

(二)经济增长模式

苏联在从1928年开始执行第一个五年计划以后的几十年中,一直保持较西方国家高得多的增长速度。但是和西方国家相比较,苏联的生产技术平和人民生活水平的落后程度却一直未见降低。为了说明这种情况为什么会发生,苏联经济学家根据马克思(Karl Marx)在《资本论》第2卷中关于扩大再生的两种形式的论述,③提出了增长方式的概念。他们把增长方式分为两种:一种是靠增加自然资源、资本和劳动等资源投入实现的增长,叫外延增长;另一种是靠提高效率实现的增长,叫内涵增长。现代发展经济学也经常使用增长模式的概念来说明经济增长的来源问题。例如,日本发展经济学家速水佑次郎(Yujiro Hayami)

---

① [美]J. 斯蒂格利茨:《新的发展观:战略、政策和进程》,载胡鞍钢、王绍光编:《政府与市场》,中国计划出版社2000年版,第148~169页。

② [美]I. A. 森:《以自由看待发展》,中国人民大学出版社2002年版。

③ 马克思那一段论述的原文为:在规模扩大的再生产中,"如果生产场所扩大了,就是在外延上扩大;如果生产资料的效果提高了,就是在内涵上扩大。"(马克思:《资本论》(第二卷),人民出版社1972年版,第192页。)

把先行工业化国家在早期经济增长中采用的投资驱动的增长模式称为"马克思所分析的增长模式",而把它们在第二次产业革命以后普遍采用的效率驱动的增长模式称为"库兹涅茨"(Simom Kuznets)所分析的增长模式。①

现代经济学所使用的增长模式概念与苏联经济学家所使用的增长方式概念大体上是等值的。匈牙利经济学家科尔奈(Janos Kornai)在他的名著《社会主义体制》中,以一小节的篇幅用现代经济学的语言解释什么是苏联文献中所说的"经济增长方式"。他依据现代经济学中的生产函数模型指出:可以把生产要素与产出之间的关系两为两类:一类是要素投入增加对增产的效应;另一类是要素生产率提高对增产的效应。"这种区分以及与之相伴随的用语,在西方作者中广为流行,但社会主义各国的作者却愿意采用另一种述语,即'外延方式'和'内涵方式'来加以表述。这两对用语在语义上是相同的:要素增加等于外延方式,要素生产率提高则等于内涵方式。"②

(三)转变经济发展方式是国家战略

发展是党执政兴国的第一要务。经济不发展,一切都无从谈起。"十二五"期间,我国经济总量稳居世界第二,人均 GDP 增至 7800 美元左右,人民生活水平不断提高,成绩来自踔疾步稳的发展,来自自强不息的奋斗。现阶段,我国仍有 7000 多万农村贫困人口,城乡区域发展不平衡,收入差距较大,这是谋划发展的基本依据。把发展作为第一要务,就要始终坚持经济建设是党和国家的中心工作,是全面建成小康社会决战决胜的主战场。奔向"两个翻番"的目标,今后 5 年的经济增长必须保持中高速,努力使发展达到一个新水平。

发展必须是科学发展。我国发展重要战略机遇期的内涵发生深刻变化,正在由原来加快发展速度的机遇转变为加快经济发展方式转变的机遇,由原来规模快速扩张的机遇转变为提高发展质量和效益的机遇。当前我国经济下行压力很大,根本上是结构性问题。面对传统经济发展方式积累的矛盾和问题,如果一直迟疑和等待,不仅会丧失窗口期的宝贵机遇,而且还会耗尽改革开放以来积累

---

① 参见[日]速水佑次郎:《发展经济学——从贫困到富裕》,李周译,社会科学文献出版社 2003 年版,第 152 ~ 153 页。

② [匈]J. 科尔奈:《社会主义体制:共产主义的政治经济学》,中央编译出版社 2007 年版,第 171 ~ 178 页。

下的宝贵资源。进入决胜阶段,不是新一轮大干快上,不能继续走粗放型发展的老路,不能靠强力刺激抬高速度达到“两个翻番”。而是要从实际出发,把握发展新特征,必须坚持以提高发展质量和效益为中心,加大结构性改革力度,实现投资有效益、产品有市场、企业有利润、员工有收入、政府有税收,实现更高质量、更有效率、更加公平、更可持续的发展。①

因此,《中共中央关于全面深化改革若干重大问题的决定》明确指出,“要加快转变经济发展方式,加快建设创新型国家,推动经济更有效率、更加公平、更可持续发展。”《中华人民共和国国民经济和社会发展第十三个五年规划纲要》(2016～2020年)指出,“十三五”时期是我国全面建成小康社会的决胜阶段。必须认真贯彻党中央战略决策和部署,准确把握国内外发展环境和条件的深刻变化,积极适应把握引领经济发展新常态,全面推进创新发展、协调发展、绿色发展、开放发展、共享发展,确保全面建成小康社会。在提高发展平衡性、包容性、可持续性基础上,保持经济中高速增长。坚持社会主义市场经济改革方向、坚持调动各方面积极性,坚定信心,迎难而上,继续集中力量办好自己的事情,着力在优化结构、增强动力、化解矛盾、补齐短板上取得突破,切实转变发展方式,提高发展质量和效益,努力跨越“中等收入陷阱”,不断开拓发展新境界。

二、处置“僵尸企业”符合内涵式经济增长的要求

前文表明,要实现内涵式经济增长主要取决于两方面的改进:一是要增加素投入;二是要提高素生产率。然而,“僵尸企业”的处置,是解决增加存量要素投入和提高要素生产率的核心问题。

(一)处置“僵尸企业”可以增加存量生产要素的供给

资产和水一样总是在流动的,不同的是,资产往高处流,往更有可能发挥其价值的地方流动。清理“僵尸企业”就是为了保障这样的流动机制。在规范制度下的资产“流动”,资产将重新创造价值。资产往低处流,或者是停滞在不能创造

① 参见人民日报评论员:《坚持中心任务,实现经济持续增长——八论夺取全面建成小康社会决胜阶段的伟大胜利》,载《人民日报》2015年11月7日,第3版。

价值的地方,必然导致资产流失。[1] 及时处置"僵尸企业"可以向市场释放停滞的生产要素,让这些存量的生产要素重新投入到生产环节,从而实现经济增长。

(二)处置"僵尸企业"可以发挥产权制度功能

科斯指出,产权制度与资源配置效率之间存在因果关系。诺斯和张五常认为,产权制度安排是决定一国经济绩效的关键因素,排他性产权的确立是经济增长的基础条件之一,产权系统不完整会影响交易效率。[2] 有文献研究进一步表明,物质资本和人力资本作用包含制度贡献,制度对经济增长不仅存在直接效应,而且还通过约束要素投入和要素配置效率来影响经济增长,因此制度因素对我国经济增长的解释更具效力,制度有效性程度越高,资本积累和经济增长越快。[3] 制度对经济增长具有直接和间接的作用,但"僵尸企业"不能退出,使存量要素无法重新配置,表明制度对经增长的作用受阻,已存的产权制度无法发挥其功能,制度有效性程度低,进而阻碍经济增长。处置"僵尸企业"即是打破产权制度不能有效发挥作用的症结,理顺市场对制度设计的预期,提高制度的有效性,实现经济增长。

(三)处置"僵尸企业"可以增加全要素生产率

全要素生产率,系指在各种要素投入水平既定的条件下,所达到的额外生产效率。作为残差的全要素生产率,由资源重新配置效率和微观生产效率两个部分构成。资源重新配置效率是通过产业结构调整、升级或者高度化而获得的。例如,劳动力和其他要素从生产率低的产业向生产率高的产业转移,就是部门间资源重新配置的典型形式。除此之外,部门内部也可以形成资源重新配置效率,主要表现为生产率最高的企业得以扩大,因而效率高的企业规模较大,成长也更加迅速。分离出资源重新配置效率部分所余下的部分,就是全要素生产率中的微观生产效率。能够提高企业微观生产效率的因素众多,如许多与体制、管理和技术创新相关的因素,总而言之,一切由创意和创新带来的效率改进,通常体现

---

① 参见李锦:《清理"僵尸企业"须从清理"僵尸思维"开始》,载《先锋队》2016 年第 5 期。

② 参见林燕、张忠根:《产权界定、层次差异与资源配置效应》,载《改革》2007 年第 12 期。

③ 参见李富强、董直庆、王林辉:《制度主导、要素贡献和我国经济增长动力的分类检验》,载《经济研究》2008 年第 4 期。

在全要素生产率的这个部分。从计量经济学的角度来看,如果仅仅把产业结构升级变化作为资源重新配置效率的度量指标,则产业内部的资源重新配置,即最富有效率的企业得以生存、发展,从而达到较大的规模,常常也可以包含在微观生产效率中。这个效率源泉如此重要,对美国的研究表明,制造业内部表现为企业进入、退出、扩张和萎缩的资源重新配置,对生产率提高的贡献率高达30% ~ 50%。①

日本经济学家林文夫和美国经济学家普雷斯科特的研究表明,造成日本经济在20世纪90年代以来徘徊不前的原因,并非由于资本市场未能帮助企业获得盈利性投资所需的资金,而归根结底是全要素生产率表现不佳。全要素生产率表现不佳的原因是,政府对低效率企业和衰落的产业进行补贴。这造成了低效率企业甚至"僵尸企业"的产出份额过高,而有利于提高生产率的投资相应减少。②

(四)处置"僵尸企业"可以塑造企业家精神

企业家精神是一个国家或地区经济发展的主要动力之一,长期以来一直被视为经济增长的关键因素。熊彼特(Schumpeter)作出了开创性的贡献,强调了企业家精神作为经济发展的主要驱动力量,此后很多文献都开始分析企业家精神对于公司的生存和成长的影响。③ 德贾科夫(Djankov)等人认为,企业家往往有这样一些重要的特征:企业家的远见、对于成就的追逐、对待风险的态度和自信。正是因为这些独有的特征,激励着企业家去进行创新和商业活动。④ Caves认为,

---

① 参见 Lucia Foster, John Haltiwanger and Chad Syverson, "Reallocation, Firm Turnover, and Efficiency: Selection on Productivity or Profitability?", *The American Economic Review*, Vol. 98, No. 1, 2008, pp. 394 - 425; Lucia Foster, John Haltiwanger and C. J. Krizan, "Aggregate Productivity Growth: Lessons From Microeconomic Evidence", in Charles R. Hulten, Edwin R. Dean and Michael J. Harper, eds., *New Developments in Productivity Analysis*, Chicago and London: University of Chicago Press, 2001. 转引自蔡昉:《中国经济增长:如何转向全要素生产率驱动型》,载《中国社会科学》2013年第1期。

② 参见 Fumio Hayashi and Edward C. Prescott, "The 1990s in Japan: A Lost Decade", *Review of Economic Dynamics*, Vol. 5, No. 1, 2002, pp. 206 - 235. 转引自蔡昉:《中国经济增长:如何转向全要素生产率驱动型》,载《中国社会科学》2013年第1期。

③ 参见 Schumpeter, J. A., *The Theory of Economic Development*, Cambridge, MA: Harvard University Press, 1934。转引自马晓静、周亚军:《企业家精神与中国经济增长》,载《企业经济》2013年第4期。

④ Djankov, S., Qian, Y., Ronald, G. and Zhuravskaya, E., "Who Are Chinas Entrepreneurs?" *American Economic Review*, 2006, 96(2), pp. 348 - 352. 转引自蔡昉:《中国经济增长:如何转向全要素生产率驱动型》,载《中国社会科学》2013年第1期。

企业家精神是知识溢出、技术进步和创新的源泉,这些因素体现在宏观层面上,即是经济增长的源泉。① 在内生增长理论中,创新被看作经济增长最重要的动力。"僵尸企业"是市场竞争优胜劣汰的结果,处置"僵尸企业"是企业家开拓创新、重新思考立足之本的重要机遇,从这个意义上说,处置"僵尸企业"可以塑造企业家的远见、对待风险的态度和自信。

三、破产法律制度为"僵尸企业"处置提供了重要的制度保障

(一)僵尸企业等于破产企业?

所谓"僵尸企业"(zombie firms),是指那些丧失自我修复能力和自我发展能力,本应退出市场,但由于政府补贴、银行续贷等非市场因素而得以生存的企业。按林毅夫教授的观点,即缺乏自生能力的企业,就是"僵尸企业"。这类企业在财务上的表现就是,经营性的现金流入无法满足它财务上现金流出的需求。这样的企业,法律上讲就应该要破产,要从市场上退出。② 据此,虽然"僵尸企业"不能与破产企业画等号,但"僵尸企业"确是丧失自生能力的企业,在政策不再为其提供过度保护或其他外力介入的情形下,这些丧失自生能力的企业进入破产状态也是大概率事件,仅是时间的问题而已,但我们确实应当注意到,"僵尸企业"不等于破产企业。③ 尽管如此,因本文探讨的问题系将处置"僵尸企业"、破产制度与经济增长联系起来了,所以,还是将视角重点放在了论述"僵尸企业"处置与破产法律制度之间的关系,而未涉及并购重组、托管经营、政府扶持等"僵尸企业"处置措施。

(二)破产法律制度为"僵尸企业"处置提供了重要的制度保障

第一,破产制度是资源再配置制度。倘若我们将公司发起人向自己发起成立的企业投入资源并负责经营的过程视为资源初始配置,那么,当企业进入破产

---

① Caves, R. E., "Industrial Organization and New Findings on the Turnover and Mobility of Firms", *Journal of Economic Literature*, 1998, 36(4), pp. 1947 – 1982. 转引自蔡昉:《中国经济增长:如何转向全要素生产率驱动型》,载《中国社会科学》2013 年第 1 期。

② 黄少卿:《供给侧结构性改革重在重塑政商关系》,载《中国民商》2016 年第 2 期。

③ 王欣新教授在《僵尸企业治理与破产法的实施》(载《人民司法(应用)》2016 年第 13 期)一文中有清楚的论述。

情境时,对企业所拥有的资源配置可以理解为再配置。所不同的是,从标的上看,初始配置与再配置的标的资产不会相同,从产权归属上看,初始配置企业资产与再配置企业资产的主体不同,前者将产权界定给股东,而后者将产权界定给债权人。而通过前文的探讨,表明资源重新配置效率是全要素生产率提高的重要途径,进而也是实现经济内涵式增长的动力之一。

第二,破产制度是公平的分配制度。破产制度作为一种企业处于财务困境中的集中分配制度,其公平性主要体现在:一是破产撤销权制度、无效制度、职务侵占追回制度和出资加速到期制度,[①]可以使用于执行分配的财产增加;二是破产债权的顺位安排与同顺位债权的同比例清偿制度,可以使各市场参与主体机会均等。

第三,破产制度是投资者保护制度。并购重组的投资方在投资前,最担心的问题之一是或有债务的出现。但由于破产程序中债权申报制度的存在,使未经债权申报程序而于程序之外主张债权或虽经债权申报但未经确认的债权主张被彻底排除,可以给重整投资者一个非常确定的净资产信息,供投资者判断。这无疑是给投资者提供的最大的制度保护。

第四,破产制度是高效的争议解决制度。企业破产是"一对多"的争议解决过程。一件破产案件的审理,内含着数量较多且性质各异的劳动纠纷、普通(民商事)债权债务纠纷、股权纠纷、金融债权债务纠纷、土地建筑纠纷等纠纷的处理。当然,在破产程序中,上述各类型纠纷的解决,不一定全部转化为诉讼案件,可能通过谈判、开会的方式就能够解决,但这不能否定双方存在争议本身以及破产制度在化解争议方面的制度优势。

第五,破产制度具有案结事了的终极性特点。与普通诉讼制度相比,破产制度具有终极性。在企业破产情境中,凝结于破产企业的多重法律关系或争议,将在此时得到一次性出清。无论是破产清算程序、破产和解程序还是破产重整程序,均表现了终极性特点,程序完成后的利益相关方不能再以未参加程序或未完全得到清偿为由向破产企业主张权利。但是,如果其他主体因担保、侵权等对权利主体负有责任的,权利人当然有权向其继续提出主张。

第六,破产制度具有历史交易信息透明化的功能。破产管理人制度的建立,

---

① 我国《企业破产法》第31~36条。

使破产企业自进入破产程序之日起被管理人全面接管，致使破产企业的历史交易信息完全透明化于管理人、法院或债权人视线之中。这些交易信息，对于债权人权利的实现至关重要，管理人根据交易的进程及其性质有权在破产财产价值最大化的目标下，对双方均未履生完毕的合同、非公平交易、瑕疵出资或侵占事件采取相应的维权措施，以增进债权人的利益。

第七，破产制度具有中止负债端规模持续增加的功能。企业进入破产程序后，附利息的债权自破产申请受理时起停止计息。据此，“僵尸企业”的负债端规模中止，从而有利于数据的精准测算并增加处置效率。

第八，破产制度是高效的并购重组制度。破产重整制度与商业并购重组的最大区别在于破产重整制度是司法主导下的集体谈判制度。所谓集体谈判，是指谈判的过程及其结果奉行多数决机制，在公平保障各同质债权人的情况下，可发挥司法的组织谈判或强制裁定的功能，快速推进相关各方达成合约，促成谈判目标的实现，实现资源重新配置，而商业并购重组完全是市场发挥作用的资源配置方式，“一对一”的谈判是必经的过程，倘若无法达成合约，则可能导致重组失败。

四、破产法律制度实施的障碍及其改进建议

（一）政府干预是“僵尸企业”不能退出市场的重要原因，要改变政府“有形之手”的着力点

研究表明，政府对企业的强制性干预是造成大量长期亏损企业难以正常退出的重要原因。考虑到地方政府对于财政收入的自利性动机，大量企业经营困难而申请或退出市场将会造成短期内市场主体的减少，从而对政府财政收入的稳定与增长产生较大压力。一方面，由于社会保障体系的不完善，“僵尸企业”的快速退出将造成短期内失业劳动力数量的上升，对社会稳定将产生潜在的不利影响。基于上述因素，地方政府对于“僵尸企业”往往存在“父爱主义”的财政补贴行为。另一方面，“僵尸企业”由于长期亏损，其对于金融机构信贷资金的依赖程度较高。考虑到“僵尸企业”的快速退出将造成金融机构不良贷款的大量涌现，通过金融机构的传导机制，“僵尸企业”将诱发金融机构的信贷风险。因此，出于防范系统性经济风险的考虑，政府的货币部门也倾向于本能地干预正常的

信贷市场,帮助那些他们认为可能引起系统性经济风险的重要企业获得信贷支持,使那些资不抵债的企业仍能在市场存活。

尽管上述政策性干预措施能够在短期内起到稳定财政收入、降低失业率和缓解系统性经济风险的一定效果,但是政府"看得见的手"对于正常市场竞争的激励扭曲作用,将对长期经济投入—产出效率的改善、生产要素的优化配置产生不利影响,甚至会造成经济增长的停滞。目前,围绕日本20世纪90年代以来的"长期经济增长停滞"现象,较多国外文献从实证角度研究了政府对于"僵尸企业"的财政和金融救助对日本经济长期增长的阻滞作用。①

政府在"僵尸企业"持续获得贷款得以续存中起着关键性作用,故在处理"僵尸企业"问题时,首先应该转变政府的观念,深刻认识到"僵尸企业"的危害性和不可逆转性,并且改变以往试图通过"输血""僵尸企业"以望其恢复盈利,从而保证就业市场稳定的观点。熊彼特提出的"创造性破坏"指的是资源从衰落的企业和部门重新分配到增长的企业和部门。在经济下行期"创造性破坏"是经济转型的必经之路,而破坏的过程是决绝而痛苦的,所以政府应该做好准备来应对经济的阵痛期。② 质言之,中国经济增长方式转型升级的主体仍然是企业,而不是政府。经济转型是政府倡导的,但不等于说政府就是主体,可以包揽一切。正确的理解应当为:调结构、促创新、推转型都要以市场为基础,政府重在以法律、规划和政策来引导。市场存在信息不对称和规则不完善的问题,以及垄断和风险失控的危险,单靠市场本身是解决不了这些问题的。因此,政府应当加强信息公开、市场准入和退出等制度建设,维护竞争秩序,促进市场体系健康发育。③

(二)市场主体对企业破产事件存在偏见,要涤除市场认知偏差

1. 市场倾向于认为破产是失信之果,进而对债务人或股东贴上不诚信的标签

在诚信观念上,中国目前正面临严重的诚信缺失问题,在商业交易行中存在着内幕交易、利益输送、欺骗误导等违背公平原则的行为。④ 在这种商业环境中,

---

① 参见程虹、胡德状:《"僵尸企业"存在之谜:基于企业微观因素的实证解释》,载《宏观质量研究》2016年第1期。

② 参见林婷、王玮思:《融资与还贷视角下僵尸企业的存亡选择》,载《中国商论》2015年第12期。

③ 参见卢中原:《经济转型的新形势与政府职能转变》,载《决策探索》2012年第2期。

④ 参见李存超、王兴元:《宗教文化视角下东西方商业伦理观差异比较及启示》,载《商业经济与管理》。

市场对于破产事件的反应是,企业破产是经营者不诚信造成的,或者是经营者要继续不诚信的行为(破产欺诈)脱身。这种文化认知严重影响了经济增长,其路径是:文化传统通过长期的运行形成的共同观念、价值观影响着人们工作、消费、投资、储蓄和冒险的意愿,对所在区域的人群产生潜移默化的影响,从而塑造出具有不同文化禀赋的人群。[①] 这些人群的认知,对经营者启动破产程序造成严重的心理压力。

2. 市场往往对破产制度的功能认识不全面,将破产仅理解为企业死亡之法

处置"僵尸企业"是当前政府的一项重要工作。但是需要指出,由于"僵尸企业"形成的原因不同,[②]所以"僵尸企业"并非全部是不可救、不值得救、不可能救活的企业,甚至是有一批可以经过债务重组、换股东、换经营机制、换产业品结构等措施后实现"再生""重生"的。我国于2006年通过的《企业破产法》特意设置了"破产重整"的第八章,对我国企业破产重整程序和条件进行了规范。目前,现在有不少特困企业经过破产重整而"重生"了。可以说,破产重整可以作为当前我国处理僵尸特困企业时除破产清算、兼并重组以外的一个新思路和新办法。从国际上看,破产重整为多数市场经济国家所采用。2008年美国通用汽车的破产保护和重生令人印象深刻。2016年4月13日美国最大的私营煤炭企业皮博迪能源公司正式向法院申请破产保护。然而10年来,破产重整的法律意识和执行仍然有限,而实际上,所谓"破产",并不一定意味着企业的"死亡"。

(三)破产具有不确定性,阻碍了债务人及时启动破产的诉求,要理顺市场的破产预期

预期(expectation),是指经济主体对其当前决策有关的不确定的经济变量的未来值的预测,即预期是经济活动当事者依据一定信息,对将来结果的一种预先期望。心理预期并非纯粹是一种心理学命题,在既定的社会经济制度下,社会的发展往往取决于更多人的乐观的心理预期,而不乐观的心理预期通常使社会的

---

① 参见赵婉:《非正式制度中的文化因素与经济增长》,载《经济研究导刊》2012年第19期。

② 程虹、胡德状在《"僵尸企业"存在之谜:基于企业微观因素的实证解释》、杨宇焰在《僵尸企业的识别标准、形成原因及对策研究》中均分析了"僵尸企业"形成的原因。

调节机制失灵,从而产生社会经济发展的停滞甚至倒退。[①] 人们对于不确定的、含糊的情境,都会感到是一种威胁,从而总是试图加以预防。对不确定性的规避与经济增长之间存在显著的负相关关系,不确定性规避将不利于经济增长。不确定性规避通过影响国民的创新精神与创新能力,进而影响经济增长。不确定性规避程度高的文化下,人群安于现状,创新被认为是一种冒险行为,不被社会所鼓励、提倡;而不确定性规避程度低的文化下,人们勇于冒险,勇于创新,更加富有企业家精神。[②] 目前,破产对于股东或经营者来说,因涉税、涉罪等因素的影响具有高度的不确定性,影响了经营者的申请破产的意愿。应加强破产企业涉税、涉罪等破产责任问题的研究和宣传,形成规则预期,消除破产恐惧意识,此外,此举也可以倒逼企业经营者诚信守法。

(四)影响破产法实施的配套制度缺失,要健全相关配套制度

1. 税收制度问题

根据巴西破产法,债务人不需要在破产重组方案中承诺税务债务的支付,税务债权人也不参与表决。也就是法律裁定破产重组的企业,可以暂不考虑支付税务债务。在国内债权人大会的表决权分组中,专门规定了税务债权组表决权,而税务机关却要求重组企业在重组方案中首先全额偿付所欠税款,如果不偿付税就不同意重组方案,这样不利于企业重组制度的实施。重组往往能使濒临破产的企业起死回生,它不但对维护社会稳定起到很大的作用,重整企业生产经营,不但可以收回所欠税款,还能产生新的税款,重组主要目的是债权人对自己的权利进行让渡,以促进"僵尸企业"起死回生。税务债权必须优先全额偿付等于国家要求个人、企业支持其他企业发展,而国家却可以不支持,这是不合理的,因此,税务债权应可以让渡。建议破产重组期间的"僵尸企业",也应该给予税务优惠或暂缓、分期支付税款,以利于"僵尸企业"起死回生。[③]

---

① 参见王官诚、汤晖:《基于心理预期的个体经济行为分析》,载《全国商情:经济理论研究》2008年第5期。

② 参见赵婉:《非正式制度中的文化因素与经济增长》,载《经济研究导刊》2012年第19期。

③ 参见胡文强:《巴西公司破产重组实践及对我国处置"僵尸企业"的借鉴》,载《经济师》2016年第3期。

2. 金融制度问题

一是要完善坏账核销制度,并使下级银行对涉及银行债务减免的企业重整计划草案的表决能够获得总行及时授权,保障企业重整挽救程序能够顺利实施。二是要完善银行业绩考核与责任制度,并建立银行及时主动申请企业进行破产清算或重整、及时进行破产减损的责任制度,并追究未及时履行破产申请职责者的经济责任。三是要建立重整再生后企业的信用恢复制度,保障其能够正常的获得金融支持。[①]

3. 职工债权保障制度问题

"僵尸企业"在产业链中并非独立存在,其破产对上下游企业会产生重大的影响,一个"僵尸企业"的破产可能会危害到供应商、购买商甚至整个产业链,带来大批失业人群,增加社会不安定因素。对此,应不断完善社会保障机制,维护破产企业职工的合法权益,安抚职工情绪。同时,多提供技能培训和失业补助金,缩短其失业到再就业的时间,以此将"创造性破坏"对社会的影响降到最低,来避免社会动荡。[②] 尽管,中央下决心拿出 1000 亿元用于处置"僵尸企业"过程中的职工安置问题,但这只是临时性政策措施,虽然其可以在一段时期内发挥制度效用,却无法替代具有稳定性的法律制度的功能。市场经济遵循优胜劣汰的自然法则,企业破产退出市场是常态化的现象。据此,建立与之匹配的破产企业职工债权保障基金,保障所有具备破产条件的企业无论是在政策强调"去产能、去僵尸"过程中的破产还是市场自发出清过程中的破产,都能通过破产法的顺利实施而发挥市场机制作用,提高经济效益。

(五)司法审判力量不足,要建立破产审判庭并加强审判队伍建设

日本著名诉讼法学者谷口安平先生将"涉及公法和私法、实体法和程序法、自由竞争和社会政策等各个方面的破产制度"形象地称为"法律问题的坩埚",[③] 破产法的坩埚效应,表明破产案件是比较复杂的事情,由专业的法庭和法官来处理,可以提高破产案件的处理效率。目前,只有广东省深圳市中级人民法院和浙

① 参见王欣新:《僵尸企业治理与破产法的实施》,载《人民司法(应用)》2016 年第 13 期。

② 参见林婷、王玮思:《融资与还贷视角下僵尸企业的存亡选择》,载《中国商论》2015 年第 12 期。

③ 徐阳光:《破产案件审判庭设置的正当性证成》,载《人民法院报》2016 年 5 月 25 日。

江省温州市中级人民法院等少数地方人民法院成立了专门的审判庭。实践证明,设立专门审判庭的法院,处理企业清算与破产事务的积极性高、效果好。目前,最高人民法院正在根据中央要求加紧研究制定有关方案,并将与中央编办协调推动破产法庭的建设工作。

(六)以不良资产为投资方向的机构投资者不足,要鼓励、支持和引导设立专门以投资不良资产的并购基金

2011 年 11 月 1 日颁布实施的《国民经济行业分类》(GB/T 4754—2011)显示,我国国民经济行业门类为 20 个,行业大类为 95 个大类,行业中类为 395 个,行业小类为 912 个。企业所属的行业不同,其资产结构也就不同。从资产专用的性的角度来看,破产财产在同行业转移,其损失程度最低,但是个人资本无法支持不良资产的过渡期费用,但是这一费用的支付确是有利可图的事情。因此,吸引金融机构、民间资本和国外投资者等各类主体,投资不良资产市场,提高市场活跃度。①

(七)管理人业务素质参差不齐,要加强破产管理人的培训与考核

如果说企业处于健康状态时,其经营成功与否在很大程度上取决于领导者与管理者的素质和能力的话,那么,当企业处于困境状态下,其经营成功与否(破产收益的高低)与管理人的胜任素质也密切相关。破产管理人在整个破产程序中,既具有承上启下的作用(如在重整程序中,上要请示法院,下要协调原管理层组织生产),也发挥着推进程序快速运作的作用(如制定财产管理方案、变价方案、分配方案、重整方案、寻找重组方、债权审查、资产评估、审计、召开债权人会议等)。破产管理人的胜任能力,至少要具备以下几种:

一是个性态度。主要体现在管理人员的生理、心理健康状况,处事稳重程度等。它主要包括身心健康度、情绪自控力和责任心三大指标。在日常管理中管理人员经常碰到棘手的冲突场景,作为矛盾的化解方和协调者,管理人理应有着良好的情绪自控力,面对外界的冲突及诱惑时,能对自身情绪有良好的控制力,在工作中能自我调节和化解不良情绪,做到临危不乱。

---

① 参见吴晓灵在2016 年金融街论坛上的演讲。

二是管理素质。管理素质是管理人素质的核心,是管理人管理能力与技巧在工作中的综合体现,它源于基本素质和专业素质。合格的管理人要想胜任所从事的管理工作,必须具备组织管理能力、团队协作能力、领导决策能力、激励用人能力和应变调控能力等。组织管理能力表现为建立组织机构的能力,优化群体结构的能力。而在组织分工发展中,团队合作已是一种重要的协作方式,管理者在管理中必须有能力和魄力打造一支高效的合作团队,调动团队成员的所有资源和才智,充分发挥团队能量,进行创新性高效率工作。此外,领导决策能力、激励用人能力、应变调控能力也是衡量管理者水平高低不可或缺的重要指标。管理者这方面的素质越高,就越能有效地达成组织目标。

三是知识素质。破产管理人需要更多的复合型人才,作为团队的带领者,管理人应该具备渊博的知识量,为了能更好地发挥桥梁纽带的作用,这要求管理者成长为既是熟悉一线操作又是懂得职能科室管理的"通才"。为此,在掌握精深专业知识的同时,还需要有宽广的知识面,知晓相关法律法规,拓宽管理视角,善于汲取同行成功企业的经营理念和思想,不断提高自身的管理素质。①

① 参见林朝阳:《中层管理人员素质测评的AHP模型构建》,载《企业经济》2011年第6期。

“僵尸企业”处置之价值再发掘

——以退市公司重整为视角

赵坤成[*]　孙召银[**]

受经济下行、产能过剩等多方面影响，那些长期依赖政府或银行融资存活、资产负债严重倒挂、经营效益低下的“僵尸企业”处境更加艰难，但该类“僵尸企业”又多为纳税大户，同时涉及大量员工就业，因而难以依市场规则实现正常退出。“僵尸企业”大而不倒，僵而不死，侵蚀大量社会资源，影响正常的市场秩序，危及金融安全。针对“僵尸企业”处置，国家相关部委也提出，要尽可能多地运用市场机制去推动“僵尸企业”的有序退出。

在“僵尸企业”清理与处置过程中，多数人关注的是“僵尸企业”对社会的危害性，希望在政府、法院等多方力量之下将“僵尸企业”快速清理出市场，解除其“毒性”。我们理解，“僵尸企业”清理处置势在必行，必须快速有序推进；但是在“僵尸企业”清理处置过程中更需要关注到如何在解除“僵尸企业”“毒性”的同时用最小的成本在最大限度内减少对社会与经济的负面影响。为

---

* 北京市金杜律师事务所破产重组部合伙人，北京市破产法学会常务理事。

** 长春市中级人民法院清算与破产审判庭负责人。

实现该目标,需要去发掘被多数人所忽略的"僵尸企业"存有的"核心价值",通过对该价值的发现与再塑造我们将能够实现"僵尸企业"清理处置效益的最大化。

如何才能发现"僵尸企业"的核心价值并进行再塑造?我们关注到,作为"僵尸企业"的典型代表——退市公司,在近年有众多清理处置成功案例,其清理处置模式为我们在对其他"僵尸企业"清理处置中提供了良好的借鉴思路。退市公司清理处置方式主要由三个部分组成:首先,对退市公司僵局现状进行剖析,重新发掘退市公司核心价值;其次,通过重整程序对退市公司核心价值进行剥离;最后,将退市公司核心价值与市场结合,通过资本市场聚焦将退市公司核心价值放大,并最终实现退市公司处置解除退市公司的"毒性"。

一、退市公司之僵局与核心价值再发掘

(一)退市公司之僵局:"僵尸企业"典型代表

根据巨潮资讯、全国中小企业股份转让系统披露的公开信息,截至 2016 年 5 月 30 日,共有 51 家上市公司退市,其中 2001 年至 2007 年共有 43 家,2009 年 1 家,2013 年 2 家,2014 年 1 家,2015 年 3 家,2016 年 1 家。上市公司退市后,多数公司并未能成功实现自救,反而逐步转化成"僵尸企业"给整个市场均带来负面影响:一是退市公司主营业务持续下滑陷入停滞;二是退市公司债务高起,负债率持续高升;三是退市公司涉及大量中小股民,其权益处于既无法保障也无法消亡的状态,带来不稳定因素。

自 2012 年以来,退市公司申请重新上市的标准与通道进一步明确,退市公司可以重新上市这一核心价值也逐步被确立并被发掘。截至 2016 年 5 月 30 日,共有 20 家退市公司通过或拟通过重整实现对核心价值的保护并破解僵局,其中已申请重整但尚未受理 1 家,尚处重整期间的 2 家,尚处重整计划执行期间的 4 家,重整计划已经执行完毕的 13 家,具体情况如表 1 所示:

表1　退市公司重整进阶

序号	公司代码	证券代码	重整进展
1	深圳中浩(集团)股份有限公司	400011	重整计划执行期间(延期)
2	广东金曼集团股份有限公司	400012	重整计划执行完毕
3	金田实业(集团)股份有限公司	400016	重整计划执行完毕
4	长春北方五环实业股份有限公司	400020	重整计划执行期间(延期)
5	鞍山第一工程机械股份有限公司	400021	重整计划执行完毕
6	厦门海洋实业(集团)股份有限公司	400022	重整期间
7	深圳市中侨发展股份有限公司	400026	重整计划执行期间
8	湖北江湖生态农业股份有限公司	400027	重整计划执行完毕
9	珠海鑫光集团股份有限公司	400028	重整计划执行完毕
10	广州汇集实业股份有限公司	400029	重整计划执行期间(延期)
11	鞍山合成(集团)股份有限公司	400031	重整计划执行完毕
12	沈阳特种环保设备制造股份有限公司	400036	重整计划执行完毕
13	武汉华信高新技术股份有限公司	400038	重整计划执行完毕
14	广东华圣科技投资股份有限公司	400039	重整计划执行完毕
15	佳木斯金地造纸股份有限公司	400053	重整期间
16	湖南国光瓷业集团股份有限公司	400055	重整计划执行完毕
17	创智信息科技股份有限公司	400059	重整计划执行完毕
18	中国长江航运集团南京油运股份有限公司	400061	重整计划执行完毕
19	二重集团(德阳)重型装备股份有限公司	400062	重整计划执行完毕
20	天津国恒铁路控股股份有限公司	400064	重整申请尚未被受理

1. 按照重整受理年份

根据全国中小企业股份转让系统披露的公开信息,已进行重整的19家退市公司中,各公司的重整受理年限为2010年2家,2011年1家,2014年4家,2015年11家,2016年1家。2014年3家退市公司开启重整局面;2015年11家退市公司全面跟进重整以确保退市公司核心价值的实现。另外,需要特别注意的是“创智5”是在上市期间完成重整,后因重整计划涉及的资产重组未能顺利进行而最终退市。

2. 按照资产负债规模

根据已重整的19家退市公司披露的信息资料,在已重整的19家退市公司中有17家的重整计划已获批准,根据该17家退市公司重整计划,其模拟破产清算状态下普通债权清偿率为0或接近为0(低于1%)的共有12家,另外5家最高也不超过18%。同时,根据重整计划披露的关于重整中资产评估情况,资产评估价值为0或接近为0的(低于人民币3万元)共有5家。

3. 按照公司经营现状

根据已重整的19家退市公司披露的信息资料,退市公司经营情况可分为如下几类:第一类是具有主营业务,生产经营持续稳定,如"二重5""长油5";第二类是无主营业事务但有部分固定资产进行出租,或无主营业务也无资产主要依靠大股东支持维持运营,如"华信5""中浩A5、中浩B5",该类占据退市公司中的绝大多数。

上市公司自退市后其原有经营业务容易进一步恶化,有限的资产被债权人查封冻结,并被逐步执行吞蚀;负债随着财务费用的不断增加而日益扩大,有限的营收难以弥补亏损;经营受市场变化、债权人查封等影响而逐步陷入停滞。当前述状况持续发生并不断恶化时,退市公司走向僵尸化已是必然。

(二)退市公司之更生:核心价值再发掘

上市公司在退市后逐步走向僵尸化,但其一直未从公众的视野消失,作为资本市场的边缘角色一直抱有回归资本市场中心的期望。退市公司之所以能如此经受时间之"磨炼",核心就是退市公司拥有一般公众公司不具备的一个条件也即其核心价值——具有重新上市的可能。

1. 监管机构对退市公司重新上市留有余地

在2001年第一批退市公司被强制退市后,证监会曾为退市公司重新上市留有余地。证监会于2004年发布的《关于做好股份有限公司终止上市后续工作的指导意见》(证监公司字〔2004〕6号)规定"股份有限公司终止上市后,符合法律法规规定条件的,可以再次申请股票上市交易"。该指导意见给予了退市公司重新上市的可能,但对于退市公司重新上市的具体标准、操作细则并未进一步明确。

2. 监管机构明确退市公司重新上市标准与路径

2012年7月7日深交所、上交所在《股票上市规则》(2012年修订稿)首次增添退市公司重新上市部分;随后,2012年12月16日深交所、上交所分别颁布《退市公司重新上市实施办法》,进一步明确了重新上市的条件,主要包括"公司最近两个会计年度经审计的净利润均为正值且累计超过2000万元(净利润以扣除非经常性损益前后较低者为计算依据)"等。随着重新上市的规则明确与回归路径确立,退市公司久盼而来的重新上市之路有了新的曙光。2014年6月23日证监会发布《非上市公司重大资产重组管理办法》,扫平了退市公司资产重组的障碍,使退市公司可以借助资产重组实现对“历史遗留问题”的清理可能。在沪深两市IPO阻滞及注册制实施不明朗的大环境下,重新上市的标准与路径的确认在某种程度使退市公司有可能成为比IPO更快实现上市的“壳”通道。在退市公司核心价值日趋显著的同时,退市公司也从资本市场边缘逐步走向资本市场的中心。

3. 监管机构提升退市公司重新上市的标准

2014年10月17日深交所、上交所在《股票上市规则》(2014年修订稿)中对重新上市的标准予以大幅度提高,包括“最近三个会计年度净利润均为正数且累计超过人民币3000万元,净利润以扣除非经常性损益前后较低者为计算依据”等。同时,根据上交所、深交所发布的关于对《股票上市规则》修订的通知,“新《上市规则》生效前本所已退市的公司,在新《上市规则》生效之日起36个月内申请重新上市的,仍适用原《上市规则》的规定”。根据该通知提出的《股票上市规则》(2014年修订稿)不溯及既往原则,退市公司若希望适用对重新上市标准要求较低的《股票上市规则》(2012年修订稿),则需要在2017年之前提出重新上市申请,这就要求退市公司最迟应在2015年、2016年连续两年保持赢利。《股票上市规则》(2014年修订稿)促使众多退市公司齐聚在2015年进行重整以便在重整受理当年即2015年实现赢利,为申请重新上市缩短了时间。

二、退市公司核心价值之剥离与再塑造

监管机构给予了退市公司重新上市的可能,明确了重新上市的标准与路径;但将退市公司核心价值予以无风险剥离并使核心价值落地固化,仍面临重重障碍,这些障碍包括如何化解退市公司巨额债务、如何消除公司退市因素、如何解决非流通股的流通性障碍,甚至还包括如何重建公司内部管理与运营机制。

针对退市公司面临的诸多问题,需要借助我国《企业破产法》规定的重整程序,在保障公司主体存续同时,实现公司历史与未来的“分割”,进而达到风险隔离。

(一)退市公司核心价值之剥离:解决重整阻碍

1. 重整案件受理:重整立案是否需要最高人民法院审查

退市公司在进行重整时,面临的首要问题是重整案件的受理。退市公司与上市公司拥有诸多类似特性,包括同属公众公司、大量的中小股东、巨额负债清理、涉及跨专业综合、涉及多部门协作等;因此,部分人提出退市公司重整案件受理应当参照上市公司受理模式,即由退市公司住所地法院层报至最高人民法院,经最高人民法院审查同意后方能受理。

不可否认,退市公司与上市公司拥有诸多相同点,但这些相同点不足以使退市公司重整案件参照上市公司重整案件进行。一方面,最高人民法院《关于审理上市公司破产重整案件工作座谈会纪要》(法〔2012〕261 号)是对 2007 年以来上市公司重整受理模式的总结与再一次明确,该惯例的适用范围并不当然涵盖所有公众公司,否则在适用范围上将无限制,势必危及《企业破产法》确立的案件受理模式。另一方面,截至 2014 年,上市公司重整成功案件众多,法院和管理人机构已经拥有丰富的实践经验,能够有效应对退市公司重整程序中出现的各类问题。在退市公司重整实践中,各地法院就退市公司重整案件受理均依《企业破产法》相关规定进行,并未参照上市公司重整受理模式。

2. 股权分置改革:重整计划与监管机构的博弈

股权分置是我国证券市场中的特有物,使上市公司股份区分流通股与非流通股。而随着证券市场的完善、市场经济的深入发展,监管机构在 2005 年开始试点进行股权分置改革以消除流通股与非流通股的差异。而在 2001 年至 2005 年期间退市的企业中,其退市时并未进行股权分置改革致使股权分置状态一直存续至今。考虑到时间与资金成本,退市公司一般在重整、重组同时进行股权分置改革,具体缘由包括:一是股权分置改革涉及的程序复杂,会占用公司运营周期,而在申请重新上市前退市公司仍拥有较充足的时间;二是在重新上市前受退市公司前景不确定状态的影响,控股股东与流通股股东博弈中处于相对的优势,能够以相对较小的成本完成股权分置改革。

在退市公司重整重组过程中,为争取更多的时间和减少股权分置改革程序不确定性,在已进行重整的 19 家退市公司中有 10 家在重整计划出资人权益调整部分直接对股权分置改革内容予以规定。退市公司试图通过此种方式,将股权分置改革方案与重整计划融为一体,再借助法院对重整计划的裁定批准使股权分置改革方案直接产生司法效力,据此以获得监管机构认可以便直接实施。而实际情况是,监管机构关于股权分置改革规定的适用主体均是上市公司,并未将退市公司纳入适用范畴。股权分置改革直接关系数以百万计的中小流通股股东的权益,全国中小企业股份转让系统在一无先例、二无规定情况下直接按人民法院裁定配合实施也存在一定难处,人民法院裁定生效的重整计划与监管机构对股权分置改革的无规定而处于僵持状况。2015 年 12 月全国中小企业股份转让系统就退市公司股权分置改革问题向各主办券商下发通知,要求参照适用《上市公司股权分置改革管理办法》等相关规定履行相关程序,并披露相关文件。至此,股权分置改革在重整计划与监管机构之间僵持局面才告终结。

3. 恢复经营能力与消除退市因素:资产重组

退市公司通过重整实现"净壳"与风险隔离后,仍然需要满足交易所关于重新上市的各项条件。根据深交所、上交所于《股票上市规则》(2014 年修订稿)的规定,退市公司重新上市的条件基本等同于 IPO 条件,包括:最近 3 年连续盈利且净利润超过人民币 3000 万元(净利润以扣除非经常性损益前后较低者为计算依据)、最近 3 年经营活动产生的现金流量净额累计超过人民币 5000 万元或最近 3 年营业收入累计超过人民币 3 亿元,以及最近 3 年主营业务不变、董事和高级管理人员不变、实际控制人不变等。此外,部分退市公司仍存有其他导致其退市的因素,包括如大股东占款、财务造假等,在重新上市前退市公司需要消除该等退市因素。

在前述已经进入重整的 19 家退市公司中,为恢复经营能力主要存有两种模式,一类是以"二重 5""长油 5"为代表的恢复性重整,在保持主业稳定情况下,对资产债务进行调整以重新获得经营平衡;另一类是以"华信 5""中浩 A5、中浩 B5"为代表的"净壳"式重整,将原资产予以处置变现,对负债进行全面清偿;退市公司在通过资产重组注入有持续盈利能力的良性资产,从而在根本改善退市公司基本面。无论采用何种模式,退市公司通过重整实现对历史遗留问题的清理,破解退市企业的僵尸性。但从退市公司重生角度看,"二重 5""长油 5"为代表的恢复性重整将是未来主流模式。

(二)退市公司核心价值再塑造:资本市场的聚焦效应

退市公司核心价值即是重新上市的可能性,为实现该价值并与资本市场重新对接,多数退市公司采用"破产重整 + 资产重组 + 股权分置改革"模式。该种模式的优势即在于:一是通过破产重整打破退市公司僵局,启动对退市公司资产负债的全面清理,实现退市公司原有资产负债与重组方新注入资产风险隔离;二是通过资产重组注入优质资产,根本改善公司基本面,同时引入全新的管理团队优化内部管理机制以符合重新上市的需求;三是进行股权分置改革,实现非流通股股的全流通,符合交易所交易规则并使控股股东所持股票在资本市场获得公允的价值反馈。通过破产重整,新重组方进入退市公司,实现对退市公司复杂资产的清理,同时给予了债权人远高于破产清算状态下的清偿额,部分债权人甚至通过持有退市公司股票分享重新上市后带来的巨大收益。与此同时,中小股东所持股票通过重组方的资产的注入股票价值得到大幅提升,即便在让渡部分股份情况下也能获得远高于破产清算状态下股票零价值。

"破产重整 + 资产重组 + 股权分置改革"模式,成功地实现了退市公司"僵尸企业"核心价值保留,并在原核心价值基础上实现价值的再塑造,并借助资本市场力量实现收益的最大化,最大程度上减少了"僵尸企业"处置给社会带来的潜在风险。

三、退市公司重整给予"僵尸企业"处置的路径思考

退市公司是"僵尸企业"的典型代表,与传统的"僵尸企业"在经营形态、资产负债结构等方面可能存有显著差异;然而就"僵尸企业"处置与风险化解而言,退市公司处置的模式对传统的"僵尸企业"清理处置具有重大的借鉴意义,即"僵尸企业"清理处置更应关注到"僵尸企业"核心价值的发现与再塑造,将其核心价值与市场再次结合,使"僵尸企业"清理处置成本降到最低、风险控制到最小、收益实现最大化。

(一)"僵尸企业"核心价值发现

"僵尸企业"大而不倒,僵而不死,占用了众多社会资源,包括如政府的补贴、银行持续性贷款、大量的人力资源等,形成一种资源高投入而效益低回报状态,难以给社会、经济带来正面积极回馈,反而不断消耗有限的社会资源。正因此,"僵尸企业"常被认定为"无效资产"或"低效资产",其被纳入清理处置也是大势

所趋。当“僵尸企业”处置成为一种必须的时候,如何将处置“僵尸企业”产生的损失降到最低、将对社会负面影响控制在最小层面,则应是我们在“僵尸企业”处置过程中需解决的核心问题。

笔者认为,减少损失的最好途径即是在发现被处置资产的核心价值,实现变废为宝。多数“僵尸企业”存在某种“核心价值”,就不同公司而言其“核心价值”可能有高有低。以当前存有严重产能过剩而需清理的传统与新兴行业如钢铁、水泥、有色、冶金、平板玻璃、风电、光伏等,各类企业核心价值体现的形态并不一样,核心价值体现形态可能如:(1)完整的人才或研发体系,高素质的工程技术人员,短时间内难以复制或齐聚;(2)某一类新型产品的长期开发,有成为未来市场核心产品的可能;(3)独一无二的原材料供应体系,在区域供应上享有成本优势;(4)拥有完整产供销体系,已打造或即将打造全产业链,平台具有不可复制性;(5)行业特种资质等。

在对“僵尸企业”进行处置时,我们需要对“僵尸企业”进行全面的剖析诊断,找出症结同时要发现企业的核心价值,要在该核心价值上做足文章。

(二)“僵尸企业”核心价值剥离与再造

经过对“僵尸企业”全面解剖,发现并确认核心价值后,我们面临如何将该核心价值与“僵尸企业”其他低效或有毒资产进行剥离,以实现对核心价值的保护避免被其他有毒资产的感染,从而为核心价值的再生及与市场重新对接提供稳定的环境。

根据我们经验,核心价值表现形态及未来与市场对接方式会对我们决定采用何种剥离形式产生影响,这些方式一般包括:

1. 通过资产重组

资产重组表现形态与适用对象具有多样性,包括对人、财、物单个或多个方面进行重新组合。资产重组的优势在于,其可以适用于前述核心价值各种表现形态,在具体操作过程中也享有诸多的变通方式。但需要关注到的是资产重组要求“僵尸企业”具备一定的自主运营能力,以确保“僵尸企业”利益相关方能够顺畅沟通并就价值剥离方案达成一致。例如,针对核心价值为员工体系,可以通过新设平台进行承接、第三方直接接受等方式;针对核心价值为特定固定资产,在税务等成本进行优化处理基础上,可考虑通过固定资产出售、合作等方式进行登记过户等。但同时需要注意到,由于资产重组对利益相关方的约束机制较少,因而在资产剥离过程中容易形成纠纷或产生潜在的诉讼风险,对此需要就该类风险出现与相关利益相关方做好工作预案。

2. 通过重整程序

重整程序与资产重组相较存有竞合部分,能够实现对人、财、物单个或多个方面进行组合。重整程序的优势在于能够利用司法保护作用实现风险隔离,且该程序与资产重组具有诸多相通性,能够实现对任何形态的核心价值剥离。但需要关注到的是重整需要严格依照我国《企业破产法》规定进行,对时间、流程、公开性有明确的要求与限制。众多退市公司选择通过重整程序而非资产重组进行价值剥离,即源于退市公司核心价值为其具备重新上市的"壳资源",而该类"壳资源"与公司历史债务无法进行彻底的剥离,而通过重整程序能够实现公司主体的存续同时实现与历史负债或问题的风险隔离。

3. 通过破产清算

破产清算与重整、资产重组存有较大区别,破产清算一般适用于对以实务资产为表现形态的核心价值予以剥离,如机器设备、商标等,而对于建立在公司正常运营基础之上诸如科研体系、供应渠道等较难以实现完整保留或剥离。

针对"僵尸企业"处置,中央提出"多兼并重组,少破产清算",资产重组、重整或破产清算都是"僵尸企业"处置方式。兼并重组不是简单的"1+1=2",也不应是优良企业分担"僵尸企业"的负担,而应是将"僵尸企业"核心价值进行重新发掘,并将核心价值与优良企业进行兼并重组,否则简单的"1+1"模式可能会危及其他优良企业;破产清算也不应是简单的一破也之,而更应关注"僵尸企业"破产财产中的"宝贝",以该"宝贝"为核心价值寻求社会资源的重新整合,以减少资源的浪费。

2016年是"十三五"规划的开局之年,也是"僵尸企业"的破局之年。在经济持续低迷情境下,诸多行业面临企业"僵尸化"日益严重的问题,清理"僵尸企业"将成为未来经济改革中重要一环。在"僵尸企业"清理处置过程中,我们应充分借鉴退市公司清理处置的经验与模式,在其他"僵尸企业"清理过程中发现与掌握"僵尸企业"的核心价值,通过对核心价值的剥离并与市场重新对接,从而实现"僵尸企业"清理成本最小化、社会收益最大化。

破产程序在处置“僵尸企业”中实施的问题及建议

陈克征*

“僵尸企业”(zombie company)一词可能最早可追溯至美国的金融专家爱德华·凯恩(Edward Kane)。他用相关概念分析日本20世纪80年代的经济困境和20世纪90年代的金融危机。① 目前,我国经济遇到较大下行压力,产能过剩问题凸显。与当时的日本经济类似,我国也出现了大量“僵尸企业”。这些企业持续亏损,无望恢复生机,以获得贷款或者政府支持勉强支撑,有的甚至直接以“跑路”的方式逃避债务,但又由于各种复杂原因不能顺利退出市场。

在供给侧改革、去产能、产业结构转型升级的政策背景下,社会各界已经充分认识到,“僵尸企业”顺利退出市场或者获得重组对于解决目前中国经济问题的重要性。2015年11月4日李克强总理在主持召开国务院常务会议时首次明确提出,要加快推进“僵尸企业”重组整合或退出市场,加大支持国企解决历史包袱。2015年12

---

* 温州天原会计师事务所总经理。

① 参见维基百科“zombie company”词条,载维基百科网:https://en.wikipedia.org/wiki/Zombie_company,最后访问日期:2016年3月19日。

月初在和专家们就当前经济运行中存在的问题进行座谈时，李克强总理重申，要加快落后产能淘汰和“僵尸企业”退出，促进企业效益和资源配置效率回升。[①]笔者认为，清理“僵尸企业”已经成为社会各界的共识，在这种情况下，如何在法律制度的框架内合法、有序地处置“僵尸企业”，值得我们深思。而破产程序作为规范企业退出市场的重要法律制度，应在“僵尸企业”的处置中发挥应有的作用。[②]

本文立足于我国经济现状，对“僵尸企业”进行界定，提出破产程序在处置“僵尸企业”中实施的问题并分析其原因，最终为破产程序在处置“僵尸企业”中充分实施并发挥作用提出建议。

一、“僵尸企业”的界定

目前，尚未形成对“僵尸企业”的准确定义。通过检索可以发现，对“僵尸企业”的界定停留在一般性的描述层面。例如，“‘僵尸企业’是指那些虽无望恢复经营活力，但由于获得放贷者或政府的支持而免于倒闭的负债企业，其最突出的特点是企业形式还存在，但不能产生经济效益，名存实亡。”[③]

结合目前政府、学者和媒体对“僵尸企业”界定的讨论，笔者认为，“僵尸企业”应满足以下条件和特征：

（一）资不抵债、不能清偿到期债务

“僵尸企业”的不健康状态，首先体现于资不抵债、不能清偿到期债务的财务状态。这类企业已经没有盈利能力，信用资产丧失殆尽，无法依靠企业自身经营能力和信用资产产生足够的现金流用于清偿到期债务。而企业得以暂时存续的原因是利用已经占有的信贷资源，采取回避、跑路等拖延时间的手段逃避债务。

---

① 参见《一月两次“发红牌”李克强要对僵尸企业动真格》，载中国新闻网：http://www.chinanews.com/cj/2015/12-08/7660673.shtml，最后访问日期：2016年3月19日。

② 最高人民法院指出，人民法院民事商事审判工作要充分发挥企业清算程序和破产程序在淘汰落后企业或产能方面的法律功能。参见《最高法：依法清理“僵尸企业”》，载新华网：http://news.xinhuanet.com/mrdx/2015-12/24/c_134946545.htm，最后访问日期：2016年3月19日。

③ 《清理“僵尸企业”助力经济转型》，载中国法院网：http://www.chinacourt.org/article/detail/2015/12/id/1775738.shtml，最后访问日期：2016年3月19日。

根据我国《企业破产法》(以下简称《破产法》)第2条的规定,“僵尸企业”具备了破产原因和申请破产的条件。虽然如此,债务人、债权人均没有申请破产清算,而是通过拖延时间的方式,期待企业的经营环境发生根本性的改变,使企业得以起死回生。

(二)在可预见的未来无法通过自身能力摆脱困境

判断是否属于“僵尸企业”的核心标准是,企业是否能够在可预见的未来通过自身能力摆脱困境。并不是所有资不抵债、不能清偿到期债务的企业都属于“僵尸企业”,都应该退出市场。实践中,也存在多种情况使财务上处于艰难境地的企业起死回生。例如,创业初期、高投入的技术开发、技术创新等企业,虽然这些企业可能出现了资不抵债、不能清偿到期债务的情景,但由于企业正处于投入期、创业期,可能会在未来取得成功后产生良好的经济效益,从而通过企业自身的能力摆脱暂时的困境。企业能否在可预见的未来摆脱困境的判断主体,应该是对自身财产的安全承担责任的债务人、债权人等相关当事人,政府不应越俎代庖。

(三)应通过合法方式退出市场而未完成退出

从“僵尸企业”的上述特征来看,“僵尸企业”通过破产程序退出市场的条件已经成就。从社会公共政策的角度来看,“僵尸企业”占用了社会资源,但并未产生相应的社会价值。同时,由于“僵尸企业”在可预见的未来不能摆脱困境,其存续往往损害了债权人的利益,使债权更加难以实现。因此,应倡导“僵尸企业”通过法律规定的方式完成清算、退出市场。然而,由于种种原因,“僵尸企业”在事实上未能通过合法方式完成清算、退出市场。

需要说明的是,满足以上所有条件但有特殊情况的企业也不属于“僵尸企业”,如所处行业是国家出于发展战略考虑而给予财政扶持的行业。有些企业虽然持续亏损、资不抵债,又难以仅依靠自身能力摆脱困境,但是能够因国家的发展战略考虑,获得公共财政资金的长期扶持,这些企业不应被认定为“僵尸企业”。例如,国家扶持的农业企业、带动农民脱贫致富的农业开发企业、高新科技企业、影响国计民生的企业等。我们不能因企业持续亏损、资不抵债,就将这些企业划归到“僵尸企业”。

综上所述,一般情况下,“僵尸企业”是指资不抵债、不能清偿到期债务,在可预见的未来无法通过自身能力摆脱困境,应通过法律规定的方式退出市场而未退出市场的企业。

二、破产程序在处置“僵尸企业”中的作用及现状

(一)破产程序在处置“僵尸企业”中的作用

在中央提出的供给侧结构性改革、去库存、去杠杆、化解产能过剩的大背景下,让“僵尸企业”及时、有序地退出市场是必然选择。关于企业退出市场的方式,我国《破产法》《公司法》《合伙企业法》等法律及相关法规,对企业退出市场的程序和方式进行了全面规制。当企业出现法律、企业章程或投资协议所规定的终止情形或者出现《破产法》所规定的破产原因时,企业可以通过主动申请注销登记、庭外债务重组、兼并收购或者启动破产程序等手段终止企业的存续或者走出困境。

关于主动申请注销登记,根据我国《公司法》第188条的规定,清算组在清理公司财产、编制资产负债表和财产清单后,发现公司财产不足清偿债务的,应当依法向人民法院申请宣告破产。因此对于“僵尸企业”而言,其资不抵债、不能清偿到期债务的特征,决定了“僵尸企业”不能简单地通过申请注销登记退出市场。作为注销登记的前提,“僵尸企业”的清算需要借助破产程序予以完成。

关于庭外债务重组和兼并收购,笔者认为,由于“僵尸企业”一般存在严重的企业经营问题和资产、负债问题,仅凭企业自身能力或市场运作方式寻找庭外债务重组或兼并收购的机会,是比较艰难的。实践中,一般也是通过权威第三方的介入尝试予以解决,例如,政府介入协调各方以达成和解或庭外重组方案。然而,由于没有法定、公认的程序安排,缺乏明确清晰的法律规则,这样的处置方式容易难以兼顾各利益相关方的合法权益,容易在债权人和债务人以及债务人的股东之间产生比较严重的信息不对称。① 若处置不当,容易进一步侵害部分利益相关方的权益。

笔者认为,通过启动破产程序使“僵尸企业”退出市场或完成重整,是处置

① 参见王欣新:《企业的挽救制度》,载中国法学网:http://www.iolaw.org.cn/showNews.asp?id=35520,最后访问日期:2016年3月19日。

“僵尸企业”的重要途径。如前文所述,“僵尸企业”的特征表明,对其适用破产法启动破产程序的条件已经成就。破产程序包含了破产清算、和解和重整的程序,为处置“僵尸企业”提供了灵活的操作空间。另外,破产程序是国内外通行的比较完善的法定程序,有利于公平清理债权债务,兼顾债权人和债务人的合法权益,维护整体市场秩序。

综上所述,由于对“僵尸企业”适用破产程序的条件已经成就,而破产程序既能兼顾各方利益,又能为处置“僵尸企业”提供足够的灵活性,应当成为处置“僵尸企业”的主要途径。

(二)通过破产程序处置“僵尸企业”的现状

实践中,真正通过启动破产程序处置“僵尸企业”,对其进行清算或使其摆脱困境的,比例仍然比较低。

全国到底存在多少“僵尸企业”,目前没有权威的统计,但从各级政府成立的“处置办”等类似机构以及建立“重点帮扶企业名录”的情况来看,存在大量的“僵尸企业”。然而,启动破产程序退出市场的企业的比例相当低,破产程序还不是“僵尸企业”退出市场的主要方式。如何充分发挥破产程序在处置“僵尸企业”中的作用,《破产法》的实施在许多方面还存在不足。

另外,政府部门为清理“僵尸企业”而制定的一些政策没有达到真正处理“僵尸企业”的效果,却又阻止了通过破产程序处理“僵尸企业”,也降低了适用破产程序处置“僵尸企业”的比例。截至 2015 年 9 月 23 日,国家工商总局已经同意在上海、天津、浙江等 11 个省(自治区、直辖市)进行企业简易注销改革试点。[①] 试点范围内的部分企业申请注销时,无须经过《公司法》规定的清算、公告程序,凭企业股东的承诺即可办理注销登记。这些企业虽然通过简易注销程序完成了市场退出,但是退出之前的企业财产和债务问题仍然没有得到处理,容易造成“僵尸已去,债未了”的结局,客观上又使破产程序无法用于处置以简易注销退出市场的“僵尸企业”。

① 参见《工商总局关于进一步推动企业简易注销改革试点有关工作的通知》,载国家工商行政管理总局网:http://gkml.saic.gov.cn/auto3743/auto3751/201509/t20150914_161638.htm,最后访问日期:2016 年 3 月 19 日。

三、破产程序在处置"僵尸企业"中未充分实施之原因分析

为何实践中有大量"僵尸企业"未能通过破产程序得到妥善处置？下文将分别从债务人、债权人、政府、法院、管理人等破产程序所涉各方的角度，分析其中的原因：

（一）债务人及其利益关联方不愿启动破产程序

债务人及其股东、实际控制人等债务人利益关联方不愿意主动启动破产程序，其主要原因有以下三点：

第一，债务人股东、实际控制人及高级管理人员存在承担刑事责任的风险。企业出现危机时，为了避免企业走向破产，上述企业相关人员想尽办法予以挽救，常常不惜以跨越法律"红线"为代价，涉嫌非法融资。除此之外，债务人可能存在财务不规范、"两套账"、偷税漏税等违法行为。债务人一旦进入破产程序，债务人股东、实际控制人及高级管理人员将失去对企业的控制，企业的所有违法行为都将无法掩盖，企业相关人员将面临承担刑事责任的风险。

第二，由于预重整制度的缺失，债务人对于申请破产重整的结果没有把握。预重整，是指在申请司法重整之前，债务人与债权人通过法庭外协商确定重整计划，并获得债权人多数同意后，借助重整程序使重整计划发生约束全体债权人的效力，以早日实现债务人复兴的一种拯救机制。[①] 预重整制度是将债务人、债权人自主协商与司法重整相结合的一种制度安排。当企业出现破产原因、陷入债务困境时，对债务人来说，最理想的结果是通过债务重整重获新生。没有预重整制度的安排，债务人担心重整失败后直接进入破产清算程序。而债权人特别是商业银行债权人，因受到本身内控制度的约束，无法对债务人在进入破产程序之前提出的重整计划草案进行表决。因此，没有预重整的制度安排，债务人启动破产程序变得更加谨慎。

第三，债务人股东、实际控制人等在破产程序中得不到充分保护。由于《破

---

① 参见徐阳光、毛雪华：《破产重整制度的司法适用问题研究》，载《法制与经济》2015年第1期。

产法》中没有规定个人破产制度,这也使许多民营企业家在经营过程中,一旦资金链断裂,因经营不善、资不抵债,无法获得破产制度的充分保护。[①] 根据笔者的实践经验,债务人在经营过程中,向商业银行融资时,经常被要求提供个人担保,有的甚至整个家庭成年成员都提供了担保。在民营企业中,这种情况相当普遍。当债务人在经营中存在财务不规范等违法行为时,容易导致人格混同,使股东失去公司有限责任的保护,从而对公司债务承担连带责任。由于上述原因,债务人破产清算后,债务人股东、实际控制人等相关人员,有时甚至包括其家庭所有成年成员面临对债务继续承担连带责任的风险,从此可能造成个人、家庭甚至整个家族再也无法东山再起、重整旗鼓。

由于上述原因,债务人及其股东、实际控制人等利益相关方存在承担刑事责任或连带责任的风险,使债务人及其利益关联方在考虑启动破产程序时比较谨慎。

(二)债权人不愿启动破产程序

债权人不愿意申请启动破产程序,其主要原因有以下几点:

第一,破产程序中债权清偿比例存在重大不确定性。债务人进入破产程序后,如果是破产重整案件,意味着重整计划草案的提交可能需要6个月到9个月的时间;如果是破产清算案件或者由破产重整转为破产清算,从资产、债权债务清理到资产处置变现,程序复杂、时间更长。在此期间,附利息的债权自破产受理时已经依法停止计息。受各种因素的影响,债务人资产的价值将发生不可预计的变化,债权人的可清偿比率存在重大的不确定性。因此,债权人为了最大限度地实现债权,在穷尽一切办法催收债权后才会考虑申请债务人破产。

第二,破产程序中的资产变现情况难以预计。在处置债务人的资产方面,由于缺乏活跃的交易市场,可能导致资产在变现时价值严重贬损,使债权人的利益得不到最好的保护。

另外,对于商业银行债权人而言,债务人进入破产程序后,不良贷款就会暴露出来。在存在担保链的情况下,商业银行的风险还有可能被加倍放大,商业银

---

① 参见王利明:《从"商人跑路"现象看个人破产法》,载王利明:《法治:良法与善治》,北京大学出版社2015年版,第150~154页。

行的业务负责人、放贷经办人员出于业绩的考虑,往往选择拖延时间,期待债务人起死回生。

(三)地方政府出于政绩和维稳考虑不愿“僵尸企业”进入破产程序

其一,出于政绩的考虑,地方政府不愿“僵尸企业”进入破产程序。一方面,地方政府的政绩考核标准往往是GDP增长率、投资增长率、吸引外资投资额等正面指标,大量企业进入破产程序对地方政府的政绩来说并不是正面的事件。另一方面,由于企业间互保贷款的存在,一个企业进入破产清算程序,其他相对优质的企业可能需要承担担保责任而陷入困境,担保圈的风险由此被引爆。而地方政府出于政绩的考虑,绝对不愿意因个别企业的破产清算而引发整个担保圈的风险,也不希望因本地区出现的风险而影响上级政府的政绩。

其二,出于维护社会稳定的考虑,地方政府也不愿“僵尸企业”进入破产程序。企业进入破产程序往往涉及职工安置、民间债权人的涉众事件等影响社会稳定的问题,破产案件给地方政府带来了就业压力和社会维稳难题。

在职工安置方面,由于社会保障制度实施不到位、破产企业职工安置等配套制度的缺失,破产程序让地方政府增加了维持社会稳定的压力。对于进入破产程序的企业职工,目前还没有破产企业职工安置的相关制度安排。职工的保障主要按照《劳动合同法》的规定,根据在职年限和月平均工资计算领取经济补偿,已经参加社保的职工还可以领取失业保险金。尽管官方公布的数据显示社会保障的覆盖率很高,但现实情况是,许多企业(特别是民营企业)出于降低用工成本的考虑,职工并没有全员参加社会保险。社保参保比例不高的现象在中小型城市比较普遍,而在大中型城市相对较好。如温州地区的税务部门在代扣代缴社保费用时,按照企业工资总额一定的比例核定企业应缴社保费用总额和参保人数,其中,苍南县2016年的核定标准是根据不同行业按照工资总额的38%~63%不等的比例为参保基数计算缴纳,这说明企业在参加社保方面存在投保金额不足或参保人数不足的情况,两者必居其一。从浙江省苍南县人民法院受理的一起破产清算案件为例:债务人在职职工73名,实际参加社会保险的只有15名。

当破产清算涉及众多民间债权人时,地方政府维稳压力很大。从苍南县人民法院受理的一起破产清算案件为例:涉及民间债权人200多人,民间债权人多次冲击当地政府、公安、法院等部门。为了解决涉众事件,维护社会稳定,当地县人民政府于2014年1月27日下午召开紧急会议,会议一直持续到次日凌晨4点,商讨对策。地方政府的维稳压力由此可见一斑。

综上,破产案件对于地方政府来说不是正面事件,无论从政绩或社会维稳方面考虑,地方政府都不愿意出现过多破产案件。因此,对于“僵尸企业”,许多地方政府首先想到的是采取各种帮扶救治措施,“借新还旧”,财政“输血”,甚至不惜提供政府信用以帮助它们获得银行贷款。

(四)法院受理破产案件并不积极

法院受理破产案件的积极性不高,主要是由于“僵尸企业”的破产案件往往涉及职工安置、涉众问题等影响社会稳定的问题,超出了破产程序所能解决的范畴,法院无法依靠自身能力在破产程序中对其予以解决。因此,法院在适用破产程序处置“僵尸企业”的过程中,对于很多问题往往不能只依据法律进行判断,还要与各政府部门沟通协调,这给破产程序的推进以及资产的处置带来了很大的法律风险。因此,法院对于复杂的破产案件不会轻易受理。

(五)破产管理人对办理破产案件并不积极

实践中,破产管理人对办理破产案件的积极性并不高,其主要原因是其办理破产案件的成本与收益不成比例。破产案件的处理进度慢、涉及问题复杂、耗费精力大,但报酬较低。

根据《破产法》的规定,破产管理人可以由有关部门、机构的人员组成的清算组或者依法设立的律师事务所、会计师事务所、破产清算事务所等社会中介机构担任。破产管理人在管理破产案件中,需要组建由财务、律师等高级人才组成的管理团队,费用较大。根据最高人民法院《关于审理企业破产案件确定管理人报酬的规定》,管理人报酬按照最终可清偿的财产价值按比例收取,已经设置优先权的财产不计算在内。而企业进入破产程序后,一般情况下,能设置抵押的资产都已经设置了优先权,按照最高人民法院《关于审理企业破产案件确定管理人报酬的规定》第13条的规定,对于设置了优先权的财产,管理人先与担保权人协商,协商不成的,法院可以按照最高人民法院规定标准的10%以内确定。因此,管理人在管理破产案件中,报酬得不到保证。①

四、发挥破产程序在处置"僵尸企业"中作用的建议

企业破产是市场经济的正常现象,企业在经营中不能适应市场的变化,造成经营失败,这是市场经济优胜劣汰的结果。最高人民法院审委会专职委员杜万华指出,处置"僵尸企业"是供给侧结构性改革、提升市场经济竞争力、建立社会主义市场主体退出机制的客观要求。② 为了发挥破产程序在处置"僵尸企业"过程中的作用,在前文所分析原因的基础上,本文提出如下建议:

(一)制度层面:建立和完善我国《破产法》的配套制度

1. 建立预重整制度,提高债务人进入破产程序的信心

在启动破产程序之前,债务人可以预先制订预重整计划草案,并与债权人协商。债权人和债务人就预重整计划草案达成一致意见后,再向法院申请批准重整计划。有法律约束力的预重整制度的安排,可以减少债务人重整的成本和风险,提高债务人进入司法重整程序的信心和重整效率。

2. 建立个人破产制度,保护债务人的股东、实际控制人的利益

民营企业破产后,债务人的股东、实际控制人由于种种原因被追究连带责任,对债务人破产后没有全额清偿的债务继续承担清偿责任。对此,个人破产制度的安排,解决了诚信的债务人的股东、实际控制人的后顾之忧。当然,建立个人破产制度需要考虑的因素很多,相关制度的具体构建,还需要经过谨慎地分析和讨论。

3. 完善社会保障制度,制定并落实破产企业职工安置办法

要解决破产程序处置"僵尸企业"所涉及的社会维稳、职工安置等社会问题,需要完善社会保障制度,并制定和落实破产企业职工安置办法。2016 年 3 月 17 日"十三五"规划纲要正式发布,纲要提出,未来 5 年我国将改革完善社会保障制

---

① 在本人作为管理人参与的 10 多起破产案件中,只有 2 件可以收取管理费获得收益,其余的案件管理费不足以弥补因管理案件所发生的费用支出。

② 参见杜万华:《依法平等保护非公企业 保障非公经济健康发展》,载最高人民法院网:http://www.court.gov.cn/zixun-xiangqing-16862.html,最后访问日期:2016 年 3 月 19 日。

度,实施全民参保计划,基本实现法定人员全覆盖。坚持精算平衡,完善筹资机制,分清政府、企业、个人等的责任。①

另外,政府可设立专项资金用于破产企业职工安置。李克强总理于2016年3月5日在政府工作报告中指出,针对处置“僵尸企业”要完善财政、金融等支持政策。中央财政安排1000亿元专项奖补资金,重点用于职工分流安置。② 可见,政府已经采取了相应措施,但专款的使用应落到实处。

(二)实施层面:从相关主体的角度来看

1.充分尊重当事人意思自治,引导当事人通过破产程序处置“僵尸企业”

当事人意思自治是民事法律制度的基本原则。在破产程序中,债权人对其债权如何处置以及债务人采取何种重整方案,均属其意思自治的范畴。虽然政府从公共政策的角度考虑,倡导“僵尸企业”通过破产程序退出市场,并鼓励多进行重整、少破产清算,但是处置“僵尸企业”最终应当以市场化手段,③而不应当以行政命令的方式进行。对于涉及社会维稳问题的“僵尸企业”,政府、法院和管理人的处置方式,更应注意不得以损害债权人、债务人的利益为代价。

在充分尊重当事人意思自治的前提下,政府应积极宣传破产法律制度,树立典型案件发挥示范效应,使社会公众理解并认同通过破产程序处置“僵尸企业”的作用和优势,通过法定程序保护自身合法利益,从采取被动等待、拖延时间、跑路等消极方式,回归到破产法的框架内解决“僵尸企业”的问题。

2.政府应在法律制度框架内处理“僵尸企业”问题

法律对企业退出市场机制的规定具备其自身的体系性和完整性,政府应遵守相关法律规定,在制度框架内处理“僵尸企业”问题。对于申请注销的企业,应根据《公司法》规定审查企业是否已经清算,若发现在清算过程中出现破产法规定的适用条件,应支持通过破产程序处置“僵尸企业”。而不应采用简易注销等

① 参见《中华人民共和国国民经济和社会发展第十三个五年规划纲要》第六十四章:改革完善社会保障制度,载中国共产党新闻网:http://cpc.people.com.cn/n1/2016/0317/c64387-28207834-16.html,最后访问日期:2016年3月19日。

② 参见《李克强2016年政府工作报告全文》,载中国网:http://house.china.com.cn/apple/fullview_823253.htm,最后访问日期:2016年3月19日。

③ 参见王欣新:《以市场化手段来处置“僵尸企业”》,载中国破产法论坛网:http://www.bbls.org.cn/xwzx/ShowArticle.asp?ArticleID=45215,最后访问日期:2016年3月19日。

方式，仅仅在形式上将“僵尸企业”退出市场，而没有在实质意义上处置“僵尸企业”的债务问题以及“僵尸企业”所占用的社会资源。

3. 法院应建立审理破产案件的专门机构，以创新思维审理破产案件

法院应当设立破产案件审理机构，专门负责破产案件的审理，并建立区别于普通民事审判的业绩考核机制，提高破产案件审理效率。债务人进入破产程序，一般都会延伸出很多民事诉讼案件，例如，行使撤销权引发的案件、管理人为清收债务人财产产生的民事案件。破产案件衍生出来的民事诉讼案件应当剥离到其他民事审判庭审理，使破产审判庭专门审理破产案件，以提高案件审理效率。破产案件历时长、涉及面广、债权人多，还需要与地方政府以及财税、国土、公安等多个政府部门协调，法官在审理破产案件中的付出与审理一般民事案件不可比，应当根据破产案件的特征，建立单独的业绩考核办法，提高法官审理破产案件的积极性。

通过破产程序处置“僵尸企业”，尤其是通过破产重整使“僵尸企业”走出困境，不同于民事诉讼案件审判。不是仅仅将法律规范简单适用于案件事实即可解决问题，还需要审判人员及破产管理人具有丰富的企业经营管理经验，根据“僵尸企业”的资产和债务状况，灵活采用不同的商业方案，使“僵尸企业”及时、有序地退出市场，甚至起死回生。因此，审理破产案件，尤其是“僵尸企业”的破产案件，需要有创新思维，才能平衡债权人和债务人的利益，达到良好的社会效果。例如，在浙江省瑞安市人民法院受理的“新澳啤酒”重整一案中，在重整方不愿承受债务人原有的产业、生产线的情况下，法院批准了重整方承受债务人的无形资产及其相关联的资产的重整计划；在苍南县人民法院受理的“虹泰纸业”破产案件中，在出现民间债权人涉众事件、不良资产难以处置的情况下，批准了剥离不良资产和民间债权的重整计划。从这些案件的结果来看，创新的审理方式加快了案件审理的进度，提高了债务人资产变现的价值，提高了债权人获得清偿的比率，同时保障了债权人和债务人的利益。

4. 调整确定管理人报酬的规则

在以破产程序处置“僵尸企业”将成为常态的背景之下，笔者建议修改确定管理人报酬的规则，从而提高管理人的积极性。例如，对已设置优先权的破产财产如何计算管理人报酬的问题，笔者建议修改最高人民法院《关于审理企业破产案件确定管理人报酬的规定》第 13 条的规定，提高管理人处置优先权财产的报

酬标准。在债务人全部有效财产都被设置物权担保等情况下,应视为破产程序是为担保债权人的利益而进行的,其程序成本如破产费用(包括管理人报酬)和共益债务原则上应从担保物变价款中支付。①

另外,为了解决“无产可破”破产案件的管理人报酬问题,一些法院建立了破产费用专项资金,这在解决管理人报酬问题上起到了一定的作用,激发了管理人的工作积极性。笔者建议该经验应予推广,力争更多法院建立破产费用专项资金,保证管理人的劳动报酬。

五、结　论

作为规范企业退出市场的重要法律制度,破产程序应当在处置“僵尸企业”中发挥重要作用。“僵尸企业”的处置,应当采取市场化的手段,在破产程序的框架内依法处置是最好的选择。面对目前破产程序在处置“僵尸企业”中未充分实施的现状,构建良好的破产法实施环境乃当务之急。

在立法层面,国家应研究并建立预重整制度、个人破产制度并完善社会保障制度,完善我国《破产法》的配套制度。在实施层面,应充分发挥当事人意思自治;政府应减少行政不当干涉,在现行法律制度的框架内处理“僵尸企业”问题;法院应当建立审理破产案件专门机构,以创新思维审理破产案件;应完善确定破产案件管理人报酬的规则,促进管理人引进高级专业人员组建团队,提高管理人团队素质。

要使破产程序在处置“僵尸企业”中得以充分实施,需要当事人、政府、法院、管理人等相关主体之间的良性互动,共同构建一个良好的破产法法律实施环境。这将有利于相关当事人积极采用破产程序清理债权债务关系,使通过破产程序处置“僵尸企业”成为常态。

---

① 参见王欣新:《破产费用、共益债务与物权担保债权间的清偿关系》,载《人民法院报》2015年9月2日,第7版。

化解“僵尸”莫教条　推进破产莫迟疑

叶建平*

在“去产能”“化僵尸”的氛围下，大家知道了很多“僵尸企业”的规范定义、认定标准和处置原则、化解方法，一些人不亦乐乎，一些人如坠雾里，对此，我要大声疾呼：化解“僵尸”莫教条，推进破产莫迟疑。

一、认识“僵尸企业”，重要的不是定义，而是思维的转变

“僵尸企业”是文学性的形象称谓，不是严格意义上的法律规范。可以指称某类现象或者对象，然后运用相关的法律规范加以处置，没有必要非在定义上纠结。由于未能有效运用破产制度，本已“行将就木”，却侥幸“苟延残喘”存活下来的“僵尸企业”大量存在。资料显示，在英国，这类企业约占8%。我国学者何帆运用五种原则性方法和四种综合性方法利用上市公司的财务数据，对2007~2014年以来中国“僵尸企业”的数量和占比变化进行了多角度测度，得出结论：截至2014年，中国上市公司中大约有10%的“僵尸企业”。经过严格筛选审批

* 浙江省温州市人大法工委办公室主任。

管控的上市公司尚且如此,其他企业情形只能更差。如按此标准计算,我国“僵尸企业”可能高达200多万家。“僵尸企业”深陷“财政地狱”,大量消耗社会资料,“僵尸企业阻碍了工人和资金被重新部署至生产率更高的地方,它们阻止新的、更好的企业进入市场,它们破坏竞争力、减少生产力,并拖累整个经济增速。”有人分析,“僵尸企业”曾让日本陷入20年停滞,有人估计,“僵尸企业”将使英国出现“失去的十年”,或陷入长期的停滞。客观而论,我国情况,即使尚未到此地步,也可能接近边缘。除了“僵尸国企”,也有“僵尸企业”;除了“僵尸企业”,实际上值得关注的还有“僵尸债务人”,几百上千万因失败而进入法院程序的被执行人。对待这类活生生的“僵尸”现象,重要的不是定义,而是思维的改变。

二、处置“僵尸企业”,重要的不是形式,而是实质性化解

笔者知道大家足智多谋,神通广大,有很多的办法。但笔者想,最好还是实事求是,识别“僵尸”的标准,重要的不是看起来够漂亮,而是如何符合实际;驱除“僵尸”的方法,重要的不是数起来有多少,而是如何有效管用。笔者认为,判断一个企业是不是“僵尸企业”、有没有其他办法化解,只需问以下5个问题。

1.银行存款有多少?手有余粮心不慌,银行存款可以支撑多久呢?有没有寅吃卯粮、朝不保夕现象呢?

2.没有抵押的财产有多少?一些企业不动产抵押了,设备抵押了,汽车、动产抵押了,股权抵押了,应收账款抵押了,有些可以说维持呼吸的“氧气瓶”也是他人的,即使表面上富丽堂皇,但连一个座椅都已被浮动抵押了,在过度金融化之下,房地产价格下跌,连清偿抵押债务都有困难,还有什么是企业自己的呢?

3.应收账款有多少?别把月光影当作铜钱,中国债务清偿度总体偏低,全国法院执行标的到位率实际不高,这几年我们办理破产案件中应收账款很少能够超过20%的。

4.对外投资有多少?不少企业账本上都有漂亮的对外投资,但实际上很多打了水漂,颗粒无收,甚至还要对外承担连带责任。

5.对外担保有多少?担保形成或有债务,别把或有债务不当债务,实践中我们发现好多企业不把担保债务当债务,在财务报表中也反映不出来,但真正情况惊人,特别是前几年金融机构大力推行互保联保贷款,把很多企业捆绑在一起,

一死全死，没有一个能够逃脱，就算你有超常的盈利能力也是一样。

“事实破产状态”是一种不能自行改变的资债关系现实。如果上述情形不乐观，即使仍能开门生产，甚至还有利润，谁能说不是“僵尸”一具呢？“招商引资”“兼并重组”等，谁能说不能拉人垫背呢？“转贷展期”“时空转换”等，谁能说不是加剧疮面、扩大疫情呢？除了破产，谁能说还有别的出路呢？在企业出现上述破产状态下，法院对个别债权人穷尽措施，谁能说不是另有偏袒、造成更多人的不公平呢？

统计显示，2015 年我国 GDP 67 亿元，增长 6.9%；财政总收入 15 万亿元，增长 8.4%；法院审理、执行结案标的金额 4 万亿元，同比增长 54.4%，问题债务与 GDP、财政总收入比值较高，增速极快。从不同地区来说，较发达的沿海城市债务问题表现尤甚，据了解，东部某城区 2015 年 GDP 450 亿元，增长 8.5%；财政总收入 49.8 亿元，增长 10.2%；该地人民法院当年审结诉讼案件 6346 件，结案标的额 106.7 亿元（标的额不包括破产案件、房地产案件、司法确认案件等没有讼争标的金额或者无法统计后续申报金额的情形），增长 75.5%；当年受理执行案件 2978 件，应执标的金额 39.28 亿元，执结 3219 件，到位 1.39 亿元；恢复执行案件 241 件，应执标的金额 1.79 亿元，到位 1.14 亿元，合计到位 2.53 亿元，总和标的到位率 6.16%，当年立案执结案件标的到位率 3.54%。问题债务与 GDP、财政总收入比值相当高，持续性高涨，通过强制措施执行到位率比较低，“僵尸企业”占用社会资源、耗费社会成本问题严重。严峻形势不言而喻，根本容不得我们作一些教条式的表面应付文章。

三、推进破产审判，重要的不是好不好，而是怎么更好

应对处于事实破产状态的“僵尸企业”，不要模糊问题，不要莫名担忧，回避只能让问题变得更糟。笔者试问以下 6 个问题。

1. 有什么办法督促社会回归理性？（包括投资、交易、金融行为理性和人际关系理性）

2. 有什么办法鼓励大众冒险创业？（要让大家明白创业失败率常在 90% 以上）

3. 有什么办法促使社会建立诚信？（关注交易基础、履约能力、诚信循环）

4. 有什么办法帮助相互友爱关怀?(客观不可改之下没有关怀怎能利他、利己?)

5. 有什么办法有效处置“僵尸企业”?(在负资产过重情况下没有豁免如何再生?)

6. 有什么办法化解当前社会危机?(无视现实,教条应付,须防误事祸国殃民)

笔者认为,最佳答案为:破产,大力破产,常态化破产,毫不迟疑地推进破产。

理性清偿、余债豁免、止损化险、浴火重生,这是个人理解的破产精义。推进破产审判是破解“僵尸企业”的主要办法,有时是唯一办法,这是不以人的意志为转移的现实选择,也是饱含人类经验和智慧结晶的理性选择。

那么,怎样让破产常态化?怎样更好地发挥破产制度效益?我们探索过很多方法,现在再提几个思路:

1. 大力推进破产工作,推动破产案件数量增加 10 ~ 100 倍。常态化破产、及时性破产是基础,巨人崩溃不应是追求的常态。世界各国资料显示,正常合理的企业破产率大都在 1% 以上,我国现有企业 2200 多万家,1% 就有 22 万家,最近 8 年全国法院破产案件均在 2000 件上下,增加 100 倍完全在合理范围之内。温州市有企业 30 万家,2015 年受理破产 233 件,审结 161 件,还可增加 10 倍以上。就笔者工作体会,温州市瓯海区人民法院近 4 年受理破产案件 68 余件,与 2 万余件诉讼、执行案件涉及的标的金额及最终效果基本相当,效果显而易见。要大力宣传破产文化,优化破产环境,尤其党委政府要大力支持破产审判,实质性推进破产工作。

2. 完善发现机制,及时导入破产程序。审理、执行工作中要善于发现破产状态,及时导入破产机制。执行工作中发现有多人对同一被执行人申请的,就要设法对接破产程序。执破衔接现在已经引起关注了,但能不能更早一点,在审理之时就能发现呢?完全可以。从诉讼原理讲,“无争议、无诉讼”,但我们审理的很多案件并无实质争议,实际上就是支付不能的案件,早发现、早处置,早破产、早得益,更早一些导入破产机制,这是笔者想提请大家关注的新的课题。笔者在《重整程序“十八步”》一文中提出,重整程序的第一步就是“发现事由”。发现破产事由是启动程序的前提,债务人要勇于面对并及时处理,债权人也要善于发现并妥善把握破产重整事由状态。要确立适当的发现程序,通过实地调查、资料查阅、财务整理、财务结算以及诉讼、仲裁程序，发现并确认企业法人不能清偿到期债务，并且资产不足以清偿全部债务或者明显缺乏清偿能力，或者有明显丧失清偿能力可能的状况；通过民事责任、刑事责任的追究倒逼债务人及其股东积极申请破产。

3. 尝试集体破产、类破产协商机制。运用破产程序资债底线平衡、依法清偿、余债豁免的原理，在摸清底数的基础上，在一些同行业、同类型、同状况企业以及关联企业、互保联保企业尝试集体破产、类破产机制协商重整，以提高效率和效果。

4. 探索债转股方式。在破产状态下，债务人的总资产实际上已经变为全体债权人的按份共有，通过债转股，包括银行债权转股权，有利于减少清算、拍卖、分配的损失，这可以成为一种底线投资、风险投资的思维。

5. 尝试债权债务证券化。与他人主张的资产证券化不同的是，笔者主张债权债务依法转让、鼓励并购、保护交易，及时处置大部分债权，减少关联人数，为引进战略投资人时减少谈判成本，还可为实现债转股提供更多便利。

“僵尸企业”破产处置中的三个重点问题

赵玉忠[*]　张德忠[**]　赵悦如[***]

“僵尸企业”处置是中央经济工作会议确定的一项经济政策，破产审判是人民法院商事审判的一个独特而重要的组成部分。如何将两者依法有效结合，适用破产程序以更好的助力“僵尸企业”处置，必须要明晰三个重点问题：第一，如何界定“僵尸企业”适用破产程序进行处置的标准？第二，怎样为“僵尸企业”量身定制破产模式？第三，如何优化和完善破产审判的外部环境和内部机制？

一、如何界定“僵尸企业”适用破产程序进行处置的标准

当前，社会各界对于“僵尸企业”的定位和分类有着各种不同的学说和判断标准，在“僵尸企业”界定不清的前提下，法院如何定义“僵尸企业”，成为法院发挥司法能动性以服务“供给侧改革”的障碍之一。对此，笔者有以下几点思考。

---

* 山东省淄博市中级人民法院民二庭庭长。
** 山东省淄博市中级人民法院助理审判员。
*** 烟台大学法学院本科生。

(一)"僵尸企业"定义属于理论探讨,"僵尸企业"定性属于商业判断,而不是法律概念

目前,对什么是"僵尸企业",哪些企业属于"僵尸企业"存在多种不同的主张和界定标准,如"依赖说""纳税说""停产说""跑路说"等,①但各类学说均无法通过描述该类企业的某几个典型特征而准确地将"僵尸企业"的内涵和外延界定出来,也难以成为一个严谨的法律概念,这些界定均不能成为法院依法处置"僵尸企业"的标准,在法律上界定、使用"僵尸企业"的概念需要十分严谨,因为这可能会涉及权益的保护、争议的解决乃至司法强制力的适用。

(二)"僵尸企业"纳入破产程序进行处置的标准只能是符合《企业破产法》的规定

对法院而言,在处置"僵尸企业"中发挥职能作用,必须而且也只能依托破产审判程序。首先,面对"僵尸企业",无论社会各界如何界定,法院应考量"僵尸企业"法律上的破产原因,这事关案件进入破产程序的合法性,应当依法掌握;对法院视野内的"僵尸企业",破产法列举的资不抵债、不能清偿到期债务等法律事实,是启动破产程序的法定事由和法律依据。其次,法院还应依法掌握"僵尸企业"破产程序的启动原因,即只能依法由债权人或者债务人向法院递交破产申请,或者依据执行转破产的相关规定启动"僵尸企业"破产程序。

(三)找准"僵尸企业"破产处置的司法定位是当前法院谋划破产审判工作的立足点

目前正在受理审查和审理程序中的"僵尸企业",才是法院主要的研究对象,是法院参与"僵尸企业"处置工作的立足点和切入点。法院最需要做的,就是对那些进入破产程序的"僵尸企业"进行系统梳理,科学分类,制定因案施策、因类施策的司法应对措施,确保在国家依法处置"僵尸企业"的过程中,法院的破产法不再"缺位",那么,人民法院的破产审判大有作为。

---

① 王欣新:《僵尸企业治理与破产法的实施》,载《僵尸企业处置与破产审判工作专题研讨会论文集》,第3页。

二、如何为“僵尸企业”量身定制破产处置模式

《2015年中央经济工作会议公报》指出,“要依法为实施市场化破产程序创造条件,加快破产清算案件审理。要提出和落实财税支持、不良资产处置、失业人员再就业和生活保障以及专项奖补等政策,资本市场要配合企业兼并重组。要尽可能多兼并重组、少破产清算,做好职工安置工作。”在国务院文件和李克强总理的讲话中,也多次强调要实施市场化破产,尤其是利用破产法处置“僵尸企业”。面对已经或者即将进入破产程序的“僵尸企业”,应当选择重整还是选择清算,若重整应选择何种重整模式,属于整个工作的方向选择和目标定位,是首先需要面对的问题。结合近年来淄博市中级人民法院承办的若干破产案件,我们有以下思考。

(一)面对“僵尸企业”,坚持透视环节的“两层面”:法律上的破产原因与商业上的致“僵”原因

首先,法律上的破产原因,事关案件进入破产程序的合法性,应当依法掌握。法院视野内的“僵尸企业”,破产法列举的资不抵债、不能清偿到期债务等法律事实,从法律上讲属于破产原因,是启动破产程序的法定事由和法律依据。其次,商业上的致“僵”原因,事关处置方向的选择,必须深度发掘。就像医院门诊接待病人,发烧是临床表现,扁桃体发炎还是急性肠胃炎才是病灶,上述法律事实只能算是临床表现或者说是生命体征,发现病灶才能决定用药与手术方案。

(二)处置“僵尸企业”,坚持考量因素的“二元制”:总体负债情况与企业核心竞争力问题

企业负债无论大小,都属于适用破产程序能够解决的法律问题,而企业核心竞争力则更多地属于一种商业和市场判断。判断企业是否具有核心竞争力,最主要的是看其产品的市场前景和利润空间,在不考虑企业负债总成本的前提下,考察单位产品的投入(设备折旧、劳动力报酬)与产出(销售价格)。只有企业产品具有价格和市场竞争力,才能认定企业具有核心竞争力,才有适用重整程序进行司法挽救的价值。

(三)选择处置模式,坚持衡量标准的"两点论":重整侧重"激活",清算侧重"盘活"

重整、清算与不同类型的"僵尸企业"相对应,都属于盘活、配置市场资源的法定方式。重整针对上述存在核心竞争力的企业,着力点是"激活",立足于挽救企业的营运价值,促进资源有效配置;清算则针对生存能力丧失殆尽的"僵尸企业",着力点是"盘活",适用于淘汰落后产能,盘活存量资产。近年来,由于受政府机构和金融机构负责人特定任期制、传统维稳观念以及对法律程序理解不到位等因素的影响,破产重整程序存在一定程度的滥用,在浪费司法资源的同时,也浪费了大量的经济和社会资源。中央经济工作会议提出"尽可能多兼并重组、少破产清算",如果对这一要求不及时作出依法、理性的权威解读,极有可能发生重整程序被不当滥用扩大化。我们认为,兼并重组过程中既可以适用重整,也可以适用清算,认为兼并重组就必须适用重整程序是一种对法律程序的误解、对中央经济工作会议表述的误读。应当明确,清算也是一种配置资源的方式,清算也需要战略投资人接盘,清算过程也存在整体性出售问题,出售式重整过程也存在清算环节,清算也可以实现兼并重组目的。

三、构思重整模式,坚持关注重点的"双维度":存续型重整关注"原企业法人外壳"价值,出售式重整关注"企业内在运营价值"维护

按照企业法人资格是否存续为标准,重整可以划分为两种模式:存续型重整与出售式重整。企业存续型重整是我国现行破产法规定的重整模式,其标志性特点是保持原有法人资格存续。出售式重整是理论界探讨的模式,其标志性特点,是不保留原债务人企业的存续,在事业转让之后将债务人企业清算注销。

(一)出售式重整在处置"僵尸企业"方面大有作为

目前,"僵尸企业"普遍存在以下情形:一是由于长期不能清偿债务甚至严重资不抵债,企业商业信誉、银行信誉丧失殆尽,原企业法人外壳没有继续保留的

价值;二是企业原股东及管理层要么“跑路”,要么基于各种动机,怠于履行职责甚至拒不履行职责,原企业法人治理结构和经营管理无法改善;三是企业存在诸多隐性债务,若保留原企业法人资格,重整后的企业面临债务增加的风险。对于具备上述特点的“僵尸企业”,适用出售式重整模式,在挽救困困企业、保护企业运营价值方面具有普遍性意义,值得借鉴。

(二)存续型重整应从严把握

企业采取存续型重整后存在不良征信记录等经营障碍难以解决。因此,只有原企业法人外壳确有保留价值时才考虑采用存续型重整模式。例如,原企业法人外壳具备某种市场或领域的稀缺性或者独占性,某些特殊的行政许可与企业外壳不可分离,如上市公司的“壳资源”、建筑企业的经营资质等;新介入的战略投资人与原企业的技术团队、管理团队能够形成一个各方利益均衡、共谋企业发展的“兼容”格局;战略投资人“激活”原企业产生的商业价值,远远高于采纳存续型重整模式所付出的代价。

(三)积极探索创新破产新模式

破产推进是目的,破产模式是载体和形式,在法律规定的范围内,应积极探索创新符合需要的破产新模式,如瑞安市人民法院对于具备优质资产的债务人企业,确保其为诚实债务人的前提下,为保障债权人利益,探索“清算式重整、概念式重整、重整式和解”等多元途径挽救具备再生能力的“僵尸企业”。①如针对建筑企业破产重整,温州市瓯海区人民法院创造性地采用分离式处置模式。②

① 参见瑞安市人民法院课题组:《僵尸企业司法处置情况的调研报告——以瑞安法院破产审判实践为范本》,载《僵尸企业处置与破产审判工作专题研讨会论文集》,第40页。

② 参见徐阳光、叶希希:《论建筑业企业破产重整的特性与模式选择——兼评“分离式处置”模式》,载《法律适用》2016年第3期。

四、如何优化和完善破产审判的外部环境和内部机制?

(一)破产程序的推进机制实质上是"司法、行政二元制"结构,当前依法处置"僵尸企业"的大环境,是法院破产审判从根本上优化外部环境、建设"府院联动机制"的历史性机遇

1. 破产案件推进中的两大外部"瓶颈"

淄博市中级人民法院于2015年第四季度组织了全市法院破产审判专项调研,归纳了破产案件推进中的两大外部"瓶颈":问题①房地分离、权利瑕疵、混合占有等,导致破产财产变现旷日持久;问题②职工信访、维稳压力,导致法院在案件推进中压力重重。问题①的财产处置,着眼点是破产企业的"物",实质上是政府的房产、土地、规划、税收等行政执法、行政服务职能不作为问题;问题②的职工安置,着眼点是破产企业的"人",实质上是政府的社会保障职能不到位问题。这两个外部"瓶颈"不突破,法院的破产审判工作局面绝对不可能有实质性的改观。

2. 破产程序的推进机制实质上是"司法、行政二元制"结构

破产程序的推进司法、行政缺一不可。即法院负责破产案件的节点把关,程序监督;政府负责企业破产衍生的诸多职工、维稳、行政执法、公共服务等事务。破产审判要摆脱被动、开拓局面,上述两个方面缺一不可。一方面,2007年《企业破产法》在以国际上通行的管理人制度取代老破产法的清算组模式之后,地方政府淡出破产事务有了立法层面的依据;另一方面,在中国,企业破产既是法院的案件,也属于社会事件,地方政府的缺位事实上造成了近些年来破产法社会职能的弱化。为此,最高人民法院一直强调建立"府院联动机制",向国务院发司法建议,建议成立破产事务管理局承接破产案件衍生的诸多司法职能之外的事务。另外,自《企业破产法》实施以来,温州、深圳等地区的破产审判发展较快,与地方党委政府的高度重视和全力支持密不可分。

综上,依法处置"僵尸企业"政策,发端于党的十八届五中全会,明确于中央经济工作会议,体现在各级党委政府促进经济转型升级的整体布局和各项决策部署中,这是法院破产审判顺势而为、突破"瓶颈"、优化环境的历史性机遇期。

(二)依法处置“僵尸企业”,引发破产案件大量增加,有助于直面法院内部的体制、机制、理念性障碍,促使破产审判摆脱边缘化、步入常态化

反思长期以来法院的破产审判,从内部障碍角度分析,其客观原因:一是内部工作动力不足。破产案件工作量隐性化,导致“破产审判边缘化”,在庭上、承办法官两个层面上都有体现,阻碍了破产案件像普通诉讼案件那样常态化推进。二是内部工作机制不畅。现行破产案件审判流程与法律规定的应然状态存在一定差距,有的规定存在虚化管理人职能、弱化债权人会议职权、加重法院职责与风险空间的倾向性,个别规定存在破产财产处置泛普通审判执行案件化倾向,影响了破产案件的推进效率。其主观原因有:作为业务庭,在每个月、每个时间段的工作布局上,存在“先诉讼案件后破产案件”倾向,破产审判客观上被边缘化。

当前,宏观经济形势和国家经济政策都决定了今后破产案件的数量会大幅度地增长,案件数量的快速增加,将倒逼破产审判内部工作机制的优化和创新,并逐步推进破产案件受理和案件推进的规范、有序、高效。对此,淄博市中级人民法院积极推进并积累了一定的经验。

1. 成立清算和破产审判庭,以队伍专业化促进破产审判常态化

根据最高人民法院杭州会议要求,淄博市中级人民法院成立清算和破产审判庭。首先,在庭内分工上,确定第一合议庭作为专业破产合议庭,承办原有破产案件和新受理的重大、疑难破产案件,不再承办普通一审诉讼案件;第二合议庭主办普通一审和涉外商事案件,并着手新收简易破产案件的受理审查和审理工作。这一模式既能保证全庭审判业务思维和视野不至于因单纯的破产案件审判而趋于狭窄,也为应对破产案件大幅增加预留了审判力量空间。其次,业务配置上,以破产案件审判为主体业务,兼管公司类(公司内部治理、股权转让等)、金融借款类(金融借款、企业借贷等)审判。基本考虑为:从法律体系讲,破产法属于市场主体退出法,公司法属于市场主体准入法,破产案件与公司类案件在法律适用层面,交集比较大。从审判实务来看,破产案件与金融借款案件高度关联:破产案件受理前,企业的债务危机一般表现为大量的金融借款、企业借贷案件;破产案件受理后,破产企业涉及的金融借款、企业借贷案件即转化为破产衍生诉讼案件;破产案件审理所要解决的,就是对破产企业面对的大量债务,尤其是金融债务的依法、公平清偿问题。将上述公司类、金融借款类案件由清算和破产审

判庭负责,既有利于法律适用的规范统一,也能够确保相关案件的统筹推进。

2. 建立破产案件审理经验归纳总结机制,以案件处置类型化探索破产审判经验定型化

“僵尸企业”处置的统筹推进,涉及方方面面,下面结合淄博市中级人民法院的部分案例,谈一下企业破产处置中的三个点,即资产管理、资产变现和投资人招募。

(1)关于资产管理方式

当前的“僵尸企业”,管理混乱、资产闲置是当前“僵尸企业”的一种常态,进入破产程序后,在资产管理模式上,普遍存在“两难处境”:一方面,原企业法人治理结构和经营管理无法改善,债务人自行管理方式不具可操作性;另一方面,管理人并不具备特定行业的经营管理经验,难以有效管理公司经营事务并实现对公司财产的维护和保值。因此,一定要强化“破”中有“产”的理念,即使是破产清算程序,管理人也要立足债务人财产的客观状态,以“避免贬值、确保保值、力求增值”为目标,避免闲置浪费,力争保值增值,科学制定并负责人的落实资产管理方案。

观点1:坚持两个有利于标准。一是有利于“企业资产保值增值”,二是有利于“维持企业生产功能”。只有坚持这两个标准,才能最大限度地实现资产变现最大化,维护职工和广大债权人的利益。

观点2:只要坚持两个有利于标准,任何管理模式都可以尝试。一是以山东省淄博医药采购供应站破产清算案为例。山东省淄博医药采购供应站破产清算,对破产财产的管理模式为由管理人对破产财产进行全面接管,在破产清算过程中,管理人对破产财产主要是沿街商业房对外出租,收取租赁费用。其效果为:债务人破产财产处置需要一个过程,在此期间,管理人对债务人的房产出租,防止有效资产闲置浪费,使债务人破产财产保值增值,有利于保护债权人利益。二是以淄博兰雁集团有限公司破产重整转清算案为例。淄博兰雁集团有限责任公司重整转破产清算以后,资产管理模式是由战略重组方先期以租赁的方式租赁兰雁集团的有效资产进行生产经营。其效果为:①使企业有效资产继续发挥生产效益,防止有效资产闲置浪费,使债务人破产财产保值增值,有利于保护债权人利益;②在战略重组方租赁经营期间,原债务人企业职工继续上班,保证了职工队伍的稳定。三是以淄博钜创纺织品有限公司、淄博恒丰服装有限公司破

产重整案为例。高青县人民法院在审理钜创公司、恒丰公司两案过程中,鉴于均存在战投参与重整,且战投属于同行业的现状,由管理人将公司整体资产托管给战略投资人经营管理。从实际效果来看,投资人具有同类业务经营管理经验,在管理人的委托和监督下,负责重整期间生产销售业务的具体经营管理、资产的维护;原企业的全体职工继续上岗,由投资人为其发放工资并缴纳社会保险,化解了职工上访风险,减轻了管理人的压力。因此,在战投属于同行业取得情形下,采用"资产整体托管"模式能够达到了生产不停、队伍不散、市场不丢的效果,为重整工作的顺利推进奠定基础。

(2)关于资产变现方式

观点1:"僵尸企业"财产是"整体变现"还是"分体处置"应灵活使用。一是对具有某些潜在优势"僵尸企业"的资产进行变现,尽可能确保破产财产完整性,采取整体变现的方式。该方式的特点为:由于生产经营及配套设施相对完整,买受人权利集中,适宜投资人进行投资收购并重建劳动组合,恢复生产经营,对投资人参与竞买有较大的吸引力。整体变现的方式比较灵活,既可以采用协议方式,也可采用拍卖方式。以淄博钜创纺织品有限公司、淄博恒丰服装有限公司破产重整案为例。在钜创公司重整中,战投公司以协议方式溢价收购全部破产资产并承接了全部职工。在恒丰公司重整中,战投公司以评估价的87.7%的价格协议收购全部破产资产并承接全部职工。两个公司的资产变心均实现了财产价值变现"最大化"目标,也实现了市场要素的最佳结合,保持了破产企业的整体生产功能的延续。两企业财产均采取的协议方式。二是对于生产功能恢复困难的淘汰行业"僵尸企业",可采取分体拍卖的方式。该方式的特点为:企业的机器、设备一般属于市场淘汰范围,难以变现;土地、房产再利用价值较高,在剥离机器、设备后对于投资人有一定的吸引力。以淄博邦德陶瓷有限公司破产清算案为例。在邦德公司破产清算程序中,陶瓷设备评估值占总资产的1/3,但只能作为废品处置,唯一具有变现优势的为地理位置较为优越的土地。为此,在变现中采用了不动产与动产分别打包拍卖的方式,土地、房产最终以80%比例变现,买受人竞得后拟拆除地上建筑物,再投资5000万元开发商业地产,既实现了财产变现"价值最大化"目标,又淘汰了落后产能并盘活了土地资源。

观点2:"僵尸企业"权利瑕疵财产变现应坚持公示和公开原则。权利瑕疵破产财产的变现难题,主要表现为:破产企业地上建筑物所有权与土地使用权分离,导致无法变现;划拨土地上存在第三方权利,对破产工作形成障碍,等等。这属于长期困扰法院破产案件顺利推进的障碍。

首先,以淄博热电股份有限公司破产清算案为例。该企业破产资产中的部分房产等企业固定资产存在占用周边村庄集体所有土地的情况,甚至存在作为企业破产财产的部分基础设施(供电设施、供水设施)与周边居民生活区共同使用的情况,破产资产变现难度大,需管理人和法院协调处理问题多。其做法为:管理人对瑕疵财产进行深入调查,详细了解瑕疵资产的客观状况,并制作《瑕疵资产状况调查报告》。报告完成后,管理人将该报告向债权人委员会和法院破产审判合议庭汇报,由债权人委员会决定是否按照破产资产一体化处理方案的要求公开拍卖瑕疵资产。如果债权人委员会决议将瑕疵资产与破产资产整体拍卖,拍卖机构在发布的拍卖公告将向不特定的竞买人全方位公布瑕疵资产存在的问题。竞买人报名竞拍瑕疵资产的,在拍卖之前管理人负责与竞买人签订《破产资产瑕疵状况告知书》并告知竞买的后果。在竞买人购买破产资产后,管理人负责资产过户手续及续租协议的办理事宜。如管理人办理后续问题中遇到障碍,法院负责通过与政府房屋管理、土地管理、社区居委会建立的协调联动机制,解决好瑕疵资产拍卖后的过户及管理问题。简单地讲,就是在破产资产处置环节探索实行了“瑕疵破产财产公示—参与拍卖竞买人签署保证协议—管理人主导资产处置—法院托底保障过户”的瑕疵破产财产处置模式。

其次,以沂源县丝绸公司破产清算案为例。该企业房屋作为企业破产资产,而土地使用权属山东省丝绸集团公司所有,如对破产资产进行拍卖处置,则会造成竞买人购买房屋后无法办理房屋占用土地的产权过户手续。其做法为:法院负责与山东省国有资产投资控股有限公司、山东省丝绸集团有限公司协调,争取山东省丝绸集团有限公司同意并委托管理人将土地使用权变现。管理人在取得山东省丝绸集团有限公司的授权委托之后,向债权人会议进行专项汇报,取得债权人会议一体化处置破产资产的决议。管理人获得第三人授权及债权人会议决议之后,申请法院委托山东产权交易中心对破产资产进行公开拍卖处置。拍卖机构按照管理人要求及山东省国有资产投资控股有限公司关于国有资产处置的政策规定,在山东产权交易中心交易平台,对本案涉及的国有资产及破产资产进行处置。资产变现后,将土地使用权变现所得及时向第三人过付。简单地讲,我们称为“破产资产与第三人资产合并处置按比例分配”的破产资产处置模式。这种资产处置模式,既符合国家关于国有资产处置变现的相关规定,也实现了破产资产尽快变现,又确保了资产竞买人取得瑕疵资产后办理完整的产权手续,最大限度维护了债权人利益,取得了良好的社会效果。

(3)关于投资人招募机制

近年来,淄博市中级人民法院在投资人招募问题上存在几个误区:一是招募投资人适用于重整,破产清算程序不需要;二是招募的投资人是应当对企业进行整体性承接,不可以分成几部分;三是投资人对所投标的移转占有与支付对价应当同时进行,不可以分成几步。

观点1:清算也需要战投。在破产清算过程中,引进投资人注入资金并优化企业,最大限度偿还债务并保留现有成熟技术工人与管理团队,对于避免破产清算带来的大量职工失业问题,维护社会稳定,促进区域经济发展、增加地方及国家财政税收收入具有重要的社会意义。以淄博兰雁集团有限公司破产重整转清算案为例。淄博兰雁集团有限公司属于先重整未成转清算的案件,但兰雁集团复杂的历史背景、沉重的债务和庞大的企业包袱,决定了尽管是破产清算,但企业彻底解困的关键,仍然是引进有实力的战略投资人。在与前后十几位投资者谈判未成后,兰雁集团管理人根据投资人的经营领域和关注重点,初步确定天虹集团和上筛公司,选择兰雁集团的不同资产作为谈判标的,最终达成先租赁经营、后整体收购的投资运营协议。一般来说,破产清算案件的接盘者只要具备足够的实力和能力,能够提供充足资金购买破产资产用于偿还债务即可。法院和管理人在此过程中一般可委托拍卖机构招募投资人,必要时可通过政府招商平台发布招募信息。以淄博邦德陶瓷有限公司破产清算案为例。邦德公司资产处置中,管理人全部委托拍卖机构招募投资人,法院、管理人仅对招募公告、拍卖、过户等环节进行全程监督,保证资产处置的合法性和公开性。

观点2:重整方式招募投资人应从严把握。招募破产重整的投资人,除具备资金实力外,还必须满足以下条件:投资人行业应与重整企业具有密切产业关联并可提供完善的管理制度和生产技术,能够提高重整企业的竞争力,挽回原客户对重整企业的信心。招募程序上一般分为三个阶段:一是投资人与政府之间应签订投资意向书,由政府为其提供招商引资的政策保障;二是投资人与管理人签订参与重整协议,由投资人根据管理人的要求承诺提供投资资金等重整条件;三是重整计划通过、批准和执行。以淄博恒丰服装有限公司破产重整案为例。恒丰公司在第一次债权人会议召开前,资产、负债情况已经初步明晰。据此,高青县人民法院在指导管理人开展招募投资人工作过程中,要求投资人必须属于服装行业,并可提供完善的管理制度和生产技术,还要全盘接受恒丰公司资产和职工。管理人通过招商部门联系到江辰公司,并由政府分管县长出面签订了投资意向书,由政府为其提供招商引资的政策条件。之后,江辰公司的子公司卓丰公司与管理人签订参与重整协议,以评估价格 87.7% 的比例接盘恒丰公司全部资产及全部职工。管理人以上述协议为基础制订了重整计划草案提交债权人会议表决通过并经法院裁定批准后,卓丰公司接受了恒丰公司全部职工并将重整资金打入管理人账户,重整计划得以顺利执行。

威海市经济技术开发区人民法院清理“僵尸企业”的创新和思考

许良芳*

党的十八届五中全会以来，中央高度重视“僵尸企业”处置问题，提出了资产重组、产权转让、关闭破产的处置“僵尸企业”的主要路径，明确了“重组救活为主、破产退出为辅”的处置“僵尸企业”的基本原则。山东省积极推行供给侧改革，对严重过剩行业进行“壮士断腕”式的去产能，同时大力扶持工业转型升级和创新驱动。最高人民法院提出，以“去产能、去库存、去杠杆、降成本、补短板”五大任务为目标，依法积极开展破产案件审理，充分发挥破产审判职能，努力营造市场化破产的良好司法环境，切实推动破产审判工作常态化、规范化、法治化。威海市经济技术开发区人民法院（以下简称经区法院）的破产审判工作围绕这一思路，不断探索、创新。

---

* 山东省威海经济技术开发人民法院民事审判庭庭长。

一、威海市经区法院审理破产案件的特点

(一)审理破产案件的数量逐年增长,至2016年已呈大幅增长态势

当前,我国经济发展进入新常态,既面临大有作为的重要战略机遇,也面临诸多矛盾叠加、风险隐患增多的严峻挑战,经济下行压力加大。威海经济技术开发区出现了许多非公有制企业因资金链断裂而选择民间高利贷饮鸩止渴导致资不抵债,部分企业弃企跑路。这些企业实际上已经成为“僵尸企业”。

据统计,经区法院自2010年建院以来,共受理破产案件16件。其中,2011年受理1件,2012年受理3件,2013年受理1件,2014年受理2件,2015年受理3件,2016年1~4月受理6件;受理的破产案件中,清算案件7件,重整案件9件,年均立案3件。目前,已审结案件3件,其中,重整案件2件,清算案件1件。受理的16件破产案件涉及资产总额达28亿元,负债总额近44亿元,职工人数达5000人。相对于威海其他基层法院,经区法院破产案件数量较多,呈现逐年增长的态势,2016年1~4月已受理6件,根据经区法院辖区经济状况,预计2016年下半年破产案件数量会大幅度增长(见表1、图1)。

表1 2010~2016年4月经区法院受理及审结破产案件情况

时间	收案(件)	资产总额(万元)	负债总额(万元)	职工人数(人)	结案(件)
2011年	1	9	63	32	1
2012年	3	76,000	86,000	1300	0
2013年	1	776	11,000	75	1
2014年	2	102,859	233,162	2906	1
2015年	3	21,417	23,271	56	0
2016年1~4月	6	84,012	86,296	656	0
总额	16	285,073	439,792	5025	3

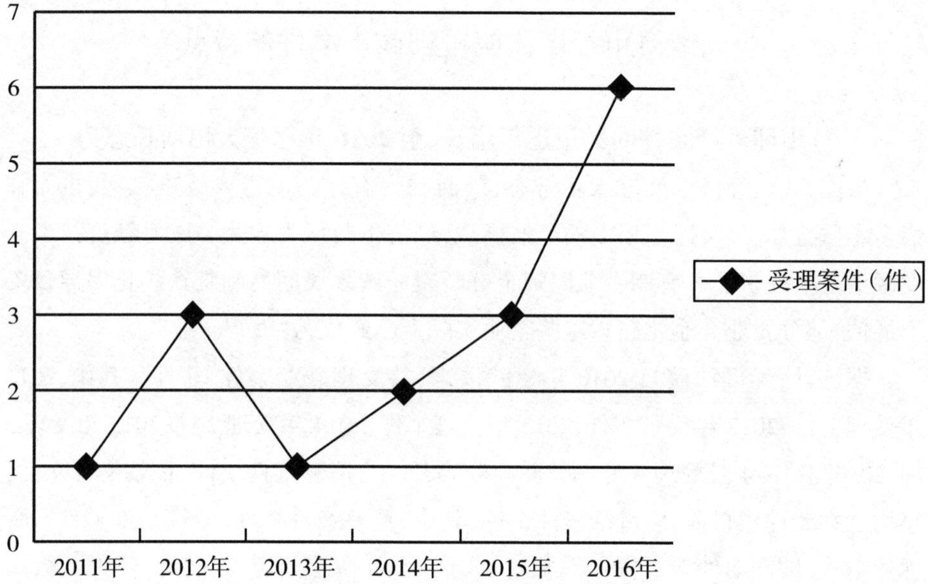

图1　2010～2016年4月经区法院受理破产案件趋势

(二)贯彻多兼并重组、少破产清算理念,拯救企业,公平清偿

在受理的破产案件中,重整案件比重大,共9件,占破产案件的60%,普遍高于威海市其他法院,这是经区法院破产案件的一个显著特点。自2012年受理重整案件3件以来,经区法院每年至少要受理1件重整案件,仅2016年第一季度就受理重整案件达4件。在受理的9件重整案件中,已重整成功2件。

与破产清算程序相比,重整程序更能发挥救助功能。因为"僵尸企业"虽丧失盈利能力或清偿能力,但仍具有运营价值,对这类企业,积极适用重整、和解程序,可以帮助企业改善经营、更新营业,从而消除僵尸症状,实现良性发展。尤其是在经济下行,"转方式""调结构"的改革攻坚阶段,经区法院成功重整经验能促使大量的"僵尸企业"选择走向重整程序挽救的道路,预计今后重整案件会大幅度攀升(见图2)。

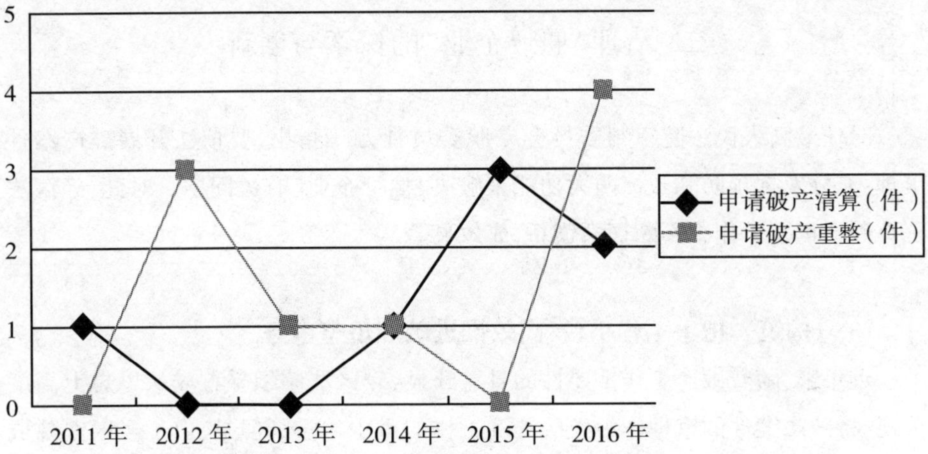

图2　2010～2016年4月经区法院申请破产清算与申请破产重整趋势

(三)破产企业类型多样化,私营企业比例较高

在受理的16件破产案件中,集体企业1件,外商独资企业2件,中外合资企业1件,民办学校1件,其余11件均为有限责任公司和股份有限责任公司。就破产案件的企业类型而言,除船舶、机械、药品、医疗器械等常规制造业外,还有房地产、装饰、进出口贸易、酒店等企业(见图3)。

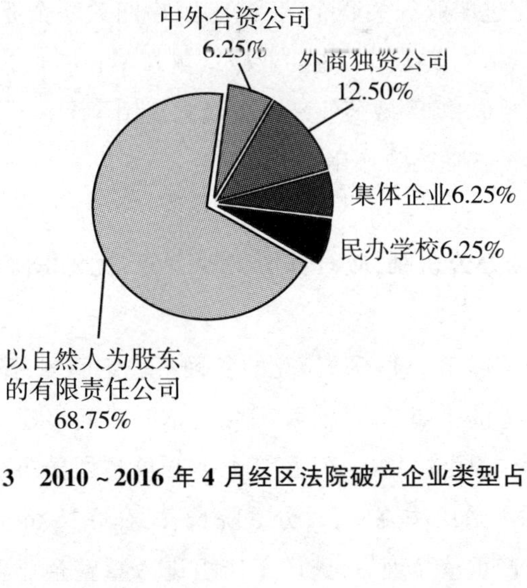

图3　2010～2016年4月经区法院破产企业类型占比

二、清理“僵尸企业”的探索与创新

时任最高人民法院审判委员会专职委员杜万华指出,要依法开展破产案件审理,充分发挥预防和救治两大功能来解决“僵尸企业”有关问题。对此,经区法院在破产审判工作中不断探索创新,成效显著。

(一)构筑一把手工程平台,高效推进破产重整事务

近年来,随着破产工作重要性的日益凸显,经区法院领导首先从思想上高度重视,将破产案件的审理作为经区法院工作的重中之重。但是,由于经区法院成立较晚,案多人少现象突出,现有在编干警仅31人,审判力量严重不足,面对如此现实困境,如何高效有序地推进破产审判工作,成为法院领导亟须解决的新课题。经区法院党组研究决定,将破产审判工作提升到一把手亲自抓的工作高度。只要是重整案件和案情复杂、涉及社会稳定和经济秩序等影响较大且政府关注的清算案件,就由院长亲自带队,构筑由法院院长、分管院长、民庭庭长、审判员4人组成的工作平台,深度参与破产案件审理工作。主要包括:讨论分析案情,调度各类资源,协调政府各部门配合、监督、指导管理人开展工作等。受理的16起破产案件中,被列于一把手工程的破产清算案件3件,破产重整案件9件,包括百圣源三关联企业、三进船业三关联企业、鸿宇医疗四关联企业、爱威药业的破产重整案、正土房地产清算案等。三进船业破产重整案在院长有力的领导下,仅用了1年4个月就重整成功,爱威药业破产重整案仅用了11个月就重整成功,凸显了一把手工程平台的快捷高效作用。

(二)创建现场办公机制,应对各项突发事务,优先保障职工权益,维护企业稳定

为了应对因破产震荡带来矛盾激化的各种不稳定问题,提高工作效率,在重大破产重整案件受理的初期,经区法院都会在第一时间组建破产工作组到企业现场办公。破产工作组由法院组、经区管委破产重整领导小组和破产管理人组成,其中,法院组的人员由法院院长、分管院长、民庭庭长、审判员4人组成。百圣源三关联企业破产重整受理后,破产工作组进入重整企业现场办公长达6个

月,三进船业三关联企业破产重整案进场办公4个月,对案件审理中的职工稳定、金融风险、恢复生产资金等各种风险隐患问题研究沟通,形成各种行之有效的工作机制:以法制局为主创立了每日风险隐患通报制、以公安局为主建立了每日巡逻安保通报制、以人社局为主建立了职工权益问题答疑沟通制等。采取创建破产企业重整网站、QQ群形式,大力宣讲破产法律制度,掌控舆论主导权,第一时间披露相关信息,最大限度稳定债权人和职工情绪,防止出现大规模群体事件。

将职工权益保障问题及职工分流再就业问题作为头等大事先予解决。①畅通职工诉求渠道,制定优先解决职工问题预案。破产工作组坚持一线办公,根据管理人统计的职工债权情况,协调经区管委相关部门,召开职工大会,向广大职工通报职工债权审查的情况,职工分流政策、工资及保险的清缴程序和时间表,解答职工相关疑问,摸清职工利益诉求,及时公示职工债权信息和分流安置方案。经过通畅、及时的沟通,消除职工的误解,稳定了他们的情绪。②兑现职工合法债权。坚持司法公开的原则,及时将管理人统计的各类职工债权在公司的厂区、办公室张榜公布。按照法律框架内“就高不就低”原则,依托管委筹措资金,先行解决职工反映强烈的工资、社会保险、经济补偿等合法权益。百圣源三关联企业重整案仅用2个月的时间,协调管委筹措资金8400多万元用于解决了百圣源1300多人的拖欠工资、社会保险和经济补偿金及10,000人的职工集资款。三进船业三关联企业重整案仅用3个月协调管委筹措资金8800万元,解决了2900名在职及退休职工的工资、社会保险和经济补偿金。③做好职工分流安置。举行专场招聘会,帮助解决分流职工就业问题。三进船业分三批次分流安置在职职工1970人,保留了30名技术骨干配合开展招商和破产重整的事宜,百圣源分流安置职工1100多人,仅留用技术骨干200人。

职工权益及时妥善的解决,为重整案件顺利推进打下了坚实的基础,同时也为社会的稳定扫除了障碍。

(三)创新管理人指定机制,明确管理人职责

1.制定管理人指定细则和管理人分级管理办法

为了公平高效地审理破产案件,规范管理人工作及确定管理人报酬,明确管理人职责,根据我国《企业破产法》及相关规定,结合经区法院审理破产案件的实

践,制定了经区法院《关于审理破产案件指定管理人、确定管理人报酬及管理人职责的规定》(以下简称《规定》)和《破产案件管理人分级管理的办法》(以下简称《办法》),通过《规定》共4章24条细化了管理人如何指定、明确了管理人的职责分工、确定管理人报酬收取的方法等,通过《办法》共13条对管理人进行分级管理。在管理人名册中,根据其履职情况、职业能力、工作绩效、勤勉程度等因素,对管理人进行一级、二级投票评定,并规定了晋级和降级制度。通过这两份规范性文件,规范了管理人的职责,提升了管理人的水平,为法院破产案件的高效、高质量审理打下了良好的基础。

2. 启用复合型管理人提高破产案件效率

打破过去传统的只选定一家社会中介机构的单一管理人的选定办法。复杂程度较高的破产案件,经过严格的考察、考核和筛选,指定一家会计师事务所和一家律师事务所组成复合型管理人。经区法院明确划分了其工作范围和工作职责,律所主要负责债权确认、重整草案制定等法律事务工作,会计所主要负责账目审计、资产评估等会计领域的工作,其他重整事务工作由双方共同配合完成。该管理方式有利于重整事务中债权确认的法律事务工作和账目审计、资产评估工作同时进行,提高了工作效率,节省中介机构费用,并形成竞争效果,充分发挥管理人的工作积极性和主动性。

建立与管理人联系的链条机制,定期召开管理人调度会,听取其阶段性工作汇报,并对下一阶段工作作出安排;定期召开研讨会,对其在履行职责过程中遇到的困难及其法律问题共同讨论研究决定;定期召开风险评估会议,对职工及债权人上访等不稳定因素进行预测并制定预案。

正是在管理人制度上的创新,使法院能放手将具体事务全部交由管理人办理,而将主要精力都投入在案件的关键节点问题上,对管理人的工作进行监督、指导。此举极大地调动了管理人的工作热情和主观能动性,收到了非常显著的效果。

(四)扎实推进关联企业合并重整,提高偿债比例

重整案中关联企业重整较多,经区法院受理的9件重整案中,有8件为关联企业合并重整,已重整成功的三进船业破产重整案件就是将关联企业三进泰克、三进配件与三进船业合并重整,即将结案的百圣源破产重整案也是将其关联企

业东维数控、三源房地产与百圣源合并重整，刚立案的鸿宇医疗4企业也应是高度混同企业（见图4）。

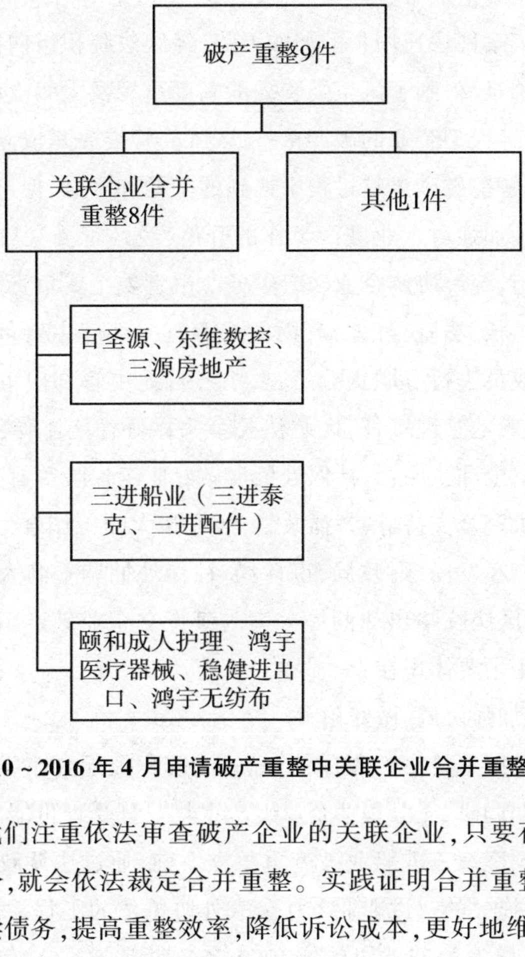

图4　2010～2016年4月申请破产重整中关联企业合并重整案件情况

在工作中，我们注重依法审查破产企业的关联企业，只要存在高度混同、事实确凿、证据充分，就会依法裁定合并重整。实践证明合并重整可以公平、高效地清理资产、清偿债务，提高重整效率，降低诉讼成本，更好地维护关联企业全体债权人的合法权益。法院裁定三进船业三关联企业的实体性破产重整，增加三进船业债权人受偿资产5000万元，提高了债权清偿比例，维护了债权人的利益，为重整后的企业资产重组和运行扫清障碍。

（五）强化党委政府领导、支持力度，形成合力，切实提高重整成功效率

破产案件的审理是个系统工作，事关经济发展、民生保障、社会稳定，无论是维护职工队伍的稳定，招商引资，还是与金融债权人的沟通等工作，党委政府其

固有的公共服务职能决定其在破产审理中有其得天独厚的条件,没有党委政府的支持和配合,在现有的法制环境下,法院自身无法完成繁重的破产审判工作,破产重整工作更是难上加难。

面对企业破产案件快速增长的严峻形势,经区法院积极向区工委管委汇报,阐明存在问题及困难,得到了区工委管委的高度重视及大力支持。此前,对于像三进船业、百圣源等大型企业的破产重整,区工委管委先是成立临时破产重整领导小组,组织协调解决破产重整过程中遇到的问题和困难,促进企业破产工作顺利开展。为进一步加强对企业破产工作的开展,经区管委又成立了固定的破产重整工作领导小组,统筹协调企业破产事务。由管委主要负责人担任组长,相关分管副主任为副组长,法院、经发局、财政局等有关部门主要负责人为成员。对领导小组办公室成员进行了职责分工,要求各行业主管部门承担起行业主管责任,各镇街承担起属地管理责任,区政法委牵头做好稳定工作;区公安分局负责维护好企业公共安全和秩序;区社保处负责做好职工保险等有关工作;区财政局和国资办负责提供资金支持等,齐抓共管,形成强大的工作合力。领导小组下设办公室,从政法委、经发局、财政局、审计局、社保处抽调 6 名人员专责解决破产重整中的问题,经区法院腾出 2 间办公室为其设立企业破产工作办公室。领导小组办公室的作用主要体现在:

1. 提前介入,加强协调,做好预案

在启动重大破产重整案件程序前,经区法院积极配合市委、管委有关部门,做好破产重整前期调研,充分预估企业破产重整一旦受理可能出现的维稳风险,制定相应的应对预案。三进船业破产重整立案前,通过协调政府相关职能部门提供资金支持,将拖欠的三进船业 100 余家外协单位的工程款 3000 万元进行了清偿,将该款项直接发放到外协单位 1000 多名职工名下,避免了因三进船业破产重整带来其关联的外协单位职工的大规模上访问题,为破产重整的顺利进行奠定了良好的基础。

2. 筹措资金解决重整职工保障问题并恢复生产

破产企业能否重整成功关键是拖欠职工工资和社会保险的职工权益保障问题和能否恢复生产问题,实质上是资金的问题。我们紧紧依靠党委政府筹措资金,解决问题。百圣源之所以能够恢复生产,就是依托经区管委筹措 1 亿多元资金,解决了 1000 名职工的工资和社会保险的问题,并投入流动资金恢复了生产,尽管暂时未重整成功，但企业一直在有条不紊地生产经营，职工和大量的债权人都情绪平稳；三进船业在法院裁定受理时职工2000多人，拖欠工资及劳保费数额达8400多万元，数额巨大；生产要恢复，仅H4001号在建船舶的续建资金就需上亿元，筹措该笔资金仅靠法院和管理人的努力是无法解决的，管委破产重整小组大胆决定由管委作为共益债务垫付资金，最后决定由国资公司向三进船业注入资金将近2亿元人民币，其中的1亿元用于解决拖欠职工的工资、社保金、赔偿金等职工债权，1亿元用于投入H4001号在建船舶的续建和销售工作，最终收回资金2.4亿元人民币，为三进船业的后续工作打下坚实基础。

3.政府积极参与招商引资，力促重整成功

重整企业能否重整成功还有一个关键因素就是重整方的问题。寻找重整方是一个艰难的选题，仅靠法院和管理人力量严重不足，政府党委的工作职能（其下属部门有招商机构—招商局）决定其有招商引资方面的得天独厚的条件和优势，政府的作用又一次凸显出来。三进船业重整招商引资就是如此，在国际造船业不景气的大环境下、三进船业负债比例如此高的前提下，要找到投资方谈何容易，经区管委领导组成一支精干部队南下北上寻找投资伙伴，最终在威海市政府支持和牵线搭桥下找到浙江的造船企业浙江舟基集团，经区管委立即抓住机遇带领商务局、法院领导、管理人南下，先后考察6次，经过多次合作谈判，最终小可控股公司与三进船业管理人签订了合作框架协议，威海三进船业重整才得以成功。爱威药业重整案是在经区管委的支持下引进湖北邦泰健康教育产业投资有限公司最终重整成功。

党委政府的理解和支持，在前期风险处置、为企业提供政策帮扶、引进战略投资人、下岗人员安置等重要环节上，起到了不可替代的积极作用，是法院能成功处理破产案件的重要保障。

三、处置“僵尸企业”的再思考

（一）处置“僵尸企业”工作中存在的问题

随着破产案件的日益增多，法院审理过程中的问题和难题逐步凸显：

1.审判机构不健全，审判力量严重不足

无专门破产审判庭，尽管有破产合议庭，但破产合议庭法官平时的主要工作是审理普通民商事案件,破产案件事实上变成一名法官审理,该法官同时还要审理大量的民商事案件,破产审判工作受到普通民商事案件的严重挤压,导致破产审判力量严重不足,审判压力大,严重影响破产案件的质量与效率。

破产法官的业务素质不全面,破产案件审理既需要丰富的民商事法律知识,更需要协调沟通能力和丰富的社会阅历经验,现有体制下能胜任破产案件审理的法官少而又少,严重制约了破产案件的审理。

未能建立单独的破产案件考核机制。破产案件周期长、社会关系、法律关系均复杂,需协调政府、法院、房管土地、税务、工商等多部门配合,是一个系统工程,结案需一年到三四年的时间方能完成,但将其与其他民商事案件同样进行业绩考核,显然严重显失公平,影响破产法官的办案积极性。

2. 管理人整体水平亟待提高

破产管理人队伍素质水平参差不齐,破产审判工作核心工作是破产企业的财产接管、企业的持续经营、债权人债权的申报、债务人资产的追收、重整的招商引资、重整草案的制定、破产财产的变现和分配、职工和债权人队伍的稳定的等工作,而现有的管理人队伍对破产重整工作很难驾驭:其不懂经营,破产重整企业持续经营是难题;其队伍势力单薄,缺少应有的商业头脑和资金运作能力,重整的招商引资是难题;其队伍的年轻沟通协调能力不足,维护职工和债权人稳定是难题。这些因素制约着破产案件的审理质量与效率。

3. 缺少破产案件审理的相关配套救助机制

尚未设立破产专项基金,破产费用完全源于破产企业自有资金和对破产企业资产的处置,导致无产可破案件管理人的报酬和职工权益保障无法实现,不利于管理人开展工作,也会因职工债权无法实现而导致社会的不稳定因素。

4. 新类型的破产案件增加,审理难度大

房地产企业、大型造船业及其关联公司合并破产等新类型案件明显增加,这些案件的特点是债权人数量众多、法律关系复杂、经营混乱,存在大量私贷公用、交叉担保、高利贷,存在一房二卖、三卖甚至数卖,房屋抵押后又出卖,出卖后又抵押,财产清查、审计难度大。在审理该类案件中缺少法律依据和案例参考,法律适用困难,各地人民法院法官和管理人又存在对法律不同的理解与争议,给审理工作带来很大的难度。

(二)“僵尸企业”处置工作的再思考

面对以上问题和困难,司法系统如何在经济新常态下,更好地服务供给侧结构性改革,成为对司法机关的新考验。改革的重点之一是化解过剩产能,当务之急是处置“僵尸企业”:既要坚决淘汰清理,又要平衡各方利益。

1. 建立“僵尸企业”案件受理绿色通道,完善破产案件审判工作机制

落实从“审慎受理”向“依法受理”转变,严格执行《企业破产法》规定的破产案件受理标准,依法受理符合法定条件的企业破产申请,不得随意另设法外门槛。与经区管委破产重整领导小组积极配合,建立破产重整企业精准识别机制,对进入破产程序的“僵尸企业”,按照“分类评估、分别处置”的原则,依法开展破产重整和清算工作。

2. 积极推进“执转破”工作机制

建立执行程序与破产程序有效衔接工作机制,对符合法定破产条件的债务人企业,经有关当事人同意后及时移送破产程序,经区法院已受理“执行转破”类型破产清算案件3件。

3. 建立专门的破产审判机构,完善考核机制

建立专门的破产审判庭或者专门的破产案件合议庭,以加强破产案件的审判力量,加强破产法官的职业素养培训,定期召开理论研讨会和经验交流会,便于统一裁判标准与尺度,并全方位的提高法官业务素质和能力。同时,建立科学完善的破产法官考核机制,提高破产法官的办案积极性,促进威海市破产审理事业的发展和进步。

4. 设立破产审判专项基金,完善破产审判配套机制

目前国家发展改革委、工信部与国资委正在就“僵尸企业”处置问题开展深入调研和讨论制定相关政策举措,预计将会尽快出台政策文件,建立健全处置机制,并为顺利推进“僵尸企业”处置设立专项基金。法院也应顺势而为,联合政府设立破产审判专项基金,基金的来源有两种途径:一部分来自政府财政拨款,另一部分从已经结案的标的额较大的破产案件管理人报酬中按比例提取部分资金。破产审判专项基金由财政部门专户管理,专款专用,用于解决无产可破企业的职工安置、管理人报酬,以维护社会稳定,调动管理人对于无产可破案件的工作积极性。目前,经区法院正在与经区管委积极切磋设立破产专项基金账户。

5. 培育成熟的破产管理人队伍,以市场化导向促进破产管理人工作

严格按照经区法院制定的《办法》《规定》加强对管理人的管理和考核,对业绩较差的管理人予以降级或淘汰,对综合业绩优秀的管理人进行升级,建立起有进有出、有升有降、各级管理人健康流动的动态管理体系,以调动管理人的工作积极性,提高整体工作水平。

6. 积极推进和建立预重整制度

依法破产退出的司法程序烦琐冗长,经区法院在审理企业破产案件时,从诉讼立案到执行完破产程序,通常需要两三年时间。这一漫长的审理与执行过程,在很大程度上弱化了债权人通过司法渠道申请"僵尸企业"破产的动机。倡导和建立预重整制度,减少法院破产重整案件的审理压力并提高破产重整案件的审理效率。引导法律关系不复杂的"僵尸企业"先自行预重整,同时引导能力较强的管理人积极参入该类"僵尸企业"的预重整中。

在此借用全国律协破产与重组专业委员会主任、北京炜衡律师事务所高级合伙人尹正友律师以往的发言,"僵尸企业"的清理不但涉及法院,还涉及其他配套制度的跟进,这些配套制度不是一家法院能独自解决的。例如,职工债权清偿问题、企业清算后职工档案社会化管理问题、出资人权益调整和企业注销中的工商登记问题、企业资产不足以支付全部欠税的税务减免问题、企业注销后非经营性资产的移交问题、无产可破情况下管理人费用支付问题。期望经区法院的做法,能够为运用法治思维和法治方式来完善对"僵尸企业"的处置,提供有益的经验和借鉴。

推行“五项工作机制” 稳妥处置“僵尸企业”

于卫东[*] 李桐光[**]

随着淘汰落后产能、过剩产能任务的不断加重,如何积极稳妥处置“僵尸企业”成为各级党委、政府和法院的当务之急。近年来,高青县人民法院(以下简称高青县法院)以破产审判为突破口,积极推行“党委府院协作、职工权益保障、处置模式选择、破产程序规范、资债处理创新”“五项工作机制”,稳妥处置“僵尸企业”,在实现淘汰落后产能、盘活要素资源和转型升级过程中,注入了被法学界称为“高青模式”的内容。

一、党委政府法院协作机制

(一)必要性

在处置“僵尸企业”过程中必然涉及债权人、债务人、出资人、企业职工等众多当事人利益,极易引发群体性、突发性事件,影响社会稳定。① 破产案件虽然由法院

* 山东省高青县人民法院党组副书记、副院长。
** 山东省高青县人民法院民二庭副庭长。

① 2009年6月12日,最高人民法院《关于正确审理企业破产案件维护市场经济秩序提供司法保障若干问题的意见》(法发〔2009〕36号)。

审理,但法院并非无所不能,在处置“僵尸企业”中土地、房产、税收、工商信息和注销、国有资产、金融信贷、招商引资、信访维稳等问题,离不开党委、政府的协调配合。因此,“僵尸企业”破产并非单纯的司法案件而属于重大的社会问题,需要党委、政府、法院共同协作才能解决。

(二)机制内容

党委是“僵尸企业”处置的领导者,政府是“僵尸企业”处置的协调者和组织者,法院是“僵尸企业”破产程序的主导者。高青县人民法院据此创设破产工作联系人制度,形成了党委、政府、法院分工配合的协作机制。其基本内容为:由政府指定公安、土地、房产、人行、工商、税务、社保、审计、经信、信访、招商等部门一名业务骨干担任联系人,明确“僵尸企业”处置相关事宜有其专门负责,防止部门内部人员相互推诿;同时,由县委指定一名县级领导作为联系人分管领导,负责协调政府、法院关系,并定期组织召开“府院联席会议”,共同解决“僵尸企业”处置中的难题。

(三)工作效果

破产工作联系人制度因实行责任到部门、到人,为法院推进“僵尸企业”破产创造了良好的外部环境,提高了处置“僵尸企业”的质效。以钜创公司破产重整案为例,为引进纺织业巨头如意集团参与重组重整,县委常委崔玉栋作为分管领导带领经信局、招商局等联系人先后 27 次到如意集团总部进行洽谈,在金融信贷、税收、职工安置、资产收购等方面最终达成重组重整协议,促成了钜创公司重整的成功。在此基础上,如意公司着手重组高青县其他纺织企业,计划再投资 20 亿元,打造中国规模最大的,以纺纱、印染、纺织、服装为一体的 1 亿平方米牛仔产业园项目,实现了“僵尸企业”生产功能的延续和产业的重生。

二、职工权益保障机制

(一)必要性

无论是社会发展,还是经济发展,都需要一个稳定的外部环境。解决“僵尸企业”脱困问题,也必须以稳定为前提,以稳定为目标,优先解决职工权益和职工安置问题。从法律的角度来看,职工权益有复杂的社会属性,不仅是职工债权的分配问题,还兼具人身权性质和公法性质。对职工权益的保护体现国家保护弱者、维护公平的立法目的;职工权益不仅是基于商品交换关系而产生,它还具有一定的社会分配和社会保障性质。从道德角度来看,企业职工作为企业日常经营的必须人力资本,是企业最为重要的生产要素之一,职工们为企业的发展贡献着自己的汗水和力量,很多职工甚至穷其毕生精力为企业服务;职工与企业之间这种联系的紧密性,要求在处置“僵尸企业”过程中必须着重考虑职工权益的保障问题。从现实角度来看,企业正常经营时,职工往往处于弱势地位,与企业信息不对称,承担风险的能力也差;企业在破产之后,企业的每个职工不作为独立的债权人存在,而是作为一个群体出现,职工债权人作为共同利益团体的整体性慢慢显现。特别是企业大部分资产被抵押后导致资产不足以职工债权分配时,职工们即使明白破产分配的顺序也不愿意接受和认同,职工通过上访讨薪成为必然。因此,企业职工作为“僵尸企业”利益攸关方,直接关系“僵尸企业”处置的顺利与否和社会稳定。①

(二)机制内容

首先,在处置“僵尸企业”退出过程中,要明确把妥善安置职工作为重要前提。企业在向法院申请破产时必须提交完备可行的职工安置预案,在重整案件中还要求投资人接收职工作为参与重组条件,从而将职工安置工作前移,便于党委、政府站在全局高度,提前谋划,规避因处理不当而引发的不稳定因素。其次,在制定债权分配方案中,明确职工债权优先权范围。除我国《企业破产法》第113条中规定“职工的工资和医疗、伤残补助、抚恤费用,所欠的应当划入职工个人账户的基本养老保险、基本医疗保险费用,以及法律、行政法规规定应当支付给职工的补偿金”属于第一顺序清偿外,对于生育保险、工伤保险、失业保险在内的其他社会保险费用、职工住房公积金,以及职工安置费、奖金、提成、报销费用等其他福利待遇也纳入职工债权优先权范围。再次,协调政府先行垫付职工生活费等职工债权。在企业进入破产程序前,可由政府直接向将“僵尸企业”职工发放

---

① 参见叶舒:《政府垫资优先清偿破产企业职工债权之法律与实务研析》,载浙江星韵律师事务所网:http://www.xingyunlawyer.com/new/? p=2759,最后访问日期:2016年1月27日。

生活费并垫支社会保险费,稳定职工情绪;在企业进入破产程序后,由政府取得职工债权代位权,列入第一顺序优先受偿。在"僵尸企业"进入破产程序后,在没有投资人支付资金的情况下,可由管理人与政府签订借款协议,优先支付职工债权,管理人将该借款作为破产费用或共益债务优先支付。在投资人资金不到位的情况下,可由投资人与政府签订借款协议,由政府借资给投资人优先解决职工债权问题,再由投资人另行偿还政府出借资金。最后,在化解职工集资过程中,由政府释放政策资源给投资主体,由投资主体化解职工集资问题。

(三)工作效果

职工权益保障机制在"僵尸企业"处置中,在保障人权、保护弱者、维护经济秩序和保护社会公共利益方面发挥了重要作用,保证了"僵尸企业"顺利处置和社会的和谐稳定。以淄博恒丰服装有限公司破产重整案为例,在投资人参与重整协议中明确约定,职工债权300万元在重整计划通过后3日内打入管理人账户用于分配,由投资人承接职工集资550万元并与职工签订新的劳动合同,确保职工下岗的同时又上新岗,投资人则享受政府承诺的招商引资优惠政策。该协议签订后,重整计划得以顺利通过、批准并执行,职工债权优先受偿,职工集资得以平稳化解,确保了恒丰公司的稳妥处置。再以淄博钜创纺织品有限公司破产重整案为例,在进入重整程序后,由管理人向政府借资,优先发放职工生活费,并在重整计划制订时,将该借款列入破产费用和共益债务优先偿还。在投资人如意公司参与重整协议中,明确约定如意公司承接钜创公司1012名职工。在重整计划执行过程中,在投资人重整资金不到位的情况下,由管理人协调投资人向政府借资2600万元,优先解决职工债权问题,确保重整计划的顺利执行。

三、处置模式选择机制

(一)必要性

民营"僵尸企业"的破产,不同于以往国企破产,不能搞"一刀切"。近年来,由于受政府机构和金融机构负责人特定任期制、传统维稳观念以及对法律程序理解不到位等因素的影响,破产重整程序存在一定程度的滥用,在浪费司法资源的同时,也浪费了大量的经济和社会资源。特别是中央经济工作会议提出"尽可能多兼并重组、少破产清算"后,形成了"僵尸企业"破产应优先选择重整模式的论调。这是对法律程序的误解、对中央经济工作会议表述的误读,不利于"僵尸企业"的顺利处置。兼并重组不是一个严谨的法律概念,而是一个市场行为,一般包括收购兼并、股权转让、资产剥离、资产置换等。而"重整"是一个严谨的法律概念,属于与破产清算、破产和解并列的破产模式之一。在兼并重组过程中既可以适用重整,也可以适用清算,重整与清算都是资源配置的司法方式,清算也需要战略投资人接盘,清算过程也存在资产整体出售问题,出售式重整过程中也存在清算,重整和清算都可以实现兼并重组目的。因此,应根据"僵尸企业"的实际,实行一企一策,灵活选择不同的破产处置模式。

(二)机制内容

坚持"企业主体、政府推动、市场引导、依法处置"为原则。对于那些核心业务仍然有发展空间的"僵尸企业",着力于"激活",立足于挽救企业的营运价值,采取重整模式实现资源有效配置;其间,仍可采用先"输血"再"造血"方式,由政府协调金融机构给予资金帮助或债务减免,甚至由政府通过国有化直接参与重整。对于生存能力丧失殆尽、扭亏无望的"僵尸企业",着力于"盘活",立足于淘汰落后产能,采取清算模式实现资源有效配置。判断企业核心业务是否具有竞争力,应以其产品是否具有市场前景和利润空间为标准,而不能过多考虑其负债情况。

(三)工作效果

截至2016年3月,高青县已经处置6家"僵尸企业",其中,有3起重整、3起清算,均实现了企业资产存续、员工权益维护、债权人合理受偿和地方产业升级的良好效果。共盘活1310亩土地资源、41.64万平方米厂房建筑物,安置职工2281名,化解银行抵押贷款6.05亿元、无抵押贷款1.53亿元。以淄博五湖陶瓷有限公司破产重整转清算案为例,因该企业属于高耗能、高污染行业,产品缺乏市场竞争力,被迫宣告破产清算。买受人通过竞买获得五湖公司土地、厂房、设备等资产后,先后注册成立2家公司,1家公司利用公司原有厂房、设备对陶瓷产品升级换代,生产科技含量高的功能性陶瓷,一家公司利用破产企业的空闲用地投资建厂生产空调配件,实现了"凤凰涅槃"和"腾笼换鸟"的双重效果。再以钜创公司重整案为例,该案以美国通用公司破产重整一案为蓝本,探索适用"出售式重整”模式,通过政府协调金融机构和投资人,由高青如意公司作为战略投资人参与重整、重组钜创公司,高青如意公司以评估价2.5亿元全盘承接钜创公司主营业务相关的金融担保资产及对应债务、职工,并以6000万元收购钜创公司的未担保财产,管理人再以该价款清偿无担保债权人,对出售有效营运资产后的钜创公司则进行破产清算,予以注销。通过采用出售式重整模式,钜创公司在投资人如意公司接收后,企业资产全部得到盘活,职工利益和就业得到保障,金融债权得到较大维护,普通债权人得到相应比例受偿,实现了各方利益的最大化。该案例作为中国大陆“出售式重整”第一案例,被法学界所肯定并入选山东省高级人民法院的《商事审判》。

四、破产程序规范机制

(一)必要性

法律的生命不在于逻辑,而在于经验。面对纷繁复杂的市场经济和社会发展,法律永远无法穷尽并解决现实中不断出现的新问题和新矛盾,而“僵尸企业”的司法处置表现得尤为突出。破产法在实行过程中,部分规定较为原则,相关的配套程序尚不完善,仍有许多值得研究、创新、探索和尝试的空间。因此,立足于本地实际,结合司法实践,规范破产程序,助推“僵尸企业”破产处置成为必然。

(二)机制内容

首先,打造破产案件司法公开六大平台,确保破产工作阳光下运行。一是创设“破产工作人员信息”公开平台;二是推行“债权人会议资料”汇编发放平台;三是坚持“破产工作简报”编辑通报平台;四是设立“释法答疑办公室”沟通平台;五是构筑“债权人委员会”参与平台;六是创设“听证会”博弈平台。司法公开六大平台,能够确保债权人、债务人、投资人、职工的知情权和利益,又能保证管理人、法院、党委、政府信息传递的实效,为企业破产工作决策提供了前提。其次,制定破产管理人工作业绩考核标准,确保管理人勤勉尽责。坚持依法规范、尽职免责、量化考核、报酬激励4项基本原则,对管理人的业绩实行千分制考核,将管理人的工作业绩分为8个工作环节84项具体工作,根据不同工作付出的工作量分别赋分,以管理人最终考核得分情况作为管理人结算管理人报酬的基本依据。辅之以管理人报酬互助基金指导意见,确保管理人最低收入保障。最后,细化破产流程具体细则,确保破产关键环节有章可循。以规范债权人会议指导意见、破产案件专项审计指导意见、处理破产企业职工集资问题指导意见、处理破产债权异议问题指导意见,执行转破产程序工作衔接指导意见等形式规范破产工作,统一破产流程和实体处理的标准。

(三)工作效果

破产程序的规范弥补了破产法的不足,使破产实践做到了有规可依、有章可循,提高了僵尸企业破产处置的质效。截至2016年3月,高青县人民法院先后受理9起破产案件,指定9次管理人和17次审计评估机构,出具9份审计报告和8份评估报告,组织召开20次债权人会议,起草并通过3个重整计划草案、4个财产变价方案、3个债权分配方案,审核债权16.46亿元,分配债权1.09亿元。因程序规范、公开透明,取得了债权人、债务人、职工及利害关系人的理解和支持,未发生一起针对管理人、法院、党委政府工作失误而引发的群体性上访事件。

五、资债处理创新机制

(一)必要性

管理混乱、资产闲置、资不抵债是当前“僵尸企业”的一种常态。进入破产程序后,在资产管理方式上,破产法规定了交由债务人或管理人管理的方式,但因原企业法人治理结构和经营管理无法改善,债务人自行管理方式一般不具可操作性,而管理人并不具备特定行业的经营管理经验,难以有效管理公司经营事务并实现对公司财产的维护和保值。在债务清理方式上,破产法规定了同一顺序债权比例清偿的分配原则,但因金融抵押资产远远小于金融债权以及普通债权受偿率普遍偏低,金融债权人和普通债权人参与重组重整的积极性普遍不高。上述两个问题的存在不利于“僵尸企业”重组重整的实施,不利于金融风险的化解和社会稳定。因此,“僵尸企业”要重组重整就必须在资产管理方式和债务清理方式上打破常规、大胆创新。

(二)机制内容

首先,在资产管理方式方面,以“避免贬值、确保保值、力求增值”为目标,以是否有利于“企业资产保值增值”和“维持企业生产功能”两个标准,针对不同企业采取不同的资产管理方式。以高青县人民法院审理的曼顿公司重整案为例,因企业法人治理结构健全,采取了债务人自行管理资产的方式;以淄博钜创纺织品有限公司、淄博恒丰服装有限公司两重整案为例,因法人治理结构处于瘫痪状态且投资人属于同行业的现状,创新“资产整体托管”方式,由管理人将公司资产整体托管给投资人经营管理。其次,债务清理方式上分类处置,对金融债权采用“金融债权立体承接”方式,对其他普通债权采取“普通债权差额累进受偿”方式予以清理。“金融债权立体承接”方式以债务置换、债务承担和抵押资产转让为主要内容,由投资人承接债权银行有固定资产抵押的相应债务,同时获得该银行在破产企业的全部抵押物,并且过户成为投资人的资产,投资人同时获得金融信贷支持。“普通债权差额累进受偿”方式是在借鉴诉讼费收费办法、管理人报酬收取办法中分段收费方式的前提下,以维护小额债权人利益和确保普通债权利益相对公平为主要内容,采取普通债权中 X 万元以内 X 部分按 100% 比例受偿,超出 X 万元部分按 Y% 比例清偿方式。

(三)工作效果

资产管理方式的创新,为重整工作的顺利推进奠定基础。以钜创公司、恒丰公司重整案为例,两公司均采取了“资产整体托管”方式,因投资人具有同类业务经营管理经验,在管理人的委托和监督下,负责重整期间生产销售业务的具体经营管理、资产的维护,原企业的全体职工继续上岗,由投资人为其发放工资并缴纳社会保险,化解了职工上访风险,减轻了管理人的压力,达到了生产不停、队伍不散、市场不丢的效果,为重整工作的顺利推进奠定基础。债务清理方式的创新,不仅化解了金融机构不良贷款风险,还使投资人重整资金得到保证,同时维护了金融债权人和普通债权人的利益,取得绝大多数债权人的理解和支持,为重整成功奠定了基础。以钜创公司、曼顿公司重整案为例,两公司在制订重整计划草案时,均采用了“金融债权立体承接”方式和“普通债权差额累进受偿”方式,保证了重整计划草案的通过,实现了普通债权“低清偿率”和“高通过率”的奇迹。

人民法院服务保障经济发展新常态的实践进路

——以人民法院企业破产案件维稳机制之构建为视角

吴同国* 齐崇刚** 孟庆华***

当前，我国经济发展进入新常态，人民法院在适应新常态、服务新常态、保障新常态等方面面临考验。“理念通常应该体现为具体的制度，在这种制度的实际运作中贯彻始终，并能够得到验证。”①破产案件审理过程中相伴而生的群众上访、缠访，甚至突发性群体性事件，恰恰需要服务发展、保障发展的理念和思维。破产案件维稳机制作为一种制度，恰可以在此验证，在服务发展、保障发展的指引下，破产案件的随附问题并非不可化解，一贯的难题也有迎刃之锋。本文从人民法院企业破产案件维稳机制构建切入，对人民法院服务保障发展新常态的实践路径作一初步探析。

---

* 山东省梁山县人民法院民二庭庭长。

** 山东省梁山县人民法院研究室副主任。

*** 山东省梁山县人民法院民二庭副庭长。

① 范愉：《司法理念漫谈》，载北大法律信息网：http://article.chinalawinfo.com/ArticleFullText.aspx？ArticleId=68749，最后访问日期：2016年4月8日。

一、回望与追寻——破产案件的现状初瞰

(一)基本现状

2000年以来,梁山县人民法院先后受理了企业申请破产案件10余件。近年来,政策性破产案件已经慢慢淡出,而理智的破产案件趋于走向正轨。企业一旦破产,不仅对其本身影响巨大,对其所属区域经济的发展和社会的稳定都会带来不可估量的影响。企业破产涉及方方面面的问题,如企业债权的追偿、破产财产的处置、债权数额的确认、职工的安置、与政府有关部门的协调,及相关政策适用等,涉及的当事人多,法律关系复杂,利益各方争议大,群体性、对抗性矛盾突出,因此如何在能动司法背景下规范破产程序,化解各方矛盾,保证大局稳定,是审理企业破产案件的关键所在,而探索一套相对成熟稳定的破产案件维稳机制乃是当下破产法领域无法回避的问题。

(二)典型问题

1. 群众切身利益涉及面广难以补偿

由于受市场经济的影响,经济利益、物质利益成为生产、生活的基础驱动力,人们更重视和追求与自己密切相关的实际利益,功利主义价值取向凸显,从而使经济利益、物质利益的冲突,成为引发矛盾纠纷的核心内容。近年来比较突出医保、住房、拆迁等问题,大都是由经济利益或物质利益引发的矛盾纠纷,而这些矛盾纠纷的发生又具有一定的合理性,极易引起社会公众的同情,但在利益补偿方面又难以解决,因此化解矛盾纠纷的难度较大。

2. 职工安置问题事关民生难以周全

在劳动保障和再就业机制不尽完善的现实环境下,企业一旦破产,下岗职工可能感到以后生活无望,且在安置问题上可能期望值过高。同一地区破产企业之间下岗职工安置费标准不一,致使有的企业职工安置问题上出现了"小闹小解决,大闹大解决,不闹不解决"的怪现象,因上访者认为有利可图,且彼此之间存有攀比心理,为争取更多的经济利益而上访不止。

3. 群体性矛盾煽动性强难以沟通

由于受经济结构调整和政策因素的影响,矛盾涉及的对象存在于不同利益

群体之间,一旦在利益上发生矛盾,就不仅是个体性矛盾,而是群体性矛盾,只要有人挑头,马上就群起响应。如涉及养老、医疗、土地承包、拆迁安置等问题。所涉及的问题往往带有普遍性,涉及一个单位大部分职工或多数群众的切身利益,极易在一些人的组织串联或煽动下,酿成群体性事件。

4. 对抗性矛盾易被激化难以平息

在个人利益驱使下,随着相互之间利益差距的扩大,同一单位同一情形的人在现实生活中的处境大不相同。冲突一旦发生,若得不到及时妥当处理,容易向对抗性矛盾转化,造成公开冲突,甚至是集体上访或发生殴斗等群体性暴力冲突,更有甚者会发生自残等行为,进而转化为刑事案件。

二、解读与探析——典型问题的症结根源

(一)固有理念困顿

司法理念作为一种哲学属于一种实践理性,其在司法中的价值体现在:首先,司法制度在设计中应该有系统成熟的理念作为基础。理论准备不足会导致立法的矛盾、混乱和缺乏可操作性;也会带来法律和制度的不稳定性。其次,理念的匮乏会导致信仰的危机,从对司法的迷信到幻灭,会导致司法制度没有灵魂,没有精神。破产法立法之初至今,仍然不可回避的存在这样一个理念上不可逾越的现实困顿——缺乏一个相对同一且成熟的思考和共识。“在一个社会的所有法律工作中,审判人员的选用最重要”,①培养破产案件的审判人员是一个漫长的过程。因而,在面对现实中遇到的有关破产案件过程中出现的种种敏感多发,易引起社会矛盾或上访缠访事件时,审判人员的素质和理念往往束手无策,不知如何“釜底抽薪”。

(二)程序运作存隙

程序正义是实体正义最好的展现,然而,基于破产案件审理周期长,涉及面繁杂等特点,现实中不可避免地存在在立案审查、裁定宣告、清产核资、审计评估、资产处置、分配方案、职工安置、破产终结等方面的裁定、通知不尽完备之处。

---

① [美]H. W. 埃尔曼:《比较法律文化》,贺卫方等译,三联书店1990年版,第133页。

同时,由于管理人本身所具有的较大的自由度和随意性,其在接受债权人会议和债权人委员会的监督上难有实效,而又由于管理人自身身兼数职,事务繁杂的特点,其在勤勉尽责,忠实履行其清算职责、注意义务上缺少行之有效的监督。

(三)债权清收不全

大部分企业宣告破产前,均有一大批债权没有及时收回,破产后,管理人接管了债权,但由于大部分债权形成时间久远,有的超过了诉讼时效,有的因保管不善丢失了主要证据,有的债务人下落不明,有的债务人也已破产,且管理人无论从财力、人力上均难以逐一追要,使企业一部分债权无法追回。有的债务人预料到企业即将破产,为了逃避债务,事先与他人恶意串通,虚构实际上并不存在的债务,或者承认不真实的债务,使多数债权人的合法权益受到极大的侵害,使债权人本应获得清偿的债权落空或只能获得较少清偿。

(四)资产处置困难

资产处置作为破产清算中最敏感、最核心的问题,工作质量的好坏直接影响着债权人及相关当事人合法利益的分配。而破产企业的设备大多数陈旧老化,本身利用价值不大,一些专用设备因技术落后很难找到买主,即使有人愿意购买,所出的价格也非常低;企业的房屋及用地拍卖后,应依法办理产权变更登记手续,而办理这些手续需向国土、建设等相关机构交纳勘验费、评估费、测量费以及土地出让金、契税、交易费等,购买人不愿交纳,破产企业更是不堪重负,使破产企业资产出售后不能及时办理相关产权变更手续;此外,部分企业因土地性质不得拍卖,个别拍卖公司及员工违规操作,一些竞买人恶意串通、人为操纵成交价等,造成破产财产贬值、流失严重。

(五)权益保护不均

破产案件一经受理,宣告破产企业破产还债,最紧要的无非债权人债权的清偿和职工安置。破产最后要达到的目的就是以企业现有的财产处置变现、债权的清收,按照我国《企业破产法》的清偿顺序清偿,首先是企业所欠职工工资和劳动保险费用,最后才是破产债权。如果企业对职工进行工龄买断,劳动保险交到买断工龄之日止,职工今后面临的将是无职业、无生活来源的生活困境,而买断工龄的钱又要企业自己想办法,企业就只有处置破产资产解决,这样就与债权人债权的清偿发生矛盾,债权人受偿比例或减少或为零。两者之间由于受到政府财政资金、安置政策等不确定因素的影响,难以平衡兼顾。另外,部分企业在破产清算过程中职工权益受到损害的现象不同程度地存在:欠发职工工资、欠交养老费、集资款、安置补偿标准及职工与企业签订解除劳动关系协议后社区、街道、村组接纳等一系列问题,无一不是职工最为关切的核心问题。

(六)舆情应对缺失

债务人进入破产程序后,因涉及债权人、债务人、出资人、企业职工等众多当事人的利益,各方矛盾极为集中和突出,处理不当,极易引发群体性、突发性事件,影响社会稳定。其中,对于职工欠薪和就业问题突出、债权人矛盾激化、债务人弃企逃债等敏感破产案件,疏导化解不及时,极易产生哄抢企业财产、职工集体上访等情况。将不稳定因素消除在萌芽状态不失为未雨绸缪的大好举措,然而,由于破产案件涉及部门多、利益关系复杂、系统科学的预警机制并未全面建立,这也在一定程度上导致如果群体性、突发性事件一旦发生,往往就会陷入现场混杂、难以应对的被动局面。

(七)联动沟通匮乏

破产案件的审理是一项复杂民生工程,涉及债权人个人、职工群体、政府稳定,稍有不慎就可能导致大规模群体事件的发生。然而,由于日常工作各有分工,基本事务比较繁忙,法院与破产案件相关部门之间的交流却相对较少;同时,群众的心声除债权人会议外,很难有其他正规渠道可以倾诉和反映,这也一定程度上,使群众的利益诉求难以得到反馈,相关预案及方案的制订可能存在盲区,群众由此产生的不良情绪难以疏导和排解。

三、理念与定位——服务保障发展与破产维稳机制完善

(一)司法服务保障功能的功能定位与价值取舍

1. 功能定位

服务和保障功能是现代司法的基本特征和运作规律。同时,我国社会主义

的性质和所处的特殊的历史阶段都决定人民法院对经济社会发展起到服务和保障功能,这也是时代发展对司法的新要求,更是人民对司法的新期待。[①] 从社会需要来看,具有必要性;从时代发展来看,具有必然性;从司法权的性质来看,具有本体性;从对司法权的特征来看,具有规律性。它是社会主义法治理念的深化,是新形势下做好人民法院工作的必然选择。坚持服务保障的功能定位,是由人民法院的社会主义性质和现阶段的国情所决定的,是时代对司法的新要求,是人民对司法的新期待,是由司法权的本质属性以及司法的运作规律所决定的。坚持服务保障发展新常态的理念,不仅是应对当前供给侧经济结构改革和促进保增长、保民生、保稳定目标实现的因应之策,更是对司法规律和特征的再认识,是牢固树立社会主义法治理念,深入践行中央政法工作会议精神应有之义。

2. 价值取舍

服务保障功能对破产案件审理的具体要求主要表现为:

第一,要积极受理应当受理的案件,以司法解决的方式维护社会秩序和稳定。服务保障发展的理念要求,对于社会上出现的各种纠纷,即使法律没有明确的依据,但是根据争议的性质、依据法律的精神适合或应当由法院受理,或可以通过司法方式解决的,法院应当受理,尽力化解纠纷,积极回应社会需求,这永远是人民法院的职责和使命。

第二,要积极采取措施,确保当事人在法律面前人人平等,确保当事人各方在诉讼过程中形成对等关系。实践中,当事人的素质高低不一,诉讼能力各不相同,有的请律师,有的没有请律师,导致当事人诉讼地位事实上的不均衡,实现公平正义,在审判过程中,法官要充分行使释明权,指导当事人正确行使诉讼权利,特别是要帮助弱势一方在法律上处于对等的地位,平衡当事人的诉讼能力。

第三,要在诉讼程序中发挥主导作用,保证司法的公正高效。为了提高效率、尽快实现正义,法官必须主导诉讼程序,不能完全被当事人左右。如若过分强调当事人主义,弱化法官的主动作用,容易导致裁判公信力不足,产生不好的社会效果。因此,从国情出发,法官在诉讼程序中要适度发挥主导作用。

第四,要加强法官在调查取证和认证事实方面的作用。近年来,随着审判方式改革,法院依职权调查取证的权能有所弱化。但是,从审判实践来看,我国普

---

① 参见谭世贵:《司法改革的理论探索》,法律出版社2003年版。

遍存在取证难和当事人法律意识淡薄、举证能力欠缺的现实，不利于保护当事人的实体权益。为此，必须注重发挥法官在调查取证和事实认定方面的主动作用，最大限度地实现公平正义。

第五，要扩大司法的可接受性，使纠纷得到实质性解决。司法的可接受性不仅包括司法结果的可接受性，而且包括司法过程的可接受性。要实现司法的可接受性，必须充分发挥法官的主观能动作用，一方面尽可能地使当事人的诉求和社会的观念与法律的精神实质和正义要求相一致，另一方面要尽可能使司法的行为、程序、裁判尽可能符合当事人和社会的理性要求。这就要求法官灵活运用自由裁量权，使裁判和处理既不违反法律规定，又为当事人和社会普遍接受。

（二）维稳机制的路径完善

1. 汲取全新理念

任何司法都要符合一定的社会目的，都要追求一定的价值取向。合目的性是司法的重要属性，合正义性是司法的基本价值。合目的性即符合司法的目的、法律的目的、社会的目的、人的目的，而司法服务保障发展的价值取向与合目的性趋于一致；合正义性即司法要以维护全社会的公平正义为目的、司法所服务的目的必须是正义的、司法职能的发挥和司法行为及裁判必须符合正义的要求，而实质性保护好破产案件主体的合法权益是司法正义性所追求的应然目标。破产维稳机制的建立和维护亟须在理念上切实做到司法的合目的性和合正义性，从制度上对可能出现的情形予以先见性的预测和防范。

2. 规范程序运作

"以规则为指向有助于限制法律制度的责任"，[①]规范程序运作旨在完善确立处理破产案件的系列规则和程序。首先，要坚持"阳光司法"运作理念。"阳光司法"就要规范程序运作，在破产案件审理中，一要根据破产案件的时间节点，把好立案审查关、裁定宣告关、清产核资关、审计评估关、资产处置关、分配方案关、职工安置关、破产终结关。二要强化对破产管理人的监督：(1)完善监督机制，设

① ［美］诺内特、塞尔兹尼克：《转变中的法律和社会：迈向回应型法》，张志铭译，中国政法大学出版社2004年版，第68～69页。

立监督人制度。其次,管理人应接受债权人会议和债权人委员会的监督,列席债权人会议,向债权人报告职务执行情况,并回答相关询问。最后,可考虑设立专职监督人,应允许债权人会议得选任一人或数人,代表债权人监督破产程序的进行。(2)完善破产管理人的法律责任制度。管理人应当勤勉尽责,忠实履行其清算职责,如破产管理人违反善良管理人的注意义务,给破产企业财产或债权人造成损害的,应当承担法律责任。

3. 厘清债权申报

管理人对债权不但需要形式审查,还需对债权人申报的债权进行初步的实质性审查。对于如何判断申报的债权能否作为破产债权,《企业破产法》没有明确的规定,参照最高人民法院《关于审理企业破产案件若干问题的规定》第 61 条的规定,不能作为破产债权的债权主要包括以下几种:(1)尚未执行的滞纳金、罚款、罚金。(2)超过诉讼时效、申请强制执行期限的债权。(3)破产费用和共益费用。(4)非法活动产生的债权。(5)破产程序后发生的债权,除法律有特殊规定外,不能申报。对于上述不能作为破产债权的债权,债权人向管理人申报的,管理人不予确认。

4. 竭力清收债权

破产企业的债权,涉及破产企业职工和全体债权人的合法权益。由于民营企业生产经营灵活性、随意性较大,财务报表资料、信息不全或账目不清,对企业破产债权的审核、确认,难度较大。在民营企业的财产和投资人的财产存在混同嫌疑的情况下,人民法院就民营企业的既有财产进行分配的基础上,可以责令投资人举证证明个人的财产和企业财产是分离的,如不能证明,则可认为投资人占有了企业财产,并因此不能免除投资人的有限责任;对出资不实、抽逃出资的,要依法追回;对于不当处置公司财产的行为,要依法撤销或者认定无效,并追回有关财产;对于民营企业投资人"弃厂避债"、企业主要财产去向不明的案件,法院可以通过司法程序积极查找线索或向侦查机关提出建议,并充分调动管理人、债权人的积极性,尽可能地发现和追收债务人财产,使债权人利益获得最大化保护。

5. 穷尽资产处置

破产企业资产处置更需分别对待,对于一般性的企业资产要做到:破产企业的资产,无论价值大小,应统一委托拍卖,随机确定拍卖机构,并在最大范围内公示拍卖事项,合理确定拍卖底价并在拍卖前严格保密,强化对资产评估、审计和拍卖过程的监督,确保资产处置公正、公开、规范,实现资产利用的最大值;对于部分特殊财产,如租赁土地上的不动产处置可以采用捆绑式方式拍卖,通过沟通协调,促使出租人同意与该破产财产的竞买人重新签订租赁合同,保证破产财产的及时处置。

6. 保障合法权益

对债权人合法权益的保护,首先,要充分发挥债权人会议和债权人委员会的职能作用,切实保障债权人对破产程序的参与权。其次,在审理债务人人员下落不明或财产状况不清的破产案件时,要从充分保障债权人合法利益的角度出发,在对债务人的法定代表人、财务管理人员、其他经营管理人员,以及出资人等进行释明,或采取相应罚款、训诫、拘留等强制措施后,债务人仍不向人民法院提交有关材料或者不提交全部材料,影响清算顺利进行的,人民法院就现有财产对已知债权进行公平清偿并裁定终结清算程序后,应当告知债权人可以另行提起诉讼,要求有责任的有限责任公司股东、股份有限公司董事、控股股东,以及实际控制人等清算义务人对债务人的债务承担清偿责任。同时,破产程序所涉及的利益为多方利益,平衡破产程序中的各方利益,可以遵循如下原则:债务人的重整利益优先于破产程序中的其他利益;破产程序中的团体利益优先于个人利益;劳动权益优先于破产程序中的其他利益。

7. 妥善安置职工

依法优先保护劳动者权益,是审理破产案件中保证大局稳定的重要前提,是破产法律制度的重要价值取向。为最大限度维护破产企业职工利益,实现企业破产"零震荡":首先,要求破产案件立案前企业要提前做好职工安置预案,召开职工代表大会对安置预案和破产预案进行表决,表决通过后由企业主管部门签署具体意见。其次,企业进入破产程序后,采取先安置后分配内债,或先分配后安置,并实行职工分流、重新就业等职工安置方式的多样化;同时,召开债权人会议时要有债务人的职工和工会代表参加,保障职工对破产程序的参与权。职工对管理人确认的工资等债权有异议的,管理人要认真审查核对,发现错误要及时纠正;因管理人未予纠正,职工据此提起诉讼的,人民法院要严格依法审理,及时作出判决。要通过多种措施来实现职工权益保护的机会公平、标准公平、分配公平和起点公平、过程公平、结果公平。

8. 完善预警机制

良好的预警机制可以让群体性、突发性矛盾消失在萌芽状态,为此就要做好社会舆情的监控工作,对目前尚未出现但可能会出现的各类突发情况进行分析研判,制定应对预案,并形成一套行之有效、变化有对的风险预警机制、联动机制、资金保障机制等协调机制,超前采取工作措施,努力做到预防在先、发现在早、处置在小,力争把矛盾和问题解决在当地、解决在萌芽状态。在此过程中要坚持两项原则:一是预防为主原则,从源头上预防各种可能引发的矛盾纠纷,经常全面排查隐患,针对可能引发群体性事件的敏感问题和重点人员,做到预防措施在前、化解工作跟进;二是力争主动原则,对早期发现矛盾纠纷苗头,要迅速疏导,及时平息,防止个别问题群体化、简单问题复杂化、经济问题政治化、局部问题扩大化,坚决遏制过激行为,确保辖区社会稳定。

9. 强化横向沟通

企业破产案件不仅是法院的一类案件,更是一项庞大的社会工程。在审理过程中遇到的不少问题是以法院一家之力难以解决的,唯有取得方方面面的配合和支持,方能克难制胜。在破产案件审理过程中,人民法院应始终坚持党的领导和服务大局的理念,强化稳定意识、和谐意识、责任意识,通过努力工作和积极协调,加强与工商局、国土资源局、人力资源和社会保障局、经济与信息化产业局、住房和城乡建设局、房地产开发与管理局、国家税务局、地方税务局等部门横向的沟通与配合,促进破产企业现实问题的解决,维护社会安定。

10. 问道基层探索

企业破产案件的审理与职工、债权人及相关第三人的心声和利益诉求相伴而生。因此,法官要深入群众,通过耐心细致的法律宣传和解释工作,消除对立情绪,争取群众的理解和支持,使职工理解政府及企业,使职工对失去工作、今后生活出路等各方面的问题服从法律规定。唯有如此,才能避免职工因企业破产而上访或不因个别别有用心的人对政府不满而煽动职工闹事,才能帮助广大群众认清改革中出现一些困难的必然性和暂时性,才能引导群众自觉与党和政府保持同一高度,更好地做好稳定工作,促进社会和谐、稳定。

四、结　语

人民法院服务保障经济发展新常态的路径探索和完善,是当前人民法院履职尽责的重要方向,而维护破产企业所涉主体的合法权益并依法构建和谐有序的企业退市机制,是一个熟悉的不能再熟悉的棘手问题,其所涉制度需要艰难蜕变。美国学者施瓦茨曾说:“法律并不是一切完美之物的真实体现。它总是带着缺陷和瑕疵……然而,尽善尽美并不一定是评价某种制度的恰当尺寸。”①破产案件维稳机制的功能架构与完善亦是如此,当前,由于立法上的不尽完善、理论研究上的相对匮乏,维稳机制的制度框架和理论支撑尚还有限。只有在实体法律与程序规则同步完善的框架下,维稳机制才能积极回应社会对其多元化价值融合、市场利益分化弥合、社会组织间沟通联络等功能性需求。② 值得期待的是,在防范、化解特定时期破产案件审理过程中出现的各类社会风险及典型问题方面,维稳机制以其基于审判和社会的双重优势,而显现出的服务和保障功能,正日益凸显其制度设定的必然之势。

---

① [美]伯纳德·施瓦茨:《美国法律史》,王军译,中国政法大学出版社1990年版,第1页。

② 参见王陈岑:《让法槌在法庭之外敲出和谐之音——能动司法语境下司法建议制度完善之探讨》,载金华中院网:http://www.jhcourt.cn,最后访问日期:2016年4月8日。

博弈与重构:走出“僵尸企业”的执行之困

——以反制规避执行行为措施的体系化为中心

杜玉勇*

在所有规避执行的情形中,公司利用法人地位掏空公司,致使公司无财产可供执行的现象日趋严重。① 这些案件的共同特点为:公司正在经营但无可供执行的财产或者是公司已经被吊销未依法清算,公司下落不明、公司法定代表人下落不明。这种类型的公司在执行程序中被称为“僵尸企业”。我国《公司法》并没有“僵尸企业”的概念。在学术界,对于“僵尸企业”也无统一的界定。② “僵尸企业”主要包括非人为的“僵尸企业”和人为的“僵

---

* 北京市朝阳区人民法院法官。

① 根据笔者的统计,北京市朝阳区人民法院于2012年全年收执行案件15,000余件,在这些案件中,被执行人为公司的大约占8000余件。其中未结的案件大约有1400余件,有40%的案件被执行人为公司法人。

② 就执行程序而言,“僵尸企业”一般是指在执行程序中,或因不参加年检,长期处于吊销营业执照的状态,或实际经营地址与工商登记地址不符,或被责令关闭,或被依法撤销或因其他原因而没有进行清算或者未办理注销登,或工商登记还在,但已无实际经营场地、账户内无交易、法定代表人下落不明等类型公司的统称。有人称“僵尸企业”为“撂荒公司”,有人称之为“休眠公司”。参见陈耆贵、张彤:《试析“撂荒”公司的执行困境与出路——从破产和法人人格否认的双重视角出发》,载江必新主编:《执行工作指导》(第4辑),法律出版社2011年版,第163页。吕冰心:《“休眠公司”的三种面目》,载《法人》2007年第2~3期。

尸企业”两种。①

2011 年 7 月 6 日最高人民法院公布了 9 起反规避执行典型案例。在这些案例中,有 3 起被执行人为公司。这 3 起案件的共同点都是;账户无存款、名下无房产、以转移财产等方式规避执行。“僵尸企业”逃避债务、规避执行行为的存在,不仅加剧了执行的难度,更在一定程度上影响了法律的权威和司法的权威。笔者结合在执行过程中遭遇的“僵尸企业”逃避执行的典型案例,较为系统地分析“僵尸企业”存在的原因和此类案件的执行现状,提出相应的解决之策。

一、当前法院执行“僵尸企业”的现状考察

“僵尸企业”类案件案件数量大、类型多,各地法院都面临着执行“僵尸企业”的难题。

(一)“僵尸企业”的表现形式

通过对北京某法院 2010 年至 2012 年全年执行“僵尸企业”类案件的统计,笔者发现,“僵尸企业”主要出现在中介类公司(房产中介和教育中介公司)、物流公司、运输类公司、房地产公司、广告公司、建材公司等行业领域(见图 1)。

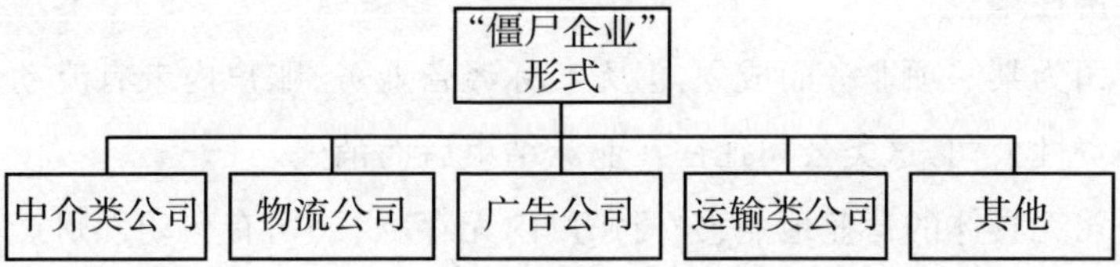

图 1

这类公司具有以下几方面的特点:(1)人员流动性大,工作人员素质参差不齐。这类公司对员工要求较低,工作人员无准入性条件设置,导致这类公司在实际的运营过程中容易发生纠纷,而大量纠纷的存在又导致这种公司为规避法院强制执行而故意不运营。(2)受社会经济条件的影响较大。这类企业的设立与

① 非人为的“僵尸企业”是市场经济优胜劣汰的结果,本文中所说的“僵尸企业”都是指人为导致的“僵尸企业”。

倒闭往往与社会大环境有关系。如房地产中介类公司,该类公司与楼市状况及国家的房地产调控政策也存在密切的联系:房地产行业繁荣时,这类企业大量存在;房地产行业衰败时,这种企业大量退出市场。(3)经营成本较低。这类企业在管理过程中,公司员工工资较低,市场准入的条件不是很高。在实际的经营过程中,额外投入低。(4)对经营场地等条件要求较低。这类企业往往通过租住场地的方式经营,一旦发生大的纠纷,往往会不交房租,并立即搬离经营场所。

(二)"僵尸企业"逃避执行的方式

为更好地阐释"僵尸企业"在执行中的困境,首先阐述一下"僵尸企业"在执行中可能规避执行的方式。

"僵尸企业"逃避执行的形式主要有以下10种:

1.因欠债,公司故意不年检,导致公司被吊销。公司已经成立,也经过一段时间的经营,但公司已经被工商管理机关吊销经营资格。

2.公司变更经营地址和联系方式。公司未被吊销,不在工商登记地点经营,更换经营场所后,法院难以查找。

3.公司表面空壳实际不空。公司还在经营,公司账户内未有经济往来,公司无其他财产,公司通过法定代表人、股东或者公司员工尤其是财务员工的个人账户进行经济往来。

4.公司为某一项业务而成立,但无实际经营业务,账户内未有流动性资金往来。如投资性公司,这类公司往往在业务结束后而消失。

5.公司无具体的营业地点,公司账户内无存款,公司有移动性财产。这种情况主要出现在被执行人公司为交通运输企业的情形,公司无实际经营场所,但这种公司有大量的挂靠的车辆,这些挂靠的车辆长期处于流动的状态。

6.原公司已经不再经营,也未年检,又成立一个名称相近的公司。2012年年初,笔者承办一起被执行人为北京领先教育科技有限公司的教育合同纠纷一案。在执行过程中,笔者发现,该公司已于2010年12月12日被工商管理部门吊销,同时,2011年6月24日一家名为北京领先新思路教育科技有限公司成立。两公司的营业地址及注册资本及经营范围都相似。

7.仍然在经营,但公司的名称已经发生变化。这种"僵尸企业"利用法院执行手段的有限性来规避法院的执行。根据相关法律的规定,在执行过程中,被执行人公司发生变更,法院应当裁定变更被执行人。同时,在法院送达裁定的过程中,这种“僵尸企业”往往利用这种过程来转移财产规避执行。

8. 一套人马,多套牌子。公司未被吊销,但与另一公司经营地点近似,公司法定代表人相同,两个公司从事的经营活动相似,两个公司的股东存在关联。笔者在执行一起被执行人为公司案件中,经笔者核实,该公司账户内已无存款,该公司也不在经营,但该公司与另一公司名称近似,两个法定代表人为夫妻关系,据申请人所述,另一个公司的经营活动也主要由被执行人公司法定代表人进行。

9. 公司与另一公司为关联公司,公司的经营活动不通过本公司进行而通过关联公司进行。笔者在执行一公司的过程中,发现该公司已经不在北京经营,但该公司法定代表人同样为上海某一公司的法定代表人,这两家公司经营范围相似,公司名称仅仅是前两个地名不一致。同时根据申请人描述,其虽然是与被执行人签订的合同,但是主要是通过上海的公司进行经济往来。

10. 公司已经吊销,公司的原法定代表人已经更换,新法定代表人声称自己根本不是公司的法定代表人,其并不知道是自己该公司的法定代表人,也不是公司的股东,公司是冒用其名字变更的。

(三)“僵尸企业”执行的难点

虽然在具体实践中,执行法官想出了种种执行措施和执行手段与“僵尸企业”进行较量,但是在执行实务的过程中,“僵尸企业”为执行工作造成了很大的难题(见表1)。

表1 “僵尸企业”案件占未执结案件统计

年份	新收案件(件)	未结案件(件)	终本案件(件)	“僵尸企业”类案件(件)	“僵尸企业”所占终本案件比重(%)
2010	14,320	1320	5420	3265	32.5
2011	13,980	1217	5218	2637	30.7
2012	14,960	1420	5120	1694	40.1

从表1中的数据可以看到,在司法实践中,“僵尸企业”类案件约占全部未结案件的30%左右。可见“僵尸企业”已经成为执行难的一个很重要的成因。执行“僵尸企业”有三难:查找公司实际经营地难,查找公司法定代表人难,查找公

司的财产线索难。这三难的存在进一步加剧了执行实务的困境。在现有执行案件大量增加的情况下,执行法官很难有时间和精力去查找"僵尸企业"的相关线索,主观与现实的困难进一步为"僵尸企业"逃避执行提供了路径。经北京市朝阳区人民法院调研发现,此类案件有90%左右无法实际执结。而且此类案件更多的是涉及劳动者工资、公司的货款、租房者的房租、人身伤害赔偿等事项。这些事项直接地影响当事人的切身利益。

通过上述对"僵尸企业"逃避执行的表现形式可以发现,"僵尸企业"往往通过关联交易、抽逃出资、财产混同、名称变更、法定代表人变更、资金往来不通过公司账号等形式规避执行,这些规避行为有一定的隐蔽性,依靠现有的执行手段很难发现这种行为。在笔者2007年承办的一起案件中,被执行人公司在北京只有一个办公地点,公司账号并未有资金往来,直到2011年在搜查公司财务室时才发现公司主要通过其财务工作人员的账号进行资金往来。直到冻结该公司财务人员账号后方真正的执结该案件。

"僵尸企业"案件的存在,一方面,增加了案件实际执结难度,以致执行法官每年都会积攒大量的"僵尸企业"类的案件。另一方面,增加了法官化解信访的压力。因为"僵尸企业"未实际执结,当事人权益无法实现,当事人不断地通过信访等途径反映法院的执行工作,给法院的执行工作造成了新的压力,法院要在应对"僵尸企业"的同时还要应对信访压力。法院不得不通过其他的途径解决这些"僵尸企业"案件。据笔者调查,2010年以来某基层人民法院有90%的司法救助案件涉及"僵尸企业"。

二、法院在执行"僵尸企业"中的乱象

(一)理论与立法导向上的误区

在对"僵尸企业"的执行理论研究中,执行法官对如何规制"僵尸企业"存在争议。我国《公司法》第20条规定,公司股东不得滥用公司法人独立地位和股东有限责任损害公司债权人的利益,若其滥用公司独立地位和股东有限责任逃避债务,严重损害公司债权人利益的,应当对公司债务承担连带责任。这一制度被称为揭开公司面纱制度。这一制度的初衷是为保证债权人的合法权益,重塑诚信观念,维护市场秩序,健全现代企业制度。但这一制度在司法执行过程中却遇

到推行的困境。有学者认为,因程序正义的需要,公司面纱的揭开涉及现代企业制度,还涉及具体案件中法律的适用和公司、股东、债权人的利益保护及诉讼权利问题,应以审判程序解决为宜。[①]

这种对实体法与执行法规理论的理解的不同必然会导致不同法院对于“僵尸企业”逃避执行的行为采取不同的执行措施和执行手段。[②]

在执行理论的分歧,执行手段的欠缺,“僵尸企业”逃避执行手段日益翻新,案多人少的情况下,“僵尸企业”类案件无法实际执结增加的不仅仅是司法的压力,更多的是影响法院的权威和当事人权益的早日实现。

(二)执行“僵尸企业”的现实应对

“僵尸企业”逃避债务、规避执行的手段五花八门。执行法官通过不同的途径采取了一系列的反规避的措施。

这些执行措施主要包括以下七个方面:(1)限制公司法定代表人及实际控制人自由。这里所说的自由主要包括出境自由、高消费自由、人身自由。该措施主要是指对公司的法定代表人及实际控制人进行司法拘留。(2)冻结、限制被执行人公司的某种经营资质。主要包括有特殊行业的经营资格、营运资格等。在执行一起被执行人为交通运输类公司的执行案件中,执行法院冻结了该公司的运营资格的审核权限,最终该被执行人公司主动履行了判决书确定的义务。(3)依靠网络、媒体等新兴的传播方式曝光“僵尸企业”。(4)搜查“僵尸企业”,查询被执行人公司法定代表人、实际控制人、财务人员个人账户资金流动情况。(5)通过新型执行手段查找“僵尸企业”的财产,例如,通过控制虚拟购物平台内“僵尸企业”的资金来源(如对淘宝网支付宝账号的控制)而规制“僵尸企业”。(6)通过揭开公司面纱程序的运用,打击抽逃出资、不依法清算、改制重组、关联交易、财产混同等通过恶意逃避债务形式的“僵尸企业”。(7)充分运用执行程序的追加被执行人或者是告知申请人通过诉讼的方式追回被转移财产等手段,加大打击“僵尸企业”的力度。

---

① 参见唐学兵:《公司法的修订与民事执行的适用——从民事执行的视域看公司法的修订》,载中华人民共和国最高人民法院执行工作办公室编:《强制执行指导与参考》(第1辑),人民法院出版社2007年版,第156页。

② 这两种不同的理论涉及的是执行权与审判权的权力划分问题,本文不作深入的研究。

(三)“僵尸企业”执行中的乱象所在

虽然执行法官可以通过以上执行措施反制“僵尸企业”逃避债务的行为,但是这些措施并未真正地解决执行“僵尸企业”的难度。执行“僵尸企业”的乱象主要表现在以下几点:(1)脱离执行依据随意采取执行措施。(2)乱列第三人,随意变更执行主体,侵犯案外人合法权益。(3)以拘代执。(4)严重超标的查封扣押。(5)非客观原因导致执行行为过分延展执行依据所确定的给付期限。(6)对已经依法采取的强制执行措施随意解除。(7)随意追加被执行人,剥夺被执行公司提出执行异议的权利。(8)随意执行法定代表人个人财产。(9)“僵尸企业”类案件长期处于搁置状态,既不出终本裁定,又不继续执行。(10)对于“僵尸企业”类案件尚未形成统一的执行手段和执行措施以及反制措施。

这些执行乱象的存在无法从根本上解决执行乱象,反而助长了“僵尸企业”逃避执行的行为,同时也会增加执行信访量和执行异议的数量。

三、“僵尸企业”为被执行人案件的执行困境

(一)规则之困

“僵尸企业”的大量存在与现行法律法规对其规制手段的有限性存在密切的联系。我国现行法律并未对“僵尸企业”进行法律的界定,对于“僵尸企业”也缺少有效的法律监管。我国法律中仅有寥寥几条规制“僵尸企业”的规定。我国《公司法》第212条规定公司成立后无正当理由超过6个月未开业的,或者开业后自行停业连续6个月以上的,可以由公司登记机关吊销营业执照。《企业破产法》第7条规定:“债务人不能清偿到期债务,债权人可以向人民法院提出对债务人进行重整或者破产清算的申请。企业法人已解散但未清算或者未清算完毕,资产不足以清偿债务的,依法负有清算责任的人应当向人民法院申请破产清算。”最高人民法院《关于适用〈中华人民共和国民事诉讼法〉若干问题的意见》第297条规定:“被执行人为公民或者其他组织在执行程序开始后,被执行人的其他已经取得执行依据的或者已经起诉的债权人发现被执行人的财产不能清偿所有债权的,可以向人民法院申请参与分配。”最高人民法院《关于人民法院执行工作若干问题的规定(试行)》(以下简称《执行规定》)第76条、第78~83条就

执行过程中公司情况发生变化后的债务承担进行了原则性的规定。这些规定更多的是涉及公司变动之后责任的承担问题。2011 年最高人民法院出台的《关于依法制裁规避执行行为的若干意见》对于规制“僵尸企业”的确起到了一定的作用。但是,这一意见仅是在原则方面进行规制,在具体的实施过程中还有很多尚未解决的问题。就公安机关的协助这一条而言,在笔者承办的一起案件执行过程中,被执行公司已不再经营,公司法定代表人已经变更为一个外地的农民且不在北京居住,法院多次向政法委递送报告要求公安机关协助法院查找被执行人公司原法定代表人的下落,但递送报告 2 年后公安机关仍未有寻找该“僵尸企业”法定代表人的行为。这一过于理想化的规定导致了当事人过高的期望,更增加了法院的负担和当事人对法院的执行工作的不信任感。

现行规制“僵尸企业”法律的规定,更多的是对公司形式上的规制,不仅无法阻止“僵尸企业”的产生,而且为“僵尸企业”规避执行逃避法律义务提供的导向。这种立法的导向性规定更增加了司法实践中执行立法规定的过程中执行的乱象。

(二)监管之困

我国《民事诉讼法》第 242 条扩大了法院调查被执行人财产的范围,也明确了相关单位的协助义务。但在司法实践中,相关部门因为制度性的缺失并未很好地解决执行“僵尸企业”的困境。

就我国现行的公司登记的审查方式而言,我国《行政许可法》第 34 条规定,行政机关应当对申请人提交的申请材料进行审查,根据法定条件和程序,需要对申请材料的实质内容进行核实的,行政机关应当指派 2 名以上的工作人员进行核查。2004 年公布的《企业登记程序规定》第 9 条规定,登记机关收到登记申请后,应当对申请材料是否齐全、是否符合法定形式进行审查。如果认为需要进行实质审查的,应当指派 2 名工作人员进行核实。这一规定被有些学者理解为“二元审查标准”。但据笔者的调查,工商登记机关进行的审查更多的是形式的审查。这种形式审查方式让“僵尸企业”找到了规避法院执行的方法。“僵尸企业”或者是更换经营地点或者是通过更换法定代表人或者是更换股东的方式规避法院执行,法院从工商登记方面对“僵尸企业”规制很难起到应有的作用。

就税务机关而言,我国《税收征管法》第 15 条规定:“企业,企业在外地设立的分支机构和从事生产、经营的场所,个体工商户和从事生产、经营的事业单位(以下统称从事生产、经营的纳税人)自领取营业执照之日起三十日内,持有关证件,向税务机关申报办理税务登记。税务机关应当自收到申报之日起三十日内审核并发给税务登记证件。"该法第17条规定:"从事生产、经营的纳税人应当按照国家有关规定,持税务登记证件,在银行或者其他金融机构开立基本存款帐户和其他存款帐户,并将其全部帐号向税务机关报告。"但是在社会实践中,"僵尸企业"往往只向税务机关登记一个基本账户,这个账户在公司的营运过程中并没有实际的经济往来,税务机关也无法通过规制基本账户的方式来规制这些"僵尸企业",导致这种公司大量的存在影响了社会经济的良性运转。笔者在执行过程中,曾经发现一"僵尸企业",这个公司在工商管理机关的查询仍然在正常的经营,但是这个公司的税务账号早已注销,同时,这个公司每月都会向税务机关购买增值税发票。税务机关无法从基本账户入手监督"僵尸企业",导致法院想从税务机关规制"僵尸企业"而无从下手。

就相关政府部门而言,尤其是房地产管理部门和交通运输部门而言。房产中介公司中大量"僵尸企业"的存在与房地产管理部门的监管不力存在直接关系。房地产部门应当充分运用手中的权力,提高房地产中介类企业的准入门槛。加强对这些公司在实际运营过程中,规避法院执行、逃避债务行为的处罚力度。就交通运输部门而言,笔者曾经执行过一家物流公司,该公司名下有大量车辆,法院对其名下的车辆进行了查封。但查封之后,该公司并没有实际履行。为此,笔者前往北京市交通委员会,向其送达了禁止为该企业车辆进行年检的执行通知书和强制裁定书。但2年过去了,该公司仍未实际履行判决书。作为运输公司的管理部门,对于这些"僵尸企业"应当加大管理力度,尤其是在法院有未了结案件的企业,运输部门的管理部门应当加大打击力度,不对该企业车辆进行年检,吊销该企业的车辆的运营资格等。

(三)措施之困

虽然执行法官试图通过各种途径加大打击"僵尸企业"逃避执行的情况,但是面对"僵尸企业"花样百出的逃避方式,在案多人少的司法现状下,法院的执行措施主要面临以下困境:第一,执行权受到限制。在执行过程中,执行法官的权利受到判决书的影响,无法充分发挥法官的能动性和自由裁量权。第二,调查被执行人手段有限。“僵尸企业”逃避执行的手段五花八门。随着社会进步，“僵尸企业”的形式也越来越多。但执行法官执行手段并未随着时代的进步和法律的进步而增加。执行手段与现实状态的脱节，必然会导致“僵尸企业”利用漏洞逃避执行。第三，协助义务机关在司法实践中，往往通过内部规定柔性逃避自己的协助执行义务。“僵尸企业”利用现有监管的漏洞逃避执行，造成此类“僵尸企业”的大量存在与协助义务机关逃避执行也有很大的关系。

四、破解困境：构建符合实际的反规避措施体系

（一）完善执行立法

美国学者庞德曾经说过：“司法的真正危险在于对合理改革的胆怯和抵制，对法律陈规的顽固坚持。”①因此，必须首先从立法角度入手，构建反规避体系。第一，加快公司法、破产法与执行程序的衔接立法工作；作为判决书的执行机构，执行庭承担着巨大的工作压力，公司法与破产法在实际的执行过程中并没有很好地发挥保护债权人利益的作用和规制“僵尸企业”的作用。第二，加强对“僵尸企业”工商登记、税务登记等监管立法工作。“僵尸企业”往往首先是通过工商登记来规避执行，更重要的是逃避税务部门的监管以获取非法利益。只有将工商登记与税务登记与法院的执行工作相关联，才能更好地打击“僵尸企业”。第三，加快《强制执行法》的立法进程，通过法律的制定，一方面从立法角度对“僵尸企业”进行规制，另 方面为执行工作提供实践的指导。还加大对拒不履行法院判决裁定罪立法适用范围的界定。经调查，2010 年至今，北京地区人民法院追究被执行人拘执罪的情形屈指可数，这一情形与大量的执行案件形成鲜明的对比。应该从刑事立法方面对拘执罪加大打击力度，防止被执行人利用“僵尸企业”逃避执行。

规制“僵尸企业”的立法，更多的是要将法人人格否认制度融入执行程序中，扩大执行裁决部门的权限，将执行异议的裁决和执行异议之诉的权力合并。从立法上加大对关联公司、公司名称变更、公司实际负责人的处罚力度，从而在根本上杜绝“僵尸企业”的存在。

---

① [美]庞德：《普通法的精神》，唐前宏等译，法律出版社 2000 年版，第 8 页。

(二)拓展法院执行方法

虽然在执行理论中存在是否在执行过程中适用揭开公司面纱的争论。但笔者认为,在执行程序中引入揭开公司面纱的理念对于反制"僵尸企业"逃避债务具有重要的意义。因为公司空壳只是一个表现形式,背后是股东或实际控制人操纵公司、滥用公司法人地位、公司资产与股东资产混同,在这种情况下必须否认其人格,追究股东的连带责任。

就执行程序而言,应当首先确立无财产可供执行案件的退出机制的建立,对于"僵尸企业"在穷尽执行措施的情况下,必须将这类案件退出执行程序以减轻法院执行压力。正如有学者所言,我国的执行体制不但进口很大,只要提供有效的法律文书,制度上当事人不须提供有关执行财产的信息也可进入,而且执行案件的出口也很小,根据《民事诉讼法》和最高人民法院的相关司法解释,除了全部执行完毕、裁定不予执行、和解协议履行完毕之外,案件只有在债务人死亡、终止或丧失劳动能力等极端情况下才能终结执行。这在很大程度上增加了法院这个"胃"的负担,长此以往,法院的执行机构必将陷入"消化不良"或者"消化功能衰弱"的境地。①

对于"僵尸企业"的规避行为,法院必须加大执行工作的力度,拓展执行途径以维护当事人的合法权益。首先,从公司行业资质的角度入手,限制"僵尸企业"继续从事相关类型的行业。在北京市京浆工贸有限公司申请执行山西鑫能煤炭运输有限公司执行一案中,②在被执行人公司已经为"僵尸企业"的情况下,执行法官掌握了该公司具有从事煤炭运输资格的信息。而这种资质对于该公司能够带来极大的经济利益。基于此,执行法官冻结了该公司的运营资格,在此强制措施下,该案全部执行完毕,并取得了良好的社会效果。其次,根据最高人民法院《〈关于依法制裁规避执行行为的若干意见〉的通知》(以下简称《执行规定》)第20条的规定:有充分证据证明被执行人通过不依法清算、改制重组、关联交易、财产混同等方式恶意转移财产规避执行的,执行法院可以通过依法变更追加被执

① 王亚新、百晓锋:《无财产可供执行案件的退出机制及相关争议的处理》,载《法律适用》2011年第12期。

② 本案例参考自《在执行中可以通过限制被执行人的特许经营资格来促使其履行义务》,载吴在存主编:《北京法院参阅案例》(第8卷),知识产权出版社2012年版,第225~227页。

行人或者告知申请执行人通过诉讼程序追回被转移的财产。我们要加大对"僵尸企业"类型的分析和总结的力度,通过现有的执行程序和执行手段加大挖掘"僵尸企业"违法的力度。再次,加大执行威慑力度,通过失信被执行人信息的公开等手段,加大反制"僵尸企业"的力度。最后,利用新型的执行手段,如媒体、网络、限制法定代表人高消费等手段加快执行。

(三)构建体系化的反规避执行制度

1.强化协助义务机关的协助义务

"僵尸企业"的大量存在和相关部门监管的缺位有密切的联系。充分发挥协助义务机关对于法院执行工作的协助。对于公安机关而言,对于下落不明的"僵尸企业"法定代表人要加大对人的协查力度,协助法院寻找法定代表人下落。对于工商登记机关而言,要将其系统与法院执行系统相连接,对于"僵尸企业"要加大监管力度,防止其通过变更等方式规避执行。对于税务机关,对执行过程中的"僵尸企业"要加大监管力度,不对其出卖支票等相关材料。对于房地产中介协会或者是房地产管理部门要加大对于此类企业的监管力度,从运营资质及承担资质角度入手加强监管。对于运输类企业,交通运输部门要主动监管,加强在企业运营资质及企业车辆年检过程中监管力度。

2.赋予申请执行人查找被执行人财产的有效手段

《执行规定》第28条规定了申请执行人应当提供财产状况或线索,但是在司法实践中,申请人往往将所有希望都寄托在法院身上,自己没有调查被执行人财产的积极性。在现在案多人少的情况下,实务中作为创新举措的委托调查制度是一项可行的制度选择,即由申请执行人的代理律师持法院的调查令,向公权力机关或第三人获取财产信息。

3.建立法院为主其他部门为辅的执行一体化威慑制度

规制"僵尸企业",强化对"僵尸企业"的监管力度需要法院与相关部门的紧密联系。"僵尸企业"的出现不是法院一个部门的问题,因此规制"僵尸企业"也需要相关机关的配合。解决这一难题我们需要的不是运动式的清理积案,我们需要的是实实在在的制度架设。解决这一司法困境需要最高人民法院与相关部门制定司法解释,需要基层人民法院加强对执行部门的支持力度,需要每一位执行法官恪尽职守,也需要社会诚信体系的建立。

五、结　论

“僵尸企业”从来都不是一个新的公司形式,而只是作为现代公司逃避债务、规避法院执行的一种形式。在反制“僵尸企业”规避执行行为的过程中,目的是通过建立一种法院为主导、其他部门协助的执行联动威慑制度,迫使“僵尸企业”能够主动履行生效判决,从而使正义得以彰显,法律权威得以树立。

破产制度的文化、经济与政治思维审视

陈永华*

中国古代的自然经济没有破产法，老百姓对破产也较为忌讳，对于债务人不能清偿的债务，依照习惯法——父债子还，长期拖延。新中国成立后，在计划经济时代，既无破产观念，更无相关法律规范。"破产"真正进入中国经济生活源于改革开放。我国首部《企业破产法》诞生于20世纪80年代，其意义不仅在于完善法制，而且在于它为政治经济改革创造了一个至关重要的必要条件。然而，《企业破产法》的实施不尽如人意。"跑路""跳楼""僵尸企业"等字眼不时出现在各种媒体中，破产法未能发挥其应有的作用和功能，破产观念也没有树立起来。为了明晰破产的意义，增强破产观念，本文将运用历史的史料和现实的案例，从文化、经济、政治几方面对破产进行剖析。

一、破产文化论

破产免责制度是破产法律制度中的基石之一，而其深层的文化基础是宽恕的法文化。①

* 海南省高级人民法院研究室法官助理。

① 参见何骧：《文化语境下的我国个人破产制度建构之路》，载《贵州社会科学》2013年第1期。

从破产制度的历史演进来看,破产程序由最初的单纯保护债权人到兼顾债务人及其他权利人利益,从破产惩罚主义到破产宽恕主义,从商人破产主义到一般破产主义,从不自愿破产到自愿破产再到策略性破产,反映了破产程序适应经济体制和文化环境而不断被修正的过程。破产制度滥觞于古罗马"财产委付"制度,产生于中世纪商人法,发展于近代资本主义社会,成熟于现代市场经济社会。在破产制度产生早期,破产制度纯粹是债务执行程序,单纯照顾债权人利益而严苛对待债务人,甚至将破产债务人投进监狱以示惩罚,直到晚近才对债务人采取宽恕的态度,允许债务人免责,允许债务人自愿提出破产申请,及至现代社会,为照顾更多的利益群体,也为资源充分利用,破产重组程序更是发达。破产制度演进的背景是从小商品经济到现代市场经济的社会经济发展历程,破产制度的发展适应了市场经济发展过程从偏重于保护债权人利益到宽恕经营失败、鼓励更兴、兼顾债权人与债务人利益、保护社会利益的演变。

从实行破产制度的国家比较来看,一国企业破产制度也与其经济体制和文化背景相关。如美国的经济体制是一个高度竞争和资本主义程度很高的经济体制,因此,其倾向于宽恕债务人以保持经济活力。在企业破产方面,由于美国崇尚"拯救"文化(rescue culture)甚过于清算文化(liquidation culture),有发达的破产重整制度。由于美国崇尚消费主义,主张消费者至上,通过保护消费者利益和鼓励消费来拉动经济发展,消费者破产制度对消费者采取了很宽恕的态度,以迎合中产阶级的利益。在个人破产方面美国的核心概念是免责,因为每个人都是凡人,没有人无所不知,犯错误在所难免,人们需要一个清理此类错误所留下的烂摊子的制度—破产制度。个人破产重生选择权在 1933 年首先提出,1938 年发展成一个成熟的制度而被纳入美国破产法。据统计,1980 年到 2014 年美国每年个人破产案件申请数量占总人口数的比例远大于1‰,基本在1‰~7‰。在此期间,个人破产案件绝对数量和比例最高出现在金融危机爆发前的 2005 年,而不是金融危机爆发以后。2005 年美国全境(包括海外领地)的总个人破产案件数达到 200 万件,占总人口比例的 6.8‰左右。而在英国、澳大利亚和加拿大,虽然存在个人破产制度,但对债务人远没有美国对待债务人宽恕,主要是为低收入者服务,起到救济贫困的作用。①

破产与中国传统文化中的妥协权衡理念比较契合,但与中国传统文化中的宽恕、拯救、扶弱济贫、隐恶扬善、父债子还等观念,及消费观、面子观、尊卑观等有一定的疏离。例如,丽水云和县的叶石云,从 11 岁开始,连续 6 年坚持利用周末和假期等时间,捡废品、干零活,省吃俭用,替父还清了其去世时留下的债务,被人们称为"信义孤儿"。叶石云从 22 位候选人中脱颖而出,荣膺"CCTV 2015 年度三农人物"。"三万外债,11 岁孩童用稚嫩双肩勇敢扛起。7 年拾荒,17 岁少年,用毅力将债务一一清偿。诚者,天之道,生活再苦,信念始终不弃,世事再艰,品性依旧纯良。少年强则中国强,他用践行诺言的力量,为我们树起诚信与良知的榜样!"这是组委会给予叶石云的最高评价。这是一个父债子还的诚信榜样,也是对一个少年的苛求与重压。在这种文化氛围下,当事人自己尚不能宽恕自己,更何况债权人与社会!失败商人只能"跑路"或"以死谢天下"。2015 年 5 月《南方都市报》报道:东莞虎门怀德社区"好又多(怀德店)"老板古某因欠下高额债务,留下绝笔信"走佬"。古某称自己的离开属万般无奈,希望超市的骨干员工可将卖场的系统卖掉以支付员工工资,声称"将以死谢天下"。要防止这样的悲剧和遗憾,首先要树立起破产宽宥观念,其次要尽快建立个人破产制度。使一旦出现个人资不抵债的情形,欠债者可以依法申请破产,让人不至于因一时商业失败或个人财务失控而四处逃债甚至自杀。同时,也能够在法制轨道上,合理保障债权人的利益,使双方都有机会按照理性、文明的规则解决不得已的债务问题,重新开始生活。这方面,我国香港特别行政区著名演员钟镇涛的遭遇就相当典型,其"绝境逢生"的经历也有力证实了,破产宽宥文化与个人破产制度在充满风险的市场经济海洋中,所能够发挥的风险控制和命运止损功能。

毋庸置疑,传统文化和观念是我国破产法未能顺利实施的最大障碍之一。由此可见,当代中国应该突破父债子还、消费观、面子观、尊卑观等传统观念的束缚,逐渐培育起个人的独立意识,培育破产宽恕文化,树立破产观念,从而更好地推进破产法律制度的建立和实施。

---

① Nathalie Martin, "Common-Law Bankruptcy Systems: Similarities and Differences", 11 *Am. Bankr. Inst. L. Rev.* 367.

二、破产经济观

(一)破产制度是社会资源重新配置的手段

当企业情况不妙、犯下错误的时候,破产是人们用来把一切清理干净并重新开始的手段。比如,"僵尸企业"问题。它们可能在资本几乎免费的时候过于狂热地实施了扩张计划,但由于新技术的出现,或者是市场的改变使它们变得落伍了。但是这些企业仍然苟延残喘:步履蹒跚、耗费资源、浪费资产,与此同时制造出的产品的价值还不及投入资源的价值。这种情况也被称为"制造亏损"。根本的要点在于,亏损并不是亏损企业自己的问题。在整体经济的层面上,这意味着每一个人都将变得更加贫穷。比如,我们用拥有某些价值 100 美元的资产的企业来生产某些价值 90 美元的东西,这就是亏损的含义,即生产成本高于产出产品的价值。整个社会拥有的价值现在损失了 10 美元。人们会宁愿看到这些资产——不管以多少债务或股东损失为代价——被转移去从事其他事情,在新的地方,也许价值 100 美元的资产可以制造价值 110 美元的东西,从而使社会拥有的价值增加 10 美元。

这些正在亏损的企业占用了劳动力、资产、土地、资本等资源,而它们并不会再重新赢利,因此人们需要某种可以重新配置这些经济资源的手段。这就是破产所能实现的——把现存企业的债务与它所拥有的生产性资产剥离。把这些资产送到别处以便派上用场,做更有价值的事情。那么债务呢?人们可以让它们自生自灭,把它们减记。但要点并不在于怎样处置这些债务,而在于怎样处置生产性资产。而这就是破产制度可以做到的事情:对它们予以重新配置。确切地说,这是要明确表明需要有某种解决方案,而破产是这种解决方案的一个非常重要的组成部分。这就是破产的基本经济观。

如长航凤凰股份有限公司重整案。长航凤凰系上市公司,是长江及沿海干散货航运主要企业之一。自 2008 年全球金融危机以来,受财务费用负担沉重、航运运价长期低迷等因素影响,长航凤凰经营逐步陷入困境。截至 2013 年 6 月 30 日,长航凤凰合并报表项下的负债总额合计达 58.6 亿元,净资产为 -9.2 亿元,已严重资不抵债。经债权人申请,武汉市中级人民法院于 2013 年 11 月 26 日依法裁定受理长航凤凰重整案。最终制定了以公司账面的货币资金、处置剥离亏损资产的变现资金以及追收的应收款项、出资人权益调整方案以及股票公开竞价处置等多种渠道的资金筹集方案。通过资产公开处置、出资人权益调整以及股票公开竞价处置,长航凤凰不但清偿了重整中的全部债务,同时,由于股票公开竞价处置产生溢价,公司在重整程序中依法获得了约7000万元的资金用于补充公司现金流。通过成功实施重整计划,在无国有资产注入及外部重组方资金支持的情况下,长航凤凰2014年年底实现净资产约1.2亿元、营业利润约2.24亿元,成功实现扭亏,股票于2015年12月18日恢复上市。长航凤凰重整案借助于破产重整程序,摆脱了以往依赖国有股东财务资助、以"堵窟窿"的方式挽救困境企业的传统做法,以市场化方式成功剥离亏损资产、调整了自身资产和业务结构、优化了商业模式,全面实施了以去杠杆为目标的债务重组,最终从根本上改善了公司的资产及负债结构,增强了持续经营及盈利能力,彻底摆脱了经营及债务困境。

通用汽车是美国政府成功救助的典型案例。2008年金融危机开始前,通用汽车就已经连续3年亏损,金融危机更是让通用汽车雪上加霜。为避免整个汽车产业的崩溃,美国联邦政府出台了"不良资产救助计划",开始向通用、克莱斯勒和包括美国国际集团在内的多家大型金融机构注资。其中,美国政府以495亿美元援助贷款获得通用汽车公司9.12亿股,持股比例相当于60.8%。救助方案原本争议不断,被认为是拿纳税人的钱冒险。但事实证明,这次救助相当成功。2010年通用汽车公司净利润为47亿美元,实现扭亏为盈;2011年公司净利润进一步增长到76亿美元。由于政府的救助,美国汽车行业的复苏速度很快,且在金融危机之后,创造了大量的就业岗位。

(二)破产法是市场经济的宪法

破产法作为市场经济"宪法"的意义,体现在三个层面上:一是破产法所涉及的宪法层级问题。二是破产法是转型经济国家改革的"宪法",是经济改革的母法。一个国家的企业破产法制度完善与否,已成为衡量该国市场经济成熟程度的重要标志。三是在全球竞争激烈,经济一体化,世界日益变成"地球村"的趋势下,各国的破产法正在加速其由磨合到大一统的过程,破产法有可能最早成为全球普遍适用的基本法。

1. 立法的宪法层级

破产法是市场经济的"宪法",首先表现于破产法涉及宪法实体内容层面的权利与权力问题。宪法是约束制衡权力的基本法,也是保障公民权利的基本法。而破产法恰恰在约束制衡各地方权力机构对经济与商业交易的干预、对地方经济利益与债务人保护方面的权力滥用冲动和道德风险,以及保护公民(投资人、债权人)的经济权利方面扮演市场经济与社会商业交易底线法角色。

因此,在许多国家,破产法的制定问题被置于宪法层级。1787 年美国在制定宪法时,把破产法的制定直接规定在宪法中,美国《宪法》第 1 条第 8 款规定国会有 18 项权力,其中第 4 项权力为"国会有权制定合众国全国的统一的国籍条例和统一的在破产方面的法律"。许多国家为防止各地方政府(各州)之间的利益冲突,维护统一的贸易市场和交易秩序,以使债权人得到平等保护,一般都把破产的立法权和管辖权归于中央或联邦。

瑞士《破产法》开篇即申明该破产法是瑞士联邦议会根据《宪法》第 164 条予以制定,而瑞士《宪法》第 164 条规定重大法律的立法权属于联邦议会。在澳大利亚,为协调各州法的矛盾,各州达成协议,有关公司破产立法事项由联邦一级负责,包括立法权和管辖权。英国、美国、德国、日本、法国等国破产法的立法权和司法管辖权皆统一归中央或联邦。

2. 经济改革基本法

(1)破产法是市场经济的根本大法

在一些经济转型国家,破产法也成为经济改革、避免经济危机及社会动荡的基本法。如一些计划经济向市场经济转轨的国家,俄罗斯、波兰、捷克、罗马尼亚、越南等,这些国家的经济改革都以修改和制定破产法为开端。破产法在其经济改革的过程中扮演了主角,成为转型经济国家改革的"宪法"。这是因为:

其一,破产法基本理念之一是衡平原则,即在债权人和债务人之间、债权人与债权人之间、债权人债务人与其他利益方之间寻求一种公平和有效率的商业安排,同时破产法还要确保公平和效率之间的平衡关系。破产法本质上是私法,它要求植根于市民社会的市场主体得到平等保护,它要求公平保护债权人的一般利益,它要求坚持债权人自治,它要求提供一个公平、公正清偿债务的司法程序。同时,破产法又体现了效率的理念,从破产程序的启动、管辖、管理、分配、终止,到别除权制度、取回权制度、管理人制度、清算和重组制度,无不体现效率的原则,从这个意义上说破产法为高效、准确处理债权人与债务人的关系提供了一套减少交易费用和降低交易成本的选择机制。

其二,破产法为激烈商业竞争中的债权人债务人提供一种稳定的预期。它实际上告诉债权人债务人什么是市场竞争的底线,帮助债权人和债务人预测其行为结果,对其市场行为的成本和收益作合理的预期,把市场的不确定性和风险减少到最低限度。债权人对其收回债权的可能,债务人对其偿还债务的能力,相关利益方如雇员对其利益减损的可能都有一个稳定的预期。

其三,破产法是市场中债权人债务人之间的一种游戏规则。在市场经济中,债权人和债务人往往是自私自利的,他们总是期望自身利益的最大化,因此在借贷和还贷、到期和延迟、担保和非担保等商业行为中,他们经常玩"猫捉老鼠"或"老鼠戏猫"的游戏。即便发生不能清偿到期债务的结果,他们也总是希望抢先一步,先于对手得到最优于自己的利益。而破产法则对债权人、债务人追求自身利益最大化的冲动提供了一种预防、禁止和限制性的规定,同时也提供了一种程序化和公平清偿的制度化安排。

我国在向市场经济转轨过程中,首先也是以修改和制定破产法为标志,一个重要的原因在于破产法是市场经济法治的前提。中国20世纪80年代破产法立法的意义不仅在于完善法制,而且在于它为政治经济改革创造了一个至关重要的必要条件。这部法律突破了计划经济体系的规章制度,因而在人大常委会审议期间几乎"流产"。1986年全国人大常委会首次审议破产法时,出现了激烈的意见分歧,在50名发言者中有41人反对,只有9人赞成。最后经反复讨论,1986年12月2日《企业破产法(试行)》终于获得通过,并登上了中国的历史舞台。然而,对绝大多数生活在社会主义体制下的中国人来说,破产法却是相当陌生的。尽管许多国有企业早已资不抵债,但各级政府不愿意企业破产暴露出官员们的低劣政绩,企业负责人怕企业破产后丢了领导职务,而吃惯了社会主义"大锅饭"的企业员工则担心企业破产后失去原有的经济社会地位。因此,尽管《企业破产法(试行)》已经生效,但当时它的实施却经常受到社会各方的抵制。从1989年6月到1991年,中国的经济政策转为"治理整顿",改革进入低潮,当时出现了一种说法:要坚持社会主义改革,批判资本主义改革。于是,破产法便被作为"失败了的资本主义改革"而遭到一些人的批判。但是,国有企业并不因批判了"资本主义"就能走出困境,越来越多运营不善的企业还是不得不破产。破产的企业必须向人民法院申请、依破产法处理善后事务,而破产案件的债权人也需要通过破产法来保护自己的权益。现实经济生活客观上离不开破产法这个法律武器——市场经济的根本大法。

(2)这些国家的破产法制度完善与否,也已成为衡量其市场经济成熟程度的重要标志

企业破产是市场经济中最常见和普遍的现象,如果没有破产法,债权人和债务人的利益得不到及时调整,市场就会失去秩序,金融风险就不能控制,因此,破产法越完善,市场经济就越成熟。在经济改革过程中,修改和制定破产法实际上可以为改革的成功奠定基石。在新经济兴起和市场成熟化过程中,破产法也成为其经济改革的一个利器和避免经济危机及社会动荡的基本法。近年来,德国、日本、韩国、泰国、阿根廷等国纷纷修改其破产法。即便连破产法最为先进的美国也在适应其国内和国际的新形势,提出新的破产法修正案。为了适应市场经济发展的需要,我国在前破产法律制度和相关的司法解释上不断完善立法。1994 年年初开始,国家体改委选择了若干城市,试行"优化资本结构、增强企业实力"的改革,其中将破产列为试点的首要内容。这时的《企业破产法(试行)》已经不能适应我国市场经济的发展需要,修改势在必行。《企业破产法》于 2007 年 6 月 1 日颁布实施。这部法律出台于社会主义市场经济体制的大环境下,使企业从计划中解脱出来,成为真正的市场主体,是一部名副其实的破产法,是市场经济立法工作的一大进步。

我国《企业破产法》自 2007 年 6 月 1 日实施以来,在维护社会公共利益和社会稳定,平衡协调债权人和债务人利益等方面发挥了积极作用,但近年来全国法院受理的企业破产案件的数量却日益下降,2008 年、2009 年为 3000 余件,2010 年为 2000 余件,2011 ~ 2013 年均在 2000 件以下,2014 年为 2031 件,2015 年为 3568 件。相反,每年工商管理机关注销的企业数量却在 35 万户以上,2014 年达到 50 万余户。进一步的数据研究表明,我国进入破产程序的企业数量不足美国的 0.2%,不足西欧全部国家的 1.16%。从我国《企业破产法》实施情况来看,我国市场经济有待进一步成熟。

3. 全球的市场宪法

国与国之间越来越需要一个共同的破产规则机制来处理跨国界的破产问题。破产法的宪法性还表现在对跨地域跨境投资人与商业贸易的保护。随着世界经济一体化的进程、经济竞争日益国际化的形势,以及全球各地开展业务的跨国公司的增多,使得在全球适用一部统一破产法的需求越来越强烈。

一个假设的案例说明了全球适用统一的破产法作为市场宪法的重要性:总部设在美国的1家跨国公司一旦破产,其管理人将可能会手持美国法院的判决来到欧盟的法国、亚洲的中国和大洋洲的澳大利亚接管其在当地的资产和权益,这时,这些国家的破产法会不会承认美国破产法院判决的效率呢?

这个例子说明在全球经济一体化的今天,全球有一部共同的破产法、遵循相同的破产法准则、采纳一致的破产标准有多重要。

海南省洋浦经济开发区人民法院在审理海南泛洋航运有限公司破产案中,出现外国仲裁与法院裁判的执行与承认的情形,涉及各国法律的适用问题。各国破产法不同的破产理念已经像礁石一样阻碍国际资本的自由流动。从这个意义上来说,破产法不仅是经济转型期社会和转轨期的市场宪法,它也应该是一部全球和世界的市场宪法。

三、破产政治观

(一)维护社会稳定

维持社会稳定,首先是维护社会政治秩序稳定,避免出现社会动乱。在古代社会,个人财富和社会财富都很有限,债务人破产会引发债权人之间就债务人财产的激烈冲突,极端时暴力相加也未必不是可能。① 罗马法上财产委付制度产生也许有一个重要原因即避免债权人之间的暴力冲突。在现代社会,由于各种风险防范制度和社会保障制度相对健全,一个小企业的破产可能对社会不会造成很大振动,但如果是一个大企业破产或很多企业集中在一个时点上破产,甚至是城市和国家的破产,所造成的社会振动就大不相同了。在现代社会,企业破产中的利益冲突具有传导性,大量企业破产可能导致金融风险剧增,如果是银行或其他金融机构破产,更是容易导致金融体系的连锁反应,甚至导致金融体系的崩溃,亦即整个国家发生金融危机,政治局势就更加严峻了。在一个政治动荡的环

① 有学者考证"bankruptcy"一词来源于14世纪意大利语"bancarotta",系由该词衍化而来,意思是"摊位被毁"。其背景是,在14世纪意大利的许多城市,商人、手工业者常常沿街摆摊,进行商品交易,当摊主不能支付债务时,愤怒的债权人们就会纠集起来将摊点砸毁,此行为还有一层象征意义:摊主其人已经无力偿债了。从"bankruptcy"一词前述来源看,破产这个事物产生时就有着暴力色彩。参见汤维建:《破产程序与破产立法研究》,人民法院出版社2001年版,第30页。

境中,所有利益相关人的预期利益都无法得到保证,因此,维护社会稳定是每一个权利人共同的利益需求。

在世界上,美国首开以破产法处理市政债务的先河,其联邦法律《破产法》(U. S. Code:Title 11 - Bankruptcy)[①]是专为城市不能清偿到期债务设计的债务调整拯救程序,自1934年在联邦破产法中设计这一程序以来,美国已有数百个城市适用第九章完成其债务调整。迄今为止,底特律市破产案件是美国历史上最大的城市破产案件。2013年7月18日底特律市申请联邦破产法第九章的自愿破产。2014年11月7日美国密歇根东区破产法院(U. S. Bankruptcy Court for the Eastern District ofMichigan)破产法官史蒂文·罗德斯(Steven Rhodes)批准了底特律的债务调整计划,[②]这标志着底特律城市破产案法律程序的终结。[③] 这是一次快速高效的债务重整,城市破产拯救反映出美国州与城市、政府与法院之间关系的政治逻辑和目标,充分体现了破产法维护社会稳定的强大功能。

维护社会稳定还是维护社会经济秩序稳定,避免企业破产事件破坏市场交易规则的稳定性,破坏市场交易主体的交易预期。破产程序中维护社会稳定的原则主要体现在:

(1)优先保护劳动债权。各国立法都将劳动债权安排在破产债权前优先受偿,这不仅可以看成是体现维护社会稳定的要求,也可以看成是体现了法律对实体正义、实质公平的追求(保护实际上的弱者才能维护实质上的公平),还体现对人身权利的尊重(劳动报酬等劳动债权与劳动者生活息息相关)。如海口市中级人民法院审理的海口海华轮胎有限公司破产一案。该公司破产需安置职工1376人。该公司向法院申请破产提交的职工安置方案称,其职工安置费用为3300万元,企业资产可变现约4000万元,对外债权可追收约800万元。当法院立案并宣告该公司破产后,清算组经测算,发现该公司的职工安置预案等破产申请材料中,未包括企业历年欠缴的职工各项社会保险费以及破产清算期间应付的职工生活费等清算费用,仅此两项,该公司便少报资金3673万元,而其可变价资产经

---

① 资料来源:https://www. law. cornell. edu/uscode/text/11/chapter - 1,最后访问日期:2016年5月25日。

② 资料来源:http://www. mieb. uscourts. gov/sites/default/files/notices/Oral _ Opinion _ on _ Detroit_Plan_Confirmatio-Judge_Rhodes_FINAL_for_Release. pdf,最后访问日期:2016年5月25日。

③ 资料来源:http://www. mieb. uscourts. gov/apps/detroit/DetroitBK. cfm,最后访问日期:2016年5月25日。

委托评估，仅能变价约3800万元，800万元的对外债权基本为陈年老账，有把握追回的不足20%，事实上该公司职工安置资金缺口接近3000万元。如此巨大的安置资金缺口，不仅使该案审理工作陷入困境，而且给海口市的社会稳定带来严重威胁（当年该公司破产的职工安置问题被列为海南省十大维稳问题之一）。为避免矛盾激化引起大规模的职工集体上访事件，法院在向市政府分管领导紧急通报相关情况后，法院审委会决定撤销宣告该公司破产的裁定，从而使职工的抵触情绪暂时得到缓解。待资金缺口问题得到妥善解决后，法院方重新裁定宣告该公司破产，继续该公司的破产清算工作，后经多方努力，该案破产程序已于2005年12月末顺利终结。

(2)对从事供电、供水、公共交通的企业适用破产程序采取一定管制。

(3)严格限制金融企业破产（在破产前采用“托管”和“中央银行接管”等拯救手段），对金融企业破产程序作特别安排，如全额保护存款债权等。

(4)在企业可能通过和解、重整程序避免破产的情况下，应尽量避免采用破产程序造成社会震荡。

(二)实现社会公正

社会公正首先是实体意义上公正，是指公正地对待利益相关人的实体权利或实体利益。破产清算程序的核心即集中公平清偿债务，因此设计许多制度来保证集中公平清偿债务。社会公正还是程序意义上公正，是指公正地对待利益相关人的程序权利或程序利益。破产程序的程序意义尤为显著，债务人的破产事实必然导致众多的权利人蒙受损失，通过一个公正的破产程序会使这些权利人容易接受蒙受损失的结果。为了实现程序公正，破产程序也应该尽量保证利害关系人参加程序，并保证他们真正有表达意见的机会，程序应该尽量透明公开。

如浙江安吉同泰皮革有限公司执行转破产清算案。浙江省安吉县人民法院（以下简称安吉法院）执行局在执行浙江安吉同泰皮革有限公司作为被执行人的系列案件中发现，同泰皮革公司作为被执行人的案件全省共有29件，标的额2200万元；作为被告的案件全省共达94件，标的额3327万元，同泰皮革公司已不能清偿到期债务，而且资产不足以清偿全部债务。安吉法院执行局依法将本案移送破产审查。随后，安吉法院根据申请人安吉县博康担保有限公司的申请，裁定受理债务人同泰皮革公司破产清算案。受理破产申请后,安吉法院立即通知相关法院中止诉讼、执行程序,解除财产保全措施,由管理人接管了同泰皮革公司的全部资产。为公平保障全部债权人的利益,对全省范围内涉同泰皮革公司执行案件进行检索,执行人员提醒外地债权人申报债权 224.3 万元。启动执行转破产程序后,3 个月即审结完成,并实现职工债权和税收债权全额清偿,普通债权清偿比例达到 22.5%,实现对全体债权人的公平清偿。

(三)财富最大化

追求财富最大化最明了的途径就是使破产企业财产价值最大化,破产程序成本最小化。这就要求充分利用资源,避免和减少不经济的行为。破产清算程序中贯彻这一原则主要体现在:(1)为充分实现破产财产价值,应尽量对破产财产采用拍卖这一公开竞价方式;(2)在不能对破产财产实现货币分配而只能进行实物分配、权利分配的情况下,应在分配中充分考虑实现资源的合理配置;(3)在实施清算和分配行为中应当尽量采取经济的方式,避免资源浪费和减少债权人利益;(4)如果某项清算或分配行为的成本大于收益,则一般不实施此清算行为或分配行为。例如,如果破产管理人催讨破产企业的某项小额债权所花费成本将小于债权价值则不进行催讨;在破产程序终结后发现新的可供分配财产应进行追加分配,如果该财产小于分配成本,则可以不进行追加分配而将此财产收归国有。至于破产重整程序,这一制度存在本身有一个重要原因就是假定企业维持的财产价值要大于财产清算的价值。在节省成本方面,破产程序作为一种集中处理程序其本身也是为了减少单个权利人分别行动、分别处理的成本,在破产制度中在送达、债权调查、文书制作方面等许多方面的程序简化也体现了节省成本的考虑。

二、企业挽救制度

“僵尸企业”破产重整启动难的法律分析与制度构想

辛志奇[*]　王　鑫[**]

近年来,有关供给侧结构性改革和“僵尸企业”的讨论持续升温,其中,以“去产能、去库存、去杠杆、降成本、补短板”为五大任务的供给侧结构性改革,在经过中央经济工作会议定调后,已经正式拉开序幕。五大任务中又以“去产能”为首,之所以突出“去产能”的重要性,主要是考虑到当前我国产能严重过剩,而“僵尸企业”的大量存在正是产能过剩的突出体现,因此,处置“僵尸企业”自然成为供给侧改革的重中之重。有关“僵尸企业”的概念界定学界尚存争议,其中最具代表性的观点由王欣新教授提出,他认为“僵尸企业”应当是指那些丧失市场自我生存能力,但因获得政府补贴或银行不当续贷等非市场化措施支持而免于倒闭的负债企业,即必须依赖非市场因素生存的企业。① “僵尸企业”自身丧失营利能力,长期依靠政府救助及银行贷款及民间借贷存活,“僵尸企业”已经基本丧失了“造血”功能,沦为市场中的“吸

---

* 北京市金杜律师事务所破产重组部合伙人。

** 北京市金杜律师事务所破产重组部合伙人。

① 王欣新:《僵尸企业治理与破产法的实施》,载《僵尸企业处置与破产审判工作专题研讨会论文集》,第3页。

血鬼”。部分“僵尸企业”虽然缺乏市场竞争力,但由于其体量规模较大,仍旧牢牢影响着市场,影响了产业转型升级,占据了大量市场资源,打压了新产业的生存空间,有的企业产能严重过剩,导致全行业产品价格回落,进而一些好的企业效益也难以保障、发展创新后劲不足,最终使局部企业的不景气波及整个行业,产生“劣币驱逐良币”。[①] “僵尸企业”的出现是经济发展的正常产物,但“僵尸企业”大量存在,却严重影响了我国经济发展。

一、破产重整——救助“僵尸企业”的“司法良药”

(一)“多重整,少清算”——“多重组,少破产”的法律阐释

在实践操作中,“僵尸企业”多通过债务重组的市场方式和法定破产程序两种途径。2015 年 12 月国务院总理李克强主持召开国务院常务会议,会议确定,对不符合国家能耗、环保、质量、安全等标准和长期亏损的产能过剩行业企业实行关停并转或剥离重组,对持续亏损 3 年以上且不符合结构调整方向的企业采取资产重组、产权转让、关闭破产等方式予以“出清”,清理处置“僵尸企业”,到 2017 年年末实现经营性亏损企业亏损额显著下降。本次会议上,“多重组,少破产”的“僵尸企业”处置原则也得以确立。

“多重组,少破产”是经济学的表述方式,所谓重组包括债务重组、兼并重组两种方式。兼并重组是在企业竞争中,企业因为某些原因无法继续正常运行,考虑到员工等各方面利益,按照一定的程序进行的企业兼并和股权转让,从而实现企业的变型,达到企业重组的目的。兼并重组是企业加强资源整合、实现快速发展、提高竞争力的有效措施,是化解产能严重过剩矛盾、调整优化产业结构、提高发展质量效益的重要途径。[②] 债务重组是指债权人在债务人发生财务困难情况下,债权人按照其与债务人达成的协议或者法院的裁定让渡部分权利,也就是说,只要修改了原定债务偿还条件的,即债务重组时确定的债务偿还条件不同于原协议的,均作为债务重组,这一方式类似于企业破产法律程序中的破产和解制度。

“多重整,少清算”则是典型的法律表述,完整的破产制度包括破产和解、破

① 杜万华:《全国部分法院依法处置僵尸企业调研及工作座谈会(2016)》,载合肥律师网:http://www.lawyer0551.com/display_1192.html,最后访问日期:2016 年 7 月 19 日。

② 国务院《关于进一步优化企业兼并重组市场环境的意见》(国发〔2014〕14 号)。

产重整和破产清算三种程序,其中破产重整程序作为最为高效的困境企业挽救机制,已经发挥了巨大的社会效应。因此,如果通过司法程序处置"僵尸企业",经济学中的"多重组,少破产"则应被转换为"多重整,少清算"。

(二)"僵尸企业"破产重整的优势所在与实践探索

破产重整的出现具有重要经济和社会意义,破产重整制度是对传统以破产清算为主的破产程序的修正,破产重整制度的出现,进一步扩大了破产法的保护范围,债务清理不再是破产的唯一目的,而将债务的处理放置在更为广阔的社会关系之中,使债权人的地位进一步被社会化。破产法不仅要维护债权人的利益和债务人的利益,而且从社会本位原则出发,将社会利益的衡平和协调作为一个更重要的价值取向。① 破产重整制度有助于将"僵尸企业"处置纳入更广阔的社会空间,将债务重组、资产重组、企业的持续经营、员工安置、引入战略投资人等问题汇总纳入破产重整程序中,通过法律途径"一揽子"解决"僵尸企业"处置难题,使"僵尸企业"得以再生。相较于兼并重组、债务重组等传统经济处置方式,通过司法途径处置"僵尸企业"具有难以比拟的优越性,实践中也有越来越多尚有经营价值的"僵尸企业"通过重整恢复市场竞争力的案例出现。例如,2016年6月15日最高人民法院公布的《人民法院依法审理破产案件、推进供给侧结构性改革十大典型案例》中的"长航凤凰重整案"就是一个典型,在武汉市中级人民法院的指导和武汉市各级政府的支持下,长航凤凰管理人通过破产重整程序,使长航凤凰摆脱以往依赖国有股东财务资助、以"堵窟窿"的方式挽救困境企业的传统做法,以市场化方式成功剥离亏损资产、调整了自身资产和业务结构,②令"僵尸企业"长航凤凰涅槃重生。

以江浙江地区"僵尸企业"处置为例,江浙地区私营经济发达地区,经济整体水平较高,2015年浙江省生产总值高达42,886亿元,位居全国第四,其中民营经济为经济贡献尤为突出。③ 而2015年江苏省生产总值更是超过70,000亿元大

---

① 胡丽玲:《破产重整制度之审思》,载《中国政法大学学报》2009年第4期。

② 罗淑臻:《最高法院公布企业破产重整及清算十大典型案例》,载中华人民共和国最高人民法院网:http://www.court.gov.cn/zixun-xiangqing-22041.html,最后访问日期:2016年7月19日。

③ 《2015年浙江省国民经济和社会发展统计公报》,载中共舟山市委党校—红色学府网:http://www.zsdx.gov.cn/news/f4b4e0d9-0917-44b7-be59-258e6c38d59a.html,最后访问日期:2016年7月19日。

关。笔者选取了江浙两省破产案件作为例证,根据《2016 年浙江省高级人民法院工作报告》显示,2015 年浙江省共受理企业破产案件 619 件,审结 312 件,同比分别上升 105% 和 47%,力促一批可淘汰的"僵尸企业"退出市场,为实现兼并重组、转型升级和"腾笼换鸟"创造了有利条件。[①] 与 2013 年受理破产案件 346 件、审结 269 件、2014 年受理破产案件 307 件、审结 219 件相比均有显著提升。另根据《2016 年江苏省高级人民法院工作报告》,2015 年江苏省也下大力气优化强制清算、企业破产审判机制,推动"僵尸企业"清理处置,促进产业优化升级,全省法院受理强制清算案件 175 件、破产案件 1264 件,同比分别增长 37.80% 和 37.39%。江浙地区司法破产案件的增多,表明经济发达地区借助司法力量处置"僵尸企业"的探索正在不断深化。

同时,笔者选取了甘肃省对"僵尸企业"破产探索作为中西部欠发达地区的范例。2016 年上半年,甘肃省高级人民法院表示,对负债率 85% 以上,连续 3 年亏损,处于停产或半停产状态,通过"输血型"贷款或政策性补贴维持运转的生产型工业企业进行摸底并上报国家发改委,各地法院要通过依法受理、依法审理涉公司清算等程序,为供给侧结构性改革提供司法保护。为此,甘肃省高级人民法院出台了《关于依法处置"僵尸企业"为全省经济转型升级提供司法服务和保障的意见》(以下简称《意见》),《意见》中甘肃省高级人民法院将密切关注国家和甘肃省清理"僵尸企业"工作的进展;总结甘肃全省人民法院近年来审理破产类案件的经验,找出存在的困难和问题,请求最高人民法院在如何做好"僵尸企业"清理工作,如何正确审理"僵尸企业"破产案件给予指导同时向在审理案件积累了一定经验的外地人民法院学习,开拓甘肃全省人民法院审理破产案件的思路。按照"多重整,少破产"的原则,对能救治的企业进行重整、和解,对不能救治的企业及时破产清算,依法维护国家利益,保护职工、债权人、投资人合法权利。从甘肃省破产处置"僵尸企业"的探索样本可见,经济欠发达地区也在积极寻求通过破产重整处理"僵尸企业"。

二、启动难——影响"僵尸企业"司法重整的首要难题

根据我国《企业破产法》第 2 条有关"企业法人不能清偿到期债务,并且资产

① 陈国猛:《2016 年浙江省高级人民法院工作报告》,载《浙江日报》2016 年 2 月 2 日,第 4 版。

不足以清偿全部债务或者明显缺乏清偿能力的,依照本法规定清理债务。企业法人有前款规定情形,或者有明显丧失清偿能力可能的,可以依照本法规定进行重整”的规定,只要企业存在不能清偿到期债务的情形,债权人即有权向法院提起破产重整申请,尽管从理论到实践层面对“僵尸企业”依法破产的讨论在不断增加,从国务院到地方政府都在通过行政力量推进“僵尸企业”进程序,最高人民法院和地方人民法院也都根据当地具体情况,创新思路,为“僵尸企业”重整创造司法便利环境。但是在实践中,进入破产重整的“僵尸企业”数量远远不能匹配当前的“僵尸企业”总体规模,很多地区“僵尸企业”的破产重整启动都成为难题。

(一)难觅适格重组方

在“僵尸企业”依法进入重整程序前,很多企业需要通过自身或政府的努力,调动社会资源,寻找潜在重组方。这是因为很多“僵尸企业”要想通过重整程序摆脱困境,仅依赖自有资金、原有技术往往较难以实现,其自有资金最多能维持企业存续,其原有技术也往往已不足以应对市场竞争。此时,适格的重组方既能为“僵尸企业”注入宝贵的运营资金,又能为“僵尸企业”输入新的技术、管理(模式)机制,盘活“僵尸企业”的存量资产,让死而不僵的“僵尸企业”恢复生机。但不少“僵尸企业”属于传统过剩产业,企业自身面临多重困境,债务负担重、历史包袱多,潜在的重组风险较大、重组成本较高,大大增加了重组方介入的难度。这种情况下,法院在审查受理案件时往往担心由于缺乏重组方的先期介入,对案件受理后最终能否成功完成重整缺乏信心,从而影响了案件的尽快受理。这也使得寻找适格重组方成为影响重整启动的重要难题。

(二)申请主体缺乏积极性

“僵尸企业”中有权申请破产的主体包括债权人和债务人。根据《企业破产法》的相关规定,因债务人不能清偿到期债务,债权人仅需向法院提交债务人不能清偿到期债务的有关证据,即有权申请债务人破产。而实践中,银行往往是“僵尸企业”主要债权人,特别是对大型“僵尸企业”来说,最大几家债权人往往都是银行等金融机构。但大多债权银行缺乏积极性推动企业进入重整程序。因为“僵尸企业”一旦破产,银行往往难以回收全部债权,同时还需要在账面上对不良资产的潜在损失进行计提。同时,银行基于自身年终考核的考虑,如果在某一年度企业进入重整,银行对该企业的贷款通常需要转入不良资产,会影响银行的年终考核,直接损害银行相关责任人员的直接利益。这种情况下,银行多不希望"僵尸企业"进入重整程序,部分银行甚至不惜继续为原本已经扭亏无望的"僵尸企业"继续提供融资,通过发放新贷款置换旧贷的方式,勉强维持企业继续经营,直至"僵尸企业"彻底丧失持续偿债能力的情况下,债权银行才可能求助于破产重整,但此时,"僵尸企业"已经丧失进入重整的最好机会。

此外,"僵尸企业"自身申请破产重整的积极性不高。尽管"僵尸企业"已经出现资不抵债甚至陷入停产状态,但依赖于政府支持、银行贷款及部分民间借贷仍能勉强维持经营。出于社会影响、政府干预、担心诱发社会问题等多方面因素的考虑,很多管理层宁可保持"僵尸企业"的现有状态,不到万不得已,不愿轻易让"僵尸企业"进入破产重整程序。在破产法发展历史中,债务人曾长期没有申请破产的权利,而只能作为破产程序的客体。发展至今,破产法的宗旨从单纯保护债权人的利益,转化为对债权人与债务人及社会利益予以公平保障,债务人才得以享有破产申请的权利。[①] 尽管债务人已经拥有主动申请破产的权利,但"僵尸企业"自行申请重整的案例相对较少,特别是部分国有企业,债权债务关系复杂、职工人数多、产业规模大,破产重整势必对企业造成剧烈冲击,稍有不慎就会导致"僵尸企业"彻底清算,管理层在启动重整申请时需要承担很大的决策风险和责任。同时,按照目前的国资监管要求,国有企业申请重整往往需要获得各级国资委或控股集团公司的同意。但由于决策链条很长,且需要综合考虑的社会因素较多,反复论证和权衡的过程往往耗时很长,其间企业的资产、负债情况仍在不断恶化,最终贻误重整的最佳时机。

(三)地方政府的阻力较大

"僵尸企业"破产重整离不开地方政府的支持,没有地方政府给予税收、政策上的扶持,"僵尸企业"很难摆脱困境,重获新生。政府部门是把"双刃剑",如果能积极带动"僵尸企业"脱困,行政力量产生的能量是惊人的,有了政府的支持,

① 刘正林:《试论我国破产程序启动机制的不足与完善》,载《武汉职业技术学院学报》2005 年第 1 期。

法院对"僵尸企业"重整启动环节的审查压力将有所缓解。但尽管国家一再出台政策要求地方政府彻查辖区内"僵尸企业",但很多规模较大的"僵尸企业"往往是很多地方政府经济的重要支柱,地方政府对于是否推动此类"僵尸企业"进入破产重整程序极为慎重。对地方政府来说,进入重整就意味着承担风险,如果"僵尸企业"破产重整失败,直接的后果就是"僵尸企业"转入清算,"僵尸企业"破产清算意味地方生产总值减少、财政税收下降、产业结构改变、下岗职工增加、社会维稳压力增大、地方金融环境会受到冲击。因此,地方政府主动推动并支持"僵尸企业"进行破产重整的热情并不高。

(四)破产重整制度性局限

据统计,截至2016年第一季度末,各地人民法院受理破产案件共1028件,比2015年同期上升52.5%,审结507件,比2015年同期上升61%。2016年以来,最高人民法院组织专人深入湖北、浙江、四川、江苏、上海等地开展了依法处置"僵尸企业"与破产审判工作的调研。最高人民法院民事审判第二庭庭长杨临萍分析,破产作为挽救危困企业、规范市场主体退出的法律制度,还没能充分发挥作用,公众对破产存在认识误区,将破产对等为清算、"死亡",虽然《企业破产法》早已给出答案,破产包括破产重整、破产和解、破产清算,但债务人往往不想申请破产,甚至"跑路"躲避而不选择正当法律程序。债权人情愿选择执行程序,因为执行程序可以让自己这一方获得更大利益,而不愿意选择破产程序来进行公平清偿。① 尽管我国已经拥有以《企业破产法》为核心的破产法律制度,并且通过2007年的修订、随后几年陆续颁布相关司法解释等,建立起相对完善的破产重整法律制度,但社会公众对企业破产法还有误解,还没有充分认识到破产重整程序在处置"僵尸企业"中的作用。

另外,破产重整程序花费时间较长,且重整案件往往比较复杂导致审理难度较大。同时,破产重整案件既包括办案与办事相协调,又有裁判与谈判相结合,有的需要法院裁判,有的需要重组,有的需要开会谈判,非常复杂。有的法院宁愿办10件民事案也不办1件破产案,因为破产涉及多笔债务的清结,法院内部的

---

① 参见杨临萍:《最高法首次发布破产案件典型案例》,载凤凰网:http://news.ifeng.com/a/20160615/49061537_0.shtml,最后访问日期:2016年7月19日。

绩效考核机制也没有达到鼓励审理破产案件的程度,因此有些法院受理破产案件的动力不足。①

三、解决“僵尸企业”重整启动难的制度构想

(一)打造信息平台,便利重组方引入

近年来,互联网技术在国内已获得了更广泛的应用,原本依靠“僵尸企业”自身和政府协助寻求重组方的方式已经跟不上信息化和互联网时代的发展步伐。地方政府在全面清理地方“僵尸企业”的存量之后,可以利用已拨付的治理“僵尸企业”专项资金,专门建立地方“僵尸企业”信息发布平台,在全面清理的基础上编制“僵尸企业”名录,将各家企业的产业信息、装备技术水平、引入重组方的需求等信息公开发布,利用互联网等信息传播手段“广撒网”,吸引更多的行业投资人参与重组并进行企业资源的整合。

事实上,最高人民法院一直在探索如何借助网络途径帮助“僵尸企业”脱困,2016 年 3 月最高人民法院院长周强就公开表示要建立破产重整案件信息网,妥善处置“僵尸企业”,通过法治化手段化解产能过剩。2016 年 6 月 23 日全国企业破产重整案件信息网开始试运行,同时,预计将于 2016 年 8 月 1 日起正式运行,该信息网将债务人部分信息公布给社会公众,以期吸引潜在重组方。目前该信息网公示的债务人信息仅包括公司名称、性质、行业、注册地、受理法院及管理人名称,信息量还比较小。预计在全国企业破产重整案件信息网正式运行后,建议可以适当扩大信息披露的范围和内容,例如,可以进一步披露债务人适合公开的核心技术情况、有价值的无形资产信息、营业收入规模(或产能规模)、其他核心经营和竞争优势、企业的市场及行业影响力等信息,便于潜在投资人能够对债务人有更多的了解,增强投资意愿。

(二)健全评价体系,发挥政府作用

“僵尸企业”要想通过破产重整脱困,离不开地方政府的支持,特别是大量地方国企中的“僵尸企业”,如果缺乏地方政府的支持和推动,这类“僵尸企业”根

---

① 参见万静:《破产法实施五年破产案依旧启动难》,载《法制日报》2012 年 11 月 20 日,第 6 版。

本无法进入破产重整程序。不少地方政府认为本地的企业破产重整是不光彩的事,有损地方形象,因此,对一些"僵尸企业"给予保护措施。① 同时,不断继续向"僵尸企业"输血,提供政策支持和保护,勉强维持企业运转,而不愿主动将"僵尸企业"推入重整程序。目前,破产制度在运行中存在不少的地方保护主义现象,政府干预破产市场化运作机制的程度较深。

地方政府的诸多顾虑,归因于政府部门畸形的评价体系,在行政权力集中的我国,衡量政府业绩、考核政府官员政绩的标准仍旧以经济绝对总量及增长速度为主。因此,要打消地方政府的顾虑,就必须在政绩考核制度上做出调整,打破以往以经济为核心要素的体系,引导地方政府从长远出发做出判断,积极推动供给侧结构性改革。② 将处理"僵尸企业"纳入政绩考核体系中,并在地方建立对"僵尸企业"的长期处理目标,强化政府业绩考核的长期性,将经济贡献作类型化分析,提高高新技术产业、新兴产业在考核中所占比例。地方政府全面清理"僵尸企业"并编制名录,对尚有拯救价值的企业积极推动其进入重整程序,并将地区"僵尸企业"相关信息通过信息平台汇总发布,吸引社会投资参与重组和资产处置,多管齐下,推动"僵尸企业"进入破产重整程序。

(三)破产审判专业化,提升审查效率

数年前,深圳、佛山等多地已经建立起专门的破产审判庭,组建了专门的破产审判团队,提升破产重整案件启动审查效率。专业破产团队的建设经验可以复制,特别是"僵尸企业"集中地区的法院,如在江浙省"僵尸企业"集中爆发的区域,当地法院可以借鉴深圳市人民法院破产庭的设立经验,在本地区有条件的区域建立专门处理"僵尸企业"的破产审判庭。比较可喜的变化是,最高人民法院已于2016年6月21日印发了《关于在中级人民法院设立清算与破产审判庭的工作方案》,要求"直辖市应当至少明确一个中级人民法院设立清算与破产审判庭,省会城市、副省级城市所在地中级人民法院应当设立清算与破产审判庭",其他中级人民法院结合地方实际情况亦可设立。该工作方案发布后,全国很多地

---

① 参见王政、裘立华:《一些地方何以保护有名无实的"僵尸企业"》,载《新华每日电讯》2015年4月7日,第6版。

② 参见李曙光:《清理僵尸企业:失灵的破产法要灵起来》,载《经济参考报》2016年3月22日,第8版。

方纷纷设立了清算与破产审判庭,这保证了破产案件专人专审,提升了破产案件的审查效率和审查水平。为进一步提升破产案件受理的专业化,未来也可以考虑尝试在基层人民法院建立破产咨询员制度,将有企业管理经验、破产处置经验的专业人士外聘为咨询员,提升基层人民法院破产案件受理的审查效率和审查水平。

"僵尸企业"破产重整的启动难题,不仅是单一法律原因造成的,而是在社会层面中各种因素叠加后出现结果,因此,对症下药处置"僵尸企业"破产重整启动难题,既要从法律出发,又要将这一问题放入更广阔的社会层面,尽可能地完善破产重整法律制度本身,调动地方政府的积极性,改变"僵尸企业"自身及社会公众对破产重整制度的认识,这才有可能尽可能多地将"僵尸企业"依法推入破产重整程序中,借助破产重整的法律框架最大限度挽救"僵尸企业",优化产业结构,让地方经济重焕活力。

出售式重整之可行性分析

韩新明[*]　李珈清[**]

我国《企业破产法》以专门的一章（第八章）规定了重整程序。然而破产法对于重整程序却规定得相对原则和宏观，使管理人可以在破产法的框架下在选择重整方式、制作重整计划草案等方面发挥更大的主观能动性。从各国的立法看，重整有三种形式，即企业存续型重整、营业让与型重整和清算型重整。营业让与型重整又称出售式重整，系指将债务人的全部或主要营业部分出售（让与）他人，并以出售所得对价分配给债权人以偿还债务，并对债务人清算注销的重整方式。本文试从出售式重整的实践做法、法律依据、重整成本等方面，结合国内外立法经验，浅析出售式重整的可行性。

一、出售式重整的司法实践

虽然出售式重整是目前实践中采用的较少的方式，但其重整效率却较高，在国内外均有采用该重整方式获得成功的案例。

通用公司（General Motors Corporation，GM）重整案

* 山东博翰源律师事务所合伙人。
** 山东博翰源律师事务所律师。

是美国历史上的第四大破产重整案件,国内破产法学界一直把美国通用公司重整案,作为我国出售式重整的范例,但对该案件所援引的美国破产法及重整所采用的方式,则一直含混不清。从破产法视角观察,此次通用重整的核心不是美国《破产法》第11章重整计划,而是美国《破产法》第363条,即资产出售。通用公司在申请破产重整的当日,提出了根据美国《破产法》第363条进行资产出售的申请,准备将通用公司的运营资产和品牌出售给新设立的壳公司——汽车收购控股有限责任公司,即"新通用"。在出售交易完成后,原通用公司更名为汽车清算公司。其主要目标是通过美国《破产法》第11章规定的重整计划,将原老通用的剩余资产以及老通用取得的新通用的普通股在无担保债权人之间进行分配。老通用的申请前的无担保债权人,将享有新通用支付给老通用的普通股。破产法院最后确认通过了通用公司修改后的重整计划。

在通用公司的重整的案例中,通用的主要资产出售没有经过债权人分组表决通过,而是法院依据美国《破产法》第363条的规定,批准了通用公司全部资产的出售变现。美国法院愿意接受并批准该出售的原因有三:一是确保资产以公平的价格出售;二是早一些出售比迟一些出售更有利于维护债权人的利益;三是避免支出庞大的经营费用和重整费用。

在我国较有影响的出售式重整司法实践案例,是淄博钜创纺织品有限公司(以下简称钜创公司)重整案,该出售式重整计划草案在债权人会议上通过。该案重整计划为:战略投资人以评估价全盘承接债务人主营业务相关的担保资产以对应债务、职工,并以溢价收购债务人的未担保财产;再以资产出售的价款清偿债权人;最后对出售有效营运资产后的债务人企业以重整的方式予以清算,并办理注销。该案保持了破产企业财产的运营价值和职工就业,取得了良好的社会效果。

这一实践和美国式的重整截然不同,对此加以研究,在我国以"多兼并、重组,少破产清算"方式化解产能过剩的背景下,对我国出售式重整的司法实践具有现实指导意义。

二、出售式重整在我国破产法律框架内的可行性

重整的目的是挽救企业的经济价值,避免因企业清算产生不良社会影响并

重塑企业的社会价值,同时还将通过重整程序使债权人能得到比清算更多的清偿,维护债权人的利益。挽救企业经济价值不能仅局限于挽救企业本身,而应着眼于挽救企业经营的事业。所以有观点认为,在企业外壳成为其事业发展的负担时,不能因保留外壳而对企业经营事业造成负担,即使出售式重整并未使债务人主体存续,其仍然可以依据我国《企业破产法》第八章进行的重整。在现行法律框架下,该观点对出售式重整的有些问题无法解释,因此有探讨的必要。本文试从以下三方面对出售式重整在我国破产法律框架内的可行性进行讨论。

(一)我国破产法律框架内出售式重整的法律依据

在重整程序中,有研究者认为管理人或者债务人可以将重整企业的全部资产出售给第三方。这一结论源于两个法律规定:第一,根据《企业破产法》第25条,管理人和自行管理财产的债务人有权“管理和处分债务人的财产”,这种“管理和处分”当然包括出售债务人的全部资产。第二,《企业破产法》第69条第1款第3项进一步明确,管理人有权进行“全部库存或者营业的转让”。[①] 也有学者持有不同意见:如果管理人对债务人全部或主要营业的转让构成了“财产变价方案”,那么该转让应当经过债权人会议决议。并且,《企业破产法》第69条的规定并不能完全适用于重整程序。[②]

笔者认为,我国《企业破产法》第七章第69条,涉及企业全部的财产及营业行为等的转让,恰恰是我国出售式重整的重要依据。如同美国《破产法》第363条适用所有的破产程序一样,我国《企业破产法》第七章的所有条文与前六章同样适用于所有的破产程序,不仅适用于破产清算程序,也适用于重整程序,其中包括《企业破产法》第69条。所以认为我国《企业破产法》第69条并不能完全适用于重整程序的观点,是值得商榷的。但是,由于我国破产司法实践经验不丰富,对涉及企业全部财产和营业的出售,没有成熟的司法实践可以借鉴;同时,没有为对该出售行为有异议的债权人、债务人股东等提供足够的救济程序;加之法院如果批准,涉及的责任巨大等原因,致使法院及管理人为避免将来可能产生的法律责任,都没有决心依据该条出售企业的资产和营业。

---

① 李曙光、郑志斌:《公司重整法律评论》(第2卷),法律出版社2012年版,第38页。

② 参见王欣新:《重整制度理论与实务新论》,载《法律适用》2012年第5期。

如果不将我国《企业破产法》第69条作为出售式重整的法律依据而仅将《企业破产法》第八章作为其法律依据,则该重整方式与该法第八章的规定存在冲突之处。第一,法律规定重整计划草案应当包括债务人的经营方案,[①]此系强制性规范,相关主体应严格遵守。将债务人的营业及主要资产出售才构成所谓"出售式重整",那么资产出售后必然不会有"债务人的经营方案"出现在重整计划草案中。强调资产出售后的继续营业可以视为"债务人的经营方案"的观点,相当牵强。第二,由于债务人的营业及主要营业资产被出售,管理人负责管理财产和营业事务的规定落空。[②] 同样,由于营业的让与,可能导致营业事务所必须通过租赁等方式取得的关键设备被权利人取回。第三,因债务人的营业及主要资产已经出售,由于缺乏对交易对方履行给付义务的制约措施,导致管理人无法行使监督重整计划执行的职责。[③] 虽然实践中可能出现"一手交钱,一手交货"的情况,但毕竟少见,尤其是在涉及出售资产需要支付巨额资金的情况下。买受人支付对价可能采用分期付款、股权支付等多种方式,对价支付时间可能长达数月甚至数年。由于缺乏制约措施,管理人难以行使监督重整计划执行的职责。第四,由于在出售式重整中并未对债务人股东权益的保障作出明确规定,这也有可能成为阻碍出售式重整进行的障碍。尤其是在企业资金链断裂但总体资产大于债务的重整案件中,如果采取出售式重整的方式,由于缺乏对债务人股东的保护机制,可能严重损害债务人股东的合法权益。此外,出售式重整的投资人(或资产买受人)可能将承担支付更多资金的责任,也降低了重整的成功概率;未申报的债权人利益如何保护等也有待研究。

(二)国外出售式重整的立法目的与我国不同

国外的立法例采用出售式重整的目的是以最大价值快速变现资产。德国《破产法》规定要确定待转让企业的正确卖价,即卖价不低于以单独清算方式所得之金额,管理人必须争取达到继续经营价值。[④] 日本的出售式重整是迅速地进

① 《企业破产法》第81条第1项。
② 《企业破产法》第73条、第74条。
③ 《企业破产法》第90条。
④ 参见[德]莱茵哈德·波克:《德国破产法导论》(第6版),王艳柯译,北京大学出版社2014年版,第194页。

行出售以防止营业价值的减损,从而实现高价转让,最终保护债权人利益。① 美国出售式重整同样以此为目的,首先确保资产以公平的价格出售,其次早一些出售比迟一些出售更有利于维护债权人的利益,最后依据美国《破产法》第11章重整要支出庞大的经营费用和重整费用的考虑。②

与我国的出售式重整做法不同,外国立法大多采取迅速地出售财产的方式,以防止营业价值的减损,而这一快速变现目的在我国司法实践中体现的并不明显。

(三)重整计划(草案)的法律性质

对于重整计划的性质,国内无深入分析,没有统一的定义。实际上,准确地把握重整计划的性质,有助于制订符合法律规定的重整计划草案,有利于维护债权人、债务人股东的合法权益。因此,有必要对重整计划性质进行法律上的界定。在美国破产法上,重整计划被视为债务人、债权人及债务人的股东之间达成的一种更新了的特殊合同。③ 也有美国学者认为,重整计划是原企业管理层同其债权人和股权所有人之间磋商而签订的合同。④ 我国有学者认为,重整计划是以维持债务人继续营业,谋求债务人的再生,并清理债权债务的合同。⑤ 不同概念之间的共同之处就是,重整计划的法律本质是一种合同,不过这种合同是团体性的、强制性的、内容复杂、经过司法确认的合同。⑥

因此,重整计划(草案)实为契约,应尊重当事人意思自治。企业重整采取何种方式,很大程度上或者完全取决于经债权人会议通过的重整计划。虽然企业破产法规定了重整计划草案应当包括的内容,但仍然不能改变重整计划(草案)本身的契约性质。所谓契约,就是交易双方或多方之间,基于各自的利益要求所达成的一种协议,也就是当事人之间基于意思自治而形成的约定或协议。重整

① 参见金春:《破产法前沿问题的国际化检视与展望》,载中国破产法论坛网:http://www.bbls.org.cn/llyj/ShowArticle.asp? ArticleID=45118,最后访问日期:2016年5月25日。

② 参见[美]大卫·G. 爱波斯坦等:《美国破产法》,韩长印等译,中国政法大学出版社2016年版,第256页。

③ 参见韩长印:《破产法学》,中国政法大学出版社2016年版,第256页。

④ 参见[美]菲利普·波尔:《美国破产法典第11章企业整顿制度评价》,覃宇译,载《中外法学》1993年第6期。

⑤ 参见赵万一:《商法学》,法律出版社2014年版,第512页。

⑥ 参见王欣新:《破产法》(第3版),中国人民大学出版社2011年版,第263页。

计划草案本身,就是交易多方之间基于各自利益,针对如何利用债务人财产来清偿债务的一种协议,从这个意义上讲,无论在重整计划草案中采取存续型重整还是出售式重整,只要各方当事人同意,则重整计划草案都应当受到法律保护,这也是现代法律契约自由精神的体现。

三、出售式重整的特征与适用上的例外

(一)出售式重整的特征

从司法实践中看,出售式重整与传统的重整方式相比较有下列特征:

第一,债务人重整后不再存续。传统的存续型重整,即在重整结束后,债务人企业主体存续,债务人继续以原有名义(虽然名称可能变更,但不影响其法律主体地位)继续从事经营活动,参与市场竞争。

出售式重整则大不相同,在债务人将全部或主要营业资产转让后,对债务人进行清算并注销其企业主体资格,也就是说原债务人在重整程序完成后退出市场不再参与竞争。

第二,将财产实际变现分配。在存续型重整中,由于存续型重整并不实际清算变现,而用企业的未来收益清偿债权人,债务清偿能否保障存在不确定性。同时,对于普通债权人而言,只能模拟计算出清偿比例,虽然我国《企业破产法》第87条①在一定程度上保证了其利益,但计算结果可能不准确,进而引发债权人争议。反观出售式重整,由于在重整计划草案通过后的有限时间内将债务人企业的全部或主要营业转让变价,并用变现所得对各类债权人予以分配或偿还,以实际变现总量计算分配比例,避免了争议的产生。

第三,重整计划执行完毕后未申报债权的债权人无法追偿。由于债务人在传统重整计划执行完毕后继续存续,未申报债权的债权人可以依据我国《企业破产法》第92条第2款之规定,按照重整计划规定的同类债权的清偿条件行使权利。②

---

① 《企业破产法》第87条第2款第3项规定:按照重整计划草案,普通债权所获得的清偿比例,不低于其在重整计划草案被提请批准时依照破产清算程序所能获得的清偿比例,或者该表决组已经通过重整计划草案。

② 《企业破产法》第92条第2款规定:债权人未依照本法规定申报债权的,在重整计划执行期间不得行使权利;在重整计划执行完毕后,可以按照重整计划规定的同类债权的清偿条件行使权利。

因债务人在出售式重整计划执行完毕后注销,并且用以偿还债务的财产实际变现所得已全部分配完毕,未申报债权的债权人则无法依据我国《企业破产法》第92条第2款的规定行使权利。

考虑到出售式重整具有上述特点,要根据企业的实际情况制订重整计划草案。重整计划草案虽是契约,仍受企业破产法的约束。在制订重整计划草案时,要坚持债权人利益最大化、公平对待和绝对优先三项基本原则。

(二)出售式重整适用的例外

根据出售式重整的特殊性,依据我国《企业破产法》,笔者认为下列几种情况的企业不适合采用出售式重整的方式。

第一,壳资源具有重大价值的破产企业。如上市公司、具有药品生产资质或其他特殊资质的企业等,采取出售式重整会极大破坏重整价值,更宜保留企业外壳。

第二,股东在破产企业具有利益的企业。如资能抵债的重整企业,如果采取出售式重整将损害股东的利益。重整计划草案是否应当为股东保留股权等权益,一个重要的因素就是企业对股东是否还存在剩余价值。虽然债权人与股东之间的矛盾激烈,对绝对优先原则的适用没有例外规则。即使美国也仅有2个法院承认新价值的例外,但要求提供的新价值要满足三个标准:(1)新价值必须是以现金或现金等价物的方式提出;(2)来自股东或其他次级利益的出资必须是必要的;(3)出资必须是真实的,或者有时候作为一种规则,它必须等于(或大于)公司的存续价值。①

第三,大量债权人基本资料不清的企业。由于债权人基本资料不清,不能视为"已知债权人",人民法院申报债权的通知无法送达该部分债权人,所以这些债权人未按照企业破产法的规定申报债权,非因自身过错造成,其权益应受到保护。由于债务人清算注销构成出售式重整计划的一部分,因此在重整计划执行完毕后未按规定申报债权的债权人,难以根据我国《企业破产法》第92条第2款的规定,按照重整计划规定的同类债权的清偿条件行使权利。为防止上述规定

---

① 参见[美]大卫·G.爱波斯坦等:《美国破产法》,韩长印等译,中国政法大学出版社2003年版,第734页。

落空,应控制大量债权人基本资料不清的企业采取出售式重整的方式。

重整计划草案的制订,是在破产法框架内的意思自治;债权人会议的决议对全体债权人有约束力,也同样对债务人有约束力。各方当事人采取出售式重整方式,属于当事人对自己权利的处分,只要该方式不违反破产法的规定,也不存在上述几种情形,人民法院就应当裁定批准。

四、出售式重整方式的相关成本分析

无论采取何种方式进行重整,不可避免地需要进行成本核算,如果重整成本过大,既不利于维护重整当事人的利益,也减少了对投资者的吸引力。因此在选择重整方式时,重整成本也是必须考虑的因素之一。

(一)税务成本分析

重整是对企业进行重新整合的制度、程序或行为,其本质上仍属于重组,只是在程序上亦受破产法的约束和保护。因此,适用于企业重组的相关税收法律法规、政策亦应适用于企业重整。

企业营业资产可能包括房产、土地、机器设备、知识产权等任何形式的资产,由于在出售式重整中涉及营业资产的转让,因此可能产生增值税、土地增值税、契税、企业所得税等纳税义务。

第一,增值税。债务人出售的主营业务资产可能包括机器设备等有形动产,以及可能存在的房产、土地等不动产,甚至包括商标权在内的无形资产,根据现行税法的规定,出售式重整的债务人是增值税的纳税义务人。[①] 为加速市场出清,国家对通过兼并重组等方式化解过剩产能的企业给予税收的利好政策,即企业通过出售方式转让全部或者部分实物资产以及与其相关联的债权、债务和劳动力,其中涉及的不动产、土地使用权转让行为,不征收增值税。[②] 本文认为,出售式重整应适用上述条文之规定。在出售式重整中,债务人显然是通过“出售”

---

① 我国《增值税暂行条例》第1条、《增值税暂行条例实施细则》第2条、《营业税改征增值税试点实施办法》(财税〔2016〕36号)第1条。

② 国务院《关于进一步优化企业兼并重组市场环境的意见》(国发〔2014〕14号文)第4条第8项、《营业税改征增值税试点有关事项的规定》(财税〔2016〕36号)第1条第2款第5项。

的方式将全部或者部分实物资产转让,同时为了更加充分地发挥资产之效能,在转让资产时往往一并转让劳动力。但是值得注意的是,条文中亦明确规定只有在满足一并转让“与其相关联的债权、负债”的条件时,才属于不征税项目,因此需要首先界定哪些是相关联的债务。本文认为,设定抵押等担保权的债权债务应属于相关范畴。在淄博钜创重整案中,其战略投资人代债务人偿还银行贷款,不仅主营资产上设定的抵押权因债务清偿而消灭,与资产相关联的债务亦消灭,因此在转让该资产时,可以视为“与其相关联的债权、负债”已一并转让,满足了不征收增值税的条件。

第二,土地增值税。如果债务人的主要营业资产中包含土地使用权,根据现行税法规定在出售土地时可能涉及缴纳土地增值税。[①] 在破产清算程序中,有个别省市通过出台地方性文件规定免征土地增值税,如山东省、青海省、安徽省等。[②] 对于重组,财政部、国家税务总局《关于企业改制重组有关土地增值税政策的通知》(财税〔2015〕5号)规定,在改制重组时以国有土地、房屋进行投资的,暂不征土地增值税。[③] 以通用公司出售式重整模式为例,债务人将其所有的土地作价投资到新设立的公司以换取其股权,再将所得股权抵偿债权人。此时,该方案在变更土地权属时满足不征土地增值税的条件,可享受优惠。

第三,企业所得税。因出售式重整需债务人将全部或主要营业部分转让,根据我国现行法律,除个人独资企业和合伙企业外的其他企业或组织,均应就出售所得计算缴纳企业所得税。[④] 因出售式重整符合企业重组——资产收购的方式,可以参照计缴企业所得税。[⑤] 根据财政部、国家税务总局《关于企业重组业务企业所得税处理若干问题的通知》(财税〔2009〕59号)第4条至第6条以及财政部、国家税务总局《关于促进企业重组有关企业所得税处理问题的通知》(财税

---

① 《土地增值税暂行条例》第2条。

② 《转发财政部、国家税务总局〈关于土地增值税一些具体问题规定的通知〉的通知》(鲁财税〔1995〕39号)第1条、《青海省人民政府办公厅转发省经贸委〈关于鼓励收购重组破产企业有关政策的规定〉》(青政办〔2000〕121号)第1条、安徽省地方税务局《关于明确房地产税等有关税收政策问题的通知》(皖地税〔1999〕345号)第5条。

③ 财政部、国家税务总局《关于企业改制重组有关土地增值税政策的通知》(财税〔2015〕5号)第4条,《企业所得税法》第1条、第3条。

④ 《企业所得税法》第1条、第3条,《企业所得税法实施条例》第6条。

⑤ 财政部、国家税务总局《关于企业重组业务企业所得税处理若干问题的通知》(财税〔2009〕59号)第1条。

〔2014〕109 号)第 2 条之规定,在满足法定条件时企业可以选择采取特殊性税务处理。债务人应当按照上述规定计算并申报缴纳企业所得税,并应根据我国《企业所得税法》第 55 条及《企业所得税法实施条例》第 11 条之规定,在办理注销登记前,就其清算所得向税务机关申报并依法缴纳企业所得税。对于企业所得税负担,出售式重整的债务人仍然需要承担。

第四,契税。虽然契税的纳税义务人并非债务人,但是将契税的优惠政策一并分析,有利于出售式重整的进行。财政部、国家税务总局《关于进一步支持企业事业单位改制重组有关契税政策的通知》(财税〔2015〕37 号)第 5 条将契税的优惠政策交代得非常清楚:如果债权人作为相应资产的买受人,则无条件享受免征契税的优惠;若非债权人买受营业资产,则需要综合考量承接职工成本与缴纳契税成本。

第五,税款的缴纳。由于债务人的全部或主要经营资产全部转让后债务人清算注销,因此可以说,对于债务人来说出售式重整的税费是“一次性”承担,即在资产出售的环节一次性缴纳,而无须再额外承担。但是现行破产法律并未对破产(包括破产清算、重整及和解)进程中产生的税费应当如何清偿作出明确规定,所以因出售资产产生的税款应当列示于何种项目参与分配(或清偿),在理论和实践中未能形成统一的认识。

遗憾的是,在前文的分析中不难发现,在现行的破产和税收立法中,一直存在国家与民争利的矛盾。对于企业所得税,现行法规并未针对破产这一特殊企业形态制定相应的优惠政策,而是与持续经营的企业相同,选择享受一般性或特殊性税务处理。国家虽然是债务人的税款债权人,但是通过强制力强行参与债务人的财产分配(或清偿)过程,显然是与普通民事主体争夺原本就少的企业财产。

(二)职工成本分析

因重整程序是为挽救债务人的营业,其目的之一就是保持职工就业,维护社会的和谐稳定。

根据我国《劳动合同法》第 41 条之规定,用人单位依照企业破产法规定进行重整的,可以有条件地裁减人员,但是在 6 个月内重新招用人员的,应当通知被裁减的人员，并在同等条件下优先招用被裁减的人员。① 显然，只要出售式重整顺利进行，就不构成劳动合同的法定终止事由，因此劳动合同并不终止。出售式重整，由于原用人单位即债务人在出售全部营业后清算注销，资产同时转让，真正的用人单位已经实质上变更为资产受让方。基于重整的目的，受让方应当一并接受破产企业的全部职工或者大部分职工，继续履行原劳动合同。职工在重整前的工作年限合并计算为在资产受让方企业的工作年限；对解除劳动合同的职工则通过债务人支付经济补偿金，以维护职工权益。

综上，依我国法律进行出售式重整具有可行性，且实践中已经有成功案例可以借鉴，其重整成本也在可接受和可控制范围内，在依法维护债权人、股东合法权益的前提下，是实践中可以谨慎采用的重整形式。同时应在实务中进一步积累经验，探讨对该重整方式的异议债权人、异议股东权利保护程序，达到以最大价值快速变现，实质性维护各方利益最大化，并实现挽救债务人营业，保持职工就业和社会稳定之目的。

---

① 我国《劳动合同法》第 41 条规定："需要裁减人员二十人以上或者裁减不足二十人但占企业职工总数百分之十以上的，用人单位提前三十日向工会或者全体职工说明情况，听取工会或者职工的意见后，裁减人员方案经向劳动行政部门报告，可以裁减人员：（一）依照企业破产法规定进行重整的……用人单位依照本条第一款规定裁减人员，在六个月内重新招用人员的，应当通知被裁减的人员，并在同等条件下优先招用被裁减的人员。"

破产重整 DIP 模式下管理人的监督机制

张思明[*]

一、破产重整 DIP 制度的滥用情形

在重整 DIP 模式中,可能存在债务人利用其优势制订重整计划草案中的机会主义,即 DIP 依仗重整程序中具有的优越地位而裹胁债权人通过重整计划草案,以期分享更多的利益,甚者在不具有挽救希望的情形下提起重整。这实则是一种投机行为。在大多数的重整案例中,债务人与债权人在程序开始前就困境公司的融资等相关拯救计划即已展开谈判,债权人有可能对该公司作了相应的特定投资(firm-specific investments),若不对 DIP 的行为作出一定的限制,必将损害特定投资人以致损害其他债权人的利益。同时,美国《破产法》规定的 DIP 制度,赋予债务人在法定的专有期间内享有排他性的申请重整权,债权人如果不积极配合将会因时间的拖延而导致债务人资产的更多贬值。因此,DIP 制度在一定程度上为债务人营造了一个投机的空间。DIP 制度是把重整公司的重整计划控制权以及日常营运控制权交由债务人的原管理层,而他们可能过于倾向原公司股东。

---

* 民政部与清华大学联合培养博士后,北京卓纬律师事务所高级顾问。

因此,必须建立有效的监督机制以约束 DIP 对重整中公司的治理行为。在对自行管理债务人职权的限制上,各国的破产立法倾向普遍是在正常经营范围内赋予债务人较为宽松的自主经营管理权,而仅对超出这一范围经营活动才作出一定的限制,这也是破产重整中的债务人自行管理制度注重重整效率的客观要求。自行管理债务人或其管理层可能会利用立法规定上的程序优势迫使债权人参与重整,并随之操纵重整程序,把重整程序拖延到漫长的遥遥无期的境地。在健全的监督机制保障下,能够预防自行管理债务人通过继续营业事务的而逃避债务,以最大限度地发挥债务人自行管理自身具有的重整制度优势。

DIP 制度赋予债务人广泛的重整权利,债务人对企业的控制权受法律保护,在重整期间产生非重整程序中的如重整融资权、重叠担保权等新的权利。一旦企业进入清算程序会给利益相关者造成较大的损失,甚至带来社会层面的较大震荡,因而设置了有益于债务人企业复兴的重整 DIP 制度。在该制度设计之初,享有此法律优惠的主体一般为陷入财务困境丧失清偿能力,但又有复兴希望的债务人。不过,DIP 制度的运行以及破产重整理念的发展变化,更多陷入困境的债务人企业期待该制度的优惠,有时这些企业可能并不符合制度优惠的条件,这就有可能产生 DIP 制度的滥用,而制度一经被滥用,即产生重整制度公平价值的破坏。为防止制度被滥用,需要健全 DIP 制度适用的监督机制,区分适格主体与非适格主体,以排斥不适格主体对制度的滥用。

重整程序中对 DIP 制度的滥用主要包括两种情形:其一,为程序启动时的滥用,即不适格的债务人适用 DIP 制度的情形。本具有清偿能力的部分债务人以破产作为经营策略,假借重整制度赋予债务人的优惠措施以获得竞争或者谈判的优势。还有本不具有重整希望的债务人假借重整程序而伺机拖延时间,损害债权人合法权益。其二,为程序适用中的滥用,即程序启动后,DIP 从事欺诈或损害债权人利益的其他不当行为。DIP 本身也可能存在不追诉其关联企业之债务,向其子公司转移资产或者对其会计账簿不做完整记录等行为,而不履行其应有的重整治理职责。因此,需要识别 DIP 制度适用中的程序滥用而损害债权人利益的行为,有必要对 DIP 制度可能被滥用的情形作出预防,并设置一套制约自行管理债务人重整经营活动的监督机制,以充分发挥适用债务人自行管理制度高效率的价值优势。策略性破产,是指债务人企业将破产重整作为一种经营策略以摆脱"困境"。因以企业复兴为目标的重整制度设定了对债务人的诸多保护措施,如重整程序启动后,自动中止所有债权人针对债务人企业的诉讼行为、偿债请求、变更合同等行为,包括暂停雇员在劳资谈判中获得有利地位等相关利益。这就使破产重整申请具有巨大诱惑。[①] 即使具有清偿能力的债务人企业也希冀借以破产重整程序谋求相关利益,而造成为重整程序设定的制度工具被债务人作为经营策略利用之可能。在破产重整管理人模式下,重整程序中由管理人控制重整公司的经营管理权,原管理层的经营权被剥夺,管理层并没有利用重整程序作为其经营策略的激励。在DIP制度下,管理层取得重整公司的经营控制权,管理层就具有借由重整制度以期实现其设想的经营谋略。

二、破产重整DIP制度中管理人的职权

(一)重整事务型职权

根据我国《企业破产法》的规定,法院裁定批准债务人企业重整即同时指定管理人,需经债务人申请自行管理,由法院作出适用债务人自行管理的裁定。因此,债务人企业重整程序的启动至自行管理的适用这段期间则由管理人负责债务人财产的管理与营运事务。在重整司法实务中,这一期间往往并非很短,如*ST宏盛于2011年10月27日由法院批准进入重整程序同时指定了管理人,而到12月26日才由法院裁定适用债务人自行管理模式,在这2个月的期间内,管理人应严格按照破产法的规定履行相应职责。做好包括通知已知的债权人申报债权、通知债务人的债务人向管理人清偿债务、开展债权登记审查工作等。同时还应做好债务人的财产管理与营业事务等重整经营性事项,因为只有经营管理好债务人企业并实现债务人企业资产价值最大化,才能推动重整程序的顺利进行,最终实现困境企业的复兴。在债务人企业重整程序启动到法院裁定适用债务人自行管理这段期间,管理人则应当按照管理人管理模式行使职权。在财产管理方面,管理人应当制定债务人财产的管理方案,并提交债权人会议审议通过,然后根据债权人会议通过的管理方案行使管理职权。债务人财产的管理通常包含财产的日常管理与应急管理。[②] 日常管理主要体现在应当全面收回债务人的债

① See Kelch, Thomas G., "Phantom Fiduciary: The Debtor in Possession in Chapter 11", *The Wayne L. Rev.* 38(1991), p. 1323.

② 参见王欣新:《破产法》(第3版),中国人民大学出版社2011年版,第219页。

权以及无益于重整的在外财产，行使撤销权并收回有关财产，对抵销权、别除权的承认等，应代表债务人企业参与仲裁、诉讼或者其他法律程序等事项。债务人财产的应急管理，主要是指当债务人的财产及其权利如不及时行使或依法登记将受到损害时，管理人应当及时予以登记或者行使，必要之情形可向法院申请采取财产保全等措施。而对于易腐、易损、跌价或者保管费用较高的部分财产，管理人应当及时予以变卖。

在重整期间，经债务人申请，法院裁定适用债务人自行管理后，管理人则须将接管的债务人财产与营业事务移交给债务人，由债务人行使重整经营管理权。如前文所述，债务人日常业务经营权、一定的财产处分权以及重整融资权等较为广泛的职权，管理人在这一期间享有的是对债务人重整经营行为的监督权，后文将会重点论述管理人的监督权限，此处不再赘述。困境企业启动债务人自行管理模式后，管理人的职权有所变化，除行使监督职权外，还享有债务人不应行使的职权如破产撤销权与抵销权等。同时，还应当继续履行部分重整事务型工作，主要包括继续接收债权人的债权申报，并予以审查登记，制作债权清单。因为在债权申报中，债权人与债务人的利益存在对立关系，若将该类事务型职权完全交由自行管理债务人行使，可能会影响债权人的利益。[①] 根据德国《破产法》第 270 条的规定，破产债权人的债权应当向该财产监督人申报。[②] 我国台湾地区相关规定则规定，由重整监督人受理重整债权与无记名股东权之申报，制作关系人名册、申报法院并备置于适当场所，并公告其开始备置之日期及处所。[③] 从重整程序的效率与公正原则考虑，管理人仍应负责债务人自行管理程序启动后的债权申报事项。如果债务人与管理人就债权编制产生分歧，则以管理人的意见作为记载标准。如果当事人就债权表记载的债权内容产生争议，可向受案法院提起确权之诉。作为熟悉法律业务的管理人应当代表债务人积极参与诉讼活动。管理人负责部分重整事务型工作，能够使债务人能从烦琐的重整事务型工作中解脱出来，更好地从事重整经营业务，有利于重整程序的顺利进行。

---

① 参见王欣新：《论破产重整中的债务人自行管理制度》，载《政治与法律》2009 年第 11 期。
② 参见《德国支付不能法》，杜景林、卢谌译，法律出版社 2002 年版，第 135 页。
③ 参见王文宇：《公司法论》，台北，元照出版有限公司 2008 年版，第 480 页。

(二)破产撤销权

破产重整债务人自行管理的利益诱惑可能导致债务人重整管理中的投机行为,如偏袒性清偿行为、破产欺诈讨债行为等,将严重侵害债权人利益,并引发社会信用危机,各国破产法均建立破产撤销权制度以预防与控制债务人的破产欺诈行为的发生。破产撤销权主要是由破产管理人向法院申请撤销债务人在破产程序启动前的法定期间内从事的部分行为,这些行为可能因欺诈等情形以致损害了全体债权人集体进行的公平清偿,因债务人实施该行为导致的财产流失应予以追回归入债务人财产。①

从各国破产法立法例来看,对重整程序中的撤销权通常设立特殊之规范。在美国破产重整 DIP 模式中,撤销权一般交由破产托管人行使,托管人享有向法院请求发出撤销命令的权利。尽管美国《破产法》规定了托管人为一般程序中撤销权的行使主体,但按照美国《破产法》第 1107(a)条的规定,在适用第 11 章的重整程序中,除非在法院任命托管人的情况,通常由 DIP 行使撤销权。但在美国《破产法》第 11 章的重整程序中,通常不会出现 DIP 撤销其程序申请前的欺诈或不当交易行为之情形。原因在于该法第 1104 条规定,在破产程序启动前或者启动后,困境公司管理层如果存有欺诈或不诚实的其他行为时,法院任命的托管人将会取代 DIP 行使重整事务职权。根据美国《破产法》的规定,债务人自身有权撤销未完成的担保利益、优惠转移和欺诈性财产转让,并有权承认或拒绝待履行的合同。由于某些获得可撤销转让的债权人是债务人维系业务经营的关键所在,债务人因此很有可能不会撤销该偏袒性清偿。全体债权人谋求债务人财产价值最大化的短期利益就与获得偏袒性清偿的债权人、债务人及其雇员在内的相关主体的远期利益产生冲突。根据德国《破产法》的有关规定,撤销损害债权人整体利益的行为,仅由财产监督人行使。② 日本破产法同样规定,可以行使撤销权的仅限于管理人,"即使在管财人不能行使的场合,破产人不能代位行使。因破产财团的管理、增值属于管财人的专门权利。破产债权人只能通过监察委员、债权人集会或法院监督管财人"。③

① 参见王欣新:《破产撤销权研究》,载《中国法学》2007 年第 5 期。

② 参见《德国支付不能法》,杜景林、卢谌译,法律出版社 2002 年版,第 139 页。

③ [日]伊藤真:《破产法》,刘荣军、鲍荣振译,中国社会科学出版社 1995 年版,第 241 页。

我国的破产撤销权制度体现在《企业破产法》第 31 条和第 32 条的相关规范,但这只是对破产程序开始前债务人部分行为的一种撤销。在采取管理人管理的重整模式下,重整程序一经开始,管理人即会接管债务人的财产及重整经营事务,企业的经营治理权交由管理人行使。债务人管理层就丧失了企业经营管理权,不可能再有条件行使损害债权人利益的相关行为。而若适用债务人自行管理的重整治理模式,DIP 获得债务人企业经营管理控制权,就具有了从事损害债权人利益行为的环境优势。如从事债务人财产的转移、隐匿、私分等行为;抛弃自身债权等相关权利;对个别债权的偏袒性清偿等行为。债务人的这些行为直接损害了全体债权人的利益,影响了重整程序的顺利进行。从我国《企业破产法》第 73 条的相关规定来看,适用债务人自行管理模式,本属于管理行使的职权将交由债务人行使。单纯从法条的规范表象来看,破产撤销权也应交由债务人行使,如此则会产生由债务人撤销自己先前实施或者正在实施的欺诈或其他不当行为,这是极不可取的,也是不现实的。从民法的角度来看,维护债权人的整体利益是撤销权制度设立的立法旨意,因此,债权人应当是行使撤销权的真实权利主体。但各国破产立法通常规定,在债务人自行管理下,由负有监督作用的破产托管人或重整监督人作为撤销权的行使主体,这就使破产撤销权的行使主体与权利主体相分离。管理人享有破产撤销权是重整程序中一项重要的法定职权,而非因其自身享有此项民事权利。破产撤销权是管理人法定独立行使的一项职权,原则上完全应由管理人自主决定是否撤销债务人的某一行为,不必再获得债权人会议的授权或者同意。① 我国《企业破产法》设立的是管理人监督下的债务人自行管理模式,因此,破产撤销权的行使主体仍归属破产管理人。如果将撤销权的行使交由自行管理债务人是不合适的。原因在于撤销的是债务人的欺诈或其他有损于债权人利益的不当交易行为,让债务人否认而撤销自身先前实施的欺诈行为,必然因自行管理债务人具有经营控制权优势而带来保全其私利的机会主义,显然是行不通的。此外,将导致管理人的监督职权弱化,不利于重整程序的积极推进,债权人的合法权益难以有所保障。根据我国破产法之规定,法院作出重整申请受理裁定,债务人企业即交由管理人接管,由管理人负责管理债务人的财产以及各种营运事项,管理人对接管的债务人企业将进行调查其财

① 参见王欣新:《破产法》(第 3 版),中国人民大学出版社 2011 年版,第 123 页。

务状况及其他经营行为,以便充分掌握债务人是否存在可撤销的行为事项,再决定针对债务人的某一行为是否予以撤销。因此,适用债务人自行管理的重整管理模式,也应由管理人行使破产撤销权,这与设置破产撤销权的立法宗旨相契合的。在破产法司法解释中,有必要进一步明确债务人自行管理下撤销权的行使主体,细化管理人行使撤销权的行为规范。

(三)债务抵销权

债权人在破产程序开始前,对债务人企业负有债务的,不管该债务的期限是否届满以及标的是否相同,均有权在债务人财产最终清偿前,向管理人提出给予相互抵销。① 根据我国《企业破产法》第 40 条的规定:债权人在破产程序启动之前对债务人负有的债务,有权向管理人主张予以抵销。破产法设定抵销权的目的在于保障部分债权人的利益,但为了公平起见,原则规定应当是破产程序开始前已经设立的债权能够相互抵销。在破产程序中赋予个别债权人享有抵销权缘由在于抵销制度本身具有一定的担保性功能,使该债权人的利益得以实现,并非为重整程序外的一种偏袒性清偿,假设抵销不被允许,债权债务的市场契约规则即会被打破。该债权人欠债务人企业的债务,必须予以完整支付,而自己对债务人享拥有的债权仅能按照破产债权按比例给予清偿。② 对该种情形的债权人来讲是极为不公平的。按照我国破产法之相关规范,破产抵销权也只能由管理人行使,而不能由自行管理债务人行使,因为债务人行使该项权利,容易导致权利的滥用而造成变相的偏袒性清偿行为。

美国《破产法》第 362(a)(7)条规定:禁止用启动破产案件之前产生的针对债务人的债务抵销针对债务人的请求权。③ 在重整程序的自动冻结规范也制约着抵销权的行使,且在行使时必须经过法院的批准裁定,这是该法第 11 章重整程序有别于清算程序对该类债权人利益的影响。抵销权人在清算程序中有权直接行使债务的抵销权,抵销权人通过该项权利的行使能使其债权得以足额清偿,

---

① 参见王欣新、王中旺:《论破产抵销权》,载《甘肃社会科学》2007 年第 3 期。

② 参见[日]石川明:《日本破产法》,何勤华、周桂秋译,中国法制出版社 2000 年版,第 133 页。

③ U. S. Code:Title 11 – BANKRUPTCY § 362(a)(7):the setoff of any debt owing to the debtor that arose before the commencement of the case under this title against any claim against the debtor;资料来源:http://www. law. cornell. edu/uscode/text/11/1107,最后访问日期:2014 年 11 月 21 日。

因此,破产抵销权类似于有担保的债权。但是,享有抵销权的债权人在重整程序中,未经法院的批准裁定则不具有行使抵销权的资格。法院的裁定标准是衡量被抵销的债务或债权是否为困境公司重整的复兴所必需,如果抵销对重整程序不会造成影响,法院才会解除自动中止程序而批准抵销权的行使。

抵销权的行使实则为债权实现的一种特殊情形,针对重整期间抵销权行使的限制,各国破产的立法规范往往较为宽容。一般而言,银行等大的金融机构通常是债务人企业的主要债权人,而这些金融机构之间也往往存在利益冲突。从抵销权设置的立法体例看,较为重视市场制约机制的英美法国家,通常允许重整程序中抵销权的行使。而大陆法系国家更为侧重债权人的整体利益实现,通常不太认可抵销权之行使。而根据我国破产法的有关规定,债权人若是在破产程序开始前已对债务人负担有债务,就有权向管理人申请予以抵销。当然,我国《企业破产法》对抵销的行使也作了一定的限制性规范,但从总体上看,债权人抵销权的行使在我国破产立法规范中还是较为宽松的。从重整程序的立法规范分析,自行管理债务人在重整期间内,对抵销权人行使抵销权的行为可以作出一定的限制,将债务人的抵销权变通为一种重整资金,该债权人实则成了重整融资人,以推进重整程序的顺利进展。在债务人自行管理模式中,破产法司法解释应当明确抵销权的行使主体,为避免自行管理债务人此项权利的滥用而造成其他债权人利益的减损,规定由管理人行使抵销权是必要的。

二、破产重整 DIP 制度中管理人的监督权

(一) DIP 模式下的管理人监督立法例

在美国的破产重整 DIP 模式下,由破产托管人行使监督权,主要是针对重整计划制订与实施的监督。按照美国《破产法》第 1104 条之规定,提出申请之后到重整计划被法院批准之前,托管人及任一利益主体均有权请求法院撤换掉 DIP,经过通知、听证程序后,法院将任命托管人。该法第 1106 条授予托管人享有重新提出重整计划的权利,同时规定托管人有权调查债务人的财务状况、资产管理状况以及业务营运行为等,还包括调查与重整事项有关的其他行为,甚至要调查 DIP 继续经营公司的主观意愿。困境公司如被批准继续营业,托管人则必须定期向法院报告 DIP 的业务经营情况、债务人的收支说明书以及与重整程序有关的

其他信息。[①] 可见,在重整 DIP 模式下,托管人享有对重整中的困境公司重整各项事务的监督权,以保障全体债权人、重整投资人以及其他利害关系主体的利益。

德国的债务人自行管理模式,赋予管理人享有对自行管理债务人的监督检查权。根据德国《破产法》第 261 条的规定:管理人在法定的监督期间,必须向法院提交重整计划执行情况的报告,并说明债务人企业继续发展的前景,如果组建有债权人委员会的,还应同时将该报告提交与债权人委员会。该法第 270 条、第 271 条则规定了财产监督人享有对自行管理债务人业务经营行为的监督权。债务人自行管理由破产法院作出裁定后,财产监督人有权监督债务人企业的财产管理与处分行为,财产监督人一般为原破产管理人。根据该法第 274 条之规定:财产监督人主要监督债务人企业的经济状况、债务人按重整计划进行的各项经营行为的执行情况以及经营活动中的相关费用的支出情况。财产监督人一旦调查发现债务人在自行管理程序中将有可能损害债权人利益的,必须及时向破产法院、债权人委员会报告,不得有任何的拖延。债务人日常业务经营范围内的事项,通常不需要征得监督人的同意。但若属于日常经营业务范围外的活动事项,必须经过财产监督人的认可方能为之。即使属于日常业务经营范围内的营运事项,一旦财产监督人作出异议之表示,自行管理债务人仍不能从事该行为。[②] 可见,德国在适用债务人自行管理模式下,实行的是较为严格的监管制度。

(二)管理人的监督权限

适用债务人自行管理的重整模式,困境企业在重整中经营管理事项交由债务人负责,因此,债务人的经营管理能力对债务人企业的复兴至关重要。通常而言,企业的重整程序相对复杂,需要投入较大的重整成本,因此也存在较大的重整风险。倘若债务人没能积极致力于重整经营活动,致使债务人企业的重整归于失败,必定会带来司法资源的巨大浪费,严重损害债权人的利益。因此,对自行管理债务人的重整业务经营行为进行必要性的检查是十分重要的。法院对债务人企业的重整裁定批准后,债务人于重整期间申请自行管理的,管理人可以调

① 参见李飞主编:《当代外国破产法》,中国法制出版社 2006 年版,第 640 ~ 641 页。
② 参见《德国支付不能法》,杜景林、卢谌译,法律出版社 2002 年版,第 132 ~ 136 页。

查债务人企业陷入困境的状况、重整复兴的可行性以及债务人自身的经营管理能力。如若认为债务人企业不具备再建复兴的条件,则有权向法院建议裁定终止重整程序,继而转向清算程序,避免债权人利益的进一步损失。如经审查认为债务人存有欺诈或其他严重的不当行为,管理人也可向法院建议不予裁定批准适用债务人自行管理的重整模式。在适用债务人自行管理的整个程序中,都需要对债务人的经营管理活动施以必要的检查,具有监督之责的破产管理人自然成为这一权利的行使主体。

设置重整调查权的目的主要是对债务人经营情况的作出调查,能够及时发现债务人有损于债权人利益的行为,并积极制订拯救方案。这一职权配置主要是为保障债权人、公司雇员等多方主体的利益,这必然与债务人的自身利益存在一定的冲突,因此,不宜允许债务人来行使。根据美国《破产法》第 1107 条的规定,DIP 拥有该法第 11 章中的破产托管人的所有职责和权利,而 DIP 享有对其自身的调查权(包括调查报告的提交)则不符合实际。法院根据利益关系主体的申请,有权任命检查人(examiner),按照美国《破产法》第 1106(a)(3)条的规定,除非法庭另有命令,(检查人或托管人)有权调查债务人的行动、财产处置行为、财务与债务状况,债务人继续营业的意愿和债务人的业务经营情况,以及与重整计划的制订或与债务人重整有关的其他事项。[①] 根据韩国《破产法》的规定:在法院认为有必要的情形下,根据利益关系主体的申请,甚至可以依职权进行选任调查委员,任命重整调查人。接到任命的调查人必须依照重整程序启动时的标准,评估检查债务人财产并制作借贷明细表及财产名目。还应当调查企业适用自行管理重整程序的理由、债务人资产状况以及债权与债务情况等相关事项。调查结束后,法院有权责令调查人提交是否继续债务人重整程序的书面意见书。[②] 我国台湾地区相关规定中的重整制度一般以公司的董事为重整经营控制权人,按照其规定,检查人由法院在公司重整程序启动前任命,一般从对公司业务有经营

① U. S. Code: Title 11 – BANKRUPTCY § 1106(a)(3): except to the extent that the court orders otherwise, investigate the acts, conduct, assets, liabilities, and financial condition of the debtor, the operation of thedebtor's business and the desirability of the continuance of such business, and any other matter relevant to the case or to the formulation of a plan. 资料来源: http://www. law. cornell. edu/uscode/text/11/1106,最后访问日期:2015 年 1 月 25 日。

② 参见张英伦、郭健:《韩国破产重整调查人制度评介》,载《郑州航空工业管理学院学报》2009 年第 2 期。

管理能力、专业知识且与重整公司各方无利害关系的主体中选任。根据规定,重整检查人有权对下列事项作出调查:(1)公司的财务、业务经营状况以及资产的评估作价;(2)以公司的财务、业务状况及其资产价值,综合分析公司有无挽救的希望;(3)公司陷入困境的原因,公司负责人的业务执行状况,有无懈怠或其他不当行为;(4)重整申请所记载的事项是否符合公司的实际情况,且无虚假;(5)债务人申请重整的,其所提出的重整计划草案是否具有可行性。我国台湾地区还规定了接受检查的公司的董事、监察人、经理人或其他雇员,若对拒绝上述检查或者对相关事项的询问不予答复,且无正当理由的,法院将视情形处以罚款2万元至10万元新台币不等。① 检查人包括法院,仅为是债务人之外的主体。在司法实践中,破产法院通常要求调查人在对债务人整体的经营状况作出调查后,综合评判债务人的偿债能力。针对重整程序中困境公司的治理结构与经营情况,管理人可以进行现场检查,评价公司的治理结构是否完善;股东会、董事会、监事会的运作是否规范;公司在重整期间的经营决策程序是否做到了严格规范并得到有效执行;公司管理层的职责是否清晰并履行勤勉忠实义务等。对检查到的债务人在公司治理与经营行为中存在的问题,管理人有权提出整改意见并上报给受案法院、通知债权人委员会,以加强对债务人重整经营行为的监督。

我国《企业破产法》第78条规定了管理人或者其他利益主体在重整期间提请法院裁定终止重整程序的情形,如债务人存在欺诈或者其他显著不利于债权人利益实现的行为等,该法条规定出现立法表意不清的"显著"用词,在实务操作中,很难界定区分债务人的行为"显著性"。债务人如仍有重整成功的希望,债权人则以债务人出现的"显著"行为之名而向法院提出重整程序的终止,则有悖于重整制度的立法价值。根据美国《破产法》的规定,如果有充分的理由,发现DIP在程序开始前或之后,存有诈欺或者有重大经营决策的失误行为,利害关系人有权向法院申请任命破产托管人。当然,法院也可依职权任命托管人,由托管人继续进行困境公司的重整经营活动。我国破产立法可借鉴美国破产法之合理做法,当出现《企业破产法》第78条列举的3种特定情形时,允许管理人取代自行管理债务人进行财产管理与重整营运事项,使重整程序之继续,而并非是不分企

① 参见廖大颖:《公司法原论》(增订6版),台北,三民书局股份有限公司2012年版,第389页。

业的实际状况一概终止重整程序。我国破产法设立的是管理人监督下的债务人自行管理模式,赋予管理人享有对债务人重整业务经营行为的检查权。在债务人自行管理制度的适用规范中,应当明确授权管理人按照我国《企业破产法》第31条、第32条以及第33条等的规定,享有对债权债务状况、债务人的资产状况进行调查的相关权利。

(三)我国 DIP 制度的管理人监督模式及其完善

我国《企业破产法》在立法中并没有明确规定"重整监督人"这一概念,但该法第73条规定的破产管理人可理解为通常意义上的重整监督人。但我国破产中设计的重整监督制度并不完善。依据我国《企业破产法》第73条之规定,自行管理债务人的财产管理和业务经营行为需要在管理人的监督下进行,该规定是管理人作为自行管理重整程序中的监督者角色的法律依据。但对于管理人具体的监督权限与监督方式则缺乏专门的规定,形成实际操作中的障碍因素。法院裁定适用债务人自行管理后,破产管理人不再享有其在一般破产程序中所具有的职权,将已接管的债务人的财产及各项营运事务交回于债务人。但破产法并未规定管理人对自行管理债务人实施监督的业务事项,管理人的监督地位有待进一步明确。[①] 此外,还需细化管理人监督职权的范围。国外破产立法通常设定有专门的重整监督人或债权人委员会,行使对自行管理债务人重整中各项营运事务的监督权。根据我国破产法相关规范,债权人委员会享有较广的监督职责,但也概括规定对自行管理债务人的监督权限,这样就产生了管理人与债权人委员会的职责不明现象,甚至导致实施中的监督不力或拖延。从美国的 DIP 重整实践看,托管人的作用多体现于清算程序中,而其在重整程序中发挥的作用较为有限。[②] 应当明晰界定管理人与债权人委员会各自的监督权限。本文认为,就债务人自行管理的监督主体上而言,管理人相比于债权人委员会更具有中立性、灵活性与专业性,有利于管理人实施对自行管理债务人监督行为的公平与高效。针对管理人的选任及其监督也需要进一步明细规范,因此,在今后的司法解释中有必要完善相关规范,让管理人真正能够发挥应有的监督作用。在缺少市场经

---

① 参见邹海林:《新企业破产法与管理人中心主义》,载《华东政法学院学报》2006年第6期。

② 参见李曙光:《关于新〈破产法〉起草中的几个重要问题》,载《政法论坛》2002年第3期。

济固有的信用文化的现实情况下,只有具备比较缜密的监督机制,才会促使自行管理债务人更为谨慎而诚信地从事经营活动,最终提高债务人企业重整的成功率。

债务人自行管理制度的反思与完善[*]

何旺翔[**]

依我国《企业破产法》第 73 条的规定,债务人自行管理以人民法院批准为前提。然而《企业破产法》并未规定人民法院批准债务人自行管理的具体前提条件。尽管一些人民法院在批准债务人自行管理方面进行了有益的尝试,但不可回避的是,基本规则的缺失无疑会引发法律运行的巨大风险,也必然会影响债务人自行管理效用的发挥。以上市公司破产重整为例,截至 2014 年年底,在 48 例上市公司破产重整案中仅有 8 例运用了债务人自行管理。显然,立法简陋造成了债务人企业及法院的困惑,尤其是司法困惑,而一些认识误区更使这一问题雪上加霜。化解困惑固然有赖于相关规定的细化,但关键在于理性认知债务人自行管理利弊,并以此为基础合理设置债务人自行管理批准条件,从而最大化发挥债务人自行管理的效用。

---

* 本文系 2013 年度国家社科基金项目“破产重整制度的优化研究”(13CFX099)、江苏省教育厅高校哲学社会科学研究项目“破产重整中的债务人自行管理”的阶段性成果。本文受江苏省“青蓝工程”优秀青年骨干教师项目、南京财经大学“青年学者支持计划”资助。

** 德国慕尼黑大学法学博士、南京财经大学法学院副教授、副院长。

一、债务人自行管理重整促进功能解析

相较于破产管理人,债务人企业经营管理人员更熟悉企业的业务和财务状况,[①]更明确"危"源何起,"机"在何处。由此,债务人自行管理不仅可以最大程度上利用企业管理层的专业知识、丰富经验以及业务关系,而且将节省破产管理人聘用成本,[②]避免因破产管理人介入而导致的程序迟延,从而提高重整成功可能性及效率,降低重整费用。就集团重整而言,债务人自行管理不仅避免了集团下属子公司不同破产管理人间的协调配合问题,而且对集团资产及相关资源的统筹运营管理和支配处分将更有利于企业价值最大化目标的实现。[③]

进一步而言,债务人自行管理的核心优势在于能最大程度上确保企业运营的连续性,从而有助于现有合作关系的延续或重构,尽可能降低破产重整程序启动对企业信誉的消极影响。[④] 与之相对,管理人主导破产重整的固有缺陷在于,由于管理人缺乏相关经营管理知识和经验,深入了解企业情况亦需要一个过程,所以企业运营连续性往往难以确保。并且经验及知识的缺乏必然会导致决策迟延或偏差,而在企业经营管理过程中,特别是在重整过程中,决策迟延或偏差都会对企业产生不利影响。尽管破产管理人可以聘任债务人的经营管理人员负责营业事务,但在破产管理人介入情况下,企业运营的连续性势必会受到影响。亦为关键的是,就重整角度而言,债务人自行管理下的破产重整可视为庭外重整的一种延续,从而使重整的连续性得以确保。不仅如此,债务人自行管理能确保重整成功后企业经营的连续性。在破产管理人主导破产重整的情况下,如若重整计划获批,将面临着破产管理人向谁及如何交权的问题。从破产管理人向新管理层交权过渡是一大难题,而交权后新管理层由于不熟悉企业情况而再度经营失败的案例在各国也并不鲜见。

相较于破产清算,破产重整涉及更多的经营决策,其复杂性要求破产重整团

---

① 参见安建主编:《中华人民共和国企业破产法释义》,法律出版社2006年版,第108页。

② 例如,依据德国《破产管理报酬条例》第12条第1款的规定,重整监督人的报酬原则上应为破产管理人报酬的60%。

③ Vgl. Piepenburg, NZI 2004, 231, 234; Körner, NZI 2007, 270, 273 f.; Bales, NZI 2008, 216, 220; Jaffé, ZHR 2011, 38, 46 f.

④ Buchalik/Rinker in: Restrukturierung Sanierung Insolvenz, 3. Aufl., 2009, S. 128, Rn. 109.

队必须是复合型团队,并且债务人企业相关人员的参与配合对于破产重整而言至关重要。与破产管理人作为外部人主导的复合型重整模式相比,债务人企业管理层作为内部人主导的复合型重整模式不仅能确保企业运营及重整的连续性,而且具有效率高、费用低的优势。亦不容忽视的是,破产管理人"化繁为简,降低责任风险"的考量会使其更倾向于破产清算的解决方案,而现有制度下缺乏对破产管理人行为的有效监督和激励。更为关键的是,破产重整的失败往往源自于重整程序启动的迟延。出于避免丧失企业控制权的考量,债务人企业管理层往往希望通过庭外重整来挽救企业,甚至粉饰企业危机。自行管理的可能性则可吸引债务人尽早启动破产重整程序,从而提高重整成功可能性。① 剥夺管理处分权固然是对企业原经营管理层的一种惩戒手段,但债务人自行管理这种"以奖代惩"的模式应更利于促进重整目标的实现。

二、债务人自行管理的弊端及反思

在德国,债务人自行管理曾遭受到强烈质疑。德国著名的破产法实务人士团体"格雷夫斯克瑞斯"(Gravenbrucher Kreis)②曾在1990年撰文指出,缺乏独立性的破产管理人选尚无法为法院所支持,更何况由债务人自行管理破产财产。③德国部分学者亦曾表达对债务人自行管理模式的怀疑和忧虑,并将之形象地称为"山羊园丁"(Bock im Garten)。这些学者认为,债务人自行管理显然与破产财产管理者独立性要求相违背。并且多数的企业危机或破产是管理决策失误所致,因此很难相信导致债务人企业陷入破产境地的管理团队可以通过重整挽救企业,实现债权人利益最大化。④ 更为令人担忧的是,管理团队可能滥用债务人自行管理,通过各种手段操控破产重整,损害债权人利益。⑤

首先必须加以明确的是,破产原因纷繁复杂,不仅是由于管理层的无能、失

---

① Jaffé,ZHR 2011,38,44.

② "格雷夫斯克瑞斯"是一家由领先的破产律师事务所代表组成的协会,负责对全球范围内的公司进行重组的重整并参与跨境公司破产。

③ Gravenbrucher Kreis,ZIP 1990,476,477.

④ Vgl. K. Schmidt,Wege zum Insolvenzrecht der Unternehmen,1990,S. 197;Bales,NZI 2008,216,220 f. ;Uhlenbruck/Vallender,NZI 2009,1,7.

⑤ Vgl. K. Schmidt,Wege zum Insolvenzrecht der Unternehmen,1990,S. 197.

误或欺诈谋私。现有误区在于,企业陷入重整或破产之境地实际上就是对原管理层经营能力的否认,且债务人自行管理不利于发现企业既往经营中存在的欺诈、违规,甚至违法行为。[①] 依美国之经验,在企业重整情况下,企业往往在正式进入破产重整程序前就更换了原先对企业危机负有责任的管理层,特别是引入具有重整经验的新管理团队。[②] 换言之,债务人企业"器官"之上存在的毒瘤或寄生虫能被及时切除,债务人自行管理是适格经营管理层的管理,而非原经营管理层的完全保留。通过经营管理层的适度调整和适格重整专家的引入将能解决独立公正性的问题。[③]

对债务人自行管理的另一大疑虑在于企业危机,乃至破产本身即是对企业经营管理层能力的一种否认。但如上所述,于债务人自行管理重整模式下,原有不适格的经营管理人员应被更换,并引入适格的重整专家,能力及道德缺失所引发的商业风险将得以大大降低。然而值得注意的是,早在2002年,德国杜伊斯堡地方法院即在"Babcock Borsing AG"重整案中质疑债务人自行管理模式下更换经营管理人员的行为,并将其称为"披着自行管理外衣的外部人管理"。[④] 尽管更换不适格经营管理人员及引入重整专家会相应提高重整成本,并且在破产管理人重整模式下,亦可通过引入适格经营管理人员达到补缺的效果,但显然债务人自行管理重整模式下补缺成本更低。并且债务人自行管理在重整促进方面的核心优势在于确保企业运营及重整的连续性,并且"以奖代惩"的模式更能促使债务人企业积极尽早启动破产重整程序,从而提高重整效率及成功可能性。与其让独立公正的外部人扮演运营管理人的角色,还不如让其扮演顾问监督人的角色。

对债务人自行管理的最大担忧在于其被滥用的潜在风险。特别是在重整即将失败的情况下,自行管理团队可能会粉饰企业重整状况,拖延破产重整程序向破产清算程序的转换。必须明确的是,在企业破产之时,债权人被视为企业财产的真正所有者,因此债务人自行管理机构理应对债权人负责,对债权人承担忠实

---

① 参见齐明:《重整期间公司控制权二元模式探究》,载《求是学刊》2010年第5期。

② 参见齐明:《破产重整期间的企业控制权刍议》,载《当代法学》2010年第5期。

③ Vgl. Hess/Ruppe, NZI 2002, 577; Kranzusch, ZInsO 2008, 1346, 1349.

④ AG Duisburg, Beschl. v. 1.9.2002, NZI 2002, 556 ff.

勤勉义务。[①] 如若债务人自行管理机构独立性得以确保，加之忠实勤勉义务的约束，则债务人自行管理应不会被滥用，程序的适时转换也不应存在障碍。更为关键的是，在债务人自行管理模式下，存在破产管理人抑或重整监督人监督、债权人和股东监督以及破产法院监督三方监督体系。上述监督体系将可以有效保护债权人利益，确保对新旧经营管理层有责必究。此外，依一些德国学者观点，尽管自行管理机构取得了破产管理人的法律地位，但只获得受限的管理处分权。例如，可要求自行管理机构的某些行为须经批准，[②]并且破产管理人的责任承担规则也适用于自行管理机构，特别是商业判断规则的限缩性适用。[③]

三、债务人自行管理批准条件的合理设置

基于上述债务人自行管理的利弊分析，充分发挥重整促进功能与切实保护债权人利益就成为债务人自行管理制度设计的关键所在。而债务人自行管理批准条件的设置则显然既是发挥重整促进功能的第一道门槛，又是保护债权人利益的第一道防线。具体到我国而言，立法简陋所引发的债务人自行管理批准的巨大不确定性是首先必须解决的问题。进一步而言，应尽量减少债务人自行管理批准程序性设置对企业运营及重整连续性的消极影响。更为关键的是适当的批准条件，其不仅能吸引债务人积极尽早启动重整程序，确保重整的连续性，而且可以在债权人利益保护方面发挥一种事前预防的作用。于此方面，德国的立法经验就尤为值得借鉴。

（一）德国债务人自行管理制度的改革动因

大陆法系国家的代表德国早在 20 世纪 80 年代即展开了对债务人自行管理制度（Eigenverwaltung）的学术研究，并在吸收转化美国债务人自行管理制度基本原理的基础上，通过 1994 年的破产法改革正式确立了该制度。然而，于此必须提请注意的是，美国《破产法》以债务人利益优先为立法宗旨，因而将债务人自行

---

① Vgl. Eidenmüller, ZHR 2011, 11, 19; Jaffé, ZHR 2011, 38, 46.

② Vgl. Hess/Ruppe, NZI 2002, 577, 578 f.; Körner, NZI 2007, 270, 273; Bales, NZI 2008, 216, 221.

③ Eidenmüller, ZHR 2011, 11, 19.

管理设置为美国《破产法》第 11 章重整程序中的一般原则。只有在美国《破产法》第 1104(a)条规定的情形下,才任命一名管理人。与美国《破产法》不同,德国《破产法》以保护债权人利益为首要目标,并将债务人自行管理亦适用于破产清算程序,因此视其为破产程序中的例外情形,从而在立法之初对债务人自行管理的批准设置了较为严格的前提条件。

在长期法律实践过程中,1994 年德国《破产法》中的债务人自行管理制度一直未能发挥当初设想的应有效用,尤其是重整促进功能。一方面,这是由于债务人自行管理的批准条件甚为严格;①另一方面,基于德国学界对债务人自行管理制度的种种质疑,甚至是某些理解误区及偏见,德国破产法院也一直对债务人自行管理的批准持较为保守的态度。② 过于严格的前提条件以及法院的保守态度就使债务人自行管理批准率极低。依德国学者所做数据统计,2005 年至 2010 年批准债务人自行管理的破产案件占所有企业破产案件的比例基本维持在 0.5% 左右,其中最低为 2006 年的 0.39 %,最高为 2010 年的 0.67 %。③ 考虑到债务人自行管理批准具有极大的不确定性,债务人为避免因破产管理人介入而丧失对企业的控制权,往往会尽量拖延破产重整申请,这就导致了众多企业重整成功机会的彻底丧失。④ 此外,德国破产启动程序(Eröffnungsverfahren)中的限制性及禁止性措施,⑤特别是临时破产管理人的任命,严重影响了企业重整的连续性,并成为债务人不愿尽早提出破产重整申请的另一重要原因。⑥

概言之,债务人自行管理制度于德国一直未能发挥应有效用的关键在于:首先,过于严格的批准条件以及巨大的不确定性导致了债务人企业拖延进入破产重整程序;其次,破产启动程序中的障碍性设置阻断了企业运营及重整的连续性;最后,德国破产法院的保守态度更是使这一局面雪上加霜。欧债危机引发了德国企业破产浪潮,1994 年德国《破产法》中债务人自行管理批准规定的缺陷日

---

① Bales, NZI 2008, 216, 220.

② Bales, NZI 2008, 216, 220; Uhlenbruck/Vallender, NZI 2009, 1, 5 f.; Vallender, NZI 2010, 838, 842.

③ Vgl. Brinkmann/Zipperer, ZIP 2011, 1337.

④ Vgl. Kranzusch, ZInsO 2008, 1346 ff.

⑤ 德国《破产法》将破产(重整)申请提出至法院裁定正式启动破产(重整)程序的期间称为破产启动程序。德国《破产法》未规定破产启动程序的时限,但在司法实践中破产法院通常在破产(重整)申请提出后的 3 个月左右决定是否受理破产(重整)案件。

⑥ Begr. zum RegE ESUG, BT-Drucks. 17/5712, S. 39.

益凸显,其不仅未起到鼓励债务人积极尽早进行企业重整的目的,反而适得其反,成为打消债务人企业司法重整积极性的重要原因之一。这使德国立法者不得不对债务人自行管理批准规定进行再调适。2011 年 12 月 7 日德国《企业重整进一步促进法》(Gesetz zur weiteren Erleichterung der Sanierung von Unternehmen,以下简称《重整促进法》)颁布出台,此次改革的重点之一就是通过对债务人自行管理批准规定的修改,真正实现发挥债务人自行管理重整促进功能的立法目的。①

(二)裁定重整前债务人自行管理的常态化

在 2011 年德国《破产法》改革之前,破产法院通常会在破产启动程序中任命一名临时破产管理人,并对债务人企业的某些行为设置限制性及禁止性措施,这就严重影响了企业重整的连续性,并极有可能造成重整过程中控制权的频繁转移。为了改变这一状况,《重整促进法》在德国《破产法》中新增第 270a 条。依该条第 1 款,只要债务人的自行管理申请并非明显没有获得批准的可能性,则在破产启动程序中法院将不再颁布禁止债务人对其财产支配的命令以及其支配行为需要得到批准的命令。在此情况下,法院在破产启动程序中也将不再任命临时破产管理人,而只任命临时财产监督人。此款规定实际上就确立了破产启动程序中债务人自行管理的常态化,从而确保了程序早期债务人企业重整的连续性。②

新增的德国《破产法》第 270a 条第 2 款又规定,如果债务人在行将支付不能的情况下提出破产(重整)申请和自行管理申请,而法院认为债务人自行管理批准条件尚未满足的,则法院必须给予债务人收回破产申请的机会。德国立法者在其立法理由中指出,债务人自行管理制度在旧法框架下作用甚微的主要原因之一就是,法院有可能在个案中拒绝债务人自行管理申请并启动以破产管理人为主导的破产程序;通过该法第 270a 条第 2 款的规定,债务人将不必担心因以破产管理人为主导的破产程序启动而丧失对企业的控制权,从而会尽早尝试企业重整。③ 德国立法者同时也意识到,债务人在收回破产申请的情况下可能会继续

---

① Begr. zum RegE ESUG, BT-Drucks. 17/5712, S. 2.

② Pape, ZInsO 2010, 1582, 1594.

③ Begr. zum RegE ESUG, BT-Drucks. 17/5712, S. 39 f.

尝试庭外重整,从而使在破产程序框架下进行企业重整并取得成功的机会彻底丧失。但其认为,德国《破产法》第15a条规定的破产申请义务将能避免这一情况的发生。① 然而德国学者霍尔泽(Hölzle)指出,债务人企业可能在法院审查期限内已经陷入了支付不能或资不抵债的境地,因此其在收回破产申请后,又不得不依据德国《破产法》第15a条的规定在3个星期内提出破产申请;鉴于此,第270a条第2款规定的破产申请收回权可能并无太大实际意义。② 德国学者艾登·穆勒(Eidenmüller)进一步指出,一个企业,特别是上市公司,因债务人自行管理申请被拒绝而收回破产申请,无疑将会对企业的形象及市场价值造成极为不利的影响。③

就我国而言,首先必须要指出的是,我国《企业破产法》第73条的规定为"在重整期间,经债务人申请",但债务人自行管理申请时间点理应不限于重整期间,债务人完全可以在申请破产重整的同时提交自行管理申请。实际上,债务人在重整期间申请自行管理涉及的是债务人自行管理其后批准的问题,应区别处理。为应对这一立法缺陷,司法实践中的变通做法是,债务人于裁定重整当日申请自行管理,人民法院当日批准债务人自行管理。尽管人民法院在此前或许已就债务人自行管理进行了审慎调查,但这一做法在形式上显然欠妥。并且一个不可回避的问题是,若人民法院在裁定受理重整申请时即依据我国《企业破产法》第13条指定破产管理人,则裁定重整后方批准债务人自行管理的做法无疑会导致控制权的频繁转移,必然会严重影响企业运营及重整的连续性。更令人担忧的是,债务人为避免控制权转移亦极有可能拖延重整申请,错失破产重整良机。因此,债务人自行管理申请时间点的解限就显得尤为重要,且原则上应确保裁定重整前债务人自行管理的常态化。必须明确的是,裁定重整前债务人自行管理的常态化并非债务人自行管理的绝对化。如有明显证据表明,债务人自行管理将会严重损害债权人利益时,人民法院应拒绝批准债务人自行管理,并说明理由。特别是在重整申请由债权人率先提出,而债务人其后提出自行管理申请的情况下,法院应在受理重整申请前征询相关债权人意见,加强债务人自行管理批准的审查。值得注意的是,以申请便利化为考量,我国司法实践中常常由债权人提起重整申请。在此情况下,如债务人于裁定受理重整前申请自行管理,则法院应在

① Begr. zum RegE ESUG, BT-Drucks. 17/5712, S. 40.

② Hölzle, NZI 2011, 124, 130.

③ Eidenmüller, ZHR 2011, 11, 36.

查明相关情况的基础上于裁定受理重整时批准债务人自行管理。

进一步而言,从保护债权人利益角度出发,应借鉴德国法,设置裁定重整前的临时监督人,抑或称为临时管理人。并且债权人亦应有权在裁定重整前对债务人自行管理提出异议,或申请法院对债务人行为附加限制性条件,乃至申请撤销债务人自行管理。实际上,裁定重整前债务人自行管理的常态化不仅可以吸引债务人积极尽早启动重整程序,确保重整的连续性,而且可以起到一种"公示期"的效果,从而为裁定重整时是否正式批准债务人自行管理提供参考,其出发点亦是为了保护债权人利益。值得斟酌的是德国《破产法》第270a条第2款规定的破产(重整)申请收回权。破产申请义务固然可以约束拖延司法重整之行为,但亦可使破产(重整)申请收回权形同虚设。且不论收回破产申请对企业形象及价值的不利影响,如若使债务人在极不符合自行管理前提条件下得以收回破产重整申请,则无疑会造成程序迟延,债权人利益受损之恶果。假使破产管理人介入已成必然,则不必画蛇添足。

(三)债务人自行管理批准的宽松化与债权人适度参与

经过裁定重整前的"公示期",特别是债权人的意见反馈及法院的审慎调查,法院即可在裁定重整同时决定是否正式批准债务人自行管理。首先,债务人自行管理应以债务人申请为前提,德国《破产法》第270条第2款第1项及我国《企业破产法》第73条都对此作出了明确规定。《重整促进法》在修订前饱受德国学界诟病的是德国1879年《破产法》第270条第2款第2项的规定。依此规定,如果破产申请由债权人提出,则债务人自行管理的批准必须以该债权人同意为前提。凭借这一规定,任何一个债权人都可以通过尽早提出破产申请的方式来阻碍债务人获得自行管理,而这显然与消除债务人自行管理申请障碍的立法宗旨相违背。① 因此,《重整促进法》删除了该项规定。更进一步,《重整促进法》对德国1879年《破产法》第270条第2款第3项(也即修改后的德国《破产法》第270条第2款第2项)进行了优化。② 依此新规定,只要不存在具体情况可以证明,债务人自行管理会造成债权人不利益,即可依债务人申请批准自行管理。旧规定

---

① Begr. zum RegE ESUG, BT-Drucks. 17/5712, S. 38.

② 德国1879年《破产法》第270条第2款第3项规定,债务人自行管理的批准必须以其不会导致程序迟延或债权人不利益为前提。

要求债务人必须证明债务人自行管理不会对债权人利益造成损害,而新规定不仅免除了债务人的举证责任,并且在无法查明债务人自行管理是否会给债权人带来不利益的情况下,法院还应作出有利于债务人的裁决。①

《重整促进法》改革的创新之处在于新增的德国《破产法》第 270 条第 3 款、第 4 款的规定。依据该规定,在法院就债务人自行管理申请作出决定前,应听取临时债权人委员会的意见,除非该听证程序的进行明显会导致债务人财产的进一步减少。如果债务人自行管理申请获得临时债权人委员会的一致支持,则法院不得以债务人自行管理对债权人不利为由拒绝自行管理申请。由此,临时债权人委员会的一致支持决议就对法院具有一定的约束力。② 新增的德国《破产法》第 270 条第 4 款又规定,如果法院拒绝债务人自行管理申请,则必须书面阐明理由。基于此新增两款规定,法院在债务人自行管理批准方面较为保守的态度将会得到大大改观,从而实现了债务人自行管理批准的助推效应。③

通过上述修改,德国债务人自行管理批准条件就明显被简化了,其审查核心在于债权人利益保护。只有当存在危害债权人利益的具体情况时,法院才应拒绝债务人自行管理的申请,且必须书面阐明理由。债务人不仅不必再自证清白,而且在情况难以查明之时法院也应作出有利于债务人的裁决。按照一些德国学者的观点,《重整促进法》在债务人自行管理批准条件方面的改革仍是不彻底的。德国学者马道斯(Madaus)就指出,在债务人有计划的申请破产重整的情况下,债务人获得自行管理应成为常态。④ 德国学者艾登・穆勒则建议,如果债务人在前破产状态下提出重整申请并要求获得自行管理,则法院应立即批准,从而加速程序进行,避免债务人企业的价值贬损。⑤ 然而必须要指出的是,重整意愿,抑或重整申请提出时间点固然是考量的重要因素,但不应成为唯一考量因素。自行管理团队的独立性及经营管理能力应成为是否批准债务人自行管理的首要指标,特别是裁定重整前债务人自行管理的实际效果应是决定是否批准的核心考量因素。

---

① Begr. zum RegE ESUG, BT-Drucks. 17/5712, S. 38.

② Frind, ZInsO 2010, 1524, 1527.

③ Willemsen/Rechel, BB 2011, 834, 837.

④ Vgl. Madaus, Der Insolvenzplan, 2011, S. 580 ff.

⑤ Eidenmüller, ZHR 2011, 11, 35 f.

显然,法院审查的核心目的在于保护债权人利益。然而与其让法院作出不准确的预测性判断,不如变法官裁量为债权人意思自治。通过减少法院介入,增强债权人意思自治不仅能提高债务人自行管理批准程序的效率,亦可确保债务人自行管理团队的独立公正性。就我国而言,债权人听证会意见目前也仅宜作为考量的重要因素之一,而非唯一因素。然而债权人早期参与的弊端在于有可能导致程序迟延,难点则在于程序早期债权人难以准确确定。首先,债权人听证会的举行必须以不导致程序迟延为前提。在《重整促进法》立法过程中,德国学者艾登·穆勒曾建议,在债务人提出破产申请的情况下,只要债务人自行管理得到至少 25% 可以预见到的有投票表决权的债权人支持,即可推定债务人自行管理不会造成债权人不利益。[①] 循着这一思路,以加快程序进行、节省相关费用为目的,只要债务人在裁定重整前与已知的债权人就自行管理事项达成相应协议,且上述债权人所持有表决权的债权额及人数均超过已知债权额及债权人人数的一半,则法院在裁定重整时即可直接认可该协议效力,而不必再进行听证程序。但随之带来的问题是,债务人有可能提供经过"修饰"的债权人清单,从而有助于其获得债务人自行管理。鉴于此,值得考虑的是,如若债权人对债权人清单提出异议,且有证据表明债务人自行管理并未真正获得"双过半"通过,则应举行相应的听证程序。且一旦发现存在重大欺诈或隐瞒债权人真实情况的情形,即可拒绝债务人自行管理申请,抑或撤销债务人自行管理,并要求相关人员承担赔偿程序迟延所造成损失的责任。

德国《重整促进法》改革的另一大亮点在于放宽了债务人自行管理其后批准的条件。依照修订后的德国《破产法》第 271 条的规定,只要债权人会议以德国《破产法》第 76 条第 2 款规定的债权多数和参与表决的债权人人数多数通过提出债务人自行管理申请的决议,且债务人对此表示认可,则法院必须批准债务人自行管理。而按照德国旧《破产法》第 271 条的规定,债务人自行管理其后批准还必须以法院之前曾拒绝债务人自行管理申请为前提。显然这一附加条件为债务人自行管理其后批准设置了不必要的障碍。新规定则不仅尊重了债权人的意思自治,而且通过"双过半"的设置消除了少数大债权人或人数众多的小债权人

① Vgl. Eidenmüller, ZIP 2007, 1729, 1735; ders., ZIP 2010, 649, 659.

操控债务人自行管理其后授予的风险。[1] 然而有德国学者指出,债务人自行管理其后授予在长期的法律实践中几乎鲜有案例,并且考虑到改革后债务人自行管理批准的宽松化及债权人的参与,可以预见到的是,债务人自行管理其后授予即使在修订后仍将是一种例外情形。[2]

对于我国而言,如若破产清算案件已为法院所受理,而债务人其后提出重整及自行管理申请,则此时债务人自行管理的批准必须以债权人会议"双过半"通过相应决议为前提。一方面,可促使债务人尽早启动重整程序,从而提高重整成功可能性;另一方面,也可有效保护债权人利益,防止债务人通过其后申请重整的方式阻碍程序的正常进行。然而在人民法院裁定受理重整并指定破产管理人的情况下,如若债务人其后提出自行管理申请,则应区别对待处理。假使之前债务人已提出过自行管理申请而未获批准,则债务人自行管理的批准仍应以"双过半"为前提。但如若债务人首次提出自行管理申请,则债权人会议"双过半"的设置显得过于烦琐,特别是在裁定重整情况下极有可能造成程序迟延及费用提高的后果。由此笔者建议,在已裁定受理重整情况下,如若债务人首次提出自行管理申请,则只要债务人证明自行管理不会导致程序迟延或债权人不利益,即可批准债务人自行管理;但债权人委员会、占债权总额1/4以上的债权人对债务人自行管理明确表示反对的,应交由债权人会议表决。

四、结　　语

债务人自行管理无疑是促进重整的一大利器,而批准条件的合理设置则无疑是债务人自行管理制度效用发挥的基石。德国通过《重整促进法》对债务人自行管理批准规定的修改,意在促使债务人尽早主动提出重整申请,充分发挥债务人自行管理的重整促进功能。破产启动程序中自行管理的常态化将更有利于确保重整的连续性,而重整程序正式启动时及其后自行管理批准门槛的降低则显然能进一步促进债务人自行管理效用的发挥。并且通过在批准程序中引入债权人的参与,亦使债权人的意思自治得到充分尊重。从德国债务人自行管理制度

---

① Begr. zum RegE ESUG, BT-Drucks. 17/5712, S. 41.

② Pape, ZInsO 2010, 1582, 1595.

演变路径看来,批准的宽松化及灵活化应为发展之趋势。

与德国债务人自行管理制度不同,我国债务人自行管理制度只适用于重整程序,那么从促进重整的角度出发,理应对债务人自行管理的批准采取一种相对宽松的态度。对于我国来说,首先值得期待的是,债务人自行管理申请时间点的解限。通过申请时间点的解限,不仅能促使债务人企业尽早启动破产重整程序,而且也可避免重整过程中企业控制权的频繁转移。在破产程序不同阶段、不同情况下债务人自行管理批准条件的区别化处理将能变债务人被动破产重整为尽早主动展开重整活动,并使债务人企业学会充分利用自行管理这一重整促进利器。亦为关键的是,法院在驳回债务人自行管理申请的情况下,应负有解释说明的义务。此举应能避免人民法院在债务人自行管理批准方面过于保守,并有利于债务人自行管理批准条件的细化。具体而言,裁定重整前债务人自行管理的常态化将能确保企业经营及重整的连续性,并进一步调动债务人司法重整的积极性。裁定重整时债务人自行管理的批准应较裁定受理重整时债务人自行管理的批准更为严格,并通常以裁定重整前债务人自行管理的实际效果为重要参考。此外,值得考虑的是,如若债务人在行将支付不能情况下提出重整及自行管理申请,且同时提交破产重整草案,则债务人自行管理的批准应成为常态,除非有具体证据表明债务人自行管理会严重损害债权人利益。这一设置显然是为了确保预先包裹式重整情况下重整的连续性。进一步而言,债权人对债务人自行管理批准的参与权,乃至时机成熟时的决策权也必将能促使债务人尽早与债权人就企业重整事宜进行协商,进而实现债务人自行管理批准的灵活化和高效化。尤其是在债务人事先与一定比例债权人达成协议的情况下,债务人获得自行管理批准的可能性理应被大大提高。在债务人自行管理其后批准方面,“双过半”的设置防止了大债权人及人数众多的小债权人对债务人自行管理批准的不当影响。但于我国,如若债务人企业在法院裁定受理重整并指定管理人后首次提出自行管理申请,则不应以债权人会议“双过半”通过相应决议为前提。但此时债务人不仅必须自证清白,而且也将面临债权人强大的异议权。如此设置的目的不仅在于有效保护债权人利益,而且关键在于使债务人学会和打好破产重整与债务人自行管理这套组合拳。亦可预见的是,债务人自行管理的其后批准虽为必要的制度设计,但应属鲜见之情形。

随着债务人自行管理批准的宽松化,令人担忧的无疑是债务人滥用自行管理的潜在风险。毋庸否认,这一风险及担忧将始终存在,但不能因噎废食。债务人自行管理批准程序中法院审查及债权人参与,债务人自行管理过程中的监督制约以及合理的债务人自行管理撤销制度必将会在防范债务人滥用自行管理方面发挥巨大作用。与其因为潜在风险而不用或过于保守,还不如加强实施过程中的监督制约。实际上,债务人自行管理制度在其发源地美国也经历过一段从无知无畏到极力反对,再到理性面对的过程。

重整计划批准的标准:实证研究与理论分析

胡利玲[*]　张　俊[**]

一、重整计划批准标准的内涵

重整计划的批准,是指人民法院依法对经债权人、出资人、职工及其他利害相关人(以下统称重整关系人)表决的重整计划的认可,是重整计划的生效要件。[①] 批准权力主体是人民法院,行使对象是经重整关系人会议表决的重整计划,行权结果是作出批准或不予批准的裁定。

关于法院批准重整计划应遵循的法定裁量尺度,立法与学术的命名各异。我国2006年《企业破产法》第86条使用了"规定",第87条使用了"条件";美国、加拿大、英国、法国等国的重整立法中也使用"条件";韩国、日本等因允许法院相应修改重整计划后再强制批准,使用了"方法"。学者们使用的术语也不尽统一,有的用"条件",有的用"原则""规则",还有的用"要素""标准"。本文采"批准标准",因法律标准之"评价法律行为的尺

* 民商法学博士,中国政法大学民商经济法学院教授。

** 中国邮政储蓄银行金融市场部。

① 参见邹海林:《法院强制批准重整计划的不确定性》,载《法律适用》2012年第11期;李志强:《关于我国破产重整计划批准制度的思考——以债权人利益保护为中心》,载《北方法学》2008年第3期。

度”含义,[①]于此更为适当。

重整计划批准标准既非“规则”更非“原则”。以规则构成的通说——“新三要素说”,即规则由假定条件、行为模式和法律后果组成来看,[②]批准标准是法院重整批准裁判规则中的行为模式部分,与假定条件(是否经重整关系人表决通过)和法律后果(裁定批准或不予批准)同列。

二、我国上市公司重整计划中存在的主要问题及其表决情况

(一)我国上市公司重整计划中存在的主要问题

自2007年6月1日《企业破产法》实施以来至2015年10月,我国共有45家上市公司适用破产重整程序并执行完毕,本文即以该45家上市公司重整案件为研究样本。在这些上市公司的重整计划中普遍存在下列三个方面的问题。

1. 对部分债权人的清偿异常不充分

重整是多方关系人共同参与的企业拯救过程,各方关系人利益的公平分配是实现企业拯救的前提和保障,应遵循重整投入与收益分配相匹配的规则。普通债权人获得的清偿比例,既取决于企业客观清偿能力,也取决于其他关系人的让步程度,很难确定一个公正、公平的绝对值。但可以确定的是,普通债权人很可能在重整中面临更大的利益损失:一方面,重整企业营运价值的预估具有很大的不确定性;另一方面,出资人极可能将重整成功希望微弱的风险转嫁给债权人。[③]

就目前观察而言,在进入重整的上市公司普遍资不抵债,清算将由债权人独享全部清算价值的前提下,部分上市公司的重整计划对债权人权益的保护存在明显的问题。在这些案件中,债权人(主要指普通债权人)实际上承担了上市公司重整失败的绝大部分风险,但其从重整中所获收益(清偿)与风险远不对等,表现在:

一方面,部分上市公司故意压低模拟破产清算的估值,进而在远低于实际价

① 参见邹瑜、顾明等主编:《法学大辞典》,中国政法大学出版社1991年版。
② 参见洪冬英主编:《法学通论》,上海人民出版社2014年版,第50~51页。
③ 参见李永军:《重申破产法的私法精神》,载《政法论坛》2002年第3期。

值的“预计破产清偿价值”基础上,仅向债权人提供较小的重整清偿比例,而这个比例因满足不低于清算比例的要求被视为“合法”。例如,＊ST 贤成未向债权人提供任何有关公司资产评估和债务明细情况的资料,就给予较低清偿比例;①又如,＊ST 帝贤 B 将十几亿元资产评估成 7000 多万元,然而仅其中 2700 亩土地以 7 万元/亩的评估价格就可以达到 1.89 亿元;②S＊ST 北亚在重大资产未清理、评估的情况下,就仓促得出模拟清偿比例,③等等。虽然就整体而言,普通债权人确实在重整中获得了高于模拟清算中预计获得的清偿。但我们也发现不少案例中普通债权重整清偿率欠缺合理性,表现异常。在这些上市公司的重整计划中,有的公司重整清偿率相对于模拟破产清偿率仅象征性地提高几个百分点,如 ST 宝硕从 10.12% 到 13.28%,ST 沧化从 9.09% 到 14.38%;④其他公司的重整清偿率则极低,如 ST 帝贤的 2%,ST 贤成的 3%。这样的案件共 12 件,占比 26.67%。

另一方面,基本未向公司投入重整所需新价值的原有出资人,仍保留了较高比例的股份,压缩了债权人重整清偿比例。从统计来看,上市公司债权人清偿比例与出资人权益让渡比例基本呈正相关关系——公司出资人权益让渡比例越高,债权人所获清偿比例随之提高。虽然少有上市公司原有出资人有能力再向困境债务人公司提供新的财务资助,但出资人的平均股份保留比例高达 77.39%,超过普通债权人所获清偿比例 2 倍多。在所有 45 家上市公司的重整中,还有 7 家上市公司未作任何出资人权益调整(见图 1 对 45 家上市公司的重整计划中普通债权清偿率与股份保有率的对比)。此外,许多重整计划给予担保债权的补偿未考虑担保物价值的现值,甚至根本没有利息补偿。

① 参见高山、夏子航:《＊ST 贤成 8 亿普通债权或仅偿 3% 本金》,载《上海证券报》2013 年 12 月 19 日,F06 版;《ST 贤成被指恶意破产重整计划遭流通股股东抵制》,载 21 世纪经济报道网:http://business.sohu.com/20131218/n391966459.shtml,最后访问日期:2015 年 12 月 1 日。

② 参见李曙光、郑志斌主编:《公司重整法律评论》(第 2 卷),法律出版社 2012 年版,第 10 页。

③ 参见《S＊ST 北亚重组调查报告》,载人民论坛网:http://news.qq.com/a/20110622/000737.htm,最后访问日期:2015 年 10 月 1 日。

④ 参见贾纯:《企业破产重整中债权人利益保护研究》,载《金融理论与实践》2011 年第 1 期。

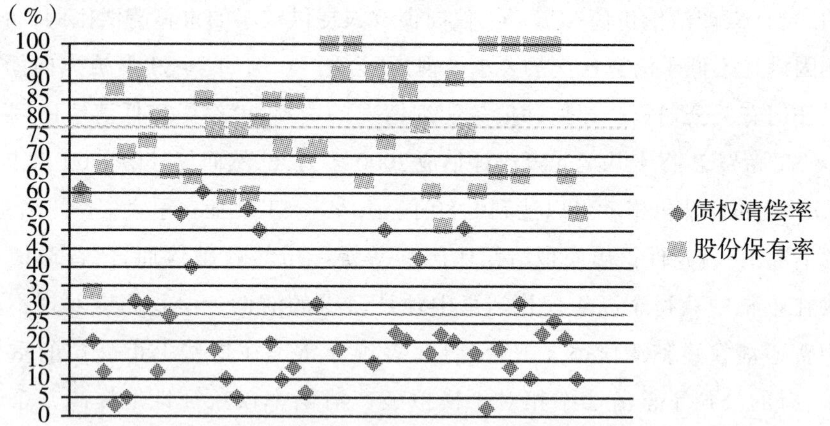

图 1 普通债权清偿率与股份保有率对比

2. 对部分出资人的权益调整显失公平

同等情况、同等对待,不同情况、不同对待是公平的本质要求。公司治理是一个由股份多数主导的过程,尤其在我国大多数上市公司"一股独大"的情况下,中小股东发挥的作用十分有限。在公司运营过程中,控股股东、大股东享有公司控制权,主导公司经营决策且可直接使用公司资源。这在会计学上被称为"控制权私利",是"控股股东或内部管理者对中小投资者和外部债权人等其他利益主体的利益侵占"。[①] 中小股东非但没有这样的待遇,还可能在重整时因话语权过小而成为"替罪羊"。鉴于上述"一股独大"的治理格局,依据权责统一的理念,不少学者主张在调整股东权益时,应由大股东承担企业经营失败的主要责任,作为主要的股权让渡方。[②]

但在作出股权让渡的 38 件案件中,有 9 家(占 23.68%)上市公司采取了"一刀切"做法——漠视中小股东权益而采取与大股东同一比例削减股份。严重者如 * ST 宏盛,控股股东利用关联公司自买自卖"制造业绩",并因其在美国未遵守当地知识产权法律而被判赔偿,拖累上市公司资不抵债,但重整计划仍对大小股东采取了同一让渡比例,这无异于让广大中小股东为大股东的错误埋单。[③] 此

① 胡燕:《上市公司破产重整财务与会计问题研究》,经济科学出版社 2015 年版,第 143 ~ 144 页。

② 参见唐旭超:《论上市公司重整中的股东权益》,载《政治与法律》2014 年第 6 期。

③ 参见《ST 宏盛要被借壳曾被称"最烂上市公司"》,载中国网财经频道网:http://stock.hexun.com/2015 - 12 - 16/181231824.html,最后访问日期:2015 年 12 月 30 日。

外,这种拉小股东垫背的做法有愈演愈烈的趋势,半数案例发生在最近3年。

虽然在股份分散的情况下,中小股东可以联合以否决重整计划给制定者施加压力,如 * ST 创智就通过出资人组的否决,迫使重整管理人放弃了"一刀切"做法;[①]但在目前采用股东会表决规则的情况下,只要大股东拥有绝对控股优势,即便有这样的反对也很难产生效果。如 * ST 锦化大股东持有超过50%股份,合计持股30%的小股东即使全部反对也不能阻止出资人组通过重整计划。[②]

3. 对经营方案可行性的论证普遍粗糙

相比美国重整实践中动辄200多页的重整计划,我国上市公司重整计划显得十分粗糙。[③] 实践中,上市公司重整计划的经营方案部分都十分粗略,基本未超过2页陈述,一般仅概要性介绍公司现有资产处理方法、未来经营方向、公司重组方或重组方应符合的条件;而对补充运营资金来源与充足性、未来业务经营的安排、业务重组内容、主要人事安排、是否涉及相关行政审批、主要法律和财务风险等内容鲜有提及,更不用说详细论证。这造成关系人、社会公众和法院无法对重整计划的可行性作出实质判断。如 * ST 宏盛资产处置和重组方引入不确定性较大,[④]又如 * ST 偏转的重大资产重组涉及多道外部审批手续,[⑤]但二者的重整计划均未对此进行详细风险揭示和可行性论证。

(二)上市公司重整计划草案的表决情况

在45家重整上市公司中,28家上市公司的重整计划草案一次性获得债权人各组和出资人组表决通过,占比62.22%;5家上市公司的重整计划在第一次表决中未获得全部表决组通过,但经过重整公司、重整管理人、公司重组方、实际控制人等与未通过表决组协商,最终在第二次表决中获得通过,占比11.11%;12家上市公司的重整计划经两轮表决仍未获得持反对意见表决组的通过,占比

---

① 参见匡志勇:《 * ST 创智破产重整方案遭否决中小股东网络维权旗开得胜》,载《第一财经日报》2011年3月18日,A15版。

② 参见李晓晔:《 * ST 锦化重整案调查》,载《第一财经日报》2010年11月2日,A14版。

③ 参见韩长印:《简论破产重整计划表决的信息披露机制——以美国法为借鉴》,载《人民司法》2015年第1期。

④ 参见赵一蕙:《ST 宏盛浮现"股价周期律"》,载《上海证券报》2014年10月17日。

⑤ 参见《 * ST 偏转重整执行延长一年》,载证券时报网:http://stock.hexun.com/2011-05-07/129378151.html,最后访问日期:2015年12月10日。

26.67%(见图2)。

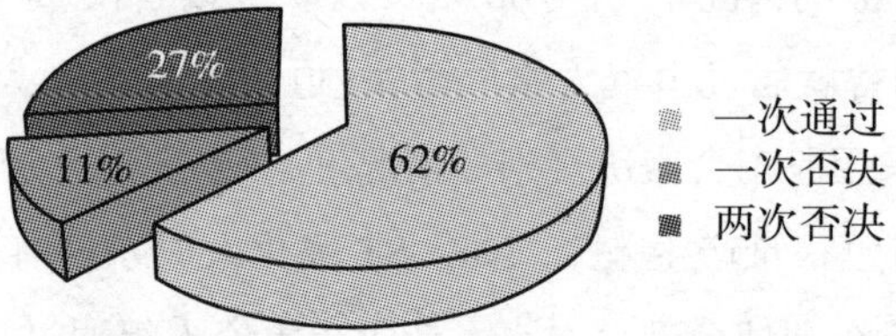

图2 关系人表决上市公司重整计划情况

在持反对意见的组别中,普通债权人组(在分立小额普通债权组时指大额普通债权组)否决次数最多,在14家重整上市公司中否决了重整计划,其中单次否决的有4家,两次均否决的有10家,可以说普通债权人组同意与否,是重整计划必须迈过的最大门槛;排在第二位的是担保债权人组,在5家上市公司重整计划表决中投了否决票;排在第三位的是出资人组,有3家上市公司的重整计划未获得其出资人支持。

根据我国《企业破产法》,重整计划草案未获得重整关系人所有组别通过且未获得法院强制批准的,法院应当终止该公司重整程序,进入破产清算程序。[①]进入重整程序的上市公司大多已经资不抵债,为什么重整关系人会冒着获得极低清偿率的风险,如此强烈地抵制重整计划?这是因为,重整的利益冲突广泛存在于普通债权人、担保债权人与出资人之间,出资人与重组方之间及各自内部。其中,普通债权清偿比例过低是首要原因,出资人股权让渡比例"一刀切"问题、担保债权合理补偿问题、信息披露充分性问题、资产评估处置程序违规问题、业务重组方向问题等也经常引发否决投票。

三、上市公司重整计划批准的现状、问题及对现行立法的检讨

(一)法院对上市公司重整计划批准的现状

我国法院对上市公司重整计划批准的现状可以概括为三方面:

---

① 《企业破产法》第88条规定:"重整计划草案未获得通过且未依照本法第八十七条的规定获得批准,或者已通过的重整计划未获得批准的,人民法院应当裁定终止重整程序,并宣告债务人破产。"

其一,程序简化,效率至上。自重整计划提交到法院审查,到法院作出批准裁定的过程中,法院一次性接受重整计划的提交,基本未要求上市公司补充其他材料。近4成重整计划在5日内完成了审查工作,最快如ST锦化和ST丹化,提交当天即予批准。笔者注意到,重整的上市公司往往已连续2年亏损而被实施风险警示,且大多数重整发生在可能亏损的第三年下半年。如公司当年再次亏损,将被暂停上市直至退市。由此,法院配合上市公司"保壳"的意图十分明显。

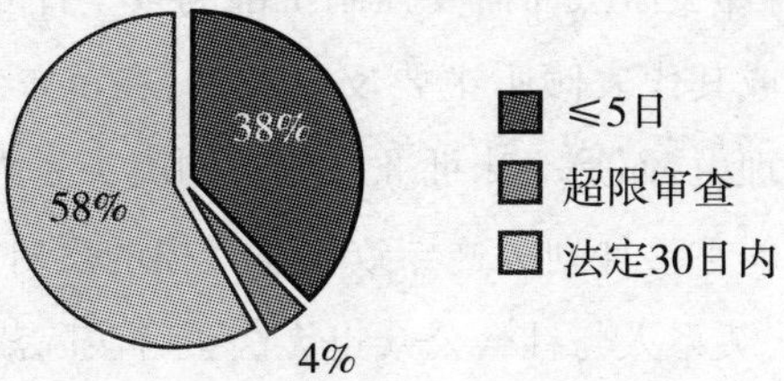

图3 法院审查重整计划耗时情况

其二,以形式审查为主,无论关系人表决情况,一律批准。目前所有45家上市公司提交的重整计划批准申请,都获得了法院的批准。与前述关系人表决重整计划草案的情况相对应,其中法院对关系人组一次或两次表决通过的33份重整计划以正常批准程序裁定批准,占比73.33%,对其他12份经两轮表决仍未获得通过的重整计划采取强制批准程序裁定批准,占比26.67%。

其三,批准裁定从简,无说理过程。无论是重整关系人争议较大的强制批准案件还是正常批准案件,法院在批准裁定中对审查关注的问题、认定的事实及裁定的理由基本没有作说明,绝大多数裁定仅罗列了法条的要求和最终裁决的结果。

(二)法院批准重整计划的现状所反映的问题

重整计划的批准是法院在重整关系人之外,从维护社会公共利益出发,对经过关系人表决的重整计划草案赋予法律效力。而法院一律批准重整计划草案的最直接后果,是使在公平、公正、可行性方面带有明显瑕疵的重整计划也能发生法律效力。这种做法给上市公司和重整关系人以十分明确而错误的暗示,即法院的审查徒具形式,只要形式上符合法律要求,无论如何不公正、不公平或不具备可行性的重整计划草案最终都能生效。

1. 忽视了持反对意见关系人的合理诉求

对于不符合公平、公正和可行性要求的重整计划,重整关系人在表决过程中以反对票表达自己意愿,并在表决程序外通过信访、申诉、媒体等各种渠道,表达了对任意处置自己合法权益行为的反对。

但是,一方面,法院对于各组关系人均通过的重整计划,在大多数情况下,没有继续审查当事人意思表示是否真实,少数反对者的基本权益是否得到保障;另一方面,法院对于利益冲突激烈而需要强制批准的重整计划,在审查过程中没有召集反对意见关系人或其代表倾听主要反对意见,在审查结束后的批准裁定中没有详细说明裁决的理由,而是一味批准一些在同类关系人之间、不同类关系人之间造成不公正待遇的重整计划。这导致权益受损的反对意见关系人既未充分向法院表达自己主张,关系人与社会公众也无法了解法院裁决的真实意图。

因此,才有了传统媒体上各种揣测性报道,才有了重整关系人在各大网络论坛的声讨帖。最终,不仅上市公司声誉受到影响,重组过程受阻,司法公正性更受到质疑。

2. 可行性审查粗略导致重整计划执行不力

一方面,可行性论证不足的重整计划未能按期执行完毕。截至目前,有 9 家公司(占比 20.45%)不同程度地延长了重整计划的执行期限,其中既有仅延长 2 个月后完成重整的 ST 星美,也有延长了 36 个月至今仍无法完成重整的 ST 宏盛。① 除了外部环境变化的原因,重整计划制订时未充分考虑到债权清理、资产变现及重组方资金到位的难度、时间等是重整计划执行期限延长的主要原因。②

另一方面,不具备重整营运价值的上市公司经重整成为"僵尸企业",造成资源浪费、各方矛盾持续激化。从主营业务和盈利能力来看,重整后的上市公司主要有三种状态:一是成功被大股东拯救或战略投资者入主,重整原有主营业务,恢复了自主盈利能力,这样的公司有 14 家,占比 31.11%;二是主营业务难以为继,引入其他产业投资者,变更主营业务,重新"造血"成功,此类型公司最多,③ 共 24 家,占比 53.33%;三是主营业务停滞,或者虽然勉力维持但明显缺乏盈利

---

① 赵一蕙:《ST 宏盛浮现"股价周期律"》,载《上海证券报》2014 年 10 月 17 日,F6 版。

② 参见丁燕:《上市公司重整计划执行制度的完善——基于我国上市公司的样本分析》,载《政治与法律》2014 年第 9 期。

③ 参见赵玉忠:《关于企业重整过程中几个问题的思考与应对》,载《山东审判》2015 年第 3 期。

能力,因债务包袱、股权历史问题等无法寻找到合适的并购重组方,只能依赖各种政府补贴、关联交易以维持“净壳”状态,此类公司有 7 家,占比 15.56%。

(三)对现行立法关于重整计划批准标准的检讨

法治是规则之治,也是良法之治。①,在司法系统经过多年实践也逐步积累了较为丰富重整审判经验的时代背景下,重整计划裁判规则(尤其是其核心批准标准)的缺陷,已然成为重整计划批准实践问题的主因。如果法院继续援用已逐步显露缺陷的现行重整计划批准裁判规则,重整计划批准问题依然难以避免。

我国现行重整计划批准标准主要规定在《企业破产法》第八章第二节,其中该法第 86 条规定了法院正常批准的程序,第 87 条规定了法院强制批准标准和程序。其主要缺陷在于:

第一,缺乏正常批准标准。② 该法第 86 条规定重整计划草案通过后,“人民法院经审查认为符合本法规定的”,予以批准。一般理解,这是对正常批准的规定,因此在逻辑上“本法规定”不应包含第 87 条强制批准的标准。③ 那么正常批准的标准何在,是否只需关系人会议表决通过?重整计划草案的表决程序合法性关注哪些问题?对重整计划草案持反对意见的关系人基本利益是否需要保护?重整计划是否需要具有可行性?破产法对这些问题没有给出答案,④司法解释的内容也多是对一些破产法原则的重述。

第二,强制批准标准不周延。⑤ 一方面,我国《企业破产法》第 87 条罗列了各类关系人应获得分配的最低标准,但在每一标准后又加入该表决组“已经通过重整计划草案”的除外规定。这意味着只要该表决组通过,该组内持反对意见的利

---

① 参见王利明:《法治是规则之治,也是良法之治》,载爱思想网:http://www.aisixiang.com/data/85849.html,最后访问日期:2016 年 2 月 1 日。

② 参见汪世虎:《法院批准公司重整计划的条件探析》,载《商业经济与管理》2007 年第 1 期。

③ 参见李志强:《关于我国破产重整计划批准制度的思考——以债权人利益保护为中心》,载《北方法学》2008 年第 3 期。

④ 参见李志强:《关于我国破产重整计划批准制度的思考——以债权人利益保护为中心》,载《北方法学》2008 年第 3 期;刘颖:《论破产法中的债权人最大利益原则——兼析〈企业破产法〉第 87 条第 2 款》,载《甘肃政法学院学报》2014 年第 2 期。

⑤ 参见王磊、张营营:《破产重整计划强制批准制度完善路径探析——社会本位下债权人利益的衡平保护为视角》,载《山东审判》2013 年第 2 期。

益相关者的基本权利就可以被任意剥夺,批准标准的保障意义荡然无存。[①] 另一方面,第 87 条未对债权人和股东之间分配关联性设定标准。虽《关于审理上市公司破产重整案件工作座谈会纪要》在这方面有所补救,但仅适用于上市公司,非上市公司又该适用什么规则呢?

第三,强制批准标准模糊、可操作性不强。[②] 这集中体现在仅规定了经营方案可行性要求,未明确必备内容和审查程度,导致实践中重整计划制作者总是"为了有方案而写方案"。绝大多数重整计划经营方案粗略、敷衍了事,但仍获得人民法院的批准,"可行性"标准的设置功能大打折扣。[③] 此外,如何衡量出资人表决对象范围,出资人表决程序合法性,出资人之间的公平性,及重整清偿比例不低于的"清算比例"的构成是什么、由谁计算、如何计算等问题均未予以明确。

四、重整计划批准标准的基础理论

(一)重整计划批准标准的法理基础及功能

批准标准作为法院重整计划批准裁判规则的核心部分,该等裁判规则的制定有其公法和私法法理基础。

从公法角度来看,《宪法》作为我国法律体系的根本大法,其第 13 条规定了公民合法的私有财产不受侵犯的原则,及国家依据法律保护公民私有财产权的义务。财产权是公民基本权利之一,也是其他基本权利的重要保障。因此,对公民私有财产的限制或剥夺,必须依据立法机关制定的法律或授权的行政法规进行。[④] 因此,我国《企业破产法》在赋予法院重整批准权的同时,必须规定批准标准,以确定的司法裁量尺度规范国家公权力对私有财产权的限制,保护重整关系人合法私有财产权。[⑤]

---

① 参见刘颖:《论破产法中的债权人最大利益原则——兼析〈企业破产法〉第 87 条第 2 款》,载《甘肃政法学院学报》2014 年第 2 期。

② 参见邹海林:《法院强制批准重整计划的不确定性》,载《法律适用》2012 年第 11 期;闻长智、李力:《对上市公司破产重整程序中股东权益调整的思考》,载《中国审判》2010 年第 6 期。

③ 参见邹海林:《法院强制批准重整计划的不确定性》,载《法律适用》2012 年第 11 期。

④ 参见刘颖:《论破产法中的债权人最大利益原则——兼析〈企业破产法〉第 87 条第 2 款》,载《甘肃政法学院学报》2014 年第 2 期。

⑤ 参见李志强:《关于我国破产重整计划批准制度的思考——以债权人利益保护为中心》,载《北方法学》2008 年第 3 期。

从私法角度来看,意思自治是私法的基本原则。立法机关和司法机关均应尊重民事主体意思自治,以民事主体自主通过法律行为设立、变更、消灭法律关系为原则,以限制其意思自治为例外。重整计划正是重整关系人就重整利益分配事项所作出的共同法律行为,是意思自治的体现;而法院在重整关系人之外对重整计划的是否生效进行批准,是意思自治原则的例外。因此,兼具公法、私法性质的我国《企业破产法》,应遵循意思自治的基本原则,[①]在裁判规则中限制批准权的行使,以维护重整关系人意思自治。

重整计划批准标准的主要功能体现在公平、公正和效率三方面:[②]

其一,完善的重整计划批准标准维护了重整关系人之间利益分配格局的公平。完善的批准标准需明确各主体应受保护的基本利益底线、利益主体之间的分配公正标准、重整计划可行性的判断标准、重整计划表决的程序正当性标准等。这些要素为参与重整计划的各方关系人,尤其是利益最易受损的普通债权人提供基准保障,防止重整计划不当损害重整关系人基本权益,实现利益平衡。

其二,健全的重整计划批准标准保障了司法权力行使的公正性。正如学者所言,目前各地法院被当地政府强加上为地方经济保驾护航的责任,而进入重整程序的企业在当地一般有较大的影响力。因此,法院在重整程序中往往将企业重整成功作为主要目标,而在批准重整计划时不由自主地有所偏向。[③] 确保法院在重整计划批准尤其是强制批准中不滥用、错用司法权力,是在重整程序中维护公平与公正的关键。[④] 健全、明确、公开的批准标准,合理限制了法官的自由裁量权,减少了权力"寻租"及外部行政干预的空间,有利于法官依法独立行权,提高重整计划审批的透明度与公正性。

其三,明确的重整计划批准标准有利于提升重整效率。[⑤] 一方面,明确的批准标准为关系人重整利益分配的谈判提供了一个条理的、可行的基本框架,降低了谈判成本并促进共识达成,有利于提升重整计划的质量。另一方面,明确的批准标准为法官提供了一套便于适用的审查参照体系,使法官集中精力于重整计

---

① 参见李永军:《重申破产法的私法精神》,载《政法论坛》2002 年第 3 期。

② 参见王卫国:《论重整制度》,载《法学研究》1996 年第 1 期。

③ 参见王建平、张达君:《破产重整计划批准制度及反思》,载《人民司法》2010 年第 23 期。

④ 参见王欣新、宋玉霞:《重整计划强制批准法律问题研究》,载《江汉论坛》2014 年第 10 期。

⑤ 参见汪世虎:《法院批准公司重整计划的条件探析》,载《商业经济与管理》2007 年第 1 期。

划关键环节的审查工作,缩短了审查周期。

(二)重整计划批准标准的设置原则

结合前述重整计划批准标准的法理基础及功能,重整计划批准标准的制定应遵循三项指导原则:

第一,尊重关系人意思自治原则。每个人都是自己的法官,是自己利益的最佳决断者。重整计划批准标准首先应确保接受审查的重整计划至少获得了一个权益受损关系人组别的通过,且意思表示真实,否则重整计划批准就成了公权专制。法院审查重整计划时应确保当事人充分自主地作出了真实意思表示,对当事人以真实的意思表示行为作出的权益让步,原则上不再审查。

第二,保护持反对意见重整关系人原则。重整计划批准标准应着重保护持反对意见的重整关系人的基本权益:从静态来讲,使其不至于因重整而陷于更为不利的处境;从动态来讲,因重整关系人共同对重整债务人企业投入而产生的新价值,应由重整关系人共享,任何一方不得剥夺反对重整计划者应享有的权益。

第三,重要性原则。重整计划批准标准应删繁就简,针对重整计划最可能发生的实质问题进行设置,意思明确、体系周延、具备可操作性。批准标准也应关注重整计划可行性和重整效益的提升,以实现关系人整体效益最大化。

(三)正常批准标准与强制批准标准的关系

按重整计划批准标准适用的不同程序,批准标准可分为正常批准标准和强制批准标准,这一分类在立法上有着重要意义。[①] 如关系人会议各表决组均通过重整计划草案,法院对此计划的批准适用"正常批准程序"。如仅有部分关系人表决组通过了重整计划草案,表明关系人会议对重整计划草案不完全接受甚至大部分反对。法院在此情况下,依据破产管理人或债务人申请,依法作出批准的程序属于"强制批准程序"。

正常批准标准与强制批准标准是一般与特殊的关系,正常批准标准与强制批准标准的立法旨趣和功能并不完全重合,内容也各有侧重,二者缺一不可。主

---

① 参见汪世虎:《法院批准公司重整计划的条件探析》,载《商业经济与管理》2007年第1期。

要理由如下:

首先,正常批准标准与强制批准标准是一般与特殊的逻辑关系。正常批准是重整计划审查过程中一般性、常态化的程序,相应标准为一般标准;而强制批准是重整计划审查过程中的特殊程序,强制批准标准是在正常批准标准基础上的特殊强化要求。重整计划符合强制批准标准前,应当符合正常批准标准的要求。[1] 在正常批准标准中已经规定的内容在强制批准标准中可以不再重复,但特殊不能取代一般。

其次,正常批准标准与强制批准标准的立法旨趣不同,内容各有侧重,适用范围不同。持反对意见者在正常批准程序中以表决通过的关系人组别内少数个体出现,而在强制批准程序中以某类关系人组别的整体形式出现。就实质而言,法院强制批准对当事人意思自治的干预程度要远高于正常批准。因此,正常批准标准关注表决意思的作出是否合法、真实,持反对意见个体是否处于比没有重整程序更为不利的处境,以及计划整体是否可行;而强制批准标准除了上述关切,还需着重关注同类关系人组别是否获得同等对待,不同类关系人组别是否获得适当的差异对待。

五、重整计划正常批准的标准

关于法院正常批准重整计划,作为我国重整制度借鉴模版的美国《破产法》第1129(a)条规定了13项一般性条件;韩国《关于债务人重整和破产的法律》第243条规定了7项要求和1项例外;德国《支付不能法》第250条、第251条从反面列举了3种情形,如出现任一情形,法院可依职权拒绝许可;破产法起草小组编写的《〈企业破产法〉释义》认为我国法官在正常批准时,应从9个方面考虑重整计划是否符合《企业破产法》规定。各国规定的正常批准标准虽存在差异,但实质内容主要关注以下方面:其一,重整计划经过破产法规定的制定、提出、分组、表决等程序获得了重整关系人必要多数的支持,且程序未被滥用;其二,破产法所规定的特殊权利人已按照相关规则获得清偿,反对计划的重整关系人未因

---

① 参见侯国跃、王斌:《论重整计划的强行批准——以我国破产法相关规定之司法适用为中心》,2009中华全国律师协会经济专业委员会年会论文,贵阳,2009年10月,第196页。

计划被置于更加不利地位;其三,重整计划具有实施的可能性。

(一)重整计划表决程序合法性标准

表决程序合法性标准要求法院,从形式上审查重整关系人表决意思是否真实的问题。在重整计划通过程序中,对重整关系人实体权利影响最大的是关系人表决分组、表决通过程序和信息披露程序。①

1. 关系人分组合法性判断尺度

关系人分组所要达到的目标应是,根据个案情况关系人的分组足以使各类重整关系人自由、充分表达地自己的意愿。

通说认为,我国《企业破产法》第82条按照法定型立法模式对关系人进行了分类。法定型分组虽明确、统一,但灵活性不足,难以应对日新月异的社会经济发展需要和个案特殊情况。例如,我国资本市场逐渐兴起的次级债、②永续债、③优先股、④夹层融资比之普通债权、股权的权利内容大有不同。若按现有分组标准在普通债权人组或出资人组表决、分配,恐难以维护这些特殊种类关系人权益,造成实质不公平。

任意性分组虽然灵活,但赋予法官或重整计划制订人较大的操作空间,对法官的专业水准要求较高,并可能产生滥用分组权利和权力寻租问题。我国重整分组宜效仿折中型立法模式:一方面,细化现有规定中对普通债权人、股东的分类,加入次级债权人组、优先股股东组;另一方面,赋予法官适当的自由裁量权,允许法官根据案件具体情况,在不造成不公正差别对待和有利于重整计划通过的前提下,在普通债权人和股东内部根据权益内容、金额大小的不同,进一步细化分组。⑤

现行法律允许普通债权人表决组内设置细化的表决组,自2007年以来有6家上市公司设置了小额债权人组表决。法院在审查分组情况时,应注重审查组内是否再分组对当事人意思表示的影响。例如,通过不设置小额债权人组倒逼

---

① 参见韩长印:《简论破产重整计划表决的信息披露机制——以美国法为借鉴》,载《人民司法》2015年第1期。

② 参见曾炎鑫:《险企年内发行次级债已超去年》,载《证券时报》2014年9月30日,A6版。

③ 参见张勤峰:《供需两旺助永续债发展提速》,载《中国证券报》2016年6月9日,A11版。

④ 参见龙金光、李松伟:《优先股是企业去杠杆重要"砝码"》,载《南方日报》2016年3月4日,A10版。

⑤ 参见唐旭超:《论上市公司重整中的股东权益》,载《政治与法律》2014年第6期。

大额债权人让步的实践做法,严重侵害大额债权人权益,值得警惕。[1] 又如,第一部分提到的 * ST 贤成和 * ST 锦化,在重整中不分股份份额大小在同一组表决,实质是大股东利用多数决机制掠夺中小股东合法权益。

2. 表决通过程序合法性判断尺度

表决通过程序关注三方面问题:表决主体资格、表决方式和通过规则。

各国关于表决主体资格问题采取了较为一致的标准——权益是否被削减。例如,美国《破产法》第 1126(f)条和日本《公司更生法》第 159 条。据美国《破产法》第 1124 条的反面规定,没有受到削减指两种情况:权益没有被改变;如果重整计划对违约进行纠正并对延期偿还的损失给予补偿,则权益并未被改变。这里的"违约"显然针对债权人,而未将出资人纳入保护。因此,权益受到削减的情况,可以等同理解为:重整计划对原权利内容无法得到完全实现的重整关系人给予适当补偿,则权益未被改变。

表决方式的采用应当遵循方便关系人行使权利与提高表决效率兼顾的原则。以关系人亲自行使为原则,辅之以委托行使,现有方式包括现场表决和非现场的委托表决、邮寄、电话、传真、电子邮件投票表决及网络会议投票表决等。无论如何,未经当事人同意,不得如"郑百文"破产案一样采取"默示通过"方式,这样种明显违背当事人意思自治的做法。[2] 如果债务人或管理人采用的表决方式致使某一组别大部分权利人无法正常行使权利,应认定为采取不正当手段干预表决,该组表决结果无效。如其他权益受损组别以合法有效方式表决通过,法院可以转而适用强制批准标准审查重整计划草案,并应重点审查前述表决组基本权益是否受损。

实践中,债权人组表决依法采取了人数与债权总额"双重标准"的通过规则。而由于欠缺相关规定,出资人组通过规则主要参照适用《公司法》关于股东大会特别决议方式,即经参与表决的出资人所持表决权 2/3 以上通过的,该组通过重

---

① 参见孙红丽:《破产重整中大额债权组和小额债权组之设立浅析》,载《法制与经济》2015 年第 3 期。

② 在郑百文重组一案中,为保证全体股东让渡 50% 股权的股东权益调整方案得到通过,郑百文召开临时股东大会修改公司章程,增加规定:"股东大会在作出某项重大决议,需要每一个股东表态时,同意的股东可以采取默示的意思表示方式,反对的股东需作出明示意思表示。"

整计划草案。[①] 该等采用单一标准的做法,可能忽视广大中小股东权益,容易造成大股东滥用多数决挟制中小股东,以牺牲中小股东合法权益弥补其经营决策失误;也打击了中小股东参与重整的积极性。[②] 因此,出资人组应与债权人组采取同一表决通过规则,即2/3以上出席人数和代表出席的2/3以上表决权份额均同意计划草案,方可通过。

3. 信息披露充分性判断尺度

信息披露充分性要求,重整计划制订者和债务人及相关主体,必须向关系人会议提供作出表决所需的一切必要信息。某种程度上,信息披露是否充分决定着通过的重整计划是否公平、可行。

信息披露的充分性可从以下几方面考察:第一,披露的信息是否真实、准确,不真实、不准确的数据或信息可能构成破产欺诈,如虚假、错误信息对关系人作出决定影响重大,法院应裁定不予批准重整计划。第二,披露的信息是否全面,信息应涵盖关系人作出决定所必需的各个方面,至少包含公司资产状况、债务构成、盈利能力、还款能力、外部经营环境变化、业务重组、经营资金与人事安排等重要信息。披露不仅包括重整计划中披露,也应包括重整计划外的其他说明、通知等形式。[③] 第三,披露的信息是否易得、易解,信息披露应采用公司所在股权、股票市场要求的同等方式进行,并在表决前适当时间披露,以便为重整关系人预留足够时间去理解、核实。法院应防止出现 * ST 帝贤 B 案的做法:在表决前未提供重整计划草案,表决时才临时提供,造成关系人无法了解企业真实情况,招致强烈抵制。[④]

(二)重整计划可行性标准

重整计划可行性标准,指重整计划应当具备充分的实施可能性,最终能使公

---

① 参见辛志奇、王鑫:《重整——困境企业的重生之道》,载中国律师网:http://www.acla.org.cn/html/lilunyanjiu/20150213/19793.html,最后访问日期:2015年12月10日。

② 参见闻长智、李力:《对上市公司破产重整程序中股东权益调整的思考》,载《中国审判》2010年第6期。

③ 参见赵玉忠、张德忠:《关于企业重整过程中几个问题的思考与应对》,载《山东审判》2015年第3期;唐旭超:《论上市公司重整中的股东权益》,载《政治与法律》2014年第6期;李曙光、王佐发:《中国〈破产法〉实施三年的实证分析——立法预期与司法实践的差距及其解决路径》,载《中国政法大学学报》2011年第2期。

④ 参见李曙光、郑志斌主编:《公司重整法律评论》(第2卷),法律出版社2012年版,第10页。

司恢复到有偿付能力的状态。[①] 如前所述,实践中大多数上市公司将经营方案狭义理解为对业务经营方向的概要介绍,把业务重组内容、资金来源、可能需要经过的审批程序、商业风险、盈利前景及预测数据等内容排除在重整计划之外,待重整计划执行完毕后另行安排。这种做法虽提高了重整计划制作和通过的效率,但事关企业重整成功与否,事关重整关系人权利最终实现的重整计划可行性方面却无实质内容,有本末倒置之嫌。事实上,域外不少立法例都对重整计划整体可行性提出了要求。[②] 因此,从拯救财务困境企业,维护重整关系人共同利益出发,重整计划应包括影响关系人权益最终实现的业务重组等必要内容,可行性标准应是对计划整体可行性的判断尺度。[③]

可行性涉及两方面判断:在计划内容涉及其他行政机关审批职权的情况下,是否符合法律规定并最终能获得批准(行政审批可行性);计划实施的结果能否实现破产财团价值最大化(商业可行性)。从主体关系角度来讲,是处理法院与其他机关、商业主体的关系问题。

1. 行政审批可行性判断尺度

我国破产法未对此特殊问题作出规定,最高人民法院规定上市公司重整案件由最高人民法院征求相关部门意见处理。[④] 但该规定仅适用于上市公司重整案件,对于非上市公司或不涉及证券行政审批事项的众多重整案件并没有明确规定。此外,在我国行政审批权限下放的改革大背景下,每个案件都由最高人民法院征询中央级部门意见,将导致办事拖沓且不合实际。

一方面,重整安排的合法性是重整计划可行性必备内容,而就一些法律授权行政机关审查的事项,其合法性取决于行政机关的最终决定。另一方面,司法权

① 参见汪世虎:《法院批准公司重整计划的条件探析》,载《商业经济与管理》2007 年第 1 期。

② 如韩国《关于债务人重整和破产的法律》第 243 条第 1 款第 2 项:“重整计划应当符合公平和平等原则且具有可执行性”;加拿大《破产法》(Bankruptcy and Insolvency Act)第 9 条第 1 项对重整计划具备合理性的要求。

③ 参见周淳:《上市公司破产重整中的股东权异化》,载《证券法苑》2014 年第 4 期。

④ 《关于审理上市公司破产重整案件工作座谈会纪要》(法〔2012〕261 号)第八部分规定:“会议认为,重整计划草案涉及证券监管机构行政许可事项的,受理案件的人民法院应当通过最高人民法院,启动与中国证券监督管理委员会的会商机制。即由最高人民法院将有关材料函送中国证券监督管理委员会,中国证券监督管理委员会安排并购重组专家咨询委员会对会商案件进行研究。并购重组专家咨询委员会应当按照与并购重组审核委员会相同的审核标准,对提起会商的行政许可事项进行研究并出具专家咨询意见。人民法院应当参考专家咨询意见,作出是否批准重整计划草案的裁定。”

的谦抑既是法治的要求,也能有效避免法院因不熟悉相关专业监管领域而作出误判。因此,破产法应明确规定重整计划涉及其他机关审查事项的,重整计划提交人应在提交前,就相关事项获得有关机关行政批准或预审意见,提交人获取行政许可所耽误的时间不应计入重整计划提交期限。

2. 商业可行性判断尺度

一方面,存续的重整企业仍是独立法人,营业自由不允许法院代替企业作出商业决策;①另一方面,多数情况下法官缺乏对个体债务人所处行业的特性、惯例及发展趋势等问题的了解。隔行如隔山,让法官直接就重整计划的商业可行性作出判断,既不可行也缺乏效率。但法院彻底放弃对重整计划商业可行性的判断,则可能影响关系人整体权益的实现,造成社会资源浪费。

因此,商业可行性判断应当坚持且应采取间接判断的方式,先由重整企业聘请的法律、财务和行业方面专业机构或权威学者出具书面意见;②法院认为重整计划的商业可行性有较大不确定性或关系人对此存在重大争议的时候(强制批准时、关系人提出证据证明时),③应依职权或关系人申请召开听证会以听取各方意见;④最后由法官综合各方意见,就是否符合可行性标准作出判断,并在裁判中就相关依据作出充分说明。

(三)关系人最大利益标准

最大利益标准,指对重整计划持反对意见的重整关系人从重整中应当获得,不低于其在重整计划提交时按照模拟清算程序可能获得的利益。⑤ 此条标准的目的是确保对计划持反对意见的关系人个体,不会因重整计划陷入更加不利的

---

① 参见张大为:《论营业自由的性质及其法律规制》,载《北京航空航天大学学报》(社会科学版)2013 年第 6 期。

② 参见张海征、王欣新:《论法院强制批准重整计划制度之完善》,载《首都师范大学学报》(社会科学版)2014 年第 4 期;刘敏、池伟宏:《法院批准重整计划实务问题研究》,载《法律适用》2011 年第 10 期;王晗、钱宋林:《法院参与企业重整计划制订的能动与限度》,载《人民法院报》2013 年 2 月 27 日,第 7 版。

③ 参见[美]大卫 · G. 爱泼斯坦、史蒂夫 · H. 尼克勒斯等:《美国破产法》,韩长印等译,中国政法大学出版社 2003 年版,第 757 页。

④ 参见丁燕:《上市公司重整中股东权益调整的法律分析》,载《东方论坛》2014 年第 3 期。

⑤ 参见韩长印:《简论破产重整计划表决的信息披露机制——以美国法为借鉴》,载《人民司法》2015 年第 1 期。

处境。其法理基础在于清算利益为关系人既得利益,如法律加以限制,必须依据公共利益且遵循比例原则。[①]

有关本条标准的常见误区存在于两方面:

其一,认为最大利益标准仅适用于债权人。我国不少学者将其翻译为"债权人最大利益原则",强调对债权人可得清算价值的保护。[②] 此种看法一方面忽略了对其他关系人在重整过程中基本权益的保护,如资产足以覆盖债务的企业中存在股东的利益;另一方面忽略了重整着眼于企业未来的持续营运价值,在清算中缺乏利益基础的关系人可能在重整中有值得保护的更大利益。[③]

其二,认为已经表决通过重整计划的关系人组别内无须适用最大利益标准。这种观点在我国《企业破产法》第 87 条第 2 款第 3 项似乎得到了支持,该条文类似于在普通债权最大利益标准的表述后,加入"或者该表决组已经通过重整计划草案"的例外规定。此种解读有以经济民主取代法定权利之嫌,甚至于为大额或多数债权人打压小额或少数债权人背书,明显有违常理。[④]

从经济学角度来看,如果重整的结果仅是维持甚至减少了可供清算分配的债务人资产价值,无论是对于重整关系人个体还是对于整个社会来说,这样的重整都是没有效率而且违背各方意愿的。[⑤] 因此,清算价值将作为一个底线数值,并要求保障关系人从重整中获得的价值分配高于这个数值。

关系人尤其债权人参与重整,不仅为了清算价值,更是为了参与分配营运价值与清算价值的差额——重整剩余(reorganization surplus),从而补偿直接投入成本和机会成本。因此,各关系人本应获得的利益,是其应得的清算价值+重整剩余,而重整剩余应根据各关系人投入的资源及在重整中所起的作用合理分配,遵循风险与收益相匹配的规则。[⑥]

无论是清算价值还是重整剩余,都是运用特定估值模型的估算结果。对最

---

① 参见刘颖:《论破产法中的债权人最大利益原则——兼析〈企业破产法〉第 87 条第 2 款》,载《甘肃政法学院学报》2014 年第 2 期。

② 参见汪世虎:《法院批准公司重整计划的条件探析》,载《商业经济与管理》2007 年第 1 期。

③ 参见丁燕:《上市公司重整中股东权益调整的法律分析》,载《东方论坛》2014 年第 3 期。

④ 参见王欣新、宋玉霞:《重整计划强制批准法律问题研究》,载《江汉论坛》2014 年第 10 期。

⑤ 参见李志强:《关于我国破产重整计划批准制度的思考——以债权人利益保护为中心》,载《北方法学》2008 年第 3 期。

⑥ 参见周淳:《上市公司破产重整中的股东权异化》,载桂敏杰总编:《证券法苑》(第 13 卷),法律出版社,2014 年版,第 57 页。

大利益标准的审查不仅应要求有这两部分的计算结果,更应关注其计算的依据和过程,确保计算结果尽可能准确、合理。[①] 当前上市公司重整计划的一个普遍突出的问题,就在于仅提供了破产假设下的清算价值,而未提供持续经营假设下的营运价值,因此其对重整关系人的利益分配很难令人信服。对于价值计算的依据和过程的审查重点应集中在三方面:[②]第一,对债务人企业现有资产状况和估算价值的详细报告;第二,对重整计划中债务人继续经营事项的合理说明;第三,对关系人重整剩余利益分配的充分说明。

六、重整计划强制批准的标准

不同于正常批准程序,强制批准程序中对重整计划持反对意见的关系人以表决组的形式集体出现。因此,在正常批准所面临的审查问题之外,强制批准另重点涉及的审查问题是:是否有表决组通过了重整计划,未通过表决的组别与其他组别相比,所获利益分配是否公平。

(一)重整计划最小限度组别通过标准

最小限度组别通过标准,指申请法院强制批准的重整计划草案,至少应获得关系人会议中一个或几个权益受损表决组的同意。该标准针对的是批准的前置程序问题,目的是维护法院对重整批准的正当性基础。重整计划是重整关系人意思自治的产物,只有以合法程序表决通过才能代表关系人的真正意愿。法院对计划的批准必须是在尊重关系人意思自治基础上的司法行为。

如重整计划草案未获得任何权利受损表决组别的同意,表明此计划对各类关系人的利益损害均比较严重,各类关系人才会统一地抵触该计划。此时法院应尊重关系人真正的意思表示——终止重整程序,进入破产清算。[③] 有学者认为,如法院在此种情况下仍强制批准计划,则带有专制色彩,不符合公平原则。[④]

---

① 参见刘颖:《论破产法中的债权人最大利益原则——兼析〈企业破产法〉第87条第2款》,载《甘肃政法学院学报》2014年第2期。

② 参见张澎、彭辉:《企业破产重整计划制定和批准若干问题的研究》,载《法律适用》2013年第6期。

③ 参见蒋新华:《对重整计划草案批准权的理解与适用》,载《中国律师》2010年第11期。

④ 参见汪世虎:《公司重整中的债权人利益保护研究》,中国检察出版社2006年版,第173页。

从效率角度来讲,即便企业有重整价值,但各方关系人不愿意参与的重整,成功的可能性也微乎其微。①

(二)禁止歧视标准

禁止歧视标准,指持反对意见关系人组别与权利内容相同的其他关系人组别必须获得按比例的清偿或分配。② 同是针对同一类别关系人,该标准与关系人最大利益标准的不同之处在于,前者救济的是对重整计划持反对意见的某类关系人表决组,而后者仅针对某一表决组内持反对意见的个体关系人。

有学者认为,现行法定分组情况下我国基本不存在同一顺位关系人的不同组别。但是,一方面,在重整实践中大额债权人组和小额债权人组划分已经成为比较常用的分组方式,法院有必要根据本标准进行审查;③另一方面,为适应经济生活的发展和各类关系人的合理利益诉求,关系人分组的扩展、细化是必然趋势。因此,在强制批准裁判规则中应设置禁止歧视标准。

在同样权利内容的关系人分为多个组别的情况下,任何利益的减少或额外增加,均应对各组一视同仁地进行。④ 歧视指重整计划在没有公正、合理依据的情况下,对同类但不同组关系人给予不同的利益分配。显然,本标准旨在保护那些获得较低利益分配且否决了重整计划的关系人表决组。

综合破产法相关规则和司法实践,有一些公平的差异化安排应作为禁止歧视标准的例外,但重整计划应就相关安排,充分说明其公正性、合理性。如深石规则和内部人过错担责规则。

(三)公正与公平标准

美国《破产法》第1129(b)(2)条公正与公平规则强调反对意见组别中担保债权人、普通债权人和出资人按照自己权利内容获得分配份额,且债权人之间遵循破产清算的优先顺位规定。由此可见,该规则包含了最大利益标准的内容。

---

① 参见张海征、王欣新:《论法院强制批准重整计划制度之完善》,载《首都师范大学学报》(社会科学版)2014年第4期。

② 参见汪世虎:《公司重整中的债权人利益保护研究》,中国检察出版社2006年版,第173页。

③ 参见赵玉忠:《关于企业重整过程中几个问题的思考与应对》,载《山东审判》2015年第3期。

④ 参见闻长智、李力:《对上市公司破产重整程序中股东权益调整的思考》,载《中国审判》2010年第6期。

公正与公平标准应包括三层含义:第一,持反对意见的债权人或出资人组别与其他债权人或出资人组别之间,按照破产清算的优先顺位获得公平清偿;第二,持反对意见的债权人组别与出资人组别之间,按照对重整投入的相对大小获得公平的分配;第三,任何重整关系人不应获得超过其对重整投入的利益。

一些学者认为,针对不同类别重整关系人利益分配,应一律适用"绝对优先"标准,即应适用清算程序对破产关系人的分配序位规定。[①] 该观点一方面看到了重整债权人之间的分配优先次序问题;另一方面却可能导致重整债权人与出资人等类别关系人之间的实质不公平。

重整的目的是拯救陷入财务困境的企业,企业实体的持续经营是重整不同于破产清算的本质特征和追求目标。重整过程需要多方资源的投入,债权人对债务人企业财产的请求权的投入是重要来源,出资人及其他类别关系人对企业运营资产的重新投入也不可或缺。尤其就出资人而言,其持有的公司股份并未因公司资不抵债而毫无意义,因为这种法律上的剩余索取权份额,[②]是公司法律实体存在的根据,而公司法律实体的存在价值远超过公司财产集合存在的价值。

公司的品牌价值、业务渠道、上市公司身份、特殊行业资质等无形价值难以计量、转让,不进入财务核算,不直接体现在公司财产上,而是随着公司法律实体本身而存续,为公司经营活动所需,也是成熟公司相对其他竞争对手的重要优势资源。因此,重整中的公司需要的资源,既有实质由债权人重新投入公司的有形财产;也包括有形财产之外由出资人专享而重新投入的无形价值。[③] 如在重整分配中僵化适用破产清算的优先顺位,否定出资人分配利益,势必挫伤出资人参与的积极性,也有悖于公平原则。

对不同类别关系人分配公平的判断,应分为两种情况:

---

① 参见周淳:《上市公司破产重整中的股东权异化》,载桂敏杰总编:《证券法苑》(第13卷),法律出版社2014年版,第53~54页。

② "在不同学科,剩余索取权有不同的指涉范围,具体到公司法领域,剩余索取权应该是指股东分配公司利润和公司剩余资产的权利,中国现行的公司法实际上也是按照这样的理念进行制度设计。"参见聂卫锋:《试论股东剩余索取权的实现》,载《公民与法》(法学版)2014年第4期。

③ 参见李曙光、王佐发:《中国〈破产法〉实施三年的实证分析——立法预期与司法实践的差距及其解决路径》,载《中国政法大学学报》2011年第2期。

第一,在权利本质大体相同的出资人或债权人内部组别之间,遵循绝对优先序位。[①] 首先,在持反对意见的组别获得完全清偿或分配前,顺序劣后于该组别的关系人不应获得任何清偿或分配;其次,在持反对意见的组别未获得清偿时,顺序优先于该组别的关系人组不应获得超过其应得比例100%的清偿或分配。参考破产清算对优先序位的规定,债权人内部应遵循破产费用、共益债务 > 职工债权、社会保险费用 > 欠缴税款 > 普通债权 > 次级债权;而出资人内部应遵循优先股 > 普通股 > 其他分配权益的顺序,[②]在股份让渡时,优先股未获分配的股利应考虑在内,以较小比例让渡股权。

第二,权利本质根本不同的债权与股权之间,遵循相对公平判断尺度。[③] 在资不抵债情况下,应先清理、评估公司品牌价值、市场地位、重新上市可能性、特殊行业的资质等无形价值。对无形价值显著偏低的,应将股东劣后于公司债权人获得分配,甚至不享有分配。[④] 如苏州雅新电子公司重整案,该公司为非上市公司,属于资金和劳动密集型电子加工行业,其品牌价值有限,其他无形资产较低,法院采取清空原股东权益的方式,较为合理。[⑤]

而对具备前述无形价值的上市公司,股东对公司重整的无形价值投入显著重要,与债权人对公司财产的再投入价值难分伯仲。二者投入属相互依存关系,没有公司法律实体的存续就没有重整成功,而公司法律实体依附于公司财产。因此,股东应有权享有分配利益,债权人获得清偿比例与股东保有的股份比例应处于一个大致平衡的状态。[⑥] 此种平衡虽未要求同一比例,但不能过分悬殊,如第 部分所述股东平均股份保有率超债权人清偿率的3倍左右的情况(其中不少公司已不具备依靠自身资源延续公司业务的可能),就是一种违背公正和公平

① 参见韩长印:《简论破产重整计划表决的信息披露机制——以美国法为借鉴》,载《人民司法》2015年第1期。

② 参见闻长智、李力:《对上市公司破产重整程序中股东权益调整的思考》,载《中国审判》2010年第6期。

③ 参见童堃:《破产重整程序中公司股东权益限制之法律分析》,载《法制与社会》2016年第1期。

④ 参见韩长印:《简论破产重整计划表决的信息披露机制——以美国法为借鉴》,载《人民司法》2015年第1期。

⑤ "中国农业银行苏州市吴中支行等申请雅新电子(苏州)有限公司破产重整案",案号:(2008)吴民破字第1~2号);李曙光、王佐发:《中国〈破产法〉实施三年的实证分析——立法预期与司法实践的差距及其解决路径》,载《中国政法大学学报》2011年第2期。

⑥ 参见唐旭超:《论上市公司重整中的股东权益》,载《政治与法律》2014年第6期。

标准的批准实践。

新价值例外规则是对公平与公正标准的修正。新价值的限定条件为:必须由公司以外的主体投入;为公司所必需;可以可靠计量并转让。[①] 新价值例外规则应适用于包括原出资人在内的全部重整关系人,主要表现在:重整的费用和共益债务可以随时从公司财产中获得优先清偿,原有股东追加投资或战略投资者投入的资产支持可以获得相应完整的股权价值等。

七、我国重整计划批准标准相关法条的修改建议

在前述实证研究和理论分析的基础上,本文就我国重整计划批准标准,提出如下我国《企业破产法》相关条文的修改建议(加下划线处为修改或新增):

修订内容	条文示例
细化债权人内部分组	第八十二条　下列各类债权的债权人参加讨论重整计划草案的债权人会议,依照下列债权分类,分组对重整计划草案进行表决: (一)对债务人的特定财产享有担保权的债权; (二)债务人所欠职工的工资和医疗、伤残补助、抚恤费用,所欠的应当划入职工个人账户的基本养老保险、基本医疗保险费用,以及法律、行政法规规定应当支付给职工的补偿金; (三)债务人所欠税款; (四)普通债权; (五)次级债权人或其他劣后债权人。 人民法院在持有债权金额不足债权总额百分之一的债权人的人数占普通债权人总数一半以上时应在普通债权组中设小额债权组对重整计划草案进行表决。
拓宽信息披露义务人范围;出资人组与债权人组适用同一表决通过规则	第八十四条　人民法院应当自收到重整计划草案之日起三十日内召开债权人会议,对重整计划草案进行表决。 出席会议的同一表决组的债权人过半数同意重整计划草案,并且其所代表的债权额占该组债权总额的三分之二以上的,即为该组通过重整计划草案。 债务人、债务人控股股东或实际控制人、重组方代表及管理人应当向债权人会议就重整计划草案作出说明,并回答询问。 设立出资人组表决重整计划草案的,参照适用本条第一款至第三款的规定。

① 参见王欣新、宋玉霞:《重整计划强制批准法律问题研究》,载《江汉论坛》2014 年第 10 期。

续表

修订内容	条文示例
新增出资人内部分组	第八十五条　债务人的出资人代表可以列席讨论重整计划草案的债权人会议。 重整计划草案涉及出资人权益调整事项的,出资人按照下列股权分类,分组对重整计划草案中除债权分类和调整方案外部分进行表决: (一)优先股; (二)普通股; (三)其他劣后股或分配权利。 人民法院在出资份额不足总股本 1% 的出资人数量较多,且合计持有 10% 以上出资份额的出资人联合申请时,应在普通股出资人组中设小额出资人组对重整计划草案进行表决。
新增正常批准标准的具体内容包括:表决程序合法性标准、可行性标准、最大利益标准	第八十六条　各表决组均通过重整计划草案时,重整计划即为通过。 自重整计划通过之日起十日内,债务人或者管理人应当向人民法院提出批准重整计划的申请。人民法院经审查认为重整计划符合下列条件的,应当自收到申请之日起三十日内裁定批准,终止重整程序,并予以公告: (一)债权人、出资人分别按照本法第八十二条、第八十四条和第八十五条的规定,对重整计划草案进行分组表决,表决程序合法,表决结果真实反映了当事人意愿; (二)重整计划内容涉及其他机关行政审批事项的,债务人已经取得相关机关的批准或认可; (三)重整计划具备实施的可能性,并由具备合法资质的财务、行业、法律相关服务机构或专业人员就重整计划出具了可行性评估报告。重整计划的可行性有重大争议的,人民法院应当召集债权人、债务人的出资人、管理人员、行业专家等召开听证会,听取各方意见; (四)对重整计划持反对意见的债权人、出资人,将按提交重整计划时从清算程序可得权益份额的基础上获得合理补偿,且债务人或管理人已全面、真实地向全体债权人、出资人、其他利害关系人全体说明模拟清算价值计算依据、债务人财产状况和评估结果、债务人重整后偿债能力和盈利能力预测等相关情况。

续表

修订内容	条文示例
明确正常批准标准与强制批准标准一般与特殊的关系;限缩最小限度组别通过标准;明确禁止歧视标准、公平与公正标准的内容。	第八十七条　部分表决组未通过重整计划草案的,债务人或者管理人可以同未通过重整计划草案的表决组协商。该表决组可以在协商后再表决一次。双方协商的结果不得损害其他表决组的利益。 未通过重整计划草案的表决组拒绝再次表决或者再次表决仍未通过重整计划草案,但重整计划草案符合下列条件的,债务人或者管理人可以申请人民法院批准重整计划草案: (一)至少有一个因重整计划草案影响而导致权益受损的表决组通过了该草案; (二)符合本法第八十六条第二款第(一)至(四)项规定的条件; (三)重整计划草案公平对待权利内容相同的表决组,债权清偿顺序不违反本法第一百一十三条的规定,出资人组权益调整公平、公正,且对公司陷入破产重整负主要责任的股东应作主要权利让渡; (四)债权人未获得全部清偿的,债务人的出资人应当让渡出资份额;重整计划草案应平衡债权人清偿比例与出资人权益保有比例,且就相关权利调整方案进行了充分披露。 人民法院经审查认为重整计划草案符合前款规定的,应当自收到申请之日起三十日内裁定批准,终止重整程序,并予以公告。

八、结　　语

重整计划批准的实质,是人民法院行使司法权对重整关系人共同法律行为赋予法律效力。基于保护关系人财产权利原则和意思自治原则的法理基础,法院对重整计划的批准应按照重整计划批准裁判规则进行。重整计划批准标准即为重整计划批准裁判规则的核心行为模式部分,发挥着平衡重整关系人利益,维护司法公正,提高重整计划批准效率的功能。

我国部分上市公司重整计划对重整关系人利益调整有失公平、公正,对重整可行性论证不足。法院对此类重整计划一味求快审查、一律批准的做法,既忽视了重整关系人合法权益诉求,也造成"僵尸企业"等违背重整制度设立目的和市场经济制度的后果,欠缺正当性。

造成上述重整计划批准实践问题的主要原因是重整计划批准裁判规则的核心部分——重整计划批准标准存在缺陷:一方面体现在重整计划正常批准标准的缺失;另一方面体现重整计划强制批准标准的模糊、不周延、可操作性不强。

重整批准标准的重构应遵循尊重当事人意思自治原则、保护反对意见关系人原则和重要性原则。在重整计划正常批准程序中,应着重构建重整计划表决程序合法性标准(主要包括关系人分组合法性、表决通过程序合法性和信息披露充分性方面的判断尺度)、重整计划可行性标准和重整关系人最大利益标准;在强制批准程序中,应主要构建重整计划最小限度组别通过标准、重整计划禁止歧视标准和重整计划公正与公平标准。

按重要性要求,纳入法定重整计划批准标准的内容毕竟有限,而重整所面对的商业、经济环境又是复杂多变的。因此,在适用上述批准标准的过程中,一方面,需要增加对例外规则的研究,不断改进相关重整计划批准标准;另一方面,需要培养一只专业、精干的重整案件审判队伍,以独立、公正的态度面对重整计划的批准。

企业重整融资方式创新之探究

丁　燕*

目前,我国经济下行压力较大,大量的企业可能正在或者已经陷入财务或经营困境,对于营运价值大于清算价值的企业,应当尽可能地施救,对其实施破产重整保护。一旦企业依法进入破产重整程序,无论采取何种重整方案,至关重要的都是资金的支援与供给。无论是我国政府不断鼓与吹的“债转股市场化”,抑或浙江等省正在调研的中小企业重组基金方案,其价值目标在某种程度上都是趋于统一的,即积极寻求新的企业重整融资方式,从而降低企业债务,提供重整所需资金。在此背景下,研究和学习美国的危机证券市场发展机理和日本的企业再生支援机构运作机制,无疑对创新我国企业重整融资路径不无裨益。

一、市场化企业重整融资方式——以美国危机证券市场为例

(一)各类基金收购不良债权并重组

在世界范围内,美国破产法与证券法的完善已深入

* 法学博士,华东政法大学博士后科研流动站研究人员,青岛大学法学院副教授。

人心。在美国,破产不仅不是令人沮丧和耻辱的事情,反而被视为灵活的具有创造性的企业融资工具,因为破产程序作为融资手段,将获得其他融资方式所不具有的独特便利和高收益。著名的美国《破产法》第11章通常被人们称为企业破产保护法。通过破产重整程序,企业进行法庭内重组,积极寻找新的重整投资方。与此同时,市场上极具灵敏嗅觉的兀鹰投资者(vultures)也早就敏锐地关注到在债务清偿过程中出现违约或者已经申请该法第11章破产的企业,伺机低价对其实施收购,危机证券市场由此产生并发展。一些投资公司专注于危机证券市场,以低价收购困境公司,获得公司控制权后,重组公司后再以高价卖出,获取高额利润。这些投资公司常常被形象地称为"兀鹰投资者"。众所周知,兀鹰主要以大量腐肉为食物,而那些投资者伺机低价购买危机证券时体现的秉性与嗜好与动物世界中的兀鹰本性并无不同,由此得名。

兀鹰投资者包括私人权益基金和对冲基金等。在危机证券市场中,他们为了获得更高的利润,总是在试图寻找价值被低估的证券。私人权益基金主要是进行权益投资,其资金来源多样,包括养老基金等机构投资者。主要的私人权益公司包括KKP、黑石集团、凯雷集团、阿波罗管理公司、J. P. 摩根合伙有限公司、高盛资本合伙公司、安佰深股权投资集团、摩根士丹利资本合伙公司、华平投资集团、贝恩资本公司等。私人权益公司购买目标公司后,其收益主要来自低廉的买入价格和最终较高卖出价格之间的差额,以及公司在持有期间的收入。因此,当私人权益公司认为目标公司当前的管理比较糟糕时,就可以利用破产程序改变公司资本结构,委任新的管理团队和实施必要的经营变革,提高公司的价值,把他们手中的折价债券和其他债券变成更加有价值的投资。尤其是进入21世纪后,私人权益收购者不再仅停留在传统的单纯财务操作层面,而是组建专门的管理团队采取经营措施提高公司价值。

对冲基金与私人权益基金原本存在明显区别,即对冲基金一直以来都采取各种积极的投资战略。包括卖空、掉期、套利和使用负债来增加潜在收益,很少涉足对买入公司的管理经营进行指导。但随着对冲基金所面临的竞争压力的增加,为了产生高额收益,它们开始涉足并购领域——这原先是私人权益基金独家涉足的领域。爱德华·兰珀特通过他的对冲基金ESL投资基金,在2000年1月一鸣惊人的收购了卡马特公司(Kmart),引起了投资者的关注。在卡马特公司面临美国《破产法》第11章破产保护时,兰珀特公司收购了这家公司。2004年兰珀特促成了金额为115亿美元的卡马特公司和西尔斯公司(Sears)的合并,组建了一家零售业巨头,从而与市场领导者沃尔玛在旗鼓相当的水平上展开竞争。[①] 在对冲基金涉足私人权益基金的投资领域后,对冲基金开始聘用具备私人权益投资经验的经理人,比如瑟伯罗斯资本管理公司和海菲尔德资本管理公司,并调整公司与投资者的协议,从而有效地与私人权益公司展开竞争。

霍奇科斯(Hotchkiss)和英拉迪恩(Mooradian)分析了美国288家出现债务违约的公司中兀鹰投资者对公司治理所发挥的作用。研究表明,兀鹰投资者对提高重组后公司的业绩能起到正面的促进作用。霍奇科斯和英拉迪恩发现,如果兀鹰投资者成为公司的首席执行官或者以某种方式获得公司的控制权,那么重组后公司的经营业绩会超过公司违约前的水平。他们将此归功于兀鹰投资者较高的管理水平。有趣的是,霍奇科斯和英拉迪恩还发现,在兀鹰投资者控制的公司进行美国《破产法》第11章破产重组的比例更高(受兀鹰投资者控制的公司重组比例为70.3%,而不受兀鹰投资者控制的公司该比例为39%),这表明兀鹰投资者比管理层更强烈地希望从美国《破产法》第11章破产程序中获得好处。[②]

从美国资本市场历史发展的纵轴线上观察,危机证券市场在企业并购业务中经历了由盛至衰再到有所回升直至平稳发展的历程,可见危机证券市场极富吸引力。近年来,美国资本市场中出现了各式各样成熟的困境债务和重整基金,供投资者选择并自由组合。最引人注目的困境债务和重整基金有四种形式:第一种是困境债务交易基金,其专注于处于金融困境中公司的债券面值的短期波动,该基金属于一种相对短期的投资基金;第二种是困境债务控股基金,通过控制濒临破产或者已经处于破产程序中的公司的核心债券(fulcrum debt security)来主导公司重整,或者通过债转股的方式来获得公司的控股权;第三种是困境债务对冲基金(hedge funds),在大多数情况下专注于公司债务的交易,其交易是通过建立在组合型的流动性约束的条件下,使用结构性的赎回条款来达到保值的目的;第四种是重整基金,是一种在重整过程中,通过购买处于财务困境中的公

---

① [美]帕特里克·A.高根:《兼并、收购和公司重组》,顾苏秦、李朝晖译,中国人民大学出版社2010年版,第359页。

② 同上书,第492页。

司股权,而不是债务的方式,来获得公司控制权的基金。①

综上所述,美国破产法和证券法律制度完善,危机证券市场成熟,各种困境债务和重整基金的投资产品组合可供投资者选择并分散投资风险,企业重整融资方式实现了市场化。

(二)我国实施市场化企业重整融资方式应采取的应对措施

1. 从根本上转变企业破产观念,正确理解破产法律制度

现代社会中,破产早就不再是可怕和可耻的事情,各国破产法律制度都包括了破产清算和破产重整法律制度,侧重平衡债权人和债务人之间的利益冲突,体现了现代破产法强调公平和实质正义的规制理念和立法宗旨。在美国等国家,企业申请破产保护,不仅获得了救赎自身的绝佳机会,而且还将破产程序发展为金融创新和重整融资的工具。

然而,我国债务人仍保持旧有的惯性思维,简单地将破产等同于破产清算,不了解我国企业破产法律制度是由破产清算、破产重整和破产和解"三驾马车"组成。即使知道破产重整制度,也更习惯于使用企业内部的债务重组方式,而未充分理解法庭内破产重整制度所具有的自动冻结、强制批准等优势,从而不愿运用破产重整制度挽救濒危企业。更有甚者,思想观念极为保守和落后,认为破产对债务人和债务人股东的声誉将产生负面效果,影响其在社会上的评价和企业品牌效应,从而不愿启动。

针对上述思想,我国应当通过政府部门、法院和媒体的宣传,使企业从根本上转变思维和理念,认识到破产程序是一种彻底的司法清偿程序,一般情况下,破产程序终结后,所欠债务不再清偿,因此破产程序的启动有利于帮助债务人从繁重的债务枷锁中解脱出来。同时,还应当使债务人、债权人认识到破产程序不仅包括破产清算,还包括破产重整和破产和解两大预防措施;尤其是破产重整法律制度,具有挽救企业的重要社会价值和功能。积极促使债务人、债权人主动申请破产重整,避免清算,涅槃重生。

---

① 参见[美]Kelly De Ponte、Nicole Warren PE:《困境债务和重整基金的市场投资调查》,载北大PE投资联盟网:http://www.pkupe.com/NewsShow.aspx?Channel=16&ClassID=12&id=2364,最后访问日期:2016年7月20日。

2. 发展我国多层次资本市场,完善相关证券法律制度

对于我国投资者来说,部分投资者也认识到投资困境公司是高收益高风险的项目,但是苦于二级资本市场不活跃,投资产品单一,退出渠道不畅通,使其投资严重受限。因此,资本市场的单一、不成熟以及相关证券法律制度的不完善是制约我国企业重整融资创新的"瓶颈"。

成熟的资本市场,退出渠道应呈现多元化态势。一个完善的多层次资本市场体系应包含主板市场、二板市场(创业板)市场和场外股权交易市场(三板市场)等多个层次的资本市场。尽管我国在形式上已经初步建立多层次的资本市场,但事实上距发达国家多层次无缝隙的成熟资本市场体系还相差甚远。以美国为参照对象,我国股票市场成熟度极低。美国股票市场历史悠久,独立战争时期便产生了萌芽,而我国股票市场直到 20 世纪 90 年代初才建立,发展时间比较短。在投资品种方面,美国的投资品种十分丰富,如股票和股指的现货、股票和股指的期货及期权、可转换债券、信托凭证等。在交易规模与活跃程度上,美国股票市场也与我国股票市场不是同一个数量级。美国股票发行市场是国际性的市场,2002 年仅纽约证券交易所 1 家就与挂牌交易的上市公司 2783 家,发行总股本 3400 亿股,市价总值为 13.4 万亿美元。我国股票市场在目前只为国内企业上市服务,在规模上要比美国差很多。美国股票市场的"T+0"交易制度,以及没有涨跌停板制度,大大活跃了市场交易程度。在投机程度上,我国股票市场则大大超过美国,投机行为的两个衡量指标——股指波幅和换手率一直非常高。①

鉴此,我国应当加大对多层次成熟资本市场体系建设的各项制度支持,有效活跃二级资本交易市场,允许更多的投资产品进入,增加交易品种,扩大交易规模。同时,监管部门还应加强监管力度,抑制投机,完善退市制度。目前,我国证券法律制度已在发行、退出等方面进行根本性的变革,修法后的资本市场运行状况和实施效果还需拭目以待。

---

① 参见窦尔翔等:《私募股权投资基金教程》,经济科学出版社 2011 年版,第 311 页。

二、政府主导型企业重整融资方式——以日本企业再生支援机构为例

(一)设立专门的不良债权收购与重组机构

日本为了应对经济危机,挽救困境企业,先后颁布了两个《五年时限法》,并在时限法出台后,依次设立了日本产业再生机构和日本企业再生支援机构。所谓时限法,主要指颁布的法律的有效期具有时间限制,原则上,时限截至,则该法律以及依据该法律设立的机构使命完成即解散。第一个《五年时限法》设立了日本产业再生机构,第二个《五年时限法》设立了日本企业再生支援机构。下文将重点介绍日本企业再生支援机构的设立背景、资金来源、支援对象和运营机制。

平成 20 年秋天以后,世界经济不景气,面临结构性难题,日本国内金融行业出现危机,经济形势急剧恶化,许多支撑地区经济发展的企业经营困难,尤其是中小企业陷入重重困境。为挽救企业,提供企业再生所需资金,日本政府主导成立了企业再生支援机构。该机构是日本国家认可的股份有限公司法人,设立目的为支援困境企业再生,专门收购不良债权并重组。该机构在政府主导下成立,具有公私融合之性质。注册资本约 201 亿日元,其中政府出资 100 亿日元,其他金融机构出资 101 亿日元。项目运作所需资金来源于机构的对外借贷,该借贷由政府提供信用担保,列入历年财政预算中,共计提供担保 9.3 万亿日元。

设置决策机构"企业再生支援委员会"(包括外部人士在内)确定支援对象和事业。支援决定原则上在 3 年之内完成业务。支援对象包括地区中拥有价值的经营资源、同时享有过重债务的骨干运营商和其他中小企业等;支援的事业包括大规模事业者(注册资本的金额或出资的总额超过 5 亿日元,且常年使用的员工数量超过 1000 名),排除国家、地方公共团体出资 25% 以上的企业。企业再生支援机构的运作机制为:在中立、公正的立场上,对企业资产进行审查;制订营业和财务重新构建的"企业再生计划";调整债权人等利害关系人的利益,如购买、放弃债券等;给予资金、经营人才等方面的各项支援。在保证企业再生支援机构业绩的同时,充分利用各地区的民间机构之作用,谋求各地区金融机构、地方公共团体、地区产业界之间的联系与合作,确保支援机构的独立性、中立性和较高

的组织性。①

日本企业再生支援机构通过对日本困境企业提供财务支持并帮助重整等方式,尽力挽救企业,使其重获新生。如在日本航空公司破产案中,日本航空公司在向东京地方法院申请破产保护后,在法院的监督下进行重整。日本企业再生支援机构向日本航空公司注资,提供财务支持,并帮助日本航空公司实施裁员、精简航线等措施来重整经营不善的业务。

(二)我国实施政府主导型重整融资路径应采取的应对措施

1. 明确破产程序中政府的职责及其边界

破产虽然具有"私"的属性,但在破产程序中,政府之手无处不在。市场与管制关系理论、利益平衡与政策目标理论可为企业破产程序中政府职责的行使提供有力论证。首先,根据市场与管制关系理论,市场失灵是经济发展的必然现象,通常表现为阻碍性交易、外部性成本等,此时,政府管制能更好地促进资源的有效配置。国外经济危机出现及我国"僵尸企业"大量存在均为市场失灵的产物,应对策略即实施政府管制,管制研究中的对象是各种可替代的政府干预市场形式的复杂作风和后果。② 具体如积极推进企业破产重整,设立专门的不良债权收购和重组机构,对企业经营决策实施财政、税收等影响。其次,根据利益平衡与政策目标理论,在破产程序中,各类债权人、雇员、出资人、高级管理人员等主体的利益冲突,存在多种竞争关系,如何进行利益平衡,遵循何种原则确定众多竞争利益之间的安排,以充分保证这种安排的合法性与合理性?政策目标的确定即为解决此问题的良方。政策目标在于说明破产程序在协调各方利益冲突时国家权威所确定的利益分配标准,所希望达到的利益平衡结果。

在现代经济模式下,破产法不再单纯是企业退出市场的法律制度,它已经变成具有重要政策目标的社会制度,政府在破产程序中的职责显得越发重要,但其法律性质、具体范围及其边界尚不明确,需要在法律层面予以规制。在此宏观法律框架下才能合理安排企业再生支援机构等微观法律制度,具体如资金来源、支援对象、运作模式和退出机制等内容。

---

① 资料来源:http://www5.cao.go.jp/revic/pdf/gaiyou1.pdf,最后访问日期:2016年7月18日。

② 参见[美]丹尼尔·F.史普博:《管制与市场》,余晖等译,格致等出版社2008年版,第30页。

2. 将产业政策法与财政法有机结合,充分发挥财政支援功能

作为经济法的重要组成部分,产业政策法与财政法侧重点各有不同。产业政策法侧重规制产业发展目标、产业区域规划、产业结构调整等内容;财政法侧重于规制财政收入、支出与平衡等内容。但二者关系紧密,相辅相成。产业政策法的制定与落实需要财政法提供物质保障,财政法的有效运行则需要产业政策法的引领和指导。

日本的政府主导型企业重整融资方式需要政府财政给予大力支持,无论是设立专门机构时的政府出资,抑或在该机构运行中政府对其借贷所提供的政府信用担保。因此,我国若要实施此方式,则政府的财政支出应当符合预算法的规定,依法纳入历年财政预算中。为保证财政预算得到通过,应当将财政支出与我国的产业政策有机结合。政府在确定专门机构的支援对象时,应当结合产业政策要求,合理进行规划和设计。对于产能过剩的行业,如钢铁业、煤炭业、水泥业等不应再给予资金支援。对于重要的各地区骨干企业以及影响就业和社会稳定的中小企业应当优先进行支援。为防止权力的滥用,我国应效仿日本,根据经济发展现状和需求制定时效法,性质为拯救困境企业、复苏经济的产业再生或支援法律制度。

三、结语——兼评浙江中小企业重组基金设计方案

美国发达的资本市场造就了兀鹰投资者,困境债务和重整基金形式多样,便于投资者组合选择投资产品。基金的资金来源、运作方式、支持对象与退出机制市场化程度非常高,"私"的特征突出。而日本的企业再生支援机构,由政府主导、控制和监管,其资金来源、运作方式、支持对象与退出机制方面公私混合性特征较为明显。但是,无论采取何种创新融资方式,也无论该融资方式的性质是"私"抑或是公私融合,关键在于能够为困境企业提供重整所需资金,使企业重获新生,实现重整制度的根本宗旨和价值目标。

我国浙江省积极探索的中小企业重组基金就是大胆的金融创新。从企业重整层面分析,该重组基金可以投向破产重整或"预重整"项目。基金既可作为重整期间的融资方,以共益债务作为保障;也可作为可转债模式的融资方。在预重组中,基金须事先与债务人或者意向投资人达成协议,成为其后续重整的资金支

持方。重组基金的性质为产业基金,存续期5~8年,拟由浙金中心、资产管理公司等几方共同出资成立基金管理公司,担任重组基金的普通合伙人(General Partner,GP)进行管理。基金有限合伙人(Limited Partner,LP)采用认缴制,将引进银行理财资金及各类社会资本,实际到位资金则根据基金项目的运营需要进行募集。基金收益来源为:用于破产重整的资金所提供的利息、项目运作成功后的超额收益分成。基金退出机制为:若项目重整成功,则由破产管理人从项目销售收入中支付基金利息后退出或者根据与重组方签订的协议,基金享受固定利息及超额收益后退出。①

结合对该基金掌握的有限信息,笔者认为,浙江中小企业重组基金是有益的金融创新,其必将在企业的重整融资中发挥积极作用,但在资金收益和退出机制方面尚需更为科学、合理的预估和设计,才能实现基金设立的预期价值目标。

第一,资金收益主要来源为项目重整成功后的超额收益分成,一旦该项目重整失败,所产生的风险相对也会较高。在美国,对于危机证券所可能产生的高风险,往往是通过组合多种投资产品的方式分散风险。从投资理论分析,当危机证券与其他投资产品之间的相关程度很低时,危机证券存在的高风险就可以被其它投资产品所分散,从而降低投资的总体风险。因此,投资产品的多元化以及合理的产品组合是降低高风险的重要方式。由于我国金融法规对于投资产品种类的监管过于苛严,资本市场上活跃的投资产品种类比较单一。因此,合理设计和选择投资产品组合,分散中小企业重组基金风险的方式较匮乏,容易导致风险过于聚集,长此以往,中小企业重组基金自身都将可能陷入财务困境。

第二,基金退出渠道窄,直接制约基金价值目标的实现。我国私募股权投资(Private Equity,PE)退出方式单一,主要通过场外股权交易市场进行。但我国场外股权交易市场极为分散,由数百个市场组成,各市场之间相互独立,未形成全国统一市场,不仅人为形成地区封锁和行业限制,而且不利于提高市场交易效率,增加了监管难度。未来我国将建立全国统一的场外股权交易市场和地方性场外股权交易相结合的市场体系。但在现行体制下,中小企业重组基金退出渠道受限,项目投资变现能力差,一定程度上影响了该基金价值和功能的预期发挥。

---

① 感谢浙江金融资产交易中心提供的相关资料。

重整企业债转股若干问题探讨

韦忠语[*]　张　海[**]　王玮玮[***]

破产重整制度的确立是我国现行破产的重大创新,[①]在重整制度下,债务人可以通过多种措施与债权人进行利益博弈,以期达到摆脱财务困境、维持资产负债平衡、促进企业新生的目的。债转股作为企业自救的重要方式,通过将债权人对公司依法享有的债权转为股权,不仅能够减少企业的现金流出,也可以使债权人获得因公司股价上升而收回全额投资的机会。鉴于债转股的优越性,破产管理人已经越来越多地将债转股运用到重整实务中。2012 年 1 月 1 日施行的我国《公司债权转股权登记管理办法》[②]第一次以立法的形式明确规定了重整程序中的债转股。该办法第 3 条第 3 款规定,公司破产重整或者和解期间,列入经人民法院批准的重整计划或者裁定认可的和解协议的债转可转为公司的股权。该办法虽然确立了债转股的法律地位,但没有就如何在重整实

---

* 西南政法大学副教授,重庆海川资产清算服务有限公司董事长。

** 重庆海川资产清算服务有限公司总经理。

*** 西南政法大学民商法硕士研究生。

① 参见王欣新、徐阳光:《上市公司重整法律制度研究》,载《法学杂志》2007 年第 3 期。

② 《公司注册资本登记管理规定》(国家工商行政管理总局令第 64 号令)于 2014 年 3 月 1 日施行,该办法同时废止。

务中运用债转股进行规定。由于没有统一的操作规范,管理人在推行债转股的过程中遇到诸多问题。本文立足于破产实践,论证重整程序中债转股的必要性,并就债转股操作实务以及遇到的具体问题进行探讨。

一、重整程序中债转股之必要性

(一)重整程序中债转股的特殊性

债转股即债权转股权的简称,是指债权人将其依法享有的对某一公司的债权转为该公司股权的行为。根据发生原因的不同,债转股可以分为政策性债转股和商业性债转股。政策性债转股是在政府的主导下,为了盘活商业银行不良资产、促进国有企业改革而实施的,通过将债权人对债务人企业之债权转换成债权人对债务企业持有一定数量的股权的方式,消灭债务企业部分或全部债务的政策性安排。[①] 商业性债转股是以市场为主导力量,在债权人与债务人平等协商的基础上,将债权人对债务人企业的债权转为股权,形成新的股权投资关系的法律行为。重整程序中的债转股符合商业性债转股的基本特征,但因与破产重整制度相结合而有其与普通商业债转股不同的特殊性。

首先,重整程序中的债转股本质上是一种以股偿债行为。将债权人对公司的债权转为股权,会导致债权债务双方身份以及权利义务的变更。旧的债权人身份消灭,新的股东身份产生。债务人不需要再对债权人承担还本付息的义务,债权人也只能享受新身份带来的股东权利。在债务人没有足够的现金清偿全部债务的情况下,以股偿债无疑是最行之有效的办法。

其次,债转股双方当事人具有被动性。债权人转股不是主动的投资行为,债务人及其投资人不得不接受债转股以清偿债务。重整程序中的债转股,通常是债权人、债务人在原借贷融资契约或其他交易契约难以继续执行的情况下,对原定的债务金额、偿债期限、债务利率等方式作出变动,[②]将债权人对债务人的债权转为股权的行为。就债权人而言,转股只是为了获得比破产清算更高的财产价值,而不是主动向债务人投资成为公司的股东。对债务人及其投资人来说,债转

---

① 参见石俊志:《商业性债权转股权法律问题研究》,中国检查出版社2005年版,第2页。

② 参见杨凯生:《关于债转股的几点思考》,载《21世纪经济报道》2016年4月6日,第3版。

股必然会带来股东人数的增加及股权结构的调整,这会直接稀释投资人的股东权益,甚至导致公司控制权的变更。在企业陷入破产清算困境之下,债务人及其投资人即使知道债转股会危及自身利益,也不得不接受债转股以清偿债务,从而促进企业重整成功。

最后,重整中的债转股具有当事人意思自治受限的特征。这一特征主要表现在债转股方案由法院裁定批准,无须公司股东会或董事会同意。破产重整是我国《企业破产法》的专有制度,重整程序中的债转股应当适用《企业破产法》的特殊规则,而不是我国《公司法》的一般规定。重整制度的核心是破产管理人制度,由管理人接管企业或者监督债务人自行管理企业事务。在重整期间,法院、破产管理人、债权人会议更多地介入企业的财产管理与日常经营。股东与股东会的权利受到诸多限制。债转股方案的实施,必须先通过重整计划草案表达出来。重整计划是债转股方案的载体,债转股方案是重整计划的组成部分。由于重整中债转股本质上是一种债务清偿行为,债务人股东对债转股便不再具有完全的处分权,而应当由债务人或者破产管理人按照《企业破产法》的规定,提出以债转股为主要内容的重整计划草案,提交债权人会议表决,并由人民法院裁定批准,[①]不需要再经公司股东会或者董事会同意。

(二)债转股的必要性

企业重整的目的是尽最大可能挽救企业于既倒,并同时兼顾债权人的债权利益。由于债转股在重整程序中具有偿债的本质特征,并且能够用重整的法律规则进行调整,因此,在重整程序中引入债转股具有以下积极意义。

第一,债转股是企业破产重整的重要手段。在重整程序中,债务人可以通过延期偿还或减免债务、债转股以及引进战略投资人等方式进行重整。引入战略投资人无疑是重整阻力最小、最行之有效的方法。由于上市公司的壳资源具有较大的经济价值,[②]故而在引进战略投资人方面不存在较大的障碍。但很多非上市公司,受经济形势下滑以及民间借贷成本畸高的影响,难以引入战略投资人进行外力救援,只能依靠企业自救的方式进行破产重整。在无外部资金注入的情

---

① 参见陈明夏、李建涛:《重整中债权转股权若干问题浅析》,载东方律师网:http://www.lawyers.org.cn/info/6983c8523f9b4aefab4487ea62f86b9c,最后访问日期:2016年7月11日。

② 参见吴正绵:《破产重整操作模式之律师实务探究》,载《法治研究》2010年第2期。

况下,债转股便成为企业自救重整的重要手段。

第二,债转股有利于减轻企业财务负担、缓解企业现金流动困难。债务融资和权益融资是企业融资的两种方式。与债务相比,权益融资的财务风险更小,不需要支付利息和偿还本金,也不会占用企业的流动资金。将债权人的债权转为对债务人的股权,会降低企业的负债水平,增加所有者权益,有利于减少偿还债权所需要的现金,使企业的生产经营资金更加充裕,促进重整计划顺利实施。[①]

第三,债转股有利于债权人获得收回全额投资的机会,提高债务人企业的清偿率。如果对企业进行即时清算,债权人只能就企业扣除破产费用及共益债务后的财产进行分配。而普通债权人劣后于有财产担保债权人、税金债权、劳动债权清偿,通常只能获得极小的清偿比率。对于未清偿部分不得进行追偿,成为法定沉默损失。债转股后,债权人成为公司股东,可以通过股息、红利以及在二级市场上交易股票获得股权收益,债权人可以获得收回全额甚至是超额投资的机会,与破产清算相比,债转股更利于提高对债权人的清偿率。

二、重整程序中债转股的条件和模式

债转股固然有利于企业的重整和再生,但并非所有重整企业都适合选取债转股的方式来挽救,实务中,对债转股的运用应当对不同企业进行不同考量,盲目地强行推行债转股不仅不能挽救企业,还可能因为债转股的推行而损害债权人利益,从而失却破产程序的公正价值。笔者认为,运用债转股进行破产重整,必须考量债务企业的可适性、债权的可转性,并科学选定转股模式。

(一)债务企业的债转股可适性标准

债务企业债转股的可适性是指什么样的债务企业适合采用债转股的方式进行重整。债转股虽然是企业破产重整的重要手段,但并非所有的企业都可以运用这一工具。重整有成功与失败之分。对于本应破产清算的企业,我们不能强行进行破产重整。在债转股企业的选定上,必须遵循市场价值规律,优胜劣汰、谨慎选择。具体而言,应当把握三个标准:

---

① 参见张萌:《破产重整程序中可转股债权问题研究》,载《东方企业文化》2013年第23期。

1. 选择股权具有潜在价值的企业

债权之转为股权实质是债权人财产形态的一种变化,通过这一变化延缓了债权人财产价值的变现,由于公司出资的不可返还性,债务人由此解除了转股债权的还债压力。而债权人之所以愿意选择债转股,归根结底在于通过转股有可能获得比破产清算更高的财产价值。那些受经济周期影响暂时处于低迷期的企业,由于具有广阔的市场前景,股权具有潜在的升值空间。待经济形势向好,债权人可以获得比现有破产清算更高的清偿率。而对于那些"僵尸企业",即使进行债转股免除企业债务,仍避免不了再次破产的威胁,债权人甚至不能获得即时清算的清偿率,这对债权人来说就会显失公平。因此,在重整实务中应谨慎选择债转股的标的企业,确保债权人通过转股行为可以获得超过即时清算的财产价值。

2. 选择资产负债率高且清偿率低的企业

对企业进行破产重整,通常需要会计师事务所出具《审计报告》《评估报告》与《偿债能力分析报告》。这不仅是管理人制订重整方案的依据,也是债权人是否通过重整计划的重要参考。如果企业的资产负债率较低,债权人可以获得的清偿率就会比较高,相对于较长的重整期限,债权人更倾向于选择破产清算,尽早收回投资。如果企业的资产负债率保持在较高的水平,资产的评估价值也比较低,无论是有财产担保债权人还是普通债权人都会获得比较低的清偿率,普通债权人以股权换时间的积极性会被调动起来,有财产担保债权人通过重整计划的概率也会大大提高。

3. 选择银行负债少的企业

我国《商业银行法》第 43 条规定,"商业银行在境内不得从事信托投资和证券经营业务,不得向非自用不动产投资或者向非银行金融机构和企业投资,但国家另有规定的除外"。在这一规定的限制下,我国现有商业银行不能直接对企业进行债转股,只能通过资产管理公司进行,这就是我国在 20 世纪 90 年代推行过的政策性债转股。在现有形势下,国家就清理"僵尸企业"、化解银行不良资产进行新一轮的债转股,国家开发银行、中国银行、工商银行、招商银行等银行入选第一批债转股试点。[①] 但此次债转股的对象主要面向国有企业,而不包括民营企

① 参见证券研究院:《债转股:银行的契机? 企业的救赎?》,载腾讯证券网:http://stock.qq.com/a/20160406/010095.htm,最后访问日期:2016 年 7 月 10 日。

业。因此在对非国有企业进行债转股的时候必须考虑银行债权的规模以及表决比例,否则会因银行债权人的反对导致重整计划无法通过。

(二)债权的可转性判断

我国《公司注册资本登记管理规定》第 7 条规定,转为公司股权的债权应当符合下列情形之一:(1)债权人已经履行债权所对应的合同义务,且不违反法律、行政法规、国务院决定或者公司章程的禁止性规定;(2)经人民法院生效裁判或者仲裁机构裁决确认;(3)公司破产重整或者和解期间,列入经人民法院批准的重整计划或者裁定认可的和解协议。上述规定,是债转股的一般性规定。由于重整程序中的债转股具有特殊性,因此在可转股债权的判定上应当将一般规则与重整程序的特殊规则结合起来。

1. 列入经人民法院批准的重整计划中的债权

在重整程序中,管理人对债权人申报的债权进行审查,并编制债权表,提交第一次债权人会议核查。债务人、债权人对债权表记载的债权无异议的,由人民法院裁定确认。该债权表作为重整计划的一部分,只有经过法院裁定才具有法律效力。《公司注册资本登记管理规定》也明确规定列入经人民法院批准的重整计划中的债权可以转股。

2. 人民法院生效裁判确认的补充申报的债权

我国《企业破产法》第 56 条规定,“在人民法院确定的债权申报期限内,债权人未申报债权的,可以在破产财产最后分配前补充申报”。管理人对债权只有审查权,没有裁决权。对于债权人补充申报的债权也应当由法院裁判才具有法律效力。经人民法院生效裁判确认的补充申报的债权符合《公司注册资本登记管理规定》规定的第二种情形,可以进行债转股。

3. 重整计划中列明的债权是否适宜债转股问题

毫无疑问,《公司注册资本登记管理规定》以部门规章的形式明确“经人民法院生效裁判确认”或者“列入经人民法院批准的重整计划中的债权”可以债转股。但在具体的实务操作中,可以债转股并不意味着适宜债转股。在债转股的过程中,必然伴随债权价值的打折,债权人通常将债权的一部分进行转股,另一部分保留为债权或者灭失。企业的生产经营也需要保持一定的负债水平,并非零负债经营就是最好的经营模式。笔者认为,税金债权和社会保险债权可以全额清偿,普通债权和职工债权更适宜进行债转股。至于有财产担保债权,在担保权人放弃担保物的情况下可以进行债转股,否则以担保物的评估价值为限进行清偿,超过部分按照普通债权进行处理。

(三)债转股的模式

债转股的实施,必然涉及公司股东人数的增加和股权结构的调整。在我国现有的公司法框架下,增资扩股以及股权转让均可以实现增加股东人数的目的。重整实务中,债转股的操作模式也围绕着增资扩股与股权让与展开。

1. 增加注册资本模式

即债权人将其依法享有的对公司的债权转为对公司的投资,增加公司注册资本的模式。这种模式先后被《公司债权转股权登记管理办法》以及《公司注册资本登记管理规定》确认。在增资扩股模式下,只需要按照一定的比例将债权人的债权转为公司的股权,不会改变老股东的出资额与持股数量,但会增加公司注册资本,并带来股权结构的变化。无论债务人规模大小,均可以适用。但要注意转股比例不恰当伴随的注册资本出资不实风险。

2. 股权让与模式

即不改变公司的注册资本,股东将其股权转让给债务人抵偿债务的模式。这种模式的适用具有局限性,主要适用于公司与股东互相承担连带责任的情形。由于融资比较困难,民营企业的股东通常会对公司的债务提供担保,承担连带责任。在有限责任公司与一人公司中,也存在公司与股东个人财产混同的情况。在破产重整过程中,公司与股东一荣俱荣、一损俱损,无论是承担主债务人责任还是担保责任,均需要对债权人承担还款责任。此时股东会愿意拿出一部分股权分给债权人,抵销公司债务。当然,即使股东不对公司债务承担连带责任,仍愿意将股权转让给债权人,也是可以适用的。由于此种模式,不会改变公司的注册资本,因而不存在注册资本出资不实的法律风险。

虽然现有的部门规章将重整程序中的债转股定义为转股增资行为,但其本质仍是一种偿债行为。股权让与模式内生于公司法的股权转让规定,同样可以实现以股偿债,减轻公司财务负担的目的。两种模式殊途同归,各有其优越性。管理人应当根据债务人企业的实际状况,选择适宜的债转股模式。

三、我国重整程序中债转股的几个具体法律问题

重整程序中的债转股主要围绕着重整计划的制订、批准与执行展开。在重整计划的制订阶段会涉及不同债权人之间的利益冲突以及出资人组表决与股权权益调整问题,在重整计划的批准阶段会涉及法院强制批准重整计划的标准问题,在重整计划的执行阶段面临着股权质押的操作困境与转股后的股权退出机制问题。由于我国重整程序中没有关于债转股的具体法律规范,在遇到债转股的具体问题时,只能由破产管理人根据自己的经验,"摸着石头过河"。这非常不利于重整实务的开展。笔者结合自己的破产重整实践,提出几个共性的问题,以供探讨。

(一)债权人之间的利益冲突

我国破产法将重整程序中的债权分为普通债权、有财产担保债权、职工债权、税金债权和其他社保债权。其中,普通债权人与有财产担保债权人之间的利益冲突是企业破产重整的最大阻碍。普通债权人主要来自民间借贷以及上下游供应商,没有抵押物做担保,与破产清算获得较低的清偿额相比,他们更愿意进行债转股,寄希望于公司未来的盈利状况。而有财产担保债权人则相反,他们更加看重企业的当前价值。如果债务人的财产被设立了担保物权,如抵押权、质权和留置权,那么担保权人就会对这些财产享有优先受偿权。由于破产重整的执行期限较长,且未来的盈利水平存在诸多不确定性,有财产担保债权人更倾向于选择破产清算,即使会损失一部分投资,也可以获得即时清偿。在以债转股为主要内容的重整方案的制订与表决中,有财产担保债权人的反对会成为重大的阻力。

为了缓解普通债权人与有财产担保债权人之间利益冲突,在制订重整计划的时候必须贯彻公平原则。首先要合理确定普通债权人的转股比例,使企业的负债水平维持在合理的水平。其次要分情况对待有财产担保债权,对于愿意债转股的债权人,在放弃对担保物的优先受偿权的前提下可以进行债转股;对于不愿意债转股的债权人,可以按照担保物的评估值制定合理的还款期限进行清偿,并给予利息补偿。

另一个现实的问题就是银行债权不能转为股权,这会直接导致银行债权人与其他债权人之间的利益冲突。我国限制商业银行直接参与股权投资业务,源于传统的银企分立规则以及控制混业风险的考虑。20 世纪 90 年代,商业银行通过假回购、真拆借将自有资金放大杠杆后进入股票市场,甚至通过国库券假保管单等形式把企业生产资金、居民存款骗入市场,操纵股价。这极大地提高了金融系统风险,直接导致 1995 年出台《商业银行法》,禁止商业银行直接从事股权投资业务。① 我国《商业银行法》第 43 条规定:“商业银行在中华人民共和国境内不得从事信托投资和证券经营业务,不得向非自用不动产投资或者向非银行金融机构和企业投资,但国家另有规定的除外。”

从世界范围来看,德国、法国、日本均允许银行持有企业股份,美国虽然禁止,但当企业债务重组时,银行也可以持有企业的股份,只是需要在一段时间后卖掉所持有的股份。② 随着我国经济的发展和金融业改革的推进,银行资本与产业资本的融合也成为不可阻挡的趋势。我国应当参考美国的立法,在重整程序中,允许拥有大量沉淀资金的银行直接持有企业的股权,提高股权的投资力度,化解债务规模,从而降低商业银行的不良贷款和企业的财务杠杆率。囿于我国现行《商业银行法》的规定,实践中可考虑设定一定的规则,在企业重整成功后一定时间内,以满足银行的债权清偿额为前提,由重整企业强制回购期股权予以注销。

(二)出资人组的表决规则问题

传统的观点认为,股权的内容包括自益权和共益权。共益权以自益权为基础,是为了保障自益权的实现而设立的。股东的表决权应当建立在股东对公司的出资以及股权具有财产价值的基础上。当公司资不抵债进入破产重整程序时,公司的净资产为负,股东不再对企业的资产享有任何权益,也不应当对重整计划进行表决。我国台湾地区规定公司无资本净值时,股东不得行使表决权。日本《公司更生法》也规定,公司有破产原因时,股东没有表决权。③

---

① 参见尹宏祯:《商业银行参与股权投资业务模式研究》,载《西南金融》2016 年第 6 期。

② 参见祝继高:《银行与企业交叉持股的理论与依据——基于国际比较的研究》,载《国际金融研究》2012 年第 2 期。

③ 参见陈英:《股东在破产重整中的法律地位及立法规制重心》,载《山东警官学院学报》2012 年第 5 期。

另一种观点认为,企业的价值包括清算价值和营运价值两个衡量指标。营运价值,是指企业的净资产通过清算变现所能获得的价值回收,营运价值则指企业作为营运实体的财产价值。通常情况下营运价值都会高于清算价值。[①] 重整企业能够进行债转股的根源是其仍然具有一定的营运价值。因此,不能以股权没有清算价值为由否认股东的表决权,股东仍然是企业重整中不可或缺的一股力量。我国《企业破产法》第 85 条规定,"重整计划草案涉及出资人权益调整事项的,应当设出资人组,对该事项进行表决"便体现了这种观点。

虽然我国《企业破产法》赋予了出资人对重整计划的表决权,但并未明确出资人组的表决规则,出资人表决结果对重整计划的影响仍然存在不确定性。在重整程序中进行债转股,无论是采用增资扩股模式还是股权让与模式,均会涉及出资人权益调整问题。如何调整出资人权益,参照什么样的标准进行调整便成为破产管理人谨慎思考的问题。

在司法实务中,关于出资人组的表决究竟应该适用股东会表决规则还是适用债权人会议表决规则一直是争议较大的问题。股东会表决规则要求出资人组对重整计划中涉及出资人权益调整事项的表决,需经参与表决的出资人所持表决权 2/3 以上通过。债权人会议表决规则要求出席会议有表决权的股东过半数同意股东权益调整方案,并且其所代表的股权金额占与会股东表决权 2/3 以上时,才视为出资人会议通过股东权益调整方案。[②] 与股东会表决规则相比,债权人会议表决规则更加严苛,对表决人数和表决比例存在双重标准的要求。

笔者认为,出资人组的表决应当适用股东会的表决规则。重整制度的根本目的是促进债务人企业经营复苏以及最大限度地保护债权人的利益。股东利益不是破产法的核心价值,不应当作为优先保护对象。只有在债权人的利益得到满足之后才能实现股东的利益。公司股权价值的上升也是以企业重整成功为前提的,因此出资人组的权益调整要以重整计划的顺利实施为导向。由于破产重整对债权人来说具有较大的风险性,债权人有可能不能获得即时清算的清偿率,法律在确定债权人会议表决规则的时候制定了双重标准,以期更大限度地保护债权人的利益。在重整程序中,股东利益的价值本位应当劣后于债权人利益价

① 参见王卫国:《论重整制度》,载《法学研究》1996 年第 1 期。

② 参见刘敏、池伟宏:《法院批准重整计划实务问题研究》,载《法律适用》2011 年第 10 期。

值本位。在重整程序中进行债转股,必然会涉及股东利益的调整问题,如果采取与债权人利益相同的保护标准,出资人权益的调整将会变得举步维艰,无疑会阻碍重整计划的通过。此外,出资人组的构成和组织方式都和公司股东会完全相同,当特别法(《企业破产法》)没有对表决程序进行特别规定的情况下,应当适用一般法的规定。因此出资人组的表决标准应当适用公司法的股东会表决规则。虽然破产法对于出资人的保护力度低于债权人,但出资人对于公司的财务状况、行业发展更加熟悉,对转股后的公司经营具有不可替代的作用,出于公平保护出资人的合法权益的需要,应防止管理人与债权人过分调整出资人权益。

(三)法院强制批准重整计划的标准

破产重整是在法院的主持下进行的,法院对于重整计划具有最终的批准权。在重整程序中进行债转股,会涉及多方利益的冲突与调整,不可能每个债权人都对重整计划投赞成票,将重整计划的通过完全寄托于债权人会议是行不通的。法律基于优化配置社会资源和社会整体效率的考虑,在确保当事人利益平衡的条件下,赋予了法院强制批准重整计划的权力。但出于公平和公正的考量,法院的强裁权不应滥用。法院强制批准重整计划,应当符合公正的程序和公平的标准,既要达到挽救企业的目的,又要满足各方当事人特别是债权人的基本利益诉求。一般来说,法院强制批准重整计划应当从以下三个方面进行考量。

第一,重整计划的内容应当符合破产法规定的条件。除了各表决组均通过重整计划外,我国《企业破产法》第 87 条规定了法院强制批准重整计划的 6 个条件,包括:(1)有财产担保债权就该特定财产将获得全额清偿,其因延期清偿所受的损失将得到公平补偿,并且其担保权未受到实质性损害;(2)职工债权和税款将获得全额清偿;(3)普通债权所获得的清偿比例,不低于其在重整计划草案被提请批准时依照破产清算程序所能获得的清偿比例;(4)重整计划草案对出资人权益的调整公平、公正;(5)重整计划草案公平对待同一表决组的成员,并且所规定的债权清偿顺序不违反法律规定;(6)债务人的经营方案具有可行性。因此,法院在强制批准重整计划时应当公平对待所有债权人以及所有的出资人,并谨慎判断经营方案的可行性。

第二,要区分"僵尸企业"与有潜在生存能力的企业。时任工信部副部长冯飞认为,"僵尸企业"是指已停产、半停产、连年亏损、资不抵债,主要靠政府补贴和银行续贷维持经营的企业。① 这类企业本身就存在产能过剩、恢复无望等问题,不应该强制批准该类企业的重整计划,应当遵循市场规律关闭破产。而对于有潜在生存能力,只是受经济周期波动处于经济困难期的企业,法院可以强制批准其重整计划,以股权换时间,为企业发展赢得生机。

第三,要兼顾社会利益与社会责任。重整制度的社会本位立场是相对的,其前提是公平保护债权人、债务人和其他利害关系人的利益,不能以牺牲债权人利益为代价挽救债务人。② 对企业进行破产清算,通常会导致大量职工失业、许多借贷者间接破产等问题,法院在强制批准重整计划的过程中,通常会考虑社会利益与社会责任。但这并不意味着,法院要将维护社会公共利益作为强制批准重整计划的主要标准。因为企业无论大小,均承担着一定的社会责任。若将企业重整失败可能导致的劳动者就业压力、产业结构调整等社会需求全部考虑为社会利益,③那么所有企业都应该破产重整而不是破产清算,所有的重整计划都应该被批准。因此,法院在强制批准重整计划的时候应当兼顾社会利益,而不是将社会利益作为主要衡量标准。

(四)股权质押的操作困境

以债转股对债务人进行破产重整,必然会面临股权结构变动及工商登记变更问题。重整企业股东持有的股权常常会因为股东的债务关系而存在权利质押,而股权归属的变动又会影响质押人行使权利。由于债转股会稀释每股净值从而影响质权人权益,会使质押股权的比例发生变动,一般情况下工商局不会办理变更手续。只有解除股权限制或者质权人同意才能够顺利增资扩股和转让股权。出资人的股权质押分为三种情况,分别为股东为破产债务人的债务出质、股东为股东个人债务出质以及股东为他人债务出质。无论是哪种情形,在调整股权结构时必须坚持以下三个原则。

第一,自主谈判原则。破产重整本就是一个各方利益博弈的过程,只有通过

① 《"僵尸企业"已有明确定义》,载光明网:http://economy.gmw.cn/newspaper/2016-02/26/content_111196905.htm,最后访问日期:2016年7月9日。

② 参见宋晓明、张勇健、刘敏:《解读〈最高人民法院关于正确审理企业破产案件为维护市场经济秩序提供司法保障若干问题的意见〉》,载最高人民法院民事审判第二庭编《商事审判指导》(2009年第4辑),人民法院出版社2010年版,第31页。

③ 参见邹海林:《法院强制批准重整计划的不确定性》,载《法律适用》2012年第11期。

妥协让步实现利益平衡,债务人才能重整成功。质权人或作为债权人或作为相关人,对于企业重整都存在利益诉求。应当允许质权人参与重整谈判,争取自己的合法权益,从而减少股权调减障碍及工商变更登记障碍。

第二,债权人利益优先原则。股权质押担保具有间接性,质权人并非公司的债权人,因而其只能对出质人质押的股权剩余价值行使优先受偿权。在清偿顺序上,股权质押权人只能礼让公司的债权人而不能凌驾于公司的债权人之上。① 当公司不能清偿到期债务,并且资产不足以清偿全部债务或者明显缺乏清偿能力时,公司的所有者权益为负,质权人的股权质权没有财产价值。只有公司重整成功使公司营运价值增加,质权人才能得到对应股权带来的机会收益。故而质权人的利益应当礼让公司债权人的利益。

第三,质押股权应当以调整后的出资人股权为限。股权质押具有物权特征,其担保功能作用于出质人持有的股权上。出质人的股权在重整计划中被调减之后,质押比例也应当随之调减。质权人权利的变动应当与出资人保持一致。

管理人在制订重整计划时,要充分考虑各方的利益诉求。对于质押股权应当在坚持三个原则的前提下,区分不同情况合理对待股权质押权人,从而保证重整计划股权调整事项顺利进行。

(五)转股后的股权退出机制

重整程序中债权人转股是为了在合适的时机将股权出售变现,收回原债权,而不是以主人的身份长期参与公司的治理。因此,转股后的股权退出机制就显得尤为重要。笔者认为,可以通过股权回购和股权转让两种途径来解决这个问题。

股权回购属于公司法上的减资行为,如果转股后的新公司回购股东股权,必须要履行我国《公司法》上的减资程序并召开股东大会。这属于股东权利及公司治理的问题,任何第三方均不能干涉。新股东也就是原债权人想要通过这种方式退出公司是非常困难的。而在破产重整程序中,股东会的权利受到限制,重大事项的决策需要通告债权人会议,或报经人民法院许可。笔者认为,可以在重整

---

① 参见徐海燕:《有限责任公司股权质押效力规则的反思与重构》,载《中国法学》2011 年第 3 期。

程序中为股权回购预留空间。具体做法可以参考对赌协议,将股权回购条款写入重整计划,作为债权人会议表决的一部分。

此外,新股东也可以通过股权转让方式退出,包括公司法意义上的股权转让和上市退出两种方式。与一般的股权转让相比,上市退出是最积极、最有效的退出方式。如果债务公司是上市公司,则可以直接在股票市场转让。如果债务人不是上市公司,在进行债转股的时候就需要将公司改制为股份有限公司,并将上市作为企业的未来的经营目标。只有这样,新股东才能在资本市场自由买卖股票,及时出售股权并收回投资。

四、结　　语

在重整程序中,债转股是减轻企业财务负担、恢复其营运能力的重要工具,也是提高债权人清偿率、以股权换时间的有效手段。债转股在重整实务中已有探索,但一直缺乏明确的法律依据及具体的操作准则,给实践应用带来诸多不便,造成司法资源的重大浪费。因此,有必要对现有法律规定作出修正,为破产重整中债转股的操作预留必要空间。在既定法未作修改之际,最高人民法院及时出台相关的司法解释,对债转股企业的选定、可转股债权的判定以及具体的操作模式进行规定,对债转股中遇到的具体问题进行指导,不失为补遗之良策。唯有如此,债转股重整实务才能有效开展,债权人、债务人以及社会利益才能得到最大的保障。

值得欣慰的是,在本文完成之时,恰逢国务院《关于深化投融资体制改革的意见》发布,其中,鼓励银行以适当方式持有企业股权的规定,印证了作者在文中的一些想法,也体现了国家顶层对以债转股方式挽救企业的重视。笔者相信,在依法治国的背景下,有关的破产重整中债转股的法律障碍将在不远的将来会得到彻底解决。

“债权股”在破产重整程序中的适用与规范

张亚琼[*]

“债转股”即债权转股权，是指企业债权人将其对该企业的债权转变为对该企业的股权投资的行为或制度。广义上的“债转股”在我国表现为政策性债转股、非政策性债转股和可转换公司债券转换为股票三种形式。[①] 本文仅从狭义的角度讨论非政策性债转股在破产重整程序中的适用问题。在我国立法制度层面，鲜见关于“债转股”的直接法律依据，但在实务操作中，我国企业破产重整程序中存在大量适用“债转股”的案例，在一定程度上显示了“债转股”的自身合理性和制度生命力。本文从我国的司法应用实践出发，在对债转股的法律性质和制度价值进行理论解析的基础上，试图就“债转股”在我国破产重整程序适用中存在的问题提出规范与完善的路径。

---

* 法学博士，湖北山河律师事务所律师。

① 政策性债转股，是指为解决国有商业银行的不良贷款，把不良贷款债权转让给资产管理公司，由资产管理公司将对企业的债权转变为股权，从而免除企业对银行的债务的国有企业改制行为；非政策性债转股是指通过自主协议和合同安排将债权人对企业的债权转变为股权投资的行为；可转换公司债券是指公司依法定程序发行的，债券持有人依自己的意愿在一定期间内根据约定条件转换为发行公司股份的公司债券。参见程春华：《非政策性企业债转股与我国法律制度的冲突及融合》，载《南昌大学学报》（人社版）2004 年第 2 期。

一、实证考察:“债转股”在我国破产重整程序中的应用与实践

(一)“债转股”在非上市公司重整中的适用

由于非上市公司不存在与上市公司一样的强制公开披露义务,难以对所有非上市公司重整情况进行全面收集整理。但可以通过考察典型案例,来管窥“债转股”在非上市公司重整中适用的大致状况。

案例1:“焕发排栅”破产重整案。佛山市焕发排栅工程服务有限公司是佛山地区搭棚工程龙头企业。2014年7月该公司实际控制人因资金链断裂“失联”,引发公司破产危机。后佛山市中级人民法院裁定受理两位主要债权人先后提交的破产重整申请书,公司进入破产重整程序。2015年1月“焕发排栅”公司第三次债权人会议高票通过重整计划草案。根据该重整计划,选择债转股的债权人将其对焕发排栅的债权置换成相应的股权,并为选择减债偿还的债权人提供一般保证担保;选择减债偿还的债权人通过现金方式受偿,受偿率将不低于11.054%;出资人权益被强制调整为零。该案后被誉为“佛山首家破产重整成功的企业”。①

案例2:“南望集团”破产重整案。2008年5月杭州市中级人民法院受理债权人要求对南望信息产业集团重整的申请。在重整程序中,意向战略投资人退出,曾导致重整计划草案的制订“难产”。后管理人提出了以“债转股”为核心内容的计划草案:债权人可自行选择是否债转股,选择债转股的债权人以零价格受让原出资人股权,并为未选择债转股的普通债权人提供按份一般保证的担保责任;不参与债转股的债权人的债权在重整计划监督期满之日起一年内偿付,偿债比例不低于22.51%;强制调整出资人权益为零。该方案在债权人会议获得高票通过。2011年2月法院裁定确认管理人监督期限届满,南望集团按照重整计划减免的债务不再承担清偿责任。②

---

① 参见黄文冠:《以债转股,焕发排栅成功破产重整》,载《南方都市报》2015年1月19日,FB23版;庞文彬:《焕发排栅兑现破产重整承诺发放债权人清偿款近500万》,载《佛山日报》2015年2月7日,A7版。

② 参见汤海庆、施迎华:《民营企业破产重整之司法探索——南望信息产业集团有限公司重整案的总结与反思》,载《法治研究》2011年第12期。

在我国非上市公司中,适用债转股并获得重整成功的案例还有昆明聚仁兴橡胶有限公司破产重整案等。对上述案例进行分析,可以发现“债转股”在非上市公司重整中的适用具有如下特点:

第一,赋予债权人是否“债转股”的选择权。为充分保护债权人权益,保证重整计划草案的可行性,非上市公司重整中大多允许债权人选择是否将债权转变为对债务人的股权,还是直接以现金方式获得清偿。毕竟,对大多数债权人而言,除非具有一定的投资实力和经营管理能力,选择现金方式使债权得到清偿更具安全性。

第二,从偿债股权的来源来看,一般都将原出资人股权强制调减甚至清零,转股后的债权人成为新股东。多数债务人企业进入破产重整程序时已达到资不抵债的状态,出资人的股权的实际价值已经虚化,在清算条件下,出资人将得不到任何剩余资产,其股权也已失去价值。因此,为挽救破产企业,在重整程序中将出资人股权强制调减甚至清零,并不损害出资人的权益。

第三,从普通债权权益保护的角度来看,适用债转股后,选择债转股的债权人成为公司新的股东和管理层,并需要为未选择债转股的普通债权人提供按份一般保证的担保责任。从普通债权的清偿比例来看,大多企业普通债权的清偿率为10%~30%,但均略高于该企业在清算条件下的普通债权清偿率。如在南望集团重整案中,重整计划草案中确认普通债权人在清算条件下的偿债比率为16.02%,重整条件下普通债权的偿债比率不低于22.51%。

(二)“债转股”在上市公司重整中的适用

据初步统计,自2007年6月至2016年5月,我国深、沪两市共有48家上市公司进入重整程序。截至2016年5月31日,除*ST舜船重整计划草案尚未制订公布外,其余47家上市公司中,有21家公司采用了“债转股”方式进行偿债,占全部上市公司的44.68%。[①] 通过对该21家公司的偿债方式、偿债来源、出资

① 这21家公司分别为:*ST宝硕、S*ST星美、S*ST长岭、*ST华源、*ST九发、S*ST鑫安、*ST北生、S*ST新太、*ST夏新、*ST秦岭、*ST深泰、*ST盛润A、*ST创智、*ST源发、*ST金顶、*ST科健、*ST宏盛、*ST中基、*ST中华A/*ST中华B、*ST凤凰、*ST长油。本文有关上市公司重整的数据,如无特说明,均来源于巨潮资讯网、上海证券交易所、深圳证券交易所官方网站。

人权益调整方式、比例以及普通债权清偿率等几项指标进行数据整理和分析,可以发现:

第一,债转股作为债权清偿方式之一,在上市公司重整程序中极少被单独适用,仅 * ST 深泰一家,其余均为债转股与现金清偿等方式并用。

第二,在偿债股份来源上,存在出资人直接让渡股份抵债、资本公积金转增后的股份让渡抵债、缩股等多种方式。其中 * ST 宝硕等 14 家公司采取出资人直接让渡股份抵债的方式; * ST 北生、* ST 凤凰 2 家公司仅采取资本公积金转增后的股份让渡抵债的方式; * ST 科健等 4 家公司同时采取了出资人直接让渡股份抵债、资本公积金转增后的股份让渡抵债的方式; * ST 华源采取了先缩股再由出资人让渡股份抵债的方式。

第三,从出资人让渡股份对"债转股"的贡献来看,绝大多数公司的重整计划均按照不同股东类型规定了不同的让渡比例。其中,大股东(包括控股股东、非流通股股东)的让渡比例一般较高,中小股东多为流通股股东,让渡比例较低。总体来看,适用"债转股"的上市公司中,多数公司出资人让渡的股份比例在 20% ~40%。

第四,从普通债权人权益保护角度看,在适用"债转股"的上市公司中,重整计划规定的普通债权清偿率在 50% 以上的仅有 4 家,即 * ST 北生、* ST 秦岭、* ST 源发、* ST 中基,其余上市公司普通债权清偿率的均在 10% ~30%。

(三)小结与反思

通过对"债转股"在我国破产重整程序中应用的实证考察,有几个问题值得关注和深入思考:

其一,债转股被广泛运用的现状与我国立法规定依据缺失形成了鲜明对比。通读我国《企业破产法》和《公司法》可以发现,几乎没有关于债转股的明确规定,但司法实践中债转股被广泛运用,反映了其作为一种重整工具具有自身的制度合理性。那么,债转股的法理依据是什么?其存在的法理基础与制度价值有哪些?

其二,债转股在破产重整程序中必然涉及出资人股东与债权人利益冲突与博弈问题。在司法实践中,应当遵循何种司法准则来处理两者之间的冲突并取得利益平衡值得深入研究。

其三,在破产重整程序中适用债转股,必然会涉及股权、债权等多重法律关系;在法律适用上,必然会涉及破产法、公司法等相关部门法之间的相互协调问题。如何面对部门法及具体法律制度之间的冲突与平衡,也是立法与司法者值得关注的问题。

二、法理解析:"债转股"的法律性质与制度价值

在理论界,"债转股"的合法性是存在争议的,反对的理由主要是债权不能作为对公司的出资。尤其在大陆法系国家,普遍对以债作股持禁止态度,否则将危及公司资本充实原则。[①] 我国也有学者认为,基于社会信用状况不理想的现状,从维护社会经济秩序、保障公司、其他股东及债权人利益的角度考虑,我国对债权出资目前不宜完全放开,而应当采取区分不同情况、有限度允许、分阶段推进的态度。[②] 但在破产法上,在重整程序中允许债权人将其债权转为股权是各国之通例。这是由于重整程序中的"债转股"具有独特的法理基础和制度价值。

(一)破产重整程序中"债转股"的法律性质

在适用债转股的破产重整程序中,债转股作为一种重要的偿债方式,涉及出资人权益调整、债权分类及调整、债权受偿等多个环节,无疑是重整计划中最为重要的内容之一;债转股是否能被顺利实施,不仅涉及债权人、债务人及出资人等多方主体之间的利益平衡,而且关系到公司营运价值持续、职工利益保护甚至社会秩序稳定等方面。因此,考察债转股的法律性质应从多个维度进行分析。

首先,债转股是以协商合意为基础,在债权人、债务人及出资人等多方主体之间达成以股抵债或以债换股的"自治式的债务融资契约"。[③] 如果说破产重整计划是由各方利害关系人达成的旨在谋求债务人再生和清偿债务的一系列协议,[④]那么债转股无疑是其中重要的一项。就债权人与出资人之间的相互关系而

---

① 参见冯果:《"债转股"的若干法律问题》,载《武汉大学学报》(人文社会科学版)2000 年第 1 期。

② 参见赵芬萍、王欣新:《论债权出资》,载《法学杂志》2006 年第 5 期。

③ 参见王佐发:《公司重整制度的契约分析》,中国政法大学出版社 2013 年版,第 53 页。

④ 参见付翠英:《破产法比较研究》,中国人民公安大学出版社 2004 年版,第 265 页。

言,出资人的清偿顺序排在债权人之后,债转股完成后,债权人以其对公司的债权作为出资,“是使其地位向比作为股东的清偿地位的资金提供者后退的,所以对其他债权人及将来的债权人来说是有利的行为”。[①] 这也是债转股能够被广泛运用的合理性基础。同时,为实现挽救企业同时兼顾各方利益的目的,从重整计划草案制订者决定采取债转股,到重整计划草案的表决,到最后重整计划执行完毕,债转股的每一步无不充满协商、谈判的色彩。例如,出资人权益调整的比例,债权人是否同意以股抵债,以及获得抵债股权的多少,债务人的债务在多大程度上得到豁免,均需要各方利害关系人进行谈判和协商,并初步达成双方或多方的合意。可以想象,如果仅凭草案制订者的一厢情愿,不顾及债权人、出资人意愿而制订的包含债转股方案,一定不会得到债权人大会的表决通过。即使被法院强行裁定批准,在重整计划实施阶段也会困难重重,甚至搁浅。

其次,重整程序中债转股是通过利益相关方为使公司摆脱困境、维持公司营运价值,通过共同分担损失而进行的新的整体利益安排。“比起清算程序中的安排,重整程序摒弃了一些国家强制干预的色彩,在鼓励当事人尽可能通过谈判与妥协达成最佳解决方案的同时,又突出强调了破产重整法律和司法权力对重整计划的影响和作用。”[②]从这个角度出发,在债转股方案的协商、制订和实施的过程中,不仅要考虑当事人之间的意思自治,而且还须遵从法定规则和重整目的,并预测法院根据法定规则对方案可能采取的处理结果,以充分保障最终的法律效果。例如,在个别当事人利用其强势地位胁迫利益相对方接受债转股方案并损害其合法利益时,司法权力就有必要进行适度干预,以保障重整计划的公正性。

最后,债转股是重整计划中重要的程序设计和安排,经法院批准后对各方利害关系人包括反对者均产生法律约束力。重整程序中的债转股涉及利益关系主体众多,不同类型的主体诉求必然不同,即使在同一类型的利益关系主体内部,各个当事人自身的利益诉求也会千差万别。如果仅靠当事人之间的协商自治,债转股方案的设计、确定和执行就会面临大量复杂的利益博弈关系,难以实现重整的效率优势。因此,为避免程序上的拖延,保证重整利益分配的及时与公正,

---

① 张穹主编:《新公司法修订研究报告》(中册),中国法制出版社2006年版,第248页。

② 丁燕:《上市公司破产重整计划法律问题研究:理念、规则与实证》,法律出版社2014年版,第17页。

包含债转股方案的重整计划尽管不是严格意义上的司法文书,但经过法院裁定批准后,即对包括反对者在内的各方利害关系人均产生法律约束力。

(二)破产重整程序中"债转股"的制度价值

债转股属于利害关系人就公司重整持续经营价值的再次分配,因此对各方利益关系主体及重整程序具有重要的法律意义和制度价值,主要体现在:

第一,债转股有利于在公平高效的原则下实现债权人、出资人等各方主体对公司持续经营价值的重新分配。在非上市公司重整中,选择债转股的债权人一般都具有一定投资和经营管理能力,成为新股东后可以及时接管企业,调整自身资产结构,实现资产保值增值;对于出资人而言,尽管其在非上市公司中的权益被强制调减或清零,但其可以借股权抵债摆脱公司"烂尾"困境。在上市公司重整中,债权人可以通过债转股受让公司股份,从而期待重整程序完成后公司持续经营能力得以改善,实现股份价值的最大化;对于上市出资人而言,在债转股完成后其股份将被让渡、稀释或缩减,其可以此为代价支持公司的后续发展和复苏,继而最大化实现剩余股份的价值。

第二,债转股能使债务人快速调整资产负债结构,提高重整效率。对于陷入财务困境的债务人企业来说,实施债转股可以使其免予向债权人实际支付偿债资金,增加公司净资产,保证债务人生产经营资金更加充裕。同时,重整中的债转股,几乎可以同时完成债权人向债务人公司收回债权、向公司出资以及调整公司股权结构等多重程序,大大减少了平时需要的众多利益主体之间大量的谈判、博弈环节,因此其效率价值也值得肯定。还有,实务中有不少债务人是因其控制股东不尽责、不能履行股东法定义务导致陷入破产境地的,债转股实施后的股权结构调整也很可能带来公司经营管理层的调整,使债务人可以及时摆脱旧的经营管理窠臼,助力脱困复苏。

第三,债转股作为重整计划中重要的程序安排,还具有重要的程序价值。程序规定的内容在很大程度上是一种角色规范,是消除角色、保证分工执行顺利实现的条件设定,这种向外部开放的负责体制、归责方式能够限制恣意。[①] 在适用债转股的重整程序中,债转股方案是重整计划的重要核心内容,它能够在很大程

---

① 参见季卫东:《法律程序的意义》,中国法制出版社2004年版,第26页。

度上为重整人实施重整行为提供规则依据,并指导重整程序渐趋深入。可以说,具有合理性和可行性的债转股方案能为各方利害关系人提供程序的规则性和公平性,从而促进重整迅速、及时进行,提高重整效率。

但是应当看到,尽管债转股在重整程序中具有一定优势,也毕竟只是诸多重整操作模式中的一种,[①]并非所有的重整程序均可以适用债转股,它也有其自身的局限性:一是债转股并不直接增加企业现金流,即使减轻了企业的还债负担,但并不解决融资难题;二是对于上市公司来说,债转股后将使公司总股本增加,摊薄每股净资产,这对公司原投资人是不利的;三是银行等金融机构一般最为大债权人,可能不愿意接受债转股,就可能导致重整计划草案难以表决通过。因此,对于重整企业来说,是否采用债转股模式进行破产重整,要视具体情况而定,切忌盲目操作。

三、问题意识:"债转股"在我国破产重整程序适用中的问题与困惑

(一)立法依据不足

截至目前,关于非政策性债转股的最直接的法律依据有二:

一是 2003 年 1 月 3 日最高人民法院公布的《关于审理与企业改制相关的民事纠纷案件若干问题的规定》(以下简称《企改规定》),该规定第五部分对"企业债权转股权"首次进行了原则性肯定,内容仅 3 条,其中第 14 条第 1 款规定:"债权人与债务人自愿达成债权转股权协议,且不违反法律和行政法规强制性规定的,人民法院在审理相关的民事纠纷案件中,应当确认债权转股权协议有效。"

二是 2011 年 11 月 23 日国家工商行政管理总局颁布的《公司债权转股权登记管理办法》(以下简称《债转股办法》),其中第 3 条第(3)项明确规定,公司破产重整或者和解期间,列入经人民法院批准的重整计划或者裁定认可的和解协议的债权可登记为股权。该办法还对债转股的相关条件和登记程序进行了具体规定。

---

① 参见吴正绵:《破产重整操作模式之律师实务研究》,载《法治研究》2010 年第 2 期。

在法律规定缺位的情况下,上述规范性文件对于指导破产重整中债转股的实践无疑具有积极意义,尤其是《债转股办法》具有较强的针对性。但是在法律渊源上,《企改规定》属于司法解释,而《债转股办法》仅属于行政规章,两者的效力位阶均较低,不能解决债转股所涉及的部门法之间相互冲突的问题。加之理论界对"债转股"自身的合法性存在争议,这可能导致重整计划的制订者仍不能"理直气壮"地加以运用。同时,《企改规定》对债转股的规定极为原则,《债转股办法》在内容也更多偏重于对债权转股权后登记管理的行政程序性规定,两者均没有对债转股的适用范围、程序、效力等作出更准确的界定。

因立法依据不足,关于债转股在破产重整程序中适用的具体操作规则必定付之阙如。这些操作规则至少包括:(1)可转股的债权确定规则,即破产债权在何种条件下才能转为股权。(2)出资人权益调整规则。以股偿债必然涉及重整企业出资人权益的调整,那么出资人权益以何种方式进行调整?(3)股权分配规则,即用于偿债的股权应如何向债权人分配,如股权价格应如何确定,股权分配的时间限制等均需明确。这些立法依据不足、操作规则不明的情况直接导致在破产重整程序中债转股的操作无明确标准可供参照,方式各异,甚至出现任意适用损害当事人合法权益的后果。

(二)制度衔接不畅

制度衔接不畅,是指债转股实施过程中所涉及不同部门法或不同法律制度之间的冲突与调和问题。在破产重整程序中,债转股的实施至少需要与如下几个部门法或具体法律制度有所冲突:

第一,与破产法的冲突。例如,《债转股办法》第 7 条规定:"用以转为股权的债权,应当经依法设立的资产评估机构评估。"此条符合我国《公司法》第 27 条关于"对作为出资的非货币财产应当评估作价"的要求,但对于重整程序中已经列入经人民法院批准的重整计划的债权或已经经人民法院生效裁判确认的债权,如再进行评估调整债权价值显然并不恰当。

第二,与公司法的冲突。主要表现为:(1)债转股与公司法上资本确定原则的冲突。资本确定原则,是指公司设立时必须在公司章程中载明注册资本额,并由全部出资人认足或缴足。在债转股过程中,债权人以其债权向公司进行出资,但并不实际增加公司资产,这就意味着公司注册资本的悬空,这与资本确定原则显然有所矛盾。(2)债转股的生效与公司决议制度的冲突。债转股必然涉及出资人权益的调整,一般采用出资人直接让渡、资本公积金转增股份、缩股等方式。在公司法上,关于资本公积金转增股份、缩股等重大事项通常应为股东会决议方能生效。而在公司进入破产重整程序后,并不召开股东会或股东大会,由债权人会议中的出资人组会议取代。两者之间存在的差异会影响债转股效力的实现,有必要进行协调衔接。

第三,与物权法的冲突。债转股与物权法的冲突主要表现为公司股权被质押的情况下是否可以直接用以向债权人偿债。根据我国《物权法》第226条第2款之规定,股权出质后不得转让,但经出质人与质权人协商同意的除外。债转股过程中,如果对被质押的股权进行调整,在质权人不同意的情况下,应如何处理?从实务操作情况来看,在缺乏质权人提交的《质权人申请书》的情况下,仅凭法院批准重整计划的裁定,股权登记机构是拒绝办理过户手续的。这必然影响重整计划的执行。

第四,与民事诉讼法的冲突。债转股与民事诉讼法的冲突主要表现公司股权被冻结的情况下是否可以直接向债权人偿债。根据我国《民事诉讼法》第242条、最高人民法院《关于执行工作若干问题的规定(试行)》第52条之规定,被执行人不履行生效法律文书所确定的金钱给付义务的,人民法院可以冻结其在股份有限公司、有限责任公司以及其他企业法人中的股权或投资收益。在破产重整程序中,被冻结的股权是否能够用于向债权人偿债呢?实务中在缺乏查封法院出具的《协助解除查封通知书》的情况下,仅凭法院批准重整计划的裁定,股权登记机构同样拒绝办理过户手续。要使重整计划能够顺利执行完毕,就不得不协调查封法院及时解除冻结。这无疑增加了重整计划执行实施的难度。

(三)司法适用无度

前文已述,因关于债转股的立法依据不足及具体规则不明,导致其在我国破产重整程序中的适用无明确标准可供参照,实务中大量存在不规范操作甚至损害当事人利益的情况。

一个较为常见的情形就是债转股实施后,普通债权人的债权清偿利率大多要小于出资人股权保留的比率。如通过对实施债转股的上市公司进行考察可以发现,多数公司的普通债权清偿率为10%~30%,而出资人让渡的股份比例则在

20% ~40%,即其股份保留比例在60% ~80%,还要远大于普通债权清偿率。重整计划的制订者更偏重于依靠原股东引进重组方挽救债务企业,对债权人往往采取"打发"策略,其目的仅是获得表决通过。实际上,大多进入破产重整程序的债务人已处于资不抵债的境地,根据债权人优先的一般法理,如果债权人没有通过重整计划,则在债权人未得到全额清偿的情况下,股东是不应在重整公司中保留股权的。这种情形被学者称为"重整价值分配中的股东至上主义",并"使本应归属于普通债权人的重整价值被债务人公司的原股东享有了,实际上偏离了公司制度安排和重整制度的初衷,极易造成重整制度的滥用"。①

还有些非上市公司的重整中,在公司现金流极度匮乏的情况下,不考虑通过引入投资方等渠道多方融资,或在引入投资方失败后,强行适用债转股进行重整,并大幅削减普通债权的清偿率,引发债权人对法院及重整计划制定者的偏向性猜疑。例如,二泉特钢重整案,其重整方案不仅未获通过,债权人还频频投诉上访,最终导致重整失败,转入破产清算。②

四、未来前瞻:"债转股"在破产重整中的规范与完善

针对"债转股"在我国破产重整程序适用中存在的问题,应当及时采取有效措施,以规范操作,有效平衡并保护各方主体利益。

(一)立法完善

基于我国关于"债转股"立法依据不足的现状,笔者建议未来通过法律修改的途径,在我国《企业破产法》中明确规定,根据债务人公司的实际状况,重整计划草案可以采取将债权人的债权转为股权等方式进行债权清偿。同时,可通过司法解释等方式对债转股的具体规则予以确定,以厘清实务中的具体操作路径。

1. 可转股债权的确定规则

债权须符合如下条件方可转为股权:(1)原则上属于货币债权,或者经债务

---

① 贺丹:《上市公司重整:实证分析与理论研究》,北京师范大学出版社2012年版,第162~169页。

② 参见陆晓燕:《破产重整制度之"填白"路径思考——以多元价值的兼容并蓄为要诀》,载王欣新、郑志斌主编:《破产法论坛》(第10辑),法律出版社2015年版,第31~49页。

人或管理人书面同意转为货币债权的其他债权。非货币债权标的情况各异,在债务人破产重整状态下,除非确为公司生产经营必要,否则不宜转为股权。(2)具有确定性。在重整程序中,可以转作股权的债权须经管理人确认,并列入重整计划草案。因此,未申报债权和待确认债权不适于转为股权,否则,必然影响重整计划草案的制订和表决,拖延重整计划的执行期限,降低债转股和重整的整体效率。当然,未在申报期内申报和待确认债权,在重整计划执行完毕后仍受法律保护的,债权人可以按照重整计划规定的同类债权清偿条件向债务人主张权利。

关于具有不可转让性的债权是否能转为股权在实务中存在一定争议。具有不可转让性的债权包括人身损害赔偿金等具有人身依附性质的债权,以及根据合同性质不得转让的债权,如委托合同、出版合同等基于当事人特定身份订立所产生的债权。我们认为,在重整程序中债权是否具有可转让性并不影响债权人持有公司股权,只要此类债权属于货币债权或被依法转为货币债权,且经过管理人依法确认,应当允许其与其他债权一样转为股权。

2. 出资人权益调整规则

在英美国家,出资人权益的调整主要依靠当事人自由协商确定。而大陆法系国家一般对此进行明文规定。如韩国《统一倒产法》第194条规定,重整债权人、重整担保人或股东权利变更时,应明示被变更的权利,并应制定变更后的权利的内容。该法案还就出资人权益调整的方式和途径进行明确规定。我国《企业破产法》第81条仅简单规定重整计划可以对出资人权益进行调整,但对调整的内容和方式均未明确。在实务中,债转股一般会结合采用出资人让渡股权、资本公积金转增股份、缩股等方式对出资人权益作出调整,以确定用于偿债的股权来源。因此,有必要借鉴其他大陆国家的立法,对出资人权益调整的方式、途径和程序作出规定,并明确根据公司资产负债情况合理确定调整比例的原则:债务人资不抵债的,重整计划草案可以对出资人权益进行调整;债务人资产大于负债的,重整计划草案可以对出资人权益进行调整。① 当然,重整企业采用何种方式调整出资人权益,需要根据包括财务情况、是否有重组方、债权人意向等因素来具体确定。

---

① 参见郑志斌、张婷:《公司重整:角色与规制》,北京大学出版社2013年版,第354页。

3. 股权分配规则

主要包括以下方面的内容：

(1)合理确定股权分配的价格

实务中，上市公司与非上市公司的股权定价方式有所差异。上市公司的做法也各有不同：有的按照股票在重整中最后一个交易日的停牌价或者暂停上市收盘价作为标准，如 * ST 九发、* ST 凤凰；有的以股票暂停上市前或重整中暂停上市前 20 个交易日加权平均价作为标准，如 * ST 夏新；有的以中介机构对股权价值的综合分析结论作为标准，如 * ST 北生、* ST 金顶。比较来看，重整中的停牌价很可能是被股东恶意炒作的结果，暂停上市的收盘价则可能已不符合现有股市行情，简单地依据停牌价或暂停上市的收盘价作为定价标准都不尽合理。因此，建议结合上市公司在停牌前的状态、当时的市场公允价格、预期未来资产注入等因素综合考虑，必要情况下应由中介机构综合分析确定。

在非上市公司中，由于不存在考虑"壳资源"的价值问题，股权分配价格一般根据公司净资产价值来确定。如债务人资不抵债，则股权价值为零，债权人可以零对价受让股权，并根据债权额确定持股比例；如债务人资产大于负债，则根据净资产价值确定出资人股权保留的比例，以及转股后债权人的持股比例。

(2)限定股权分配的时间

为避免程序拖延，有必要对股权分配进行时间限制。如在重整计划草案中给予债权人现金分配和股份分配选择权的，应限定债权人选择权的行使时间，由债权人在规定时段内向债务人或管理人提交书面文件确认债权清偿方式及指定证券账户信息，否则视为放弃选择权，而由债务人或管理人自行确定。

(二)制度衔接

1. 与破产法的衔接

对于《债券股办法》规定的债权须经过评估才能进行债转股登记与破产重整程序不相协调的问题，建议先由管理人组织债权评估，再由人民法院确认评估后的债权价值，适当理顺不同程序之间的冲突。

2. 与公司法的衔接

(1)关于债转股与公司法上资本确定原则的冲突问题重整程序中的债转股的价值目标主要在于保护公司的营运价值，使公司财产价值的最大化；同时，重整计划经债权人大会表决通过或法院裁定批准后,视为债权人认可这种可能损害其债权利益的方案,或者视为在法律框架内不加重损害其债权利益。这与公司在正常经营状态下的债转股存有重大差别。因此,基于重整程序中债转股独特的制度价值,有必要在我国公司法上明确,在公司破产重整期间,列入经人民法院批准的重整计划的债权可以转为公司股权。

(2)关于债转股的生效与公司决议制度的冲突问题

由于公司进入破产重整程序后,其股东会或股东大会由债权人会议中的出资人组会议取代,债务人股东对债转股便不再具有完全的自主权力。因此,有必要明确在公司破产重整期间,重整计划草案中债转股方案涉及公司出资人权益调整的,经债权人会议表决通过,由人民法院裁定批准。当然,在重整计划草案制订过程中也应当尊重出资人的意见,在债权人会议讨论通过重整计划草案时充分考虑出资人组的表决情况。

3. 与物权法的衔接

基于如下理由,应当允许公司股权被质押的情况下直接用以向债权人偿债,而无须经过质权人同意:(1)重整程序中的股权调整并不实质损害质权人的利益。重整程序通过调整股权、债权人豁免债务、资产注入等方案,可以恢复甚至提高股权的实际价值。对于资不抵债的债务人而言,其股权已无实际价值。同时,在实践中,调整后股东一般会保留部分股权,质权人仍可就剩余股权获得优先受偿。(2)重整程序中的股权调整不适用于我国《物权法》有关质押股票转让的限制性规定。我国《物权法》第226条是为了避免质权人的利益被侵害而对股东随意转让进行限制。而通过债转股调整已设定质押的股权,是根据法院批准后对全体当事人具有法律效力的重整计划,后者是具有司法约束力的。(3)不对已设定质押股权进行调整将违反公平原则。如果在重整程序中仅对未设定抵押的股权进行调整,并提升了公司全部股权的实际价值,则被调整的股东付出了被削减股权的成本,而出质股东及质权人却因此受益,显然有违公平原则。综上,在重整程序中允许已设定质押的股权直接以股抵债并不存在法律障碍。建议未来通过司法解释的方式,明确要求重整计划确定对质押股权进行调整时,股权登记机构应当根据法院批准重整计划的裁定办理股权变更过户手续,以协调债转股与物权法之间的冲突。

4. 与民事诉讼法的衔接

基于如下理由,应当允许在公司股权被冻结的情况下直接用以向债权人偿债:(1)重整程序中以股抵债并不实质损害申请冻结股权的债权人的利益。在公司困境的情况下,被冻结股权价值被大大贬损,甚至没有实际价值,如果不通过重整程序进行调整,则申请冻结的债权人也难以获得实质清偿。(2)重整程序优先于执行程序。在债务人进入重整程序后,只有在重整计划执行完毕的情况下才能实质性提高被冻结股权的价值,对股权采取的冻结措施才可能转为强制执行。否则公司将面临破产清算,对股权的查封冻结及强制执行都将毫无意义。(3)如不对已冻结股权进行调整将违反公平原则。如果在重整程序中仅对未被冻结的股权进行调整,并提升了公司全部股权的实际价值,则被调整的股东付出了被削减股权的成本,而被冻结的股东及申请债权人却因此受益,显然有违公平原则。综上,在重整程序中允许已被冻结的股权直接以股抵债并不存在法律障碍。为协调债转股与民事诉讼法之间的冲突,建议未来通过破产法的修改,明确重整案件受理法院有权直接办理涉案股权的解冻、过户手续。

(三)规范操作

1. 遵循绝对优先原则

绝对优先原则,是指如果有一类无担保债权人拒绝接受重整计划草案,则债务人就不能在方案中向那些清偿顺位比这类无担保债权靠后的任何次级请求权提供任何清偿,除非这类持反对意见的无担保请求权获得了财产分配,并且分配财产的当前价值等于他们被确认的请求权数额。① 该原则确认了债权人优先于股东、担保债权人优先于非担保债权人的重整价值分配的清偿顺序位阶排列。通过前文的分析可知,在我国很多上市公司的重整案例中,通过债转股的方式完成重整程序后,股东享有的实质权益甚至大于重整程序前所享有的权益,普通债权人的债权却被大幅度削减,反而承担了重整的大部分成本。这种做法显然与绝对优先原则相悖。

出现这种情况与我国资本证券市场发育程度以及政治、经济环境有密切关

① 参见[美]大卫·G. 爱波斯坦等:《美国破产法》,韩长印等译,中国政法大学出版社2003年版,第763页。

系。债务人所在地的政府和法院更多地需要考虑中小股东利益和地方社会稳定问题,使重整计划草案的制订者在债转股方案设计时,忽略甚至牺牲了普通债权人的利益。随着我国市场经济的进一步发展,投资人的风险承受能力将不断得到加强。未来司法机关和重整计划制订者在重整案件的实务操作中,通过债转股的方式进行破产重整,应当注意遵循和落实绝对优先原则,更加注重对普通债权人利益的保护,以达到出资人与债权人之间的利益平衡。

2. 赋予债权人选择权

通过重整案件的实证分析可以发现,在重整计划草案中给予债权人现金分配和股权分配选择权更有利于减少债权人与股东之间的对抗和摩擦。尤其在有限责任公司重整中,小额债权人由于缺乏丰富的投资和管理经验,往往不愿成为公司股东,而愿意选择接受现金清偿;同时,赋予债权人选择权也有利于强化有限责任公司的“人合性”,为公司重整复苏奠定良好基础。另外,对于选择债转股成为新股东的债权人,由于其能更多地获得重整价值,在清偿完毕前有必要为未选择债转股的债权人提供按份一般保证的担保责任。

3. 鼓励多渠道获得融资,避免债转股单独适用带来的弊端

由于债转股存在不能增加资产流动性的局限性,其在司法实务中很少被单独适用。因此,重整计划草案在确定适用债转股方案的同时,应考虑通过多渠道融入资金,以提升普通债权的清偿率,提高重整的成功率,同时为重整后的公司恢复持续经营能力提供物质保障。

上市公司重整中对债权人利益的保护

吴长波[*]　郭　瑞[**]　张　萍[***]

自我国《企业破产法》引入公司重整制度以来，许多深陷困境的大型企业，尤其是因连续亏损而面临退市风险的上市公司仿佛找到了救命稻草，纷纷选择了公司重整这条便捷有效的路径。截至目前，已有49家上市公司重整计划获得批准。重整制度作为破产法由个人本位向社会本位的转型，也使重整制度成功地实现了由清算型向再建型的转变。是现代破产法"历经数千年发展的必然结果和理性升华"。① "破产重整作为预防企业破产、挽救企业最有效的法律制度，有利于维护经济金融稳定，实现社会利益最大化。特别是在国家经济结构战略性调整的大背景下，去产能、去杠杆、去库存的进程将不断加快，'僵尸企业'、风险企业处置的重要性日益凸显。"②

---

* 民商法博士，西南政法大学民商法学院副教授、硕士生导师，重庆坤源衡泰律师事务所兼职律师，重庆市九龙坡区法院民二庭庭长助理（挂职）。

** 民商法博士研究生，重庆市第五中级人民法院副院长。

*** 西南政法大学民商法硕士研究生。

① 汤维建：《破产程序和破产立法研究》，人民法院出版社2001年版，第374页。

② 《全国人大代表、央行杭州中心支行行长殷兴山在两会中的讲话》，载中国新闻网：http://finance.chinanews.com/cj/2016/03-10/7792263.shtml，最后访问日期：2016年6月10日。

破产重整制度的重要性已不言而喻,而如何在充分保证债权人[①]利益的前提下确保上市公司进行有效重整,是一个值得探讨的话题。众所周知,上市公司重整涉及众多社会投资者、债权人及债务人等多方主体的利益,实质上是各方主体为了实现自身利益最大化而进行的一场博弈。而债权人作为这场博弈中处于弱势地位的被动参与者,很容易成为上市公司重整利益分配中的牺牲品。如何在这场博弈中权衡各方主体的利益并实现债权人利益最大化的目标,实值深究。总之,"重整制度的发展离不开债权人利益的保护。因为只有保护债权人的利益,才能赢得债权人的协助,重整目的才能实现,同时也只有重整成功,债权人才能获得充分的保障"。[②]

一、现状剖析:基于上市公司重整实践的考察

(一)整体状况:债权清偿率普遍偏低

在上市公司重整中债权人受偿率[③]普遍偏低已经是不争的事实,而股东的权益却普遍进行了较高比例的保留,在破产法所追求的债权人利益最大化的价值目标下,债权人却要为股东买单,似乎是一种嘲讽。股东为何能够在上市公司重整中得此"恩宠"?甚至都可以超越法律规定的保护?究其主因在于,上司公司的股东众多,如果处理不好便很容易引发社会矛盾,而为了减少重整的困难和阻力,维持社会的稳定,同时保证重整程序的顺利进行,对于股东提出的超越法律

---

① 本文所提及的债权人主要指上市公司重整中的普通债权人。

② 参见汪世虎:《公司重整中的债权人利益保护研究》,中国检察院出版社2006年版,第1页。

③ 普通债权清偿比例数据统计:S＊ST北亚:19%;＊ST长岭:18%;S＊ST星美:30%;S＊ST华龙:13%;＊ST华源:30%;＊ST帝贤:2%;＊ST久发:10万元以下全额清偿,10万元以上约20.48%;S＊ST鑫安:200万元以下(不含200万元)25.81%,其他17.05%;S＊ST海纳:25.35%;S＊ST兰宝:22%;＊ST宝硕:10万元以下(含10万元)全额清偿,10万元以上13%;＊ST沧化:50万元以上11.33%,50万元以下30%;S＊ST天发:19.39%~21.39%;＊ST天颐:9.62%~11.62%;＊ST北生:5万元以下全额清偿,5万元以上(不含5万元)50.44%;＊ST新亿:65.73%;＊ST皖江:30万元以下(含30万元)全额清偿,30万元以上40%;＊ST贤成:5000元以下(含5000元)全额清偿;超过5000元3%;＊ST宏盛:12%;＊ST朝华:11.7%;＊ST广夏:100万元以下(含100万元)全额清偿,100万~1000万元(含1000万元)70%,1000万元以上50%。

以上数据主要参考北京市德恒律师事务所破产重整业务团队对重整普通债权清偿现状的分析,同时参考上海证券交易所与深圳证券交易所官网等进行整理,为不完全统计。

或没有法律依据的不合理要求及利益主张,往往予以迁就。[①] 使利益的天平自然的倒向股东一方。而居于弱势地位的债权人的话语权在重整程序的各阶段都存在被剥夺的潜在风险,债权人的利益很容易受到侵害。

(二)个例研究:对债权人的歧视性待遇

重整清偿率普遍偏低主要发生于不同利益主体之间,而对债权人的歧视性待遇则主要发生在同类债权人之间。下面主要以 * ST 广夏为例,分析重整中债权人所遭受的歧视性待遇。

2010 年 9 月 16 日银川市中级人民法院对 * ST 广夏作出重整裁定,并指定 * ST 广夏清算组担任管理人。2011 年 6 月 9 日管理人在未通知债权人会议的情况下对外发布公告称已经依法向法院提交重整计划草案。7 月 2 日召开债权人会议,审议否决了重整计划草案。债权人会议要求对其进行磋商,管理人予以拒绝并申请法院安排对重整计划草案的再次表决,结果依然。11 月 22 日管理人强行将重整计划提交法院申请批准。12 月 9 日法院作出强制批准裁定。

在 * ST 广夏案中,法院于 2011 年 5 月判决认定中国农业银行对广夏的债务总额为 6394.9 万元,而管理人于 7 月 20 日公布的债权审核结果却显示中国农业银行的债权总额为 1.53 亿元,中国农业银行作为与其他债权人同处平等地位的普通债权人,根据重整计划得到了远高于其他普通债权人的清偿比例,为此债权人九某某提出异议,然而法院却无视九某某提出的反对理由,依然按照我国《企业破产法》第 87 条关于"普通债权所获得的清偿比例,不低于其在重整计划草案被提请批准时依照破产清算程序所能获得的清偿比例"的规定,强制批准了该重整计划。不管是农行通过何种途径从而获得高的清偿率,但毋庸置疑的是,其他同等债权的受偿比例已明显降低,利益受到严重损害。

对债权人强制批准的随意化倾向已在我国上市公司重整中初现端倪,对同等债权人歧视对待的现象也时有发生。同时,法院适用清算价值标准进行强裁,对债权人的利益也会带来极为不利的影响。

---

① 参见刘延岭、杨立:《如何看待上市公司破产重整》,载"金杜说法"微信公众平台:http://mp.weixin.qq.com/s?__biz=MzA4NDMzNjMyNQ==&mid=2653130784&idx=1&sn=bfcd0414efd3b33c673e62e4d7905f18&scene=7#wechat_redirect,最后访问日期:2016 年 6 月 10 日。

(三)上市公司壳资源价值的存续

“从我国实践来看,上市公司重整很大程度上并不是基于债务人自身的价值,而是基于其占有的壳资源的价值,重组方进入的目的也是以更低的成本获得上市公司控制权,享受壳资源带来的收益。”①而上市公司的壳资源究竟具有怎样的价值？对债权人的利益是否会产生影响？我国目前对证券公开发行实行的仍然是核准制,尽管注册制指日可待,但要在短期内实现仍不现实。同时,审批的时收时放也使上市资格更为稀缺。在这种情况下,直接上市融资变得尤为困难,从而迫使一些因自身条件限制而不能及时上市的公司,只能通过收购上市公司控股股权实现间接上市融资。资本市场上的“壳资源”也随之水涨船高,直接影响到上市公司重整成功后的营运价值。而债务人往往在“支付清算价值”的掩盖下轻松地把债务甩掉,从未以极低的成本得到丰厚的营业价值,债权人却被剥夺了分配重整剩余的权利,②这对债权人来说显然是不公平的。

在当前经济下行压力大,中央提出去产能、去“僵尸化”大企业的经济背景下,破产重整作为挽救债务人危机的有效手段,若不加以制度规范,则很容易使债权人成为上市公司重整中股东等利益之下的垫脚石。

二、保护缺失:现行破产法对债权人利益保护的失衡

尽管我国现行破产重整程序中对债权人的利益形成了一定的保障机制,比如,赋予债权人以重整申请权、对重整计划草案的表决权以及对重整计划执行的一定程度的监督权等,③但基于上市公司重整实践的考察,对于债权人利益保护机制仍不健全,重整程序中各参与主体自身角色定位不足,使对债权人的利益保护严重缺失。

---

① 唐旭超:《论上市公司重整中的股东利益》,载《政治与法律》2014 年第 6 期。

② 参见王佐发:《上市公司重整中对债权人强裁的公平原则》,载《政治与法律》2013 年第 2 期。

③ 参见李晓明:《我国破产重整程序中债权人利益保护问题研究》,载王欣新、尹正友主编:《破产法论坛》(第 4 辑),法律出版社 2010 年版,第 298 页。

（一）基于债权人视角下的保护缺失

1. 债权人参与不足，自身利益不能得到合理伸张

我国现行《企业破产法》仅规定了债务人或管理人有权制订重整计划草案，而没有规定债权人有参与制订重整计划草案的权利，使债权人从重整一开始便失去了主动权，而只能被动的对已经制订出的重整计划草案进行表决，本质上是对重整利益分配规则制订权的剥夺，使债权人的自身利益于重整伊始便无法得到合理伸张。

2. 债权人监督机制不健全，缺乏对债务人或管理人有效的监督

根据我国现行《企业破产法》的规定，债权人对债务人或管理人的监督主要是通过债权人会议选出的债权人委员会，债权人委员会由债权人会议选任的债权人代表和一名债务人的职工代表或者工会代表组成，很难对债务人或管理人的行为作出专业的判断，同时债务人也没有相应的信息披露程序保障，很容易使监督流于形式。

3. 立法没有规定相应的债权人的异议程序，异议救济渠道不畅通

一方面，体现在法院对管理人的选任上，《企业破产法》规定管理人由法院指定，在债权人不同意其指定的管理人时，可以向法院申请更换，但对于在法院不同意更换的情况下，债权人应该如何救济并没有相应的规定；另一方面，体现在法院对重整计划的强制批准上，如果法院的强裁严重损害到债权人的利益，处于弱势地位的债权人是否只能被动地接受？还是可以积极寻求救济，如何救济？我国《企业破产法》也未给出明确的规定。

（二）基于管理人视角下的保护缺失

在我国目前重整计划已经获得批准的49家上市公司中，只有9家[1]上市公司为债务人自行管理，其他40家均由法院指定的管理人负责，管理人依法享有对重整程序的控制权。在上市公司重整中，管理人一般由清算组担任，清算组成员主要是由政府官员、国资委官员及市场中介人员组成，由政府或者债务人的控

① 分别是＊ST华源、＊ST秦岭、＊ST偏转、＊ST盛润、＊ST方向、＊ST科健、＊ST宏盛、＊ST金城、＊ST中华。

制股东所主导。而这种管理人模式下的重整,很容易造成行政权力的过度干预,破坏正常的利益分配格局。

众所周知,上市公司一般规模较大,职工及股民众多,其兴衰存亡不仅关系到地方经济的发展,还关系到社会的和谐稳定。国内最早开始重整的上市公司基本都是国有控股的上市公司,重整程序几乎都是在当地政府部门的主导下完成的。另外,政府人员也极有可能在利益的驱使下与控股股东私下串通,在重整计划的制订及执行过程中不断减损债权人利益,从而使上市公司的重整变为债权人牺牲之上的债务人复兴,严重损及股东及债权人间的利益平衡。最后,政府作为管理人,对上市公司的业务状况及财务状况并不十分了解,并且欠缺专业的判断能力,于此情形,管理人极易作出错误的抉择,对重整成功的公平及效率也百无一益。

(三)基于法院视角下的保护缺失

自重整程序启动到重整计划执行完毕,法院的角色在上市公司重整中不可或缺。“国家公权力透过司法程序对私人经济活动的主动介入”[①]的司法属性也正是通过法院的司法功能得以体现。法院作为中立的裁判者,处于引导重整程序进行的核心地位。比如,对重整申请的审查权、对管理人的任命权、对重整计划的审查批准权等,无一例外地显示了法院在上市公司重整程序中举足轻重的作用。但是,现行破产重整程序中对法院的功能定位和制度设计仍不可能极尽完美。

1. 法院强制批准制度亦导致不公

前已论述,重整程序受行政力量过度干预的原因及政府主导下的管理人模式给债权人所带来的损害,然而我国目前法院的财物等也主要受制于各级政府,在政府的施压下法院很难保持自己一贯的中立地位。在审查批准重整计划草案的过程中对债权人提出的异议置于不顾的现象时有发生,很容易使以拯救企业、实现共赢为目标的重整制度沦为“债务人企业规避债务、损害债权人利益的一种机会主义工具”。[②] 同时,为简便起见,在审核批准重整计划草案的过程中,法院

---

① 王欣新:《破产法》(第3版),中国人民大学出版社2011年版,第245页。

② 李晓明:《我国破产重整程序中债权人利益保护问题研究》,载王欣新、尹正友主编:《破产法论坛》(第4辑),法律出版社2010年版,第298页。

只要保证普通债权人的清偿比例高于破产清算所计算的清偿比例,在债权人会议再次表决仍未通过的情况下往往作出强制批准。而忽视上市公司壳资源在重整成功后可能给各方利益主体带来的巨大经济价值。

2. 法官的专业度有所欠缺,很难对上市公司重整案件作出合理的判断

上市公司重整是一项非常系统而庞杂的工作,不管是重整计划的制订、审查,还是重整计划的执行监督都需要有法律、金融、财会等方面的专业能力和实务经验,有资本市场运营的专业性知识等,而我国并未建立起相应的破产案件审判庭及单独的破产法院,审理上市公司重整案件的法官都是普通法院的一般民商事法官,供需的错位对接导致缺乏专业知识的法官很难作出合理的判断。

三、制度填白:债权人利益保护的路径分析

(一)基于债权人视角下的缺失修正

1. 增加债权人对重整计划制订的参与权

基于对债权人参与不足,自身利益得不到合理伸张的保护缺失考量,应当增加债权人在重整计划制订中的参与权。根据我国现行《企业破产法》的规定,重整计划的制订由债务人或管理人进行。① 虽然在实务中一般坚持谁管理谁制订的原则,但是笔者认为,重整计划的制订坚持以"债务人制订为主、管理人为辅,债权人及股东等利害关系人有效参与"的原则为宜。

"以债务人制订为主",可以充分发挥债务人自身优势,使其基于对上市公司自身财务状况及营业状况的熟悉了解,制订出最为可行的重整计划;"以管理人为辅",可以充分利用管理人所具有的专业知识和实务经验,使重整计划细致周全,兼顾各方利益;在重整计划制订前应通知债权人会议等相关利益主体,在重整计划的制订过程中可广泛参与、协商讨论,建言献策,这样不仅有利于重整计划的通过,也于程序伊始维护了债权人的利益分享的底线,改变了债权人在重整程序一开始所处的被动地位。

---

① 对于重整计划的制订目前主要有3种立法例:一是以债务人制订为原则,其他人制订为例外。主要以美国为代表,参见美国《联邦破产法典》第1121条规定。二是以管理人制订为原则,其他人制订为例外。主要以日本为代表,参见日本《公司更生法》第189条第1款、第190条第1款规定。三是只能由管理人或重整人制订。主要以我国台湾地区为代表。

2. 健全监督机制,对债务人或管理人实现有效的监督

“一切有权力的人都容易滥用权力,这是万古不变的一条经验”,[①]不难理解,债务人或管理人在没有外部有效监督的情况下,很容易滥用职权,损害债权人的利益。因此,建立科学有效的监督机制对于重整程序的公平和效率显得尤为重要。既然债权人监督受到各种条件的限制,我们可以考虑将监督的主体和形式予以多样化。如在主体上,可以设立专门的外部监督机构;[②]在形式上,建立相应的法律责任等。

在外部监督机构的设置上,我们可以采用重整监督人制度,将对公司业务具有专门学识及经营经验者或金融机构选任为重整监督人,并对重整程序的各个阶段进行监督;在法律责任的设置上,我们不妨在破产法或其司法解释的后续修订中增加以下内容:“债务人或管理人在重整程序中应尽善良管理人的注意义务,若因债务人或管理人的过失造成利害关系人损害的应承担相应的赔偿责任。”这样不仅可以从外部和内部真正做到对债务人或管理人的全面监督,同时还可以保障整个重整程序中对债权人的公平对待。

3. 增加债权人异议解决程序,建立债权人异议制度

针对债权人异议救济渠道不畅通的问题,可以建立债权人异议制度予以保障。从本文开篇的 * ST 广夏案例可以看出,债权人最大的异议主要发生在以下两个阶段:强制批准程序前的债权人异议和强制批准程序后的债权人异议。

针对前一个阶段的异议,笔者认为,法院在审查批准重整计划之前应当在债权人的申请下主持召开异议听证会,债务人或管理人、其他利害关系人应当出席,债权人就自身利益损害的事实举证并充分表达自己的意见,进行充分协商,如果经法院审查属实或经协商达成一致,债务人或管理人应当重新修改重整计划草案。若未达成一致或债务人或管理人拒绝修改,则法院可以裁定终止重整程序并宣告公司破产;针对强制批准程序后的债权人异议,债权人可以向作出强制批准的法院的上一级法院申请复议,[③]复议期间不停止重整计划的执行,如果

---

① [法]孟德斯鸠:《论法的精神》(上册),张雁深译,商务印书馆 1961 年版,第 154 页。

② 在美国,外部监督机构主要是监察员,参见美国《联邦破产法典》第 1104(c)条规定。在日本,外部监督机构主要是调查委员,参见日本《公司更生法》第 98 条之 3 第 1 款、第 101 条规定。在我国台湾地区,外部监督机构主要是重整监督人。

③ 参见王欣新:《重整理论与实务新论》,载《法律适用》2012 年第 11 期。

异议成立,上一级法院应当裁定撤销强制批准裁定,同时要求作出强制批准裁定的法院宣告上市公司破产,债权人可以就申请复议阶段及复议期间所遭受的损失等要求进一步的损害赔偿。

(二)基于管理人视角下的缺失修正

1.债务人自行管理制度的概念

基于管理人模式下的公司重整存在诸多问题,我们可以考虑在上市公司重整中更多的适用债务人模式进行管理。为此可以借鉴美国的债务人自行管理制度(Debtor-In-Possession,DIP),①该制度由1978年美国《联邦破产法》所制定,现行美国《破产法》也仍然适用。主要是指在破产重整程序中,债务人继续控制公司,制订并执行重整计划,只有在例外情况下②才由法院选任托管人进行管理。例外情况包括了债务人原管理层存在欺诈、经营管理不善等不适当行为。在公司重整期间营业机构的设置上采用的是"债务人自行管理为原则,外部人管理为例外"的原则。③ 这与我国现行《企业破产法》规定的无优先次位的自由选择制是有本质区别的。

2.债务人自行管理的优势分析

债务人申请自行管理的动因在于"债务人管理层在重整程序中仍存在利益诉求,并在重整成功后能够分享更多的利益",④同时由债务人自行管理还存在以下几个方面的优势:

第一,由于债务人对公司的经营状况和财务状况更为熟悉,所以可以充分发挥其优势,制订出更为可行的重整计划。第二,为了使公司尽早摆脱财务窘境的

---

① 债务人自行管理制度由美国《破产法》第11章所规定,在重整程序启动后,债务人即自动取得DIP资格。

② 根据美国《联邦破产法典》第1104(a)条的规定,法院选任托管人可以基于以下两个理由之一:第一,有正当理由,包括当前的管理层在案件开始之前或之后有欺诈、不诚实、无法律资格或有重大经营决策失误行为,或有类似的情况发生(也可以算对自治债务人的惩罚制度);第二,为维护债权人、股权持有人或公司财产利益,此时不需考虑担保债权人的数量或债务人的资产与负债金额。日本《民事再生法》第38条第2款规定:再生程序开始后,再生债务人对全体债务人负有公平诚实的业务执行和财产管理处分权。

③ 美国和日本采用的是债务人自行管理模式,我国台湾地区采用是单一的重整人管理模式。

④ 张思明:《破产重整债务人自行管理的适用性分析》,载《僵尸企业处置与破产审判工作专题研讨会论文集》,2016年4月9日,第254页。

尴尬,债务人更愿意主动的与债权人及其他利害关系人进行协商,从而使重整计划草案顺利通过,同时可以减少在重整程序中债权人异议的发生。第三,债务人管理层具有挽救企业复兴的最强大的内在驱动力,重整成功可以保持他们在职位、[①]名誉、自尊等无形的资产。第四,排除了行政权力的过度干预,使政府的主导作用大大减弱,从而有利于政府把重心调整到职工的安置就业、社会救济保障、维护社会稳定等其他重要任务上来。

(三)基于法院视角下的缺失修正

1. 尽量减少法院强制批准的适用,明确法院实施强制批准的法定条件

为减少法院强制批准的适用,可以在审议批准重整计划前通过召开听证会、私下协商讨论、有异议时修订重整计划等形式,进行相应的规避。[②] 如果经过前述步骤,法院认为仍然有必要作出强制批准裁定的,应当同时具备以下条件:[③](1)反对重整计划的债权人在重整程序中可以得到的清偿比例不得低于在破产清算中所计算的清偿比例;(2)处于同一优先顺位的债权人应该得到相同比例的清偿,不得进行歧视对待;(3)债权人的优先清偿顺位,参照适用破产法对清算程序中优先清偿顺位的规定。

2. 建立破产案件审判庭,提高法官的专业素质,建立意见征询制度

在我国破产案件的管辖主要是由普通法院的普通法官进行的,而随着经济下行,企业破产案件成累涨势态,在众多的破产案件中,为挽救企业重整往往成为不二之选。为了提高重整的效率,确保法院对公司重整案件所作的判断公平、准确、及时、合法,并使判断的结果符合债权人、股东等各利害关系主体的最大利

---

① 我国《公司法》第57条第3项关于从业限制的规定:担任因经营不善破产清算的公司、企业的董事或者厂长、经理,并对该公司、企业的破产负有个人责任的,自该公司、企业破产清算完结之日起未逾3年,不得担任公司的董事、监事、经理。

② 结合上述"增加债权人异议解决程序"一节。

③ 根据各国破产立法尤其是美国破产法的经验,强制批准重整计划一般坚持三项基本原则:债权人最大利益原则、公平对待原则、绝对优先原则,在明确强制批准裁定的法定条件时,可予借鉴。对三原则的详细介绍可参见王欣新:《重整理论与实务新论》,载《法律适用》2012年第11期;[美]大卫·G.爱泼斯坦等:《美国破产法》,韩长印等译,中国政法大学出版社2003年版,第754~765页。

益，在当前经济形势下建立破产案件审判庭，[①]由专门的破产法官审理破产案件已势在必行。破产法官应具备比普通法院法官更多公司经营的经验和商事方面的专业知识，在选任方面也应当更加严格。

另外，公司重整涉及法律与经济等多方面知识，错综复杂，有时即便是专门的破产法官，也难以应对如此复杂的境况。为了弥补这一不足，设立意见征询制度显得尤为必要。通过征询其有关公司重整的意见，不仅有利于法院作出正确合理的判断，同时也为法官及相关当事人及时了解国家政策及当前经济形势的变化提供了切入口，有利于重整程序的顺利进行。

---

① 破产案件的管辖主要有3种立法模式：一是以美国为代表的由专门的破产法院和破产法官处理模式。美国联邦地区法院设有破产法庭，由在职的破产法官组成，具体负责本区域内的破产案件的处理。二是由法国为代表的由非职业法官处理模式，法国商事法院对破产案件有专属管辖权，商事法院的法官都是通过选举从商人中产生的非职业法官。三是由普通法院的普通法官处理模式。

破产重整计划信息披露规则研究

——基于美国破产法重整计划信息披露规则的思考

佳　丽*

相较于破产清算，破产重整的一个优势是存在使债权人所获清偿大于清算分配的可能。但是，作为自己利益的最佳判断者，①债权人却因信息不对称而难以对重整计划自主作出充分评估与知情判断。鉴于法律规则在决定信息分享所能发挥的重要作用，②在破产法中规定信息披露规则或可平衡债权人信息匮乏的不利地位。我国《企业破产法》③目前尚无关于重整计划信息披露的规定，故而通过在世界范围内影响最大的典型重整制度立法④即美国破产法探究破产重整计划信息披露规则的制定与运行。

---

* 北京市第三中级人民法院法官助理。

① 参见韩长印：《简论破产重整计划表决的信息披露机制——以美国法为借鉴》，载《人民司法（应用）》2015年第1期。

② 参见陈英：《破产重整中的信息披露问题研究》，载《广西大学学报》（哲学社会科学版）2009年第5期。

③ 我国《企业破产法》于2006年8月27日通过、2007年6月1日起施行。

④ 参见王欣新：《破产法》，中国人民大学出版社2011年版，第244页。

一、美国破产法关于重整计划信息披露的规定

美国《破产法》第 11 编第 11 章对重整作出了规定,其中对破产申请后的披露和破产案件开始前的披露进行了区别,分别通过该法第 1125 条和第 1126(b)条进行规定。美国《联邦破产程序规则》第 3016 条和第 3017 条则对披露声明提交和披露声明批准等程序性事项进行了规定。

(一)美国《破产法》第 1125 条关于申请破产后信息披露的规定

1. 信息披露是重整计划表决的前提

是否满足披露要求与请求权益持有人接受或拒绝重整计划密切关联。在案件程序开始后,只有在满足于请求(权益持有人接受或拒绝重整计划)之时或之前,书面披露声明获得法院经过通知和听证程序确认包含充分信息的批准,并与重整计划或重整计划摘要一并传送给权益持有人的前提时,才得向权益持有人请求接受或拒绝重整计划。① 若未能满足这一前提,则法院禁止对重整计划进行表决。

2. 披露标准法定但披露内容视个案情况而定

披露声明应当包含充分信息。作为一项实质性标准,当信息包含充足细节且依据债务人性质与历史、账簿情况合理使假定投资者(典型权益持有人)能够对重整计划作出知情判断时,这种信息被视为是充分的;充分信息包括重整计划对债务人、债务人的任何继受公司以及假定投资者(典型权益持有人)在联邦税上造成的潜在实质性后果,但不包括有关任何其他可能的或提议的重整计划的信息。②

虽然法律规定了披露标准,但是法院在具体的披露内容上享有裁量权。法院基于个案的具体情况认定披露声明是否提供充分信息,考虑的方面有案件复

---

① 11 U.S.C. § 1125(b). 美国《破产法》第 11 章于 1978 年 11 月 6 日制定,2005 年 4 月 20 日最新修订。此外,根据 11 U.S.C. § 1125(c)规定,传送给同一组别各个权益持有人的披露声明都是相同的,但是传送给不同组别的披露声明可能在金额、细节或信息种类上存在不同。

② 11 U.S.C. § 1125(a).

杂程度、额外信息对债权人和其他利害相关方的好处以及提供额外信息的成本。[①] 另外,虽然执法机构能够参与披露声明的听证,但是不能对结果提起上诉或寻求审查。[②]

(二)美国《破产法》第1126条关于破产案件开始前信息披露的规定

在破产案件开始前,如果权益持有人接受或拒绝了重整计划,当请求(权益持有人接受或拒绝重整计划)符合破产法之外的法律、规则或规章对与此种表决相关的充分披露的规定,或在没有这种法律、规则或规章的情况下,表决前已遵守第1125(a)条的规定向权益持有人进行了充分的信息披露时,这种表决视为已经接受或拒绝了重整计划。[③] 虽然美国破产法没有正式规定预重整,但基于预重整阶段产生的重整计划同样需要满足披露充分信息的要求。

(三)美国《联邦破产程序规则》第3016条和第3017条关于披露程序的规定

基于美国《破产法》第1125条规定产生的披露声明以及证明披露符合该法第1126(b)条规定的证据均应当与重整计划一同或在法院规定的一段时间内提交。[④] 提交披露声明后,法院将组织听证会对披露声明本身即反对或修改意见进行考虑;举行听证会应当至少提前28天通知各方,重整计划与披露声明应当与听证通知一同邮寄;反对意见应当在法院批准披露声明或规定的时间之前提交并送达各方。[⑤] 听证之后,法院将依据法律规定与裁量权决定是否应当批准披露声明;[⑥]自批准之日起,获得批准的披露声明与法院意见应当邮寄给所有债权人与权益凭证持有人。[⑦]

综上,美国《破产法》中关于重整计划信息披露的规定既适用于提出破产申请后提交重整计划的情形,也适用于破产案件开始前已经对重整计划进行表决

---

① 11 U.S.C. § 1125(a).

② 11 U.S.C. § 1125(d).

③ 11 U.S.C. § 1125(b).

④ Federal Rules of Bankruptcy Procedure, Rule 3016(b).《联邦破产程序规则》于1983年8月1日生效,2015年12月1日修订。

⑤ Federal Rules of Bankruptcy Procedure, Rule 3017(a).

⑥ Federal Rules of Bankruptcy Procedure, Rule 3017(b).

⑦ Federal Rules of Bankruptcy Procedure, Rule 3017(d).法院可自由裁量无须向未受损害的组别邮寄披露声明,重整计划或重整计划摘要。

的情形,法院通过听证程序依据个案的不同情况裁量披露的信息是否已经达到充分标准进而决定是否批准披露声明。满足信息披露要求不仅为后续重整计划的表决与最终确认提供了效力保障,也将使披露声明的提议者获得安全港规则的保护。[①]

二、美国《破产法》重整计划信息披露规则分析

美国《破产法》第 11 章关于重整的规定系合并原有第 8 章、第 10 章、第 11 章、第 12 章内容而来,关于重整计划信息披露的规定即是平衡旧有美国《破产法》(1898 年)第 10 章债权人保护与第 11 章程序灵活便利政策目标的体现,而特色鲜明的披露要求不仅与证券法中的信息披露规定相互区别,而且在法院运用自由裁量权的过程中得到充实。

(一) 兼顾债权人保护与程序性便利

在旧有美国《破产法》规定下,个人和合伙可以依据美国《破产法》第 11 章的规定,公司可以依据该法第 10 章或第 11 章的规定提起破产申请。旧有美国《破产法》第 10 章所规定的程序烦琐生硬,债务人管理权被剥夺由独立管理人取而代之并准备重整计划,法院对重整计划进行评估确认重整计划是否公平合理,美国证券交易委员会(U. S. Securities and Exchange Commission, SEC)通常也会对债务人进行评估并报告法院,全部程序耗时且充满不确定性。虽然有法院和 SEC 的帮助,但这却使旨在受到保护的债权人看起来像是局外人。旧有美国《破产法》第 11 章在程序上更加灵活简便,允许债务人与无担保债权人就债务安排进行庭外协商。最初国会认为无担保债权人因经常介入债务人的经营而无须详尽披露,但依然出现许多债权人对债务人经营或重整计划知之甚少的情况。[②] 旧有美国《破产法》第 10 章、第 11 章均未要求管理人或债务人提供正式的披露声明。

重整计划信息披露的规定即考虑了旧有美国《破产法》第 10 章、第 11 章体现出的利弊,平衡了保护债权人利益与保障程序便利之间的关系。美国《破产

---

① 11 U. S. C. § 1125(e).

② H. R. Rep. No. 95 – 595.

法》第 1125(a)(1)条要求提交包含充分信息的披露声明以使债权人能够对重整计划作出知情判断,实现债权人能够成为自身利益的最佳判断者;第 1125(a)(1)条明确法院系对是否充分披露享有自由裁量权的审查者,第 1125(b)条同时规定债务人评估和债务人资产鉴定不再是法院批准披露声明的必要条件,这便在考虑不同案件需求以保障信息披露充分的同时一定程度上变通与简化了批准程序、降低了时间和金钱成本;第 1125(d)条明确披露声明不受证券法规范,SEC 能够参与披露声明听证但不能对结果提起上诉或寻求审查。第 1125 条通过明确各方角色功能定位——法院系披露是否充分的审查者、债权人系依据披露声明获得表决能力的判断者、执法机构系是否充分披露的建议者——根据个案具体情况提供不同程度披露在保护债权人权益的同时兼顾了程序的便利性。

(二)相较证券法信息披露规则更具灵活度

美国《破产法》第 1125(d)条规定,披露声明是否包含充分信息不受其他非破产法律、规则或规章规范,也即法院确认披露声明是否包含充分信息进而是否批准披露声明不受证券法中信息披露规则的影响。无论是在破产法还是证券法中,信息披露都至关重要,但是两者对信息披露的规定并不一致,这或许是美国《破产法》起草者的故意为之。①

在广阔的证券发行与交易市场中,信息披露的对象是潜在的一般投资者;发行人必须达到所有发行人均需遵守的最低披露标准;在法律后果上,政府或私人投资者均可以要求发行者及其董事、员工、专业人士和承销商等不同人员就欺诈或不实陈述承担相应责任。而在着眼于债务人与债权人间关系的破产法中,信息披露所针对的是需要对重整计划进行表决的债权人;披露是否充分则由法院依据个案具体情况进行自由裁量;且追责机制也远非证券法般详尽有效。如此不同,一方面与破产法针对"债务人—债权人"关系而非一般市场有关,不同组别的债权人间对披露程度的不同要求以及个案间披露程度的不同决定了不宜对重整计划信息披露作"一刀切"的规定;另一方面也正是基于个案对披露程度的不同要求,在披露是否充分的判断标准以及程序操作上也需要一定的灵活度。虽然证券法与破产法中的信息披露在目的、标准以及法律责任上存在差异,但这并

---

① H. R. Rep. No. 95 - 595.

不意味着二者是全然割裂的,美国《破产法》第1125(e)条即规定遵守破产法院批准的披露声明且出于善意行事的人在寻求对重整计划的支持或拒绝、参与重组证券的发行过程中对违反任何规制这些活动的法律、规则或规章的行为不负责任。

(三)披露内容在司法实践中具化为诸项事实要素

重整计划信息披露标准法定且灵活、是否构成充分披露视个案具体情况而定,①这便为法院对披露声明是否包含充分信息的批准留下了充分的自由裁量空间。② 这种空间同样也体现在上诉案件中,法院对充分披露等核心事实的事实裁决仅在这些裁决表明自由裁量权被滥用时才会受到上诉法院的审理。③

在概念上,披露声明旨在成为事实信息的来源而非一个广告或一份销售手册,④它应当包含支持观点的事实依据、⑤与重整计划成功有关的所有信息以及与重整计划将会给债权人和权益持有人所带来风险有关的所有实质性信息,但是不应当包含过度技术性信息和巨量额外信息,因为这将削弱典型债权人或权益持有人的理解。⑥ 关于披露内容,法院虽然列举了披露要素清单,但也指明所有要素的披露在个案中并不是必需的,具体而言,这些要素包括:引起破产申请的事项;对可用资产及其价值的描述;对公司未来的预期;披露声明的信息来源;免责声明;债务人的目前状况;当前债权情况;债权人依据美国《破产法》第7章清算的预期所得;制作财务信息所依据的会计计算方法以及对此信息负责的会计师姓名;债务人未来的经营管理;美国《破产法》第11章重整计划或摘要;预期行政费用,包括律师费和会计费用;应收账款的可回收性;与债权人决定接受或拒绝美国《破产法》第11章重整计划有关的财务信息、数据、估价或预测;与重整计划为债权人所带来风险有关的信息;优先或其他不可避免的转让中可追回财产的实际或预测能够实现的价值;在破产程序外可能发生的诉讼;债务人的税务

① In re Copy Crafters Quickprint, Inc., 92 B. R. 973, 979 (Bankr. N. D. N. Y. 1988).

② Matter of Texas Extrusion Corp., 844 F. 2d 1142, 1157 (5th Cir. 1988).

③ Kirk v. Texaco, Inc., 82 B. R. 678, 681 (S. D. N. Y. 1988).

④ In re Eagan, 33 B. R. 672, 676 – 76 (Bankr. N. D. Ill. 1983).

⑤ 10 Collier on Bankruptcy ¶ 1125. 02 [2] (Alan N. Resnick & Henry J. Sommer eds., 16th ed. 2014).

⑥ In re Cardinal Congregate I, 121 B. R. 760, 765 – 66 (Bankr. S. D. Ohio 1990).

属性;债务人与关联企业之间的关系。①

对“债务人—债权人”间关系作出重新安排的过程中,不同组别债权人对债务人状况与重整计划理解程度的不同决定了其对信息披露程度的要求不同,个案间对披露程度的不同要求便决定了信息披露在标准判断与程序性操作中需要一定的灵活度。这种灵活度一方面表现在法律虽然规定了充分披露标准,但是在何种程度的披露满足充分披露标准上为法院视个案具体情况进行自由裁量预留了空间;另一方面也表现在不再强制进行评估鉴定等程序性事项。重整计划信息披露规定也正是通过赋予实体与程序性规定一定的灵活度以及明确各方参与者不同的角色功能定位实现债权人保护与程序性便利间的政策平衡并促进了规则本身的不断补充与发展。

三、对我国构建重整计划信息披露规则的启示

美国《破产法》要求提交书面披露声明向债权人展示债务人经营与财务状况、重整计划预期与风险等事实依据,通过法院视个案具体情况自由裁量是否达到充分披露标准,以保障债权人能够通过披露声明获得充足的判断能力,从而决定在后续的程序中是否接受重整计划。加之法院在实践中不断发展出的考量因素,均为我国构建重整计划信息披露规则提供了借鉴。

(一)我国《企业破产法》中尚无关于重整计划信息披露的规定

我国2006年施行的《企业破产法》建立了破产重整制度,但并没有对重整计划信息披露问题作出明确规定。从条文结构上看,在《企业破产法》第八章第二节重整计划的制订和批准中,第79条规定了重整计划的提交期限、第80条规定了重整计划的制作人、第81条列举了重整计划的内容、第82~85条是关于表决的规定、第86条和第87条是关于法院批准重整计划的规定,在重整计划提交后表决前的阶段并没有关于要求披露信息的规定。从条文内容上看,虽然第81条列明了重整计划所应包含的内容,但重整计划本身与披露声明是两个不同的概念,重整计划着力于债权债务解决与企业挽救措施规定,而披露声明旨在为债权

---

① In re Metrocraft Publ'g Servs. ,39 B. R. 567,568(Bankr. N. D. Ga. 1984).

人获得判断重整计划的能力提供事实依据,如债务人财务与经营状况、重整预期、风险提示等。因而,我国现行《企业破产法》并未对重整计划信息披露作出明文规定。

(二)我国《企业破产法》中存在构建重整计划信息披露规则的基础

虽然我国《企业破产法》没有明文规定重整计划信息披露规则,但这并不意味着现行法律没有制定重整计划信息披露规则的基础。我国《企业破产法》第84条规定,债务人或管理人应当向债权人会议就重整计划草案作出说明,并回答询问。该法第15条、第23条也分别规定了列席债权人会议并如实回答债权人询问系债务人义务,管理人应当列席债权人会议,向债权人会议报告职务执行情况并回答询问。设立债权人委员会的,债权人委员会根据该法第67条规定有权要求债务人、管理人对其职权范围内的事务作出说明或者提供有关文件。然而,这种说明和询问与理想层面的重整计划信息披露的要求与效果相距甚远。①

另外,从重整理念的层面来看,重整成功能够使债权人所得收益大于破产清算的分配所得,即获得重整溢价。而最终获得重整溢价的一个前提是债权人或管理人提出的重整计划获得债权人分组表决通过。在表决人难以知悉债务人经营与财务状况、无法判断重整计划是否能够实现重整目的,甚至债务人虚假、不实陈述相关情况时,法定的披露内容与程序即成为债权人扭转信息不对称不利地位、成为自身利益最佳判断者的保障。

(三)我国《企业破产法》中重整计划信息披露规则的构建

从条文结构上看,有关重整计划信息披露规则的条文应当规定在我国《企业破产法》第81条重整计划内容与第82条重整计划表决之间。在程序性规定方面,明确披露声明由债务人或管理人制作并与重整计划一同或在限定的时间内提交给法院,法院收到披露声明后将其散发给债权人并限定债权人就披露声明提出异议的期限;该期限届满后,法院经听证程序审查作出批准或修改披露声明的裁定,从而决定重整计划的表决程序是否得以进行。在实体性规定方面,鉴于

① 韩长印:《简论破产重整计划表决的信息披露机制——以美国法为借鉴》,载《人民司法(应用)》2015年第1期。

我国现行司法体系的特点,披露内容宜采取一般概括加列举的方式,将债务人经营与财务状况、重整计划执行预期收益、风险评估与提示等列为必须披露的内容,法院通过听证程序审查披露声明是否已经达到足以使债权人能够知情判断是否通过重整计划的程度。披露声明的制作也可以根据各表决组债权人的不同情况在内容上有所差异。同时,为保障实现信息披露的效果,在制定规则的同时还应当完善对应法律责任的承担,针对披露信息存在虚假记载、误导性陈述或重大遗漏情形的披露人及责任人分别给予警告以及不同程度的罚款。

四、结　语

重整计划信息披露的目的在于使债权人获得自主知情判断接受或是拒绝重整计划的能力。不同组别债权人对债务人状况以及重整计划知悉程度的不同决定了不同债权人对信息披露程度的要求不同,个案间当事人情况以及债权债务关系的调整需求不同也决定了不同案件对信息披露程度的要求也不尽相同。正是这种不同程度的披露需求决定了重整计划信息披露规则应当具有一定的灵活度。这种灵活度,在实体性规范中表现为债务人可以根据不同的债权人情况提供不同版本的披露声明、法院也可以根据个案具体情况就是否达到披露标准进行自由裁量;在程序性规范中表现为可以依据个案情况选择是否启动如资产鉴定等更加严格的程序。也正是基于对灵活度的尊重,使重整计划信息披露规则在为债权人权益提供保护的同时避免增加破产重整在程序上的负担,规则本身也在实践中得到不断的补充与发展。在构建重整计划信息披露规则的过程中,既要考虑到基于灵活度而产生的实体与程序方面的规范特征并结合我国具体情况进行一定调整,也应当注意到信息披露的范围并不仅限于重整程序中提交的重整计划,预重整阶段的重整计划应当进行同样的考量。此外,赋予法院自由裁量权的重整计划信息披露规则同样对审理破产案件的法院提出了更高要求。鉴于目前在我国法律中尚未规定预重整制度,也尚未全面建立破产法庭或破产法院系统,在日后规范与审判系统不断完善的过程中,均应当注意重整计划信息披露规则的同步化构建。

上市公司破产重整中的信息披露：现状检视与完善路径

潘塁东[*]　张宇翔[**]

一、破产重整的内涵与制度价值

（一）破产重整的内涵

破产重整程序是我国2006年《企业破产法》所规定的一项重要制度创新，其制度价值内核在于通过特殊的法律救济机制对已经具备破产原因或已经具备破产可能但又具有再生希望的企业实施积极挽救，从而使企业摆脱破产危机并实现多方共赢格局的一种制度安排。具体来说，破产重整，是指对可能或已经发生破产原因但又确有再生希望的企业，在法院的主持下，由各方利害关系人协商或依法强制通过重整计划，进行企业经营重组、债务清理等活动，从而挽救企业、帮助企业获得新生的法律制度。①

破产重整在我国当前经济形势下具有独特的内涵和意义。中央经济工作会议强调稳步推进供给侧结构性改

---

* 中国人民大学法学院2015级经济法学硕士。

** 中国人民大学法学院2016级经济法学硕士。

① 参见王欣新、徐阳光：《上市公司重整法律制度研究》，载《法学杂志》2007年第3期。

革,积极稳妥化解产能过剩。要依法为实施市场化破产程序创造条件,加快破产清算案件审理。要提出和落实财税支持、不良资产处置、失业人员再就业和生活保障以及专项奖补等政策,资本市场要配合企业兼并重组。要尽可能多兼并重组、少破产清算,做好职工安置工作。可见,相较于破产清算,破产重整具有内在的制度优势,体现了破产法"挽救优于消灭"[①]的价值内涵,是避免或减少破产清算的重要途径,更是妥善处理保持社会稳定和推进供给侧结构性改革关系的重要制度工具。

正确理解破产重整的内涵还需明确"重整"与"重组"之间的区别,它们的核心区别在于重组是为了实现股东与公司利益最大化的一组普通交易行为,而重整围绕公司、债权人、股东三方利益的协调展开,是一种特殊制度框架下的整体行为。重整与非破产重组的关键区别还在于,重整计划无须利害关系人的一致同意即可发生约束全体利害关系人的效力。通常意义上,非破产重整中的重组行为适用公司法、证券法的规范,但是破产重整视域下的重组行为除了受到公司法、证券法的规范外,还要受到破产法的特别约束。

(二)破产重整的制度价值

1.积极挽救企业,预防企业破产

破产重整作为破产法上一项独立的制度设计,严格区别于破产清算与破产和解程序,旨在将处于破产边缘的企业从危机中解救出来。上市公司作为公众公司,重整制度的适用可以使经营困难的上市公司在一定程度上恢复正常的经营,相对于破产清算的直接型市场退出机制,破产重整程序相当于为上市企业提供了其他的选择,让暂时处于困难时期而又具有拯救希望的公司得以重生。上市公司破产清算涉及众多利益主体,包括债权人、债务人股东和其他利益相关者,社会影响范围广。而且目前严格的公开发行上市制度使上市公司成为紧俏的经济资源,为地方政府的财政税收起到不小的贡献,一旦进入破产清算将会在不同层面上影响利害关系人的利益与社会稳定。从此种范畴上来说,上市公司的破产重整对维护、促进证券市场的健康发展具有重要的社会意义。

---

① 参见叶林:《上市/证券公司破产、重整、和解问题的法律思考》,载《法治论坛》2008 年第 2 期。

2. 破产法律制度目标的矫正与补充

破产作为企业的一种正常市场退出机制,在市场资源优化配置状态下是市场竞争优胜劣汰的必然结果,现代企业尤其是上市公司的现行市场退出机制面临一定困境,这使理论界与实务界重新审视破产法律制度的相关制度安排。破产法律制度是一种具有历史范畴的制度,它的出现与商品经济的发展密切相关,是商品经济社会发展到一定阶段与水平的法律现象。传统的破产法律制度主要由破产清算与破产和解组成,破产重整是商品经济发展到垄断时期,由于社会化大生产水平的逐步提高,使破产法律制度在"清算解体型"的清算与和解制度基础上,引入"重整更生型"的重整制度,从而对破产法律制度框架进行的一种补充与矫正。这种变化实质上反映了制度背后社会观念的变迁:在社会化大生产的背景之下,破产法律制度从以债权人为中心的单方保护发展为对债权人、债务人双重利益的保护,进而演变为对债权人、债务人、社会利益的多重兼顾。[①] 这种对个体利益与社会整体利益的兼顾与考虑,使破产重整制度尤其是上市公司的破产重整制度体现出浓厚的经济法理念与特色。

二、上市公司破产重整的信息披露制度

上市公司是指经国务院或经国务院授权的证券监督管理部门批准在证券交易所公开发行股票的股份有限公司,即在上海证券交易所或深圳证券交易所挂牌交易的股份有限公司。我国《企业破产法》第 2 条规定了重整程序的适用范围为企业法人,但在实践中,由于重整程序较为复杂、费用昂贵、耗时过长,因此多为大型企业所采用,中小企业往往选择更为简便的和解程序。在我国尚未全面推行股票发行注册制的情况下,核准制往往对公司注册资本、财务状况、公司治理等方面提出更高的要求,因此能够在证券交易所挂牌交易的企业法人多为大型企业,上市公司是适用破产重整程序的主要对象。非上市公司的重整一般来说受到公司法与破产法的规制,但是基于上市公司作为公众公司的特殊法律地位,其重整过程还要承担作为证券发行人在证券交易活动中应当履行的义务。证券监管机构以及证券交易所也对上市公司进行特别的监管,以确保公平、公正

① 参见车军:《上市公司破产重整制度研究》,载《证券市场导报》2002 年第 11 期。

和公开原则在上市公司破产重整中得到充分实现。

(一)上市公司破产重整中信息披露的理论基础

1. 经济学基础:信息不对称理论

信息不对称理论认为,信息在相互独立的经济个体之间呈不均匀、不对称的分布状态。信息不对称的产生既有主观方面的原因,也有客观方面的原因。主观方面的原因在于不同经济个体获取信息能力的不对称性,客观方面的原因在于社会劳动分工的发展和专业化的提高。[①] 在上市公司破产重整的整个过程中,信息不对称的情形是客观存在的。拟重整的公司作为债务人,对自身资产负债情况、现金流量情况、担保情况等具有最为充分的认识,对于公司经营之事业具有最为全面深入的了解。而债权人、债务人股东由于参与性、专业性的不足,通常无法真实、完整、及时地获取上述信息,因而天然地处于信息劣势地位。而上市公司破产重整往往会涉及权利的调整、让渡甚至剥夺,债务人掌握着大量的事实与信息,如果缺乏足够的信息,债权人、债务人股东等利害关系人可能难以作出投票的决定进而导致其合法权益受到损害。因此,通过有效的信息披露机制转变信息不对称的情形,扭转债权人、债务人股东等的信息劣势地位具有相当的必要性。例如,在"华源股份"重整案中,由于信息披露的不足与程序不合理,使债权人会议的召开面临重重困境,华源股份的资产状况、审计及评估报告、重组方等关键信息的缺乏使债权人的投票过程异常艰难。[②] 掌握、获取信息之地位的不平等、信息的不对称造成破产重整程序中各利害关系人之间信息地位的失衡,信息披露是缓解此种失衡局面并实现破产重整中风险定价合理、多方利益共赢的理性回归路径。

2. 法哲学基础:正义与自由价值的平衡

在破产重整程序中,债务人是否需要承担信息披露义务,关乎自由与正义两种价值目标在破产重整法律制度中的权衡。在一个正义的法律制度所必须予以充分考虑的人的需要中,自由占据一个重要的位置,如果从正义的视角出发,决定从承认对自由权利的要求乃是根植于人的自然倾向当中,我们仍然不能把这

① 参见辛琳:《信息不对称理论研究》,载《嘉兴学院学报》2001 年第 3 期。

② 参见高长久、汤征宇、符望:《上市公司重整中的法律难题——以"华源股份"重整为例》,载张育军、徐明主编:《证券法苑》(第 3 卷),法律出版社 2010 年版,第 692 页。

种权利看作一种绝对与无限制的权利。① 由于上市公司破产重整程序涉及利益主体的广泛性,因此在信息披露的问题上,债务人基于其信息优势地位与破产重整法律制度正义目标的实现,并不能恣意行使其在信息披露方面的自由而须由法律课以相应的义务进行限制。根据市场经济理论,每个市场主体都被假设为"理性经济人",只要具备足够、畅通、真实的信息,就会作出正确的投资决定。但在现实中,由于各利益主体在信息获得能力、经济实力等方面存在差异,为了实现实质公平与社会正义,必须有赖于强调重整程序中实现多方利益平衡的信息披露制度。

(二)上市公司破产重整中信息披露的必要性

上市公司破产重整中信息披露的要求既聚焦于上市公司主体的特殊性,也聚焦于破产重整行为的特殊性。首先,信息披露是证券法律制度的重要组成部分,也是上市公司的法定义务,无须赘述。其次,上市公司在进入重整程序后,涉及债权人、数量的投资者(股东)、法院等多方主体,因而不仅要向公众履行法定的披露的义务,还需要向债权人披露相关的事实与信息,而这些事实与信息通常来说是不为公众所知的。建构债务人在重整中的信息披露制度主要基于以下几个方面的考虑:第一,使债权人追踪并撤销债务人对其他债权人、内部人或债务人的朋友等实施的清偿行为。第二,帮助债权人决定是提出重整申请还是清算申请。第三,信息披露最重要的目的在于使债权人对重整方案作出评估并决定是否接受该方案。②

在上市公司破产重整的过程中,相较于债务人、债务人股东等参与主体,债权人的合法权益极易因信息不对称而受到侵害。在信息不对称的环境下,上述侵害,一方面体现在债权人对债务人行为监控的有限性,所谓"不知彼";另一方面体现在债权人自身决策的盲目性,所谓"不知己"。经济生活变动不居,市场亦有其交易风险,市场主体在"知己知彼"的情况下尚且无法保证经济目的的实现,

① [美]E. 博登海默:《法理学——法律哲学与法律方法》,邓正来译,中国政法大学出版社,1999 年版,第 278 ~281 页。转引自王欣新、丁燕:《论破产法上信息披露制度的构建与完善》,载《政治与法律》2012 年第 2 期。

② [美]大卫 · G. 爱波斯坦、史蒂夫 · H. 尼克勒斯、詹姆斯 · J. 怀特:《美国破产法》,韩长印等译,中国政法大学出版社 2003 年版,第 818 ~819 页。

更何况在此“不知彼不知己”的情况下呢？例如，在破产重整过程中，对债权人的各种清偿率均是通过模拟计算产生。① 如果相关信息的真实性、完整性、时效性模糊不清，那么赖以计算的基础数据本身便不可信，债权人依据计算结果作出的决策也不能说是其真实意思的表达。因此，上市公司破产重整中信息披露的必要性在于避免债务人责任财产不当减少的同时夯实债权人决策的依据，维护债权人在破产重整程序中的合法权益。

(三)信息披露的立法梳理

1. 破产法上的信息披露要求

我国现行《企业破产法》对于破产程序的信息披露采取分散式立法的模式，信息披露在《企业破产法》中分别体现在第 8 条、第 11 条、第 15 条、第 57 条、第 68 条、第 69 条、第 84 条、第 90 条、第 91 条、第 126 条、第 127 条。

我国《企业破产法》第 8 条、第 11 条规定了在破产申请与受理阶段，由债务人作为申请人与债权人作为申请人时必须提交的相关，重整程序作为破产法律制度的重要程序，也要遵循一般性规定，即启动重整程序时债务人在特定条件下需要向人民法院提交材料；第 15 条规定了上市公司收到法院破产重整的裁定至破产程序终结期间的信息披露主体及其义务范围；第 57 条与第 58 条第 1 款分别规定了债权表的编制、有权查阅债权表的主体以及债权人会议对债权表的核查；第 68 条、第 69 条规定了债权人会议要求债务人、管理人披露相关信息的权利，以及管理人实施特定行为须向债权人委员会报告的义务；第 84 条、第 90 条、第 91 条是关于重整程序中信息披露的规定，分别规定了在重整计划草案表决时债权人询问的权利与债务人或管理人的说明义务、在重整计划监督期内债务人向管理人履行的报告义务、监督期届满时管理人向人民法院提交监督报告的义务以及重整程序利害关系人查阅报告的权利；第 126 条、第 127 条主要规定了破产重整中债务人及其有关人员违反信息披露义务时应当承担的法律责任。

2. 证券法上的信息披露要求

我国《证券法》虽然没有专门针对破产重整中信息披露的规定，但由于上市

① 参见王欣新、丁燕:《论破产法上信息披露制度的构建与完善》，载《政治与法律》2012 年第 2 期。

公司特殊的法律地位,破产重整期间的上市公司仍然受到证券法的规制,因此证券法所规定的一般信息披露的原则性规定仍然适用于上市公司破产重整。证券法对信息披露的要求体现在定期报告制度和临时报告制度上。定期报告,是指根据我国《证券法》以及其他相关信息披露规则的要求,在公司季度报告、半年度报告、年度报告中如实披露公司的重整及其进展状况。临时报告,是指按照规定披露与重整相关的信息与事实。例如,持股变动情况、重整申请、要求债权人申报债权、关系人会议的召开、重整计划通过与否、重整计划的实施。

3. 其他相关规则对于信息披露的要求

(1)上海、深圳证券交易所上市规则对于重整的信息披露要求

《上海证券交易所股票上市规则》第十一章第十一节"破产"中规定了上市公司破产中应当遵循的信息披露规定,此外,上市公司破产重整还要遵循第二章中交易所对于上市公司信息披露监管的一般性规定。上市公司破产重整需要披露的信息主要包括:①上市公司被法院裁定进入破产重整后,公司应当每月定期披露一次破产程序进展报告;②在公司被提起破产重整时,上市公司要向交易所及时披露申请材料以及法院受理的情况;③法院裁定重整后,向交易所披露包括债权申报、重整计划草案及其通过情况、重整裁定书、与重整有关行政审批许可等在内的事项;④披露定期报告与临时报告、重整的进展状况。[1]《上海证券交易所股票上市规则》对于上市破产重整所需履行的披露义务进行了较为详细的规定,包括披露主体、披露内容、披露形式和披露的时间节点都较为清晰,为上市公司的破产重整信息披露行为提供了明确的预期与指引。《深圳交易所股票上市规则》对于重整的信息披露要求主要规定在该规则第十一章第十节,内容与《上海证券交易所股票上市规则》基本一致。

(2)资产重组的信息披露规则

资产重组作为上市公司破产重整的重要内容,对破产重整的成功起到至关重要的作用,因而证监会在监管规则中对资产重组时的信息披露作出了规定。在2016年6月17日发布的证监会《上市公司重大资产重组管理办法(征求意见稿)》中对于重大资产重组的信息管理提出了较为严格的要求,主要包括:①对于重大资产重组信息的界定,即可能对上市公司股票价格产生较大影响的所有信

① 详见《上海证券交易所股票上市规则》。

息都应当进行披露,上市公司不得进行选择性披露;②确定了重大资产重组时股价敏感信息的披露主体,主要有上市公司股东、实际控制人及参与重大资产重组筹划、论证决策等环节的相关机构及其工作人员;③在重大资产重组期间内幕交易行为的禁止性规定、保密规定。严格的股票发行核准制使上市公司的"壳资源"成为其财务上一笔"无形资产"而具备特殊的市场价值,因此"借壳上市"在实践中备受青睐。如果采取法庭外重组的方式,会造成较大的成本并且债务人的财务状况不容易摸清,重整的成功率极低。如果进入破产重整程序,通过债权申报的方式可以让重组方明晰财务状况,债权人会议表决重整计划草案的机制也使得谈判的成本大大降低。另外,在资产重组过程中,充分、及时、准确的信息披露可以使重整企业很快获得具备一定经济实力的重组方的青睐,财务状况的清晰便于增加上市公司重整的成功率。

(3)最高人民法院《关于审理上市公司破产重整案件工作座谈会纪要》对于信息披露的要求

上市公司破产重整不仅涉及上市企业、证监会及证券交易所,法律规定法院对于重整程序的介入使破产重整需要人民法院、证券监管机构之间的通力合作与部门协调。最高人民法院印发的《关于审理上市公司破产重整案件工作座谈会纪要》对上市公司破产重整的信息保密和披露作出了以下规定:①对于股票仍在正常交易的上市公司,在破产重整申请相关信息披露前,上市公司及其债权人、出资人等利害关系人应按照相关规定做好信息保密工作;②上市公司债权人提出重整申请,人民法院应要求债权人提供其已将申请告知上市公司的证据,上市公司应按照相关规定履行信息披露义务;③明确了在破产重整期间,管理人对于原上市公司董事会、董事和高级管理人员承担的职责和义务,以及管理人违反信息披露义务时应承担的法律责任。

4. 对现有上市公司破产重整中信息披露规则的检讨

(1)未能较好地协调与衔接破产法与证券法关于破产重整信息披露的规则体系,缺乏对于重整程序中多元利益主体的整体考虑,因为重整程序的进入增加了上市公司信息披露的利益相关者。[①] 关于破产重整的信息披露规则多规定于

---

① 参见贺丹:《上市公司重整中的信息披露:规则评价与制度重构》,载赵秉志主编:《京师法律评论》(第7卷),北京师范大学出版社2013年版,第47~48页。

沪、深证券交易所的自律性规则当中,立法位阶低。在具体规则实施层面,信息披露的途径与方法仍然局限于证券法层面上的途径与方法,而未考虑到重整程序所涉及的其他利害关系人的知情权问题。

(2)未能明确上市公司重整过程中信息披露监管机构。目前证监会、证券交易所是上市公司信息披露监管的机构,但是上市公司进入重整程序后,法院对于重整程序的使信息披露监管产生了交叉。因此,法院与证监会、证券交易所的监管地位如何协调成为对上市公司破产重整中信息披露有效监管的关键。

(3)现行信息披露规则对于信息披露内容的规定不够详尽,缺乏对于信息披露标准的指引。现行规则只规定了破产重整需要制订重整计划草案,但是对于草案应该涉及何种内容或者披露的标准,现行规则中均语焉不详。极为简略的重整计划使重整的利害关系人无法准确获取与重整计划表决的相关信息,进而不利于利害关系人合法权益的保护。

三、破产重整中信息披露制度的比较法经验

以立法的方式来平衡破产重整中各利害关系人的信息地位已成为世界各国的普遍共识。联合国国际贸易法委员会认为,破产法应当确保提供关于债务人状况的相关信息,对债务人披露自己的状况提供激励并酌情对此种债务人不适用制裁办法。[①] 世界各国在破产立法中根据本国国情以及重整制度的特点,对重整程序中信息披露的规则作出了相应规定。总结起来,其规则框架主要包括披露主体、披露内容、披露标准、披露时间、披露方式以及法律责任。

(一)披露主体

在信息披露主体如何确定的问题上,需要考虑以下两点:一是在破产重整法律制度框架下由哪方主体来披露最能实现制度正义的目标;二是从效率的视角出发,在破产重整的法律关系中,哪方主体掌握的信息最为充分、信息的提供最为便捷。一般来说,重整企业中最为熟悉企业经营状况、资产状况、财务状况的

① 参见联合国国际贸易法委员会:《破产法立法指南》,载贸易法委员会网:http://www.uncitral.org/uncitral/zh/GA/resolutions.html,最后访问日期:2016年6月25日。

便是债务人及其管理人员,并且重整程序的制度设计也要求债务人及其管理人员承担不可推卸的信息披露责任。例如,德国《支付不能法》、日本《公司更生法》均有债务人向特定对象履行相应信息披露义务的规定。[①] 在重整期间的企业管理方面,由债务人自行管理还是由管理人行使管理权影响着信息披露主体的确定,如果由破产管理人进行管理,那么信息披露的主体还需要延伸至管理人。值得注意的是,域外破产立法还根据现实的需要设立专门的调查机构或调查人员,这些专门机构或人员需要就债务人的经营和财务状况向人民法院报告以履行法律上规定的职责。例如,日本《公司更生法》的调查委员和美国《破产法》当中的监察人。[②]

(二)披露时间

一般来说,在重整程序启动之前,债权人需要进行评估从而选择重整程序抑或清算程序,为了避免已经没有拯救希望的企业错误适用重整程序,利害关系人需要了解企业的经营状况、财务状况、造成企业危机的原因、企业以及行业前景等情况,因此披露时间非常重要。为了维护重整程序中各方的利益,各国将重整计划草案表决前的信息披露作为立法规制的重点。有的国家在破产立法中对应当信息披露的内容进行列举,例如,德国《支付不能法》第 219 条规定,提交重整方案时,同时一并提交财产一览表、盈亏以及财务方案等附件。有的国家运用抽象概括的方式对表决前的信息披露方式进行规制,例如,美国《破产法》第 1125 条(a)的规定,在重整方案表决前必须披露“充分信息”。在 Metrocraft Publishing Servs. Inc. 案中,德雷克(Drake)法官根据其既往案件处理经验列出了 19 条必须包含在披露说明当中的内容。[③] 其基本内涵是指这种充分信息的形成建立在企业合理而实际的现实状况之下,具有能够使理性的投资者,尤其是有权提起重整程序的利害关系人能够基于这样的信息作出提起重整程序还是清算程序的决定。这一标准的表述过于抽象,但是在破产实践中,如此抽象地表达方式恰好能使法院在不同的个案中根据案件的具体情况进行能动地自由裁量,使各利害关

① 参见德国《支付不能法》第 97 条第 1 款、日本《公司更生法》第 98 条之 2 第 1 款。

② 参见日本《公司更生法》第 101 条、美国《破产法》第 1106(b)条。

③ 参见[美]大卫·G. 爱波斯坦、史蒂夫·H. 尼克勒斯、詹姆斯·J. 怀特:《美国破产法》,韩长印等译,中国政法大学出版社 2003 年版,第 823~825 页。

系人能够得到真正需要的信息。

(三)披露方式

对于信息披露的具体方式,世界各国的立法例主要采取两种方式:其一,运用书面报告的方式,如在德国和日本的立法中,要求将重整的相关文件提交法院供利害关系人查阅;①其二,通过口头说明或出席会议接受询问的方式,如德国、日本、美国均规定了债务人须出席听证会、债权人会议等就重整问题回答询问。从前述也可以看出,这两种披露方式并不是完全割裂开来,而是一定程度的有机结合,如德国和日本就运用书面和口头两种方式相结合的披露方式。

(四)法律责任

"如何谋求资讯开示之必要性及伴随于此所生弊害之防止等二要求之适切平衡,成为重建法制之设计及运用上的重要课题",②破产法上对债务人或其他主体课以的信息披露义务,需要法律责任方能保证制度目的的有效实现。不同国家与地区采取了不同的规定:一是将信息披露作为相关人员的法定义务,违反信息披露义务会受到相应的处罚;二是自证有罪的信息不得在其后的诉讼中使用,例如,美国《破产法》第 344 条规定对破产案件提供信息的个人可以根据美国《法典》第 18 章第 5 部分准予免责。③ 另外,并不是破产重整中的所有信息都需要向公众公开,企业的商业信息作为企业的无形资产,对此类信息的披露内容与对象应当作出一定的限制或要求披露对象履行一定的保密义务,违反保密义务的相关人员需要承担相应的法律责任。

四、我国上市公司破产重整信息披露制度的完善路径

(一)披露内容以及披露程序的完善

目前我国《企业破产法》虽然对破产重整中的信息披露制度作出一些规定,

---

① 参见德国《支付不能法》第 234 条、日本《公司更生法》第 101 条之 2、第 179 条、第 183 条。

② 许士宦:《债务清理法之基本构造》,台北,元照出版有限公司 2007 年版,第 132 页。

③ 参见陈英:《破产重整中的信息披露问题研究》,载《广西大学学报》(哲学社会科学版)2009 年第 5 期。

但是在分散式立法的模式下,破产重整中的信息披露制度并未形成完整的规制体系。上市公司重整中的信息披露往往侧重于证券法的规制思路,但与一般上市公司披露所不同的是,重整中的上市公司所涉及的利益主体更为复杂、多元,由于破产法重整制度在我国目前属于新兴制度,破产法上的信息披露实践乏善可陈,目前我国破产重整案件中的信息披露制度仍存在诸多不足之处。

笔者认为,可以从以下两个方面完善现行破产重整中的信息披露制度:第一,披露内容的完善。在目前破产重整的案件中,法律仅要求制订重整计划草案,而其他专门性的信息披露材料极其匮乏。相比之下,美国《破产法》所规定的"信息披露说明"不仅需要涵盖所有涉及重整问题,还要经过法院的批准。① 通常来说,信息披露说明一般可包括但不限于以下内容:债务人的背景情况;债务人的财务状况;债务人未来的发展前景;关于债务人立即清算的假设;说明书中各项财务分析的会计方法、估值方法;重整中可能涉及的风险因素;重整计划的税务分析;重整计划涉及的证券法问题等。② 在披露内容的完善上,未来我国可以借鉴美国《破产法》中"信息披露说明"的做法。第二,信息披露程序。破产法、证券法及其相关规则对于披露程序缺乏明确、具体的规定,使利害关系人往往到了召开债权人会议之时才能了解相关信息,不利于债权人及其他利害关系人行使相应的权利。笔者认为,可以通过完善立法或制定司法解释的方式对披露程序以及违反程序时的法律责任作出规定。另外,基于上市公司投资者分散的特点,为了充分实现上市公司重整信息披露制度的目的,可以考虑让监管部门设立专门的网站或在证券交易所网站开辟专栏发布上市公司破产重整的信息披露说明以及重整计划草案,便于遍布全国各地的投资者及时了解相关信息。

(二)引入破产重整信息披露的保密制度

目前我国《企业破产法》中缺乏对于信息披露制度中保密义务的规定,仅在最高人民法院发布的《关于审理上市公司破产重整案件工作座谈会纪要》中有所涉及,而且事实上并非上市公司破产重整披露的所有信息都可以让公众知晓,如商业信息。从整体风险视角来看,破产重整的风险主要由债权人承担,上市公司

---

① 美国《破产法》§ 1125. Postpetition disclosure and solicitation。

② 参见高长久、汤征宇、符望:《上市公司重整中的法律难题——以"华源股份"重整为例》,载张育军、徐明主编:《证券法苑》(第3卷),法律出版社2010年版,第693页。

破产重整程序承载着挽救困难企业从而维护社会公共利益的价值目标,重整中的信息披露制度也要考虑债务人事业的维持才能全方位地促进重整的成功。为了防止破产重整中披露的信息被滥用,笔者认为,可以在立法中就信息披露的对象和时间作出限定,同时规定知晓敏感信息的相关人员所须履行的保密义务以及违反义务所须承担的法律责任。针对上市公司破产重整还需要规定诸如内幕交易之禁止等内容,以防止相关人员利用上市公司破产重整的契机实施内幕交易等违法行为。

(三)证券法与破产法的协调

在上市公司破产重整的情况下,由于破产法所保护的利益主体已将证券法所保护的利益主体包含其中,因此在上市公司破产重整过程中,由破产法上的信息披露制度涵盖证券法上的信息披露制度较为可行。由破产法主导上市公司破产重整的信息披露主要基于以下几个方面:第一,由破产法主导而非证券法具有较低的成本;第二,相比正常经营的上市公司受到证券法信息披露规制所不同,进入重整程序的上市公司很多已不能按照常规途径进行信息披露;第三,在重整程序中,由法院介入上市公司的信息披露活动能够更为有效地保护投资者。① 因此,证券法与破产法在上市公司破产重整中的协调,一是可以形成更为全面的信息披露体系,防止上市公司重整中信息披露规则不完善导致监管真空的出现;二是可以让破产法上的信息披露制度取代证券法上的信息披露制度,引入司法机关以实现对于多方利益主体更为全面的保护;三是可以正确处理上市公司重整信息披露监管机构之间协调的问题,理顺重整过程中法院和证监会、证券交易所之间的监管关系。

---

① 参见贺丹:《上市公司重整中的信息披露:规则评价与制度重构》,载赵秉志主编:《京师法律评论》(第7卷),北京师范大学出版社2013年版,第47~48页。

破产重整企业信用恢复问题初探

马西蒙* 乐 鹏**

一、破产重整成功企业的窘境

(一)重整成功企业

2009年3月某中级人民法院受理了某市首例房地产开发公司的破产重整案件,并指定笔者所在律师事务所担任管理人。法院在裁定该企业重整后,于2010年8月批准了该企业的重整计划。在重整计划执行期间,该地产企业历经了限购、限贷等多次的政策性调整和地产市场的整体行业巨幅波动,克服了主要债权人不配合、购房债权人围堵、共益债权人春节前要账封楼、民间借贷资金压力等重重困难,最终完成了将重整受理时的位于闹市区的17层框架烂尾楼建成28层近10万平方米的商业和住宅商品房。2014年8月重整计划安排的全部债务清偿完毕,向购房债权人和以房抵债债权人交付了房屋。长期影响该地区形象、影响上百名业主居住利益、影响几十名企业职工生存、影响几十户其他债权人和几家金融债权人利益的烂尾楼交付使用,已经严重资不抵债的企业,获得了重生,重整成功。

---

* 陕西丰瑞律师事务所合伙人律师。

** 陕西丰瑞律师事务所律师助理。

在受理该企业重整时,企业的有效资产仅为该烂尾楼,纳入破产财产范围的资产评估价值为1.2亿元,但经法院裁定确认的购房债权、建设工程款债权、金融担保债权、职工债权、税款债权、普通债权共计93名,债权数额达到2.42亿元。如果破产,则除购房债权、建设工程款债权可以得到全额清偿外,金融担保债权只能得到55.7%的清偿,其他在后债权的清偿率为零。但如果将烂尾楼建设成为一个有使用价值的商品房,则可以创造更大的价值,可以大大提供剩余债权的清偿率,也能消除烂尾楼带来的各种负面影响。通过各种科学测算,该企业制订了前期由新的施工单位垫付工程款进行建设开发以及债务人的出资人融资,后期利用楼盘销售所得资金偿还各债权人债务的重整计划。

该重整计划安排的清偿方案为:全额清偿购房债权、优先债权、职工债权、税款债权,普通债权清偿比例达到52%。其中,经测算在破产状态下,清偿了在先的购房债权和建设工程款债权以及2006年前的职工债权后,抵押物的剩余资产价值为4578.78万元。抵押权人为一家商业银行,其对重整债务人的债权为4笔(每笔1500万元)合计为6000万元的贷款本金和计算到破产受理时的利息,合计为8210.35万元。该金融机构在破产状态下的清偿率仅能达到55.7%。但按照重整计划的安排,在该抵押物扣除在先权利后的剩余价值全部用于清偿抵押金融债权8210.35万元后,对于未获得清偿的抵押债权则可转为普通债权,按照52%的清偿率予以清偿。即在破产重整状态下,该金融机构的全部债权的清偿率达到78.8%,仅有1743.15万元未能获得清偿。

此外,根据我国《企业破产法》第94条的规定,在破产重整中减免的债务人的债务,在重整计划执行完毕时起,重整债务人不再负有清偿义务。对于在该重整案件中,已经减免的对购房债权人所负的违约金、建设工程款债权的利息、金融债权等未获清偿部分的普通债权,应当不再清偿。

由此可知,在重整计划执行完毕后,该金融债权未获得清偿的1743.15万元应当予以减免。如果该重整企业在征信体系中有过不良和违约记录,则在重整计划执行完毕后,该不良和违约记录应当被修复。

(二)重整成功后的困境

该重整企业于2014年8月顺利完成重整后,随即开始寻找新的项目,并希望利用重获新生的公司转型到其他领域开展新业务。在此后的近2年的时间里,该企业洽谈了多个项目,除了地产项目之外,还尝试过矿业、农牧业、足球、新能源等产业。但由于重整过程中,并没有引入新的投资人,也没有新的融资渠道,其严重缺乏投资资金和周转资金。该企业为新项目,几乎跑遍了本地区内的所有银行,向其申请贷款。但是,即使在有充分抵押物担保的情况下,贷款申请最终都以失败告终,而贷款始终无法获批的主要原因就在于征信系统中该企业仍然存在若干笔不良和违约记录。有的银行甚至在已经确定了授信额度并且完成开户后,因为存在不良记录而直接拒绝该笔贷款的申请。

可以说不良记录的存在,给该企业的继续生存带来了严重的威胁,使企业无法通过银行等金融机构获得融资支持。经查询,在该企业的征信体系中登记不良和违约记录的正是该企业重整中的已经获得清偿的抵押债权人。那么该不良记录到底是否应当继续存在,或者应当以何种形式体现在企业的征信记录中?如果这个不良记录仍然保留在该企业的征信记录当中,必然影响企业的正常经营和融资活动。没有了外部融资的平台,重整复活的企业有可能会再次走向破产。而随着破产重整企业数量的增加,在征信系统中恢复信用的问题将会成为有金融债权的破产重整成功后的企业都将面临的问题。

二、我国征信体系现状

(一)征信

信用,是指能够履行诺言而取得的信任。而征信(credit investigation),简言之即为验证信用。而征信业务则是对企业、事业单位等组织(以下简称企业)的信用信息和个人的信用信息进行采集、整理、保存、加工,并向信息使用者提供的活动。

(二)征信体系介绍

我国的征信体系是以中国人民银行设立的征信系统为中心,其他政府职能部门在各自管辖范围内设立社会信用数据系统为辅助,专门从事信息信用调查的专业征信机构为补充的多层次化体系。中国人民银行设立中国人民银行征信中心,作为直属事业单位专门负责企业和个人征信系统的建设、运行和维护。各金融机构则负责信用信息的采集、录入、更新和维护。该系统全面收集企业和个人的资料,包括银行信贷信息,以及税收、司法裁决等公共信息。[①] 中国人民银行征信系统是由国家设立的金融信用信息基础数据库,又称企业和个人信用信息基础数据库。

除了人民银行的征信系统,目前我国还有依据《公司法》设立的经营企业和个人征信业务的征信机构。以下重点分析的是在人民银行的征信系统中金融信用信息的建立、变更等问题。

(三)金融信用信息的录入

人民银行征信系统即金融信用信息基础数据库由专业运行机构建设、运行和维护。该运行机构不以营利为目的,由国务院征信业监督管理部门监督管理。此处所称的专业机构即为人民银行征信中心。在人民银行征信中心录入的企业金融信用信息,是从事信贷业务的机构,通常为商业银行,按照规定提供信贷信息。根据规定,商业银行在向金融信用信息基础数据库或者其他主体提供信贷信息,应当事先取得信息主体的书面同意。

(四)金融信用信息的异议与更正

企业作为信息主体,认为征信机构采集、保存、提供的信息存在错误、遗漏的,有权提出异议,要求更正。异议途径有三种:

1. 与提供该信息的商业银行沟通协商,要求其更改

由于企业征信报告中的金融信用信息是由商业银行负责提供和处理的,因此企业可以通过直接与该商业银行沟通的方式,要求其更改或更正包括不良记录的相关信息。

2. 向中国人民银行征信中心递交企业信用报告的异议申请

根据中国人民银行《金融信用信息基础数据库企业征信异议处理业务规程》的规定,企业可以向中国人民银行征信中心提交企业信用报告的异议申请。征信中心对该异议申请进行登记确认并转送金融机构进行核查。待金融机构回复后,征信中心向申请人提供企业征信异议回复函。

---

① 中国人民银行营管部:《中国人民银行征信中心中心概况》,载 http://www.pbccrc.org.cn/zxzx/zxgk/gywm.shtml.,最后访问日期:2018 年 4 月 10 日。

但是,征信中心对于金融机构核查的结果没有权利进行审查,在金融机构不愿意更改异议信息的情况下,企业只能通过对异议信息添加声明进行说明,或者通过其他救济方式来处理。具体的异议处理流程如图1所示。

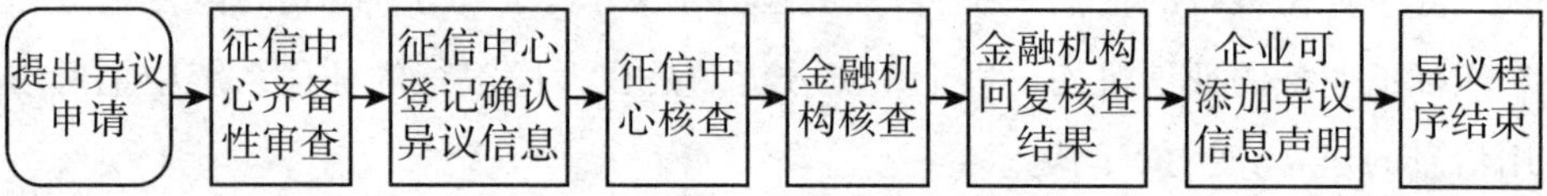

图1 异议处理流程

3. 投诉或起诉

企业在向商业银行提出要求更改或更正其信用信息未果时,如果认为商业银行侵害其合法权益的,可以向所在地的人民银行征信中心投诉,也可以直接向人民法院起诉,要求法院判该金融机构更正其征信记录。

(五)征信体系的立法现状

目前,与征信体系相关的法律法规尚不构成体系,层级不高,各相关部门法没有有效的衔接。现有的最高位阶的法规就是2013年3月15日起施行的《征信业管理条例》,此后有依据条例制定并于2013年12月20日起施行的《征信机构管理办法》,再就是一些人民银行征信中心制定的一些规范性文件,如《金融信用信息基础数据库企业信用报告查询业务规程》《金融信用信息基础数据库企业征信异议处理业务规程》以及针对个人信用的查询和异议处理规定和个人声明业务规程。

2014年6月14日国务院发布了《社会征信体系的规划纲要(2014~2020)》,肯定了我国社会信用体系建设取得的进展,也指出了其与经济发展水平和社会发展阶段不匹配、不协调、不适应的突出矛盾,其中就有信用信息主体权益保护机制缺失的问题。问题存在的原因之一,就是信用法律法规体系不完善,与《征信业管理条例》相关配套制度和实施细则尚未落实,异议处理、投诉办理和侵权责任追究制度尚未建立。

然而,我国目前法律体系虽然对于破产重整的准备、执行和监督阶段有较为明确的规定,但对于企业在破产重整再生后,开展正常经营活动中对信用信息的更新和修复,则没有相应的规定。在重整中,势必会存在按照重整计划被减免的债务,这些债务如果曾经登录在企业的信用信息当中,在计划执行完毕后,如何对被减免的债务不再被视为不良或违约而在征信系统中作出适当的处理？如果作为该部分信息提供者的商业银行是重整债权人，则该债权人是否愿意主动将被减免的未获得清偿部分债务也视为清偿或是作出不视为违约的信息？不愿意更正或标注时该怎么办？这些都没有直接的法律予以调整。

三、世界三大企业征信体系介绍

各国征信体系对于个人信用收集、处理和评价已经有了较为广泛和成熟的发展，但是各国征信体系对于中小企业的信用服务则仍有较大的发展空间和需求。中小企业获得金融资本较大型企业和上市企业相比更加困难，原因正是金融机构缺少完整和透明的企业信用信息。一般而言，金融机构会从两方面评估企业的状况，一是企业为偿还债务所应具备的财务能力，二是企业偿还债务的意愿。为了能够有效评估企业的偿债能力，往往需要金融机构提供最近2~3年能够反映企业财务状况的财务报告，而为了能够评价企业的偿债意愿，则金融机构会尽一切可能考察该企业的全面的完整的信用记录，特别是对于债务偿还情况，以及逾期、坏账、撤账甚至破产清算相关的情况会更加关注。[①] 因此，为了增加企业财务情况的透明度，增强金融机构提供信贷的信心，提升整体信用体系的完整性，各国都在尽力完善和加强企业征信体系的建设。

目前，世界上主要有三种征信体系制度，一是市场主导的征信体系，由独立的商业信用征信服务公司构成，这些公司普遍是盈利性的，这种制度以美国为代表；二是政府主导、市场运作的征信体系，由中央银行主导建立中央信贷登记中心收集征信服务，这种机构一般是非盈利性的政府机构，这种制度以法国为代表；[②]三是银行业协会主导的征信体系，通过设立会员制企业征信机构，收集企业信用信息并在会员间进行交换、共享，这种制度以日本为代表[③]（见图2）。

① The World Bank，"Facilitating SME Financing through Improved Credit Reporting"，Report of the International Committee on Credit Reporting，2014.

② HKMA，"Cross Country Comparison of Commercial Credit Reference Agencies"，Annex C，2000.

③ 参见李宝庆：《中小企业发展之信用体系管理的构建》，载《金融研究》2002年第3期。

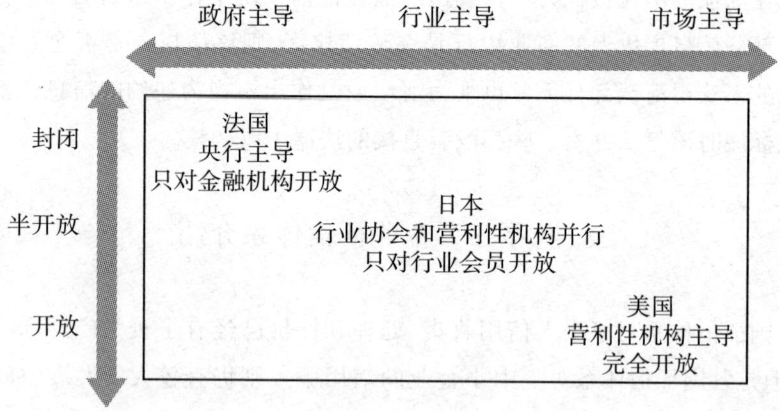

图2 三大征信体系

(一)美国信用体系简介

美国的信用体系至今已经发展了150多年,从提供调查不同地区交易对象信用情况的调查服务公司开始,逐步发展为目前全世界最完善,最成熟的个人和企业征信体系。① 美国的征信体系是由私营的商业信用征信服务机构构成的。目前几乎每一个征信领域市场都被少数的几家征信服务机构所垄断,征信机构的集中化趋势不断增强,征信机构的数量在逐渐减少,而规模则越来越大。美国的个人征信体系与企业征信体系是相互独立分开建设管理的,中小企业的征信体系是由以益博睿(Experian)、艾奎法克斯(Equifax)、邓白氏(Dun & Bradstreet)为主的三大信用局构成,而其中邓白氏是目前世界上最大、历史最悠久和最有影响的企业征信机构,而对于大型企业以及上市公司的信用评价则是由以标准普尔(S & P),穆迪(Moody's),惠誉(Fitch Group)为主的信用评级机构负责。

美国个人征信体系有完善的法律规定,以《公平信用报告法》(Fair Credit Reporting Act,FCRA)为核心的17项法律全方位的从个人信息的界定、个人信息的使用、公开及保护以及信息的准确性等方面,制定了征信机构应当如何收集、

① See Kenneth Lipartito,"Mediating Reputation:Credit Reporting Systems in American History", *Business History Review* 84,2013,p.658.

处理和使用个人信用信息。[①] 但是,美国中小企业的商业信用信息并没有像个人信用一样当作隐私进行保护。

美国中小企业征信是经过信用基础数据采集、信用局信用信息处理、制作企业信用报告评分三大过程,最终形成信用产品应用于企业的商业活动中。其中信用基础数据一般是由银行、贷款机构、投资机构、其他商业机构、法院和政府机构提供的,是一般性的交易记录。信用局定期收集这些信用记录并按照统一的标准整理征信报告,一般包括以下内容:企业登记信息、企业权属状况、经营领域与范围、资产负债状况、营业收入状况、税务状况、债务以及清除状况、企业负面信息、破产相关诉讼、法院判决信息、其他机构对于该企业的信用查询记录以及企业股东或者高管的个人信用记录等内容。[②] 最终,信用局会将该企业的信用信息制作信用报告以及信用评分提供给社会查询和使用。

(二)日本信用体系简介

日本征信体系以行业协会建立的会员制企业征信服务机构和商业性征信机构共同组成的。行业协会建立了会员制非营利机构日本企业信用信息中心,通过信息共享机制实现征信和使用的目的。行业协会会员有义务提供其获得的企业征信信息,同时信用信息中心也仅向会员提供企业信用信息的查询服务。这样的信用信息中心是非盈利性机构,只收取成本费用。银行、金融机构、信用卡公司、保证公司和商业机构等都是各协会的成员。[③]

此外,日本征信业还存在商业性的征信服务公司,如日本帝国数据银行(Teikoku Data Bank,Ltd. ,TDB)。TDB 通过覆盖全日本的分支机构和大量的专业调查人员,采用直接拜访考察的方式,收集了大量日本企业的一手资料信息,从而使 TDB 发布的企业信用报告享有很高的声誉和可信度。[④]

---

① See Michael E. Staten and Fred H. Cate,"Does the fair credit reporting act promote accurate credit reporting?",Building Assets, Building Credit: A Symposium on Improving Financial Services in Low-Income Communities,held at Harvard University,2004.

② See Credit Reporting Knowledge Guideline,International Finance Cooperation.

③ 参见姚存祥:《简析世界各国征信体系》,载《中国信用卡》2010 年第 8 期。

④ 参见冯斯健:《国际三种主流中小企业征信制度的异同》,载《银行家》2016 年第 3 期。

(三)欧洲信用体系简介

欧洲信用体系多种多样,主要是以法国、德国、比利时为代表的国家中央银行建立的“中央信贷登记系统”为主体,兼顾私营商业性征信机构的征信体系。

征信体系主要是以各国中央银行为中心,设立政府性的银行信贷信息数据库,采集银行信贷信息,并且信息只能在银行间公开。这种政府主导由金融监管部门设立公共信用登记系统,主要体现的是监管者的意志,服务于商业银行防范贷款风险和央行制定货币政策。同时,私人设立的盈利性征信机构则服务于商业银行、保险公司、商业机构等,较公共信用登记系统而言,其服务范围更加广泛,信息来源渠道更多,信用记录更加全面。①

政府主导型和市场主导型模式并不相互替代,而是相辅相成的。政府主导的公共信息登记系统,信息提供的强制性和来源以及用途的限定性,决定了征信体系的基础。同时,民营征信机构则为社会更加广泛的征信服务,更加商业化也更加个性化。因此,在欧洲许多国家,这两种模式是并存的。

四、企业征信报告实例

以上文企业为例,该企业信用报告摘要如表1所示。

表1 企业信用报告摘要

当前负债信息摘要(金额类:万元)								
	正常类汇总		关注类汇总		不良/违约类汇总		合计	
	笔数	余额	笔数	余额	笔数	余额	笔数	余额
贷款	0	0.00	0	0.00	3	4189.73	3	4189.73
类贷款	0	0.00	0	0.00	0	0.00	0	0.00
……								
合计	0	0.00	0	0.00	3	4189.73	3	4189.73

① 参见姚存祥:《简析世界各国征信体系》,载《中国信用卡》2010年第8期。

续表

已还清债务信息摘要								
	贷款	类贷款	贸易融资	保理	票据贴现	银行承兑汇票	信用证	保函
不良/违约类笔数	1	0	0	0	0	0	0	0
关注类笔数	0	0	0	0	0	0	0	0
正常类笔数	0	0	0	0	0	4	0	0
负债变化历史								
	2013-6		2014-9		2014-12		2016-3	
全部负债余额	6000.00		6000.00		4189.73		4189.73	
不良负债余额	6000.00		6000.00		4189.73		4189.73	

该信用报告所反映的不良/违约类记录余额为4189.73万元。而该笔不良/违约负债正是上文提到的已经按照重整计划清偿过的享有担保权的金融债权。经调查,在2014年12月17日,该银行在明知该债务人的债务已经按照重整计划偿还、未清偿的不再清偿的情况下,仍将该笔债权打包出售给另一家资产公司,用出售的款项冲抵了该笔贷款的部分本金,未冲抵的债务为4189.73万元。

显然,该金融机构向中国人民银行征信系统提供的该企业的金融信用信息是不正确的,应当予以更正。在此情况下,该重整再生企业可以直接与提供该信息的商业银行沟通协商,要求其更改。虽然这种方法可能是最直接的解决方案,但鉴于目前对于企业信用恢复问题不存在明确的法律规定,该方案完全取决于银行是否愿意配合。在实践中,该企业根本无法取得这家金融机构主动更改信用信息的同意,目前正在通过向中国人民银行提出异议申请。但中国人民银行征信中心也明确告知该企业,征信中心并无权进行该违约信息的实体审查,如果商业银行不按期回复,或回复认为不应该更改,则企业只能通过诉讼来解决此征信问题了。

五、我国对重整企业的信用恢复的安排

(一)我国香港特别行政区

1. 我国香港特别行政区商业信贷资料库(Commercial Credit Reference

Agency)

2004年我国香港特别行政区金融管理局(Hong Kong Monetary Authority, HKMA)、香港特别行政区银行公会(Hong Kong Association of Banks, HKAB)、存款公司公会(DTC association)和邓白氏企业共同设立商业信贷资料库(Commercial Credit Reference Agency, CCRA)。该系统的主要目的是收集中小企业的信用信息,包括企业的公共信息、在商业机构信贷记录中的正面以及负面的信用信息,并将此等资料提供给经过授权的机构,包括商业银行、贷款机构、保险公司等,从而解决信贷信息不协调的问题。①

CCRA征信体系是一个由行业协会主导的,政府部门监管的,由盈利性征信服务运营的半封闭的征信体系。首先,CCRA要获得企业的征信记录必须要得到企业的认可(consent),其次,企业的征信记录只会在CCRA授权的机构(authorized institutions)间使用,并且使用此征信记录的目的只能是用来在企业再次申请信用贷款时评估企业的信贷额度,或者是考察或者更新企业现有的信贷额度,而不能用于其他目的,特别是不能将企业信用记录商品化。②

目前,我国香港特别行政区金融管理局出台了《监管政策手册》(Supervisory Policy Manual Module)《IC - 7, The sharing and use of commercial credit data through a commercial credit reference agency》等专门规定,用以规范企业信用记录的共享和使用。

同时值得一提的是,CCRA给予企业一定的自主选择权。企业可以选择公开或者不公开其在相应银行的信用记录。若企业选择不公开该信用记录,则可以通过银行向CCRA递交撤销申请。CCRA在收到撤销申请后90日内应消除对应的信用记录,并将该撤销申请记录于该企业的信用报告。③

---

① See the DTC Association & HK Association of Banks, A Commercial Credit Reference Agency for Hong Kong, Nov., 2007.

② See Arthur Yuen, Executive Director, HKMA, Speech at launching of Commercial Credit Reference Agency, 2004, website: http://www.hkma.gov.hk/eng/key-information/speech-speakers/akhyuen/20041026-1.shtml.

③ See HKMA, IC - 7 "the Sharing and Use of Commercial Credit Data through a Commercial Credit Reference Agency", Hong Kong Monetary Authority Guideline, Jan. 2008, p. 9.

2. 重整企业债务信用处理

我国香港特别行政区的征信体系较为完善。CCRA 会在企业的信息摘要中记录与债务撤账(豁免)相关的基本信息,同时在信用报告的主文中详细记载该笔债务的撤账信息,包括撤账金额、撤账回拨金额,以及撤账的原因。举例而言,对于企业逾期付款超过 60 天的债务,CCRA 会按照逾期记录该企业的欠账,若企业资不抵债或明显欠缺清偿能力,企业可能最终走向破产。在这种情况下,若各方最终制订并通过重整计划,在企业保证偿还一定比例债务的前提下,经过法定程序,免除了企业对于剩余债务的清偿责任时,CCRA 会将在重整计划中偿还的部分按照撤账回拨金额(recovery)计入该企业的信用报告中,而对于根据重整计划豁免的债务会按照撤账金额(written-off)记录。

而金融机构对于存在债务撤账豁免记录的企业,并不会直接拒绝其贷款申请,而是会相应的提高贷款的审批标准,比如,要求提供更有价值的担保或者降低其授信额度从而平衡相应的金融风险。①

3. CCRA 报告样本及介绍

表 2 是邓白氏公司与我国香港特别行政区金融管理局(HKMA)提供的典型中小型有限责任公司的信用报告。其中,第一部分摘要记录了企业的公开信息,包括前文提到的与企业破产、合并、分立、债务重组、破产重整有关的信息,②而第五部分撤销同意通知书则为上文提到的企业可以选择不公开部分信用信息。第六部分和第七部分记录了企业信用正面信息,即企业目前获得的信贷额度和获批贷款情况。第八部分则记录企业信用负面信息,第九部分则是这些负面信息的详细情况,第十部分记录了关于债务撤账(豁免)以及债务重新偿还部分信息。当出现破产重整情况时,会将重整计划中偿还以及豁免的债务信息记录于此处。

---

① See RBL Bank, "Guidelines for Rehabilitation of Sick Micro and Small Enterprises" (MSEs), 2012.

② 邓白世:《商业信贷资料库样本报告指引》,2015 年。

表 2　典型中小型有限责任公司信用报告①

1 **摘要**

- 在 July 2005 首次有会员报交资料。
- 在 March 2013 报交贷款资料的会员总数为 4。
- EEE Bank 于 01 October 2012 报交撤销同意通知书并会在 30 December 2012 生效。
- D&B 过去 2 年的法院公告显示于 06 May 2012 有 1 个诉讼纪录。
- 直至 June 2012,逾期 60 日以上之欠款总额为 $ 10,000。
- 直至 June 2012,新报交撤账回拨总额为 $ 500,000。
- 会员 DDD Bank 于 May 2012 取消信贷额,可能是由于全付、撤账、收回全部贷款、合并或收购。
- AAA Bank 于 06 December 2011 去除了早前递交月份 October 2011 的资料。

1. 摘要

显示中小企的重点资料,包括撤销同意通知书、提出异议、负面信贷资料、更改资料及法院公告等详情。

2 **简介**

资料提供	AAA Bank	BBB Bank	CCC Bank
提供日期	January 2013	January 2013	January 2013
注册类型	香港公司注册号码	香港商业注册号码	香港公司注册号码
注册编号	999999	88888888	999999
注册类型	其他注册号码	其他注册号码	其他注册号码
注册编号	Other001	Other001	Other001
注册地点	HK	HK	HK
现用名称	Sample Report Company Ltd 1(CCRA)	Sample Report Co Ltd 1(CCRA)	Sample Report Company Ltd 1(CCRA)
中文现用名称		范例公司一	
商业名称		Sample Trade Name 1	
中文商业名称		商号一	
前用名称	Previous Name 1	Previous Name 1	Previous Name 1
中文前用名称	公司前名一	公司前名一	公司前名一
地址	UNIT 1308-1315,13/F., BEA TOWER, MILLENNIUM CITY 5, 418 KWUN TONG RD., KOWLOON, HONG KONG	UNIT 1308-1315,13/F., BEA TOWER, MILLENNIUM CITY 5, 418 KWUN TONG RD., KOWLOON, HONG KONG	UNIT 1308-1315,13/F., BEA TOWER, MILLENNIUM CITY 5, 418 KWUN TONG RD., KOWLOON, HONG KONG
中文地址	香港九龙观塘道 418 号创纪之城5期东亚银行中心 13 楼 1308 至 1315 室	香港九龙观塘道 418 号创纪之城5期东亚银行中心 13 楼 1308 至 1315 室	香港九龙观塘道 418 号创纪之城5期东亚银行中心 13 楼 1308 至 1315 室
电话号码	25161100	25161100	25161100

2. 简介

显示首三间最高统信贷额的贷款机构所递交有关该中小企的简介资料。

递交资料的贷款机构身份只会于中小企自订报告中全面显示。

3 **公司/集团结构**

资料提供	股东名称	中文股东名称
AAA Bank	ABC Co.Ltd	范例股东公司一
BBB Bank	ABC Company Ltd.	范例股东公司一

3. 公司/集团结构

若贷款机构有提交相关资料,将显示持有多于 50% 股权的有限公司之主要股东公司名称。

4 **法院公告**

被告	SAMPLE REPORT CO LTD 1(CCRA)
被告中文名称	范例公司一
判决处	Small Claims Tribunal
原告	SAMPLE AAA CO LTD
原告中文名称	原告公司一
金额	0.00
日期	06 May 2012
档案编号	SCTC0000/2012
诉讼原因	DEBT

4. 法院公告

显示报告日期前 2 年内的民事诉讼资料,包括高等法院、区域法院、小额钱债审裁处、劳资审裁处及政府宪报内的清盘案呈请及清盘令。

5 **撤销同意通知书**

会员名称	通知日期	生效日期
EEE Bank	01 October 2012	30 December 2012

5. 撤销同意通知书

此部分只适用于有限公司,无限公司将会显示为"并没有 CCRA 会员所提供的资料"。

通知日期:贷款机构获悉撤销同意通知书的日期。
生效日期:"通知日期"后的 90 天。

① 此报告所显示之金额均以港币计算。报告内的资料,每月由贷款机构递交及更新,而每月所递交的资料则是截至上月的最后一天。例如,9 月 30 日的资料会在 11 月 1 日的报告内显示。

续表

6

总信贷额一览				
信贷类别	总信贷额	与第三者共用/部分共用(是/否)	提供资料之会员总数	提供异议(是/否)
循环信贷额	$ 10,000,000	是	3	否
非循环信贷额	$ 4,000,000	否		
互用信贷额	$ 9,000,000	否		
租购/租赁信贷额	$ 3,000,000	是		
总额	$ 26,000,000			

6. 正面信贷资料总结

显示现有贷款机构递交有关中小企的总信贷额,及提出异议的状况

7

AAA Bank 在 January 2013 所提供					
信贷类别	总信贷额	与第三者共用/部分共用(是/否)	有形抵押	提供异议(是/否)	提供异议日期
互用信贷额*	$ 9,000,000	否	全部	否	没资料
租购/租赁信贷额	$ 1,000,000	是			
总额	$ 10,000,000				

* 互用信贷额包括循环及备用信贷额

BBB Bank 在 January 2013 所提供					
信贷类别	总信贷额	与第三者共用/部分共用(是/否)	有形抵押	提供异议(是/否)	提供异议日期
循环信贷额	$ 5,000,000	是	部分	否	没资料
非循环信贷额	$ 3,000,000	否			
租购/租赁信贷额	$ 2,000,000	否			
总额	$ 10,000,000				

CCC Bank 在 January 2013 所提供					
信贷类别	总信贷额	与第三者共用/部分共用(是/否)	有形抵押	提供异议(是/否)	提供异议日期
循环信贷额	$ 5,000,000	否	没有	否	没资料
非循环信贷额	$ 1,000,000	否			
总额	$ 6,000,000				

DDD Bank 在 May 2012 所提供							
信贷类别	总信贷额(截至April 2012)	与第三者共用/部分共用(是/否)	有形抵押	提供异议(是/否)	提供异议日期	撤销信贷详情	
循环信贷额	$ 5,000,000	否	全部	否	没资料	日期 May 2012	现况 撇账
备用信贷额	$ 1,000,000	否					
总额	$ 6,000,000						

7. 正面信贷资料详情

个别显示每间贷款机构所递交最新的信贷详情。若在过去5年,曾有贷款机构递交有关此中小企之逾期60天欠款,此部分将会显示直至过去5年的信贷资料;否则只会显示直至过去2年的资料。

信贷详情包括每个类别的总信贷额、信贷额是否与第三者共用,有形抵押(只适用于有限公司)及提出异议的状况。

信贷种类有循环信贷、非循环信贷、备用信贷、租购/租赁及互用信贷。

若中小企能够提供有效的原因而对报告内容提出异议,请尽快与美国邓白氏商业资料(香港)有限公司联络并把异议存档。若于提出异议日期后的7个工作天内仍未能解决,"提出异议"一栏会显示"是"。异议并会于40日内解决。

在取消信贷后,此资料详情将于取消后2年或5年内继续显示于报告中,这取决于过去5年内,是否有贷款机构递交有关此中小企之逾期60天欠款而定。

8

信贷资料 – 负面信贷资料总结		
	过去12个月	过去24个月
首次逾期欠款日	June 2012	September 2011
提供逾期欠款资料之会员总数	1	3
最长逾期欠款日	70	75
逾期60日以上之最高欠款额	$ 10,000	$ 20,000
撇账总额	$ 1,000,000	$ 1,000,000
提供撇账资料之会员总数	1	1
撇账回拨总额	$ 500,000	$ 500,000
提供撇账回拨资料之会员总数	1	1

8. 负面信贷资料总结

显示贷款机构于过去2年内所递交的负面信贷资料的综合总结,以便分析负面信贷的趋势。

9

信贷资料 – 以往5年的负面信贷资料				
资料提供	资料递交日期	信贷类别	逾期60日以上之欠款额	最长逾期欠款日
AAA Bank	June 2012	循环信贷额	$ 10,000	70
CCC Bank	January 2012	非循环信贷额	$ 10,000	65
BBB Bank	September 2011	循环信贷额	$ 20,000	75
AAA Bank	July 2010	循环信贷额	$ 10,000	65

9. 逾期欠款资料

若在过去5年,曾有贷款机构递交有关此中小企之逾期60天欠款,此部分将会显示每间贷款机构于以往5年内所递交的信贷类别、逾期欠款总额及最长逾期欠款日数;否则,只会显示过去2年的资料。

如果并没有贷款机构递交资料,此部分将会显示为"并没有CCRA会员所提供的资料"。

10

信贷资料 – 以往5年的撇账资料			
资料提供	资料递交日期	撇账总额	撇账回拨总额
DDD Bank	June 2012	N/A	$ 500,000
DDD Bank	May 2012	$ 1,000,000	N/A

10. 撇账及撇账回拨资料

若在过去5年,曾有贷款机构递交有关此中小企之逾期60天欠款,此部分将会显示每间贷款机构于以往5年内所递交的撇账总额及撇账回拨总额;否则,只会显示过去2年的撇账及撇账回拨资料。

(二)温州市

自2014年起,温州市由市长担任组长,常务副市长和法院院长任副组长,公安、国土、住建、财税、工商、经信委等部门负责人为成员成立企业破产风险处置小组,通过部门联席会议的方式,讨论解决在企业破产以及重整程序中遇到的切实阻碍企业正常经营但法律没有明确规定的问题,利用特殊时期特殊政策的方式,先后就重整企业信用恢复问题、税收问题以及招投标资质问题在部门间达成一致,使一批明星企业重获新生。

例如,针对重整企业信用恢复问题,当银行缺少配合企业重整的动力时,企业信用往往难以恢复。同时,地方分行往往没有同意恢复企业信用记录的权限,审批权限在总行,上报过程烦杂且漫长,并且由于我国缺少企业信用信息记录的相关规定,在企业负面信息的恢复和处理没有明确规定的情况下,即使地方分行有意愿恢复企业信用,最终也无法获批。对于这个问题,温州市的做法是通过联席会议制度,先后出台了19项决定,分别就税收、信用恢复、刑民交叉和企业参与招投标等问题达成了一致。针对信用恢复问题,破产管理人可以分别向中国人民银行或者各商业银行提出申请,中国人民银行或者各商业银行凭管理人的申请和法院的函件予以办理信用恢复。针对破产重整企业重整后无法参与政府招投标问题,会议决定各部门要认真配合,积极争取给予特殊行业的重整企业政策优惠,给予其招投标的资格。①

但是由于行政管辖的限制,温州市的做法也只能帮助破产重整企业在温州市范围内修复企业信用记录,因此尽快完善与重整相关的法律规定十分重要。

六、重整企业信用记录处理的探讨

对于重整企业信用不良记录如何处理有几种意见。一种观点认为,尽管重整程序最终免除了部分债务的清偿责任,但法律仅规定免除债务人的偿还责任,未规定恢复债务人的信用状态。而且在重整程序中,企业实际未偿还完毕所有

① 参见《出清"僵尸企业"温州探路破产重整化解金融风险》,载《上海证券报》2016年4月23日,第2版。

债务，金融机构没有理由消除该笔债务逾期支付的不良记录。另一种观点则认为，设计破产重整程序的初衷是为了挽救濒临破产企业，对于具有挽救价值的企业，应该给予一定的生存空间，特别是在当下经济不景气的情况下，更应该综合考虑各方的利益，从社会利益出发，选择最有利于社会资源配置的方案，从而达到社会价值的最大化。破产重整程序与其他程序的不同之处在于，根据破产企业法的规定，按照重整计划减免的债务，自重整计划执行完毕时起，债务人不再承担清偿责任。这是债务的法定豁免规定。而破产重整的关键在于减少企业的债务压力的同时增加企业的营运资本，从而令企业得以复活。[①]

笔者认为，在对重整企业恢复信用记录的各种安排上，应当更多地从有利于企业再生的角度出发，去设计救济途径，创造令其再生的宽松环境。

(一)已经偿还的债务，金融机构应当更新不良记录

根据重整计划，无论是以现金清偿，还是以物抵债的方式，该债务已经得到了偿还，并且往往会有公平补偿款的合理安排。在上述案例中，作为重整债权人的该银行始终不认可法院已经裁定批准的重整计划，在债务人因房地产市场不景气而无法用现金形式偿还债务时，采用了重整计划许可的以房抵债的方式折抵了债务后，该银行又拒绝受领。继而在重整计划执行完毕后，又打包转让了该笔债权。这实际上是一种拒不执行法院生效法律文书的行为，但由于缺乏法律的明确规定，在该金融机构拒绝对信用记录进行更改的情况下，作为债务人还没有找到更有效的办法来解决信用不良的问题，留下了再次破产的隐患。

(二)被减免的债务不应再作为不良或违约对待

我国《企业破产法》明确规定，按照重整计划减免的债务，自重整计划执行完毕时起，债务人不再承担清偿责任。这是一种债务人享有的为了重生的法定豁免权。破产重整制度的立法本意，就是要减轻这些企业的债务负担，让其轻装上阵，恢复经营。因此，对于被减免的债务，也同时应当在征信系统中，视同已经偿还的负债，去消除其不良记录。

---

① See Japan, "Ease of Getting Credit in Chinese Taipei" (Final Report), Second Economic Committee Meeting, Asia-Pacific Economic Cooperation, 2012/SOM2/EC/014 (May, 2012), p. 32.

(三)可以对被减免的债务加以标注,但不应成为不良/违约记载项

当然,如果站在金融机构或其他债权人的立场去思考,为了债务人的再生,债权人是作出了权利的让渡的,未能获得全额清偿,并不是债权人的过错。企业从正常经营到濒临破产,一定存在企业经营当中的问题。因此,也是有必要将减免的债务与实际偿还的债务在信用记录上加以区别。该笔债务虽然已经豁免,但事实上确实已经逾期,构成违约,考虑到整个金融系统的安全性,该笔未偿还的被豁免债务应当留下相应的记录。一方面告知其他金融机构或债权人;另一方面是忠实记载企业的债务历史。故笔者认为,对于已经偿还完毕的债务,可以按照已偿还的逾期债务进行记录,对于经法定程序豁免的债务,应当记录获得豁免的时间,获得豁免的内容等基本信息。

当然,在这种情况下不排除,其他金融机构会因为该企业存在已经偿还完毕的逾期债务或者经过豁免的债务的记录而拒绝该企业的贷款申请。但这并不意味着企业将彻底丧失融资的机会。毕竟融资应当是一种市场行为,企业有权选择金融机构,同样金融机构也有权对获得贷款的条件进行限定和审查。

但目前我国金融机构对于审批贷款的条件是没有统一的标准的,各金融机构都享有独立的审批权限,因此相关监管机构有必要就金融机构在审批贷款中审查企业信用的标准指定原则性的指引和要求,从而统一审查企业信用的标准,规范金融市场的秩序。而由于重整企业往往比其他企业更加需要有利的商业环境,为了能切实有效的帮助企业恢复活力,有必要在金融市场风险控制范围内设置较为宽松的审批条件,从而使重整企业更容易获得融资,注入新鲜血液,恢复正常经营。

七、完善重整企业信用恢复的建议

(一)地方政府的作用

在现有的法律环境下,直接有效的措施似乎并不容易获得。但是,为了地区经济的发展,挽救一些可以挽救的"僵尸企业",利用破产重整使其焕发活力,则需要地方政府出台一些有效的政策,协调一些重要的部门来支持企业的重整再生。

（二）司法的协助

鉴于部分行为是可以通过司法协助的方式实现的，因此，在重整计划执行中和执行完毕后，都应该可以由债务人或管理人向破产受理法院提出协助执行的申请，由法院向有关部门，包括人民银行、商业银行、税务或工商等部门，送达协助执行通知，请求该部门予以协助消除不良记录、恢复信用。

（三）立法环节的彻底解决

1. 企业破产法的修订

由于我国《企业破产法》没有明确规定债务人执行完毕重整计划后，法院应当对此下达裁定予以确认。因此，当没有法院裁定的情况下，企业已经按照重整计划予以偿还债务的事实，难以获得相关部门的认可。对于执行重整计划的情况，履行监督职责的管理人是可以出具文件加以证实的。但由于管理人制度在各项部门的认知度较低，该等证明文件也难以达到法院裁定的效力，对于破产重整企业而言，仍然无法解决实际问题。此外，《企业破产法》规定，法院裁定批准重整计划后，重整程序终结。致使法院将刚批准重整计划的重整案件作为审理终结的案件结案。而在重整计划执行中，需要法院利用司法协助手段时，法院没有案号，无法在系统中出具协执文书。另外，《企业破产法》中对信用一节从未提及，若要就此要求法院发出协执通知，部分法院就会以缺少法律规定而予以拒绝。所以有必要对《企业破产法》予以修订，或者由最高人民法院作出司法解释，来弥补法律规定的缺失问题。

2. 信用法的立法工作

在本届政府确定的社会信用体系建设工作中的一项重要的工作就是立法工作。其在2014～2016年的分解任务中已经作出安排：由发展改革委、人民银行牵头负责，法制办参加的立法工作，加强信用法律法规制度和信用标准体系建设，加强信用法律法规制度体系建设。（1）启动信用法前期调研工作，形成法律草案，报全国人大常委会审议。（2）人民银行负责出台《征信业管理条例》相关配套制度和实施细则，建立异议处理、投诉办理和侵权责任追究制度。

企业破产重整过程中的法律思考及经验启示

——以荣成市神飞船舶制造有限公司重整案为视角

杨君霞*

一、神飞船舶重整案审理基本案情

(一)神飞船舶案情介绍

荣成市神飞船舶制造有限公司(以下简称神飞船舶)于2006年10月在荣成市注册成立,注册资本4.28亿元,是一家船舶制造、维修企业。神飞船舶成立之初,作为山东省内具备一定规模的船舶制造企业,一直努力以自身的高速发展协同和带动省市行业和经济的发展,为荣成市的地方经济发展做出了一定贡献,曾为2000多人提供了就业机会。自2010年起,受全球金融危机影响,国际航运市场持续低迷,船舶制造行业遭受巨大冲击,加之自身经营不善,神飞船舶资金链断裂,连年亏损并逐渐陷入困境。自2014年以来公司大量到期债务无法偿还,公司被多起诉讼案件缠身,主要经营资产、在建船舶及银行账户被司法查封、冻结;拖欠职工工资、社保

---

* 山东省荣成市人民法院民三庭庭长。

严重,生产经营陷入危机。截至2014年6月,神飞船舶账面资产为20亿元人民币,账面负债为18亿元人民币,且工商银行开具的预付款保函风险额8.7亿元人民币,神飞船舶已经确定无力偿付,资产负债率为134.49%。公司制造的多艘船舶被迫亏损降价交付,公司要恢复生产,扭亏为盈已无希望。

2014年6月24日荣成市人民法院裁定受理神飞船舶重整一案,并指定由荣成市企业破产清算协调小组、北京市金杜律师事务所、国浩律师(上海)事务所、山东胶东律师事务所共同组成的清算组担任管理人。管理人全面接管神飞船舶之后,2014年8月29日荣成市人民法院根据管理人申请,准许神飞船舶在重整期间继续经营,并聘任该公司经营管理人员在重整程序中负责营业事务。

2014年9月5日荣成市人民法院召开了神飞船舶重整案第一次债权人会议,向债权人公布了债权的申报及审核结果,资产负债的审计、评估结论及企业继续经营的相关情况,并指定债权人会议主席。经过管理人审核,向管理人申报并确定的债权人共274家,涉及债权金额26亿元人民币、1626万美元、22万欧元,核查职工债权1358万元人民币,涉及职工400余人,资产评估价值6.29亿元人民币。在模拟神飞船舶破产清算状态下,普通债权所能获得的清偿比例约为2.59%。通过第一次债权人会议,债权人了解到公司目前所面临的困境以及未来扭亏为盈走出困境的方向,破产重整得到债权人的理解和支持。

2015年3月管理人作出重整计划草案,该草案计划为:神飞船舶出资人无偿让渡其持有的神飞船舶的全部股权。重组方受让股权需满足向神飞船舶提供不少于1.2亿元借款资金,并同意按照重整计划中债权清偿方案偿还相关债权。债权受偿方案为:有财产担保债权在担保财产评估价值范围内部分、职工债权、税款债权全额清偿;普通债权10万元以下部分,按100%比例清偿,超出10万元部分,按3.62%比例清偿。2015年5月7日、8日法院组织召开了神飞船舶第二次债权人会议,分组对重整计划草案进行表决,经表决,税款债权组、职工债权组、小额普通债权组通过重整计划,有财产担保债权组、大额普通债权组经表决未通过重整计划。

第二次债权人会议之后,管理人与有财产担保债权组、大额普通债权组未投同意票的债权人进行了多轮的协商,在协商的同时,全力以赴寻找投资人,最终选定了黑龙江鑫锚集团作为战略投资方。管理人根据双方签订的重整意向协议书对神飞重整计划进行了优化,由投资人成立新公司分3年投入注册资本1.2亿元人民币,在债务清偿上,将小额普通债权的范围由10万元提高到20万元人民币,并缩短了债务清偿期限。经管理人将优化后的重整计划再次提交债权人表决通过。2016年3月28日荣成市人民法院裁定批准神飞船舶重整计划草案,终止神飞船舶重整程序。

(二)神飞船舶成功重整的效果

神飞船舶重整顺利实施,将盘活该公司6.29亿元资产,解决上千余名职工就业,同时其船东可以继续与之合作,这将极大促进区域经济的发展;对所有债权人来说,神飞船舶重整成功实现了清偿比例较高、清偿期限短的效果,有力维护了区域经济和金融安全。目前,该公司2016年已签下总值16亿元的15艘船舶新订单,年内将开工4艘,产值3亿元人民币,2017年力争交付5艘,产值5亿元人民币。

二、神飞船舶重整案引发的法律思考

(一)重整期间企业管理模式问题

重整作为一个利益的集中博弈程序,将资源和信息的控制权提升到了重要地位,对重整资源的掌控程度往往左右着博弈的最终结果。因此,对重整期间债务人财产由谁来管理及经营对重整是否能顺利进行至关重要。有观点认为,“重整制度在本质上是在公司重整所涉及的利益相关者之间对公司控制权的一次重新分配。在这种权利配置过程中,核心控制权的归属和控制权的具体行使方式都将影响到重整制度的制度外观及其制度运行”。[①] 根据我国《企业破产法》的规定,对债务人财产的管理,管理人管理是原则,无须法院批准,债务人自行管理是补充,经债务人申请,并经法院批准后方可适用。破产法赋予了债务人申请人在管理人监督下自行管理财产和营业事务的权利。允许债务人继续行使经营管理权的优势在于:(1)有助于困境公司尽早申请重整;(2)比管理人更具有挽救公司的驱动力;(3)有利于提高重整效率;(4)最有可能制订出切实可行的重整计

① 贺丹:《破产重整控制权的法律配置》,中国检查出版社2010年版,第11页。

划，并使重整计划顺利通过。[①] 但重整期间由债务人自行管理财产和营业事务，容易产生财务风险和道德风险。而在重整期间由管理人管理接管企业的经营管理存在以下经营问题：一是管理人欠缺经营管理的能力和经验。虽然管理人具备较高的专业知识水平，包括法律事务及财务上的知识，但毕竟未参与过企业经营管理，对企业的情况也不了解，难以胜任企业管理人的要求。二是导致重整成本的增加。分配价值最大化始终贯穿公司重整制度的各个阶段，这要求制度应当有利于债务人财产价值的保持和增加，应当更有利于降低重整成本。[②]

在神飞船舶案审理期间，公司申请继续经营，但对神飞船舶的经营管理权应由管理人行使还是债务人自行行使存有争议。公司仍有数条船舶订单，德国、俄罗斯船东对神飞船舶给予了充分信任，即使进入重整程序，船东仍然同意按时支付预付款，并同意按期接收货船订单，继续经营有利于降低损失。而且公司原高管经营团队为企业服务多年对企业感情深厚，愿意留下来与企业共渡难关。基于管理人管理和债务人自行管理各有利弊，经过协调会研究，最终确定，由管理人接管企业，并由管理人聘任该公司原经营管理人员在重整程序中负责营业事务。法院指导管理人制定了《神飞船舶重整期间财务管理办法》《神飞船舶重整期间印章使用管理办法》等规章制度，确保企业的自主经营权及管理人的监督管理权能够依法行使，这种做法既充分发挥了原经营管理团队的企业管理经验优势，又保障了管理人充分掌握企业经营情况，有利于企业继续经营和管理人制订切实可行的重整计划草案。

（二）重整管理人妥善选任问题

和传统的破产清算不同，破产重整制度意在使陷入困境的企业通过与各方利害关系人商讨和谈判，并借助法律的手段强制性地调整他们之间的利益纠纷。在传统的破产清算案件中，管理人工作的重点主要放在各类债权债务的清理、债务人财产的接管和处分上，以完成对债务人财产的最终分配。但重整程序中，管理人的工作不仅要解决债务人的债务减免、延期清偿问题，而且可能还要解决其股权调整、资产重组、业务重组、引入新投资人、改善经营管理以及职工安置等多

① 参见郑志斌、张婷：《困境公司如何重整》，人民法院出版社2007年版，第40页。

② 参见古艳东：《论重整期间债务人自行管理》，北京工业大学2010年硕士学位论文，第12页。

方面的问题,有必要考虑以适当方式引入对资本市场、企业经营管理等方面具有丰富经验的人才加入管理人团队。[①] 另外,重整还涉及职工安置等社会稳定问题,仅靠社会中介机构的力量难以协调好。目前管理人的指定方式一般采取随机指定,但该种方式难以体现重整案件对管理人的特殊需求,而法律规定的竞争指定与推荐指定这两种方式均仅适用于商业银行、证券公司、保险公司等金融机构破产案件。

神飞船舶重整案受理时,如何妥善选任管理人,法院本着慎重的态度,听取了各方意见。神飞船舶最大债权银行推荐北京市金杜律师事务所担任管理人,称金杜律师事务所具有丰富的破产重整经验及广泛的人脉资源,有利于从全国范围内寻找战略投资人,制订规范的重整计划草案。债务人神飞船舶推荐国浩律师(上海)事务所,称代表债务人的国浩所对企业资产、负债和经营状况更为了解,和股东的沟通更为便利,有利于神飞重整成功。法院在本地管理人名册中根据业务能力及当时各所担负破产管理人的案件完成进度情况,采取竞争方式确定由山东胶东律师事务所担任管理人。另外,神飞船舶在石岛管委会管辖范围内,在神飞船舶进入重整程序之前,管委会经发局作为神飞主管部门,对神飞各项经营业务及维稳事宜广泛参与。

在管理人的指定中应否给予债权人及债务人一定的参与权,这在理论上有很大争议。有意见认为,法院应从适任候选机构中选任利害关系人推荐的管理人。法院可根据个案情况,征询与破产管理最具有利害关系的当事人的意见,如其对指定管理人提出确有理由的可行性方案,符合破产管理之需的,可接受其推荐的管理人。一是最大限度尊重债权人的意愿,以债权人会议为选任主体,有助于保持破产程序的中立性,彻底贯彻债权人对破产程序的自治精神,体现破产法对债权人利益保护的基本功能要求。在法院选任的前提下,如何突出债权人的自治意志,令两项价值目标在个案管理人指定中得到完整的结合和体现,成为破产实务中的重要任务。二是在破产重整程序中,给予破产企业以选择管理人的话语权。俄罗斯对破产管理人的指定,采取的是由申请人和债务人在3位候选人中各排除一人,剩余的一人由法院指定为管理人的方式。[②] 此种方式显然更倾

---

① 参见王欣新:《论破产管理人制度完善的若干问题》,载王欣新、尹正友主编:《破产法论坛》(第6辑),法律出版社2011年版,第5页。

② 参见韩长印主编:《破产法学》,中国政法大学出版社2007年版,第152页。

向于维护破产企业的利益。因此，可以在破产重整、和解程序中借鉴适用，理由在于破产重整、和解本身属于企业拯救的范畴，其主旨是在延续债务人主体的同时兼顾债权人受偿，由于债务人本身对企业资产、负债和经营状况更为了解，此时应给予其话语权，选择对其延续经营、恢复生机更有价值的管理人。

为了充分保护神飞船舶债权人、债务人的利益，并妥善维护重整期间社会稳定，法院经慎重研究，指定由管委会政府部门人员组成的荣成市企业破产清算协调组与北京市金杜律师事务所、国浩律师(上海)事务所、山东胶东律师事务所共同组成的清算组担任管理人。各清算组成员各自发挥所长为重整成功奠定坚实基础，其中管委会政府部门人员组成的荣成市企业破产清算协调组，在神飞重整期间，调动政府各部门扫清神飞继续经营期间造船工作的重重障碍，协调相关部门为神飞垫付造船资金，为顺利交船提供了保障，从而维护了社会稳定；北京市金杜律师事务所作为全国知名律所，利用其人脉资源及丰富的破产重整经验，负责从全国各地寻找重整投资人并起草重整计划草案；国浩律师(上海)事务所亦作为全国知名律所之一，利用其先进谈判经验及沟通力，负责与债务人股东及国外船东进行谈判沟通；山东胶东律师事务所作为威海本地知名律所，在重整工作中，利用在威海本地的人脉及破产实务经验，更为接地气地做好了本地政府、法院及债务人的沟通协调工作，为重整工作提供了有利支持。三家律师事务所，作为"三驾马车"，共同协作，相互监督、相互配合，共同推进重整工作。为了保证依法、有序、高效地开展重整相关工作，管理人内部设立6个工作小组，分别为方案设计组、债权审查组、审计评估组、谈判组、会议组织组、综合管理组，各组之间分工协作，互相配合。这一强有力的工作团队为神飞船舶重整提供了坚实的保障，确保了神飞船舶重整工作依法、高效、有序开展。

对于管理人的选任问题，笔者建议，应当减少采用随机方式指定管理人，在案情重大的情况下，或一些对管理人能力和经验有特殊要求的重整案件，适当扩大以竞争方式指定管理人。另外，适当给予债权人、债务人在指定管理人方面一定的参与权，如允许债权人、债务人推荐合法的社会中介机构或个人担任管理人。对于社会影响大，党委政府关注的案件，可以指定由政府部门人员组成的协调小组与中介机构共同组成的复合型管理人，共同完成管理事务。

(三)破产程序与执行程序的衔接问题

破产法的宗旨是合理分配财产、公平保护全体债权人的利益。基于此,破产程序的本质就是一种财产的强制执行制度。但与其他执行制度相比,破产程序是一种为特定债务人提供经济上“全新开始”优待、针对债务人财产的概括执行程序。学理上认为,破产程序优先于其他执行程序,即如破产程序已经开始,其他执行程序应当中止。这是由破产程序的本质特征所决定的,在破产程序启动之后,如果对其他处于执行阶段的债权继续予以执行,则会导致该执行申请人得到个别清偿,不利于实现破产程序公平保护全体债权人利益的宗旨。因此,各国或者地区破产法均规定了破产程序对执行程序的优先性。[①] 我国《企业破产法》第 19 条明确规定:人民法院受理破产申请后,有关债务人财产的保全措施应当解除,执行程序应当中止。由于该条款规定的过于宽泛,实践中,并非所有对破产企业财产采取保全措施的单位都会对破产案件的审理给予积极的配合。

神飞船舶进入重整程序时,其数条在建船舶及银行账户均被各地法院查封。法院在受理重整案件后,立即通知相关法院或银行对神飞船舶在建船舶以及银行账户予以解封,中止对神飞船舶的民事执行程序,通知申请执行人凭生效法律文书向该案管理人申报债权。对于法院发出的中止执行通知,大部分单位及时裁定中止了执行程序,解除了对神飞船舶资产的查封或账户的冻结,但有个别单位对法院的中止执行通知书采取了置之不理的态度,甚至不但不解封,原查封裁定到期后,还仍然进行续封。而协助执行机关为了避免责任的承担,对于有效期已经届满的强制执行裁定在未收到原执行机关发出的解封裁定之前,以内部规定要求从严为由,拒绝办理相应的解除强制执行措施手续,坚持认为只有收到原采取措施的单位出具的中止执行裁定方能解除相应的保全措施。导致神飞船舶账户资金长时间被冻结,重整期间的船舶的续建工作严重受阻。该困境的克服最终得益于上级人民法院多次出面予以协调,终于顺利解决,但由于该执行程序未能及时中止时间长达数月,严重影响了神飞船舶重整的审理进程。

---

① 德国《支付不能法》第 89 条、美国《破产法》第 362 条、日本《破产法》第 70 条等。

针对破产程序与其他执行程序衔接不畅的问题，笔者建议，通过如下方法解决：一是在出台破产法司法解释时，借鉴美国《破产法典》第 362 条所确立的"自动冻结"（又称"自动停止"）原则，直接停止针对破产企业财产的其他执行措施。[①] 二是直接赋予破产案件的受理法院在破产案件审理过程中依法直接裁定中止针对破产企业财产的全部执行措施的权利，以达到公平保护所有债权人的合法权益，提高破产案件审理进程的目的。

（四）小额债权保护与普通债权公平受偿问题

我国《企业破产法》第 82 条第 2 款规定：人民法院在必要时可与决定在普通债权组中设小额债权组对重整计划草案进行表决。但何为必要时，没有具体规定予以解释。在司法实践中设立小额债权组因违反公平对待同一性质债权人原则，引发其他债权人的不满，反而影响了重整计划通过的目标。如何既公平对待所有普通债权人的利益，又能对小额债权等弱小债权予以平衡保护，这也是重整案件中争议较多的问题。多数观点认为，制订重整计划时，对于弱者债权、小额债权、有连锁倒闭危险的中小企业债权等特殊债权，需要给予特别保护，这是重整案件处理应遵循的原则之一。否则，以一个企业的倒闭还换取另一企业的复苏，既无必要，也有失公允。[②]

神飞船舶重整案件债权人数众多，担保债权优先清偿后的未抵押财产价值不高，如何在清偿率较低的情况下获得债权人的支持，成为重整计划草案的设计重点。经测算，不足 10 万元（含 10 万元债权）的普通债权人数为 111 家，总债权额 466 万余元，且这些小额债权人多为当地为神飞船舶供应船舶配件的小企业，或外包队，因神飞船舶拖欠工程款，导致外包队拖欠工人工资，外包队负责人带领工人数次到神飞索要工程款，情绪比较激烈，因此，小额债权人处理不当，将影响重整计划草案的顺利通过，甚至影响区域内社会稳定。经法院、管委会及管理人共同研究决定，借鉴诉讼费收费办理及管理人报酬收取办法中分段收费的前提下，创设普通债权差额累进受偿新方式，即普通债权中 10 万元以内（含 10 万元）部分按 100% 比例受偿，超出 10 万元部分按 3.62% 比例清偿。在成功引进重

---

① ［美］大卫·G. 爱波斯坦等：《美国破产法》，韩长印等译，中国政法大学出版社 2003 年版。

② 参见杨辉：《设立我国企业重整制度的若干问题》，载《江淮论坛》2010 年第 5 期。

组方之后,对重整计划进行优化,提高了小额债权范围,改为20万元(包含20万元)以下,全额受偿,超过20万元部分按3.62%受偿,比原先的计划草案提高了清偿比例。

普通债权差额累进受偿方式,坚持了普通债权同一标准受偿的原则,符合企业破产法的立法本意。经法院、管理人与大额普通债权人提前沟通、说明,取得了债权人充分的理解和支持。该方式客观上保证了小额债权人的利益,使清偿方案得到了到会小额债权人的全部同意,为神飞重整计划的顺利通过奠定了基础。

三、神飞船舶重整案成功审理的经验启示

(一)建立政府、法院协调机制,形成重组工作合力

破产重整案件的社会影响力决定了企业重整绝非单纯的法院司法行为。政府作为公共经济的管理者,在推动企业破产制度的实施、优化产业结构、推进市场经济的发展、妥善安置职工、化解社会矛盾等方面发挥了巨大作用。应建立党委领导下的政府和法院统一协调工作机制,由该协调机制来统筹企业破产相关工作,保障处置工作有序开闸、稳妥推进,实现法律效果与社会效果的有机统一。[①] 神飞船舶重整案件涉及债权人、债务人、职工、出资人等多方利益,存在资产处置、职工安置等重大敏感事项,社会矛盾集聚,极易出现不稳定因素。荣成市人民法院在神飞重整案件中紧紧依靠党委、政府,建立了政府和法院统一协调工作机制,对破产案件中的重要情况、各种风险隐患、需要协调解决的问题,争取政府给予了大力支持。石岛管委会每月定期组织法院、管理人、债务人经营团队召开2次协调会,对破产重整工作给予了坚强领导和大力支持。通过与政府有关部门的积极协调配合,为重整计划的通过创造良好的外部环境,同时在重整案件投资人的选定、债权人的安抚工作方面,也争取到石岛管委的大力支持,保障了神飞船舶破产重整工作在法律框架内有序开展、稳妥推进。

① 参见《依法开展企业破产案件审理,稳妥处置"僵尸企业"——专访最高人民法院审判委员会专职委员杜万华》,载《人民法院报》2016年4月26日,第2版。

(二)严格把握司法程序,做到审判工作公正、高效

重整的法律依据过于原则,而且在司法实践中可参照的经验较少,另外造船企业重整面临维稳压力大、社会关注度强、利益关系复杂等难题,法院在审理过程中,如何既严格把握好法律程序关口,又不失灵活性,支持企业顺利重整是司法的主要目标。荣成市人民法院在神飞船舶破产重整过程中,严格按照法定程序推进破产重整的每个环节,以高度负责的精神、严谨的工作作风赢得当事人的信任。荣成市人民法院坚持从大局出发,由院长直接督导,成立由分管院长、民三庭庭长、审判员组成专业审判团队,从立案的审批、公告的发布、债权的审核、相关事项的批准、法律文书的送达、债权人会议的召开到重整计划的制订及批准等,所有环节均严格依照法律规定进行。特别是对案件审理涉及的敏感问题,无论是程序问题还是实体问题,如债务人财产的追回,管理人报酬等事项,均交由债权人会议讨论并形成决议,充分尊重债权人的知情权、决策权。在重整计划的表决上,对债权人人数众多的,采取现场投票表决与书面表决相结合的方式,提高会议效率。

监督指导管理人妥善履行各项管理职责,并建立以下工作机制:(1)建立管理人定期报告制度,要求管理人每月定期报告各项工作的进展情况,并对下一步工作制订具有可操作性的工作计划;(2)建立定期排查制度,指导管理人每月定期排查矛盾纠纷,以维稳工作为重点,对职工诉求在规定时间内及时答复;(3)建立重大事项专项报告制度,要求管理人在处理相关事务期间发生重大事项及时书面向法院出具书面报告,遇到疑难问题及时请示;(4)建立定期协调会制度,对神飞船舶重整期间的案件进展情况,定期召开由管委会、法院、管理人共同参加的协调会议,通报案件进展,讨论案件遇到的重大疑难问题,对下一步的工作作出计划安排,确保重整工作在法律规定的框架内依法进行。

(三)切实维护职工合法权益,确保社会和谐稳定

在重整实践中,维护职工权益,保障职工继续就业已成为政府、法院、管理人及有关各方普遍达成的共识。对于重整企业来说,广大职工倾注了多年乃至毕生的心血,见证了企业的成长和发展,通过重整,理应为职工谋求广泛的合法权益、提供赖以生活的就业岗位,这不仅是重整法律制度所要达到的目标,也是和

谐社会建设的内在目标。① 在神飞船舶案件受理后,法院积极配合管委会召开了职工大会,告知神飞重整相关情况,安抚职工情绪。同时督促管理人对职工情况进行调查统计,要求管理人将职工债权逐一审核确认进行公示,重点针对有异议的职工耐心解答。在破产财产足以支付抵押权人、破产费用和共益债务的情况下,为223名职工补缴社会保险费用400万余元。对解除劳动关系的187名职工支付了经济补偿金247万余元,并配合职工办理档案移交及失业保险申办手续。另外,为稳定外包队工人的情绪,法院积极组织管理人筹措资金先行支付了277万余元,并做好相关法律解释工作,保证了神飞船舶重整期间的顺利经营。因措施得力,方法得当,在整个职工安置过程中,未出现群体上访现象。在投资人接收企业后,原企业职工全部予以接收并妥善安置,依法保障了企业职工的合法权益。

(四)大力支持在建船舶续建,确保破产财产保值增值

企业重整期间能否顺利继续经营,将决定其财产总额能否保值,及是否对战略投资人具有较强吸引力。在神飞船舶案件受理之时,管委会及法院就定下目标:全力以赴支持神飞船舶续建工作。在案件受理后,为支持在建船舶续建,法院第一时间安排干警到温州市中级人民法院、北京铁路运输中级人民法院、烟台市中级人民法院、山东省海事局等部门,成功解除了近10家法院对在建船舶SF305、SF306、SF311、SF312的查封,与拒不解除对神飞船舶账户资金查封的某法院进行了多次沟通协调,并向上级人民法院请求帮助,最终予以成功解封,保证了在建船舶资金及时到位。神飞船舶重整之前因自身资金链断裂,接收的订单无法及时交船,多家船东弃船索赔。为保证资产不减值,重整期间经石岛管委会多方筹集,荣阳公司向神飞船舶提供约5400万元借款资金,保证了在建船舶续建工作,并分别于2014年6月24日、9月22日成功向船东交付SF311船、SF305船,相应减少了神飞船舶4.3亿元的债务。2016年2月顺利向俄罗斯船东交付SF601船,避免了违约可能造成的巨额损失,保证了破产财产的价值只增不减。

---

① 最高人民法院《关于正确审理企业破产案件为维护市场经济秩序提供司法保障若干意见》(法发〔2009〕36号)第3条规定:“努力推动企业重整和和解成功,促进就业、优化资源配置、减少企业破产给社会带来的不利影响,是人民法院审理企业破产案件的重要目标之一,也是人民法院商事审判工作服务于保增长、保民生、保稳定大局的必然要求。”

(五)加大招商引资力度,助推船企重新起航

重整的价值取向在于通过对企业进行维持、重整进而起到协调多方利益、维护社会经济秩序的作用。从已成功的重整案例来看,均无不与战略投资人的强力参与紧密相关。提升神飞船舶的重整价值,最大限度保护债权人利益,最有效的方式是寻找到一家具有丰富经验和市场开发能力的投资者。为神飞船舶重整顺利进行,管理人面向全国发布招商公告,并向全国符合船舶行业规范条件的50余家企业发送了招商意向书,但由于全国造船市场低迷,没有企业愿意参与神飞重整。第二次债权人会议之后,管理人全力以赴寻找投资人,邀请有意向的企业过来考察,以最大诚意寻求合作的可能。依托黑龙江山东商会等各个层面的人脉资源,先后与舟山小可控股、鑫发渔业集团等有意向的公司进行了多轮谈判,最终黑龙江鑫锚集团作为战略投资方接下了“橄榄枝”。为此,市政府、管委会、法院与管理人组成考察队到哈尔滨多次进行了实地考察,最终促成该公司与神飞船舶管理人签订了重整意向协议,并顺利重整成功。目前,投资人前期投资已按时到位,重整意向协议顺利履行当中。

四、结　　语

神飞船舶重整案是我国《企业破产法》实施以来,山东省内规模较大的造船企业成功重整的典型案例之一。在案件审理中,法院正确运用法律,在政府部门的支持、管理人的尽责努力下,全力以赴消除了重整程序中的各种障碍,显现清理债务与拯救企业的双重目标,在考虑利害关系人利益的同时,兼顾了社会利益,取得了良好的法律效果和社会效果。本文着重对在该案审理中遇到的企业重整期间的经营管理权问题、重整管理人选任问题、破产程序与执行程序衔接等法律问题进行分析,并对审判经验予以总结,希望为进一步完善破产重整制度提出可行性建议。

大型民营企业破产重整中的几个重要问题

——以联盛集团破产重整案件为视角

左北平*

山西联盛能源有限公司(以下简称联盛能源)成立于2004年4月,主要经营范围为煤气开发利用、矿山机电设备供应;为该公司投资的企业提供相关技术咨询与管理服务。联盛能源为联盛集团的核心控制平台,在后续经营过程中,联盛集团根据经营需要,又陆续成立了多家关联企业。自2013年开始,由于市场变化、企业扩张过度和企业管理决策等多方面的原因,联盛能源的运营逐步陷入困境,联盛集团内的各关联企业也受到了不同程度的影响。联盛集团的债务除涉及大量金融机构债务外还涉及众多民间借贷,涉及面广、体量大造成社会矛盾尖锐,若不能得到妥善解决,可能引起区域性金融风险,甚至可能引起群体性事件的发生,联盛集团的债务危机引起了中央、省市各级领导的高度关注和重视。

2015年3月6日根据中国建设银行股份有限公司山西省分行等申请人的申请,山西省吕梁市中级人民法院(以下简称吕梁中院)裁定受理山西联盛能源有限公司重整案件。随后,分两批分别受理了23家联盛能源关联

* 北京利安达会计师事务所(特殊普通合伙)合伙人。

企业的重整申请,并同时指定山西联盛能源有限公司重整清算组担任山西联盛能源有限公司管理人。

2015 年 8 月吕梁中院面向全国公开选聘管理人工作团队。经过两轮竞选,管理人于 2015 年 9 月正式选聘利安达会计师事务所(特殊普通合伙)(以下简称利安达)和北京德恒律师事务所为团队成员。利安达作为专业审计团队进驻后,通过 20 多天的现场审计调查,发现联盛能源与其关联企业之间存在大量财产混同的事实。审计团队为了充分保证全体债权人的合法权益及时向管理人提出了联盛能源与其关联企业应进行合并重整的意见,管理人据此又发现了应新增纳入合并重整范围的柳林县槐树沟酿酒有限责任公司等 9 家联盛能源关联企业。

2016 年 7 月 8 日吕梁中院根据管理人的申请裁定山西联盛能源有限公司等 32 家关联企业合并重整,这就是下述所称"联盛集团破产重整案件"。

经过历时 2 年多的艰苦细致的工作,管理人提出的重整计划在第二次债权人会议上获得高票通过,2017 年 4 月 20 日吕梁中院裁定批准了重整计划。

本文拟就联盛重整案件为切入点,以大型非上市民营企业为评价对象进行分析。由于大型民营企业在公司治理、内部控制和管理决策机制上较多存在家族式管理或少数控制人绝对控制,容易导致关联企业间丧失法人独立性,众多关联企业人格混同、财务混同现象严重;由于融资的渠道限制,通常只能以债务形式筹集资金,导致财务成本和资产负债率畸高,在正常银行贷款不能满足企业资金需求的时候,甚至还会涉及民间融资等涉众敏感债权,造成债权结构复杂;大型民营企业由于体量较大,又缺乏上市公司所具有的壳资源,在现行的市场条件下,往往难以吸引投资者参与,导致重整的难度加大。

基于上述问题,下面从组建管理人团队、维持经营稳定、实现合并重整、制定清偿方案、选择重整路径五个方面进行探讨,并提出相关的解决思路。

一、如何根据重整案件实际情况,科学组建管理人团队

在重整程序启动后,指定适合的管理人、管理人如何科学组建工作团队,建立科学的工作机制是重整工作的首要环节,决定了整个重整程序的顺利与否。

我国《企业破产法》第 24 条规定:"管理人可以由有关部门、机构的人员组成的清算组或者依法设立的律师事务所、会计师事务所、破产清算事务所等社会中

介机构担任。”

最高人民法院《关于审理企业破产案件指定管理人的规定》第20条规定:“人民法院一般应当按照管理人名册所列名单采取轮候、抽签、摇号等随机方式公开指定管理人。”第21条规定:“对于商业银行、证券公司、保险公司等金融机构或者在全国范围有重大影响、法律关系复杂、债务人财产分散的企业破产案件,人民法院可以采取公告的方式,邀请编入各地人民法院管理人名册中的社会中介机构参与竞争,从参与竞争的社会中介机构中指定管理人。参与竞争的社会中介结构不得少于三家。”

目前,在破产实务中,各地法院对于“在全国范围有重大影响、法律关系复杂、债务人财产分散的企业破产案件”指定管理人的方式不尽相同。其中,部分法院采取竞争性方式,在全国范围内择优选聘;部分法院地方采取政府主导的方式,指定政府有关部门组成清算组担任管理人,再由管理人选聘中介机构,作为清算组成员,参与企业日常重整事务。

从实践效果看,竞争性方式优势在于可以最大限度地择优选定专业能力与破产重整案件复杂程度相匹配的管理人团队参与工作。但劣势在于过度强调了管理人的专业性、独立性,弱化了复杂的破产重整案件更需管理人具备综合协调各种社会矛盾能力的需求。而制定政府有关部门组成清算组的方式,优势在于更加注重管理人的协调各种社会矛盾的功能,但同时劣势在于容易弱化管理人专业性、独立性的作用。因此,在以上两种管理人选定方式上,各有利弊。

在联盛集团破产重整案件中,法院指定山西联盛能源有限公司重整清算组担任山西联盛能源有限公司管理人,由清算组在全国范围内公开选聘中介机构,作为管理人日常工作团队。同时,管理人给予选定中介机构依法合规的日常专业工作足够的支持力度,最大限度地减少了管理人由清算组担任有可能衍生的行政干预,充分发挥了中介机构作为独立第三方的作用,有效地将中介机构的专业特长和清算组的组织协调功能相结合,为联盛集团破产重整成功奠定了坚实基础。

笔者认为,对于大型民营企业破产重整来说,其客观复杂性决定了管理人的选聘,除应具备较强的经济、法律、财务专业水准外,还应具备较强的沟通、协调、处理破产案件中多元复杂的社会矛盾,以及调动和整合重整所需的各项社会资源的能力。在当下政府、法院联动机制尚未全面建立,破产案件所需的外部环境和客观条件尚不成熟的情况下，选定管理人团队时采用政府部门组成清算组为主导，专业咨询机构为成员的模式，是符合当下社会与法制背景的务实选择。近年来，在四川、云南、重庆、辽宁等省都有类似的实践。但需要注意处理好政府清算组成员与专业机构成员之间的职能分工和角色定位、形成有效的配合协同机制，避免出现行政干预过度而导致各方对管理人公信力产生质疑的情况发生。

根据自身多年实务观察，管理人未来选聘的发展方向为：随着法治建设的逐步推进，政府、法院联动机制在未来将得到逐步完善，对于大量需要政府参与、支持、协同、配合的破产重整事务，也将得以解决。大的社会背景及法治环境的变化，将彻底克服政府部门组成清算组给市场带来的行政干预担忧的负面影响。因此，破产案件的管理人由具有丰富经验的律师事务所和会计事务所联合担任，或者随着管理人队伍专业化程度的提高，选聘职业管理人团队，将会成为大势所趋。

二、如何保护债务人财产，维持债务人经营稳定，最大限度地实现重整价值

我国《企业破产法》第 30 条："破产申请受理时属于债务人的全部财产，以及破产申请受理后至破产程序终结前债务人取得的财产，为债务人财产。"

在重整过程中，债务人财产是重整得以进行的物质基础，管理人需对债务人财产采取必要的保全措施。

根据债务人的企业性质、经营方式及市场规则，以实现债务人财产价值最大化为目的，重整期间应当如何选择债务人继续营业的管理方式？根据我国《企业破产法》第 25 条、第 73 条、第 74 条之规定，重整期间，债务人企业继续营业的管理方式分为债务人自行管理和管理人管理。

但事实上，在实务中，债务人自行营业及管理人管理这两种经营模式均不能充分保证稳定经营的目标。若采取债务人自行营业，其弊端在于债务人企业进入破产重整程序很大的一部分原因系债务人自身管理团队的局限性，内部治理的先天缺陷，而这些债务人本身存在的主客观原因，并不会因为债务人进入破产程序而自我修复。若采取管理人管理经营的方式，其弊端在于管理人团队的人才主要集中在财务、法律等专业领域，但对于不同的债务人企业所属行业特点及

市场供需关系,管理人无法在短时间内培养出专业人才,因此,管理人管理营业的方式无法充分保证债务人稳定营业。据此,在实务中,需要委托第三方对债务人的营业进行托管。

以联盛集团为例,在进入重整程序以前,联盛集团的日常经营管理、重大事项决策均由联盛集团实际控制人决定,缺乏完备的公司治理架构和科学的决策机制。2014 年联盛集团实际控制人因涉嫌刑事案件被公安机关刑事拘留后,联盛集团的经营管理决策即陷入被动。受煤炭市场低迷和经营管理决策失灵的影响,作为债务人的联盛集团财产不断缩水;联盛集团的主要产业集中在煤焦板块,煤矿属于高风险行业,一旦发生事故,往往会造成重大人员伤亡和财产损失,安全形势严峻;在进入重整程序之前,联盛集团欠薪已久,如果重整期间无法开展继续营业,势必造成数万职工的生计困难,易引发社会矛盾。在这种情况下,重整期间依靠债务人自行管理继续营业事务已无可能,依靠管理人团队对债务人继续营业事务进行管理也不具备条件。为了妥善解决重整期间的经营问题,管理人经研究讨论决定委托山西焦煤集团有限责任公司(以下简称山西焦煤)对债务人财产进行托管,负责重整期间债务人的日常管理和安全生产。

山西焦煤组建于2001 年10 月,属山西省国有独资企业,是全国最大的炼焦煤生产加工企业,也是全国最大的炼焦煤市场供应商,位居2016 年世界500 强第337 位。山西焦煤产业领域与联盛集团相似,具有丰富的经营管理经验及完善的安全生产监管机制。接受托管后,山西焦煤及时接管了联盛集团财产,恢复了联盛集团的生产经营,稳定了职工队伍,消除了安全生产隐患,妥善处理了联盛集团相关职工的利益诉求,实现了联盛集团在无新增债务负担情形下的盈利,最大可能地保护了债务人财产价值和重整价值。

笔者认为,对于大型民营企业破产重整而言,必须根据企业的实际情况、资源条件科学制订债务人财产的保全方案和企业的日常经营方案,尽最大可能保持企业经营秩序稳定。必要时应及时采取公开选聘的方式将债务人财产交由同行业的优秀企业或管理团队进行托管。

值得注意的是,对企业托管的行为不仅限于重整期间,对于一些已经出现破产情形,单靠企业自身条件无法继续营业的企业,也可以选择提前进行托管。如在深圳市福昌电子技术有限公司重整案件,经过多方协调,管理人引入专业团队江苏省苏州市春兴精工股份有限公司提前对福昌电子的经营管理事务进行了托管,并重整成功。

无论何种情形下的托管行为,选择托管企业的程序及实体均应当遵循公正、公平、公开的原则。即在程序上,托管企业的方式应当采取公开择优的方式;在实体上,注意严格把握托管企业与债务人之间是否存在影响托管人执行事务的利害关系或利益冲突。近期,山东西王集团有限公司对山东齐星集团有限公司全面托管一事引发的各界广泛热议,是值得各位同仁反思的。齐星集团债务危机发生后,在所在地邹平县委、县政府的协调下,2017 年 4 月 3 日齐星集团、西王集团及山东省邹平县人民政府签署《委托经营三方协议》,约定由作为齐星集团债务担保方的西王集团对齐星集团进行为期 3 个月的全面托管。这一托管行为一度被法学界质疑"强制托管"。同时,因西王集团与齐星之间的担保债权关系,引起各界猜想西王集团参与托管的真实目的是挽救齐星集团,还是"吃下"齐星集团。该案例足以凸显如何选择合适的托管企业的重要性。

三、关联企业存在法人人格高度混同时,如何进行合并重整

大型民营企业在内部治理方面存在固有缺陷和历史惯性,在其内部关联企业之间往往不同程度地存在法人人格混同的现象,在破产程序中,如何判断企业是否属于法人人格混同?是否应当合并破产?在实务中如何从定性和定量分析两个方面加以判断,是当前需要规范和研究的重要问题。目前实践中主要是定性判断,缺乏定量分析。及时能够确定关联企业存在混同现象,但是否达到法人人格否认条件,是否应当进行合并破产,是实务分析中的难点问题。

在我国企业破产实践中,关联企业合并破产的主要法理基础是基于公司法中法人人格否认制度。但是在实务操作过程中,如何把握判断企业是否构成法人人格混同情形的定义较为模糊,缺乏定性和定量的规范意见。

联盛集团破产重整案件中,核心控制企业主要负责对外融资和内部资金的调拨,核心企业承担对外债务占全部债务的比重近 60%,而除对下属关联方的长投之外的实体资产占全部资产不足 1%。联盛集团的核心优质资产分布于各关联生产经营单位,而各关联企业由于管理控制不当,财产资金调拨随意,大部分企业核心资产所占比例与其独立承担的债务所占比例严重失调。如果仅对核心

控制企业或个别关联企业进行重整,必然会导致主要债权人和多数债权人利益受损。

基于以上原因,为了保证各债权人的法定权益,降低社会矛盾发生的风险,管理人通过审计团队进行前期的审计调查,基本上全面掌握了债务人企业与关联企业之间涉及财产混同的情况,并在此基础上形成财产和法人意志两方面的持续、深度混同的证据材料,进而管理人向重整受理法院提出了债务人企业与关联企业合并重整的申请。受理法院在接到合并重整申请后,召开了听证会。听证会除邀请利害关系人和债权人代表参加外,还安排了管理人的专业机构就案件合并重整的相关事项进行了答疑及接受质询。受理法院在汇总听证会所收集的相关情况后,裁定受理了合并重整的申请。此次,联盛集团合并重整的企业共32家。

笔者认为,大型民营企业破产重整中,合并重整是一个不容回避的重要问题。如何妥善处理因合并重整所带来的债权人的利益诉求矛盾?如何规范公正、公平、公开的推进相关程序?是实务工作者所面临的现实问题。在目前,合并重整的相关法律、法规尚未不完善的,更无统一的操作流程,在法人人格混同的关联企业实行合并重整时,往往会引起大众的质疑和异议。故建议妥善处理以下两个关键环节:第一,合并重整的认定标准和条件。管理人应提交债务人在财产和法人意志上混同的充足证据。证据标准应从定性和定量两方面分析,定性分析主要包括:混同事项是否存在真实交易背景,是否符合独立市场主体之间的交易惯例等方面。定量分析主要包括:财产混同的类别(货币资金、固定资产等)、金额大小、时间长短及数量占比程度等。有关定性和定量证据材料,必须能够证明法人人格混同的持续性、广泛性和显著性。在设定合并破产的标准上,需要慎重对待。特别应注意如何界定混同的显著性,混同事实是否为绝大多数债权人广为知悉应该成为要素之一,尽量避免因为合并重整对不知情的善意第三方债权人利益造成不当损害。第二,申请和审批程序的规范性和公开性。基于管理人在破产程序中的定位,合并重整的申请主体应是管理人。法院在裁定批准合并重整申请时应遵循公开性原则,可根据具体案情采取召开异议听证会或债权人会议讨论两种方式,充分听取各利益相关方的诉求及意见,最大限度地减少因合并重整可能引发的激烈社会矛盾和冲突。

四、重整计划中的债权清偿方案，如何平衡各方利益主体的诉求

在大型民营企业破产案件中，一般都存在债务结构复杂，债权人利益诉求多样化的情况。因此，债权清偿方案一定要充分考虑到如何平衡各方利益，才能为最终重整计划的通过赢得先机。

在联盛集团破产重整案件中，管理人在制订债权清偿方案时，全面考虑了有财产担保债权人、职工债权人、税款债权人、小额债权人、金融债权人及其他普通债权人，甚至债权涉及担保方利益的综合保护，就重整计划涉及的利益调整和清偿安排广泛地征求了各利益主体和地方政府的意见。

联盛集团的债权清偿方案，充分保护了对各类债权人的合法权益。其中，对于有财产担保债权人，在其对应担保财产评估值范围的债权按评估值全额进行了清偿。对于职工债权人，职工债权中工资等应付职工个人部分的款项自重整计划批准之日起 1 年内以现金清偿完毕；欠缴的职工社保、滞纳金，在充分保障职工社保利益的前提下，与地方政府协商，采取减免滞纳金、延后或分期清偿等方式处置。对于税款债权，在重整计划裁定批准之日起 25 年内逐步清偿。对于普通债权人，可以选择现金清偿或者债转份额清偿，如果选择现金清偿，20 万元以下部分的债权全额清偿，超出 20 万元以上部分按 8.82% 的清偿率予以清偿。特别值得一提的是，债转份额清偿的模式：设立若干有限合伙公司作为对重整后企业持股的平台，各债权人成为有限合伙公司的合伙人，按债权比率享有有限合伙公司的份额，以重整后的企业未来的收益清偿债务。债权人选择债转份额方式清偿，涉及第三方为联盛集团担保的，债权人采取合理措施保障担保方能继续履行担保责任。如此安排，既缓解了金融机构对于脱保情况出现的担忧，同时鉴于债转份额清偿方式的特殊性，又延缓了金融机构对担保企业追保现象的发生，给了担保企业喘息之机，对维护地方金融和经济秩序稳定起了积极作用。

笔者认为，在大型民营企业破产案件中由于其债权结构复杂、利益主体多、多数存在敏感涉众债权，如何制订合理的债权清偿方案，科学的衡平各方利益，是管理人必须面对的考验，也是重整计划能否通过的关键环节。在此类破产案件中，如何结合案件的具体情况和个性特征，科学合理地制订适合企业的债权清

偿方案是考验管理人的集体智慧和能力的重要环节。必须在现有法律框架的前提下,积极的探索和创新,遵循及把握的基本原则是全面平等最大限度地衡平各方主体的利益。

五、重整计划如何科学选择重整路径

美国现行的清算程序有利于企业分拆。因为,大型公司在整体出售时,很少有资金雄厚的买家,即使有出现有购买能力的买家,市场竞争的不完全也会导致售价被不合理利用,这样债权人的清偿就会受到影响。基于此,2016 年诺贝尔经济学奖获得者奥利弗·哈特(Oliver Hart)提出假定大型公司作为整体存在比分拆要好的理论,认为大型公司应尽量避免清算,最好是进行重整。

我国大型民营企业由于体量大,组织架构散漫复杂,且往往是非上市企业,没有市场所追捧的“壳资源”。因此,虽然企业存在核心优质资产或营运价值,但由于企业体量规模大,往往难以吸引投资者的兴趣。如何根据每个企业不同的资源禀赋和客观条件,在招募战投困难的情况下,如何针对每个企业的具体情况制订科学合理的重整计划,实现重整目标,是考验管理人专业经验和胜任能力的关键环节。

在联盛集团破产重整案件中,破产企业主营业务是煤炭开采,债务人的财产中有 10 座矿井,但其中 5 座已停产。债务人名下矿井虽有煤矿储量丰富与市场前景广阔的优势,但是由于债务人资产结构复杂,无法吸引市场投资者。经过管理人的多方面调查,及与债权人会议的债务委员会反复沟通讨论,最终达成重整案总体原则是由债权人对联盛集团进行管理,综合运用现金清偿、债转股和留债等方式系统处理债务问题。同时,由债权人自愿组成若干投资主体,成为债务人新的股东,债务人日常经营聘请第三方专业团队托管。重整计划在保证债务人持续经营的前提下兼顾各方利益。最终重整计划获得各债权组的表决通过,现已进入执行阶段。

联盛集团重整案是迄今为止国内最大的民营企业破产重整案。其重整路径和方式是债转股模式下的一种创新探索,充分体现了管理人与各重整参与方的智慧,体现了因企施策的重整原则,为多元化重整路径选择提供了一个新的样本。在今后一段时间内,联盛集团破产重整的路径选择,将会给大型资源类企业破产提供有益的借鉴和参考。

笔者认为,在实务中,对重整计划的制订应当秉承具体问题具体分析的原则,譬如,有的企业具有资源优势,只是由于产业周期和宏观经济形势的影响,暂时处于低谷期,那么管理人则应从专业角度充分论证分析及预测,让债权人对企业现状和未来预期有相对宏观准确的了解。重整目标定位为“时间换空间”,可通过债转股为主的方式指定债权清偿方案。又如,有的企业具有专有技术,特许经营权或其他的市场差别竞争的优势,那么管理人应当充分挖掘企业资源和技术优势,利用债权人会议自治机制,做好引导沟通,可采取与第三方合作,或对核心资产整体出售等灵活多样的形式实现重整目标,科学选择重整路径,最大限度维护企业优质资源的市场价值,实现各方利益最大化。

三、破产管理人制度

管理人制度适用的现实困局及立法建议*

许胜锋** 张 生***

随着中国经济转型升级并步入新常态,供给侧结构性改革成为新时期党和国家的重要工作方向。其中,化解过剩产能、清理“僵尸企业”、推动市场出清以及挽救有希望的困境企业,是供给侧结构性改革的重要环节。破产作为市场化的法律措施,在此过程中被寄予了厚望。李克强总理在十二届全国人大四次会议的政府工作报告中即提出,“采取兼并重组、债务重组或破产清算等措施,积极稳妥处置‘僵尸企业’”。最高人民法院在此次会议的工作报告中亦提出,“依法审理企业破产重整案件,建立全国企业破产重整案件信息网,稳妥处置‘僵尸企业’,推动用法治手段化解产能过剩”。可以说,在供给侧改革的时代背景下,破产制度的意义和作用得到了充分显现并逐步成为一种社会化的现象。

在破产程序中设置管理人制度,“是我国企业破产法

---

* 本文原载《法律适用》2017年第15期。

** 北京市中伦律师事务所合伙人、破产业务负责人,中国人民大学破产法研究中心高级研究员,全国律协破产与重组专业委员会委员,深圳市企业破产学会副会长,深圳仲裁委员会仲裁员。

*** 北京市中伦律师事务所破产重组部门资深律师。

走向规范化、市场化、国际化的一项重大制度改革与创新”。[①] 作为程序的具体推动者,管理人负担着破产债权的确认、对外债权的追收、财产的管理、变价及分配等重要职责,在破产程序中占据核心地位,是破产程序的重要参与者。基于此,最高人民法院在不同的文件和场合中强调了管理人队伍培育的重要性,在《关于正确审理企业破产案件为维护市场经济秩序提供司法保障若干问题的意见》中强调,“管理人的工作能力和敬业精神直接决定着企业破产案件能否依法有效进行,以及破产法律制度能否充分发挥其应有的作用”;在新近的一篇文章中,最高人民法院则认为“破产管理人队伍素质直接决定着企业破产工作的质效”。[②]

在现行的破产法体系下,关于管理人制度的规范文件主要包括最高人民法院《关于审理企业破产案件指定管理人的规定》(以下简称《管理人指定规定》),以及最高人民法院《关于审理企业破产案件确定管理人报酬的规定》(以下简称《管理人报酬规定》)。该两项司法解释与我国《企业破产法》同步实施,出台前缺乏相关的实践经验为立法支撑。近年来,地方法院先行进行了一些有益的探索和尝试。比如深圳市中级人民法院率先试行管理人分级管理,不同类别的破产案件指定相应级别的管理人,并通过对管理人履职情况的考核实行晋级、降级或者淘汰等动态管理。浙江省高级人民法院打破区域限制,引入部分省外中介机构参与竞选管理人,采用竞争与随机相结合的“731”模式指定管理人,促进了省内外管理人之间的交流与提升。而泉州市中级人民法院采用的则是指定由政府牵头并吸收社会中介机构组成的清算组担任管理人的模式,这种模式下府院联动,通过政府的适度介入,化解破产程序中的维稳、员工安置等社会问题,为重整提供财政配套支持、税收优惠等有效措施,同时专业事务交由社会中介机构处理,有助于破产程序的依法、顺利推进。最高人民法院亦关注到了实践之需求,在刚刚发布的《关于依法开展破产案件审理积极稳妥推进破产企业救治和清算工作的通知》中强调:“各地法院要根据《企业破产法》的规定积极完善管理人制度,在现有管理人结构的基础上吸收适应企业重整需要的管理人才参加,积极发挥企业家、经营者、管理者乃至科研人员的作用。要加强对管理人的监督、指导

① 最高人民法院民事审判第二庭编著:《最高人民法院关于企业破产法司法解释理解与适用》,人民法院出版社2007年版,第32页。

② 杜万华:《依法处置“僵死企业”开创破产审判工作新局面》,载《人民法院报》2016年3月28日,第2版。

和管理,要着手建立管理人分级管理、升级降级、增补淘汰等制度。要强化管理人的责任,督促管理人依法履职。”

现行的管理人制度实施已近10年,对其进行局部调整已至临界点,且有现实迫切性,如不适时修改和调整,势必影响管理人队伍的培育和发展,并在一定程度上影响破产法律制度在供给侧改革中所应发挥的积极作用。笔者从管理人的角度出发,基于实践经验和认知,就管理人的指定和管理人报酬制度中存在的不足和困局进行分析,并尝试提出相应的解决方案或解决思路,以期对相关司法解释的制定有所裨益。

一、正视中介机构在重整策划中的积极作用,允许法院根据重整申请人的推荐指定管理人

(一)中介机构在重整策划过程中发挥的重要作用

与破产清算通过资产处置依法清理债务不同,重整程序作为债务重组、股权重组和资产重组三位一体的程序,其参与者的主体能动性和博弈性更强,程序更具有灵活性,价值目标更加多元化。其特点首先体现在主体能动性上。重整有成功与失败之区别,法院在审查重整申请时,也往往把是否具有重整的希望、价值和可行性作为考察的因素之一。因此,重整往往需要一位强有力的推动者和主导者,如债务人或者其控股股东、实际控制人、地方政府、主要债权人等。如果缺少债务人的实际控制者或者重大影响力者的推动和支持,重整往往是难以取得成功的。

重整的灵活性和多元化则是其另一个特点。无论是债务重组、股权重组还是资产重组,其可适用的方案均是多样化的,仅就债务重组过程中的债务清偿而言,就包括一次性现金清偿、延期清偿、实物清偿、债转股等;若将重组工作与资本市场相挂钩,则往往意味着更为复杂的方案选择和设计。重整的灵活性和多元化意味着重整的复杂性和专业性,对于有意推动债务人重整的当事方来说,其如果不依赖专业的中介机构进行前期策划,想要对重整工作形成有效的预判,往往是十分困难的。

此外,适用主体主要为较大型公司,也是重整的特点之一。虽然我国《企业破产法》对重整适用范围“企业法人”未作进一步限制,但是鉴于重整程序的成本

较高等原因，其应当主要适用于较大型公司的观点是较为普遍的，如“企业重整制度的适用范围应为股份有限公司和较大的有限责任公司，其有限责任公司的标准可定为发行公司债或一定数量起点的注册资本”。[①] 大型的公司往往意味着复杂的资产和负债结构、复杂的员工和营业状况，以及复杂的沟通和协调工作。

基于以上各方面的原因，实践中，相关方有实施重整之意愿的，在正式向法院提出申请之前，客观上往往需要聘请专业的中介机构为其进行论证、评估和策划。重整策划中介机构的作用主要体现在如下方面：

1. 分析评估各种脱困方案

企业陷入债务困境后，在现行法律框架下，其可供选择的脱困方案通常包括三种：庭外重组、重整（或和解）和破产清算。此三种方案各有利弊，需要根据债务人的实际情况灵活运用。不过，实践中当事人通常会优先考虑庭外重组，且有时由于对重整和破产清算知之甚少，而陷入庭外重组的泥潭中不能自拔。重整策划中介机构此时的职责即在于分析评估上述三种方案，适时引导企业选择合适方案摆脱困境。

2. 规划重整路径和实施方案

此方面的职能主要包括：分析评估重整的实施路径即直接实施重整还是清算转重整，分析评估重整的基本方式即再建型重整、清算型重整还是出售式重整，引导相关方就股权重组暨重组方的引入进行有效的准备性工作，引导相关方先行获取政府和主要债权人的支持，确定重整申请主体，分析评估控制权问题并引导相关方采取合适的重整管理模式，引导相关方就现行营业活动采取合适的方式，避免相关方实施未来可撤销的或无效的行为等。

3. 协助提出重整申请

此方面的职能主要包括：协助起草重整申请书、重整方案、重整可行性分析报告等申请材料，协助相关方参加法院因此召开的听证会、论证会、其他调查活动，并就受理法院关注的问题制作专项说明或报告等，以力促法院裁定受理重整申请。

通过以上分析可以看出，对于拟实施重整的企业而言，重整策划中介机构几乎是不可或缺的，他们宣传了重整理念，引导和帮助困境企业适时选择重整路

① 王远明、罗攀：《论公司重整制度的价值取向和适用范围》，载《南方金融》2002年第10期。

径,规划了企业进入重整后的基本思路和方案,为后续重整奠定了良好基础,其重要性不言而喻。如果没有事前充分的论证和策划,债务人或者相关方往往难以意识到或者没有信心和积极性将重整作为陷入债务困境的债务人进行挽救的有效路径,同时重整程序的依法启动也离不开中介机构提供的专业服务。

(二)重整策划中介机构担任管理人对于重整的实施具有更加积极的作用

重整策划中介机构担任管理人的益处主要包括如下方面:

1. 熟悉企业情况,有利于重整前工作和重整后工作的衔接以及重整的高效实施

在一些案件中,中介机构会根据实际情况,在接受委托后对困境企业实施尽职调查,亦即在重整前,中介机构已经较为彻底地掌握了困境企业的资产负债及诉讼等相关情况,其担任管理人后,能够快速推进资产调查、债务清理等工作量较大的基础性工作。

2. 能够有效减少沟通与博弈成本

重整程序本质上属于一个利益博弈程序,期间存在大量的沟通协调与谈判工作。而重整策划中介机构在策划过程中,往往与主要债权人、债务人、法院、政府、意向重组方等主要的利益相关方建立起了联系,确立了相关的沟通渠道,由其担任管理人,能够有效减少重整过程中的沟通与博弈等隐性成本。

3. 能够有效保证重整工作获得专业力量支持

重整程序的推动者选择重整策划中介机构是一个充分市场化的过程。

鉴于重整的专业性和复杂性,相关方往往是在与多家中介机构接触和沟通并进行充分对比的情况下,方会确定重整策划中介机构;被选定的中介机构,通常是其所接触到的中介机构中专业能力和经验积累最有优势的。而现行的管理人选任工作,通常还是采取轮候、抽签、摇号等方式随机指定,通过该种方式指定的管理人,其能力能否匹配本案重整工作,存在较大的不确定性。通过竞争方式选任的管理人,则在上述沟通与博弈的成本、前后工作的衔接等方面不如重整策划中介机构。而且更为重要的是,目前采用竞争方式选任管理人的,多数尚无法摆脱地域限制,重整程序的推动者无法通过市场化的方式在全国范围内选择专业能力强、有良好敬业精神和经验丰富的中介机构为其提供最有质效的服务。

(三)中介机构参与重整策划不宜被认定为与破产案件有利害关系

我国《企业破产法》第24条规定,与本案有利害关系的,不得担任管理人。《管理人指定规定》则进一步解释了何为"利害关系",其中,在法院受理破产申请前3年内,曾为债务人提供相对固定的中介服务,以及现在担任或者在法院受理破产申请前3年内曾经担任债务人、债权人的财务顾问、法律顾问的,法院可以认定为《企业破产法》第24条之利害关系。在一些地方法院的破产规程中,亦有相类似的规定甚至是更严苛的规定。这意味着中介机构一旦与债权人、债务人签署有关债务人重整的顾问协议,便丧失了担任管理人的资格。

然而,毕竟重整策划中介机构担任管理人存在如前所述之诸多优势,基于此,实践中各方往往会采取一些措施规避上述规定,如说服地方政府成立清算组,吸收重整策划中介机构并由法院指定清算组担任管理人,或者不与相关方签订顾问协议,通过公开竞标方式指定参与重整策划的中介机构担任管理人等。笔者认为,法律与其被规避,倒不如正视现实,即法律应当赋予重整策划中介机构以合法的管理人资格。其正当性可以通过以下方面得到论证:

1. 债务人的顾问,即使在重整受理前签订了顾问协议并收取了相应的顾问费用,该事实及法律关系也因重整程序的启动而发生了重大变化。一方面,虽然债务人在重整前支付了顾问费用,但债务人的财产为全体债权人的期待利益,此费用实际属于全体债权人支付而非债务人股东或管理层支付。另一方面,重整策划中介机构既担任债务人顾问又担任管理人是应当被禁止的,其担任管理人的,则其与债务人的顾问协议即告终结。

2. 重整策划中介机构作为重整程序启动前债务人的顾问,与其在重整程序启动后担任管理人之间的利益冲突,并不必然导致其丧失担任管理人的资格。如联合国国际贸易法委员会制定的《破产法立法指南草案》中,就利益冲突有如下的阐述:在有些国家,这种利益冲突将排除指定某人担任破产代表的可能性,或取消被任命者继续担任这一职务的资格。在另一些国家,只要披露了利益冲突,该人仍可被任命,但所披露的情况须证实其廉洁无私,并能据此对任何不公正或缺乏独立性的行为作出评价。

3. 破产法规定债务人、债权人的顾问不得担任管理人,是为了防止其担任管理人后为委托人谋取私利。以制度防范人性弱点的出发点是正当的,但并不意味着此种价值取向必然优先于其他社会价值。当重整策划中介机构担任管理人的效率价值非常明显时,法律上应当审视这两种价值何者应更为优先。况且,管理人依法履职是法定要求,其执业道德风险具有或然性,但重整策划中介机构担任管理人的效率价值则是普遍的、直接的和显而易见的。

4. 公平与效率是破产程序追求的两大价值,与清算程序相比,重整中效率的价值地位更突出。如在实施重整的上市公司中,很多企业的控股股东为地方政府(国资委),此类案件多是采用法院指定地方政府组成的清算组担任管理人的模式。这种管理人模式本系历史的延续和现实的妥协,然而当2007年昆山会议认为上市公司重整案更宜由清算组担任管理人时,①则意味着清算组担任管理人的效率价值得到了肯定并成为优先适用的价值。

5. 禁止顾问担任管理人意在防范中介机构的执业风险和道德风险,但也禁锢了顾问担任管理人的效率价值的发挥,此种风险可以通过加强监督与处罚来防范。现行破产制度已有相应的规定,如债权人会议申请更换管理人的制度,未来在加强现行监督和处罚执行力度的同时,也可考虑增加新的监督制度。

(四)应当允许法院根据重整申请人的推荐指定管理人

通过推荐选任管理人是《管理人指定规定》确定的法定方式之一,但其适用范围较窄,仅适用于“经过行政清理、清算的商业银行、证券公司、保险公司等金融机构的破产案件”,且推荐的主体限定为“金融监督管理机构”。

鉴于重整程序的主体能动性较强,需要一位强有力的推动者,而重整策划中介机构担任管理人有诸多优势,笔者认为,可以扩大推荐选任管理人的适用范围,允许在一般重整案件中根据申请人的推荐指定重整策划中介机构担任管理人。当然,是否准许,仍然由法院综合考量后作出决定。

从国外的立法例来看,根据申请人的推荐指定管理人,为一些国家的破产法所接受。如“在爱尔兰、马耳他、瑞典,司法机关根据破产程序申请者的提议确定

---

① 2007年10月最高人民法院民二庭与中国证监会法律部、上市公司监管部在江苏昆山联合召开会议,重点讨论了上市公司重整中的管理人问题,会议的结论性意见为:借鉴国际经验,并根据我国的实际情况,上市公司重整由清算组担任管理人。参见中国政法大学破产法与企业重组研究中心研究组:《我国上市公司重整管理人模式的案例研究》,载李曙光、郑志斌主编:《公司重整法律评论》(第2卷),法律出版社2012年版,第3页。

破产管理人人选”。[①] 联合国国际贸易法委员会制定的《破产法立法指南草案》为此进行了总结:有一种做法允许债权人发挥某种作用,推荐和选择所需指定的破产代表。此外,另一种不同的做法是在破产程序是由债务人所启动的情形中允许债务人指定破产代表。这种做法可使债务人和其他当事人(如债权人)在程序启动前进行讨论,以便让预定的代表熟悉业务并让债务人挑选其认为最有能力进行重组的破产代表。但有人可能会对该破产代表的独立性感到担心。这可通过允许债权人在适当情形下撤换由债务人指定的破产代表加以解决。

允许重整申请人推荐管理人,普遍的担心是可能会产生利益冲突及管理人的执业道德风险。但如上文分析,此类风险可以通过其他的方式加以避免,比如,通过推荐指定管理人的,强化债权人的知情权和异议权,债权人会议对此有异议的,可以更换管理人,而非因噎废食,一概予以禁止。

另一个需要讨论的问题是,允许推荐管理人的重整申请人,是应仅限定于债权人,还是可以包括债务人。该问题实际上联合国国际贸易法委员会《破产法立法指南草案》已经提供了参考答案。笔者认为,无论是债权人还是债务人所推荐的管理人,管理人所可能发生的执业道德风险是无甚差异的,若认可通过制度设计能够减轻或者避免债权人所推荐的管理人的执业道德风险,那么没有理由对债务人所推荐的管理人抱以怀疑态度。更何况,实践中由债权人申请重整的,其背后的实际推动者往往还是债务人,将允许推荐管理人的重整申请人限定为债权人,其实践意义并不大。

二、重构管理人对有担保财产的收费制度

(一)现行制度设计之缺陷

根据最高人民法院《管理人报酬规定》,在计算管理人报酬时,担保物的价值不包括在债务人最终清偿的财产价值总额中。然而实际情况是,在经济下行的背景和压力下,金融机构普遍收紧了信贷政策,企业为获取贷款,不得不将其身家以物的担保的形式抵押或质押给贷款机构,由此导致在破产实践中,债务人财产大多甚至全部抵押或质押给债权人的情况比较常见,尤其是在重资产的传统

① 种林:《破产管理人选任制度:中欧比较研究》,载《政法论丛》2015年第4期。

的加工制造业领域。虽然根据最高人民法院的上述规定，管理人可以与担保权人就担保物协商收费，协商不成的，人民法院确定的报酬比例不得超过正常情况下的10%，但是在实践中，担保权人通常是银行等金融机构，其决策机制等因素决定了难以在10%之上进行协商，协商机制在实践中通常处于失效状态。而且，管理人收取微薄报酬的前提是管理人对担保物的维护、变现、交付等管理工作付出了合理劳动，而在重整案件中一般不处置财产，难以就担保物收取费用。即使按照正常情况的10%计提报酬，对于管理人的工作而言，此报酬也实属杯水车薪。与此相对应的是，债权审查、资产调查、财产的变价与分配或者重整程序下的重组工作等，管理人仍需正常推进，其工作量并不因债务人财产设定担保而减少，相反，在债务人财产大部分或者全部设定担保的情况下，破产案件推进的难度更大。

管理人的报酬不与其工作量挂钩，而与债务人财产是否设定担保这一无法预知的、管理人无法掌控的因素相关联，对管理人来说，实属不公。在通过竞争方式选任管理人的案件中，由于无法事先知晓债务人财产的担保情况，或者知悉债务人财产多数被设定担保，优秀的中介机构因此不敢或不愿参与竞争，长此以往，必将影响优秀管理人队伍的建设和破产案件的审理质量。

另外，由于没有无担保财产或其价值很小，债务人财产连破产费用和共益债务都不足支付，我国《企业破产法》第43条第4款规定：债务人财产不足以清偿破产费用的，管理人应当提请人民法院终结破产程序，但破产程序如因此终结，即使债务人还有大量担保财产也无法通过破产程序处置，担保债权人的利益也难以顺利实现；而不终结破产程序，费用又无从支付，这就会形成死循环。[1]

鉴于债务人主要财产均设定物的担保这一情况具有一定普遍性，重构管理人对有担保财产的收费制度，已成为一项迫在眉睫的任务，亦是管理人的普遍呼声。

（二）管理人对有担保财产计收报酬具有正当性

以上问题已经得到了一些学者的关注，王欣新教授即呼吁有担保财产应当

---

① 参见王欣新：《破产费用、共益债务与物权担保债权间的清偿关系》，载《人民法院报》2015年9月2日，第7版。

按照无担保财产标准计算管理人报酬,其主要理由为:谁受益谁付费是通行的公平原则。当担保物覆盖债务人全部财产时,破产程序已是为担保债权人的利益而进行,尤其是破产清算程序。由于此时管理人的工作主要是为担保债权人处置、分配担保物,解决担保债权人之间的利益分享、担保物变现、费用分担等问题,所以管理人报酬也应从担保物变价款中支付,报酬的数额与比例可以参照最高人民法院对于正常情况规定的同等标准执行。当担保债权人有多人时,对上述费用原则上应按照债权及担保物价值的比例分担。[①]

笔者认为,该观点还可以补充如下理由:担保债权就担保物优先受偿是一项基本原则,在实践中,担保债权人获得受偿的途径主要有两种:通过诉讼执行程序,以及通过破产程序。在诉讼执行程序中,法院的执行费、评估及拍卖费用虽然依法应由被执行人承担,但在被执行财产不足全额清偿担保债权且被执行人为困境企业的情况下,上述费用实际是由担保债权人来承担的。而在破产程序中,管理人行使的是准司法权力,通过破产程序使担保债权人获得受偿,管理人为此收取费用亦应是正当的。此外,破产程序的优势还包括:第一,在担保财产不足全额清偿担保债权的情况下,破产程序使担保债权人减少或避免了诉讼费、保全费等费用的支出。第二,执行程序是一个债务清理不够彻底的程序,对于房产土地机器设备等无法或难以移动的资产来说,此情况会严重影响竞买人的积极性,因此会出现流拍降价拍卖甚至拍卖不成交的情况。比如,对于人数规模较大的职工债权、供应商债权等来说,执行程序基本难以对其进行彻底清理,在处置资产无法移动的情况下,此类债权人可能只认资产不认主体,由此导致的潜在压力会让竞买人望而却步。而在重整程序中,担保债权人通常可以就担保物的评估值获得受偿,其能够获得比拍卖更多的受偿。在破产清算程序中,债务清理的彻底性将有助于打消竞买人对债务的顾虑,有利于拍卖以较高的价格成交。第三,在不少情况下担保物是债务人整体财产的组成部分,若拆分,其价值将严重减损。执行程序着眼于单个诉讼执行案件,将包括担保物在内的债务人财产整体处置存在一定难度,而破产程序着眼于债务人整体财产的价值,通过整体处置债务人财产,能够使担保物获得比拆分处置更高的价值。第四,部分企业拥有

---

① 参见王欣新:《破产费用、共益债务与物权担保债权间的清偿关系》,载《人民法院报》2015年9月2日,第7版。

一些资质、人力资源、销售渠道等无法转让的无形资产,企业的实物资产与此类无形资产相辅相成。在执行程序中,实物资产与此类无形资产分离后,其价值将大受影响,而重整程序能够保留此类无形资产,进而实现实物资产的价值最大化。

当然,以上分析并非是绝对的,就质押的股票、股权等资产而言,通过诉讼执行或破产程序处置,两者的差别并不大。然而就目前破产实践而言,实施破产的主体仍然主要是重资产的传统加工制造业企业,此类企业的资产,主要集中于房产土地机器设备等难以移动的资产。对于以此类资产设定担保的,以上分析具有一定普遍适用性,也就是说,通过破产程序能够直接或间接、显性或隐性地提升担保物的价值。因此,管理人对有担保财产计收报酬便具有了正当性。

(三)具体的制度设计和立法建议

1. 对债务人占有担保物的,应参照无担保财产标准对有担保财产计收管理人报酬,且无论有担保财产所占债务人财产比例的高低

在具体的制度设计过程中,应当首先区分担保的方式。担保权人占有担保物的担保,如留置、动产质押,对担保物的保管、维护、变价、清偿等相关费用都是由担保权人在破产程序外进行并承担,①因此,对于此类担保物,可不再计算管理人报酬。

按照笔者的上述分析,对债务人占有的担保物,其管理人报酬的计算可以按照非担保物的标准计酬。对于债务人的全部或绝大多数有效资产均被设置物权担保的情形,按照王欣新教授的观点,破产程序应视为是为担保债权人的利益而进行,因此可以参照非担保物的标准对担保物计算管理人报酬。但对于债务人的部分有效资产被设置物权担保的情形,王欣新教授似乎并未明言。笔者认为,鉴于上文对担保物收取费用的正当性分析,参照非担保财产标准对担保物计算管理人报酬,应当普遍适用于财产被设定物权担保的情形,而不论其所占债务人财产比例的高低。

2. 对有担保财产和无担保财产计收管理人报酬时,应当连续计算

对于债务人占有担保物的担保,如常见的抵押及权利质押,其管理人报酬的

---

① 参见王欣新:《破产费用、共益债务与物权担保债权间的清偿关系》,载《人民法院报》2015 年 9 月 2 日,第 7 版。

承担主体应为担保权人,也就是说,针对有担保的财产其管理人报酬应由担保权人承担,针对无担保的财产其报酬应由普通债权人承担。不过,在具体计算时首先应当明确有担保财产与无担保财产是单独计算还是连续计算的问题。如果单独计算,则管理人有可能获得超额报酬。假设债务人最终清偿的财产价值总额为2亿元,如果其均为无担保财产,在报酬比例不浮动的情况下管理人报酬为582万元;如果1亿元为无担保财产,1亿元为有担保财产,则单独计算时管理人报酬为964万元。考虑到管理人报酬比例系逐步递减,在担保财产与无担保财产比例均等的情况下,此种差额效果最为明显。如果连续计算,则管理人报酬总额仍为582万元。鉴于单独计算的办法使管理人获得超额报酬,此种结果难以为多数人所接受。考虑到管理人对担保物的保管、维护、变价、清偿与无担保财产无甚差别,因此,就管理人报酬总额而言,连续计算的方法更具有公平性和合理性。

3. 应当先行计算无担保财产,而后计算有担保财产

如果连续计算,则涉及先行计算有担保财产还是无担保财产的问题。仍以上述假设为例,如果1亿元为无担保财产,1亿元为有担保财产,在连续计算的情况下管理人报酬总额为582万元,其中前一个1亿元的管理人报酬为482万元,后一个1亿元的管理人报酬为100万元,此时即涉及担保债权人与普通债权人如何分担的问题。

参照无担保财产标准对有担保财产计收管理人报酬,对担保权人来说,提高了其所承担的费用成本,对普通债权人则无任何影响,因此,在计收管理人报酬时,应当先行计算无担保财产,而后计算有担保财产。在上述例子中,在现行的制度下,无担保财产所计收的管理人报酬为482万元,按照无担保财产10%的比例计算,有担保财产所计收的管理人报酬为48.2万元。如果参照无担保财产标准对有担保财产计收管理人报酬,并先行计算无担保财产,而后计算有担保财产,则普通债权人所承担的管理人报酬仍为482万元,担保债权人所承担的管理人报酬为100万元,此种结果应当是各方均能够接受的。

三、继续深化管理人报酬制度的市场化运作

(一)有必要规定管理人报酬上限的例外情形,为实现个案正义保留空间

如上文所述,最高人民法院向来关注管理人队伍的培养和建设,并强调管理

人队伍素质直接决定企业破产工作的质效。律师事务所、会计师事务所等作为提供专业服务的社会经济组织，按劳取酬是其主要的价值追求，管理人的报酬制度也在很大程度上影响管理人队伍的建设。我国的管理人报酬采取了分段设定上限的做法，据最高人民法院介绍，与国内其他行业报酬相比，此报酬比例适当。从事管理人职业的多为律师、会计师等，管理人报酬水平与上述专业人员在同等时间内从事本专业的平均报酬水平基本一致，同时也照顾到管理人工作专业强、任务重、时间长、责任大等特点。①

不过，有学者对中国的管理人报酬和美国、英国、德国等国进行了对比，认为与国际范围的破产实践相比，我国破产管理人的报酬比例确实十分低。② 即使不与发达国家相比，目前的管理人报酬标准亦已是近10年前之标准，在此10年中，中国的经济社会处于剧烈且急速的转型期，近10年所累积的CPI指数也在30%左右。另外，中国的破产实践也在深入发展，破产案件类型的转变、管理人队伍的差异化成长、管理人选任方式的变革等，也正在时刻进行。管理人报酬属商业范畴，以10年前之商业标准规范今日之行为，难言公平。

管理人报酬标准与同行业的其他业务相比亦不占优势。比如，在笔者参与承办的闽发证券破产案中，衍生诉讼多达1555件，合议庭亦认为，根据管理人报酬的司法解释的规定，管理人通过诉讼每追回1000万元的破产财产，只能获取区区5万元的报酬，因而，管理人对相关诉讼案件可能存在主观工作惰性。③ 若根据《广东省律师服务收费管理实施办法》，1000万元的诉讼标的可收取的律师费用近30万元。若就投入的人力和工作量而言，闽发证券常驻律师在10人左右，持续了4年左右，按照工作日计算，累计投入的时间在83,000小时左右。若根据《广东省律师服务收费管理实施办法》的规定，计时收费标准在200~3000元/小时范围内。即使取中下位数1000元/小时计算，计时收费模式下可收取的律师费用将达到8300万元，而实际上本案在结案时收取的律师费用仅约2000万元。此外，闽发证券破产程序于2012年年底终结后，管理人至今仍保留律师、会

① 详见最高人民法院民二庭负责人就最高人民法院《关于审理企业破产案件指定管理人的规定》、最高人民法院《关于审理企业破产案件确定管理人报酬的规定》答记者问。

② 参见陈夏红：《再穷不能穷破产管理人》，载《法制日报》2016年7月20日，第12版。

③ 参见福建省福州市中级人民法院闽发证券破产案件合议庭：《重视实质公正兼顾诉讼效率——闽发证券有限责任公司破产衍生诉讼案件的审判实务工作》，载《中国审判新闻月刊》2012年第3期。

计师等清算组人员驻现场负责处理遗留事务,且无法另行收取管理人报酬。

当然,管理人报酬的上限并非不能突破。理论上而言,因为支付报酬的财产本属于债权人的分配财产,债权人会议可以决定如何分配,其所表决通过的报酬数额可以超过有关规定。[①] 然而管理人报酬与债权人可分配财产作为一种此消彼长的关系,债权人没有动力去突破最高人民法院所规定的上限。就笔者 10 多年的破产实践而言,尚未发现此类案例。

笔者的上述论证,并非意在否定现行的管理人报酬制度。笔者亦认为,在不考虑担保财产因素的情况下,现行的管理人报酬制度,结合管理人选任制度,在多数情况下,是能够契合管理人的预期并能够匹配管理人的工作量和工作成果的,整体而言能够实现劳动与报酬的动态平衡。然而,对于一些情况特殊的案件,由于报酬上限的存在,导致了报酬与劳动的失衡,并且此种失衡是难以通过其他案件来加以弥补的。整体正义固然重要,个案正义亦不可弃。因此,有必要规定管理人报酬上限的例外情形,为实现个案正义保留空间。

(二)改革通过竞争方式选任管理人模式下的报酬制度

通过竞争方式选任管理人是《管理人指定规定》确定的法定方式之一。从实践来看,主要存在两种方式:一种是在本地管理人名册中通过竞争方式指定管理人;另一种是《管理人指定规定》第 21 条规定的情形,即对于商业银行、证券公司、保险公司等金融机构或者在全国范围内有重大影响、法律关系复杂、债务人财产分散的企业破产案件,法院可以邀请各地管理人名册中的中介机构参与竞争,采取竞争的方式指定管理人。鉴于后一种方式能够打破区域藩篱并吸引更为优秀和合适的中介机构处理破产事务,形成优胜劣汰的竞争机制,实践中此种方式时有出现。浙江省高级人民法院则在《破产案件管理人指定工作规程(试行)》中,进一步明确并扩大了此种方式的适用范围,规定对于中级人民法院法院管辖的破产案件以及基层人民法院管辖的在当地有重大影响的破产案件等,均可采用竞争的方式选任管理人。

通过竞争方式指定管理人的,根据《管理人指定规定》的规定,中介机构的初

① 参见王欣新:《破产费用、共益债务与物权担保债权间的清偿关系》,载《人民法院报》2015 年 9 月 2 日,第 7 版。

步报价是法院综合考量的因素之一。《管理人报酬规定》则进一步明确，法院采取公开竞争方式指定管理人的，可以根据社会中介机构提出的报价确定管理人报酬方案，但报酬比例不得超出本规定第2条规定的限制范围；同时，上述报酬方案一般不予调整，但债权人会议异议成立的除外。但就实践经验来看，以上报酬制度并不一定能够反映管理人的工作量和工作成果，需要对其进行改革完善，理由如下：

第一，法院在公开竞选管理人的公告或者邀请函中，关于案情的介绍往往是十分有限的，只提供本案债务人的账面资产负债情况，关于债权人数量、资产结构、营业情况、职工情况、财产是否设定担保等与工作量和管理人报酬密切相关的信息，在公告或者邀请函中很难获取。中介机构通过有限的信息，难以判断该案的工作量、复杂程度和该案依照《管理人报酬规定》可收取的报酬数额，由此提交的报价只能是原则性的，同时也具有较大的盲目性。

第二，对于管理人报酬与其劳动不匹配的问题，可采取的解决措施主要包括两种：一种是指派政府机构或公职人员担任管理人，此种模式在国外立法例中多有体现；另一种则是通过“肥瘦搭配”的方式，解决个案中管理人报酬偏低的问题。我国《企业破产法》主要采取的是第二种方式，具体表现为编制管理人名册，且规定原则上管理人应从本地管理人名册中选任。通过轮候、抽签、摇号等随机方式指定管理人的，“肥瘦搭配”的机制运行效果较好。而在通过竞争方式选任管理人的情况下，特别是在全国范围内，管理人通常系异地的中介机构，此时“肥瘦搭配”的机制失效，如果不能解决报酬与劳动不匹配的问题，则长此以往，通过竞争方式在全国范围内选任管理人的机制亦将趋于失效。

第三，通过竞争方式指定管理人的案件，通常是重大、复杂和疑难的案件，此类案件必然要付出更多的人员、精力和时间。律师事务所、会计师事务所等中介机构的考核指标，可以通过人均年创收量来体现，对于资产规模较小的案件，虽然管理人报酬亦相对有限，但是单位时间内的效益可能相对较高；而资产规模较大的案件，虽然管理人报酬总额似乎可观，但是单位时间内的效益可能有限。如果不能够匹配与管理人工作量和工作成果相对应的报酬，必然会打击优秀中介机构竞争管理人的积极性。

基于以上原因，笔者认为，应当改革现行的通过竞争指定管理人模式下管理人的报酬确定制度，可以考虑的替代方案如下：

方案一:允许中介机构的报价突破《管理人报酬规定》第2条的限制范围。当然,由于此时的报价具有一定盲目性,从案件最终结果来看,该报价可能偏高或偏低,因此,在法院依据中介机构的报价确定了管理人报酬方案后,仍应当允许法院根据管理人的勤勉程度、工作量、工作成果等因素事中调整管理人报酬,以保证劳动报酬和劳动成果的匹配。

方案二:在现行的管理人报酬制度下或在方案一下,引入按时计酬制度,并将其作为一种补充性的措施和手段。如果按标的额计酬的结果明显与管理人付出的劳动不符,则法院可以考虑采用按时计酬的制度。按时计酬和按标的额计酬是国际上确定管理人报酬的两种主要方式,两种方式各有利弊。联合国国际贸易法委员会在《破产法立法指南草案》中提到:按时间计酬法的一个优点是,往往在一开始时对于某一特定管理工作的复杂性和资源密集性存在高度不确定性,这种不确定性至少会一直延续到开展了某些初步工作时为止(按时间计酬则可以避免此种不确定性对管理人报酬所造成的困扰)。最高人民法院在制定《管理人报酬规定》时,曾考察了此两种计酬方法,并最终选择了按标的额计酬的方法。但是此两种方法并非是非此即彼的关系,而是可以共存共容的。按时计酬是完善市场经济下按劳分配最为充分的体现,不妨将其作为一种补充性措施,为某些情况复杂特殊的案件保留空间。

按时计酬也具有现实的可操作性。在非破产业务的律师业务中,按时计酬是国外律所和国内外资企业通常的做法,现在一些内资企业也开始采用按时计酬的方式。早在2004年,广东省律协即制定了《广东省律师计时收费计算规则(试行)》,此后至2006年,广东省物价局、司法厅制定的《律师服务收费管理实施办法》进一步明确了按时计酬法,并将标准确定为200~3000元/小时。北京市、上海市、山东省等地方政府均有律师服务按时计酬的相关规定。律师服务中按时计酬的经验能够为破产业务提供较大的技术支持和参考。

在指定清算组担任管理人的模式下,被吸收进清算组的中介机构的报酬亦存在上述问题,笔者认为上文的分析及解决方案亦应适用于此种情形,在此不再赘述。

(三)推动实现管理人报酬的分期支付或预付制度

周期长是破产业务区别于其他律师业务的特征之一。比如,在市场化相对较为完善和破产审判经验相对较为丰富的深圳市,根据深圳市中级人民法院《破产案件审理规程》的规定,一般破产案件应自立案之日起2年内审结,在全国范围内有重大影响、案情疑难复杂的破产案件应自立案之日起3年内审结,特别重大疑难案件应在5年内审结。就全国范围内而言,破产案件周期动辄数年是较为普遍的现象。

在如此长的周期内,担任管理人的中介机构所负担的成本压力非常大。破产业务需要中介机构组成团队办公,且对于很多项目而言,需要常驻现场办公,团队成员的薪资支出构成了中介机构的主要项目成本。对于异地项目而言,团队成员的差旅费、住宿费等费用也是一项较大的支出,此类费用多数法院认可属于破产费用,但也有法院认为应当由中介机构自行承担。此外,对于很多实行公司制管理的中介机构来说,其合伙人往往还承担着年度业绩的压力。

破产法显然已经意识到了破产周期长对中介机构所带来的压力,《管理人报酬规定》为此规定,管理人报酬可以最后一次性收取或者分期收取。然而,实践中,基于将管理人与项目紧密捆绑等因素的考虑,很多案件采取的是最后一次性收取的方式,甚至个别法院在破产程序终结后扣留管理人的部分报酬。由此导致管理人在较长的周期内疲惫不堪,对于工作量大、需要团队成员较多、周期长的破产项目而言,仅前期需要支出的成本已经使一些中小型的中介机构望而却步。长此以往,并不利于优秀管理人团队的培养和建设,也势必影响破产案件办理的质效。

鉴于以上情况,笔者呼吁法院关注并重视中介机构在破产项目中所承受的成本压力,根据案件情况切实落实《管理人报酬规定》所确定的管理人报酬分期支付制度,为管理人创造一个更富有激励性的工作环境,从而提升管理人的工作积极性和工作效率,促进破产案件和管理人队伍建设的良性循环发展。更为重要的是,现行法律规定的分期支付制度并未明确分期支付的时点,从仅有的一些分期支付的案例来看,也往往是在破产财产实施多次分配时实施分期支付,即每次分配实施时支付,此对管理人权益的维护并不充分。因此,在推动深化实施分期支付制度的同时,还应当细化分期支付的时间和阶段,使管理人可以根据破产工作的进步在不同阶段都能够获得适当的报酬。在现行的制度下,也可以探索其他的有效补充措施。深圳市中级人民法院在破产实践的探索过程中,确立了管理人报酬的预付制度,规定"管理人在第一次债权人会议召开之后可以向本院申请预支报酬,预支金额不得超过根据案情预测当期可供清偿的财产价值总额确定的管理人报酬的20%”。深圳市中级人民法院的预付制度,充分平衡了管理人的基本权益与破产案件之间的关系,是对管理人报酬制度的有益补充和完善,具有很强的实践意义。

破产重整管理人中心视角下的破产管理人制度完善

胡震霄*

破产保护制度是现代破产法律制度中不可或缺的基石性组成,相比于破产清算而言,破产保护是企业能够破茧重生的最后途径,破产保护通过对债权债务的调整以及企业的重组,在对债务进行概括清理的同时,维持企业的营运价值。从我国的《企业破产法》来看,我国的破产保护程序有破产重整和破产和解两种,破产和解不涉及企业的重组,不会从根本上改善企业的经营环境。在2016年中央经济工作会议的基础上,只有多多实现破产重整才能完成去产能、去库存、去杠杆、降成本、补短板的五大任务,才能多多处置"僵尸企业",而完善破产管理人制度是确保破产保护程序有效运行的最佳途径。

一、破产管理人在破产重整中的地位与作用

我国破产法律体系是管理人中心主义,所谓管理人中心主义,即表明管理人不能仅在破产清算程序发挥作

* 北京市第三中级人民法院民六庭法官助理。

用,在破产和解包括破产重整中一样要起到核心作用。[①] 企业的破产重整是一个协调各方利益的过程,之所以仍然需要以破产管理人为核心,是因为在协调债务人、债权人包括股东等各方主体利益的过程中,只有管理人才能够站在一个专业、中立的位置,有效地获得各方主体的信任,科学地协调各方的利益,从而在平衡企业利益、债权人利益以及社会公共利益的基础上实现企业重生。

传统破产关于债务人财产的产权安排采取的"不是由债权人支配便是由债务人支配"的方式,终究不能消除破产事件中债权人与债务人双方的利益对立与冲突。而困境企业的复兴机会与希望,往往就在这种对立与冲突中失之交臂,从而导致企业倒闭的悲惨结局。[②] 而以管理人为核心处理破产重整事宜,可以在最大程度上消弭债权人与债务人的利益冲突,给企业重生以最大的可能性。在破产重整阶段,依然要坚持管理人中心主义,但是综观我国破产立法与破产实践,在破产重整阶段,管理人中心主义并没有得到充分的重视,本文谨针对现行管理人制度存在的问题提出笔者的看法与改进措施。

二、从破产重整视角看我国现今破产管理人制度的问题

(一)破产管理人的选任

根据最高人民法院《关于审理企业破产案件指定管理人的规定》,管理人的指定主要有下列三种方式:轮候、抽签、摇号等随机方式公开指定管理人;竞争方式;推荐方式。[③] 但是这三种方式各自存在不可避免的缺陷。

1. 随机指定

随机指定管理人,可以在最大程度上保证选取管理人的公平公正,防止人民法院在指定管理人阶段存在权力寻租,但与此同时,随机方式也存在固有的缺陷。一旦将破产重整的主导权赋予破产管理人,破产管理人的能力与案件的匹配程度是需要能够对应上的,在随机选取的情形下,案件的复杂程度无法掌控,管理人名册中的管理人也拥有着不同的业务能力,这样,很容易出现随机选任的

---

① 参见邹海林:《新企业破产法与管理人中心主义》,载《华东政法学院院学报》2006 年第 6 期。

② 参见王卫国:《论重整制度》,载《法学研究》1996 年第 1 期。

③ 2007 年 4 月 4 日最高人民法院审判委员会第 1422 次会议通过最高人民法院《关于审理企业破产案件指定管理人规定》(法释〔2007〕8 号),第 20 ~ 22 条。

管理人没有足够的经验与能力来处理复杂的案件，使本有望重整成功的案件最终不能完成重整。再者，随机指定管理人，会使管理人团队产生对于自身素质的松懈，束缚了有才华、有能力的团队通过竞争获得更多的担任管理人的机会，这会在很大程度上影响整个行业的发展。

2. 竞争方式

与随机方式相比，竞争方式能够最大限度地保证选择的破产管理人与破产案件的匹配性，保证公司能够在最大可能的情况下完成重整。而实践中，采取竞争模式最大的缺陷是，竞争程序极为繁杂，需要花费很长时间，由于我国并不存在一个“临时破产管理人”的概念，在竞争选取破产管理人的空档期，是对于时间成本的极大浪费。另外在选择破产管理人时，需要法院设立专门的评审委员会，由其在参与竞争的社会中介机构中择优指定，这个择优选择的标准是比较主观的，容易滋生腐败。

3. 推荐方式

由于金融机构经营风险较高的特殊性，我国允许当金融机构进入破产程序时，人民法院可以在金融监督管理机构推荐的中介机构中选择管理人。这种推荐方式，省去了竞争的时间成本，也防止了随机模式产生的能力落差，在一定程度上能够保证个案效果。但是，这种推荐方式法官选择权利过大，比起竞争方式由评审委员会指定更有风险。

(二) 重整期间破产管理人的职责

我国《企业破产法》在第25条概括规定了破产管理人的职责，在第79条规定了由债务人或者管理人向人民法院和债权人会议提交重整计划草案。

1. 重整期间债务人权限与管理人权限行使易产生困难

我国《企业破产法》在破产重整方面赋予了破产管理人两个权限，提交重整计划草案与在具体的重整执行程序中监督债务人的执行。

《企业破产法》第73条规定：“在重整期间，经债务人申请，人民法院批准，债务人可以在管理人的监督下自行管理财产和营业事务。有前款规定情形的，依照本法规定已接管债务人财产和营业事务的管理人应当向债务人移交财产和营业事务，本法规定的管理人的职权由债务人行使。”这一规定，使重整期间破产管理人对于公司的控制状态不够稳定，移交财产和营业事务同样是一个容易出现交接困难的过程。即使债务人未作此申请,依据我国《企业破产法》第 89 条的规定:重整计划由债务人负责执行。人民法院裁定批准重整计划后,已接管财产和营业事务的管理人应当向债务人移交财产和营业事务。破产管理人依然要向债务人作出移交财产和营业事务的行为。假若重整计划草案是由破产管理人做出的,由债务人执行重整计划容易使计划的执行产生阻碍,无法贯彻草案制订时的重整思路。

2. 破产管理人的监督权限行使有障碍

在整个破产重整程序中,破产管理人的监督权限实际上存在两个阶段,第一个阶段是制订破产重整草案的阶段,这个时候破产管理人的监督职责是防止债务人转移、藏匿财产,以及管理层是否有效开展工作。第二个阶段是重整计划执行阶段,在债务人执行重整计划的时候,负责监督债务人在执行重整计划过程中的具体行为,但是值得注意的是,这个阶段管理人的监督权限职责范围与上一个阶段相比有所缩减,监督的范围仅限于重整计划的执行情况和债务人的财务状况。在这个阶段中,我国《企业破产法》规定的管理人获取信息的方式是"债务人应当向管理人报告重整计划执行情况和债务人财务状况",但是并没有明确规定债务人向管理人报告时的具体内容、报告方式、报告时间、报告次数等。这使在实践中,管理人在重整执行阶段很难真正做好监督工作。

(三)破产管理人的构成与报酬

1. 破产管理人的构成影响破产重整

我国《企业破产法》规定,破产管理人由有关部门、机构的人员组成的清算组或者依法设立的律师事务所、会计师事务所、破产清算事务所等社会中介机构担任。这样一种形态的破产管理人会出现如下两个问题。

第一个问题是由于很多破产重整的企业都是国有企业,甚至有很多都是地方的龙头支柱企业,这些国有企业在涉及破产重整的时候,容易产生巨大的社会震荡,在这种情形之下,政府出于社会稳定等因素的考虑,往往会介入破产程序之中,成为破产管理人,对企业的破产重整进行控制。从短期来看,在政府的资源帮助之下,企业也许能够在一定程度上缓解压力,但是在市场经济的前提下,一个需要重整的企业,它需要的发展、重整、破产应该由市场去调节,尤其是当企业面临破产时,它考验了企业绝境之下应对风险的能力,即使一时得到政府帮助渡过难关,在市场经济的冲击之下依然不能够长久存续。

第二个问题是破产管理人的能力构成。在我国现今情况下,由律师事务所、会计师事务所组成的破产管理人队伍,诚然拥有很强的法律素养与财务管理能力,但也许更擅长债权债务的处理、公司账目的审计等,在进行破产清算时或许游刃有余,但是一旦需要从经济范畴为公司发展出谋划策,提出公司复苏的方案,可能很难提出可行性的意见。

2. 破产管理人报酬影响管理人推进企业重整的积极性

目前而言,决定管理人报酬的主体是法院。根据最高人民法院《关于审理企业破产案件确定管理人报酬的规定》,人民法院受理企业破产申请后,应当对债务人可供清偿的财产价值和管理人的工作量作出预测,初步确定管理人报酬方案。管理人报酬方案应当包括管理人报酬比例和收取时间。管理人报酬方案确定后,可以根据破产案件和管理人履行职责的实际情况,对管理人报酬方案进行调整。确定或者调整管理人报酬方案考虑的因素主要有:破产案件的复杂性、管理人的勤勉程度、管理人为重整和解工作做出的实际贡献、管理人承担的风险和责任、债务人住所地居民可支配收入及物价水平等。

在这样的规定之下,大量无法量化的标准使法院很难客观公允地对破产管理人的报酬做出一个定量的确定,由于管理人报酬从债务人财产中优先支付,如果管理人报酬过高,可能会直接影响债权人的清偿水平,这使得确定管理人的报酬成为一个尴尬的话题。

另外,"管理人为重整和解工作做出的实际贡献"仅只是调整管理人报酬方案的因素之一,这使管理人无法全力为公司重整作出努力,在很大程度上影响了公司实现重整的可能性。

更困难的情况是,部分公司在进入破产程序时已经陷入"无产可破"的情形,这种情况下管理人的报酬如何确定,如何支付更是现行管理人制度的一大困境。

三、破产重整视角下破产管理人制度的完善

(一)破产管理人选任制度的完善

美国在破产管理人的选任上,要求在法院发出破产救济令之后,迅速从管理人名册之中指定一个非利害关系人作为临时管理人,在绝大部分案件债权人都

放弃行使对管理人的选择权的基础上,管理人往往是由联邦托管所采用轮候的随机方式(blind rotation process)从管理人名册中指定的。[①] 德国、法国与我国一样,是由法院指定破产管理人的。德国法律没有对法院如何指定管理人作出具体规定,法官拥有自由裁量权。法国更是认为"法院没有任何义务来平衡其辖区内编入破产管理人名册的不同成员之间被实际指定担任破产管理人的次数"[②],否定了轮候随机的方式。德法两国都赋予了法院最大的信任。就我国而言,法官水平可能仍有待提高,盲目借鉴德法的制度也不甚合理,但是我们可以看到,无论是英美还是德法,有一点是共通的,那就是破产管理人名册制度。

仔细研究破产管理人选择中的竞争与推荐,我们可以发现,不管竞争规定得有多细致,最终都会给法院不止一个管理人作选择,而对于这些竞争或者推荐之后的结果法院应当如何选择,却并没有明确规定,这个时候,最能够排除权利寻租可能的方式依然是随机选择。比如,重庆市第五中级人民法院在试点竞争选择的时候,要求该院评审委员会委员应当结合案件的特点,综合考量社会中介机构专业水准(18 分)、从业经验(58 分)、机构规模(20 分)、初步报价(4 分)等因素,对参与竞争的社会中介机构逐项评定分数,并按照得分高低确定入围名单(2 名),以随机摇号方式确定一名中介机构担任管理人,另一机构确定为备选管理人。[③]

上文讲到,竞争与推荐最大的隐患是容易滋生腐败,且时间成本较高。而随机方式最大的隐患是难以对症下药,且不利于管理人的发展进步。借鉴西方国家的相关制度,笔者认为,解决这个问题的方式便是对管理人名册制度进行完善,那就是管理人名册分级制度。

管理人名册分级制度,是将报备注册的管理人按照工作经验、能力水平等进行分级注册。这样首先,可以缩小随机的范围,这在一定程度上起到了竞争所需要达到的社会效果;其次,在合适等级的管理人中进行随机选择也能够保证合适的案件分到合适的管理人手中;最后,由于案件难易程度也决定了管理人报酬水平,分级制度的建立更加有利于鼓励管理人完善自身水平,提高执业素质。而建

---

① 参见王晨竹:《我国破产管理人指定制度的分析与完善——以法院实践模式分析为基础》,载《安徽大学法学评论》2014 年第 2 期。

② See CA Metz,1re ch. ,9 Nov. 2000,Act. Proc. Coll. 2001/11,n°134.

③ 参见郝绍彬:《重庆五中院竞争方式选任破产管理人》,载《人民法院报》2015 年 8 月 11 日,第 4 版。

立管理人名册分级制度最大的难点在于如何对管理人进行分级，这一点笔者将在后文职业体系构建部分作出展望。

（二）破产重整阶段破产管理人权限的完善

如果说破产管理人的选任是破产重整程序上的基础，那么，完善破产管理人在破产重整阶段的权限则是破产重整实体上的核心。

美国破产法将破产重整方案的执行人确定为经管债务人，这是美国重整程序的特有的主体，是重整程序中受到债权人委员会、监察人、法院和联邦破产托管人的监督的代表债务人行使管理职能的机构，在大部分情况下，由原来企业的管理层构成。① 但是与之相对的，法律也赋予了债权人、股东等其他利害关系人也有权在企业目前的管理者存在欺诈、不诚实、无法律资格或者重大的管理失误等情形或者是与之类似的情况之下请求法院裁定任命管理人的权利。美国法律认为，企业管理者的经营管理或多或少都会出现瑕疵，但真正需要第三方介入企业经营的情形只发生在现有管理层的经营管理存在重大弊端时，否则将是对于债务人核心主体地位的严重削弱，影响其对于挽救振兴企业的热情和信心。②

这样的规定，是将破产重整阶段的核心主体定义为债务人，赋予债务人最大的信任与机会，鼓励其拯救自己的企业。但是事实上，大部分企业之所以会陷入经营困境，与管理层是分不开的，且不说管理层是否有能力将企业带出困局，债权人也许也很难会相信管理层的经营能力。而在这种情况下，破产管理人作为一个中立的存在，在熟练掌握破产重整相关业务能力的前提下，应该更能获得债权人的信任，也更容易使企业重整不会流于形式，起到最好的重整效果。

1. 增加破产管理人执行破产重整方案的可能性

我国将提出破产重整草案的权限赋予了债务人和管理人，而执行方案的权限却固定为债务人。笔者认为，该条法条值得商榷。最好的方法是，谁提出重整草案，谁就拥有执行该草案的权限。这样做有三点好处：其一，能够提出一个最终债权人、债务人等各方都通过的草案的债务人，我们有理由相信该债务人是有信心、有热情完成重整计划的，不必担心重整流于形式，最终失败；其二，管理人

---

① 参见潘琪：《美国破产法》，法律出版社 1999 年版，第 194 页。

② See Bankruptcy Judges Division of Administrative Office of the United States Courts, *Bankruptcy Basics*, Public Information Series, 2000, p. 29.

作为一个专业的第三人,应当赋予其最大的信任保障其在破产重整阶段的掌控力,否则管理人中心主义将沦为虚设,管理人只能在破产清算等阶段从事账目管理,合同事务等审计、法律事宜,不利于管理人价值的体现;其三,这种方案并没有完全剥夺债务人重整企业的机会,更会给有责任心的债务人一个竞争机制,督促其提出有质量、有价值的重整草案。

2. 增加破产管理人监督债务人执行重整方案的权限

如前所述,当管理人执行自己提出草案的时候自不待言,由债务人、债权人、法院三方共同对管理人进行监督。而当执行重整方案的人是债务人的时候,笔者认为,应当赋予管理人详尽的监督权限,其监督权限应当涵盖债务人的经济状况、业务执行、费用支出、债务承担、财产处分等全方面,执行债务人应当定期向管理人提出执行报告,管理人亦应当不定期地对执行债务人的执行进展进行关注,并总结其重整进度,在监督期间向法院、债权人委员会进行报告,一旦发现重大原则性问题,有权在法院、债权人的决定之下接管执行重整的权限。通过这种方法,能够充分发挥管理人的专业才能,保证债务人在重整期间尽到最大的注意义务,保证破产重整的完成。

(三)破产管理人职业体系的构建展望

管理人选任是破产重整程序的基础,管理人权限的重新定义是保证重整效果的核心,而构建一个完善的破产管理人职业体系则是支撑破产重整阶段管理人中心主义的最强有力后盾。

1. 增加职业经理人进入破产管理人职业体系

我国《企业破产法》规定,管理人可以由有关部门、机构的人员组成的清算组或者依法设立的律师事务所、会计师事务所、破产清算事务所等社会中介机构担任。首先,应当摒弃清算组担任破产管理人的情况。清算组担任管理人在一定的历史阶段是符合我国经济体制下的破产需求的,但是随着市场经济的不断发展,"有关部门、机构"直接导致了行政干预破产案件的情形,造成了市场经济参与者的身份不平等,不利于破产管理人职业体系的构建。其次,应当增加破产管理人的成分构成。如上文所述,由于破产管理人需要在破产重整阶段承担起提出破产重整草案以及企业破产重整的执行或监督责任,势必要求其具有很强的商业技能。笔者认为,吸收一部分职业经理人进入破产管理人职业体系是最好的解决方案。职业经理人熟练掌握企业经营管理知识，具备足够强的经营管理企业的综合领导能力以及丰富的实践经验，能够用自己的能力为企业提供经营管理服务并承担企业资产保值增值责任，在破产重整阶段是最适合不过的。相信由职业经理人、律师、会计师三者组成的破产管理人团队，可以胜任破产重整阶段的绝大部分问题。

2. 建立破产管理人职业协会制度

重整制度在效率上具有不可比拟的优势，但是想要使企业在破产程序中多走向重整，就要求管理人拥有扎实的法律素养、充分的管理经验、强大的业务能力以及极高的道德水平。建立完善的破产管理人职业体系是保证破产管理人团队高素质的必由之路。

首先，应当建立破产管理人职业协会，参照律师协会、注册会计师协会成立破产管理人协会，主要负责管理人的资格评定、考核，并且编制专门的管理人名册，规范整个破产管理人职业体系。其次，应当建立完善破产管理人资格准入制度，通过全国性的考试等方式赋予有资质的个人以破产管理人职业资格。最后，应当设立破产管理人业绩档案制度，将破产管理人的资质按照执业经验、业绩效果分级别确定，不同级别的破产管理人应当编入不同级别的破产管理人名册，以便法院通过随机的方式针对特定的破产案件指定合适的破产管理人。

前文提到，增加职业经理人进入破产管理人体系可以很好地增加破产重整阶段管理人的工作能力。在职业协会成立之后，一个完善的考核机制之下，要求通过考核的新任管理人是一个同时拥有经理、法律、审计能力的复合型人才，这样的人才，才是今后管理人行业发展的方向。

3. 破产管理人报酬保障

新建立一个职业体系，首先要考虑的就是这个体系的职业保障问题。破产案件，不可避免地存在案件标的差异的问题，甚至部分案件破产企业存在“无产可破”的现象。针对这种现象，英国和德国都有自己的解决办法。英国采取专门设置官方管理人的制度，无足够资产支付管理人费用的案件由政府机关（破产署）指派官方破产管理人负责处理。德国的管理人完全由法官自行指定，法官有很大的决定权，可以根据破产案件难易程度指定适格的中介机构及个人，进行合理搭配。管理人承办几个不盈利的破产案件后往往会获得几个利润丰厚的案件。虽然这两种做法都可以解决无钱可赚案件无人问津的问题，但是德国的做法如果缺乏机制约束,道德风险过大,可操作性不强。①

首先,解决“无产可破”案件无人问津的情况可以由破产管理人协会设置破产管理人提存基金来解决,协会负责向破产管理人所接每一个破产案件收取一定比例的费用,作为提存基金,在破产管理人被法院指定为无产可破案件的管理人时,从提存基金中提取一定数额作为该管理人负责此案的收入,以保证破产管理人不会因为案件没有收入而消极怠工,同时也可以确认破产管理人协会在行业内的核心地位。

其次,为了增加破产管理人重整企业的积极性,避免管理人推动企业走向清算阶段,应当提高企业重整之后管理人的报酬水平比例,以保证企业会尽最大可能走向重整,这样也避免了直接走入清算程序之后管理人报酬与债权人债权之间不可调和的矛盾。

最后,管理人分层制度也保证了职业领域上升的可能性,越高级别的管理人越有可能接到报酬愈加丰厚的工作,这也在一定程度上促使了管理人提升自身水平,以免坐等法院随机指定现象的出现。

四、结　语

管理人中心主义是现代破产法的灵魂,而破产重整程序则是破产法之光,在破产重整程序中贯彻管理人中心主义是保障破产重整程序的必由之路。希望破产管理人职业体系能够早日构架完成,让破产法不只是一部让企业破产的法律,更是一剂让企业重复生机的“良药”。

① 最高人民法院民事审判第二庭编著:《最高人民法院关于企业破产法司法解释理解与适用》,人民法院出版社2007年版,第43页。

破产管理人协会的建立对完善管理人制度的作用

项军权*

一、我国管理人行业发展现状

我国早期的破产法律是没有"管理人"一说的,承担相应职责的是"清算组"。清算组制度通过1986年出台的《企业破产法》而建立,依托于当时的政治、经济和社会背景,随着改革的不断深入和经济的发展,清算组体现出制度的设计跟不上市场变化的弊端。2006年的《企业破产法》取消以往的清算组制度,建立了破产管理人制度。相较于"清算组"这一概念,"管理人"的说法更突出了对破产企业的管理职能,能够将破产程序与公司法上的普通清算程序区别开来,符合其在破产程序中的实际作用。①

(一)地方破产管理人协会成立的背景

近几年来,由于局部经济风波、市场转型的原因,许

---

* 浙江人民联合律师事务所首席合伙人,温州市破产管理人协会会长。

① 参见姚玲:《论我国破产管理市场的规范化》,西南政法大学2011年硕士学位论文,第10页。

多民营企业陷入前所未有的困境,各地破产案件频现。与此同时,全国各地掀起一场处置“僵尸企业”的浪潮,其中,成立破产管理人协会、规范管理人行业市场就是在这一浪潮中被反复提及的。截至目前,全国已有3家市级破产管理人协会和1家省级破产管理人协会。如成立于2014年9月的广州市破产管理人协会,成立于2015年8月的河北省破产管理人协会,成立于2016年1月的温州市破产管理人协会,成立于2016年5月的济南市破产管理人协会。

以温州市破产管理人协会的成立为例,温州市是我国民营经济发展的先发地区和改革开放的前沿阵地。但近几年来温州市受经济风波的影响,使民营经济遭受了沉重的打击,许多企业陷入债务危机,举步维艰,纷纷面临破产倒闭的局面。温州市中级人民法院近几年审理破产案件的数量在浙江省乃至全国都占据了相当大的比重,有句话讲“全国破产看浙江,浙江破产看温州”就是形容这样的局面。在这样的经济环境下,在温州市中级人民法院的牵头下,温州市在册管理人走访并学习了广州市破产管理人协会的模式后,在2016年年初成立了温州市破产管理人协会,以期为推动破产事业、处置“僵尸企业”做出贡献。

(二)破产管理人协会的发展趋势

一是地方性破产管理人协会不断出现。温州市破产管理人协会是全国第二家市级管理人协会,陆续还有其他地区不断地在交流经验。目前全国各地的管理人纷纷到温州市来考察,有山东省、江苏省、安徽省、福建省等地的管理人,浙江省内的有台州市、丽水市等地的管理人,不远千里来到温州市学习温州市的做法。2016年5月中旬,温州市破产管理人协会派员参加济南市破产管理人协会的成立仪式,同月下旬,笔者代表温州市破产管理人协会,受邀参加在济南市举办的第二届山东破产法论坛,与参会人员交流经验。除此之外,全国还有不少其他地方的破产管理人协会在筹建中,地区性破产管理人协会的建立将成为一大发展趋势。

二是协会结构上趋于完善,管理制度化。以温州市破产管理人协会为例,协会依照章程设立了权力机构(会员大会)、执行机构(理事会)、监督机构(监事会),各机构又有具体的职权范围、议事规则,也对会长、副会长、秘书长等领导人的任职资格和选任办法作出了规定。温州市破产管理人协会在结构上和管理上的制度已初步成型,这样的管理制度可以规范管理人行业的混乱与各自为政的局面,提高了管理人的自我管理意识,促进了行业的发展。

二、有必要建成全国性破产管理人协会

2016 年 5 月中国破产管理人行业联盟在山东省济南市第二届山东破产法论坛上启动筹备工作,受到界内广泛的关注。破产管理人行业联盟联合入编各省、各地市人民法院破产管理人名册的各中介机构及专职从业人员共同发起成立,以“构建和谐共荣关系”为目标,坚持为企业相关利害关系人的权益维护服务,做好法院的帮手。致力于推动破产重组行业的法律法规建设,破产管理人才的能力水平建设,管理人行业自律,及时反映联盟成员的意愿和要求,提出促进行业发展的建设性意见,支持联盟成员间的合作发展,调停解决相关矛盾问题,为促进中国破产管理人协会的破土而出作准备。① 中国破产管理人行业联盟的筹备以及今后的成立,将会为建立全国性的破产管理人协会起到巨大的推动作用。

(一)破产管理人行业的自律性发展迫切需要建立行业协会

行业协会是以实现本行业的共同利益为目标,以会员的形式吸纳本行业企业,为同行业企业服务的一种自律性、非营利性和互益性的组织。② 自治性是行业协会的最本质的特征,自治权主要包括自治事务管理权、组织人事权、经费筹集使用权等。我国破产管理人已经成为一种行业,但由于长期以来破产立法条件的限制,我国管理人业务水平良莠不齐,职业素质和能力有待提高。因此,引入协会的管理模式对管理人进行培养和管理,成立行业协会势在必行。

(二)地方性协会的建立经验值得学习和借鉴

1. 业务主管单位问题的解决

难以确定“业务主管单位”是成立破产管理人协会的一个难题,温州市破产管理人协会在成立过程中,对我国《社会团体登记管理条例》中“主管部门”的规定作出了突破。根据我国《社会团体登记管理条例》第 3 条规定:“成立社会团

---

① 参见《关于成立“中国破产管理人联盟”的倡议书》,载中国清算网:http://www.yunqingsuan.com/news/detail/8221,最后访问日期:2016 年 6 月 13 日。

② 参见刘国华:《对破产管理人协会的构建的探析》,载《学会》2010 年第 12 期。

体,应经其业务主管单位审查同意……”社会团体在申请筹备时,应向登记机关提交业务主管单位的批准文件。然而,在管理人机构中,律师事务所的业务主管单位是司法部,会计师事务所的主管单位是财政部,清算事务所在工商部门注册即可,没有对应的业务主管部门。在破产案件中,掌管管理人业务的部门是人民法院,但是根据人民法院的职能和性质,不能充当破产管理人协会的业务主管部门。[①] 温州市破产管理人协会在民政部门注册登记时,遇到没有业务主管部门而不能顺利注册的问题,一时无法获得审批。在温州市中级人民法院同民政部门的沟通协调下,采取由温州市中级人民法院作为监督和指导部门的方式,温州市破产管理人协会最终顺利登机注册。

2. 成立协会筹备工作的开展

以温州市破产管理人协会为例,从决定成立、考察、筹备、审批、到成立大会,只花了短短两三个月时间。有了广州市破产管理人协会的成功经验,再加上温州市中级人民法院的大力支持以及各会员单位的协作配合,温州市破产管理人协会才得以顺利建立。接下来,将会建立越来越多的破产管理人协会,有了前面的经验,后建立的协会将会越来越顺利。

(1)预备会议和成立大会通过了会费缴纳办法和协会章程。

温州市破产管理人协会在成立大会前,将各会员单位负责人召集起来,就成立大会的准备工作进行了统一,确定了会费的缴纳办法,设置会长、副会长、监事、理事、秘书长等职务,审议协会章程草案等事项。在1个月后的成立大会上,发布协会章程,并按照章程安排协会事务,决定聘任专门的工作人员,负责协会日常工作安排等。

(2)设置各专门委员会,完善协会职能部门。

温州市破产管理人协会设置了会员部,负责收集会员单位的意见和诉求、接受投诉事宜并报给会长,根据会长及办公会议的意见予以落实。设置文化宣传委员会,负责制订宣传工作计划、对外宣传、协调同社会各界的沟通、联系。设置对外交流委员会,负责与法院、政府相关部门、律协、会协、外地协会以及协会内部的交流等工作。设置业务指导与培训工作委员会,负责收集破产法律法规、选编优秀破产案例、对会员进行业务指导和专业技能培训、交流破产信息等事务。

① 参见王欣新:《破产管理人制度立法完善问题研究》,载《法治论坛》2010年第4期。

设置行业自律与规则制订工作委员会，负责组织制订和贯彻落实行业自律公约及实施细则，制订行业标准和业务规范，通过采取自律惩戒措施约束成员依法合规经营。设置资产管理工作委员会，负责做好资金的发放、结算和回收工作，处理财务审批等工作。以上各专门委员会的设置，使温州市破产管理人协会的各职能能够得到最大限度的发挥，对管理人制度的完善起到了重要的补充和推动作用。

三、建立破产管理人协会对完善破产管理人制度的作用

（一）以协会之余补管理人之损，解决无产可破案件管理人报酬问题

由于"执破衔接"机制的出现，产生很多无产可破案件，而管理人是以提供专业服务，收取劳务费为目的营利的，承办无产可破案件容易造成管理人得不到合理报酬而对此类案件丧失积极性的局面。然而，即使企业无产可破，完成破产程序不仅极有必要而且意义重大，在不能"挑肥拣瘦"的情况下，如何解决管理人报酬以获得公平成为一个值得考虑的问题。温州市破产管理人协会确定了无产可破案件补贴策略，对于有报酬的案件，管理人获取报酬超过 10 万元的，超过的部分按 10% 纳入协会账户，作为协会的财产，主要用于对无产可破案件进行补贴，每件补贴 2 万 ~3 万元。基本上可以满足管理人在处理无产可破案件的开支，及部分劳务报酬。

（二）利用协会平台，开展各方位培训

并不是所有的管理人都具有丰富的破产重整经验，那些走在破产重整道路前沿的管理人，积累了丰富的经验，如果能以老带新交流经验，开展业务培训，将会产生越来越多具备相应能力的管理人。根据已经建立的地方破产管理人协会章程，无一不规定了协会的业务范围，其中之一就是"搭建平台，加强信息沟通，开展业务培训"。温州市破产管理人协会设置的业务指导与培训工作委员会就是负责业务培训的一个专门委员会，协会不定期举办破产信息交流会议，加强协会各会员的业务指导与专业技能培训，是提高会员业务能力的有效办法。

（三）整合管理人力量，发出同一个声音

在破产管理人协会成立之前，从事管理人行业的机构各自为政，力量分散，

对整个行业的发展起不到应有的作用。协会成立以后,利用协会平台,整合各管理人的力量,拧成一股绳,与税务、工商、社保等有关部门把管理人工作中遇到的困难沟通好,以一个组织的名义对外发出同一个声音。温州市破产管理人协会成立以后,以协会的名义参加多次会议并在会议上发出声音,使协会走出温州、走出浙江。协会成立后,受邀参加泉州市企业兼并重组和破产重整实务培训班,在会上介绍"僵尸企业"处置经验及协会情况;派员参加在瑞安市举办的"中国破产法论坛·僵尸企业处置与破产审判工作专题研讨会"的研讨,协会会长作为评议嘉宾参加会议;应中国人民银行总行宣传处及各新闻媒体邀请,接受处置"僵尸企业"的有关情况专题记者采访会;参加中国人民银行总行政策研究处调研座谈会等。协会是一个团体、一个组织,以协会的名义参加各种活动对协会来说是一种很好的宣传,能够使人充分认识到温州市破产管理人的风貌,能够团结各管理人合力将温州市的破产工作做得更好。"众人拾柴火焰高,众人栽树树成林",协会的建立能够将各会员团结起来,对维护管理人权益、发挥管理人作用、处理破产事务等方面发挥的作用将会成倍增加。

(四)开展业内惩戒,规范破产管理人的行为

破产管理人协会是自律性组织,开展业内惩戒、规范会员行为不仅是协会的权利,还是协会的义务。我国《企业破产法》对管理人的行为规范规定的并不全面,只有在第27条作出了一个笼统的规定"管理人应当勤勉尽责,忠实执行职务"。这一条款对管理人行为的要求并不严格,没有规矩不成方圆,法律不明确的地方破产管理人协会可以补充。在温州市破产管理人协会成立后,设置了行业自律与规则制定委员会,对从业人员进行自律管理。另外,协会与瑞安市人民法院合作,承接了浙江省高级人民法院的一个关于制订管理人规则的课题,课题研究的完成对管理人相关制度的完善具有重要意义。

四、结　语

越来越多的法院和管理人意识到管理人市场规模已经越来越庞大,已经形成一个新兴行业,而这个行业相关规则的不完善,又制约着管理人市场的稳健发展。许多有识之士顺应时代的发展,寻求有效的方法促进管理人行业的规范化,

于是破产管理人协会诞生了。在我国走在前面的几个城市中,破产管理人协会都发挥了重大的作用。在此基础上,更多的省级管理人协会乃至全国级的管理人协会应该顺应市场的发展,整合零散的管理人力量,形成统一的市场,为完善现行管理人制度发挥更大的作用。

四、关联企业破产问题

关联企业实质合并破产标准研究*

王欣新**

一、实质合并破产的概念与意义

企业集团的实质合并破产,是指将多个(两个及两个以上,下同)集团关联企业视为一个单一企业,合并资产与负债,在统一财产分配与债务清偿的基础上进行破产程序,包括实质合并重整或清算,各企业的法人人格在破产程序中不再独立。① 联合国贸易法委员会制定的《破产法立法指南》第三部分《破产企业集团对待办法》在其"术语表"中简略地指出,"实质性合并"是"将企业集团两个或两个以上成员的资产和负债作为单一破产财产的组成部分对待"。② 也就是说,"不考虑企业集团每个成员的独立身份而将其资产和负债合并,视同由单一实体

---

* 本文原载《法律适用:司法案例》2017 年第 8 期。

** 中国人民大学法学院教授、破产法研究中心主任,北京市破产法学会会长。

① 参见王欣新:《关联企业的实质合并破产程序》,载《人民司法(应用)》2016 年第 28 期。在该篇文章中,笔者曾对实质合并破产作出一个定义,现经进一步研究后在本文中予以修改完善。

② 联合国贸易法委员会《破产法立法指南》第三部分《破产企业集团对待办法》,第 2 页。

持有的资产和承担的负债”,[①]统一进行破产程序。

实质合并破产的合并,不是公司法上的合并。当法院作出实质合并破产的裁定或者命令时,并不要求所涉及的各个关联企业在破产程序中履行公司法上的合并程序,如注销被合并的公司等,即使是在维持企业持续经营的重整程序中也是如此。在实质合并破产时,各合并企业的法人人格仅在破产程序中不再独立。也就是说,从程序意义上讲,这是一种以对资产与负债统一处理为目的的法人人格的模拟合并,但在破产程序中却产生实体法意义上的实质合并法律后果。而当破产程序尤其是重整程序结束后,经过实质合并破产处理后的各个企业是否保留原有的法人资格,是否需要履行公司法上的合并程序进行注销或变更登记,则在经法院批准的重整计划中确定,或者由重整成功后的企业自行决定。从《破产企业集团对待办法》有关规定采用的案文表述看,法院在破产程序中[②]启动实质合并破产程序的司法文书是实质性合并令(在我国是裁定),并没有要求法院通过诉讼的程序对实质合并的事由,如法人人格混同以及关联企业的合并作出确认的生效判决。也就是说,在破产程序中适用实质合并破产,[③]并不以法院事先作出取消各关联企业法人资格的独立裁判为前提,这是与公司法上对法人人格混同以及企业合并处置完全不同的。但是,实质合并破产虽然未经诉讼程序,法院在实质合并过程中对各方利害关系人的权益应当给予充分的保护,“由于这类命令将会产生严重影响,必须按照‘立法建议’137～138,[④]保证程序公正和公平,让利益攸关方有机会发表意见并对这类命令提出异议”。[⑤]

之所以要在中国引入并适用实质合并破产制度,是因为在集团企业的经营过程中,可能出现各个关联企业在资产、负债、管理、经营、财务、人事等多方面的

① 联合国贸易法委员会《破产法立法指南》第三部分《破产企业集团对待办法》,第59页。

② 但是,法院在各个关联企业均未申请启动破产程序时决定实质合并的,由于没有生效的破产程序作为基础支撑,应当按照公司法的有关程序进行。

③ 但是,在破产程序之外,先将各关联企业合并,再就合并后的企业提出破产申请即所谓“先合并、后破产”的操作模式,从法律程序上讲,就应当先由法院作出法人人格混同、进行企业合并的判决,因为企业的合并是在破产程序之外进行的。

④ 联合国贸易法委员会《破产法立法指南》规定:“破产法应当规定,利益相关方有权就破产程序中涉及其权利、义务或利益的任何问题申述己见。例如,利益相关方应有权:(a)对须由法院批准的任何行为提出异议;(b)请求法院审查任何无须法院批准或未请求法院批准的行为;以及(c)请求提供破产程序为其设置的任何救济。”“破产法应当规定,利益相关方可以就破产程序中涉及其权利、义务或利益的任何法院令提出上诉。”

⑤ 联合国贸易法委员会《破产法立法指南》第三部分《破产企业集团对待办法》,第64页。

人格严重混同乃至欺诈等问题，实际失去分别承担有限责任的基础，即独立的法人人格，需要进行实质合并以实现破产法的公平清偿等基本立法目标。控制企业可能将集团的资产、债务等权利、义务与资源、利益在不同的关联企业之间进行违反经济原则的不当转移，损害相关企业及其债权人的权益。当此类集团的多个关联企业均进入破产程序时，在债务清理、财产界定、资产追索、重整挽救等方面便出现许多比单个独立企业复杂得多的新问题。例如，如何保障在企业集团因非市场化利益输送形成不同关联企业的资产与负债状况不真实、不公平的情况下实现对集团整体债权人的清偿公平；如何在各关联企业法人人格严重混同的情况下解决债权债务确认、财产区分等管理工作面临的巨大困难与成本，保障破产程序顺利进行；如何在各关联企业实际上已形成跨单个企业范围整体性经营实体的情况下，解决各企业分别重整时因运营资产和经营体系不完整、单体经营效益低下而难以挽救的难题。这些问题的产生对破产法有序、及时、公平清偿的立法价值以及重整挽救制度造成严重的危害，且在原有制度下难以矫正，迫切需要创新性的法律手段调整，而各国解决这些问题的重要方法之一就是对关联企业的实质合并破产。

法律的制度与规范建设要符合法律的立法目的。联合国贸易法委员会制定的《破产法立法指南》在“立法建议”第1～5条规定：“为了确立和制定一部有效的破产法，应考虑下列关键目标：(1)为市场提供确定性以促进经济稳定和增长；(2)资产价值最大化；(3)在清算和重整之间求得平衡；(4)确保对处境相近的债权人的公平待遇；(5)及时、高效并公正地解决破产事务；(6)保全破产财产以便公平分配给债权人；(7)确保制定一部有透明度和可预测的破产法，并为收集和传播信息提供激励；(8)承认原已存在的债权人的权利，就优先债权的排序确定明确的规则。”①这些规定涵盖了破产法从法律制度到社会效果的全面立法调整目标，如果对之简略概括，并落实为我国现行立法已制定的破产程序要实现的司法价值目标，笔者认为，应当包括：对债权人公平、有序、高效、及时的清偿；实现债务人资产价值的最大化；为具有挽救希望与价值的债务人提供制度性挽救机会。与其他立法相同，在破产法立法与执法中贯彻的基本原则是公平与效率。实质合并破产的立法目的，是要打破企业集团破产时的形式公平，实现实质公

---

① 联合国贸易法委员会《破产法立法指南》，第13页。

平,保障对集团各企业的债权人的整体公平清偿。通过实质合并消除清理集团不同企业资产、负债等事项的时间、费用与社会成本,提高破产清算与企业挽救的实益效率。其实,在破产——这一企业最终处置环节中,从某种意义上讲,效率有时体现的就是实质公平,没有效率、过度损耗资源成本的形式公平反而会损害当事人的实际利益,[①]会违背法律实质公平、正义的原则。

在我国的破产实践中,对企业集团多个关联企业进行实质合并破产(包括重整与清算)实际上已经进入了常态化,在人民法院报的公告栏中可以不时看到关于企业实质合并破产的公告。但是,目前我国《企业破产法》中尚没有关于实质合并破产的规定,最高人民法院有关实质合并的破产法司法解释也没有出台,涉及到与实质合并破产相关的法律制度,仅有我国《公司法》第 20 条第 3 款的规定:“公司股东滥用公司法人独立地位和股东有限责任,逃避债务,严重损害公司债权人利益的,应当对公司债务承担连带责任”,即否认公司法人人格(“揭开公司面纱”)的规定。而公司法上的法人人格否认制度与实质合并破产虽有关联,但在立法目的、适用原则、具体规范等方面也存在重大差异。在适用实质合并破产时应当如何操作、如何保障当事人的权益,不管是在理论上还是实践中都存在诸多需要解决的问题。

法律资源的供给不足,除了要求立法部门尽快立法解决无法可依、操作不规范的问题外,也对破产法理论与实务工作者提出了深入研究实质合并破产应当如何立法,以及如何在尚无直接立法时通过法理与实务研究指导解决实践中司法需求的任务。2016 年笔者在《人民司法(应用)》第 28 期发表了《关联企业的实质合并破产程序》一文,对实质合并破产的程序性问题进行了研究,本文将探讨关联企业实质合并破产的合并标准问题,以期抛砖引玉。

二、可以适用实质合并破产的情况类别

笔者将关联企业适用实质合并破产的标准,分为区分适用情况种类的类别性标准与确认每一种类中具体构成的行为性标准。两者的区别是,前者是一种概括性的标准,表明的是实质合并破产判断标准的不同种类,体现着立法价值考

① 参见王欣新:《关联企业的实质合并破产程序》,载《人民司法(应用)》2016 年第 28 期。

虑的差异,具有指导性作用,而后者则着重界定每一类别标准中的各种具体表现与构成情况,强调操作性作用。作出这种区分的目的,一方面是要将可以适用实质合并破产的原则与具体表现情况相区别,以便从更为宏观的角度准确把握;另一方面是为了提示,在其他国家除了法人人格混同之外,还存在其他可以适用实质合并破产的情形。

美国是实质合并破产规则的创立国与主要实践国,其经验具有重要的借鉴意义。美国法院在不同的案件中确立了一系列判定是否适用实质合并破产的具体标准,尽管有些内容彼此并不协调,但都可以给予一定的启示。法院在确定是否进行实质合并破产时考虑的因素往往不是孤立的、单一的,而是若干判断标准的结合。如在 In re Vecco Construction Industries, Inc. 一案[①]中,法官将在判断是否进行实质性合并时应当考虑的情形总结为七个因素:第一,分离和确定个体资产和负债的难度;第二,是否存在合并的财务报表;第三,在单一地理位置合并的受益情况;第四,资产和营业的混同;第五,不同实体权益的同一性;第六,存在明显的公司内部的债务担保;第七,未遵守公司规范方式的资产转移。[②] 作为案例法国家,美国在实质合并破产适用中较为重视判断标准的各种具体表现与构成情况,由法官在对具体案件的审理中形成规则。

联合国《破产企业集团对待办法》对各国在关联企业实质合并破产立法与司法方面的经验作了较为全面的总结。该办法在"立法建议"部分第 220 条指出:"破产法可以具体规定,如果建议 223 [③]所规定的获准申请人提出请求,法院可以仅在下列几种有限情况下针对企业集团中两个或多个成员下令进行实质性合并:(a)法院确信企业集团成员的资产和债务相互混合,以至没有过度的费用或迟延就无法分清资产所有权和债务责任;或(b)法院确信企业集团成员从事欺诈图谋或毫无正当商业目的的活动,为取缔这种图谋或活动必须进行实质性合

---

① 参见美国东部地区弗吉尼亚破产法院 1980 年 In re Vecco Construction Industries 案,In re Vecco Construction Industries, Inc. ,4 Bankr(Bankr E. D. Va. 1980), Bankruptcy Reporter, Vol. 4, pp. 407 – 412。

② 参见王欣新、周薇:《关联企业的合并破产重整启动研究》,载《政法论坛》2011 年第 6 期。

③ 《破产企业集团对待办法》立法建议第 223 条规定:"破产法应具体规定,获准提出实质性合并申请的人可以包括企业集团成员、这类企业集团任何成员的债权人或破产管理人。"

并。"[①]联合国《破产企业集团对待办法》还指出:"一些法域中使用的另一个理由是,由于集团各成员在企业结构、经营业务和财务上的联系,或由于集团多个成员生产过程及其产品中蕴含的知识产权等整个集团共有资产的价值,实质性合并可能会给债权人带来更大的回报。"[②]

联合国《破产企业集团对待办法》还规定了多个关联企业适用联合破产申请的情况,即允许将单一企业的破产申请延及集团其他成员的情况。适用联合申请与适用实质合并破产的条件相似,包括:所涉及的各当事方经济上一体化紧密难分,例如,资产相互掺和,或者控制权或所有权达到了一定的程度;或将集团视作单一实体具有特殊的法律意义,尤其对重整计划而言。[③] 需要注意的是,关联企业联合申请启动破产程序,并不意味着已经启动了实质合并破产(尽管两者通常都存在前后贯通的关联关系),尚不影响申请中所包括的集团每个成员各自的法律身份,即每个成员此时仍然是彼此分开、相互独立的企业。同时,联合国《破产企业集团对待办法》规定,可以在联合申请对企业集团成员启动破产程序的同时或其后任何时间申请实质性合并,[④]法院可以对符合上述条件的关联企业发出实质合并破产的命令,从而表明提出联合申请的标准与实质合并的标准是相互关联甚至是相同的,但联合申请本身的程序意义与实质合并还是有差异的。

笔者将上述联合国《破产企业集团对待办法》对实质合并破产情况的介绍以及美国的经验予以概括总结,认为适用实质合并破产的类别性标准可包括四种情形:一是"企业集团成员的资产和债务相互混合",可以简称为法人人格混同;二是从事欺诈图谋或毫无正当商业目的的活动,简称欺诈;三是债权人收益标准,即实质合并可以给债权人更大的回报;四是重整需要,也就是为挽救企业、制订重整计划所需要。这四项标准都是可以独立适用或者在部分情况下独立于适用实质合并破产认定的,完全不能独立适用的其他情况,不视为类别性标准。

在上述标准类别中,第一项、第二项在采用实质合并破产制度的各国普遍适

---

① 联合国贸易法委员会《破产法立法指南》第三部分《破产企业集团对待办法》,第71页、第72页。

② 同上书,第61页。

③ 同上书,第20页、第21页。

④ 同上书,第72页。

用,而第三项、第四项在适用国家的范围上可能较前者小一些。这四项标准适用时相互之间都可能具有一定的关联性,但是也具有一定的独立性,并不完全互相依存。如其中第三项、第四项之间就明显具有较大的关联性,因为通常只有在实质合并重整的情况下才更有可能使企业运营价值得到较大幅度的提升,使债权人得到更多的利益回报。这些标准之间有时会存在交叉、重合、包容的关系,例如,重整需要与债权人收益标准通常会具有重合关系。

据此,关联企业的法人人格混同虽然在实质合并破产的判断标准中起着最为重要的作用,而且是实践中大多数关联企业适用实质合并破产的理由,但并不是唯一的判定标准,或者说是适用实质合并破产必须具备的条件。这就是法人人格混同理论与实质合并破产理论的区别,是公司法与破产法的区别。从公司法的角度看,只有在法人人格混同的情况下才可以打破法人人格独立的壁垒,适用"揭开公司面纱"处理。但当我们跨入到破产法领域(不局限于公司法领域)探讨实质合并破产的标准时,除了考虑公司法上的法人人格混同理论外,必然还会有从破产法价值角度的特殊考量,权衡破产费用成本、债权人收益、企业重整挽救成功等问题,才可能适应破产法上制度的特殊需要,更好地发挥出实质合并的效用,解决司法实际问题,实现破产立法(而不是公司立法)的目标。而在我国目前的理论与实践中,较为普遍的看法是将法人人格的混同作为判断应否适用实质合并破产的唯一标准,完全局限于对公司法制度的借鉴,这种观念与其他大多数国家实质合并破产的判断标准和适用范围相比显得有些狭窄,未能从破产法角度作全面考虑。实质合并破产的操作,已经打破了法人人格混同理论和"揭开公司面纱"的适用手段与方式,如果我们仍将判定实质合并破产标准的思维局限于公司法领域,是不足以解决破产实践中的问题的。

在上述标准之外还存在债权人信赖利益的标准,即以债权人与公司发生交易时,是基于对整个企业集团信用的信赖,还是基于对单个交易对手公司独立信用的信赖,确定是否适用实质合并破产。联合国《破产企业集团对待办法》指出:"由于企业集团的性质及其运作方式,集团成员之间可能存在复杂的金融交易网,债权人可能是在与不同的成员,甚至与作为单一经济实体的整个企业集团打交道,而不是与个别成员打交道。"①当债权人的交易是基于对整个公司集团信用

① 联合国贸易法委员会《破产法立法指南》第三部分《破产企业集团对待办法》,第57页。

的信赖而进行时,就可以适用实质合并破产。不过,笔者认为,债权人信赖利益的标准更多的应是适用于个别债权人反对实质合并的理由,即抗辩理由。因为债权人的信赖仅是一种主观状态的表述,显然不足以据此认定是否应当实质合并。是否实质合并,必须建立在可以证明信赖合理存在的各种客观证据基础之上才可能被法院所采纳。而这些证据通常就是证明法人人格混同、欺诈等现象存在的事实,当债权人可以证明这些事实时,实际上也就不再需要以单纯的主观信赖作为申请实质合并的独立理由,从而它不能真正构成独立的适用实质合并破产的类别性标准。但是,个别债权人确实可以在他人主张是否实质合并时以此作为反对的理由,并寻求相应救济。此外,债权人信赖利益标准的适用还存在诸多复杂问题难以解决。例如,债权人的类别不同,对因侵权而产生的债权人显然就不存在信赖对象差异问题;当多数债权人的信赖对象不同,提出支持或者反对实质合并的彼此相反的信赖利益时,以信赖利益作为标准就难以作出合理判断。信赖关系不仅存在于债权债务关系中,还可能存在于关联企业之间相互保证担保的情况下,如适用实质合并破产,关联企业间的担保会因权利义务主体合一而消灭,如对各关联企业分别独立破产,则债权人可以分别从债务人和保证人处得到多重清偿,这种利益的纠葛也会使信赖利益标准的适用更为复杂,难以判断。

但是,在实质合并破产中完全排除债权人信赖的因素也不合适,特别是关联企业存在误导债权人的行为,使其认为该集团各关联企业是一个经济整体的情况下。故笔者认为,债权人的信赖虽然尚不足以作为适用实质合并破产的独立判断标准,但可以作为依据其他标准判断时的考量因素之一。例如,浙江省高级人民法院在《关于航运、造船企业破产案件的审理指引(征求意见稿)》中将判断实质合并破产的因素分为内部因素与外部因素,其第32条规定:"(合并破产的外部因素判断)相关企业在对外宣传、人事任免及经营过程中混同使用关联公司名称,致使相关债权人无法区分的,可以视为符合合并破产的外部条件。"联合国《破产企业集团对待办法》也将"对企业集团的实际性质进行不实陈述,致使债权人相信他们的交易对象为单一企业,而并非集团的某个成员",[①]作为可以适用实质合并的理由之一。

此外,联合国《破产企业集团对待办法》认为,还可以将相关利益人协商一致

---

① 联合国贸易法委员会《破产法立法指南》第三部分《破产企业集团对待办法》,第54页。

作为适用实质合并破产的依据。[①] 当然，如果各方利害关系人能够协商一致，而不是以少数服从多数的强制方式，同意适用实质合并破产，那么这属于当事人在行使对自己民事权利的处分权，且没有损害他人利益，法院当然应当允许并作出实质合并的裁定或命令，即使关联企业并不符合前述适用实质合并破产的标准。不过笔者认为，这虽然是法院可以适用实质合并破产的情况，但不具有判断标准的性质，因为这是只需核实当事人的意愿是否真实，而无须法院再运用裁判功能作出是否符合实质合并破产标准判断的事项。

三、各类实质合并破产标准的分析

（一）法人人格混同标准

在上述各项标准中，法人人格混同是普遍适用的标准，也是适用最为普遍的实质合并理由。需要注意的是，法人人格混同现象在公司法中的处理（导致"揭开公司面纱"）与在破产法中的处理（导致实质合并破产）是存在重大区别的，不具有可替代性，虽然两者均否定关联企业独立性的存在，适用的条件也有相似之处。

根据我国《公司法》第 20 条第 3 款的规定，法人人格混同导致"揭开公司面纱"适用，主要是使股东（包括自然人与企业）承担子公司债务的连带责任，所以立法以"逃避债务"（无论其作为主观图谋还是客观效果）作为适用条件之一。这种"揭开公司面纱"的方式属于自上而下的顺向揭开。从立法条文的文字看，未规定股东向子公司转移财产、不当交易、逃避债务，可以逆向"揭开公司面纱"，要求子公司对股东的债务承担连带责任；也没有规定在同一股东控制下，横向各层次的关联企业之间因转移财产、不当交易等而导致的资产与债务混同，可以横向的"揭开公司面纱"。尽管也有学者认为，从法理上讲，应当允许逆向"揭开公司面纱"以及对姊妹公司横向"揭开公司面纱"，笔者也赞同这种观点。[②] 此外，"揭开公司面纱"原则上适用于对关联企业之间个别交易关系的处理，强调对单项债务清偿的连带责任，不影响公司的其他法律关系。"揭开公司面纱"体现的法人人格否定的效力，仅是对特定行为或事项在特定期间内（如非破产程序期

---

① 联合国贸易法委员会《破产法立法指南》第三部分《破产企业集团对待办法》，第 60 页。

② 参见朱慈蕴：《公司法人格否认：从法条跃入实践》，载《清华法学》2007 年第 2 期。

间)的否定,其适用范围与法律后果受到限制。“揭开公司面纱”作为对个别债权人权利的保护手段,无法在集体清偿的破产程序中保证对集团企业整体债权人的清偿公平,与实质合并破产制度的设立目的是不同的。

实质合并破产是对集团关联企业法人人格混同等现象在破产程序中的特殊处理手段,一般不延伸至自然人(尤其是在我国破产制度尚未适用于自然人的情况下)。实质合并破产对法人人格的否认,是全方位彻底的最终否定,不再局限于个别的行为或事项,或者个别债务的清偿,所以也不再以是否逃避债务为适用条件。也就是说,即使不存在逃避债务的情况也可以适用。由于实质合并破产是对各关联企业的实体合并,在法律上视为一体,所以不再要求合并后的控制企业对附属企业的债务单独承担额外责任。实质合并“使关联企业成员之间的所有债权债务关系完全消灭,财产完全合并,强调对全体债权人利益的维护,这在处理高度混同的关联企业破产案件中是一种更有力的手段”。①

这两种制度在具体适用条件上也是不同的,尤其是对法人人格混同程度的要求有较大差异。适用“揭开公司面纱”,只需要在公司个别交易关系上发生人格混同即可以适用,以纠正个别行为上的不公平。而实质合并破产的适用,在以法人人格混同作为适用标准时,则要求各个关联企业的人格混合整体达到严重的程度,或曰达到令人绝望的程度,以至于没有过度的费用或迟延就无法分清资产所有权和债务责任。所以,这两种制度是不具有可替代性的。

根据联合国《破产企业集团对待办法》的规定,判定关联企业的人格混合是否达到严重程度的关键标准之一,是区分资产和债务是否会发生过度的费用或迟延,即区分成本。区分资产和债务的费用,主要是指复杂的法律调查、性质判定、行为纠正、财务调整、撤销权行使、资产回收等方面发生的费用。这里的费用成本是从债权人利益角度考虑的成本,因此,不能以方便法院或管理人工作、减少其工作成本为由进行实质合并。所谓费用的过度,笔者认为可能存在几种情况:第一,清理资产与债务混同的费用足以吞噬债权人尤其是无担保的普通债权人可能受偿的大部分甚至全部财产,这时继续寻求以企业法人人格独立作为破产程序进行的基础就丧失了意义,与前述“实现债务人资产价值最大化”的破产

---

① 王欣新、周薇:《论中国关联企业合并破产重整制度的确立》,载《北京航空航天大学学报》(社会科学版)2012年第2期。

立法与司法目标相冲突。第二,那些形式上看资产较多的关联企业的普通债权人可能得到的清偿,在扣除资产和债务的区分及调整费用后,已经低于那些资产较少的关联企业的普通债权人在不进行实质合并时可能得到的清偿,以至于合并所造成的平均清偿率的减少,对资产较多关联企业的债权人已经不再构成损失。第三,区分资产和债务的破产费用以及大量的时间与资源成本,会使所有债权人受到严重的综合性损失。前两种情况可以有一个大致的数额评判标准,而后一种情况则是对损失的综合估算与权衡。此外,对债权人的清偿还应当考虑过度迟延而造成的时间损失以及清偿的折现损失如利息损失等(对上述数据的确定,应当以相应中介机构公正的专项财务报告为据)。

在此,需要对公平与效率和效益之间的关系进行正确的评价。客观上讲,如果不惜任何代价,对那些资产和债务存在严重混同的关联企业进行资产与负债的独立划分,也许并非完全不可能,但是必然会发生过度的费用或迟延,以至于损害债权人的实质利益。公平是法律追寻的目标,但任何时候对公平的追求都不应以过度牺牲效率与效益为代价,尤其是在企业债务清偿最后环节的破产案件中,没有效率与效益的所谓公平,最终往往会构成对当事人尤其是债权人权益的实质损害。也就是说,以过高费用、过度迟延方式实现的公平,对当事人已经不再是真正的公平。当公平的成本超过当事人期望的效率与可能得到的效益时,公平就会成为人们无法承受的奢侈品而失去公平的本意。在我国的实践中,一些破产案件由于种种原因久拖不决,使部分人失去对破产法的信任与尊重,不愿再寻求破产法的保护。所以在集团关联企业的破产中,我们应当正确的运用实质合并破产制度解决这些问题。

此外,从法律程序上讲,“揭开公司面纱”必须适用诉讼程序,以判决方式确定;而实质合并破产在破产程序中则是适用非诉讼程序,法院以裁定或者合并令确定。

(二)欺诈标准

欺诈是另一项适用实质合并破产的理由。联合国《破产企业集团对待办法》指出,如果“法院确信企业集团成员从事欺诈图谋或毫无正当商业目的的活动,为取缔这种图谋或活动必须进行实质性合并”。[①] 例如,“占有支配地位的股东

① 联合国贸易法委员会《破产法立法指南》第三部分《破产企业集团对待办法》,第71页、第72页。

进行欺诈,其中包括以欺诈性手段抽走集团成员的资产或增加其负债,或者以对债权人进行欺诈作为该集团成员的经营目的”。[①] 上述案文列举了两种适用实质合并的情况,其一是“欺诈”,其二是“毫无正当商业目的的活动”。鉴于后者与欺诈的含义实际相同,[②]所以笔者统一概括为欺诈。人们进行任何活动都是有目的的,当有人进行被公认是毫无正当商业目的的活动,又因企业破产给债权人造成损失,那么其背后的非正当目的就可以认定为欺诈,只不过是暂时可能尚未有充分证据直接证明而已。

根据联合国《破产企业集团对待办法》的规定,“所谓欺诈,并非是指公司日常经营中发生的欺诈,而是指其活动根本没有正当的商业目的,这可能与创建公司的用意及其创建后从事的活动有关[见上文第97(e)段]。[③] 这类欺诈的实例包括:债务人几乎将其所有资产转移至某个新设立的实体或其自身拥有的不同实体,目的是为了自己的利益而保全和保留这些资产;对其债权人进行阻挠、拖延和欺诈;设局假冒或庞氏骗局和此类其他欺诈计划”。[④]

从上述案文对欺诈所举的实例看,有一部分欺诈行为与其他适用实质合并破产的标准尤其是法人人格混同完全不相干,如设局假冒、庞氏骗局以及对债权人进行阻挠、拖延和欺诈等;还有一部分欺诈行为与其他适用实质合并破产的标准在外观上易于混淆,如几乎将其所有资产转移至某个新设立的实体或其自身拥有的不同实体、以企业集团结构作为伪装逃避法定义务或合同义务等,与法人人格混同的外在表现就颇为相似。欺诈与法人人格混同的区别在于,前者具有明显的主观恶意,即使采用了各种可能导致了法人人格混同的行为,也是以此作为欺诈手段;而法人人格混同通常则是由企业集团经济高度一体化的运营模式造成的,虽然未能遵守法人企业独立经营的原则,但主观上不具有欺诈的故意,或者说不具有足以认定为欺诈的证据。因此,欺诈是一个不依赖于其他条件而

---

① 联合国贸易法委员会《破产法立法指南》第三部分《破产企业集团对待办法》,第56页。

② “此处所谓欺诈,并非是指公司日常经营中发生的欺诈,而是指其活动根本没有正当的商业目的。”联合国贸易法委员会《破产法立法指南》第三部分《破产企业集团对待办法》,第63页。

③ “将单个企业人为地划整为零,分成几个不同的实体,目的是把单一企业隔开,使其免受潜在负债的影响;未照例将集团各成员当作独立的法律实体,包括无视集团成员的有限责任或者把个人资产与公司资产混在一起;或者企业集团结构纯属伪装或幌子,例如,以公司的形式为手段,逃避法定义务或合同义务。”同上书,第56页。

④ 同上书,第62页、第63页。

存在的实质合并破产标准，尤其是无论法人人格是否混同均可独立适用。此外，根据联合国《破产企业集团对待办法》的要求，在企业集团成员存在欺诈的情况下，法院的态度是“必须进行实质性合并”，以取缔违法行为。

（三）债权人收益标准

对何为债权人收益标准，存在不同的观点。有的学者认为，债权人收益标准是指，由于债务人混同程度，对债务人资产、债务的分离将对债权人的利益造成影响，合并将使所有债权人受益。[①] 也有的人根据其他国家的司法实践，将是否符合债权人收益标准的判断条件分为两种情况：一是实质合并有利于所有债权人，即不会造成任何债权人损失，只有受益，这与前一种观点相同；二是实质合并产生的利益大于其造成的损害，也就是对部分债权人来说，实质合并会带来损失，但其损失不会超过其他债权人获得的受益。也就是说，债权人整体上可以获益。这两种情况的收益标准存在差异，第一种情况的适用条件显然高于第二种情况。在第一种情况下，因对所有人都有益，法院无须再作权衡，应当毫不犹豫地作出合并令或裁定。但对第二种情况而言，法院就必须在损失的合理性、可接受性尤其是公平性等方面进行利益权衡，才能作出是否实质合并的公正判断。在司法实践中，第一种情况是较为少见的，大多数都是第二种情况，所以需要法官公平、正确、有担当的作出裁判。

关联企业实质合并破产可能产生的超出企业单独破产的额外利益即债权人收益可能来自几个方面：一是来自因关联企业资产合并处置而导致的“1 + 1 > 2”的配套性互补互增效应。二是因关联企业合并重整导致的集团整体运营价值的提升。如由于集团各成员在企业结构、经营业务和财务上的互益联系，或由于集团多个成员生产过程及其产品中蕴含的知识产权等整个集团共有资产的价值等因合并重整而得到保值增值，给债权人带来更大的利益。三是因实质合并破产免除各企业资产与负债的区分和清理成本、降低破产费用而得到的利益增加。但是，仅仅因为实质合并使原形式上资产较多的企业的债权人降低了清偿率，使原形式上资产较少企业的债权人（无论人数再多）相应获得较高清偿率而得到的利益，不能视为符合债权人收益标准。因为这不过是将原有利益作了重新分配，

---

① See In re Augie/Restivo Baking Co. ,860 F2d. (2d Cir. 1988).

使破产清偿趋于平均,并没有增加债权人的整体收益,尽管这一调整从整体上保障了对债权人的清偿公平。

这一项标准可以是一个独立的标准,前提是符合上述第一种情况,即实质合并将使所有债权人都受益,无人受损。如果在所有利害关系人都能获益的情况下还不允许适用实质合并破产,非要让大家都受损,绝对不是对法律的正确适用。但是在符合上述第二种情况时,笔者认为,这一项标准可能就难以完全独立的适用,应当同时符合法人人格混同等其他适用标准的基本要求,作为补强因素适用。此外,由于合并能否受益并非实际清算或重整的市场操作结果,而只是模拟计算的比较结果,所以必须保证模拟计算的财务报告公平、准确,并给予债权人等当事人以知情权、异议权等权利保障。

(四)重整需要标准

重整需要标准,是指为了保障企业重整挽救的成功而适用实质合并。由于集团企业在高度经营一体化的情况下,各企业之间通常存在着较为明确的专业化分工,有的负责生产,有的负责采购,有的负责销售,有的负责研发,而每一个单独的企业往往均不构成完整的市场经营体系。这就使这些关联企业在分别独立进行重整时,因运营资产和经营体系的不完整,单体经营独立效益低下,重整工作交叉重复导致成本浪费、效率损失,而难以挽救成功。实质合并可以提高企业重整的司法效率,使资源有效整合,给企业重整或营业整体出售带来价值提升与操作便利,不仅可以降低成本,实现破产案件的经济效益,也可以更有力地保障企业挽救获得成功。[①] 美国《破产法》第1123(a)(5)(c)条即作出规定,法院可以采取一定的手段促使重整计划的实施,如“将一个或多个债务人进行合并”。

笔者认为,重整需要在多数情况下不宜作为一个独立的实质合并标准,仅因为关联企业重整需要就完全否认各企业独立的法人人格,打破公司有限责任原则,实施实质合并,显然是不妥的。但因为重整通常可以最大限度地提高债权人的清偿利益,所以当其本身也重合符合债权人收益最大化标准时,可以独立适用。在不具备实质合并重整条件的情况下,为了解决关联企业因经营高度一体

① 参见王欣新:《关联企业的实质合并破产程序》,载《人民司法(应用)》2016年第28期。

化而出现单个企业重整困难问题，联合国《破产企业集团对待办法》还建议在保持各关联企业法人人格独立的前提下，通过程序合并（将各企业重整案件集中于某一法院审理的合并审理）与程序协调（各企业重整案件在不同法院审理时的相互协调、统一原则处理），乃至制订统一的重整计划的方法加以解决。

四、行为性标准分析

在司法实践中，人们在判断应否适用实质合并破产时，直观面对的往往不是前述各种具有原则性的类别标准，更多的是关联企业表现出的各种具体行为，并需要从这些行为中确定实质合并的具体标准。

联合国《破产企业集团对待办法》指出，在法院发出实质合并令时，应当查明、确定与实质合并有关的一些适用要件，关键"在于如何权衡考虑各种要件以做出公正和公平的决定；任何一个要件都不一定是结论性的，特定案件中不一定存在所有要件。这些要件包括：出具集团有合并财务报表；集团所有成员合用一个银行账户；集团成员之间利益和所有权的统一；对个别资产和负债进行分离的难度；集团不同成员分担间接费用以及管理、财务和其他相关费用；存在集团内贷款以及贷款的交叉担保；集团成员为图方便不遵守适当手续而彼此转移资产或调拨资金的程度；资本的充足情况；资产或经营业务的混合；指定共同的董事或高级管理人员和举行董事会联合会议；共同营业地；与债权人的欺诈交易；鼓励债权人将集团视为单一实体的做法，使债权人不清楚同其打交道的究竟是集团的哪些成员，或者使集团成员间的法律界限模糊不清；以及实质性合并究竟是为了便于重整，还是为了债权人的利益"。[①] 可以看出，上述案文列举的各种与认定实质合并有关的行为，涉及多种标准类别，所以权衡是否适用实质合并破产通常是一个综合性的判断过程。由于法人人格混同是实践中适用实质合并破产最为重要的标准，而且其具体表现形式多样，对其认识与理解也有差异，因此主要对此项标准进行分析。

在我国最高人民法院《关于实质合并破产的司法解释（草稿第五稿）》中，将关联企业法人人格的高度混同分为"严重丧失法人财产独立性"和"丧失法人意

---

① 联合国贸易法委员会《破产法立法指南》第三部分《破产企业集团对待办法》，第62页。

志独立性"两种情况。虽然这只是司法解释制定过程中的一部阶段性草稿,但可以反映出制定者此期间的观点倾向。根据该解释第 3 条规定:"以下情形显著、广泛、持续存在的,人民法院可以认定关联企业成员严重丧失法人财产独立性:(一)流动资金、货币资产、固定资产等主要经营性财产,在占有、使用、收益、处分等方面难以区分的;(二)财务账簿、会计凭证难以区分,或者混合使用共同账户的;(三)生产经营场所未予明确区分的;(四)其他可以认定关联企业严重丧失法人财产独立性的情形。"该解释第 4 条规定:"以下情形显著、广泛、持续存在的,人民法院可以认定关联企业成员严重丧失法人意志独立性:(一)主要经营业务相同,交易行为、交易方式、交易价格等受控制企业支配的;(二)相互担保或交叉持股的;(三)董事、监事或高级管理人员交叉兼职的;(四)受同一实际控制人控制,关联企业成员对人事任免、经营管理等重大决策事项不履行必要程序的;(五)其他可以认定关联企业严重丧失法人意志独立性的情形。"这两条规定的内容与前述各国相关立法与实践相比存在一些差异。一是在可以适用实质合并破产的情形中,未考虑如欺诈、债权人收益等因素,反映出在实质合并适用的视野上仅囿于公司法上的法人人格混同,未从实质合并是破产法制度的角度考虑其特殊调整需要。二是将一些在企业集团化运营中普遍存在的中性行为或现象列为法人人格混同的表现,如主要经营业务相同,相互担保或交叉持股,受同一实际控制人控制,董事、监事或高级管理人员交叉兼职等,在定性上不够精准。三是可以认定为法人人格混同的重点指标不够突出,如资产与债务的混同,而且未说明列举的各种情形中是要求全部具备还是有其一即可。如果是具备其一即可,草案所列举的许多单项情形并不足以完全说明丧失法人财产独立性与法人意志独立性;如果要求各种情形全部具备,实践中即使是法人人格严重混同的关联企业也不一定所有情形都具备,而且对兜底性条款也是无法适用的。这一草案至少在实质合并破产标准方面仍有继续完善之必要。

联合国《破产企业集团对待办法》指出:"有些法院已经将重点放在有限的几个因素上,特别是集团成员的事务是否高度混合以至只有付出高昂的费用并耗费大量的时间才能分清资产和负债,或集团成员是否从事欺诈或没有合法商业目的的活动(笔者注:此项内容前文已作分析,不再赘述)。关于第一条理由,所要求的混合程度很难量化,不同法院有不同描述,有的称涉及的混合程度使没有希望或实际上不可能分开;有的称涉及的混合程度使分清集团成员的相互关系和资产的所有权所需的时间和费用与结果不相称;所需的时间和费用非常多以致危及债权人任何净资产的变现;在有关成员之间分配资产和负债实质上是随心所欲,没有实际的经济意义。法院在做出决定认为特定案件中的混合程度使得有理由进行实质性合并时,审查了各种因素,包括集团成员运营方式和相互关系,其中包括管理和财务事项方面的关系;集团各成员的纪录保持是否充分;是否遵守适当的公司手续;各成员之间调拨资金和资产的方式;以及有关集团运营的其他类似因素。"①

据此,尽管对是否适用实质合并破产要作综合性的权衡,但是必须抓住关键要素,也就是关系到实质合并破产立法目标实现的要素。在以法人人格混同作为判断是否实质合并破产的标准时,最关键的要素有两个,即集团关联企业之间资产与负债的混同程度。因为在实质合并中所合并的就是资产与负债,破产程序所要解决的也是如何公平、有序、及时地将债务人的财产清偿给全体债权人,包括通过重整挽救程序清偿债权人。所以,只要集团各关联企业的资产与负债达到严重混同的程度,就会使破产程序的上述立法目标在单个企业独立破产的情况下无法实现,而必须启动实质合并破产。至于其他影响法人人格独立的各项具体表现与行为,笔者认为,不过是说明资产与负债存在严重混同的原因、表现、后果与程度等,都是直接或间接围绕着资产与负债的混同而发生、存在的。在联合国《破产企业集团对待办法》对实质合并破产的定义中,也是将资产与负债作为唯一的关键性因素。从某种意义上讲,当资产与负债的混同程度已经使其区分成本足以吞噬债权人的大部分乃至全部清偿财产时,再探讨法人人格在其他方面是否混同到需要实质合并的程度,对债权人来讲已经失去了实际意义。所以,只要资产与负债存在严重混同,就足以构成适用实质合并破产的充分条件。这时,任何其他要件是否存在都不具有结论性,而且在每个特定案件中也不一定都存在其他所有要件。其实,可以辅助说明资产与负债存在严重混同的各种情形,在具体的个案中必然会在不同程度上存在,因为资产与负债之间的混同是不可能脱离体现其混同原因、表现、后果与程度等现象而孤立发生的。但是,只要关联企业的资产与负债没有发生混同,即使存在其他方面的各种情形,也不

---

① 联合国贸易法委员会《破产法立法指南》第三部分《破产企业集团对待办法》,第62页、第63页。

能以法人人格混同为理由适用实质合并破产,而应当通过破产撤销权、"揭开公司面纱"、衡平居次等方法处理,或者在破产程序中通过程序合并、程序协调解决。

判断法人人格是否严重混同应当有两方面的考量:其一,混同本身达到的程度;其二,区分资产与负债的成本。关于区分资产与负债的成本问题,在前文已有论述。在定量分析时,其他影响法人人格独立的各项具体表现与行为的存在也会增加区分成本,如账户的合用、经营业务的混同、经营场所的混同等。在判定混同程度时,其他影响法人人格独立的各项具体表现与行为都可以作为加权因素,区分难度与成本是判定混同程度的主要实务标准。

此外,在权衡是否适用实质合并破产时,还需注意破产法视角的公平,避免因实质合并的适用或不适用而引发不公平。例如,"强迫某一类债权人与集团偿债能力较弱的某一成员的债权人平行分担债务,可能对这一类债权人不公平;给债权人整体带来的节余或益处是否大于对个别债权人造成的间接损害。有些债权人可能依赖集团某一特定成员的单独资产或独立法人身份进行交易,因此不得因为交易伙伴与其不知情的集团另一个成员之间的关系而拒绝向其全额偿付。还有一些债权人本来依赖整个集团的资产,因此限定其只能向集团某一成员的资产追偿是不公平的"。[①] 此外,还需注意因实质合并导致集团企业内部相互之间的保证担保关系全部消灭,对有保证担保的债权人是否公平;债权人原对集团不同企业主体分别存在的债权与债务能否在实质合并后进行抵销,如何处理更为公平等。实质合并破产在某种意义上讲,是在各种不同层次的公平与不公平之间权衡,寻求整体的实质公平。

从我国的司法审判案例中也可以得到实质合并破产适用时判断标准的许多启示。在审理浙江纵横集团有限公司等6公司重整案件时,审判人员发现上述六家公司实际由同一公司控制,各关联公司人格高度混同。这主要表现在:(1)财务混同。从表面上看,这六家公司财务均独立核算,但实际由控制公司浙江纵横集团有限公司支配。集团公司设立融资部门,专司资金的调配,各关联公司只设会计,不设银行出纳,全部的结算活动由集团融资部操作。6公司之间的财务账簿、银行账号也混合使用。(2)高管人员、内部机构和经营场所混同。集

---

① 联合国贸易法委员会《破产法立法指南》第三部分《破产企业集团对待办法》,第61页。

团公司的高管人员同时又是各关联公司的法定代表人或总经理,身份相互交织。同时,同一经营场所存在两个以上的关联公司,生产线为两个关联公司所有。(3)经营决策受制于集团公司,各关联公司无自主决策权和管理自由。各关联公司的原材料和产成品的采购和销售以及产品的定价权均由集团公司控制。(4)资产混同,难以区分单个公司的财产和负债。不仅集团公司与关联公司之间财产难以分清,各关联公司之间的财产边界也不清晰。普遍存在一个公司对外融资,资金却由另一公司使用的情况。(5)浙江纵横集团有限公司的关联公司资本显著不足。各关联公司的注册资本均是由集团公司通过借款的方式提供给各出资人,验资后,该部分资本金全部予以抽回。各关联公司不能独立承担民事责任。(6)集团公司、关联公司之间存在贷款担保关系。主要是集团公司借款,由关联公司担保;关联公司借款,由关联公司或集团公司担保。基于纵横集团"1 + 5"公司法人人格高度混同,为公平清理债权债务,保护债权人的合法利益,经管理人的申请,法院决定实施合并重整。①

综上所述,实质合并是在集团企业的破产程序中,通过破除法人独立地位实现破产立法目标与实质公平的必要手段。在确定实质合并破产的适用时,必须考虑破产法上的特殊需要,仅仅囿于公司法的理论是不能解决破产法问题的,更无法真正适应实质合并破产的实践需要。

---

① 参见陶蛟龙、史和新:《关联公司合并破产重整若干法律问题研究》,载《人民司法(应用)》2012 年第 3 期。

关联企业的实质合并破产程序*

王欣新**

关联企业在破产程序中的合并有程序合并与实质合并之别。所谓程序合并，就是案件的合并审理，如多个破产企业的并案审理、集团企业的整体重整，但各企业仍保持法人人格的独立，债务清偿比例等分别确定。所谓实质合并，则是将多个（两个及两个以上，下同）法人人格混同的关联企业视为一个单一企业，在统一财产分配与债务清偿的基础上进行破产程序，如多个企业的实质合并重整或清算，各企业的法人人格在破产程序中不再独立。

破产法的基本目标是公平与效率。实质合并的立法目的是打破关联企业破产时的形式公平，实现实质公平，保障对债权人的整体公平清偿。通过实质合并消除区分不同企业资产、负债等事项的时间、费用成本，提高破产清算与企业挽救的实益效率，保障破产程序顺利进行。某种意义上讲，效率就是公平，有时没有效率、过度损耗的公平反而会损害当事人的实际利益。

本文集中研究关联企业破产中实质合并的程序问

---

* 本文原载《人民司法（应用）》2016年第28期。

** 中国人民大学法学院教授、中国人民大学破产法研究中心主任、北京市破产法学会会长。

题,对实质合并的合并标准等实体问题将另文探讨。

一、关联企业特征及对破产程序的影响

(一)关联企业的概念

关联企业也就是企业集团(下文对这两个概念在同一意义上使用)。目前,关联企业的概念在我国主要体现在税收立法中,在公司法、企业法中虽然对控股股东、关联关系等作有规定,但对关联企业并未给出直接定义。在联合国贸易法委员会《破产法立法指南》第三部分《破产企业集团对待办法》中,对企业集团的定义是以控制权或举足轻重的所有权而相互联结的两个或多个企业。我国对关联企业则可具体定义为:通过股权、合同或其他方法如人事控制、表决权协议等,在相互间存在直接或间接的控制与从属关系或重要影响的两个或多个企业。

(二)关联企业存在的经济合理性

在市场经济中,关联企业的存在已是常态。企业以集团结构经营可以弥补不发达的市场制度,降低交易成本与商业风险,优化资源配置,避免独立企业间竞争中产生的社会成本与市场损耗,获取最大经济收益,具有经济上充分的合理性。如可将涉及环境责任、消费者责任、技术创新等高风险的营业限定于集团的特定成员,使其余企业免受潜在风险责任的影响;通过合理组建集团成员企业以规避行政限制,获得政府颁发的经营资质与牌照、业务许可证或特许证等。而跨国集团的结构则更易满足所在国对企业设立与经营等监管方面的要求,规避有关限制,减轻纳税负担。

(三)关联企业业态可能存在的危害性

集团企业经营的一体化程度可大致分为两种情况:一是各关联企业虽然统一战略布局,广泛合作,但独立经营,不存在资产、债务等人格方面的混同;二是各关联企业在资产、债务、经营决策、企业管理、人事任免等方面严重混同,实际失去独立的法人人格。由于滥用控制关系导致的法人人格混同,使关联企业在发生破产时可能衍生诸多弊端。控制企业可能将资产、债务等在不同企业间不当转移,损害相关企业及其债权人的权益,使多个关联企业均进入破产程序时,

在债务清理、财产界定、资产追索、重整挽救等方面出现许多比独立企业破产复杂得多的新问题。正如有的学者所指出的,关联企业在法律上的合法性却未必如其在经济上的合理性那样来得简单和自然。① 在部分关联企业破产但未导致整个集团破产时,如存在法人人格的混同,可采取由母公司代为清偿债务、对母公司的债权劣后清偿等方法,解决因不当控制关系影响对债权人公平清偿的问题,同时避免集团其他企业破产。但当集团各关联企业整体上丧失债务清偿能力时,就需要根据是否存在法人人格混同而区别处理了。不存在法人人格混同者可以适用各企业为独立实体的原则,分别进行破产程序;存在者则需要适用单一企业办法,进行实质合并破产。

(四)关联企业合并破产的重要性

为了解决关联企业破产中存在的问题,一些国家建立了合并破产制度。在我国的司法实践中,关联企业的合并破产也是一个迫切需要研究解决的难题。有学生通过中国裁判文书网以"关联企业""合并破产"等为主题词进行搜索,可以查到近年来我国利用实质合并规则处理的企业破产案例至少有43起。由于每个合并破产的案件都是由多家企业构成,由此匡算,实质合并中涉及的企业可能达到数百家,如汉唐证券公司合并46家空壳企业的合并清算案、湛江嘉粤集团34家关联企业的合并重整案等。考虑到《企业破产法》实施后我国破产案件受理数量曾经持续下降,最低时2012年仅有1521件,关联企业实质合并破产案件的数量占比实际已经很高了。而且企业集团的破产案件通常资产、负债数额较大,且社会影响重大,因此,关联企业的合并破产在实践中已是不容忽视的问题。

关联企业的破产清算与重整可能产生与单体企业不同的新问题。第一,如何保障不同企业间债权人的清偿公平,即在整体债权人间的清偿公平。关联企业间的控制关系往往成为进行不正当经营乃至违法行为的便利条件,企业间非市场化的利益输送、集团内权益分配不均的现象屡见不鲜。在集团多个企业陷于破产境地时,可能有的企业资产较多而债务较少,有的企业则资产较少而负债甚多,甚至有的关联企业的设立就是为了承接债务、恶意破产的欺诈目的,由此

① 参见蒋大星:《公司内部责任构造之传统模型研究》,载《商法研究》2000年第2辑。

导致各个企业的债权人之间不能得到真正公平的清偿。第二,如何保障破产程序的顺利进行。由于关联企业间的资产、债权债务、经营、人员等各方面高度混同,加之错综复杂的关联关系与不当交易,当它们分别独立进行破产程序时,给法院和管理人的债权确认、财产区分等破产清算与企业重整工作带来极大困难,破产成本巨大,工作效率低下,不仅影响债权人的实质利益,影响司法效率,甚至使破产程序无法正常进行。第三,由于各关联企业的生产经营相互交叉、上下衔接、严重混同,已经形成一个整体性的综合经营实体,各个企业实际上仅是集团的一个经营部门,这就使企业的重整挽救在分开进行的模式下往往因运营资产不完整、企业单体经营效益低下而无法实现重整价值,企业挽救难以进行。第四,如何维护破产法的立法价值。人格混同的关联企业分别破产或重整时存在的诸多弊端,对破产法有序、公平清偿的立法价值以及重整挽救制度造成严重损害,在原有制度下难以矫正。

此外,司法实践中的关联企业实质合并案例在很多方面存在多种不同做法,迫切需要厘清观念、统一执法,以公平保障各方利害关系人的权益,这就要求必须及时立法规制关联企业破产的特殊问题。最高人民法院制定了有关关联企业实质合并破产问题的司法解释草案,并向社会有关方面广泛征求了意见,但尚未完成公布,这是完善我国破产法制需要解决的重要任务之一。

(五)关联企业实质合并破产的含义

为解决上述问题,需要建立对人格混同之关联企业的实质合并破产制度。破产程序中的实质合并也称实体合并,是将破产之多数关联企业视为一个企业,对各企业的资产和债务合并计算,并且消除各企业之间的债权债务和保证担保关系,将合并后之破产财产,分配给集团整体上的债权人。联合国《破产企业集团对待办法》指出,实质性合并是将企业集团两个或两个以上成员的资产和负债作为单一破产财产的组成部分对待。

在我国一些企业破产或重整案件中,实质合并的应用已经收到了良好的效果。如中谷糖业集团合并重整案,该集团各企业的资产、债务、财务、经营等严重混同,法院通过将集团各成员企业纳入实质合并重整程序,提升了整体企业的重整价值,吸引了多家战略投资者企业参与重整竞价收购,使中谷糖业集团的重整获得成功。又如华伦集团重整案,也是利用实质合并为企业的重整成功扫清营业隔离、资产混同等障碍,取得良好的社会效果。实质合并可以提高企业破产与重整案件的司法效率,使资源有效整合,给企业重整或营业整体出售带来价值提升与操作便利,不仅可以降低成本,实现破产案件的经济效益,也可以更有力地保障企业挽救获得成功。

二、实质合并破产程序的启动

(一)实质合并破产的关联企业范围

关联企业实质合并破产的范围,是包括集团中所有存在法人人格高度混同的企业(无论其是否存在破产原因),还是仅限于已经进入破产程序以及已经发生破产原因、重整原因的关联企业?如何避免对纳入实质清算、重整合并的企业范围人为的选择或规避?在何种情况下存在人格混同的关联企业可以不进行实质合并?又应如何处理?这是在进行实质合并破产时首先必须解决的问题。

第一,从原则上讲,关联企业实质合并破产的范围,可以包括集团企业中所有存在法人人格高度混同的企业,即使该企业是非破产成员,本身不存在破产原因。也就是说,判断应否实质合并的基础是法人人格混同。所谓非破产成员包括两种情况:其一,形式上非破产,即仅从该企业自身的外观情况上看未发生破产原因,但如纠正关联企业间不合理的利益输送、负担减免后,该企业是存在破产原因的,所以其实质仍属于破产成员。其二,实质非破产,是指在纠正关联企业间不合理的利益输送后,该企业仍不存在破产原因,如因该企业的资产足以清偿整个集团的所有债务,使企业集团免于破产。但即使是该企业可以解决整个集团的债务清偿问题,仍可能因为挽救其他集团企业的需要而适用合并重整程序。

联合国《破产企业集团对待办法》指出:一些法律规定允许有限的例外,若为以下情况则允许将单一申请延及集团其他成员:所有相关当事方都同意将集团一个以上成员列入在内;集团一个成员的破产可能会影响集团其他成员;申请所涉及的各当事方经济上一体化紧密难分,如资产相互掺和,或者控制权或所有权达到了一定的程度;或将集团视作单一实体具有特殊的法律意义,尤其对重整计划而言。"集团高度集中的,破产法可基于将不符合启动标准的集团成员列入破产程序符合整个集团公司利益的理由,准许启动申请把这类成员列入在内。与确定必要集中程度相关的因素可能包括：集团成员之间的关系，对这种关系虽说法不一，但都涉及相当程度的相互依赖性或控制性；资产混杂不清；身份同一，依赖于管理层和财政支助或不一定由集团成员间法律关系（如母公司与受控集团成员间的关系）而产生的其他类似因素。可能适宜将集团非破产成员列入联合申请的另一种情况是集团的存在是虚拟的。例如，当进行集团活动如同其涉及单一实体，而集团的存在纯属该单一实体活动的门面时，就可能发生这种情况。当成员间相互关联，实际上只有一个资产基础，集团成员之间不作法律上的区分，而管理层和债权人也将不同成员视为一个整体时，也会发生这种情况。"综合分析上述情况，未发生破产原因的关联企业也可以纳入实质合并的理由为：其一，企业法人人格高度混同，资产实质同一；其二，在前述情况基本存在的前提下，将其纳入实质合并符合整个集团的利益，如有利于制定适用于整个集团的重整计划草案，保障重整成功；其三，所有各方当事人同意，但这在实践中是非常困难的，可能性几乎可以忽略不计。因此，确定实质合并最为关键的因素是法人人格混同，其次是有利于破产尤其是重整程序进行，此外还可降低债权人无法承受的破产费用与时间成本。

确定原则上集团中所有存在法人人格高度混同的企业均可适用实质合并破产，有助于避免对纳入企业实质合并范围的人为选择或规避，从而避免出现新的不公平。

第二，前述原则适用于企业集团整体上不具有清偿能力的情况。例如，某一成员企业虽与其他关联企业存在法人人格混同，但显然具有充分偿付能力，可以清偿集团企业所有债务，如该企业有 20 亿元的净资产，而其他关联企业的所有债务仅为 5 亿元，也可对该企业不适用实质合并而以其他方法解决。如适用"揭开公司面纱"，由该关联企业对集团其他企业的所有债务承担清偿责任，这是该原则在关联企业破产中发挥独立作用的重要方面；采用衡平居次原则，将该企业对集团其他企业的债权视为股本或置于劣后的清偿顺位（如果借此可以消除集团其他企业的破产原因）；必要时还可以与其他企业进行程序合并，实现非实质合并的整体重整。这些方法同样可以解决债务的公平清偿，保障破产程序顺利进行。

为解决这一问题，联合国《破产企业集团对待办法》中还介绍了一些国家采用的摊付令制度。摊付令为法院下达的命令，法院可在其中要求集团非破产成员提供一定的资金,以偿付已进入破产程序的集团其他成员的全部或部分债务,特别是在集团非破产成员对集团破产成员的作为不当时。此种不当行为如以不当价格将集团濒危成员的资产转往集团另一成员,或集团一个成员享用集团濒危成员积累的税务便利,使濒危成员的债权人在随后的破产程序中获得的清偿付款减少。这一制度也可以为我国所借鉴。

(二)实质合并破产程序的启动方式

实质合并破产程序的启动有多种方式,从外观上概括有三种类型:第一,各关联企业先分别进入破产程序,然后再实施实质合并;第二,部分关联企业先进入破产程序,再以申请实质合并破产的方式,对其他企业直接启动实质合并的破产程序;第三,在破产程序启动前,先对各关联企业实质合并,再以合并后的单一企业申请集团整体进入破产程序。

第一种方式是启动实质合并破产最为常见的类型,其适用的前提是各企业均存在破产原因,可以先行分别启动破产程序。这种方式的实质合并申请与各企业的破产申请是分离的,因此,不会将从外观上看未发生破产原因或根本不存在破产原因的关联企业因实质合并的适用而拉入破产程序,故在合并企业范围的确定上不会发生争议。

第二种方式在司法实践中也较常使用。这种方式可能将外观看未发生破产原因的关联企业因实质合并的适用而直接纳入破产程序。因对从外观上看未发生破产原因的关联企业难以先启动个别的破产程序,所以,在需要将其纳入实质合并破产程序时,这是一种有效的方法,但需要充分说明对其进行实质合并破产的理由。

第三种方式比较少见。此方式是由法院在破产案件受理前,先裁定将所有关联企业合并为一个单一企业,再裁定受理企业的实质合并破产或重整申请。也就是说,所有关联企业是在破产程序外进行的实质合并。笔者认为,这种方式目前还应慎用。在破产程序外进行的关联企业实质合并,要遵循公司法的规则,法院需要先作出对各关联企业“揭开公司面纱”实质合并的判决,才能将实质合并的效力延续至破产程序。但在公司法上作出企业实质合并裁判的法律依据是什么、应遵循何种程序、如何保障各方当事人的诉讼权利、能否适用上诉程序等,还有待进一步深入研究解决。

三、实质合并破产的申请人

(一)申请主义与职权主义

在实质合并程序的启动上,存在申请主义和职权主义的区别。申请主义,是指法院应在当事人提出申请的前提下启动实质合并程序,不得自行启动实质合并程序。职权主义,是指除有当事人的申请外,法院也可在无当事人申请的情况下依职权启动实质合并程序。

联合国《破产企业集团对待办法》指出,虽然在有些国家,法院可以自行下令进行实质性合并,但由于这类命令对当事人的利益会产生严重影响,所以建议法院不宜依职权启动实质合并程序。笔者认为,我国不应采取职权主义。法院在关联企业破产程序中发现应当适用实质合并规则,但尚无人提出申请时,应当积极行使诉讼引导职能,向当事人释明实质合并规则的适用条件,以保障其对破产程序的知情权和处分权,并促使当事人尤其是敦促管理人及时提出实质合并破产的申请。

(二)申请权人的范围

实质合并破产程序的申请权人包括债权人、债务人即各关联企业,在关联企业已启动破产程序的情况下,管理人可以作为申请人;清算义务人实际享有并行使申请权的情况甚少,而出资人不宜享有申请权。

1. 债权人

债权人享有实质合并破产的申请权。债权人申请实质合并,不需要其同时是所有各个合并关联企业的债权人,只需是某一个合并企业的债权人即可。一般而言,债权人对获得公平清偿的要求最为强烈,对债务人的状况有一定了解,尤其是因不当关联关系而导致受偿降低者,具有申请实质合并的积极性。但多数债权人可能对实质合并的法律后果并不完全清楚,由于信息不对称而不具备充分的举证能力,不了解如何正确行使申请权。此外,关联企业中清偿率较高的成员企业的债权人,必然不愿意申请实质合并,降低自己既有的受偿率。这导致在实质合并适用条件已经具备的情况下,债权人提出申请存在一定困难。

2. 债务人

债务人对自身经营状况以及法人人格混同问题最为了解,能够提供较为充分的证据,具有申请启动实质合并程序的有利条件。实质合并尤其是实质合并重整,能够降低程序运行成本,充分体现企业整体重整价值,有利于集团企业重整成功。从这一角度看,债务人具有申请实质合并的动力。但实质合并后可能涉及对各关联企业原违法行为的法律责任,从而使债务人为之却步,而对那些原本就想利用关联关系进行破产欺诈、实现不正当利益的债务人来说,指望其提出申请几乎是没有可能的。

3. 清算义务人

在独立企业的情况下,清算义务人与债务人或管理人的地位有类同之处。《企业破产法》规定,清算义务人享有破产清算的申请权。虽从理论上讲,清算义务人可享有申请实质合并破产清算的权利,但从前述实质合并程序的启动方式来看,清算义务人要想申请实质合并破产清算,往往首先需要申请启动破产清算程序。而一旦破产程序启动,清算义务人便不再具有任何权利,企业将由管理人接管。因此,除可以申请直接进入实质合并破产清算的极个别情况外,在实质合并申请方面清算义务人不具有实际意义。

4. 出资人

在实质合并程序中,出资人不宜享有申请权。我国《企业破产法》规定,出资人在法定条件下可以申请重整,是因为出资人与本企业的重整具有直接的实质性利益关系,因此,立法在债务人不申请重整时给出资人以一定的救济机会。而各关联企业的实质合并破产,决定的是各企业间特别是其债权人的利益关系,而不是个别企业与出资人的关系,出资人这一层面的主体在这里没有直接的利益关系。因此,是否申请实质合并,应由各关联企业决定,出资人不应享有申请权。

5. 管理人

管理人享有提出实质合并破产的申请权。管理人全面接管破产关联企业,对关联企业法人人格是否混同有较为深入的全面了解,对实质合并原则的效用也有更为清晰的认识。实质合并破产可以减少管理人的工作量,免于对混同资产、债权债务归属的划分,实现保障债权人公平受偿的管理目标,尤其是促进重整工作成功,因此,管理人具有提出实质合并破产或重整申请的动力与能力,并完成举证责任。在我国已有的案例中,如特毅系合并破产案、湖南太子奶合并重整案,均由管理人提出实质合并破产申请。因此,必须充分重视管理人在提出实质合并请求方面的重要作用。

原则上,申请人可以在破产宣告前向法院提出实质合并破产的申请。在查明关联企业存在法人人格混同的事实之后,实质合并申请提出得越早,越有利于破产程序的顺利进行;而如申请提出过晚,关联企业个别破产程序的深度进行可能会使实质合并丧失意义。

(三)申请人的举证责任

实质合并破产的申请人应当承担相应的举证责任。由于不同申请人对关联企业法人人格混同情况的了解渠道和掌握程度不同,对其举证责任的要求也应有所不同。管理人及债务人申请实质合并,应当对关联企业法人人格混同、损害债权人公平受偿利益情况承担充分的举证责任。债权人向法院提出实质合并申请,只需对关联企业法人人格混同、损害债权人公平受偿利益提供具有合理怀疑的证据即可,进一步的举证责任由各关联企业或者其管理人承担。在实践中,为了全面、充分地了解情况,确认法人人格是否混同的事实,管理人往往会聘请专业的中介机构就此问题提供专项的咨询报告,以提高举证证据的可信度。

四、实质合并破产案件的管辖

合并破产的管辖问题源于各个关联企业的地理位置不同,从而在出现关联企业跨多个法院管辖地域时,合并破产应由何法院管辖、出现争议又如何解决等问题,有时还可能涉及对实质合并重整案件管辖权的特殊处理。

从理论上讲,实质合并破产案件的管辖可以由民事诉讼法规定,或者直接适用民事诉讼法的有关规定,但鉴于实质合并破产案件的管辖具有特殊性,所以联合国《破产企业集团对待办法》认为,在破产法中规定更为适宜。我国也应当采取同样的原则,在《企业破产法》或其司法解释中规定,以确保管辖问题得到切实解决。

(一)实质合并破产案件管辖的原则

1. 控制企业住所地

集团中的控制企业掌握各关联企业经营与管理的控制权,往往还集中了集团的主要资产和负债,是集团的控制与利益中心,由其住所地的法院管辖实质合并破产案件,有助于查明各关联企业的情况,提高案件的审理效率,因此,各国通常以此作为确定实质合并破产案件管辖法院的一般原则。在判断何为关联企业的控制企业时,要遵循实质重于形式的原则。

2. 核心企业住所地

要确定案件管辖,在考虑控制关系的同时,还需将集团的财产、负债等实质营业条件的集中程度作为考量因素,并根据企业实际情况确定。有时控制企业是无经营业务与资产、仅从事股权控制和资本运作的纯粹控股公司,并不是破产法关注的实质破产因素即财产与负债意义上的核心。如果集中集团主要资产和多数债权人的核心企业在远离控制企业住所地的地点,为提高法院的审理效率,减轻债权人的负担,选择核心企业住所地为管辖地更为适宜。

3. 由已受理关联企业破产案件的法院管辖

当关联企业的部分成员已进入破产程序时,对关联企业包括未进入破产程序的企业适用实质合并破产的申请,一般都是向已受理部分企业破产案件的法院提出。从理论与实务上讲,对案件管辖可以有两种解决方法:一是由控制企业或核心企业住所地法院管辖;二是由已受理部分关联企业破产案件的法院管辖。两种方法各有利弊。

由控制企业或核心企业住所地的法院管辖,如该法院与已受理部分关联企业破产案件的法院是同一法院,管辖权的确定没有问题。但如不是同一法院,就会造成管辖问题的复杂化。如由控制企业或核心企业住所地法院决定是否受理实质合并的破产申请,由于接受申请与决定是否受理的法院不是同一法院,可能会出现控制企业或核心企业住所地法院不受理实质合并申请的情况(而原已受理部分关联企业破产案件的法院,在接受实质合并申请时通常都是提前已作沟通,认为应当受理申请),导致实质合破产无法进行。如由已经受理部分关联企业破产案件的法院决定是否受理实质合并申请,又会出现决定受理的法院不审理案件,而审理实质合并破产案件的法院则完全被动地强加了案件审理职责。负责审理的法院可能对案件受理持抵触态度而消极审理,乃至发生争议、拖延时间而影响破产程序的顺利进行。除此之外,还存在对案件的移送与接收是否配合、管理人的指定与更换等诸多问题。笔者认为,基于效率原则,借鉴管辖恒定原则,在此种情况下,也可以考虑由已受理部分关联企业破产案件的法院统一管辖,不再向控制企业或核心企业住所地法院移送案件。但存在恶意规避其他法院管辖、不利实质合并破产或重整程序进行等特殊情况的除外。

(二)管辖权争议的解决

在跨地域尤其是跨省区的大型集团关联企业破产时,往往易发生法院间的管辖权争执。管辖权争议不仅可能存在于控制企业或核心企业住所地的法院和已受理部分关联企业破产案件的法院之间,还可能存在于其他纳入实质合并破产的关联企业所在地的法院与上述法院之间,因此,必须建立跨地域实质合并破产案件管辖争议的解决机制。我国《民事诉讼法》第37条第2款规定:"人民法院之间因管辖权发生争议,由争议双方协商解决;协商解决不了的,报请它们的共同上级人民法院指定管辖。"此外,还需要确定管辖争议的协调解决原则与具体程序。对各关联企业当事人对管辖权的异议,也要参照《民事诉讼法》的规定设置相应的解决与救济程序。

五、实质合并破产申请的受理

(一)适用实质合并破产程序的决定权

对关联企业是否进行实质合并破产程序,应当由法院裁定确定。法院作出实质合并破产或重整的裁定,应当以通知、听证会等方式保障关联企业、债权人等利害关系人的知情权,听取他们的意见,但是否进行关联企业实质合并破产的决定权在法院,而不是债权人或债权人会议。

在过去的司法实践中,对各关联企业是否进行实质合并破产,存在由各关联企业的债权人会议表决通过、然后法院再裁定批准的操作模式,个别其他国家也有由各关联企业的债权人会议表决适用实质合并破产的做法。笔者认为,我国是否对关联企业适用实质合并破产的决定权应当在法院,而不能交给债权人会议,不能把每个关联企业债权人会议的通过作为适用实质合并破产的必要条件。

其一,不符合司法实践的需要。虽然实质合并破产是对整体债权人的公平保护,但多个关联企业的实质合并破产,必定会引起资产较多、债务较少、清偿率相对较高的部分关联企业债权人不满,该企业的债权人会议会表决反对实质合并,以避免降低清偿率。如要求所有关联企业的债权人会议都表决通过,法院才能裁定进行实质合并破产,可能会因部分企业债权人会议的反对而使实质合并破产或重整无法进行。

其二,关联企业的实质合并,是对关联企业是否存在法人人格混同的认定,涉及当事人的实体权利义务。这一认定是具有司法效力的裁判,只有法院才有权作出,而债权人会议仅是债权人决定其破产内部事务的自治平台,这一事项不属于企业破产法规定的债权人会议的职权范围,其无权超越设立宗旨决定各关联企业的法人人格混同问题。更何况各企业的债权人之间可能存在严重的利害冲突,难以作出公平的表决。

为此,在我国的司法实践中,对关联企业是否进行实质合并破产程序,必须以法院的裁判为依据,而不能以各关联企业债权人会议的表决通过作为法院裁定实质合并破产的先决条件,否则可能造成该项制度名存实亡。

(二)适用实质合并破产的具体程序

法院在接到当事人的实质合并破产申请后,应依法进行审查,决定是否受理。笔者认为,如由已受理部分或全部关联企业破产申请的法院审查实质合并的申请时,无须进行诉讼案件的开庭审理程序,因为申请实质合并破产尚不属于一定会有明确的被告、有争议的诉讼标的以及具体诉讼请求的情况。法院审查后认为,应当适用实质合并破产并以裁定的方式决定启动实质合并破产程序。在这一过程中,需要注意以下问题:

1.保障当事人的知情权与异议权

关联企业的实质合并破产,可能对当事人尤其是债权人的实体权利义务造成重大影响,所以,必须保障当事人的知情权与异议权。知情权的保障主要通过通知、公告与组织听证等方式进行,而异议权则主要是提出对实质合并申请的异议、对法院实质合并裁定的异议来行使的。对当事人权利的保护有两种模式:一种是以在法院作出实质合并裁定前的事前保护为主;另一种是以在法院作出实质合并裁定后的事后保护为主。第一种方式强调,在申请人提出实质合并破产申请时,就要对债权人等利害关系人进行通知、发布公告、组织听证,并给予当事人提出异议的权利,设置异议解决程序。第二种方式则将对当事人的知情权、异议权保护的重点,放在法院作出实质裁定之后。据此,如债权人在破产程序启动前或者提出破产申请的同时提出实质合并破产申请的,应当通知债务人,债务人有权提出异议。而债务人即关联企业在破产程序启动前或者在提出破产申请的同时提出实质合并申请的,无须通知债权人。这与我国《企业破产法》对提出破产申请时通知的规定相同。债权人在破产程序启动后提出实质合并申请的,应当通知管理人。管理人在破产程序启动后提出实质合并申请的,应当通知债权人以及当时尚未进入破产程序的债务人。对在破产程序中提出的实质合并申请,还应当发布公告。在法院作出是否受理实质合并申请的裁定后,应当通知有关利害关系人,利害关系人可以对实质合并裁定提出异议。

考虑到我国《企业破产法》实施时间不长,审判实务经验不足,尤其是在实质合并程序中缺乏对当事人的保护制度,因此,采用事先保护的模式较为适宜。法院在破产程序中接到实质合并申请后,就应向当事人发出通知、公告,在审查过程中以听证等方式听取各方利害关系人的意见。法院在作出裁定后,应通知申请人以及各方当事人并发布公告。利害关系人对法院裁定有异议的,可以行使异议权寻求救济。

为保护债权人等拥有充分的知情权、顺利行使异议权,法院和管理人应当为当事人提供行使权利的条件,通报相关情况,做好释明工作,包括实质合并对当事人权利的影响,合并前后各企业清偿率与整体清偿率的合理估算,如不进行实质合并而对各企业资产、负债进行法律调整的时间与费用成本的预期和对清偿率的影响等,必要时可以聘请专业中介机构对此出具咨询报告,保证债权人等在掌握充分情况的前提下作出判断。

2. 异议权的处理

在司法实践中,存在当事人不服法院作出的实质合并破产裁定提出异议的情况,但是由于目前对此问题没有法律规定,所以缺乏对异议权的保护与合理的处理。需要解决的问题主要有:申请人或其他利害关系人对法院作出的裁定不服,能否提出上诉?如果不可以上诉,应如何解决当事人提出的异议?如果可以上诉,上诉程序如何审理?是否必须开庭?审理期限多长?上诉是否可以停止实质合并程序的进行?如果不停止实质合并程序,一旦上诉审法院裁定撤销实质合并破产裁定,如何恢复原状,保护上诉人的权益?对这些问题都需要在司法解释中作出明确规定。

六、实质合并破产申请受理的法律效果

(一)实质合并破产对债务清偿的影响

法院裁定各关联企业进行实质合并破产后,便产生相应的法律效力。纳入实质合并的各关联企业之间的债权债务因权利义务主体合一而消灭,彼此之间的保证担保关系也随之消灭,集团各关联企业的财产全部合并作为实质合并破产后形成单一企业的破产财产,各关联企业的债权人作为实质合并破产后单一企业的债权人,在破产程序中按照统一的清偿比例公平受偿。

(二)实质合并对破产程序的影响

法院在裁定受理实质合并破产申请后,涉及各关联企业实质合并前后破产程序的衔接。实质合并前各关联企业破产程序已经完成的债权登记、债权确认、资产评估等工作的效力,可延续至实质合并程序中。合并前个别破产程序中已经发生、尚未清偿的破产费用和共益债务,由各关联企业实质合并后的破产财产中清偿。进行实质合并重整程序的,合并后的各关联企业因重整主体发生重大变更,自实质合并重整裁定作出之日起,统一重新起算重整期间。

对纳入实质合并范围的多个关联企业,并不要求必须实行同一性质的破产程序,即全部企业统一进行清算或者重整,可以根据实际情况对部分企业破产清算、部分企业重整挽救,但债务清偿必须统一。实质合并破产对各关联企业因法人资格混同的人格消灭,在破产程序中不是真实消灭而是模拟消灭(当然产生真实消灭的效果)。也就是说,对企业在破产程序外的法人主体资格没有强制性、绝对化的影响,即实质合并重整的多个关联企业在重整成功后,各企业的法人资格可以只保留一个或部分或全部,不保留者则予以注销。

(三)实质合并破产对管理人指定的影响

法院在裁定受理关联企业实质合并破产申请后,应当依法指定管理人或者对原指定的管理人进行必要的调整。法院在受理破产申请的同时受理实质合并申请的,应当在裁定受理破产申请时指定实质合并案件的管理人。法院在受理实质合并破产申请前已经受理部分或全部关联企业破产申请、启动破产程序的,

可以继续指定原管理人为实质合并破产程序的管理人,也可以由多个个别破产程序的管理人共同担任管理人,或重新指定管理人。

原破产程序转为实质合并破产程序后,未得到继续指定的原管理人应终止执行职务,向实质合并破产程序的管理人移交已接管的财产、印章、账簿、文书等资料及相关工作。

总之,认真研究如何建立完善的实质合并破产制度与操作规程,是保障在我国经济中发挥重要作用的企业集团规范退出市场、重整挽救再生的关键,是健全我国市场经济法制必不可少的重要环节。

论关联企业实质合并破产*

徐阳光**

一、问题的提出:实质合并为何重要?

实质合并(substantive consolidation)是美国破产法官根据其衡平权限创造的一种适用于关联企业(企业集团)破产情形的公平救济措施(原则),其核心要义在于否认各关联公司的独立人格,消灭所有关联企业间的求偿要求,各成员的财产合并为一个整体以供全部关联企业的债权人公平清偿。联合国贸易法委员会《破产法立法指南》第224条指出:实质合并是将企业集团两个或两个以上成员的资产和负债作为单一破产财产的组成部分对待。实质性合并令应当具备下列效力:一是被合并集团成员的资产和负债作为单一破产财产的组成部分处理;二是消灭列入合并令的集团成员间债权和债务;三是对列入合并令的集团成员的债权如同对单一的破产财产

---

* 本文为司法部2015年度国家法治与法学理论研究一般项目“破产重整制度研究”(15SFB2025)的阶段性成果,原载《中外法学》2017年第3期。

** 中国人民大学法学院副教授、博士生导师,中国人民大学破产法研究中心副主任兼秘书长,北京市破产法学会副会长兼秘书长。本文的写作得到了中国人民大学法学院硕士研究生游思颖、魏凯等的帮助,特此说明并致谢,文责由作者自负。

的债权处理。[①]

实质合并规则的产生是对传统公司法理论的一种挑战。长期以来,有限责任制度是公司法的基石,在商品经济漫长的发展过程中逐步确立起来的有限责任制度,不仅适应了社会化大生产条件下的商品经济对企业组织形式的客观要求,有效地实现了资本的联合与集中,降低了企业组织成本,为公司制度的完善以及社会经济的发展起着重要的促进作用,更是公司之所以成为现代市场经济社会赖以存在的基础和迅猛发展的原动力的秘诀之所在。然而,实质合并规则打破了有限责任的教义,直接否认了关联企业各自的独立人格,是一种整体性的挑战。

不仅如此,实质合并规则还对公司法的人格否认制度(“刺破法人面纱”)提出了挑战。有限责任理论并非不可撼动,而是存在限度。法人人格否认制度就是一种有限责任制度的有限调适,允许在滥用人格的情况下“刺破面纱”、追索股东责任。但这种制度常见于个案中,并不构成公司人格整体性、终极性的消灭。背后的理论在于,有限责任制度(原理)是现代公司法之根基,而实质合并的效力正是对关联企业独立人格的整体性、终极性否认,因而该原则自产生以来就饱受批判。

然而,实质合并原则在关联企业破产中存在客观的需求。随着社会经济的不断发展,当代大型企业多选择通过集团化运作的方式来降低内部交易成本、优化资源配置、提高经济效益,关联企业因而也已成为经济生活中广泛存在的现象,在经济发展中起到不可或缺的作用。关联企业最显著的特点在于,其法律层面上的独立地位与经济层面上的密切联系存在冲突,这种冲突导致的问题在企业日常经营管理中体现得并不明显,但当企业出现破产情形时,这种冲突的影响就会被放大,甚至导致破产法的公平价值、程序价值以及重整制度价值受到严重破坏。[②] 因此,对关联企业破产应采用特别手段加以规制已成为共识,实质合并规则就是在人格否认制度、衡平居次(深石原则)和从属求偿原则之上发展起来的一项全新的制度。联合国《破产法立法指南》第219条、第220条也指出,破产

---

① UNCITRAL, *Legislative Guide on Insolvency Law*, *Part Three*: *Treatment of Enterprise Groups in Insolvency*, United Nations, New York, 2012, pp. 72 – 73.

② 参见王欣新、周薇:《论中国关联企业合并破产重整制度之确立》,载《北京航空航天大学学报》(社会科学版)2012年第3期。

法应当尊重企业集团中各成员的独立法律身份,但法院可以在下列两种情况下针对企业集团中两个或多个成员下令进行实质合并:一是法院确信企业集团成员的资产和债务相互混合,以致没有过度的费用或迟延就无法分清资产所有权和债务责任;二是法院确信企业集团成员从事欺诈图谋或毫无正当商业目的的活动,为取缔这种图谋或活动必须进行实质性合并。①

在美国,实质合并规则仍只存在于判例法中,并未进入成文法体系。同样,中国的破产法也未确立该原则,但实践中出现了大量的关联企业实质合并破产案例,既包括破产清算的案例,也包括破产重整的案例。而且,中国现实中的关联企业治理结构欠规范,投资人(股东)利用关联企业逃废债务的现象较为严重,传统的破产规则难以有效应对。因此,本文旨在对采实质合并规则的美国的发展和中国实践进行分析,进而提出构建中国实质合并破产制度的具体建议,为关联企业(企业集团)破产问题的解决提供一种有效的路径。

二、实质合并的美国经验:先例与争议

实质合并是美国破产法院基于判例法创设的一项衡平法规则。② 因此,研究实质合并问题,首先应当关注美国破产法史上的标志性案件。

(一)实质合并规则的起源:Sampsell 案(1941 年)③

实质合并最早起源于美国 1941 年的 Sampsell v. Imperial Paper & Color Corp. 案(以下简称 Sampsell 案)。1938 年 6 月自然人唐尼(Downey)与妻儿成立

---

① UNCITRAL,"Legislative Guide on Insolvency Law, Part Three: Treatment of Enterprise Groups in Insolvency", United Nations, New York, 2012, pp. 71 - 72.

② 有美国学者认为,实质合并规则具有成文法的依据,因为美国《破产法》第 105 条赋予法官的"衡平权力",为实现法律的公平正义,法官有自由裁量权,并经由判例衍生成为规则。但实际上,对于该规则是否能作为实质合并的法律基础在美国也是有着很大的争议与讨论。在 In re Kmart Corp. 案中,Easterbrook 法官就否认了第 105 条作为实质合并法律基础的做法,认为"第 105 条的作用是为了让法院更好地实施某项法律制度,而非推翻或者凌驾于其上"。See In re Kmart Corp., 359 F. 3d, 866, 871(7th Cir. 2004). 美国著名破产法学者道格拉斯评论指出,破产法不仅没有规定实质合并规则,连或许可以成为实质合并规则的法律基础的《破产法》第 105 条也一次次被诸多法院所否决。See Douglas G. Baird, "Substantive Consolidation Today", *Boston College Law Review* 47, 2005, p. 19.

③ Sampsell v. Imperial Paper & Color Corp., 313 U. S. 215(1941).

了壁纸和涂料公司(Wallpaper & Paint Company,以下简称 Wallpaper 公司),并将财产转移到该公司,成为该公司的独立资产。同年 11 月,唐尼破产。帝国纸业公司(Imperial Paper & Color Corporation,以下简称 Imperial 公司)知道 Wallpaper 公司是唐尼为逃避个人破产的债务而设立的,并为该公司提供贷款。后唐尼的破产管理人要求 Wallpaper 公司将转移的财产返还给唐尼个人,以偿还其个人的破产债务。地区法院的法官查明,唐尼转移财产设立 Wallpaper 公司的目的在于逃避债务,存在欺诈行为,Wallpaper 公司由唐尼控制,仅剩虚假外壳。因此,一审法院判令 Wallpaper 公司破产清算,撤销唐尼不当转移财产的行为,将 Wallpaper 公司和唐尼合并破产。

在一审过程中,Imperial 公司(Wallpaper 公司的无担保债权人)认为,其对于 Wallpaper 公司的财产具有优先受偿的权利,但地区法院一审否认了 Imperial 公司的优先受偿权利,Imperial 公司不服,提出上诉。二审中,巡回法院支持了其优先受偿的请求。在终审中,联邦最高法院推翻了巡回法院的二审判决,支持了地区法院的观点,认为唐尼将财产转移的行为属于破产欺诈,Imperial 公司对于 Wallpaper 公司的债权没有担保,同时,Imperial 公司对于唐尼的欺诈转移财产知情,因此不享有优先受偿的权利。

笔者认为,从实质合并规则的起源和司法实践来看,Sampsell 案具有以下两个方面的开创性意义:

首先,该案开创了实质合并破产的适用,并确认了地区法院拥有判决实质合并的权力。在此之前,美国司法史上并无实质合并的先例,当然,有一个相关的案例总是被提及,那就是 1940 年的 Fish v. East 案。Fish v. East 案之所以受关注,一是因为法院在该案中归纳出了认定企业具有关联关系的判断标准,对于之后的案件在何种情况下可以使用实质合并具有重要的意义;二是因为法院认为,该案中的一家子公司仅仅是其母公司的工具,不可视为独立的法律个体,并且依据破产取回程序,判令子公司将财产交给母公司的破产管理人。[①] 当然,在 Fish v. East 案中,由于子公司沦为母公司的部门工具,没有独立债权人,因而此行为并没有造成母、子公司债权人利益冲突。"合并"(consolidation)一词并没有在本案中提到,并且由于确认子公司的债权人享有优先受偿权,真正意义上的"实质

① Fish v. East, 114 F. 2d 177(10th Cir. 1940).

合并”并没有产生,如之后的实质合并判决所言,“真正的合并”(true consolidation)只有在涉及母子公司公平受偿的取舍时才具有价值。[①] 因此,Sampsell 案应是美国司法史上的第一个真正合并破产的案例,虽然合并的法律依据是普通法上的欺诈交易规制规则,但已达到了 Wallpaper 公司和唐尼合并破产清算的目的。更为重要的是,该案虽然经过了巡回法院和联邦最高法院的上诉审和终审程序,有争议的只是债权的优先受偿问题,地区法院一审确定的实质合并效力并未改变,事实上确立了地区法院的实质合并裁判权。

其次,该案对实质合并后的债权清偿顺位问题进行了有益的司法探索。在 Sampsell 案中,法院事实上确认:在实质合并破产程序中,各债权人按照破产法享有相应的受偿顺位,并明确了非善意关联方的无担保债权人在合并破产中不享有优先受偿权,一般债权人如需优先受偿,则承担举证责任。实质合并破产案件中,合并之后的债权(包括担保债权、优先债权和普通债权)清偿顺位处理是极为重要也极为复杂的问题。自此之后,司法实践和破产法理论界与实务界十分重视实质合并破产后的权益相竞和冲突处理的问题,至今已形成了较为完整的处理方案。如联合国《破产法立法指南》第 226 条建议,“破产法应具体规定,实质性合并应当尽可能承认在实质性合并令下达之前根据破产法确立的适用于企业集团单个成员的优先次序”,同时也对所有权人、股权持有人、有担保债权人、优先债权人等各方利益相竞冲突的问题作了分析,具有很好的参考价值。[②]

(二)实质合并规则的确立:Chemical 案(1966 年)[③]

虽然前述 Sampsell 案具有开创意义,但直至 1966 年,美国破产程序中的实质合并仍然依据的是普通法的规则(如欺诈交易的规制规则),而不是特定的破产法规则。1966 年的 Chemical Bank New York Trust Co. v. Kneel 案(以下简称 Chemical 案)最大的历史贡献在于,它将实质合并规则发展成了破产法的一项基本制度。[④]

---

① In re Owens Corning, 419 F. 3d. (Bankr. Ct. Del. 2005).

② UNCITRAL, “Legislative Guide on Insolvency Law, Part three: Treatment of Enterprise Groups in Insolvency”, United Nations, New York, 2012, p. 73.

③ Chemical Bank New York Trust Co. v. Kneel, 369 F. 2d 845 (2d Cir. 1966).

④ See Douglas G. Baird, “Substantive Consolidation Today”, *Boston College Law Review* 47, 2005, p. 16.

在 Chemical 案中，Manuel Kulukundis 是一家船业巨头，掌控着八家公司，这几家公司一同破产并经重整后未果，终由纽约南区破产法院接管破产清算。政府作为该案的主要债权人，认为这几家关联公司资产大量混同，在经济层面构成了同一实体，遂提出几家关联公司合并破产的动议。Chemical 公司是其中一家关联公司（Seatrade 公司）的担保债权人，对此项动议持反对意见，因为 Seatrade 公司的债权清偿率高于其他公司，如果进行合并破产，将损害 Seatrade 公司债权人的利益。

纽约南区法院在调查各关联公司资金转移、借贷记录后认为，存在滥用公司独立人格的情况，因此支持政府的合并提议。Chemical 公司不服，上诉至第二巡回法院。二审法院认为，需要严格限制实质合并的适用，因为这会不可避免地损害信赖债务人法人格独立的个体。但在部分情况下，即使相关企业的关联关系可以区分，但是要耗费大量时间与金钱，达到本末倒置的程度，则可以适用实质合并进行破产。

本案的突破之处在于较以往的案例扩大了实质合并的适用情况，法院在此案中提出一项新的标准涉及混乱的资产转移、交易记录等区分的难易程度。“当严格区分各个公司的界限难度达到令人绝望的程度，且为此花费的时间成本巨大到足以损害债权人利益时，将关联企业各成员视为一个整体可以最大限度地接近正义。”[①]Chemical 案确立的实质合并适用规则主导了 20 世纪 70 年代美国破产法院的司法实践。

（三）实质合并的七要素标准：Vecco 案（1980）[②]

1980 年的 Vecco 建筑公司破产案（以下简称 Vecco 案）被认为是开创宽松自由的实质合并破产条件的案件之一。在此之前，虽然实质合并案例时有发生，但由于欠缺详细的适用标准，因此适用范围不广，案件数量不多，只有更加开放和宽松的适用条件才能使得实质合并真正成为一项规则。基于此，法院在 Vecco 案中归纳了七条实质合并的适用标准：第一，确定企业的独立财产和负债的难易程度；第二，企业间的债务报表是否有合并；第三，以合并为单一实体方式运营的

---

① Chemical Bank New York Trust Co. v. Kneel, 369 F. 2d 845/847 (2d Cir. 1966).

② In re Vecco Construction Industries, Inc. ,4 Bankr (Bankr. E. D. Va. 1980).

盈利能力;第四,资产和营业的混同情况;第五,不同公司所有者结构和利益的同一性;第六,具有公司内部间的债务担保;第七,是否具有不符合章程规定的资产转移。

在上述七要素中,最为重要的是“确定企业的独立财产和负债的难易程度”,该要素作为实质合并适用时的判断标准,已经超越了刺破法人面纱制度中的人格混同,也不属于欺诈性财产转让的范畴,而是基于破产法效率理念和保护债权人的要求所发展起来的独立认定标准。正如法院在判决中所言,尽管许多实质合并判决的考量可以得出公司人格否认的结论,但这并非必然的结果。当一个集团内部的相互经济关系达到令人绝望的模糊程度,并且试图将这些经济关系区分开来所花费的必需时间和成本十分巨大以至将损害到用以清偿所有债权人的净资产之时,则不需要考虑任何刺破公司面纱的问题。

自 Vecco 案开始,实质合并的适用标准趋向于宽松,七要素被之后的数十个实质合并案例所引用,但也因此引发了热烈的讨论和强烈的反对,因为实质合并的适用标准越是宽松,就越是和现代公司法学者坚守的公司制度的基石——法人人格独立——背道而驰。

(四)实质合并的三要素标准:Auto-Train 案(1987 年)[①]

1987 年的 Auto-Train 案将关注点放在举证责任方面。原告 Auto-Train 公司向法院申请破产后,又申请将自己的子公司(Railway 公司)与本公司进行实质合并破产。Auto-Train 公司的诉求得到了一审法院的认可,但在上诉中被驳回。哥伦比亚上诉法院在判决中给出了实质合并适用的三要素:一是实质合并的申请主体需举证证明待合并的各个实体间存在“实质身份关系”;二是申请人还必须证明实质合并可以避免某些损害或者带来某些好处;三是如果部分债权人反对实质合并则必须举证证明“他们在交易时,所依据的是单个公司的信用,且他们会因为实质合并而受到不公正的待遇”。本案中,Railway 公司债权人证明其是基于对 Railway 公司独立人格的信赖进行的交易,如果将 Railway 公司与 Auto-Train 公司合并破产,会损害 Railway 公司债权人的利益。此外,Railway 公司的债务与 Auto-Train 公司的债务的区分成本不高,因此,上诉法院驳回了实质合并

① In re Auto-Train Corp,810 F. 2d(D. C. Cir. 1987).

破产的申请。

Auto-Train 案最大的意义在于,法院将债权人当初与债务人交易时是否依据单个公司的信用作为实质合并适用的要件之一,实际上限制了实质合并规则的适用范围,对后续判例产生了深远的影响。

(五)实质合并适用标准的趋严:Augie/Restivo 案(1988 年)[①]

1988 年的 Augie/Restivo 一案较为复杂,Augie 公司和 Restivo 公司为两家烘焙公司。Restivo 公司购买 Augie 公司一半股份但不涉及资产转移。此时,Union 公司是 Augie 公司的债权人,对 Augie 公司有一笔 240 万美元的担保债权,Augie 公司当前的资产价值是 253 万美元。完成上述股份购买行为之后,双方公司经营趋同化,Restivo 公司改名为 Augie/Restivo 公司,并接管两家公司的经营。此时,MHTC 公司是 Restivo 公司的债权人,享有一笔 279 万美元的债权,包含 Augie 公司的土地抵押。一年半后,Augie/Restivo 公司宣布破产。纽约东部地区破产法院按重整计划将 Augie/Restivo 公司和 Augie 公司进行实质合并。Union 公司反对合并,因为此时 Union 公司对 Augie 公司享有 300 万美元的无担保债权,如果合并破产,将严重损害其公司利益,因此,Union 公司上诉至第二巡回法院。

本案的突破之处在于给实质合并创设了新的适用标准,其地位在实质合并发展史上非常重要。第二巡回法院在总结以往的适用实质合并的破产案件后,得出了两条标准:一是债权人与债务人交易时是将各关联实体视为同一实体,还是基于对方的独立法人地位进行的交易(债权人在交易时对债务人的预判十分重要,如果债权人并没有认识到债务人与其他实体间的关联关系,实质合并破产将严重损害此类债权人的利益)。二是各关联方的债务是否严重混同,以至于合并破产能够使得所有债权人获益。法院认为,本案中,Union 公司是基于 Augie 公司的独立人格而进行的借贷,MHTC 公司亦是如此。如果将 Augie/Restivo 公司与 Augie 公司合并破产,必然损害 Union 公司和 MHTC 公司的利益,不能适用标准一进行实质合并。并且在该案中,Augie/Restivo 公司与 Augie 公司虽有债权债务、财产、人员等混同情形,但还可以进行区分,并未达到人格高度混同的程度。因此,法院认为这些情形不能作为实质合并的理由,据此,第二巡回法院驳

① In re Augie/Restivo Baking Co. ,860 F2d. (2d Cir. 1988).

回了实质合并破产的请求。

(六)实质合并适用的新标准:Owens Corning 案(2005 年)[①]

在 Owens Corning 案中,Credit Suisse First Boston 公司作为银行集团的代理,于 1997 年贷款 20 亿美元给母公司(Owens Corning)及其部分子公司,Owens Corning 的其他子公司对此项债权进行担保,双方签订合同并约定 Owens Corning 公司需与子公司保持独立性。2000 年 Owens Corning 及其旗下的 17 个全资子公司向特拉华州法院申请破产,债务人和部分无担保债权人提出了 Owens Corning 公司及其子公司(包括 3 家尚未破产的子公司)整体实质合并破产的动议。特拉华州法院支持了实质合并的动议,其认为可以实质合并的理由如下:一是该案中的母公司(Owens Corning)及其全资子公司之间具有实质身份关系;二是所有的子公司被同一委员会控制;三是子公司的董事和高管没有商业计划和商业谈判;四是子公司的设立是为了方便母公司经营,尤其是为了避税等原因;五是所有子公司的资金和基金都由母公司控制;六是将各个实体公司的资产分开十分困难;七是许多单个成员间在债务上都有交叉担保关系。以上种种原因导致子公司难以与母公司分离破产。

银行不服上述判决,上诉至第三巡回法院。第三巡回法院认为,在判断是否适用实质合并时,法院往往要考虑很多因素,以往案件中确立的标准与程度并不完全统一,每个案件的法官有自己的衡量标准。很多以前的案件确立的人格混同的判断标准是不合理的,有很多不重要的判断因素,法官只是将这些因素简单累加就认为达到标准并使用此规则,而无视或忽略了此项原则使用的目的,实质合并应该限制使用。

基于上述认识,第三巡回法院认为,在衡量是否适用实质合并规则时,需要特别注意:第一,法院以尊重公司人格独立为基础限制责任的突破,仅在紧迫条件下诉求于衡平权力进行实质合并。第二,适用实质合并来救济债权人受到的损害,该损害必须是因为债务人或者其控制公司的关联交易行为所带来的,由于债权人的错误行为导致的损害由破产法的其他条款进行救济(如欺诈转移、衡平居次原则)。第三,"合并破产可以带来更多利益"不能成为适用实质合并的充分

---

① In re Owens Corning,419 F. 3d.(Bankr. Ct. Del. 2005).

条件。第四,实质合并会损害部分债权人的利益,其应当在严苛的条件下谨慎适用,当且仅当破产法规定的其他救济措施不能很好地保障债权人公平受偿时,实质合并才可以作为债权人救济的最后手段适用。第五,实质合并只能用于防御性救济。易言之,在关联公司严重混同的情况下,不能以此作为损害部分债权人权利的攻击性手段。

法院在充分考虑上述情形之后,认为实质合并破产必须满足以下两种情形之一:(1)在破产申请之前,这些债务人企业如此无视企业独立人格以至于他们的债权人必须要打破企业间的界限,将他们视为一个实体。(2)破产程序启动后发现,债务人企业的财产和责任混同十分严重以至于将他们分开会花费巨大成本并损害所有债权人的利益。此外,在判断是否符合实质合并标准时,实质合并的申请者必须证明:第一,债权人在与债务人企业成员交易时相信对方各成员企业是一个不可分割的整体;第二,债权人事实上合理地相信了这种不可分割的状态。① 实质合并的反对者可以通过证明他们的权利因实质合并而会受到不良影响。法院认为,本案中,银行并没有将 Owens Coming 及其子公司视为同一实体,而且实质合并并没有使各债权人获得更多利益。2005 年 8 月 15 日美国联邦法院第三巡回法庭推翻了特拉华州地方法院关于将 Owens Corning 及其关联公司实质合并破产的判决。

Owens Corning 案是第三巡回法庭自 1978 年破产法实施以来首次对实质合并表态,现已成为美国破产法中的标志性案件,原因在于,法院在该案中梳理和评述了之前相关案例中适用的实质合并标准,并在此基础上得出了本案的具体适用标准。该案确立的适用标准被认为是破产从业者在运用作为最后救济手段的实质合并规则时必须牢记的标准,在美国学界也得到了高度评价,甚至有学者认为,在 Owens Corning 案之前,实质合并的适用标准是“从一个混沌不清的过去走向一个更加混沌的现在”,没有人能够清晰地回答这个问题。②

---

① 值得注意的是,美国法院将实质合并规则中的债权人依赖(Creditor Reliance)标准限定适用在基于合同产生的债权人,而侵权之债和法定之债是排除在外的,因为这些债权人之所以成为债权人不依赖任何其他因素。

② Sabin Willett,“The Doctrine of Robin Hood—A Note on Substantive Consolidation”, *DePauL Business & Commercial Law Journal* 3,2005,p. 101.

三、实质合并的中国实践:文本与个案

(一)立法文本与法理分析

通过上述案例的评述,不难看出,美国的实质合并规则虽然经历了适用标准的多次变化和调适,但究其理论根源,本质上仍是脱胎于公司法中的"刺破面纱"理论。我国《公司法》第20条第3款规定:"公司股东滥用公司法人独立地位和股东有限责任,逃避债务,严重损害公司债权人利益的,应当对公司债务承担连带责任。"有学者认为,"这是在成文法中最明确地规定公司法人格否认(揭开公司面纱)的立法例"。① 亦有学者指出寥寥几十字,就将英美判例法上发展了几十年的一项判例制度以成文法的方式引入,不得不说是一项创举。但是,自从公司法实施以来,该规定究竟应如何适用,依然没有一个能被人们普遍认可的标准。②

公司法的人格否认制度能否扩展适用到破产程序之中并成为实质合并的理论基础呢?不同领域的学者观点不一。商法学者朱慈蕴教授认为,公司法的人格独立和股东的有限责任始终是公司法律制度的基石,具有不可动摇的地位,而通过揭开公司面纱的适用,也仅是修复公司法人独立人格和股东有限责任之墙上的破损之洞,并不是要将这座坚固的大厦摧毁,因此,绝不允许滥用这一规则。进一步而言,公司的法人人格被否认,是从实体法的角度将该公司和股东视为同一体,而且仅在本次案件中适用。司法实践中应当防止在执行阶段直接将公司判决的既判力及执行力扩张至股东。③ 据此理论,人格否认制度无法适用到具有概括执行属性甚至意味着独立人格消灭的破产程序之中。民法学者李永军教授也持类似观点,认为"一般法人人格否认,不是一般地消灭或者否定法人的存在,而是在个案中,视公司的独立人格及股东的有限责任于不顾,将分割法人与其股东责任的法律面纱揭开,将法人的责任直接归于股东,是对股东有限责任的绝对贯彻所带来的不公平的矫正","因此,人格否认理论只能在正常情况下适用而不能在《破产法》上对所有关联交易企业一起适用"。李永军教授也同样提到了有

① 王保树、崔勤之:《中国公司法原理》,社会科学文献出版社2006年版,第48页。
② 朱慈蕴:《公司法人格否认:从法条跃入实践》,载《清华法学》2007年第2期。
③ 同上。

限责任之墙的比喻:“公司人格被否认,意味着在某种情形下由公司形式所竖起来的有限责任之墙上被钻了一个孔,但对于被钻孔以外的所有其他目的而言,这堵墙依然矗立着。”①

在破产法领域,理论与实务界对实质合并原则持较为宽容的立场。破产法学者王欣新教授认为,实质合并是基于公平原则,为公平清偿同时破产的各关联企业债权人而产生的法律原则,在关联企业经济一体化的趋势下,实质合并可以提高企业破产与重整案件的司法效率,使资源有效整合,给企业重整或营业整体出售带来价值提升与操作便利,不仅可以降低成本,实现破产案件的经济效益,还可以更有力地保障企业挽救获得成功,确立“实质合并”原则在处理关联企业破产时能够实现公平与效率的“双赢”。我国《公司法》确立了“揭开公司面纱”原则,不再存在制度移植问题,需要解决的是如何将《公司法》中高度抽象、概括的条文具体化,以保障其在破产案件中的可操作性,避免出现司法上的不统一。②类似的观点也见诸于实务专家的研究文献之中。③ 不同观点的争论可以让我们更清醒地认识实质合并规则的正当性与合法性。

笔者认为,实质合并规则不能与公司法中的人格否认(“刺破面纱”)理论画等号。实质合并是在关联企业日益发展壮大的现实中诞生的破产法规则,其正当性可从大量案件处理的效果中得到佐证,但从理论基础上分析,传统的公司法中的刺破法人面纱或称人格否认理论难以作为实质合并的理论根基。从美国的判例法发展过程可知,实质合并其实是独立于“刺破面纱”理论之外的全新的破产法理论,在是否应当允许实质合并的判断标准上,也不局限于人格混同这一客观事实,还可以基于管理人利益标准、成本效益标准进行抉择。而且,人格否认理论缘于对股东连带责任的追索,即便在承认反向人格否认的理论背景下,也限于母子公司之间的追索,而实质合并规则不限于此,且更多地出现在关联企业(未必是母子公司)之间的合并处理中。因此,实质合并与人格否认(“刺破面纱”)存在相似之处,但区别也是十分明显。事实上,美国的判例规则演进过程也

---

① 李永军、李大何:《重整程序开始的条件及司法审查——对“合并重整”的质疑》,载《北京航空航天大学学报》(社会科学版)2013 年第 6 期。

② 参见王欣新、蔡文斌:《论关联企业破产之规制》,载《政治与法律》2008 年第 9 期;王欣新:《关联企业的实质合并破产程序》,载《人民司法(应用)》2016 年第 28 期。

③ 参见郁琳:《关联企业破产整体重整的规制》,载《人民司法(应用)》2016 年第 28 期。

很好地诠释了两者的联系与区别,毋宁认为,实质合并更像披着人格否认外衣之独立性规则。

需要注意的是,实质合并规则是解决关联企业破产难题的对策之一,但并非唯一。联合国《破产法立法指南》指出,公司集团破产的特别救济措施包括:(1)集团内部撤销权;(2)排序居次,是指在企业集团的情况下,与债务人拥有关联关系的债权人或者债务人的股东拥有的债权可能会被置于其他债权人的后位清偿的情况;(3)债务责任的延伸,即在破产的情况下,如何"刺破公司面纱",将债务人的债务责任延伸到其他集团成员之上的情形,但并不采取实质合并破产;(4)摊付令,即法院可以下达命令,要求集团非破产成员提供一定的资金,以偿付进入破产程序的集团其他成员的全部或部分债务;(5)实质合并。[①] 然而,在这五种救济措施中,实质合并问题最为复杂也最受关注,因此,在我国破产立法和司法中应对此给予充分的关注。

(二)司法文本与立场转变

1. 最高人民法院的司法文本分析

在我国《企业破产法(试行)》(1986 年)施行的时代,最高人民法院的司法解释是排斥关联企业实质合并破产的,例如,《关于审理企业破产案件若干问题的规定》(2002 年)第 76 条规定,"债务人设立的分支机构和没有法人资格的全资机构的财产,应当一并纳入破产程序进行清理"。换言之,有法人资格的企业主体是不能一并纳入破产程序进行清理的。该规定第 79 条进一步规定:"债务人开办的全资企业,以及由其参股、控股的企业不能清偿到期债务,需要进行破产还债的,应当另行提出破产申请。"由此可见,当时的司法解释贯彻的是独立法人单独破产的原则。

但是,在司法个案批复中,也出现过人格否认进而合并处理的情形。例如,哈尔滨百货采购供应站(以下简称百货供应站)在负债累累的情况下,抽出其绝大部分注册资金开办哈尔滨康安批发市场,之后申请破产。对于这种严重侵害债权人利益的行为,最高人民法院在《关于哈尔滨百货采购供应站申请破产一案

---

① UNCITRAL, "Legislative Guide on Insolvency Law, Part Three: Treatment of Enterprise Groups in Insolvency", United Nations, New York, 2012, pp. 55 – 60.

的复函》中认为，虽然该行为未发生在法院受理破产案件前 6 个月内，但其目的是逃避债务，故原则上应根据我国《民法通则》第 58 条第 1 款的规定追回，作为破产财产统一分配，但在具体处理方式上可采取整体转让康安批发市场或以债权人的债权作为股份，依照我国《公司法》的规定，组成规范化的公司，以避免康安批发市场与百货供应站同时倒闭。如上述两种具体处理方式均不可行，则可将康安批发市场的现有全部财产及其债务纳入百货供应站破产清偿范围之内。又如，最高人民法院在《关于山东南极洲集团股份有限公司破产案件审理涉及企业分立问题如何处理的答复》中指出，企业分立后，新分出的企业被宣告破产，并不必然导致原企业的破产。如原企业对其依法应当承担的新分企业的债务无力清偿，原企业可以根据其自身的债权人的申请进入破产程序。如企业分立被人民法院依法认定为属于以逃债为目的的，原企业可以与新分企业一并破产，以最大限度保护债权人的利益。

在我国《企业破产法》(2006 年)施行的时代，最高人民法院未曾在司法解释中对关联企业合并破产问题作出规定，但有关人士认为，“有的法院……通过审慎适用关联企业实质合并破产制度，将各个破产企业的资产和债务合并，按照统一的债权额比例清偿所有债权人，实现了对关联企业所有债权人的实质上的公平对待，取得了良好的社会效果”，建议各级人民法院“积极探索关联企业合并破产问题，在充分尊重法人独立责任和股东有限责任的基础上，对于关联企业成员法人人格存在高度混同、区分各自财产将耗费高额成本、明显利用关联关系损害债权人利益等情形，可以合并处理相关企业的资产”。

2012 年 10 月最高人民法院民二庭召开企业破产法相关司法解释讨论会，就《关于适用实体合并规则审理关联企业破产清算案件的若干规定(征求意见稿)》等文件草案在司法解释小组内部进行讨论。其中，关联企业合并破产司法解释是在我国关联企业不断发展，关联企业破产案件逐渐增多的情况下，为确保人民法院正确审理关联企业破产案件，以解决破产程序中如何处理关联企业间的债权债务，公平保护关联企业债权人的整体利益等问题而制定。该文件草稿拟规定关联企业不当利用企业控股股东、实际控制人、董事、监事、高级管理人员及其直接或者间接控制的企业之间的关系，以及可能导致企业利益转移的其他关系，造成关联企业成员之间法人人格高度混同，损害债权人利益的，人民法院可以适用关联企业实体合并破产规则审理案件。[①] 虽然该文件至今未能审议通过,但透过这些资讯,可知最高司法机关在实质合并问题上已发生态度上的转变,只是仍需理论界更为深入的研究和司法实践中更为有益的探索来推动。

2. 地方法院的司法文本分析

各地法院对关联企业实质合并破产认识不一。有的地方法院持明确否定的态度,如青海省高级人民法院《关于规范审理企业破产案件的实施意见》(2003年8月21日)第5条规定,申请企业破产时,严禁以任何理由将具有独立法人资格的关联企业或下属企业及其财产列入破产范围连带破产,破产案件必须是“一企一案”,不允许搞“多企一案”。但也有地方法院明确承认合并破产可以作为独立法人单独破产原则之例外。例如,《北京市高级人民法院企业破产案件审理规程》(2013年7月22日)第7条规定:“关联企业不当利用关联关系,导致关联企业成员之间法人人格高度混同,损害债权人公平受偿利益的,关联企业成员、关联企业成员的债权人、关联企业成员的清算义务人、已经进入破产程序的关联企业成员的管理人,可以向人民法院提出对关联企业进行合并破产的申请。”再如,广东省高级人民法院《关于全省部分法院破产审判业务座谈会纪要》(粤高法〔2012〕255号)指出:“各级法院应当积极探索关联企业合并破产问题,在充分尊重法人人格独立和股东有限责任的基础上,对于关联企业成员存在法人人格、财产高度混同、利用关联关系损害债权人利益等情形的,可依据管理人或债权人的申请采取关联企业合并破产方式。”

浙江省是我国破产案件数量最多的省份,其对实质合并持谨慎适用的态度。浙江省高级人民法院《关于审理涉财务风险企业债务纠纷案件若干问题指导意见》(2009年)第14条规定:“涉财务风险企业明显利用关联关系损害其他债权人利益的,可以尝试通过审慎适用关联企业实质合并破产制度,具体可通过审查各关联企业是否存在混同的财务报表、关联企业间资产和流动资产的合并程度、关联企业间的利益统一性和所有权关系等因素,评估合并破产重整是否有利于增加企业重整成功的可能性,确定是否采用合并破产重整措施。采取关联企业实质合并破产重整的,重整计划草案可结合关联债权衡平居次的法理,平衡关联

---

① 参见《民二庭召开企业破产法相关司法解释讨论会》,载最高人民法院网:http://www.court.gov.cn/shenpan-xiangqing-4606.html,最后访问日期:2016年12月4日。

企业破产时各方利益的冲突。”该意见强调谨慎适用实质合并,并建议引入衡平居次的规则。浙江省高级人民法院民事审判第二庭撰写的《2014 年浙江法院企业破产审判报告》再次表达了对实质合并破产的态度:“当前,《企业破产法》对于合并破产问题没有规定,相关司法解释还在制定过程中,但审判实践对于这一问题规范的需求却极为迫切。合并破产的形式和实质要件如何把握、程序如何推进、法院的审查标准、对于合并破产异议债权人的保护等问题,亟须得到解答。与合并破产相关的另一个重要问题是债务人企业资产与实际控制人个人资产合并处置的问题,目前这方面明确的法律规定也是阙如的。”①

从上述司法文件中可知,司法政策对实质合并的适用态度从坚决不允许到谨慎适用,发生了较大的转变,已经体现了司法态度的转变和司法实践的努力。但从最高人民法院到地方各级法院,均未就实质合并问题制定详细的规则,因此,实质合并在我国仍属于摸索和积累经验的阶段。笔者认为,这种谨慎或曰保守的态度是有必要的,对比美国的破产法院,最初首创实质合并也只是限于不正当的财产转移损害债权人利益的情形,之后才慢慢发展出关联企业间财产混同以致区分耗费代价过高等情形也可以适用实质合并的标准。

(三)司法个案与经验总结

自我国《企业破产法》(2006 年)实施以来,关联企业合并破产的做法已不罕见,目前已有数十件裁定合并重整或合并清算的关联企业破产案例,其中绝大多数案件为合并重整。通过对现有的关联企业实体合并案例进行分析可以得知,“关联企业人格混同”依旧是我国法院裁定实质合并的核心理由。为了较好地呈现实质合并在我国的适用标准,笔者在此重点分析 6 个代表性的实质合并案例。

第一,在闽发证券合并清算案中,法院依法裁定闽发证券与 4 家关联公司合并清算的理由就在于“人格混同”。法院认为,4 家关联公司虽然为形式上的独立法人,但根据事实分析,4 家关联公司实际上是闽发证券开展违规经营活动的工具,不具备独立的法人人格,不具备分别进行破产清算的法律基础。具体理由包括四家关联公司由闽发证券出资设立,与闽发证券在管理上和资产上严重混

① 浙江省高级人民法院民事审判第二庭:《2014 年浙江法院企业破产审判报告》,载王欣新、郑志斌主编:《破产法论坛》(第 11 辑),法律出版社 2016 年版,第 57 页。

同,无独立的公司法人人格,是闽发证券逃避监管,违法违规开展账外经营的工具,应当与闽发证券一并破产,合并清算。①有专家指出,在"人格混同"认定的问题上,财产混同虽是判定合并破产的主要标准,但在"财产混同"之外,"名义混同"和"责任混同"也应被视为"人格混同"的情形之一。②不难看出,在该案中,法院裁定实质合并的主要理由就是人格严重混同,而判断人格混同的关键在于法人意志独立及法人财产独立两方面。

第二,在纵横集团合并重整案件中,法院在审理中发现6家公司实际由同一公司控制,各关联公司人格高度混同,主要表现为:财务混同;高管人员内部机构和经营场所混同;经营决策受制于集团公司,各关联公司无自主决策权和管理自由;资产混同,难以区分单个公司的财产和负债;浙江纵横集团有限公司的关联公司资本显著不足;集团公司关联公司之间存在贷款担保关系。基于纵横集团"1+5"公司法人人格高度混同,为公平清理债权债务,保护债权人的合法利益,经管理人的申请,法院裁定实施合并重整。③本案中,虽然法院作出实质合并裁定的理由仍然是基于公司人格的混同,但也考虑到了公司间互相担保关系的严重以及上述因素对公平清理债权债务的影响,具有较好的示范意义。

第三,在中江系企业合并重整案中,法院认为,当关联公司的财产无法区分,丧失独立人格时,就丧失了独立承担责任的基础。该案中,浙江中江控股有限公司等30家"中江系"企业均为俞中江实际控制的关联公司,其在公司运营、人事、财务尤其是资金等表征公司法人人格的要素方面具有高度混同情形,导致关联公司的各自财产无法明确区分、界限模糊,构成人格混同。30家关联企业均进入破产程序后,全体债权人之利益极有可能遭遇极大的损害,在关联公司各自财产无法明确区分的情形下,仍因关联公司各自的独立登记形式而分别进行破产程序显然违反破产法"公平清理债权债务"的立法宗旨。即使少部分债权人在个别企业破产程序中的债务清偿方面具有一定有利可能,但该种利益的获得因与"中

① 参见《闽发证券有限责任公司与北京辰达科技投资有限公司、上海元盛投资管理有限公司、上海全盛投资发展有限公司、深圳市天纪和源实业发展有限公司合并破产清算案》,载《中华人民共和国最高人民法院公报》2013年第11期。

② 参见刘敏、梁闽海:《企业破产清算案件中的审判实务问题——以闽发证券有限公司破产清算案为视角》,载《法律适用》2013年第7期。

③ 参见陶蛟龙、史和新:《关联公司合并破产重整若干法律问题研究——以纵横集团"1+5"公司合并重整案为视角》,载《政治与法律》2012年第2期。

江系”企业不当利益分配之结果难以分辨，难谓正当。法院认为，案涉浙江中江控股有限公司等30家“中江系”企业因具有人格高度混同情形而导致关联公司各自财产无法明确区分，在破产程序中应当视为一个法律主体，一并合并重整。① 本案是关联企业实质合并重整的代表性案例，法院主要是基于公司存在财产方面的“严重人格混同”而作出裁定，同时也考虑到了采取单独清偿会对债权人的利益构成损害。

第四，在华伦集团合并清算案中，管理人基于关联企业内部存在资产和业务混同、人员和机构混同、财务混同的情形，提出了合并破产重整的请求。法院经审查认为，5家关联企业在实际经营中，因资产和业务混同、人员和机构混同、财务混同，致使公司法人人格不独立。管理人在对华伦集团进行审计和资产评估中，华伦集团与其他五家企业之间的往来款余额高达5.98亿元，致使华伦集团的财务账目不能客观真实地反映其债权债务关系，资产清理工作无法正常开展。按照公司自治原则，华伦集团及合并的公司对于合并事项均达成合意，签署了合并协议并提出了合并方案，债权人委员会讨论通过后形成合并决议，同时华伦集团管理人在第二次债权人会议通报了上述公司合并的方案，债权人在规定时间内均未提出异议。基于此，法院认为，为客观、公正地反映关联公司之间因资金往来而形成的债权债务，统一处置六家公司的资产和负债，促进华伦集团破产重整案件清产核资工作能顺利进行，推进破产重整进程，以最大限度地公平、公正地保护债权人的合法权益，华伦集团管理人提出的申请符合华伦集团破产重整的要求，且该要求不违反法律及行政法规的强制性规定，并且可以依法保护债权人的合法权益，故对该申请予以确认。② 该案中，法院的出发点是基于公司人格严重混同，并综合考虑了资产清理的难度，在裁定之前听取了债权人的意见。

第五，在中汉卓信合并重整案中，管理人基于以下原因提出合并重整：13家被申请人系中汉集团实际控制，无独立法人意志；13家被申请人与中汉集团之间在经营场所、组织机构、财务、资产等方面高度混同、难以区分，法人人格高度混同，符合合并条件；合并重整有利于债权人利益维护。法院经审查认为，中汉集团与医药公司等13家公司在实际经营中，因资产和业务混同、人员和机构混同、

① 参见浙江省杭州市中级人民法院(2012)浙杭商破字1－3号民事裁定书。

② 参见浙江省富阳市人民法院(2009)杭富商破字2－3号民事裁定书。

财务混同,致使公司法人人格不独立,存在人格高度混同的情形,如对上述企业单独进行破产处置,不能客观真实地反映其资产负债情况,会直接影响资产清理工作的正常开展。为促使中汉集团重整案件的顺利进行,统一处置中汉集团及上述 13 家关联企业的资产和负债,公平对待债权人,中汉集团管理人提出的申请符合中汉集团破产重整的要求,且该要求不违反法律及行政法规的强制性规定,并且可以依法保护债权人的合法权益,故对该申请予以确认许可。① 在此案中,除以人格混同作为基本出发点外,法院还考虑到了债权利益的保护以及司法效率等因素。

第六,在怡华系企业合并重整案中,法院关注的焦点也是关联企业之间是否存在严重混同,并将公司人格的混同作为实质合并规则的适用前提,“在破产程序中运用实质合并规则的前提必须是关联企业人格混同非常严重,不仅关联企业之间资产、债务分离花费的时间、人力无法估算,而且由于合同、财务资料等揭示企业生产经营过程的记载匮乏,事实上已无法通过法务及审计、评估工作还原资产和负债的真实情况”,“认定两个或两个以上公司人格混同必须同时具备两个要件:公司财产不独立,公司意志不独立”。②

基于上述案例分析,在我国现阶段的司法实践中,对于关联企业适用实质合并的司法裁定标准单一,主要是围绕判断是否存在“公司法人格混同”展开,但也有个别法院同时考虑到了“债权人期待利益”“司法效率与经济效率”等标准。实际上,实质合并破产规则最大的制度价值就在于通过对企业集团之间关联关系的特殊处理,使关系复杂而成本高昂的资产、债务分离程序得以被避免,司法效率和经济效率得以提高,债权人的信赖利益、清偿利益得到最大限度的保障。因此,实质合并的制度价值决定了“企业人格高度混同”只应是适用实质合并破产的形式标准,实质标准应在于判断进行实质合并破产是否有利于挽救企业或保障债权人的公平清偿利益和信赖利益,以及是否有利于司法效率与经济效率的提高。

---

① 参见浙江省富阳市人民法院(2013)杭富商破字 1 - 1 号民事裁定书。

② 孔维璜:《实质合并规则的理解和运用》,载《人民司法(应用)》2016 年第 28 期。

四、实质合并的制度构建:实体与程序

(一)实质合并的实体标准

对于关联企业实质合并破产,首先要解决在何种情况下可以进行实质合并的问题,此即实质合并破产的实体判断标准问题。从美国的判例演进来看,在早期,法院并非根据破产法上的特定和具体的标准作出实质合并的裁判,而更多体现为对其他法律规则的借鉴,裁判标准的体系性不强。在中期,随着经济的不断发展,关联企业合并破产的案例也逐步增多,法院在司法案例中提出了一系列关于实质合并的判断标准,这些标准不仅是基于公司人格混同而展开,还涉及债权人信赖利益保护、资产分离难度、关联公司间行为的违法性等标准。这些标准的出现,呈现了关联企业合并破产适用标准逐步放宽的趋势,但这也引发了关联企业合并破产的适用是否违背公司法上法人人格独立原则的争论。在近期,随着关联企业合并破产案例的增多,争议也接踵而至,核心争点在于实质合并原则的宽泛适用是否构成对公司法上的人格独立原则的背弃。鉴于此,较新的司法判例(如 Owens Corning 案)对这一原则进行了反思,实质合并破产的实体判断标准转而趋严。这种早期先借鉴其他制度解决问题,中期逐步放宽标准、探索新的适用条件,后期再对整体适用思路加以反思的发展模式,是美国实质合并规则发展的特点。

我国的《公司法》《企业破产法》及其司法解释并未明确实质合并规则,加之理论界和实务界对实质合并态度不一,即便在支持实质合并的观点中,也分化为谨慎和开放等多元学说,而在微观裁判标准选择上,司法个案中所适用的裁判理由虽也开始关注成本效益层面的分析,但最重要的标准仍然是“公司人格严重混同”。因此,设计实质合并破产的实体规则,既要关注宏观层面的思路选择,也要面对微观层面的标准判断。

1. 实质合并适用的宏观思路

持谨慎(保守)态度的学者认为,应坚持“谨慎适用原则”“例外适用规则”“权利用尽规则”。例如,有学者指出,实质合并原则的适用是对公司法人独立人格的否定,而公司的独立性是公司法的核心原则,除特殊情形外应得到尊重,“法院在涉及关联企业的破产问题时,应当引导申请人优先适用其他规制不当关联

关系的救济手段,只有在独立清算或重整将使部分企业处于无法清理状态且显失公平时,实质合并才能作为必要的处理手段加以使用”。[①] 亦有学者认为,实质合并规则“应坚持个案适用的谨慎原则、严格限定适用条件、明确适用程序,并应采取措施防止该制度的滥用”。[②] 更有学者认为,应反对关联企业的实质合并破产模式。[③] 持开放态度的学者则认为,实质合并规则有利于解决关联企业破产的复杂问题,法律和司法解释应赋予法院更大的自由裁量权,使法院可以充分考虑个案的特殊性,并作出更具有针对性的裁定。

笔者对实质合并破产持相对开放的态度,建议赋予法院在此问题上足够的自由裁量权,使其能够灵活应对实际案例中的各种情况。实质合并的真正目的在于有针对性地解决关联企业破产带来的种种难题,从而保障债权债务的公平清理,保护债权人的合法权益,提高司法效率与经济效率。因此,当只有采用实质合并才能达到上述目的,或者采用实质合并与其他方式均可达到上述目的但实质合并的效果更好时,应允许适用实质合并规则。当然,赋予法院实质合并司法裁量权的同时也要建立约束机制,具体而言,应建立法院、债权人会议、破产管理人等各方主体在实质合并问题上的沟通、协调、制约机制。例如,在破产程序中,管理人应发挥其在核查债务、分离资产等方面的积极作用,并借助审计机构的审计报告,为法院作出正确、合理的裁定提供积极意见。法院在作出实质合并的判决前,也应充分听取各方当事人的意见,尽可能实现各方利益的平衡,但最终决定权归属于法院,属于司法裁判权的范畴。笔者建议,通过立法或者司法解释尽快确立关于实质合并破产的系统规则,为司法实践提供裁判指引。

2. 实质合并适用的微观标准

从微观层面考察,尽管我国司法实践中对是否适用实质合并规则的评判标准仍集中于“公司人格混同”之上,但理论界对于实质合并判断标准却有多元化的声音。有学者曾提出“另一个自我标准”“利益平衡标准”以及“资产分离难度

---

① 王欣新、周薇:《关联企业的合并破产重整启动研究》,载《政法论坛》2011 年第 6 期。

② 张少丽:《关联企业实质合并破产制度研究》,载《重庆第二师范学院学报》2014 年第 4 期。

③ 有学者认为,如果法院欲否认公司法人人格,必须先提起独立的民事诉讼,而不是在《破产法》中通过裁定的方式就能否认三家公司的独立主体资格。法院在某个企业开始重整程序时,不能发现该企业与其他企业有关联交易就强迫其他企业也一起搞合并重整,而是应按照连带债务人的规则处理。参见李永军、李大何:《重整程序开始的条件及司法审查——对“合并重整”的质疑》,载《北京航空航天大学学报》(社会科学版)2013 年第 6 期。

标准"三位一体的评判体系,并提出"不仅要考虑行为要件,还要补充结果要件,即关联企业滥用关联关系的行为必须给债权人造成了公平清偿利益的损害",且应"保持适用标准的开放性"。① 另有学者指出,仅设定"法人人格高度混同"这一条件是不够完整的,没有涵盖适用实质合并的所有情形,应当将"非法或不当的利益转移或分配"或"人格高度混同"的存在与否作为实体评判的核心要素。其中"不当利益转移或分配"是从结果来评估对债权人偿债是否公平,进而评判是否适用实质合并,"人格高度混同且无法分离"则是从行为自身来印证各关联企业成员的法人人格非独立性,从而直接适用实质合并。② 除上述标准外,"债权人的期待"也常被提及,在美国 Augie/Restivo 案中首次出现这种判断标准。我国有学者认为账户与资产的混合是应适用实质合并原则的重要标准,但债权人的合理期待则非关键的行为要件。③

对于关联企业应否实质合并,应是综合性的判断结果,如公司是否高度混同、资产和负债的分离是否需耗费大量的成本与时间、债权人是否有同整个集团进行交易的合理期待、合并破产是否有利于保护全体债权人的利益等都是需要考虑的因素。法院在作出具体判断时,应在充分考虑各方面因素的前提下,分析采取实质合并是否有利于全体债权人的公平清偿,是否有利于企业的挽救或是否有利于实现破产法的公平价值、程序价值,并在此基础上作出裁定。为此,笔者对实质合并的微观标准提出如下建议:

首先,法院应重点关注关联企业之间的混同情形。借鉴美国的判例经验,笔者认为,以下因素应予重点考察:(1)关联企业之间是否存在合并财务报表的情形;(2)各关联企业之间在利益和所有权方面的一致性;(3)关联企业之间的相互担保情形;(4)分离和识别每个企业的资产和责任的难度;(5)资产在关联企业之间的非正常转移情况;(6)资产的混合程度;(7)董事和高级职员的交叉任职情况或者母公司不时派驻人员到子公司董事会的情况;(8)普通雇员的交叉情形;(9)聘用的长期服务的律师和代理人的交叉情形;(10)子公司与母公司之间的交易业务情况;(11)各成员企业是否无视子公司作为独立公司的法律要求;(12)母

---

① 王欣新、周薇:《关联企业的合并破产重整启动研究》,载《政法论坛》2011 年第 6 期。

② 参见朱黎:《论实质合并破产规则的统一适用——兼对最高人民法院司法解释征求意见稿的思考》,载《政治与法律》2014 年第 3 期。

③ 参见王欣新、蔡文斌:《论关联企业破产之规制》,载《政治与法律》2008 年第 9 期。

公司对子公司施加的合同义务(协议控制)情形;(13)各关联企业成员在日常开支、管理费用、财务费用和其他相关费用方面的共担情形;(14)各关联企业成员之间的应收和应付账款的独立情况;(15)关联企业之间是否存在综合的现金管理系统;(16)母公司是否给子公司的员工支付薪水;(17)母公司是否有过将子公司作为其下设部门或分支机构的情形;(18)母公司及其附属公司、子公司是否使用共同的办公地址;(19)子公司股票的出售程序是否独立于母公司;(20)子公司是否资产(资金)严重不足;(21)母公司是否拥有子公司的全部或者绝大部分股本;(22)母公司是否负担子公司的经费;(23)母公司是否与子公司另行约定认购子公司的全部股本进而导致其并入母公司;(24)子公司除了与母公司的交易外再无其他实质性业务或者除了母公司输送的利益外再无其他资产;(25)子公司的董事或高级职员并非为了子公司的利益独立行动而是听从于母公司的指令;(26)子公司作为法律独立实体的要求并未得到遵从。① 以上因素并非是每个实质合并的裁判都须满足的条件,但可作为法院司法裁判时的重要指引。

其次,法院在决定是否实质合并时,除须关注企业内部是否存在高度混同的情形之外,还应当关注对关联企业进行实质合并是否有利于实现破产程序的价值,是否有利于充分保障债权人的合法权益,是否有利于提高破产程序的经济效率与司法效率(程序便利)等辅助性标准。需要注意的是,虽然这些标准也在美国的破产案例中得到了不同程度的运用,但鉴于实质合并属于衡平法上的救济手段,美国法院必须进行利益的平衡,尤其注意避免因实质合并造成过度的利益伤害,因此,即便在少数案件中确有适用程序便利等辅助标准的情形,也是建立在确保债权人利益得到公平对待的基础之上。也正因为如此,确立了较为严格的微观判断标准的 Owens Corning 案成了美国最近的标志性案例。此种判断标准上的谨慎选择,值得我们借鉴。

(二)实质合并的程序规则

1. 实质合并程序的启动模式

根据企业关联程度以及案件进展方式的不同,关联企业实质合并程序的启

---

① See *Fish v. East*, 114 F. 2d 177, 191 (10th Cir. 1940); In re Vecco Construction Industries, Inc. 4 Bankr. 407, 410 (Bankr. E. D. Va. 1980); In re Food Fair, 10 Bankr. 123, 127 (Bankr. S. D. N. Y. 1981); etc.

动模式也会有所区别。归纳而言,实质合并程序的启动模式包括以下几类:第一,关联企业先各自单独进入破产程序,再进行合并。这种情形是指各关联企业分别或同时进入破产程序后,基于其相互之间的关联关系,经由特定程序实现关联企业之间的合并破产。第二,部分企业先进入破产程序,其他关联企业由法院裁定并入破产程序。这种类型在实践中较为少见,此种模式下,其他关联企业自身可能并不具备破产原因,但正是由于关联企业内部人格高度混同,为公平清理债权债务,保护债权人和债务人的合法权益,由法院裁定将其他企业一并纳入破产程序,进行合并破产。第三,关联企业先行合并,再一并进入破产程序。这种模式是指法院在受理案件之前,先对关联企业是否符合实质合并的条件进行审查,若符合合并条件,则由法院裁定将所有关联企业实质合并破产。

在上述三种模式中,最有效率的是第三种模式,即法院对所有关联企业先行审查,若其符合实质合并的要件,则将其作为一个整体进行合并破产,并由管理人统一进行资产核实、债权登记等。这种模式对法院的初步审查要求较高,适用于公司混同情形严重、易于判断是否需要合并破产的关联企业。这种模式遇到的难题是:在破产程序外进行的关联企业实质合并,要遵循公司法的规则,法院需要先做出对各关联企业揭开公司面纱实质合并的判决,才能将实质合并的效力延续至破产程序。但在公司法上做出企业实质合并裁判的法律依据是什么、应遵循何种程序、如何保障各方当事人的诉讼权利、能否适用上诉程序等,还有待进一步深入研究解决。①

因此,在实践中,最常见且最稳妥的模式仍然是各关联企业分别进入破产程序后再进行合并。在这种模式之下,管理人对企业进行清产核资、债权登记,能够更准确地判定企业集团是否需要合并破产。此种模式适用于实质合并司法判断难度较大的关联企业破产案件。此外,在上述第二种模式中,法院裁定将尚未进入破产程序的关联企业纳入破产程序进行合并破产,有法院依职权启动破产程序的嫌疑。但是,这种模式的存在也有其合理之处,因为对于未进入破产程序的关联企业来说,企业本身及其债权人、出资人可能都不愿意企业进入破产程序并与其他关联企业合并破产,在沟通无效的前提下,仍可考虑保留法院依职权裁定将其他关联企业并入破产程序的权力,在美国的判例中也有过类似的情形,只

① 王欣新:《关联企业的实质合并破产程序》,载《人民司法(应用)》2016年第28期。

是囿于我国目前破产程序的启动采取申请主义的立法原则,这种模式容易遭受质疑,但未来立法修改中可以考虑作出修改。

2. 实质合并的裁定程序

当“适格主体”[①]提出实质合并的申请时,法院对该项申请的批准应经过何种程序?是否需要以债权人会议的同意为前提条件?笔者认为,法院在作出是否实质合并的裁定前,除需认真判断是否存在适用实质合并的条件之外,还应当尽可能地争取各方主体的意见,以更好地平衡各方利益,但作出实质合并的决定并非必须以全部关联企业债权人会议的同意为前提,原因在于:

首先,公司法上的人格混同认定和否认人格的决定归属于司法裁判权的范畴,同理,判断是否存在实质合并的适用情形以及是否同意实质合并,均应属于司法裁判的事项。如果以债权人会议表决通过为前提,无疑等于间接将司法决定权转交由债权人会议来决定,不符合破产法关于司法权与债权人会议职权划分的原理。

其次,关联企业之间常常存在资产混同、互相担保以及利益的非市场化输送等问题,各关联企业的债权人必然存在“苦乐不均”的状态,如果要求所有关联企业的债权人都同意实质合并,则程序难以推进,反而会不合理地妨碍案件的进程。例如,在“中江系”合并重整案中,对于30家关联企业在运营、人事、财务等方面的高度混同情形,管理人以征询函、座谈会等形式向全体申报债权人予以披露并就是否合并重整问题征求相关意见,最终仍有部分债权人因为合并后其清偿比例降低而反对合并重整,但法院仍然裁定批准合并重整。[②] 这种做法虽然看似损害了小部分债权人的利益,但却在最大程度上保全了大多数债权人的利益,符合司法裁判权行使的原理。

3. 异议债权人的保护

关联企业实质合并破产必然会因为各成员企业债权清偿率的改变而无法获得全部债权人的同意,由于其对债权人影响重大,为了防止权力滥用,在法院依

---

① 一般认为,实质合并破产程序的申请权人包括债权人、债务人即各关联企业,在关联企业已启动破产程序的情况下,管理人可以作为申请人。清算义务人实际享有并行使申请权的情况甚少,而出资人不宜享有申请权。参见王欣新:《关联企业的实质合并破产程序》,载《人民司法(应用)》2016年第28期。

② 参见浙江省杭州市中级人民法院(2012)浙杭商破字1-3号民事裁定书。

职权作出合并破产的裁定时,异议债权人的利益应当受到保护。① 实质合并破产的制度价值本就在于保护债权人的清偿利益,防止其利益受到企业不规范经营行为的不当损害,因此,为寻求债权人之间的利益平衡,实质合并破产制度应对异议债权人给予必要的救济渠道和合理的损失补偿,具体而言,可从以下两方面做制度设计:

一方面,赋予债权人以异议权。我国《企业破产法》第12条规定,法院裁定不受理破产申请的,或者受理破产申请后至破产宣告前因发现债务人不具备破产原因而裁定驳回申请的,申请人可以自裁定送达之日起10日内向上一级人民法院提起上诉。参照这一标准,当异议债权人对于实质合并的裁定有异议时,应在10日之内向上一级法院起诉请求救济。从美国的司法实践来看,实质合并的裁判结果都是可以上诉的,而且经常出现上级法院推翻下级法院判决的结果,体现了程序法的救济理念。

另一方面,赋予异议债权人利益补偿权。破产程序的进行实际上就是将特定利益在特定群体之间平均分配的哲学,当异议债权人的利益相对其他债权人不当受损时,则应当考虑对其进行合理补偿,但这种补偿并非要将其利益补足,否则就违背了破产法公平清偿的立法精神。笔者建议,管理人在破产程序中做好信息公开工作,公示每一债权人在实质合并之下与单独清偿之下的债权清偿率,并在此基础上由管理人与债权人以及债权人彼此之间展开协商,法院进行必要的司法引导,对于在实质合并后利益受损突出的债权人进行适度补偿,以争取其对实质合并破产程序的支持,真正实现各方利益的协调。

4. 实质合并的司法管辖

我国《企业破产法》第3条规定:"破产案件由债务人住所地人民法院管辖。"但在关联企业破产案件中,通常涉及多家企业,且这些企业未必均在同一辖区注册,由此引发了实质合并破产中的司法管辖权问题。笔者建议,在确定关联企业破产的管辖法院时遵循以下规则:

第一,以控制企业所在地审理为原则,以便利法院审理为补充。这一原则适用于以下两种启动模式:一是关联企业各自进入破产程序再申请实质合并;

---

① 参见田信、李尊:《关联企业实质合并探析》,载王欣新、尹正友主编:《破产法论坛》(第8辑),法律出版社2013年版,第368页。

二是关联企业先行合并再整体进入破产程序。对于大多数企业集团来说,其集团的资产、账务、管理人员、债权债务的中心都集中于控制企业,选取控制企业所在地法院有利于破产程序的开展。然而,现实中也存在资产等不集中于控制企业,而是分散于各地的情形。此时,需要采取变通做法,以保证破产程序的顺利开展。因此,建议在立法时考虑例外情形,以灵活应对在不同情况下的破产审判。

第二,坚持“先入为主”原则。[①] 当关联企业中的一家企业先进入破产程序,其他企业之后进入破产程序或被裁定并入破产程序时,为避免司法资源的浪费,一般应由已受理该破产案件的法院负责管辖,除特殊情形外(如确实不利于合并破产程序的进行),不应再向其他法院转移。

第三,当不同法院之间发生管辖权争议时,应依照我国《民事诉讼法》第37条第2款的规定解决,即由争议双方协商解决,无法通过协商解决的,应报请共同的上级法院指定管辖。

五、结　　语

在企业集团化运作趋势日益强化的时代背景下,关联企业实质合并有着非常强烈的现实需求,但因涉及公司法与破产法的交叉问题,对传统公司法理论产生了较大的冲击,理论上的争论需要我们认真对待。从司法实践来看,域内外的实质合并案例具有共同的发展轨迹,都是在判例中逐步发展实质合并的适用标准,都未进入成文法的规则体系。但本文的研究试图表明,在中国确立关联企业实质合并破产制度并作出系统性的规则设计是十分必要的,联合国国际贸易法委员会的《破产法立法指南》也力图为各国破产立法提供实质合并的示范文本。虽然本文尽可能地对实质合并的司法案例和制度构建问题作出较为全面的分析,但囿于能力和篇幅,仍留有实质合并程序启动后的担保权、优先权、撤销权等问题的处理以及否决实质合并动议后的关联关系处理等问题未作分析,希望本文的探索能够引发大家的关注和进一步的探讨,为关联企业实质合并制度的构建贡献智慧。

---

① 王欣新、周薇:《关联企业的合并破产重整启动研究》,载《政法论坛》2011年第6期。

关联企业破产整体重整的规制*

郁　琳**

关联企业破产的问题在我国破产理论和实务界已被广泛关注和讨论，实践中也已经出现了相当数量的关联企业破产案件，并已从最初的关联企业破产清算，发展到越来越多的关联企业破产重整。纵观实务中已受理的关联企业破产案件，大多是以关联企业法人主体资格是否达到实质混同作为判断标准，进而普遍适用实质合并规则对关联企业进行处理。我国对于关联企业破产的处理规则尚未形成一致意见和成文立法，理论界和实务界关注和讨论的重点也基本围绕实质合并规则的适用标准、法院裁定适用该规则时的判定因素以及相关实体和程序等问题展开。然而，随着市场经济的飞速发展，企业关系特别是非上市企业组织架构、关联关系越发复杂和多样化，单一的实质合并处理规则，尤其是以该规则作为关联企业重整的唯一模式，在一定程度上将导致大多数未达到实质混同条件但在生产、经营、融资等方面确有关联的企业合并重整存在适用障碍，导致债权清偿的实质不公平，并影响了将关联企业作为整体进行重整的效果；或者是为了实现关联企业重整的整体效果，对尚未构成高度

* 本文原载《人民司法》2016 年第 28 期。

** 法学博士，最高人民法院民二庭法官。

混同的关联企业也采用实质合并的方式,导致实质合并规则适用标准的模糊,并影响了债权人的公平清偿利益。此外,通常适用于清算程序的实质合并规则在关联企业重整中的适用度,也是一个值得考虑的问题。实践中,已经出现了针对关联企业重整采取非实质合并方式处理的案件,但由于缺乏关注以及明确规定,导致此类案件的处理亦缺乏统一标准。因此,有必要在继续研究关联企业实质合并规则的同时,探讨非实质合并下的重整规则,推进包括实质合并在内的关联企业整体重整理论与实务的发展,以回应不同关联或混同程度下的关联企业重整需要。

一、关联企业概念和重整模式的演进

(一)关联企业概念的演进

在市场经济发展初期,市场主体之间联合形式较为单一的情况下,关联企业的含义也较为简单,通常是指与其他企业之间存在直接或间接控制关系或重大影响关系的企业。当时,我国台湾地区将关联企业界定为具有控制与从属关系之公司以及相互投资之公司。然而,随着市场经济的飞速发展,企业之间的联合形式,特别是非上市企业组织形式、关联关系越发复杂和多样化,具备关联关系的企业往往不再局限于形式上的投资关系或者控制和从属关系,而是更多地体现为一种基于特定经济目的而形成的企业联合,并以母子公司、姊妹公司、控股公司、企业集团等多种形式呈现。在市场经济较为发达的西方国家,对于关联企业已经有了较为详尽的界定和解读。德国《股份法》第 15 条对关联企业进行了列举式的规定:"关联企业在相互关系上包括拥有多数资产的企业和占有多数股份的企业、从属企业和支配企业、康采恩企业、相互参股企业或互为一个企业合同的签约方。"①其中,拥有多数资产的企业和占有多数股份的企业、康采恩企业以及互为一个企业合同的签约方实际上已经突破了以实际控制、投融资关系为基本要件的传统关联企业界定。联合国贸法会体系下的企业集团包括通过任何形式的控制权或较大份额的所有权而联合在一起的两个或多个企业,这里的控

① 卞耀武主编:《当代外国公司法》,法律出版社 1995 年版,第 115 页。

制权指直接或间接决定企业经营和财务政策的能力。①

关联企业在我国最早出现于1991年《外商投资企业和外国企业所得税法实施细则》(已于2008年1月1日废止)第52条中,我国《企业会计准则第36号——关联方披露(2006)》(财会〔2006〕3号)对关联方和关联关系进行了详细规定,我国《公司法》中则界定了关联关系的概念。关联企业(或相关概念)最初作为经济学上的概念,在被引入规范性文件后,基于不同的目的而表述的侧重不同。在以往对关联企业大多采取实质合并破产的情形下,我国破产理论和实务界对关联企业概念的表述,多是从实质合并规则的适用角度,将关联企业界定为相互之间存在股权、契约或其他控制关系,或具有施加重大影响的能力,或被同一企业所控制,具有独立法律地位的企业联合形态。② 随着关联企业的发展,根据企业间的相互关系,关联企业类型可以分为隶属型的关联企业和平等型的关联企业。前者之间存在控制与从属关系,包括形式上的控制和实质上的控制,如母子公司;后者是指地位平等,互相没有控制与被控制关系但具有一定关联性的企业,如姊妹公司。③ 基于本文旨在从更广意义上研究关联企业整体重整的形态与模式,因此对关联企业的界定相对宽泛,结合关联企业组织形式及其关联关系的复杂多样化趋势,笔者认为,关联企业可以被理解为独立法人主体之间基于特定的共同经济目的,通过联合经营、组织分工等特定手段形成的企业联合。

(二)关联企业破产处理模式的发展

由于以企业集团等联合形式呈现的关联企业并非我国《企业破产法》的适用主体,即《企业破产法》基于法人人格独立原则奉行单个企业破产立法模式,针对一个企业开启一个破产程序,因此,我国早期对于关联企业破产通常采取分别破产的形式,如1999年广东国投集团破产案。其后出现的南方证券公司破产案件等采取合并破产案例,但基本也是针对个案请示后的实践,未对关联企业破产的

① A CN. 9 WG. V WP. 137 Add. 1——破产法便利跨国界企业集团的跨国界破产:概要[DB/OL],第一章第2条定义(b)。资料来源:http://www.uncitral.org/uncitral/zh/commission/working_groups/5lnsolvency.html,最后访问日期:2016年2月19日。

② 参见郭毅敏主编:《企业破产与重整案件——法律适用关键词与典型案例指导》,法律出版社2015年版,第264页。

③ 参见孙晓敏:《关联企业破产法律责任分析与制度构建》,载王欣新、尹正友主编:《破产法论坛》(第2辑),法律出版社2009年版,第295页。

规则予以统一。随着企业集团的发展、关联企业的增多,关联企业之间经济一体化的趋势越来越明显,尤其是不当利用关联关系导致关联企业资产混同,或是转移资产等欺诈债权人的现象大量出现,使关联企业组织上和财产上的独立性受到严重威胁,对关联企业实行单体破产清算或重整,已不能适应关联企业独立人格退化的客观现实,不利于对债权人实质公平的保护,并损害了单体企业破产程序的效率和效果。对此,在理论上和实践中开始引入实质合并规则对关联企业破产予以规制。

实质合并规则是英美法系国家尤其是美国在实践中通过一系列程序规则和案例逐步形成的一项破产法上的制度。通过这种模式对关联企业进行重整,法人的独立人格和有限责任被打破,关联企业的所有债权人得以在同一程序中平等受偿,有利于保障重整制度的公平价值;关联企业之间资产的合并处置和相互债权债务的消灭,免却了资产归属划分和关联债权清理认定的复杂困难程序,有利于提高重整案件的司法效率;合并给资源整合和企业整体出售带来的便利与价值提升,也有利于降低成本,实现重整案件的经济效率,保障重整获得成功。① 实质合并规则是在将独立法人主体之间的控制、从属及投资关系作为传统关联企业认定基本要素的情形下,对不当关联关系引发的利益失衡状态在破产程序中的必要调整,对符合条件的关联企业在破产程序中适用实质合并规则,体现了破产程序所追求的公平原则和效率目标。

根据实质合并规则的适用条件,对独立法人人格之否认成为法院受理合并重整案件的必要要件。但公司的独立性和股东有限责任作为公司法的核心原则,除特殊情形外应得到尊重,而且如何平衡关联企业诸多债权人的利益,也是影响实质合并规则适用的重要因素,因此普遍认为,无论是从尊重公司独立性这一基本公司法原则、保护债权人利益出发,还是从法律的稳定性和可预测性出发,都应当慎用实质合并规则,②不能轻易打破现有基本法律制度,不能仅以简化程序、减少工作量为目的进行合并处理,否则会造成对法人财产独立原则的根本性冲击。与此同时,有重整需要的关联企业也并非都存在法人人格高度混同的情形。伴随关联企业形式的复杂多样性发展,许多关联企业不需要具备密切的

① 参见王欣新、周薇:《关联企业的合并破产重整启动研究》,载《政法论坛》2011 年第 6 期。
② 参见彭插三:《论美国破产法中的实质合并规则》,载《财经理论与实践》2010 年第 2 期。

组织关联性，却在经营活动、组织分工等方面普遍具有实质的关联关系。一旦其中的某一关联企业出现危机，通常也会影响其他成员的经营和偿债能力，单独对某一关联企业成员进行重整亦无法实现集团整体资产和经营的整合，难以达到重整效果。因此，无论是基于实质合并规则适用的审慎性和有限性，还是关联企业重整的现实需要，单一的实质合并规则都无法全部满足与涵盖。对此，以联合国贸法会为代表的国际机构也在探讨实质合并之外的关联企业破产重整模式。近年来，其力图制订的集团企业破产解决办法中所设定的集团企业破产解决机制，并不要求各个企业集团成员合并破产，集团成员申请加入计划程序后，可以参与制订企业集团破产解决办法，每个成员在该程序中所获得的处理方式更具灵活性，如此可以实现鼓励集团成员参与计划程序的良好效果。德国于2014年出台的《简化康采恩破产解决立法草案》更是完全摒弃了实质合并制度，转而采取更为灵活的程序协调制度来规范关联企业的破产清算和重整。[①] 由此可见，对关联企业实质合并之外处理模式的研究，已经成为当前关联企业破产研究的重要领域。基于我国实践的需要，也有必要在更为广义的整体重整模式下，探讨新型关联关系定义下的关联企业重整类型，并对其予以研究和规制。

二、关联企业整体重整类型化分析

根据我国当前的破产司法实践，虽然关联企业合并重整的受理条件主要以是否发生实质混同为重要考量因素，但鉴于关联企业日渐呈现出新的组织特征和表现形式，关联企业之间的关联方式、合并程度等都与传统关联企业不尽相同，实践中也已经出现了非实质合并的重整模式。结合具体案例来看，根据关联企业之间混同程度的不同，现实中关联企业的重整模式具体可以分为以下三种类型：

（一）独立法人主体资格实质混同

独立法人主体资格实质混同，是指关联企业之间通过不当利用关联关系，使

① 参见葛平亮：《德国关联企业破产规制的最新发展及其启示》，载《月旦财经法杂志》2016年第1期。

关联企业成员之间的法人人格高度混同,并在经营、财务、人员、管理等方面发生实质性混同。对于此类关联企业,实践中通常是适用实质合并规则进行实体与程序上的合并处理。实务中,在判断是否构成人格高度混同以及是否适用实质合并规则时,通常考虑以下因素:

首先,关联企业在资金往来、财务会计凭证、经营业务、人员管理等方面出现高度混同,且该类情形持续、广泛而显著存在,导致关联企业成员丧失财产独立性且无法体现独立意志。其中,高度混同要求企业集团间生产管理具有统一性、经营行为具有协同一致性,且需要达到持续、广泛而显著存在并导致财产和意志独立性丧失的程度。在实务中,是否构成上述高度混同情形,通常需要对关联企业资产、负债、业务、人员、管理机构等情况进行全面调查后得出结论,并可经过审计机构的审计调查予以确认。如 H 集团实体合并重整案(以下简称 H 集团案)中,根据管理人调查结果:H 集团的资产、负债等财务数据在短期内发生剧变,财务方面可能存在混同,混同情况和程度经审计机构审计调查后得以确认;在业务方面,存在甲公司向实业公司付款,但分别从 H 集团三家关联企业提货,导致实业公司对甲公司存在应付账款,而关联企业对甲公司则体现为应收账款等实质混同情形;在人员管理方面,H 集团及其关联企业也长期存在高级管理人员交叉任职等情形。因此,在案件实际处理过程中,通过管理人与审计机构共同对关联企业的资产、负债等具体情况进行全面调查和审计,为法人人格是否存在高度混同的判断和论证提供重要依据。

其次,关联企业如果分别进行单独重整可能损害债权人公平受偿。除关联企业本身是否存在高度混同之外,适用实质合并规则通常还需要对合并重整之于债权人的影响进行判断,尤其要考量是否会对债权人公平受偿造成损害。破产程序的重要原则之一是确保同一种类的债权人依法受到公平对待,避免因债务人的单独清偿和偏颇清偿损害其他债权人的利益。关联企业的实质合并破产规则,就是将破产程序对债权人的公平保护从单体企业扩展到企业集团。因为在实践中,不仅关联企业因经营管理混乱造成客观上混同的情形,而且关联企业的控制人通常还会在关联企业间通过转移资产、相互倒账等行为,将负债集中于关联企业中的壳公司,并将优质资产和利润转移,甚至有的关联企业成员从设立之初就是出于欺诈目的,非法侵害债权人利益。这无疑对壳公司的债权人来说是非常不公平的,因此,有必要通过适用实质合并规则将关联企业之间的债权债务合并处理,从而实现实质上的公平清偿。在前述H集团案中,通过调查发现,该集团的债权人尤其是大多数经营债权人与集团发生业务往来,是基于对集团整体的信赖,时至今日仍将集团作为同一企业看待,且普遍存在债权人向其中某一关联成员提供货物,而由另一关联成员付款或挂账的现象。在这种情况下,由于集团内部混同,资产、负债难以依法分割,若单独分开审理重整案件,分别制订重整计划,将导致不同公司的债权人受偿率存在较大差异,使债权人遭受损失或不公平受偿;同时,集团部分债权人究竟应该认定为哪个公司的债权人也存在争议,关联企业之间的债权债务关系难以分割和厘清。因此,H集团关联企业成员若独立重整可能损害债权人公平受偿利益,这也是法院裁定批准对H集团关联企业进行实质合并重整的重要原因。

(二)独立法人主体资格未实质混同

独立法人主体资格未达到实质混同程度,是指关联企业之间在人员、资产、财务、管理等方面尚未发生实质性混同,但相互之间债权债务关系错综复杂,且具有参股、控股等关联关系。由于该类关联企业尚未达到法人人格高度混同的程度,故不宜适用实质合并规则进行处理,但基于关联企业之间存在一定程度的混合和参股等关系,并出于提高债权人清偿率等因素的考虑,实务中也出现了对其采取类似程序合并的整体重整形式,即在保持各关联企业成员法人地位独立性的前提下,将关联企业共同纳入一个重整程序,指定一个管理人负责制订整体重整计划,债权人分别申报并按照各关联企业清偿率获得清偿。下面仅结合个案对此类关联企业整体重整需要考虑的因素予以分析。

首先,在这种情况下,关联企业之间并不存在资产、人员、财务账册混同等足以否定法人人格的情形,因而不符合突破法人独立性的要求。但由于企业之间存在参股、控股等关联关系,导致经营过程中发生交叉担保、互负债务等情况,关联企业中的任意一家或几家发生债务问题均可能导致对整个关联企业链条的集团性危机。此时若以未达到实质混同、不足以否定独立法人人格、不能适用实质合并规则为由,将其完全阻挡在合并重整之门外,可能导致不同关联债务主体重整价值的严重不均衡。对此,实践中也出现了采取一定形式的非实质合并模式,对其进行整体重整。如S集团重整案(以下简称S集团案)中,S集团母子公司均具有独立的法律人格,且母子公司之间亦不存在资产、人员等方面的混同情形,但母子公司之间互相担保情况严重,债权债务关系复杂,债务危机发生后母子公司层面均面临巨大的债务危机,使债务问题牵一发而动全身,管理人据此向法院提出对S集团进行整体重整的申请。

其次,关联企业资产相互独立但债权债务关系错综复杂,单独重整将不利于化解企业集团整体危机。如前所述,关联企业由于参股、控股等关联关系导致债务问题波及整个企业集团,而企业集团在整体经营过程中,由于在生产、经营、管理等方面的分工合作,导致企业集团内部生产资料分布不均匀,债权债务却相互关联、错综复杂,单独重整将导致关联企业重整资源产生不均衡,不利于企业集团债务危机的整体性解决。在前述S集团案中,集团自身基本无有效资产偿债,如果仅对母公司进行重整,母公司债权人的利益将无法得到充分保障。同时,子公司的相关资产价值唯有在持续经营中方能体现,单独处置变现的偿债能力也将十分有限,并且还会因为互保的问题面临母公司债权人的查封、冻结、执行等法律风险,继而影响集团企业整体发展。鉴于此,管理人基于整个企业集团制订了整体重整计划,最终保全企业集团的持续经营价值。

最后,整体重整将显著提高重整成功几率和债权人的清偿利益。一方面,由于关联企业在企业集团内部分工及掌握的生产资料各不同,独立重整必然导致资产处置割裂,极大地降低资产变现价值。实践中,也很少有投资人会对集团中的某个企业进行投资重整,更多的是看中企业集团的整体重整价值。另一方面,即使突破公司法关于法人人格独立的界限,对母子公司进行实质合并重整,也只是将子公司纳入母公司重整程序,同时把母子公司资产债务强制进行单一化处理,债权人合并前后所获得的清偿比例将会发生重大变化,造成对部分债权人的显失公平。对此,实践中采取了在尊重法人人格独立性的基础上,将各关联企业引入重整程序,通过类似程序合并的方式对企业集团进行整体重整,债权人就其债权分别向各公司申报,管理人统筹全局制定整体重整计划。通过这种非实质合并的方式,债权人能够依据重整计划在不同的关联企业处按照不同的清偿比例获得多笔清偿,既保证了清偿的公平性,又提高了债权人实际获得的清偿金额,并使企业集团在整体上获得挽救和再生。在上述S集团案中,由于母子公司之间明显不存在足以否认法人独立人格的实质混同情形,强行适用实质合并规则将使重整程序面临挑战,但关联企业之间普遍存在母子公司相互担保的情形,因此,通过引入类似程序合并的重整模式,在母公司进入重整程序后,先后推动子公司分别进入重整程序,充分尊重了企业法人独立性原则,确保了重整程序的合法性。同时,针对该集团母子公司互保问题严重的情形,管理人从整体出发制作"1 +4"的重整计划,使担保债权人可以就同笔担保债权向母子公司即主债务人和担保人分别进行申报债权,并根据整体重整计划分别获得清偿,从而在实际上极大地提高了担保债权人清偿比例,也有效保证了债权人在母子公司处获得公平清偿。

(三)独立法人经营业务实质关联

除前述两种类型外,对于从根本上不存在股权控制关系且未发生实质混同的关联企业,如果其在经营目的上存在一致性,在管理运作上存在协同性,在资金往来上存在一定的混同性,在任一关联方发生债务危机的情况下,为保障企业集团整体生产运营价值,提高重整工作的效率及成功率,实践中也出现引入整体重整程序以全面解决整体债务危机的案例。由于适用此类重整模式的关联企业之间缺乏混同性基础,通常难以适用实质合并对其进行处理,理论上可以通过程序协调的模式,在并行的几个破产程序间,通过法院信息的沟通、管理人的协作,保持关联企业之间的协调效应,实现关联企业的整体重整。

首先,关联企业间存在经营目的的一致性、管理运作的协同性以及资金往来上一定的关联性。一是关联企业之间在经营目的上存在一致性,即关联企业之间作为企业集团为了统一、共同的经营目的而存在和经营,如作为共同项目的合同主体、作为供应链的上下游供产销主体等,任何一家企业独立进行破产清算或重整都将影响整个企业集团的经营效率。二是关联企业在管理运作上存在协同性。虽然企业集团中的关联企业在生产、经营、管理等方面各自独立负责,但基于管理运作的整体性,其相互之间普遍存在互派经营管理人员、共同制定管理运作方案并在生产链条上担任不同的角色等协同行为。这种情况下,任何一家关联企业单独破产清算或重整也都将导致生产经营链条的割裂和缺失。三是关联企业在资金往来上存在一定的关联性。对于主体资格独立但业务实质性关联的企业,其虽然不存在资金、财务、管理等方面的实质混同,但基于前述经营目的、管理运作上的整体性,其生产经营过程中也普遍存在共同项目开发、框架协议等行为,因而经常存在关联企业作为共同融资主体、担保主体等所发生的资金往来行为。鉴于此,如果不对关联企业成员采取某种一致性重整措施,将会使共同负债集中爆发,如债务提前到期、违约金的承担或财产被保全等法律风险,进而引发企业集团整体危机。实践中,在适用此类整体重整模式的 X 系案中,3 家关联企业系主要经营环保食品包装行业的企业集团,其拥有以其中两家公司为主要生产、研发平台,另一家公司为主要销售平台的完整供销体系,居于同行业领先地位。但由于扩大生产规模、引入民间资金,导致各公司均出现债务危机,面临债务集中到期、财务成本激增、生产经营稳定性受损的局面,各公司债权人均分别向法院申请进行重整。鉴于该案中关联企业在经营业务上相互依赖,且债务互保现象十分普遍,为最大限度发挥关联企业整体资产的运营价值、公平保护全体债权人权益,在充分论证的基础上,法院批准将 3 家公司重整案件作为整体统一进行重整的申请,并通过引入上市公司的资源,实现了整体债务的全部清偿。

其次,整体重整将有利于提高重整效率。以上述 X 系案为例,X 系公司属于生产密集型企业,资产规模和负债数量巨大,员工和债权人数众多,由于企业自身财务管理等方面的不规范,企业负债、担保普遍存在关联关系,众多资产权属模糊不清。因此,如果对关联企业单独进行重整,并对资产、负债进行独立调查、核实和审计,会严重影响整体重整工作的效率,同时,独立重整、资产负债的割裂也将导致债权人清偿和员工安置标准不统一,大大增加维稳压力。反之,如对其实施整体重整,将极大地减轻资产确权、关联负债和担保清理等重复工作。

最后,整体重整将有助于制订切实可行的重整计划草案。多个关联企业单独制作重整计划草案,由于资产负债差别较大,重整计划草案可能无法有效衔接,对引入投资人较为不利,每个重整计划单独执行也有难度。关联企业整体重整后,能够整合所有资源,有利于吸引投资人,制作切实可行的重整计划草案,重整计划执行也更有保障,从而提高重整的成功率。

从上述案例可见,在实践中,出于对协调成本的考虑,大多仍然是基于关联企业个案具体情况的需要,将此类关联企业重整案件分别立案后整体处理。前述 X 系案件虽然形式上分别制定重整计划,但由于关联企业之间的协同性,各自重整计划在内容上基本一致。与 S 集团案件不同的是,X 系案件中互保的担保权人仅申报一次债权,但由于最终获得全额清偿,因此未对其利益造成实质影响。X 系案例这种以程序协调为主又具有实质合并特征的整体重整模式,法院在裁定受理时应持慎重态度,对其整体重整的必要性和公平性,尤其是涉及部分实质合并的正当性予以充分论证。

三、关联企业整体重整模式的选择及其法律后果

理论上而言,关联企业重整可以分为实质合并、程序合并以及程序协调三种模式。其中程序合并又称为合并审理,按照美国破产制度下的概念,是指当两个以上的债务人提起不同的破产申请时,法院把它们作为一个案件进行审理的程序。合并审理并不影响债权人和其他利害关系人的实体利益。与实体合并不同,合并审理案件中,每个债务人的财产是区分开来的,并且,不同债务人之间的债务并不消灭,合并审理案件的各债权人只能从各自的债务人财产中获得清偿。[①] 程序合并或合并审理系建立在诉的合并制度理论上,通常认为合并后的破产重整案件只存在一个案号,仅指定一个管理人负责整个案件,只有一个债权人会议存在,就关联企业也仅制定一个重整计划,其与实质合并的本质区别在于,关联企业之间财产不合并,互负债务也不能消灭。程序合并理论上是在关联企业没有达到高度混同情况下采取的审理方式,保持了关联企业各自的法人独立性,但在具体操作时依然面临程序合并必要性的论证,并且在适用条件审查上难以与实质合并相区分。对此,德国破产制度通过建立程序协调制度完全取代了程序合并。程序协调,是指关联企业破产时,通过法院、管理人和债权人的合作,协调各个破产程序的管理和进行,以保持关联企业之间的协调效应,提高破产重整机会。与以上两者相比,程序协调制度未合并任何财产或程序,各个程序保持独立。[②] 按照上述标准,前述S集团案和X系案并不属于典型的程序合并模式,而是包含有程序合并和程序协调的特点,即在保护各个关联企业破产程序独立性的基础上,为减少协调成本便于程序推进,而采取了集中管辖以及独任管理人的模式,但制订一个整体重整计划的方式又与单纯的程序协调存在差异。可见,目前我国实践中根据关联企业之间的混同程度和个案情形,对关联企业重整采取的模式可以分为实质合并与非实质合并,将来对于非实质合并采取程序合并还是程序协调,抑或二者兼有的立法模式,还有待进一步论证和研究。本文仅就

---

① 参见大卫·G. 爱波斯坦等:《美国破产法》,韩长印等译,中国政法大学出版社2003年版,第24页。

② 参见葛平亮:《德国关联企业破产规制的最新发展及其启示》,载《月旦财经法杂志》2016年第1期。

关联企业整体重整的程序启动、有关实体问题的处理以及重整后主体资格的保留等方面作简要探讨。

(一)关联企业整体重整程序的启动

重整程序的启动是企业重整的第一步。根据企业关联程度的不同,关联企业进入重整程序的方式、重整管理人的确定等方面存在差异。① 具体而言:

1. 关联企业成员合并为一个整体进入重整程序

对于独立法人主体资格实质混同的关联企业,由于其完全具备否认独立法人主体资格的要件,可以直接合并为一个整体进入重整程序。该类重整程序的启动需要管辖法院对关联企业成员一并进行审查,判断是否具有实质混同、是否达到否定独立法人主体资格的条件。如符合整体实质合并重整的条件,通常将突破法人独立原则,将所有关联企业合并为一个整体进行重整。从理论上看,该类启动应当将所有关联企业直接进行吸收合并,然后由一个主体进行重整,但实践中此类做法非常少见,取而代之的是广义上的合并,即采取“1 + N”或“N + N”的模式一并裁定破产或重整。进入程序后,管辖法院将关联企业成员自始至终都作为一个整体,统一开展各项重整工作。

2. 关联企业成员单独进入重整程序后合并

对于申请时尚无证据表明存在实质混同的关联企业,可以是各关联企业分别进入重整程序,也可以是先由母公司或控制公司进入重整程序,再在论证是否存在实质混同的基础上,或者基于整体性考虑积极促成其余关联企业陆续进入重整程序。该类重整程序的启动方式是整体重整案件最常见的操作方式,即各成员企业同时或先后进入重整程序,由法院审查关联企业之间是否存在混同以及混同程度等情况,再决定对关联企业成员采取实质合并还是程序合并的形式纳入整体重整,相关重整工作统一进行。

3. 关联企业分别进入重整程序后保持独立性

对于独立法人主体资格未实质混同的关联企业,由于其不具备否认法人主体资格的条件,应当在尊重法人主体资格的基础上进行整体重整。具体而言,对于独立法人之间存在经营业务实质关联的关联企业,由于其仅存在经营业务的

① 王新欣、周薇:《关联企业的合并破产重整启动研究》,载《政法论坛》2011 年第 6 期。

分工协作,故应当在充分论证其在经营业务上的关联关系以及整体重整的必要性后,申请法院分别受理关联企业的独立重整案件,然后再作为一个整体处理。该类重整程序的启动系随着关联企业新型关联关系出现而采取的一种操作方式,即各成员企业同时或先后进入重整程序,在充分论证关联企业之间在经营、管理、资金上的统一性、整体性后,由法院将多个重整程序进行协调处理,相关重整工作统一推进。这种处理模式实质上属于程序协调,但目前在我国出于协调成本的考虑,通常采取了由一家法院集中管辖以及指定独任管理人的形式。

(二)关联企业资产负债等实体问题的处理

在法院裁定关联企业进行整体重整后,随之而来的是对关联企业资产的梳理确权、对负债的计算和清偿等问题。

首先,对于独立法人主体资格实质混同的关联企业,根据实质合并规则,将各关联企业债务人的资产负债进行合并处理,即不区分资产权属究竟属于哪一成员公司,而是由管理人进行统一处置变现;对于关联企业各自的负债进行合并处理,对关联企业之间的互负债务直接进行核销、互相担保债务按照一笔进行计算,最终统一获得清偿。①

其次,对于独立法人主体资格未实质混同的关联企业和独立法人经营业务实质关联的关联企业,由于不能否认独立法人主体资格,则需要尊重企业法人的财产独立性,将资产、负债进行分别计算。一方面,在基本确定资产权属的基础上,结合不同企业业务角色定位及其资产的特殊性,对各项资产制订不同的处置方案,充分发挥资产效用,实现资产价值最大化;另一方面,将关联企业债权进行分别申报和统计,对于在各关联企业重复申报的同一笔债权进行剔重,仅按照一笔计算,由管理人统筹案件全局制订整体重整计划,债权人最终按照重整计划获得不同比例的清偿,并最终计算确定清偿率。

(三)关联企业主体资格的保留

关联企业通过整体重整程序将获得重生,未来企业集团法人主体资格的存

---

① See Phillip I. Blumberg, *The Law of Corporate Groups*, Little Brown & Co. Law & Business, May, 1985, pp. 401 - 402.

续也将面临选择。

1. 单一主体存续

对于关联企业成员合并为一个整体进入重整程序的关联企业整体重整来说,其在进入重整程序之前已经通过吸收合并将其余关联企业主体资格进行注销,故而重整程序后也将仅保留单一主体。对于关联企业成员单独进入重整程序后合并的关联企业整体重整而言,其在进入重整程序后,通过重整程序将关联企业吸收进来进行重整。此种情况下,在对其他关联企业合并重整的同时,可以选择直接将关联企业主体资格注销,也可以选择通过重整计划最后仅保留一家主体资格。但不论通过哪种方式,重整成功后,原企业集团都将仅保留单一主体存续,未来对外独立承担整体生产、经营、业务等方面的责任。

2. 多个主体存续

对于关联企业分别进入重整程序后保持独立性的关联企业整体重整而言,由于没有突破法人人格独立性,故而各关联企业在重整程序中在主体资格上依然保持独立,只是将各关联企业重整工作统一推进。此种情况下,在统筹制订重整计划时将面临两个选择:其一,保持各关联企业主体资格,重整成功后原企业集团依然存在,各关联企业各司其职,企业集团获得整体重生;其二,在重整计划中通过出资人权益调整的方式将关联企业股权结构进行调整,关联企业以子公司的形式存续。

综上,基于关联企业之间关系的复杂性,仅适用以法人人格混同为基础的实质合并规则,将使我国关联企业重整模式单一,难以适用于复杂多样的关联关系下企业集团重整的需要,导致尚未构成法人人格混同的关联企业合并重整缺乏理论和法律依据,不利于企业集团重整效果的整体实现;此外,还可能降低和模糊实质合并规则的适用标准,有损债权债务清偿的实质公平。因此,对于关联企业重整,应当密切关注市场经济、企业组织形式等方面的发展态势,根据关联企业之间关联关系、混同程度的不同,区别适用实质合并规则和非实质合并规则,引入关联企业整体重整制度,有针对性地制订关联企业整体重整的适用标准,全面、多样地解决企业集团的整体债务危机,公平保护全体债权人的合法权益,有效延续企业集团的生机和活力。同时,针对不同的整体重整类型,创设不同的整体重整模式,并着重解决程序启动、资产负债等实体问题及重整成功后主体资格的保留等特殊问题,促进关联企业整体重整制度的平稳、有序运作。与此同时,对于包括关联企业实质合并与非实质合并在内的整体重整适用条件、程序推进、法律后果等相关细节，依然有待理论和实务领域的持续探索和研究，以不断完善有关关联企业重整的制度与机制。

论关联企业破产中“深石原则”的适用

沈　湧[*]　黄建东[**]

一、导　　言

随着改革开放的大潮以及市场经济的日益全球化，市场竞争愈加激烈，越来越多的企业选择通过集团化、规模化来保持其竞争优势。但与此同时，由于传统商法一直是围绕单一企业构建的，强调的是法人的独立性以及股东的有限责任。关联企业的出现打破了法人的独立性，“它们既非一个企业，也非没有任何关系的多个独立的企业；它们之间既统一，又独立”。① 因此目前围绕单一企业构建的破产法并不能很好地规制关联企业之间的在破产中的债务及资产转移，进而导致普通债权人处于无保护状态，既损害了债权人的利益也破坏了社会主义市场经济秩序。而美国在20世纪即基于衡平法创造出了“深石原则”，即根据控制企业是否基于公平行为取得对从属企业的债权而决定其债权是否劣后于从属企业普

* 南京市中级人民法院审判委员会委员、民二庭庭长。

** 南京市中级人民法院法官。

① 王长斌：《企业集团法律比较研究》，北京大学出版社2004年版，第6页。

通债权人和其他股东受偿,此原则为保护普通债权人的利益提供了很好的路径。本文将分为五个部分来讨论"深石原则"于我国关联企业破产制度中适用的可能性:第一部分界定关联企业破产;第二部分探讨关联企业破产中普通债权人保护的现状;第三部分讨论"深石原则"的在破产制度中的运用;第四部分讨论"深石原则"在我国立法与司法中的实践;第五部分找寻"深石原则"适用于我国破产制度的路径。

二、关联企业破产的定义及特征

(一)关联企业的定义与特征

关联企业这一概念很早便即产生,但各国法学界尚未有对其给出统一而明确的定义,我国《公司法》也是在2005年的修订中才在其第217条规定了关联关系,即"公司控股股东、实际控制人、董事、监事、高级管理人员与其直接或者间接控制的企业之间的关系,以及可能导致公司利益转移的其他关系。但是,国家控股的企业之间不仅因为同受国家控股而具有关联关系"。此外在学界,赵旭东教授曾提出,"关联企业是与其他企业存在股权和契约基础上的从属关系或共同隶属于某一企业、又具有独立法律地位的企业"。[①] 我们从中可以得出大致结论,即"关联企业"是相互之间具有控股、协议、人事、财务或者其他安排而能够实际支配或严重影响一方行为的关系的,或者可能导致公司利益转移的其他关系的具有独立法律人格的企业。

因此在辨识关联企业时,我们需要参考以下三个条件来划定关联企业的范围。

1. 关联企业各主体具有独立的法律人格

关联企业通过各种安排形成了一个企业联合体,那么这些关联企业必须具有独立的法律人格。因为如果关联企业中存在总公司与分公司之类的从属关系,就直接构成了一个独立的法律主体,不存在企业联合体的形式。

2. 关联企业之间存在控制或重大影响关系

企业作为市场经济主体相互之间有广泛的业务往来关系,仅凭业务往来联

---

① 赵旭东:《企业与公司法纵论》,法律出版社2003年版,第435页。

系在一起的企业并非关联企业,只有具有控制或重大影响关系的企业才能作为关联企业。而控制和重大影响主要指:(1)基于股权而产生的控制关系;(2)基于协议而产生的控制关系;(3)共同受同一企业控制而产生的控制关系;(4)极大地影响公司的财务和经营的决策。

3. 关联企业之间可以实现经济利益转移

关联企业的本质是为了实现利益最大化并且规避风险而建立的企业联合体,因而往往其追求的是整体的利益最大化。在现实中,也会存在关联企业之间转移债务,相互担保等情况,只有此种情形的关联企业才有在破产法中研究的意义,因为其转移利益的行为在关联企业破产的状况下必然会损害普通债权人的利益。

(二)关联企业破产的形态

首先我们需要弄清楚破产的定义,破产,是指“当出现债务人不能清偿全部债务的状态时,为了消灭债务人的商事人格,对全体债权人进行公平清偿,将债务人的全部财产关系进行清算或者债务人寻求和解与重整的程序活动”。[①] 因此结合关联企业的定义与特征,关联企业破产,是指相互之间具有控制与被控制的关系或有重大影响的关系的企业的全部或部分出现不能偿还全部债务的情形时,对关联企业的全部财产进行清算或债务人寻求和解或重整的行为。

因此,关联企业破产主要有以下几种情况:控制企业破产、从属企业存续;从属企业破产、控制企业不破产;控制企业与从属企业同时破产;受同一企业控制的关联企业破产;跨国企业破产。其中,第一种情况在破产领域最为常见,也是在接下来要讨论的“深石原则”使用的最主要的情形,因此本文要着重讨论此种破产情形下关联企业债权如何规制的问题。因为实践中,控制企业不可避免的以低价或高价向从属企业购销商品,控制企业向从属企业连续赊购或赊销产品,从属企业低价转让或高价受让资产,以不合理价款转移资金,从属企业向控制企业提供担保等。[②]

---

① 王延川主编:《破产法理论与实务》,中国政法大学出版社2009年版,第2页。

② 参见魏博:《论“深石原则”在我国破产法上的适用》,西南政法大学2012年硕士学位论文,第55页。

三、关联企业破产普通债权人保护的现状

我国目前对关联企业破产并没有系统的法律规定,对普通债权人利益保护的制度也仅有法人人格否认制度、关联关系损害赔偿制度,破产撤销权和无效行为制度,所保护的范围都很有限。另外,关联企业内部债权债务关系错综复杂,在破产进程中无从对关联企业间债权的真实性及合法性予以鉴别,无法给予普通债权人有效的保护,进而影响了现有法律体系对破产中普通债权人利益保护的效果。

(一)立法现状

1. 法人人格否认制度的局限

我国《公司法》第20条规定:"公司股东应当遵守法律、行政法规和公司章程,依法行使股东权利,不得滥用股东权利损害公司或者其他股东的利益;不得滥用公司法人独立地位和股东有限责任损害公司债权人的利益。公司股东滥用股东权利给公司或者其他股东造成损失的,应当依法承担赔偿责任。公司股东滥用公司法人独立地位和股东有限责任,逃避债务,严重损害公司债权人利益的,应当对公司债务承担连带责任。"从关联企业破产规制角度来看该条款,如果母公司利用子公司独立法律人格在子公司破产中严重损害子公司债权人利益时,可以适用法人人格否认制度令其承担连带责任。

但显然该条款存在太多局限:(1)只约束股东的关联交易行为,不能包含滥用控制权的实际控制人;(2)条文过于概括,司法实践中很难适用;(3)举证责任仍采用"谁主张,谁举证",债权人无从了解关联企业内部运营情况。

2. 关联关系损害赔偿制度的局限

我国《公司法》第21条规定:"公司的控股股东、实际控制人、董事、监事、高级管理人员不得利用其关联关系损害公司利益。违反前款规定,给公司造成损失的,应当承担赔偿责任。"虽然该条款直接禁止关联企业利用关联关系损害公司利益,但其着眼点为受控制企业权力的保护,目的在于规制不正当关联交易,对关联企业破产时债权人的公平受偿帮助有限。

3. 破产撤销权制度和无效行为制度的不足

我国《企业破产法》第 31 条和第 32 条规定了破产撤销权,即“人民法院受理破产申请前一年内,涉及债务人财产的下列行为,管理人有权请求人民法院予以撤销:(一)无偿转让财产的;(二)以明显不合理的价格进行交易的;(三)对没有财产担保的债务提供财产担保的;(四)对未到期的债务提前清偿的;(五)放弃债权的。”“人民法院受理破产申请前六个月内,债务人有本法第二条第一款规定的情形,仍对个别债权人进行清偿的,管理人有权请求人民法院予以撤销。但是,个别清偿使债务人财产受益的除外。”该法第 33 条规定了财产转移行为的无效,即“涉及债务人财产的下列行为无效:(一)为逃避债务而隐匿、转移财产的;(二)虚构债务或者承认不真实的债务的”。

但这些条款的目标仅在于恢复债务人的责任财产,使债权人获得更多的清偿,①不能对关联企业之间长期的关联行为予以规制,虽然该条款旨在增加破产企业资产的体量,但对缩减因关联交易增加的虚假债权并无帮助。

(二)司法现状

在现有立法尚不完善的情形下,司法中也存在很大困难,尤其在破产企业债权中关联企业占据了很高的比例,而且很多一部分的破产债权往往是担保债权,具有优先受偿性,对于违法关联债权的认定成了司法中极难解决的问题。

司法实践中常见的关联企业间的债权债务包括以下几种:(1)资产交易的债权债务。往往关联企业间会将一方的优质资产与对方的劣质资产进行交易,或者通过低价转让、融资租赁等方式形成虚虚实实的债权债务关系。(2)民间借贷的债权债务。关联公司之间普遍存在相互拆借的行为,尤其是作为子公司的上市公司,常成为母公司的提款机。(3)相互担保的债权债务。关联企业之间相互提供保证、抵押和质押的情况十分普遍,在关联一方破产时,往往有财产担保一方就能优先受偿。此外虽然我国有相关法律规制关联交易,如《上市规则》中的披露义务,但是仍可以通过寻找“过桥公司”等方式将一笔关联交易转换为多笔非关联交易。

---

① 参见胡威:《关联企业破产外部债权人利益保护研究》,中南大学 2009 年硕士学位论文,第 14 页。

四、美国破产制度中的“深石原则”

美国联邦最高法院 1939 年审理泰勒诉标准电器石油公司一案（Taylor v. Standard Gas & Electric Co.）中基于衡平理念创造了“深石原则”，即根据关联企业是否基于公平合理合法的行为取得对破产企业的债权而决定其债权是否劣后于破产企业普通债权人和其他股东受偿。

在“深石”案中，深石公司是标准电器的子公司。虽然地方法院和高等法院裁定该重整计划成立，但最高法院认为，深石公司在刚成立之时就出现了资本不足的情况，而且深石公司的经营是完全在母公司的控制下进行的，其控制就是为了母公司的利益。因此，如果裁定成立，母公司作为巨额债权人，将对深石公司的普通债权人造成极大的损害。在本案中，“法院不再依赖独立法人的形式标准，而是强调母公司行为是否公平”。[①] 也是因此法院可以不通过否认母公司债权的方式来解决关联企业的破产债权问题。

在“深石原则”的发展过程中，对与破产企业的关联企业的债权如何“劣后”，产生了两种理论：“自动居次理论”和“衡平居次理论”，前者认为母公司对子公司的债权应无条件地次于子公司其他债权人，后者认为如果所有的关联企业的债权在破产企业中都自动居次将会造成母公司对子公司投资的消极，最后衡平居次原则被广泛采纳并于 1978 年美国《破产法》第 510(c)条确定下来。

在适用“深石原则”的案例中，违反公平标准而居次劣后的主要有以下几种情形：(1)从属公司资本不足；(2)控制企业对从属企业实施控制权违背诚信义务；(3)否定独立法人主体准则；(4)资产混同。[②] 即在从属企业破产，控制企业对从属企业存在上述有违公平标准的情况时，法院可以引用“深石原则”，判定将控制公司对从属公司的债权清偿顺序劣后于从属公司其他债权人。

在对关联企业破产进行规制的方法除了“深石原则”外，在各国司法界还普遍存在法人人格否认和实质合并原则，前者是指在特定事实情况下否认有限责任人的有限责任，例如，公司资本显著不足、公司财产混同、机构混同等；后者是

---

① 王长斌：《企业集团法律比较研究》，北京大学出版社 2004 年版，第 150 页。

② See Philip I. Blumberg, *The Law of Corporate Groups Bankruptcy Law*, pp. 66 – 69.

指在控制企业与从属企业同时破产的场合,为衡平控制企业债权人和从属企业债权人之间的利益,将控制企业与从属企业的资产与债务合并计算,并排除彼此之间的债权和保证关系后,按照债权比例清偿关联企业所有债权人的一般原则。相较于二者,笔者认为“深石原则”具有更多的优势。

相较于法人人格否认制度:首先,二者适用的情形不同,“深石原则”只在债务确认中适用,而法人人格否认的适用范围就广了很多;其次,二者目的不同,前者为了保护破产企业普通债权人的利益,后者是为了否认控制公司的有限责任;最后,二者适用的效果也不同,前者相对更温和,只是将关联企业的债权予以劣后,而后者则要求关联企业对其违法行为承担赔偿义务。

因此,首先,“深石原则”的适用不需要搜集大量证据来“刺破企业面纱”,普通债权人的举证责任更轻,更利于保护普通债权人的利益;其次,该原则也能够达到法人人格否认制度在关联企业破产规制中的目的,更加经济;最后,该原则也基于衡平适当地考虑到了关联企业的利益,相对温和。

相较于实质合并原则:首先,适用情形不同,后者只适用于多个关联企业同时破产的情形;其次,前者只是将关联企业的债权劣后于普通债权人,后者则是直接消除关联企业间的债权;最后,前者在清偿完普通债权人后有剩余的关联企业仍可得到清偿,而后者只是作为出资人获得剩余资产罢了。

因此,“深石原则”的适用的范围更广,不限于同时破产的情形,且更加温和。在大部分破产案件都是单一企业破产的情况下,具有更普遍的适用可能。

五、我国目前关于“深石原则”的司法实践

“深石原则”虽然一直不见于我国的法律规定当中,但我国司法界一直在不断地对其进行探索,首次在 2003 年的最高人民法院《关于审理公司纠纷案件若干问题的规定(一)(征求意见稿)》第 52 条规定:“控制公司滥用公司人格的,控制公司对从属公司的债权不享有抵销权;从属公司破产清算时,控制公司不享有别除权或者优先权,其债权分配顺序次于从属公司的其他债权人。”此后 2010 年《中华人民共和国企业破产法司法解释(征求意见稿)》主张:“债务人破产时,其控制公司及其他关联公司基于不公平、不合理的关联交易而拥有的对债务人的债权,劣后于破产企业的其他普通债权人受偿。除非上述关联公司举证证明其

债权系基于公平原则的关联交易而产生的。”可见，我国司法机关对引入“深石原则”是抱有积极态度的，并一直在为此努力。

此外，在司法实践中也正式通过判决引入了“深石原则”，为“深石原则”的立法创造了条件。2015年3月31日最高人民法院公布了4个典型案例，其中就包括“深石原则”首例案例的沙港公司诉开天公司执行分配方案异议案，本案的基本案情如下：

2010年6月11日上海市松江区人民法院判决茸城公司应当向沙港公司支付货款以及相应利息损失。后茸城公司被注销，沙港公司向法院申请追加茸城公司股东开天公司及7名自然人股东为被执行人，在各自出资不实范围内向沙港公司承担责任，共计扣划股东款项696,505.68元（包括开天公司出资不足的45万元）。2012年7月18日开天公司起诉要求茸城公司8个股东在各自出资不实范围内对茸城公司欠付开天公司各类款项以及违约金承担连带清偿责任。该两案也进入了执行程序。

2013年2月27日上海市松江区人民法院执行局作出《被执行人茸城公司追加股东执行款分配方案表》，将上述3案合并，确定执行款696,505.68元在先行发还3案诉讼费用后，余款再按31.825%同比例分配，今后继续执行到款项再行分配处理。沙港公司遂于2013年4月27日向松江区人民法院提起异议之诉，认为开天公司不能参与就其出资不到位而被扣划的款项分配。

一审法院认为，开天公司因出资不实而被扣划的45万元应首先补足茸城公司责任资产，向公司外部债权人沙港公司进行清偿。开天公司以其对茸城公司也享有债权为由要求参与其自身被扣划款项的分配，对公司外部债权人是不公平的，也与公司股东以其出资对公司承担责任的法律原则相悖，最终否定了出资不实股东进行同等顺位受偿的主张。一审判决后，当事人均未提出上诉，一审判决生效。在审理中，由于我国法律对此并无明确规定，一审法院实质上借鉴了美国历史上“深石案”所确立的“深石原则”，其对债权人保护的努力应予肯定。

本案适用“深石原则”的情况是股东出资不实。那么，“深石原则”能否扩及适用于转移资产、关联交易等其他不公正行为？能否逆向适用和平行适用“深石原则”？笔者认为，如果控制公司利用不公正交易行为对从属公司进行利益输送，或者关联公司之间存在不公正交易行为，学理上符合适用条件，但司法实践之路可能会漫长。至少，在我国全面、完整确立“法人人格否认制度”之前，“深石原则”可能更多地具有示范作用,但毕竟值得肯定。

六、借鉴“深石原则”完善中国关联企业破产制度

(一)立法模式的选择

“深石原则”是否应规定于我国《企业破产法》还是《公司法》中,学界尚存争议。笔者认为,由于“深石原则”规范的是关联企业中一方破产时其他关联企业债权清偿顺序的问题,因此应当规定于我国《企业破产法》中更为适宜。另外,由于我国司法实践中对“深石原则”多有尝试,所以应当先通过司法解释引入“深石原则”,并于成熟时,在我国《企业破产法》中直接规定,并做好我国《公司法》等立法的配套工作。

(二)适用“深石原则”的具体条件

第一,关于适用“深石原则”的主体要件。从实际情况来看,我国许多企业集团内部各从属公司间大多存在复杂的财务关系和人员混同,其从属公司的姊妹公司的债权也可能影响对从属公司债权人债权的公平清偿。因此应将适用“深石原则”的义务主体的范围扩大至从属公司之姊妹公司。另外,在条件成熟时,也可以考虑逆向适用“深石原则”因为也可能存在子公司的关联交易影响到破产母公司的普通债权人的债权清偿。

第二,关于适用“深石原则”的行为要件。“深石原则”适用的目的是从公平标准出发,保护从属企业普通债权人的利益,因而将其债权劣后于从属公司的普通债权人的条件是控制公司存在不正当行为并从从属公司获取不当利益。对于不正当行为的界定,法律需要进行明确,但也只能简单规定,不能事无巨细。如要明确规定,应当包括如下情形:(1)控制企业对从属企业行使控制权时,违反了受任人的诚信义务;(2)控制企业无视从属企业独立的法律主体资格;(3)资产混同或输送;(4)从属企业资本不足;(5)其他利用信息优势、资金优势所谓的不公平行为。

第三,关于适用“深石原则”时举证责任的分配。如果按照“谁主张,谁举证”的一般规则分配举证责任,从属企业之债权人需要承担证明控制企业与从属企业有不正当行为的责任。显然,让破产企业债权人搜集关联企业不正当行为

的证据非常困难，很多情况下也就仅止于猜测，这样只会大大限制“深石原则”的适用。考虑到双方信息取得的可能性与便捷性问题，在我国适用“深石原则”时理应采取两段式举证法，由破产企业普通债权人初步举证存在不正当行为的情形，只要能够证明存在不正当行为的可能即可，再由控制企业提出反证以阻却其债权的居次。

第四，关于适用深石原则的结果要件。控制企业与从属企业不公平的关联交易与其对从属企业享有的债权的关联度，是判断对控制企业适用深石原则的结果要件。在这里还有必要说明的是在适用“深石原则”时还要考察控制企业的行为与结果之间是否存在内在联系。如果存在内在联系，则表明二者之间存在因果关系，此时应当适用深石原则。相反，对控制企业则不能适用“深石原则”。

只有在企业破产之时关联企业之间全部具备上述四个条件，充分考量公平原则，才能适用深石原则，以保护关联企业外部的债权人，特别是处于弱势的中小经营性债权人。

审视与探索:关联企业合并破产的实务问题探究

孔　政[*]　唐慧农[**]　祝继萍[***]

关联企业合并破产问题对理论和实务界而言并不陌生,关联企业作为市场经济发展的产物,通过整合资源、多元经营形成规模效应,提高市场竞争力,但同时存在部分关联企业不当利用控制或影响关系,挑战公司法人人格独立原则,严重侵害债权人、中小股东乃至社会整体利益,尤其是在关联企业濒临破产或破产时,如何确保各方债权人合法权益公平实现是实务难点。为适应现实需要,关联企业合并破产的司法实践从个别案件探索迈向统一规则制订,"由点及面"的发展态势反映了破产审判工作的能动发展,也凸显出许多问题亟待解决,本文通过梳理合并破产实务中遭遇的困境,初探关联企业合并破产的新路径。

一、关联企业及实质合并破产规则概述

尽管关联企业在社会经济领域普遍存在,但我国对

* 杭州市余杭区人民法院副院长。

** 杭州市余杭区人民法院民二庭庭长。

*** 杭州市余杭区人民法院民二庭法官助理。

于关联企业的法律监管多存在于税收、会计、证券交易等领域,公司法和企业破产法并未规定关联企业相关问题,关联企业作为法律术语见于我国《税收征收管理法》,《税收征收管理法实施细则》第 51 条明确"关联企业是指有下列关系之一的公司、企业和其他经济组织:1. 在资金、经营、购销等方面,存在直接或者间接的拥有或者控制关系;2. 直接或者间接地同为第三者所拥有或者控制;3. 在利益上具有相关联的其他关系"。由此可知,定义"关联企业"需把握所有权和控制权这两个关键检测标准。现今,在企业破产法语境下理解"关联企业",其主要表现为两种形式:一是企业之间存在控制或重大影响关系;二是两个及以上企业共同为第三家企业所控制或受其重大影响。判断控制关系与重大影响关系,具体可从股权结构、业务关系、资产运作、财务管理、人事关系等角度分析企业之间的关联度是否达到重大影响或控制程度,为此,有人将关联企业定义为相互之间存在股权、契约或其他控制关系,或具有施加重大影响的能力,或被同一企业控制,具有独立法律地位的企业联合形态。①

关联企业与合并破产并非天然联系在一起,关联企业是否应当合并破产一直以来备受争议,随着司法实践的深入,最高人民法院及各地法院对待关联企业合并破产的态度经历了从"不适宜合并破产"到"审慎适用关联企业实质合并破产制度"的转变,实属不易却是大势所趋。实质合并破产规则(也称实体合并破产规则)是生根发芽于美国衡平法的破产财产公平分配救济措施,在一系列判例的推动下发展成熟,形成了"另一个自我""利益衡平""令人绝望的混同""Auto-Train 标准""Augie/Restivo 标准"②等合并破产的具体判断标准。究其概念,美国有学者认为,实质合并是指不同实体的财产和债务在破产程序中被作为一个破产案件实施合并,从而当作一个破产债务人对待,这些被合并的财产组成一项单独的破产财产,所有对合并债务人享有的债权将从这笔破产财产中获得分配。③ 2012 年联合国贸易法委员会《破产法立法指南》第三部分《破产企业集团对待办法》中将"实质性合并"解释为将企业集团两个或两个以上成员的资产和

① 参见广东省深圳市中级人民法院公司清算和破产审判庭编、郭毅敏主编:《企业破产与重整案件法律适用关键词与典型案例指导》,法律出版社 2015 年版,第 264 页。

② 彭插三:《论美国破产法中的实质合并规则》,载《财经理论与实践》(双月刊)2010 年第 2 期。

③ 参见[美]大卫·G. 爱波斯坦等:《美国破产法》,韩长印等译,中国政法大学出版社 2003 年版,第 23 页。

负债作为单一破产财产的组成部分对待。在我国,实质合并破产规则的内涵尚无定论。多数学者认为,关联企业因彼此之间存在法人人格高度混同情形,进入破产程序后应作为一个破产实体进行处理,相互债权及担保关系予以剔除,资产债务合并计算,依债权比例统一分配给所有债权人。

二、关联企业合并破产的实务形态梳理

司法实践远比法律条文复杂多变,现实中,关联企业合并破产的实务形态千差万别,从申请、审查、管辖、启动、管理人选任、举证责任分配到法院作出合并破产裁定,尤其是合并破产的启动和裁定程序,各地法院操作不一,争议不休。本文通过案例梳理方式分析四种合并破产启动模式各自的利弊,总结合并破产的审查标准,探讨三种法院裁定合并破产模式的优劣。

(一)合并破产的启动模式

关联企业合并破产主要存在以下四种启动模式:

一是"分别立案、集中清偿"模式,即拟破产的各关联企业在分别由法院裁定受理破产申请后,管理人根据调查情况提出合并破产申请并说明理由,法院审查后认为符合合并破产条件的,裁定合并审理,如浙江中江控股有限公司等30家企业破产重整案即采用此模式。此模式实务中较为常见且争议较小,在一定程度上尊重各关联企业的独立人格,每个企业在符合破产条件下分别提出破产申请,是否需要合并有赖于管理人调查论证,但也存在因各关联企业分属异地需指定管辖而带来时间成本和协调成本。

二是吸收合并模式,即各关联企业在进入破产程序之前,股东签署合并协议,以协议形式吸收合并为一家企业,后启动破产,在案件审理中管理人拟定合并方案,并交由债权人会议讨论通过后,由法院裁定批准合并方案。该模式以华伦集团有限公司(以下简称华伦集团)等6家企业破产重整案①为代表,其要求股东申请合并破产时提交各成员企业的关联资料,节约调查成本且可减少法院启

① 参见林萍等:《华伦集团有限公司破产重整案——正确适用法律规定,积极探索破产重整审判机制》,载《案例指导》(浙江省高级人民法院汇编)2011年第4期。

动合并破产程序的压力,但实务操作中股东就合并破产达成多数意见较为困难,且前期专项审计、召开股东大会、合并决议公告等筹备工作耗时长、成本大。

三是合并申请模式,即各成员企业在分别向法院提出破产申请的同时要求合并处理,该模式以杭州中润客运有限公司等4家企业破产重整案为代表,其在尊重各成员企业独立地位的基础上通过合并申请方式提醒法院关联关系的存在,同时为各成员企业确定了共同的破产启动时间,为后续债权审核、撤销权及无效制度行使提供了便利,但各关联企业均要求合并处理的操作难度较大,许多关联企业并不愿意申请破产。

四是"一家先破,其余合并"模式,即关联企业中一家企业被法院受理破产申请后,依已破产企业的申请或依职权将其余关联企业一并纳入破产程序,杭州市余杭区人民法院(以下简称余杭法院)审理的浙江中宙光电股份有限公司(以下简称中宙光电)与浙江中宙照明科技有限公司(以下简称中宙照明)合并破产重整案即采用此模式,中宙光电进入破产重整程序后,管理人向法院提出申请,认为其在工作中发现中宙光电与其全资子公司中宙照明在经营管理、业务、人员、负债等各个方面存在人格高度混同,中宙照明已严重丧失法人意志独立性,应共同向债权人承担责任,请求法院同意将两公司合并破产重整,法院审查后认为两公司在实际经营中因资产和业务混同,人员和机构混同且中宙照明为中宙光电提供大额担保,致使两公司法人人格不独立,存在人格高度混同情形,如对中宙光电单独进行破产处置不能客观反映其债权债务关系,会影响资产清理工作的正常开展,故依法裁定两公司合并重整。此模式较"先破产后合并"更有利于节约司法成本,但此模式实务中存有争议,被裁定合并进入破产程序的关联企业是否自身需符合破产条件尚无定论,且在破产重整案件中,要求法院在短时间内准确审查是否符合合并破产条件。

(二)合并破产的审查标准

关联企业之间的形态千差万别,或关联的方式不一致,或关联的具体表现形式不一致,当关联关系达到何种状态时方可适用实体合并规则,是否存在核心的判断因素,是否存在具体明确的判断标准,是在考虑适用实体合并规则时首先需要思考的问题。[①] 由于我国法律并未就关联企业合并破产问题进行明确规定,合并破产的实体和程序问题尤其是法院的审查标准亟须法律规范。

如前所述,实质合并规则源于美国,美国法院在对实体合并认定过程中形成了一系列判断标准,其中最常被引用的是七要素标准:第一,分离和确定个体资产和负债的难度;第二,是否存在合并的财务报表;第三,单一地理位置的合并受益情况;第四,资产和营业的混同;第五,不同实体权益的统一性;第六,存在明显的和公司内部的债务担保;第七,未遵守正式公司形式的资产转移。[②] 这对我国构建实体合并规则具有重要借鉴意义,2009 年最高人民法院在破产法司法适用问题答疑时曾指出:“人民法院在审理关联企业破产案件时,对于明显利用关联关系损害其他债权人利益的,可依法审慎适用关联企业实质合并破产等制度。具体而言,人民法院应综合考虑各关联企业是否存在混同的财务报表、企业间资产和流动资产的合并程度、各企业之间的利益统一性和所有权关系、分别确定单个企业的财产和负债的困难程度和成本大小、是否存在违法的财产转让、实质合并破产是否有利于增加企业重整的可能性等因素,裁定是否受理合并破产的申请。”这也与联合国贸易法委员会《破产法立法指南》第三部分“破产企业集团对待办法”第 112 段:“无论是在授权下达实质性合并令的法律中,还是在法院参与制定合并令的情况下,都已查明与确定是否有必要进行实质性合并有关的一些要件。在每一种情况下,问题要害都在于如何权衡考虑各种要件以做出公正和公平的决定;任何一个要件都不一定是结论性的,特定案件中不一定存在所有要件。这些要件包括:出具集团有合并财务报表;集团所有成员合用一个银行账户;集团成员之间利益和所有权的统一;对个别资产和负债进行分离的难度;集团不同成员分担间接费用以及管理、财务和其他相关费用;存在集团内贷款以及贷款的交叉担保;集团成员为图方便不遵守适当手续而彼此转移资产或调拨资金的程度;资本的充足情况;资产或经营业务的混合;指定共同的董事或高级管理人员和举行董事会联合会议;共同营业地;与债权人的欺诈交易;鼓励债权人将集团视为单一实体的做法,使债权人不清楚同其打交道的究竟是集团的哪些

---

① 参见广东省深圳市中级人民法院公司清算和破产审判庭编、郭毅敏主编:《企业破产与重整案件法律适用关键词与典型案例指导》,法律出版社 2015 年版,第 264 页。

② 参见彭插三:《实质合并规则与公司法人人格否认制度比较研究》,载《北京工商大学学报》(社会科学版)2011 年第 3 期。

成员,或者使集团成员间的法律界限模糊不清;以及实质性合并究竟是为了便于重整,还是为了债权人的利益。"之规定相符。在借鉴国外规则、把握最高人民法院答疑精神和总结相关案例的基础上,司法实践中在审查是否适用实质合并规则时主要从以下几方面考虑:

一是法人人格高度混同,主要从财务资料、资产负债、资金调度、股权结构、业务混同、人事管理、经营场所、联保互保等角度考量。

二是债权人信赖因素,即大部分债权人认为关联企业是一个整体,是出于对集团企业的信赖而与关联企业进行交易。

三是滥用关联关系造成损害结果,即关联企业间的法人人格高度混同损害了债权人的公平受偿权,若无实际损害,则没有适用必要。

四是分别破产成本高昂。关联企业间的高度混同使区分各关联企业间的资产和负债需要耗费大量的费用和时间,不可避免地给绝大多数债权人造成"二次伤害"。

(三)合并破产的裁决程序

合并破产的裁决程序实务中主要存在三种模式:

一是由债权人会议表决通过合并破产方案,如上海市金山区人民法院审理的上海特毅企业有限公司等3家公司合并破产清算案即采用此模式,在3家公司先后进入破产程序后,管理人将合并破产清算方案分别提交3家公司债权人会议表决,根据"人数过半、无担保债权金额过半"的标准,法院裁定确认合并清算方案。该案主审法官认为,在法律尚未作出明确规定的情况下,实体合并的进行应当以各关联企业的债权人会议均表决通过为前提条件,我国《企业破产法》第61条第1款第11项所规定的兜底条款可视为相应的法律依据,关于各关联企业表决的有效性,应当依据我国《企业破产法》第64条第1款予以判断。①

二是合并破产方案提交债权人会议讨论,无须表决,如杭州市富阳区人民法院审理的华伦集团有限公司等6家企业合并重整案系采用此模式,根据华伦集团及合并公司股东在进入重整程序前即已对合并事项均达成合意、签署了合并

① 参见王永亮、黄杰国、高丽宏:《关联企业破产实体合并的司法实践》,载《人民司法(案例)》2010年第16期。

协议的情况,管理人指定了华伦集团破产重整"1 + 5"合并方案,并将方案在债权人会议上提交讨论,债权人在规定时间均未提出异议,法院即根据管理人的申请裁定批准"1 + 5"吸收合并方案,统一处置六家企业的资产和负债。①

三是通过听证会、征询函等方式征求意见后法院裁定合并破产,如余杭法院审理的中宙光电与中宙照明合并破产重整案即采用此模式,由于两公司存在运营、人事、负债等方面高度混同情形,中宙光电管理人以征询函形式向中宙光电全体申报债权人披露合并重整方案并征求意见,其中明确同意合并重整的债权人人数占全部申报债权人数的73.17%,金额占全部申报债权金额的62.4%,后法院主持召开合并破产听证会,参加听证会的人员包括异议债权人、中宙光电意向投资者、法定代表人、审计评估机构、职工代表和中宙照明债权人代表在内的部分利害关系人。

比较这三种模式,第一种模式要求最为严苛、操作难度较大,合并破产必然会引发"利益受损"债权人的不满,"利益受损"关联企业的债权人会议很难就合并破产方案表决通过,第二、三种模式本质上均属法院在征求债权人意见后直接作出强制性合并裁定。关联企业合并破产是否需经债权人会议表决在理论和实务界都存有较大争议,有学者认为,在我国的司法实践中,应当将多数(企业)债权人的同意和法院的审查意见相结合,以法院的判断作为主要和最终裁量依据。② 笔者赞同此观点,关联企业合并破产并非债权人会议的职权范围,而应属法院职权范围,关联企业间的法人人格高度混同导致难以分割已属客观事实,从表面上看,部分关联企业的债权人清偿率因此降低,但导致清偿率差异的根源是破坏公平交易原则之违法行为,合并破产正是对原违法行为的纠正。

三、关联企业合并破产的实务困境

关联企业合并破产符合法律逻辑也是现实所需,在我国暂未将实质合并破产规则纳入现行法律制度的环境下,实务中对关联企业适用实质合并破产规则面临许多困境。

---

① 参见林萍等:《华伦集团有限公司破产重整案——正确适用法律规定,积极探索破产重整审判机制》,载《案例指导》(浙江省高级人民法院汇编)2011年第4期。

② 参见王欣新、周薇:《关联企业的合并破产重整启动研究》,载《政法论坛》2011年第6期。

(一)现行破产撤销权和无效制度存在局限性

我国《企业破产法》第31条至第33条通过撤销权和无效制度的设置,防范与规制债务人通过无偿转让、不合理交易、偏袒性清偿、为逃避债务而隐匿或转移财产、虚构债务或承认不真实的债务等行为损害债权人利益。但是,在关联企业破产案件中,违法行为呈复杂、隐蔽和多元的特点,许多严重侵害债权人利益的行为却找不到撤销或认定无效的法律依据。如余杭法院受理的某置业公司破产清算案,其仅存的重要资产在关联房产公司名下,两公司的实际控制人为同一人,在法院受理该置业公司破产清算申请1年前,实际控制人通过"债转股"方式将关联房产公司股权用以抵偿实际控制人及该置业公司所欠债务,从形式上看,关联房产公司就此次"债转股"作出股东会决议,制定章程修正案,并办理了股权变更登记,关联房产公司由此脱离该置业公司及实际控制人控制,但本质上该行为属于个别清偿行为,对其他债权人而言不公平。法律为撤销权和无效制度分别设置了6个月和1年的时间期限,然而债权人发现破产企业违法行为并采取相应措施往往具有滞后性,加之许多破产企业在进入破产程序前会有较长的风险处置周期,法定期限设置过短使得许多侵害债权人利益的违法行为无法被撤销。

(二)跨区域协调难度大

破产关联企业同属一辖区是较为理想的状态,实务中,关联企业通常分属异地,增加了管辖、资产债务调查、资产处置等一系列工作的难度。在考虑对关联企业合并破产时,如何突破地方保护的樊篱,建立畅通的沟通协调机制关系破产程序的顺利开展。如余杭法院在审的一破产集团企业的主要债权人在余杭,而主要破产财产集中在临安,该集团下属位于临安地区的关联破产房地产企业已售未完工工程的续建复工以及未来的资产处置和投资者引进,在资金、建设、规划、国土、税收优惠、招商等方面离不开当地政府的政策支持,故在两地政府乃至共同上级政府层面建立一个沟通协调机制,衡平处理破产案件整体推进过程中碰到的难题实属必要。

(三)财务账册灭失现象普遍

由于公司治理结构不完善,许多破产企业存在财务账册资料不清不全甚至毁损灭失的现象,加之破产企业实际控制人或被采取刑事强制措施或避债在外或不愿配合交接财务资料,导致破产工作无法顺利开展。审查关联企业合并破产时通常需对各关联企业的财务状况进行审计,财务账册灭失无疑加大了合并破产的论证难度。如余杭法院受理的两家机械公司破产清算案,经管理人前期调查发现两家关联企业的法定代表人和股东存在同一性,其中一家公司从未实际经营,其对外债务基本系为另一家公司担保而发生,初步判断两公司存在实质上的人格混同,但是两公司的财务账册灭失,管理人认为不排除实际控制人故意隐匿的可能,但因证据不足故对实际控制人采取相应法律制裁措施存在疑虑。实务中有人主张判断案情是否符合合并标准应当由管理人聘请其他专业中介机构制作专业审计评估报告,[①]但是在上述案件情况下,评估审计工作很难开展,给实质合并破产规则的适用带来了障碍。

(四)"利益受损"债权人反对问题突出

关联企业间的不当利益输送导致各关联企业的资产债务情况呈"厚此薄彼"状态,通过实质合并破产规则,将关联企业的资产和债务合并在同一破产程序中,统一用于清偿所有债权人符合实质公平原则也有利于提高破产效率、降低破产成本。但是,实施合并破产必然导致部分资产优质企业受牵连,个别关联企业的债权人清偿率被"稀释",这种现象几乎存在于每一个关联企业合并破产案件中,处理不当极易引发部分"利益受损"债权人的强烈不满,甚至诱发群访闹访风险,维稳压力较大。

此外,关联企业合并破产所面临困境还包括在关联企业合并破产后,其破产财产会统一进行分配,但因合并后破产企业资产体量增大,其中某一资产处置困难导致全案审理进程滞缓,从而与合并破产所追求效率的初衷相违背;关联企业合并破产后债权人群体增大,债权金额的调整和清偿率的波动不可避免,随之而

---

① 参见朱黎:《论实质合并破产规则的同意适用——兼对最高人民法院司法解释征求意见稿的思考》,载《政治与法律》2014 年第 3 期。

来的维稳压力不容小觑等,如何化解矛盾、打破困局,需从合并破产程序中的利益衡平入手。

四、合并破产程序中的利益平衡

破产程序中的利益主体越多,分配利益和调节关系的规则就越复杂。[①] 关联企业合并破产相较于企业单独破产,利益交织更为错综复杂,涉及社会整体利益与个案利益协调,债权人和债务人利益协调,不同债权人之间的协调、政府与法院之间的沟通协调,跨区域政府、法院之间的对接协调等。

(一)保障异议债权人合法权益

关联企业合并破产对全体债权人来说是利益的重大调整,尤其是对资产较多、债务较少的成员企业的债权人来说,"利益受损"使异议债权人不理解甚至排斥合并破产程序,尽管如前所述,法院可依职权裁定合并破产,但是在合并破产程序中必须充分保障债权人的合法权益,包括知情权和异议权:首先,管理人应当将合并破产方案及相关证据材料向债权人充分披露,根据债权人申请供其查阅并作解释说明,确保债权人作出理性的判断和选择;其次,广泛征求债权人意见,向关联企业中已破产企业全体债权人和拟破产企业的已知债权人发送合并破产征求意见函,听取债权人意见;再次,通过召开听证会或债权人会议方式邀请异议债权人、主要债权人和债务人等利害关系人参加,讨论合并破产方案并听取意见;最后,由管理人结合关联企业实际情况,在征求意见、听证情况的基础上调整合并破产方案并提交法院审查。

(二)构建异地协调长效机制

关联企业跨区县市甚至跨省破产现象越来越普遍,但地方保护主义、阻碍调查、阻挠资产处置等情形时有发生,跨区域协调机制的缺失不仅妨碍了破产程序的推进,也不利于破产债务人资产价值的保护和价值最大化,因此构建异地协调长效机制是关键,鉴于破产企业异地协调事宜多涉及维稳、项目招商引资、资产

---

① 参见杨忠孝:《破产法上的利益平衡问题研究》,北京大学出版社2008年版,第104页。

处置、税费优惠等需政府的支持和保障,笔者认为构建异地协调长效机制时应注意以下几点:一是重视政府层面协调机制的构建,必要时在两地共同上级政府的主持下成立协调小组、处理两地工作;二是必须在法律框架下开展工作,跨区域协调并不意味着可以损害债权人的合法权益,应统筹维护两地全体债权人的合法权益;三是重视协调机制的常态化和可操作性,并固定在工作备忘、会议纪要等书面文件中,避免变化不定的协调方式增加沟通成本,引发不必要的冲突,对破产程序的经济和社会目标造成阻碍。期待有朝一日,异地协调机制突破在个案中的构建,越来越多的地方就此形成相应的规范性文件。

(三)建立破产综合处置模式

关联企业多为集团企业,成员间相互依赖性高,其中一家企业的破产势必引发多米诺骨牌效应导致更多甚至所有成员企业破产,波及面广影响力大,危及经济安全和社会稳定。在此情况下,仅依赖债权人会议(债委会)、管理人、法院的力量无法有效平衡破产企业各利益相关者的利益,还需要政府履行适当职责。一方面,政府有弥补市场失灵的职责,对于市场、公民个人和其他组织、机构无法自行解决的问题,政府有责任进行适度介入,且对企业破产所可能产生的严重影响经济社会稳定的问题,政府有责任也有能力进行解决;另一方面,政府有能力在破产企业的有限资源之外调动其他各种社会资源。① 具体而言,企业破产过程中涉及的维稳、财政支持、职工保障、打击逃废债、行政审批、金融信用等问题均离不开政府的支持。目前,各地纷纷探索建立法院与政府、管理人之间的联动机制,如温州市出台《企业破产处置工作联席会议纪要》、杭州市余杭区出台的《关于专题研究企业破产综合处置工作的府院联席会议纪要》等,建立政府主导政策支持与法院主导司法程序相结合的常态化的企业破产综合处置模式有利于实现破产案件的顺利推进,规范企业的有序退出,维护各利益群体的合法权益。

---

① 参见尹正友:《企业破产与政府职责》,法律出版社2010年版,第84页。

关联企业破产实体合并规则的制度价值及实务研究

——基于我国国情及司法现状的分析

郑学仲*

在我国目前的破产法实践中,关联公司债权的认定可谓是一大难题。关联企业间因存在控制与支配因素,控制公司对其从属公司,可以转移、挪用、占有相关资产,或者指使其进行非常规的关联交易,或者将关联企业的各种资产在整个企业集团内部进行横向调配、使用。事实上,在同一企业集团内的各个关联企业之间,普遍存在账户、财产混同,经营场所混同,高管人员混同等问题,彼此之间的关系非常暧昧、复杂,资产流转已成为常态,加上财务账册资料残缺不全,因此在很多时候难以确认真正的财产归属,尤其是资金等流动性财产。前述问题,在破产中将导致破产财产界定存在极大的障碍和困难,为此我国司法实践引入适用了实体合并规则,以专门应对该类问题。本文结合司法实践,从理论及实务等多个角度,就破产实体合并开展论述,希望能够促进相关制度的建立和完善。

---

* 真璞商务咨询(上海)有限公司首席高级企业风险管理师。

一、实体合并的概念及法律后果

实体合并规则(substantive consolidation)是美国破产法院依据衡平法在判例基础上发展起来的一项制度。该规则是指当关联企业同时破产时,将关联企业各自的资产与债务视为一体,合并计算。实体合并消除了关联企业之间的界限,被合并关联企业之间互负的债务归于消灭,被合并关联企业的财产作为一个共同的财产池,依债权额比例分配于所有关联企业的债权人。

实体合并规则的法律效力,可以分为对关联企业内部的效力和对关联企业外部的效力。前者主要表现为成员企业之间的债权债务,即使设定担保,均因合并而消灭。后者则需要根据利害关系人的类别稍作区分。

(一)对内的效力

1. 消灭关联企业之间的债权债务关系

关联企业破产合并清算制度全面、永久地否定了各关联企业的主体地位,将各关联企业视为统一的整体。关联企业具有控制企业统一控制的特征,意味着关联企业整体利益的一体化。关联企业破产合并清算制度消灭了关联企业之间的求偿关系,实际上是消灭了关联企业之间财产混同、人事混同、财务混同而体现的人格混同。关联企业破产合并清算的方式在坚持公司和企业法人制度的前提下,摆脱了从属求偿原则的局限,弥补了法人人格否认理论的欠缺。

2. 合并关联企业的财产与债权债务

适用关联企业破产合并清算后,将已破产的关联企业间资产进行合并,不再区分到底是属于哪一家企业。具体包含以下几个方面:其一,关联企业的各成员的现有资产、账户等交由统一的管理人进行保管和清算。其二,由统一的破产管理人来处理法律规定破产企业还可以进行的交易活动。其三,集团内部成员彼此间的债权、债务和担保等法律关系归于消灭。进行合并清算,管理人就无须再对各个集团成员的资产进行区分也不再需要对各个成员公司的债权债务、担保等法律关系进行认定。所以,合并破产清算可以节省时间和金钱,从而更好地保证债权人的利益。

(二)对外的效力

首先,对普通债权人的影响。实体合并的结果并不导致关联企业资产的总量增加,只不过使不同成员企业债权人的清偿额趋于相同。因此,有些债权人的清偿比例会因为实体合并而增加,而有些债权人的清偿额则会被削减。

其次,对担保债权人的影响。把担保债权人的担保权益延伸适用于合并财产,可能会以牺牲其他债权人为代价来提高该债权人的地位。在美国的司法实践中,一种解决办法是将设定担保物权或者其他优先权的特定财产排除在合并程序之外,以尊重对特定财产享有担保权益的债权人的优先权。

最后,对企业出资人的影响。实体合并规则将关联企业的所有资产均作为破产财产,则无论关联企业的优质资产是否被安排集中于某一核心控制企业,关联企业出资人的权益在破产财产满足所有债权人之前,均得不到任何回报。

二、实体合并与其他关联企业规制手段的比较

(一)与法人人格否认制度的比较

1.归责原则的不同:直接责任与整体责任

法人人格否认制度所采用的归责方式是"直接责任论"。直接责任论是在股东对公司债务承担有限责任为一般原则的前提下,在出现特殊法定事由时,要求股东对公司的债务直接负责的归责理论。在直接责任论下,股东与其所控制公司的人格在原则上依然保持独立,仅在特殊法定事由下,方得认定由股东对从属企业或股东所控制公司的债务直接承担责任。

实体合并规则所采用的归责方式是"整体责任论"。整体责任论认为,控制企业应对从属企业的全部债务负责。因此,在整体责任论下,并不需要具体区分从属企业每一笔债务产生时的具体情况,而只要能确定控制企业与从属企业的上述控制关系存在,则由相关的关联企业(多数情况下为控制企业或接收利益输送的公司)全面、整体性地承担其他关联企业(多数情况下为从属企业或进行利益输送的公司)的债务。

2.法人人格否认的后果不同:暂时性否认与永久性否认

在法人人格否认制度下,对公司法人人格否认的适用,只适用于个案中的特

定法律关系,而不具有普适性。换言之,法人人格否认制度并非对公司人格的全盘否定,而是在具体个案中,公司法人人格不合目的性而需要否认的场合。其效力不涉及该公司的其他法律关系,并且不影响该公司作为一个独立实体合法的继续存在。

适用实体合并规则,则关联企业各成员的法人格均被永久性否认,各自不再成为法律上独立的个体,关联企业成员之间的债权债务关系也相应完全消灭。

3. 启动条件的不同:对具备破产原因要求的有无

法人人格否认制度的适用并不以任一关联企业成员达到破产界限为前提要件,仅需要有证据证明控制股东或控制企业存在滥用公司法人格或有限责任的情形逃避债务、损害债权人利益,即可进行"否认"。而实体合并规则作为破产程序启动后的一项规则,其应用则必然以部分或全部关联企业成员符合破产案件受理条件为前提。

(二)与破产撤销权和破产无效制度的比较

破产撤销权,是指管理人对债务人在破产程序开始前的法定期间内所为的侵害债权人利益的行为,有否认其效力并申请法院撤销该行为的权利。实际上,破产法上的撤销权制度是民法上债权人撤销权制度在破产法上的延伸。基于其独特的法律特性和制度功能,各国破产法均规定了破产撤销权制度。我国《企业破产法》第31条规定,人民法院受理破产申请前1年内,涉及债务人财产的下列行为,管理人有权请求人民法院予以撤销:(1)无偿转让财产的;(2)以明显不合理的价格进行交易的;(3)对没有财产担保的债务提供财产担保的;(4)对未到期的债务提前清偿的;(5)放弃债权的。该法第32条规定,人民法院受理破产申请前6个月内,债务人资不抵债的情形,仍对个别债权人进行清偿的,管理人有权请求人民法院予以撤销。

破产无效行为,是指破产债务人在破产程序开始前的临界期间内所为的有害于债权人一般利益的行为,依法自始无效的行为。根据我国《企业破产法》规定,破产案件受理6个月至破产宣告之日的期间内,债务人的下列行为无效:隐匿、私分或无偿转让财产;非正常压价出售财产;对原来没有财产担保的债务提供财产担保;对未到期债务提前清偿;放弃自己的债权。

1. 规则适用的追溯期不同

破产撤销权的溯及力有严格的时间限制。例如，在我国，针对法定恶意行为和个别清偿行为，撤销权效力的追溯期分别为1年和6个月。因此，在撤销权溯及时间期限之外的不正当利益输送行为，无法通过破产撤销权进行规制。而实体合并规则并无溯及力的时间限制，因此无论关联企业在何时完成不正当利益输送行为，一旦确定合并范围，则转移的所有利润或资产都将作为一个整体的资产包对债权人清偿。

2. 规则适用的范围不同

在我国现行《企业破产法》下，破产撤销权和破产无效制度所适用的范围是特定的，否则无法适用破产撤销权和破产无效制度。但实体合并规则并不考虑是否符合特殊的法定事由。从这个角度看，破产撤销权和破产无效制度对债权人受偿不公情况的矫正程度要低于实体合并规则。

三、实体合并的制度价值

（一）有助于完善诚信的市场运行机制

实体合并规则是破产法中针对关联企业破产，防范市场主体利用破产程序逃废债务，损害债权人合法权益的一项重要制度。从该制度的功能设计来看，其规制对象主要为存在营业事务、财产、人事等高度混同或者经营缺乏必要手续，独立人格出现形骸化的关联企业。这些非依市场法律制度要求诚信经营的市场主体，在其破产时运用实体合并规则打破人格独立形成的界限，排除关联企业之间的欺诈性转让和自益性交易，可以有效规制关联企业不当利用关联关系而产生的破产欺诈行为，有助于完善市场主体诚信经营、诚信退出的市场运行机制。

（二）有助于实现关联企业各成员债权人的公平受偿

实体合并规则将关联企业所有成员财产合并，按相同比率在所有成员债权人范围内统一清偿，避免了个别破产模式下，部分成员企业债权人因成员企业资产空壳化而承担的债权落空风险，可以有效矫正由此产生的关联企业各成员债权人之间的利益失衡现象。

另外，实体合并规则一方面可以弥补“单向”否认法人人格的局限性，另一方面弥补了破产撤销权在追溯期限上的限制。因此,实体合并规则能够在最大限度上矫正因不当关联关系引发的不公平因素,有利于关联企业债权人的整体公平利益。

(三)有助于提高破产案件的司法效率

在关联企业破产清算中,划分已经混同的资产、区分不同关联企业成员各自名下的破产财产,在很多情况下需要耗费大量时间和精力,尤其在关联关系错综复杂的企业集团破产案件中,完全厘清各成员之间的资产状况和债权债务关系几乎不太可能。如果适用实体合并规则,则不需要划分资产归属,破产程序得到极大简化,有助于提高破产案件的审理效率。

(四)有助于实现破产案件的程序经济

在破产案件复杂、多个关联企业成员陷入破产的情况下,厘清关联企业资产范围和债务关系的花费非常大。实体合并规则能够有效减少破产财产的管理和分割费用,从而留出更多的破产财产以供清偿债务,实现程序经济价值。

四、基于实务视角的实体合并规则问题分析

(一)坚持平衡的理念,实体合并规则运用应当适应国情发展

当前,我国处于市场经济的转型期。转型期社会在借鉴外来法律制度并加以适用的过程中,需表现出相当程度的灵活性和适应性,以顺应本国现实国情的需要。

1.要在滥用关联关系的行为与促进企业发展积极性之间保持平衡

面对经济活动的日益全球化,企业亟须提高核心竞争力,以应对全球市场的需求变化和不利影响。而发挥关联企业能够优化资源配置、降低交易成本、提高经营效率、增强风险能力的优势,以关联企业或者大型企业集团的形式做大做强企业,是现阶段我国企业整合资源、增强竞争力、寻求发展壮大的有效途径。但在实践中,关联企业因其特殊关系,在经营乃至破产过程中进行的不当利益输送或者通过虚假破产或破产欺诈等损害债权人利益的行为,均给市场诚信带来了极大的危害性,故有必要在破产法领域适用实体合并规则加以规制,实现对债权

人利益的公平保护，促进我国市场诚信机制的培育和发展，营造健康、规范、安全的市场经营环境，促进企业在发展中加以规范，在规范中推进发展。对关联企业破产适用实体合并规则，必须要充分考虑促进关联企业发展的国情需要，既要依法规制关联企业滥用关联关系的行为，同时又要保护企业发展的积极性。

2. 要认识到实体合并对社会稳定所造成的影响并做好预案

关联企业实体合并破产同单个企业的破产相比，因涉及的破产主体和利害关系人较多，造成社会矛盾的不稳定因素也必然较多。首先，如果关联企业各成员分布在各地经营的，则跨地域的实体合并将给各地的地方政府带来较大的维稳压力。这在以跨地域营业为主的证券公司的破产清算案件中已经有所体现；其次，如果关联企业各成员的债权人对实体合并持有不同意见的，则实体合并将面临债权人之间的利益平衡；最后，如果实体合并的对象是尚未进入破产程序的关联企业成员，则实体合并将造成该成员企业的破产，职工安置的任务相应增加。因此，法院在适用实体合并规则时，必须高度重视维护社会稳定的重要性，事先对实体合并之后可能产生的不稳定因素进行必要的评估，决定采取实体合并的，则要做好维稳预案。

（二）秉守审慎的原则，应当从严格控制实体合并规则的适用范围

实体合并作为一种在衡平法下发展形成的规则，在我国应当采谨慎适用的态度。独立的法人资格是公司的基本特征，不仅表现为公司以其全部财产对外承担民事责任，还表现为公司股东以其出资额或所持股份为限对公司债务承担有限责任。公司的这一特性极大地激励了投资者的积极性，促进了生产力和社会经济的发展。由于实体合并对法人独立人格的巨大摧毁力，故而对其适用必须持谨慎态度，以免对公司独立人格以及关联企业这一发展中的经济组织形态造成过多冲击。

实体合并必须面对法院审判力量的现状。考虑到前述法院审判力量的国情，如果关联企业破产采取普遍适用实体合并规则的态度，则大量的合并破产案件，特别是跨地域合并破产案件所带来的沉重压力，将与法院破产审判力量相对不足的现状之间，形成严重的失调状态。实体合并作为一种衡平法下发展形成的救济手段，其应用主要依赖于破产法官对公平原则以及个案情况的分析。即使在该项规则发源地的美国法院，亦因其适用标准极难统一以及对公司独立人

格的巨大冲击,观念上也偏向于谨慎适用。美国第三巡回法院在审理 Owens Corning 一案中,强调了五个确认可以实体合并的原则,充分体现了对实质合并的谨慎适用:(1)尊重公司的独立性而限制责任的跨越,是法律"最基本的原则"和商业市场的通常预期,因此,除非在不得已需要依靠衡平法的作用时才适用实体合并;(2)实体合并的损害应当是由于债务人(及其控制的公司)漠视各个公司的独立性所导致的;(3)有利于案件管理(法院通过合并简化清算工作)不能成为适用实体合并规则的唯一理由;(4)由于实体合并规则是极端的和不确切的,应当在考虑和否决了所有其他救济手段之后采用;(5)实体合并规则可以作为防御性手段使用,以此来救济母子公司实质同一所导致的损害,但不能成为进攻性手段使用,如出于改变某一群体债权人利益的目的。①

(三)严循破产制度的目的,要确保债权人利益"整体公平"保护

公平保护债权人利益,指的是在破产程序中确保各种性质的债权人享有原来对债务人责任财产的清偿顺序,并且按照债权比例获得公平受偿,这是破产制度的最初目的和基本原则,它贯穿于破产法律程序制度和实体制度的始终。实体合并规则所体现的保护债权人利益,其内涵除了上述一般破产程序旨在实现的"公平保护"外,特别之处在于更加强调对债权人整体利益的公平保护。所谓债权人整体利益的公平保护,是指保护所有关联企业全体债权人的整体利益,而非部分关联企业债权人的利益。某些关联企业债权人在实体合并时所获清偿之所以较个别破产清偿低,根源在于退出了原本就属于其他债权人而非属于该债权人的那部分利益。因此,笔者认为,关联企业内部经济和法律关系极其复杂,如果对其硬性分割而个别破产,反而极有可能损害关联企业全体债权人的整体利益。各关联企业债权人清偿率较个别破产有所增减的现象,正是实体合并规则公平保护全体债权人整体利益的体现。因此,适用实体合并规则必须坚持公平保护全体债权人利益的原则。具体为:

其一,所有关联企业的债权人均有参与破产程序的权利和公平参加破产程序的机会,也即,所有关联企业的债权人,无论债权性质、数额如何,是否到期或者附条件,均有资格参与破产程序,申报债权。

---

① 王欣新、周薇:《关联企业的合并破产重整启动研究》,载《政法论坛》2011年第6期。

其二,关联企业相互之间的债权债务,无论是否有担保,都归于消灭。因为一旦实体合并,关联企业即构成债务人整体,各公司相互之间的债权债务关系已不复存在。

其三,同类性质的债权获得同一顺位的清偿,同一清偿顺位的债权人,根据其享有的债权数额,获得同一比例的清偿。该原则与一般的破产清算并无二致。举例而言:有财产担保的债权,在破产程序开始前可就担保的财产优先受偿;破产财产仍应按照法定顺序进行分配等。

(四)促使合并过程化繁为简,注重司法效率和程序经济的最大化

由于破产案件本身的复杂性,审理周期普遍较长,且企业破产成本较高,花费较大,债权人获得清偿比例低。实体合并规则注重司法效率与司法经济,就是要通过合并破产,合理地设计司法程序,科学配置司法资源,以较少的司法成本获取较高的程序效益。为使实体合并充分发挥司法效率与司法经济的优势,笔者认为,实践中应注意以下问题:

一是整合程序性资源。对在合并前已经实施的程序性事项,要尽量依法维持其效力,避免重复。同时,要避免不必要的资产归属划分和债权债务认定,节约破产费用,提高审判效率。

二是整合破产管理人的资源。实体合并由于涉及多家关联企业,破产事务更加复杂,适宜指定一家实力强、资信好的社会中介机构承担管理人工作,而不是由各成员企业的原管理人继续执行管理人职务,以降低管理人报酬和费用,力求破产财产的价值最大化。如果在关联企业中已有多家成员企业分别进入破产程序、已指定多个管理人,可以采取由原已经指定的各管理人共同作为合并破产或重整案件的管理人,并由法院决定其负责人以及管理事务分工的方法解决。除非原管理人提出辞任,一般不宜采取保留 1 名管理人,解聘其余管理人的处理方法,以避免出现矛盾,增加管理事务交接上的成本,甚至导致管理人因可能失去职务而对提出合并破产或重整案件申请采取消极、对抗的态度。

三是整合法院之间的协同配合资源。关联企业规模大,企业成员常分布于不同省、市或同一省、市的不同区、县,合并破产后,难免出现受理法院对辖区外关联企业财产鞭长莫及的情形。某些时候,还可能出现地方保护主义干扰。此时,相关法院之间的协调与配合(特别是成员企业住所地法院向破产法院提供司

法帮助),以及上级法院的统一协调指挥,将有助于司法效率和程序经济的提高。

(五)科学界定适用标准,对存在高度人格混同的关联企业可适用实体合并规则

长期以来,美国司法界在适用实质合并原则时大体经过了这样的一个过程,最初适用实质合并主要考虑关联企业之间是否构成"另一个我"标准,即认定关联企业间存在混同,至今这一标准仍是美国众多法院适用实质合并原则的标准之一。同时,随着司法实践的推进,法院亦开始关注实质合并原则在增加破产财产方面所发挥的作用,在认定"另一个我"的基础上,法院会考虑到适用实质合并是否有利于提供债权人的整体利益。① 笔者认为,从前述我国国情及司法现状的角度,还是以高度人格混同为判决标准为宜。

1. 对存在高度人格混同的理解

(1)关联企业的认定

综观世界各国立法,对关联企业并无统一的定义。从立法上系统规定"关联企业"调整的大陆法系国家要以德国为代表。德国是目前国际上对关联企业规制最全面的国家,德国《股份公司法》(1965 年)第一编用 8 个条文、第三编用 47 个条文对关联企业作了专门规定。该法第 18 条规定:"联属企业是指,具有独立法律地位而彼此又形成联属关系的企业,包括:(1)被某企业多数持股的企业和对该企业持有多数股份的企业;(2)附属企业和支配企业;(3)康采恩企业;(4)相互持股的企业或者一属十某个企业合同当事人的企业。"②而美国则更注重于行为本身的关联性,在 Forbush Co. v. Bailey 一案中,法院认为"系争集团之公司基本上系由相同股东所控制,且各公司间业务往来异常密切。尤有甚者,对于公司间彼此之交易,更是弥漫诈欺之诡异气氛。根据证据显示,包括随意涂抹账簿、伪造议事录及账册,以及其他非常规行为。"基于此等事实,本案中第十巡回上诉法院认为"系争债权人只是一从属物而已",法院认为,"退一步言,即使系争关系企业并非是'从属物',但这两家公司之关系太过于'紧密相连'"。因此,系争债权人所主张之债权也必须经严格的审查,而所有的证据显示,其证物均不

① 赵伟:《关联企业破产的实质合并原则研究》,复旦大学 2012 年硕士学位论文,第 15 页。

② 王欣新、周薇:《论中国关联企业合并破产重整制度之确立》,载《北京航空航天大学学报》(社会科学版)2012 年第 2 期。

堪审查，故不准系争企业主张债权”。①

对于关联关系，1997年5月22日我国财政部发布了《企业会计准则——关联方关系及其交易的披露》。根据该准则第4条规定，在企业财务和经营决策中，如果一方有能力直接或间接控制、共同控制另一方或对另一方施加重大影响，该准则将其视为关联方；如果两方或多方同受一方控制，该准则也将其视为关联方。而我国2005年修订的《公司法》则似乎缩小了关联关系的范围，该法第217条规定：关联关系，是指公司控股股东、实际控制人、董事、监事、高级管理人员与其直接或者间接控制的企业之间的关系，以及可能导致公司利益转移的其他关系。但是，国家控股的企业之间不仅因为同受国家控股而具有关联关系。从这一定义来看，姊妹公司关系是否属于关联关系不甚明确。

实践中，企业集团内部结构可能非常复杂，存在多个层级联系紧密的单个企业。母子公司只是其中最基本的企业联系形式之一。当两个公司同受一个母公司控制时，相互之间进行非常规交易或其他不正当利益转移的可能性也是很大的，只是其隐蔽性较母子公司交易情形更强了。如果忽略了这一问题，则母公司完全可以通过其控制多个子公司的优势通过其他子公司的名义向破产子公司主张债权，最后从中获取不当利益，只需在债权设立时精心设计一番即可。因此，具有关联关系的姊妹公司同样受实体合并规则的规范，这才能更精确地解决关联企业在破产中引发的问题。笔者认为，关联企业，是指通过股权参与或资本渗透、合同机制或其他手段如人事连锁或表决权协议等方法，在相互之间存在控制与从属关系或重要影响的多个企业。换言之，实质合并规则适用于已进入破产程序的受同一母公司、或受同一自然人或自然人团体实际控制的关联企业，包括母子公司、兄弟公司及祖孙公司。进行合并的关联企业可以是全部，也可以是部分，关键在于相互之间的情形是否符合合并的实体评判标准。换言之，合并的范围根据“高度混同”所覆盖的范围而确定。

(2)人格混同的理解

法人人格独立原则应当得到恪守，但任何一项法律原则的适用都是有前提条件的，而并非绝对适用。就法人人格独立原则而言，适用的前提条件为：法人

---

① 刘连煌：《“公司法修正草案”关系企业专章中“深石原则”相关问题之研究》，载《公司法理论与判决研究》，法律出版社2002年版，第109～110页。

及其股东或者实际控制人自身必须受到法人人格独立原则的约束,必须从人、财、物等各个方面保证法人的独立运转。也就是说,关联企业只有履行了法人人格独立原则项下的义务,才能主张法人人格独立原则项下的权利。在上海市金山区人民法院审理的上海特毅通用动力机械有限公司、上海特毅企业有限公司与上海美浩电器有限公司关联企业破产案中,3 家公司都经过正规的注册登记、验资,所有手续齐全,完全符合公司成立的条件,3 家公司都有独立的法人资格。但是这 3 家公司均为同一控制人所有,由相同的管理人员负责管理。3 家公司的公司地址同一,办公场所共用,资产严重混同。3 家公司雇佣关系复杂,相互借调职工,职工隶属不清。2008 年由于经营不善,3 家公司分别破产进入破产清算程序,经过法院调查发现,3 家公司的混同程度已经达到了基本不能分离的程度,如果进行分别处理需要耗费巨大的时间和人力物力财力,并且最后有很大可能无法彻底分清债务债权关系。这样处理会导致债权人的利益受损害,也违背了破产法中公平清偿的宗旨,所以金山区人民法院采纳了管理人的意见,通过债权人会议投票和征得代表性债权人的同意后对该案件进行了实质合并处理。[①] 经实质合并,清偿人数由 308 户减为 235 户,3 家关联企业之间总额为118,220,929.88 元的债权债务因主体合一而消灭。该案节约了时间,提高了清偿效率,减少了分案处理所带来的各种程序和费用,并且在征求债权人的意见时,获得了债权人一致的认可。

在判断是否构成人格高度混同时,应当主要从如下 3 个方面考察:第一,看财产是否混同。财产混同极易导致企业财产被隐匿、非法转移、挪作他用或者被股东私吞从而动摇公司对外偿债的物质基础,给债权人债权的实现带来巨大的风险,并会对破产清算造成巨大障碍。在吉林市中级人民法院审理的吉林吉原钢管公司等 5 家公司的破产清算案件中,5 家公司会计账簿混同严重,资产分离困难,如果分别清算,在时间成本上和清偿效率上都会产生巨大的问题,经债权人会议表决通过实体合并。[②] 第二,看组织机构是否混同。人事任命混乱,表现为各个公司之间董事会成员互相兼任、公司高级管理人员统一调配、聘任或者任

---

① 参见黄杰国、王永亮、高丽宏:《上海美浩电器有限公司等三公司破产清算案》,载中国破产保护法律网:http://syclaw. sjtu. edu. cn/pochan/show. aspx? info_lb = 775&flag = 754&info_id = 407,最后访问日期:2016 年 6 月 30 日。

② 参见李君:《论关联企业破产的实质合并原则》,吉林财经大学 2014 年硕士学位论文,第 18 页。

命;决策形成机制混乱,表现为在人事任免、经营计划等重大事项决策上不履行必要的程序。第三,看业务是否混同。交易的方式、交易的对价、交易的时间均根据控制公司的指示,丧失了独立的意志和公平参与市场竞争的机会。

(3)人格混同的举证责任

无论是债权人申请关联公司合并破产,还是关联债务人自己申请破产,抑或是管理人建议合并破产,均涉及举证问题。如果是关联公司申请合并破产,由其承担举证责任毋庸置疑。当债权人申请合并破产,举证责任如何分配,存在争议。对此问题,美国法院采取减轻原告举证责任的做法,又称为两阶段方法:首先,由有异议一方承担初步举证责任,只需提出某些实质上的事实基础以驳斥母公司债权之效力;其次,举证责任移至母公司,由母公司证明其系善意且行为符合"公平"原则。在德国,考虑到在复杂的关联企业的业务往来中要求原告证明控制公司是否对从属公司施加不利的影响,成本太高,殊非易事。德国联邦法院为弥补这一缺陷,以法官造法的方式,创设了"推定的关联企业"学说。[①] 简言之,就是让关联企业去证明其对成员控制的正当性和合法性。从前述相关规定可以看出,美国、德国均规定了"举证责任倒置"原则,即在债权人提出初步证据的基础上,由关联公司反证自己的"清白"。这样规定,主要是基于关联公司成员间的紧密关系往往被掩盖甚至成为秘密的考量。笔者认为,为了减轻债权人的诉讼负担,保证关联公司责任得以执行,采取举证责任倒置是合理的,值得借鉴。

2."非法或不当的利益转移或分配"可否作为判定标准之一

有学者认为,仅设定"法人人格高度混同"这一条件,是不够完整的,没有涵盖适用实质合并的所有情形,应当将"非法或不当的利益转移或分配"或"人格高度混同"存在与否都作为实体评判的核心要素。其理由是,在各关联企业成员之间,经常会发生恶意的利益转移或非恶意的不当利益分配。当关联企业成员破产时,其法律主体名下的资产和债务,会与其按独立法律实体要求运作所拥有的资产和债务严重不符,而债权人对此却无法知情并有效控制,只能要求以法律主体名下的资产进行偿债,从而对债权人的偿债造成极大的不公平,同时也严重破坏了破产法"公平偿债"的核心价值。因此,利用关联关系导致非法或不当的利

---

① 参见孙晓敏:《关联企业破产法律责任分析与制度构建》,载王欣新、尹正友主编:《破产法论坛》(第1辑),法律出版社2008年版,第303页。

益转移或分配,违反法人人格独立原则,应当予以纠正,以保证债权人偿债的公平性。[①] 笔者对此有不同看法,因为在法律制度制定之后,应当得到严谨的遵守和适用,不得擅自弃之不用。对前述行为,可以通过破产制度中的撤销和无效等规定,进行事后救济,理论上讲不需要适用实体合并的规则。并且,前文亦已论述,在适用实体合并规则时,要切实结合我国国情需要,不宜盲目扩张适用范围,否则会打击企业拓展的积极性,动辄落入合并破产的陷阱,不利于企业的集团化规模化发展。

(六)实体合并的启动主体

1. 当前法律制度下的启动主体

涉及实质合并程序由谁提起的问题,我国《企业破产法》规定,债务人可以向人民法院提出重整、和解或者破产清算申请。债务人不能清偿到期债务,债权人可以向人民法院提出对债务人进行重整或者破产清算的申请。企业法人已解散但未清算或者未清算完毕,资产不足以清偿债务的,依法负有清算责任的人应当向人民法院申请破产清算。因此,提起破产实体合并的有如下主体:

第一,破产债务人可以作为启动实质合并程序的申请人,因为关联企业彼此对其彼此的运营状况、混同程度最为了解,举证亦比较便利;如其提出破产重整,实质合并能够避免分离资产的巨大耗费,使债务人更为方便地摆脱破产危机,因此债务人亦有一定的动力。

第二,破产债权人可以作为启动实质合并程序的申请人。破产债权人作为启动实质合并程序的申请人,有着经济上的动力,因为,适用实质合并可以减少因划分关联企业间资产的耗费,增加破产财产的总量,这符合破产债权人参与破产程序的目的,即尽可能使自身的债权得到更高的清偿。

第三,破产管理人可以作为启动实质合并程序的申请人。破产管理人在接管全面破产企业后,必然对关联企业破产债务人经营状况、彼此间的混同有着深入的了解,因此,由破产管理人作为申请人具有现实的可行性。

---

① 参见朱黎:《论实质合并破产规则的统一适用》,载北大法律信息网:http://article.chinalawinfo.com/ArticleFullText.aspx? ArticleId = 88543,最后访问日期:2016 年 7 月 1 日。

2. 应当赋予利害关系人异议的权利

应注意到，适用实质合并可能损害到部分债权人的利益，因此应该给予外部债权人提出异议的机会，此时便涉及适用实质合并时的公告和异议提出问题。申请人申请实质合并破产的，法院应当将申请事由通知被申请并入实质合并破产程序的企业和已知的利害关系人（包括该破产企业的债权人、管理人、出资人），并对外发布公告，同时告知利害关系人享有异议的权利。如果未有人对实质合并破产申请提出异议的，则说明各方均不反对适用实质合并破产程序。基于尊重案件当事人自行处分权利的原则，法院可裁定批准实体合并破产申请，而无须再对实质合并破产的适用条件做进一步审查。如果被申请的关联企业或者利害关系人对实体合并破产申请提出异议的，则法院应当通过听证程序，根据前述适用实质合并的行为要件要求，对实质合并破产的适用条件逐项进行实质性审查。在债权人提出实质合并异议并提出相应反对合并的证据的情况下，法院终止合并考虑的因素包括：债权人受误导信息的影响；合并实质上不利于异议债权人；合并计划与关联企业债权人整体利益相背。

3. 将来修法建议规定法院在特定情况下可强制实体合并

在破产实体合并的决定过程中，破产财产的总量是确定的，债权人的破产债权总数也是确定的，唯一需要决定的是破产财产的清算方式。多数学者认为，在关联企业均已进入破产阶段后，再次以独立法人的身份对外开展经营活动的可能性微乎其微，因此采取不同的清算方式所影响的仅仅是破产债权人的利益，与社会公众无涉，甚至对破产的关联企业本身也不产生任何实质的影响。在这种情况下，债权人的意思自治理应受到尊重。① 对此，笔者亦予以认同，认为在实体合并中应当充分尊重债权人的意思表示。

在关联企业人格高度混同的情况下，债权人如果足够理性，应当会作出同意实体合并的决议。但是，这是基于债权人均为理性且信息充分沟通的情况下所作出的推测。由于人对事物的认知，既不单纯是知识，也不单纯是逻辑结构，而是包括知识和逻辑结构在内的主体多种意识的总体。这个意识总体既有知识的、逻辑的方面，又有非知识的、非逻辑的方面，如各种意向性心理，包括信念、情

---

① 参见黄杰国、王永亮、高丽宏：《上海美浩电器有限公司等三公司破产清算案》，载中国破产保护法律网：http://syclaw. sjtu. edu. cn/pochan/show. aspx？info_lb = 775&flag = 754&info_id = 407，最后访问日期：2016 年 6 月 30 日。

绪、兴趣、欲望、意志等。[①] 一个人作出决定时,并不一定就是纯粹的绝对理性或智性,有多种因素制约着其认知结构。因此,在是否能够达成实体合并的决议时,存在诸多的变数。如果在关联企业高度混同,无法分清各自财产,或虽能分清但会耗费巨额成本情形下,债权人又不能达成实体合并的同意决议时,是终止破产程序,还是让破产程序永远处于僵局之中?

笔者认为,在这种情形下,法律有必要规定,在符合实体合并的情形下,应当先征询债权人意愿,在债权人无法达成同意决议时,为保护债权人的整体利益,受理破产案件的法院可以依职权启动关联企业破产实体合并程序。当然程序启动后,具体合并事宜仍需要债权人会议商议通过,法院对此应当可以发出指令。

(七)合并破产的管辖

在涉案关联企业的注册经营地不同时,首先产生的难点就是案件的管辖问题。我国《企业破产法》第3条规定,破产案件由债务人住所地人民法院管辖。债务人住所地,通常认为是指债务人的主要办事机构所在地。合并破产重整涉及的管辖问题主要缘于关联企业的数量众多和地理位置不同,从而出现在跨多个法院管辖地域进行多个关联企业的合并破产重整时应由哪家关联企业的住所地人民法院管辖,出现争议又如何解决等问题。

笔者认为,企业集团中的核心企业往往集中了关联企业的主要资产和负债,是其利益重心,并处于关联企业决策控制的最高端,对于整个关联企业的经营状况掌握得较为清楚,由核心企业住所地法院管辖关联企业的合并破产重整案件,便于确保案件的审理效率和程序经济。这一管辖原则既适用于直接申请关联企业实体合并破产重整的情形,也适用于多个企业的破产重整程序转为合并破产重整程序之情形。判断关联企业的核心企业,要遵循实质重于形式原则,以财产集中程度和控制从属关系为考量因素,结合实际情况确定。一般来说,企业集团中的控制企业即集团公司往往是核心企业,但有时控制企业是无经营资产、仅从事股权控制和资本运作的纯粹控股公司,也不一定是财产意义上的核心。如果大多数资产和大多数债权人在一个远离核心企业的地点,为减轻债权人的负担,

---

① 参见叶金强:《私法中理性人标准之构建》,载中国法学网:http://www.iolaw.org.cn/showNews.aspx?id=45236,最后访问日期:2016年5月20日。

提高法院的审理效率,选择非核心企业住所地为管辖地可能更为适宜。

当然,对于关联企业中先后进入破产程序之后,则应由最先受理关联企业成员破产案件的法院统一管辖,不致终止已进行的破产程序。美国《破产法》第1408(2)条规定:"债务人关联公司的案件正在审理,该审理地就是合适的管辖地。"

在跨省市的大型关联企业破产重整时,往往易出现多家法院对管辖权的争执,可能发生地方保护主义,先受理案件的法院还可能因异地调查、执行等工作得不到良好配合而影响破产程序的效率和经济,因此,必须建立跨地域关联企业合并破产重整的请示协调机制。

关联企业实体合并破产的实务研究

曾凡波[*]　黄　凤[**]　林淡雯[***]

一、关联企业实体合并破产的定义

关联企业实体合并破产,是指两个或多个企业因控股股东、实际控制人不当利用控制权致使关联企业间人格独立性严重丧失,将多个关联企业财产、债权、债务等均合并为一个整体,使全体债权人在同一破产清算或重整程序中实现公平受偿的规则。关联企业实体合并破产包括关联企业实体合并破产清算程序及关联企业实体合并破产重整程序等。

二、关联企业实体合并破产的法理基础

我国现行法律法规及部门规章均未对关联企业实体合并破产作出相关规定,最高人民法院多次讨论征求意见的司法解释亦未正式出台。在此背景下,笔者认为,关联企业实体合并的法理基础主要来源于我国《公司法》第20条第3款即"公司股东滥用公司法人独立地位和股

---

* 北京德恒律师事务所重庆分所负责人。
** 北京德恒律师事务所重庆分所律师。
*** 北京德恒律师事务所深圳分所律师。

东有限责任,逃避债务,严重损坏债权人利益的,应当对公司债务承担连带责任”。

此处的“公司股东”,笔者认为应做扩大解释,包括法人股东、自然人股东、其他组织股东及无直接股权关系的“实际控制人”。此处的“独立地位”,笔者认为包括公司人员的独立、经营管理的独立、资产的独立及财务的独立等,公司的独立地位取决于其意思机关的独立及财产的独立,而“意思机关”主要取决于公司章程及发起人协议中对意思机关股东会、股东大会、董事会、监事会的约定,意思机关独立性丧失的主要表现形式为股东会、股东大会、董事会、监事会、总经理办公会等均丧失其法定及约定职权范围内的决策权,意思机关形同虚设。同时,财产是一个公司赖以生存及发展的物质保障基础,一个没有独立财产的公司将不称之为一个“公司”,故公司丧失了财产独立性,则无公司法人独立地位可言。

“股东有限责任”指股东以其出资额为限承担有限责任,此处“滥用股东有限责任”需股东具有滥用的主观故意,利用了股东有限责任这一原则,主观追求达到逃避债务的这一目的或事实上达到了逃避债务的目的,致使债权人利益受到损害。其中滥用行为与逃避债务、损害债权人利益这一结果间需存在因果关系。笔者分析认为,损害债权人利益并不必然一定导致损害所有债权人的利益,可能导致损害部分或多数债权人利益,只要存在滥用公司法人独立地位、股东有限责任的行为导致损害债权人利益或推定即将损害多数债权人利益,在关联企业合并破产实务中,均可考虑纳入关联企业实体合并。

分析至此,有人可能会提出疑问,控股股东与实际控制人对公司法人具有当然控制权,例如,控股股东运用其所持绝大多数表决权控制公司的董事提名权、重大经营事项决策权及资产转让权等,那么如何区分对公司的一般正常控制与过度控制致使公司人格被否认呢?这也是关联企业实体合并破产理论界与实务中的难点与重点。

笔者认为,在正常控制的前提下,公司的人员、经营管理、资产及财务均具有独立性。笔者在此以人员招聘为例简单论述正常控制与过度控制的不同表现形式。在正常控制情况下,各关联公司的人员招聘可由各公司人力部门各自制订人员招聘计划、招聘人数、招聘条件、薪资待遇等招聘方案并实施招聘工作,具体人员录用将逐级报经经理或公司章程、内部管理制度指定的管理人员筛选决策,核心人员最终可能至董事会或股东会逐级决策。在正常控制情况下,虽最终决策权在总经理、董事会或股东会处,但各级职能部门具有否决人员或判断招聘人员是否符合招聘条件、判断招聘人员是否与求职意向薪资标准相匹配、判断招聘人数是否与公司需求相一致的权限。而在控股股东或实际控制人过度控制的情形下,人员招聘的数量、条件、薪酬标准、任职岗位等均直接由控股股东直接决策并跳过多级法定、章定或制度指定的部门及程序,直接随意指示任一部门对招聘人员进行录用,甚至在过度控制情形下,控股股东仅在核心控制企业直接设置人力资源部门,负责所有关联企业的员工招聘录用工作,其他关联企业无人员录用的权限。前述现象属于正常控制与过度控制区别的直接表现形式之一。笔者认为,控股股东或实际控制人正常控制各关联公司的人、财、物主要通过各关联公司股东会表决权、董事会成员提名权、公司章程制定权等方式实现,在过度控制中最直接的表现为各关联公司的股东会、股东大会、公司章程、总经理办公会、各职能部门、公司各项制度等均形同虚设,控股股东、实际控制人可无须经各关联公司的股东会、董事会、各职能部门同意或听取各部门意见直接决策各关联公司事项,无须按章程规定履行各项必要程序如召开股东会、董事会、部门会议等作出决议。

此外,有学者认为,关联企业实体合并破产的法理基础还来源于《公司法》第63条:"一人有限责任公司的股东不能证明公司财产独立于股东自己的财产的,应当对公司债务承担连带责任。"最高人民法院《关于审理与企业改制有关民事纠纷案件若干问题的规定》第12条规定:"债权人向分立后的企业主张债权,企业分立时对原企业债务承担没有约定或者约定不明,或者虽有约定但债权人不予认可的,分立后的企业应当承担连带责任。"第35条规定:"以收购方式实现对企业控股的,被控股企业的债务仍由其自行承担;但因控股企业抽逃资金、逃避债务,致使控股企业无力偿还债务的,被控股企业的债务则由控股企业承担。"根据前述规定,有学者认为,当债务人间因法定事由必须对外向全体债务人共同承担责任或者承担连带责任的情况下,是可以适用实体合并方式的。但笔者认为,在新设合并前提下,原两家或多家企业已完成注销,只存在债务由新设企业承担的问题,不存在实体合并的情形。在吸收合并的前提下,被吸收的原企业已完成注销,亦只存在债务由吸收企业承担的问题,不存在实体合并的问题。此外,在企业分立后,债权债务由分立后企业承担连带责任仅针对分立前的债务,对于分立后分别形成的新债务仍由分立后企业各自承担,且适用关联企业实体合并分立后企业需分别或在整体上符合我国《企业破产法》第2条规定的破产原因。若分立后企业彼此独立运行,并未出现人格严重混同的情形下,将分立后企业简单粗暴地适用关联企业实体合并破产将严重损害分立后企业新增债权人的权益,故笔者认为,关联企业实体合并破产的法理基础主要来源于我国《公司法》第20条第3款。

三、关联企业的界定范围

关联企业的界定将直接影响是否适用合并破产的前提条件,根据最高人民法院《关于适用〈中华人民共和国企业破产法〉若干问题的规定》(第五稿2013年4月征求意见稿)的相关条文,并未对关联企业的具体定义作出列举式的明确规定,但就采取实体合并破产的前提条件需为关联企业作出了规定。笔者从以下几方面来看关联企业的界定范围:

(一)学理上关联企业的定义

关联企业,是指相互之间存在股权、契约或其他控制关系或具有施加重大影响的能力,或被同一企业所控制,具有独立法律地位的企业联合形态。

(二)关于关联企业的相关法律法规、规范性文件及部门规章

1. 我国《公司法》的相关规定

我国《公司法》第216条规定:"关联关系,是指公司控股股东、实际控制人、董事、监事、高级管理人员与其直接或者间接控制的企业之间的关系,以及可能导致公司利益转移的其他关系。但是,国家控股的企业之间不因同受国家控股而具有关联关系。"公司法仅对关联关系进行解释,未对"关联企业"进行定义,亦未对"控制"作出定义,笔者认为关联企业是以关联关系为基础并具有法人地位的多个企业联合形态。

2. 我国《企业会计准则》的相关规定

《企业会计准则——关联方关系及其交易的披露》中对关联方的定义为:"在企业财务和经营决策中,如果一方有能力直接或间接控制、共同控制另一方或对另一方施加重大影响,本准则将其视为关联方;如果两方或多方同受一方控制,

本准则也将其视为关联方。控制,指有权决定一个企业的财务和经营政策,并能据以从该企业的经营活动中获取利益。共同控制,指按合同约定对某项经济活动所共有的控制。重大影响,指对一个企业的财务和经营政策有参与决策的权力,但并不决定这些政策。参与决策的途径主要包括:在董事会或类似的权力机构中派有代表,参与政策的制定过程,互相交换管理人员,或使其他企业依赖于本企业的技术资料等。"

《企业会计准则第36号——关联方披露》中对关联方的定义为:"一方控制、共同控制另一方或对另一方施加重大影响,以及两方或两方以上同受一方控制、共同控制或重大影响的,构成关联方。"并列举了如下关联方:"(1)该企业的母公司;(2)该企业的子公司;(3)与该企业受同一母公司控制的其他企业;(4)对该企业实施共同控制的投资方;(5)对该企业施加重大影响的投资方;(6)该企业的合营企业;(7)该企业的联营企业;(8)该企业的主要投资者个人及与其关系密切的家庭成员;主要投资者个人,是指能够控制、共同控制一个企业或者对一个企业施加重大影响的个人投资者;(9)该企业或其母公司的关键管理人员及与其关系密切的家庭成员;关键管理人员,是指有权力并负责计划、指挥和控制企业活动的人员;与主要投资者个人或关键管理人员关系密切的家庭成员,是指在处理与企业的交易时可能影响该个人或受该个人影响的家庭成员;(10)该企业主要投资者个人、关键管理人员或与其关系密切的家庭成员控制、共同控制或施加重大影响的其他企业。"

3. 交易所的相关规定

《上海证券交易所上市公司关联交易实施指引》第8条规定:"具有以下情形之一的法人或其他组织,为上市公司的关联法人:(1)直接或者间接控制上市公司的法人或其他组织;(2)由上述第(一)项所列主体直接或者间接控制的除上市公司及其控股子公司以外的法人或其他组织;(3)由第十条所列上市公司的关联自然人直接或者间接控制的,或者由关联自然人担任董事、高级管理人员的除上市公司及其控股子公司以外的法人或其他组织;(4)持有上市公司5%以上股份的法人或其他组织;(5)本所根据实质重于形式原则认定的其他与上市公司有特殊关系,可能导致上市公司利益对其倾斜的法人或其他组织,包括持有对上市公司具有重要影响的控股子公司10%以上股份的法人或其他组织等。"

根据上述法律法规和企业会计准则的规定,笔者认为,若上市公司及非上市公众公司的关联企业实体合并破产可适用证券交易所的规定进行关联法人认定,以保持上市公司对关联方认定披露标准与合并破产关联企业的认定标准相统一。若非上市其他公司对关联方及关联企业的认定现可结合我国《公司法》的规定,参照企业会计准则执行。笔者建议,最高人民法院可对关联企业实体合并破产的相关司法解释中对关联企业的认定标准作出一个可涵盖上市公司及非上市公司适用的同一认定标准,明确在司法审判过程中对关联企业的判断标准以"实质重于形式"原则为指导,以有利于关联企业实体合并破产证据的组织。

四、关联企业实体合并破产的条件

根据最高人民法院《关于适用〈中华人民共和国企业破产法〉若干问题的规定》(第五稿2013年4月征求意见稿)第1条的规定:"关联企业不当利用企业控股股东、实际控制人、董事、监事、高级管理人员及其直接或者间接控制的企业之间的联系,以及可能导致企业利益转移的其他关系,造成关联企业成员之间法人人格高度混同,损害债权人利益的,人民法院可以适用关联企业实体合并破产规则审理案件。"笔者认为,关联企业实体合并破产"揭开了公司法人面纱",打破了《公司法》基本原则即公司法人独立地位及股东有限责任,因此实体合并破产规则的适用应格外慎重。笔者认为,在同时满足以下条件时,人民法院可适用该实体合并规则。

(一)关联企业均属于企业法人

关于关联企业的认定标准,笔者已在本文第三部分进行了详细讨论,此处不再赘述。在适用关联企业实体合并破产程序中,笔者认为,首先确定各关联企业成员需具有法人主体资格,属于企业法人。对于非法人企业、组织及自然人等均不能适用关联企业合并破产规则。例如,个人独资企业、个体工商户、合伙企业、自然人等不能适用该规则。其主要原因有以下两点:

1. 我国无自然人及非企业法人破产制度

最高人民法院刘敏法官认为,[①]当前我国破产法律制度仅限于规范企业法人的破产程序,尚无自然人等非企业法人破产制度,调整破产企业的股东与破产企业的法人人格严重混同情形下的关联企业实体合并破产制度,也仅适用于破产企业的股东为企业法人的场合,而不包括破产企业的股东为自然人等非企业法人的情形。若将自然人股东、非企业法人纳入关联企业实体合并破产范围,自然人股东、非企业法人股东即成为了破产案件当事人。根据我国《个人独资企业法》第2条规定,个人独资企业是由投资人以其个人财产对企业债务承担无限责任的经营实体。若将个人独资企业纳入实体合并破产程序,进行削债清偿,实则变相将个人独资企业演变为投资者承担有限责任,与我国《个人独资企业法》投资人承担无限连带责任的基本原则相违背。同理,自然人股东承担连带责任应为无限连带责任,无法进行削债,故适用关联企业实体合并破产规则必须为企业法人。

2. 债权人及其他利害关系人享有其他救济途径

在破产企业的股东为自然人等非企业法人的情形下,债权人有权依据我国《公司法》第20条第3款关于"公司股东滥用公司法人独立地位和股东有限责任,逃避债务,严重损害公司债权人利益的,应当对公司债务承担连带责任"的规定,向破产企业的自然人等非企业法人股东主张相关权利。同时,根据我国《企业破产法》第124条规定,破产人的保证人和其他连带债务人,在破产程序终结后,对债权人依照破产清算程序未受清偿的债权,依法继续承担清偿责任。因此,破产企业的股东为自然人、非企业法人虽不能适用关联企业实体合并破产,可通过其他途径得到救济。

(二)关联企业成员分别或在整体上符合我国《企业破产法》第2条规定的破产原因

根据我国《企业破产法》第2条规定:"企业法人不能清偿到期债务,并且资产不足以清偿全部债务或者明显缺乏清偿能力的,依照本法规定清理债务。企

---

① 《曾小明、合昌国际贸易(深圳)有限公司与曾小明、合昌国际贸易(深圳)有限公司等股东损害公司债权人利益责任纠纷申请再审民事裁定书》(最高人民法院〔2015〕民申字第541号),载无讼案例网:http://www.itslaw.com,最后访问日期:2016年6月13日。

业法人有前款规定情形,或者明显丧失清偿能力可能的,可以依照本法规定进行重整。”

值得注意的是,根据最高人民法院《关于适用〈中华人民共和国企业破产法〉若干问题的规定》(第五稿 2013 年 4 月征求意见稿)第 10 条第 2 项规定:“关联企业成员分别或在整体上符合企业破产法第二条第一款规定的原因破产的。”该条文中所指的“关联企业成员在整体上符合企业破产法第二条第一款规定的原因破产”,从文意解释来看,笔者认为可分为两种情况:

1. 关联企业成员均符合《企业破产法》第 2 条第 1 款规定的破产原因,即资不抵债、停止支付且资不抵债或停止支付且缺乏清偿能力。

2. 关联企业成员中从单体看,部分成员不符合《企业破产法》第 2 条第 1 款规定的破产原因,但合并后整体上符合资不抵债或停止支付且明显缺乏清偿能力的条件。关联企业中的部分企业可能运行良好,未出现我国《企业破产法》第 2 条第 1 款规定的破产原因,但其之所以未出现资不抵债或不能清偿到期债务且明显缺乏清偿能力的情形,在于其对其他关联企业过度控制、将优良资产或其他利益转移至未出现破产原因的关联企业,但各关联成员企业间出现了人格高度混同,无法区分人员、资产、债权、债务等,若将各关联企业进行实体合并在整体上则符合我国《企业破产法》第 2 条第 1 款规定的破产原因。

例如:A 公司和 B 公司为关联企业,A 公司资不抵债,B 公司运行良好不符合破产原因,A、B 公司人格高度混同且具有显著性、广泛性、持续性时,A 公司众多债权人可选择申请 A 公司进入破产程序,A 公司众多债权人亦可选择救济途径通过《公司法》第 20 条或第 63 条的规定揭开 B 公司的面纱,要求 B 公司承担连带清偿责任,但被揭开面纱后 B 公司亦不能完全清偿 A 公司众多债权人的债务;在把 A、B 公司实体合并后符合我国《企业破产法》第 2 条第 1 款的条件。此种情况应符合《关于适用〈中华人民共和国企业破产法〉若干问题的规定》(第五稿 2013 年 4 月征求意见稿)第 10 条第 2 项规定:“关联企业成员整体上符合企业破产法第二条第一款规定的原因破产。”此种模式可称为一人破产,其余连带。

值得注意的是,我国《企业破产法》第 2 条第 1 款规定:“企业法人不能清偿到期债务,并且资产不足以清偿全部债务或者明显缺乏清偿能力的,依照本法规定清理债务。”我国《企业破产法》第 2 条第 2 款规定:“企业法人有前款规定情形,或者明显丧失清偿能力可能的,可以依照本法规定进行重整。”笔者将前述两款相比,第 2 条第 2 款的用词为“或”并非为“且”,表示只要有证据证明企业存在明显丧失清偿能力可能的,即可启动破产重整程序,并非一定需要停止支付、资不抵债的情形或停止支付且明显缺乏清偿能力的情形。由此可见,破产重整程序的启动比清算程序的启动难度稍小一些,只要符合破产清算条件的原因均可适用于破产重整程序,未出现破产清算原因的,亦可能适用破产重整程序。再细细分析发现,我国《企业破产法》第 2 条第 2 款中规定的“明显丧失清偿能力可能”,的用词比我国《企业破产法》第 2 条第 1 款中规定的“明显缺乏清偿能力”用词更严重,一个“丧失”,一个“缺乏”,一个企业既然已明显丧失清偿能力的可能了,一般情况下,其亦出现了明显缺乏清偿能力的情形。由此可见,“丧失清偿能力的可能”已涵盖“缺乏清偿能力的情形”。但两款规定的内涵及外延并不相同,从实务角度分析,其证据的组织方法亦不相同。

根据我国《企业破产法》第 7 条规定,“债务人有本法第二条规定的情形,可以向人民法院提出重整、和解或者破产清算申请。债务人不能清偿到期债务,债权人可以向人民法院提出对债务人进行重整或者破产清算的申请”。债务人可根据我国《企业破产法》第 2 条第 1 款或第 2 款均可申请进入破产重整程序。在司法实践中,大量民事裁定书适用了我国《企业破产法》第 2 条第 2 款规定的破产原因作出破产重整的裁定。若立法者坚持关联企业实体合并需适用:“关联企业成员分别或在整体上符合企业破产法第二条第一款规定的原因破产”,在人民法院已根据我国《企业破产法》第 2 条第 2 款规定的破产原因作出破产重整裁定的情况下,债务人或管理人需另行组织证据证明各关联企业分别或在整体上符合我国《企业破产法》第 2 条第 1 款的证据。

鉴于以上分析,笔者认为,关联企业破产实体合并应该满足的第二个条件应确定为:关联企业成员分别或在整体上需符合《企业破产法》第 2 条规定的情形,并非仅为符合我国《企业破产法》第 2 条第 1 款的情形。

另外,关联企业在整体上符合我国《企业破产法》第 2 条规定的情形,在实践操作中难以适用在整体上符合“资不抵债”的情形。因为关联企业实体合并需在人民法院作出实体合并裁定后方可合并,而审计机构需在合并裁定作出后方可对账面进行大量调整,包括对外债权需根据债权申报审核、提存情况进行调整,其他应收款、预付款根据清收情况结合时效等因素进行调整,才能出具准确的资产负债表,由此就出现“合并在前、审计在后”的情况,故实际操作中难以适用在整体上符合《企业破产法》第2条规定的“资不抵债”的情形。

(三)关联企业成员之间法人人格高度混同

关联企业成员之间法人人格高度混同,可将其分为意志独立性的严重丧失及财产独立性的严重丧失,其独立性丧失至何种程度方可适用关联企业实体合并规则,亦是实务操作中的难点。

1. 关于意志独立性丧失的表现形式

一是意思机关混同或意思机关被过度控制,例如,关联公司间交叉持股、子公司股东会、董事会等意思机关陷入瘫痪状态、母公司直接操纵子公司、兄弟公司的经营决策、母公司直接向子公司发号施令、下达生产指标并不履行必要程序、母公司越过子公司股东会直接任免子公司或兄弟公司的董事、监事,母公司越过子公司董事会直接任免子公司经理、副经理等。

二是人员混同,例如,高管交叉兼职、核心技术人员兼职、一般人员兼职、工资发放混乱、社保缴纳混同、劳动关系建立、变更、解除混同等,简称“一套人马,多套班子”。

三是业务混同,例如,关联企业间存在同业竞争、经营业务相同、交易行为、交易方式、交易价格等受核心控制企业支配。

四是内设机构混同,例如,关联企业常共有一个营销部、人力资源部、法律部、资金结算部等。

2. 关于财产独立性丧失的表现形式

一是财务混同,例如,财务账簿、会计凭证混同、混合使用共同账户、财务人员同一、不同行业执行同一重大会计政策、银行基本账户、一般账户、网上银行等由核心控制企业专人控制。

二是资产混同,资产可分为固定资产、流动资金、无形资产、对外投资等主要经营性资产。其独立性丧失可表现为:关联企业间股权注册资本金出资来源混同,出资购买资产的主体与合同签订主体、账面记载主体及实际使用主体不一致的情形,采矿权、土地等重大经营性无形资产被随意调拨、抵押、相互担保、变更权属,共同拥有商标、专利、著作权、专有技术等知识产权,开发、维护费用及权属不清等情形。

三是办公机构、经营场所混同,例如,共用办公场所、办公设备实施、交通工具等,且未实际支付相应对价。

3. 混同行为需具有“三性”即显著性、广泛性、持续性

笔者认为,显著性可表现为众多混同行为非常明显,对外交易伙伴或债权人认为各关联企业实质为一个整体。广泛性可表现为混同行为众多,包括人、财、物的全面混同即财产独立性及意志独立性均严重丧失。持续性可表现为众多混同行为呈持续性并非某一行为的偶然混同,时间长达几年,甚至从关联企业设立混同至发生破产原因之时。

4. 混同行为达到何种程度方可认定财产独立性及意志独立性严重丧失

司法实践中,在判断人格混同达到何种程度即是必须在意思机关、人员、业务、内设机构、财务、资产、办公机构、经营场所等全面混同的前提下方可适用人格否认,或出现前述部分混同行为即可适用人格否认,前述问题是实务操作中的重点与难点。

根据最高人民法院《关于适用〈中华人民共和国企业破产法〉若干问题的规定》(第五稿 2013 年 4 月征求意见稿)第 3 条规定:“以下情况显著、广泛、持续存在的,人民法院可以认定关联企业成员严重丧失法人财产独立性:(一)流动资金、货币资产、固定资产等主要经营性财产,在占有、使用、收益、处分等方面难以区分的;(二)财务账簿、会计凭证难以区分,或者混合使用共同账户的;(三)生产经营场所未予明确规定的;(四)其他可以认定关联企业严重丧失法人财产独立性的情形。”第 4 条规定:“以下情形显著、广泛、持续存在的,人民法院可以认定关联企业成员严重丧失法人意志独立性:(一)主要经营业务相同、交易行为、交易方式、交易价格等受控制企业支配的;(二)相互担保或交叉持股的;(三)董事、监事及高级管理人员交叉兼职的;(四)受同一实际控制人控制,关联企业对人事任免,经营管理等重大决策事项不履行必要程序的;(五)其他可以认定关联企业严重丧失法人意志独立性的情形。”

笔者认为,混同行为只要达到判断意志独立性丧失及财产独立性丧失的程度即可认定为构成人格混同,并非一定是人员、经营管理、资产及财务的全面混同。例如,在实践中常出现,自然人投资且未实际开展实体业务的企业与关联企业不存在业务的混同,但其人员由核心控制企业兼职、注册资本资金来源及对外长期股权投资资金来源于核心控制企业、为关联企业提供无偿担保、资产无偿抵

押、无法控制企业银行账户等情形。虽该股权登记在自然人名下,但事实上由核心控制企业出资,对重大决策施加重大影响,即使无法举证证明该企业与核心控制企业存在主营业务方面的混同,但其他证据足以表明该企业的意志独立性及财产独立性均严重丧失即可适用关联企业合并破产制度。如何判断意志独立性及财产独立性的严重丧失可由人民法院自由裁量,但管理人、债权人或债务人在证据组织中必须就关于意志独立性及财产独立性严重丧失的表现形式各举部分证据予以证明,同时关注"证据穷尽"原则。

(四)法人人格高度混同损害债权人利益

根据我国《公司法》第20条第3款的规定,法人人格高度混同行为需严重损害债权人利益,方可适用人格否认制度。对于损害债权人利益受损应如何证明,在实务中该如何组织证据或是否可直接适用推定原则,均是实务中的难点。笔者对此提出以下两个观点:

1. 推定原则

从本质上来说,企业破产势必将对债权人利益造成损失,故笔者认为,法人人格高度混同损害债权人利益可参照适用《企业破产法》第2条所规定的企业法人不能清偿到期债务,其资产不足以清偿全部债务或者明显缺乏清偿能力,只要债务人出现符合前述破产条件且相关权利人举证证明了其人格高度混同的事实即可推定法人人格高度混同损害了债权人利益。

2. 组织其他损害债权人利益的证据

除正常组织证据证明关联企业间人、财、物全面混同外,可考虑另行组织其他证据证明关联企业间利益过渡转移,无偿或以低价转让优质资产,无偿或以低价转让未到期或到期债权,逃债行为,拒绝或怠于行使到期债权的追索权等。例如,属于子公司的财产登记在母公司名下;子公司的财产经常处于母公司的无偿控制和使用之下;控制股东长期掏空公司的资产尤其是优质资产,而未对公司进行充分、公平的赔偿;控股股东对公司负有巨额债务,而公司在控制股东的控制下长期拒绝或怠于追索等。

五、关联企业实体合并破产的管辖权问题

关联企业实体合并破产的管辖权目前暂无完整生效法律规定,最高人民法

院亦暂未正式出台相关司法解释。根据《企业破产法》第3条规定,"破产案件由债务人住所地人民法院管辖",但该规定并不完全适用于关联企业实体合并破产的情形。

根据最高人民法院《关于适用〈中华人民共和国企业破产法〉若干问题的规定》(第五稿2013年4月征求意见稿)第14条规定,"适用实体合并规则审理关联企业破产案件的,应当依据下列原则确定案件管辖:(一)关联企业成员均未进入破产程序,申请人直接申请或用实体合并规则对关联企业成员进行破产清算的,应当向关联企业中的核心控制企业住所地人民法院提出申请;(二)关联企业已分别进入由不同法院受理的破产程序,申请人申请适用实体合并规则对上诉关联企业进行破产清算的,应当向已受理关联企业中核心控制企业破产案件人民法院提出申请;(三)关联企业的个别成员已经进入破产程序,申请人申请适用实体合并规则对其他关联企业进行核查的,应当向已受理个别成员破产案件的人民法院提出申请。人民法院发现被申请合并破产的关联企业成员系核心控制企业的,应当将案件移送核心控制企业住所地人民法院管辖"。该未出台的司法解释对关联企业合并破产管辖权进行了详细规定,可见该司法解释均是以"核心控制企业"住所地为导向,如何认定"核心控制企业"常成为对管辖权之争的焦点,实践中对此分为"核心资产所在地说"、"核心意思机关所在地说"及"多数债权人所在地说"三大类观点。

在一般情况下,企业集团的核心资产和负债集中在同一地方,决策控制的最高端意思机关亦位于同一地方,管辖权则较好确定。若出现企业集团内关联企业间的核心资产、负债及最高决策意思机关均位于不同关联企业住所地时,如何确定核心控制企业进而确定管辖则存在较大争议。"核心资产所在地说"认为,破产财产直接决策着各债权人的实际利益,由主要资产所在企业的住所地人民法院管辖有利于管理人更好地清产核资、管理资产,有利于资产的变价处置,以提高债权人清偿额。"多数债权人所在地说"认为,破产企业的财产为全体债权人所有,债权人即为破产企业的所有权人,在多数债权人所在企业住所地人民法院管辖将便于多数债权人申报债权,有利于债权人监督管理人工作,有利于保障多数债权人的知情权,减少债权人行使知情权、表决权的成本,且此处的"多数债权人"包括了债权金额占1/2及债权人人数占1/2以上的两种情形。笔者支持"核心意思机关所在地说"即由关联企业间核心意思机关所在企业的住所地人民法院管辖，因为在认定核心控制企业时，主要考量的因素包括但不限于人员交叉任职、经营管理决策、资产处分、财务收支管控等，而前述各方面的决策主要来源于核心控制企业的意思机关，只要能对企业集团内关联企业的人、财、物作出有效决策及管控，则可认定该企业为核心控制企业。该核心控制企业的意思机关处于关联企业决策控制的最高端，对于整个关联企业的经营状况掌握得最为清楚，由核心企业住所地法院管辖关联企业实体合并破产案件，便于确保案件的审理效率和程序经济。

此外，笔者发现，根据最高人民法院《关于适用〈中华人民共和国企业破产法〉若干问题的规定》(第五稿 2013 年 4 月征求意见稿)第 14 条第 3 项的规定，当关联企业中的一家企业已经进入破产程序，再申请将其他未破产企业纳入合并破产程序时，基于效率原则和管辖恒定原则，一般应由已经受理该破产程序的法院统一管辖。经人民法院审查，被申请企业为核心控制企业时，需将前述已进入程序的破产案件移送至核心控制企业所在地人民法院管辖。笔者个人认为，司法解释可进一步明确，经人民法院审查，再申请企业不符合关联企业实体合并破产人格混同的条件但符合我国《企业破产法》第 2 条所规定的破产原因，人民法院应作出裁定已进入破产程序企业所在地人民法院不具有管辖权，告知再申请企业向有管辖权的住所地人民法院申请破产。

六、关联企业实体合并破产的证据组织

关于关联企业实体合并的证据组织是实务操作中的难点，虽最高人民法院《关于适用〈中华人民共和国企业破产法〉若干问题的规定》(第五稿 2013 年 4 月征求意见稿)第 10 条对关联企业实体合并相关证据的审核给出了原则性的规定，在笔者看来，该规定实质意义上为适用关联企业实体合并破产规则的条件。从实务角度如何有效收集整理证据，笔者对此进行了简要梳理。

(一)从管理人视角出发，正式收集证据前需做好的准备工作

1. 深入学习理解关联企业实体合并破产的条件

证据组织者只有在深度理解后才能在后期的证据收集中发现众多有效证据。笔者在实务中发现，只有在充分理解关联企业实体合并破产的条件，在后期

证据收集过程中才能举一反三,例如,正确理解关于人格混同中控股股东、实际控制人的正常控制与过度控制的区别,才能正确区分具体证据证明控股股东、实际控制人对关联企业的过度控制。

2. 关联企业成员较多可按行业分版块收集证据

证据组织者可根据关联企业的行业属性进行版块划分,有利于证据收集清单及相关论证文件的起草。笔者认为,若关联企业属于同一行业,在草拟证据收集清单前需深度调查、了解同行业类相关企业的行业属性、商业模式、运营模式、行业准入、融资渠道、资质证书等,以便能快速找到证明人格混同的核心证据;若关联企业隶属于不同行业,可在证据收集时按行业划分不同板块,分别了解不同行业关联企业间的共性特征及差异性特征。

3. 起草证据收集清单并对工作人员进行培训

证据组织者在充分了解行业属性与企业总体运营商业模式后需针对不同行业的关联企业起草证据收集清单并对各关联企业相关人员进行培训,帮助工作人员更好地理解组织思路,找出有效证据。笔者在实务中发现,若证据收集者未能充分理解证据收集清单内容,会做大量“无用功”,致使收集到较多无效证据且该类证据与混同的客观事实存在较大差异,故建议在制作证据收集清单时尽量紧扣企业真实运营情况对清单进行全面细化。

4. 关联企业成员数量多且非所有关联企业均与核心控制企业人财物全面混同的处理

在关联企业成员数量较多并涉及多个行业时,证据组织者在证据收集前应充分考虑收集方向。例如,收集各关联企业间的人格混同,或收集各关联企业分别与核心控制企业的人格混同,或收集各行业同一板块内的企业与板块内的主要运营企业人格混同,及板块内的主要运营企业与集团核心控制企业人格混同。司法实践中,时常发生管理人或债务人所收集的证据表明:A 企业为核心控制企业,B 企业与 A 企业人格严重混同,C、D 企业与 B 企业人格严重混同,E 企业与 A 企业人格严重混同。在此种情况下的证据组织应形成一个完整的逻辑链条,首先组织 C、D 企业与 B 企业人格混同的证据,其次组织 E、B 企业与 A 企业人格混同的证据,最终得出结论 C、D、B、E 企业均可与 A 企业合并破产,A 企业为核心控制企业。透过法理看该类案件的证据组织,C、D 企业与 B 企业因人格否认均丧失其独立性,本质上为一个企业;而 B、E 企业与 A 企业亦因人格否认均丧失其独立性,本质上为一个企业;因此实质上C、D、B、E、A企业均为一个企业,受A企业控制。

(二)管理人或债务人具体组织证据的方法

1. 证明各破产企业或拟破产企业为企业法人,各企业间为关联企业

关于判断各企业是否属于关联企业的法律适用,笔者在本文第三部分进行阐述,在此不再赘述。证明各企业为关联企业的证据一般可通过各企业工商档案、股权架构图、内部会议决议、会议纪要、高管访谈记录等综合证明。证明各企业为企业法人可收集各企业的营业执照,通过判断企业类型判断关联企业是否具有法人主体资格,同时可在"全国企业信用信息公示系统"及其他途径查询确认。

2. 证明各企业分别或整体上符合我国《企业破产法》第2条规定的破产原因

若各企业已分别进入破产程序后再行申请合并,可将各企业进入破产程序的民事裁定书作为证据提交。若各企业均未进入破产程序,需举示各企业对大额到期债权不能支付的证据,或企业的资产负债表、现金流量表或审计报告等以证明各企业已资不抵债、现金流枯竭,符合我国《企业破产法》第2条规定的破产原因。若部分企业已进入破产程序,再申请企业并入核心控制企业破产,可举示再申请企业与已进入破产程序企业经合并的财务报表,以证明合并后资不抵债或举示再申请企业不能清偿到期债务的证据。对证据组织而言,以不能清偿到期债务的证据组织起来难度相对较低,实践中亦更为常用;而举示合并后财务报表证明合并后资不抵债相对较难,而且数据的准确性存疑,因各关联企业之所以需要合并破产主要系因为人格严重混同,资产负债难以区分损害了债权人利益,在管理人对债权核查确认、资产清理处置工作完成前,其财务数据均不够准确,故若采用此方法举证难度较大,此方法在实践中使用频率较低。

3. 证明各关联企业间人格严重混同

可从四大方面分别组织证据,包括人员混同、经营管理混同、资产混同及财务混同。其中人员混同及经营管理混同主要指关联企业的意志独立性的丧失,而资产混同及财务混同主要指关联企业的财产独立性的丧失。当然前述混同可能存在相互交叉的情形。笔者简要梳理如下:

(1)人员混同:可涵盖高管交叉兼职、一般管理人员交叉兼职、基层员工在关

联企业间交叉兼职、员工招聘人数、招聘条件、员工薪资、福利待遇标准等由核心控制企业决策,招聘、劳动合同签订、社保购买、劳动关系解除主体不一致等情形。

(2)经营管理混同:可涵盖各关联企业组织架构设置、共用职能部门、经营场所、交易行为、交易方式、交易价格、经营方向、相互担保、关联交易等重大经营决策由核心控制企业掌控,各关联企业经营管理架构形同虚设未履行必要程序等情形。关于经营管理的混同最好结合不同企业所属行业进行确定,例如,房地产行业关于经营管理则可从具体地块取得、地块价格、楼盘建筑风格、商品房销售价格、销售优惠政策、销售渠道建立、是否对外销售、对外融资方式、融资额度等重大经营决策权均由核心控制企业意思机关决策。

(3)资产混同:可涵盖土地、房屋、建筑物、构筑物、采矿权、知识产权、长期股权投资、办公室、办公设施设备、交通工具、库存现金等有形、无形资产的所有权及占用、使用、收益、处分混乱,还包括关联企业间无偿或以明显不合理低价转让核心资产、以核心资产无偿为关联方提供抵押、无偿借用机器设备等情形。

(4)财务混同:可涵盖财务人员相同、在同一财务软件对关联企业记账、不同行业重大会计政策相同、共用银行账户、会计账簿、关联企业间账面混乱、资金随意划拨、代偿代付行为频繁、债权债务随意无偿转让、放弃到期债权、注册资金来源及运营资金来源于各关联企业或核心控制企业、税收筹划由核心控制企业决策等情形。

笔者建议,核心控制企业的证据收集除前述方面证据收集外,可另行集中在企业集团内关于人员、经营管理、资产及财务的制度建设,以证明核心控制企业如何控制其他关联企业。

此外,在司法实践中,并非所有企业均存在前述四大方面的混同行为,但只要有充足证据证明关联企业成员意志独立性及财产独立性均丧失即可。例如,关联企业成员注册资本金来源于股东,但经营决策由核心企业控制,运营资金基本来源于核心控制企业,业务均系与关联企业成员发生的关联交易,对核心控制企业存在重大依赖。即使从表象看,并无高管或其他管理人员交叉兼职情形亦可认定其意志独立性及财产独立性丧失,可与其他关联企业成员进行实体合并。

4. 证明关联企业间人格严重混同损害债权人利益

从证据组织实务角度看,人格混同损害债权人利益在一般情况下无须单独举证证明。若前述混同行为举证充分,则可直接证明控股股东或核心控制企业利用其控制地位使关联企业间人格严重混同,导致关联企业优质资产权属不清、资金链断裂、不能足额清偿到期债务,损害了债权人利益的事实。笔者建议,在梳理证据清单时可将混同行为损害债权人利益作为证据的证明目的之一与其他证明目的同时列举。此外,在申请书、论证书等论证文件中明确指出前述证据系损害职工债权人、税务机关债权人、农民工债权人、金融债权人及其他相关债权人的利益,最终得出损害大多数债权人利益的结论。

5. 对管理人访谈补强证据

破产企业一般管理混乱,部分书证可能存在缺失。在少量书证缺失的情况下,可采用对高级管理人员、财务管理人员及普通员工逐一进行访谈并制作访谈记录的形式对缺失的书证进行补强。访谈过程应保持独立性与私密性,访谈时间安排应尽量在较短时间内完成,以增强被访谈人员所述事实的真实性,减少被访谈人员互通信息的机会。访谈人员应为两人,一般为管理人成员或管理人聘请的专业工作人员,一名负责提问、一名负责记录。被访谈人员每次为一人,访谈前需核实被访谈人员的身份及职务,不能同时对两名或两名以上管理人员进行访谈,访谈完成后需及时制作访谈笔录由被访谈人员签字确认。

6. 证据清单及论证文件的起草

管理人或债务人需对前述证据按板块逐个企业梳理成证据清单及论证书等文件。编制论证书的目的在于,若关联企业数量多、运营情况庞杂时向法院简单、清晰地介绍管理人证据组织的法律依据、证据组织思路、每家关联企业所收集到的证据所证明符合关联企业实体合并破产具体条件的事实等。论证形式可从正面各关联企业间如何混同及从反面核心控制企业如何利用其控制地位致使关联企业间人格混同分别论证。此外,需对关联企业实体合并破产的必要性及不合并的不利后果进行分析论证。

七、关联企业实体合并破产是否需经债权人会议表决通过

各关联企业均已进入破产程序,管理人申请各关联企业进行实体合并破产,各成员的财产将合并作为整体破产财产,各成员的债权人将作为实体合并破产后的债权人在同一破产程序中公平受偿时,是否需经债权人会议表决通过。对

于此问题,目前并无明确法律规定。但在司法实践中,各债权人常提出异议认为债务人财产为全体债权人所有,债权人实质上为破产企业的权益所有者,关联企业实体合并涉及对债权人重大权益的处分,故认为关联企业实体合并破产需经债权人会议表决通过才可合并。

不少学者认为,①在债务人破产之后,破产财产在法律上的所有权仍应属于债务人即破产人所有,不属于债权人所有。无论是个别债权人、全体债权人还是债权人会议,也不属于清算组所有或这两者共有。债权人对债务人的财产不享有所有权,只对债务人享有债权,即使实在债务人破产的情况下,也不能因为债务人将用其财产归还所欠债权人的债务,便在还债之前就将债务人的财产认定为债权人所有。笔者认为,在破产案件中,破产财产的处理与分配方案虽然直接关系到债权人的利益,但关联企业实体合并并未直接涉及对破产财产的处置与分配,仅是对各关联企业成员的财产及债务进行整合。从表象上看,此种整合可能导致拥有优良资产、债务较少关联成员企业的债权人的利益受损,但该关联成员企业之所以拥有优质资产系因控股股东利益输送、利益过渡转移所得,从实质上讲该资产的权属都存疑,而企业破产法的立法宗旨是为了保护大多数债权人利益,实现公平偿债。因此,笔者不赞同债权人是破产财产的所有权人,债权人有权决策关联企业是否进行实体合并的观点。

我国《企业破产法》第61条对债权人会议的职权进行了列举式规定,债权人会议行使下列职权:“(一)核查债权;(二)申请人民法院更换管理人,审查管理人的费用和报酬;(三)监督管理人;(四)选任和更换债权人委员会成员;(五)决定继续或者停止债务人的营业;(六)通过重整计划;(七)通过和解协议;(八)通过债务人财产的管理方案;(九)通过破产财产的变价方案;(十)通过破产财产的分配方案;(十一)人民法院认为应当由债权人会议行使的其他职权。”根据前述规定的内容看,债权人会议的职权中并未涵盖对关联企业实体合并进行表决的事宜。因此,从现行法律规定来看,关联企业实体合并破产虽涉及对破产财产及债务的整合,但不必然需要债权人会议表决通过才可进行实体合并。

从司法实践来看,组织召开一次大型的债权人会议工作量巨大,需要大量的人力、物力及财力的支持,最为重要的是会议召开前需确定参会债权人的资格及

① 王欣新:《破产法原理与案例教程》(第2版),中国人民大学出版社2015年版,第104页。

所享有的表决权。一般情况下,债权人、债务人或管理人在申请关联企业实体合并破产时,因人格混同导致债权债务混乱,关联担保复杂,管理人完成债权的审查确认工作需要大量时间。而人民法院对实体合并裁定未下,大多关联债权及关联担保债权无法确定。在此情况下,管理人很难召开大规模的债权人会议。若待债权审查确认工作完成后再行召开债权人会议,对关联企业实体合并破产事项进行表决,将拖延破产进程,可能进一步给债权人造成损失。

综上,笔者认为,此类案件应以人民法院审查案件事实是否符合关联企业实体合并破产条件为主。法院可通过召开听证会的形式,充分听取各方对合并破产的意见,同时给予利害关系人司法救济途径,赋予异议人对合并裁定不服的上诉权,上诉期间可不影响案件的执行。此外,法院可积极组织召开第一次债权人会议,选举确定债权人委员会成员以保障债权人的知情权与监督权。若在债权人委员会经选举正式成立前,亦可考虑设置重大事项议事代表,管理人可通过召开座谈会、交流会等多种形式就破产程序中的相关重大事项向各议事代表汇报、商议、征求意见,听取各议事代表的心声,保护债权人的利益。

八、关联企业实体合并重整程序中止息日及审计基准日的确定

(一)关联企业实体合并破产程序中止息日的确定

若关联企业分批次进入破产程序,最终由核心控制企业所在地人民法院裁定实体合并,此种情况下关于对各批次进入破产程序的企业止息日的确定在实务中存在较多争议。在实务操作中存在四种不同做法,笔者假设关联企业分三批单个进入破产程序,假设第一批进入时间为 2015 年 1 月 1 日,第二批进入时间为同年 5 月 1 日,第三批进入为同年 9 月 1 日,现申请对关联企业实体合并破产,关于止息日的确定有以下四种方案:

1. 以人民法院受理各关联企业破产案件之日分别作为止息日

根据我国《企业破产法》第 46 条的规定:“附利息的债权自破产申请受理时起停止计息。”司法实践中有人认为,附利息的债权应根据企业破产法的规定分别以各自破产申请受理日停止计息,法院针对每批次企业所作出的受理裁定分别对该批企业的债权人具有法律效力。当然也有人提出反对意见,认为我国《企

业破产法》第46条规定主要指破产清算、破产重整的情况，并不包括关联企业实体合并破产的情形。关联企业间实体合并破产的前提则是出现了人格的严重混同，且该混同行为需具有广泛、显著及持续性。实体合并后，第一批进入破产程序企业的债权人也是第二批、第三批破产企业的债权人，第一批破产企业的资产也是第二批、第三批破产企业的资产。当第一批债权人按2015年1月1日为时间节点计算利息，第三批债权人按2015年9月1日为时间节点计算利息，到最后因为资产、债权债务全部合并，第一批债权人与第三批申报的债权人均是共同分割关联企业的全部资产；这使第一批、第二批债权人的利益受损，与公平原则不符，同时使第一批、第二批债权人容易出现不稳定情绪，易发生过激行为，降低债权人会议通过率。

事实上，目前实务界采取此种方式确定止息日的案例相对较多。原因在于对关联企业实体合并破产程序的法律法规或司法解释等截至目前均未出台，按此种方式确定止息日，其表象为有法可依。笔者认为，债权人、债务人或负有清算义务人在何时申请企业进入破产程序，系债权人或其他利害关系人对其自身权利的处分，法院不对相关权利人怠于履行权利或放弃权利的行为强制调整止息日。

2. 以人民法院受理第一批关联企业破产案件之日作为止息日

实务界有观点认为，所有关联企业的债权均以第一批进入破产程序的时间作为止息日，以此有利于缩减债务，提高清偿率。笔者分析认为，若以第一批进入破产程序的时间为准，可能导致后续两批企业的债权人利息大幅度减少，虽债务在表象上得到缩小，但对后续进入破产程序的关联企业的债权人不公平，可能导致债权人会议无法通过，制造较多的不稳定社会因素。

3. 以人民法院受理最后批关联企业破产案件之日作为止息日

实务界有观点认为，所有关联企业的债权均以最后一批进入破产程序的时间作为止息日。首先，此方案使第一批、第二批债权人均享受了利益，并且使债权人会议容易获得通过。其次，第三批债权人亦按照受理日作为利息计算截止日计算利息，对第三批债权人而言，其债务人在第一批企业进入程序时就符合了关联企业实体合并破产的条件，仅因申请时间晚，债权人自第一批关联企业受理日至最后一批关联企业受理日期间的利息亦一直在予以计算，并未减少。最后，在破产清算程序中，资产相对恒定，放大了债权，只是降低了清偿比例，未必一定会大量减少债权人所实际获偿金额。

笔者认为,此方案所载明的利息计算方式目前并无明确法律法规规定,但其符合我国《民法通则》及《企业破产法》的立法宗旨"公平原则",符合破产法的立法目的保护了大多数债权人的利益。同时,此方案的弊端在于扩大了总体债务数额,特别是金融债权人的债权数额。一般情况下,较多金融债权人享有担保等优先权,此方案可能造成金融机构总体清偿比例比其他方案稍高一些,这也是实务界对此方案适用较少的原因之一。笔者在此呼吁立法者对此方案进行进一步细化讨论,在相关司法解释出台时,能对此给出明确指导意见。

4. 以人民法院受理第一批与最后批关联企业破产案件的期间取中间时间点作为止息日

有观点认为,妥善处理破产案件的基本原则为公平原则,为维护大多数债权人的利益,可考虑取第一批与最后一批破产案件受理日期间的中间日作为利息终止日,这样将使中间日以前申报债权的债权人享有多一些权益,中间日以后申报的债权人少获取一些权益。笔者认为,此种方案看起来对债权人是公平的,实际上会造成后续申报债权人的利益受损及心理不平衡,对于中间点的测算,从实操中亦难以实现。

(二)关联企业实体合并重整程序中审计基准日的确定

在关联企业实体合并重整程序中,关于对审计基准日的确定主体、确定方式亦存在较大争议。在研究此问题时,首先需明确破产重整中债权债务合并、资产合并需要确定一个时间点作为基准日的原因。根据我国《企业破产法》第 30 条规定:"破产申请受理时属于债务人的全部财产,以及破产申请受理后至破产程序终结前债务人取得的财产,为债务人财产。"从法律规定看,破产财产包括了破产程序终结前债务人取得的财产,对于清算程序此问题好解决。对于重整程序,鉴于企业还一直处于经营状态,其财产具有一定流动性,有可能在不断增加,亦有可能在适量减少,对此我们就需要确定一个基准日来衡量债务人在该基准日的资产负债情况,以利于制作重整计划草案,预估清偿比例,投资方亦需要根据该基准日的资产负债预判接盘所支付的对价。因此,确定一个审计基准日是必要的。该基准日的确定方式目前并无具体法律规定,但实务界有三种不同观点。

第一种观点认为,由管理人在最后批受理日后自行讨论决定,以半年度或年度截止日为佳。

第二种观点认为,由人民法院在最后批受理日后另行指定。对此笔者建议,立法者能在相关司法解释出台前对此予以考量,若由人民法院以决定书或通知书的方式指定审计基准日,时间最好确定在最后批关联企业成员债权申报期结束后。因审计报告反映的是基准日的资产负债情况,在债权申报期届满后,债权金额相对固定。笔者认为,如果由人民法院指定存在一定弊端在于审计基准日后将出具审计报告,而审计报告的有效期仅为6个月,若在审计报告有效期内未能招募到适格重组方,人民法院需要另行以决定书或通知书方式指定基准日对前述资产负债进行加审,此方式在法律程序上较为复杂,若是管理人自行决定则无须再行制作相关决定书或通知书等。

第三种观点认为,以关联企业实体合并裁定出具日为审计基准日。此种观点具有一定法理意义,因关联企业实体合并裁定作出,事实上是对各关联企业成员的独立法律地位的否认,对各关联企业来说是一种新的法律地位确认即各关联企业实质为一个法律主体。笔者认为,此种方式在实践中存在一定弊端,即裁定日可能为某月的10日或15日等,不利于财务数据、资料的获取,而审计基准日一般为月末、季度末或年度末,其原因是为了与多数企业的财务核算日等保持一致。因此,笔者建议在确定审计基准日时,以关联企业实体合并裁定作出之日作为审计基准日,裁定的作出日最好控制为月末。

九、小　结

我国现行法律中对关联企业实体合并破产的法律暂未出台,但在司法实践中已出现部分案例,笔者结合实践经验从前述八方面对关联企业实体合并破产进行了简要梳理。关于关联企业实体合并破产后的法律后果及合并后管理人的实务处理建议,笔者将在今后进一步研究。

论基于公司治理的关联企业破产制度

马学荣*

导　言

企业难以勘负经济下行压力,破产此起彼伏,审理破产案件成为法院裁判的重要内容。破产的法律结果,可能是公司灰飞烟灭抑或重整后涅槃重生。但是,涉及关联企业的破产,往往令破产管理人难以协调作出判断。实践中,破产案件的难点聚焦于破产财产的确认与分配。关联企业与破产企业关系错综复杂,界定过宽,则会导致一些原本治理状况较好的关联企业遭受“连带”责任,一并破产导致扩大经济损失;界定过窄,容易产生逃债问题、道德风险挫伤债权人利益。因此,关联企业破产并非单纯地作为公司法或破产法研究问题,而是兼容法律与社会、企业与债权人、正义与效率的综合难题。本文分为三部分,第一部分讨论现有破产制度的不足,第二部分分析关联企业破产的法律问题与财务问题,第三部分尝试分析解决关联企业破产的可行性方案。

---

* 宁夏职业技术学院、宁夏广播电视大学商学院教师,硕士研究生,研究方向为公司法、破产法。

一、现有破产制度的不足

关于处理关联企业在法律地位和经济事实上的独立性问题,存在实体法与企业法的两种理论,实质合并理论(substantive consolidation fundaments)逐步被广泛接受和使用。[①] 上述理论与现实的契合,使企业破产制度逐步从单一债务人破产制度逐步演变为能动破产制度,以解决破产存在的道德与清偿风险,甚至在破产之前尽可能还原破产的来龙去脉。在实证研究中,有学者发现,当事人难以达成破产自治的原因之一为对债务人财产进行审计中会暴露经营问题甚至违法犯罪问题,[②]诸多问题,加剧破产信息模糊,使破产流于形式,仅为处理各类契约关系与终止企业生命。

以无锡尚德破产案为例,该公司作为尚德电力公司的全资子公司,在主要债务来自无锡尚德的情况下宣布子公司破产重整,保留母公司的上市壳资源,[③]此为企业法破产的典型案例。其法律意义在于,避免上市公司破产导致股东权益的减少与损失扩大,造成局部不稳定因素。与之处理结果迥异,杭州市中级人民法院审理海纳破产重整案,管理者因涉嫌挪用资金罪、合同诈骗罪锒铛入狱,后债权人申请破产重整得以缓和破产局面。有司法工作者研究,认为适用重整程序,"应该从投入和产出的比例、是否值得花大力气拯救这个企业来判断"。[④] 上述两则案例,是司法裁判与企业内部决策者共同推动的裁判结果,由此反映出破产制度对现实回应的不足。

(一)契约式破产不足

基于契约的公司法与破产法基础,主要分为内部契约与外部契约,前者如劳动合同、公司章程以及合法有效的股东会与董事会决议等;后者包括私主体之间契约以及私主体与公权力主体之间基于法律规定的特殊义务产生的对社会整体

① 参见王欣新、蔡文斌:《论关联企业破产之规制》,载《政治与法律》2008 年第 9 期。

② 参见郭洁:《论强化法院对涉众案件执行转接破产程序的职权干预——基于 2011 年至 2014 年沈阳市两级法院执行不能案件的分析》,载《法学》2016 年第 2 期。

③ 参见彭薇:《尚德破产启示录》,载《企业研究》2013 年第 6 期。

④ 陶蛟龙、史和新:《关联公司合并破产重整若干法律问题研究——以纵横集团"H5"公司合并重整案件为视角》,载《政治与法律》2012 年第 2 期。

的契约义务,如各类民事合同、行政处罚或税收缴纳等。因此,公司法主流合同理论,将公司看为合同的连接体。[1] 在破产中,基于契约的权益保护主要是包括:(1)破产费用与共益债务;(2)成员工资、社会保险与破产人税款;(3)破产债权,同时担保财产对特定财产享有优先受偿的权利等。上述适用规则为依次按顺序清偿,同一顺序不足按比例清偿。最高人民法院《关于适用〈中华人民共和国企业破产法〉若干问题的规定(一)》第1条规定,"债务人不能清偿到期债务并且具有下列情形之一的,人民法院应当认定其具备破产原因:(一)资产不足以清偿全部债务"。但资产如何界定,是否包括关联公司资产并没有规定,使契约保护约束力不足。外部债权人基于对整个企业群体的资信与之交易,企业之间人格混同使债权人产生信赖利益,[2]难以通过破产法是否公平、是否损害债权人利益的终极考验。[3] 上述内忧外患,使企业的破产成为内外主体的利益博弈,甚至需要政府干预裁判,以推动建立在维持社会秩序基础上的企业破产。否则,经济问题变为社会问题,负面影响发酵。但政府干预并非有效,甚至可能形成隐形担保,催生"僵尸企业"或大而不倒的企业。

因此,实质合并规则成为英美法系破产制度的核心规则。较为经典的是在Vecco Construction Industries, Inc. 中,法院总结出7条判断标准:(1)分离、确认个体财产与责任的难度;(2)是否存在合并财务报表;(3)合并后单独物理地点的盈利能力;(4)财产与经营的混同;(5)不同公司实体之间利益与所有者一致;(6)母子公司之间对贷款互保;(7)财产转让无须正式公司程序。[4] 上述规则的特点在于将企业的财产、财务报表、财务、所有者利益与内部担保、治理程序等问题,进行区分判断,将濒临破产的企业进行还原,抽丝剥茧般还原破产真相,解决破产中公司内外部信息不对称问题,弥补契约式裁判规则在公司治理制度方面的空白。

---

① 参见邓峰:《普通公司法》,中国人民大学出版社2009年版,第623页。

② 参见高建清:《关联企业破产中实质合并规则的适用研究》,西南政法大学2013年硕士学位论文,第20~21页。

③ 参见蒋大兴、王首杰:《破产程序中的"股转债"——合同法、公司法及破产法的"一揽子竞争"》,载《当代法学》2015年第6期。

④ In re Vecco Construction Industries, Inc. , Debtor 4 B. R. 407; 1980 Bankr.

(二)高管责任的空置

我国《企业破产法》第125条规定企业董事、监事或者高级管理人员违反忠实义务、勤勉义务,致使所在企业破产的,依法承担民事责任。有前款规定情形的人员,自破产程序终结之日起三年内不得担任任何企业的董事、监事、高级管理人员。

首先,上述制度的初衷在于将我国《公司法》董事义务引入破产法规制框架保护公司的合法利益与股东利益,实现公司内部治理的有效性。但是该条对民事责任承担的规定并不清楚,民事责任是平等民事主体之间的责任承担,管理层成员违反义务导致公司破产,但向公司承担赔偿责任使公司获得一定赔偿,公司破产中管理人如何向其追偿?

其次,公司破产的矛盾往往基于劳动合同关系与对债权人的清偿不足,此时管理者赔偿责任增加,会增加破产矛盾,延长破产时间,增加各项成本或激化各类矛盾。此外,还有管理者对于公司的违约义务赔偿金额作为破产财产的分配问题。上述问题涉及内部公司治理的和谐与对外部债权人的清偿,对于独立关联企业来说,容易引发公司系统性危机,将损失扩大至其他企业的薪酬分配与管理者设置。除了上述问题,还包括举证困难、影响关联公司日常运转以及增加破产时间与费用的问题。

(三)母子公司的破产

我国《公司法》关于公司担保规定为"公司向其他企业投资或者为他人提供担保,依照公司章程的规定,由董事会或者股东会、股东大会决议;公司章程对投资或者担保的总额及单项投资或者担保的数额有限额规定的,不得超过规定的限额。公司为公司股东或者实际控制人提供担保的,必须经股东会或者股东大会决议",同时,规定了关联股东回避表决与表决权比例的限制。对于母子公司担保,公司法并未限制,而是由公司章程自治,上述约定提高决策效率与交易便捷。由于有限公司中股东对公司承担出资责任,股东作为公司所有者基于人身权与财产权的双重属性;而母子公司产生于母公司对子公司的投资,存在公司董事或经理人的重合,或一定管理、控制、委派。我国《公司法》第14条第2款规定,公司可以设立子公司,子公司具有法人资格,依法独立承担民事责任。子公司的设置目的在于实体与财产的分离,保障母公司资源能够得到最大限度的开发利用,同时隔离子公司经营风险,保持母子双方的独立性。

上述公司法规制框架,为公司立足于市场经济提供法律支持。但对于退出机制,则并非如此完备。我国《企业破产法》设专章规定债务人财产保护机制,分别从撤销、无效认定与出资义务履行,保障债务人财产转让导致破产财产减少,未涉及关联公司是否参与破产的问题。

如上文所述,关联企业之间存在人事管理的交叉,基于此类关系导致破产公司利益受损的规制并非存在。《企业破产法》第 36 条规定,债务人的董事、监事和高级管理人员利用职权从企业获得的非正常收入和侵占的企业财产,管理人应当追回。该法第 125 条规定的董事义务与公司法规制高管的逻辑一脉相承、体系完整。不同于成立、经营时期的管理现状,管理者需要为运营公司付出管理能力、专业能力等作为获得较高薪酬的基础,处于破产阶段的公司,首要避免董事或高管成为最后一根“夺命稻草”。公司破产并非一蹴而就,而是受到宏观、微观方面的影响。因此,缺乏关于公司治理状况,避免高管在较长时期内转移公司财产或进行不合理关联交易导致公司、股东、投资者利益减损的实体规制。上述问题,是企业破产财产难以得到有效归集的公司法适用困境。

契约式破产制度不足、高管责任难以追究与母子公司破产适用困境,是公司法与破产法规制思路与裁判逻辑不同的结局。最高人民法院《关于审理企业破产案件若干问题的规定》第 4 条否认了具备法人资格的企业、个体工商户、合伙组织、农村承包经营户的破产主体资格。对于有限合伙或普通合伙企业的破产资格予以否认,但基于上述主体存在合伙人承担无限连带责任或特殊合伙的连带责任,不存在破产财产的问题。故可以认为破产法自身的立法逻辑中并未否认基于财产的破产制度。我国公司法具有较强的公私合璧气质,但债权人利益保护、刺破公司面纱制度等则具有明显的干预色彩。破产法则更有公法色彩,破产企业通过破产清算、和解与破产重整斩断与过去债权债务或治理的困局,或重整后公司实体得到改善,或和解后债权债务重新得到分配、解决财产危及,或公司裁判得到公正分配后退出市场。上述本应由私法解决的问题过多受到公法气质的干预,使市场式的规制制度难以融入,加大了市场的交易成本与道德风险。

二、关联企业破产的法律问题与财务问题

我国公司法的著名理论——刺破公司面纱理论(pierce corporate veils),是以保护债权人权益为核心的公司法条款。但对于破产来说则有所差异,一方面,由于我国的《企业破产法》规定破产制度包括破产清算、重整与和解,在符合一定条件前提下通过制度安排退出市场或重整后激活企业发展活力;另一方面,破产法律制度的债权保护机制以共益债务、费用与自益债务为两条线路,并就清偿顺序予以安排。但刺破公司面纱制度以股东对公司承担出资限制责任为基础,在损害债权利益前提下,揭开公司面纱使股东财产能够有效清偿债权人合法债权。但对于关联企业适用刺破公司面纱制度则不然,是以股东利用公司损害外部主体利益导致对外部人承担连带责任,但其他股东在履行对公司义务的情形下,应当予以合法保护,即"内部追偿+出资范围"内的限制责任。

(一)关联企业与连带责任承担

企业破产诱因是多方面的,包括自身经营管理不善、经济环境不佳、整体下滑难以归还银行贷款,使企业采取一定方式退出或重新进入市场竞争的方式。在关联企业之间,根据我国公司法,可以按一定条件提供担保,同时承担无限责任。

目前,根据我国《公司法》的规定,关联公司,是公司控股股东、实际控制人、董事、监事、高级管理人员与其直接或间接控制的企业之间的关系,以及可能导致公司利益转移的其他情形。关联企业破产问题,按主体区分:一是公司控股股东、实际控制人破产责任;二是高管责任。就控股股东、实际控制人对破产企业的责任承担问题,可进一步讨论,控股股东、实际控制人对公司的责任承担范围,以及是否需要承担连带责任的问题。

首先,责任承担范围。我国《企业破产法》第35条规定,人民法院受理破产申请后,债务人的出资人尚未完全履行出资义务的,管理人应当要求该出资人缴纳所认缴的出资,而不受出资期限的限制。但在认缴资本制度下,上述规定的风险在于破产期间是否发生工商变更登记,由破产管理人决定。故焦点为破产管理人向出资人主张出资义务并有效取得出资以充实破产财产,或通过变更资本,

恢复企业真实状态。显然,实践中出资的瑕疵使在企业终止时难以获得清偿,向法院申请强制执行时面临缺乏执行财产或转移的问题,在法律适用与立法方面均存在困境。这也是破产遇到的一大现实矛盾。

其次,关联股东出资存在的特殊问题。控股股东、实际控制人控制目标破产公司与其他企业,或担任管理者,或者同时用股东私有财产向其他公司出资并成为其股东。在股东受偿权以权利类型为基础的分配机制中,作为理性经济人,股东存在与更高收益公司实体交易以获得更多财产分配。上述因素,使破产公司的财产在一定时期内,通过交易流至关联企业,间接影响本企业的经济收入;尽管属于正常交易范围,并非公司法所禁止对关联企业规制内容,但无疑是雪上加霜。

最后,我国《企业破产法》第 31 条规定,管理人有权撤销的类型包括五种,以交易对价、财产担保、清偿和清偿时间作为标准,但就关联企业对破产企业影响无法作出合理评价。由于关联交易能够为企业带来交易便捷与经济收益,短期看交易成本较低,故我国法律并非完全禁止关联交易。禁止范围限于损害公司利益,而损害行为本身是需要综合评价侵权主体的意思表示、公司章程约定的契约义务与公司法规制范畴。但关于上述主体侵犯的客体——公司利益,则难以确定,不同于美国法采用的"利益冲突规则"或"安全港规则",[①]缺乏以信息为客观评价基础的规制逻辑,使公司利益受损难以回溯至损害行为发生时,并获得证据支持。

上述法院执行难、关联企业规制有限等因素,使企业破产中难以掌握企业真实历史经营信息,无法对股东、高管等内部人侵权或违约责任进行举证与追偿,限缩了破产财产的范围与债权人利益。

(二)基于控制的破产重整制度

关联企业联合重整与单独重整如何符合市场与司法原则。[②] 我国《企业破产法》第 70 条第 2 款规定:债权人申请对债务人进行破产清算的,在人民法院受理

---

① See Steven M. Hass, "Toward a Controlling Shareholder Safe Harbor", 90 *Virginia Law Review* (2014), pp. 2245 - 2304. 转引自邓峰:《公司利益缺失下的利益冲突规则——基于法律文本和实践的反思》,载《法学家》2009 年第 4 期。

② 参见李曙光:《我国企业重整制度亟待梳理》,载《资本市场》2012 年第 4 期。

破产申请后、宣告破产前,债务人或者出资额占债务人注册资本1/10以上的出资人,可以向人民法院申请重整。发起重整主体可以为债务人或债权人,对于债权人发起的重整申请,债务人或符合条件的出资人可以申请重整。上述条款为债务人提供机会逃离破产。就债务人而言,申请重整受到分配、经营状况以及方案调整等限制,一旦失败则宣告破产。在此期间,关联企业成为一个重要考量因素。

1.合并财务报表关联企业的无限连带责任

根据《企业会计准则第33号——合并财务报表》(以下简称《33号准则》)(财会〔2014〕10号)第4条,母公司应当编制合并财务报表。如果母公司是投资性主体,且不存在为其投资活动提供相关服务的子公司,则不应当编制合并财务报表,该母公司按照《33号准则》第21条规定以公允价值计量其对所有子公司的投资,且公允价值变动计入当期损失。就纳入范围而言,该准则第20条规定,"母公司应当将其全部子公司(包括母公司所控制的单独主体)纳入合并财务报表的合并范围。如果母公司是投资性主体,则母公司应当仅将为其投资活动提供相关服务的子公司(如有)纳入合并范围并编制合并财务报表;其他子公司不应当予以合并,母公司对其他子公司的投资应当按照公允价值计量且其变动计入当期损益"。因此,母子公司合并财务报表的前提是母公司对存在子公司投资活动;母公司对子公司限于母公司投资活动部分提供有关服务;投资子公司限于得到母公司提供服务;上述范围之外的子公司不应纳入合并财务报表。

对于上述纳入合并财务报表的子公司是否纳入破产主体,需进一步论证。我国《企业破产法》第30条规定:破产申请受理时属于债务人的全部财产,以及破产申请受理后至破产程序终结前债务人取得的财产,为债务人财产。但债务人与债权人的界定,是基于合同法的规制框架,即适用合同相对性原理。由于《公司法》对子公司规定为具有独立法人资格的主体,不同于《企业破产法》《33号准则》,上述规定使债务人破产难以适用于《33号准则》中母子公司合并财务报表的范畴,即发挥合并财务报表的功能:(1)以覆盖公司财务报表为目的的合并;(2)保障债权人利益与公司财产集合;(3)其他税收征管问题。

母公司或子公司独立破产,除担保、债权债务法律关系等依我国《企业破产法》第113条顺序进行清偿。换言之,《33号准则》仅限于公司存续期间的信息披露但无法对公司破产发挥作用,“形式标准产生的弊端”[①]难以为破产法所适用。产生的法律后果为破产债务人主体单一、破产财产限缩至合同相对方,加大外部交易主体风险与降低清偿数额。而对于子公司来说,可以免于破产牵连、东山再起。

2. 会计准则与公司法规制的有限性

根据《企业会计准则——关联方关系及其交易的披露》(以下简称关联方披露)的通知,关于控制,“指有权决定一个企业的财务和经营政策,并能据以从企业的经营活动中获取利益”;共同控制,“指合同约定对某项经济活动所共有的控制”;第八条,“关联方交易是指在关联方之间发生转移资源或义务的事项,而不论是否收取价款,包括购买或销售商品、其他资产、提供或接受劳务、代理与租赁、管理等”。上述内容,突破我国《合同法》关于以对价作为合同核心的交易安排,使任何与交易有关的内容,统称转移资源或义务,而上述内容可能在未来或潜在为关联方带来一定利益,但对资源转出方产生不良影响。例如,“名为破产,实为逃债”的案例中,破产方转移财产至关联企业,有弃卒保车之意。

此种模式下,破产财产减少拉低破产清偿率;同时,鉴于恶意转移财产至关联企业,若运营良好,则可以借此通过重整扭转公司现状,在法院或政府推动下通过重整,整顿公司治理现状、经营现状。上述披露信息具有相对独立性,并非与公司法规则构成对关联交易的有效规制体系,即基于信息披露的规制仅可以作为公司正常经营期间的风险防范措施。但就破产而言,并非有效或完全有效。

3. 破产中司法能动的功用限制

“僵尸企业”(zombie enterprises)破产的主要症结之一是破产企业存在关联公司。对于此类企业的破产问题,最高人民法院提出建立破产审判统一协调机制,由省高级人民法院提出政府应主动与法院建立府院联动。对于政府与市场的关系纷争较多,传统经济学讨论偏重政府减少干预、发挥市场优胜劣汰机制。但对于企业破产引发职工不满情绪、各方利益难以协调等破产僵局或负面影响,完全依据律师服务、司法裁判与企业谈判予以解决,并非现实,缺乏协调空间与相对优惠的资源交换条件,如以银行为代表的债权人群体很少投赞成票。[②] 例

① 邓峰:《普通公司法》,中国人民大学出版社2009年版,第159页。

② 参见《制度不完善贷款很难,有企业面临二次死亡——温州企业“破产重组”难点》,载《每日经济新闻》2010年6月15日,第4版。

如,最高人民法院2016年公布的"十大破产典型案例"之深圳中华自行车(集团)股份有限公司破产重整案,该案企业存在亏损、财产被多轮查封或冻结、行政处罚与退市警示等问题,法院先后对破产管理人、债权人进行指导,最终行使强制批准权执行重整计划保留股权价值、企业恢复经营。上述司法能动成功经验在于谈判能力与重整思路,故司法裁判能力成为影响能动的重要因素,限于经济发展、人才的引进与利用率、各方协商意愿等问题。

有学者提出,判断公司是否独立的五个标准为:独立核算标准、社团标准、股东义务标准、外部区别标准、独立控制和公司机会标准。① 建立完美的公司治理模型是上述公司独立的前提,而对于多数公司来说,要实现上述目标,需要更多的理论与实践的累积,同时,映射出关于独立的认定并非仅有公司法或会计准则单一标准判断,公司法的立法逻辑中不该脱离企业现有的财务规则与商业交易现实问题,否则公司的治理问题将沦为无本之木。

三、关联企业破产的可行性方案

关联企业破产并非是以全部破产为导向的清除道德欺诈、经营不善的公司实体,而应当是以保留优质资源、管理者与现有有效信息为基础,形成以市场为主要裁判者、司法与政府机构为辅助的破产决策机制,解决破产中存在的经营问题、公正与效率、社会风险问题,形成综合的良好结果。基于此目标,关联企业破产在当前阶段,可以从以下方面予以完善:

首先,倡导以信息披露为前提的破产方案,有助于债权人、破产管理人与破产企业、关联公司作出重组或破产决议,平衡公司内外合法权益。就信息而言,破产企业披露相关交易信息与提供破产报告,能够在最后时期剖析企业破产因素;基于信息披露,对于破产过程进行优化,选择重整、清算还是和解,能够实现破产的经济效益与社会效益,扭转债务人与债权人、供应商等交易网络的运用效率为负的问题,②避免快刀斩乱麻但最后人财两空、无法实现最佳效果。有学者

① 参见邓峰:《普通公司法》,中国人民大学出版社2009年版,第174~175页。

② 参见张亚楠:《完善我国破产保护制度的若干思考》,载《政治与法律》2015年第2期。

认为,破产中除了考虑经济效率,还包括确定性而非合理性。① 基于公司的实质合并基础②的破产法规则与裁判规则,需要着眼长久以解决市场秩序中公司治理片面化问题。

其次,逐步将合并财务报表范围内子公司纳入破产制度范围。对破产资源予以充分整合,提高破产重整比例,兼顾关联企业治理、破产债务人重整、债权人利益保护与公司管理者义务履行。避免个体道德风险与债权人利益的虚置。在我国公司法法定资本制度改革,在此背景下的债权人保护制度并未得到有效扩张。因此,需从企业宏观生命周期的维度、管理者与股东微观责任义务的承担等维度,深化企业公司治理水平与社会责任承担,避免出现企业经营风险过高、缺乏兜底责任主体的顽疾。

最后,基于公司治理的关联企业破产。有助于完善我国公司治理理论与实践基础。对于公司治理的改善,并非单纯监督处于公司成立或经营阶段存在的股东出资义务、董事义务,还应对公司法、破产法、企业会计准则就关联企业破产具体规则予以衔接,避免割裂基于同一实体规制规则。反映在破产制度中,则是一系列债权债务纠纷、企业经营混乱不堪、历史沿革复杂难理,甚至包括银行事后监督机制缺失,企业在融资后期未得到良好经营③等。

故通过关联企业破产制度追溯公司治理机制,可以完善我国破产法立法目的,我国《企业破产法》第1条规定该法的立法目的为"为规范企业破产程序,公平清理债权债务,保护债权人和债务人的合法权益,维护社会主义市场经济秩序",上述规则是以程序正义为核心、而非实体正义,且"渗透着公法的精神和痕迹"④由于破产以企业为标的,仅以结果公正处理而忽略对企业治理中存在问题的实质追责,则会诱发道德风险与结果处理的模糊化。因此,破产理论与实践的研究、积累,需结合企业历史、当前与未来情况,予以综合判断。

---

① See Mary Elisabeth Kors, "Altered Egos: Deciphering Substantive Consolidation", 59 *U. PITT. L. Rev.* 381, 1998, pp. 410 – 411. in, 转引自 Seth D. Amera and Alan Kolod "Substantive Consolidation: Getting Back to Basics", 14 *Am. Bankr. Inst. L. Rev.* 1, Spring, 2006。

② See Seth D. Amera and Alan Kolod, "Substantive Consolidation: Getting Back to Basics", 14 *Am. Bankr. Inst. L. Rev.* 1, Spring, 2006, p. 2.

③ 参见陈德球、刘经纬、董志勇:《社会破产成本、企业债务违约与信贷资金配置效率》,载《金融研究》2013年第11期。

④ 李永军:《重申破产法的私法精神》,载《政法论坛——中国政法大学学报》2002年第3期。

对民营企业及其关联企业合并破产问题的探讨

李　芹[*]　韩桂升[**]

一、案件基本信息

青岛喜盈门集团有限公司及青岛喜盈门家纺有限公司,是由同一家具有50余年历史集体企业改制而成的两家民营企业。2012年上述两家企业陷入债务危机,因企业职工众多、民间债权人众多,出于社会维稳的考虑,当地政府成立帮扶领导小组,对企业实施帮扶。青岛市城阳区人民法院于2013年11月9日分别裁定受理了青岛喜盈门集团有限公司、青岛喜盈门家纺有限公司破产清算案件,2015年12月10日裁定宣告两公司破产。

(一)法人财产独立性分析

1. 在喜盈门集团和喜盈门家纺公司的设立过程中,由于喜盈门集团是在第四毛巾厂(家纺公司的前身)净资产的基础上设立,后喜盈门集团又以第四毛巾厂的净资产出资设立家纺公司,在出资过程中又没有严格规范地履行出资义务,造成喜盈门集团和家纺公司的主要经

---

* 青岛市城阳区人民法院副院长。
** 青岛市城阳区人民法院法官。

营性财产存在严重混同，难以区分。

2005年在第四毛巾厂（家纺公司的前身）1997年的评估报告基础上，纪某某等16人出资1028万元买断第四毛巾厂净资产、并以此作出资设立喜盈门集团。按照出资要求，第四毛巾厂应当将其全部资产和债务全部转移喜盈门集团，并办理注销手续。但事实上，第四毛巾厂只将部分房屋和土地过户给喜盈门集团，并没有办理其他主要经营性资产（机器设备、原材料、库存、应收账款等）和债务的转移手续，第四毛巾厂仍继续存在并以自己的名义经营，占有和使用应当属于喜盈门集团的主要经营性资产，造成家纺公司的主要经营性财产与喜盈门集团存在严重混同，难以区分。

2009年喜盈门集团又一次对青岛第四毛巾厂的资产重新进行评估，以第四毛巾厂的原本账面价值为负值的"净资产"、经评估后作价5700万元、以5000万元作为出资成立家纺公司，不仅存在虚假出资的嫌疑，更重要的是，第四毛巾厂的净资产（包括全部资产和负债）被两次反复出资，而且出资过程很不规范，账务处理现状也无法与出资事实完全匹配，由此进一步造成了喜盈门集团和家纺公司主要经营性财产的高度混同。

2. 固定资产的占有、使用、收益和处分方面存在混同。一方面，如前所述，由于设立过程出资不规范，家纺公司的固定资产与喜盈门集团就存在严重混同。在经营过程中，根据家纺公司和喜盈门集团的人员反映，喜盈门集团本身并无经营收入，在需要购置固定资产或者其他投资时，都是由家纺公司提供资金，资产却直接登记在喜盈门集团名下，双方之间以往来欠款的形式进行账务处理，以利于喜盈门集团对外融资，造成固定资产在占有、使用、收益和处分方面存在混同。另一方面，喜盈门集团名下的固定资产，特别是房屋的租赁收入，基本上都是由家纺公司收取。

3. 喜盈门集团和家纺公司在流动资金和货币资产管理方面存在严重混同。(1)经调查，2009～2012年，喜盈门集团和家纺公司的流动资金收支规模约149亿元，其中91.4亿元通过一个共用银行户（瑞泰包装，农行38100201040011994）进出。此外，还有两个其他共用的资金账户（如云天包装），两公司使用相同的资金账户收付民间借贷资金，流动资金混同现象相当严重。(2)2009～2012年，家纺公司累计支付民间借贷的利息6.935亿元，资金来源也是从上述共用银行户内的资金支取，而且喜盈门集团和家纺公司之间并未进行账务往来处理，导致两公司在流动资金使用上存在高度混同。(3)除共同使用相同的银行账户外,喜盈门集团和家纺公司还共同作为借款人对外借款1.37亿元,所借资金在喜盈门集团和家纺公司之间无法区分实际借款人,也不能区分实际使用人,说明两公司在流动资金使用上存在高度混同的事实。

4.职工工资和保险缴纳方面高度混同。(1)公司工资发放存在混同。工资发放明细表显示,工资表未区分喜盈门集团或家纺公司职工,而是根据喜盈门集团及家纺公司统一设置的部门记载全体员工的工资发放情况。除个别几个员工的工资通过喜盈门集团的账户发放,其他绝大部分职工的工资均通过家纺账户发放,即使是与喜盈门集团签订的劳动合同的职工也是如此,造成职工工资发放存在高度混同。(2)社保缴纳方面存在高度混同。单就现有破产受理日前仍存在劳动关系的职工,其中约180人与集团签订劳动合同,约70人与家纺公司签订劳动合同。但是,无论职工与哪一个公司签订劳动合同,无论哪一个公司办理招工手续,所有职工的社保费用均有家纺公司的财产中列支,并从家纺公司社保账户缴纳,证明从货币资金的使用和管理方面存在高度混同。

5.经营场所混同。喜盈门集团和家纺公司的注册地址和办公场所均在青岛市城阳区绣城路177号,在厂区外只有喜盈门集团的标志,家纺公司的营业场所难以区分,混同现象明显。

(二)法人意志独立性分析

1.家纺公司的业务经营受到喜盈门集团的高度控制

经审计,2009~2012年,喜盈门集团的主营业务收入累计1.4亿元。但是,喜盈门集团并不从事任何产品的加工和制造,该利润全部来源于喜盈门集团通过对家纺公司的实际控制关系,从其他下属公司采购坯布、棉纱、煤炭等原材料,再以喜盈门集团指定的价格销售给家纺公司;在家纺公司加工成产品后,喜盈门集团又以指定的价格收购、然后对外销售或者抵顶原材料的货款。喜盈门集团通过指定交易价格、同时控制家纺公司的采购和销售的交易方式,达到喜盈门集团经营盈利的目的,充分体现家纺公司的业务经营受到喜盈门集团的高度控制,缺乏法人意志独立性。

2. 喜盈门集团和家纺公司在经营期间的相互担保现象突出，说明家纺公司严重丧失法人意志独立性

经统计，在2007年至2011年期间，喜盈门集团仅为家纺公司的未结清的借款提供担保，担保数额高达4.82亿元，同时，家纺公司为喜盈门集团未结清的借款提供担保总额为2.04亿元，相互担保数额巨大，相互担保的行为持续时间长、范围广，情况非常突出。

不仅如此，在2009年至2012年期间，家纺公司还与喜盈门集团一起，共同为喜盈门集团的其他下属公司或者个人未结清的借款提供担保，担保债权总额为1.55亿元，担保的行为持续时间长、范围广，情况非常突出。

3. 机构设置、高级管理人员任职情况存在高度混同

(1)喜盈门集团和家纺公司的董事会成员混同

纪某某作为喜盈门集团的控股股东，持有喜盈门集团39%股份，并担任喜盈门集团董事长，对喜盈门集团具有控制关系，而家纺公司由喜盈门集团100%持股，不设董事会，设执行董事一名，直接由纪某某担任，因此喜盈门集团和家纺公司的董事会或者执行董事均由纪某某实际控制。

(2)公司高级管理人员情况

2005年喜盈门集团改制之后，家纺公司的高级管理人员均由喜盈门集团直接任命，而且并不区分喜盈门集团或者家纺公司，人员任职混同情况突出。

(3)公司内部的部门设置和人员相同，属于一套人马

除喜盈门集团单独设立了一个几个人的财务部外，家纺公司的部门设置与喜盈门集团并不区分，组织管理架构完全相同，部门负责人也由喜盈门集团任命，人员任职混同现象严重。

(4)喜盈门集团和家纺公司在劳动用工方面的高度混同

喜盈门集团与家纺员工实行统一的人事管理，由统一的部门办理招工、签订劳动合同、缴纳社会保险、解聘、档案管理等人力资源工作。

二、关联企业合并破产的利弊分析

尽管法律没有就关联企业破产实体合并作出明确的规定，但这已成为法院审理部分资产高度混同的关联企业破产案件的唯一有效选择。为避免滥用，会

计师事务所等中介机构出具的第三方声明、债权人会议同意适用以及法院的综合审查应被作为关联企业破产实体合并的三个必要限制条件。第一,负责清算的会计师事务所等中介机构出具第三方声明,表明关联企业之间的财产难以准确区分。第二,对关联企业是否符合实体合并破产的审查标准,应该依据根据我国《公司法》第20条的规定,即公司股东应当遵守法律、行政法规和公司章程,依法行使股东权利,不得滥用股东权利损害公司或者其他股东的利益,不得滥用公司法人独立地位和股东有限责任损害公司债权人的利益。第三,公司股东滥用股东权利给公司或者其他股东造成损失的,应当依法承担赔偿责任。公司股东滥用公司法人独立地位和股东有限责任,逃避债务,严重损害公司债权人利益的,应当对公司债务承担连带责任。以法人人格否认为前提,只有在关联企业的财产确实已无法区分时方可适用。如果进入破产程序的企业虽然为关联企业,但其财产可以有效区分,则不应采取实体合并。

(一)合并破产之利

合并破产的好处概括归纳为以下几点:

1. 在关联企业独特的企业结构及交易模式中,一家关联企业可能为了整个集团的最大利益或甚至仅为了个别姊妹公司的利益,而牺牲自己的利益。因此,在关联企业盛行这种利益输送的情形下,"牺牲小我,完成大我"而成就某家关联企业的奇特现象,随之而来的,是使这家被牺牲的公司债权人可获清偿的资产减少。相反,受益的其他关联企业提供担保清偿其债权人的资产却随之不当增加。当上述关联企业一家或几家进入破产程序后,法律必须介入调和此种异常、不合理的现象,否则对于被牺牲的公司债权人是不公平的。

2. 合并破产可以使两家破产企业的债权人平等受偿,减少因受偿率不同而引发的矛盾。

3. 对关联企业之间的债权债务直接予以涤除,提高普通债权人的受偿比例,抵消两个企业之间相互担保的债权。实体合并后,关联企业的财产打破所有权界限,相互之间的债权债务视为从来没有发生。应当注意的是,涤除并不意味着关联企业之间的债权债务仅相互予以抵销,然后以余额计入破产债权,而是不分数额地从关联企业的资产负债表当中全部抹去,视为关联企业之间不存在债权债务关系。另外,普通债权人的债权按照户名予以合并,以减少债权人的数量。

比如,在实体合并之前,同一债权人可能同时在各关联企业均申报了债权;在实体合并后,管理人对同户名债权予以合并,户名相同的债权人无论申报了几次债权,都作为一个债权人对待。

4. 能够最大限度地保护职工权益。

(二)合并破产之弊

合并破产的弊端概括归纳为,在关联企业破产案件中,破产财产的总量是确定的,采取不同的清算方式所影响到的仅仅是破产债权人的利益,与社会公众无涉,甚至对破产的关联企业本身也不产生任何实质的影响。在法律尚未作出明确规定的情况下,实体合并的进行应当以各关联企业的债权人会议均表决通过为前提条件。但因一方债权人因自身利益受到影响,集团债权人会议很难通过合并破产方案;在债权人会议不能通过以及存在法人人格否认没有充足证据的情况下,法院不能违法强制作出合并破产的裁定。

三、合并破产难点及解决途径

在具体实践过程中,合并破产遇到的程序问题之一是未经债权人会议通过,法院是否可以强制裁定两个或数个企业合并破产,统一清偿的问题。关于强制裁定的问题,理论界存在以下两种意见:(1)在法律法规没有明确授权的现状下,法院不宜强行裁定企业合并破产、统一清偿。(2)法院不能拒绝裁判,依公平原则,法院是可以以存在财产混同、法人意志混同或者可能存在混同为由,将上述两家企业裁定合并破产、统一清偿。

笔者同意第二种意见,其理由为:合并破产的理论基础为法人人格否认理论,也就是解开公司面纱理论在破产程序中的体现。也就是说,虽然企业在法律上为相互独立的个体,但是如果有关联关系的企业之间的经济联系足够密切,出现混同,达到一定程度,及法人意志混同、法人财产丧失独立性,就应当作为一个整体来处理。此时一方企业债权人处于自身利益考虑,通过债权人会议来阻碍合并破产的进程,为保护另一方债权人的利益,此时应赋予法院强制裁定的权利。当然希望在将来的司法解释中将该强裁权予以明确,如法院可以强制裁定合并破产、统一清偿的程序问题。

关于强制裁定程序问题,最高人民法院2012年作出的《关于适用实体合并规则审理企业破产清算案件的若干规定(征求意见稿)》设计了如下程序:实体合并破产的申请主体为已进入单个破产程序的关联企业成员的管理人或者一方关联企业的债权人,向人民法院提出对管理企业实体合并破产,统一财产清偿的申请;实体合并破产申请人的举证责任为:已进入单个破产程序的关联企业成员的管理人或者一方关联企业的债权人向人民法院提出实体合并破产申请,应当对上述两企业不当利用关联关系造成管理企业成员之间法人人格高度混同,损害债权人公平受偿利益承担举证责任。申请人提出实体合并破产申请的,人民法院应当自收到申请之日起5日内通知已知利害关系人,并于10日内将申请事项在报纸上进行公告。利害关系人对实体合并破产申请有异议的,应当自收到人民法院的通知或者公告之日起7日内向人民法院提出,并提供相应的证据。有证据证明异议人持有关联企业成员的财务账簿、会计凭证、账簿变动资料、股东会或董事会会议记录等材料,但无正当理由拒不提供的,可以认定异议人的主张不成立。人民法院应当自异议期满之日起10日内组织有关利害关系人对是否符合关联企业实体合并破产进行听证。

人民法院应当对以下事实进行审查:(1)实体合并主体属关联企业成员;(2)关联企业成员分别或在整体上符合《企业破产法》第2条第1款规定的破产原因;(3)关联企业成员之间法人人格高度混同(财产混同、法人意志高度混同);(4)法人人格高度混同损害债权人利益。

人民法院应当自听证之日起30日内裁定是否受理实体合并破产申请。人民法院受理实体合并破产申请至关联企业实体合并破产宣告前,经审查发现关联企业成员不符合实体合并规则适用条件的,可以裁定驳回实体合并破产的申请。人民法院应当自裁定作出之日起5日内送达申请人和相关利害关系人。申请人或其他利害关系人对人民法院依据《关于适用实体合并规则审理企业破产清算案件的若干规定(征求意见稿)》第11条作出的裁定不服的,可以自裁定书送达之日起15日内向做出裁定的人民法院申请复议。

关联企业破产中的实质合并规则研究

程向文*

企业集团、关联企业是追求规模效应的产物,现已成为当代规模经济的核心力量。其发展不仅给经济社会带来了资本效应、产品服务、人才劳动力、信息技术上的优势,达到优化资源配置,提高经济效率,降低经济成本的要求;而且,法人人格独立原则与股东有限责任制度构成当代公司法之重要基础,在有效减少或限制风险和责任的法律制度下,企业可以利用这一基础进行多元化经营,增进经济效益,激发创新活力;再者,企业集团的形成有助于经济实体的联合和市场机制的革新,通过减少竞争对手、形成统一力量的方式来避免竞争过程中的资源浪费和市场损耗。但是也应看到,"通过构架企业间的关联关系,控股股东、董事等内部人借助关联交易在关联企业之间进行非常规的资产和利益转移,损害关联企业中的从属公司、债权人、少数股东等弱者的利益,这对传统公司法所确立的利益平衡法律机制提出了严峻的挑战"。①

当全球金融危机席卷企业集团、关联企业时,内部资金链的断裂、外部资本筹措的困难常常使整个企业集团

---

* 中国人民大学法学院经济法硕士研究生。

① 时建中:《论关联企业的识别与债权人法律救济》,载《政法论坛》2003 年第 5 期。

陷入破产重整乃至破产清算的风险中,控股企业很有可能利用不正当的关联交易手段进行从属企业间的利益不平等输送、优质资产隐匿或转移从而导致外部债权人利益受损,从我国《企业破产法》规定来看,关联企业破产的处理规则若套用针对单个企业破产的法律规制方式,往往会出现执行成本过高、耗时过长、经济效率和利益下降等现象,合并破产方式作为法治发达国家的成功探索,对我国有着巨大的借鉴价值和意义。然而,近年来我国利用实质合并规则处理司法实务的仅有 43 起;适用破产撤销权处理破产案件的共有 687 起,通过破产无效行为规范破产案件的共有 200 起;股份公司、有限责任公司破产案件中利用"揭开公司面纱"原则的共有 5274 起,特别的一人有限责任公司利用该原则进行破产裁定的更是高达 9939 起。[①] 关联企业的特殊性和复杂性决定了依照单个企业破产模式的传统处理方式的落后性和不适应性,所以,探究合并破产规则在我国的适用研究具有重大的理论探究价值和制度革新意义,同时也是我国当下破产法规范"市场退出制度"的具有紧迫性的重要任务。

一、问题的提出

(一)立法层面与司法层面的难题:立法缺失与裁量过限

1. 现行立法之不足

我国《企业破产法》对关联企业破产规则并无特殊规定,原则上适用一般破产方式即传统模式,但从其他法律性文件中可以看到目前立法者和司法者对合并破产方式所持态度具有消极否定之倾向。

在 2007 年的最高人民法院《关于审理企业破产案件若干问题的规定》第 76 条中规定:债务人设立的分支机构和没有法人资格的全资机构的财产,应当一并纳入破产程序进行清理;第 79 条规定:债务人开办的全资企业,以及由其参股、控股的企业不能清偿到期债务,需要进行破产还债的,应当另行提出破产申请。第 76 条主要适用于破产企业下设的非具有独立人格的分支机构,而第 79 条主要适用于企业集团中具有法律上独立地位的子公司。可见,司法解释倾向于坚持

---

① 以上数据均来自"中国裁判文书网",分别依照关联企业,合并破产,《企业破产法》第 31 条、第 32 条、第 33 条,《公司法》第 20 条、第 64 条进行检索。

法人人格制度前提下的分别单独破产为基本原则。青海省高级人民法院《关于规范审理企业破产案件的实施意见》中指出:申请企业破产时,严禁以任何理由将具有独立法人资格的关联企业或下属企业及其财产列入破产范围连带破产。破产案件必须是“一企一案”,不允许搞“多企一案”。广东省高级人民法院《关于审理破产案件若干问题的指导意见》第7条规定:财产混同的多个关联企业同时向法院申请破产的,法院应责令其先予界定各自财产,然后再向法院申请破产。债权人同时申请财产混同的多个关联企业破产的,法院受理后应由清算组依法界定各个关联企业的财产,不应以财产混同为由合并清算。

然而在一些地方实践中,政府往往迫于职工安置、救济及经济补偿金、养老及医疗保险等社会问题的压力下出台一些地方土政策来缓和大型企业(多为关联企业)破产所带来的负面影响,同时也成了地方法院探索新的破产方式和程序的动力,当地方法院发现实质合并规则可以根据企业职工身份与企业性质的一致性,将各个关联企业职工的受偿待遇平等化、统一化,从而安置、补偿可以实现标准化,免于关联企业间内部不正当的利益运输所导致的资产优劣多寡的失衡而使一些子企业的职工工资等其他债权受损;且在特殊合并规则(子企业解散前已在内部进行各自独立清算)中,职工安置标准亦不会出现问题的情况下,该规则以地方性文件的形式作为一些地方性司法裁判的参考或依据,在实践中的有效适用也证明了规则的可行性。

例如,在江苏省高级人民法院出台的规范性文件《关于审理破产案件若干问题的讨论纪要》(1998年)第50条规定:企业为逃避债务,将有效资产投资开办另一企业,然后申请破产的,不论该行为是否发生在法院受理破产案件前6个月内,都要根据我国《民法通则》第58条第1款第7项的决定,追回被转移资产及其孳息,作为破产财产统一分配。在具体处理方式上,可以采用整体转让新办企业或以债权人的债权作为股份,依照公司法的规定,组成规范化的公司,以避免新办企业同时倒闭或破产;在最高人民法院对山东省高级人民法院请示的山东南极洲集团股份优先公司、山东薛城啤酒厂破产一案的批复中指出:企业分立后,新分出的企业被宣告破产,并不必然导致原企业的破产。如原企业对其依法应当承担的新分企业的债务无力清偿,原企业可以根据其自身的债权人的申请进入破产程序。如企业分立被人民法院认定为属于以逃债为目的的,原企业可以与新分企业一并破产,以最大限度地保护债权人的利益。[①]

虽然司法性文件已作了较为宽容的规定,且在司法实践中,德隆系企业集团、太子奶系集团、纵横集团、猴王集团、中谷糖业集团、沈阳欧亚集团等关联企业破产重整中也采纳了合并破产重整方式,收效显著,反响良好。但是,根据法理学理论,法律位阶关系往往决定着法律适用的选择与效果,在正式法律规定空白的情况下,地方性文件的规范效力明显不如司法解释的效力,所以也只能在地方根据具体情况具体分析来选择适用,具有局限性,也易造成了同案不同判的现象,使公众对司法权威的信任度降低。因而,只有在深入透彻研究这一规则的基础上将其落实成为正式法源,才能避免这些现象的发生。

2. 司法裁量标准之模糊性

在研究合并破产规则的具体适用中,首先建立规则确定适用之假说,结合现实具体分析可能出现的问题以及相应的解决方法。因法律没有就关联公司破产实体合并作出明确的规定,为避免滥用,法院应当严格把握,审慎审查,并作出独立的判断。[②] 法院的审查主要围绕着财产范围内的确定划分和财产以外的关联情况来进行的。那么,若借鉴美国第二巡回法院审理的 Chemical Bank New York Trust Co. v. Kheel 一案中确定的公司集团内部财产状况达到的"令人绝望的混同"的标准的话,该标准如何将混同财产的界限厘定清楚,厘定的权力权威主体来源是何都是需要解决的客观问题。

在审查关联企业间经济混同的根源即是否过度控制的问题中,除了上述对财产混同状况进行审查外,还需要对人员、业务往来、会计账目、管理机制是否统一调度、不能区分的情况进行调查,对于特殊的关联企业,究竟是采概括主义的标准制定方式还是采列举主义的标准判断方式,值得商榷。一方面,若采取语义涵摄范围较广的概括主义,会出现各地关联企业破产合并标准及适用之具体情形难以把握的现象,如横跨江苏省宜兴市、无锡市、江阴市三地的一家铜业企业集团破产案中,法院以资产混同、管理混同为由裁定合并破产,而在武汉市中级人民法院裁定的中国机电设备中南公司申请破产案和尚志市人民法院裁定的一

---

① 参见最高人民法院经济审判庭编:《经济审判指导与参考》(第 2 卷),法律出版社 2000 年版,第 93 页。

② 参见陶蛟龙、史和新:《关联公司合并破产重整若干法律问题研究》,载《政治与法律》2012 年第 2 期。

面坡葡萄酒厂破产案中,则以分公司法人资格无效为由而进行合并破产等。另外,最大的问题是具体数额的衡量标准几乎都是基于法院的自由裁量权,辅以当地经济发展水平和企业具体情况作出的,具有很大的主观性乃至任意性,尽管在破产审查的过程中会召开债权人会议、设立债权人委员会以更好地听取广大债权人的意愿,但是,由于关联企业的内部构造复杂性以及交易信息的不对称,部分债权人甚至连交易对象为哪个企业也区分不清,对于合并破产前和合并破产后的既得或将得利益的衡量判断仍要依靠法院和管理人提供的具体信息,因而,现在学界主流观点认为,应当在此类企业破产中赋予管理人更多的职权,如主动提起合并破产或根据管理经验和所得信息执行具体的区分和厘定标准。

(二)传统破产规制手段与关联企业破产不相适应

1.“揭开公司面纱”制度(piercing the corporate veil)

“揭开公司面纱”的核心是否定子公司的独立人格地位,在此基础上使母公司对破产子公司的债务承担责任。法院适用该原则的必要条件是必须要有一定的事实依据来佐证“过度控制”行为而导致这样的结果出现。

该制度是最早出现的对关联企业的规制制度,是关联企业实行实质合并破产的基础之一。但是它是基于坚持以公司法人独立人格为基本原则,以个案否认为例外的前提下进行的,客观上来说属于“实体法”理论,所以又具有一定的内部矛盾性;但也应看到,只有在“刺破面纱”之后,实质合并的后续破产程序才能进行,才能统一内部的债权债务及担保关系,实行统一的清偿率,最大限度地保障债权人的利益。笔者认为,“揭开面纱”制度在程序意义上更多地类似于实质合并的前置程序而存在,后力不足则成为其最大的局限之处。

总体来说,首先,它与关联企业破产不相适应的地方,同时也是它与实质合并规则的最大区别之处在于:“揭开公司面纱”主要适用于使控制股东承担子公司或附属企业的债务责任,而实质合并原则对债务责任的合并适用于包括存在控股关系在内的所有关联企业;①其次,审查范围不同,前者仅限于对个案中具体法律事实进行审查,而后者的审查范围具有总括性、全面性;再次,规制目的不

① 参见王欣新、周薇:《论中国关联企业合并破产重整制度之确立》,载《北京航空航天大学学报》(社会科学版)2012 年第2 期。

同,前者适用目的主要在于恢复股东权利滥用所导致的现状结果之前的状态或使股东为其权利滥用行为付出相应代价、承担责任,而后者适用目的不仅在于对股东的惩治及债权人利益的保护上,还在于司法成本、资源和效率的考量上;最后,结果不同,前者只是使公司独立人格丧失的状态限定在特定个案中而不会持续至未来,而后者却是永久性地否定其人格,通常伴随着从属公司的解散、注销。

2."衡平居次"原则(equitable subordination doctrine)

该原则又被称为"深石原则"(deep-rock doctrine)、从属求偿原则和次级债权原则。指的是在从属公司破产的情况下,法院如果认定从属公司的业务经营完全被控制且其经营方法主要是为了控制公司的利益,就可以判决控制公司对从属企业的债权获得清偿的顺序应次于从属公司的其他债权。① 其与"完全居次规则"(full subordination rule)或"自动居次规则"(automatic subordination rule)不同,即在子公司破产时,母公司对子公司所享有的债权并不当然地、绝对地、完全地劣于其他债权人清偿,而是对这部分债权有所区分,以母公司对子公司的"不公平行为"(inequitable conduct)为裁量依据,将一部分并非非法转移或交易的财产归于与普通债权平等的位置进行清偿,实行相对居次的分配方法。

该原则适用于关联企业合并破产的最大局限性在于其适用范围太窄和保护外部债权人利益的力度过小等问题。首先,它仅仅适用于具有控制与被控制关系的关联企业中,且控制企业对从属公司享有债权的情况,对于控制企业一方对从属企业没有债权时并不适用;其次,它只有当从属企业破产时才予以适用,只起到单方面地保护从属企业债权人的作用,但在控股企业破产时无法均衡各个企业的利益分配,也无法全面保护各方债权人的利益;最后,"从属求偿"原则的目的不在于拒绝母公司的求偿,也避开了在个案中否定子公司法人人格的问题,仅仅是对求偿顺位作出特殊安排,防止控制企业将风险过分地外化给债权人,是比"揭开公司面纱"和"实质合并"原则更为温和的衡平救济方法。②

由此推知,该原则只能在一定范围内对破产公平清偿分配制度起到促进作用,但却不是一种普适有效的方法。

---

① 参见江平:《完善公司治理结构的基本法律问题》,载《财经》2002年第11期。

② 参见沈乐平:《母子公司法律问题研究》,经济科学出版社2007年版,第231页。

3. 破产撤销权和破产无效行为制度

我国《企业破产法》第 31 条、第 32 条分别规定了欺诈性破产行为和偏袒性清偿行为两种可撤销之非法行为；该法第 33 条则规定了破产无效行为，自该行为作出即不发生效力。对比两者，可以发现撤销权的行使实际上体现了程序判断原则，即建立嫌疑期制度，以立法规定的特定期间内进行的规定行为为撤销权行使对象，不再对该行为实施时是否实际损害到债权人的利益作实质分析判断。① 而无效行为制度则直接地绝对地保护了债权人受偿财产的回归与维持。

撤销权和无效行为制度从其本质上看，对于关联企业破产案件的助益并不大。首先，从其自身存在的问题看，立法规定仅以列举方式规定违法行为的种类，难免挂一漏万，对于关联企业复杂的控制关系、投资关系、人事关系、财务关系以及长期业务关系等利益关系的规范无从下手，如相互担保、相互持股等问题即属之；其次，从我国实践中看，将撤销权构成的法定期间规定为破产案件受理前 6 个月，时间明显过短，不能起到制约关联企业破产中规避法律的行为的作用，在最高人民法院《关于哈尔滨百货采购供应站申请破产一案的复函》中则有相关证明和体现：哈尔滨百货采购供应站在负债累累的情况下仍抽出其绝大部分注册资金开办哈尔滨康安批发市场，其后申请破产的做法严重侵害了债权人之利益，虽然该行为未发生在法院受理破产案件前 6 个月内，但其目的是逃避债务，故原则上应追回供应站开办批发市场的投入资金和所得盈利，作为破产财产统一分配。② 另外，这两项制度只能解决债务人单个违法的破产行为，而不能统筹全局解决关联关系所产生的高度混同问题，不仅给关联企业重整带来了巨大阻碍，而且对债权人利益的保护不具有直接性和稳定性。

有学者则认为，这两项制度的行使在责任主体追究方面和权利行使方面存在局限性：一是关联企业破产中违法行为主体呈现多元化特征，某些针对债务人财产的违法行为可能并非由债务人作出，而是由控制企业作出；③二是确定权益和财产的归属的难度很大，高度混同的内部结构需要破产管理人用大量时间和精力工作才能完成，且存在举证困难等问题；三是行使撤销权的主体即破产管理人，对某项行为的撤销与否完全由个人自主决定，由于无涉破产企业债权债务的

---

① 参见王欣新：《破产法专题研究》，法律出版社 2002 年版，第 157 页。

② 详见最高人民法院于 1995 年 5 月 4 日所作〔1995〕48 号法函。

③ 参见孙向齐、杨继锋：《关联企业破产违法行为的规制》，载《法学杂志》2009 年第 9 期。

利害关系,必然导致其缺乏主动性与积极性。综上所述,这两项制度在关于关联企业的破产中不是可取之法。

二、关联企业实质合并破产规则概说

(一)关联企业的内涵界定

1. 我国法律与学说中的含义

在我国,"关联企业"作为一个正式的法律术语出现和使用是在我国《外商投资企业和外国企业所得税法》中,《外商投资企业和外国企业所得税法实施细则》第52条规定的关联企业概念如下:"与企业有如下之一关系的公司、企业和其他经济组织:(1)在资金、经营、购销等方面,存在直接或间接的拥有和控制关系;(2)直接或间接地同为第三者拥有或控制;(3)其他在利益上相关联的关系。"2002年修订的《税收征收管理法实施细则》亦采用这一定义。

在我国《公司法》第217条规定中,关联关系是指公司控股股东、实际控制人、董事、监事、高级管理人员与其直接或者间接控制的企业之间的关系以及可能导致公司利益转移的其他关系。在《企业会计准则——关联关系及其交易的披露》中对"关联方关系"的内涵和外延均作出了界定:(1)直接或间接地控制其他企业或受其他企业控制,以及同受某一企业控制的两个或多个企业;(2)合营企业;(3)联营企业;(4)主要投资者个人、关键管理人员或与其关系密切的家庭成员;(5)受主要投资者个人、关键管理人员或与其关系密切的家庭成员直接控制的其他企业。

"关联企业"概念在理论界也有许多不同界定。有学者认为:"广义的关联公司,指两个以上独立存在而相互之间又具有稳定、密切的业务联系或者投资关系的公司。狭义的关联公司,则仅指存在持股关系但未达到控制程度的公司。通常所称的关联公司是指广义的关联公司。"①王欣新教授则认为:"关联企业是指通过股权参与或资本渗透、合同机制或其他手段如人事连锁或表决协议等方法,在相互之间存在控制与从属关系或重要影响的多个企业。"②施天涛教授则定义

① 参见赵旭东主编:《公司法学》(第2版),高等教育出版社2006年版,第73页。

② 王欣新、周薇:《论中国关联企业合并破产重整制度之确立》,载《北京航空航天大学学报》(社会科学版)2012年第2期。

为"关联企业是指具有独立法人人格的企业之间为达到特定经济目的通过特定手段而形成的多元化和多层次结构的企业之间的联合体"。[①]

关联企业的多重界定揭示的共同关系特征是在经济、人员、企业事务等方面存在的控制与被控制、指令与从属关系。

2. 国外立法与学说中的概念

德国形成了目前国际上规制关联企业的最完善、最全面也最系统的法律规范,关联企业概念在德国首先得到了法律的肯认和地位的确定。德国《股份公司法》第18条规定:"联属企业是指,具有独立法律地位而彼此又形成联属关系的企业,包括:(1)被某企业多数持股的企业和对该企业持有多数股份的企业;(2)附属企业和支配企业;(3)康采恩企业;(4)相互持股的企业或者属于某个企业合同当事人的企业。"其中,康采恩企业是联属企业之一种,根据德国《股份公司法》,多数企业若受同一控制企业的领导管理,这些企业的集合即为康采恩企业集团。在德国,康采恩主要有合同型和事实型两种类型。[②]

(二)实体合并、实质合并原则与合并破产之厘清

在我国,关联企业的实体合并,是指控股企业与从属企业中由于特定事由的出现而使其中一家或几家出现破产原因,从而引发具有控制与关联关系的其他企业(包括母、子企业)破产而统一进入破产程序的合并规则。实体合并主要解决的是关联企业如何破产的问题,是一项具体可操作的规则。

而实质合并原则发端于美国,是美国法官在衡平法规则基础上创设的一套公平救济措施。美国菲利普·布隆伯格(Phillip Blumberg)教授对实质合并原则下了具体定义,即将已破产之多数关联企业的资产和债务合并计算,并且去除关联企业彼此之间的债权和担保关系,在完成前述"合并"后,即将合并后之破产财团,依债权比例分配予该集团所有债权人,并不细加追究该债权是哪一家从属公司所引起的。[③] 在联合国贸易法委员会《破产法立法指南》第三部分中提到,"实质性合并"是将企业集团两个或两个以上成员的资产和负债作为单一破产财产

---

① 施天涛:《中国关联企业的发展及其法律对策》,载《清华法律评论》1998年第1期。

② 参见王天习:《关联企业的法律界定》,载《求索》2003年第1期。

③ See Phillip I. Blumberg, *The Law of Corporate Groups*, Little Brown & Co. Law & Business, May, 1985, pp. 401 – 402.

的组成部分对待。总的来说,实质合并的本质是"刺破公司面纱"原则的延伸,在破产主体规制和债务清偿程序中有所改良,以使优质资产被转移的被控制企业的劣势地位债权人和经济信息严重不对称的外部债权人得到利益的平衡分配和债权最大公平限度的清偿。

合并破产从文义上看,仅指在合并破产规则和原则指导下进行破产的结果。本文的"合并破产"主张广义的"破产"概念,即指破产清算和破产重整,且采通说观点,将其与实质合并视为同一概念。

三、关联企业实质合并破产的理论与价值基础

(一)实质合并的理论基础:从"实体法"到"企业法"

美国哥伦比亚大学教授阿道夫 · 伯利(Adolph Berle)创立的企业主体理论(enterprise entity doctrine)奠定了实质合并原则的理论基础。企业主体理论针对的是整个企业集团的全体责任,该理论将企业的法律地位独立与经济地位独立区别讨论,认为关联企业成为独立的法律主体的标准是起公司事实(corporate fact)符合企业事实(enterprise fact),企业事实又称为经济事实,关注的是法律地位与经济地位不对称性现象所引起的区分。在法律上拥有独立人格的企业不一定在经济上能够独立地进行经济决策,独立地操纵企业内部事务,如上所述,若企业处于控股企业的控制之下且与其他相对独立的公司之间的经济联系足够紧密,那么即可在破产程序中视为一个整体统一处理。

公司事实对应的是"实体法理论",企业事实对应的是"企业法理论",这两种理论的博弈抗衡经过司法实务的实践操作使实质合并原则越来越受到推崇和认可。相对而言,前者注重的是形式而非实质,后者更注重基于法理学基础的"实质正义"的内涵体现。

"实体法"理论即分离实体论,分离的是在法律上相互独立而在经济上相互依赖的企业实体的联系,在破产程序上的形态表现为分别单个地独立破产。"企业法"理论即企业主体论,主体合一的意义在于强调经济联系的密切性与趋同性,在破产程序上的形态表现为合并统一地共同破产。随着经济社会的迅速发展,考虑一元结构的企业破产以及遵循固有的法人人格独立和股东有限责任的理念下建构的"实体法"理论局限性日益突出,规模经济过度发展所产生的消极

后果将彻底冲垮这种理论体系,“企业法”理论从应运而生到成长壮大,一步步地验证在该理论指导下的实质合并破产手段的可操作性和效益可观性。

“实质合并”原则是完全在企业法理论基础上发展起来的原则,真正抓住了关联企业之间法律地位和经济事实不对称的本质,准确把握关联企业经济一体化的趋势,实现了从实体法理论向企业法理论的跨越。①

(二)实质合并的价值基础:破产原则与破产制度的价值要求

1.实体上公平效率的价值体现

“为维持多数相互竞合的债权人间公平清偿起见,不能不特别考虑债权之实现方法,为此一需要而产生的制度,则为破产制度。”②可见,破产制度的产生首先源于债权公平保护的终极理念。公平的最本质内容在于它是调节人们之间的社会关系和财富分配关系的一种规范,它具有客观的内容,公平只是相对于生产力的状况和效率的提高而言,能够促进效率的最大限度地提高,是公平的本质内涵。③ 反过来看,经济效率的最基本要求是机会均等,同时包容和体现了效率原则和公平原则。

破产的公平性与效率性是破产法律制度的两大基石,也是破产制度革新与发展的动力来源。实质合并规则在处理关联企业合并破产中能够解决和突破财产混同、业务混同、人员混同等过度控制的重重难题,使关联母子企业中各方债权人均能获得公平分配破产财产(equality of distribution and fairness to all creditors)的权利,从而减轻和缓和各个企业清偿过程中苦乐不均的状态,从制度上规避了利用不正当关联交易从事非法财产输送转移的可能性,也节省了将错综复杂的债权债务关系、担保关系一一厘清的高额成本,还切断了关联关系的利益隐匿的主要途径,阻碍关联企业间以担保为基础的别除权的行使来获得优先清偿的行为,最大限度地保护外部债权人的利益,使外部债权人获得公平清偿的概率大大增加。

此外,实质合并规则的效率性体现在对比单独破产情形下的集中优势,关联企业之间的经营管理大多不符合我国《公司法》等法律的要求,存在许多制度不

① 参见王欣新、蔡文斌:《论关联企业破产之规制》,载《政治与法律》2008年第9期。

② 陈荣宗:《破产法》,台北,三民书局股份有限公司1982年版,第1页。

③ 参见张晨颖:《破产制度价值研究》,载《北京大学学报》(哲学社会科学版)2003年第6期。

合理、行为不规范的现象,企业内部间相互担保,资产隐匿、利益输送等问题严重,资本联系纽带、合同维系方式、人事连锁反应上出现的问题极易使原公司丧失经济上的独立地位,从而导致账目、资产混乱和关联交易频发,在此情形下,选择单独破产的方式是一种效率低能也是成本高耗的表现;除外之外,由于破产法规定法院裁定在进入破产程序后须同时指定破产管理人,那么,在关联企业中各个企业的破产重整或清算工作都存在相同或相似之处,如果采取单独破产策略,出现的相应结果是各个企业都要聘任各自的管理人,不仅导致破产成本加大,效率降低,而且会使各个管理人之间的工作内容交错重复,需要频繁交流和整理,甚至会出现内部矛盾或相互推诿等现象。

最后,实质合并规则所带来的公平效率也是重整制度得以启动和成功的价值保证。破产重整尤其是在经济利益链复杂的关联企业破产重整中,为了实现公平清偿债务和拯救有"重生"希望的企业而均衡调整债权人、股东及其他利害关系人与重整企业的利益关系,并限制担保物权的行使,达到平衡各方当事人、避免公司解体的目的。关联企业破产中出现的虚假破产和欺诈破产问题使重整的整体效率降低,不仅贻误优质资产重组、重整计划方案的迅速落实,而且对债权人利益也造成了损害。因此,在破产内容上部分否认独立事实的实体合并规则能全方位地掌控整个关联企业系统的资产输送线路,进而及时行使破产撤销权和裁定行为无效,实现实体上的公平效率,也实现了其价值基础。

2. 程序上公开公正的价值建构

对比企业单独破产的程序步骤,关联企业破产的程序要复杂得多,具体问题集中在关联债务担保的梳理、优先债权的整合以及不允许抵销出现的问题上。实质合并规则在较大程度上解决了资产清理结算和债权登记分配中的障碍,同时也减小了破产审理过程中的烦杂问题,如关联企业法律定位的不明确,导致法院对关联企业的识别、关联企业破产原因的审查标准、关联债权的认定等问题的复杂化,部分消除了因关联企业盘根错节的组织架构和隐秘复杂得关联交易而使界定关联企业之间财产和债权债务的困难。①

在抵销程序的价值建构上,由于最高人民法院《关于审理公司纠纷案件若干

---

① 参见王欣新、周薇:《论中国关联企业合并破产重整制度之确立》,载《北京航空航天大学学报》(社会科学版)2012 年第 2 期。

问题的规定(征求意见稿)》第52条规定:“控制公司滥用从属公司人格的,控制公司对从属公司的债权不享有抵销权;从属公司破产清算时,控制公司不享有别除权或者优先权,其债权分配顺序次于从属公司的其他债权人。”因而,立法原意是保证清偿率低、对外负债额高的企业的非关联关系之债权人的债权不受债权因抵销而使受偿资产减少的损害,以及防止破产资源不能有效优化配置从而出现债权人普遍不满或利益普遍减少的现象,但由于控股企业与从属企业的债权债务关系不能得到部分消除,因此破产清算或重整程序的工作量依旧庞大,实质合并规则实行统一清偿率,将相互担保关系与相互抵消之债权债务关系全部内化成内部经济行为,从民法原理上看,被视为一个主体的内部行为不能对抗外部债权人的债权请求,所以该合并规则的最大优点是简化程序、促进程序的公平合理,同时也符合相关法理论的要求和程序价值方面的建构。

四、实质合并规则成为关联企业破产的创新实用型路线

(一)实质合并规则适用的正当性论证

实质合并原则(substantive consolidation doctrine)目的在于使公司集团中各个公司之债权人获得公平分配破产财产(equality of distribution and fairness to all creditors)的权利,实现一般公平和正义。[①] 该目的揭示了实质合并规则存在之正当性则,在于从破产立法的本质出发保障权利最容易受到侵害的无财产担保债权人的利益,避免因关联企业内部相互交错的担保关系或债权债务关系而进行财产别除、抵销以致其只能就剩余财产分别求偿,或者造成各个企业之债权人苦乐不均的现象。因此,实质合并可能所产生的速度、清除公司间复杂关系的问题、避免耗时的诉讼等因素也在一定程度上促进了实质合并规则的发展。

但是,由于目前立法并无明文规定,且司法操作性问题还有待验证,加之关联企业与传统规制模式的冲击性和抵触性,使反对该规则引入的声音越来越多。具体来说,反对的理由主要是其违反了公司法人人格独立及股东有限责任的基本原则、统一清偿率标准部分地损害了清偿率较平均水平高的企业债权人以及因法无明文规定而触犯擅自“造法”的司法绝对禁忌。但这些并不妨害正当性之

---

① 参见朱慈蕴:《公司法人格否认法理研究》,法律出版社1998年版,第282页。

论证。

第一,法人人格独立原则的遵守是需要一定前提条件的。这表现为法人企业必须要保证体系内的人财物的独立性和权属明确性,才能主张这一原则下的权利行使。根据权利义务相对等的基本原则,关联企业只有履行了法人人格独立原则下的义务,才能主张法人人格独立原则下的权利。①

第二,关于受偿比例统一性的相对不公的问题。关联企业作为经营整体,在各个关联子企业中进行利益调配,通过非市场化的财产流动使成员财产不当增加或减少,从而导致部分企业破产甚至资产优势企业被牵连进入破产程序,但是应该看到,导致各企业间出现资产优劣差异情况的根源,正是关联企业先前的破坏公平交易关系之违法行为,保障对全体外部债权人的公平清偿,实质合并所须执行的统一清偿率即对原违法行为的纠正。② 另外,法律在程序上已经设置了债权人会议和债权人委员会,法院在合并破产适用的取决上并非一意孤行之独裁者,而是以多数债权人同意为基础的。

第三,"法无明文规定即自由"学说虽然通常用于法律禁止性规定的场合,但笔者认为,将其适用于某些授权性规范也未尝不可。由于关联企业作为一种规模经济下的特殊产物,有力地摧毁了传统经济模式,故法律也应与时俱进,在司法规则适用中进行创新性地调试,其正当性基础在于,这种调试是严格受到法律位阶关系的制约的,即实质合并规则仅作为"在穷尽内部救济手段后的最后手段"出现,也是唯一的选择。

(二)比较法视野下探讨实质合并规则的适用原则与标准

实质合并原则发端于美国,故研究此项规则应当从美国相关判例和理论出发。判断实质合并是否予以适用的测试约有四类:"另一自我"因素测试,"Auto-Train"测试,"Augie/Restivo"测试和"Owens Corning"测试。

在"Auto-Train"一案中,主张该原则适用者必须符合下列条件:(1)被合并的各方之间存在实质而非形式上的同一性;(2)在主张方提出合并正当之确凿证据时,持有异议方必须承担举证责任以击败合并的动议。在此基础上形成的

① 参见王永亮、黄杰国、高丽宏:《关联企业破产实体合并的司法实践》,载《人民司法》2010 年第 16 期。

② 参见王欣新、周薇:《关联企业的合并破产重整启动研究》,载《政法论坛》2011 年第 6 期。

"Augie/Restivo"标准则发展出了两个关键性因素:(1)债权人在交易时的身份应是单一的经济整体而非一个"含糊不清的实体",其交易达成并非基于控制企业之信用基础;(2)合并破产方式必须使所有外部债权人受益或得到公平对待。

而在 In re Owens Corning 一案中,美国第三巡回法院对实质合并原则作了总括性的归纳:(1)州法律、破产法和商业市场中,除非在紧迫的情形下要求衡平法进行实质合并,法院会尊重公司的独立性。(2)实质合并强调债务人所造成的损害,该损害通常由破产法的其他规定进行补救。(3)仅仅为便于执行破产案件不足以证明适用实质合并的正当性。(4)实质合并是极端的,应当作为穷尽其他救济措施后的最后救济手段。(5)实质合并可以防御性地使用,以弥补可确定的损害,但其不能作为给其他债权人带来不利的进攻性手段。① 除此之外,还规定了必须证明的要素,Owens 法院规定有二:(1)关联企业在申请合并破产前的独立性已丧失,无论从内部结构关系看抑或是从与其交易的外部债权人的角度看。(2)关联企业的资产分离难度高,即达到"令人绝望的混同"的程度,且会损害债权人利益。此两者只要出现其中之一即可。

在美国的学术理论界中,有学者将法院的具体审查标准归纳如下:(1)母子公司间的经济一体化程度,程度越高则适用可能性越大。(2)债权人的认知和期待,若债权人是基于对整个公司集团的资信状况的信赖而与某一公司进行交易,则应适用"实质合并规则",但若某一债权人强调,其与某一公司进行交易完全基于对该公司资信状况的信赖,而非考虑公司集团的状况,则"实质合并规则"对该债权人并不适用。(3)会计账目报表、存储账户等的混同,关联企业间的账户若统一为中枢核心企业所控制,并且借贷记账统一时,则可以考虑适用实质合并规则。(4)资产的混同,企业间资产不分你我,混同关系严重时亦可适用。②

五、关联企业实质合并破产之模式探究

(一)一元注销模式:先行合并,再审破产

这种模式又分为解散式一元注销模式和承债式一元注销模式。前者是指控

---

① 参见彭插三:《论美国破产法中的实质合并规则》,载《财经理论与实践》2010 年第 31 卷。

② 参见耿文杰、吴义茂:《公司集团破产中外部债权人的法律保护》,载《上海市经济管理干部学院学报》2006 年第 3 期。

股企业依据股东会决议来解散公司,在母公司未对子公司取得控股地位时,可根据收购其他股东股份之方式取得控股地位从而占有表决权的优势比例地位从而对子公司进行清算,并在内部将子公司的债权债务关系理顺、清理结算后申请注销;后者是指控股方允诺对关联子公司之债务承担责任的情况下,工商登记机关可准许其在不经过清算程序而注销关联子公司,在其注销后,债权债务关系由控股企业承继。这两者的共同特点都是以特殊方式来满足现行我国《企业破产法》《公司法》的破产要求,即合并关联企业为一个企业之后再走破产程序的方式。

典型例子如沈阳欧亚实业有限公司为核心的17家企业所形成的企业集团破产案件,在该案中,特点是法院依职权裁定其余还未进入破产程序的人格混同程序严重的关联子企业合并破产,具有法院依职权启动破产程序的性质。

该模式的优点在于既破除了“法无明文”规定的诟病,又提高了可操作性的程度,减少司法成本和人力成本,提高司法效率,增大了重整成功的可能性。但在现有司法领域中,难以解决的问题是承债式注销方式还未能得到法律明文的支持,以及中国当前企业资信程度难以保证承债后各项措施的履行和落实。但学界通说认为,一元注销是所有模式中接受程度最高的模式,其可行性程度和合法性程度均占优势。从实质上讲,一元注销模式实际上与单个企业的破产并无区别,只不过是在破产前存在一个注销程序而已。[①]

(二)一元纳入模式:一家破产、其余连带

这种模式的适用情形如下:各个关联企业均已出现法定破产原因,而仅有一家企业进入破产程序,其余企业还未进入破产程序时,在合并破产依据充分及适用标准达成的情况下,法院依职权或破产管理人依申请主动促成其余关联企业进入破产程序,或纳入破产清算,经过破产裁定宣告后进行实质合并。

典型例子如湖南太子奶系集团破产案件。经法院审理查明,湖南太子奶、株洲太子奶、株洲太子奶生物科技发展有限公司和湖南太子奶集团供销有限公司存在严重的资产、债务、经营、管理、人员等混同的事实,以及频繁的关联交易和资金往来,属于典型的不规范关联企业。遂法院裁定还未进入破产程序但已达

---

① 参见重庆市高级人民法院民二庭课题组:《关联企业破产实体合并中的法律问题及对策》,载《法律适用》2009年第12期。

到破产边界的株洲太子奶和供销公司一同进入破产程序,直接否定其法人人格独立地位。[①]

这种模式的最大优点即在于赋予法院和破产管理人有较大灵活性的自主决定权,对于优势资产重组或促成破产重整成功均具有很大的作用;还在于其效率高所带来的好处,法院和破产管理人拥有的丰富管理经验能及时准确地判断合并适用标准的程度,免去中间债权人多次会议讨论协商的达成、注销清算的繁杂手续等步骤,直接切入主题,了当直接,对债权人的债权请求和申诉也能给予及时的回应。但缺点同样很明显:首先,我国目前有关企业破产规制的法律渊源中只允许单独破产,多为"一企一案"的态度,仅有实务实践中出现例外,而得到了最高人民法院的准予批示;其次,法院需要在这种模式下行使的决定权过大和承担的工作量过大等问题,法官作出裁定的理论依据以及法律形式的争议在当前仍然没有停止过。

(三)多元集中模式:分别破产、合并审理

在该模式下,各关联企业包括控制企业均已达到破产条件并已经申请立案,经债权人或管理人申请或法院依职权裁定,将这些先后申请破产的企业一并纳入破产清算或破产重整程序。该模式在司法实务中最为常见,其最终目的是保证各方债权人平等受偿,减少单独破产下分配不均、利益不平衡的现象。

典型例子如德隆系企业集团(包括德隆国际、新疆德隆、屯河集团、德恒证券、恒信证券等其他金融机构)一并进入破产程序案件,以及上海首例适用实质合并规则审理的关联企业破产案——上海美浩电器有限公司、上海特毅通用动力机械有限公司、上海特毅企业有限公司合并破产案,该案中三家公司虽为拥有独立法人人格的外商独资企业,但事实上存在紧密的联系:第一,实际控制人为同一自然人潘某某。第二,经营范围紧密关联,分别负责通用发动机的生产、销售和管理。第三,人员高度混同,仅设立了一个财务部门,财务总监也为同一人。企业职工频繁调动,难以确定其隶属关系。第四,财产高度混同,财物货资同放于同一仓库中,对账困难,动产与不动产登记混乱。第五,债务高度混同,企业间

① 参见王欣新、周薇:《关联企业的合并破产重整启动研究》,载《政法论坛》2011年第6期。

相互担保、相互借款,债权人难以从外观上确定其关系对象。[①] 在该情形下,企业分别因资不抵债等原因而先后进入破产程序,去除内部复杂关系,统一对外地适用多元集中合并破产模式。

该模式的优点是从形式上最大限度减少债权人数量而在实质上最大限度保证债权人受偿权益,在法院统一管辖、管理人统一指定的方面增进效率,在破产财产管理、变价拍卖、分配清偿等方面实现了最优化、同步化,有利于破产程序的顺利进行。然而,其缺点在于"统一性"的确定问题,即法院和管理人应当依照何种标准确定为一个。再者,"统一性"在同一组债权人债权分配中难以落实以及优先权行使问题等。

(四)整体推进模式:整体受理、阶段推进

该模式比一元注销模式更具有"前瞻性",在破产申请提出后、破产案件受理前,法院即对与其相关的全部关联企业的情况进行审查,如果符合实质合并的条件,则将所有关联企业作为一个整体,以"1+N"或"N+N"的模式一并裁定破产或重整。[②]

典型例子是纵横系控股集团有限公司破产案,在该案中,注册资金为7.1888亿元的浙江纵横集团以及其投资或合资设立的绍兴纵横聚酯有限公司、浙江倍斯特化纤有限公司、浙江星河新合纤有限公司等5家核心从属公司因受到国际金融危机的影响而发生重大财务危机,绍兴市中级人民法院经过审查发现企业集团内部高度混同,故在未进入破产重整阶段时便将拟定采取整体重整计划,突破法人分别独立重整的方式进行统一处理,收效甚好。

在该模式下,法院的职权比以往所有的实质合并破产案件中的范围更宽,也最具有实效性,这不仅要求法院做好对企业整体的审查工作,还要完善整体合并新框架下的辅助措施,同时也需要做好债权人的思想工作以及汇报工作,保证债权人了解破产裁定至破产终结过程中的利害信息,以便发表相关的意见。然而,这种将关联企业自始至终都视为一个整体的做法,虽然在这个个案中高效进行,并且重整效果良好,但却不能保证在其余不同的情况下也能出现相同的结果,如

① 参见王永亮、黄杰国、高丽宏:《关联企业破产实体合并的司法实践》,载《人民司法》2010年第16期。

② 参见王欣新、周薇:《关联企业的合并破产重整启动研究》,载《政法论坛》2011年第6期。

上所述,破产制度要注重公平和效率两大基石的稳固,在整体统一的工作模式固然简化了程序,减少了不必要的企业法人独立与否的阶段讨论,但却形成一种无形的强制力量影响着债权人的判断,使法院独立地推动整个破产工作的开展,法院过度介入企业事务的缺陷也将显露出来。但在比较大型的关联企业破产案件中,这种强制性的干预性却有存在之必要性。

另外,还有学者将合并破产模式分为3类,①分别为:控股公司申请注销关联子公司模式;直接将关联公司纳入控股公司的破产模式;控股公司、关联公司破产分别受理、集中清偿模式。与上述五种模式的划分大同小异,在此不作赘述。

六、实质合并规则在我国适用的现状、具体问题及对策

(一)关联企业主体的壮大及其潜藏风险的扩大

关联企业是为了适应社会化大生产方式和市场经济发展的需要以及追求规模经济而出现的产物,或是通过自愿组合、联合扩张、收购兼并等方式形成的企业集团,合理化避税、增强创新能力、多元化经营、技术综合使用、信息资源统一调配,都是关联企业与生俱来的独有优势,也是其不断迅速壮大的动力。除此之外,在我国,形成关联企业的另一个重要目的是配合国有企业公司化改制的进程,被运用于国有企业产权重组、产业结构和产品结构优化组合中。② 但是也应看到,关联企业的不断壮大随之带来的除了外部垄断效应有害市场公平竞争以外,内部经营管理的不规范,资产隐匿转移或利益暗箱输送都显著地影响着内外经济交易,当其中关键一环断裂开时,往往会导致整个关联体系的崩溃、坍塌乃至破产。因而,只有在关联企业内部保持一定的独立性才能防止此种"多米诺骨牌"效应的发生,然而在现实中,我国的巨型企业所辖的从属企业看似数量庞大,整体实力壮大,但有不少的"空壳公司"进行脱壳经营,成为控股公司为某项职能发挥或项目完成的工具。

---

① 参见彭归:《关联企业破产实体合并中的法律问题及对策》,载王欣新、尹正友主编:《破产法论坛》(第5辑),法律出版社2010年版,第316页。

② 参见耿璇:《论关联企业破产的法律规制》,湖南大学2009年硕士学位论文,第17页。

我国近年来重大关联企业具体状况如表1所示。①

表1 重大关联企业情况

关联企业名称	涉及关联企业	风险暴露
蓝田股份(瞿某某)	与蓝田股份存在控制关系的关联方有3家,不存在控制关系的关联方有8家;而与蓝田股份有密切财务关系的中国蓝田(集团)总公司在国内就有企业200家	学者刘某某对蓝田公开质疑
上海农凯集团(周某某)	农凯系控制着上百家公司,其中农凯发展(集团)投资16家子公司;华信投资(集团)投资12家子公司;高校科技产业(集团)投资16家子公司	周某某犯罪
啤酒花(艾某某)	新疆有25家关联公司,上海有10多家公司	银行收紧贷款,资金链断裂
新疆德隆集团(唐某某)	德隆母公司有177个子公司、孙公司	德隆老三股全线崩盘
江苏铁木集团(戴某某)	在常州市,铁公司新设立关联公司5家;在扬中市,新设立关联公司2家	中央宏观调控
广东华光(冯某某)	13家关联企业	国家审计署审计

(二)关联企业合并破产处理之相关问题及其对策

1. 申请主体的确定

我国《企业破产法》中规定了债务人、债权人和出资额占债务人注册资本1/10以上的出资人可申请企业破产重整。关联企业在申请主体方面与单个企业并无太大差异,但学界通说认为应扩大申请主体的范围,最重要的观点是赋予破产管理人以破产重整申请权。

实体合并的最终目的是使债权人平等受偿,最大限度地保障债权人利益,因而法律赋予了债权人申请权。债权人可以在申请破产重整时一并提出,也可以在法院受理破产案件后提出;既可以由作为申请人的债权人提出,也可以是其他

① 参见程琰:《论关联企业及其法律规制》,华东政法大学2005年硕士学位论文,第3页。

关联企业的债权人提出。①

债务人对自身经营情况较为了解，对于其潜在发展能力、清偿余力以及各项业务状况都有比全部参与破产程序的主体更明显的优势，因而，法律准予债务人作为合并重整主体的提起者是毋庸置疑的，且债务人为摆脱困境，获得重生也希望借助外力或寻求其他渠道来推动自身运转，具有申请的动力。所以，其申请时间也具有灵活性，表现为既可以与控制企业一并提出，也可以在控制企业被法院受理破产后提出。但在现实中，对于债务人而言却是一项常常怠于行使的权利。合并重整会涉及对各债务人原有违法行为的认定，可能会产生法律责任，因此要求其自动行使申请权无异于"雪上加霜"，没有利益动力的来源。

相比于债权人信息的不对称和蒙蔽性，以及债务人基于自身考虑而消极不作为的情况，破产管理人或法院作为公正的中间人可以起到相应的作用，因而，本文认为应建立起以破产管理人依法申请和法院依职权启动的双轨制模式，拓宽申请主体的范围和权限。

2. 法院管辖的确定

由于关联企业各个子企业常常分布在全国各地，故产生了管辖确定的问题，如德隆系关联企业破产清算案则分别由上海、新疆、湖南和江苏等省、市、自治区的人民法院审理，耗时长，且法院间意见沟通存在阻碍，分歧也得不到及时解决，这与管辖确定的难题是分不开的。在学界理论中，代表性学说有"核心企业所在地管辖说"和"最早管辖优先说"两种。顾名思义，前者认为关联企业合并破产案件的管辖法院应当是由关联企业的核心中枢企业所在地法院，以使"擒贼先擒王"，对核心企业的操控范围和总体利益导向作详细了解，当出现管辖纠纷时，则应当按照我国《民事诉讼法》中相关规定确定管辖，即报送上级人民法院。如在广东中谷糖业合并重整案中，最高人民法院裁定由湛江市中级人民法院进行审理，坚持了由核心企业所在地进行审理的基本规则。② 后者主张应由最先申请破产的企业（无论是控制企业还是从属企业）所在地的法院进行审理，若有特殊例外则移送其他法院进行审理。除此之外，还有人主张注册登记所在地管辖、经营场所所在地管辖等，但主流观点认为"核心所在地管辖"最优。

---

① 沈阳市中级人民法院课题组：《关联企业破产实体合并法律适用问题研究》，载王欣新、尹正友主编：《破产法论坛》（第5辑），法律出版社2010年版，第113页。

② 张少丽：《关联企业实质合并破产制度研究》，载《重庆第二师范学院学报》2014年第4期。

由于需要确定统一的管辖机构,在此基础上也为实质合并规则的正当性找到侧面之法律依据,即法院裁定对关联企业进行合并破产或重整的内涵与我国《民事诉讼法》中关于“案件合并审理”的相关规定相吻合。

3. 管理人的确定

在管理人任命的问题上也存在分歧。我国《企业破产法》规定了法院在受理破产申请的同时应当指定管理人。当关联企业有多个尤其是异地情况下,应当指定一个管理人还是多个管理人,管理人的选任资格、选任方法和选任条件都成为了需要重新思考的问题。一般来说,单一管理人负责制下能节省相应的资源成本,也避免不必要的分歧和交接矛盾;但对于大型企业来说,复数管理人负责制则更为符合企业的实际需要,也符合整个破产工作的需要,但相应的问题是权属划分和职责分工。特别地,异地子企业的破产申请受理后,法院立即为其指定了破产管理人,而当核心企业破产立案后,是“沿用”还是“重选”,是“共同处理”还是“工作移交”都需要根据具体情况作出具体选择。

4. 举证责任的确定

即“实质合并”主张的提出的证明责任归属问题。在美国司法裁判中,通常采取减轻原告举证责任的做法,又称“两阶段方法”,即先由有异议的一方承担初步的举证责任,只需提出某些实质上的事实基础以驳斥母公司债权之表明效力;然后举证责任移至母公司,由母公司证明其系善意且行为符合“公平”原则。①在这方面,美国和德国均采用了“举证责任倒置”的方法,在法院首先推定应适应实质合并规则的前提下,由关联企业举证内部人员、财物、资产、业务、账户等是相互独立的关系。这是基于关联公司成员间的紧密关系往往被掩盖甚至成为秘密的考量。②

5. 表决权、分配权在实质合并规则下的调整

当各个关联企业合并为一个整体时,企业性质的改变也影响了债权人的身份。债权人在原先企业所享有的表决权比例、优先权资格以及债权分配率标准上都有或多或少的变化,破产程序要求建立信息披露和信息公开制度,债权人自然有权也有途径了解在实体合并前和实体合并后自身所应得的利益的变化及其

---

① 参见刘连煜:《公司法修正案关系企业专章中“深石原则”相关问题之研究》,载《法学丛刊》1995 年第 157 期。

② 参见王欣新、尹正友主编:《破产法论坛》(第 7 辑),法律出版社 2012 年版,第 360 页。

幅度,这样就产生了对比,部分债权人会产生不满,持有异议。因而必须建立起一个统一的协商机制,法院更要牵头做好债权人调解和劝导工作,在各关联企业分别表决后,法院应当对表决情况进行汇总。在法律尚未做出明确规定的情况下,实体合并的进行应当以各关联企业的债权人会议均表决通过为前提条件。①

七、结　语

在我国各地司法实践中,关联企业适用实质合并规则破产确已成为当下较为行之有效的途径,在新理论引入的同时也伴随着新问题的产生。由于谨慎适用原则的要求,实质合并规则作为一项“穷尽内部所有救济手段后的最后手段”来处理此类问题是较为妥适的做法。除此之外,我们更需要打破固有思维,进行反向论证,以“摸着石头过河”的精神探索新制度在我国的适用,以及发展出具有中国特色、符合具体国情的创新理论,为我国市场经济和平稳定而和谐有序发展提供技术含义上的理论支持。作为新兴产物,关联企业在对我国经济做出贡献的同时也应受到法律规制,现今我国《企业破产法》方面的空白是破产立法的一大缺憾,同时,实质合并规则的引进也在一定程度上推动了司法实践,也将进一步推动立法规则的落实。笔者最后借用一段话来结束本文:在关联企业的出现摧毁了既有的法律传统与制度时,如果我们不能阻止这一新鲜事物的来临,除了重塑法律外,的确已别无选择。②

① 参见王永亮、黄杰国、高丽宏:《关联企业破产实体合并的司法实践》,载《人民司法》2010年第16期。

② 参见王欣新、蔡文斌:《论关联企业破产之规制》,载《政治与法律》2008年第9期。

实质合并原则在关联企业破产重整中的适用

陈　萍*

一、关联破产中存在的问题

（一）关联企业的认定

关于关联企业的定义，各国法律的规定各不相同。美国《国内税收法典》第482条规定，任何两个和两个以上的组织、贸易主体或经营主体共同隶属于一个利益主体，或者直接、间接地受控于此同一利益主体，即为关联企业。美国并无专门的法律用以规制关联企业，而是通过一系列发展成熟的案例，从中提取普遍适用的原则加以规制，并且在认定关联企业时，实质性判断重于形式性判断。

德国作为大陆法系国家，对关联企业的规定最为详细，德国《股份公司法》（1965年）共用55个条文对关联企业作出了规定。根据该法第15条的规定，关联企业是指法律上独立的企业，这些企业在相互关系上属于拥有多数资产的企业和占有多数股份的企业、从属企业和支配企业、康采恩企业、相互参股企业或互为一个企业合同

* 苏州大学王健法学院经济法硕士研究生。

的签约方。① 德国对于关联企业的认定主要从三个角度出发,即是否受到直接或间接的控制,互相持股的比例以及是否订立关联合同。关于关联企业的合同,德国《股份公司法》第三编第一部分作了详细规定。

日本对于关联企业的规定有相似于德国的地方,但又有所不同。根据其1986年的《特别税收措施法》的规定,关联企业主要包括以下三种情形:(1)两家公司各自50%以上的股份直接或间接被一人或个体所拥有;(2)一个公司直接或间接拥有另一家公司50%以上的股份;(3)基于特别关系,一家公司拥有另一家公司的决策权:①一方占有另一方经营者或决策者的50%以上或者一方有代表权者连任另一方的经营者或决策者;②两个法人中的一方相当多的营业完全依赖和另一方的贸易;③两个法人中一方的资金相当程度上依靠另一方的借贷或担保。②

日本的这三种情形可以分别对应于德国的前三种规定,只是作了更加明确细致的规定,并且强调的是一方企业对另一方的支配、控制力,因而日本的法律规定并未对相互参股以及合同型的关联企业作出规定。

根据我国《税收征收管理法实施细则》第51条规定,关联企业,主要是指在资金、经营、购销等方面,存在直接或者间接地拥有或者控制关系,或是直接或间接地同为第三者所拥有或者控制,以及其他利益上的相关联性。根据财政部《企业会计准则——关联方关系及其交易的披露》第4条的规定,在企业财务和经营决策中,如果一方有能力直接或间接控制、共同控制另一方或对另一方施加重大影响,该准则将其视为关联方;如果两方或多方同受一方控制,该准则也将其视为关联方。这条规定分别规定了《税收征收管理法实施细则》第51条的前两种情形,强调了一方的控制和支配力。

从各国的法律规定当中可知,我国和美国的认定都较为抽象,其余两国较为详细,但认定的核心因素都是相同的,即相互之间是否具有控制力、支配力,而对于如何判断这种影响力?它主要依靠两种方式维系,一是通过资本,二是通过合同。关于资本的维系方式,主要就是依赖股权因素。多数国家对此都有规定,只是对于具体的资本控制比例各国会有不同的规定;关于合同的维系方式,德国作

① 参见《德国股份公司法》,贾红梅、郑冲译,法律出版社1998年版,第7页。

② 参见张扣娣:《日本企业集团的母子公司关系》,经济学出版社1993年版,第2页。

出了细致的规定,根据德国《股份公司法》第 291 条和第 292 条的规定,关联企业合同包括支配合同、盈利支付合同、盈利共享合同、部分盈利支付合同、经营场所用益租赁合同和经营场所转让合同等六种,这六种合同都是将一方全部或部分盈利转移给另一方。依靠合同进行关联控制的方式也存在其他形式,如具有长期供求关系的企业之间。

(二)关联企业破产中存在的问题

关联企业破产中最容易出现的问题是破产欺诈行为的出现,关联企业之间错综复杂的关系是其用以占用关联方资金、转移资产的便利条件,这对相关债权人的债权实现具有极大的不利益影响。实践中的破产欺诈行为主要包括债务人通过虚构债务或其他方式隐匿、转移财产的行为,无偿、以明显不合理价格交易的欺诈行为以及提前偿债或是其他方式使特定债权人得到更多清偿的偏颇性清偿行为。针对此类现象,我国《企业破产法》第 31 条、第 32 条、第 33 条分别规定了破产撤销权以及破产无效行为制度。① 从相关的法律规定可知,破产撤销权针对的是欺诈行为和偏颇性清偿行为,并分别受到 1 年、6 个月的限制,破产无效针对的是隐匿、转移财产的行为,并根据我国《企业破产法》第 123 条的规定,这两种权利需要在破产程序终结之日起两年内行使,这意味着隐匿财产超过两年即可不受法律规制。这样立法的实际效果是在鼓励、包庇违法者,必须加以纠正。② 另外,关于破产撤销权的行使范围,《企业破产法》第 31 条规定的五种情形实质即为无偿转让财产的行为,但依靠列举的方式无法穷尽。实践中的无偿行为形式多样,除典型的赠与财产外,债务免除、放弃权利、对消灭时效完成后的债权清偿之承认、无偿设定用益物权、不为诉讼时效的中断、撤回诉讼、对诉讼标的之舍弃等均属于无偿行为之列。③ 由于

---

① 我国《企业破产法》第 31 条规定:“人民法院受理破产申请前一年内,涉及债务人财产的下列行为,管理人有权请求人民法院予以撤销:(一)无偿转让财产的;(二)以明显不合理的价格进行交易的;(三)对没有财产担保的债务提供财产担保的;(四)对未到期的债务提前清偿的;(五)放弃债权的。”第 32 条规定:“人民法院受理破产申请前六个月内,债务人有本法第二条第一款规定的情形,仍对个别债权人进行清偿的,管理人有权请求人民法院予以撤销。但是,个别清偿使债务人受益的除外。”第 33 条规定:“涉及债务人财产的下列行为无效:(一)为逃避债务而隐匿、转移财产的;(二)虚构债务或者承认不真实的债务的。”

② 参见王欣新:《破产撤销权研究》,载《中国法学》2007 年第 5 期。

③ 参见陈荣宗:《破产法》,台北,三民书局股份有限公司 1986 年版,第 256 页。

制度本身固有的缺陷,时间上的限制、适用范围的限制、举证责任的困难等问题,以及关联企业实践中的混乱情况,仅以此两制度仍然无法有效规制关联企业中破产欺诈的问题。

另外是关联债权的问题。关联企业之间的债权债务关系可能是破产欺诈行为,该行为由破产撤销、破产无效制度加以规制,此外关联企业之间也存在合法的债权债务关系,对于该类债权是否应当同普通破产债权作相同对待?对此美国破产法中规定了衡平居次原则,可以对破产债权的顺位作出调整,我国目前并无明文规定,但最高人民法院在2015年3月发布的一典型案例,首次以判例的形式承认了美国法衡平居次规则的借鉴意义。[①] 在该案件中,股东A对债务人公司B既享有债权又需要承担出资不实的连带责任,除了股东A之外尚有7位股东,于是股东A就自己债权起诉债务人B及其股东,要求他们清偿债权,并最终获得法院支持。此外,债务人B对C公司也负有债务,在执行程序中B与出资不实的8位股东皆为被执行人。在债权执行分配中,C公司与股东A的分配比例相同,因而C公司提出异议并诉至法院,认为股东A不能参与到债权分配当中,法院最终支持其诉请。最高人民法院将该案的典型意义总结为:"出资不实股东向公司外部债权人承担出资不实的股东责任并被扣划款项后,能否以其对于公司的债权与外部债权人就上述款项共同分配。对此,我国法律尚未明确规定,而美国历史上深石案所确立的衡平居次原则对本案的处理有一定的借鉴意义"。[②] 衡平居次原则是在关联公司仍然保持各自独立人格、不存在利益输送的情况下适用的,只是基于公平考量改变清偿次序,将关联债权劣后处理。衡平居次原则仅仅是一种价值选择、利益衡量,而并不是对违法行为的规制和救济。

破产撤销、无效制度针对的是关联企业间不合法的交易行为,衡平居次原则针对的是关联企业间合法的交易行为,二者都是规制关联交易的方法,对象是动态的相互间的行为,除此之外,关联企业在企业名义、资产权属、组织结构上还存在混同的问题,即人格混同。一方面,这对于第三人会造成不利的影响,第三人可能是依赖所有关联企业的信用而与其中一个企业订立合同,但最终承担责任

---

① 参见党海娟:《我国破产法引入衡平居次规则必要性和可行性的反思——从最高院发布的一则典型案例说起》,载《河北法学》2016年第3期。

② 最高人民法院发布的4起典型案例,载《人民法院报》2015年4月1日,第3版。

的个体仅是这一家企业。另一方面,即破产审理的效率问题。关联的各企业在法律地位上是各自独立的实体,但是在实际运营中却可能是作为一个整体的经济运营体,在平常的交易过程中存在许多互相担保的事务,导致彼此资产权属不清、互负债权所属混乱,这些问题在企业正常运营时未体现出来,但相互的关联关系在企业发展过程中越发混乱,在企业破产之后,存在很多权属已经无法厘清的问题。这对破产案件的审理会造成严重的阻碍,也会耗费巨大的司法成本,并且在耗费巨大成本之后仍然对于破产财产的分配没有增加任何利益。在破产重整的场合,由于关联企业的关联关系,企业的运营模式、盈利模式相互依赖,单个企业的破产模式可能会导致破产重整成本的增加以及破产效率的降低,甚至可能影响重整效果的实现。并且关联企业可能设立在不同地方,破产案件则会由不同法院处理,可能会出现债务人转移财产进而导致法院之间存在争议的问题,此时可能对于破产案件的处理更加不利。

破产撤销、无效制度依照我国现有的法律无法完全有效规制关联交易行为,衡平居次原则所适用的范围又十分有限,并且在此之外,还存在两种制度都无法规制的问题——人格混同,将关联企业之间的内部关联关系正面厘清既耗费成本,又难有成效。针对这些情况,虽然还没有相关的法律明文规定,我国司法实践中法院已经对关联企业进行合并破产,以实现破产法的公平和效率价值。合并破产是一种逆向的思维,是在利用破产撤销、破产无效制度以正面厘清关联关系存在障碍时,选择将关联企业合并,不再考虑关联交易的一种方法。其所运用的原理源自美国的实质合并破产原则,实际上是法人人格否认制度在破产法领域中的拓展适用,并辅之破产法的立法目的而采取的特殊规则。

二、关联破产的法律规制——实质合并原则的借鉴

(一)实质合并原则的定义

关于实质合并原则,我国尚无明文的法律规定,各国的破产法典也规定得比较抽象。如美国《破产法典》仅在第105条规定,授权法院"发布任何命令……只

要是为贯彻相关法律规定所必要并且适当”,对某些商事破产案件发布合并的命令。[①] 1986 年英国《破产法》第 165 条和第 167 条规定,对跨国公司进行清算时,在法院的许可下,清算人有权力进行合并。[②] 法国《破产法》规定,在一定条件下,子公司破产程序的效力可以及于母公司的财产,即实质合并。[③] 各国法律对于实质合并破产的适用对象、适用依据、适用方法皆未有具体的规定,而将具体判断的权力交给了法官,在法官认为公平合理的情况下适用。由于法律规定地模糊,也造成实践处理问题的不统一。

学者关于实质合并的含义也未形成统一的意见,他们从不同角度上各有不同的表述。有学者认为,实质合并原则就是母子公司的债权实现的顺位安排,认为“实质合并原则是在母公司或子公司破产,或母子公司同时破产时,确定母子公司各自的债权人应如何分配各公司的财产,或者说确定母公司债权人与子公司债权人之受偿顺序的一项原则”。[④] 日本有学者认为,“在包括母子企业的联合企业中,在联合度很强的情形下,以形式上的法人资格为基准进行通常的破产程序被认为违反公平。如果财产大规模混同,要用诸如否认权、取回权以及母公司债权劣后等个别的法技术解决明显困难。为解决此问题,可以合并两个破产程序,相互认可行使破产债权,即进行实体上的合并”。[⑤] 美国有学者则认为,“实质合并即将所有合并的关联企业的资产负债合并计算,且去除关联企业之间存在的债权和担保,依此合并之后形成破产财产,合并的关联企业的所有债权人则按照自己的债权比例进行分配,而不具体追究债权是属于哪家关联企业的”。[⑥] 这三种定义分别从三个角度来看待实质合并原则,笔者也分别从这三个角度讨论分析。

第一种定义着重于对实质合并原则适用情形方面的叙述。按照该定义实质合并原则存在三种情况:母公司破产、子公司破产、母子公司同时破产。具体而

① 参见[美]大卫·G. 爱波斯坦(David G. Epstein)等:《美国破产法》,韩长印等译,中国政法大学出版社 2003 年版,第 23 页。

② 参见石静遐:《跨国破产法律问题研究》,武汉大学出版社 1999 年版,第 241 页。

③ See Jackson, *The Logic and Limits of Bankruptcy Law*, Har. Uni. Press, 1986.

④ 参见朱慈蕴:《公司法人人格否认法理在母子公司中的运用》,载《法律科学》1998 年第 5 期。

⑤ [日]伊藤真:《破产法》,刘荣军、鲍荣振译,中国社会科学出版社 1995 年版,第 114 页。

⑥ See Phillip. Blumberg, *The Law of Corporate Groups*, Little Brown & Co. Law & Business, May 1985, pp. 401 – 402.

言,首先在母公司破产的场合,子公司作为母公司资产的一部分,母公司破产时本就需要将在子公司的股权变现用以偿还债权人,此外考虑到母公司对于子公司的控制、支配地位,母公司可能会利用子公司转移资产,因而子公司的这部分资产也需要用以偿付母公司的债权,只是相较于子公司的债权人,母公司债权人的债权处于劣后地位。其次在子公司破产的场合,如母公司有滥用公司有限责任制度的行为,则可以适用法人人格否认制度,母公司需要承担子公司的债务,与母公司破产的情形类似,“以不损害母公司债权人利益为前提”。最后是母子公司同时破产的情况,一般是两种处理方法,一是合并破产,二是分别破产,只是在何种处理方式应当例外适用,学者间还存在争议。

根据这三种情况的分析可知,在母子公司中只有一方破产时,一般并不需要适用实质合并原则,只有在母子公司同时破产时才有适用实质合并的需要。只有母公司破产时,破产管理人本就可以处理作为母公司资产的子公司股权,对于母子公司之间的关联交易产生的关联债权可以利用破产撤销、破产无效以及衡平居次原则解决,倘若最终子公司资不抵债也需要破产,则就属于母子公司同时破产的情形,而在子公司需要宣告破产之前,并不需要与母公司实质合并。只有子公司破产时,母公司利用股东地位滥用股东权利时,则可以利用公司人格否认制度、衡平居次原则来解决,倘若母公司最终也不得不宣告破产,同样也属于母子公司同时破产的情形,母公司在破产宣告前也不需要适用到实质合并原则。特别是在一方需要破产清算时,不同于破产重整,破产清算程序是对资产的清点,将应当属于破产债务人的财产悉数追回,用以偿还债权人,因而若是将未破产申请的公司与破产公司实质合并,使本未破产的公司不得不破产,其正当性难以明晰,对公司的法人人格独立性原则也是有矛盾的。而破产重整旨在破产企业的再生和运营,若将关联企业合并重整,对关联企业造成的不利影响还是大大小于破产清算的。

实际上,关于实质合并原则适用对象的范围问题本是仍然存在争议,美国法院的司法实践也是各有不同,有部分法院已经将不属于破产债务人的关联企业纳入实质合并的范围,而部分法院则持反对意见,认为破产申请权属于债权人和债务人的,法院不应利用职权主动将一家未申请破产的企业直接以司法程序纳入破产的范围。笔者认为,鉴于破产清算将导致企业主体资格的丧失,在破产清算的场合不宜将未申请破产的企业直接纳入司法程序,除非在审查的过程中可以利用公司人格否认、破产撤销、破产无效等制度使得该未申请破产的企业符合破产的条件，进而合并破产。至于在破产重整的场合，由于破产重整的目的是将企业恢复生产经营能力，在各方达成合意的情况下应当允许将未申请破产的企业纳入合并重整的范围。

第二种定义明确了实质合并原则的适用条件。其适用前提是母子企业的联合程度很高，在承认法人人格下的分别破产会造成不公平，在财产混同、运用其他法律手段无法解决问题时可以适用实质合并原则。在该含义下，实质合并原则适用的条件之一是关联企业之间的联合程度，即存在公司人格混同的情况，这是破产撤销制度、衡平居次原则无法解决的问题；条件之二是分别破产将导致不公平，即在人格混同的情况下，同时考虑破产法上的公平观念。这就意味着实质合并原则是公司人格否认制度在破产法中的扩张适用，只是公平或不公平是一种价值选择、利益衡量，该含义中尚未明确判断公平与否的具体操作方法。

第三种定义主要是从实质合并原则的法律后果论述的。关联企业之间的债权债务关系消灭，完成实质合并之后，所有的债务人实质上成为一个主体，所有债务人的财产成为一个资产池，所有的债权人皆可以按照自己的债权比例主张破产债权。但是关于各个关联企业如何完成合并，并未明确，是否需要将其他的关联企业都注销，只保留一个形式实体，抑或是合并只是形式上的概念。在破产清算程序中，这个问题并无多大意义，因为所有合并的关联企业的主体资格都将会被消灭，因而在合并前后注销并无影响，最终的法律后果都是相同的。但是在破产重整的情况下，破产的企业还需要继续经营，如果将所有的关联企业合并成为一个主体进行破产重整，显然不具有现实性。因而，实质合并可以仅是概念上的合并，将各个企业作为一个整体处理，并不需要事实上成为一个法律主体。“实质合并只是合并各关联企业的资产负债，对其主体存续并不影响，主体是否存续仅与其运营价值有关”。①

实质合并原则是一个争议性很大的问题，其存在本身就存在很多争议，在具体的含义、适用条件、适用原则、考察因素等方面更是莫衷一是。有学者甚至认为，“实质合并原则的现有状态就是一场混乱，使得法院以及破产重整参与人处

① 朱黎：《论实质合并破产规则的统一适用——兼对最高人民法院司法解释征求意见稿的思考》，载《政治与法律》2014年第3期。

于不稳定的状态中”。①

(二)实质合并原则适用的方法

实质合并原则可以类比于公司人格否认制度,两者都是否定了相关公司的独立法人地位。只是两者适用领域不同,公司人格否认制度是在公司法中规定,是在各个公司都尚能继续运营的情形下运用,并且针对的仅是母子公司;而实质合并原则是在破产法中规定,并且针对的是关联企业,适用的对象更广泛于前者。此外,公司法和破产法两者立法价值观是不同的,公司法强调的是公司的独立法人地位以及股东的有限责任,因而法人的人格否认只能作为例外情形使用,并且只是为了满足单个债权;破产法是为了使所有债权人能够公平地受偿,并且在公司已经破产的情况下,为了保障债权人的利益必须尽量地追回公司的财产,因而对公司人格的否认不能局限在母子公司之间。可以说,实质合并原则是公司人格否认制度在破产领域中的特殊运用。事实上,美国法院早期在适用实质合并原则时所采用的测试与在适用公司人格否认时所采用的测试实质是相同的。②

在美国 Vecco 案中,破产法院法官认为,实质合并原则需要考虑以下七个因素:(1)区分并确定单个实体的财产和责任的难易程度;(2)存在或者缺少合并的财务报表;(3)在单个物理地点进行实质合并的收益性;(4)财产、机构的混合性;(5)不同的企业之间利益及所有权的统一性;(6)关联担保的存在;(7)在没有公司形式上的正式惯例所形成的财产转移。③ 这七个因素只是考察的几个方面,需要根据每个具体的案件情况由法院作具体权衡。实质上就是判断各关联企业之间的混合程度。

在具体采用的方法方面,美国法院之间存在不同的价值倾向,进而选择的方法亦有不同。

第一种测试方法是第二巡回法院提出的 Augie/Restivo 测试法。在该测试

---

① See William H. Widen, "Corporate Form and Substantive Consolidation", *The George Washington Law Review*, Vol. 75, No. 2 (Feb., 2007), pp. 237 – 328.

② In re Standard Brands, 154 BR at 567 (citing cases).

③ See Daniel R. Culhane, "Substantive Consolidation and Nondebtor Entities: The Fight Continues", *Pratt's Journal of Bankruptcy of Law*, Vol. 7, Issue 6 (Sep., 2011), pp. 514 – 521.

下,法院提出了两个至关重要的因素作为衡量的标准:一是从债权人的角度出发,债权人是否将需要实质合并的所有关联企业视为一个经济上的联合组织,并且在与一个关联企业进行交易时所信赖的并不是这单个企业的信用;二是需要实质合并的关联企业之间是否混合程度足够高,使合并会有利于所有的债权人,在这种情况下区分关联企业间的事务将是不可能实现的或者是花费巨大以至于对债权人的破产债权的实现产生威胁。两个标准满足其中之一,即可实施实质合并原则。

第二种测试方法是被哥伦比亚巡回法庭以及第十一巡回法院巡回法庭采用的。在该种测试方法下,或是证明需要实质合并的关联企业之间存在实质上一致的人格,或是证明合并是必要的以避免一些不利益或是以实现一些利益。一旦证明了需要运用实质合并原则的理由,就推论债权人依赖的是整个经济体的信用,则由反对的债权人来证明他们实际上是合理地信赖单个企业的单个企业信用或是证明在实质合并原则适用时他们将会受到偏颇性待遇。若是反对的债权人证明了合理的信赖以及偏颇性待遇,实质合并原则只有在一种情况下方才适用,即证明适用实质合并原则产生的利益将显著高于其损害。若是反对的债权人无法证明其中任一因素,则无论实质合并原则产生的利益是否大大高于其不利益,实质合并原则皆会被适用。

第三种测试方法在实质合并产生的“利益”以及给债权人造成的“偏颇性待遇”的构成上并未明确,因而第三巡回法院法庭形成了第三种测试方法。这种测试方法实际上是对第一种测试方法的重述。这种测试方法主要考虑两个因素:一是关联企业对于公司形式的忽略达到如此高的程度以至于债权人将他们视为一个经济整体;二是关联企业的财产及负债达到如此高程度的混合以至于将他们分离将会有害于所有的债权人。

这三个测试都将关联企业的混合程度作为考察的因素,在此之外再考察债权人是否将关联企业作为一个经济整体对待以及实施实质合并产生的利害比较。关联企业的混合程度主要是依赖于上述的七个因素综合权衡,判断是否达到一定的混合程度一般是适用实质合并原则的前提条件。关于债权人的信赖是否应当作为考虑的因素也是存在争议的,毕竟债权人是依赖单个相关企业的信用抑或是把关联企业当作一个经济整体是一种主观想法的考察。若是部分企业是将所有关联企业当作一个经济整体,而部分企业将关联企业当作单独的实体,此时应当尊重何者的意愿?此外,在证明的问题上,支持实质合并的债权人意图证明自己是依赖整体企业的信用进行的合同交易,最终还是要要证明关联企业的混合程度,需要质疑的是,债权人的信用信赖是否对于实质合并原则的适用有至关重要的作用?从债权人的角度来考察无疑是为了保护债权人的信赖利益,但是实质合并原则适用后产生的利益或是不利益是否会因为事前债权人的信赖主体的不同而有所不同?此外,债权人的信赖主要适用的是在债权人与债务人有合同交易的情况下,对于侵权领域中的纠纷就不存在债权人信赖的问题,那么是否就完全排除了实质合并原则的适用呢?尽管存在这样一系列的问题,若是完全排除债权人的信赖也不合适,特别是存在关联企业故意误导债权人的情况时,使其认为该关联企业是一个经济整体。因而,应当认为债权人的信赖不能作为判断人格混同的主要因素,但在判断是否适用实质合并而进行利益衡量时应当作为主要的考量因素。

综上,笔者认为,关联企业的混合程度是适用实质合并原则的前提,之后再比较适用实质合并原则产生的利益与不利益。前者可以认为是公司法人格否认制度的适用,在关联企业混合到丧失人格独立性时方才能够考虑适用实质合并,后者可以认为是在破产法上的价值考量,为实现破产法上的目的,使债权人能够切实地获得利益,因而在利益平衡测试之后再决定是否适用实质合并原则,而在进行利益平衡考量时,需要综合考虑多个因素,如债权人的信赖,适用实质合并之后是否会产生不利的影响等。

(三)实质合并原则对我国司法实践的影响

我国破产法以及相关司法解释均未对实质合并原则有任何规定,但是实践中关联企业同时破产的问题频频出现,直接面对案件纠纷的司法部门只能在暂无法律规定的情况下,尝试适用实质合并原则,并且实质合并原则本身运用就比较灵活,因而各法院的做法就互不统一,有些地区的法院较为大胆,敢于进行改革,有些地区的法院就较为保守,做到形式上尽量符合破产法关于单一企业进行破产的规定。最高人民法院先后发布了《关于适用实体合并规则审理关联企业破产清算案件的若干规定》的征求意见稿以及《关于适用〈中华人民共和国企业破产法〉若干问题的规定(六)》的征求意见稿,对实质合并原则的适用有所规定,但尚未形成最终的法律文件。因而实践中做法还是各有不同。

有学者将我国司法实践中的合并破产模式进行了归纳,主要包括三种模式:一元注销模式;一元纳入模式;多元集中模式。① 一元注销模式,是指将要破产的公司在破产申请前注销相关联的企业,这种模式存在的问题是,注销程序之后需要对该企业进行清算,则涉及债权处理的问题,母子公司各自的债权人公平受偿则成为比较棘手的问题,一元纳入模式,是指法院在受理企业的破产申请后将子公司一并纳入破产范围,这种模式缺乏法律依据,毕竟破产是债务人或债权人申请的行为,法院依职权扩大破产的范围,其正当性始终存有争议。多元集中模式,是指各关联企业均向相同或不同法院申请破产,法院将其债权债务一起处理,这种模式与上文所论及的实质合并方属契合,并且在实践中也居多。

以上的几种模式归纳主要是针对破产清算类案件,即使存在多种模式,但可以说是殊途同归,实质合并的所有关联企业都将注销。而破产重整,在破产案件的受理上,与破产清算存在同样的处理方式,但是在宣告破产之后,对于如何实现实质合并原则下的重整,各个法院存在不同的理解以及操作方法。破产重整本身灵活性的处理模式,加上实质合并原则的模糊性,在法律没有明文规定的情况下,导致实质合并在破产重整案件中的模式显得多样。

在对于债权人的分组上就有各自不同的处理。有些案件则是完全按照实质合并的通常定义处理,即将所有关联企业的债权人作为同一个经济体的债权人,再根据其债权的不同进行分类;有些案件在合并重整之后,各个关联企业的债权人在形式上并未当作一个企业的债权人,仍然是按照单个企业破产的模式,各个关联企业与其各自的债权人相对应,但是债权人会议的内容、重整计划草案都是相同的;也有些案件兼有两者特点,对于关联企业的部分债权人合并为一组,而对于其他的债权,仍然是各破产企业对应于各企业的债权人,如苏州科弘系的破产重整案件,科弘系企业是5个关联企业同时破产,在破产重整过程中,5家企业的债权人分别存在担保债权组、小额债权组、普通债权组,但是职工债权是作为五家企业的一个整体债权。在破产的范围上也有不同的处理方式,如有法院将未被申请破产的关联企业也纳入破产重整的范围。在破产重整方案的确定上,

---

① 参见重庆市高级人民法院民二庭课题组:《关联企业破产实体合并中的法律问题及对策》,载《法律适用》2009年第12期。

对于债权的安排更是有不同的处理。有些案件严格按照《企业破产法》中规定的破产债权顺位;有些对担保债权作为劣后清偿的债权;有些对普通债权的清偿作了折算清偿处理。

实践中对于合并破产重整在程序上存在如此多不同的操作方法,主要是因为缺乏明确的法律规定,现行法只规定了单个企业单个破产的情况,对于合并破产并无规定,因而法院为避免超越法律权限,进而采取迂回曲折的方法。另一方面也是因为破产案件的复杂性,每个破产案件、每个企业存在不同的生产经营状况以及资产负债状况,需要针对具体情况作安排,尤其是在破产重整的情况下。

而在决定是否适用实质合并原则上,多数法院考虑的是财务、人事、业务上的混同,对外债权债务的区分以及关联交易的频繁程度等情况,即仅仅考虑的是关联企业的人格混同程度,对于债权人的信赖、实质合并产生的影响等方面均未论及。若仅仅考虑法人人格混同程度,则与公司法上的人格否认制度并无二致,只是在适用范围上有了扩张,但实质合并作为破产法上的一项制度,还需要实现破产法上使所有债权人得到公平清偿的立法目的,因而仅考虑人格混同是不足以支持适用实质合并的。因而,在这方面我国的司法实践应当有所关注和改善。

三、合并破产重整中的问题与解决

关于实质合并,我国未作实体法上的规定,各国有立法规定的也都非常原则,在实践中仍然会产生许多争议。对于实质合并原则的具体规定,目前实践还不统一,也需要许多案件做积累,但是关于关联企业合并破产适用时,有两个属于核心问题:一是确定实质合并原则适用的对象,即关联企业的认定;二是实质合并原则适用的方法。在确定适用实质合并后,在破产清算的情况下即可按照债权的顺位进行分配,在破产重整的情况下,重整计划更多是依靠债权人与债务人、债权人与债权人之间的合意。关于关联企业的认定,第一部分作了部分论述,认为关联企业的控制关系主要依靠资本控制和合同控制。基于实质合并原则的适用实际上是对公司人格的否认,在公司法领域中公司的独立人格和股东的有限责任是基本的原则,对公司人格否认只有在例外的情形中才可以使用,因而实质合并并非对所有形成控制和被控制关系的关联企业都应当适用。鉴于公司人格的混同通常是在资产混同的情况下,笔者认为,公司之间依靠合同形成关联关系的不应当适用实质合并原则。此外,就是实质合并的适用过程中存在的问题,也是下文围绕的核心。

(一)合并破产重整的确定依据

笔者认为,合并破产重整需要考虑两个因素,一是关联公司人格混同的状况;二是合并重整之后的利益考量。鉴于笔者认为实质合并是人格否认制度在破产法中的拓展适用,因而在考虑是否适用实质合并时,应当同时满足这两个条件方可决定适用。但是也有例外情况,当关联公司人格并未混同,但是各公司之间的运营构成一个整体时,可以视为实质合并。在一般情况下,则需要满足以上两个因素。

1. 公司人格混同

本文在第二部分列出了判断公司人格混同需要考虑的因素,但是对于这一系列因素如何进行考虑,并没有明确规定,哪些因素需要着重考虑,又或是这些因素如何结合起来产生一个结果等,皆无要求。体现了公司人格否认适用的开放性以及最终结果的不确定性。

鉴于此,有学者认为,在实质合并的适用过程中,对公司人格的要求不仅仅只是混同,在此之外,还要求这种混同是一种错误行为,会产生不公平,会产生法律责任的逃离,而实质合并则用来纠正这种错误行为。[①] 并且,在 White Oak Coal Co. 案件[②]中,美国全国劳资关系委员会在要求劳动者权利时,对待股东责任就表示,公司在满足以下条件时面纱应当被刺破:一是股东与公司不能保持各自独立的人格;二是对公司构造的坚持将会鼓励欺诈,造成不公平或者会导致法律责任逃离。利用公司形式造成人格混同并进行的错误行为,通常会误导债权人,使债权人以为公司有充足的资金。

从我国的司法实践当中看,对于公司人格混同并不要求再确认错误行为的存在。如在闽发证券有限责任公司与北京辰达科技投资有限公司、上海元盛投

---

① See William H. Widen, "Corporate Form and Substantive Consolidation", *The George Washington Law Review*, Vol. 75, No. 2 (Feb., 2007), pp. 237 - 328.

② White Oak Coal Co., 318 N. L. R. B 732(1995).

资管理有限公司、上海全盛投资发展有限公司、深圳市天纪和源实业发展有限公司合并破产清算案[①]中,福州市中级人民法院认为,4 家关联公司与闽发证券在资产和人员上存在严重混同,根据这样的事实分析,进而认为,4 家关联公司无独立人格,不能分别破产。这种观点就认为公司人格混同本身就是一种错误,公司法的理论基石之一即公司的独立法人人格,人格混同就违反了公司法。

而有学者则认为,关联公司是市场经营中的一种常态,人格混同的现象频繁发生,并且也属于商事行为中的正常状况,因而本身并不需要规制,如果只是纠正关联公司混同行为而适用实质合并,那么所有的关联企业都将需要实质合并破产。[②] 笔者并不赞同上述观点。公司法的基石之一即公司人格的独立,每间公司的财务、资产、人事都应当是独立,责任也是由其最终承担的,公司的名义与最终的责任归属是可以画等号的。诚然,关联公司确实属于市场中的常态现象,关联公司的运营确实有利于公司集团的发展,能够减少公司成本。但这并不是允许公司人格混同的理由,关联公司之间仍然可以保持各自独立的公司结构,而在运营上共同协作。按照科斯的理论,如果公司外部的交易成本超过内部的交易成本,公司的规模就会扩张,即如果关联公司之间的交易成本超过合并之后形成的内部交易成本,那么关联公司就可以选择合并,扩大公司的规模。而并不应当造成公司在人格上混同、名义上区别的矛盾现象,给第三人造成混乱。公司的规范运营也是法律需要规制的对象,因而笔者认为在适用实质合并时,有公司人格混同的状况时即可考虑,并不需要造成错误行为的要件。

人格否认适用的特点是案件事实相对明确,不确定的是该规则本身,如存在人员上的混同,有共同的董事或者一般雇员,存在共同的银行账户等。这些事实不会有事实上的争议,但这些事实所产生的法律效力是存在争议的,即这些事实是否足够认定公司人格混同?这与下文所述的利益衡量标准完全相反,利益衡量的标准是明确清晰的,但是相应的事实却存在很大的不确定性。也正由于这两个判断标准的焦点的差异,前者重在作出法律效力定性,这种判断应当由专业

---

① 《闽发证券有限责任公司与北京辰达科技投资有限公司、上海元盛投资管理有限公司、上海全盛投资发展有限公司、深圳市天纪和源实业发展有限公司合并破产清算案》,载《中华人民共和国最高人民法院公报》2013 年第 11 期。

② See William H. Widen, "Corporate Form and Substantive Consolidation", *The George Washington Law Review*, Vol. 75, No. 2 (Feb., 2007), pp. 237 - 328.

的法官,由法官决定事实情况是否符合人格混同的情形;而后者是事实都尚不清晰,并且这种不清晰是法官和当事人都无法解决的,此时应当主要由债权人之间协商完成,在协商机制崩溃的情况下,再由法官解决。

2. 利益衡量的判断标准

本文在第二部分指出,实质合并的适用首先需要考虑公司人格的混同,其次再比较实质合并适用之后的利益与不利益。关于利益衡量,从上文可知,美国判例法中发展出了两种方法,一是考虑实质合并是否有利于所有债权人,二是考虑实质合并产生的利益是否大于其造成的损害。

所谓“有利于所有债权人”,就要求在适用实质合并之后,每个债权人预期所得的债权实现额都不会减少,并且至少有一个债权人的预期所得有所增加。所谓“造成的利益大于损害”,则是会出现两种状况:一是因实质合并债权实现额增加的受益债权人能够补偿因实质合并债权实现额受到减少的债权人;二是因实质合债权实现额受到减少的债权人无法让在实质合并中受益的债权人放弃实质合并。各债权人能够从实质合并中获得的利益,主要是从实质合并程序进行下节省出来的司法成本和交易费用中获得,这部分节省下来的财产用于增加债务人的资产,进而提高债权人的债权实现额。第一个标准,是要求实质合并不会造成任何损失,只存在对所有债权人的获益;第二个标准,则承认了实质合并会带来部分的损失,但损失不会超过最终获得的受益。从字面上看,这两个标准要求的利益实现程度不同,但在实践中出现的差别则是有限的。

首先,实践中复杂多样的情况就在判断上增加了不确定性。如在考虑债权人的利益上,实质合并原则可能并不会惠及所有债权人。在母子公司同时破产的场合,母子公司若是分别破产,其各自的债权人各自存在一个偿还率,两个偿还率可能是不同的,而在实质合并之后,同一类别的债权人获得相同的偿还率,这个偿还率可能介于前两个之间,这就导致部分债权人确实依靠实质合并得到了利益,而部分债权人反而损失了。另外,在优先权的问题上,倘若母公司的资产较为丰厚,子公司的资产很少,在合并破产之后,子公司的享有优先权的债权人可以优先获得全额清偿,而母公司的普通债权人则后于优先权人清偿,可能导致最后无法足额清偿,实质合并前后造成债权人的不同境地就会为该原则的适用带来问题。在这种情况下,美国法院会按照破产法公平清偿的原则而不适用实质合并破产。兰德斯(Landers)教授认为,实质合并应当作为一项普遍的规则,但是在关联企业中的一企业债权人是依赖该方单个主体的人格和信用的就可以作为例外。[1] 他认为母公司的财产如果很丰厚,就不能因为需要承担子公司的债务而丧失偿付能力。[2] 但这样的处理方式是否绝对?如果在前述两种情况下,关联公司之间的关联债权债务关系极为复杂,将关联企业区分开来将耗费巨大的司法成本并且具有很大的难度,是否仍然坚持不适用实质合并原则。对于兰德斯(Landers)教授的观点,波斯纳(Posner)法官持反对观点,认为这样的处理方式就是将支付能力作为一种区分方法,[3]在商事活动当中,债权人在与债务人交易中已经计算好风险和利益的比例,在高利益的情况下,债权人就需要承担相应的风险,并且提出了误解性测试的方法,即考虑关联企业是否故意误导债权人其属于一个经济整体。这就回到了债权人信赖的问题上。但是这两种方法都无法化解这样一种尴尬境地的出现,部分债权人将关联企业作为一个经济整体,而合同上交易的一方企业资产不多,部分债权人将关联企业作为独立的法人实体,与之交易的那方企业资产较多,关联企业最终同时破产,如果适用实质合并,将关联企业区分对待的债权人可能会得到在分别破产后更低的清偿率,对这部分债权人是否不公平?如果不适用实质合并,将关联企业看作经济整体的债权人只能获得极低的清偿率,对这部分债权人是否不公平?当然这是假想的情况,但是若是出现这样比较复杂的情形时,如何去衡量利益与不利益。

其次,在比较利益与不利益的过程中,实际上是从经济意义上去比较的。在分别破产和合并破产当中都存在交易费用和司法成本,这些费用的计算只有在程序实际发生之后才能够确定,债权人甚或是法院都无法确定实质合并的方案必然会带来利益,只有在事后,所有的成本发生之后方能确定实质合并是否给债权人增加了债权实现额。当然,法院和利益各方都会有一个成本计算,然而这又产生了另外一个问题,各方的利益得失计算可能是不同的。

存在上述问题是由于实质合并原则的抽象与实践问题的复杂的矛盾。在实质合并本身的抽象性下,其依据的同样也是抽象的利益衡量的判断标准加剧了判断的模糊性。鉴于实质合并原则的模糊性,许多具体问题需要法官的自由裁

---

① See Richard A. Posner, "The Rights of Creditors of Affiliated Corporations", *The University of Chicago Law Review*, Vol. 43, No. 3(Spring, 1976), pp. 499 – 526.

② Ibid.

③ Ibid.

量权来决定,尤其是在破产重整的场合。虽然破产通常会影响到劳动者的利益,涉及社会利益,但企业的破产本质上是一项私人活动,破产重整更类似于企业的资产业务重整,是一项商事活动,因而在合并破产中,对破产企业及其债权人意志的尊重也是必要的。此外,虽然实质合并会带来许多不确定的结果,但在该原则的影响下,赋予了债权人足够的谈判协商的空间,这在破产重整中显得极为重要,因为债权人之间的洽谈结果最终将成为破产重整方案的一部分。实质合并原则试图使债权人利益得到最大化,使债权人与债务人之间得到利益平衡,债权人与债权人之间也能够实现妥协和均衡。

在协商的过程中,两个标准对债权人的影响是相似的,并且协商过程促使所有债权人达成一个实质合并的重整方案,每个债权人可以以此改善自己的处境。一方面,实质合并可以成为债权人谈判的筹码,成为谈判的一种策略。例如,债权人 A 在实质合并前后所实现的债权额是相同的,都为 200 万元;债权人 B 在无实质合并的情况完全无法实现自己的债权,在实质合并之后能够实现 100 万元的债权额。在这种情况下,实质合并可以符合"有利于所有债权人"的标准,但是在交易费用、成本计算的不确定下,实质合并的重整方案就会出现争议。此时债权人 A 可能会在最开始反对实质合并,之后再将对实质合并的"同意权"出售,以此获得一个更高的债权实现额,对于债权人 B 来说,其本身的预期是无法获得任何财产的,在这样的利益重新分配下,会促使 B 在自己 100 万元的债权实现范围内与 A 达成协议。另一方面,在不确定性的阴影下,实质合并会促使债权人同意他们各自的债权实现要求额以及分配比例。例如,债权人 A 在实质合并破产前可以获得 200 万元的清偿额,在实质合并破产后,只能获得 100 万元的清偿额;债权人 B 在实质合并前只能获得 100 万元的清偿额,在实质合并破产后,可以获得 300 万元的清偿额。在这样的方案下,债权人 A 可以说有 100 万元的损失,债权人 B 有 200 万元的获益,实质合并符合"造成的利益大于损害"的标准。此时,债权人 A 本可以要求 100 万元以上的损失补偿,但最终可能 70 万元就与债权人 B 达成实质合并破产重整的合意,因为债权人 A 会担心法院最终命令要求实质合并,然后其只能获得 100 万元的清偿额,而不是 200 万元。

从中可以得知,在实质合并的不确定性下,通过协商的过程,一方面,能够让每个债权人以此提高自己的地位,改善自己的处境,另一方面,也为这样的提高限定了一个限度。毕竟因实质合并产生的利益总和是有限的,不能满足每一个债权人的要求,但是各债权人可以在这个利益总和的限度范围内达成一致的方案。在协商的作用下,“有利于所有债权人”的结果与“造成的利益大于损害”的结果实际上是相同的,在“造成的利益大于损害”下实现的方案最终产生的是一个“有利于所有债权人”的结果。当然,这两个结果的相似性并不意味着这两个标准不重要,而只是认为这两个标准在实践操作过程中达到的效果是相同的,在协商成功的情况下,两标准可以作为同一个标准去理解;但是在协商不成功的情况下,就存在一些差别,例如,在强制适用的问题上,法院必然不能以“造成的利益大于损害”为由要求实施实质合并,毕竟在这种情况下,部分债权人是存在损失的,以部分债权人的经济利益损失为代价成全其他债权人的经济收益,其合理性不免受到质疑。

在适用这两个标准的过程中,尤其要突出债权人之间协商的过程,这也是实质合并在破产重整中的特别意义。破产重整方案本身就是债务人与债权人、债权人与债权人之间达成的一个方案,其本身就是一个协商的过程,实质合并的实现同样也需要一个协商的过程,进而实质合并的方案就成了重整方案的一部分,并且实质合并为债权人,特别是力量比较弱小的债权人配备了谈判的砝码,增加了可以磋商的条件。毕竟,每个人是自身利益的最佳判断者,是利益还是损害都应当由当事人自己判断决定并最终承担风险,风险负担与获得利益是成正比的。下文则主要从合并重整方案的利益平衡方面论述。

(二)债权人利益的平衡

实现债权人与债务人之间的利益均衡,是破产法时常被提及的一个重要目标,但对于不同债权人组之间实现分配公平的关注就相对较少。债权人组之间最大的差别就在于担保债权和普通债权。担保债权的实现可以先从担保财产中获得,不足部分可以从无担保财产中获得,也就意味着担保债权有两个得到补偿的资金来源,而普通债权只能从无担保财产中补偿,只有一个资金补偿来源。由于担保债权承受了更大的风险,通常为债务人提供了巨大的资金池,为保障自己的利益,出借方(一般是银行)都会要求提供担保财产。在商事交易过程中,这些都无可厚非,但是在关联担保的情况下,情况就有所不同。

比如,有5家相关联的公司,分别为A、B、C、D、E,这5家公司共存在2000万元的债务,其中1000万元是公司A向银行的借贷款,其他4家公司都提供了担保,另外1000万元是其他4家公司负有普通的不同的债权,每个公司负有250万元的债务。后因经营不善,该5家公司同时破产,各个公司各剩余100万元财产,在分别破产的情况下,债权债务关系如表1所示。

表1 5家公司债权债务关系

公司	剩余资产	普通债权	担保债权要求额	普通债权分配	担保债权分配
A	100	0	1000	0	100
B	100	250	1000	20	80
C	100	250	1000	20	80
D	100	250	1000	20	80
E	100	250	1000	20	80
总和	500	1000	5000	80	420

根据我国《企业破产法》第52条,连带债务人数人被裁定适用本法规定的程序的,其债权人有权就全部债权分别在各破产案件中申报债权。因而,在关联担保的情况下,借贷人不仅拥有担保财产和无担保财产两个资产获得来源,同时还拥有各个关联公司作为追索债权的对象。在上例中,在分别破产的情况下,担保债权最终能够在1000万元的债权中获得420万元,而普通债权在1000万元的债权中只能获得80万元;若是在实质合并中,普通债权和担保债权可以按照1∶1的比例,分别获得250万元的偿还额。

由此可见,关联担保对于金融机构的巨大意义,金融机构可以以此保证获得最大的偿还额,但这对于普通的小额债权或是因侵权产生的债权是不公平的。对于小额债权人来说,他们显然没有大型金融机构的优势地位对关联公司展开调查进而了解关联公司之间的关系,由于不是专业的借贷机构,小额债权人也无法构造出完善的借贷机制以保证自己的债权实现。对于因侵权而产生的债权人而言,其债权本身就是不自由、不自主的,并非是在双方合意的情况下达成的,更不能事先对公司情况作出调查,侵权的发生就是无法操控的、不特定的,因而也无法要求这类债权人构造保护自己债权的机制。因而在关联担保的情况下,小额债权人必然会要求实质合并,而担保债权人必然会反对,债权人之间的协商机制显然无法解决这个问题,此时就需要由法院作出决定。从"有利于所有债权人"的利益衡量标准来看,显然是不符合这个条件的;从"造成的利益大于损害"

的利益衡量标准来看,同样也是存在疑问的,最终所有资产都是偿还债权人债务的,只是在债权人之间的分配比例不一。若意图在后者这一个标准中达成协商一致的方案,必须是债权人的利益变化范围不是过于明显的情况下,但是在关联担保的情况中,担保的债权额本身比重就比较大,分别破产和实质合并破产给各方债权人带来的利益差距过于悬殊,使各债权人会选择诉讼的途径来为自己争取最大的权益,协商已经无法满足各方的利益需要。

这种情况与美国的一个案件情况类似。在 Owens Corning[①] 案件中,也是存在关联担保的情形,先是区法院允许进行实质合并,但之后被第三巡回法庭推翻了,支持了有组织的借贷方的理由,认为借贷方依赖的是单个公司的分别保证,因而不能适用实质合并。这实际上是依据债权人依赖的标准来考虑实质合并的适用。

债权人组之间这种纠纷,一方面,可以认为是考虑公司人格混同因素中会存在的问题。关联担保以及债权人的信赖都是判断公司人格是否混同可以考量的因素。但是当这两个因素存在冲突时,应当如何优先考虑?这是公司人格否认制度运用中尚未解决的问题。另一方面,这种纠纷也是利益衡量过程中存在的问题,需要实现两组债权人的利益平衡。在人格混同中考察较为简单,如前文所述,债权人的信赖是一个主观因素,而关联企业的人格混同是一种事实状态,并不能以一种主观心理决定一个客观事实,并且债权人的信赖只是考虑的一个方面,并不是唯一考虑的因素,需要综合所有相关因素进行考察,而关联担保正是关于人格混同的较为重要的因素。综合所有情况,可以判断是属于人格混同的状况。但是仅依靠人格混同,适用实质合并并不具有完全的正当性。债权人的信赖在人格混同当中不能作为一个决定性的因素,但是在利益衡量过程中却需要做不同的考虑,因为债权人的信赖成了一种需要保护的利益。因此,不同于判断人格混同,利益衡量并不是个法律定性问题,而是一种价值选择,实质合并与否将给两组债权人带来悬殊的利益差距,这种状况也正是上文在利益衡量标准中出现的尴尬境地。当出现这种状况时,已经没有一个确定的法律规定可以作为依据,只能按照破产法的公平价值,当然在这之前需要确定的是债权人的信赖利益是确实存在的、是善意的。在关联担保的情形下,债权人一般是大型的融资

---

① In re Owens Corning, 419 F. 3d 195, 213 – 14(3d Cir. 2005).

机构,会对债务人作出细致的调查,一般不会存在误将关联企业当作独立法人的情况,往往会与所有关联企业签订合同,以保证自己的最大利益,因而实际上依赖的是关联企业集合体的信用。

在上述情况中,担保债权与普通债权这两种不同类型的债权产生了冲突,此外,同一类型的债权人之间也会存在利益冲突。不同债权银行间贷款种类多样,法律权益不一,也会产生冲突。在司法实践的操作中,有法院建立了银行团以尝试解决这个问题。以苏州雅新公司破产重整案为例,由苏州市银监分局牵头,将各分散独立的债权银行组成一个统一团体,并在共同利益的基础上签订框架协议,协调了银行债权的关系。

融资关系着一个企业或是一个企业集团的经营状态,对企业的发展有着至关重要的作用。在我国的市场环境下,融资更是一个问题,因而因融资而产生的债权比普通的债权更为复杂,其内部之间会存在利益竞争,也会与普通债权、小额债权之间产生冲突,需要债权人的协商、法院的协调。

(三)合并破产重整的方式

关于实质合并的法律后果,一般是认为所有债务人的资产合并,关联公司之间的债权债务关系消灭,各关联公司法律实体也合并在一起。公司人格的混合或丧失会导致纳入合并的公司之间的债权和担保关系、股东与公司之间的合同关系等都归于消灭,从理论上讲,这实际构成了母公司和子公司之间债权和债务的相互抵销,并且排除了集团公司间的欺诈性转让和自益性交易。① 但事实上,法律对于债务人的法律主体形式并无明确的规定,各个关联公司是否必须要法律主体资格都消灭,且合并成一个新的法律主体,并不确定。司法实践中的处理方式也比较灵活。下文则就两种非典型的合并方式进行讨论。

1. 视为合并破产重整

美国有法院将合并重整以视为实质合并的方式处理,在视为实质合并的情况下,各分别的关联公司法律实体没有合并,重整计划的表决权的行使、重整计

---

① See Philip R. Wood, *Principles of International Insolvency*, Sweet & Maxwell, London, 1995, p. 170.

划的分配等问题都是在像所有法律实体都已经合并的情况下进行的。[①]

以一个同意进行视为实质合并的案例作说明。[②] 假设有5家关联公司,其中之一是母公司,其他4家公司都是直接或是间接由该母公司全部控股,这4家关联公司分别从事颜料及相关产品的生产、批发和零售,而母公司的唯一功能就是就是对这4家关联公司持股。这5家公司一直按照联营体的模式运营,各个公司有各自的功能,又互相依靠,成为一个整体。这几个关联公司对于自己的债权人也总是以一个联营体的形式出现,从未曾给过任何债权人单独的金融方面的信息。

考虑到如果4家子公司被合并到母公司,这些关联公司将会面临负面的税务影响。因此该5家关联公司提出了有些略微变化的实质合并方案。在方案中有些要求是常规的,如将5家关联公司的资产视为一个实体的资产;将所有5家关联公司的债权要求视为一个联合实体的债权要求;制订一个包括5家关联公司的重整计划,让所有的债权人表决;关联公司之间的债权债务关系消灭等。但有个别要求是有所不同的,如在重整计划通过后,5家关联公司仍然保持原有的公司实体。虽然实质合并一般的做法是附属公司在合并之后法律人格丧失,但是认为法院有权力在考虑过利害得失后,在一些特殊情况下,要求不完全的实质合并或者是在实质合并上附加一些条件。因为,实质合并原则在美国判例法中经常是作为一项公平性的原则,法官是出于公平性的角度来适用。

该案当中还存在的一个问题是,虽然该5家关联公司是作为一个联合体运营的,但在法律上人格并未混同。各关联公司之间保持独立的财务记录,严格遵守公司法下的公司人格制度。公司人格混同在法律意义和功能意义上有了分歧。该案中法院认为对公司人格的理解更应当从功能意义上去理解,在功能上这5家关联公司实际上是以一个合并的整体在运营。最终债务人提出的方案获得所有债权人的同意,并获得法院通过。

但视为实质合并与实质合并并不是完全相同的。美国法院的另外一个案件,[③]则在视为实质合并适用的过程中产生了一些争议。在该案件中,法院认为,

---

① See William H. Widen, "Corporate Form and Substantive Consolidation", *The George Washington Law Review*, Vol. 75, No. 2(Feb., 2007), pp. 237 – 328.

② In re Standard Brands Paint Co. Cite as 154 B. R. 563(Bkrtcy. C. D. Cal. 1993).

③ In re Genesis Health Ventures, Inc., 402 F. 3d at 416(2005).

视为实质合并并不导致事实上的实质合并。该案中大约有350个债务人,形成了一个视为实质合并的重整方案,但是在关于债务人与UST(United States Trustee)的费用的争议上,法院认为每个债务人均需要给季度性的费用,而不是作为一个整体只支付一个实体的费用。认为对债务人的视为实质合并只是出于重整计划的目的考虑,使在该重整计划下就关联公司内部之间的债权是得不到分配的,但是这种视为实质合并不影响被重整的关联企业的公司形式和组织结构,也不影响关联企业之间的债权债务关系。也就是说,在该案件中,关联公司中各公司的实体都保留了,并且关联公司之间的债权债务关系并不是永久性的消灭了,只是劣后处理了。

我国司法实践中并没有视为实质合并的说法,但存在类似的操作方法。以苏州雅新电子、雅新线路板破产重整案为例,两公司的最终控股母公司为同一的雅新实业股份有限公司,为我国台湾地区的上市公司。在两公司的重整方案中,两公司仍然保持各自的法律主体资格,但重整方案中关于债权偿还、重整运营的方案是紧密相连的,并且在重整之后仍是有同一个投资者100%完全控股。

从以上的案例中可知,视为实质合并保留了关联公司的独立的公司人格,因为在这种情况中,关联公司并未造成法律上的人格混同,只是在经营上联系密切,通常都是有不同的分工然后相互合作。而在重整过程中,又将关联公司的资产资源整合,作为同一个资产池供偿还债权人的债务。而关联公司之间的债权债务至少在重整方案当中是不存在,避免占用其他债权人的分配额。视为实质合并并不是真正意义上的实质合并,它更多的是从经济意义上考虑,从企业的运营上考虑,从让企业更好地恢复自身的价值上考虑,具有的实践操作意义,与实质合并中存在的人格混同、利益衡量情况下所要求实现的公平价值是不同的,实质合并考虑的前提是公司存在人格混同的情况,导致分别破产会消耗巨大的司法资源并且对债权人会存在分配不公的情形。因而,就严格意义而言,视为实质合并与实质合并是完全不同的,只是在造成的结果上有相似的地方。

尽管如此,视为实质合并仍然可以作为实质合并的一种灵活的处理方法,以应对情况复杂、多样的司法实践。

2. 部分合并破产重整

视为实质合并与实质合并存在略微区别,但是实践中还是有很多运用的。而这里介绍的部分合并破产重整,实践中出现的案例则较少,主要是学者的一项建议。[1]

在实质合并的运用中会出现这样一种状况,关联公司 A、B 之间是存在往来资金借贷的,例如,A 偶尔出借给 B 资金 50 万元,B 偶尔出借给 A。两公司同时破产,资产余额分别为 100 万元和 300 万元,并且分别对债权人 C、D 负债 1000 万元。在分别破产的情况下,两债权人分别能获得 100 万元和 300 万元;在实质合并破产的情况下,两债权人分别能获得 200 万元。即使假设将内部往来借贷以最不利于 B 的情况计算,比如,B 欠债 A 50 万元,实质合并对 B 的债权人 D 来说仍然是不利的。此外,还有对于关联公司内部往来余额的估算问题,如何估算出一个范围,进而来比较在实质合并前后对债权人的分配是有利还是不利。因而该学者建议适用部分实质合并,并以 Enron 案件为例。[2] 在该案件的协商过程中,当事人认为提起适用实质合并诉讼胜诉的成功率为 30%,因而最终达成协议将每个债权请求的 30% 是按照实质合并方案实施的情况下支付的,债权的剩余部分则是按照实质合并方案没有实施的情况下实施的。该案是将实质合并实施成功的可能性作为部分实质合并中“部分”的依据。

此处的部分合并重整与实质合并最大的区别在于债权额清偿方案上的区别,当然上例中提出的实质合并实施成功的可能性并不是一个绝对的标准,不同案件会协商出不同的比例。并且此处的部分合并重整中的“部分”针对的是债权人的偿还,合并的主体仍然是所有的关联企业。

笔者认为,除了这种理解,还可以将其中的“部分”理解为关联企业即债务人,即将所有关联企业资产负债都合并,关联债权债务关系消灭,之后将有运营价值的公司重整,部分已经完全没有价值的公司进行清算。实质合并原则本就是一项灵活运用过的原则,不应该单一地适用在破产清算程序或是破产重整程序之中,并且局限的适用也会带来一些问题。在部分司法实践中,为了适用实质合并重整,人为地事先挑选一些具有重整价值、预计将重整成功的关联企业来进行实质合并重整,而将其他不具重整价值的关联企业排除在外,由这些关联企业

---

① See William H. Widen, “Corporate Form and Substantive Consolidation”, *The George Washington Law Review*, Vol. 75, No. 2 (Feb., 2007), pp. 237 – 328.

② Ibid.

的债权人自行通过诉讼和法院强制执行方式实现债权。① 这种处理方式无疑丧失了实质合并原则的原有价值。

虽然实践中运用部分实质合并处理的案件较少，缺乏运用的经验，但笔者仍然认为部分实质合并值得尝试的做法。它为债权人之间协商重整计划草案提供了一个新的思路和方向，也为整合债务人资源提供了新的方式和可能。与视为实质合并相比，部分实质合并仍符合实质合并原则的价值观念，只是在最终的协商结果方面提供了另外一种可能性，实际上仍然是债权人协商的结果，只是其结果与典型的实质合并存在一些区别。

四、结　　语

关联企业是市场竞争和公司组织不断壮大下的产物，对于经济发展是有益处的。市场产生之初是由于需要社会的分工合作，单个组织难以完成所有的商业步骤，于是各组织各自专攻一项作业，分工互补，但是随着同行业的竞争越发激烈，专业分工已经无法成为各自的竞争优势，企业不得不连接上下游企业，于是依靠资本或合同维系的关联企业逐渐形成。关联关系确实可以降低相关成本，帮助企业的发展，但是关联企业在正常运营过程中关联关系未得到有效的规范，导致破产时成为一团乱麻，难以梳理。既不利于债权人债权的保护，也不利于破产程序的有效进行。因而本文介绍了实质合并原则在破产重整程序中的运用以及在实体和程序方面遇到的一些问题。实质合并在破产清算与破产重整中的运用会存在不同点，破产清算着重的是债权的比例分配，更多的是需要的资产的清算和债权比例的计算，而破产重整着重于企业的再次运营，因而在重整方案中会对破产债权作出不同的安排，这就需要债权人与债务人、债权人之间进行博弈，更偏向于商事谈判，形成一个商业方案，因而债权人在两种情况下的地位、权利会有所不同，需要确定不同的规则。笔者认为，实质合并在破产重整程序当中会发挥更大的作用，特将实质合并原则在重整程序中论述。

由于实质合并原则本身的抽象性以及实践运用的不统一，实质合并破产的

① 朱黎：《论实质合并破产规则的统一适用——兼对最高人民法院司法解释征求意见稿的思考》，载《政治与法律》2014 年第 3 期。

许多其他问题并未定论甚或也没有得到根本性解决。例如,实质合并破产原则的利益衡量问题,即如何平衡债权人之间的利益?当债权人之间的保护存在冲突时,美国法院依照公平的原则去判断,实际上还是属于法官自由心证的范围,仍然没有一个一致的标准。

除此之外,本文尚有其他问题并未论及的。例如,法院的管辖权问题,关联企业可能并不设立在相同地方,则它们在同时破产时应当由何处的法院进行管辖?这是实践中亟须解决的问题。还有破产预重整的问题,破产预重整在国外一些国家已经形成完整的制度,但我国还没有具体规定,只是有个别法院在破产案例中已经实际运用这个程序,但是对于这个程序还需要多方面的规制,以保证债权人之间的公平受偿。

实质合并是一项灵活的处理手段,并且实践中各个公司的具体经营情况存在千差万别,美国的司法实践至今依然对实质合并原则是否应当成立以及如何适用的问题存在许多争议,尽管存在争议,实质合并实际运用的案件数量已经在不断增长,我国司法实践中已经出现许多适用实质合并原则的案例,但具体的规则各个法院之间并不一致,因而当下要解决的问题还是需要为实质合并原则确定统一的适用规定,以免法院在运用中差异过大导致出现相似案例不同处理的情况。而实质合并破产具体规则的完善,一方面需要司法案例逐步积累经验,另一方面也需要对国外已有经验进行借鉴。

抵销权制度在我国关联企业破产中的适用问题初探

朱志亮* 魏清见** 高 慧***

一、问题的提出

2013年笔者所在法院曾经先后受理了A、B两个企业破产清算案。两家企业法人在人、财、物等各个方面严重混同，系关联企业，均被宣告破产，两家企业管理人是同一家清算事务所的同一班人。其中，A公司对B公司享有600万元债权，B公司对A公司享有1300万元债权，两债权债务关系均形成于破产案件受理前，且有效成立。在债权人会议上，管理人以两企业互负债权债务为由，申请依照我国《企业破产法》第40条规定，①拟不依

* 江苏省启东市人民法院破产审判庭副庭长。

** 江苏省启东市人民法院破产审判庭助理审判员。

*** 江苏省启东市人民法院破产审判庭见习助理审判员。

① 我国《企业破产法》第40条规定："债权人在破产申请受理前对债务人负有债务的，可以向管理人主张抵销。但是，有下列情形之一的，不得抵销：(一)债务人的债务人在破产申请受理后取得他人对债务人的债权的；(二)债权人已知债务人有不能清偿到期债务或者破产申请的事实，对债务人负担债务的；但是，债权人因为法律规定或者有破产申请一年前所发生的原因而负担债务的除外；(三)债务人的债务人已知债务人有不能清偿到期债务或者破产申请的事实，对债务人取得债权的；但是，债务人的债务人因为法律规定或者有破产申请一年前所发生的原因而取得债权的除外。"

破产程序而直接将两破产企业的债权和债务等额部分予以抵销,B公司对A公司的剩余700万元债权作为普通债权在破产程序中统一进行清偿,债权人会议审议通过。与此同时,该院受理的另5家关联企业破产清算案件中,基于多种原因,最终法院仅裁定该5起案件合并审理,并未将5家企业之间的债权债务进行直接抵销。

这两则案例反映出,目前在司法实践中争议颇大的关联企业破产中抵销权的适用问题,尽管我国《企业破产法》第40条对破产抵销权已作出规定,但这是关于一般企业破产债权债务抵销的规定,对于关联企业中关联交易的债权债务抵销问题的立法仍是一片空白。因此,本文拟结合有关立法及司法实践对关联企业破产时抵销权适用涉及的法律问题作一粗浅探讨,探寻关联企业区别于一般企业破产抵销的具体规定,以期建立完善的破产抵销权制度,为司法实践中实务操作提供借鉴和参考。

二、关联企业破产抵销权制度的一般理论

(一)关联企业破产抵销权的概念

所谓破产抵销权,是指债权人在破产申请受理前对债务人即破产人负有债务的,无论其债权与所负债务是否已到清偿期限、是否附有条件、标的是否相同,且不属于法律规定的除外情形,均可在破产财产最终分配确定前向管理人主张相互抵销的权利。

所谓关联企业,概念首见于我国1991年颁布实施的《外商投资企业和外国企业所得税法实施细则》第52条,1992年颁布的《税收征收管理法实施细则》第51条将关联企业界定为:"公司、企业和其他经济组织在资金、经营、购销等方面,存在直接或者间接的拥有或者控制关系;或者直接或者间接地同为第三者所拥有或者控制;或者在利益上具有相关联的其他关系。"目前的立法中,关联企业的概念仅见于我国《税法》和《财会法》中,我国《公司法》及《企业破产法》中却缺少规制关联企业的规定,仅《公司法》第21条对"关联关系"进行了定义。学术界对关联企业概念的界定不一,存在规定过于宽泛或者过于严格的问题。

由于本文仅在公司法及破产法范围内进行探讨,因此将关联企业定义为:企业间相互持股,或可对对方施加重大影响,或可以直接控制他企业的业务、人事

和财务的独立企业联合形态。关联企业的关联性主要表现在关联企业之间的控制关系和影响关系。由此可见,关联企业的成员是具有独立的法人,既可以是由于股权参与而形成的母子公司、控制公司与从属公司、参股公司等关联企业的形式,也可以是通过契约方式形成的关联企业,还可以通过当事人的身份联结成立关联企业。

关联企业破产抵销权制度即是互负债权债务的关联企业破产时,在满足一定条件时,该债权债务可以在额度内直接抵销,而无须按照一定比例统一进行分配的个别清偿制度。本文研究的范围仅限于关联企业破产清算期间抵销权的适用。

(二)关联企业破产引入抵销权制度的必要性

1. 现行抵销权规定不适用于关联企业破产

根据我国《企业破产法》第40条规定,只要是在破产受理前对破产企业所负债务,且该债务经破产管理人审查成立,债权人就可以行使抵销权。但该规定在关联企业破产清算中是否适用呢?关联企业之间具有关联性,这主要表现在关联企业之间的控制关系和影响关系,所谓控制关系,是指一个企业通过特定手段可以决定另一个企业的资源或经营,并能引起企业间利益不公平的转移。① 这主要体现于基于股权而产生的支配关系,基于控制关系,关联企业之间的关联交易很大程度上是在不平等的基础上形成的,不同于一般的独立交易,这与企业是具有独立法律人格的法律实体,独立经营、独立承担民事责任的理想模式相背离,也使关联企业之间的债权债务关系错综复杂,因此,在破产清算时,不能简单适用破产抵销权的一般规定。

2. 符合公平的原则

我国《企业破产法》第1条明确规定其立法宗旨在于"公平清理债权债务,保护债权人和债务人的合法权益",②破产法最重要的价值就是确保债权公平受偿,禁止个别清偿行为,但破产抵销权打破了这种局面,享有抵销事由的债权实质上

① 孙晓敏:《关联企业破产法律责任分析与制度构建》,载王欣新、尹正友主编:《破产法论坛》(第2辑),法律出版社2009年版,第296页。

② 我国《企业破产法》第1条规定:为规范企业破产程序,公平清理债权债务,保护债权人和债务人的合法权益,维护社会主义市场经济秩序,制定本法。

是普通债权,仅因为债权人对破产企业负有债务,就能使自己的债权得到全部清偿。因此,有学者认为,允许抵销权的行使,实质上是对破产人负有债务还没履行债务的债权人享有更优厚的保护。因为已经履行完了债务的债权人的债权只能作为破产债权部分受偿,这在对破产人负有债务还没履行的债权人与对破产人负有债务已经履行完的债权人之间也是一种不公平。这实际上是以形式上的公平掩盖了实质上的不公平。[①] 破产抵销权是为了实现个别债权人的公平对待,而抹杀了对所有债权人的公平与平等,牺牲了更大范围的公平。[②] 笔者认为,在正常的市场交易活动中,两关联企业互负债务,普遍都会适用债务抵销,若企业没有破产,那双方都将要求对方全面的履行,而在关联企业破产的情况下,一方欠对方的债务,被要求作出全面地履行,与此相对,自己拥有的债权则作为破产债权,只能受到按比例的平均的参与分配,而对于享有较高清偿比例一方的企业的其他债权人来说,是不公平的,正如在文章开头提到的2个破产清算案例中,A公司普通债权清偿率为100%,即B公司享有的1300万元债权能够得到全额清偿,而B公司清偿率仅为50%,即A公司的600万元债权仅能拿回300万元,这对A公司来说是极不公平的。因此,某些学者所说的"不公平"也只是局限在关联企业一方的利益角度来谈论的,笔者是不认同的。

3.有助于简化破产程序

公平与效率是司法的不懈追求,破产法的制度设计和实施始终也体现了如何节约交易费用、节约社会成本的效率原则。提高破产法的实施效率,就是要在利益相关人之间实现风险分担和激励的最优配置,以降低破产程序的实施成本,提高破产程序的收益,实现破产财产的最大化,兼顾效率和公平。[③] 关联企业之间存在各种债权债务关系,有因资产交易所产生的债权债务,有因投资所产生的有关股息、红利等权益的分配问题的债权债务,也有关联企业之间因融资借款行为所形成的债权债务,更有因相互担保所产生的债权债务,债权债务的种类纷繁复杂,如能进行抵销,可以免去债务人实际履行债务,在一定程度上减轻了破产管理人追索债务的工作,通过抵销使债权债务关系归于消灭,又免除了破产管理人分配财产时的工作。从而简化了破产程序,减少了不必要的破产费用支出,有

① 谢梅:《对破产抵销权的审视与反思》,载《天水行政学院学报》2005年第3期。

② 蓝邓骏、杜敏丽:《破产抵销权新论》,载《河北法学》2004年第2期。

③ 李曙光、王佐发:《中国破产法实施的法律经济分析》,载《政法论坛》2007年第1期。

助于维护广大债权人的利益。从法经济学的角度看,关联企业抵销权制度降低了交易成本,提高了工作效率,在一定程度上提高了破产清偿率,也有助于提高破产清算的效率和减少清算的时间,缩短案件审理期限,能够使破产企业早日退出市场,快速淘汰落后产能,实现社会资源的再配置。

4. 便利信用拓展

债权人在债务人进入破产程序前,因与债务人互享债权,有抵销的事实原因存在,可能有恃无恐,更加积极地和债务人进行交易,而怠于向破产人追索其所欠债务,在某种情况下,因为有新的业务、新的订单,银行同意放贷,从而带活整个企业,同时也有助于活跃整个经济市场。笔者所在法院,就有不少企业,因为临时资金周转困难,而被债权人申请破产,银行也因企业停产,没有新订单,拒绝贷款,企业被迫进入破产程序。因此,承认关联企业之间的抵销权,能使企业之间的业务往来更加频繁,给债务人带来较多的期限利益,有利于债务人度过危险期。如果破产宣告时不承认债权人抵销权的存在,那么就可能产生以下两个后果:(1)有违抵销权本来的特质属性;(2)可能导致将债权人在本来可用抵销方式担保其债权实现的场合推到两个极端化的选择境地,要么尽早追索债务而较少运用抵销,要么要求债务人对交易提供担保,从而导致增加双方交易的成本开支。[①] 所以从这个角度来讲,关联企业间破产抵销权具有便利信用拓展的功效。

三、关联企业破产抵销权行使的司法认定

破产抵销权的行使,不仅关系破产抵销权人的利益,而且关系破产财产及全体破产债权人的利益。鉴于关联企业的特殊性,人民法院必须尽到更加审慎的注意义务,在参照适用我国《企业破产法》第40条一般破产抵销权的规定时,予以更加全面的考虑,综合多种要素对抵销权的适用进行认定。

(一)关联交易合法性的认定

关联交易,即关联公司交易,关联交易是一种商事法律行为,它与一般商事法律行为的不同点在于交易中双方当事人的地位不平等,一方对另一方经营决

① 韩长印主编:《破产法学》,中国政法大学出版社2007年版,第153页。

策能够直接或间接的控制或施加影响,关联交易的后果具有双重性,即正当交易与不正当交易。对于正当的关联交易,因其具有降低交易成本、扩大公司的经营规模、提高市场竞争力等功能,并为各国法律所认可,因此对正当关联交易所形成的债权债务应依法确认。对于不正当的关联交易,由于从根本上背离了市场经济的基本原则,损害了普通债权人的利益,必须要受到严格规制。因此,关联交易是否合法,是认定关联企业破产案件中能否行使破产抵销的关键。我国《公司法》第21条确立了规制关联交易的法律基础和原则,①概括说明了合法关联交易和违法关联交易的界限,即"损害公司利益"。

司法实践中判断关联交易行为是否违法,可以根据:第一,关联交易是否违反法律规定的程序要件,比如,是否违反关联交易的披露和批准制度,充分的信息披露是保障交易公平公正的关键,关联交易是否经过公司股东会和董事会的批准,有必要引入关联交易报告程序,使交易相对人充分了解关联企业的资信状况、营业状况、责任性质及发展前景等,使相对人作出合理的判断,选择是否进行交易,以减少交易的盲目性和增加交易的安全性;第二,关联交易行为是否违反法律和行政法规的规定,若违反法律或行政法规的禁止性规定,则该交易必然是违法的,如买卖标的不合法;第三,交易动机是否存在恶意,司法实践中,应当根据关联交易人交易行为体现出来的交易目的是否正当、交易动机是否出于诸如操纵市场、转移利润或财产、虚假报表、逃避税收等恶意来判断关联交易的合法性;第四,关联交易是否违反常规交易或者商业交易习惯,常见类型是关联公司之间商品、股票、资产的销售、转让或交易价格明显低于国际或国内市场上正常合理价格,公司之间相互融资而不计收利息,违反公司章程规定提供担保,公司之间借贷款项以明显低于融资成本的利率计收利息等,在关联企业破产清算时,关联企业以不正当关联交易的债权作为破产债权申报抵销的,必须予以严格审查。

(二)关联债权债务性质的认定

1. 关联债权债务有效性的认定

债权申报是破产程序中的一项主要制度,债权人只有在申报债权以后,才能

---

① 我国《公司法》(2013年修正版)第21条规定:公司的控股股东、实际控制人、董事、监事、高级管理人员不得利用其关联关系损害公司利益。违反前款规定,给公司造成损失的,应当承担赔偿责任。

取得受破产法保护的地位,才有权对破产财产提出种种权利请求。根据我国《企业破产法》的规定,债权人应当在人民法院确定的申报债权的期限内进行债权申报,申报债权由管理人负责,对审查确认的债权,编制债权表。在关联企业破产清算中,由于债权债务的复杂性,一般应由会计师事务所或破产清算事务所对关联企业之间的债权债务关系进行全面、严格的审查,出具审查报告,再由破产管理人与关联交易双方对审查报告确认的债权债务进行核对和确认,因此,关联企业间公正合法的关联交易所产生的债权债务的有效性也是有待确认的。在审查中,破产管理人或关联交易双方对某一债权债务提出异议的,应由人民法院审查裁定。管理人对债权人提交的债权申报材料的真实性、有效性进行审查认定,经债权人会议核查后无异议的,提交人民法院裁定确认。因此,未依法申报的债权,其真实性、准确性未经过债权人会议的审查确认,不能主张抵销。①

2. 关联债权债务性质的认定

进行破产抵销的债权债务必须在性质上适于抵销。因为抵销权具有担保实现的功能,故实践中,应严格适用,除我国《企业破产法》第 40 条的抵销权的一般规定中规定的三种例外情形外,还应注意关联企业破产中存在其他例外情形,本文将在第四部分抵销权行使的限制中论述。

(三)权利行使方式的认定

有部分学者主张抵销权可以自动行使。也就是说,在当事人双方交叉债务产生之时,不经抵销意思表示即可自动消灭相互债务。笔者认为,这种观点有所不妥,可能违背当事人原订立相应合同之本意,使抵销从原本之结算意义上的活动,不当地扩展到合同订立之目的阶段,从而影响正常的交易秩序,甚至出现为获得抵销权而欺诈性的订立、履行合同的现象。因此,抵销权应当通过当事人的明确意思表示行使。

至于权利行使的主体和意思表示明示的对象,根据我国《企业破产法》第 40 条抵销权的一般规定:由破产债权人向管理人主张行使破产抵销权。破产抵销权只能由破产人的债权人向破产管理人提出。破产抵销权作为债权人所享有的一项权利,具有优先清偿的功能,可以任由债权人行使或放弃。如果由破产人或

① 王欣新、王中旺:《论破产抵销权》,载《甘肃社会科学》2007 年第 3 期。

破产管理人主张行使,则会损害其他债权人的利益,因此,只能由破产债权人主张行使,破产人及管理人均无权主张。破产宣告后,破产人便失去破产财产的控制处分权,自然无权主张行使破产抵销权。而破产管理人的职责在于有效妥善地保护破产财产,并在破产债权人之间公平清偿,如果由其主张抵销权,无疑会减少破产财产,不利于破产程序的公平公正进行。因此,将破产抵销权的行使主体限定于债权人是恰当的。

(四)破产抵销权以等额抵销为原则

被主张抵销的双方债务的数额,通常并不一定相等,进行抵销的双方债权额应相等。抵销发生之后会有差额,对于该差额部分,有以下两种不同情况需要作区别处理:第一,如果是破产债权大于债务的,抵销以后,破产债权超过被抵销债务的部分,仍属破产债权。债权人可以以这一部分债权,依照债权申报程序行使权利,参加破产财产分配;第二,如果破产债权小于债务的,抵销以后,债务超过破产债权的部分,仍属破产财产。该债权人仍应当向管理人履行未能抵销完毕的债务。如本文开头提到的 2 家关联企业破产清算案件中,经过抵销后,B 公司还对 A 公司享有 700 万元的债权,依然可以参与破产财产的分配。

四、关联企业破产抵销权行使的限制

破产抵销权具有优先清偿的功能,是对个别债权人利益的优先保护。允许抵销,则意味着债权被全额清偿,不允许抵销,则意味着债权人需依破产程序分配。因此,破产抵销权的行使,不仅关系抵销权人和破产人之间的权利义务的消灭,而且还涉及其他债权人受偿额的多少及其实现程度,对破产财产和破产债权人的公平受偿利益有着直接的影响。况且,当债务人出现财务困难时,多有债权人不择手段地竞相对债务人负担债务,或债务人的债务人设法低价收购债权人的债权,以供抵销,因此,在法院综合认定的同时,仍然有必要进行一定的限制。

(一)衡平居次原则的限制

衡平居次原则,是指控制企业通过不公平交易行为对从属企业拥有债权,在从属企业破产时,该债权应次于其他债权人受偿的原则。在正常情况下,根据债权平等原则,企业破产时的普通债权应于同一顺序公平清偿。但在关联企业交易中,控制企业很容易通过不正当关联交易成为从属企业的债权人,如果将控制企业视为一般的债权人与其他债权同时受偿,则将影响到关联企业外部债权人债权的清偿率,可能造成实质上的不公平。衡平居次原则将控制企业滥用控制权以不公平的交易方式取得的债权次于其他从属企业债权受偿,是破产财产公平清偿原则的真正体现,这一原则现已被世界上大多数国家的判例或立法所认可。关联企业破产中一般会存在两种抵销权,即关联企业之间的抵销和一般企业与关联企业之间的抵销,也即关联企业的内部抵销与外部抵销。因关联企业之间存在的控制或重大影响关系对债权平等理念造成了冲击,对正当的关联交易产生的债权债务的抵销采用居次原则,是通过破产程序中对债权抵销次序的重新安排,是诚实信用原则及公平原则更深层次的体现。

(二)破产清算与重整或和解程序并存时的限制

破产重整,是指针对可能或已经具备破产原因但又有维持价值和再生希望的企业,经由各方利害关系人的申请,在法院的主持下,充分调动各方利害关系人的积极性,进行业务上的重组和债务调整,以帮助债务人摆脱财务困境,从根本上恢复债务人的生产经营能力,实现企业的更生再造。根据我国《企业破产法》第75条重整期间担保权暂停行使的规定,其立法本意与目的,是给企业重整创造良好的外部条件,避免因担保财产的执行而影响企业的挽救与生产经营。[①]在关联企业破产重整中,为保障破产企业免于破产目的的顺利实现,根据我国《企业破产法》第46条的规定,债权人附期限未到期的债权在破产申请受理时视为到期,基于不增加债务人的债务,增加重整方信心考虑,也不宜准予抵销。如果因此使债权人的抵销权受到实质性不利影响的,当事人可以向人民法院申请抵销,法院根据具体情况综合认定。

破产和解制度着眼于通过债权人与债务人的协商,减免债务数额及延缓债务履行期限,使债务人摆脱经济困难,免于破产,调整的是债权人与债务人之间的债权债务法律关系。参考我国《企业破产法》第96条之规定"对债务人的特定财产享有担保权的权利人,自人民法院裁定和解之日起可以行使权利",即破产

① 参见王欣新:《论重整中担保权的暂停行使》,载《人民法院报》2015年7月1日,第7版。

和解不限制担保权的实现,和解的主要目的是消除企业的债权债务,因此关联企业破产和解程序中,抵销权的适用参考破产清算程序。

(三)出资义务之债不得抵销

公司享有独立人格,其核心在于享有独立的财产,承担独立的法律责任。我国实行企业法人注册资本的严格责任制度,不允许股东瑕疵出资,这一属性决定了母公司出资义务形成的母公司对子公司的负债,不得与母公司对子公司的债权抵销。法律禁止任何的虚假出资和抽逃出资的行为。我国《企业破产法》第35条规定"人民法院受理破产申请后,债务人的出资人尚未完全履行出资义务的,管理人应当要求该出资人缴纳所认缴的出资,而不受出资期限的限制"充分表明出资有别于交易形成的债权,不可主张抵销,否则不利于公司的稳定经营,更容易滋生不公平的关联交易。

(四)特别约定的限制

关联企业之间互负债权债务,如果关联企业之间在设立债权债务时明确约定该债权债务不得抵销,法律应遵从双方的意志自由,只要这种约定并不有害破产财产,也不对外部债权人造成损害,就应准许。还要明确一个问题,一旦放弃行使抵销权的权利,就意味着在企业破产时,放弃优先受偿的机会,但并不意味着债权的消灭,该债权仍可以作为普通债权受偿。

(五)存在关联企业破产欺诈时的限制

关联企业破产欺诈,是指在正常启动的破产程序中,关联企业利用其关联关系对破产程序施加影响,故意在关联企业间从事资产或其他利益的不当转移,从而侵害债权人利益的行为。破产欺诈是在自然真实发生的破产程序前后实施违法行为,严重损害从属企业及从属企业中小股东、外部债权人的合法利益,加大金融行业风险,影响市场繁荣发展,影响了社会秩序的稳定,关联企业进行债权债务抵销时,应严防破产欺诈。

(六)债权诉讼时效的限制

如前文所述,可用于抵销的债权必须是有效的,因此,在关联企业破产清算中,债权若过诉讼时效,就丧失了强制效力,不能主张抵销:一方面是为了保护破产财产不必要的减少,避免使其他债权人的抵销权受损;另一方面是对该债权人的惩罚,法律上不保护权利睡眠者,债权在诉讼时效期间内完全可以利用其他方式实现。如果允许此种债权抵销,无疑是给债权二次保障,债权人很可能怠于行使债权,直到企业破产时才行使,从而分享其他债权人应抵销的债权利益,同时对督促债权人必须积极采取措施实现其债权而不是任其沉睡起到了一定的警示作用。

五、结　语

随着市场经济体制的日趋完善和现代企业制度的迅速推广,关联企业日益盛行,且有迅猛发展之势。关联企业以及关联交易的发展,将给破产审判带来新的挑战。笔者因能力有限,本文仅对关联企业破产抵销权制度的设立提出一些粗浅的看法,要想构建完善的关联企业破产抵销权制度,还需要理论上的进一步探讨和实践中的不断检验。

五、破产债权与清偿顺位

破产程序中的债务人企业所得税的立法建议

宋全胜[*]

在进行企业破产清算以及以重整、和解的法律方式挽救危困企业的过程中，普遍感到我国现有税收法制与《企业破产法》的规定及立法目的与现实有脱节之处，其中债务人的企业所得税便是问题突出的重点。本文论述的主题是在破产程序中产生的债务人企业所得税的问题，不包括债务人企业进入破产程序前拖欠的企业所得税（笔者主张该部分税收债权与其他税收债权一样按照《企业破产法》规定的顺位进行清偿）。

一、破产程序中的债务人企业所得税的问题

（一）破产清算中的债务人企业所得税的问题

按照财政部、国家税务总局《关于企业清算业务企业所得税处理若干问题的通知》（财税〔2009〕第 60 号）的规定，首先，财税〔2009〕第 60 号文适用于按《企业破产法》规定需要进行清算的企业，即依法破产清算的企业。

---

* 中欣重组顾问（北京）有限公司总经理。

其次,企业资产的分配顺序为企业全部资产的可变现价值或交易价格减除清算费用,职工的工资、社会保险费用和法定补偿金,结清清算所得税、以前年度欠税等税款,清偿企业债务,按规定计算可以向所有者分配的剩余资产。亦即结清清算所得税、以前年度欠税等税款是在清偿企业债务之前。最后,清算所得为企业的全部资产可变现价值或交易价格,减除资产的计税基础、清算费用、相关税费,加上债务清偿损益等后的余额。按照此规定清算所得主要源于资产处置产生的所得以及债务清偿的损益。而债务清偿损益,按照国务院令第 512 号《企业所得税法实施条例》第 12 条的规定,企业取得收入的货币形式包括债务的豁免。

而且,除了因债务豁免产生的应税所得外,因资产的处置也有可能产生应税所得。在很多时候,债务人因破产清算进行资产处置或在重整与和解程序中为了偿债进行资产处置都会低于其资产的计税基础,毕竟这是在特殊时期"紧急"地处置资产。但是,也有可能因市场行情的上扬,如债务人所拥有的房地产、股票等资产在处置时价格上涨,此时这些的资产可变现价值或交易价格远远高于其计税基础。但是,即使如此,债权人的受偿仍须打折(本文不讨论理论上存在的破产清算后仍有剩余资产向股东分配和重整和解中破产债权不打折清偿的极端情况)。

让大家明显感到的问题是,在破产清算的情况下,债权人因债务人的资不抵债尚不能得到债权的全额清偿,即债权人会发生经济损失。而国家却由可能在此过程中收取债务人的企业所得税,特别是在债务人因不能全额清偿债务被视为获得收入而产生可能应税的清算所得,而且是在债务人的资产总额相对于债务总额越小,不能清偿的额度越大,即债权人的损失越大的情况下,清算所得额越大。即债权人损失越大,国家可能收税越多。如果利益主体在看待利益得失有正相关的感情的话,在债务人破产清算的企业所得税方面,那就会出现"债权人越哭,国家越乐"的现象。

(二)重整与和解中的债务人企业所得税的问题

同样,在挽救危困企业的重整与和解的过程中,也会出现同样的问题,即在不能清偿的额度越大,即债权人的损失越大的情况下,清算所得额越大,国家可能收税越多。但财政部、国家税务总局《关于企业重组业务企业所得税处理若干问题的通知》(财税〔2009〕59 号)以及后续相关的国家税务总局《关于发布〈企业重组业务企业所得税管理办法〉的公告》(国家税务总局公告2010年第4号)和国家税务总局《关于企业重组业务企业所得税征收管理若干问题的公告》(国家税务总局公告2015年第48号)的颁布带来了一丝希望或"救命稻草",认为重整与和解中的债务重组可以适用上述规定中的按特殊重组业务进行税务处理。但是,特殊性税务处理并不意味着不缴税,只是在纳税时间上进行了递延。而且,按特殊性税务处理还同时需要满足规定的5项条件,以及企业债务重组确认的应纳税所得额占该企业当年应纳税所得额50%以上,可以在5个纳税年度内,均匀计入各年度的应纳税所得额;企业发生债权转股权业务,对债务清偿和股权投资两项业务暂不确认有关债务清偿所得或损失,股权投资的计税基础以原债权的计税基础确定;企业的其他相关所得税事项保持不变,等等。

如此,不仅造成了国家与本已注定债权损失的债权人争利,而且对于危困企业的挽救也造成困难,既直接增加债务人企业的负担,又增加了战略投资者参与债务人企业重组的成本。

二、现有企业所得税制度出现问题的原因分析

(一)我国现有企业所得税制度在企业正常经营和"资足抵债"情形下的合理性

客观地讲,对于企业正常经营过程中,以及企业清算出现的不是"资不抵债"而是"资足抵债"甚至依法清偿完债务尚有财产可以向股东分配的情形下,我国现有的企业所得税制度的相关规定还是合理的,特别是关于债务人债务重组的规定。

对于正常经营的企业,以及清算时依法清偿完债务尚有财产可向股东分配的企业,企业所得税制度规制的是企业和企业背后的股东的收益。在此情形下,除了关于一般收入的应税所得的规定是合理的,关于债务重组的应税所得的规定也是合理的。一般来说,销售货物、提供劳务、转让财产、股息、红利等权益性投资收益、利息、租金、特许权使用费、接受捐赠的收入,都是企业资产的正向的、直接的增加,把这些收入规定为应纳税所得额正向因素并无不当。也正如我们大家所知,企业的负债是除股东出资外的另一主要资产来源,如通过向银行负债借款而增加企业的货币财产,通过赊购向销售方负债购入货物增加企业的存货

等。但股东出资与负债所不同的是,非经合法的利润分配程序或减资程序,不得向股东分配或让其抽回出资,而债务人的负债是以后需要足额向债权人清偿的。如果债权人豁免了债务人企业的部分债务,这就意味着曾经流入企业的资产不再需要流出按照当初约定的价值的资产,即企业间接地增加了豁免了债务数额的收入。对这样的债务豁免规定为应税所得,对于正常经营的企业以及清算时依法清偿完债务尚有财产可向股东分配的企业,规制了企业及其股东,都是合理的。

而且,出于对债务人发生财务困难的情况下,为了有利于债务人的解困,国家出台了以《关于企业重组业务企业所得税处理若干问题的通知》(财税〔2009〕59号)为代表的关于符合条件的债务重组可以进行特殊性税务处理的规定,这无疑具有巨大的积极意义。

(二)我国现有企业所得税制度在企业破产清算以及重整与和解情形下的不合理性

如前所述,按照我国现行规定,在破产清算中,债权人损失越大,应税所得可能越高。例如,在债务人企业破产清算程序中,按照《关于企业清算业务企业所得税处理若干问题的通知》(财税〔2009〕第60号)的规定,如果债务人被依法豁免了800万元的债务,则在应税所得的正方向会增加800万元的清算所得,假设清算费用、相关税费的因素为零,而且包括清算期在内的(企业应将整个清算期作为一个独立的纳税年度计算清算所得)往前5年可用于弥补所得的亏损总额为零,则按照25%的企业所得税税率(同时假设可依法减免和抵免的税额为零),则因债务豁免就可能产生200万元的应纳税额。而此时无担保的债权人受偿总额可能极少甚至为零。

同样,如果上例是发生在重整或和解程序中,因800万元的债务豁免,即使是有特殊性税务处理的相关规定,则仍存在产生200万元的应纳税额的可能。

上述问题让大家感到不公平,笔者认为需要从三个方面反思这种不合理性:

1. 所得税属性和开征原则方面的不合理性

所得税是在收入分配环节中进行的课税,一般情况下,其税收负担难以转嫁,作为纳税的企业和个人将承担最终的税收负担。由于所得税的纳税人就是负税人,因此所得税属于直接税的范畴。尽管所得税在保证财政收入方面不如商品税,但它的课税是建立在真实可靠的税基之上的,能够更好地针对纳税人的实际纳税能力来确定税收负担,调节收入和财富的分布,因而有利于税收公平原则的实现。[①] 因此,所得税除了具备税收的一般特性外,一个重要的特征便是根据纳税人的财富增加多少和纳税能力的大小来确定缴纳所得税的额度。

对于什么是"应税所得"(taxable income),一直以来就有不同的看法,概括起来主要有周期说、纯资产增加说、净值(加消费)说和交易说等四种。[②] 周期说强调应税所得是从一个可以获得固定收入的永久性"来源"中取得的收入;纯资产增加说认为,所得是在一定时期内新增加的并可随意支配的经济资产的总额,但要从中扣除所有应支付的债务和资本损失;净值(加消费)说认为,所得是在一定时期内的实际消费额(个人所得税纳税人)加上财富净增加额;会计学家们所赞同的交易说中的所得是某一时期在交易基础上实现的全部收入,减去为取得这些收入而消耗的成本费用,再减去同期亏损之后的余额。不同国家对上述学说的应用有一定的倾向性,实质上是在所得税制中对公平和效率的选择。其中,周期说和交易说倾向于效率,纯资产增加说和净值(加消费)说倾向于公平。特别是净值(加消费)说使应税所得接近真实所得,从而在更大程度上反映出纳税人的纳税能力,有利于税收公平的实现。以"交易说"为基础的所得税制比较简单,征管便利,但又由于课税仅考虑交易的所得,不能全部纳税人的纳税能力而有悖于公平原则。[③] 纳入所得税课税范围内的所得,应当能够表现为纳税人经济力量的净增加。[④]

从我国已有的关于企业所得税的制度规定上来看,我国采取的是有利于实践操作的交易说。而且,在我国的所得税立法中,无论是企业所得税法,还是个人所得税法,并无其他一般法律那样的立法宗旨,而是直接规定纳税主体和纳税所得的计算。如《企业所得税法》第 1 条规定,在中华人民共和国境内,企业和其他取得收入的组织为企业所得税的纳税人,依照该法的规定缴纳企业所得税。该法第 5 条规定,企业每一纳税年度的收入总额,减除不征税收入、免税收入、各项扣除以及允许弥补的以前年度亏损后的余额,为应纳税所得额。这样虽然便

---

① 参见王玮:《税收学原理》(第 2 版),清华大学出版社 2012 年版,第 219 页。
② 参见杨斌:《比较税收制度》,福建人民出版社 1993 年版,第 292 页。
③ 参见王玮:《税收学原理》(第 2 版),清华大学出版社 2012 年版,第 221 页。
④ 同上书,第 223 页。

于操作,提高了效率,但是在公平性方面造成了隐患,使在发生所得税法律解释困难和完善修法时失去明确的指导思想。

如前所述,在企业正常经营过程中,以及企业清算出现的不是“资不抵债”而是“资足抵债”,甚至依法清偿完债务尚有财产可以向股东分配的情形下,企业负债的同时增加了企业资产但也需依法足额偿债,债权人豁免部分债务意味着等额的资产不必再流出企业,因而企业间接地获得了收入。但在破产清算的情况下,债务人的全部资产要用于向债权人偿债,在债务人股东有限责任和企业破产的制度下,债权人依法被迫地豁免了企业的债务。但是无论豁免的数额大小,其实都不会再增加债务人企业的资产或收入,因为此时债务人企业的资产除了支付必要的破产费用和共益债务外的唯一用途就是向债权人清偿,债务人股东并不能获得分配,而且清偿之后债务人企业会被注销,也没有机会去增加收入了。如果此时再因此产生企业所得税的应税所得及应纳税额,就与所得税的“直接税属性”,以及所得税的范围“能够表现为纳税人经济力量的净增加”的开征原则相悖,在征税的对象、时机和额度方面都存在问题。

2. 税收制度设计原则方面的不合理性

同时,这种结果也违背了我国税收制度设计的总体原则。国家税务总局的官方网站表述了我国税收制度设计遵循以下原则:财政原则、公平原则、效率原则和适度原则。其中,税收公平原则,是指政府征税要使不同纳税人承受的税收负担与其经济状况相适应,并使各个纳税人之间的负担水平保持均衡,不同纳税能力的纳税人承担不同的税收,纳税能力强者多纳税,纳税能力弱者少纳税,无纳税能力者不纳税。而税收的效率原则要求政府征税活动要有利于资源的有效配置,促进经济行为的合理化和社会经济效率的提高,或者对经济效率的不利影响最小。适度原则要求在税收制度设计中,社会整体税收负担的确定,要充分考虑国民经济发展状况和纳税人负担能力,既能基本满足国家的财政需要,又不能使税负太重影响到经济发展与人民生活。而当前企业所得税在破产情形下的制度设计就与公平原则、效率原则和适度原则都有一定的冲突。债权人损失越大,应纳税额可能越大——不公平;加大本已受损债权人的进一步损失,对经济效率的不利影响不是最小——无效率;给债权人“雪上加霜”——不适度。

3. 破产法立法目的方面的不合理性

破产法的直接调整作用,是保障决定市场经济能否正常运转的债务关系在债务人丧失清偿能力时的最终有序、公平实现。[①] 故有在经济上"企业平常是股东的,破产时是债权人"的共识。如果对于正常经营的企业,以及清算时依法清偿完债务尚有财产可向股东分配的企业,企业所得税制度规制的对象是企业和企业背后的股东。那么,在破产清算程序中,当前的企业所得税制度就会是表面上规制的是债务人企业,实质上规制的是债务人不能全额清偿的债权人。

重整制度将债务清偿与企业拯救两个目标紧密结合:一方面,通过对债务关系的调整,消除破产原因,避免企业破产;另一方面,则将债权人权利的实现建立在债务人企业复兴的基础上,全面采取重整措施,力图保留企业的营运价值,以企业继续经营所得偿还债务,最终使债权人得到较破产清算更多的清偿。[②] 而和解是在破产清算以外再创设的挽救企业的救济制度,以使纯粹因经济不景气而在经济危机中遭遇不幸的、陷入破产状态的债务人避免破产。[③] 其实,无论是重整还是和解,都是债务人不能清偿到期债务,而且实践中绝大多数在程序(重整程序或和解程序)中债务人都不能全额清偿债权,即债权人总要被迫豁免部分债务。尤其是当前被相对较多适用挽救危困企业的重整程序,在制度设计之本意就是将无力全额清偿债务的本应进入破产清算程序的债务人"置之死地而后生",也因此在重整中特色的法院强批的条件之一就是"按照重整计划草案,普通债权所获得的清偿比例,不低于其在重整计划草案被提请批准时依照破产清算程序所能获得的清偿比例",这是法律保护债权人合法利益的最下限。和解程序中之所以债权人会议可以通过多数决的方式通过和解协议,和解协议中对债权人的清偿条件也一定不会比债务人进入破产清算程序低。也就是说,作为挽救债务人的重整与和解程序,重整计划或和解协议无论是通过债权人会议自治决定后由法院批准认可,或通过法院强制批准,法律要保护的是债权人的受偿不低于依照破产清算程序所能获得的清偿。而且,法院、管理人、债权人也是把对债权人利益的保护放在第一位的,之所以要挽救债务人以及债权人方与重组方的谈判中作出让步,也都是基于重组成功生产盈利更多地提高债权人的清偿比例的无奈之举。即使如此,债权人获得的清偿通常仍然不会是全额。再者,在重整程序中还规定了可以直接调减债务人原股东(出资人)的权益。因此,在重整与

① 参见王欣新:《破产法》(第2版),中国人民大学出版社2007年版,第16页。

② 同上书,第345页。

③ 参见王东敏:《新破产法疑难解读与实务操作》,法律出版社2007年版,第127页。

和解程序中,在经济上亦未颠覆“企业平常是股东的,破产时是债权人”之说。

如果我们认为在破产清算程序中,对债务人因清算所得征收企业所得税会导致对债权人的不公平,那么,在重整与和解程序中,国家因此也“冰上加霜”地与债权人“分一杯羹”,同样是不公平的。因为债务人的资产是固定的,此增则彼减。而且,这还会增加重组方参与债务人挽救的成本,有可能会因此放弃参与挽救,并进而导致挽救失败再转入破产清算程序。另外,在破产程序中产生的债务人企业所得税,还不是债务人拖欠未缴的以往年度的企业所得税,而是在破产过程中随着债务人的财产处置和债务豁免才产生的。

因此说,当前的企业所得税制度与企业破产法的立法目的是相悖的,规制的对象错误,不仅直接加重了受损债权人的损害,也不利于有挽救价值和希望的危困债务人的成功。

三、讨论中三种不成立的观点

在对当前企业所得税的政策在企业破产程序中的不合理性进行讨论中,经常听到以下观点,笔者认为对于完善企业破产程序中的企业所得税政策并无积极意义。

(一)债务重组等重组的特殊性处理能解决问题的观点

对于未进入破产程序中的债务人,个别债权人出于各种目的与债务人进行债务重组,此时并无改变债务人企业的主体性质和股东实际控制的事实。因此,为了鼓励对困难债务人的帮助,国家也以债务重组满足条件下,以税收的特殊性处理来给予政策优惠。但除了必须符合法定条件外,所谓的特殊性处理并非不税收,而是税收的递延。这并不能改变上述企业所得税制度规制对象错误的结论,只是将“错误”分解和递延。

(二)应税所得弥补可以往年亏损的观点

有人认为,不管应税所得的正向要素如清算税收如何计算,一般都可去弥补破产企业往年的亏损。且不论按照法律可以弥补亏损的时间有5年的限制,但现实中可能出现如下两种可弥补的亏损总额较小的情况:一是企业正常经营突然发生财务危机而进入破产程序,企业往年无亏损或亏损额较小;二是企业已多年停止经营,停止经营期间发生的各种成本费用极少,亏损额也不大。当有这两种可弥补的亏损总额较小的情况时,如果清算等破产程序中的应税所得比较大,则很难以弥补亏损来减小。

(三)债务豁免数额与应纳税额计算死循环的观点

实务中,大家在谈到破产程序中因债务豁免产生应纳税额时,还常常以计算会产生死循环为由作为现有债务人企业所得税制度的弊端来批评,例如,1000万元的总债权,扣除各种破产费用和共益债务后的资产总额为400万元,按40%清偿,即债务豁免600万元,假设其他因素可扣减的因素为0,则因债务豁免产生了应税所得600万元,应纳税额为150万元(600万元×25%)。如果先缴纳150万元的企业所得税,资产余额为250万元,用以清偿债务250万元,清除率变为25%,重组所得=债务豁免额=750万元,应纳税额=187.5万元(750万元×25%)……依此类推,循环无穷。

其实,这是未以方程的方式去解决问题而是一开始就人为地把债务豁免数额给固定下来导致的。如果我们在上例中,设债务豁免(重组所得)=Y万元,应纳税额为X万元,则:

在应纳税额计算方面:$X = Y \times 25\%$

在资产分配方面:$400 = (1000 - Y) + X$

通过解方程,很容易求得:债务豁免$=Y=800$万元,应纳税额$=X=200$万元,需向债权人清偿200万元$(1000-Y)$。

从上例可以看出,400万元的资产因不能清偿债权人800万元而产生200万元的企业所得税,只能按20%的清偿率向债权人清偿。

假如在上例中债务人企业的扣除各种破产费用和共益债务后的资产总额为Z万元,从上述公式中可知债务豁免的额度Y为应纳税额的4倍即$Y=4X$,当$Z=Y\div 4$即资产总额等于不能清偿的债权总额的25%时,则$X=Z$,Z将全部用于缴纳应纳税额X,债权人清除率将为0。在上例中如果债务人企业的扣除各种破产费用和共益债务后的资产总额为250万元,则在先缴企业所得税的情况下,应税所(债务豁免额)为1000万元,应纳税额为250万元,向债权人的清除率为0。

四、关于破产债务人企业所得税的立法建议

在破产中对债务人的企业所得税给予不同于非破产情形下的不同对待,在国外是有立法例的。例如,麦康奈尔(McConnell)在《预打包破产的经济性》(The Economics of Prepackaged Bankruptcy)中谈到预打包破产的税收优势时认为,如果债务人公司与债权人达成自愿协议,债权人同意取消一定比例的债务——如1/3——这个部分应作为应税收入纳税,但是在破产情况下类似的债务重组无须纳税。①

我国的理论和实务工作者也多从政策层面,呼吁给予企业破产的实施更多的税收优惠。但是,笔者认为,就破产程序中债务人的企业所得税而言,应该从企业所得税立法层面给予完善。我国《企业所得税法》第55条第2款规定,企业应当在办理注销登记前,就其清算所得向税务机关申报并依法缴纳企业所得税。国务院令第512号《企业所得税法实施条例》在第11条中解释了企业所得税法第55条所称清算所得,是指企业的全部资产可变现价值或者交易价格减除资产净值、清算费用以及相关税费等后的余额。《关于企业清算业务企业所得税处理若干问题的通知》(财税〔2009〕第60号)对清算所得内容的规定有所改变——“企业的全部资产可变现价值或交易价格,减除资产的计税基础、清算费用、相关税费,加上债务清偿损益等后的余额,为清算所得”,并且规定了具体的清算企业财产分配方式为“企业全部资产的可变现价值或交易价格减除清算费用,职工的工资、社会保险费用和法定补偿金,结清清算所得税、以前年度欠税等税款,清偿企业债务,按规定计算可以向所有者分配的剩余资产”。从上述我国相关制度的发展,可以看出下层制度对上层制度的突破,也反映出制度的完善从下层更容易着手。但是,为了从根本上解决观念认识的问题,笔者建议还是应在立法层面制定针对破产程序中债务人的企业所得税制度,具体如下:

在破产程序中,债务人企业财产以特定财产优先受偿对该特定财产享有担保权的权利人,再依我国《企业破产法》的顺序清偿债务;如财产有剩余,在缴纳

---

① 参见McConnell,“The Economics of Prepackaged Bankruptcy”,pp. 93 - 97. 转引自帕特里克·A. 高根(Patrick A. Gaughan):《兼并、收购和公司重组》(第4版),顾苏泰、李朝晖译,中国人民大学出版社2010年版,第478页。

破产所得税后，按规定计算可以向所有者分配的剩余资产。

上述建议有四点需要说明：

(1)将清算所得统一为破产所得，以涵盖破产清算、重整与和解三种破产程序，也适应三种破产程序依法相互转换后的混乱。(2)如清偿债务后财产有剩余缴纳破产所得产生的企业所得税，不应反向侵蚀向债权人的清偿，这是为了保证企业所得税法律规制对象的正确。(3)程序的严格性。只有在法院主持下的司法破产程序(包括破产清算、重整与和解)中才能适应，并且相关数据应由独立的中介机构鉴证。而且对于债务人的债务、资产、分配方案、重整计划、和解协议应有相关独立的中介机构给予鉴证。这是为了防止借破产程序对可能产生的企业所得税的逃避行为。(4)个别细节因素仍须继续认真思考和完善。

总之，我国现有的破产程序中债务人企业所得税制度与所得税的原理、税收制度的设计原则以及我国《企业破产法》立法目的相违背，已形成对债权人合法权益的损害以及对有挽救希望和价值的债务人挽救的桎梏，需要国家在立法层面上加以完善。

破产程序中税务问题研究

姚　彬[*]　陈　亮[**]

一、税收债权观念是如何引出的

(一)税收的定义

税收,历史上又称赋税或捐税,一般来说,税收是国家为实现其公共职能而凭借其政治权力,依法强制、无偿地取得财政收入的一种活动或手段。① 也有学者认为,“税收是为了满足一般的社会共同需要,凭借政治权力,按照国家法律规定的标准,强制地、无偿地取得财政收入的一种分配关系”。② 而德国税法对税收的基本定义是“租税作为一种无偿的特定给付,是公法上的团体以收入为目的,对符合法定课税要件而应履行给付义务的一切人,一次性或连续性收取的金钱给付”。从税收的上述定义来看,国家征税行使的是一种依法产生的金

---

* 江苏博事达律师事务所主任,江苏省律师协会破产清算与并购重组业务委员会主任。

** 江苏博事达律师事务所律师。

① 参见张守文主编:《财税法教程》,北京大学出版社1999年版,第10页。

② 参见严振生编著:《税法》,北京大学出版社1999年版,第1页。

钱给付请求权。如果债权观念可以理解为特定主体之间一方请求另一方作为或不作为的权利的话,那么这种形式绝非私法所独有,而为公法、私法所共通。[①] 那么税收在某种意义上即符合了构成公法之债的基本要求,其本身就是一种强制性的债务,其中纳税人作为债务人有向作为债权人的国家缴纳税收的义务,这种债务的形成是因国家法律的明文规定而产生的,依靠国家的强制力得以实现。

(二)从私法之债的理论中引出税收之债的观念

对于私法之债,我国台湾地区学者王泽鉴认为:"一方得向他方当事人请求特定行为(给付),这种特定人之间得请求特定行为之法律关系,即属债之关系"。[②] 古罗马《法学阶梯》认为:"债是拘束我们根据国家的法律而为一定给付的法锁。"[③]现代民法通常认为,债是特定当事人之间为特定行为的法律关系。就私法上债的本质来讲,可以从以下几个方面来理解:(1)债是民事法律关系的一种;(2)债为财产性的法律关系;(3)债为特定主体之间的法律关系;(4)债为当事人之间的特别结合关系;(5)债为当事人实现其特定利益的法律手段。[④] 从"债务关系说"的理论来反观税收法律关系,不难看出其与私法上的债务具有共同的性质:(1)均在具备了法定给付义务的构成要件时立即发生给付义务;(2)均属于财产法的性质;(3)均为特定当事人之间的财产转移,并强调法律关系的相对性,因而与私法上的法定之债相类似。故而在税收关系中导入债的概念引出税收之债的观念,就可以借用债法的规范结构,更可适当地说明税收义务关系及其所发生的问题。[⑤]

---

① 参见[日]美浓部达吉:《公法与私法》,黄冯明译,新北,台湾"商务印书馆"1974年版,第84页。

② 参见王泽鉴:《债法原理》,中国政法大学出版社2001年版,第3页。

③ 参见江平、米健:《罗马法基础》,中国政法大学出版社1987年版,第102页。

④ 参见张广兴:《债法总论》,法律出版社1997年版,第11页。

⑤ 参见杨小强:《税收债务关系及其变动研究》,载刘剑文主编:《财税法论丛》(第1卷),法律出版社2002年版,第165页。

二、破产程序中税收债权的一般概述

(一)破产程序中税收债权的定义

税收债权在法律规定的税收构成要件实现时成立。[①] 而破产中的税收债权则将税收债权限定在与破产制度联系的范围内,因此,破产法上的税收债权是指,破产企业在破产程序开始前因符合法律规定的税收构成要件已经发生的以及进入破产程序后在破产程序终结前因符合法律规定的税收构成要件而新发生的,以破产财产获得清偿的税法上的支付请求权。

(二)破产程序中税收债权的性质

1. 税收债权是一种独立的债且一定程度上受私法规制

我国现行《企业破产法》确立了债务人所欠税款属于一种独立的债,并将其放在破产财产分配的第二顺位予以清偿,这就说明税收具有债权债务之特性。既然是一种债权债务关系,尽管其具有公法性质,但也不可避免地内涵有"平等"的因素。[②] 此外,我国《税收征收管理法》也将民法上的代位权、撤销权直接引入税法,说明了税收债权虽然作为公法之债也应当受到私法一定程度的规制。

2. 税收债权本质上不是破产债权

在实践中或学理上,很多学者认为税收债权属于破产债权,实则这种认识是不恰当的。破产债权,是指基于破产宣告前的原因所产生的对破产人享有的财产请求权,这里的破产债权仅指非担保债权,不包括担保债权,担保债权转化为别除权不依破产程序行使。[③] 税收债权虽具有私法之债的基本特征受到私法的规制,但税收债权的公益性、法定性使其与普通的破产债权产生了本质的区别。最高人民法院(法研〔2002〕11 号)文件明确规定:破产企业所欠税款不属于破产债权,不适用我国《企业破产法(试行)》第 9 条的规定。[④] 不难看出,最高人民法

① 参见陈清秀:《税法总论》,台北,翰芦图书出版有限公司 2004 年版,第 343 页。

② 参见李刚:《契约精神与中国税法的现代化》,载《法学评论》2004 年第 4 期。

③ 参见王欣新:《破产法》,中国人民大学出版社 2007 年版,第 235 页。

④ 最高人民法院《关于破产企业拖欠税金是否受破产法规定的破产债权申报期限限制问题的答复》。

院正是基于税收债权因法定事项而产生也只能基于法定情形而消灭的考虑作出该解释。且在目前税收法律规范没有对此作出进一步规定的情况下,该解释应当仍然有效。① 此外,从税收债权发生时间来看,税收债权不仅包括破产宣告之前所产生的税收债权也包括破产宣告之后所产生的税收债权。而破产宣告之后所产生的税收债权即便依据破产法本身来看,也不属于破产债权。因此,实践中不宜把税收债权等同于或归属于破产债权。

(三)破产程序中税收债权的种类

第一,从税收的职能来看,税收债权的种类包括国税税收债权和地税税收债权。国税税收债权,即国税部门依法向破产企业征收税款所享有的税收债权;地税税收债权,即地税部门依法向破产企业征收税款所享有的税收债权。

第二,从税收发生的时间来看,税收债权的种类包括原生税收债权和新生税收债权。原生税收债权即破产程序开始之前所产生的税收债权,这种税收债权在破产程序开始时便已经固定不会随着破产程序的进展而发生改变;新生税收债权即进入破产程序之后所产生的税收债权。这种税收债权是伴随着破产程序的进行而发生的。此外,对于原生税收债权,因其发生是否基于破产企业的主动性又可分为积极的原生税收债权和消极的原生税收债权。积极的原生税收债权,是指破产企业在破产程序开始之前主动申报应税项目所发生的税收债权;消极的原生税收债权,是指破产企业在破产程序开始之前采用瞒报应税项目等欺骗、隐瞒方式逃避纳税而实际应当发生的税收债权。

第三,从税收发生的主从关系来看,税收债权的种类包括主税收债权和从税收债权。主税收债权即在破产程序终结前符合税收构成要件所发生的税收本金;从税收债权即在破产程序终结前基于法律规定或行政行为而附随税收本金产生的其他税收债权,如企业欠税产生的滞纳金、罚款等。

第四,从税收上是否存在担保来看,税收债权的种类包括一般税收债权和担保税收债权。一般税收债权即在破产案件受理前未设立税收担保的税收债权;担保税收债权即在破产案件受理前已设立税收担保的税收债权。担保税收债权在破产程序中可通过行使别除权就担保物优先受偿,因担保税收债权额超过担

---

① 参见韩静涛:《对企业破产中税收问题的探讨》,载《涉外税务》2010 年第 5 期。

保物价值未受偿的部分转变为一般税收债权。

(四)税收债权在破产程序中的的法律地位

因税收债权属于公法之债又兼具私法之债之特性,使其在我国《税收征管法》及《企业破产法》这两部不同性质不同理念的法律中具有不同的法律地位。

我国《税收征收管理法》规定:"税务机关征收税款,税收优先于无担保债权,法律另有规定的除外;纳税人欠缴的税款发生在纳税人以其财产设定抵押、质押或者纳税人的财产被留置之前的,税收应当优先于抵押权、质权、留置权执行。纳税人欠缴税款,同时又被行政机关决定处以罚款、没收违法所得的,税收优先于罚款、没收违法所得。"①

同时我国现行《企业破产法》规定:"对破产人的特定财产享有担保权的权利人,对该特定财产享有优先受偿的权利",②"破产财产在优先清偿破产费用和共益债务后,依照下列顺序清偿:一、破产人所欠职工的工资和医疗、伤残补助、抚恤费用,所欠应划入职工个人账户的基本养老保险、基本医疗保险费用,以及法律、行政法规规定应当支付给职工的补偿金;二、破产人欠缴的除前项规定以外的社会保险费用和破产人所欠税款;三、普通破产债权。"③

从法律规定来看,在《税收征收管理法》中,税收债权的地位优先于无担保债权,而且优先于发生在后的担保物权。而在《企业破产法》中,税收债权的地位优于一般无担保债权但劣后于特殊无担保债权以及对特定财产享有担保的债权。

在破产程序中,优先于税收债权的特殊无担保债权主要有以下 3 种情况:

(1)我国《企业破产法》中规定的的职工债权;

(2)我国《商业银行法》中规定的职工债权及个人储蓄存款的本金和利息;④

(3)我国《保险法》中规定的职工债权及赔偿或者给付保险金。⑤

---

① 我国《税收征收管理法》第 45 条。

② 我国《企业破产法》第 109 条。

③ 我国《企业破产法》第 113 条。

④ 我国《商业银行法》第 71 条规定:"商业银行在破产清算时,在支付清算费用、所欠职工工资和劳动保险费用后,应当优先清偿个人储蓄存款的本金和利息。"

⑤ 我国《保险法》第 88 条规定:"保险公司依法破产的,破产财产优先支付破产费用后,按照下列顺序清偿:"(1)所欠职工的工资和劳动保险费用;(2)赔偿或者给付保险金;(3)所欠税款;(4)清偿公司债务。"根据本条规定,保险公司职工债权和保险金优先于税收债权清偿。

不难看出,两部法律存在一定的冲突。笔者认为,在破产程序中有关税收债权的规定应当适用我国《企业破产法》。主要有三点理由:第一,从法律冲突适用的原则来看,新法优于旧法,特别法优于普通法。破产法施行的时间晚于税收征收管理法属于新法且破产法关于税收债权的规定相对于税收征收管理法应当属于特别法。第二,从破产程序来看,破产程序属于一套完整独立的法律程序,从新民诉法删除了旧民诉法有关破产程序的修改中也可以看出破产程序独已立于民事诉讼等其他法律程序。那么在破产程序中的税收债权当然适用破产法的规定。第三,从税收债权的性质来看,它既有行政法上的法律关系又兼具私法之债的特性,因而在不同性质不同理念的法律体系中,应当选择适用与当前性质相适应的法律规范。

三、破产程序中的税收优先权

(一)税收优先权的定义

税收优先权,是指纳税人未缴纳的税款与其他未清偿债权同时存在,且其剩余财产不足以清偿全部债务时,税收可以排除其他债权而优先受偿的权利。①

从我国的《税收征收管理法》与《企业破产法》等不同法律的规定来看,税收优先权可以分为一般优先权和特别优先权。一般优先权,是指税收优先于无担保债权实现的权利。特别优先权,是指税收不但优先于普通债权而且优先于债务人的物上或财产权利上设定的担保物权而实现的一种权利。

(二)破产程序中税收优先权的范围

因税收发生的原因、时间不同导致税收债权具有不同的内容,而对于这些具有不同内容的税收债权是否均享有优先权,无论是在我国的法律规范中还是在学术上均存在一定的争议。笔者认为,将税收债权一概视为优先权显然是不妥的。

破产宣告之前所发生的税款本金享有优先权这点已当然无异议,但附随税款本金产生的滞纳金、罚款是否享有优先权一直颇具争议。学术主要有三种

① 参见刘剑文、熊伟:《税法基础理论》,北京大学出版社2004年版,第29页。

观点:

第一种观点认为,税收滞纳金和罚款均应当随税款本金一起享有优先权,因为滞纳金和罚款均是对债权人不及时缴纳税款的处罚,如果处罚不能落到实处,将会使更多的纳税人效仿从而给国家整体利益造成更大的损失。

第二种观点认为,滞纳金和税收罚款均不能享有优先权,如果滞纳金和税收罚款与本金一起作为优先债权参与破产财产的分配,这实际上等于将对债务人的处罚转嫁到全体债权人的身上,如此即违背了公平和正义的理念。

第三种观点认为,滞纳金属于税款本金的法定孳息应当随税款本金一起享有优先权而税收罚款具有明显的惩罚性,这种处罚不宜转嫁给债权人,因此不应享有优先权。

笔者认为,税收滞纳金和税收罚款都属于从税收债权,但因其发生的原因且所具有的性质不同,在适用优先权上应当分开讨论。

1. 税收滞纳金不享有优先权

关于税款滞纳金的问题,我国司法解释及税收政策中均有规定,主要包括以下内容:

(1)最高人民法院《关于审理企业破产案件若干问题的规定》(法释〔2002〕23号)第61条规定:“下列债权不属于破产债权:(一)行政、司法机关对破产企业的罚款、罚金以及其他有关费用;(二)人民法院受理破产案件后债务人未支付应付款项的滞纳金,包括债务人未执行生效法律文书应当加倍支付的迟延利息和劳动保险金的滞纳金;(三)破产宣告后的债务利息……上述不属于破产债权的权利,人民法院或者清算组也应当对当事人的申报进行登记。”

(2)最高人民法院《关于税务机关就破产企业欠缴税款产生的滞纳金提起的债权确认之诉应否受理问题的批复》(法释〔2012〕9号)规定:“依照企业破产法、税收征收管理法的有关规定,破产企业在破产案件受理前因欠缴税款产生的滞纳金属于普通破产债权。对于破产案件受理后因欠缴税款产生的滞纳金,人民法院应当依照《最高人民法院关于审理企业破产案件若干问题的规定》第六十一条规定处理。”

(3)《深圳经济特区企业破产条例》第64条规定:“下列各项不得作为破产债权……未执行的滞纳金、罚款、罚金和没收财产。”

(4)我国《税收征收管理法》第32条规定:“纳税人未按照规定期限缴纳税

款的,扣缴义务人未按照规定期限解缴税款的,税务机关除责令限期缴纳外,从滞纳税款之日起,按日加收滞纳税款万分之五的滞纳金。”

(5)国家税务总局《关于税收优先权包括滞纳金问题的批复》(国税函〔2008〕1084号)规定:“按照《中华人民共和国税收征收管理法》的立法精神,税款滞纳金与罚款两者在征收和缴纳时顺序不同,税款滞纳金在征缴时视同税款管理,税收强制执行、出境清税、税款追征、复议前置条件等相关条款都明确规定滞纳金随税款同时缴纳。税收优先权等情形也适用这一法律精神,《税收征管法》第四十五条规定的税收优先权执行时包括税款及其滞纳金。”

从上述规定来看,法释〔2012〕9号与国税函〔2008〕1084号存在明显的冲突。依据法释〔2012〕9号的规定,破产案件受理前因欠缴税款产生的滞纳金属于普通破产债权,既然是普通债权,那么自然不享有优先权;而破产案件受理后因欠缴税款产生的滞纳金不属于破产债权,自然也不享有优先权。而依据国税函〔2008〕1084号的规定,税收优先权执行时包括税款及其滞纳金,明确指出税款滞纳金享有优先权。笔者认为,在破产程序的实践中应当依据法释〔2012〕9号的规定。理由有两点:首先,在法律效力上,法释〔2012〕9号的效力优先于国税函〔2008〕1084号效力,因为法释〔2012〕9号施行在后而国税函〔2008〕1084号出台在前,且法释〔2012〕9号依据的是我国《企业破产法》而国税函〔2008〕1084号依据的是我国《税收征收管理法》而《企业破产法》的效力优于《税收征收管理法》。其次,在适用的法律关系上,法释〔2012〕9号的规定属于民事法律关系,而国税函〔2008〕1084号的规定属于行政法上的税收征收法律关系。从破产程序的性质来看,也更适用法释〔2012〕9号的规定。因此,破产案件受理前因欠缴税款产生的滞纳金应属于普通破产债权,不适用优先权。

2. 税收罚款不享有优先权

对于税收罚款,笔者赞成现行的主流观点,即不应享有优先权。原因在于从法释〔2002〕23号第61条第1款第1项的规定的基本精神来看,罚款不应进入破产程序进行清偿。因为罚款带有明显的惩罚性质,在企业破产后,如果继续追缴罚款,就等于惩罚破产债权人,把本应该破产人承担的责任转嫁到破产债权人身上,这显然是不公平的。因此,在企业破产后,相应的处罚应随之停止,或者可以考虑借鉴国外立法经验,将其列为劣后债权,在破产清偿顺序上劣后于普通债权。

另外,破产宣告之后所产生的税收债权亦不属于税收优先权应当属于破产费用或共益费用。因为破产宣告之后税收债权的产生依据为:管理人在管理破产财产的过程中,经法院的许可和同意,在必要的范围内继续破产人的营业所产生的新的相关税收如营业税、增值税等;管理人在破产财产变价处理的过程中如拍卖破产企业不动产、土地使用权等所产生的税收。破产宣告后所产生的债权显然与破产宣告前所产生的债权性质上有所不同。因为,破产宣告后,债务人已实际上失去其主体资格,债务人的财产已成为全体债权人的财产。此时的实际纳税主体是全体债权人。这种发生于破产宣告后的税收应视为实现全体债权人之利益所必需的费用或开支,应由清算组将之作为破产费用或共益费用在破产财产中优先补偿。

四、破产程序中新生税收的处理

(一)新生税收的制度现状

"新生税收",是指在破产清算程序中因偿还破产债权而进行的破产财产的拍卖、变卖而产生的税。在破产程序中,除企业破产前欠税外,还包括:(1)破产财产变价的应交税款;(2)破产期间履行未完合同产品销售时应交税金;(3)破产期间出租企业整体资产等收到租金时应交税金等。这些新产生的税金就是"新生税收"。

由于我国《企业破产法》并没有对这部分税收作出相应的规定,因此不管在理论界还是实务上都引起了很大的争议。

有些学者认为,"税收是政府从事公共服务、实现国家职能的物质基础,因此在破产清算程序中也应依法纳税,并且应以破产费用优先支付。即使是免缴、减缴也应按相关程序严格办理"。[①] 我国台湾地区相关规定,"破产财团成立后,其应纳税捐为财团费用,由破产管理人依破产法之规定清偿之"。[②] 我国台湾地区又规定"财团费用项目,其作用在于使财团费用优先于破产债权,随时由破产财团清偿"。[③]

---

① 赵国庆:《企业破产清算中应关注的税收问题》,载《财务与会计》2001 年第 1 期。

② 王建煊:《税务法规摘要》,台北,文笙书局 2000 年版,第 2 页。

③ 陈安:《台湾法律大全》,中国大百科全书出版社 1998 年版,第 311 页。

而另有些学者认为,“破产清算程序的财产变现是为了安置职工与偿还债权人,在我国破产案件债权清偿率本就低的情况下,如果清算阶段的‘新生税收’以破产费用优先支付必将无法保障劳动者债权和普通债权人利益”,所以国家对这部分税收即使不立法规定免缴,至少也应予以减免。①

在实践中,不少税务机关对破产清算程序中的“新生税收”予以重视,并发布了相关文件。如财政部、国家税务总局颁布的《关于企业清算业务企业所得税处理若干问题的通知》指出:企业的全部资产可变现价值或交易价格,减除资产的计税基础、清算费用、相关税费,加上债务清偿损益等后的余额,为清算所得。

企业应将整个清算期作为一个独立的纳税年度计算清算所得。上海市颁布的《上海市国税局对企业在破产清算期间财产变卖收入征收流转税的处理意见》指出:清算组代企业处理变卖财产过程中发生的货物销售等应税行为,应按税法规定交纳流转税及其附加,不能作为欠交税金并入破产企业的第二清偿顺序中。云南省国家税务局《关于企业破产清算税收征收管理的指导意见》中规定:对企业存货变现取得的收入应在变现时按规定计算征收增值税、消费税;对变现自己使用过的其他属于固定资产的货物,按规定不征收增值税。

综上,笔者认为,从我国相关税收制度的现状来看,在准许减缴或免缴的相应规定出台之前,处置、出租破产财产时依法纳税是不可避免的。

(二)债权清收中的税务处理

实践中,破产企业的很多交易在企业进入破产程序之前已经完成,但直到进入破产程序债务人还尚未履行支付货款的义务。而管理人在向这些债务人清收债权时,往往需要管理人提供税务发票。然而,很多企业在进入破产程序前因欠缴大量税款而被税务机关控制开票,导致企业自身已不能正常开票,从而对管理人向破产企业的债务人清收债权产生了一定的障碍。从目前的税收法律规定来看,要恢复破产企业正常的开票功能就需要向税务机关提前缴纳所有的欠税,但这与《企业破产法》的规定是不符的,因为在破产程序中不允许对个别债务提前清偿,且税收债权也不得先于职工债权优先受偿。笔者认为,在尚无法律明确如

---

① 参见李一村、穆华磊:《企业破产程序中若干税收法律问题初探》,载《法制与社会》2007年第7期。

何处理该问题的情况下,可以采用下列方式解决:

第一,如果清收债权数额不大的,由管理人协商法院及税务机关,先行支付税务机关小部分的开票费用作为破产费用或共益费用以恢复破产企业正常的开票功能。

第二,如果清收债权数额较大的,由管理人协商法院及税务机关,将该部分清收债权所产生的税收债权作为"新生税收"处理,即将这部分税收债权作为破产费用或共益费用,随时清偿给税务机关,而税务机关需配合法院和管理人及时开具发票。

(三)破产财产变价中的税务处理

破产财产在变价的过程中会涉及一系列的税收问题。比如,涉及销售不动产的有营业税、增值税、消费税、印花税、城市维护建设税,涉及土地及房产的还有土地增值税。此外,企业资产处置过程有增值的还会涉及企业所得税。根据我国《企业破产法》第41条第2款的规定:管理、变价和分配债务人财产的费用属于破产费用,且根据第43条的规定,破产费用在破产债权清偿顺序中排在第一位的。因此,在破产程序中,管理人变卖破产企业财产所产生的各项税款属于破产费用且可以先于其他所有债权优先清偿。

然而,在实践中,处置财产的税金往往数额很大,特别是处置不动产,有时税金可能超过其他破产费用的总额。如果该企业还存在企业破产之前发生的大量税款(这些税款又是可以优先受偿的),那么普通债权人很可能面临无财产可分配的情形,这显然不利于破产程序的和谐进行。笔者认为,在"破产清算中进行的财产变现及其他的交易行为,其目的并不是更多的盈利,而是为了安置职工和最大限度的偿还债权人"。[①] 如果此时公权力介入无疑会"与民争利",造成私权利的损害。此外,根据我国《税收征管法》的规定:"纳税人依法享有申请免缴、减缴的权利。"[②]因此笔者建议,对于在破产清算中形成的其他费用,比如管理人执行职务的费用、报酬和聘用工作人员的费用等可以先行清偿,但对于"新生税收"可以由管理人与地方税务征管机关沟通协商,争取减免这部分的税收,如果税务

① 关宪法:《论破产清算程序实务中的"新生税收"的减免》,载《中华全国律师协会经济专业委员会2009年年会论文集》。

② 我国《税收征收管理法》第8条。

机关不同意减免的，再按照破产法的规定作为破产费用予以清偿。

五、破产程序中税收债权的清偿顺位

关于破产程序中税收债权清偿顺位适用法律问题，笔者在前文第二章第四节中已经阐述过了，笔者的观点是适用我国《企业破产法》的规定，即按照破产费用 > 共益债务 > 担保物权 > 职工工资、劳动保险和法定补偿金 > 税收债权 > 普通债权的清偿顺序给予清偿。实践中因税收债权发生的时间、原因等不同因素均会导致税收债权处于破产程序中不同的清偿顺位，甚至在不同种类的税收债权之间也会存在清偿顺位的矛盾。

（一）不同税收债权在破产程序中的清偿顺位

结合破产法与我国的税制设计来看，破产中应当给予清偿的税收债权主要可以分为五个部分：(1)在破产宣告前发生的有担保的税收债权；(2)在破产宣告前发生的无担保的税收债权；(3)在破产案件受理前发生的税款滞纳金；(4)在破产宣告后持续经营期间发生的税收债权；(5)破产宣告后在破产财产变价中发生的税收债权。

笔者认为，对不同的税收债权，在清偿时应区别对待。第一，在破产宣告前发生的有担保的税收债权按破产法的规定享有别除权，可以就特定担保物权得以优先清偿。第二，在破产宣告前发生的无担保的税收债权应按照破产费用 > 共益债务 > 担保物权 > 职工工资、劳动保险和法定补偿金 > 税收债权 > 普通债权的清偿顺序给予清偿。第三，在破产案件受理前发生的税款滞纳金按照法释〔2012〕9 号的规定作为普通破产债权在破产清算中最后给予清偿。第四，在破产宣告后持续经营期间发生的税收债权一般是有益于破产财产增加的，应当视为共益债务。第五，破产宣告后在破产财产变价中发生的税收债权，上文已经阐述过，应列为破产费用支付。

（二）税收债权之间的清偿顺位

由于我国有中央税和地方税之分，且中央税与地方税由不同的税收征收机关负责管理和征收。因此，实践中会出现当破产财产不足以清偿全部税收债权时,同一顺位下的各种税收债权之间应当如何分配的问题。对此问题,我国现行《企业破产法》没有给出答案,而我国的税收法律规范也没有明确的规定。比较国外的一些法律规定:在日本,税收相互间原则上不存在一般的先后关系,不仅国税与地方税之间不存在优先劣后关系,而且国税相互之间和地方税相互之间,原则上也不存在优先劣后关系;[①]在美国,联邦税优先于州税;在法国,国税优先于省税;在瑞士,州税优先于市税。[②]

我国虽然在现行立法中没有相关的规定,但是曾经拟起草的《税收基本法(草案)》总则部分,规定了"国税优先原则",即"中央税优先于地方税,中央有优先选择税种和税源的权力。当纳税人的财产不足以清偿其全部税收债务时,应当优先清偿中央税"。虽然该立法还处于起草阶段,但是从这一条款便可以看出立法倾向。当中央税和地方税发生冲突时,在立法上和税收征管上,中央税都享有优先权。笔者不太赞同草案中的基本观点。首先,无论是中央税还是地方税,都具有公益债权的共同性质,而公益债权基于公共利益的价值平等原则不应当区分位阶,所以不能得出中央税当然优于地方税的结论。其次,区分国税与地税的优先效力,不利于税务机关积极履行职责,可能会造成劣后的税务机关怠于履行义务,不积极配合破产程序的进行。也可能会造成地方政府为了增加地方财政收入,保证地方税收债权的实现而不积极对待国税债权的实现。因此,笔者认为,中央税与地方税之间原则上不应存在优先劣后关系,实践在出现破产财产不足以清偿全部税收债权时,中央税与地方税应当平均受偿。

六、结　　语

我国现行《企业破产法》将税收作为一种独立的债权,使其参与到企业的破产程序中,而税收之债作为公法之债,在破产程序中势必产生私法与公法的冲突和兼容,因而破产程序中的税收债权的发生与实现,应该受到我们足够的重视。

本文结合破产法与税法的一般原理,整合私法与公法的共通点,阐述了企业

① 参见[日]金子宏:《日本税法》,战宪斌等译,法律出版社2004年版,第479页。

② 参见郑玉波:《民商法问题研究(二)》,台北,三民书局股份有限公司1984年版,第286页。

破产程序中可能面临的税收法律问题,力求探寻税法与破产法在衔接中已经出现或者可能出现的问题。当然,本文中的很多观点均有待商榷,笔者旨在抛砖引玉,恳请各位专家、学者不吝赐教。

企业破产中工资优先权主体范围研究

张茂林*

1804 年法国《民法典》最早确立工资优先权制度,① 我国工资优先权制度始于企业破产法修订中关于劳动债权的讨论。工资优先权制度先于劳动债权概念出现,而且工资优先权制度是一项世界性的制度,而劳动债权仅仅是我国学界近年提出来的概念。② 一般认为我国《企业破产法》第 113 条在立法上确立了劳动债权制度。在我国立法上,劳动债权本质上是一种优先权,其包括工资优先请求权,基本社保优先请求权,补偿金优先请求权。③ 在

* 西南政法大学法学硕士研究生。

① 参见于海涌:《法国工资优先权制度研究——兼论我国工资保护制度的完善》,载《中山大学学报》(社会科学版)2006 年第 46 期。

② 2004 年贾志杰所作《关于〈中华人民共和国企业破产法草案〉的说明》中首次明确提出了劳动债权的概念:"劳动债权即企业所欠职工工资和社会保险费用,以及法律、行政法规规定应当支付给职工的补偿金等其它费用。"载《全国人民代表大会常务委员会公报》2006 年第 7 期。

③ 《企业破产法》第 113 条规定:破产时产在优先清偿破产费用和共益债务后,依照下列顺序清偿:(1)破产人所欠职工的工资和医疗、伤残补助、抚恤费用,所欠的应当划入职工个人账户的基本养老保险、基本医疗保险费用,以及法律、行政法规规定应当支付给职工的补偿金;(2)破产人欠缴的除前项规定以外的社会保险费用和破产人所欠税款;(3)普通破产债权。破产财产不足以清偿同一顺序的清偿要求的,按照比例分配。破产企业的董事、监事和高级管理人员的工资按照该企业职工的平均工资计算。

我国企业破产法立法上工资优先权作为劳动债权内容之一,在立法逻辑上与劳动债权有着天然联系。理论上我国劳动债权概念更多的是工资优先权制度的衍生,二者的立法理念以及社会政策考量是一致的。因此,在我国破产法语境下探讨工资优先权制度主体范围,有必要从劳动债权制度立法理念和社会公共政策考量来认识。但我国劳动债权包含工资优先权,社保制度优先权等内容。而工资制度与其社保、补偿金制度在我国立法上对主体范围的规定并不是同一的。因此,虽是在劳动债权立法理念前提下研究工资优先权的主体,但其他制度主体并不能一并适用。

一、问题的提出——对学界认可的工资优先权成立前提的反思

学界关于劳动债权的理解主要有以下几种:“所谓劳动债权,是指因破产宣告前的劳动关系而发生的债权,包括破产企业所欠职工[①]的工资和欠缴的社会保险费用,以及因企业破产解除劳动合同依法应支付给职工的补偿金等费用。”[②]“破产企业劳动债权是由于企业于破产前尚未支付职工工资、相关社会保险费、企业因破产解除与职工劳动合同而应支付给职工的经济补偿金等产生的职工请求企业支付相应价款的权利。”[③]更广义的理解为:“劳动债权是用人单位与劳动者建立劳动关系,劳动者付出劳动,由用人单位支付给劳动者的一切工资报酬和福利待遇以及其他的应该支付给劳动者的债权,如用人单位向劳动者收取任何名义的押金、保证金、培训费等。”[④]最广义的理解为:“企业营业过程中,劳动者与企业之间是以劳动合同为纽带形成的劳动债权债务关系。为满足劳动者之劳动债权,企业应承担下列义务和法律责任:不得任意解约、保障职工的休息权、按规定及时支付工资和奖金、提供必要的劳动安全卫生条件、提供职业培训条件和

① 鉴于我国立法上对职工、劳动者、雇员等概念使用并不统一,以上三种情况下文统一使用劳动者这一概念。

② 王欣新:《论职工债权在破产清偿中的优先顺序问题》,载《法学杂志》2005 年第 4 期。

③ 王利明:《关于劳动债权和担保物权的关系》,载《法学家》2005 年第 2 期。

④ 翟玉娟:《破产程序中的劳动债权的界定及保障》,载《云南大学学报》(法学版)2006 年第 5 期。

机会、按规定缴纳社会保险基金以及改善职工的福利条件。"[①]此种意义的劳动债权其实是劳动者在劳动关系中对用人单位享有的一切权益。

从上述的理解来看,劳动债权概念分歧主要存在于劳动债权的权利内容。但无论其内容范围的大小,劳动债权制度都承认了这样一个前提那就是享有劳动债权的主体应当与用人单位建立劳动关系。这一前提就决定了作为劳动债权之一的工资优先权的主体也应当是与用人单位建立劳动关系的主体,从而将我国现行许多用工形式下的劳动者排除在了工资优先权主体之外。[②] 从劳动债权优先权的本质属性和确立劳动债权优先性的社会公共政策理论来分析,有必要对建立劳动关系这一前提作出反思。

二、工资为优先权的本质属性

学界对工资优先权的本质属性的总结有担保物权说、[③]特殊效力说等。担保物权说、物权优先权说形成的原因在于:把工资优先权理解为雇主以一定财产(动产或不动产)来担保雇员的工资,这种形式本身就类似于抵押权。以至于许多法国学者虽以优先权之名却以抵押权之实来研究工资优先权。[④] 同时,法国民法为了使工资优先权优先于抵押权这一立法设计在法理上更能为人们接受(法理上一般都认为物权优先于债权)。因此,工资优先权并不是物权,也没有必要一定要往物权上靠。其本质就是法律基于特殊社会政策考量的特殊规定,其唯一属性就是法定性。

崔建远先生将优先权定义为先取特权,是指特定债权基于法律的直接规定而享有的就债务人的总财产或特定动产、不动产的价值优先受偿的权利。[⑤] 破产法中,在同一财产上往往存在数个优先权,或者优先权与其他担保物权发生竞

① 王欣新、杨涛:《破产企业职工债权保障制度研究——改革社会成本的包容与分担》,载《法治研究》2013 年第 1 期。

② 特殊用工关系中的劳动者以及劳动关系下几类特殊情况下企业破产的工资优先权主体的确认问题。诸如,劳务关系,实习、帮工等用工关系中劳动者可否主张工资优先权的问题。

③ 此学说又有人认为是物权优先权,主要形成与工资优先权形成和发展的法国法时期,相关内容参见于海涌:《法国工资优先权制度研究——兼论我国工资保护制度的完善》一文。

④ 参见谢德成:《论劳功报酬权的优先权属性》,载《河北法学》2004 年第 12 期。

⑤ 参见崔建远:《我国物权法应选取的结构原则》,载《法制与社会发展》1995 年第 3 期。

合,其顺序的确定并不完全遵守公示优先或产生时间优先的原则,而是由法律直接规定其顺位。工资优先权打破了债权平等原则,有些国家赋予工资债权优先于一般债权甚至物权的特权,因此,这种特权与其他优先权一样,必须基于法律的直接规定。即工资优先权由法律直接规定,当事人不得任意创设,也不能由当事人自由约定而放弃。这里所称的法,并不限于民法,而是散见于民法、劳动法、公司法、破产法等众多法律之中,而且名称也可能不尽相同。另外,从权利的性质看,工资优先权具有不可让与性,存在由"契约到身份"法律观念的再转变。工资优先权主体具有身份性,这也是许多学者主张,工资优先权主体必须是劳动关系主体的原因。①

三、工资优先权的公共政策基础
——确定工资优先权主体的标准

不少学者总试图从传统法律制度中为工资优先权寻找一个符合传统法律观念的解释。但从本质上讲,工资优先权制度就是法律基于特定社会公共政策的考量对传统物权优先债权,债权平等权利观念的突破。这种考量主要是企业破产立法的公共政策的考量结果。

所谓企业破产立法的公共政策,有学者概括为"在企业破产的立法和实施环节,政府对企业破产法的推行所可能报有的态度"。按照这一定义,企业破产立法中公共政策所要解决的问题集中表现在,如何在平衡债权人、债务人以及除此之外的其他利益主体之间的利益关系的问题上适度反映出政府的选择倾向,并在必要的时候对政府的选择倾向作出一定的妥协。②

工资优先权制度是在企业破产的环境下适用的,同时又贯彻了劳动法从契约法到身份法再回归的法律思想。因此,工资优先权制度的公共政策基础应该包含企业破产债权分配和相关债权人利益平衡的基本内容,同时还要贯彻对劳动者倾斜保护的劳动法理念。

具体说来,赋予工资债权以优先权性质的政策原因,也是工资优先权主体确

① 参见孙新强:《破除债权平等原则的两种立法例之辨析——兼论优先权的性质》,载《现代法学》2009 年第 6 期。

② 参见韩长印:《破产优先权的公共政策基础》,载《中国法学》2002 年第 3 期。

定标准应当包括以下三项内容。

(一)工资优先权的生存权属性

一般理论认为,企业破产程序中领取工资的劳动者具有天然弱势性,因此需要立法加以倾斜保护。主要理由是劳动力市场的供需状况和劳动合同中劳动者的谈判地位决定了劳动者在企业破产程序中的天然弱势地位。此外,用人单位拖延工资的客观可能及相应风险防范手段的先天性欠缺和救济手段的无力性加剧了劳动者的弱势地位。我们认为,从弱势的角度来讲,企业破产环节中,任何债权人的债权利益都处于弱势的地位,都有可能得不到保障(担保债权例外)。至于劳动力市场关系和劳动力价格的定价机制更不可能依靠工资优先权制度解决问题。

工资优先权之所以具有优先法律地位的特别理由应该是其生存权利属性。即"工薪阶层"对工资的生存依赖意义。据此标准,一切依赖工资生存的劳动者的薪金、工资收入都应该纳入工资优先权制度的保护范围。

(二)工资债权的人身权属性——对劳动本质的再认识

一般认为,劳动债权是劳动者与用人单位在劳动过程中形成的债权债务关系。这种关系是劳动者的身份所决定的,劳动力之给付与受领并非单纯的债务契约,而是一种"身份从属性"契约。因此,以是否具有劳动关系来判断工资优先权的主体。但是,对于社会上绝大多数透过"劳动"来维持其生存的"劳动者"来说,劳动的本质并不在于是否建立劳动关系,而是依靠劳动获得生存。因此,从工资债权的人身属性来讲,只要具有依靠劳动维持生存的劳动本质就应当具有工资债权的人身权属性,也就能够成为工资优先权主体。

(三)与其他破产债权权利人利益的平衡

工资优先权是企业破产背景下适用的制度。企业破产法发展到今天,从总体上说,经历了由债权人本位到债务人与债权人的利益平衡本位再到社会利益与债权人、债务人利益并重的变化和发展过程。[①] 而今,发达的商品经济对契约

① 参见韩长印:《破产理念的立法演变与破产程序的驱动机制》,载《法律科学》2002年第4期。

精神的要求,特别是对担保物权这些有公示效力契约的信赖,加速了整个社会资源的利用,促进了社会整体利益的进步。① 因此,在强调劳动者的基本生存权和工资优先权的同时,如何在保障劳动者权利的基础上有效促进社会资源的利用,成为企业破产法必须考虑的问题。

也正是基于此考量,近年来的破产法有大量缩减优先权类型的趋势,有些国家甚至不再给税收债权优先地位。联合国国际贸易法委员会《破产法立法指南》认为,优先权类型太多会使破产法的基本目标更为复杂化,从而降低破产程序的效率。破产法应当尽量减少给予未担保债权的优先权。如果有这样的优先权,破产法应当明确规定,以增加破产法的透明度和可预见性,以便债权人能够更准确地评估与债务人交易行为的相关风险。指南同时提到一些基于社会原因而赋予的优先权可能由其他法律而非破产法来规定更为合适一些,如社会福利立法等。因此,在破产法中给予优先权最多也只是提供一种对社会问题的不完全、不充分的救济,实际上并无必要。②

对于我国来讲,我国工资优先权制度还处于初创阶段,加之用工制度、社保制度相关立法的滞后。总体来讲,对工资优先权主体的保护还很不充分。笔者认为,面对当期我国劳资矛盾日趋严重与经济发展效率的双重压力下,应强化劳动者权益保护的同时,适当兼顾债权人利益的平衡。

四、几类不同用工关系下工资优先权主体的确定

(一)劳动关系以外的用工关系中劳动者是否适用工资优先权制度

现行立法仍将劳动关系作为确立工资优先权主体的前提,但并非所有的用工都建立有劳动关系。

从前文三个标准来看,一切形式的劳动者,其劳动所得都应受到保护,工资优先权主体没有理由以劳动关系加以区别。一切依靠劳动收入生活的人其生存权都应受到平等的保护。基于一些非劳动关系的劳动者其生存地位往往更为弱

---

① 参见韩长印、韩永强:《债权受偿顺位省思——基于破产法的考量》,载《中国社会科学》2010年第4期。

② 参见石静霞:《联合国国际贸易法委员会〈破产法立法指南〉评介及其对我国破产立法的借鉴》,载《法学家》2005年第2期。

势。如企业中的学徒工肯定比正式工的生活保障能力更差。因此,理应强化这种保护,而不应加以区别排除。从工资优先权本质讲,工资优先权制度本身就是法律基于社会公共政策考量作出的特殊规定。基于同样的现实或者更为严峻的现实,立法没有理由偏颇对待。

从国际立法经验来看,许多国家工资优先权主体范围远远大于我国立法规定。如法国民法规定工资优先权主体已经不再以佣人为限,其不断扩大适用于工人、雇工、旅行推销员、戏剧演员等。如今,几乎所有领取工资的人都可以享有这种优先权,至于他具体从事什么工作,是根据劳动合同受雇的雇工还是当学徒,均非所问。1999 年 7 月 9 日的法令第 35 条又将这种工资优先权扩大适用于农业领域。①

依劳工法之发展趋势言,凡处于从属地位为他人服劳务者,就其工资及类似债权,于雇主破产时,均应享有最优先之受偿权。②

(二)劳动关系下的特殊情况

即便在明确有劳动关系时的工资优先权主体确定仍然面临诸多问题。

1. 工资垫付主体是否应该成为工资优先权主体

在工程转包等情形下往往存在一些主体垫付工资的情形。当企业破产时垫付人是否享有该垫付工资的优先权。最高人民法院《关于正确审理企业破产案件为维护市场经济秩序提供司法保障若干问题的意见》规定:有条件的地方,可通过政府设立的维稳基金或鼓励第三方垫款等方式,优先解决破产企业职工的安置问题,政府或第三方就劳动债权的垫款,可以在破产程序中按照职工债权的受偿顺序优先获得清偿。

由此可见,我国司法实践认可了垫付工资的主体的工资优先权主体地位。但是,从法理上讲垫付者的垫付行为完成之时,劳动者生存之虞就已解决,从而无从谈论工资对劳动者工作优先保护之必要。同时,垫付行为应当是垫付人自愿之行为,且能遇见行为之风险,自愿之行为形成的债务而无其他优先保护之理由时对其优先保护的原因值得研究。

---

① 参见于海涌:《法国工资优先权制度研究——兼论我国工资保护制度的完善》,载《中山大学学报》2006 年第 1 期。

② 参见王泽鉴:《民法学说与判例研究》,北京大学出版社 2015 年版,第 1533 页。

2.劳动者不适格时可否成为工资优先权主体

在一些特殊行业中往往对从业人员有一定的从业条件限制。如果一些不适格人员从事了有特殊要求的职业,其是否能作为工资优先权的主体。例如,在船员工资优先权中,如果船舶所有人选用不合格人员担任船长或船员,则该人员的费用请求权是否受船舶优先权担保?有学者认为宜作肯定解释:因为选用合格船长、船员的义务承担者为船舶所有人,而不应归责于不合格船员,也不应妨碍其享有相关权利;但以欺诈手段订立雇佣合同,从而服务于船上的,则另当别论。①

笔者认为,对有特殊行业要求的劳动者即便不符合特殊条件要求,但只要付出了具体劳动,作为其劳动对价的工资就应当得到保障,无论其在获得该工作时是否存在欺诈。因为,不适格劳动者的欺诈行为仅仅可能导致劳动合同的无效。但前文已述工资优先权主体不以劳动关系为前提。因此,其应当获得的报酬理当受到优先保护。

(三)工作时间及工资额度对工资优先权主体的限制

我国《企业破产法》没有明确规定工作时间对工资优先权主体的限制。但欧美国家多有规定以企业破产前一定时间段内的工资拥有者才能作为对工资优先权主体。以法国法为例,法国《民法典》第2101条第4项将受雇人员在企业破产前1年以及当年的报酬、薪金雇员与学徒最近6个月的工资列为对一般动产享有优先权的债权。法国《民法典》第2104条第2项又将受雇人员当年与已过去的1年的报酬、薪金雇员与学徒最近6个月的工资列为对一般不动产享有优先权的债权。② 我国学者在探讨工资优先权制度时多主张需要对享有工资优先权的主体加以时间上的限制。这既是从工资优先权制度保护劳动者基本生存权之急迫,我们可以认为超出一定时间的工资债权不再是劳动者急需之赖以生存之物。因此,也无特殊保护之必要。此外,也应当视为企业破产中工资债权与其他债权,特别是有担保的债权拥有者之间利益之平衡,也能更好地降低交易风险,促进物尽其用。

对工资额度是否应当成为工资优先权主体的限制条件。企业董事、监事、高

① 参见张辉:《船舶优先权法律制度研究》,武汉大学出版社2005年版,第72页。

② 参见李曙光、贺丹:《破产法立法若干重大问题的国际比较》,载《政法论坛》2004年第5期。

级管理人员作为企业员工享有工资优先权是无疑的。但因高管在企业管理中的特殊地位和职权,往往以工资的形式获取非正常收入或者侵占企业财产,高管工资往往畸高且含有不合理的成分。同时,企业高管往往对企业破产负有不可推卸的责任。另外,从工资优先权保证劳动者基本生存的价值取向来讲,高级管理人员的高额工资也不完全是生活所必须,其不能通过优先权制度得到保护的部分工资不会影响高管的生存。鉴于此,在工资优先权制度设计时参照企业的平均工资①作为高管工资优先权的限制是有一定道理的。

(四)司法实践在确定工资优先权主体时的能动作用

鉴于我国工资优先权制度立法以及劳动立法、社会保障立法的相对滞后,要对工资优先权主体作突破理解还存在制度障碍。尤其是要突破以劳动关系为前提来判断工资优先权主体具有一定的难度。但是无论从实践的需要还是国际立法的趋势来讲,扩大我国工资优先权主体的范围都是必需的。在相关立法滞后的情况下,唯有突出司法的能动作用。在司法实践中,以保证劳动者生存权、人身权和企业破产中债权人利益的平衡为标准,逐步拓展工资优先权主体的范围,以更好地适应保护劳动者利益的需要,最终促成立法的完善。

五、结　　语

在工资优先权制度实践基础上提出一套工资优先权主体确定标准,无论是在司法实践中还是公司法制理论研究中都有极现实的意义。工资优先权主体确定标准应当充分体现工资对劳动者生存权的保障作用,这种保障不应是过于充分的,而应是基本生存权利的保障。同时更应当兼顾在破产法语境下各权利人利益的平衡,保证契约自由,促进物尽其用。只有坚持这一理念才能促进工资优先权制度在实践中的社会效果,同时以该制度的实践推动公司法、破产法、劳动保障法相关理论研究和立法的完善。

---

① 我国《企业破产法》第 113 条第 3 款规定:破产企业的董事、监事和高级管理人员的工资按照该企业职工的平均工资计算。

国有企业破产重整中职工安置的若干问题

蒋太仁[*]　黄　睿[**]

我国《企业破产法》第113条规定，破产财产在优先清偿破产费用和共益债务后，应在第一顺序支付职工工资和社保费用，以及法律法规规定应当支付给职工的补偿金。该条文本身并不存在歧义。然而在实践中，由于劳动法律法规政策性强、地域性强，相关规定分散，加之职工可能因破产或重整而丧失生活来源，生存权面临挑战。因此，在确定职工安置补偿方案时，常常引发争议，成为破产案件处理的难点。其中，又以国有企业的情况最为复杂。下文的一则案例集中反映了国有企业破产或重整中遇到的劳资关系难题：

H公司是一个有着逾30年经营历史的国有混合所有制企业，其前身是全民所有制企业J公司。1997年J公司在政府主导下完成了国有企业股份制改制，改制后国有持股比例超过98%，剩余的2%股权由16名自然人股东持有。在完成股份制改制后，原J公司的一批老职工与改制后的H公司签订了无固定期限的劳动合同。15年后的2014年，H公司因经营状况恶化而面临重整。重

* 广西壮族自治区高级人民法院民二庭庭长。
** 广西壮族自治区南宁市兴宁区人民法院法官。

整方案规定,劳动者可以自行选择与企业协商解除劳动合同,其解除劳动合同前12个月的平均工资低于本公司职工平均工资的,按照公司的平均工资数额来计算经济补偿金。该重整方案经过国有资产管理部门和社保部门批准,但在报批时,并没有明确公司职工平均工资的具体数额。在此后的具体实施过程中,H公司先后提出了两个不同的“公司职工平均工资”标准,二者之间差距1000多元,产生差距的原因是2次计算平均工资时纳入计算范围的职工人数不同。据此,有部分职工对安置方案提出了2项异议:一是主张因改制时国有企业的职工身份发生了置换,故要求企业在解除劳动合同时应支付“国有职工身份置换金”;二是安置方案中确定的经济补偿金标准,前后两次计算有差异,其中第一次的补偿金标准较高、并经过了职工代表大会讨论和公示,而第二次的标准较低、没有经过讨论和公示,故应当以第一次经过职工代表大会讨论的标准为实际执行标准。双方为此发生争议,重整方案迟迟未能推进。

国有企业虽然具有一般市场经济主体的外在形式,但在经营管理的层面上,与其他经济主体相比依然具有一定的特殊性。这种特殊性大致可以归纳为三个方面:一是国有企业的公共性质与商事主体逐利本质的矛盾;二是国有企业所有权与经营权相分离的公司治理机制;三是国有企业在用工制度上自主用工与行政指派双轨并行、“编制”内外有别的特殊性。此外,过去国有企业管理中政企不分等历史遗留问题对其市场经营行为的影响至今依然存在。上述一则案例便集中体现了国有企业作为这种特殊的市场主体,在破产程序中可能遭遇的两个典型问题:一是所谓的“国有企业职工身份”在企业破产重整时应作何处理;二是如何看待职工代表大会表决程序的法律约束力。

一、关于国有职工身份置换的问题

(一)国有职工身份置换问题的由来

国务院于1994年公布的《关于在若干城市试行国有企业破产有关问题的通知》(国发〔1994〕59号)中,对职工安置问题作出了专项规定,明确“破产企业中的劳动合同制职工的安排,依照《国营企业实行劳动合同制暂行规定》等法律、行政法规的规定办理;临时工的安排,依照《全民所有制企业临时工管理暂行规定》办理”。至1997年公布的《关于在若干城市试行国有企业兼并破产和职工再就业有关问题的补充通知》(国发〔1997〕10 号)则对经费来源等问题进一步细化了规定。然而,这些文件中并没有提及“职工身份置换金”的问题。那么,应如何理解国有企业职工身份置换问题呢?

国务院发布的《国有大中型企业建立现代制度和加强管理的基本规范(试行)》指出:“……全面实行劳动合同制度,企业与职工通过平等协商签订劳动合同,确定劳动关系,加强劳动合同管理,做好劳动合同的变更、续订、终止和解除等各项工作……改革用工制度,企业依法自主决定招聘职工,多渠道安置富余人员,实行试行全员竞争上岗,经培训仍未能竞争上岗的职工,企业可以依法与其解除劳动合同,形成职工能进能出的机制……”在国有企业改革实施以前,国有企业职工对企业有终身依附关系,这种终身制的劳动关系给企业造成了巨大的负担,也限制了人才资源在市场上的自由流动及合理配置。国有企业改革在劳动关系上的变动体现为三个方面:一是打破了职工终身制的劳动关系,改为以签订劳动合同的方式约定双方的劳动权利义务,在法定条件下劳动合同可以变更或者解除;二是职工由生老病死均依附于企业的企业人,转变为相对独立于企业的社会人,各项福利待遇社会化,通过社会保险和商业保险解决,而不再由企业包揽;三是职工与企业之间除单纯的劳动关系外,还可以有股权关系、债权关系等多种灵活的激励和分配机制。由此可见,与国有企业股权制度改革相适应的劳动人事制度改革,其核心是打破职工对企业的长期人身依附。当这种长期依附关系被打破时,职工对未来的预期利益损失需要得到一定的补偿,于是产生了“国有职工身份置换补偿”的问题。由于这种打破终身依附关系直接涉及职工的生活来源、生活保障等生存权的问题,因此如何补偿称为实践中国有企业与职工之间绕不过的一道坎。

(二)以地方性法规为例对身份置换金的思考

虽然国有企业职工在企业改制后、与企业签订劳动合同时,其对企业的人身依附关系已经被打破,从这个意义上说,职工的“国有固定工”身份确实发生了变化,但国家法律法规并没有对“国有职工身份置换金”作出明确规定。也就是说,国有职工身份置换只是一个政策性概念,而不是一个法律概念,相应地,“国有职工身份置换金”这个词也只是出现在各地落实企业改制政策的地方性文件中。以 H 公司所在的广西壮族自治区南宁市为例。南宁市政府对涉及国有职工身份置换金的地方规范性文件主要有4份:南府发〔2000〕6号南宁市人民政府《关于国有中小企业放开搞活若干问题的补充规定》、南府发〔2001〕96号南宁市人民政府《关于进一步深化已改制国有及国有控股工业和商贸流通企业改革问题的通知》、南府发〔2004〕39号南宁市人民政府《关于印发〈加快国有中小企业改制实施产权制度改革的规定〉的通知》、南发〔2004〕17号中共南宁市委、南宁市人民政府《关于加快国有企业改革的实施意见》。其中,南府发〔2001〕96号文是特别针对南宁市1999年年底以前施行整体改制的国有及国有控股的工业和商贸流通企业进行完善规范作出的规定。

在上述4份文件中,南府发〔2000〕6号文第2项、第3项,南府发〔2001〕96号第2项、第3项,南府发〔2004〕39号第3项、第4项均分别对"富余职工的安置补偿"和"职工身份的置换"作出了规定。其中,"富余职工的安置补偿"项规定:企业改制时,按1986年前参加工作的在职职工的30%,以人均1.5万元计算,在国有净资产中提取富余职工安置补偿费,用于置换国有职工身份;1986年前参加工作的在职工,解除劳动合同的经济补偿金,改制时已进入再就业服务中心或职已离岗退养的,应由企业负担的费用,在提留的国有净资产中列支,超过提留部分由企业自行解决,如有剩余留归企业使用;1986年前参加工作的在职职工作为富余人员解除劳动合同时,企业没有能力支付经济补偿金的,可将经济补偿金折算成个人在企业的股份留在企业(按照"职工身份置换"项下规定的方法计算),有支付能力的企业,可用现金形式在一定时间内向职工支付经济补偿金等。"职工身份置换"项则规定:企业改制时,可按1986年前参加工作的在职职工,以人均1.5万元的标准,从国有净资产中提取,用于置换国有职工身份;提取置换国有职工身份的资产留存在企业,按工龄长短折算成职工在企业的个人股份;已进行国有职工身份置换的职工,不再保留原国有职工身份,仍留在企业的要与改制后的企业重新签订劳动合同等。南发〔2004〕17号文第5项则提及:"……改制企业原财政性借款,经批准可转为国家资本金注入改制企业,用于支付职工身份置换……"

上述文件其实已经解释了身份置换金的来由和用途。首先,上述文件明确规定"在国有净资产中提取富余职工安置补偿费,用于置换国有职工身份",即富余职工安置补偿费与国有职工身份置换金具有同源性。其次,上述文件还规定,"企业可按人均1.5万元提取的国有职工身份置换金留存在企业、用于支付解除劳动合同的经济补偿金",这些文件并没有规定企业应当直接向职工发放身份置换金,而南府发〔2005〕87 号文更明确规定“职工身份置换补偿费统一称谓为经济补偿金”。据此,南宁市的地方性文件已经将政策文件中的职工身份置换金纳入了法律的轨道,即以经济补偿金的形式实现对国有企业职工的身份置换,而没有要求企业另行支付“国有职工身份置换金”。南宁市的这一规定是符合国家政策的,国务院办公厅国办发〔2005〕60 号《关于进一步规范国有企业改制工作的实施意见》中明确规定,对企业改制时解除劳动合同且不再继续留用的职工,要支付经济补偿金,企业国有产权持有单位不得强迫职工将经济补偿金等费用用于对改制后企业的投资或借给改制后企业(包括改制企业的投资者)使用。

(三)小结

国有企业改革的终极目标,是在产权明晰的前提下,实现国有资产的保值增值。据此,将南宁市对“国有职工身份置换金”的相关规定放置在企业改制的整个大背景下,提取国有职工身份置换金的政策性规定,其实是用于规范企业改制时国有资产的处置行为。一方面,企业在改制时必须预留部分资产,用于支付解除劳动合同的经济补偿金,保障职工的生存权,通过这种方式实现对国有企业职工的经济补偿,而不是在我国《劳动合同法》规定的解除劳动合同经济补偿金之外,新设一个补偿项目;另一方面,规范提取身份置换金,也是为了防止国有资产流失,将这部分资产留在国有企业内部,以便实现企业资产的风险管控。

二、关于职工代表大会的表决程序的约束力问题

我国《劳动合同法》第 41 条规定,有下列情形之一,需要裁减人员 20 人以上或者裁减不足 20 人但占企业职工总数 10% 以上的,用人单位提前 30 日向工会或者全体职工说明情况,听取工会或者职工的意见后,裁减人员方案经向劳动行政部门报告,可以裁减人员:(1)依照企业破产法规定进行重整的;(2)生产经营发生严重困难的;(3)企业转产、重大技术革新或者经营方式调整,经变更劳动合同后,仍需裁减人员的;(4)其他因劳动合同订立时所依据的客观经济情况发生重大变化,致使劳动合同无法履行的。该规定虽然明确了企业大规模的经营性裁员应当听取工会或职工的意见,但没有规定这一程序缺失的法律后果。如果这一规定仅仅是管理性的强制性规定,那么未经职代会表决或者工会同意的程

序瑕疵将不会影响裁员方案的效力;而如果其属于效力性的强制性规定,那么未经表决程序必然会导致裁员方案无效。那么,如何区分管理性强制性规定与效力性强制性规定呢?

(一)强制性规范的鉴别

根据最高人民法院第七次全国民商事审判工作会议的精神,管理性规范旨在管理和处罚违反规定的行为,但并不否认该行为在民商法上的效力,例如,我国《商业银行法》第39条即属于管理性的强制规范。效力性规定,是指法律及行政法规明确规定违反该类规定将导致合同无效的规范,或者虽未明确规定违反之后将导致合同无效,但若使合同继续有效将损害国家利益和社会公共利益的规范。此类规范不仅旨在处罚违反之行为,意在否定其在民商法上的效力。我国台湾地区的学者史尚宽则认为:效力规定着重违反行为之法律行为价值,以否认其法律效力为目的;取缔规定着重违反行为之事实行为价值,以禁止其行为为目的。因此,其对效力性强制规范与管理性强制规范区分的方法主要是从行为之法律行为价值与事实行为价值上去区分。如果行为属于法律行为价值就属于效力性强制规范,如果行为属于事实行为价值就属于管理性强制规范。[①] 可以看出,效力性或管理性的强制性规定,其区分的关键点在于法律维护国家利益和公共利益的需要,凡是违法后果有损于此的行为,都应当产生被取缔的后果,以实现对这两类利益的法律保护。

(二)职工代表大会审议程序的法律约束力

基于上述法理,我们来分析国有企业重组或破产过程中,职代会或工会讨论的意义。前文提到,国有企业改制打破职工对企业的终身依附,将可能导致职工生存权受到影响的后果。生存权作为一项基本人权,是法律所要优先保护的对象。如果国有企业职工的生存权遭受威胁,其后果将导致社会动荡,直接损害国家利益和公共利益。从这个意义上说,从严把控国有企业的经济性裁员行为,确定其是否必要、是否适当,是直接影响到社会公共利益的问题,显得尤为重要。

① 参见卢金:《浅析导致合同无效的效力性强制性规定的识别》,载中国法院网:http://www.chinacourt.org/article/detail/2013/09/id/1102167.shtml,最后访问日期:2013年9月27日。

而这种监督权是否应当由工会或者职工代表大会来行使呢?

我国《工会法》基本沿袭了《全民所有制工业企业法》的精神,规定:工会依照法律规定通过职工代表大会或者其他形式,组织职工参与本单位的民主决策、民主管理和民主监督;企业、事业单位违反职工代表大会制度和其他民主管理制度,工会有权要求纠正,法律、法规规办理;国有企业职工代表大会是企业实行民主管理的基本形式,是职工行使民主管理权力的机构。[①] 据此,在现代企业制度的框架下,国有企业职工代表大会是职工行使民主管理权的代表机构,虽然企业的决策权依照我国《公司法》应由董事会或股东会行使,但全民所有制企业的职代会对企业重要事项享有审议和建议权,职代会对涉及职工切身利益的重大事项有审议通过权。[②] 可见,在涉及职工利益的重大事项上,职代会的这种审议和建议是不可或缺的必经程序。在这个问题上,国家政策其实已经给出了明确的指导意见。在2003年国有资产监督管理委员会的《关于规范国有企业改制工作意见的通知》(国办发〔2003〕96号)中,明确要求:"国有企业改制方案和国有控股企业改制为非国有的企业的方案,必须提交企业职工代表大会或职工大会审议,充分听取职工意见。其中,职工安置方案需经企业职工代表大会或职工大会审议通过后方可实施改制……"

(三)小结

综上所述,虽然我国《劳动合同法》没有明确规定未经工会或者职工代表大会审议的行为的法律后果,但从立法本意和国企改革的要求来看,这是一个效力性的强制性规定。回到前文案例中职工们提出的第二点异议,即两次安置方案的冲突如何解决问题,很显然,只有经过职工代表大会讨论和公示的第一次的补偿金标准,才能适用于职工安置。

三、程序上的障碍与破解

通常情况下,企业破产申请被法院后,争议事项均由受案法院裁决,劳动争

---

① 参见我国《工会法》第6条、第19条、第35条。

② 国资委党委、国资委《关于建立和完善中央企业职工代表大会制度的指导意见》(国资党委群工〔2007〕120号)。

议也不例外。然而,国有企业的改制过程中发生的劳动争议有一定的特殊之处。

早在2003年,最高人民法院《关于审理与企业改制相关的民事纠纷案件若干问题的规定》第3条就已经明确规定,政府主管部门在对企业国有资产进行行政性调整、划转过程中发生的纠纷,当事人向人民法院提起民事诉讼的,人民法院不予受理。至2010年,最高人民法院《关于审理劳动争议案件适用法律若干问题的解释(三)》第2条虽然只规定"企业自主改制引发的纠纷,法院应予受理",没有对政府主导的改制作出明确规定,但2003年的司法解释并未被废止,理论界和实务界比较一致的看法是对政府主导的企业改制引发的劳动争议纠纷,法院不应受理。时任最高人民法院审判委员会副部级专职委员杜万华在对《关于审理劳动争议案件适用法律若干问题的解释(三)》上述规定答记者问时也明确指出:"针对企业改制过程中出现的特殊情况,特别是政府行为主导的企业改制,我们一直认为,企业职工下岗、整体拖欠职工工资是企业制度改革和劳动用工制度改革中出现的特殊现象,不是履行劳动合同中的问题,由此引发的纠纷,应当由政府有关部门按照企业改制的政策规定统筹解决,不属于劳动争议案件,不应以民事案件立案审理。"

据此,针对国有企业破产或重组过程中发生的、与政府主导的企业改制有关的劳动争议案件,如前文分析的"国有职工身份置换金"问题,有两种观点:一种观点认为,受理破产案件的法院不宜进行裁判。理由是国企改革背景下的国有企业的股份制改革往往是在政府的行政命令下进行的,企业资产由政府依据政策进行调配,从改制的主体来说,企业对这一事项的自主经营权有限,因企业改制而受到影响的劳动关系,也不属于平等主体之间履行劳动权利义务的关系。这种改革过程中出现的特殊现象,人民法院不宜受理。另一种观点则认为,破产或重整程序中的劳动争议,虽然可能涉及政府主导的企业改制事项,但由于争议的直接原因是基于双方解除劳动关系,劳动者如提出支付身份置换金等的主张,仍属于解除劳动合同的补偿问题,法院应当审理,并依据我国《劳动合同法》等法律法规作出判决。笔者同意第一种观点。虽然在破产或重整程序中发生的劳动争议主要是因企业与职工解除劳动合同而产生的职工安置问题,但其争议的本质并不属于平等主体之间的劳动关系,相关的法律法规不健全,地方政策性很强,这类纠纷交由政府通过行政手段处理更为有效。

然而,如果法院对这类纠纷不予受理,争议很可能长时间处于悬而未决的状态,导致破产或重组程序无法继续进行。对此应如何救济？笔者建议可以采取以下途径:一是建议当事人申请劳动仲裁并接受仲裁裁决;二是积极与政府相关管理部门建立司法联动机制,通过司法建议及协调会等形式,统一各方对相关争议的看法;三是利用多元化纠纷解决平台,引入第三方调解机构,引导企业与劳动者之间通过和解达成协议。

中国破产企业职工权益的维护研究

张　国*

在社会主义市场经济条件下，根据价值规律的作用，一部分企业在竞争中破产是很正常的，这有利于资源的合理配置，也可以提高经济运行的效率和水平。但在企业破产后，破产企业职工的权益维护却是当前社会主义和谐社会建设中不可回避的一个问题，必须很好地加以解决，以确保社会的持久稳定和可持续发展。在我国《企业破产法》中第6条明确规定："人民法院审理破产案件，应当依法保障企业职工的合法权益，依法追究破产企业经营管理人员的法律责任。"当前，党正在带领全国人民致力于社会主义和谐社会建设，各级政府对社会民生问题给予了高度的关注，并积极地采取有效措施来化解深层次的社会矛盾，从而使社会各个阶层都能分享改革开放的成果，在确保社会公平的情况下实现经济与社会的可持续发展。当前，在大力推进供给侧改革的进程中，涉及破产企业职工权益的问题更应当得到妥善的解决，使破产企业职工能够在温暖的社会主义大家庭中继续快乐和幸福地生活。在此，本文仅对其中涉及的部分问题加

* 法学博士，北京交通大学中国产业安全研究中心博士后科研工作站在站博士后，主要从事产业经济学、创造学、组织行为学等方面的教学和科研工作。

以粗浅的探讨,希望对问题的解决能够有所促进。

一、对破产企业职工权益的维护需要做好多层次、多方面的实际工作

在实际工作中,破产企业职工权益的维护涉及多方面的工作,无论是政府层面、企业层面,还是社会层面都有很多的工作要做。

首先,就政府层面而言,必须做好以下几个方面的具体工作:其一,要做好对破产企业职工的上访接待工作。政府的信访部门应当热情接待为维护自身权益而上访的破产企业的职工,全面而深入地了解他们的合法权益受到侵害的详细情况,并及时地与相关的其他部门沟通,以推动问题尽快得到解决。无论破产的是国有企业、集体企业,还是私有制企业,政府部门都应当给予其职工同等的重视,真正地做到一视同仁,及时地对破产企业采取有效的措施,促使企业全面兑现对职工的各个方面的权益承诺。其二,要做好破产企业职工再就业方面的工作。当前,就业问题已经成为比较突出的社会问题,不但高校毕业生的就业问题亟须解决,其他社会群体的就业工作也需要得到高度的关注,尤其是破产企业职工的再就业问题就更加不容忽视了。对破产企业职工权益的维护不但涉及他们的基本生活保障问题,而且还应当包括他们的再就业问题。作为应尽的责任和义务,政府必须做好这方面的工作。而再就业则不可避免地涉及教育培训和工作的安置问题。政府的有关部门应当加强相应的教育培训机构建设,并根据破产企业职工的实际情况来组织教育培训活动,使他们在短期内能够掌握至少一门再就业所必需的技能。此外,针对破产企业职工打算自己创业的,政府部门应当出台相关的优惠政策给予大力扶持,促使当地的商业银行提供小额贷款来支持他们的创业和发展。例如,为了帮助下岗职工提高职业技能,尽快实现再就业,原劳动部制定了《"三年千万"再就业培训计划》,要求充分调动社会各方面力量,实行在政府指导和扶持下,个人自学、企业组织和社会帮助相结合,大力开展多种形式的再就业培训。其三,政府部门要在维护破产企业制度建设方面继续发挥好作用。在1999年,国务院颁布了《失业保险条例》以及《社会保险费征缴暂行条例》,标志着我国的失业保险制度的建立和完善。《失业保险条例》扩大了覆盖范围,不仅包括国有企业,还将城镇集体企业、外商投资企业、城镇私营企

业以及城镇事业单位职工纳入其中,并明确了失业保险基金的筹集、管理、待遇给付等多方面的内容。① 这两大条例的出台对破产企业职工权益的维护的确发挥了不可替代的作用。在现阶段,政府应当加强对破产企业职工权益中出现的新问题的研究,酝酿出台符合时代特征的新制度新条例,或者对原有的制度和条例作进一步的修订和完善。政府在这方面的制度建设必将会进一步规范企业的行为,使破产企业职工的权益维护得以在更加健全的制度环境下进行。

其次,就企业而言,破产企业的工会要做好维护职工权益的工作。我国《劳动合同法》第78条就明确规定:"工会依法维护劳动者的合法权益,对用人单位履行劳动合同、集体合同的情况进行监督。用人单位违反劳动法律、法规和劳动合同、集体合同的,工会有权提出意见或者要求纠正;劳动者申请仲裁、提起诉讼的,工会依法给予支持和帮助。"②无论企业的经营状况如何,企业的工会都应当按照法律的具体要求尽到维护职工权益的目的。尤其是在企业处于破产边缘的时期,企业的工会更得肩负起维护职工权益的重任,勇于同侵犯企业职工权益的行为作不妥协的斗争。

最后,就社会层面而言,则是社会各界对破产企业职工维权行为的关心与支持。在政府部门和企业积极做好这方面工作的同时,社会各界也应当对此多加关注,在必要时形成在社会舆论上的强大压力,促使有关的企业和个人尽快停止侵权行为,按照相关法律法规和政策来补偿对破产企业职工权益所造成的损失。

二、破产企业职工权益的维护需要系统性的法律法规建设

在调研中发现,破产企业职工权益的维护牵涉到方方面面的工作,在有关法律法规的建设方面也是如此。在实践中,仅靠我国《企业破产法》的进一步修订不能完全解决问题,它还涉及其他法律、法规的制定和进一步完善的工作。因此,要做好这方面的工作就必须树立起系统的观点。首先,要对破产企业职工的权益有准确的界定,并由此探究它与哪些方面的法律法规有比较密切的联系。其次,才能就所涉及的法律法规开展好相应的制定和完善工作。在这一点上,中

---

① 参见林嘉:《劳动法和社会保障法》,中国人民大学出版社2009年版,第240~401页。

② 廖名宗、翟玉娟、向明华:《中华人民共和国劳动合同法精解》,法律出版社2007年版,第390页。

国人民大学的王欣新教授也持与此同样的观点。他认为,对破产企业拖欠的职工债权仅靠在破产法中提前其清偿程序,是不能从根本上解决问题的。关键是必须制止欠薪等问题的发生,这要靠劳动法的改善以及政府在平时主动正确地履行其职责来实现。[①] 具体而言,为了更好地维护破产企业职工的合法权益,除了要进一步修订和完善《企业破产法》外,主要应当在以下两个方面多做工作:

其一,要做好我国《社会保障法》的进一步修订工作。社会保障体系的建立和完善,可能在短期内一定程度上影响了经济的发展速度,但从长远看,这些配套制度却是有利于经济健康、持续向前发展的重要保障,也是贯彻科学发展观、实现可持续发展的必然要求。为了确保社会主义政治、经济、文化等发展过程中外部环境的稳定,我们必须做好社会转型时期的社会保障工作,为包括破产企业职工在内的社会困难群体的生存和发展提供最基本的物质生活条件。具体到破产企业职工的权益维护问题,《社会保障法》在修订和完善时,应当增加关于成立破产企业职工工资保障基金的条款,确保破产企业职工中最基本的权益得到切实的维护。世界各国一般都是通过工资保障基金解决职工债权的清偿问题。企业一旦破产,马上由工资保障基金将所有欠付职工工资全部支付,然后由其作为代位债权人在破产程序中行使相应的权利。这样,既不与担保债权人发生清偿利益上的矛盾,又可以更有力地保障职工的权益。我国应当借鉴世界上其他国家的一般做法,首先维护好破产企业职工所享有的工资权益。当然,该法还有许多其他方面需要进一步的修订和完善,在此不作过多的探讨。

其二,为了更好地维护破产企业职工的合法权益,对我国《劳动法》进一步修订和完善也是必要的。该法自 1995 年开始实施至今已经十几年了,中国的经济生活也发生了很大的变化,为了适应新的现实生活,必须作出新的修订和完善。《工资支付暂行规定》第 14 条规定,用人单位依法破产时,劳动者有权获得其工资。在破产清偿中用人单位应按《企业破产法》规定的清偿程序,首先支付欠付的本单位劳动者的工资。在该法作新的修订时,建议将这方面的精神渗透其中,在第五章中增加维护破产企业职工工资权益的内容。

此外,在其他有关的法律法规制定和完善的过程中,也应当考虑到破产企业职工权益的维护问题。在此不能不提到的是我国于 2008 年开始实行的《劳动合

① 参见王欣新:《破产法》,中国人民大学出版社 2007 年版,第 345~390 页。

同法》,它对于完善劳动保障法律体系、保护劳动者的合法权益、确保形成和谐共处的劳动关系具有极其重要的意义。自然,该法在实施的过程中必将会得到进一步的完善。随着有关法律、法规的修订与完善,最终,在破产企业职工权益的维护方面,违法犯罪分子就无多少漏洞可钻,只好按照既定的法律、法规和政策办事。否则,他们将不得不接受法律的严惩。

三、破产企业职工要增强主动地维护自身权益的意识

在企业面临破产和重组时,职工只有拥有维护自身权益的强烈意识,其自身的权益才有可能得到很好的维护,从而尽量减少受到不法侵犯的程度。例如,武汉自行车一厂在企业破产中侵害了残疾职工的合法权益,在2008年12月,自行车一厂公告,实施政策性破产,在职职工按每年仅1800元一次性发给安置费。对此,这些职工就主动地向政府部门反映,同时也向社会媒体曝光,尤其是向网络媒体反映,切实地维护了自身的合法权益。同时,破产企业职工维护自身权益的行动只有在工会的正确领导下,以现有的法律、法规为依据才能取得更大的成效,要从政府层面寻求问题的妥善解决途径。同时,还应当依靠法律的手段,将违法单位和个人起诉至法庭,使其受到法律的严惩而使自身的权益得到维护。

四、企业破产前职工要真正地参与企业的经营管理

在我国的国有企业和集体所有制企业中,职工作为企业的主人,理应参与到所在企业的经营管理工作中,而不是仅仅做好自身的本职工作。职工参与企业经营管理的主要形式是职工大会和职工代表大会,就企业生存和发展中的重大问题展开讨论。在调研中发现,在不少国有和集体所有制企业的经营管理中,职工的发言权并没有得到充分的体现,形式主义的做法依旧比较普遍。在维护自身合法权益的过程中,企业职工,尤其是国有和集体企业的职工参与企业的经营管理就显得特别重要了。当企业在市场经济的大潮中濒临破产时,企业的职工就应当自觉地维护自身的合法权益,避免企业领导随意处置企业资产的现象发生。为此,就应当召开全厂职工代表大会,由企业职工讨论决定企业的命运问题。此外,企业职工要努力团结在工会的周围,依靠组织的力量来维护自身的合

法权益。这就要求企业领导在进行决策时，应当积极地听取职工的建议，既使决策更加科学合理，这也是对职工参与企业管理的尊重与支持。

五、破产企业的重整对职工权益的维护是重要的

目前，我国《企业破产法》明确规定了企业的破产重整程序。在破产企业职工的权益维护中，企业的破产重整是其中涉及的一个重要方面。在企业面临破产境地时，为了职工权益的维护而进行的重整，应当加以认真考虑。在进行重整之后，原来企业的在岗职工就可以在新企业内继续工作，而已经退休职工养老金的发放也有了保障。而企业的破产重整既需要政府部门的关注和支持，也需要原有企业领导的积极运作和广大职工的热情参与。对此，我国《企业破产法》研究方面的著名专家王欣新教授认为，通过重整程序，不仅可以在更大程度上维护债权人、债务人、企业出资人的正当权益，防止出现企业连锁破产、职工失业以及由此引发的社会不稳定等问题，还对于我国建立和谐社会具有重要的现实意义。① 因此，对企业的破产必须慎重对待，不可轻易地直接进入破产的程序，而必须先考虑是否有重整的可能和必要性。如果的确没有希望进行重整，就只有进入破产的议事日程了。

在破产企业重整的过程中，企业的重整过程应当在企业职工、管理人和社会的监督下进行，确保企业的资产不外流，负债不会无根据的扩大，这对重整后企业的正常运转来说是十分重要的。同时，在企业破产重整的过程中，企业的领导和一般的职工都应当全面地总结企业濒于破产边缘的原因何在，以便在今后的发展中避免犯同样的错误。

---

① 参见王欣新：《破产法》，中国人民大学出版社2007年版，第345～390页。

“跑路”背景下的“僵尸企业”处置中的职工利益保护

李乐敏[*]　丁天甲[**]

自全球经济危机以来，中国的经济发展开始面临压力，出现下滑。众多民营企业因为经济环境变化而出现经营困难，部分企业甚至出现了企业主“跑路”的现象，进而形成了所谓的“跑路企业”“植物人企业”。这些企业的存在不仅于公司自身无益，还造成了社会公共资源的浪费，更侵害了公司职工的利益。在我国社会保障体系尚存不足、法律体系尚待完善的情况下，如何对“跑路企业”的职工利益形成有效的保护是一个值得讨论和亟须解决的问题。

一、“跑路企业”职工利益损害情况分析

自金融危机后，中国经济出现下行态势，金融政策开始转向紧缩。在此情况下，存款供给不足而贷款需求过多，信贷市场出现超额需求，从而出现信息不对称下的不

[*] 浙江振邦律师事务所主任。
[**] 浙江振邦律师事务所律师。

平衡的信贷配给,[①]许多民营企业难以从银行获得融资。作为融资途径的补充手段,民间借贷在一定程度上解决了部分社会融资需求,[②]加之闲置资金的充裕、利率倒挂、投资渠道狭窄、宏观信贷政策影响、逐利思想的驱动等因素,[③]民间借贷开始盛行。许多企业主在初尝“钱生钱”的乐趣之后已对举办实业、从事生产不再感兴趣,从而在一定区域形成了民间借贷的资金利益链和非理性风潮,渐而形成一种畸形的经济发展模式。

民间借贷之所以流行,是因为融资便利,贷款人对借款人的资质审核较为宽松,而这一优势必然以较高的融资成本即高利息作为代价。一旦企业经营不善,企业面对的资金缺口十分庞大,只能继续依赖于民间借贷进行融资,最终借贷利息超出企业可获的利润时,危机就将全面爆发。[④] 此外,我国南方地区尤其是江浙地区企业融资的一个典型特点就是联保互保贷款。如温州市中小企业在向银行业金融机构获得融资贷款时,除了将自身所有的土地使用权和厂房作为抵押外,80%的企业都是利用互保、联保方式获得贷款。[⑤] 在联保互保模式下,一旦“互保链”上有一家企业出现还贷问题,就有可能会牵连到其他优质企业,[⑥]进而招致巨额亏损,最终导致企业资不抵债。

在企业陷入困境之后,企业主首先想到的往往不是申请破产保护,而是携款逃跑。原因在于:首先,部分企业在设立、经营过程中存在偷税、漏税等违法行为,一旦企业进入破产程序,上述行为即会被发现。这样一来,不仅会增加企业的债务分担,甚至企业主的违法犯罪行为可能会被追究。其次,一旦企业进入破产清算,企业资产经清偿债务很可能所剩无几,因此企业主往往铤而走险,在企业资金链断裂的时候就携款外逃。最后,中小微企业民间融资较多,在企业陷入困境无法支付到期利息时,债权人往往会紧追不舍,逼迫企业主外逃。

---

① 参见王伟、李海平、戴菊贵:《我国民间借贷危机的形成及防控》,载《西南金融》2015年第11期。

② 参见张强:《民间借贷的发展现状、风险分析及其法律规制》,载《金融纵横》2013年第1期。

③ 同上。

④ 参见王壬:《浅析我国民间借贷中“跑路”折射的法律问题》,载《法制与社会》2016年第6期(上)。

⑤ 参见鞠海婷:《温州“两链”金融风险司法化解与破产审判实践》,载《法律适用》2016年第5期。

⑥ 参见刘斌、李曙光:《企业间互保、联保贷款模式困局及其解决——以浙江企业“互保链”危机为例》,载《法律适用》2014年第7期。

因此,当企业面临巨额债务,企业主自认为无法挽回颓势时,有可能携款逃跑,形成“跑路企业”。从江南皮革有限公司董事长黄某到信泰集团董事长胡某某,企业主因企业陷入困境携款出逃的案例不胜枚举。同时,相关企业主在出逃的时候往往携带大量企业资金,导致公司资产大量流失,并且,企业将会由于企业主“跑路”而陷入无人管理的境地,企业账册凭证极有可能遗失。这些案例全面引发了一场因中小企业无法偿还民间借贷而导致资金链断裂的“借贷危机”。①

通过经手的种种案件,笔者了解到,有相当一部分企业因企业主跑路而导致资产严重流失。在该企业进入破产程序后,仅剩土地、房屋等不动产。由于企业前期借贷时已将相关不动产抵押给银行等金融机构,根据最高人民法院《关于适用〈中华人民共和国企业破产法〉若干问题的规定(二)》第 3 条第 2 款之规定,②职工工资劣后于有担保的债权,从而难以得到清偿。更为严重的是,某些企业主出逃导致企业账册缺失,因而无法对企业的应收款项进行催收,使企业在破产清算时破产财产屈指可数,基本无法覆盖破产费用与共益债务,更勿论职工债权,因此,职工债权在破产时难以得到有效保障。

二、职工利益保护的现实与价值考量

(一)职工下岗易引发社会不稳定因素

根据不完全统计,我国中小微企业占到了全国企业总数的 99.7%,其中小型微型企业占 97.3%,可见中小微企业已经成为了促进经济增长的生力军。③ 但是从 2008 年以来,中小微企业的发展开始陷入困境,“跑路潮流”开始盛行。尽管中小微企业的员工数量相对于国有企业其动辄几万元甚至十几万元的员工数量而言微不足道,但是基于中小企业的庞大比例,其潜在的下岗员工总数不可忽视。据中国社会科学院 2016 年公布的《社会蓝皮书》,我国城镇调查失业率已攀

---

① 参见王伟、李海平、戴菊贵:《我国民间借贷危机的形成及防控》,载《西南金融》2015 年第 11 期。

② 最高人民法院《关于适用〈中华人民共和国企业破产法〉若干问题的规定(二)》第 3 条第 2 款规定:“对债务人的特定财产在担保物权消灭或者实现担保物权后的剩余部分,在破产程序中可以用于清偿破产费用、共益债务和其他破产债权。”

③ 资料来源:http://finance.sina.com.cn/china/20120531/050012186221.shtml,最后访问日期:2016 年 7 月 2 日。

升至9.4%,是国家统计局公布的截至三季度末城镇登记失业率(4%)的2倍多。[①] 可见,我国失业率较高的情况已经较为明显,一旦处理不当,就会使一部分失业职工产生不良情绪,甚至产生对社会的怨恨心理,从而引发类似静坐、上访[②]甚至聚众、示威、闹事等违法行为,给社会稳定带来很大隐患。

(二)失业职工再就业难,因破致贫人数增多

由于年龄、技术、工作地域、家庭环境等因素的影响,失业职工想要重新就业并从事和原来工种相差不大的工作比较困难。已有的职业技能不能够满足失业职工的转岗需要,导致下岗职工再就业难。[③] 尤其是一些年龄较大的职工和女职工,这个问题更为突出。另外,我国的人口总数较为庞大,低素质劳动者偏多,就业劳动人口一直呈现上升趋势,新增劳动力致使就业压力将长期存在。[④] 然而,我国社会保障制度尚不健全,经济补偿标准低,一旦因公司破产致贫、致困的职工人数增加,将对社会经济的发展产生十分不利的影响。

(三)破产法的价值要求保护职工的债权利益

破产法发展至今,其价值目标已不再仅保护债权人或债务人的利益,而是兼顾债权人、债务人、社会公共利益等多重利益。这就意味着破产法要在合理的利益格局下尽可能地关注各行为主体的利益主张。[⑤] 在这里,所谓社会公共利益在很大程度上就包含职工的利益。与其他债权人相比,职工为了生存贡献的劳动力,享有的债权是以工资为基本形态、实质上用以维持其生活的债权。[⑥] 对比而言,其他债权人仅仅是为谋利而出让资金使用权。可以说,对劳动债权的保护体

---

① 资料来源:http://news.china.com/domestic/945/20151224/21007545.html,最后访问日期:2016年7月2日。

② 参见马皑、乐国安:《弱势群体与心态失衡》,载《政法论坛》2004年第2期。

③ 参见徐步朝、花明、邹晓明:《城镇下岗职工再就业现状及对策分析》,载《江西社会科学》2006年第8期。

④ 同上。

⑤ 参见陈丽华、杨罗根:《论破产法的价值定位及相关制度完善》,载《湖南大学学报》(哲学社会科学版)2004年第1期。

⑥ 参见王欣新、杨涛:《破产企业职工债权保障制度研究——改革社会成本的包容与分担》,载《法治研究》2013年第1期。

现生存权优先的原则,是人道主义思想和人文主义精神在法律制度上的具体体现。[①] 而对其他债权人的保护,则是为了维护经济交易安全。因此,在生存权与财产请求权碰撞时,需要尤为强调对人的终极关怀,生存权处于优先为止,即职工债权应优先于其他普通债权清偿。

(四)法律公平天然保护弱势

现代法律并非无条件地将所有"人"作为"平等主体"一视同仁地加以对待,而是会根据不同"人"的经济实力、社会地位、救济能力等差异加以区别对待。[②] 一般而言,在企业破产过程中,企业与职工的地位是不平等的。由于信息不对称、承担风险的能力不同,职工在维护其合法权益时往往处于弱势地位。[③] 例如,银行债权人可以在企业借款时约定,由企业提供相应的担保,以规避债务人不能清偿债务的风险。而企业职工则难以在签署劳动合同时要求企业为其现有的或者未来的劳动债权提供担保。另外,职工工资一般都是职工生存的主要来源,即便是相同数额的债权无法得到清偿,职工受到的影响也远远超过其他类别的债权人。基于这种地位的差别,职工债权可看作为"社会权"的一种典型形态。[④] 职工权利能否实现会对社会及公共利益产生影响,具有公共利益的属性,所以在企业破产时,职工债权需要由国家公权力给予积极的保障,这不仅是职工在破产法上的权利,而且从某种意义上讲也是公民在宪法上享有的社会保障权利。[⑤]

三、破产企业职工利益保护现状之不足

正如上文所述,企业破产时对职工利益的保护之现状堪忧,究其原因,主要包括以下几点。

第一,信息不对称下职工企业对于公司经营的参与度低,维权意识较差。

---

① 参见彭真军、甘琪:《论企业职工劳动债权优先受偿制度的完善》,载《广东社会科学》2011年第6期。

② 同上。

③ 参见王欣新、杨涛:《破产企业职工债权保障制度研究——改革社会成本的包容与分担》,载《法治研究》2013年第1期。

④ 参见许建宇:《构建我国欠薪保障制度的法学思考》,载《中州学刊》2006年第5期。

⑤ 参见王欣新:《论职工债权在破产清偿中的优先顺序问题》,载《法学杂志》2005年第4期。

对于企业而言,职工处于弱势地位,其能获得的信息是严重不对称的。尤其是当公司出现经营困难、债台高筑而难以为继的情形下,职工往往难以在资金链开始断裂的时候即获得相关信息,而是在企业资产已严重流失、破产事实无法隐瞒的时候,企业职工才得以知情。在此情况下,企业职工难以作出更符合自身利益的判断和安排,更无法维护自身的合法利益。另外,企业职工对我国《企业破产法》的规定和精神不了解,甚至缺少忧患意识。即便了解到企业已病入膏肓,往往也不会采取相应的法律手段来维权,而是寄希望于政府的保护。

第二,我国在破产企业职工利益保护方面存在法律缺陷。

首先,根据我国《企业破产法》第113条的规定:破产财产在优先清偿破产费用和共益债务后,依照下列顺序清偿:(1)破产人所欠职工的工资和医疗、伤残补助、抚恤费用,所欠的应当划入职工个人账户的基本养老保险、基本医疗保险费用,以及法律、行政法规规定应当支付给职工的补偿金;(2)破产人欠缴的除前项规定以外的社会保险费用和破产人所欠税款;(3)普通破产债权。同时根据最高人民法院《关于适用〈中华人民共和国企业破产法〉若干问题的规定(二)》第3条第2款之规定:对债务人的特定财产在担保物权消灭或者实现担保物权后的剩余部分,在破产程序中可以用于清偿破产费用、共益债务和其他破产债权。可见,在现行的法律制度下,在企业破产清算时处于第一顺位的是担保债权,其次是破产费用与共益债务,再次是职工债权,然后是税收债权,最后是普通债权。虽然法律已将职工债权列为优先债权,但是在实际情况中,职工债权的实现却远不尽如人意。

如上文所述,在“跑路潮流”下,大多数企业主在逃跑后,将企业的资产一同席卷走,且我国现行破产的冗长程序容易使企业资产严重流失。因此,往往在清算时,企业只剩下了已设定抵押的不动产作为破产财产。同时,由于市场的萎缩,实物资产的折价十分严重,基本不能覆盖抵押金额。因此,虽然法律设定上已对职工债权赋予了一定的优先权,但是并不能得到有效清偿。

其次,我国现行法律在破产启动方面的规定尚不够完善。我国现行的《企业破产法》并没有为企业实际控制人、股东以及高级管理人员设定相应的申请破产义务。这样容易导致在企业处于破产边缘的时候,企业实际控制人、股东以及高级管理人员一走了之,人去楼空,最终导致公司资产严重流失,损害了职工以及债权人的利益。实际上,许多国家在立法中都规定债务人在某些情况下必须承担提起破产申请的义务。[①] 如法国《破产法》第 1 条、第 131 条规定,债务人应当在停止支付 15 日内向法院申请破产。这一规定将债务人申请破产作为一项义务,有助于充分保护债权人的利益和社会经济秩序的稳定。而我国法律在此方面的缺失则容易导致企业主及其他企业管理人在企业面临破产困境时消极等待甚至跑路,进而造成企业资产的流失和对债权人利益的损害。

最后,我国社会保障方面立法缺失。我国在劳动立法与社会保障立法中并未就职工债权如何保障的问题进行规定。在职工遇到薪资拖欠的情况下,对拖欠职工工资负有直接责任的人员和企业领导并没有相关的追责制度。尽管最高人民法院《关于〈中华人民共和国刑法修正案(八)〉》对恶意欠薪问题进行了规定,有效地遏制了恶意欠薪情况的蔓延。然而刑法所规定的犯罪构成适用范围较小,仅能对部分企业主起到震慑作用。从域外法律经验上来看,各国都存在破产企业职工债权的清偿问题,但许多国家从源头上制止了对职工债权的拖欠。例如,有的国家或地区立法规定,企业的董事等高管人员个人对企业所欠工资负连带清偿责任,并从劳动法和社会保障法的角度规定严格的法律责任。[②] 相比之下,我国现有的法律制度尚未能就上述问题进行规定。

四、如何才能更好地保护职工的利益

(一)建立欠薪支付保障基金

如上所述,大多数的跑路企业在进入破产程序之后,其破产财产已所剩无几,基本不能覆盖职工债权。在这样的情况下,必须要能够确保其仍保有无抵押的财产,才能保证职工的合法权益能够得到保护。因此,参照发达国家建立欠薪支付保障基金是一个较为良好的选择。如法国立法规定,企业破产后政府设置的保障基金将马上接手以清偿所欠职工债权,然后再以代位债权人的身份参加破产清偿;其代位债权除极少数按种类区分可优先受偿外,其余均作为普通债权清偿。[③] 再如,德国为避免劳动者生活陷入困境,其《破产法》同样也规定了破产

---

① 参见张晨颖:《破产“申请主义”制度之修正》,载《法律适用》2006 年第 8 期。
② 参见王欣新:《论职工债权在破产清偿中的优先顺序问题》,载《法学杂志》2005 年第 4 期。
③ 同上。

欠薪保障基金制度，对雇主无支付能力时的雇员提供一定的破产欠薪补偿。[①]

对于破产保障基金的具体运作，法国和德国都有相应规定。对于破产欠薪保障基金的筹集和管理，两国均规定基金的经费由雇主，及职工所在企业单独负担。[②] 但是鉴于目前我国企业的税费和社会保障负担比较重，完全由企业缴纳基金的时机还不成熟，也不利于促进企业设立和鼓励人们创业式就业。

对此，笔者认为，在建立相应保障基金的过程中，政府部门应当发挥其应有的保障作用。第一，基金的来源应以政府补贴为主，雇主缴纳为辅；同时，在基金先行垫付工资后，应保障其优先受偿权，如破产财产不足以支付的时候，可以向相关的责任人追偿。第二，基金由政府专门部门管理或者成立专门的基金运营机构，保障对职工债权的及时清偿。第三，对于职工欠薪的保障应设定上限，该上限可设定为行业最低工资的2～3倍。另外，对于职工的假期工资和解雇赔偿金都应设置上限，超过上限部分将不予垫付。第四，对于支付期限进行设定，可考虑将支付期限定为破产受理前6个月或1年之内。第五，职工债权未能从保障基金获得救助的部分，还可以依照破产法的规定行使受偿权利。

（二）完善相关法律制度

从破产的角度来说，可以从以下几点进一步完善职工利益的保护：

第一，通过司法解释对相关问题进行明确，并适当扩大职工债权的范围。具体来说，一方面，要明确我国《企业破产法》第113条规定中“法律、行政法规规定应当支付给职工的补偿金”的具体范围。通说认为，劳动债权除因企业拖欠职工工资而产生的工资支付请求权、因企业拖欠职工的养老保险金、失业保险金、工伤保险金、医疗保险金等社会保险费用而产生的社会保险费用请求权之外，还包括因企业破产解除劳动合同而应支付给职工的补偿金。[③] 另一方面，对于欠付职工的住房公积金等性质不够清晰的债权也应纳入职工债权范围。

第二，对于企业的高管应设定申请破产的义务。目前，企业资产流失导致职工债权得不到清偿，有很大一部分原因在于企业的控制股东、董事及高管未能履

---

① 参见侯玲玲、王林清：《从民法到社会保障的工资债权保护——以德法两国工资保障为视角》，载《法学杂志》2013年第7期。

② 同上。

③ 参见王利明：《关于劳动债权与担保物权的关系》，载《法学家》2005年第2期。

行职责,及时向法院申请破产所致。因此,可以借鉴法国等国家的规定,对于企业在欠付职工工资达到一定数额、符合破产条件的情况下,要求企业的控制股东、董事及高管人员向人民法院申请破产。未及时申请破产的,企业的控制股东、董事及高管人员对债权人因此而扩大的损失应承担赔偿责任,对职工债权承担连带责任。

第三,提升职工债权的清偿顺位。虽然有观点认为,破产立法的根本目的是为解决在债务人丧失清偿能力时的债务公平清偿问题,并通过维护市场经济秩序以促进社会经济发展。① 但本文认为,在破产债权清偿顺序上,不应简单的规定担保债权具有绝对的优先性。但如果企业职工债权置于担保债权之前优先清偿,也并非绝对,必须对该优先受偿的职工债权范围加以限制。② 具体来说,在数额上,可以以当地的最低工资标准为基数确定适当的比例,这样不仅可以保护企业职工的基本生存权,还可以避免企业破产时虚报过高的企业职工工资,侵害担保债权人的合法权益。③ 在时间上,则可设定在破产受理前6个月或者1年内的工资才具有优先于担保债权的优先性。

(三)完善社会保障体系

为加强职工债权的保护,应当完善社会保障与劳动立法,加强执行力度,减少工资和社会保险费拖欠情况,从源头上制止对职工债权的拖欠。④ 例如,要建立企业责任制度,规定对拖欠职工工资负有直接责任的人员和企业领导要承担对职工工资的连带清偿责任。再如,规定凡拖欠职工债权达一定期限的企业一律吊销营业执照,予以关闭;工商管理部门对严重欠薪企业不予办理年审等。具体来说,对于社会保障体系的完善,应该注重以下几个方面:

首先,坚持一元化标准,努力扩大保障范围和覆盖面。以瑞典、英国、德国及大部分欧洲国家为例,这些国家把社会保障主体涉及全国国民,以“老有所养,病有所医”为实现目标,致力于建立起能够覆盖“医疗、养老、失业”等与国计民生有

---

① 参见王欣新:《论职工债权在破产清偿中的优先顺序问题》,载《法学杂志》2005年第4期。

② 参见彭真军、甘琪:《论企业职工劳动债权优先受偿制度的完善》,载《广东社会科学》2011年第6期。

③ 同上。

④ 参见王欣新:《论职工债权在破产清偿中的优先顺序问题》,载《法学杂志》2005年第4期。

关的全能保障体系。[①] 因此,针对不同主体不同地区,应坚持一元化标准,拒绝不合理的多重标准。要扩大社会保障的范围,不仅局限于某一群体、某一方面,而是要形成覆盖全国国民和所有与国计民生相关的保障体系。

其次,丰富资金筹集方式,提高运用效率。首先,政府应将社会保障作为一项长久的制度安排,国家财政要由现在的半到位发展为真正全面到位,包括中央财政要将社会保障投入增长机制固定比例化,地方财政要由不承担或少承担社会保障责任发展到财权与事权及社会保障责任的统一。同时可以发挥社会资金的力量,以填补各项社保基金中空账运行形成的空洞。社会保障基金的管理应在保证安全性的前提之下,积极运作基金,实现基金增值。

最后,建立失业救助及再就业服务体系。为了让个人和家庭能够有时间获得合适的就业机会,为自己的生活提供更有力的保障,美国建立了由雇主承担和支付雇员全部保险费用的失业保险制度,保险费率为雇员工资的一定比例,收缴资金的都将被划作失业救济金,剩余的10%则需上交联邦政府。[②] 同时,美国还建立了企业、求职者、职业介绍机构等共同参与的信息网络系统为失业人员提供再就业服务。对此,我国可以借鉴美国的实践经验,扩大失业保险和失业救助的适用范围,完善失业保险待遇的给付条件,[③]建立失业人员再就业服务体系。

(四)保护企业职工知情权,提高职工维权意识

第一,企业应定期向员工公布企业信息,保障企业职工知情权。在信息对称后,可以使员工作出有效的判断,及时维护自身利益。同时,对于一些历史较长、管理不善的企业,定期公布企业信息可以帮助企业解决其由于人员更迭和搬迁等原因而引起的财务账册、人事档案、合同、文件档案错误、丢失等问题。

第二,赋予职工以破产申请权。根据我国《企业破产法》第44条的规定,[④]破产债权是指人民法院受理破产申请时债权人对于债务人所享有的债权,职工债

---

① 参见樊菲:《破产企业职工利益保护的法律问题研究》,南昌大学2013年硕士学位论文,第23页。

② 参见李元春:《美国失业保险税对我国的启示》,载《税务与经济》2008年第5期。

③ 参见范围:《我国失业保险法律制度的问题及其完善——从〈失业保险条例〉到〈社会保险法(草案)〉》,载《人口与经济》2010年第5期。

④ 《企业破产法》第44条规定,人民法院受理破产申请时对债务人享有债权的债权人,依照本法规定的程序行使权利。

权人应可以向人民法院申请债务人破产清算。目前,我国《企业破产法》及相关司法解释均未对职工是否可以申请企业破产作出明文规定,笔者认为这是立法上的缺失,也不利于职工保护自身的权益。

第三,要加强维权教育,提高职工维权意识。我国职工的维权意识处于较低水平的现状,因此应当做好宣传教育,解释我国《企业破产法》的理念与精神,提高职工维权意识,更好地帮助职工采取行动维护自身权益。

五、结 语

在市场经济体制的大背景下,我国劳动力市场面对的是一个资强劳弱的现状,劳动群体的弱势地位使劳动者的权益难以得到保障。受到经济环境的影响,部分民营企业主“跑路”,形成“跑路企业”。这些企业破产清算时,职工由于处于弱势地位,其职工债权无法得到有效的清偿。而且随着跑路企业中失业员工越来越多,劳动者权益的保障已是一个刻不容缓的问题。

根据上文分析,我国现在的法律制度、社会保障等方面均存在诸多不足。应从建立欠薪支付保障基金、完善破产法律制度、完善社会保障体系、建立失业救助及再就业服务体系等四个部分入手,从职工债权的清偿、破产清算中的优先保护、清算后失业救助以及社会保障等方面对跑路企业的职工利益进行全方位的保护,进而减少社会矛盾,更大限度地维护社会公平。

浅谈企业破产债权认定中优先受偿劳动债权的范围

傅聪喻*

一、破产法律法规明文规定的劳动债权

(一)企业破产法

我国《企业破产法》当中提及劳动债权范围的法条主要有两处,即第113条及第48条。

该法第48条规定,债务人所欠职工的工资和医疗、伤残补助、抚恤费用,所欠的应当划入职工个人账户的基本养老保险、基本医疗保险费用,以及法律、行政法规规定应当支付给职工的补偿金,不必申报,由管理人调查后列出清单并予以公示。该条规定第一次提及企业职工劳动债权的种类及范围,并且明确劳动债权在程序上不必由职工进行申报。

该法第113条规定:"破产财产在优先清偿破产费用和共益债务后,依照下列顺序清偿:(一)破产人所欠职工的工资和医疗、伤残补助、抚恤费用,所欠的应当划入职工个人账户的基本养老保险、基本医疗保险费用,以及

---

* 江西姚建律师事务所律师。

法律、行政法规规定应当支付给职工的补偿金;(二)破产人欠缴的除前项规定以外的社会保险费用和破产人所欠税款;(三)普通破产债权。破产财产不足以清偿同一顺序的清偿要求的,按照比例分配。破产企业的董事、监事和高级管理人员的工资按照该企业职工的平均工资计算。”该条法律规定,确认了职工劳动债权在破产财产清偿时享有优先受偿权,并且以列举方式规定了享有优先受偿权的劳动债权的范围,其中第一顺序的劳动债权范围与该法第48条规定的不必申报的劳动债权范围是一致的,第二顺序当中增加了一项“除基本养老保险、基本医疗保险以外的社会保险费用”,第3款特别规定了“企业的董事、监事和高级管理人员的工资”按照企业职工的平均工资计算。

(二)最高人民法院《关于审理企业破产案件若干问题的规定》

最高人民法院《关于审理企业破产案件若干问题的规定》提及职工劳动债权的法条主要有三处,即第56条、第57条、第58条。

第56条规定“因企业破产解除劳动合同,劳动者依法或者依据劳动合同对企业享有的补偿金请求权,参照企业破产法第37条第2款第(1)项规定的顺序清偿。”该规定主要明确劳动者因破产被解除劳动合同所享有的补偿金请求权属于可优先受偿的劳动债权。该规定系在我国《企业破产法》出台之前对《企业破产法(试行)》所作的适用规定,《企业破产法》出台后已经将“补偿金”正式列为可优先受权的劳动债权范围。

该规定第57条规定:“债务人所欠非正式职工(含短期劳动工)的劳动报酬,参照企业破产法第三十七条第二款第(一)项规定的顺序清偿。”该规定主要明确非正式职工的劳动报酬也属于优先受偿的劳动债权范围,系对劳动报酬主体身份的明确,并未新增劳动债权范围。

该规定第58条规定:“债务人所欠企业职工集资款,参照企业破产法第三十七条第二款第(一)项规定的顺序清偿。但对违反法律规定的高额利息部分不予保护。”该规定明确,企业职工集资款(高额利息部分除外)享有优先受偿权,并参照优先受权劳动债权第一顺序清偿。

从上述法律法规中,我们可以总结破产企业优先受偿的劳动债权范围大致可分成以下几类:

(1)工资;

(2)医疗、伤残补助、抚恤费用;

(3)应当划入职工个人账户的基本养老保险、基本医疗保险费用;

(4)法律、行政法规规定应当支付给职工的补偿金;

(5)除基本养老保险、基本医疗保险以外的社会保险费用;

(6)企业职工集资款(高额利息部分除外)。

二、劳动债权优先受偿的原因

尽管关于可优先受偿劳动债权有上述明文规定,但关于各类劳动债权的内涵与外延,法律并未作出明确的规定。破产管理人在实务当中对劳动债权范围的界定仍存在很多的犹豫,例如,职工的奖金、补贴、津贴等是否属于劳动债权,债务人给职工的交通费、通讯费、取暖费、餐费等补贴费用能否按照劳动债权享有优先受偿权,职工在工作中的产生的差旅费、垫款等是不是可认定为劳动债权等。这些问题都是真实存在且经常遇到的,但破产法律并未对此作出明确的规定,因而明确各类劳动债权的内涵与外延也是亟须解决的一个问题。

在明确各类职工债权的内涵与外延之前,应当先行确认认定劳动债权的原则,即在法律没有明文规定某项费用或某种债权是否属于可优先受偿的劳动债权之时,破产管理人可参考或依据的法律原则。该原则可以没有详细的文字表述,可以只是一个大概的法理原则,但至少可以给破产管理人的"自由裁量"提供一点基础、一点支持。而该原则的确认,则可追溯至立法者在立法之时,考虑给予劳动债权优先受偿权的原因。

(一)劳动债权直接关系到职工的生存权

企业职工通过付出自己的劳动力换取劳动报酬,并且该劳动报酬很可能是企业职工唯一的收入来源,是职工用来养家糊口、维持生计的血汗钱。① 在企业破产之后,其所亏欠职工的劳动债权虽然不是生存权本身,但是劳动债权直接关系到职工生存的最基本的需要,是职工生活的最基本的生活保障。正因为劳动债权与职工的生存权密切相关,所以法律将与生存权密切相关的劳动债权列为

① 参见梁慧星:《让拖欠工资的雇主不敢心存侥幸》,载《北京工人日报》2005年5月19日。

优先受权的债权。

(二)劳动债权的主体属于“弱势群体”

我国破产法律在规定劳动债权时并未明确劳动债权的主体,但从其文字表述上看主要是指“职工”(包含正式职工与非正式职工)。企业职工作为劳动债权的主体,是社会底层的劳动者,其与破产企业其他债权的主体——一般是具有一定经济实力的法人、组织或个人相比,处于相对的弱势地位,[①]其承受企业破产风险的能力也弱。企业破产对于职工来说,不仅意味着有一部分应得的工资收入可能丧失,还意味着丧失了可以获得收入来源的工作,在企业破产的那一刻,企业职工可能同时丧失了“过去”与“未来”的生活保障。“如果职工在市区失去工作职位的同时,再丧失已经被企业通过‘事先透支职工劳动’的方式而‘借用的工资’,则意味着依赖已被透支的工资支撑的那一时间段的生计将没有着落”。[②]

(三)企业财富中的一部分是企业职工所增加的

企业职工通过自己的劳动力换取劳动报酬的同时,还为企业创造了财富,对企业财富的保值和增值做出了贡献。破产企业财产中至少有一部分是企业职工劳动力价值的体现,“既然债权人的行为使债务人的财产增加,那么就归入债务人财产的该增加部分而言,债权人在该增值部分就应当优先于其他债权人而受偿”。[③]

(四)劳动债权的受偿关系到社会稳定

在企业破产时,数量最多的一类债权人往往是劳动债权的债权人。因劳动债权与企业职工的生存权密切相关,企业职工又处于相对弱势的地位,在我国社会保障制度尚不健全的情况下,企业破产后企业职工生存的压力剧增,很容易产生群体性事件,因而妥善处理职工劳动债权问题就与社会稳定息息相关。

综合上述原因,破产管理人在认定法律无明文规定是否属于可优先受偿劳动债权的时候心里就可以有一把衡量的标尺,在为某项职工债权的认定犯难时,可以

---

① 参见吴迪迪:《破产企业劳动债权的保护》,吉林大学2012年硕士学位论文,第6页。

② 韩长印:《破产优先权的公共政策基础》,载《中国法学》2002年第3期。

③ 于海涌:《法国工资优先权制度研究——兼论我国工资保护制度的完善》,载《中山大学学报》(社会科学版)2006年第1期。

从上述几方面原因进行考虑,综合考量是否应当认定为优先受偿的劳动债权。

三、各类劳动债权的内涵与外延

(一)工资

关于工资到底包含哪些内容,我国《破产企业法》并未明确规定。从现有的法律规定来看,国家统计局于1990年1月1日发布的《关于工资总额组成的规定》对工资的构成有了详细的规定。根据该规定第4条,工资主要由6个部分组成:(1)计时工资;(2)计件工资;(3)奖金;(4)津贴和补贴;(5)加班加点工资;(6)特殊情况下支付的工资。该规定第5~10条还分别对上述6个部分进行了解释及列举,第11条还列举了14项"工资总额不包括的项目"。

除此之外,《国家统计局〈关于工资总额组成的规定〉若干具体范围的解释》还对上述几项作出了更详细的解释规定。

在明确工资的内涵范围时,有几项费用是破产管理人经常遇到需要特别注意的。

1.奖金

根据奖金颁发的性质,可以分为两类:一类是属于工资构成性质的奖金,例如,质量奖、安全奖、节约奖、先进个人奖等;另一类是与绩效挂钩的奖金,即绩效奖金。虽然在《关于工资总额组成的规定》与国家统计局《〈关于工资总额组成的规定〉若干具体范围的解释》并未将两类奖金加以区分,而是统一规定其属于奖金,是工资构成的一部分,但破产管理人在进行认定时应当加以区分。属于工资构成性质的奖金可作为工资的构成部分,享有优先受偿权,但绩效奖金则不能享有优先受偿权,只能作为普通债权进行清偿。

关于绩效奖金不能享受优先受偿权,相应依据为最高人民法院《关于适用〈中华人民共和国企业破产法〉若干问题的规定(二)》。该司法解释第24条①规定,企业出现破产原因时,企业的董事、监事和高级管理人员利用职权获取的绩

---

① 债务人有《企业破产法》第2条第1款规定的情形时,债务人的董事、监事和高级管理人员利用职权获取的以下收入,人民法院应当认定为《企业破产法》第36条规定的非正常收入:(1)绩效奖金;(2)普遍拖欠职工工资情况下获取的工资性收入;(3)其他非正常收入。债务人的董事、监事和高级管理人员因返还第1款第1项、第3项非正常收入形成的债权,可以作为普通债权清偿。

效奖金属于非正常收入,返还后可以作为普通债权清偿。绩效奖金之所以不享有优先受偿权,是因为绩效奖金是直接与企业利润挂钩的,在企业已经发生了破产的原因不能清偿到期债务的情况下,已经不存在向职工发放绩效奖金的基础。①

2. 餐费

企业给职工发放的餐费,一般属于企业给职工发放的津贴或补贴。餐费的发放根据企业的规定不同可以分为多种形式,例如,以夜班津贴或中班津贴形式发放的餐费、以肉类或副食品粮食补贴形式发放的餐费、直接支付给个人的伙食津贴②等。但是,依据《关于工资总额组成的规定》与国家统计局《〈关于工资总额组成的规定〉若干具体范围的解释》的规定,以以下形式发放的餐费不属于工资总额构成范围内的餐费,破产管理人在认定可优先受偿劳动债权范围之时应当排除在外:

(1)出差伙食补助费;

(2)误餐补助;

(3)解毒剂、清凉饮料所支出的费用;

(4)有毒物质、矽尘作业、放射线作业和潜水、沉箱作业、高温作业五类工作所享受的由劳动保护费开支的保健食品待遇。

3. 交通费、通信费、取暖费等

笔者此处所述的交通费、通信费及取暖费等,按照实际发生的情况,可以分为两种,一种是职工工作实际发生的交通费、通信费、取暖费,另一种是企业与职工约定的发放给职工的交通、通信、取暖补贴。在这两种费用中,第一种即实际发生的费用,若按照企业正常经营时的规定是可以由企业报销的,则应当认定为工资的构成部分,属于可优先受偿的劳动债权范围,若企业正常经营时也不由企业报销,则视为该费用已经包含在企业给职工所发放的工资当中,当然不再另行计算。第二种由企业给职工发放的补贴性质的交通、通信、取暖费用,根据《关于

① 最高人民法院民事审判第二庭编著:《最高人民法院关于企业破产司法解释理解与适用》,人民法院出版社2013年版,第292页。

② 根据国家统计局《〈关于工资总额组成的规定〉若干具体范围的解释》第3条的规定,该津贴包括:火车司机和乘务员的乘务津贴、航行和空勤人员伙食津贴、水产捕捞人员伙食津贴、专业车队汽车司机行车津贴、体育运动员和教练员伙食补助费、少数民族伙食津贴、小伙食单位补贴等。

工资总额组成的规定》与国家统计局《〈关于工资总额组成的规定〉若干具体范围的解释》的规定，该费用属于职工福利方面的费用，不列入工资总额范围，破产管理人亦不得将此费用认定为可优先受偿的劳动债权。

笔者认为，可以此类推，形成一项认定是否属于企业职工劳动债权的原则：凡企业职工在工作中为工作原因实际支出且在企业正常经营时由企业报销的费用，则可以认定为享受优先受偿权职工劳动债权；凡属于职工福利类的费用，因企业给职工发放的福利待遇也与企业的经营利润有直接关系，在企业有破产原因时，发放福利的基础也不存在，因而职工福利类费用不可认定为享有优先受偿权的劳动债权。

（二）医疗、伤残补助、抚恤费用

在认定职工医疗、伤残补助、抚恤费用之时，主要根据我国《社会保险法》和《工商保险条例》的规定，将应当由企业支付的费用和超出工伤保险法赔偿金额而应当由企业承担的医疗、伤残补助、抚恤费用认定为职工劳动债权，享有优先受偿权。此处主要由破产管理人根据相关法律规定进行甄别，需要特别注意的是，只有法律有明确规定的各项费用且应当由企业承担的部分，才可认定为劳动债权。另外，若因破产企业应当缴纳保险费用而未缴纳导致职工未能通过保险获得赔偿的部分，也应当由企业承担。但此时只有企业应担向职工支付的费用部分才属于可优先受偿的劳动债权，企业应当向国家缴纳的保险费用等则不属于可按照第一顺序清偿的职工劳动债权，而是根据其性质，列为按照第二顺序清偿的费用（除应当划入职工个人账户的基本养老保险、基本医疗保险以外的社会保险费用）。

（三）应当划入职工个人账户的基本养老保险、基本医疗保险费用

我国《企业破产法》的该项规定已经明确，只有“应当划入职工个人账户的”基本养老保险、基本医疗保险费用才属于可优先受偿的劳动债权，至于企业应当向国家相关部门缴纳的职工进本养老保险、基本医疗保险费用则不在该清偿顺序之列。笔者认为，企业应当向国家相关部门缴纳的该部分费用，根据我国《破产企业法》的规定，应列为按照第二顺序清偿的费用。

(四)法律、行政法规规定应当支付给职工的补偿金

关于应当支付给职工的补偿金,最高人民法院《关于审理企业破产案件若干问题的规定》第56条的规定是"因企业破产解除劳动合同",劳动者依法或依劳动合同享有的补偿金请求权列为第一顺序清偿的劳动债权。有学者据此认为应对"补偿金"这个概念作狭义上的理解,也即只有在企业破产情形下解除劳动合同应当向职工支付的补偿金才属于此处的补偿金,其他企业应向职工支付补偿金的情形则不在此处的劳动债权范围之内。[①] 笔者对此持不同意见,从我国《企业破产法》的规定来看,《企业破产法》对补偿金所采用的表述是"法律、行政法规规定应当支付给职工的补偿金",将其与最高人民法院《关于审理企业破产案件若干问题的规定》对比可以看出,企业破产法规定的补偿金并未限制"因企业破产解除劳动合同"这一条件,而是将补偿金的范围扩大了,根据法律位阶原则(上位法优于下位法,新法由于旧法)我们应当以《企业破产法》为准,因此只要法律、行政法规规定应当支付补偿金的,均是职工的劳动债权,均可优先受偿。因此,破产管理人在认定职工补偿金范围及数额的时候,还需检索我国其他法律、行政法规的规定。例如,我国《劳动合同法》中规定的竞业限制补偿金以及解除合同应当支付的经济补偿等。

(五)除(应当划入职工个人账户的)基本养老保险、基本医疗保险以外的社会保险费用

我国《企业破产法》在对该项费用清偿顺序的表述,采用的是"除前项规定以外的"社会保险费用,而"前项规定"的表述是"应当划入职工个人账户的基本养老保险、基本医疗保险费用",因此可以推出,应当纳入统筹基金部分的(向国家相关部门缴纳不划入职工个人账户的)基本养老保险、基本医疗保险费用以及其他社会保险费用(应当由企业缴纳的部分)应当列为第二顺序清偿。

关于其他社会保险费用,在我国主要是指失业保险、工伤保险和生育保险。其中,工伤保险和失业保险是由企业缴纳,职工个人不缴纳;失业保险则是由企业和职工共同缴纳,其中只有企业缴纳的部分列入此处作为第二顺序清偿的费用。

---

① 参见吴迪迪:《破产企业劳动债权的保护》,吉林大学2012年硕士学位论文,第4页。

(六)企业职工集资款

最高人民法院《关于审理企业破产案件若干问题的规定》第58条规定,企业职工集资款(高额利息部分除外)享有优先受偿权,并参照优先受权劳动债权第一顺序清偿。虽然立法者是出于对职工弱势群体的保护,减少社会不稳定因素而给予职工集资款特殊的保护,①但对此规定,学者多有诟病。有人认为,将职工集资款视为与职工工资同一顺序清偿,缺乏法理上的依据,②因职工集资款本质上属于借款,与其他债权人给企业的借款性质上并无差异。还有人认为借款与劳动者生存权并无直接关系,缺乏优先保障的基础,③且借款并不是因职工与企业雇佣关系产生的债权,不属于劳动债权,也不属于优先的破产债权。尽管笔者对企业职工集资款享有优先受偿权也觉得不甚妥当,但在该规定没有变更或废除之前,破产管理人在实务工作中仍应按照该规定进行操作。

但此处有一点需要特别注意,即职工给企业的"集资款(借款)"与职工给企业的"垫款"的差别。

借款是企业在正常经营时因生产经营需要向职工所借款项,一般与职工工作内容无关,而垫款则是职工在企业工作是为了完成工作任务或因工作需要暂时用自己的资金代企业垫付的款项。我们通常所说的"差旅费"实际上属于职工给企业的垫款。垫款是职工暂时代企业垫付给第三方的款项,职工代垫后可依凭证单据向企业报销,差旅费也正符合该特征。举轻以明重,如果立法者认为职工给企业的借款都能享有优先受偿权,那么职工因工作需要代企业垫付的款项则更有理由享有优先受偿权。因此,笔者可以确定,在职工主张的差旅费当中,除去补贴类费用(伙食补贴、交通补贴等),其实际发生的费用也是属于劳动债权范围之内的,当然也可以享受优先受偿权。

另外还需注意的是,根据最高人民法院《关于审理企业破产案件若干问题的规定》第58条第2款的规定,职工向企业的投资不属于破产债权。

---

① 参见李国光等:《正确理解〈关于审理企业破产案件若干问题的规定〉》,中国法制出版社2002年版,第150页。

② 参见荏远洋、陈庆云:《劳动债权范围研究》,载《中国商界》2010年第4期。

③ 参见刘振宇:《论劳动债权优先权——以破产财产分配中的劳动债权优先权为视域》,西南政法大学2007年硕士学位论文,第33页。

四、审判实践中对劳动债权范围的认定

因法律对享有优先受偿的劳动债权范围并无明确的规定,在实务中因界定劳动债权范围所产生的争议亦有不少,笔者此处选了几个法院已作出判决的案件,法院对相关费用的界定并无详细的理由阐释,笔者对其中一些观点也不尽赞同,但依然列出,也希望能对遇到相关问题的破产管理人有一点帮助。

(一)报销费用、差旅费

以尚某与杭州天野通信设备有限公司职工破产债权确认纠纷案为例。①

在该案件中,职工主张其报销费用、差旅费应当按照职工劳动债权进行认定,该案的破产管理人认为上述费用属于职工在工作期间为企业垫付的款项,不属于工资范畴,未在职工的工资单上显示,也未在劳动合同中明确属于工资,因而应当按普通债权进行受偿。法院最后以职工无证据证明该款项为工资或津贴、补贴的组成部分为由驳回了职工的主张。笔者认为,虽然尚未有明确的法律法规规定报销费用、差旅费属于工资范畴,但根据我国企业破产法给劳动债权优先受偿权的原因,以及立法者已经确认职工给企业的借款能享有优先受偿权的规定来看,报销费用、差旅费当中职工因工作需要实际代垫的款项还是应当属于可优先受偿劳动债权范围之内的。关于差旅费的认定,前文已有论述,此处不再赘述。

(二)委托付款

以湖北华清电力有限公司职工破产债权确认纠纷案为例。②

在该案件中,法院认为,职工主张的企业委托其所付给第三方的往来款,不属于企业所欠职工的工资和医疗、伤残补助、抚恤费用、基本养老保险、基本医疗保险费用,也不属于法律行政法规规定的补偿金,因此认定该债权为普通债权。笔者认为,在该案当中并未明确企业委托职工所付款项是属于何种性质的款项,

---

① 富阳市人民法院(2016)浙0111初字第1044号民事判决书。

② 鹤峰县人民法院(2015)鄂鹤峰民初字第00272号民事判决书。

若仅是企业与第三方交易当中产生的应付款项,则企业委托职工付款则可视为企业向职工的借款,一般来说企业的借款应按照普通债权进行清偿,但最高人民法院《关于审理企业破产案件若干问题的规定》第58条已经对企业向职工的集资款享有优先受偿权作出了规定,则仍应当按照该规定进行认定。本文在“企业职工集资款”部分对此已有论述,亦不再赘述。

(三)销售提成款

以辽源市中级人民法院(2015)辽民一初字第5号,翟延文诉辽源煤矿机械制造有限责任公司劳动争议案为例。

在该案件中,法院认为,职工主张的销售提成款属于企业奖金的一种,应属劳动者工资组成部分。但该案主要系劳动争议案件纠纷,与职工破产债权确认纠纷所采取的标准以及适用的法律都有所不同。在职工破产债权确认纠纷案件的审理中,还是应当对奖金的性质做出区分,并以最高人民法院《关于适用〈中华人民共和国企业破产法〉若干问题的规定(二)》第24条为依据。本文在“奖金”部分已有论述,此处不再赘述。

五、其他问题——劳动债权的其他主体

在破产企业优先受偿劳动债权范围的认定中,破产管理人可能还会遇到其他有关问题,笔者此处暂列举一个——劳动债权的其他主体问题。此处仅作简单的探讨,望能给破产管理人在认定劳动债权时一点启发。

劳动债权的主体,一般理解就是劳动者,或者依我国《企业破产法》当中的表述为“企业职工”,该企业职工既包括普通的正式职工,也包括非正式职工,还包括企业的董事、监事、高级管理人员等,但凡与企业有劳动关系的人员均可成为劳动债权的主体。除此之外呢?企业职工以外的债权人可否成为劳动债权的主体呢?

笔者在工作中遇到这样一个问题:破产企业采取向职工发放餐券的方式发放夜班津贴,每张餐券票面金额5元,每位职工每次夜班领取一张,企业职工可凭企业发放的餐券到企业指定的餐厅用餐,该餐券只能用餐,不可兑换现金也不可流通,餐厅经营人收集职工手中的餐券后到企业进行结算,计算餐券的数量后

领款。企业进入破产程序后,餐厅经营人主张尚未结算的餐券费用应当按照劳动债权予以优先受偿,此时,是否存在劳动债权主体不适格的障碍呢?

笔者认为不存在主体障碍,因为此时该餐厅经营人的角色相当于代企业垫付了职工夜班津贴的垫款人,而其所垫款项本质上是属于可优先受偿的劳动债权的,故尽管餐厅经营人并非企业职工也非劳动者,但其主张的该债权仍可认定为劳动债权进行优先受偿。另外,2009 年最高人民法院《关于正确审理企业破产案件为维护市场经济提供司法保障若干问题的意见》中也提到,第三方就劳动债权的垫款,可以按照职工债权优先受偿。① 因此,劳动债权的主体并不一定要限制在企业职工范围内,第三方的债权,只要其债权性质属于劳动债权,即可按照劳动债权优先受偿。

---

① 最高人民法院《关于正确审理企业破产案件为维护市场经济提供司法保障若干问题的意见》第 2 条第 5 款规定:有条件的地方,可通过政府设立的维稳基金或鼓励第三方垫款等方式,优先解决破产企业职工的安置问题,政府或第三方就劳动债权的垫款,可以在破产程序中按照职工债权的受偿顺序优先获得清偿。

破产清算程序中第三方垫付职工债权的审查认定规范研究

蒋　瑜[*]　吕　洁[**]

依照我国《企业破产法》之规定，债权的清偿依破产财产分配方案、重整计划或和解协议而进行，若无法定清偿依据，管理人原则上不会对个别债权先行清偿。但因企业出现破产情形后至进入破产清算程序以及进入程序后至依方案实施清偿需经较长一段期限，而职工债权系保障和满足职工基本生存需要的财产权利，同时为维护社会稳定，在实践中，管理人在债务人资金允许的情况下，往往会先行清偿部分或全部职工债权，即使债务人没有充足的资金，在必要时，管理人亦会向当地政府部门请求垫付职工债权，这种对职工合法权益的保护和维护稳定的思想甚至将职工债权的清偿延伸到企业进入破产程序之前，并得以在法律文件中规定。如最高人民法院《关于正确审理企业破产案件为维护市场经济秩序提供司法保障若干问题的意见》(法发〔2009〕36 号)中规定，对于进入破产清算程序的企业，“通过政府设立的维稳基金或鼓励第三方垫款等方式，优先解决破产企业职工的安置问题，政府或第三方就劳动债权的垫款，可以在破产程序

---

* 江苏新天伦律师事务所合伙人。

** 江苏新天伦律师事务所律师。

中按照职工债权的受偿顺序优先获得清偿”。《江苏省高级人民法院破产案件审理指南》(2011 年)中规定,“企业进入破产程序前政府为维护社会稳定垫支企业职工工资的,该部分费用列入职工债权”。

法律文件对职工债权垫付人垫付后取得职工债权优先受偿顺位的认可,有效地保障了破产企业职工的合法权益,但正因这种垫付后债权优先顺位的取得,使管理人在事后审查程序前的垫付行为时发生了一系列衍生问题。本文将就企业进入破产程序前第三方垫付职工工资这一行为在进入破产程序后审查认定所存在的问题进行探讨与研究,并就管理人的审查认定原则与规则提出建议。

一、问题的提出

据笔者了解,目前管理人在破产清算程序中所遇到的有关第三人垫付职工债权的申报与审查问题具体如下:

案例 1:民间借贷债权人向破产清算企业管理人主张其债权为职工债权。

某破产清算企业召开第一次债权人会议后,已经被审查认定债权的民间借贷债权人向管理人主张其债权应为职工债权,因其借款约定用于支付职工债权,并提供借款合同和汇款凭证为证据。管理人经调查债务人的收款账户,发现该笔借款并未实际用于支付债务人的职工工资。

案例 2:垫付人垫付的职工债权超出了企业破产法规定的职工债权范围。

当地人力资源企业在债务人进入破产重整程序前代为垫付职工工资、经济补偿等,后管理人经审查发现,所垫付款项中含支付给劳务派遣员工的工资、经济补偿、社保费用(含住房公积金)及支付给劳务派遣单位的劳务服务费等,根据企业破产法的规定,其中某些垫付项不属于职工债权的范畴。

案例 3:劳务派遣单位向破产清算的用工单位申报职工债权。

作为用工单位的企业进入破产清算程序后,劳务派遣单位向管理人申报职工债权,认为其为破产企业垫付的派遣员工工资、经济补偿金等,属企业破产法规定的职工债权。

案例 4:破产清算企业的法定代表人向管理人申报职工债权。

破产清算企业的法定代表人主张其垫付了企业拖欠职工的工资等,并提供转账凭证为据,认为应按职工债权的顺序受清偿。

案例5：当地政府向破产清算企业管理人申报职工债权，但其主张时该案已进行一次财产分配，对此，管理人是否要承担未能进行主动审查的失职之责。

上述5则案例反映了法律允许破产程序前垫付职工债权所取得权利享有优先受偿性而产生的问题，主要归结为两方面：一方面，对于第三方主张的在破产程序前垫付职工债权的行为，实践反映出，第三方极可能因受到受偿顺位优先的诱惑而作出失信行为，在此情况下，管理人应依何规则审查认定其构成"垫付职工债权"，以能有效规避后顺位债权人的取巧行为；另一方面，管理人对垫付人取得的职工债权是否应尽主动调查之责，垫付人是否有义务主动向管理人主张其垫付权利，并提供证据予以证明。

二、第三方垫付职工债权依承取得同优先顺位的理论依据

在探寻前述问题规制之道前，有必要先研究并明确第三人垫付职工债权后依承取得相应优先受偿数位的理论依据。

在司法实务中，对于政府垫付或第三方垫付的工资款基本上是按照被垫付债权的受偿顺序来受清偿。但由于没有垫付后追偿权的具体构成要件，致使管理人在对具体的垫付行为进行审查认定时，没有可依据的统一或核心原则与规则。

笔者认为，第三方垫付职工工资等的行为是代为清偿行为，垫付方在其债权范围内可行使劳动债权人对债务人的报酬支付请求权。对于第三方垫付后依承被垫付债权取得同样债权性质的法理基础和法律依据，没有明确的统一思想，实务中多当然认为是依承原债权的性质受偿。对此的法理基础有三：一为债务承担说，二为债权让与说，三为代为清偿说。对于债务承担说，债务人将其对债权人所负债务转让给第三人履行时，需得债权人的同意，第三人承受债务人的债务，完全或部分代替了债务人的地位，与债权人成立了新的合同，是合同的当事人，其对债权人负有履行债务的义务，也享有债务人对债权人基于原合同而享有的抗辩权；[①]而在破产清算的垫付行为中，垫付方与债务人往往并未达成债务承担的合意，在垫付方垫付了职工工资后，破产企业也未能摆脱同职工的劳动法律

---

① 参见《基层政府垫付员工工资后，公司破产时如何处理》，载上海律师在线网：http://21labour.com/pcqs/2011/0817/675.html，最后访问日期：2016年7月1日。

关系,故此说在此不合适。对于债权让与行为说,笔者认为债权让与行为规范的是债权让与所发生的法律效果,即债权受让人(垫付方)同债务人之间的法律关系,而对于受让人与出让人之间的法律关系则无规制,双方间的转让意思及转让对价完全决定于双方意思表示,就此角度而言,债权让与行为说亦不合适。笔者赞同适用代为清偿理论来论证垫付的法律效果。对于代为清偿这一法律行为,有学者认为,我国《合同法》第65条规定,当事人约定由第三人向债权人履行债务,第三人不履行债务或者履行债务不符合约定,债务人应当向债权人承担违约责任,是关于第三人代为履行的规定。① 但也有学者认为,我国《合同法》未对代为清偿进行明确规定。② 笔者认为,即使合同法有涉及第三人代为清偿的规定,但对代为清偿的法律效果未为规定,我们只能依法律理论和公平正义来约定代为清偿的法律效果。"债务之清偿本应由债务人为之,第三人代为清偿系干涉他人事务,然债之清偿有利于债权之实现,就债权而言,如债权可获满足,即债之性质上第三人给付对债权人与债务人自为给付无殊,而经济上可获同一之利益,其给付究竟由债务人所为或由第三人所为,即并不重要。盖当事人间债权债务关系已实现从身份至契约的跃进,民法所关注的利益点已从静的安全保护扩张及动之安全的关系,于债权让与、表见代理之确立可资借鉴。"③代为清偿的有效要件,史尚宽先生曾总结道:(1)须依债之性质许由第三人为清偿;(2)须当事人间无不许第三人为清偿之约定;(3)须债权人不得拒绝其清偿;(4)须以为债务人之意思为之。那么,职工债权在理论上能否由他人代为清偿,笔者认为,是可以的,对于纯粹的工资债权,越来越不依赖于特定身份而演变为普通财产权,也可由他人代为清偿。

笔者认为,可在此理论依据中得出,对于职工债权的垫付,成立的核心条件垫付人的意思表示和行为,其意思表示和行为的作出对象,不限于债务人、职工,向负有维护社会稳定和保障职工合法权益的政府、社保部门亦可。

代为清偿的法律效果是债权平行转移,即第三人代债务人履行金钱债务后,取得对债务人同等性质的求偿权。即第三方垫付职工债权后的法律效果是,第

---

① 参见宋建立:《第三人代为履行与债务承担的甄别》,载《人民司法(案例)》2010年第14期。

② 参见施建辉:《第三人代为清偿研究——兼论预备债务抵销抗辩》,载《法学评论》2007年第6期。

③ 同上。

三方取得职工对债务人享有的劳动债权,且仅限于垫付款项部分的财产权,无法取得劳动者对债务人在劳动法上的地位,亦无法取代债务人作为用人单位的地位,若职工基于法定事由享有对债务人的劳动权利的,仍需向债务人行使。

三、第三方垫付职工债权行为成立的审查认定原则与规则

在企业陷入财务困难时,垫付人为企业垫付职工债权的行为,一定存有某种利益驱动,或是肩负社会责任的主体为维护当地稳定,或是同企业存在关联,为维护企业生产经营,或同职工存在特定关联,而不得已为之,故除了国家制定的法律能够为维护职工基本生存权益而作出保障破产企业职工合法权益措施外,作为具体行为人的第三方是不存在这种利益驱动的。而第三方垫付职工债权后按职工的受偿顺位优先受清偿,反向上使第三方投入破产清算企业的资金有了从普通债权的分配顺位提升到职工债权优先顺位的依据和途径,故为了维护后受偿顺位债权人与债务人的合法权益,同时有为了鼓励第三方垫付债务人欠付的职工工资,有必要明确垫付职工债权行为成立的审查认定原则与规则。

(一)审查认定原则

笔者认为,在破产清算程序中审查认定第三方垫付职工债权的行为,需遵循以下原则:

第一,严格依照企业破产法有关职工债权的规定进行审查认定。在不同的法律适用语境下,职工债权的内涵与外延是有一定差异的。本文所涉职工债权就是破产法语境下的含义,就是我国《企业破产法》第 48 条第 2 款规定的职工债权。《企业破产法》对职工债权优先清偿的制度设计是基于维护劳动者基本生存权益的考量,故对于优先部分应是关系职工基本生存权的部分,①对于如法律基于惩罚用人单位而支付给职工的赔偿、高级管理人员的高额薪酬等,②均不列入

① 《企业破产法》第 113 条第 1 款第 1 项规定:“破产人所欠职工的工资和医疗、伤残补助、抚恤费用,所欠的应当划入职工个人账户的基本养老保险、基本医疗保险费用,以及法律、行政法规规定应当支付给职工的补偿金。”

② 《企业破产法》第 113 条第 3 款规定:“破产企业的董事、监事和高级管理人员的工资按照该企业职工的平均工资计算。”最高人民法院《关于适用〈中华人民共和国企业破产法〉若干问题的规定(二)》第 24 条。

优先受偿部分。同样,若第三方以其垫付的款项所产生的资金成本向管理人主张职工债权的,亦不予认定。

第二,鼓励第三方垫付职工债权,维护垫付人的合法权益。对于破产企业而言,在自行提出破产申请或被债权人申请破产前,一般会经过停产、歇业的漫长过程,且这一过程势必伴随着员工减薪、欠薪,社会保险缓缴、欠缴甚至裁员等诸多情况,这必然在一定程度上引起劳资关系的急剧恶化,对于社会的稳定和谐带来极大的隐患。第三人代为履行劳动债务的行为,并不违反法律规定及合同约定,且不但没有给作为债权人的劳动者造成损失或增加费用,并且从根本上来讲,是符合作为债权人的劳动者的意志和利益的,这种代替履行劳动债务的行为不论其背后的驱动利益为何,实际效果上很大程度上为缓解社会矛盾,减轻政府压力起到了积极作用,应当给予肯定。法律法规鼓励第三方垫付职工债权和垫付人作出垫付行为的考量,是维护社会稳定和保障职工的基本生存权益,此行为作出原因决定了垫付人一般是肩负社会责任的劳动保障等政府部门,但同债务人企业或职工存在特定关联关系的其他主体也可为垫付主体,不宜因这些其他主体垫付行为同政府部门的垫付制度不一致,而一律不予认定,否则最终不利于保障职工的基本生存权益。

第三,维护后受偿顺位债权人与债务人的合法权益。一方面,法律法规鼓励第三方垫付职工债权;另一方面,在审查认定第三方的垫付行为时,要遵循严格审查原则,若审查标准宽松,则极易导致多方主体主张职工债权,最终致使审查标准模糊、不定,进而损害后顺位债权人的合法权益。职工债权优先性的设置目的在于打破债权平等原则,在债务人的财产不足以清偿所有债权时,职工债权获得优先受偿,这实际上体现为一种“特权”。在更大程度上造成破产财产最终分配方案的调整,从而在更大程度上影响了破产企业其他债权人的切身利益。因此,这也在一定程度上增加了破产管理人的工作难度,增加了破产管理人的审慎审查的义务。

(二)审查认定规则

落实到审查认定规则,笔者认为应从以下几方面着手:

第一,垫付行为发生时,垫付人有初步证据相信债务人出现了企业破产法规定的破产清算/重整情形,即须有垫付的必要性与迫切性。破产法赋予了职工债权优先清偿顺位，笔者认为，对其的垫付也须符合破产程序启动的前提条件破产情形，如此使垫付按职工债权受清偿具有了破产程序上的正当性。此认定规则并无加重垫付人举证责任之嫌，而是笔者根据实践中发生的垫付情形总结出，垫付人无论是政府、社保部门，或股东、法定代表人、民间借贷债权人等，都有能力和途径获悉债务人大体的资产债务状况，故根据企业破产法的精神和结合实践情况，克以垫付人的此项证明责任是合理的。

第二，垫付人须有垫付意思表示和实际的垫付行为。笔者认为，基于本文前述代为清偿行为理论，对职工债权的垫付不需要垫付人与债务人或其他有关人员的合意，垫付人只需初步确定债务人无支付职工债权的能力，而向债务人、职工或当地政府、社保部门表示其垫付的意思表示即可。对于实际的垫付行为，意指对垫付人能够证明其提供款项用于支付职工债权，并为此采取了控制措施。若第三方无垫付的意思表示或其未采取措施或未采取有力措施控制垫付款项支付给职工的，均不应认定为职工债权，对此，可参考威海市中级人民法院的一则案件。①

第三，垫付人对所垫付的职工债权有相应的证据资料。垫付人向管理人主张其债权，应提供前述证据，并向管理人承诺债务人未曾就相应垫付款进行偿还。

（三）管理人主动调查和垫付人申报相结合

根据我国《企业破产法》第48条之规定，管理人应主动调查债务人拖欠职工的工资、医疗等债权。对于第三方垫付职工债权的情况，笔者认为管理人应在前述调查过程中予以注意。但从实践来看，管理人通过破产企业内部资料、法院诉讼执行案件、社保部门一般难以调查到垫付情况，即使能够调查到，也难以调查到垫付原况，必须要结合垫付人提供的垫付证据资料进行认定。如此，就有必要要求垫付人担申报之责，就其垫付行为提供证据资料。

若管理人尽其合理注意义务仍未能调查到垫付事项，且垫付人亦未进行债权申报的，参照企业破产法对逾期申报债权的惩罚结果处理，即对于已经分配的，无权获得清偿。

---

① 参见威海市中级人民法院(2014)威商再终字第3号民事判决书。

四、劳务派遣单位就债务人欠付派遣职工款项时享有权利的性质

此问题是作为用工单位的债务人拖欠的应付派遣职工的薪酬是否构成破产清算程序中的职工债权,劳务派遣单位支付派遣职工薪酬后向用工单位主张的债权是否可认定为职工债权。

(一)派遣员工的工资、补偿等债权的性质

根据我国《劳动法》的规定,派遣职工同劳务派遣单位建立劳动法律关系,劳务派遣单位向其支付劳动报酬,缴纳社保,决定是否同其建立、解除、终止劳动关系;用工单位与劳务派遣单位签订劳务派遣协议,接受派遣职工为其提供劳动,是劳动者劳动成果的直接享受者。当作为用工单位的债务人破产清算时,拖欠的被派遣劳动者的薪酬是用工单位对劳务派遣单位基于双方签订的劳务派遣协议而应负的义务,被派遣劳动者与用工单位不存在法律上的直接关系,应由劳务派遣单位申报普通债权,不构成职工债权。

但笔者认为,对劳务派遣工的权利性质应按照实质用工原则进行认定,对欠付的劳务派遣工的工资、社保等应相应认定为职工债权和社保债权。原因在于:第一,我国有关劳务派遣的法律法规明确规定,用工单位应当按照同工同酬原则,对被派遣劳动者与本单位同类岗位的劳动者实行相同的劳动报酬分配办法,支付的薪酬包括工资、加班费、绩效奖金及与工作岗位有关的福利待遇等。第二,用工单位同劳务派遣公司的业务往来费用体现于用工单位应当支付的管理费,应当支付给派遣工的薪酬则是用工单位的实际用工成本,是派遣工付出劳动所得,是派遣工赖以生存的重要物质保障。第三,根据劳动法的规定,劳务派遣工计入用工单位用工总量。若不认定为职工债权,那么本应由用工单位优先支付的职工债权转嫁给了劳务派遣单位承担,而劳务派遣单位的主营业务一般为劳务派遣业务,而此项业务产生的利润仅是服务费或管理费扣除支出的成本,故劳务派遣单位很难承受这种损失,且最终会影响被派遣劳动者的合法权益。综上,笔者认为,用工单位拖欠被派遣劳动者的工资等为其破产职工债权。

(二)劳务派遣单位申报债权的性质

劳务派遣单位向用工单位管理人申报的债权款项一般包含两部分:一是劳务派遣单位基于其向用工单位提供的派遣服务而应获得的服务费或管理费;二是基于被派遣劳动者向用工单位提供劳动成果而应收取的、用工单位计算给被派遣劳动者的劳动报酬。对于第一类款项,系基于双方间的劳务派遣服务而产生,应为普通债权;第二类款项,被派遣劳动者向用工单位提供了其劳动的物化成果,用工单位应为此支付报酬,虽然双方仅基于法律规定产生管理和被管理、提供劳动和接受劳动,在实质为职工债权的情况下,即使由劳务派遣单位主张亦构成。

对职工债权的保障,更大程度上是社会责任和社会成本。在目前我国对拖欠职工薪酬无全面社会保障机制,仅在企业破产法的债权清偿顺序上予以保障的情况下,仍应鼓励第三方进行垫付,同时又应注意保障后顺位债权人的合法权益。

破产程序中抵押预告登记的优先受偿性探析

任　兵[*]

最早对预告登记作出规定的是德国在1783年12月20日颁布的《普鲁士抵押条例》与《普通邦法》，这两部法律中规定了一项被称为“异议”的制度，该制度实际上包含了现代法中的预告登记与异议登记。[①] 2007年我国颁布的《物权法》第20条第1款规定：“当事人签订买卖房屋或者其他不动产物权的协议，为保障将来实现物权，按照约定可以向登记机构申请预告登记。预告登记后，未经预告登记的权利人同意，处分该不动产的，不发生物权效力。”这是我国在法律上第一次确认了预告登记的概念。[②] 对于尚未建成尚未取得的房屋及其他不动产，为保障将来债权的实现，权利人可以申请预告登记，在一定条件和期限内具有完全排他性。在司法实践中，预告登记制度最为常见的形式有两种：一个是所有权的预告登记，另一个是抵押权的预告登记。本文探讨的是后者的优先受偿性问题。

* 安徽深蓝律师事务所律师。

① 杜万华主编：《最高人民法院〈物权法司法解释（一）〉理解与适用》，人民法院出版社2016年版，第109页。

② 王利明：《物权法研究》（上卷），中国人民大学出版社2007年版，第353页。

一、问题的提出

抵押权的预告登记(以下简称抵押预告登记)是相对于抵押权的正式登记(以下简称抵押本登记)而言的,两者最大的区别就在于抵押预告登记是为了保障未来债权的实现而设定的抵押担保,而抵押本登记则直面现实的债权对抵押物进行抵押担保。由此就引发了抵押预告登记在未转化为抵押本登记之前,若即对抵押物进行处分,就该抵押物拍卖、变卖的价款是否有优先受偿权问题(以下简称该问题)。该问题多发生于银行等金融机构债权人以在建工程或期房为抵押物为借款人的借款办理抵押预告登记,以保障将来债权的实现。就该问题,笔者将分别从法院生效判例、法律解释、学理分析等角度综合研探,以期客观,统一标准。

二、问题的判例视野考察

我国虽不是判例法国家,但不论是最高人民法院出台的指导性案例、人民法院公报案例,还是司法改革中彰显的对判例的重视,都让生效判例特别是最高人民法院判例产生很重要的指导作用。

笔者通过"中国裁判文书网"检索系统,对全国各地法院作出的相关判例进行了搜索筛查。笔者检索的关键词为"抵押预告登记"合并"民事案由",检索出的判例有1391篇,其中最高人民法院判例1篇、高级人民法院判例2篇、中级人民法院判例166篇、基层人民法院判例1222篇。又考虑到生效法律判决的因素而基层法院判例是否生效不得而知,故笔者重点筛查了最高人民法院、高级人民法院、中级人民法院共169篇案例,在筛查过程中发现部分判决非生效判决、部分判决与所研究问题非同一问题、部分判决态度尚不明确。排除上述因素,关于该问题各地人民法院生效判例情况统计如表1所示。[①]

① 该统计情况是根据裁判文书网内容进行的统计,数据具有局限性和有限性。

表1 关于该问题各地人民法院生效判例情况统计

序号	判决法院	案号	态度（支持/不支持）	判决日期
1	最高人民法院	(2015)民申字第766号	不支持	2015.6.3
2	安徽省高级人民法院	(2014)皖民二终字第00780号	支持	2015.3.2
3	广州市中级人民法院	(2015)穗中法金民终字第191号	不支持	2015.6.4
4	广州市中级人民法院	(2015)穗中法金民终字第978号	不支持	2015.9.1
5	广州市中级人民法院	(2015)穗中法金民终字第152号	不支持	2015.6.30
6	广州市中级人民法院	(2015)穗中法金民终字第414号	不支持	2015.5.19
7	广州市中级人民法院	(2015)穗中法金民终字第192号	不支持	2015.6.4
8	广州市中级人民法院	(2015)穗中法金民终字第813号	不支持	2015.9.12
9	上海市第二中级人民法院	(2014)沪二中民六(商)终字第221号	不支持	2014.11.17
10	南京市中级人民法院	(2014)宁商再终字第00017号	不支持	2015.4.30
11	南京市中级人民法院	(2014)宁商终字第1399号	支持	2014.12.5
12	深圳市中级人民法院	(2015)深中法房终字第439号	不支持	2015.7.13
13	福州市中级人民法院	(2015)榕民终字第1626号	不支持	2015.4.22
14	青岛市中级人民法院	(2014)青金商终字第210号	支持	2014.9.9

续表

序号	判决法院	案号	态度（支持/不支持）	判决日期
15	青岛市中级人民法院	(2015)青金商终字第37号	支持	2015.3.13
16	青岛市中级人民法院	(2015)青金商终字第189号	支持	2015.6.15
17	沈阳市中级人民法院	(2015)沈中少民终字第00061号	不支持	2015.4.13
18	沈阳市中级人民法院	(2015)沈中民四终字第290号	支持	2015.4.16
19	沈阳市中级人民法院	(2015)沈中民四终字第291号	支持	2015.5.11
20	沈阳市中级人民法院	(2014)沈中民四终字第415号	不支持	2014.12.12
21	大连市中级人民法院	(2015)大审民再终字第44号	不支持	2015.8.17
22	长沙市中级人民法院	(2014)长中民二初字第00689号	支持	2014.9.11
23	无锡市中级人民法院	(2013)锡商终字第0660号	不支持	2014.2.10
24	佛山市中级人民法院	(2014)佛中法民二终字第1062号	支持	2014.11.7
25	来宾市中级人民法院	(2013)来民二终字第148号	支持	2014.2.17
26	龙岩市中级人民法院	(2014)岩民终字第25号	支持	2014.4.16
27	龙岩市中级人民法院	(2014)岩民终字第22号	支持	2014.4.16
28	龙岩市中级人民法院	(2014)岩民终字第23号	支持	2014.4.16

续表

序号	判决法院	案号	态度 (支持/不支持)	判决日期
29	阜阳市中级人民法院	(2015)阜民二初字第00014号	不支持	2015.4.17
30	芜湖市中级人民法院	(2014)芜中民二终字第00465号	支持	2014.12.4
31	芜湖市中级人民法院	(2015)芜中民二初字第00024号	支持	2015.8.6

根据表1中的数据可以分析得出:

(1)从判例数量来看,在上述31份生效文书中有15份支持抵押预告登记具有和正式抵押登记同等效力,具有优先受偿性,占比为48.4%;16份生效文书认为抵押预告登记不具有优先受偿性,占比为51.6%。单从百分比来看,莫衷一是。这也反映出来该问题在司法实践中的不统一,缺乏统一意见。

(2)从裁判法院的层级来看,最高人民法院作出的生效文书态度是不支持预告抵押登记享有优先受偿权,而安徽省高级人民法院作出的生效文书则态度迥异,各地市中级人民法院态度各有不同。印证了该问题的复杂性和不统一。

(3)从裁判法院的分布来看,上海、广州、深圳、南京等主要一、二线城市的人民法院态度较为统一,认为抵押预告登记不具有优先受偿权。

(4)从裁判文书作出的时间来看,多家法院对该问题的态度前后经历了变化,进入2015年以来共有19份生效文书,其中13份不支持抵押预告登记具有优先受偿权,占比为68.4%;6份支持抵押预告登记具有优先受偿权,占比为31.6%。

综合上述数据分析可以看出,对于该问题倾向性意见为:抵押预告登记不具有优先受偿权。

另外,上述数据均是人民法院对诉讼案件中该类案件的判决,破产案件作为民事案件的一种类型,虽然对该类案件的处理意见和结果要综合破产管理人和受理法院的态度,但最终的处理意见也要遵循一般民事裁判规则。因此,破产程序中涉及抵押预告登记是否享有优先受偿权问题,倾向性意见为没有优先受偿权。

三、问题的学理视野考察

该问题的重要性不言而喻，所以自我国《物权法》确立预告登记制度以来在理论和实务界对该问题的探讨从未停止，观点及理由一分为二：支持抵押预告登记具有优先受偿权者认为结合立法本意、抵押预告登记制度设立的目的、性质、用途来综合判定应该得出该结论；[①]不支持抵押预告登记具有优先受偿权者认为抵押预告登记仅是为了将来债权的实现设定的一种事先约束，待转为抵押登记时才具有现实的优先受偿权。[②]

笔者认为，从学理视野来考察该问题时，若去推断立法者本意或者利用主观目的解释方法来看待该问题则稍显过度。在笔者看来，分析该问题主要应当考虑以下几个方面：

（一）《物权法》第187条规定的抵押登记形式是否特指

我国《物权法》第187条规定："以本法第一百八十条第一款第一项至第三项规定的财产或者第五项规定的正在建造的建筑物抵押的，应当办理抵押登记。抵押权自登记时设立。"该规定中的办理抵押登记是特指抵押本登记，还是既包括抵押本登记也包括抵押预告登记。有裁判者即以此规定来判断抵押预告登记具有优先受偿权。关于该观点，王利明教授认为："尽管《物权法》第187条将在建建筑物的抵押登记与一般建筑物抵押登记规定在一起，但这并不意味着二者的性质就完全相同。因为在建建筑物抵押时，抵押权的客体还没有最终确定，所以，以在建建筑物设定抵押权时办理的登记不是本登记。"[③]笔者同意此观点。《物权法》第187条结合《物权法》第20条第2款的规定可以看出，预告登记和本登记是两个不同的登记形式，所以才规定由预告登记转为本登记的程序。因此，抵押预告登记区别于抵押本登记，其效力亦有所区别。

---

① 芜湖市中级人民法院（2014）芜中民二终字第00465号民事判决、安徽省高级人民法院（2014）皖民二终字第00780号民事判决均系此观点，理由类同。

② 最高人民法院（2015）民申字第766号民事裁定及其他法院文书亦理由类同。

③ 王利明：《物权法研究》（下卷），中国人民大学出版社2007年版，第432页。

(二)抵押人有过错是否影响抵押预告登记的效力

我国《物权法》第20条第2款规定:“预告登记后,债权消灭或者自能够进行不动产登记之日起3个月内未申请登记的,预告登记失效。”若能够进行不动产登记时抵押权人因自身过错导致3个月内未申请登记,则产生的不利后果是预告登记失效。而如果过错在于抵押人,是否造成对抵押预告登记效力的影响。笔者认为,抵押人的过错不是抵押预告登记设立时所能预料之情形,具有不确定性,造成不能办理抵押本登记若非因抵押人的恶意,不影响抵押预告登记的效力。

在破产程序中,债务人之所以破产,原因可能是经营不善、资金链断裂、市场行情持续下行低迷、突发事件等,但这些因素不是由于债务人恶意造成的,不能归责于债务人。因此,在破产程序中确定抵押预告登记有无有限受偿权问题,不需要考虑债务人的过错因素。

(三)物权法定原则对该问题的影响与规制

我国《物权法》第5条规定:“物权的种类和内容,由法律规定。”我国对物权实行物权法定原则,不得创设物权。抵押权作为限制物权,是法律规定的物权形式之一。对于抵押权的设立、变更、解除均严格依法确定,抵押权的设立采登记生效主义,此处的登记当属正式抵押登记即抵押本登记,而非抵押预告登记,从这个角度来看笔者认为遵循物权法定原则情形下抵押预告登记不具有优先受偿权。

另外,在司法实践中该问题常见于向银行贷款购房,银行往往要求开发商为借款人提供阶段性连带保证,同时要求借款人将所购期房办理抵押预告登记并约定办证后转为抵押本登记。实际上银行的该贷款行为已经设立了“双保险”,即使抵押预告登记不具有优先受偿权,在未取得他项权证或产权证之前,开发商的保证责任未免除,银行的债权完全可以实现。

(四)《物权法司法解释一》第4条对该问题的回应与界定

最高人民法院《关于适用〈中华人民共和国物权法〉若干问题的解释(一)》第4条规定:“未经预告登记的权利人同意,转移不动产所有权,或者设定建设用地使用权、地役权、抵押权等其他物权的,应当依照物权法第二十条第一款的规定,认定其不发生物权效力。"有人认为,该条规定是从法律层面上确认了抵押预告登记的优先受偿性。笔者认为不然,相反该规定对预告登记的优先受偿性进行列举式的限缩解释。最高人民法院民一庭负责人在答记者问时对该问题进行了解答:"预告登记是为保全一项以将来发生不动产物权变动为目的的请求权的不动产登记,是相对于'本登记'或'终局登记'而言的登记制度。法律对不动产物权人的处分自由进行限制,目的是对纳入预告登记的请求权加以保全。或者说,是为了保障登记权利人的请求权,以确保最终实现其物权。基于预告登记的制度目的,不应为保障登记权利人的请求权而不当限制登记义务人(也就是不动产物权人)的处分权,对该种限制本身亦应作出一定限制,即只能限于保护登记请求权的范围内,否则即有矫枉过正乃至越位之嫌。"①

四、结　论

债务人因破产原因导致房屋不能建成办证,预抵押不能变更为正式抵押。在破产程序中考量抵押预告登记的优先性,应遵循民事法律规范的一般性规定,同时应考虑破产程序的特殊性。从破产案件本身来说,如果肯定抵押预告登记的优先性,银行取得对在建工程变现价款的优先受偿权,普通债权的清偿率将会下降;如果否定抵押预告登记的优先性,普通债权的清偿率将会上升,但银行债权将会变为普通债权,清偿率下降。

虽然如此,即使否定抵押预告登记的优先性,银行的债权并非遭受致命性打击,因为在抵押预告登记转为正式抵押登记之前,首创公司需要承担阶段性连带保证责任,该保证责任并未免除。而且,借款人仍应对应还未还的贷款本息承担还款责任,银行可以起诉借款人,以借款人的其他资产清偿债务,实现债权。

通过上述数据分析、理论探讨基本可以得出抵押预告登记不具有优先受偿权的倾向性结论,在破产程序中亦是如此。但囿于本文分析深度与广度所限,需

---

① 《进一步提升保障财产权利及市场交易安全与效率的法治化程度——最高人民法院民一庭负责人就物权法司法解释(一)答记者问》,载中国法院网:http://www.chinacourt.org/article/detail/2016/02/id/1809933.shtml,最后访问日期:2016年5月20日。

更为深入和全面的探讨,做好债权人利益保护与推进破产程序有序进行。如果最高司法部门对该问题研究意见和结论同此,建议尽快出台明确规定,以指导并统一司法实践。

出租人破产财产的租赁负担消除问题及其解决

韩　骏[*]

一、据以研究的案例

某企业进入破产清算程序后，管理人查知，该企业的主要土地与厂房在破产申请受理1年前出租给了第三方甲，租期5年，租金标准为周边市场价的80%。甲租赁后，在该土地厂房上正常生产经营，按约正常支付租金，且对部分厂房进行了改建与增建（租赁合同约定甲可以改建与增建）。

根据债权人会议表决通过的资产变价方案，管理人拟整体拍卖处置该土地与厂房资产，且已有多名意向方报名参与竞买。但根据反馈的情况是，如资产上的租赁负担不消除，则将严重影响资产变现价值与处置进度。管理人与承租人进行协商，承租人不同意提前解除租赁合同，更不能接受合同解除后所受之损失作为普通债权受偿。至此，管理人陷入两难境地：如不去除租赁负担，则资产若要获得满意的变现价格，需要等到租赁合同五年期届满后才具备可能。而如强行解除租赁合同，收回

* 浙江京衡律师事务所律师。

租赁财产,现行《企业破产法》又缺乏必要的法律规定支持。并且,破产程序中如何认定承租人损失所产生的债权性质与金额,也是管理人需要直面的一个难题。

二、争点的归纳与评析

追求和实现债务人财产价值最大化,不仅是破产法的宗旨之一,也是管理人始终如一的工作目标。为助推该目标的实现,破产法设计了大量配套机制,赋予了管理人多重特殊权利。因此,当个体权利与上述目标发生冲突时,个体权利人所倚仗的诸如我国《合同法》《公司法》等授予的通常权利,往往经不起管理人以破产法之名行使特别权利的冲击。《企业破产法》第 18 条规定的管理人“挑拣履行权”即为典例。而在第四章“债务人财产”的 11 个条文中,几乎每一条都在向管理人授权,都在指导管理人以何名义、借何渠道追索债务人财产。如从行为角度作分类,包括主动意义上的追索偏颇性清偿的受益人、未完全履行出资义务的股东、非正常收入的董监高、债务人财产占有人等,被动意义上对抵销人的权利否定、在途货物出卖人合同解除权的否定等。然而,从另一角度来分类,我们会发现个体权利人也并非弱不禁风。结合我国《企业破产法》第 37 条、第 38 条的规定,当该财产非属于债务人财产或者虽属于债务人财产,但其上负载有物权性权利时,个体权利人就具有了与管理人天然对抗的武器,或者要求区分于债务人财产而取回,或者要求就该财产担保之债权优先受偿。并且,因该等权利的存在,个体权利人还区别于其他权利主体而受到破产法的优待,如该法第 109 条规定的别除权,偏颇性清偿的撤销豁免[最高人民法院《关于适用〈中华人民共和国企业破产法〉若干问题的规定(二)》第 14 条]等。因此,我们可以得出如下结论:当个体权利人拥有物权性权利时,破产法并不允许管理人以债务人财产价值最大化为由,任意行使管理人权利动摇、消减乃至剥夺个体的物权性权利。管理人或者需尊重个体权利人对财产的所有权,或者以提供合理公允的对价为交换,取回特定财产。

无疑,上述结论缘自“物权高于债权”的民法基石,而破产法所确定的破产程序定位为债权集体清偿程序,若该权利属于所有权或者负载有其他物权性权利的债权时,则某种意义上即可从集体清偿程序中独立出来。如果这一结论实质上已经内化为破产法的原则之一,那么循此逻辑,举凡所有权、用益物权、担保物权均可独立于破产分配程序,并对抗与限制管理人以破产价值最大化为由行使权利。然而,综观破产法,除所有权与担保物权较为鲜明外,对于用益物权人的保护却留下了空白。

回到本文所引案例,问题显然更为复杂。我国破产法并未对管理人权利与租赁权人权利冲突情形给出具文,而与此同时,租赁权物权化又已在理论界与实务界形成通识。因此,是否承认我国破产法隐含前述原则,成为权利冲突中谁占上风的裁判标尺。然而,更深一层的考虑是,租赁权本身并非物权,所谓"所有权变动不破租赁"的意旨在于当租赁物所有权发生变动时,承租人的租赁权在此情形下即生成对抗力,对抗租赁物新权利人的返还原物请求权。易言之,租赁权物权化的内涵在于首先表明租赁权为债权,而非物权,只有当租赁物所有权发生变动且形成权利冲突时,租赁权才被赋予了物权的对抗力。当租赁物所有权未发生变动时,租赁权也就并未生成物权的对抗力。因此,当管理人行使特殊权利(如挑拣履行权)解除租赁合同并收回租赁物时,其并非源于租赁物所有权发生变动而行使原物返还请求权,那么租赁权人以"买卖不破租赁"为由对抗还能成立吗?

从比较法的角度研究,管理人是否有权解除租赁合同,收回租赁物似乎也未形成通论。如美国《破产法》第 365(h)条规定:"该条款对于债务人为不动产出租人时拒绝该不动产租约的效力做了限制。尽管债务人(不动产出租人)有权拒绝租约,但是该拒绝的效力十分有限。对于该种拒绝,最重要的限制是,除非承租人自愿搬离,则出租人不得收回该房产。"[①]又如,日本《破产法》第 53 条第 1 款规定管理人具有对双务合同的挑拣履行权。随后第 56 条第 1 款规定:第 53 条第 1 款及第 2 款,不适用于就设定租赁权以及其他以使用、收益为目的的权利的合同。

于此,我们可以总结出如下两点:

第一,我国破产法既然已经确定破产程序为债权集体清偿程序,则所有权及其他负载有物权性权利的债权均独立于债权集体清偿程序,均得对抗管理人的特殊权利。被赋予物权对抗效力的租赁权概莫能外。

第二,租赁权物权化究竟是指租赁权一经设立即拥有物权的对抗效力,还是

---

① 《美国破产法》,韩长印等译,中国政法大学出版社 2003 年版,第 239 页。

在发生所有权变动时才具备该对抗效力,如果为前者,则承租人可以之对抗管理人,如为后者,则管理人在未发生所有权变动时即解除合同,自始不发生法律效力。

三、问题的解决思路探析

无论如何,从价值评判角度来说,为债务人财产价值最大化与债权人损失弥补最大化计,去除债务人特定财产上的租赁负担,符合破产法的宗旨。关键的问题在于,在我国破产法没有明文规定管理人有此特殊权利的情况下,管理人以何法律依据行权?接踵而来的问题是,承租人的损失如何计算?如何弥补?具体讨论如下。

(一)管理人的行权基础或依据

1. 因租赁权本身之瑕疵去除租赁负担,具体包括以下情形

(1)租赁合同本身可归于无效或可撤销。

(2)租赁合同履行中承租人的严重违约行为,包括:①承租人擅自变动房屋建筑主体和承重结构或者扩建,在出租人要求的合理期限内仍不予恢复原状的(最高人民法院《关于审理城镇房屋租赁合同纠纷案件具体应用法律若干问题的解释》第7条);②承租人未经出租人同意转租的(《合同法》第224条);③承租人无正当理由未支付租金或迟延支付租金的,出租人要求承租人在合同期限内支付,承租人逾期支付的(我国《合同法》第227条);④承租人未按照约定的方法或者租赁房屋的性质使用租赁房屋,致使租赁物受到损失的(我国《合同法》第219条)。

(3)租赁合同存在约定解除或法定解除情形,包括:①租赁合同约定可单方解除;②因不可抗力致使合同不能继续履行的(我国《合同法》第94条);③不定期租赁,出租人有权随时解除合同(我国《合同法》第232条)。

(4)租赁权依法应让位于其他权利情形:典型如《物权法》第190条:"订立抵押合同前抵押财产已出租的,原租赁关系不受该抵押权的影响。抵押权设立后抵押财产出租的,该租赁关系不得对抗已登记的抵押权。"如果抵押权设立在先,租赁权设立在后,则抵押债权人实现权利时,承租人无理由对抗。

因租赁权本身之瑕疵实现去除租赁负担的目的，其本身隐含的前提是管理人在破产法没有明文规定其特殊权利可以对抗租赁权的情况下，依据破产法隐性的对物权性权利充分尊重的原则以及租赁权具备物权化的特征，而间接承认破产程序中租赁权的不可触碰。这一种不得已的妥协在显露管理人无奈的同时，并未能从根本上解决问题，假定前述情形均不具备，则管理人将完全陷入被动。

2. 依破产法之规定去除租赁负担

(1) 租赁权设立符合偏颇性清偿

如查知债务人以应收租金抵偿所欠承租人的债务，则有可能构成破产法上的偏颇性清偿。管理人据此撤销与纠正后，承租人因失去租赁权存在基础而退出。但这仍然是绕开租赁权物权化的曲线救国道路，受困于个案特定事实与条件的构成与否。

(2) 管理人行使挑拣履行权

这可能是管理人实务中目前最为主流的操作方式。这一处理思路的逻辑更简单直接，既然破产法没有将租赁合同限制在挑拣履行权对象之外，则只要符合待履行合同的条件，管理人可径行选择解除合同。这一思维基本不予考虑租赁权的物权化特征，与前述试图绕开这一争点而从租赁合同本身另觅捷径的方式相比，在实务中更具争议。然而，正如前文所进行的探讨，租赁权的物权对抗效力仅针对于所有权、抵押权等物权，并未涵盖或者延及管理人的法定解除权。就此而言，管理人行使挑拣履行权的基础与租赁权的物权对抗效力并无交集，租赁权并不超越其余待履行合同相对方的有关权利而在破产程序中受到特别优待。然而，值得注意的是，前述美国《破产法》第 365 条是将待履行合同与未到期租约规定在一起，其中(h)条款是对债务人作为出租人情况下，管理人行使合同解除权进行了单独限制。无独有偶，日本《破产法》第 53 条在授予管理人挑拣履行权后，立即在第 56 条就该权利能否适用于租赁合同做出了特别限制。此外，该第 56 条同时规定，挑拣履行权也不适用于其他以使用、收益为目的的合同。因此，有学者认为，我国“《破产法》有关限制破产管理人合同解除权的特别规定尚为空白。因此，在今后《破产法》修订中，面对以使用、收益为目的的合同，立法者必须对此做出选择，该选择将面临两个基本问题：一是对于以使用、收益为目的的合同，破产管理人解除权是否应该受到限制；二是如果需要限制此类合同中破产管理人的解除权,应如何限制”。[①] 这一观点实际也已抛开租赁权的性质或其物权对抗效力,而纯粹从比较法的角度进行研究得出的结论。该学者进而提出其取舍标准,“当某类合同的解除无益于保全或增加破产财产时,(管理人解除该合同的权利)将不复存在”,而“破产人继续出租其财产对保存破产财产价值并无不益,而承租人使用租赁物缴纳租金的行为也并不会受到破产宣告的妨碍,其不存在解除合同的理由。”[②]然而,本文所引案例却将该观点置于尴尬地位。租赁合同不解除,虽然可以保证长期的租金收益,却同时造成资产迟迟无法变现。而如果租还是售皆由管理人掌握,则反而使承租人权利处于极不稳定的状态之中,仍然回到了前述管理人认为法无明文即可行的简单逻辑中,处理结果必然争议不断。

另一个问题是如何判断个案中的租赁合同是否属于待履行合同。待履行合同的要素有二:一为“双务”,二为“未履行完毕”。租赁合同属于双务合同没有争议,关键在于如何确定租赁合同履行完毕。正常履行的租赁合同,租赁费用总跟随租赁时间支付。然而,我们不应忽视破产企业的特殊情由。许多债务危机企业在进入破产程序前的第一要务是尽可能回笼资金,所以以优惠的租金标准换取一次性支付往往是债务危机企业病急投医的必然结果。很多管理人往往面对的是债务人企业一次性收取租金后,早已用于还债,而承租人则将依据租约长期占有租赁财产的情形。于是,为了迎合待履行合同的标准,一种似是而非的结论应运而生:承租人虽然已经一次性付清了租金,但因还负有租赁期间内正常使用与维护租赁物的义务,所以该租赁合同仍属于双方义务均未履行完毕的合同。“一般认为,我国的待履行合同,即未履行完毕的合同,是指双方当事人对合同中规定的主要义务均尚未履行的合同。”[③]通说认为,主要义务即主要债务,是指“双务合同中基于对价关系的债务,即给付义务”。[④] 而作为承租人,其主要合同义务即是支付租金。所谓正常使用与维护租赁物的义务,实质是对其不得借占有、使用租赁物之机滥用权利的限制,难以归入给付义务中。因此,以此为由界定租赁合同属于待履行合同,难圆其说。需要提示的是,如果承租人已经支付完

---

① 兰晓为:《破产法上的待履行合同研究》,人民法院出版社2012年版,第204页。

② 同上。

③ 参见王欣新:《破产法学》,中国人民大学出版社2004年版,第171页。

④ 参见韩世远:《合同法总论》,法律出版社2004年版,第606页。

毕租金,因其已经不符合待履行合同的构成要件,所以事实上已经削减了管理人的挑拣履行权,即使破产法对租赁合同能否解除未作明文规定,也不在此限了。

(二)承租人损失的界定

在因租赁权本身之瑕疵导致管理人解除租赁合同、收回租赁物情况下,实际上几乎不存在承租人还可以主张损失的可能,反而管理人要追索其相关的违约责任。因此,本文集中讨论管理人行使挑拣履行权解除租赁合同时承租人损失的性质与范围的界定问题。

1. 损失的性质

依据我国《企业破产法》第 53 条之规定:"管理人或者债务人依照本法规定解除合同的,对方当事人以因合同解除所产生的损害赔偿请求权申报债权。"需要讨论的是,管理人如何认定该等债权的性质或曰受偿顺位?依据通说,"因管理人或债务人解除该合同时所产生的损害赔偿请求权,属于普通债权。这与待履行合同继续履行时向相对人支付的对价属于共益债务的情形,有所不同。"①于此,承租人就其损失仅能列入普通债权受偿。然而,如充分考虑租赁权的物权化特征,则上述观点值得商榷。如果租赁合同在面对权利冲突时,显现出与抵押合同、质押合同等设定物权的合同同等的对抗效力,则实际已经被排除在待履行合同的范围之外,管理人如欲实现租赁物收回之目的,除非给予承租人类同于我国《企业破产法》第 37 条、第 109 条给予特定物权权利人同等的对价待遇,否则解除合同难以得到法律上的支持。

从比较法角度来看,实际上,美国《破产法》"第 365 条(h)赋予了承租人在房产出租人申请破产并拒绝继续履行该租约情况下的选择权。根据该法第 365 条(h)(1),承租人可以选择将该租约视为因拒绝而终止,承租人可以搬出该房产……作为另一种选择,承租人可以根据该法第 365 条(h)(2)选择继续租赁该房产,即使出租人已经申请破产并拒绝继续履行租约。"②而在承租人选择自动搬离的情况下,"就其因租约被拒绝所遭受的任何损失,向破产财团主张债权。该债权构成普通的无担保债权。"③这一规定使承租人在绝大多数情况下都会倾向于

① 王卫国:《破产法精义》,法律出版社 2007 年版,第 157 页。

② 《美国破产法》,韩长印等译,中国政法大学出版社 2003 年版,第 239 页。

③ 同上书,第 239 页。

选择继续租赁该房产,且管理人在此问题上将非常弱势。连美国破产法学者自己都承认:“出租人拒绝租约的案例极为少见。第365条(h)的存在使破产托管人拒绝不动产租约的权力形同虚设。”①与英美法系注重实务而忽视逻辑的思维方式不同,大陆法系的日本《破产法》体现出逻辑的严谨与前后一致。前述日本《破产法》第56条明确管理人挑拣履行权不适用于以租赁合同为典例的使用、收益为目的的合同后,该法紧跟上一条规定:“前款的规定中对方所具有的请求权属于财团债权”。日本破产法上的财团债权即我国破产法上的共益债务,可见,日本《破产法》对此作了平衡。如果债务人企业属于承租人,则出租人有权要求按照共益债务受偿租金;如果债务人企业属于出租人,则承租人在协商一致解除租赁合同的情况下,就其损害赔偿部分也可享受共益债务的待遇。无疑,这一规定为本案类似问题的解决提供了方向,对于我国破产法的空白点来说,具有十分重要的借鉴意义。

2. 损失的范围

就合同解除后相对方的损害赔偿范围,存在两种观点:一种是应当符合合同正常履行完毕时相对方可以获得的利益,另一种是损害赔偿以已经发生的实际损失为限。有学者认为:“由于合同解除的效力是使合同恢复到缔约前的状态,而可得利益是在合同得到完全履行后才有可能产生。既然当事人选择了合同解除,就说明当事人不愿意继续履行合同,那么非违约方(合同相对方)就不应该得到履行后所应得的利益。”②这一观点显然契合了破产法的精神及赋予管理人挑拣履行权的本意,管理人正是基于合同继续履行不利于破产财产的保值增值,才做出解除决定,作为合同相对方自应服从破产整体秩序与债权人的共益,没有理由在此情况下还就其可得利益再行主张。据此,承租人损害赔偿的范围应当以其实际损失为限。

四、结　　语

租赁权因其在权利冲突时具有法定的物权对抗效力,使在破产法中,租赁合

① 《美国破产法》,韩长印等译,中国政法大学出版社2003年版,第240页。

② 王利明:《违约责任论》,中国政法大学出版社1996年版,第556页。

同是否属于管理人可行使挑拣履行权的待履行合同存在争议,进而承租人的利益是否需要特别保护也需特别斟酌。由于我国破产法及相关司法解释对此问题的定性与解决存在空白,使实务中管理人的解除操作存在较多质疑。同时,在司法实践中清退承租人往往是法院执行过程中极为头痛的问题,如果不能在法律上得到足够支持,并给予承租人心服口服的利益平衡,解除操作也将达不到法律效果与社会效果的统一。更需要进一步研讨的是,以租赁权为代表的设定占有、使用、收益权利为目的的合同,或者说设定用益物权的合同,在破产法中的地位如何,具体对待与处置方式、结果如何,都需要破产法及司法解释予以更清晰的界定与规范。

破产案件中的刑民交叉问题

——从解读破产法的目的与功能出发

唐　华*

一、问 题 缘 起

W 法院受理 Y 房地产开发公司的债权人申请 Y 房地产公司破产清算一案,并依法召开了第一次债权人大会,在第一次债权人大会上出席会议的债权人表决通过了债权表。第一次债权人会议召开后一个月,Y 房地产公司的法定代表人 D 因涉嫌非法吸收公众存款罪被公安机关拘留。就公安机关侦查情况来看,D 涉嫌非法吸收公众存款取得的资金与 Y 发给地产公司的资金流向有部分重合,但具体重合数额、各自债权的构成情况尚不明确。就此,对 Y 房地产开发公司的破产清算案件是否继续进行,产生了分歧意见。第一种意见认为,鉴于 Y 房地产开发公司的破产财产范围不明,以及破产债权人的确定性因出现涉刑情况处于模糊状态,Y 房地产开发公司的破产清算案件程序应暂停,直至 D 的刑事案件处理结束,即传统意义上的"先刑后民"。第二种意见认为,Y 房地产公司的破产清算案件程序,应充分考虑已知

* 成都市武侯区人民法院法官。

众多债权人及时受偿的愿望,避免引发新的社会稳定问题,即出于效率至上因素的考虑,对已知债权人进行快速清偿,对于刑事部分的债权人预留部分款项。

笔者认为,近年来,商主体大量涉及民间融资情况,而民间融资最容易与刑事案件中的非法吸收公众存款罪、集资诈骗罪、合同诈骗罪有所牵连。一旦商主体因自身申请或债权人申请进入破产程序,难免出现自身或高级管理人员、法定代表人涉及刑事犯罪的刑民交叉情况。以上针对商主体在破产程序中的刑民交叉情况的处理意见无论是先刑后民的程序性处理意见,还是预留部分款项的实体性处理意见,均偏离了破产制度设置的目的与功能考虑,不恰当的单纯运用刑事、民事案件处理的原则替代了破产制度本身的原则。而且,由于一般诉讼案件刑民交叉问题的复杂性和法律规定的矛盾性,导致盲目套用一般诉讼案件刑民交叉情况的处理方法,并不能很好地解决破产案件中刑民交叉的问题,往往导致破产程序过分拖延,债权人上访等不良后果。故本文从破产制度设置的目的与功能出发,对破产案件中刑民交叉的情况进行考察,以期对破产案件刑民交叉情况既确立刑民衔接的标准,也确立破产刑民交叉实体权利处理的规范。

二、对刑民交叉处理规范的梳理

(一)破产法关于刑民交叉问题的规定

考察我国现有法律法规,对破产程序中的出现刑民交叉情况时应如何衔接刑民程序及处理实体权利,并无普适性的规定。最为明确的规定仅见于最高人民法院《关于依法审理和执行被风险处置证券公司相关案件的通知》第 5 条的规定:“证券公司进入破产程序后,人民法院作出的刑事附带民事赔偿或者涉及追缴赃款赃物的判决应当中止执行,由相关权利人在破产程序中以申报债权等方式行使权利;刑事判决中罚金、没收财产等处罚,应当在破产程序债权人获得全额清偿后的剩余财产中执行。”该条明确规定证券公司在遇到刑民交叉情况时,刑事受害人的债权应在破产程序中与民事债权一并处理,是对刑事受害人债权与民事受害人债权并无本质区别的认可和体现。该条规定尊重了破产程序自身终局性、权利处置性、平等顺序受偿性等原则和功能。但是,该条规定仅涉及对破产债权如何申报进行规定,并未涉及破产程序中出现刑民交叉情况时,刑民程序应如何衔接、以何种标准衔接、实体权利如何安放等问题的设置,故我们应进一步对具体操作步骤予以研究。

(二)诉讼程序中对于刑民交叉的相关规定

民刑交叉,是指民事案件与刑事案件在法律事实、法律主体方面存在完全重合或者部分重合,从而导致案件的刑事、民事部分之间在程序处理、责任承担等方面相互交叉和渗透。[①] 由于破产程序的原则中包含对其他部门法已有规定的尊重原则,我们必须对刑法、民法、刑事诉讼法、民事诉讼法的刑民交叉规定进行一定的梳理,这种梳理既包含实体部门法,也包括程序部门法。综观我国实体法及程序法,对刑民交叉问题处理的规定主要包括:

1. 第一类主要从程序上予以规定,刑民交叉时刑事程序与民事程序进行的先后或者并行程序,该类规定是刑民交叉规定中最为冲突的部分,导致诉讼中刑民程序的衔接莫衷一是。(1)以审理结果为判断民事案件是否继续的依据。比如,我国《民事诉讼法》第150条第5项规定:"有下列情形之一的,中止诉讼……(五)本案必须以另一案的审理结果为依据,而另一案尚未审结的……"[②](2)以同一事实作为判断标准,一旦出现同一事实,即全案由刑事程序处理,民事程序不再处理。比如,最高人民法院《关于审理民间借贷案件适用法律若干问题的规定》第6条规定:"人民法院立案后,发现与民间借贷纠纷案件虽有关联但不是同一事实的涉嫌非法集资等犯罪的线索、材料的,人民法院应当继续审理民间借贷纠纷案件,并将涉嫌非法集资等犯罪的线索、材料移送公安或者检察机关。"[③](3)以同一事实作为判断标准,不是同一事实的,刑事和民事程序分别进行。比

---

① 参见林清、刘高:《民刑交叉中合同效力的认定及诉讼程序的构建——以最高人民法院司法解释为视角》,载《法学家》2015年第2期。

② 该类规定也见于最高人民法院《关于审理民间借贷案件适用法律若干问题的规定》第7条的规定:"民间借贷的基本案件事实必须以刑事案件审理结果为依据,而该刑事案件尚未审结的,人民法院应当裁定中止诉讼。"

③ 该类规定也见于最高人民法院、最高人民检察院、公安部《〈关于办理非法集资刑事案件适用法律若干问题〉的意见》第7条的规定:"关于涉及民事案件的处理问题。对于公安机关、人民检察院、人民法院正在侦查、起诉、审理的非法集资刑事案件,有关单位或者个人就同一事实向人民法院提起民事诉讼或者申请执行涉案财物的,人民法院应当不予受理,并将有关材料移送公安机关或者检察机关。人民法院在审理民事案件或者执行过程中,发现有非法集资犯罪嫌疑的,应当裁定驳回起诉或者中止执行,并及时将有关材料移送公安机关或者检察机关。公安机关、人民检察院、人民法院在侦查、起诉、审理非法集资刑事案件中,发现与人民法院正在审理的民事案件属同一事实,或者被申请执行的财物属于涉案财物的,应当及时通报相关人民法院。人民法院经审查认为确属涉嫌犯罪的,依照前款规定处理。"

如,最高人民法院《关于在审理经济纠纷案件中涉及经济犯罪嫌疑若干问题的规定》第1条规定:“同一公民、法人或其他经济组织因不同的法律事实,分别涉及经济纠纷和经济犯罪嫌疑的,经济纠纷案件和经济犯罪嫌疑案件应当分开审理。”(4)以不是同一法律关系作为判断标准,不是同一法律关系的,刑事与民事程序并行。比如,最高人民法院《关于在审理经济纠纷案件中涉及经济犯罪嫌疑若干问题的规定》第10条的规定。[①] (5)以全案是否涉及刑事犯罪为判断标准,如果全案涉刑,则移送公安机关,法院不再以民事案件进行审理。比如,最高人民法院《关于在审理经济纠纷案件中涉及经济犯罪嫌疑若干问题的规定》第11条的规定。[②]

2. 第二类主要从实体上予以规定,以刑民交叉中民事债权受偿优于刑事追赃为体现。比如,《刑法》第36条第2款的规定。[③]

3. 第三类从实体上予以规定,体现区分债务人财产和受害人财产的原则。比如,《刑法》第64条的规定:“犯罪分子违法所得的一切财物,应当予以追缴或者责令退赔;对被害人的合法财产,应当及时返还……”

4. 第四类从程序上予以规定,刑民交叉时,刑事受害人如何主张民事债权。比如,最高人民法院《关于适用〈中华人民共和国刑事诉讼法〉的解释》第138条的规定:“被害人因人身权利受到犯罪侵犯或者财物被犯罪分子毁坏而遭受物质损失的,有权在刑事诉讼过程中提起附带民事诉讼……”

5. 第五类从程序上予以规定,刑民交叉时,受害人的退赔实现路径。比如,最高人民法院《关于适用刑法第六十四条有关问题的批复》:“被告人非法占有、处置被害人财产的,应当依法予以追缴或者责令退赔。据此,追缴或者责令退赔的具体内容,应当在判决主文中写明;其中,判决前已经发还被害人的财产,应当

---

① 最高人民法院《〈关于在审理经济纠纷案件中涉及经济犯罪嫌疑若干问题〉的规定》第10条规定:“人民法院在审理经济纠纷案件中,发现与本案有牵连,但与本案不是同一法律关系的经济犯罪嫌疑线索、材料,应将犯罪嫌疑线索、材料移送有关公安机关或检察机关查处,经济纠纷案件继续审理。”

② 最高人民法院《〈关于在审理经济纠纷案件中涉及经济犯罪嫌疑若干问题〉的规定》第11条规定:“人民法院作为经济纠纷受理的案件,经审理认为不属经济纠纷案件而有经济犯罪嫌疑的,应当裁定驳回起诉,将有关材料移送公安机关或检察机关。”

③ 我国《刑法》第36条第2款的规定:“承担民事赔偿责任的犯罪分子,同时被判处罚金,其财产不足以全部支付的,或者被判处没收财产的,应当先承担对被害人的民事赔偿责任。”

注明……”①

6. 第六类从实体上予以规定,明确违法所得不属于犯罪人财产,而属于被害人财产范围;并且明确民事部分债权数额的计算方法和受偿比例。比如,最高人民法院、最高人民检察院、公安部《〈关于办理非法集资刑事案件适用法律若干问题〉的意见》第5条的规定,以及②最高人民法院《关于刑事裁判涉财产部分执行的若干规定》第10条规定:“……对于被害人的损失,应当按照刑事裁判认定的实际损失予以发还或者赔偿。”③

7. 第七类从实体上予以规定,明确违法所得的债权优于一般民事债权的受偿顺序。比如,最高人民法院《关于刑事裁判涉财产部分执行的若干规定》第13条的规定:“被执行人在执行中同时承担刑事责任、民事责任,其财产不足以支付的,按照下列顺序执行:(一)人身损害赔偿中的医疗费用;(二)退赔被害人的损失;(三)其他民事债务;(四)罚金;(五)没收财产。债权人对执行标的依法享有优先受偿权,其主张优先受偿的,人民法院应当在前款第(一)项规定的医疗费用受偿后,予以支持。”以及最高人民法院《关于刑事裁判涉财产部分执行的若干规定》第1条规定。④

8. 第八类从实体上予以规定,明确公司员工涉嫌犯罪时,公司是否成为责任

---

① 最高人民法院《关于刑事裁判涉财产部分执行的若干规定》第1条规定:“本规定所称刑事裁判涉财产部分的执行,是指发生法律效力的刑事裁判主文确定的下列事项的执行:(一)罚金、没收财产;(二)责令退赔;(三)处置随案移送的赃款赃物;(四)没收随案移送的供犯罪所用本人财物;(五)其他应当由人民法院执行的相关事项。刑事附带民事裁判的执行,适用民事执行的有关规定。”

② 最高人民法院、最高人民检察院、公安部《〈关于办理非法集资刑事案件适用法律若干问题〉的意见》第5条规定:“向社会公众非法吸收的资金属于违法所得。以吸收的资金向集资参与人支付的利息、分红等回报,以及向帮助吸收资金人员支付的代理费、好处费、返点费、佣金、提成等费用,应当依法追缴。集资参与人本金尚未归还的,所支付的回报可予折抵本金……查封、扣押、冻结的涉案财物,一般应在诉讼终结后,返还集资参与人。涉案财物不足全部返还的,按照集资参与人的集资额比例返还。”

③ 最高人民法院《关于审理诈骗案件具体应用法律的若干问题的解释》第10条规定:“行为人进行诈骗犯罪活动,案发后扣押、冻结在案的财物及其孳息,如果权属明确的,应当发还给被害人;如果权属不明确的,可按被害人被骗款物占扣押、冻结在案的财物及其孳息总额的比例发还被害人;如果能够确定扣押、冻结在案的财物及其孳息不属于已查明的被害人所有,但又无法发还未查明被害人的,应当依法上缴国库。”

④ 最高人民法院《关于刑事裁判涉财产部分执行的若干规定》第1条规定:“本规定所称刑事裁判涉财产部分的执行,是指发生法律效力的刑事裁判主文确定的下列事项的执行:(一)罚金、没收财产;(二)责令退赔;(三)处置随案移送的赃款赃物;(四)没收随案移送的供犯罪所用本人财物;(五)其他应当由人民法院执行的相关事项。刑事附带民事裁判的执行,适用民事执行的有关规定。”

主体。即所谓刑民交叉的牵连情况下,不同主体的责任承担问题。比如,最高人民法院《关于在审理经济纠纷案件中涉及经济犯罪嫌疑若干问题的规定》第2条的规定:"单位直接负责的主管人员和其他直接责任人员,以为单位骗取财物为目的,采取欺骗手段对外签订经济合同,骗取的财物被该单位占有、使用或处分构成犯罪的,除依法追究有关人员的刑事责任,责令该单位返还骗取的财物外,如给被害人造成经济损失的,单位应当承担赔偿责任。"

三、破产法功能和所原则对破产刑民交叉问题的指引

破产法的特点之一,是不仅包含实体权利的设置,也包括程序的制定,故在考察破产法刑民交叉问题时,不仅要研究破产法的程序功能和原则,也要思考破产法的实体功能和原则。

(一)破产法制度有别于一般诉讼制度,其在设立时要处理的是多种权利保护需求的冲突,此为破产法制度在实体上的要求

此时,首先要考虑的是这些权利的价值优先层级及安放顺序问题。由此引申出与本文有关的话题,即涉刑案件中的受害人权利与民事债权人的权利,有无本质区别,有无优先劣后之分。即使是在一般诉讼的刑民交叉情况,刑事部分与民事部分其实也是各有保护的不同权利,刑事部分主要保护国家所要维持的公共秩序和利益,而民事部分主要保护被损害的受害人权利。尤其在非法吸收公众存款罪上,该罪名是数量刑罪名,单就每一笔借款来看,受害人受损的权利性质,与债务人在商事活动、民事活动所损害的民事债权并无本质区别。故,虽然破产程序需要明辨债务人的财产范围,应当区分受害人的财产与债务人的财产,但在刑民交叉情况存在时,债务人资金进出情况复杂,受害人财产与债务人财产混同或部分混同的情况下,受害人与债务人的其他债权人处于同一顺位受偿,并无法理上的障碍。

(二)破产法也是司法制度顺应社会财产处置需求的司法技术性安排

即破产程序系司法技术应商活动的要求,在法律程序上进行一系列的程序和实体设置。其本身所追求的价值,并非如诉讼程序的价值一般,强调追求重现

法律的真实。而是在分辨债务人的财产范畴之外,对已知的不同种类债权进行合理安排,使债权人得到尽可能多的清偿;同时,使已错位并处于随时消灭的危机中的社会财富以法律上的终结或再生的方式进行重新分配,以开始这些财富的再次增值可能。该种司法技术上的安排,更为着重的价值追求在于,使社会中的商主体对投资风险的预期趋于明确,设立投资失败时的财产处置规则,使商主体今后的投资进程更加有效,且不害怕投资失败时不可预知的风险。由此,我们可以看出,当在破产制度中遇到刑民交叉的情况,更为重要的价值追求,并非在于一味追求每一笔债权在刑事部分得以完全清晰地进行描述,而在于借助刑事部分的梳理,刑事受害人的权利,可以在破产程序中得以一并处理,达到各种无序债权的有序安放。我们也可以得出结论,正是出于破产程序对债务人的刑事受害人债权和民事债权的通盘考虑,才使破产管理人在制作债权表时,可以对刑事受害人的债权作出有利于债权实现的部分调整。

(三)破产程序的处置具有终局性,这种终局性不仅体现在程序上,更是体现在实体上

从程序上来说,破产程序一旦经过不再可逆,也不再重复,并不存在如诉讼程序中的上诉、再审等令程序重启的机制。从实体上来说,破产程序对债务人的财产进行分配以后,也不再有其他程序对该种分配进行其他的调整。正是基于破产程序终局性的特点,盲目主张“先刑后民”或者效率原则都将没有实际意义,因为所有的权利都将被纳入破产程序处理,如何设置程序和实体规则有利于最终各个权利的冲突的消解及安放,才是破产程序刑民交叉问题考察的重点。

(四)破产程序所涉及的债权清偿原则,必须符合平等受偿和顺序受偿的原则

破产程序设置,最终要达到的目的是实现债权的合理受偿。所谓合理受偿包含的必然含义有同一顺位的债权都得到同等比例的受偿,不同顺位的债权受偿顺序有优先劣后之分。从权利的性质角度看,刑事受害人的债权从本质上来说,并不比债务人民事活动中产生的债权具有更高的优越性,故在破产程序的受偿顺序中,刑事受害人的债权与民事债权人的债权应处于同一受偿顺序,且应当按照自身的债权数额同比例的得到清偿。破产程序的该种原则有助于我们理解何时破产程序应当等待刑事案件的结果,何时破产程序应当继续启动,并可以径行对各种债权进行清偿。破产程序遇到刑民交叉时,并非呆板的"先刑后民"或径自处理,其中止标准应充分考虑刑事受害人的人数、受害人债权数额、债务人财产范围与受害人财产范围的划分是否清晰或有无可能清晰。待上述问题清晰后,破产程序即可继续进行。

破产程序应尊重其他实体法律和程序法律的规定。我们在强调前述破产法独特的原则和功能追求的同时。仍应看到破产程序因横跨协调各部门法的复杂性和困难性,对很多程序和实体性规定并不详细和具体。是故,在缺乏法条规定的情况下,我们除要立足于破产程序本身的价值追求,设置解决刑民交叉问题的方法,也要考虑尊重其他程序法和实体法的相关规定,避免大量重复的设置基本规则。破产程序尊重其他部门法的规定在我国《企业破产法》第 4 条中即有体现:"破产案件审理程序,本法没有规定的,适用民事诉讼法的有关规定。"

综上,破产程序中涉及刑民交叉问题时,我们既要尊重各部门法对于刑民交叉问题的规定,也要立足于破产法本身的原则和功能对其中有矛盾的规定进行解读,最终确定破产法刑民交叉的程序设置及实体处理规范。

四、破产案件刑民交叉时的程序设置及实体处理

(一)破产案件刑民交叉时的程序设置

1. 破产程序与刑事程序的衔接标准

破产程序出现刑民交叉的情况,无外乎是在刑事案件处理过程中,涉嫌犯罪或与犯罪有关联的公司被申请破产;或者是已进入破产程序的公司,其本身涉及刑事犯罪,或其法定代表人等涉嫌犯罪。破产中出现刑民交叉情形,破产程序何时应当中止,等待刑事程序的进行,何时应该径行前行?笔者认为,破产程序与刑事程序的衔接,原则上以刑事程序能够基本清理完毕刑事受害人债权为原则。该种设置,使破产程序并不一定要等待刑事判决的生效为标准。刑事侦查手段确实相比破产程序的债权认定更加有力。但考虑到破产程序在查明事实方面的重点在于厘清债务人的财产范围或梳理债务人的全部债权。刑事程序对于破产的意义更多地在于协助查明方面,而非最终的债权认定或处理方面了。是故,只要刑事程序达到该标准,为避免破产程序的过度拖延,破产程序可继续进行。在

大部分债权人不是刑事案件受害人时,该种程序设置更有现实意义。就部分观点担心最终的刑事判决对债权的认定有所调整而言,如果刑事程序认定的事实与管理人审核债权时认定的事实确有出入的,管理人可以依照事实情况调整债权,并交由法院参照审判监督程序重新进行裁定确认。破产终结之日起 2 年内,经过刑事程序发现原来破产债权审查确有错误的,除对债权额依法重新调整外,还可以依照我国《企业破产法》第 123 条的规定追回财产,并且进行补充分配。

2. 建立刑民联动机制

破产程序具有的终局性,将导致错过债权申报的债权人不能在破产程序中受偿,且在破产程序经过后,不再有其他得以补充受偿的机会。是故,对于债权的申报,公安机关、检察院或者法院有必要建立相应的联动机制,避免刑事受害人因单纯关注刑事程序,错过破产债权的申报,具体在于,法院在受理破产案件后,发现有涉刑情况,应向相应的公安机关、检察院、法院发函,该类机关接到函件后,对于已知的刑事受害人进行破产债权申报的通知。公安机关在侦查过程中,发现被侦查公司已进入破产程序,对于已知的刑事受害人进行破产债权申报的通知,同时对于受理破产案件的法院去函告知刑事受害人债权情形。

(二)破产案件刑民交叉时的实体权利处置措施

1. 涉及债务人的财产均由破产管理人管理,必要时由受理破产案件的法院进行保全,并由破产案件受理法院统一进行财产处置、分配。根据破产法的平等受偿原则的要求,债务人进入破产程序后,不得再对某一债权人进行单独受偿,该原则也要求公安机关或法院不得再以职权对刑事受害人的财产进行追赃后的单独退还。即使该刑事受害人的债权清晰,且财产能够从债务人的财产中进行分离,也不直接在刑事程序中发还给被害人。该受害人的财产也应一并由公安机关或法院交给破产管理人保管。刑事受害人行使取回权时,应尊重破产程序统一处理全部权利的要求,向破产管理人出示证明取回权的相应证据,由破产管理人进行财产退还。公安机关在向破产管理人移交财产时,破产管理人认为有必要的,可以申请破产案件受理法院对相应财产采取保全措施。

2. 允许破产管理人在适当的范围内就债权的数额进行调整。不以刑事侦查程序或刑事判决确定的受害人债权数额为唯一依据。鉴于刑事与民事程序对权利保护的重点不一致,刑事案件更多的是将受到损害的国家秩序恢复原状,故对于刑事受害人的债权认定方面往往并不周延。比如,最高人民法院、最高人民检察院、公安部《关于办理非法集资刑事案件适用法律若干问题的意见》第 5 条规定:"关于涉案财物的追缴和处置问题。向社会公众非法吸收的资金属于违法所得。以吸收的资金向集资参与人支付的利息、分红等回报,以及向帮助吸收资金人员支付的代理费、好处费、返点费、佣金、提成等费用,应当依法追缴。集资参与人本金尚未归还的,所支付的回报可予折抵本金。"刑事案件对于受害人在合同中约定的利息等往往不予认定,相对比反而是民事债权人得到的债权保护更加充足。所以,当刑事案件受害人申报债权时,凡有证据证明债权超过刑事程序认定的数额时,破产管理人可以参照个案中债务人的其他民事债权人情况,对刑事受害人的债权数额进行一定幅度的调整,以达到真正的同等权利同等受偿。

3. 债务人财产与刑事受害人财产混同时,刑事受害人的债权与民事一般债权处于同一顺位受偿。就本文的梳理来看,我国法律法规中对于刑事债权的受偿顺序是否优于民事债权,本身存在数种矛盾的规定。在此情况下,破产程序难以依照某一固定的部门法规定,进行权利顺位的选择。当然,根据我国《企业破产法》第 30 条规定:"破产申请受理时属于债务人的全部财产,以及破产申请受理后至破产程序终结前债务人取得的财产,为债务人财产。"破产程序原则上,仅对债务人的财产进行分配,而不应涉及他人财产。在能够区分刑事受害人的财产与债务人财产时,刑事受害人在破产程序中可行使取回权,在破产财产分配前取回属于自己的财产。但在刑事受害人的财产与债务人的财产产生混同时,对破产财产的分配会突破财产分配仅限于债务人财产的限制。该种突破在法理上的支撑,正是考虑到刑事受害人的债权在本质上与民事债权人的债权并无区别,而破产程序追求的是对所有债权的平等清偿,也追求不同权利在破产程序中的统一性司法技术安排。同时,由于刑事受害人并不针对债务人的某项财产设立有优先权,故应与一般债权同等受偿。这一精神在最高人民法院《关于依法审理和执行被风险处置证券公司相关案件的通知》第 5 条的规定:"证券公司进入破产程序后,人民法院作出的刑事附带民事赔偿或者涉及追缴赃款赃物的判决应当中止执行,由相关权利人在破产程序中以申报债权等方式行使权利……"得以体现。是故,在刑事受害人财产与债务人财产无法区分的情况下,刑事受害人应当遵循破产债权的申报程序进行债权申报。

五、结　　语

破产程序中的刑民交叉问题,属于刑民交叉问题范畴的特例。我们既要梳理传统诉讼中刑民交叉的规范设置,又要立足于破产程序自身原则和功能的要求进行制度的探索。唯有如此,才能更好地理顺各种权利在破产程序中的冲突,使破产程序更为流畅的推行下去,使破产制度更好地服务于我国的供给侧结构性改革。

房地产企业破产中商品房买受人权利的保护

——以物权期待权和信息公示为核心的逻辑重构

张凌云*

一、问题的提出

2015年以后全国爆发企业破产倒闭潮,其中房地产破产事件层出不穷。2016年下半年房价逆势上涨,本来应当被淘汰的落后产能企业得以苟延残喘,甚至采取虚假宣传、捂盘惜售等不法方式哄抬房价,加剧了房地产行业的畸形发展,压缩了行业未来的发展空间。可以预见,在国家大力去产能、去库存、去杠杆的政策背景下,房地产企业破产的问题将更加突出,这个问题的研究具有特殊意义。房地产企业破产与一般企业破产不同,其涉及主体范围甚广、社会关注度甚高、利益冲突甚是复杂。尤其是,每一起案件背后均涉及为数众多的商品房买受人,少则几百人、多则几千人,大多都是刚需购房户。他们倾尽一生积蓄甚至是几代人的积蓄才攒够了全部或部分购

* 中国政法大学民商法学博士,美国佛罗里达大学访问学者,国家法官学院民商事审判教研部讲师。

房款,可一旦开发商资金断裂、楼盘烂尾,可能会血本无归,拿不到房也拿不回钱。房地产企业破产是一个复杂的利益博弈过程,相对于地方政府、开发商、银行等强大的博弈对手,分散的购房户显然处于弱势地位,如果法律不加以特殊保护,则既有违社会公平正义,又可能酿成群体性事件,进而危及社会稳定。正是基于此考虑,法院在房地产纠纷处理中确立了"居住权"和"生存利益"优先保护的原则,典型体现是2002年最高人民法院《关于建设工程价款优先受偿权问题的批复》,该规定确立了"在房地产纠纷案件和相关执行案件中支付全部或大部分款项的商品房买受人优先于建筑工程承包人和抵押权人受偿"的思路。

然而,"生存利益优先保护"之原则初衷虽好,却欠缺作为法定优先权的法理依据,至少导致了以下几个方面的问题:第一,保护标准的模糊和混乱。生存利益保护所关涉的"消费者""居住权""生活居住需要""大部分价款"等标准太过模糊,各地人民法院在实际执行中大多各行其是,突破法治底线之处理时有发生。第二,对交易安全和金融安全的危害。在经济持续下行的压力下,银行不良贷款率逐步攀升,在房地产企业破产案件中以生存利益保护为由轻易否定银行对抵押物的优先受偿权将导致交易安全无以为继,甚至危及金融安全。第三,国际承认的障碍。按照国际通行的观点,房屋购买人的购房行为,不论是为居住目的购买还是为投资目的购买,都是一种授信的消费投资,应当承担投资失败的市场风险。在破产法没有明文规定的前提下,司法解释仅以生存权保障为由将购房款受偿权列为超级优先权之法理依据不够充分,在比较法上似乎难以得到理解和认可,可能造成国际承认方面的障碍。鉴于此,本文试图从《执行异议复议规定》的相关条文出发,以物权期待权为核心构建一个商品房买受人权利保护体系,尝试代替以居住权和生存利益为核心的传统裁判思维。

二、以物权期待权为核心保护商品房买受人的利益

(一)物权期待权之基础理论

期待权的概念与既得权相对。通常所谓之权利大多为确定的既得的权利,权利人现时即可享受某种法律上的特定利益,被称为既得权。但也有很多权利并非能完全地现时享有,须待特定事件的发生或一定时间的经过,权利人才可以完全行使其权利并享受特定的利益,此类权利则被称为期待权。一般认为,物权

期待权,是指当事人居于具备取得权利的部分要件之地位对将来取得的完整物权所享有的受法律保护的合理期待的利益,至少应当包括三个要素:对未来取得完整物权的期待、已经具备取得权利的部分要件、具备受法律保护的地位。[①] 按照申卫星教授的观点,学界关于物权期待权至少有以下几点共识:(1)期待权所对应的概念应是既得权,期待权与既得权乃是对权利按照其发展阶段进行的纵向分类;(2)期待权概念乃是一个空壳的制度概念,它包括了统领在权利取得的"先期阶段"标志下的权利内容迥异的形形色色的法律现象;(3)期待权是完整权利取得的先期阶段,因而其与完整权利应具有同一性质;(4)买受人期待权系所有权的先期阶段,与所有权相比,并非异质,而系本质相同之缩型。[②]

期待权虽被公认为是一种权利,但对于究竟应如何认识期待权的性质,以及如何确定它在民事权利体系上的地位,学者的认识未能达成一致。主要学说有以下诸种:第一,期待权之物权说。德国学者赖泽尔认为,期待权在许多方面特别是在本质方面与物权处于同等地位,呈现出独立化的状态。尽管买受人期待权的存在与否依赖于其基础法律行为本身,只要这种因债务关系之存在而产生的法律地位之依赖性不妨碍对第三人的保护和权利继受保护,那么并不妨碍该期待权之物权性。[③] 第二,期待权之形成权说。我国台湾地区学者黄右昌先生认为,期待权是类似形成权的一种权利,买受人期待权与形成权在法律状态上有相似之处,即期待权作为一种取得权利的地位可因之发生某种具体法律关系之权利,二者均属于取得权利发展过程中的中间形态。[④] 第三,期待权之削梨说。此种学说为日本学者铃木禄弥先生所倡导,所有权若"削梨"一般由出卖人一方逐渐转移于买受人一方,标的物的归属关系始终处于浮动状态,出卖人与买受人均不得认为具有完全的所有权,也不得认为全然没有所有权。[⑤] 第四,期待权之特殊权利说。王泽鉴先生认为,在体系上期待权横跨债权与物权二个领域,兼具债权与物权二种因素之特殊权利,系一种"物权",但其具有债权上之附从性,系一

---

① 参见申卫星:《期待权理论研究》,中国政法大学2001年博士学位论文,第7页。

② 参见申卫星:《所有权保留买卖买受人期待权之本质》,载《法学研究》2003年第2期。

③ 参见王泽鉴:《民法学说与判例研究》(第1册),中国政法大学出版社1998年版,第124页。

④ 同上书,第151页。

⑤ 参见刘德宽:《分期付款买卖之法律上的效力——以所有权保留为中心》,载刘德宽:《民法诸问题与新展望》,中国政法大学出版社2002年版,第7页。

种"债权",但具有物权之若干特性。[①]

就此,笔者个人较赞同物权兼债权之特殊权利说。期待权自法律规定的部分条件具备时产生,至其实现时而消灭,期待权维护着从当事人期待到权利取得的整个过程。期待权的使命在于通过消灭自己而实现其价值,就此而言,期待权与债权具有相似性;期待权又保持着期待权人对标的物的现实占有状态,抵御他人的侵夺,防止其法律地位受到破坏,就此而言,期待权又具有准物权的性质。[②]物权期待权作为一种介于物权与债权之间的中间权利,在破产程序中会产生特殊的问题。

(二)破产程序中物权期待权保护的标准

在德国期待权理论中,不动产登记前的买受人期待权是比较成熟的类型,可解决不动产登记前人们的融资需求问题。德国法通过严密的不动产登记程序设计,保障了不动产买受人在达成物权合意与登记之间较长时间间隔中,能够依据期待权对抗权利人嗣后处分。[③] 虽然我国物权法规定的物权变动模式与德国法不同(德国法是物权形式主义,我国法是债权形式主义),不动产登记作为一种单纯的公示事实无须物权变动合意之辅助,然视不动产登记为物权变动的必要条件并且保护不动产变动之前的信赖利益却是一脉相承的思路。再从现实需求看,购房者倾其积蓄购买的房产,虽实际占有但由于开发商的原因很长时间内无法办理产权登记,进入执行或破产程序后即否定其产权是不公平的。因此一般认为,在我国,商品房买受人应当适用物权期待权之保护,此种保护延伸到破产程序也当无异议。[④]

那么,依上文关于物权期待权的理解,在破产程序中应如何界定商品房买受人之物权期待权的性质呢?这决定了保护权利人的方式,也即权利人能否行使

---

① 参见王泽鉴:《民法学说与判例研究》(第1册),中国政法大学出版社1998年版,第166页。

② 参见申卫星:《所有权保留买卖买受人期待权之本质》,载《法学研究》2003年第2期。

③ 根据德国《民法典》第925条不动产所有权移转合意为要式行为,出让人与受让人应当同时到场向主管登记处公证人作出合意表示,并由主管机关保证合意作出遵守法律规定,通常不动产所有权移转合意会被做成公证文书。由此,程序法的规定使不动产移转合意已具有公示的性质,因而不可以由当事人随意撤销。参见[德]曼弗雷德·沃尔夫:《物权法》,吴越、李大雪译,法律出版社2002年版,第215~216页。

④ 参见申卫星:《期待权基本理论研究》,中国人民大学出版社2006年版,第50~57页;王睿:《不动产登记前买受人之期待权探析》,载《暨南学报》(哲学社会科学版)2014年第2期。

取回权。一般认为取回权的本质是返还原物请求权,其权利基础必须是物权,主要包括所有权和用益物权。那么,介于物权和债权之间的这种物权期待权,作为取得完整物权的先期阶段,能否作为取回权的权利基础呢?在房地产破产案件中,所有的债权债务关系纳入破产程序统一受偿,这个问题成为非此即彼的选择:如果将买受人之期待权理解为物权,即可获得取回权的保护;如果不能定性为物权,则只能作为债权纳入破产程序中统一受偿。在商品房买受人享有物权期待权的场合,奉行绝对的取回权保护对其他债权人是为不公,而实行绝对的债权平等受偿对物权期待权人亦是不公。因此,在破产程序中要确定一个判断标准,符合此标准即可认定期待权已经接近物权进而应得到一定程度的优先保护。

此前已有学者提出相关标准,涉及交易程度的认定、交易安全的保护以及各方利益衡平等诸多因素,但尚停留在学理论证的层次。自2015年5月5日起,最高人民法院《关于人民法院办理执行异议和复议案件若干问题的规定》(以下简称《执行异议复议规定》)开始施行,第28条、第29条、第30条规定了金钱债权执行中案外买受人对登记在被执行人名下的不动产提出异议并依据物权期待权排除执行的范围,包括无过错买受人物权期待权、消费者买受人物权期待权、预告登记买受人物权期待权三种情况。虽然该司法解释是直接针对执行程序中的金钱债权执行,然一般认为在无相反规定的情况下(在破产程序中,所有债权均转化为金钱债权,与金钱债权执行类似),破产程序的进行可以准用执行程序的规定,排除执行的范围同样是排除进入破产财产的范围。① 下面区分这三种情况分别论述。

1. 无过错买受人的物权期待权

根据《执行异议复议规定》第28条,保护无过错买受人的物权期待权应当同时符合以下条件:(1)在人民法院查封之前已签订合法有效的书面买卖合同;(2)在人民法院查封之前已合法占有该不动产;(3)已支付全部价款,或者已按照合同约定支付部分价款且将剩余价款按照人民法院的要求交付执行;(4)非因买受人自身原因未办理过户登记。②

---

① 我国《企业破产法》第4条规定:"破产案件审理程序,本法没有规定的,适用民事诉讼法的有关规定。"

② 2002年最高人民法院《关于审理企业破产案件若干问题的规定》第71条之规定:"下列财产不属于破产财产……(六)尚未办理产权证或者产权过户手续但已向买方交付的财产。"

上述条件中最核心的条件是第2项“在人民法院查封之前已合法占有该不动产”,皆因“合法占有”乃是无过错买受人之期待权受保护的理论基础所在。在确定房屋多重转让中的权利保护顺位时,学理上往往以占有优先保护说作为依据。占有优先保护说渊源于占有制度中的“绝对的占有权”理论。绝对的占有权,是指基于完全正当权源的占有(完全的有权占有)所产生的占有权,如基于所有权、他物权、债权、亲权等。之所以称它为“绝对的占有权”,是因为此时的占有人可以对抗其自身以外的所有人,不仅包括所有权人,而且包括第三人。在“绝对的有权占有”中,占有法律关系主要体现在占有人和原权利人之间的权利义务关系上。占有人基于其占有的权利基础(如买卖合同、租赁合同等)完全可以对抗原权利人的返还请求或者其他形式的侵害或妨害。对于其他第三人的相同请求,占有人更是有权对抗。在这种意义上,有权占有的权利性质完全就是一种实实在在的绝对权利,也是一种具体的财产利益。尽管有权占有来源于形式多样的权利基础(本权),但正是借助于占有表征,源于本权的占有权却发生了质变,质变为接近于所有权的对世效力(绝对性)。①

可以说,无过错买受人物权期待权的核心要素就是“绝对的有权占有”,借助“绝对的占有权”理论,获得标的物占有的买受人或者为已经移转占有的出让人拥有了强有力的理论上的确权依据。这种“绝对的占有权”的对抗效力有如下体现:(1)对抗出卖人。实践中不乏出让人随意违约侵害买受人利益的情形,在不动产移转占有后,出让人因房价上涨等原因把该房屋以更高的价格卖给第三人,然后借口没有办理房屋变更登记手续请求返还房屋,买受人可基于“绝对的有权占有”对抗出让人的返还请求。(2)对抗在后的恶意登记人。2015年《全国民事审判工作会议纪要》第27条规定:“在审理一房数卖案件纠纷时,恶意串通先行办理登记的买受人,其权利不能优先于已经合法占有该房屋的买受人。”(3)对抗执行程序和破产程序中的金钱债权执行。举重以明轻,“绝对的占有权”能够对抗出卖人和在后的买受人,当然也能对抗执行程序和破产程序中的金钱债权执行,具体到破产程序中即为排除该合法占有之房产被纳入破产财产。

当然,按照《执行异议复议规定》第28条,除具备“合法占有”这个核心要件

---

① 参见彭诚信、岳耀东:《房屋多重转让中权利保护顺位的确立依据与证成——以“占有优先保护说”为核心》,载《山东社会科学》2012年第5期。

之外,还应当具备合同生效、依约支付价款和非因自身原因未办理登记三个条件。如果房产买卖合同存在效力瑕疵,或者买受人不能依照约定以及按照法院要求支付房款,或者买受人因消极不行使权利未办理登记,或者因忽略他人权利障碍和政策限制不能办理登记等,则该商品房受让人不能援引规定第28条主张物权期待权之物权性保护。

2. 消费者买受人的物权期待权

根据《执行异议复议规定》第29条,保护消费者买受人的物权期待权应当同时符合以下条件:(1)在人民法院查封之前已签订合法有效的书面买卖合同;(2)所购商品房系用于居住且买受人名下无其他用于居住的房屋;(3)已支付的价款超过合同约定总价款的50%。

上述条件中决定性的条件是第2项"所购商品房系用于居住且买受人名下无其他用于居住的房屋"。这表明司法解释规定此条的初衷在于保护消费者的居住权和生存利益。在房价高企的今天,很多消费者毕其一生,甚至是两代人的收入,方购得一处安身立命之所,如果在房地产企业破产案件中不能获得物权性保护,对一个普通家庭意味着毁灭性打击。即便能够在破产程序中拿回大部分购房款和违约金,在经过几年的房价快速上涨之后,也难以承受另行购房的经济压力。此条对消费者买受人给以物权期待权的保护实可谓是无奈之举。

因此,不同于《执行异议复议规定》第28条、第29条在司法解释制定过程中争议很大,原因有二:一是消费者保护的标准过于宽泛,既不要求主观上无过错,也不要求交付全部价款,更不要求占有房屋,如果放宽到所有房屋必将造成消费者保护的泛滥,给当事人恶意串通制造虚假诉讼以可乘之机;二是消费者买受人的权利缺乏公示手段,其他债权人亦缺乏评估并防范风险的手段,若滥用该保护条款将对交易安全造成严重冲击,故而必须加以严格限制。按照司法解释制定者的理解,至少应当从以下几个方面从严把握:[①](1)标的物必须是房地产经营者所开发的商品房,将一般民事主体之间的二手房交易排除在消费者保护之外。(2)作为消费者的购房人必然是自然人,法人或者其他组织由于不存在生活消费的问题,所以不在消费者之列。[②] (3)要判断购房者是"为生活需要"还是"为生

---

① 江必新、刘贵祥主编:《最高人民法院关于人民法院办理执行异议和复议案件若干问题的规定适用与适用》,人民法院出版社2015年版,第432~433页。

② 如果法人或者其他组织以单位名义购买,但已经分配给职工个人居住,则可以认为为消费者。

产经营需要”,严格把握“用于居住”以及“名下无其他用于居住的房屋”两个条件,将投资型购房者剔除出可以享有消费者优先保护的范围。①

尽管如此,实践中依然存在适用上的难题。一方面,“唯一住房”在破产程序中如何识别,是以房产登记部门的登记为准,还是以客观上是否持有二套房为认定标准?前一标准容易识别,但是不一定符合客观实际,不排除存在购房户持有未经登记的房屋或者将房屋登记在其他人名下;后一标准尊重客观实际,然而房地产公司破产涉及众多购房户,要对每一户实际持有资产状况进行全面细致的摸底调查实为不易也不符合效率原则。另一方面,实践中存在诸多非出于购房户原因导致付款未达到50%以上的情形(合同约定分期付款或者银行发放按揭贷款的迟延),如果严格执行客观支付标准,对于购房户可能极不公平;如果给以区别对待,恐会引发其他债权人严重不满。② 在消费者期待权之保护问题上,存在权利利益与信赖利益的严重冲突,应当进一步加以研究。

3. 预告登记权利人的物权期待权

《执行异议复议规定》第30条规定:“金钱债权执行中,对被查封的办理了受让物权预告登记的不动产,受让人提出停止处分异议的,人民法院应予支持;符合物权登记条件,受让人提出排除执行异议的,应予支持。”据此,预告登记权利人的物权期待权应当包括两个条件:一是进行了不动产预告登记;二是符合不动产物权变更登记的条件。

一般认为,对预告登记之破产保护效力的理解源自德国支付不能法的规定,国内学者据此认为预告登记具有权利保全、顺位保留、权利满足(破产保护)等效力,③在破产程序中应当限制管理人对于预告登之权利标的行使破产法上的解除权。④ 然而,在我国法律缺乏明文规定的前提下,预告登记之破产保护效力的确立还需要更慎重的判断。其一,从立法目的看:根据人大法工委的解释,“预告登

---

① 从最高人民法院最近几年监督案件的经验来看,基本形成了以案外人购买房屋的性质作为判断的“客观标准”。也就是说,如果案外人所购房屋的性质为居住用房,则认定为消费者;如果所购房产为写字楼、门面房等经营性用房,则认定为消费者。然而,这种客观标准亦存在弊端,有的人购买普通居住用房可能是为了出租牟利,有的人购买商业用房可能就靠收取租金维持基本生活。因此,在判断购房人是“为生活需要”还是“为生产经营需要”的问题上,确实存在一定的难度。

② 参见任一民:《期房交易合同在破产法上的效力研究》,载《法律适用》2016年第5期。

③ 参见孙宪忠:《中国物权法总论》,法律出版社2015年版,第383~385页。

④ 参见庄加园:《预告登记的破产保护效力》,载《南京大学学报》2014年第6期。

记的实践意义在于，权利人所期待的未来发生的物权变动对于自己有极为重要的意义，非要发生这种变动不可；而法律也认可这种变动对于权利人的意义，并以法律予以保障”。[①] 由此可见，《物权法》第 20 条强调预告登记的目的在于担保针对特定不动产的债法请求权得到履行，由此排除债权发生到物权实现的中间阶段所发生的一切法律风险，预告登记相对人陷入破产的风险自然也在其中。其二，从利益衡量的角度看：对于双方均未履行完毕的经预告登记的买卖合同，若管理人选择解除合同，则使预告登记担保的“物权变动”请求权转化为返还预付款请求权和损害赔偿请求权，其作为普通债权将难以得到清偿。如此一来，若允许管理人随意解除合同，不仅预告登记的目的将落空，而且预告登记权利人将承受严重的利益失衡，是为不公。

由此观之，只要符合《执行异议复议规定》第 30 条的要件，即应当给予预告登记权利人以物权性保护。此处唯须注意，预告登记的破产保护效力要区分预告登记债权的标的是否存在：预告登记债权之标的物在破产清算时已现实存在的情况下，预告登记后的债权具有对抗任意第三人的效力，预告登记权利人有权主张在后的处分无效；然而，预告登记仅在保全物权变动请求权实现领域发挥作用，其效力范围无法及于损害赔偿之债，标的不存在或者灭失时预告登记损害赔偿之债与普通债权无异。[②]

(三)未满足上述标准的期待权如何处理?

上文分析了《执行异议复议规定》第 28～30 条之规定与相关法理，试图说明按照司法解释制定者的意图，商品房买受人之期待权获得物权性保护的三种标准，这也是管理人行使待履行合同解除权所受的三种限制。那么，如果商品房买受人之物权期待权没有达到上述物权性保护标准如何处理？这就要回到债法上的思路，管理人有权对双方均未履行完毕的合同行使解除权，将商品房买受人的价款返还请求权和损害赔偿请求权纳入破产程序中统一受偿。实际上，上述三种不同的物权期待权转化为债权后处理方式各不相同。

消费购房人的债权受偿适用最高人民法院《关于建设工程价款优先受偿权

① 参见胡康生主编：《中华人民共和国物权法释义》，法律出版社 2007 年版，第 63 页。

② 参见吴春岐：《论预告登记之债权在破产程序中的法律地位和保障》，载《法学论坛》2012 年第 1 期。

问题的批复》(法释〔2002〕16 号)的规定,人民法院在审理房地产纠纷案件和办理执行案件中:(1)认定建筑工程承包人的优先受偿权优于抵押权和其他债权;(2)认定建筑工程承包人的优先受偿权不得对抗已经支付全部或大部分款项的商品房买受人。2015 年《全国民事审判工作会议纪要》第 39 条进一步确认了 2002 年最高人民法院《关于建设工程价款优先受偿权问题的批复》的处理思路:“取得了房屋预售许可或者销售许可的房地产开发商以在建工程抵押取得银行贷款后,又同买受人签订了房屋买卖合同,买受人依约支付了全部或大部分购房款,房地产开发商不能偿还银行贷款,抵押权人向人民法院请求行使抵押权的请求,不予支持;对于买受人向人民法院请求确认其购买房屋的权利优先于银行抵押权的,人民法院应予支持。”

然最高人民法院《关于建设工程价款优先受偿权问题的批复》从颁布至今始终面临着缺乏法定优先权之法理依据的批评,以生存利益优先于经营利益为理由直接突破物权优先于债权的原则,缺乏相应的法理依据。[①] 不过,从物权期待权的视角看,该优先权可有另一种法理解释。最高人民法院《关于适用〈中华人民共和国企业破产法〉若干问题的规定(二)》(以下简称《破产法解释(二)》)第 36 条确立了“所有权保留买卖中买受人之物权期待权行使不能而转化为共益债务”的规则。[②] 此外,《破产法解释(二)》第 30 ~ 31 条也可以理解为“取回权行使不能可转化为共益债务”的思路。[③] 由此,消费购房人之物权期待权虽不能获得取回权保护,然其价款返还请求权可转化为共益债务(或比共益债务效力更强的

① 参见王睿:《不动产登记前买受人之期待权探析》,载《暨南学报》(哲学社会科学版)2014 年第 2 期。

② 《破产法解释(二)》第 36 条规定:“所有权保留买卖中出卖人破产,管理人决定解除合同,买受人已支付价款损失形成的债权作为共益债务清偿。”

③ 《破产法解释(二)》第 30 条规定:“债务人占有的他人财产被违法转让给第三人,依据物权法第一百零六条的规定第三人已善意取得财产所有权,原权利人无法取回该财产的,人民法院应当按照以下规定处理:(一)转让行为发生在破产申请受理前的,原权利人因财产损失形成的债权,作为普通破产债权清偿;(二)转让行为发生在破产申请受理后的,因管理人或者相关人员执行职务导致原权利人损害产生的债务,作为共益债务清偿。”《破产法解释(二)》第 31 条规定:“债务人占有的他人财产被违法转让给第三人,第三人已向债务人支付了转让价款,但依据物权法第一百零六条的规定未取得财产所有权,原权利人依法追回转让财产的,对因第三人已支付对价而产生的债务,人民法院应当按照以下规定处理:(一)转让行为发生在破产申请受理前的,作为普通破产债权清偿;(二)转让行为发生在破产申请受理后的,作为共益债务清偿。”

超级优先权),这种解释貌似更符合破产法逻辑,特提出商榷之。①

此外还要注意,有的消费购房人并不主张实现物权,而是主张解除合同并援引2002年最高人民法院《关于建设工程价款优先受偿权问题的批复》要求就其价款返还请求权和损害赔偿请求权在破产程序中优先受偿。在房地产市场下行过程中,主动放弃物权期待权并要求就其债权优先受偿的情形将会增多,对于这种变相违约行为是否应当给予优先权保护值得考量。笔者认为,消费购房人主动选择解除商品房交易合同代表其放弃物权取得的效果,无须物权期待权的特殊保护,也不适用上述"取回权行使不能可转化为共益债务"的思路,因此只能作为普通债权清偿。换言之,能形成共益债权的情形仅限于管理人解除合同的情形。

实际上,能援引2002年最高人民法院《关于建设工程价款优先受偿权问题的批复》的购房人仅限于消费购房人。② 若既非消费购房人又非预告登记权利人,又不符合无过错买受人的物权期待权的保护标准,此时破产管理人可以自由选择解除双方均未履行完毕的合同,并且购房人的价款返还请求权和损害赔偿请求权只能作为普通债权清偿。此处,还要区分购房人是否完全付清购房款:如果购房人完全付清购房款,因该合同已不属于双方均未履行完毕的合同,管理人不得行使破产解除权,但付清全款并无设定担保物权的效果,也无取得物权期待权之物权保护的效果,付清全款作为程度很高的信用授予不得不承担破产风险,按照普通债权对待;如果购房者未支付或部分支付了购房款,则取决于管理人是否解除双方均未履行完毕的合同,房价上行时管理人往往会解除合同,所产生价款返还请求权等按照普通债权处理,房价下行时管理人倾向于继续履行合同,此时产生的债务将作为共益债务处理。③

---

① 为了兼顾其他债权人的保护,消费购房人优先权的范围应仅限于价款返还请求权,不包括违约金和损害赔偿请求权。

② 针对2002年最高人民法院《关于建设工程价款优先受偿权问题的批复》,原最高人民法院执行办2005年12月25日作出的〔2005〕执他字第16号批复认为:《关于建设工程价款优先受偿权问题的批复》第2条关于已交付购买商品房全部或者大部分款项的消费者应优先保护的规定,是为了保护个人消费者的居住权而设置的,消费者购房应是直接用于满足其生活居住需要,而不是用于经营,不应作扩大解释。

③ 参见任一民:《期房交易合同在破产法上的效力研究》,载《法律适用》2016年第5期。

(四)期房交易的现实考量

上文以“物权期待权”为核心的思考是建立在假定房地产企业进入破产程序之时所售商品房已经竣工并且已经交付或者达到交付标准的基础上。但是,现实中商品房买卖大量采取商品房预售机制即期房交易的形式,当房地产企业破产之时很多楼盘处于停工多时的烂尾状态,又当如何处理?标的物本身没有成就,商品房买受人的物权期待权能否得到物权性保护呢?

我国《城市房地产管理法》《城市商品房预售管理办法》等法律规章详细规定了商品房预售的规制措施,包括商品房预售条件、商品房预售许可的办理程序和公示要求、网签、登记备案、预售款监管、行政处罚等。依此将预售商品房之权利定性为单纯的债权似乎不妥。反之,从物权期待权的要素看,预售商品房买受人之权利均具备“对未来取得某种完整权利的期待、已经具备取得权利的部分要件、具备受法律保护的地位”之特点,没有理由认为对尚未成就的期房不得适用物权期待权之保护。况且,实践中以尚未成就之期房设定抵押、再行转让(俗称楼花抵押、炒楼花)的现象屡见不鲜。若将买受人对预售商品房之权利理解为普通债权,其与房产抵押的特性(不动产物权性和特定性)存在冲突,将其理解为不动产物权之期待权更为合适。由此观之,预售商品房期待权与上文所述成品房期待权适用类似的保护体系和判断标准似无不妥。

就期房交易中物权期待权的具体认定而言,仍要区分三种不同的物权期待权来讨论。无过错买受人的物权期待权以占有为要件,对期房标的肯定是不适用的。预告登记权利人对期房标的的物权期待权要更为复杂一些,因为预告登记的破产保护效力要区分预告登记债权的标的是否存在,如果期房建设尚未动工或者尚未完成主体工程,应当认定预告登记的标的尚未成就因此不产生破产保护效力;如果建房建设已经完工或者接近完工状态,那么应当认定预告登记的标的已经成就,产生限制管理人行使破产解除权的效力。那么消费者买受人对期房标的的物权期待权能否获得物权性保护?答案应当是肯定的。当房地产开发企业进入破产程序,在建工程虽不能作为期房交付但亦非毫无价值,可作为土地上的定着物纳为物权期待权的标的。只要符合司法解释规定的消费购房人的保护标准,没有理由否定消费购房人对期房标的的物权期待权,这与 2002 年最高人民法院《关于建设工程价款优先受偿权问题的批复》和 2015 年《执行异议复议规定》保护商品房消费买受人之生存利益的思路是一脉相承的。

然而期房交易毕竟有其特殊性,破产企业不能直接把烂尾楼分给购房人,也不能把未完工的房子拆了分材料,要把房子建好销售出去才能最大限度保全破产财产价值,才能最大程度保护商品房买受人的利益。因此,从实务层面考虑,破产重整也好破产清算也罢,房地产企业破产从一开始就要考虑房地产经营项目如何继续,保障未来物转化为现实物成为最高价值,因此工程续建问题至关重要。那么,谁来承担支付续建款的责任呢?商品房买受人是否应当承担支付续建款的责任?理论上,商品房买受人作为期房标的的物权期待权人应当支付续建款,推动建房建设至可以交工的状态并完满其物权。但是,考虑到商品房买受人群体以消费购房人为主,由消费购房者承担续建款基本不具备可行性。更为现实的选择是推动房地产企业进入重整程序,通过存续式重整或出售式重整来完成期房的续建。从这个立场出发,应当给予续建工程款债权最为优位的待遇,续建工程款之受偿应当优先于商品房消费者买受人之权利,进而优先于建设工程价款和担保债权。①

三、从物权期待权到信息公示的逻辑路径

本文试图以物权期待权为核心构建一个商品房买受人权利之保护体系,代替以居住权和生存利益为核心的传统裁判思维。这个体系借用了《执行异议复议规定》的相关规定重新进行逻辑改造和合理性论证,将其他各类规定统合起来,试图通过物权期待权这个概念实现商品房买受人权利保护的系统化和规范化。物权期待权的概念解决了生存利益保护的法律依据问题,解决了管理人对

---

① 具体到商品房买受人之物权期待权在重整程序中的保护,还要区分存续式重整和出售式重整而异。在房地产企业的存续式重整之下,企业的法人资格得以存续,债务重组和资产重组在原企业名下进行。除应保障续建工程款之受偿优先于商品房买受人权利之外,重整计划还可以对商品房买受人的物权期待权和优先受偿权做其他必要限制,为此应当为商品房买受人设立专门的表决组。若表决组通过了债务减免、延期清偿等限制权利内容应当受其约束,前提是个别异议债权人得适用最大利益原则之保护;若商品房买受人之表决组未通过该重整计划,则该表决组应当受绝对优先原则之保护。若房地产企业采用出售式重整的方式,将债务人具有活力的营业事业之全部或主要部分出售让与他人,而以转让所得对价和企业未转让遗留财产的清算所得清偿债权人,这意味着商品房买受人的物权期待权无法得到物权性的保护,只能依破产债权处理程序统一受偿。同时,预告登记权利人因预告登记标的之丧失而失去了物权变动请求权,亦无法主张损害赔偿请求权之优先受偿。

待履行合同行使解除权的标准问题(物权期待权的物权性保护构成了对管理人解除待履行合同的限制),一定程度上缓解了我国房地产企业破产清偿顺序的法理障碍和国际承认障碍。

其实,以物权期待权为核心进行的逻辑重塑更多是形式上的意义,并没能真正解决破产清偿顺序的内在冲突。房地产企业破产中面临各方复杂的利益冲突,购房人和被拆迁人涉及生存权和物权保护问题,建设工程价款涉及农民工权益保护问题,银行抵押贷款涉及金融安全问题,如何协调并平衡各方利益冲突是个难题。若一味保护购房户利益而不顾其他,导致银行等优先权人无法预知和控制交易风险,其将陷入对市场风险防不胜防的恐慌中无所适从。交易债权人无法预知前面排列着多少会突然冒出来的购房款优先权,银行不敢放贷,施工方不敢施工,交易安全不存将危及整个房地产行业和市场经济发展。然若严格按照法律规定依顺序保护登记公示的权利又当如何?房地产企业濒临资不抵债之际,外部交易债权人争相通过各种方式自救,或要求增加不动产抵押、浮动抵押、应收账款质押,或签订以房抵债的合同,或增加预告登记锁定等。等拖上几年购房户发现交不了房,企业主要资产包括土地使用权、预售商品房已被层层抵押,可用作担保的一切财产和权利均被瓜分殆尽,未给普通消费者购房户留下一丝一毫的受偿空间,此亦极为不公。破产财产有限,全体债权人的分配活动必然是一种"零和游戏",[①]犹如压跷跷板,利益保护此消彼长难以平衡。可以说,在破产法之零合博弈思维下,此为无解难题。

房地产企业破产出现此种困局的根源是什么?多年来,法治意识淡薄、信用观念薄弱、公司治理不完善、财务运作不规范等顽疾已经司空见惯;空壳公司草船借箭、捞金游戏瞒天过海、权钱交易所向披靡。与资本江湖之原始搏杀相伴随的是房产泡沫不断膨胀和造富神话平地而起。在不断被吹大的财富泡沫的诱惑下,企业、银行、各类投资者包括一些地方政府都进入了集体无理性的豪赌状态。当房产市场拐点已现,资本豪赌的盛宴接近尾声,留下的不仅是一地鸡毛,还有无数"僵尸企业"和烂尾工程,切不掉割不断,犹如社会之恶性肿瘤扩散到上游下游和各行各业,危及民生贻害无穷。任由资本进行无规则的原始博弈,任由法治

① 陈立兵、陈梦群:《破产债权受偿顺序的司法实践考察——以"整体主义"思维为分析框架》,载王欣新、郑志斌主编:《破产法论坛》(第10辑),法律出版社2015年版,第309页。

遭到无底线的逾越践踏，这是曾经的经济高速增长必然要付出的代价。这些问题的形成非一日之寒，乃是市场经济失速发展之沉疴旧疾多年积累的并发症反应和堰塞湖效应，不过爆发性体现在破产领域罢了。

可以说，问题的根源不在于破产法本身，仅从破产法出发是无解的。要从根本上解决这个问题，就必须跳出破产法的圈子，进入一个更为广阔的观察视域。推行以信息公示为基础的信用监管是这个时代的主题，如何打通从物权期待权到信息公示的逻辑路径是一个值得思考践行的方向。传统的公示主要指不动产物权登记的公示，不动产物权登记产生公信力和对抗力，产生登记在先权利优先的效力，通过公示确定的权利顺序指引并协调相互冲突的利益主体。这种思路显然是不适合房地产买受人物权期待权的登记，因为即便银行抵押权登记在先也不能产生优先于登记在后的物权期待权的效果，这也是很多学者认为信息公示无法解决问题的根源所在。不过，从广义上讲，公示不仅包括狭义上的不动产登记、商事登记等传统公示，还应包括企业信息披露、政府信息公示、平台信用信息查询等多元化公示手段。依托现代信息技术，以信息公示为基础重塑信用监管的理念，构建一个多元化、全程化的企业信息披露和信用约束体系，也许能为房地产企业破产困局之破解提供新的启示。

商品房买受人物权期待权公示的做法其实早已有之，我国《城市房地产管理法》和《城市商品房预售管理办法》确立的商品房预售合同网上登记备案制度不仅是一种行政管理的强制性制度，而且是通过公示保障交易安全、防止一房多卖的有效实践。在此基础上，构建多元化、全程化的企业信息公示机制大有可为。第一，充分利用全国企业信用信息公示平台。按照《企业信息公示暂行条例》的要求，房地产企业应及时披露转投资信息、资本变动信息、股权变更信息、资产经营信息、财务状况变化等，此外相关规章应当要求房地产企业及时公示商品房预售回款状况以及向债权人披露更为详细的财务状况，切实树立信用自我约束观念。第二，充分利用全国企业破产重整案件信息平台。全国企业破产重整案件信息平台已经上线，按照最高人民法院的设想，不仅要公布破产企业资产负债状况信息，还要公开企业组织管理、市场营销体系等信息；不仅要公布破产企业的信息，还要公布战略投资者、破产重整参与人等信息；不仅要公布破产案件参与人信息，而且要公布法院破产案件审判流程信息。破产重整案件信息平台提升了破产案件审理的透明度和公信力，为房地产破产案件各方当事人了解案件进展和监督审判流程提供了通道,通过消除信息不对称增进了利害关系人之间的信任,通过透明化和规范化的运作缓解物权期待权人与其他优先权人之间的矛盾。第三,利害相关人要充分利用信息公示手段实现自我保护。银行要借助信息披露制度积极监督企业财务状况和资产情况,通过债权人相机治理发挥外部监督的功能,通过外部监督优化企业治理结构和现金流向,不能单纯依靠互保联保、个人担保机制,不能坐等拍卖抵押品质押物。[①] 购房者在交易前要查询企业经营资质与销售资质之公示信息,履行必要的注意义务,法院应当区分购房者有否过错来认定不同的保护标准。监管层面要切实落实预售款的隔离保护机制,开发商如若挪用必须进行相应信息披露,保护利害相关人的知情权和异议权。拆迁安置人、购房消费者、委托代建人等的公示问题均可进行个别考虑。

在这个以信息与信用为主题的时代,物权期待权与信息公示的结合在确定规则指引、保护交易安全、增进信用约束等方面大有可为,不仅能为房地产企业破产中利害相关人的冲突提供弥合之道,而且为破产法发挥信用约束功能提供有效途径。在信息披露制度和大公示观念之下,尊崇市场信用、重塑市场信心,破产法与破产裁判如果能发挥引导信用交易与重塑诚信文化之社会功用,为市场参与各方创造合理的交易安全和信赖保护之期待,则市场主体之机会主义心理定渐为消弭,诚信醇厚的商业文化逐渐形成指日可待,无解难题并非真的无解。

---

① 银行在发现企业财务困境后传统手段是债务加速到期、扣款抵债、增加担保物等,但这些手段在破产法框架下都会受到破产撤销权的否定性评价。因此,银行应当从消极的事后制裁思路转化为积极的事前调查和事中治理思路,通过信息披露制度结合相机治理机制加强对企业的持续性监督,从根本上防范债务风险。

活化及变现：债务人财产中的知识产权处置思路初探

张日广*

当前，我国经济发展速度快、发展水平不断提升，同时也面临着经济结构不均衡问题。较之于劳动力密集型、资源密集型生产部门，技术密集型产业发展较缓；较之于粗放型的发展方式，集约型经济发展方式尚未实现普遍覆盖。随之而来的部分领域产能过剩、发展后劲不足等情况造成企业无法适应市场需求，在不退出市场的情况下容易演变为“僵尸企业”，给国家经济建设带来负面后果。从宏观维度来看，合理处置进入破产程序的债务人财产中的知识产权具有积极意义，能够促进资源的优化配置和产业的优化升级。而对于进入破产程序的企业个体而言，活化及变现知识产权不失为一种实现自身及债权人利益最大化的有效思路。

一、问题的产生：如何处置债务人财产中的知识产权尚不成熟

曾经的手机业巨头诺基亚公司因应对行业发展潮流

---

* 北京市第三中级人民法院法官助理。

不力而面临着经营困难局面,一度濒临破产。但依靠多年累积下来的专利技术,诺基亚通过专利授权获得了大额收入,改变了长期业绩下滑的局面,并与当今手机行业保持着深度关联性。美国通用汽车公司、加拿大北电网络公司在申请破产保护之后,都通过转让商标权、专利权的方式获得了资金注入。从这些案例或可看出,合理处置知识产权对于扭转企业,尤其是进入破产程序的企业的经营困难现状具有积极的作用。然而概观我国,如何处置债务人财产中的知识产权尚处于不成熟的阶段。从已有的民事、行政诉讼案件来看,进入破产程序的企业忽视自身知识产权的现象多有发生,不仅导致不利于其知识产权的延续,而且还会造成企业财产的流失、损害债权人的利益。

任何现象的产生都是主客观因素共同作用的结果,为何处置债务人财产中的知识产权尚不成熟,或可从以下几个方面作出回答。

(一)企业知识产权意识较为淡薄

企业知识产权意识可以分为两重维度:其一,知识产权保护意识,即通过各种行政、司法途径申请、维持和捍卫知识产权的意识。其二,知识产权利用意识,即将智力劳动成果和商业标识等进行商业使用并将其所附加的商业利益最大化的意识。我国知识产权法律制度产生于20世纪80年代,初步形成于20世纪90年代初,20多年来,社会公众尤其是企业的知识产权意识虽然随着经济发展而有所提升,然而综合来看大多数企业对知识产权的保护和利用仍处于"知其然而不知其所以然"的状态。处于生死存亡关头的破产企业则更有可能无暇顾及知识产权,多关注于实体财产和短期利益的实现,将重点置于有形财产的实现而对如何处置知识产权束手无策,导致其权利的丧失或者贬损。

(二)知识产权自身特性

知识产权是自然人、法人或非法人组织在科技、文化、艺术、商业领域所创造出来的智力劳动成果或者商业标识的概称,涵盖了著作权、商标权、专利权,广义的知识产权还包括商业秘密、商号权、商誉等。相较于传统意义上的财产,知识产权自身有诸多特性,这些特性也给本身经营就存在问题的破产企业实施挽救措施带来了客观障碍。一是无形性,即知识产权的客体为智力劳动成果或者商业标识,权利客体和载体相互分离而存在,其使知识产权可以同时由多人行使、重复利用,带来了权利的易受侵害性。以物权这种有形财产权为例,权利客体和载体的统一使侵犯物权的行为是直接的、显性的,相反,知识产权侵权行为则是间接的、隐蔽的。二是时间性,即知识产权的存续时间有法定期限,期间届满后知识产权将进入公有领域,为社会公众共享。这也意味着,知识产权具有一定的经济寿命,随着其经济寿命的增长与价值之间呈现出负相关关系。三是知识产权具有财产权和人身权复合属性,其中人身权利难以估值、分割。上述特性使知识产权处于不稳定状态,加之破产企业本身面临商誉降低或者丧失的情况,因此知识产权的价值较难评估,即便可以评估,也因上述因素的存在而难以得到客观对待。

(三)法律规定不够完善

最高人民法院《关于适用〈中华人民共和国企业破产法〉若干问题的规定(二)》第1条规定:“除债务人所有的货币、实物外,债务人依法享有的可以用货币估价并可以依法转让的债权、股权、知识产权、用益物权等财产和财产权益,人民法院均应认定为债务人财产”,明确将知识产权纳入到债务人财产的范畴。我国《企业破产法》第69条中规定了管理人转让知识产权的报告义务。但是前述规定较为笼统、原则、分散,相关规范性文件亦没有对破产企业如何进一步处置其作为债务人财产的知识产权作出进一步规定,既未就其重要性给予破产企业以有效提示,又无法为实践操作提供可行指南。而在我国知识产权现行法律文件中,亦并未提及如何处置破产程序中的知识产权问题。

二、活化及变现:知识产权的保护和利用

对于如何处置债务人财产中的知识产权这一问题,笔者认为,基本思路在于知识产权的活化与变现,增加债务人财产的相对价值和绝对数额,以便更大程度地维护和实现债权人利益。而活化与变现的关键落脚于知识产权的保护和利用。

(一)对知识产权的保护

保护知识产权即通过行政或者司法途径,向侵权人追究其法律责任,使受损

害的权利得以恢复至初始完整状态。对知识产权的保护亦是对债务人财产的一种维持方式,追根溯源,其合理性源于民事赔偿的填平原则,即“取回其所失去的”。按照我国《专利法》《商标法》等相关规定,知识产权权利人所获得的赔偿数额应以权利人因侵权所受到的实际损失、行为人的侵权所得利益或者许可费的倍数予以确定。因此,保护知识产权对于实现债务人财产的积极增长有着重要的正面作用。实践中亦不乏管理人积极行使诉权保护债务人知识产权的民事、行政案件。

(二)对知识产权的利用

尽管进入破产程序的企业面临着经营困难等诸多问题,并多伴有商誉受到贬损的情形,但是只要其曾经创造出具有创造性、新颖性和实用性的方法或产品,使用过为相关公众所知悉的商业标识,制造过消费者所认可的商品,那么其知识产权就仍是有价值并极大可能使债务人财产增值的。

知识产权的无形性决定了其可以为权利人和他人同时行使、重复利用。对债务人财产中知识产权的利用亦可根据权利行使主体是否涉及他人而区分为内部利用和外部利用。内部利用即债务人自身对知识产权的利用,比如,将专利技术使用于经营活动、将专利产品投放于生产过程,将注册商标进行商业使用等。如果债务人能够实现对知识产权的有效利用,那么将有助于解决产能过剩、供需矛盾等问题,实现企业的转型升级。但因内部利用多涉及债务人生产经营战略政策的布局和具体活动的开展,且债务人本身可能缺乏利用知识产权的资金、设备、组织管理等先决条件,本文不作详细论述。外部利用则是债务人之外的人对其知识产权的利用,具体来说主要有转让和许可使用两种方式。

1. 知识产权转让

知识产权转让即债务人将自身所有的知识产权以有偿方式移转给他人所有。此种利用方式将直接割除债务人与其知识产权的法律关系,改变知识产权的权利主体。此种利用方式的优势在于,知识产权转让的对价相对于许可使用费来说较高,能给债务人带来较大的收益,更好地维护和实现债权人的利益,同时也有利于依靠其他企业的优质资源实现知识产权的存续,从整体战略布局来看有利于产业结构的优化调整。但是万事皆有两面性,转让知识产权使债务人失去了通过知识产权获得后续利益的权利,而这些技术、商业标识是债务人前期投入了诸多人力、物力所创造出来并使社会公众所知悉的,即债务人的前期成本与收益仍可能相差较大。

2. 知识产权许可使用

知识产权许可使用是指权利人授权他人在一定的时间、地域范围之内行使其知识产权,权利人收取相应的许可使用费。根据排除他人使用的范围不同又可分为独占许可、排他许可和普通许可,分别为排除知识产权权利人本身的许可使用、排除知识产权权利人之外的他人的许可使用和不排除他人的许可使用。在破产程序中,以往多探讨的是既有知识产权许可协议,尤其是债务人作为许可人一方时的合同履行问题。其基本处置思路在于赋予债务人一方以主导权,将许可协议视为待履行合同,适用待履行合同的处理规则,由管理人来选择承担或是解除与被许可人之间的权利义务关系,①而从我国《企业破产法》第 18 条可以看出,立法者倾向于解除合同这一选择。及时终结许可协议看似对被许可人来说是一种尽早止损的方式,但其亦有诸多不足:被许可人只能被动接受管理人的决策,而没有无法自主选择对己方更有利的处置方式;知识产权在特定领域内具有极高的专有性甚至是垄断性,终结许可关系之后被许可人可能无法找到能够该知识产权的同等替代物,因而影响到被许可人的生产、销售、投资等活动;被许可人所享有的债权为普通债权,不具备优先受偿的效力,其债权实现亦存在困难。因此,转换处置思路、探寻继续履行知识产权许可协议的可行性或可从另一个角度来解决问题。债务人可以借鉴诺基亚公司的经验,维持其与被许可人之间的知识产权许可协议,通过继续收取许可使用费来实现债务人财产的保值增值,而被许可人可以要求债务人提供相应的财产担保。其优点在于知识产权仍归属于债务人所有,债务人保有对知识产权进行使用、收益、处分的权利。

三、建议与对策:处置债务人财产中知识产权的优化措施

保护和利用知识产权、使债务人财产活化和变现是处置债务人财产中的知识产权的总体思路,但该思路仍是一个大致的、抽象的方向。为确保该思路落到实处并发挥实效,还需要进一步完善现有的破产法和知识产权法相关规定,建立

① 参见张钦昱:《论许可人破产时对知识产权许可协议的处理》,载《经济纵横》2014 年第 2 期。

健全若干配套机制并使其良好运行。笔者认为,可以从以下几个方面进行优化,以更好地解决问题。

(一)赋予知识产权许可协议被许可人有限选择权

该建议乃针对知识产权许可使用的情形而言。美国有观点认为,一旦知识产权许可人破产,那么被许可人的利益将无从保护,只能被动处于许可人的破产管理人的利益抉择下,被许可人将置于一种不确定的状态之下。① 因此,美国在判例的基础上,于 1988 年出台了《知识产权破产法令》(Intellectual Property Bankruptcy Protection Act),确立了对被许可人利益予以适当保护的规则。我国在现行《企业破产法》关于待履行合同条款的基础上,亦可以借鉴美国做法,特别赋予知识产权许可协议的被许可人一方以选择权,以应对债务人拒绝继续履行合同的情形。此种设计没有改变一般情况下债务人处置待履行合同的主导地位,同时又考虑了知识产权合同对社会公众利益带来的广泛影响,尊重债务人和被许可人的主观意愿,增进双方进一步磋商的可能性,在更大程度维护债务人财产的同时适当考量被许可人利益及社会公众的利益,使科技得以延续、文化得以传播、品牌得以传承。但是,鉴于进入破产程序企业所面临情况的特殊性,被许可人享有的选择权应当受到一定限制:其选择对象仅限于是否继续履行既有许可协议,受到合同内容和合同期限的约束,而不能提出续签或者改变合同内容;如果被许可人选择继续履行,则应当以如期足额给付许可使用费为前提条件;如果被许可人基于知识产权许可协议取得了新的知识产权,则应当向许可人支付一定数额对价。

(二)改进评估机制

在破产程序中,资产评估是确定债权人财产的前提条件,关系到后续债务人财产如何分配、债权人权利如何实现。因此,如何科学进行知识产权评估对于破产程序的推进十分重要。当前破产程序中亟待完善知识产权评估机制。

首先,知识产权评估应当遵循客观、公正原则。为保障债务人财产的正确计

---

① See William F. Stutts & Edward D. Korompai, "Bankruptcy Basic: Intellectual Property License inBankrupcty", *The Licensing Journal*, March 2005.

算、维护债权人的合法权益,知识产权评估应当以客观、公正为要旨,避免知识产权被过高或者过低评估,既要保障知识产权价值的最大程度体现,又要防止利用债务人财产中的知识产权损害债权人利益的情形。其次,综合考量评估因素,科学设置评估体系。总体来说,对债务人财产中的知识产权的评估应当考虑其法律状态和经济价值两大方面。前者的考量因素包括知识产权的权属是否确定、无争议,知识产权的剩余存续期限,知识产权是否已经设立抵押、质押等负担,知识产权是否在国外进行了注册或者授权;在后一个方面,则应根据知识产权类型的不同分别考察,涵盖相关技术的新颖性、创造性、实用性,商标的显著性,著作权的独创性,商业秘密的经济价值等,这些因素直接关系到知识产权的不可替代性和可能的增值性,影响其经济价值的实现。在综合上述方面因素的基础上,对债务人知识产权设置评级和增级机制,确保对其知识产权的正确评价和动态观察。最后,客观采纳评估结果。中立客观、科学有度的评估结果应当得到管理人和债权人的认可和采纳,作为债务人财产变现的重要依据,否则知识产权评估将成为一纸空文,无法落地。

(三)细化管理人制度

我国《企业破产法》第 69 条规定:“管理人实施下列行为,应当及时报告债权人委员会……(二)探矿权、采矿权、知识产权等财产权的转让……(七)履行债务人和对方当事人均未履行完毕的合同……”该条规定虽然能够覆盖管理人对知识产权的转让和许可行为,然而仍有一定待细化之处。

首先,在管理人的构成上,应当切实根据债务人财产中知识产权的保有量合理确定管理人的构成,例如,让一定比例知识产权中介机构或者具备相应学历及资格背景的人士介入,提高对知识产权管理和决策的专业度。其次,在管理人的选任上,应当依据具体情况灵活运用随机选择、竞争择优等不同的指定方式,尤其是要在依照法律规定的前提下充分发挥竞争机制的选拔优势,使企业的知识产权得到经验丰富、优质高效的管理人的管理。最后,在管理人的履职方面,管理人应当对债务人财产中的知识产权进行摸底并登记造册,制作知识产权报告,面对知识产权权利状态的变化和市场价值的增减,应当构建起决策前披露、决策时报告、决策后反馈的动态监督机制,以便其接受债权人的监督,在科学管控法律和经济风险的同时,防范出现管理人借保护和利用知识产权之机低价处分债务人财产。

(四)构建债务人知识产权统一信息公示平台

由于知识产权种类较多,除了专利、商标、商号需要进行登记之外,著作权、集成电路布图设计权遵循自动保护原则,而无须进行行政登记。债务人的知识产权状态对外公示的渠道较散,容易被忽略,因此,有必要构建统一知识产权信息公示平台,使债权人和社会公众掌握债务人知识产权的动态变化,保障债务人财产的处置有序开展。当然,构建该平台不止给债务人及债权人带来便利,从更大的层面来说,其有利于规范整个知识产权领域的信息公示秩序。其一,平台应当囊括债务人所享有的不同类型知识产权。其二,平台公示的信息应当包括知识产权的权利归属、权利负担、交易相对方、权利期限、涉诉情况等。其三,平台应当对债务人知识产权相关信息进行及时的录入、更新并予以公布。构建统一知识产权信息公示平台能够杜绝知识产权的"一物二卖",还能带来信息对等和信息公平的良好效果,为管理人的决策、为债权人对管理人行为的监督、为社会公众的投资和消费行为提供参考。

(五)发挥SPV机制的风险隔离作用

风险防范应当贯穿于企业生产经营的各个环节、各个阶段。从债务人经验或者"教训"中可以看出,做好完备的风险防范举措对于企业的生存发展、债权人利益的实现来说至关重要。在企业处理其知识产权时,可以借鉴美国等国家在知识产权证券化实践方面的有益经验,借用特殊目的机构(Special Purpose Vehicle,SPV)实现"破产隔离",减少企业运营风险给债权人带来的不利后果,确保债务人进入破产程序后债权人利益的实现。SPV是独立于知识产权权利人及相关权利人(如被许可人)、投资者等的特殊实体。SPV机制则是指将知识产权未来可能产生的现金流剥离出来,对其风险和收益因素进行分离与重组,转移给一个特殊目的机构即SPV,由SPV作为基础资产向投资者发行可流通权利凭证。[①] 对于债务人来说,这是一种有效的融资手段;而对于债权人来说,其基于权利凭证而应获得的利益并不会因债务人破产而受到影响。美国的相关案例显

---

① 参见李建伟:《知识产权证券化:理论分析与应用研究》,载《知识产权》2006年第1期。

示,成功运转的SPV机制能够为企业筹措资金,提高知识产权的流通性,挽救企业经营状况,同时实现债权人利益的妥善保障。

四、小　结

在知识经济时代,知识产权作为企业资产的重要组成部分发挥着不可替代的作用。进入破产程序后,充分保护和利用知识产权,使其得以活化和变现,是处置债务人财产的有效手段,亦是保护债权人利益的有力杠杆。实现债务人财产中的知识产权的优化处置,需要在我国现行《企业破产法》及司法解释的基础上,结合知识产权法的相关理论,进一步完善立法规定和配套机制,并作出有益尝试。总之,重视债务人财产中的知识产权并加以活化和变现刻不容缓。

六、公司清算及其他破产法问题

清算义务人制度适用研究

——以“僵尸国企”为研究对象

夏正芳[*]　李　荐[**]　张俊勇[***]

一、问题的提出

近来,N市两级人民法院在审理公司破产清算类案件过程中,发现2家资产管理公司作为债权人频繁提起公司强制清算申请和破产清算申请,1年内已受理30余起。从受理情况看,申请人债权来源主要为金融不良债权受让,被申请破产及强制清算的企业大都为“僵尸”多年的国企,并无实体生产经营,其退休职工的退休金及少量内退职工的工资均依靠主管部门进行保障,而企业已停产歇业多年,基本人去楼空,属于典型的“僵尸

* 江苏省高级人民法院民二庭庭长。
** 江苏省高级人民法院民二庭综合组组长。
*** 江苏省高级人民法院民二庭综合组成员。

企业”。[①] 申请人提起破产清算或强制清算申请的目的是,通过审理清算案件的法院作出公司无法清算而终结清算程序的裁定,或经法院实体审查确认清算义务人未及时履行清算义务,进而依据我国《公司法》第184条或最高人民法院《关于适用〈中华人民共和国公司法〉若干问题的规定(二)》第18条的规定,起诉清算义务人主张相应赔偿责任以获取清偿利益。

作为我国计划经济时代的历史遗留原因,类似被申请人情况的“僵尸国企”数量较多,部分企业已具备破产条件,但若进入破产程序,职工安置及维稳压力较大,且资产管理公司提起的清算义务人赔偿责任之诉将在一定程度上导致国有资产流失。因此,本文主要讨论人民法院在处理类似案件时,是否需要对“僵尸国企”的性质进行识别,对清算义务人如何界定,被申请企业是否存在无法清算或怠于清算情形如何审查,清算义务人的清算义务与责任如何负担等问题。

二、“僵尸国企”的性质与清算义务人

(一)企业性质的识别

我国企业有传统企业和现代企业之分。传统企业特指我国计划经济体制下存在的企业形态,如全民所有制企业、集体所有制企业、私营企业、个体工商户、三资企业。全民所有制企业、城镇集体企业、乡村集体企业、私营企业、三资企业分别适用不同的法律,具有不同的法律地位,企业与政府、投资者、经营者、劳动者及其他企业利害关系人相互之间的权利义务关系亦有所不同。而现代企业在狭义上是指股份有限公司、有限责任公司,广义上还包括现代个人独资企业、现代合伙企业、现代合作社以及其他派生的企业组织形式。[②] 根据统计,在上文提及的被申请破产清算或强制清算的“僵尸国企”中,国有控股有限责任公司5家、

---

① 本文所称国企泛指国家或集体资产直接、间接控股或参股的企业。此类“僵尸国企”概括起来有三种类型:(1)因缺乏市场竞争力而被上级主管部门或股东通过关、停、歇业、撤销等方式结束了企业的经营,通常人去楼空,企业已无有效资产,员工被分流安置,仅保留几个留守人员,但其债权债务并未完全了结。(2)股东对企业疏于监管,企业已停止经营但不及时办理企业注销手续,最终因不及时年检而被吊销营业执照,但公司没有清算,其对外依然存在债权债务。(3)企业为非公司制的全民所有制企业或集体所有制企业,其上级主管单位因为国有资产管理体制的几次变动而发生变化,但变动中未履行相应的工商变更手续,致使企业出现所有者缺位,部分公司因不年检而被吊销执照,但其在吊销后依然对外经营并产生债务。

② 参见刘俊海:《现代公司法》(第2版),法律出版社2011年版,第21页。

国有参股有限责任公司4家、全民所有制企业6家、其余均为城镇或乡村集体所有制企业。考虑到上述企业性质的不同,调整其法律关系的具体法律有所不同,承担清算的主体亦有不同。因此,笔者认为,在审理上述案件时,首先应当对被申请人的企业性质进行识别,根据企业所属性质①分别适用不同法律。下文将通过对公司类"僵尸国企"和非公司类"僵尸国企"分别阐述。

(二)清算程序的区分

公司的清算程序,指整理、终结被解散公司所发生的法律关系,并依法定条件和顺序分配其财产的法律的程序。② 公司清算程序又可分为普通清算程序与破产清算程序。对于普通清算程序,应当严格遵守公司法及相关司法解释的规定;而破产清算程序则应适用破产法及其相关司法解释的规定。在普通清算程序中,清算组一般能够按照既定清算程序,顺利完成公司清算和公司注销登记手续。但若清算组在清理公司财产、编制资产负债表和财产清单后,发现公司财产不足以清偿全部债务,则应向人民法院申请破产。公司类"僵尸国企"在未具备破产原因时应适用公司法及其司法解释,通过普通清算程序终止公司人格。非公司类"僵尸国企"的清算则适用破产法及国有企业改制规定的清算程序,目前破产法及其司法解释尚未涉及破产申请义务人的内容,笔者认为,可以借鉴国外经验,并参考国内公司法及司法解释规定的清算义务人制度进行建构。

(三)清算义务人的界定

清算义务人,是指基于其与公司之间存在特定法律关系而在公司解散时对公司负有依法组织清算的义务,并在公司未及时清算给相关权利人造成损害时依法承担相应责任的民事主体。③ 即公司一经解散,清算义务人就负有了启动公司清算程序的义务。

1. 公司类"僵尸国企"的清算义务人已由相关法律予以规定。我国《公司法》

---

① 考虑到适用公司清算法律制度和破产清算法律制度的不同,本文将"僵尸国企"区分为公司类企业和非公司类企业,便于下文分析时加以区别。公司类企业包括有限责任公司和股份有限公司,非公司类企业包括全民所有制企业、城镇或乡村集体所有制企业等。

② 参见刘俊海:《现代公司法》(第2版),法律出版社2011年版,第940页。

③ 参见刘敏:《公司解散清算制度》(修订版),北京大学出版社2012年版,第215页。

第184条对公司解散应当成立清算组予以清算进行了规定,逾期不成立清算组清算的,债权人可以申请人民法院指定有关人员组成清算组进行清算。① 最高人民法院《关于适用〈中华人民共和国公司法〉若干问题的规定(二)》第18条规定了公司解散后哪些主体应尽清算义务,不履行义务的主体应承担的民事责任。实践中虽然没有直接使用"清算义务人"这个概念,但从该条规定可以确定清算义务人的主体范围为:有限责任公司的全体股东、股份有限公司的董事、控股股东以及公司的实际控制人。②

通过上述法律规定可知,上文提及的被申请清算的"僵尸国企"中,有9家为国有控股或参股的有限责任公司。该9家公司的全体股东均为清算义务人,如存在公司无法清算或股东怠于清算导致公司资产贬值或灭失的情形,则债权人对公司股东(如国有资产管理公司或主管部门)提起清算义务人赔偿责任之诉,并适用公司法及其司法解释的规定并无争议。对于公司类"僵尸国企",下文主要从案件审理思路出发,就清算义务人的义务与责任,以及公司无法清算或股东怠于清算的认定进行分析。

2. 非公司类"僵尸国企"是否可以参照适用公司法的相关规定,其主管部门应否作为清算义务人值得商榷。这类企业是我国计划经济时代的历史遗留问题,国务院曾专门发文明确,对主管部门的责任认定应限于"收取资金或实物",且是在被撤并公司的主管部门或清算组织须负责清理被撤并公司的债权债务的情形下。③ 笔者认为,非公司类"僵尸国企"的主管部门不应作为清算义务人,不

---

① 我国《公司法》第184条规定,公司因本法第181条第1项、第2项、第4项、第5项规定而解散的,应当在解散事由出现之日起15日内成立清算组,开始清算。有限责任公司的清算组由股东组成,股份有限公司的清算组由董事或者股东大会确定的人员组成。逾期不成立清算组进行清算的,债权人可以申请人民法院指定有关人员组成清算组进行清算。人民法院应当受理该申请,并及时组织清算组进行清算。

② 最高人民法院《关于适用〈中华人民共和国公司法〉若干问题的规定(二)》第18条规定,有限责任公司的股东、股份有限公司的董事和控股股东未在法定期限内成立清算组开始清算,导致公司财产贬值、流失、毁损或者灭失,债权人主张其在造成损失范围内对公司债务承担赔偿责任的,人民法院应依法予支持。有限责任公司的股东、股份有限公司的董事和控股股东因怠于履行义务,导致公司主要财产、账册、重要文件等灭失,无法进行清算,债权人主张其对公司债务承担连带清偿责任的,人民法院应依法予以支持。

③ 《关于在清理整顿公司中被撤并公司债权债务清理问题的通知》第3条规定,各级党政机关及所属编制序列的事业单位,凡是向其开办的公司收取资金或实物,用于本机关的财务开支或职工福利、奖励,补贴等开支的,应在收取资金和实物的限度内,对公司所欠债务承担责任。

应承担公司法所规定的无法清算或怠于清算的责任。理由为:(1)主管部门的性质不同于有限责任公司或股份有限公司的股东。股东是公司的出资者和权利行使者,根据权利与义务相一致的原则,股东应当按照公司法的规定承担清算义务。但是,非公司制国企的主管部门,其性质与有限责任公司或股份有限公司股东的性质完全不同。国有资产的特性就是缺乏天然的利益主体。[①] 全体人民群众或所在基层集体的群众才是国有资产或集体资产的真正所有者。通过资产监督管理部门代表国家、基层自治组织代表集体行使相关权利,履行管理和监督职责,行使作出行政性批复等非经营性职能,并非有限公司股东所享有的决策、处分和收益等权利。故主管部门作为非公司制企业的开办单位不应作为清算义务人。(2)主管部门的地位不同于真正意义上的出资人。退一步讲,即使认定主管部门为国有企业的出资人、乡镇基层自治组织为集体企业的出资人,出资人也应以其出资为限承担有限责任。这类企业的出资人地位往往是通过国家或集体划拨的方式取得,其在主观上并无一般公司出资人的投资意愿,经营过程中亦无收益。因此,非公司制企业的主管部门并无商事主体的投资意思表示,亦未行使出资人的相关权利,不应作为清算义务人。

三、清算义务人的义务与责任

对于公司类“僵尸国企”,如存在公司无法清算或股东怠于清算导致公司资产贬值或灭失的情形,则债权人对公司股东、董事、控股股东提起清算义务人赔偿责任之诉。笔者认为,审查清算义务人的义务和责任应限于公司解散后至开始清算时的期间内。

(一)清算义务人的义务

清算义务本质上属于一种诚信义务。[②] 主要表现为依法及时启动清算程序、选任清算人、对清算人的清算工作给予必要协助和监督、公司财产和账册的善良保管、保护公司财产不被毁损灭失等。义务期间应限于清算义务人在公司解散

---

① 参见史际春、邓峰:《经济法律评论》(第3卷),中国民主法制出版社2003年版,第205页。

② 参见李建伟:《公司清算义务人基本问题研究》,载《北方法学》2010年第2期。

后至清算开始前的期间内。

1. 及时启动清算程序的义务

公司解散时,经营资格消灭,善后事宜应由清算义务人负责处理。清算义务人应在法律规定的期限内开始清算活动。(1)作出清算决议。清算义务人必须作出进行清算的决议,这是清算程序的前提。这里要求清算义务人在解散事由发生后及时作出进行清算的决议;根据公司资产负债情况对所拟进行的清算程序作出判断。(2)委任清算组织。清算事务由清算组织负责具体完成。清算义务人必须在法定期限内以一定的方式产生合格的清算组织,并对清算组织实施的清算事务进行监督。①

2. 对公司财产、账册、重要文件进行妥善保管的义务

自公司解散之日起,清算义务人就应担负起公司财产、账册的善良保管义务,至清算组正式成立开始接管公司之时,清算义务人移交公司财产、账册并经清算执行人清点之后,其义务自然解除。如清算义务人在此期间,没有履行善良保管义务,造成清算法人账册不全或者财产损失,严重影响清算的进行,则清算义务人应当承担相应的民事责任。(1)对公司财产的管理义务。对公司财产的管理是清算义务人的首要义务。清算阶段公司的财产,不仅涉及债权人的债权,还涉及股东对于公司剩余财产的分配。作为清算义务人在清算程序开始前要尽到一个善良管理人应尽的义务,既不能违反忠实义务自己侵吞、恶意处分公司的财产,也不能违反注意义务任由公司财产贬值、毁损、灭失。(2)对公司账册和重要文件的妥善保管义务。公司的账册、重要文件记录着公司一切经营往来事项和资产财务状况,一旦丢失会直接导致公司清算程序无法进行。同时,实践中公司为了逃避债务,隐匿、损毁、伪造账册和公司重要文件的现象也比较普遍。因此,对清算义务人课以该项义务是非常必要的。此外,从清算组成员的组成来看,文件不可能交由他们来继续保管,公司账册等重要文件的最终保管者仍应是公司的清算义务人。②

---

① 参见刘敏:《公司解散清算制度》(修订版),北京大学出版社2012年版,第226页。

② 参见黎淑兰、王丽娜:《公司清算义务人相关问题研究》,载《人民司法(应用)》2012年第7期。

(二)清算义务人的责任

清算义务人若在法定期限内怠于履行清算义务,导致公司无法清算或公司资产贬值、灭失的,应依法对债权人承担赔偿责任。

1. 责任范围

(1)清算责任。公司解散或吊销营业执照是企业营业资格的暂停,其法人资格并未消灭。公司解散后的债权债务和公司剩余财产须进行清算。在公司被注销前,公司债务应由公司财产进行清偿。股东承担强制清算责任。如出现资不抵债的情形,由一般清算程序转入破产清算程序。(2)赔偿责任。在清算义务人怠于履行清算义务,致使公司无法及时清算,从而导致公司财产减少,清偿能力下降,但仍然可以进行清算的情况下,给债权人利益造成损失的,清算义务人承担补充赔偿责任;清算义务人怠于履行义务的行为是一种侵权行为,该行为致使公司清偿能为下降,但不影响公司继续进行清算,故清算义务人只需在其造成损失范围内承担补充赔偿责任。(3)清偿责任。最高人民法院《关于适用〈中华人民共和国公司法〉若干问题的规定(二)》第18条第2款规定,当清算义务人怠于履行义务的行为导致公司主要财产、账册、重要文件等灭失,致使公司无法进行清算时,清算义务人应当对债权人承担连带清偿责任。公司只有通过清算才能清理财产和债权债务,如清算义务人为逃避债务等不法目的,采取转移财产、隐匿账册、恶意注销等行为导致无法清算。此时只能推定清算义务人滥用公司人格或者故意侵权,必须承担惩罚性法律责任,即对公司债务承担连带清偿责任。①

2. 责任主体

鉴于全体股东均是有限责任公司的清算义务人且有互相监督之责,故应对外互负连带责任。对外部来说,依法清算是全体清算义务人的共同法定义务,怠于清算表现为全体清算义务人的共同不作为,根据最高人民法院《关于适用〈中华人民共和国公司法〉若干问题的规定(二)》第21条规定,多个清算义务人对外应承担连带责任。对外承担了相应民事责任的清算义务人,可行使内部求偿权,要求其他清算义务人按照过错大小予以分担;没有过错的清算义务人,则不应由其承担责任。因此,公司制"僵尸国企"的清算义务人在承担了民事责任后,可以

① 参见李建伟:《公司清算义务人基本问题研究》,载《北方法学》2010年第2期。

向其他清算义务人主张按照过错大小进行分担。

四、无法清算或怠于清算的认定

(一)无法清算举证责任的倒置性

如债权人提供的证据能够证明债务人无法清算存在一定的可能性,即视为债权人对债务人无法清算的主张完成了初步的举证责任。清算义务人如反驳,则应对债务人有财产、账册、重要文件等可以进行清算的条件或债务人诉前已经进行清算这一积极事实进行证明。实践中,有些法院通过裁定赔偿义务之诉中止审理,要求债权人向法院申请债务人清算的做法欠妥。因为如此则免除了清算义务人积极事实主张的举证责任,类似于设置清算程序前置,亦与人民法院关于立案登记制的有关规定相悖。

(二)怠于清算的关联性

作为侵权行为,[①]公司清算义务人怠于清算应当符合以下要件:(1)行为要件。即清算义务人具有怠于清算的行为,包括公司解散时股东大会确定不清算,解散后没有在法定期限内成立清算组及成立清算组后没有完成清算等。(2)损害后果。债权人提起清算义务人责任诉讼应以公司债权不能得到全部清偿为结果要件。即公司无法清算,公司资产不足以清偿公司债务,且公司的资产由于清算义务人怠于清算而灭失、毁损、贬值的。(3)因果关系。即公司资产的减少与债权得不到清偿具有因果关系,且股东怠于清算的不作为与公司资产的减少具有因果关系。因此,在认定公司制“僵尸国企”的清算义务人是否存在怠于清算的行为时,应当严格审查是否符合上述侵权行为的三要件,进而认定债权无法清偿与怠于清算之间的关联性。

五、类案审理思路

在清理处置“僵尸国企”的过程中,对于衍生出的清算义务人责任诉讼,笔者

---

① 参见最高人民法院民事审判第二庭:《最高人民法院关于公司法司法解释(一)、(二)理解与适用》,人民法院出版社2008年版,第333页。

认为,首先应对企业性质进行识别,非公司制"僵尸国企"的主管部门不应认定清算义务人,仅公司制"僵尸国企"适用我国《公司法》第184条及最高人民法院《关于适用〈中华人民共和国公司法〉若干问题的规定(二)》第18条关于清算义务人的相关规定。其次应严格审查被申请企业是否无法清算或股东怠于清算导致损失,以及债权无法清偿与怠于清算之间的关联性。在根据案情确定清算义务人所应承担的清算责任,并应明确清算义务人在承担民事责任之后,可以向其他清算义务人主张分担。从而确保"僵尸国企"有序退出,防止国有资产流失,维护社会稳定。

六、引申——破产申请义务人制度之初构

据统计,江苏省每年被吊销营业执照的企业达到5万家左右,其中因有未了债权债务而不能办理注销登记的企业约3.5万家左右。大量具备破产原因、无经营前景企业仍占有市场资源挣扎经营,或是长期停止经营但迟迟不退出市场。破产程序适用率低的重要原因之一是,因债务人担忧经营违规、违法问题会在破产程序中暴露,缺乏申请破产动力,甚至弃企逃债、躲避破产。因此,构建破产申请义务人制度迫在眉睫且意义重大。

德国破产法规定了股东、董事、监事均具有破产申请义务,[①]股东、董事、监事在违反破产申请义务而产生的侵权行为,债权人可以提起侵权损害赔偿之诉,责任人不仅要承担损害赔偿责任,还要承担刑法上的自由刑和罚金刑。美国在破产审判实践中创设了加深破产的侵权责任制度,董事、高管在公司陷入困境时申请破产的义务。[②] 如董事、高管在公司陷入困境时拖延进入破产程序,要对债权人或由破产管理人所代表的公司承担相应法律责任。侵权损害赔偿之诉即类似

① 德国《破产法》第15a条规定,若某一法人丧失清偿能力或资不抵债,则法人代表机关成员或清算人应无过错地、毫不迟延地,最迟在丧失清偿能力或资不抵债起3周内,提出破产申请。若有限责任公司的代表机关丧失,则每位股东,若股份有限公司的代表机关丧失,则每位监事会成员,应负担上述申请义务,除非其不了解有关丧失清偿能力或资不抵债的状态。违反上述申请义务,未提出、未正确提出或未及时提出破产申请,则处以3年以下徒刑或罚金。过失违反前款义务的,处以1年徒刑或罚金。

② 美国法上属于信义义务的一种,即董事、高管在公司濒临破产的情况下,同时对股东和债权人均负有信义义务。

我国《公司法》上的清算义务人违反清算规定的责任之诉,相关高管人员即破产申请义务人,但这在我国破产法体系中尚无明确规定。

因此,通过分析和借鉴域外先进立法经验,笔者建议,我国《企业破产法》第7条增设第4款,公司已陷入丧失清偿能力或资不抵债情况下,有限责任公司的股东,股份有限公司的董事、高管人员应在上述原因出现之日起15日内,提出破产申请。逾期未申请,导致公司财产贬值、流失、毁损或者灭失,债权人主张其在造成损失范围内对公司债务承担赔偿责任的,人民法院应依法予支持。或参考最高人民法院《关于适用〈中华人民共和国公司法〉若干问题的规定(二)》,由最高人民法院通过出台破产法司法解释,明确债务人董事、高级管理人员破产加深责任,设置破产申请义务人制度。从而倒逼债务人企业申请破产的主动性,提升破产案件适用率,推动“僵尸企业”依法有序退出市场。

打破“僵尸企业”不死神话

——以股东清算义务之法律规制为研究视角

刘冬梅* 张 妍** 范晓玲***

“僵尸企业”(zombie company)最初是由美国波士顿大学的经济学者彼得·科伊在20世纪80年代提出的一个经济学概念,指“那些无望恢复生气,但由于获得放贷者或政府的支持而免于倒闭的负债企业”。① 英国、美国、日本等国家都经受过“僵尸企业”带来的不利后果,日本甚至因此陷入“失去的20年”。随着经济的快速发展,“僵尸企业”像病毒一样由国外传入国内,我国也深受“僵尸企业”之害。正因如此,中央高度重视“僵尸企业”的清理工作。李克强总理在多次会议上强调要加快“僵尸企业”重组整合或退出市场,中央经济工作会议上也将“去产能、去库存、去杠杆、降成本、补短板”为重点的供给侧结构性改革方向。前不久公开的2016年政府工作报告,也明确了“着力化解过剩产能和降本增效……积极稳妥处置僵尸企业”的重要目标。这是国家首次以中央层级公文的形式将“僵尸企业处置”作为政府工作

---

* 广州市中级人民法院商事审判庭副庭长。

** 广州市中级人民法院商事审判庭审判长。

*** 广州市中级人民法院商事审判庭法官助理。

① 《清理“僵尸企业”需要断舍离》,载《第一财经日报》2015年10月13日,A2版。

的内容正式提出。清理"僵尸企业"已然成为政府重点工作之一。而"僵尸企业"的清理,不仅是国家的责任,更是企业的责任,是公司股东的责任。在完善的市场环境下,公司通过自行清算退出市场才是真正的王道。而自行清算的实现离不开股东清算义务的履行。完善股东清算义务的法律规制才能从根本上打破"僵尸企业"不死神话。本文拟从设立股东清算义务的必要性出发,探讨股东不履行清算义务的主要障碍,并从中提炼出破解之道,以期为完善我国市场退出机制提供参考。

一、股东履行清算义务之现状分析

(一)股东主动清算的情况每况愈下

根据我国现行法律的规定,"注销"是企业退出市场的标志。而导致公司注销的原因有很多:公司章程规定的营业期限届满或者公司章程规定的其他解散事由出现、股东会或者股东大会决议解散、因公司合并或者分立需要解散、依法被吊销营业执照、责令关闭或者被撤销、公司经营管理发生严重困难等。

仅从笔者在广东省工商局调取的数据看,此类企业的数量已经十分可观,且有愈演愈烈之势。数据显示,2009~2013年,在广东省工商局被吊销营业执照的企业共计819家,其中有119家在被吊销营业执照后正常注销,剩下的700家均处于未注销状态,占被吊销营业执照企业总数的85.47%。如图1所示,已注销的公司与未注销的公司形成显著对比,大部分企业均处于未注销状态。而在广东省工商局登记注册的企业毕竟是少数,更多的企业受市、区工商局管理。广东省工商局的数字已经如此触目惊心,各市、区工商局的状况可想而知。

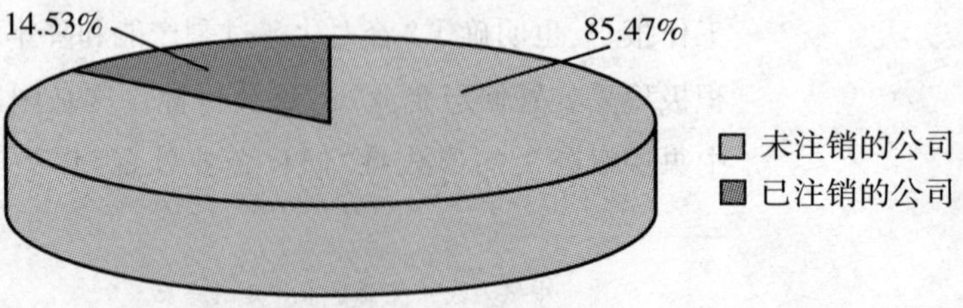

图1 广东省2009~2013年被吊销营业执照的企业注销情况统计

(二)股东被动清算的案件逐年增加

当公司具备解散事由时,自行清算是第一道防线,如果股东不能在第一道防线消灭公司法人主体资格,则进入强制清算或破产清算的第二道防线。换言之,强制清算和破产清算是股东履行清算义务不能时的一种救济程序。从企业破产和公司强制清算案件数量的变化,可以直接看出股东自行清算不能的案件变化情况。笔者调取了广州市中级人民法院(以下简称广州中院)2011~2015年企业破产及公司强制清算案件审理数据。如图2所示,广州中院两类案件的收案数总体呈上升趋势,已经从2011年的21件增加到2015年的56件,年均增长率高达27.83%。2016年1~5月,两类案件的收案数已高达20件,2016年的收案数随着国家“僵尸企业”清理工作的展开,有可能在下半年呈现井喷式增长。广州市只是国内城市的一个典型缩影,其他城市也存在类似情形。

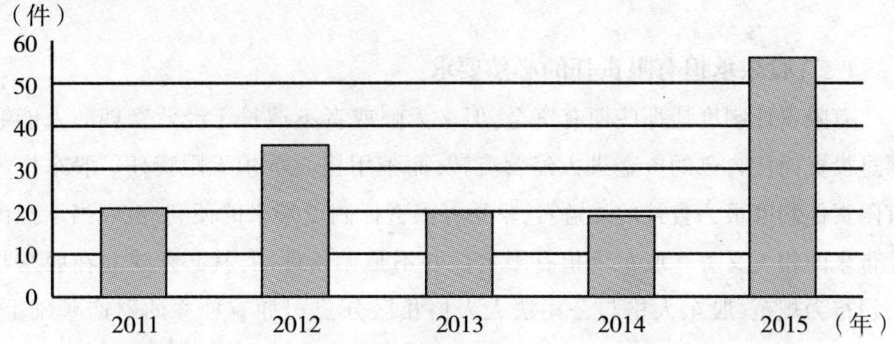

图2 广州中院2011~2015年企业破产及公司强制清算案件收案情况统计

二、股东承担清算义务之必要性解读

(一)股东法律地位的应然之意

1. 公司是股东实现自身利益的工具

股东通过出资形成公司的资本,构成公司独立的财产。在公司的运营过程中,股东大会作为公司的权力机关,决定公司的重大事项,实现股东的经营目的。当公司存在收益时,股东又可以要求分红,获得投资收益。因此,公司的利益与股东利益息息相关,股东有必要对公司的清算承担责任。

2. 公司的生死存亡与股东存在密切联系

公司成立基于股东的人合性。公司的成立、存续、终止都与股东行为密切相关。无论公司基于何种原因解散,都与股东行使股东权存在联系。股东决议解散是公司股东合议的结果;破产清算是公司的经营陷入困境,股东或股东选择的管理者存在不可推卸的责任;强制清算是公司出现僵局,股东之间的人合性受到了挑战。无论何种原因,股东都应该履行清算义务。

3. 履行清算义务是股东实现其剩余财产分配权的需要

股东将其财产投入公司以后,便形成公司独立的财产,股东取得的则是股东权。当公司出现解散事由之后,公司的经营能力只能限定在清算范围以内,不能从事清算范围外的经营活动。此时,公司已经不能成为股东营利的工具。因此,股东要想分配公司解散后的财产,只能通过清算程序才能取得。当公司出现解散事由时,股东负有清算的权利和义务。

(二)股东承担有限责任的必然要求

有限责任制度让那些拥有资金,但又无暇或者不擅长于经营管理的人能够通过投资而使自己的资金进人经营流转,而不用担心承担无限责任。股东作为有限责任制度最为直接的受益者,享受有限责任制度带来的便利,也应当承担由此带来的相关义务。股东承担有限责任并不是无条件的,其必须建立在股东与公司行为规范、股东人格与公司法人人格相区分公司拥有独立的财产基础上。当公司出现解散事由后,组织清算组进行清算正是股东的义务之一。股东的有限责任正是体现在清算之后不再对公司所负之债负清偿责任。如果股东不能守好最后一道防线,有限责任将不再是股东的"保护伞",股东应当根据其过错程度承担相应的法律责任。

(三)保护利益相关者权益的现实需要

公司作为独立的经济组织和民事主体,与自然人和其他组织一样均为社会的重要成员。现代公司既具有营利性,也具有社会性,公司不能仅以最大限度地为股东们谋利作为唯一存在目的,还应最大限度考虑公司其他利害相关者的利益,包括职工的利益、消费者的利益、债权人的利益等。因为注册资本一旦进入市场,资金已经超越了钱本身的含义,它衍生了工人工资、医保、社保费用,以及债权人债权等概念。当公司出现解散事由时,股东受影响的是投入的成本,职工、消费者、债权人受影响的则可能是赖以生存的资本。且股东的风险可以预见,股东可以通过控制权、分红权等在公司正常经营阶段获得相当的利益。而职工、消费者及债权人的风险不可预见,如果公司不能积极安置职工、清理债权债务,则会破坏职工、债权人对市场交易安全的预期。如果放任这一状态长期发展,很有可能破坏市场交易秩序,严重影响市场交易安全。

三、股东不履行清算义务之原因分析

(一)股东诚信意识淡薄

诚实信用原则是民商事交往的基本原则之一,公司的股东也同样受到这一原则的约束。当公司经营状况良好时,股东可以获取红利;当公司具备解散事由时,股东相应地要承担清理公司的义务。而在实际生活中,股东仅仅将公司作为盈利工具,享受着公司带来的福利,但却不愿意承担与之对应的法律义务。特别是一些经济状况严重恶化的公司,股东的分配顺位决定其可能无法参与公司剩余价值的分配,股东缺乏主动清算的利益驱动力。股东既不愿意主动清算,也不愿意诉诸司法清算途径。公司一旦经营管理不善即人去楼空,公司被迫成为无人问津的“僵尸企业”。从广州中院目前在审公司强制清算案件的数据可见一斑(见图3),在上述案件中,申请人大多为债权人,股东主动提出强制清算申请的案件寥寥无几,仅占在审案件总数的32%。

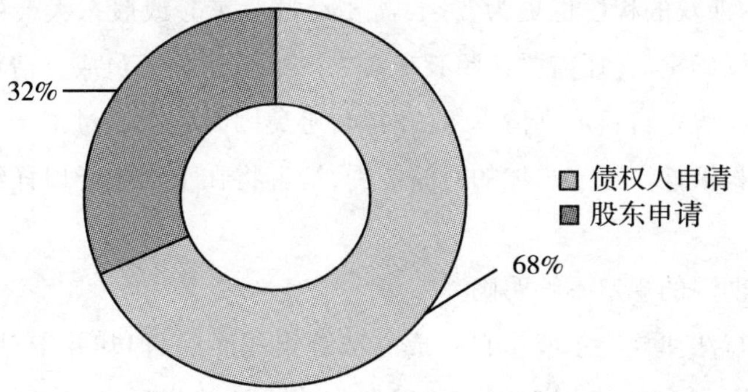

图3　广州中院在审公司强制清算案件申请主体情况

(二)法律制度支撑不够

股东不愿意主动履行清算义务固然在于其诚信意识淡薄,但一个法制健全的社会,需要在人们突破道德观念时,树立坚实的法律屏障。而我国现行法律及司法解释中,在股东清算义务的法律规制上存在缺漏,这也进一步减少了股东不履行清算义务的负担,导致僵尸企业的数目不断壮大。纵观我国《公司法》及其相关司法解释,对股东清算义务进行限定的只有我国《公司法》第183条,最高人民法院《关于适用〈中华人民共和国公司法〉若干问题的规定(二)》(以下简称《公司法司法解释(二)》)第7条、第18条、第19条、第20条,最高人民法院《关于审理公司强制清算案件工作座谈会纪要》(以下简称《座谈会纪要》)第29条。而行政法律、刑事法律均缺乏相应的法律规定。笔者通过对上述法律条文进行分析,发现上述规定在以下几方面存在不当之处:

1. 清算组成立时间的限定过于严苛

根据《公司法司法解释(二)》第7条的规定,公司应当在解散事由出现之日起15日内成立清算组。笔者认为,这一时间限制过于严苛,因为成立清算组属于公司的重大事项,需要经过股东会及股东大会的同意。而召开股东会或股东大会,需要完成通知股东、准备会议议案等一系列工作。在短短15日内很难组成清算组。即使是在司法清算的程序中,法院指定清算组也需要经过网上申请、摇珠、指定等一系列程序,花费的时间少则1周,多则十几天。与司法清算中选定清算组相比,公司自行成立清算组需要协调的利益主体更多,牵涉董事、股东等各个主体;涉及的程序也更为复杂,需要经过股东会或股东大会的表决程序,在股东会决议确定后,还需要按照股东会决议组织相关人员成立清算组。因此,笔者建议延长股东自行成立清算组的时间,避免因时间限制过于严苛,打击股东自行清算的积极性。至于具体的时间范围,笔者将在下文中予以详细分析,在此不予赘述。

2. 清算期限的规定不够明确

我国现行法律规定了股东自行成立清算组的时间,但却并未对清算组的清算期限加以限定。在司法实践中,不乏股东成立清算组后怠于履行清算职责的案例。笔者认为,清算组的法律属性决定了必须对其清算期限加以限制,主要理由包括以下两方面。

(1)股东自行组建的清算组中立性较弱

在司法清算程序中,清算组一般由中立的中介机构组成,且人民法院本身亦处于中立地位,所以人民法院对清算组工作的监督更为严格,清算组怠于履行职责的可能性较低。而在自行清算程序中,清算组是由有限责任公司的股东或股份有限公司的董事会或股东大会指定的人员组成,清算组的人员组成决定其与股东具有更为紧密的联系,股东会或股东大会对清算组的监督作用更弱,清算组拖延清算期限的可能性更大。在法律已对司法清算期限加以限制的前提下,限定自行清算的清算期限更加显得尤为必要。

(2)股东自行成立的清算组专业性较差

按照《公司法》第183条的规定,自行成立的清算组由有限责任公司的股东或股份有限公司的董事会或股东大会指定的人员组成。由此可见,无论是股份有限公司还是有限责任公司,其自行成立的清算组均由公司内部的人员组成。这些人员善于对公司进行经营运作,但是并不一定擅长公司的清算程序。因为清算程序是一个法定程序,涉及职工安置、资产处置、债务追收、财产分配等各个方面,涵盖法律、会计、审计、财务等各种事务。如果法律不对自行清算的清算期限加以限制,自行清算的清算组有可能因为专业不精通拖延清算程序的顺利进行,最后很可能因为时间过长导致公司的资产价值贬损。对自行清算的期限加以限制,可以在自行清算组清算不能时及时转入司法清算程序,避免自行清算陷入僵局从而引发一系列不利后果。

3.股东清算责任的追究机制不尽合理

现行法律及司法解释并未设立严格的股东清算责任追究机制,这也进一步纵容了股东怠于履行清算义务的行为。综观现行法律及司法解释,股东的清算责任包括民事责任、行政责任、刑事责任三种类型,三种责任类型均有其不当之处。

(1)民事责任难以追究

关于股东承担民事责任的规定散见于我国《公司法》及其司法解释中,其中最能体现股东清算责任及最具有操作性的规定是《公司法司法解释(二)》第18条。依据该条规定,股东承担清算责任的追责主体为债权人,承责的前提条件是造成了公司财产贬值、流失、毁损或者灭失,或者公司主要财产、账册、重要文件等灭失,无法进行清算的严重后果。立法者的本意是打击股东消极不清算行为,救济债权人的合法权益。而在司法实践中,这条规定并未发挥其应有价值,反而增加了债权人的负担。因为根据我国《民事诉讼法》中"谁主张,谁举证"的举证原则,债权人需要对其诉讼请求承担举证责任。但是债权人并未参与公司的直接经营,并不了解公司的内部运作情况,很难获得证据证明股东的侵权行为。在司法实践中,甚至有债权人为了证明股东的过错,先垫付经费启动强制清算程序,在强制清算程序终结后,再根据法院的民事裁定书向股东追责。这无形中增加了债权人的诉讼成本。

(2)行政责任不明晰

工商行政监督和处罚等行政行为,无疑可以有效地制约不履行清算义务的行为,但前提是存在执法依据。虽然《公司法司法解释(二)》第 7 条规定公司应当在解散事由出现之日起 15 日内成立清算组,开始自行清算。但是该条并未规定公司未在规定时间内组成清算组应当承担何种责任。我国《公司法》第 146 条规定了公司的董事、监事、高级管理人员的任职资格限制,但是并未限制规定股东的行政责任。笔者认为,股东是市场经济主体,当市场这双"无形的手"失效时,政府可以通过"有形的手"对股东的行为加以干涉。如果规定股东的行政责任,可以增加股东不作为的成本,迫使其积极履行职责。

(3)刑事责任不明确

我国《刑法》第 162 条①规定了妨害清算罪,但该条并未规定股东不履行清算义务的刑事责任。实际上,在清算工作中,股东发挥着尤为重要的作用,股东与公司也存在着最为紧密的联系。在司法实践中,股东滥用其优势法律地位隐匿财产及损坏财物账册的案件时有发生。由于缺乏相应的刑事责任追究机制,根据"法无明文规定不为罪"的刑事责任追究原则,股东可以利用法律规定的空白,进一步滥用其主体地位,严重损害了妨害了正常的清算秩序。

(三)公司内部治理结构不健全

由于清算工作涉及人、事、物各方面,影响股东、职工、债权人等各方利益主

---

① 我国《刑法》第 162 条规定:公司、企业进行清算时,隐匿财产,对资产负债表或者财产清单作虚伪记载或者在未清偿债务前分配公司、企业财产,严重损害债权人或者其他人利益的,对其直接负责的主管人员和其他直接责任人员,处 5 年以下有期徒刑或者拘役,并处或者单处 2 万元以上 20 万元以下罚金。

体,所以股东履行清算职责需要规范的公司治理结构作为基础。但是,由于我国公司制改革尚不完善,很多企业空有公司的“外衣”而无公司的“内核”,股东面对“表里不一”的公司自然无从下手。笔者经分析认为,公司内部治理结构缺陷主要体现在以下几点:

1. 股东出资义务履行不到位

虽然我国现行《公司法》将注册资本制由实缴制改为认缴制,但成立公司需要缴纳注册资本这一规定并未变化,只是缴纳时间稍加调整。从法理上讲,股东投入的注册资本无论何时缴纳,资本的归属都属于公司。当公司出现解散事由时,股东应该将其认缴的出资补足。而司法实践中,股东出资不到位的情况屡见不鲜。特别是一些上级公司成立的全资子公司。虽然子公司在法律上是独立的公司法人,但是上级公司经常将子公司当作其可以予取予求的子女,上级公司抽逃出资、出资不到位的情况屡见不鲜,这也使股东自行清算丧失了经济基础。

2. 股东之间内部矛盾突出

股东会或股东大会是公司的决策机关,只有决策机关就清算事项达成合意,公司的自行清算工作才能顺利进行。而在司法实践中,笔者发现公司的股东之间矛盾突出,很难就清算事宜达成一致意见。在广州市在审的企业破产及强制清算案件中,股东提出申请的强制清算案件通常都是股东内部矛盾突出的案件。且这种矛盾在控股股东与小股东、中方股东与外方股东之间表现得特别明显。究其原因,笔者认为,主要是不同的股东对公司的控制程度不同,且不同的股东成立公司的价值取向亦有所区别。

3. 公司内部财务管理制度不规范

清算工作的正常进行需要以公司的财务账册资料为依托。但是,在司法实践中,笔者发现很多公司拥有两套或多套不同的账本,账外账、账中账的情况十分常见,有的公司甚至连完整的账本都不存在。即使是财务账册保存完整的公司,其财务账册上记载的很多事项也并不真实。以财务报表中的“应收账款”为例,很多公司为了将账面做平,将公司的亏损放入“应收账款”这一项,而这些“应收账款”基本是无法追回的。如果无法追回,清算组需要向债权人作出解释,很可能会引发债权人的不满。很多股东正是深知这一点,而对自行清算工作望而却步。

(四)缺乏必要的资金保障

古人云:"巧妇难为无米之炊"。缺乏必要的资金保障正是股东怠于履行清算义务的另一项重要原因。因为清算组安置职工、处置公司资产、清理债权债务等均需要一定的资金保障。如果公司资产不足以支持股东完成清算工作,股东自然无法进行自行清算。其实,不仅自行清算会因缺少资金而夭折,在司法清算中同样会存在类似的情况。以广州市2009~2013年审结的公司强制清算案件为例,如图4所示,大部分公司强制清算案件以撤回申请的方式结案。而申请人撤回申请的原因,主要是因为缺乏启动经费。

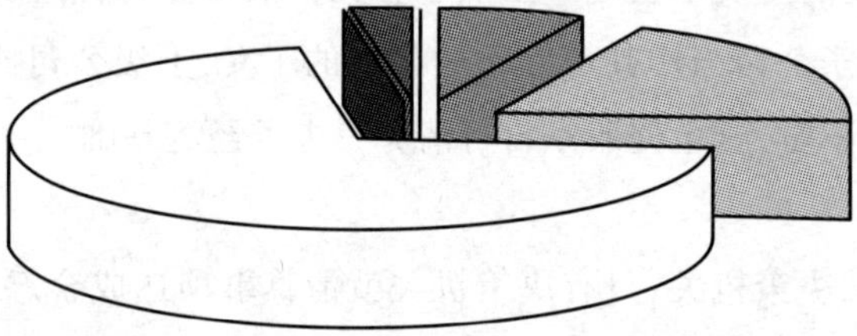

图4 结案类型统计

四、完善股东清算义务法律规制体系之路径解读

如前文所述,股东怠于履行清算义务的原因是多种多样的,既包括主观因素,又包括客观因素。股东主观诚信意识的提高依托于市场诚信价值体系的建立,而这并非是一朝一夕就可以完成的。在建立市场诚信价值体系的同时,完善股东清算义务法律规制体系则是我们的当务之急。笔者建议运用"三步走"战略,以时间为主线,将清算前的预防、清算中的规范、清算后的责任追究结合起来,全方位解决股东不愿清算、不能清算及无法清算的难题。

(一)第一步:预防清算不能

笔者在前文中详细分析了股东不能清算的主要原因,即公司内部治理结构不健全,以及缺乏必要的资金保障。针对上述两种原因,笔者建议从以下两方面着手。

1. 设立公司经营风险防控系统

为了避免在公司具备解散事由时，由于财务账册不齐、股东出资义务履行不到位、股东内部矛盾突出等原因造成股东清算不能。笔者建议设立公司经营风险防控系统，在公司出现经验风险时，对其经营行为予以必要限制，对公司的资产、财务账册等资料进行固定。实际上，德国、英国、法国、日本等国均有类似做法。例如，德国《破产法》中的预破产程序，①日本《商法》中的公司整理制度、②法国《企业困境防治法》中的破产预警制度③等。这些制度均设立了一个公司进入解散程序前的缓冲期。就目前我国的市场运营状况而言，笔者建议，在尊重市场经济规律的前提下，搭建公司经营风险预警平台。工商部门可以将自己辖区内的公司信息整合起来，搭建信息共享平台。在公司经营期限即将届满前、公司连续3年亏损、公司因涉嫌违法犯罪被调查时，工商部门可以在信息系统发布黄色预警，对涉案企业的经营活动予以限制，或者要求涉案企业将公司的资产情况在工商局登记备案。当公司经营期限届满、企业被依法吊销营业执照、责令关闭或者被撤销时，由工商部门向企业发送限期清算通知书，若公司逾期未成立清算组，工商部门可在信息平台上发出解散风险红色预警，以此督促股东自觉清算。当然，风险防控系统的建立需要以完善的信息共享平台为支撑。由于我国的企业数量较多，搭建这一平台并非一朝一夕可以完成，可能需要几代人的共同努力。随着我国信息产业的不断发展，个人征信系统、企业征信系统逐步建立，笔者相信，风险防控系统将不再是空中楼阁，必将发挥其应有的作用。

2. 成立公司清算准备金

缺乏清算经费的问题是一个世界性难题，各国针对这一问题均有不同的做

---

① 德国《破产法》中的预破产程序：预破产程序开始后，法院会指定一个临时破产管理人(preliminary insolvency administrator)来监督指导在此期间内的企业经营活动。一般情况下，在预破产期间内，原管理层在临时破产管理人的指导下继续负责企业的经营活动，仅有个别重要事项必须经过管理人的批准。按照惯例，预破产程序一般在3个月左右。3个月后，如果临时破产管理人经评估后，认为破产企业的资产足以支付法庭和管理人的费用，会要求法院批准进入正式破产程序。相反，如果破产企业的资产不足以支付破产费用，则企业破产程序即会宣告终止。

② 日本《商法》第381条规定：“根据公司现状及其他事由，法院认定其有陷入支付不能或债务超过之虞时，可以根据董事、监察人及自六个月前起连续集有十分之一以上债权额的债权人的申请，命令公司开始整理。认定公司有支付不能或债务超过之虞时，亦同。”

③ 法国《企业困境防治法》第1条第1款规定，债务人对同一债权人所欠债务在每个季度的最后一天可能超过8万法郎时，必须予以公告。第2款规定，债务超过8万法郎时，商人或私法人应当于该债务到期后3个月内到商事法院或民事法院登记。

法。笔者经调查了解,大部分国家都将注意力集中在解决破产启动经费问题,对于自行清算或强制清算的经费问题关注度较低。笔者认为,解决自行清算中的经费缺乏问题,可以采取成立公司清算准备金的办法。至于经费来源,可以参照破产启动经费的筹备方案,①以下三种方式较有借鉴意义。

一是从公司的经营收入中提取。笔者建议参照注册资本金的做法,成立清算准备金。工商行政管理部门根据公司的经营情况,在公司每年的营业收入中提取适当比例成立基金。当公司具备解散事由时,公司可以向工商行政部门申请取回已缴纳的基金,且该笔基金只能用于清算事务。

二是政府财政拨款。笔者建议参考深圳的做法,由政府在每年的财政收入中拨付一定的比例用于公司的清算工作。由于是政府财政拨款,所以在资金的适用范围、提取程序上要设立相应的配套措施,资金发放部门要设立严格的审批程序,真正实现专款专用,避免财政拨款变为有心人士的牟利工具。

三是成立行业保险基金。由于不同行业的经营风险有所区别,笔者建议参照北京的国企破产准备金制度,②在不同行业设立不同的行业保险基金。公司可以根据其经营规模的大小缴纳不同的保险金额。当公司具备解散事由时,根据保险行业风险共担的原则,涉案企业可以向保险公司申请清算资金。

上述三种方式各有利弊之处,笔者建议,在不同城市分别采用不同的方式进行试点,再根据试点情况选出最佳方案。

(二)第二步:规范清算行为

我国现行《公司法》中对股东自行清算的清算行为则缺乏有效的法律规制。笔者认为,在规范股东的自行清算行为时,应该体现自行清算和司法清算的不同之处,在尊重股东意思自制的基础上,对股东的清算行为予以规范。这种规范体

---

① 破产监管人国际协会曾经调查过14个国家和地区(澳大利亚、英属维京群岛、加拿大、芬兰、中国香港特别行政区、爱尔兰、泽西行政区、墨西哥、新西兰、泰国、英国、北爱尔兰、美国)的公司和个人的破产司法实践,将缺乏破产启动经费的处理方法分为交叉补贴、政府财政拨款补贴、设置特殊的税收或行政收费取得资金、用法院收取的案件申请费补贴、由各方利害关系人垫款等5种方式。参见最高人民法院民事审判第二庭编著:《最高人民法院关于企业破产法司法解释理解与适用》,人民法院出版社2007年版,第175页。

② 资料来源:http://finance.sina.com.cn/2000-08-07/3846.html,最后访问日期:2008年4月10日。

现在以下两方面。

1. 设定合理的股东自行清算期限

如前文所述，我国《公司法》及其司法解释对于股东组成清算组的时间规定的过于严苛，而对于股东自行组成清算组后的清算期限又缺乏相应的法律规定。为了设定合理的股东自行清算时间表，笔者建议从以下两方面予以完善。一方面，要延长股东自行组成清算组的时间，在现行法律规定为15天的基础上予以适当延长。根据公司类型的不同，延长的时间也有所区别。对于有限责任公司，因为股东人数相对较少，且股东之间联系较为紧密，可以将清算组的组建时间在原有的基础上增加5天，改为20天。对于股份有限公司，由于股东人数较多，股东大会的召集程序更加复杂，笔者建议在有限责任公司20天的基础上再予以适当增加，可以将股东组成清算组的时间改为1个月。另一方面，要规定自行清算的清算期限。因为我国现行法律及司法解释并未规定公司自行清算的清算期限。在司法实践中，也确实存在股清算组怠于履行清算义务的现象。为了督促清算组积极履行清算职责，笔者建议，以《公司法司法解释(二)》第6条①为参考范本，在司法清算6个月的基础上予以延长。至于具体的期限，笔者建议以1年为限。因为时间过长，清算组有可能损害债权人利益，而时间过短，清算组不足以完成所有清算事务。

2. 引入自行清算的监督机制

在自行清算程序中，由于对股东的清算行为缺乏有效的外部监督，股东有可能存在不当清算行为。我国《公司法》第186条虽然规定了清算组制作的清算方案要报股东会或股东大会确认。但是自行清算程序中的清算组本身是由股东组建，如果让股东会或股东大会监督清算组的工作，实际上是要求股东既当运动员，又当裁判员。为破解这一难题，笔者建议引入第三方监督主体，即债权人。因为自行清算程序中，债权人的利益影响最大、对清算工作的关注度也最高。如果让他们担任监督主体，可以有效杜绝清算组的不当行为，清算组的清算工作也更能够得到债权人的认可。如果公司的债权人较多，可以借鉴我国《企业破产法》中的债权人会议制度，成立债权人会议。清算组在处置公司资产、清理公司

---

① 我国《公司法》第16条规定：人民法院组织清算的，清算组应当自成立之日起6个月内清算完毕。

债权债务时,需要经过债权人会议的同意。

(三)第三步:追究清算责任

股东不履行或不当履行清算义务,应当承担的责任类型包括民事责任、行政责任、刑事责任三种类型。在完善股东清算责任追究机制时,笔者建议对三种责任类型分别予以完善。

1.完善民事责任举证责任分配原则

《公司法司法解释(二)》第18条已经对股东不积极履行清算职责的民事责任作出明确规定。该条的立法本意是保护债权人的合法权益,但债权人作为公司的外部权利人,无权介入公司的内部管理,在证据的取得上处于劣势。笔者建议采取举证责任倒置原则,即由股东承担举证责任。具体而言,在债权人向股东追究清算责任时,仅需要证明债权人的身份、公司具备解散条件而未组成清算组进行清算的事实即可。如果股东对债权人的诉讼请求提出异议,应当由股东证明无法清算的事实与股东不存在因果关系,或者证明其已经积极履行清算职责。[①] 此种举证责任分配机制,可以增加股东不适当清算的违法成本,督促其积极履行职责。

2.扩大股东行政责任的范围

鉴于我国《公司法》中对于股东不履行清算义务的行政责任规定不够完善,相关的行政法规中也缺乏相应的法律规制,笔者建议,依据《行政处罚法》第12条的规定,由国家工商行政管理总局通过制定规章的形式规范股东不适当履行清算义务的行为。为了确保工商行政管理部门的处罚有所依据,笔者建议创建股东诚信档案。诚信档案可以进行分级管理。第一级:股东未实际出资或抽逃出资,且不组织清算组清算的。第二级:股东已履行出资职责,但未在限期内成立清算组导致公司财产贬值、流失、毁损或者灭失的。第三级:股东曾组成清算组,但清算组未积极组织清算导致公司进入强制清算程序的。在诚信档案中可以根据股东的不同表现给予不同的评分。诚信档案的评分由工商行政部门登记备案。工商行政部门根据上述评分,在股东后续开展市场经济活动时予以更加严格的限制,例如,公司被吊销营业执照的,公司未经清算注销前,公司股东不得另行登记注册公司进行经营;股东不对公司进行清算的,还可规定一定数量的罚

① 参见王欣新、赵芬萍:《谈新公司法清算制度的完善》,载《中国工商管理研究》2006年第2期。

款；个人股东未履行清算义务的，在一定时间内不得担任公司董事、监事、高级管理人员等。

3. 增设股东刑事责任的规定

在完善股东刑事责任追究机制时，笔者建议将股东的清算刑事责任全部归类到妨害清算罪中。在妨害清算罪的罪名之下，再根据股东不适当履行清算行为的严重程度，分别设立不同的刑事责任。在理论界，一般将股东不适当履行清算义务的行为分为下面三种情形：第一种为公司未经清算而解散的，法定代表人和控制股东逃逸的；第二种为债权人已经申请法院强制清算，法院受理并通知公司股东提交有关清算的财务会计报表及财务账册和财产清单、债权债务清单的而股东拒不提供的；第三种为法院进行强制清算后，发现股东存在虚假出资、抽逃资金、私分公司利润的。① 实际上，将股东不适当清算行为入罪的并不鲜见，在其他国家和地区也存在类似做法。例如，德国《刑法典》第28条规定，负债或濒临或已经无支付能力的人，故意实施法律规定的特定行为，妨害清算活动，损害债权人利益的，处5年以上自由刑或罚金；如果能证明其行为并非故意而是过失所致，则仅处2年以下自由刑或罚金。②

五、结　语

冰，水为之而寒于水；青，出于蓝而胜于蓝。随着市场经济的不断发展，一些产业结构落后、经营管理不善的企业必然要被新兴产业代替而退出市场。如何保障这些企业平稳、有序退出市场将是我们当前和未来很长一段时间内的首要任务。在所有的企业退市程序中，自行清算无疑是最优的选择。引导企业积极开展自行清算工作无疑需要完善的股东清算义务法律规制体系作为支撑。完善股东清算义务的法律规制体系离不开法院与工商行政部门的协调配合，更离不开我国市场退出机制的不断完善。只有立法、司法、执法机关联动配合，自行清算程序才能彰显其应有的社会作用。“僵尸企业”才能逐渐在市场上绝迹。“僵尸企业”的“不死神话”将真正变成一个传说。

---

① 参见金叶锋：《浅论有限责任公司股东不履行清算义务的成因与对策》，载《法制与社会》2008年第36期。

② 《德意志联邦共和国刑法典》，徐久生译，中国政法大学出版社1991年版，第162～163页。

在破产程序中债务人无法清算情况下有限责任公司股东民事责任的实然与应然之探析

陈　旭[*]　林寿兵[**]

2013年至2015年，温州市人民法院受理的破产清算案件大幅增加，同时这类案件又衍生出公司清算义务人的责任承担问题。随着债权人就债务人无法进行破产清算而提起股东连带清偿责任的诉讼案件大量进入审判领域，这类新型案件的审判标准、法理依据均有待进一步规范。为增强司法处置的前瞻性和针对性，本文拟结合温州市的审理情况，①收集相关资料结合法学理论进行综合分析，以期从理论和实务的角度分析破产程序中债务人无法清算的衍生诉讼案件中，涉及有限责任公司股东的民事责任问题进行探讨。

---

* 浙江省平阳县人民法院民二庭助理审判员。

** 浙江省平阳县人民法院民三庭副庭长。

① 2016年6月1日访问浙江省办案数据关联检索系统，输入"温""商初""破产""无法清算""股东"等关键词，以地区为分类筛选获取温州地区相关案件数据。

一、破产程序中债务人无法清算的衍生诉讼案件审理情况

(一) 诉讼案件数量与破产案件审结数量成正相关关系

2013 年至 2015 年,温州市各人民法院共审结破产清算不能的衍生诉讼案件 224 件,该 224 件案件案由均为股东损害公司债权人利益责任纠纷。其中,2012 年审结 54 件,2013 年审结 40 件,2015 年审结 130 件(见图 1)。由于该类案件直接以破产清算终结裁定为依据提起诉讼,①故案件审理数量与当年温州地区破产案件审结情况挂钩,通过数据比较可知,两者呈现正相关关系。当前随着社会大众以及法律工作者对破产制度的认识加深,越多的企业通过破产程序有序退出市场,该类衍生诉讼案件有激增的趋向。

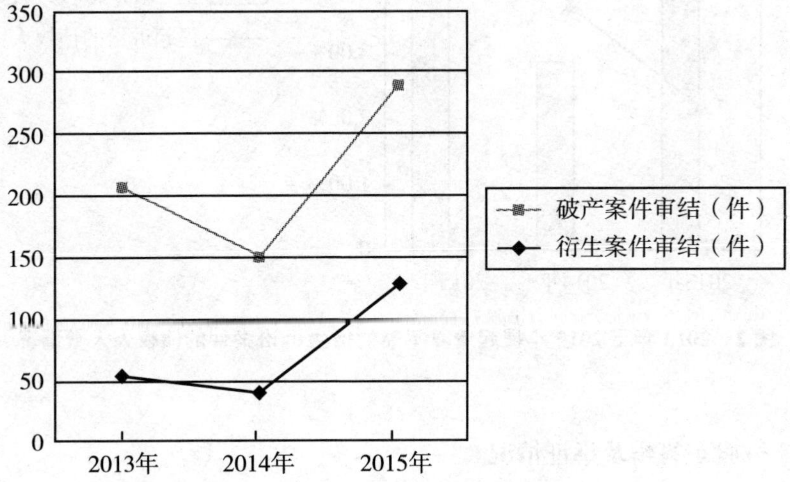

图 1　2013 年至 2015 年温州市法院破产清算不能的衍生诉讼案件审结情况

(二) 提起诉讼的主体均为已确认债权的债权人

破产清算不能的衍生诉讼案件原告均为破产案件中已裁定确认债权的债权人。2013 年温州市人民法院审结的破产案件中确认债权的破产债权人达 2481

① 温州地区破产清算案件终结裁定中惯例性列明无法清算的理由以及债权人救济途径。

人次,提起诉讼的债权人占全年破产债权人的 2.13%;2014 年破产债权人数达 1076 人次,提起诉讼的债权人占全年破产债权人的 3.62%;2015 年破产债权人数达 1917 人次,提起诉讼的债权人占全年破产债权人的 6.72%(见图 2)。提起诉讼的债权人数量并未呈现年年攀升的状况,但是结合破产案件债权人数量,明显体现出债权人已然更新维护自身合法权益的意识。然而,大部分的破产债权人在破产清算程序中无法清偿的情况下,没有进一步采取救济手段。

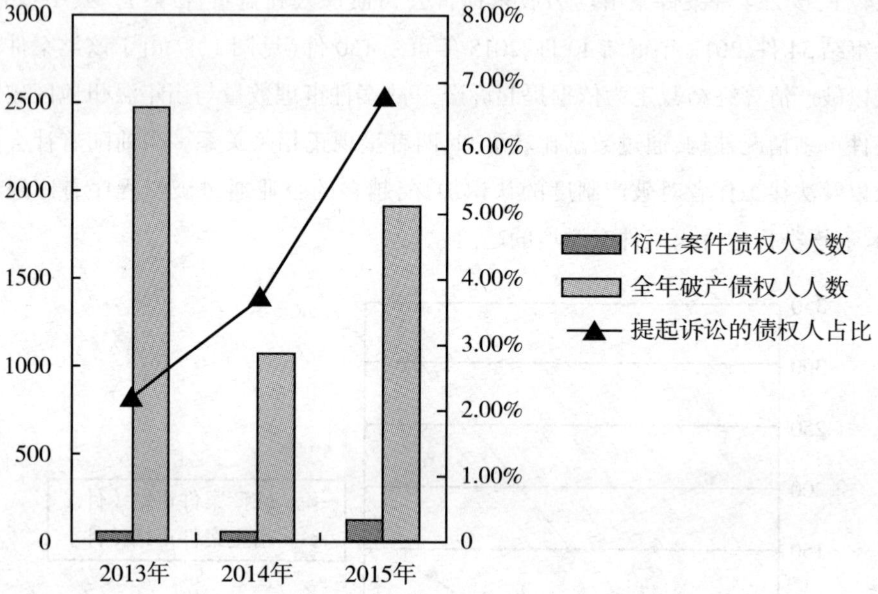

图 2　2013 年至 2015 年提起清算不能的衍生诉讼案件的债权人人数情况

(三)股东答辩及举证情况

股东作为被告,其应诉情况分为下列三种:第一,未作答辩,亦没有提交证据,此情形多半因股东下落不明。第二,发表答辩意见,但未提交任何证据,部分股东以其未参与公司经营或清算程序中未收到通知义务为由进行抗辩。第三,既发表答辩意见,亦提供相应证据。在此情形下,股东大多主张破产清算程序中管理人及审理法院未尽到通知义务,并且已提供公司账册为由进行抗辩。

(四)判决以工商登记的股东承担连带清偿责任为主

股东主张其未参与公司经营,举证责任由主张方承担,举证不能的承担不利后果;股东主张破产清算程序中管理人及审理法院未尽到通知义务,法院则主动审查破产案件中通知情况。据统计,全部案件均已通知到位,股东经通知未提供或未提供完整真实的账册致使破产清算程序无法进行,审理法院认为清算程序无法逆转,股东仍需承担怠于履行义务的法律责任。据统计,审结的224件案件中,仅1件调解结案,1件原告撤诉,1件因原告主体不适格驳回起诉,剩余221件案件均以判决形式结案。判决结果依据最高人民法院《关于适用〈中华人民共和国公司法〉若干问题的规定(二)》第18条第2款(以下简称《公司法解释二》)以工商登记的股东承担连带清偿责任为主,少部分依据《公司法解释二》第18条第2款、第3款以工商登记股东和实际控制人承担连带清偿责任。① 如浙江别克鞋业有限公司工商登记两股东系夫妻关系,实际控制人系工商登记股东的儿子。简而言之,该公司系家族企业,审理法院最终判决工商登记股东和实际控制人均承担连带清偿责任。

二、理论探源:《公司法解释二》第18条第2款之法理依据

温州市破产清算不能的衍生诉讼案件判决有限责任公司股东应当承担连带清偿责任的主要法律依据为《公司法解释二》第18条第2款。该条款的出发点在于有限责任公司因其规模小、股东少、人合性强等自身特点,将有限责任公司全体股东视为一个整体,全体股东对公司履行妥善保管财产、财务资料的义务。股东怠于履行上述义务的行为属于何种性质,法院在该类案件中判决全体股东承担连带清偿责任是否合适,则需剖析《公司法解释二》第18条第2款内在的法理依据。

---

① 《公司法解释二》第18条第2款、第3款规定:有限责任公司的股东、股份有限公司的董事和控股股东因怠于履行义务,导致公司主要财产、账册、重要文件等灭失,无法进行清算,债权人主张其对公司债务承担连带清偿责任的,人民法院应依法予以支持。上述情形系实际控制人原因造成,债权人主张实际控制人对公司债务承担相应民事责任的,人民法院应依法予以支持。

(一)法人人格否认说

当股东存在滥用公司独立人格时,为保护公众利益,我国《公司法》设立法人人格否认制度,公司股东对公司债务承担连带清偿责任。《公司法》第 20 条的规定明确了人格否认制度。[①] 法人人格否认制度突破了传统公司法关于法人人格独立和股东承担有限责任的基本原则,故适用条件相当严格,需明确的法律规定。[②] 法人人格独立和股东承担有限责任这两个公司法设立的基本原则之间存在不可分割的关系。因此,在特定情形下,否认法人人格独立的同时,也剥夺了股东有限责任的权益。《公司法解释二》第 18 条第 2 款规定突破了股东有限责任的特权,实质上就是对法人人格的否认。[③] 该条款系依据我国《公司法》第 20 条第 3 款的法理精神的具体化体现。

(二)侵权行为说

与公司法人格否认说不同,部分学者认为股东怠于履行义务属于消极不作为的侵权行为。对于股东在破产清算中不履行提供真实、完整的账本账册致使清算无法进行,可以从侵权行为的构成要件具体分析。股东怠于履行义务表明股东主观上是有过错的;其怠于履行义务导致公司主要财产、账册、重要文件等灭失,无法进行清算,造成了特定债权人无法受偿的后果,其违法行为与损害后果之间存在着因果关系。故而在该种情况下股东的连带责任与公司法人格否认时股东的连带责任在发生原因上有所区别,也因此具有不同的性质。[④]

---

① 我国《公司法》第 20 条:公司股东应当遵守法律、行政法规和公司章程,依法行使股东权利,不得滥用股东权利损害公司或者其他股东的利益;不得滥用公司法人独立地位和股东有限责任损害公司债权人的利益。公司股东滥用股东权利给公司或者其他股东造成损失的,应当依法承担赔偿责任。公司股东滥用公司法人独立地位和股东有限责任,逃避债务,严重损害公司债权人利益的,应当对公司债务承担连带责任。

② 参见朱慈蕴:《公司法人格否认:从法条跃入实践》,载《清华法学》2007 年第 2 期。

③ 参见李清池:《公司清算义务人民事责任辨析—兼评最高人民法院指导案例 9 号》,载《北大法学评论》2014 年第 1 辑。

④ 参见陈旭:《怠于清算股东清偿责任之诉中消极事实主张的查明》,载《人民司法(案例)》2013 年第 20 期。

(三)违背信义义务说

信义义务,是英美公司法的一个核心概念。从历史和理论上讲,信义义务产生的根源是管理或控制财产。有限责任公司股东之所以承担信义义务,是因为他们经营管理公司财产,在公司治理过程中掌握了支配性的权力。① 信义义务通常不体现在双方的约定中,而是来源于法律的规定,且一般不允许免除。因此,信义义务系一种法定义务。负有信义义务的主体承担怠于履行义务致使公司无法进行清算的后果,保护了处于弱势地位的受信人利益。有限责任公司股东未履行此义务而给公司利益相关者造成损失的应当承担相应的民事责任,这是其法定义务向法律责任转化的结果。②

三、破产清算不能的衍生诉讼案件的现实路径

自《公司法解释二》发布以来,依据该司法解释第 18 条第 2 款就有限责任公司股东怠于履行清算义务的系列案件所作判决思路惊人的一致。2009 年湖北省江汉区人民法院撰写的《有限责任公司股东怠于履行清算义务的法律后果与责任性质》一文中,就该院审理的一起关于有限责任公司股东就北新公司被吊销营业执照后未履行清算义务是否应承担连带清偿责任的纠纷表明其审理思路:"有限责任公司股东作为责任主体应当对其行为无过错、公司资产完好情况、财务资料及重要文件的现状等负举证责任。在公司清算不能的前提下直接排斥股东承担有限责任原则的适用,可以最大限度维护债权人的合法权益。"③江汉区人民法院以法人人格否认说的理念,在股东怠于履行义务致使清算不能的情况下,直接判决承担连带清偿责任。

最高人民法院曾于 2012 年发布一则指导案例,以裁判要点的方式,仅对湖北省江汉区人民法院的判决思路予以认可(但未表明以法人人格否认说为《公司

---

① 参见李建伟:《公司清算义务人基本问题研究》,载《北方法学》2010 年第 2 期。

② 参见吴洪、李霄敏:《清算义务人赔偿责任理论依据及范围》,载《人民法院报》2012 年 8 月 22 日,第 7 版。

③ 彭晓辉:《有限责任公司股东怠于履行清算义务的法律后果与责任性质》,载《人民司法(案例)》2009 年第 4 期。

法解释二》第 18 条第 2 款的法理依据),并进一步说明有限责任公司全体股东未系清算义务人:“有限责任公司的股东、股份有限公司的董事和控股股东,应当依法在公司被吊销营业执照后履行清算义务,不能以其不是实际控制人或者未实际参加公司经营管理为由,免除清算义务。”[①]虽然,上述案例并非破产清算不能的衍生诉讼案件,但其裁判思路以及确认有限责任公司全体股东系清算义务人的观点实际上与破产清算不能之后,有限责任公司全体股东是否应承担民事责任一脉相承。

2013 年上海市松江区人民法院以侵权行为说为法理依据,就适用《公司法解释二》第 18 条第 2 款的有限责任公司股东怠于清算的清偿责任之诉判决有限责任公司全体股东承担连带清偿责任。[②] 至此,在事务中,该类案件的判决,有限责任公司股东承担连带清偿责任是毫无疑问的,但其内在的法理依据正如笔者第二部分所阐述的,存在三类分歧。

温州市就破产清算不能的衍生诉讼案件,判决思路与前述的强制清算不能、无法自行清算等情况下有限责任公司股东民事责任的处理思路一致,工商登记的全体股东都无法逃脱承担公司债务连带清偿的责任。然而,承担连带清偿责任的股东可另行主张其他人员按照过错大小分担责任,以此为“无辜”的股东提供救济途径。

四、破产清算不能的衍生诉讼案件的应然司法处置模式

(一)应以违背信义义务说为该类案件的理论依据

以法人人格否认说界定股东怠于履行清算义务的行为性质,并不恰当。理论上,法人人格否认即股东实施了滥用公司人格的行为,逃避债务,具体而言,如人格混同、股东对公司进行过度支配和控制、公司资本显著不足等,且需在公司无清偿能力时方可适用。[③] 股东怠于履行清算义务有可能只是因公司会计制度

① 最高人民法院案例指导工作办公室:《〈上海存亮贸易有限公司诉蒋志东、王卫明等头卖合同纠纷案〉的理解与参照》,载《人民司法》2013 年第 3 期。

② 参见陈旭:《怠于清算股东清偿责任之诉中消极事实主张的查明》,载《人民司法(案例)》2013 年第 20 期。

③ 参见最高人民法院民事审判第二庭:《公司案件审判指导》,法律出版社 2014 年版,第 45 页。

不健全,或因不参与公司日常管理无法组织清算,虽然实践中不乏以此来逃避公司债务的情况,但难以全部直接认定股东滥用公司人格逃避债务。因为,若股东从来都没有参与过公司的经营管理,就不存在滥用公司独立人格和有限责任的可能。因此,笔者认为,股东滥用公司人格的行为无法涵盖有限责任公司股东怠于履行清算义务的行为。

以侵权行为说界定股东怠于履行清算义务的行为性质,亦不妥当。首先,股东怠于履行清算义务并不能等同于其主观上存在恶意,的确有部分股东为逃避债务故意隐藏账本账册,但亦有部分中小股东未参与经营、或未保管账册致使无法清算,那么直接认定有限责任公司全部股东在主观上具有恶意实属不妥。其次,股东怠于履行清算义务的直接后果是造成公司财产的灭失、减少,从而间接侵害债权人受偿的利益。最后,侵权行为导致的损害赔偿责任应以实际损失为限,而《公司法解释二》第 18 条第 2 款规定的股东怠于履行清算义务的法律后果是连带责任,与实际损失为限的损害赔偿责任明显不同。有学者提出,因无法清算,不能确定公司减少的财产实际数额,以债权人无法受偿的债权的连带清偿责任并未突破实际算的限定。[①] 笔者认为,破产程序中无法清算仅代表清算时期为时间节点无法确定公司资产的情况,但不代表该公司往年的资产情况不明,未见我国《公司法》规定可以通过已查明的公司资产为限由股东承担清偿责任。而且,即便公司重要会计资料全部无法提供,从公司权利配置角度来看,在未否定公司法人独立人格之前,股东以其出资额为限对公司债权承担有限责任,股东没有义务以出资之外的财产对公司债务承担清偿责任,故此时有限责任公司股东民事责任的最低底线也应以注册资本为限承担清偿责任,方体现侵权行为的性质。

笔者认为,应以违背信义义务说界定有限公司股东怠于履行清算的义务。信义义务分为两种具体的义务:一是忠实义务,二是勤勉义务。前者是指公司中的管理者以公司利益作为自己行为的准则,应将公司利益置于自己利益之上;后者是指公司中的管理者应当以适当的注意管理公司以免损害公司利益。[②] 在破产清算的特定背景下,有限责任公司股东的信义义务便是妥善保管主要财产、账

---

① 参见高永周:《清算义务人承担连带清偿责任的法理逻辑——评最高人民法院指导案例 9 号案》,载《中南大学学报》2014 年第 5 期。

② 参见段卫华:《论股东在公司解散清算中的义务与责任》,载《河北法学》2016 年第 1 期。

册、重要文件等,配合清算工作的开展,勤勉、忠实地清理公司财产和债权债务。若有限责任公司股东怠于履行清算义务,其性质应当属于对信义义务的违反,由此损害到债权人利益时,股东应当承担相应的民事责任。此时,有限责任公司股东怠于履行清算义务致使无法清算,无法确切计算损失多少,亦无法确切知道这将给债权人造成损失的大小,以清算义务人对公司债务承担连带清偿责任就具有逻辑上的自洽性与价值上的正当性,同时督促清算义务人忠实、勤勉地履行公司善终义务,维护市场秩序。①

(二)无法对清算事务产生支配性影响的股东应免除其连带清偿责任

有限责任公司全体股东均对怠于履行清算义务承担连带清偿责任的设定,系立法者对借解散逃废债务(后果是承担上述清算义务人民事责任)和依法清算了结公司债务(享受有限责任庇护)进行利益权衡的基础上自行作出对其有利的抉择。②《公司法解释二》第 18 条第 2 款的根本目的在于督促股东依法组织清算,以解决我国目前实践中该清算不清算的突出问题。笔者认为,在社会经济秩序稳定的角度,以保护弱势的债权人利益为初衷,并无过错。但中小股东救济途径无法合理保护其权益的现象伴随日渐凸显,则成了《公司法解释二》第 18 条第 2 款实务适用的弊端。

谁该为账册未提交或完整提交导致破产清算程序无法进行,以及债权人受损的利益"埋单",则需考量谁为有限责任公司的义务清算人。进一步的剖析,即在破产清算的情况下,谁负有配合清算工作的开展,妥善保管主要财产、账册、重要文件等,勤勉、忠实地清理公司财产和债权债务清算的信义义务?笔者认为,该信义义务的履行人系对有限责任公司清算事务具有支配性影响的人员,具体而言,则是具有管理或控制公司的股东或实际控制人。因为管理或控制公司的股东或实际控制人对公司重大失误及公司高管人员有控制权,应对公司以及其他股东承担受信义务。股份有限责任公司义务清算人设定为董事、控股股东亦是基于对公司具有支配性影响的观念。随着 2013 年我国《公司法修正案》的颁

① 参见高永周:《清算义务人承担连带清偿责任的法理逻辑——评最高人民法院指导案例 9 号案》,载《中南大学学报》2014 年第 5 期。

② 参见最高人民法院民事审判第二庭编著:《最高人民法院关于公司法司法解释(一)、(二)理解与适用》,人民法院出版社 2008 年版,第 338 页。

布，有限责任公司和股份有限公司在资本规模和股东人数上存在大范围的交集，在人合或资合特征、组织结构等方面的异同亦已严重趋同。[①] 因此，笔者认为没有理由对有限责任公司进行差别对待。

回到破产程序中债务人无法清算的衍生诉讼案件中，则体现在设立例外情况，对无法对清算事务产生支配性影响的有限责任公司股东免除其连带清偿责任，具体表现为因具有支配性影响的股东或控制人的原因导致清算不能的情况下，其他中小股东或不参与公司经营的股东不承担连带清偿责任，并且在衍生诉讼案件中股东提出该抗辩主张，应一并审查是否符合例外条件，不应采用"已承担连带责任的无过错股东另案追究其他股东的法律责任"的处理方式。然而，为避免有限责任公司股东恶意规避责任的情况发生，笔者认为，法院对该例外条款的适用应采取谨慎态度，由主张一方承担举证责任，且排除特殊的人合性有限公司（家族企业、夫妻企业）。同时，鉴于未参与公司事务、未参与盈余分配的挂名股东确实存在举证难的问题，法院需结合破产清算程序中查明的公司经营情况及股东参与公司事务的情况，综合认定有限责任公司股东是否要对清算义务承担连带清偿责任。

① 参见李清池：《公司清算义务人民事责任辨析——兼评最高人民法院指导案例9号》，载《北大法学评论》2014年第1辑。

“跑路”背景下“僵尸企业”的破产清算问题研究

赵桂婷[*]　刘君东[**]

近年来,全国范围内的企业主“跑路”现象频现,企业主“撇下”公司一跑了之或因非法集资而被追究刑事责任,公司股东及其他高层管理人员为逃避责任而不知去向,导致“人去楼空”,成为“僵尸企业”。“跑路”背景下的“僵尸企业”如何处理?最高人民法院《关于债权人对人员下落不明或者财产状况不清的债务人申请破产清算案件如何处理的批复》(以下简称《批复》)通过赋予债权人提起破产清算程序的权利而追究债务人的法律责任,从而得到一定比例的清偿,让债权“尘埃落定”,这一司法解释在法律界被称为是对“僵尸企业”的终结制度。实践中,这一司法解释一方面缺乏具体的操作指引,另一方面不能真正意义上完全规制“僵尸企业”,保障各方债权人的利益。因“僵尸企业”破产清算案件相比其他破产清算案件在实务操作中存在送达程序不明、职工债权认定、债权催收难、债务认定困难等诸多障碍,在债权人充分举证、破产管理人尽职调查认定的基础上,当“僵尸企业”破产清算难以进行或者无产可破时,可适用公司人

* 东营市广饶县人民法院民事审判二庭庭长。

** 东营经济技术开发区人民法院商事审判庭负责人。

格否认制度严格追究公司股东等清算义务人的法律责任以实现债权人利益的最大化。

一、问题的提出

(一)案例

成立于2004年的山东奥罗电气有限公司,注册资本1660万元,企业性质为有限公司,经营范围为从事墙壁开关、插座、断路器、配电箱的生产销售,财务实行独立核算,该企业法定代表人张某甲和股东张某乙(二人系夫妻关系)等人于2011年9月不知去向,原公司高管、会计及员工均已离开公司,公司一直处于停业状态。"跑路"之初,公司发生库存物品和办公物品哄抢事件,公安部门接警后到场及时维持秩序,事后一直由公安部门负责安全保卫工作至今。2014年3月债权人胜辉木业有限公司、东营德达置业有限公司向法院提出对债务人山东奥罗电气有限公司的破产申请。法院收到破产申请后,经审查被申请人不能清偿到期债务,且资产明显缺乏清偿能力,认为申请符合我国《破产法》和《批复》规定的受理情形,遂裁定受理破产清算申请。受理裁定作出后,同时指定山东某会计师事务所有限公司作为破产管理人。目前该案正处于破产财产清理核查、债权申报和应收账款清理催收阶段。①

企业有生有死,当企业"江河日下事情非",面临穷途末路的困境时该如何收场?成熟的市场经济理论和我国《企业破产法》(以下简称《破产法》)都认为,在企业客观不能经营存续时应以向法院申请破产的方式对企业画个句号作为常规路径。② 股东在承担出资范围以内的债务后,也能在退出跑道中依法享有退出的权利,或"柳暗花明又一村",开辟另外一片新的天地。

但现实情况却是,全国范围内的商界老板"跑路"现象频现。大部分企业主因经营不善等原因导致资金链断裂,最后撇下公司一跑了之,导致人去楼空,成为"跑路"背景下的"僵尸企业"。针对这种情形,最高人民法院出台于2014年2

① 2016年以来我院共受理三起债务人下落不明破产清算案件,该案为其中之一。

② 参见《破产法难挡"跑路"潮》,载民主与法制网:http://www.mzyfz.com/cms/minzhuyufazhishibao/fanfu/html/1248/2011-10-17/content-184719.html,最后访问日期:2014年5月1日。

月修订的《关于适用〈中华人民共和国公司法〉若干问题的规定(二)》(以下简称《公司法解释二》),其目的就是通过公司强制清算的方式让法院担当起“僵尸企业”的“清洁工”角色,真正让市场“干净”。针对贵州省高级人民法院的请示,最高人民法院又出台了《批复》。《公司法解释二》明确强化了有关清算义务人的法律责任,而《批复》主要通过进一步赋予债权人可向法院提起破产清算权利来终结“僵尸企业”,但破产清算能否真正终结“僵尸企业”?“跑路”背景下“僵尸企业”如何收场?根据我国《破产法》对其进行破产清算时会遇到哪些障碍?在对“僵尸企业”进行破产清算遇到障碍时有哪些路径可以选择以更大空间的保障债权人的利益?“跑路”,这一“对社会、企业、员工伤害最大的企业退场方式”,在企业主和股东恶意“跑路”导致的“人去楼空”是否应追究他们破产清算之外的责任?

(二)“僵尸企业”的诸种“面相”

1.“僵尸企业”的范畴

本文使用“僵尸企业”这一概念是对公司的拟人修辞。关于“僵尸企业”的别称很多,有“跑路公司”、“植物人公司”、企业“跑路”、公司“跑路”、公司下落不明、公司人去楼空、法定代表人被判刑等。顾名思义,“僵尸企业”,是指公司没有正常的经营活动,处于一种“潜伏”、“歇业”或者“非法存续”的状态,但其尚未被吊销营业执照、责令关闭或依法撤销,其营业资格还存在,只不过处于一种“法律上营业资格尚存、经营实体已无”的休眠状态。笔者主要围绕企业主“跑路”所造成的公司自行解散而未注销所产生的“僵尸企业”进行进一步分析和阐述。

2.“僵尸企业”的法律成因

依照我国《公司法》的规定,公司的最终消灭必须经过注销程序,公司注销必须经过清算程序,清算是公司从解散到注销登记的必由之路。按照我国《破产法》规定,企业股东只要承担出资范围以内的债务就可以全身而退,但老板为何还是要跑路?笔者认为主要有四点原因:(1)企业在创立或经营过程中有逃税、漏税等违法行为,因“心里有鬼”,经不起破产审计,担心违法行为受到民事、行政乃至刑事追究。(2)企业主不想在苦心打拼几十年后,落得一无所有的下场,故就会在资金链出现问题时,携带巨款跑路。(3)因企业地下融资,往往涉嫌高利贷,讨债者往往是将法人代表或企业主与企业视为一体,讨债手段往往涉嫌刑事犯罪行为,是让企业主无法承受。(4)制度层次上的原因,因为清算程序的本身缺陷,即缺少严格的责任制度。我国《公司法》一直都有关于公司解散之后应有清算的规定,但这些规定因为缺乏一个明确的责任条款而变成一只“无牙”老虎,导致企业常常怠于清算而产生大量“僵尸企业”。“僵尸企业”对于市场秩序的危害是巨大的,但在现有法律制度下,行政主管部门深感无计可施,法院深感力不从心,债权人深感隔靴搔痒。这种现象已经成为市场经济的“毒瘤”,须进行认真研究,并积极加以治理。[①]

二、关于下落不明债务人破产问题的相关立法

(一)《破产法》对“僵尸企业”破产情形未做特殊规定

我国《破产法》规定:企业资产不足以清偿债务的,依法负有清算责任的人应当向人民法院申请破产清算。债权人提出破产申请的,人民法院应当自收到申请之日起5日内通知债务人。债务人对申请有异议的,应当自收到人民法院的通知之日起7日内向人民法院提出。《破产法》规定了受理破产的实质条件和受理条件,但未对“僵尸企业”作特别规定。

(二)《批复》

《批复》中明确规定:债权人对人员下落不明或者财产状况不清的债务人申请破产清算,符合《破产法》规定的,人民法院应依法予以受理。债务人能否依据《破产法》第11条第2款的规定向人民法院提交财产状况说明、债权债务清册等相关材料,并不影响对债权人申请的受理。人民法院受理上述破产案件后,应当依据企业破产法的有关规定指定管理人追收债务人财产;经依法清算,债务人确无财产可供分配的,应当宣告债务人破产并终结破产程序;破产程序终结后2年内发现有依法应当追回的财产或者有应当供分配的其他财产的,债权人可以请求人民法院追加分配。债务人的有关人员不履行法定义务,人民法院可依据有关法律规定追究其相应法律责任;其行为导致无法清算或者造成损失,有关权利

---

① 参见国鹏:《“植物人公司”的清理对策研究——从强制清算到强制自行清算》,载《经济与法》2013年第9期。

人起诉请求其承担相应民事责任的,人民法院应依法予以支持。

(三)公司法及司法解释的规定

根据最高人民法院《公司法解释二》第18条第2款、第3款以及第20条的第1款的规定,有限责任公司的股东、股份有限公司的董事和控股股东因怠于履行义务,导致公司主要财产、账册、重要文件等灭失,无法进行清算,债权人主张其对公司债务承担连带清偿责任的,人民法院应依法予以支持。上述情形系实际控制人原因造成,债权人主张实际控制人对公司债务承担相应民事责任的,人民法院应依法予以支持,“僵尸企业”解散应当在依法清算完毕后,申请办理注销登记。公司未经清算即办理注销登记,导致公司无法进行清算,债权人主张有限责任公司的股东、股份有限公司的董事和控股股东,以及公司的实际控制人对公司债务承担清偿责任的,人民法院应依法予以支持,此时,债权人可将清算义务人一并列为被告,要求其承担债务清偿责任。

(四)破产清算案件相关会议精神

2015年12月召开的中央经济工作会议把“去产能”列为2016年五大结构性改革任务之首。结构性改革的重点是化解过剩产能,当务之急是处置“僵尸企业”。“僵尸企业”长期亏损、无望恢复生气,占用宝贵的信贷、土地资源和市场空间。实现“僵尸企业”出清,除了兼并重组,依法破产是重要途径。中央经济工作会议提出,要依法为实施市场化破产程序创造条件,加快破产清算案件审理。减少过剩产能,当务之急是斩钉截铁处置“僵尸企业”。这项落实中央经济工作会议的“牛鼻子工程”,将成为2016年各级政府的工作重心。中央经济工作会议提出,要依法为实施市场化破产程序创造条件,加快破产清算案件审理。中央政法工作会议提出,加强企业破产案件审理、依法处理“僵尸企业”。2011年8月14日最高人民法院民二庭审判长刘敏围绕破产法大司法解释的重点问题,并针对《批复》讲到,关于债权人对下落不明或财产债务不清申请清算案件如何处理的问题,在破产清算案件的审理、终结、责任转移中,要注重发挥示明作用,向下落不明公司的有关人员,包括法定代表人、高层管理人员和财务人员、其他主要人员示明企业破产法的相关规定,告知他们有法定的义务提交债权、债务清册,回答质询等,否则将承担相应的法律责任;向公司的清算义务人等主体进行示明,如果不积极配合清算的话,将来由于账册不全或缺乏导致无法清算,则所有债务由他们承担无限连带责任的,这与《公司法解释二》第18条第2款的规定立法精神都是一致的,都是为了更好地规避清算义务人的恶意跑路问题。

(五)有关追究破产企业高管人员民事责任的国外立法

美国、日本和法国的破产法都明确规定了追究破产企业高管人员的民事责任。在美国,追究债务人高管人员的民事责任成为破产管理人当然的职责之一。例如,在欧文信托公司诉多伊奇(Irving Trust Co. v. Deutsch)一案中,原告作为破产公司Acoustic Product的管理人,向法院起诉原公司董事,请求法院判决被告篡夺了公司的商业机会,要求被告返还利润。一审和二审法院支持了原告的诉讼请求。[①] 这是一个公司董事违反忠实义务的典型判例。在日本的破产案件审判实践中,2004年日本修订的破产法将追究破产企业董事、监事和高级管理人员的民事责任的权利,规定为专属于破产管理人的权利。美国和日本将破产清算程序中追究债务人高管人员民事责任的权利交给管理人而非债权人会议或债务人,可能是出于他们拥有高素质的律师队伍的原因。法国《商法典》第6卷第624-3条规定:"当一法人进行司法重整或司法清算程序时,显示资产不足,是在由于经营管理不善加剧了此种资产不足的情况下,法庭可以决定法人的债务,由在法律上或者事实上的全体领导人(不论其是否领取担任领导职务的报酬),或者其中的一部分领导人,连带或者不连带全部或部分承担债务。"[②]本条规定类似于我国《企业破产法》第125条的规定,它强调企业领导人对因其经营不善而致使企业破产时承担连带或不连带的全部或部分赔偿责任。

三、"跑路"给司法层面带来的障碍

(一)送达方式问题

根据我国《破产法》规定:"债权人提出破产申请的,人民法院应当自收到申请之日起五日内通知债务人。"本文案例中,债务人下落不明,根据我国《民事诉

---

① 参见布赖恩·A.布卢姆:《破产法与债务人/债权人——案例与解析》影印本,中信出版社2004年版。

② 法国《商法典》第6卷第624-3条规定。

讼法》的规定:“受送达人下落不明,或者用本节规定的其他方式无法送达的,公告送达经过60日视为送达。”对于本案而言,破产企业除了安保的公安人员,公司已无任何人员留守,应属于法律规定的受送达人下落不明,应按公告送达方式。但一方面送达日期明显过长,另一方面是破产申请受理后的法律文书是否都应该公告送达?经合议庭合议,为谨慎起见,严格按照我国《民事诉讼法》的规定通过公告方式向被申请人送达了破产申请。关于送达问题,也有学者认为,不应该对“僵尸企业”的破产清算案件进行公告送达,①理由如下:(1)债务人下落不明,导致无法通知,这一行为本身就是丧失商业信誉、具备破产原因的典型表现,由于债务人下落不明这一过错,导致适用公告送达,从而迟延受理破产申请损害债权人的利益,与我国《破产法》立法本意完全相悖。(2)法院受理破产申请的时间越早,对债务人处分财产的行为限制就越早,对债权人的救济作用就越大。如果采用公告通知,势必导致法院受理破产申请的时间被迟延,这与我国《破产法》第16条、第32条的立法精神严重相违。(3)法院受理破产申请后,还有一个必经公告程序,足以保障债务人行使异议权。债务人下落不明导致法院无法直接送达的,责任完全在于债务人,法院可以直接裁定受理破产申请,无须采取公告方式通知。

(二)破产企业会计账目混乱

案例中,破产企业财务管理混乱,会计核算工作不规范,会计信息不能真实准确地反映破产资产,主要表现为:与破产管理人交接的部分会计账册缺少凭证或缺少附件,无法认定真实性;会计核算和账务调整工作不能及时到位;部分企业资产已经处置,但因相关手续凭证未及时完整地传递到会计部门,不能按照清算会计制度组织正确的会计核算;一些债权已经具备坏账损失的核销条件,企业没有及时办理核销手续而长期挂账,部分债务已经豁免或已经偿还,会计上也未作相应的处理,导致清算会计账实不符;部分收支业务本应列入当期清算损益,但会计部门将其挂往来账,使会计报表中的清算损益信息不准确;企业账户与法定代表人个人账户混用,使企业清算会计信息严重失真,会计监督作用大打折

① 参见谢辉:《债务人下落不明,法院无法依据破产法第10条通知债务人,是否需要采取公告通知?》,载新浪博客:http://blog.sina.com.cn/s/blog_521981790100dwik.html,最后访问日期:2014年5月10日。

扣;企业决策者为个人的功利,多报收入,掩盖亏损,企业财务报表上反映的是相反的财务状况;由于跑路企业资产存在哄抢和丢失现象,无法统计丢失数量及价值,只能通过现场逐一盘点对实物数量进行确定数量继而资产评估,获得初步评估结果,为后期的工作安排以及资产变现处置提供价值参考依据。

(三)破产债权确认难

我国《破产法》将对债权的确认权赋予债权人会议。但由于破产企业会计凭证和借款合同等资料的缺失,即便管理人将债权表提交债权人会议,因债权人对于其他债权人债权形成的情况不了解,实际是“各扫门前雪”,债权人各自审核自己的债权,对于管理人认定的或者存疑的其他债权人资格及数额没有相关债权材料予以依据从而提出异议。目前,本案的工作模式是由管理人对申报债权材料审查后,对债权人的资格和数额进行初步确认,如果涉嫌虚假债权或债权存有瑕疵,记录在案,将所有债权编制债权表提交债权人会议,由债权人各自核查管理人对其申报债权的确认情况并签署核查意见,无法在会议上表决通过的债权,债权人会议授权债权人委员会对存疑债权进行再次核查。债权人对于管理人确认结果、债权委员会或债权人会议核查的债权结果有异议的,管理人告知其可向受理破产案件的人民法院提起诉讼,更好地解决因资料缺失造成的债权确认被动。

(四)应收账款清收难

在“僵尸企业”中,因应收账款资料中绝大多数缺少证据,大部分系铺货记录或会计单方记账,无法核实应收账款明细和对方情况。本案中,因老板“跑路”,企业停产,打工人员下岗,大量的收入、支出条据未能入账,破产前的会计档案已不能反映企业的真实财务状况,在破产清算工作中,管理人找不到具体的业务员核对收支条据,作为原公司的会计现已找到新的工作,往往以没有时间配合工作或者记不清为由予以拒绝来调整相关会计账目,加大了工作量,延长了清算时间。因部分会计账目缺失,无留守会计人员配合,缺少债务人企业原财务、经营管理人员的协助,无法通过查阅经济合同、发票等原始资料,更是无法逐笔核实债权的发生时间、金额、缘由、对方地址。对于相对明确和证据相对充分的经销商,管理人对于破产企业的应收债权在催讨过程中,相对方大多以债权超过诉讼时效为由抗辩,尚有距离比较远,款项数额小,须考虑债权清收成本提交债权人会议确认是否清收,债权清收相对而言存在很大难度。

(五)职工劳动债权认定难

该案企业在正常生产经营时,对职工除名或者职工辞职随意性大。据联系原公司会计人员,除名时只是在企业宣传栏上公布,未严格根据劳动法的规定解除劳动关系,企业也没有书面形式通知劳动者本人,更谈不上解除劳动合同时给予经济补偿。据会计人员回忆,有的职工未签订劳动合同只是与公司形成事实上的劳动关系,工作时间较短就离开公司,或者在劳动关系存续期间公司并未为他们缴纳相应的各类社会保险。因企业除名和前后辞职职工多,跑路后的“僵尸企业”内无人事档案和保险档案可寻,劳动合同缺失或不完善,部分职工已到外地或回家乡务工,管理人无法编制债权人详尽的企业职工清册和债权清单,同时不可能对除名职工的经济补偿金和养老保险金进行测算,势必造成劳动债权的认定难度加大和社会上的不安定因素。

四、破产清算工作中规制“僵尸企业”之出路

最高人民法院举行的第八次全国法院民事商事审判工作会议提出,要加强企业清算案件审理工作,依法清理“僵尸企业”。要充分发挥企业清算程序和破产程序在淘汰落后企业或产能方面的法律功能,依法受理、审理涉公司强制清算、破产清算案件,引导和督促市场主体有序退出。

这些经营失败且无法挽救的企业犹如社会之恶性肿瘤,对其破产切除手术越犹豫拖延,向健康企业传染的范围就越大,不仅会将其他企业拖破产,使更多的职工失业,企业财产也会消耗流失殆尽,使社会问题更加难以解决,为社会危机更危险的爆发积蓄能量的破坏。由于破产程序复杂冗长、代价高昂,许多难以为继的企业只好直接选择了“跑路”,使企业破产法处于尴尬地位。目前,在破产程序中普遍性存在因配套制度不到位而导致程序拖沓,有的案子甚至出现了“破产僵局”。《批复》明确了债权人可以提起对下落不明债务人的破产清算申请。在“僵尸企业”的情况下,财产登记清理由于债务人下落不明造成的债权债务认定难度加大,同时所花费的包括破产费用和共益债务在内的破产清算程序费用

开支要比正常的更大。这笔巨大的费用最后都转嫁给了债权人,因而其债权的实现大打折扣。另外,破产的结果可能只是对债权人的画饼充饥。既然在破产清算时债务人的财产首先要支付破产费用和共益债务,当“僵尸企业”的这些费用在增加时,相应的债权人将得到的破产财产在下降。更多情况下,破产结果可能只是赢了理输了钱,有时甚至可能会是画饼充饥,因为当“僵尸企业”财产不足以清偿破产费用时,法院会终结破产程序。而债权人被迫提起破产清算是由于债务人的下落不明所致,但最终的结果可能就是债权人自认倒霉而放弃破产清算,任由“僵尸企业”继续存在于市场。显然这一法律制度的设计不能达到有效规制“僵尸企业”的效果。原本债务人的下落不明所增加的费用将由债权人的破产财产支付,这一现有的法律设计是在消减最终可能实现的债权。综上分析可知,这一看似完善现有公司法的司法解释,从法理层面上来讲只是债务的转移,因为那些原本应由债务人及时清算解决其债务的义务转由债权人承担,而债务人却可以得以脱身,并通常只负担公司法上的有限责任,这样的法律规定对于债务人有多大的约束力?因此,要从真正意义上终结“僵尸企业”,只能通过揭开公司的面纱、增加债务人违法的成本才能有效。

“法律是一种活动,而不是一个概念或一组概念。”①《批复》《公司法解释(二)》以及最高人民法院的相关会议精神,就“僵尸企业”高层管理人员民事责任而言,已经提供了一组概念,要变成一种活动则有赖于我国各级法院的司法实践。“僵尸企业”的大量发生原因在于现有法律制度强制清算环节和责任追究制度的缺失,最高人民法院的《批复》这一司法解释也并未能在真正意义上弥补这一缺失,因为司法解释采用的办法是将原本由债务人承担的义务转嫁由债权人承担。这种做法类似于债务风险转移,风险本身没有消灭而是承担的主体不同而已,因此,要从根本上规制“僵尸企业”就必须从债务风险消灭的角度予以调整才是出路。笔者认为,实践中在对账册不全、破产财产下落不明等情形依法认定的基础上,应逐步明确和完善“跑路”造成的“僵尸企业”高管人员民事责任追究机制,对于在经依法破产清算,债务人确无财产可供分配,宣告债务人破产并终结破产程序后,适用公司人格否认制度,由有关权利人起诉公司清算义务人承担相应民事责任,这是完善公司股东民事责任制度、规制“僵尸企业”制度的制度保障。

---

① 甘培忠:《论破产法上债务人高管人员民事责任的追究》,载《政法论坛》2008 年第 2 期。

(一)账册不全的处理

财务账册是办理破产清算案件的重要资料,“僵尸企业”账册不全或没有账册,法院无法审查破产企业的财务状况,无法认定企业的破产财产,有的法院认为应当不予受理或驳回破产申请。[①] 但笔者认为,“跑路”企业的破产清算案件即使出现账册不全或账册失落情形,也不宜轻易作不予受理或驳回起诉处理,若企业具有一定财产可以用于偿还债务的,应当进入破产程序。理由如下:(1)有破产财产即具有公平分配的必要,如果驳回破产申请人的申请,可能造成企业财产流失、贬值等损失,债权人得不到公平受偿可能造成新的矛盾,对该企业及其债权人均无益处。(2)财务账册不全或失落,必然给破产清算带来困难,经过管理人的尽职调查和债权人的充分举证,破产企业的债权债务凭相关证据可以最大盖然性地予以认定。(3)账册不全或失落,财产被哄抢,企业的经营管理者可能存在“浑水摸鱼”行为,破产案件审理过程中,可以依法向公安机关建议查处相关违法犯罪行为,法院受理该破产案件更有利于打击违法犯罪。(4)账册属证明企业财务状况的证据,在破产财产不足以偿还债务的情况下,股东如要享受有限责任的待遇,应当举证证明自己在出资以后遵守了企业财产与个人财产分离的规则,而股东不能提供账册可以按举证责任理论推定股东占有了企业财产,因此股东应对债权人未得到清偿的债务以其个人财产承担偿还责任。对此,美国破产法有相类似的规定,当债务人未能保存财务账册时,法院有权拒绝对债务人给予债务豁免。[②]

(二)破产财产下落不明的处理

“跑路”企业会发生故意遣散员工、转移账册,借所谓人去楼空逃避债务等情形,在《批复》出台之前部分法院对破产清算案件持不予受理态度。在《批复》实施后,对于该情形,一般情况,实际控制企业的股东不能合理解释财产去向的,完全可推定去向不明的财产已被该股东所占有,在破产清算程序中可由清算组或者管理人提起主张并通过法院强制追回。当然,在破产清算过程中,对于哄抢物

---

① 《批复》出台前,对于债务人下落不明的破产案件大部分法院持观望态度,一般不予受理。

② 参见李飞主编:《当代外国破产法》,中国法制出版社2006年版,第637页。

品还可以将有关线索移送公安机关侦查,有证据证明的,应追究行为人的刑事责任或者追回丢失破产财产,经过侦查等系列手段无法取得的,只能按照实际清点获得物品进行评估或分配,待破产程序终结后2年内发现有依法应当追回的财产或者有应当供分配的其他财产的,债权人可以请求人民法院追加分配。

(三)引进公司人格否认制度,严格公司股东等清算义务人的法律责任

利润或商业利益,向来是商业活动的润滑油,现代法制不得不尊重人民为了谋利而交易的动机。但是这种尊重必须是建立在法律允许的范畴之内的。[①] 根据破产法理论,任何破产程序妨碍行为,包括拒不向法院提交或者提交不真实的有关文件,以及拒不向管理人移交或者伪造、销毁有关材料在内的破产程序违法行为和包括债务人财产、债权债务等实体权利进行处置在内的实体违法行为都应承担民事责任,责任主体既包括债务人还包括公司内相关人员。[②]

公司股东"跑路",视为股东滥用法人人格逃避债务,违反按公司法人格否认(又称揭开公司面纱)理论,在特定具体的法律关系中,可以否认公司与其背后的股东各自独立的人格及股东的有限责任,责令公司股东对公司债权人直接负责。[③] 在破产程序中因债务人造成清算困难或无产可破或者终结后,管理人或其他利害关系人是否可以请求法院宣告追究股东滥用法人人格的责任,对于保护债权人利益至关重要。笔者认为,企业法人破产股东承担有限责任只是一般原则,破产还债的主要目的在于通过一定的程序使债权人的债权得到公平清偿,在普通诉讼中股东应当承担滥用企业法人人格的民事责任,在破产还债程序中同样可以适用。实际上,债务人破产后对不能清偿的债务是否免责,各国法律制度规定并不一致,如德国、法国等国家,自然人破产实行非免责主义。笔者认为,在破产程序中以揭开公司面纱理论追加公司股东等清算义务人责任,与国外自然人破产实行非免责主义同理。

同时,在破产清算过程中,传统的谁主张谁举证证明规则增加了公司债权人的举证责任,淡化了债务人的法律责任,而公司法的人格否认制度的连带责任恰

① 参见刘敏:《公司解算清算制度》,北京大学出版社2012年版,第257页。
② 参见沈志先:《破产案件审理实务》,法律出版社2013年版,第21~22页。
③ 参见朱慈蕴:《公司法人格否认法理研究》,法律出版社1998年版,第281页。

好能起到这样的督促作用。[①] 但按照现有的公司人格否认制度理论,公司人格否认制度的实施有3个条件:(1)客观上存有滥用公司法人人格独立地位和有限责任的行为;(2)主观上有逃避债务的主观恶意;(3)公司债权人利益损害事实的发生。如果严格按照传统举证方式来认定是否适用公司的人格否认制度,无疑对债权人的保护仍然不利。笔者认为,适用公司人格否认制度时可以采用举证责任倒置方式,即债权人只要证明公司具有"跑路"无经营事实或未按照法律规定进行清算的事实就应该初步认定债务人具有滥用公司法人人格独立地位和有限责任的逃债的主观故意,这时将证明责任反转到作为股东清算义务人方面,如果清算义务人不能作出相反的证明,就应该依据公司人格否认制度追究"僵尸企业"中作为股东的清算义务人的连带法律责任。这一制度看似非常严格,但如果清算义务人能够积极依法履行清算义务,债权人就丧失了采取公司人格否认制度的基础。采用举证责任倒置的方式的出发点就是防止公司随意成为"僵尸企业"和通常作为清算义务人的股东在公司成为"僵尸企业"后应积极进行组织清算,或者尽量减少"跑路"企业主,减少"僵尸企业",在清算之后注销公司,维护市场的有序运转的自我净化,维护社会的稳定。综上,在破产清算程序中采取举证责任倒置的方式来修正公司人格否认制度,以减少"僵尸企业"的产生和以督促"僵尸企业"的有关清算义务人积极履行法定清算义务,才可真正有效地规制"僵尸企业"的产生。

① 参见邱润根:《论破产清算对植物人公司的终结》,载《河南师范大学学报》2011年第1期。

回归与创新:破产审判改革背景下的清算与破产案号制度研究

周 荆[*] 杨 琳[**]

加强破产案件的审理、完善破产审判制度对于实现供给测改革,保障国民经济健康发展具有重要作用。案号制度作为立案制度的一项重要内容,对于方便司法统计、完善清算与破产案件进而发挥清算与破产程序解决“僵尸企业”的功能具有重要意义。基于清算与破产案件的专业性和复杂性,清算与破产案件案号制度应具备自身的特殊性。

一、清算与破产案号制度研究背景分析

(一)加强制度建设,开创清算与破产审判新局面

党的十八届五中全会提出,要“更加注重运用市场机制、经济手段、法制办法化解产能过剩,加大政策引导力度,完善企业退出机制”。中央经济工作会议强调,要把积极稳妥处置“僵尸企业”作为化解产能过剩的“牛鼻

---

* 北京市第三中级人民法院民六庭庭长。

** 北京市第三中级人民法院民六庭法官助理。

子”,司法部门要依法为实施市场化破产程序创造条件。[①] 依法处置“僵尸企业”和开展破产案件审理是供给测结构性改革的客观需要,对于提升市场主体竞争力和建立社会主义市场主体退出机制具有重要意义,是人民法院积极贯彻党的十八届五中全会和中央经济工作会议精神的重要举措。[②] 为此,中央发出多项号召,包括设立专门的审判庭室,这是企业清算和破产审判工作专业化、常态化的重要保障,也有助于破产审判队伍的专业化建设。此外,我们还要加强清算与破产审理的各项配套设施建设,从各方面加强清算与破产案件的独立性和专业性,进而充分发挥清算与破产审判为社会经济发展服务的功能。

(二)清算与破产案号制度的改革背景

2015 年 5 月最高人民法院为了统一规范人民法院案件案号的编制、适用与管理,制定了《关于人民法院案件案号的若干规定》,为各级人民法院规范使用案号保障审判工作提供了法律依据。根据该规定,“案号”是“用于区分各级人民法院办理案件的类型和次序的简要标识”。每一件案件的案号具有唯一性或排他性。此外,案号具备收案年度、法院代字、类型代字和案件编号四个要素,是信息的载体,能明确反映出案件的年份、所属法院、案件类型、数量等信息。[③] 故而,案号串联起全部数据信息的线索,贯穿于司法统计的全过程,是准确定位案件,是进行采集、检索、修正、汇总、分析等一系列统计行为的基础。

就清算与破产案件而言,案号制度能准确反映经济主体退出市场的情况,从而进一步分析社会经济发展变化的动态。以前清算与破产案件的立案采用“预立案号制度”,当事人向法院申请债务人破产,法院会以“清预初”字与“破预初”字确立案号。法院经过审查认为债务人符合破产条件会裁定受理,会以“清”字号与“破”字号确立案号,去掉了“预”字。[④] 对债务人破产原因的审查分为形式审查和实质审查,并主要由审判庭负责。对一审不予受理裁定不服的案件可以上诉,并以“清预终”“破预终”来确立案号。立案登记制实施之后,清算与破产

---

① 参见杜万华:《把人民法院当做“生病企业”的医院》,载《人民法院报》2016 年 3 月 25 日,第 2 版。

② 参见杜万华:《依法处置“僵尸企业”,开创破产审判工作新局面》,载《人民法院报》2016 年 3 月 28 日,第 2 版。

③ 参见牛萌:《案号标准化对司法统计工作的影响》,载《山东审判》2015 年第 5 期。

④ 《北京市高级人民法院企业破产案件审理规程》第 29 条。

案号制度也进行了改革,取消了清算与破产审查阶段的预立案号制度,当事人申请清算与破产立案时,法院会直接以"民算""民破"来确立案号。不服一审裁定的清算与破产案件进入二审则会以"民终"确立案号,并进入普通民商事审判庭(见表1)。

表1 清算与破产案号制度改革情况

新类型名称	现行案号	旧案号
清算与破产立案审查案件	民算、民破	清预初、破预初
清算与破产受理案件	民算、民破	清、破
清算与破产上诉案件	民终	清预终、破预终

二、现行的清算与破产案号制度存在的问题分析

立案登记制的实施是必要的,它充分保障了当事人的诉权,有利于督促法院立案,畅通社会纠纷的解决渠道,实现法院的社会治理功能。[①] 但是立案登记制需要灵活应用,针对不同的案件类型,应有具体的操作措施。人民法院受理机制虽由立案审查制变为立案登记制,但这并不意味法院对诉无须审查,更不意味法院包揽解决所有社会矛盾纠纷。要在中国现阶段国情下理性看待立案登记制,充分认识法治现状以及法治国家建设的长期性、复杂性,对立案登记制不能片面理解。[②] 清算与破产案件基于其专业性和复杂性,尤其是清算与破产受理之前原因审查程序的存在,决定了在立案登记制的适用上更应有其自身的特点。在现行的清算与破产案件中,当事人申请立案时,法院机械适用立案登记制而不加立案受理审查就直接以"民算"与"民破"确立案号,并且二审采用"民终"字案号进入普通审判庭审,我们认为存在如下问题。

(一)淡化清算与破产案件的原因审查程序

我国清算与破产案件以受理主义为原则,债务人符合清算和破产的原因,才

---

① 参见王欣新:《立案登记制与破产案件受理机制改革》,载《法律适用》2015年第10期。

② 参见最高人民法院立案登记制改革课题组:《立案登记制改革问题研究》,载《人民司法》2015年9月。

能由法院裁定立案受理并进入清算和破产程序。而在裁定立案受理之前,法院需要对申请人所提交的申请进行清算与破产的立案审查工作。由于清算与破产案件的专业性,对清算和破产原因的审查,并不能只通过申请人提交的申请判断出来,往往需要法官主动审查了解情况并进行一定的程序。这种审查包括形式审查,也有实质审查,主要由审判庭负责。以破产为例,根据我国《企业破产法》规定:"债权人提出破产申请的,人民法院应当自收到申请之日起五日内通知债务人。债务人对申请有异议的,应当自收到人民法院的通知之日起七日内向人民法院提出。人民法院应当自异议期满之日起十日内裁定是否受理。"①这种情况下,法院就需要对债务人的异议进行审查。法院在收到申请人提交的破产申请后,要审查债务人是否具备破产原因,即是否满足最高人民法院《关于适用〈中华人民共和国企业破产法〉若干问题的规定(一)》(以下简称《破产法司法解释(一)》)第1条关于破产原因的规定,包括债务人是否资不抵债或者明显缺乏清偿能力。② 在确定债务人存在清算与破产原因后,法院要及时作出受理的裁定。具体来讲,清算与破产原因的审查往往通过听证会程序,听证会一般由承办法官主持,清算与破产申请人,债务人的法定代表人、财务人员和职工代表等出席。在充分分析债务人是否具备清算与破产原因的前提下,法院才能作出是否受理清算与破产案件的裁定。当法院作出受理清算与破产案件的裁定时,才标志着清算与破产程序的正式启动。因此,清算与破产程序的开始是需要许多前置程序的,这些前置程序的进行对于清算与破产原因的审查、法院是否受理清算与破产案件、债务人能否进入清算与破产程序是非常必要的。

现行的案号管理制度下,当事人申请债务人清算或破产,法院就要以"民算""民破"确立案号,但此时债务人能否进入清算与破产程序尚需进一步审查。因此,从当事人申请之时就立清算与破产的正式案号,对清算与破产原因的审查阶段没有从案号管理制度上得以固定,导致清算与破产案件的立案审查阶段和破产案件受理后的阶段没有明确分开,两者缺少程序上的固定和衔接过程,就容易

---

① 我国《企业破产法》第10条。

② 最高人民法院《关于适用〈中华人民共和国企业破产法〉若干问题的规定(一)》第1条:债务人不能清偿到期债务并且具有下列情形之一的,人民法院应当认定其具备破产原因:(1)资产不足以清偿全部债务;(2)明显缺乏清偿能力。相关当事人以对债务人的债务负有连带责任的人未丧失清偿能力为由,主张债务人不具备破产原因的,人民法院应不予支持。

抹杀掉清算与破产案件受理前的程序事项,弱化对清算与破产原因的审查。此外,这也容易引发当事人的混淆,不能明确辨别申请清算与破产的时间与法院立案受理的时间,导致法律认知错误。不管在司法程序保障方面还是当事人的法律认知方面,这都不利于清算与破产审查的顺利进行。

(二)模糊清算与破产案件立案审查和受理的边界

清算与破产案件的立案受理时间具有重要的法律意义,它标志着清算与破产程序的开始,对债务人、债权人、第三人的利益以及诉讼和仲裁程序的启动都会造成重大影响。以破产案件为例,它对相关人员以及司法程序的影响主要表现为如下方面:①

第一,对债务人的效力。包括:(1)债务人处分财产权的限制。破产案件受理后。债务人应当提交财务资料,其处分和管理财产的权利应当受到限制。(2)债务人不能进行个别清偿行为。(3)指定管理人。人民法院裁定受理破产申请的,应当同时指定管理人。

第二,对债权人的效力。包括:(1)债权到期。破产程序是为全体债权人的利益设计的概括执行程序,具有加速债权到期的效力。在破产程序开始后,无论债权是否到期,均有权申报债权。破产债权利息的起算也是以破产案件受理时间为节点。(2)破产债权的财产担保权行使的限制。在破产申请受理后,有财产担保的债权人也应当申报债权。未经同意,不得行使优先权。(3)债权申报。债权人应向法院正式提出参加破产程序的申请。

第三,对第三人的效力。在人民法院受理破产申请后,债务人的债务人或者财产持有人应当向管理人清偿债务或者交付财产。② 此外,破产撤销权的行使也以破产案件的受理时间起算。③

第四,对司法程序的影响。人民法院受理破产申请后,已经开始而尚未终结的有关债务人的民事诉讼或者仲裁应当中止;在管理人接管债务人的财产后,该

① 汪涛:《破产法》,武汉大学出版社2015年版,第24页。

② 《企业破产法》第17条。

③ 最高人民法院《关于适用〈中华人民共和国企业破产法〉若干问题的规定(二)》第9条:管理人依据企业破产法第31条和第32条的规定提起诉讼,请求撤销涉及债务人财产的相关行为并由相对人返还债务人财产的,人民法院应予支持。

诉讼或者仲裁继续进行。在人民法院受理破产申请后,有关债务人的民事诉讼,只能向受理破产申请的人民法院提起。[①] 此外,破产案件具有不可逆性,一旦开始,就不能撤回。

因此,破产案件的受理时间是具备重要法律意义的时间节点。受理意味着破产程序的正式开始,是众多破产制度正式启动的标志。故而,明确破产案件的受理时间,对于划清破产原因审查与破产案件开始的界限,妥善处理各种程序衔接具有非常重要的意义。但现行的案号管理制度没有区别申请审查和受理后的阶段,不加区分的采用"民破"字案号,这就容易混淆破产案件的开始时间,模糊各种具体制度适用的时间范围,从而不利于司法实践中破产案件及衍生诉讼的处理。

(三)不利于清算与破产案件的专业化审理

在现行的案号管理制度下,清算与破产案件实行的是"民算"字与"民破"字的案号,不符合破产立案条件的上诉案件引用了普通民商事案件的上诉通道,即"民终"字案号。这就意味着清算与破产案件的上诉,在二审会进入普通民商事审判庭并由民商事法官采用普通程序审理。清算与破产案件审理周期长,程序多样复杂,且多涉及与职工、工商、税务、银行等部门的利益协调,[②]外部性问题较多,缺乏清算与破产审理经验的法官较难把握清算与破产原因的审查标准、债务人进入清算与破产程序的尺度以及清算与破产程序的具体处理,容易造成清算与破产案件的审理质量无法保障,法律效果与社会效果不佳。在实践中,有些法院为了避免清算与破产案件二审进入普通民商事审判庭,二审清算与破产案件仍采用"民算""民破"字案号来保障其上诉通道的专业性。虽然这种做法保障了清算与破产案件的专业化审理,但是却导致一审案号和二审案号的重复,二审案号未能体现清算与破产案件的上诉性质,从而无法区分实际受理的案件数量以及上诉审的案件数量。

---

① 我国《企业破产法》第20条、第21条。

② 参见王欣新、杨涛:《破产企业职工债权保障制度研究——改革社会成本的包容与分担》,载《法治研究》2013年第1期。

(四)不利于清算与破产案件司法统计的精细化

案号是司法统计中非常重要的计算依据。司法统计是对法院审判活动产生的数据进行记录、收集、整理、分析、咨询等一系列活动的总称,数据信息是司法统计的核心要素。案件是数据信息的最终载体。每一件案件进入法院后的一系列诉讼行为产生的数据信息,均作为这一案号标识的案件信息被记录、采集和统计,案号是串联起全部数据信息的线索,贯穿于司法统计的全过程。从这个意义上看,科学合理的案号为顺利开展司法统计设置了路标和指引。① 尤其是现在的大数据时代,对司法统计工作职能的发挥提出了更高的要求。现行的清算与破产案号管理制度下,当事人申请债务人清算与破产,立案庭就会以“民算”字与“民破”字确立案号,但是相当一部分案件经过清算与破产原因审查后因不符合清算与破产受理条件而不能进入清算与破产程序。因此,依据现行的清算与破产案号不能区分进入和未进入清算与破产程序的案件,这也弱化了案号识别和计算清算与破产案件数量的功能,导致无法准确掌握退出市场的企业数量,不利于发挥司法统计反映社会经济形势的功能。此外,在债权人申请债务人清算与破产的情况下,可能会出现多个债权人同时申请,这就需要分配多个案号。但是基于债务人的同一性,多个案号代表的是同一个清算与破产审查程序,这就加重了案号上的重复性和程序上的复杂性,浪费了司法资源,也不利于案件的精细化的司法统计。此外,现行部分地区在案号管理中,清算与破产案件的一审、二审都采用“民破”“民算”字案号,这样也不利于区分一二审进行司法统计。综上所述,现行的案号管理制度不利于精确化的司法统计,不能精确计算法院的工作量,也无法准确把握企业退出市场的情况,进而不能及时反映和跟进社会经济动态,发挥司法的社会反映和社会治理功能。

三、清算与破产案号制度改革路径分析

从上文分析可知,在目前的清算与破产案号管理制度下,存在抹杀清算与破产原因审查中的程序权利、模糊立案审查和受理的边界、不利于案件的专业化审

① 参见牛萌:《案号标准化对司法统计工作的影响》,载《山东审判》2015 年第 5 期。

理和司法统计等一系列问题。在坚持立案登记制原则的基础上,从立案登记制的目的出发,应当根据清算与破产案件的特点进行灵活变通,科学适用立案登记制。据此,笔者提出如下建议:

(一)实行独立的清算与破产案号管理制度

加强清算与破产审查,是解决现阶段的"僵尸企业",实现我国供给测经济结构改革的重要助力,这需要我们从各方面完善清算与破产制度。区别于普通的民商事案件,不管是在实体内容还是审理程序上,清算与破产案件都具备一定的独立性。基于此,我们建议清算与破产案件应实行独立的案号管理制度。这要求清算与破产案件均应独立冠以清算与破产案号,并由专业的法官进行审理。此外,专门审判庭是企业清算和破产审判工作专业化、常态化的重要保障,也有助于破产审判队伍的专业化建设,我们建议设立由专门的破产审判庭室对清算和破产案件进行审理。[①] 清算与破产案件实行独立的案号管理制度,有利于提高清算与破产案件审理的专业性,统一清算破产案件的裁判标准,保障清算与破产案件的审理质量。

(二)区分清算与破产案件的阶段并采用不同种类的案号

清算与破产关系一个社会主体的终结,里面涉及各种复杂的利益关系,波及范围广、社会影响大,因而审理周期漫长,且各个阶段都代表不同的法律意义。我们建议将清算与破产审理周期分割细化,并分配以不同种类的案号。有一种意见认为,清算和破产案件可以采用"清破申""清破终"字案号,在申请审查阶段不用对清算和破产案件进行区分。我们认为,从立案审查阶段开始,清算与破产案号就应实行各自独立的案号体系,分别冠以"清"字号与"破"字号。例如,清算与破产审理阶段分别采用"清申"和"破申"字号,上诉案件采用"清终"与"破终"字号,审查监督阶段采用"清监"与"破监"字号(见表2)。根据清算与破产审理阶段将案号细化,有利于识别和跟踪清算与破产案件所处的流程和阶段,及时准确的适用各项制度和措施。同时,将不同的阶段分开并标注以不同的案

---

① 参见杜万华:《依法处置"僵尸企业",开创破产审判工作新局面》,载《人民法院报》2016年3月28日,第2版。

号,有利于案件的精细化统计,并抽象出各种指标供审判工作人员参考和评估,也有利于及时准确反映社会经济动态。

表2 案号分阶段细化

新类型名称	新案号	现行案号
清算与破产立案审查案件	清破申	民算、民破
清算与破产受理案件	强清、破	民算、民破
清算与破产上诉案件	清破终	民终
清算与破产审查监督案件	清破监	—

(三)完善清算与破产案件程序转换时的案号衔接制度

清算与破产案件从审查、受理、审理、终结是一个动态过程。破产案件包括破产清算、破产重整、破产和解三大类别,在一定条件下这三类破产案件是可以相互转换的。虽然这三类案件在制度设计和程序运行上有所不同,但是我们认为他们本质上同属破产案件,他们程序转换时也应在同一案号下进行。此外,在债权人申请债务人破产时,针对一个债务人可能存在由债权人申请导致的多个案号,他们的实体内容和审理程序具有一致性。我们建议把针对同一债务人的多个案号合并为一个案号进行审理,这样有利于节约司法资源,提高审判效率。再者,破产追加分配案件不宜单独设立破产案号。根据我国《破产法》和相关司法解释的规定,债权人有权在破产终结后2年内申请追加分配财产。不同于普通民商事案件的报结制度,破产案件报结之后预留了追加分配的通道,只要出现了追加分配的因素,就可以启动破产程序再进行相关的裁定、分配、破产确认等。故而,依据原有的案号就可以解决破产追加分配的通道问题,因此不需要借助新立案号来实现。因此,在破产追加分配案件中,我们认为不宜单独设立破产案号。

四、多管齐下,加强清算与破产审判工作

依法处置"僵尸企业"、开展破产案件审理是供给测结构性改革的客观需要,对于提供市场主体竞争力和建立社会主义市场主体退出机制具有重要意义,是

人民法院积极贯彻党的十八届五中全会和中央经济工作会议精神的重要举措。运用破产法律程序依法处置"僵尸企业"和破产案件审理,将是人民法院的一项重要工作。为了全面贯彻立案登记制,解决现阶段清算与破产案件立案难的问题,除了实行清算与破产案件独立的案号管理制度之外,还需要其他配套举措和措施,多管齐下,加强清算与破产审理工作,完善社会主义市场主体退出机制。

(一)全面坚持立案登记制度

党的十八届四中全会明确指出:改革案件受理制度,变立案审查制为立案等登记制,对人民法院依法应该受理的案件,做到有案必立、有诉必理。这不仅有助于进一步提升法治化水平,也有利于保证人民的各项基本权利、完善人权保障制度。尤其是在清算与破产审判实践中,由于社会上对清算与破产案件采取误解和抵触心理,总认为企业破产对社会会起到消极破坏作用,加之地方政府迫于地方经济和税收以及维稳压力,都导致法院对清算与破产案件立案难的问题。① 因此,我们要全面坚持立案登记制,花大力气解决清算与破产案件立案难的问题。在清算与破产案件的申请立案中,只要当事人的申请材料齐全,符合法定的申请条件,法院就要立案,给"清破申""清破终"字案号,而不是不给案号或者进行审查之后才给案号。实践中,有一些法院为了避免清算与破产案件的立案,在当事人申请清算与破产案件之时,不予出具任何手续,这样更加剧了清算与破产案件立案难的现象。我们要杜绝一切形式的推脱敷衍,法院要克服畏难心理,这样才能保障破产案件的受理,才能终止大量的"僵尸企业"进一步浪费社会资源,发挥法院的社会治理功能。

(二)及时要求申请人补充补正申请材料

《破产法司法解释(一)》第 7 条第 3 款规定,"人民法院认为申请人应当补充、补正相关材料的,应当自收到破产申请之日起 5 日内告知申请人。当事人补充、补正相关材料的期间不计入企业破产法第 10 条规定的期限"。在过去的司法实践中,有的法院为拒绝受理破产案件,不及时告知补充与补正材料,或者对可一次性补充、补正的材料故意分多次告知等方式,恶意拖延受理,以迫使申请

---

① 参见王欣新:《论破产案件受理难问题的解决》,载《法律适用》2011 年第 3 期。

人放弃申请。现在上述文件明确规定了补充、补正材料的告知期限与方式,即必须在5日内一次性书面告知申请人,对当事人的权利给予充分保障。这里的告知期限是指对所有应当补充、补正材料的统一告知期限。凡在该期限内未告知申请人的,应被视为无须补充、补正相关材料,法院无权再要求申请人补充、补正,除非是对申请人提交的补充、补正材料本身的再次补充、补正。[①] 此外,法院不得要求申请人在此时以提交与案件受理无关材料的方式阻碍当事人正常行使破产申请权,或作为不受理案件的借口。

(三)网上立案和窗口立案相结合

立案有两种形式,即窗口立案和网上立案。网上立案是在信息化对法院审判工作改造的环境下,催生的帮助立案、方便当事人的一项重要成果,对于保障当事人诉权、方便法院立案及审判工作具有重要意义。窗口立案和网上立案这两种立案方式是并列关系,并非互斥关系。实践中,这两种方式是并行不悖的,当事人只需选择其中的一种立案方式即能立案,而并非一定要到窗口立案,或者两种方式同时采取才能成功立案。因此,法院的立案部门也需进一步改革,不断完善这两种立案系统,方便当事人清算与破产立案,充分发挥清算与破产审判工作的社会治理功能。

---

① 参见王欣新:《论破产案件受理难问题的解决》,载《法律适用》2011年第3期。

法院依职权启动执行转破产的实践困境与突围思路

陆　露*

最高人民法院在浙江省杭州市召开“全国部分法院依法处置‘僵尸企业’调研及工作座谈会”。“做好执行程序转入破产程序工作”被列为下一步人民法院开展破产案件审理、依法处置“僵尸企业”的重点工作之一。最高人民法院《关于适用〈中华人民共和国民事诉讼法〉的解释》第513条为法院依职权启动执行转破产提供了思路,拓宽了“僵尸企业”的困境破解渠道,但实践中该条款却存在着适用率低、效果欠佳的问题。本文从实践中操作细则不一而论和主观上现有规范束之高阁两个角度对法院依职权启动执行转破产的困境进行了总结,并以“明确标准”和“有效激励”作为关键词讨论突围思路。此后,本文引入“上下游理论”,结合现有执行制度进行讨论,认为可将终结本次执行程序制度中无财产可供执行的规定作为执行转破产启动条件的法定标准,并指出要发挥执行转破产的激励作用应对现行规范进行校正,采取“纯粹职权主义模式”,排除申请制模式的影响。最后,本文提出建立“以启动标准为核心、程序事务相辅助”

---

* 北京市丰台区人民法院执行局法官。

的清单制度等建议,对纯粹职权主义模式下执行转破产的启动进行了制度勾勒。

一、现状考察:法院依职权启动执行转破产的实践困境

(一)实践中操作细则不一而论

最高人民法院《关于适用〈中华人民共和国民事诉讼法〉的解释》第 513 条规定,在执行中作为被执行人的企业法人符合我国《企业破产法》第 2 条第 1 款规定情形的,执行法院经申请执行人之一或者被执行人同意,应当裁定中止对该被执行人的执行,将执行案件相关材料移送被执行人住所地人民法院。如何界定"作为被执行人的企业法人符合企业破产法第二条第一款规定情形"这一启动条件,即"作为被执行人的企业法人不能清偿到期债务,并且资产不足以清偿全部债务或者明显缺乏清偿能力"如何界定？就该问题而言,可供参考的有以下两个方面。

1. 横向比照:执行机构之间的观点是否一致

具体而言,即不同法院之间对于该启动条件能否实现理解的一致化,同一法院内部能否实现同类案件启动条件的相同判断。以目前已经展开实践的地区法院为对象,对其已经制定成型的操作细则进行对比考察(见表 1)。

表 1　法院依职权执转破启动条件对比

<table>
<tr><th>地区</th><th>文件</th><th colspan="2">对于启动条件的界定事由</th></tr>
<tr><td rowspan="10">重庆市第五中级人民法院[①]</td><td rowspan="10">《执行案件转破产程序的规定(试行)》</td><td colspan="2">经查询被执行人确无财产可供执行的</td></tr>
<tr><td colspan="2">被执行人虽有财产但无法处置变现且无其他财产的</td></tr>
<tr><td colspan="2">被执行人被撤销吊销歇业且无财产可供执行的</td></tr>
<tr><td colspan="2">被执行人虽有财产但不宜执行的</td></tr>
<tr><td rowspan="5">被执行人明显缺乏清偿能力</td><td>被执行人资产报表显示资不抵债</td></tr>
<tr><td>被执行人虽账面资产足够但现金严重不足</td></tr>
<tr><td>被执行人有其他案件长期未执结</td></tr>
<tr><td>被执行人的债务呈继续增加状态</td></tr>
<tr><td>被执行人财务状况恶化</td></tr>
<tr><td colspan="2">资不抵债</td></tr>
</table>

---

① 参见重庆市第五中级人民法院:《执行案件转破产程序的规定(试行)》,载中国破产法论坛网:http://www.bbls.org.cn/xwzx/ShowArticle.asp?ArticleID=45019,最后访问日期:2016 年 6 月 14 日。

续表

<table>
<tr><th>地区</th><th>文件</th><th colspan="2">对于启动条件的界定事由</th></tr>
<tr><td rowspan="3">深圳市中级人民法院①</td><td rowspan="3">《关于执行不能案件转破产程序的若干意见》</td><td rowspan="3">被执行人确无财产可供执行</td><td>法定代表人下落不明且无其他人员负责管理财产的</td></tr>
<tr><td>被吊销营业执照、责令关闭或者被撤销的</td></tr>
<tr><td>已经歇业或者视同歇业的</td></tr>
<tr><td>温州市中级人民法院②</td><td>《关于执行程序和破产程序衔接的会议纪要》</td><td colspan="2">符合破产清算申请条件且挽救无望的企业</td></tr>
</table>

就试点法院而言,对法院依职权启动执行转破产的条件的界定事由就有三种不同的思路和规定,呈现出迥然不同的考量视角。而全国范围内的大部分法院尚未有成型的操作规范,这就必然导致法院职权主义模式下执行转破产在个案适用中呈现出随机性和非统一性,既缺少详细的指导,又缺少稳定的参考。

2. 纵向比照:执行机构与受理破产案件的审判机构能否达成一致意见

最高人民法院《关于适用〈中华人民共和国民事诉讼法〉的解释》第 514 条规定,被执行人住所地人民法院应当自收到执行案件相关材料之日起 30 日内,将是否受理破产案件的裁定告知执行法院。因此,法院依职权启动执行转破产能否成功,取决于受理破产案件的审判机构对于受理标准的认定是否与执行机构主张的启动标准一致。长期以来,我国奉行债权人或者债务人作为主体的申请主义模式,审判机构受理的标准限于最高人民法院《关于适用〈中华人民共和国

① 参见郭毅敏:《发挥破产审判职能 建立执行不能案件退出机制》,载王欣新、郑志斌主编:《破产法论坛》(第 9 辑),法律出版社 2015 年版,第 43 页。

② 参见温州市中级人民法院:《关于执行程序和破产程序衔接的会议纪要》,载浙江审判研究网:http://zjspyj.com/1070.html,最后访问日期:2016 年 6 月 14 日。

企业破产法〉若干问题的规定(一)》第 2~4 条,[①]对于诸如上述试点法院提出的"被执行人虽账面资产足够但现金严重不足""被执行人有其他案件长期未执结"这些启动标准未必认可。

(二)主观上现有规范束之高阁

据统计,自 2015 年 2 月 4 日最高人民法院《关于适用〈中华人民共和国民事诉讼法〉的解释》生效至今,某市某区人民法院收案中,以企业法人为被执行人的案件总数占 3519 件,以终结本次执行程序作为结案方式的占 76% 以上。其中,执行法院依职权将执行不能案件转入破产程序的案件数为 0 件,且其中并不涉及执行法院依职权启动了该程序但因受理法院等原因未启动成功的情况。换言之,最高人民法院《关于适用〈中华人民共和国民事诉讼法〉的解释》第 513 条关于"执行法院依职权将执行案件转入破产程序"的规定适用率为 0。[②]

经调查问卷统计,[③]原因有以下两种:一是现有规范对执行机构积极适用的吸引不足。在办案资源受限的现状下,执行法院将执行不能案件转入破产程序除了做好"穷尽执行措施"这一现有本职工作外,还需耗费大量时间和精力协调联系立案部门、审判部门,汇总整合相关材料,且不可避免地会面临立案部门不予受理的"闭门羹"。这实际上反映的仍是法院依职权启动执行转破产操作不一导致的问题。二是现有规范受制于申请人的主观态度难以发挥功效。申请人顾忌后续"伴生性纠纷"如需支付查封尚未变现的财产产生占用费及保管费;[④]担

---

① 最高人民法院《关于适用〈中华人民共和国企业破产法〉若干问题的规定(一)》第 2 条规定:下列情形同时存在的,人民法院应当认定债务人不能清偿到期债务:(1)债权债务关系依法成立;(2)债务履行期限已经届满;(3)债务人未完全清偿债务。第 3 条规定:债务人的资产负债表,或者审计报告、资产评估报告等显示其全部资产不足以偿付全部负债的,人民法院应当认定债务人资产不足以清偿全部债务,但有相反证据足以证明债务人资产能够偿付全部负债的除外。第 4 条规定:债务人账面资产虽大于负债,但存在下列情形之一的,人民法院应当认定其明显缺乏清偿能力:(1)因资金严重不足或者财产不能变现等原因,无法清偿债务;(2)法定代表人下落不明且无其他人员负责管理财产,无法清偿债务;(3)经人民法院强制执行,无法清偿债务;(4)长期亏损且经营扭亏困难,无法清偿债务;(5)导致债务人丧失清偿能力的其他情形。

② 数据统计来源于 A 市 B 区人民法院执行局执行案件管理系统,数据收集方法为统查法。

③ 本文就该问题发放调查问卷 22 份,卷面客观题 8 个,主观题 1 个,围绕"依照职权将执行不能案件转入破产程序的案件数为 0 件"调查原因,经过主题分析法得出上述 2 个主要原因。

④ 参见吕静、沈婷婷:《2015 年深圳执行移送破产案立案率仅 6.25%》,载搜狐网:http://mt.sohu.com/20160407/n443608633.shtml,最后访问日期:2016 年 6 月 14 日。

心债务人财产不足以清偿破产费用从而导致破产程序终结;[①]认为破产案件“耗时长”,与其等待渺茫的受偿希望,不如停留在执行阶段伺机获得抢先受偿,因此最高人民法院《关于适用〈中华人民共和国民事诉讼法〉的解释》第513条在目前司法语境下并不具有利益权衡的优势地位,执行法院的释明也未必能够改变申请人的主观意愿。这迫使执行法院即使面对符合条件的案件,也只能以终结本次执行程序的形式进行案件了结,无法直接通过执行转破产程序寻求案件退出,仍掣肘于执行积案的反复接待、接访。

二、突围思路:“上下游理论”与“纯粹职权主义模式”对破解法院依职权启动执行转破产困境的启发

(一)突围关键词:法院依职权启动执行转破产突围的两个关键词

1. 标准明确

进一步明确法院依职权启动执行转破产的操作细则,建立起包括启动条件、程序、相关材料的系列规则,才能使不同案件之间、不同执行机构之间以及审判机构与执行机构之间达成一致意见,防止因标准不明产生的推诿、逃避、衔接不畅的弊端。

2. 有效激励

执行转破产制度应当对执行人员形成激励,提高执行法院对该制度的适用率。这种激励作用产生的基础应当是,符合条件的执行案件均能通过执行转破产制度寻得出口,使执行人员从执行积案的反复接待、接访工作中解脱出来。

(二)标准之寻找:被执行人面临破产界限的现有执行路径及对照评析

被执行人面临破产界限的现有执行路径有哪些?法院依职权启动执行转破产的标准问题能否从现有执行制度中得到启发?本文以“被执行人面临破产界限”为关键词对现行执行制度进行审视,除法院依职权启动执行转破产外,共有以下两种执行路径。

---

① 参见曾祥生、胡志超:《破产程序向执行程序的转化——以债务人财产不足以清偿破产费用为视角》,载《人民司法》2015年第19期。

1. 路径一：参与分配制度

参与分配制度是执行程序中解决被执行人财产不足以清偿全部债权的情形，按照各个案件的债权额比例分配财产。其优点是，解决了被执行人债务超出财产总额的困境，利用“公共鱼塘”使有限财产得以公平分配。但参与分配制度的适用对象只能是“公民或其他组织”，原则上不适用于法人企业。参与分配制度是我国在缺乏个人破产规定的情况下对非企业法人准用的破产替代品。①

2. 路径二：终结本次执行程序制度

终结本次执行程序是被执行人无财产可供执行或者符合其他法定情形时，法院采取的一种结案方式。② 但该制度存在以下弊端：一是债权人利益没有得到实现的事实并未因终结本次执行程序的采取得到改变；二是该制度虽赋予申请执行人依申请恢复执行的权利及对采取终结本次执行程序提出异议的权利，但是被执行人财产的查找工作及举证责任则更多地落在申请执行人的身上。因此，即使以终结本次执行程序对案件进行处理，大量的申请人接待、信访并未消失或者旁落，仍由执行员负责，对案多人少的执行困境有加重之势。

3. 对照评析：“上下游理论”的引入

就参与分配制度而言，其实际上与执行转破产制度形成了区分主体情况下被执行人面临破产界限的完整执行思路，其与执行转破产制度的关系为平行式制度，进行补充适用。就终结本次执行程序制度而言，现有条件下企业法人作为被执行人出现无财产可供执行的情形时，执行法院也往往将终结本次执行程序制度与执行转破产制度的关系视为平行式制度，进行选择适用。

但是，终结本次执行程序制度与执行转破产制度的平行式制度恰恰是目前

---

① 参见李帅：《论执行案件中法院职权主义破产启动程序的构建》，载《法律适用》2015 年第 11 期。

② 最高人民法院《关于执行案件立案、结案若干问题的意见》第 16 条规定：有下列情形之一的，可以以“终结本次执行程序”方式结案：(1)被执行人确无财产可供执行，申请执行人书面同意人民法院终结本次执行程序的；(2)因被执行人无财产而中止执行满两年，经查证被执行人确无财产可供执行的；(3)申请执行人明确表示提供不出被执行人的财产或财产线索，并在人民法院穷尽财产调查措施之后，对人民法院认定被执行人无财产可供执行书面表示认可的；(4)被执行人的财产无法拍卖变卖，或者动产经两次拍卖、不动产或其他财产权经三次拍卖仍然流拍，申请执行人拒绝接受或者依法不能交付其抵债，经人民法院穷尽财产调查措施，被执行人确无其他财产可供执行的；(5)经人民法院穷尽财产调查措施，被执行人确无财产可供执行或虽有财产但不宜强制执行，当事人达成分期履行和解协议，且未履行完毕的；(6)被执行人确无财产可供执行，申请执行人属于特困群体，执行法院已经给予其适当救助的。

处理企业法人无财产可供执行案件时执行人员怠于执行转破产的制度热点,且是大量执行积案悬而未结的推手之一。因此,在理想设计下终结本次执行程序制度与执行转破产制度应当成为上下游制度。"上下游理论"最先应用于企业之间,上游企业为下游企业生产所必需的原材料和初级产品。而用"上下游理论"描述终结本次执行程序制度与执行转破产制度两者关系时,应当作如下理解:终结本次执行程序为上游制度,执行转破产为下游制度,符合终结本次执行程序中无财产可供执行标准的案件,应当直接认定为符合执行转破产的启动条件。具体分析如下:其一,破产是终局性解决无财产可供执行案件的路径之一,且从长远来看,还应是主要路径。[①] 终结本次执行程序制度面临的案件未实际执结的弊端能够通过执行转破产程序得以解决。其二,本文引入"上下游理论"进行讨论,将终结本次执行程序制度中无财产可供执行的规定作为执行转破产启动条件的法定标准,为解决执行转破产启动标准的随机性和非统一性问题提供了稳定的思路和可靠的依据。

(三)激励之发现:"纯粹职权主义"的引入

执行转破产案件如何发挥激励作用,应当从其执行案件退出功能入手。执行案件退出包括两个层面的内容:一是退出的标准;二是退出的法律效果。退出的标准是"案件无财产可供执行",对此学术界和理论界均有诸多讨论,上文已有定论。退出的法律效果是让符合条件的案件合理退出执行领域,实现人员与退出案件的真正分离。

实际上,"执转破"程序具有实现执行案件退出的功能。就法律规范而言,最高人民法院《关于适用〈中华人民共和国民事诉讼法〉的解释》第 515 条规定被执行人住所地人民法院裁定受理破产案件的,执行法院应当解除对被执行人财产的保全措施。被执行人住所地人民法院裁定宣告被执行人破产的,执行法院应当裁定终结对该被执行人的执行。即执行案件转入破产程序并被裁定宣告破产的,执行法院就能以终结执行程序作为结案方式,实现执行员与案件的分离。就理论研讨而言,与发放债权凭证、执行登记备案、中止执行作结案处理、终结本次执行程序内部报结相并列,被纳入执行案件退出机制体系的也常常涵盖执转破

---

① 参见张美欣:《终结本次执行程序案件的彻底终结制度研究》,载《法律适用》2016 年第 4 期。

程序,且被列为较优选择。①

问题在于最高人民法院《关于适用〈中华人民共和国民事诉讼法〉的解释》第513条的规定是有限的"执行转破产"程序,符合条件的案件未必能够通过执行转破产程序合理退出。故需对现行规范进行校正,采取"纯粹职权主义模式",排除申请制模式的影响,使法院不受不合理或者人为因素的限制,能依职权将符合条件的案件均转入破产程序,实现案件的合理退出,通过减轻积案对执行员形成有效激励。

三、突围路径:纯粹职权主义模式下执行转破产启动的设计进路

(一)构建"以启动标准为核心、程序事务相辅助"的清单制度②

1.启动标准的相关清单

清单制度是以文件为载体,以具化的清单作为启动标准的证明材料,实现从标准的罗列到材料的详述(见表2)。

表2 启动标准相关清单

标准③	清单④
因被执行人无财产而中止执行满2年,经查证被执行人确无财产可供执行的	(1)法定查询结果(必备) 存款、房地产登记、股权登记、车辆登记的线上查询回执、线下查询回执

① 参见管文超:《反思与重构:关于完善我国民事执行案件退出机制的探讨》,载《全国法院系统第二十二届学术讨论会论文集》,2011年。

② 参见禹得水:《沙区法院实行终本案件清单制度》,载重庆法院网:http://cqfy.chinacourt.org/article/detail/2016/04/id/1841489.shtml,最后访问日期:2016年6月14日。清单制度是沙坪坝法院建立的终本案件管理制度,本文予以借鉴。

③ 标准源于最高人民法院《关于执行案件立案、结案若干问题的意见》第16条,上文已经论述。且因受破产功能的限制,本文对终结本次执行程序中申请人书面同意终本、和解未履行完毕、已经获得救助的情况不予讨论。

④ 根据以下法律规范总结所得:最高人民法院《关于执行案件立案、结案若干问题的意见》第16条第5款:本条第1款第3项、第4项、第5项中规定的"人民法院穷尽财产调查措施",是指至少完成下列调查事项:被执行人是法人或其他组织的,应当向银行业金融机构查询银行存款,向有关房地产管理部门查询房地产登记,向法人登记机关查询股权,向有关车管部门查询车辆等情况;通过最高人民法院的全国法院网络执行查控系统和执行法院所属高级人民法院的"点对点"网络执行查控系统能够完成的调查事项。

续表

标准	清单
	(2)其他查询结果(非必备) 其他财产查询结果; 笔录:法定代表人到案谈话笔录、住所地及为居(村)委会、派出所现场调查笔录; 人身限制措施:拘留决定书; 信用惩戒措施:失信决定书、限制消费令 (3)中止执行裁定书(满2年)
申请执行人明确表示提供不出被执行人的财产或财产线索,并在人民法院穷尽财产调查措施之后,对人民法院认定被执行人无财产可供执行书面表示认可的	(1)同上; (2)同上; (3)笔录:申请人无法提供财产线索且认可法院查询结果
被执行人的财产无法拍卖变卖,或者动产经2次拍卖、不动产或其他财产权经3次拍卖仍然流拍,申请执行人拒绝接受或者依法不能交付其抵债,经人民法院穷尽财产调查措施,被执行人确无其他财产可供执行的	(1)同上(除已进入拍卖程序财产); (2)同上(除已进入拍卖程序财产); (3)查封、扣押清单 拍卖材料:评估报告、拍卖公告、竞价记录单; 笔录:(2次)降价的合议笔录、当事人拒绝以物抵债笔录、财产无法拍卖变卖的笔录

2. 程序事务的相关清单

不同法院之间或者同一法院不同部门之间的业务对接需要程序手续,用以说明案件的既有进展、前手部门已有工作情况及其他交接事宜。故除证明被执行人具备执行转破产启动标准的相关材料外,还应当提供以下程序材料(见表3)。

表3 程序事务相关清单

清单名称	清单内容
移送函	案号、申请执行人与被执行人信息、执行依据、被执行人具备破产资格和破产原因的事实和理由、法律依据、移送部门、人员及时间①
移送破产报告	对启动标准中涉及的现已查询的被执行人财产状况、执行措施采取情况进行的梳理、总结
基本案情的卷宗	立案信息表、申请执行书、执行依据、当事人身份信息等反映基本案情的材料

① 参照最高人民法院《关于委托执行若干问题的规定》第5条关于"委托执行函"的规定。

(二)优化执行转破产的启动方式,建立纯粹职权主义模式

最高人民法院《关于适用〈中华人民共和国民事诉讼法〉的解释》第513条规定的转化是以“申请执行人之一或被执行人同意”为前提的,这只是“申请制”破产启动程序中的另一种形式,仍要取决于债权人或债务人的意思表示,人民法院在这个过程中没有主动启动破产程序的决断权,①不是纯粹的职权主义模式。因此,为了解决企业法人在符合破产启动的条件后也未必能够退出执行程序,执行案件“清了又积、积了又清”的困境,宜将最高人民法院《关于适用〈中华人民共和国民事诉讼法〉的解释》第513条的规定删除“经申请执行人之一或者被执行人同意”,修正为“在执行中作为被执行人的企业法人符合企业破产法第二条第一款规定情形的,执行法院应当裁定中止对该被执行人的执行,将执行案件相关材料移送被执行人住所地人民法院”。

(三)建立纯粹职权主义模式下执行转破产启动的制约机制

1. 内部制约机制:赋予债权人、债务人异议及复议申请权

执行涉及各种复杂的利益关系,执行过程中,当事人的合法权益难免受到侵害。② 同理,职权主义模式下法院强制性地启动企业法人的破产程序,其忽略了债权人、债务人的意愿,也难免会造成债权人、债务人合法权益的侵害。为了防止给债权人、债务人造成不应有的损害,应当给予债权人、债务人相应的救济措施,赋予并明确债权人、债务人在适当情形下享有对职权主义“执转破”程序提出异议及复议的权利,利用执行程序的救济制度保障自身合法权益。

2. 外部制约机制:建立执行转破产案件启动的质量评查机制

为了预防纯粹职权主义模式下法院滥用“执行转破产”制度,应当形成外部压力,由审管办等部门对执行转破产案件启动的质量进行评查。评查内容应当包括内容方面的评查、程序方面的评查、执行效果的评查。内容方面的评查应当

---

① 参见李帅:《论执行案件中法院职权主义破产启动程序的构建》,载《法律适用》2015年第11期。

② 参见江必新:《强制执行法理论与实务》,中国法制出版社2012年版,第421页。

集中于是否存在符合启动标准的案件未启动破产,不符合启动标准的案件进入了破产程序;程序方面的评查应当集中于清单材料是否齐全;执行效果的评查应当集中于执行案件是否达到了退出的效果,债权人是否实现了更大程度的权利回归等。

破产法院的设立与破产案件审理的专业化

——司法改革之法院队伍专业化建设深层次设想

韩跃东[*]

破产清算类案件,在本文中包括破产类案件和非破产清算案件,破产类案件包括破产清算、重整、和解。重整和和解制度可以帮助经营发生困难的企业获得司法保护和拯救的机会,走出困境,重获新生。破产清算和非破产清算制度作用是实现企业有序退出市场经营,消灭其主体资格。破产及清算制度在市场经营活动中,起到了保护市场各方参与主体利益,监督市场参与主体的行为,促进发挥市场资源优化配置的作用,是市场经济活动中的一类重要保障制度。完善破产及清算制度是建设统一开放、竞争有序的市场体系,是使市场在资源配置中起决定性作用的基础,也是完善国家法律体系,建设法治国家的必然要求。

但在实践中,破产及清算制度在我国并未发挥其应有的作用和效果,以实际收案数量为例,图1为2007年至2013年,我国破产类案件收案数量统计。

* 北京市朝阳区人民法院民四庭法官助理。

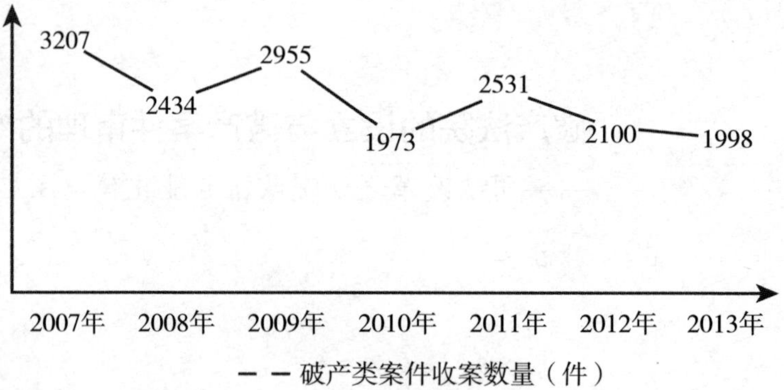

图1　2007 年至 2013 年破产类案件收案数量

如图 1 所示,2007 年至 2013 年,我国破产类案件的收案数量呈整体下降趋势,且收案规模基本每年未超过 3000 件。相比之下,我国在同时期有数百万家企业面临着经营困境,陷入了经营停滞状态,而在这些大量面临困境,需要通过破产及清算制度挽救或退出市场的企业,仅有极少部分数量的企业进入了破产及清算程序,大量存在经营困境的企业处于一种"僵尸企业"的状态,长期占据和消耗着市场资源,使市场资源不能重新得到优化配置,市场效率低下,严重危害了市场经济的正常发展。国务院提出了针对处置"僵尸企业"的方针,最高人民法院也部署了处置"僵尸企业"的专项工作,其核心均是要通过发挥破产及清算制度的应有作用,实现困境企业通过重整获得新生或者进行清算后有序退出市场经营活动,发挥破产及清算制度优化市场资源的重要作用,释放经济活力,保持经济增长,保障市场经济的正常运行。破产及清算制度在我国未能高效运行的原因是多方面的,包括市场参与者对破产及清算制度作用的认识不够而未能很好地利用该项制度,以及对破产及清算制度存在误解所产生的抵制情绪,也有来自政府地方保护主义或者不良政绩观所造成的阻碍等。破产及清算制度未能高效运行,法院对该类案件审理上存在质效不高的问题也是重要原因之一。现阶段,破产清算类案件专业领域的从业人员反映法院审理该类案件存在案件受理难、审理周期过长、审理效果差等问题较为普遍。①

① 参见蒋飞:《刘明康建议成立全国唯一的"破产法院"》,载《第一财经日报》2012 年 3 月 13 日,A3 版。

法院出现审理破产清算类案件效果不理想的问题与现阶段我国缺少破产清算类案件的专业审理机构有直接关系。破产清算类案件是专业性非常强的一类案件,破产清算类案件涉及利害关系主体多、衍生诉讼众多、法律关系复杂、案件程序烦琐,案件审理中需运用到大量跨学科的知识,工作量投入高。根据以上破产清算类案件审理的特点和需求,需要专门法院对该类案件进行审理,但在现阶段,我国破产清算类案件是由普通法院审理,普通法院在审理破产清算类案件时,无论在案件资源、审判队伍的建设、案件方面均无法到达高效审理破产清算类案件的需要。因此,缺少专业化的破产清算类案件审理法院是制约当前法院审理破产清算类案件质效低的一个重要原因,本文在下文中具体讨论缺少专业化的破产清算类案件审理法院制约法院设立破产清算类案件的表现。

一、缺少专业化破产清算类案件审理法院制约破产清算类案件审理的表现

(一)专业化审判队伍建设困难,影响案件审理质效

正如上文所述,破产清算类案件是非常专业化的一类案件,为保证案件的审理质量,需要由专业化的审判人员审理破产清算类案件。破产清算类案件由普通法院承办,办案人员既办理普通民商事案件又办理破产清算类案件,办案人员无时间也无精力专门投入和研究破产清算类案件的审理,审理破产清算类案件不专业。由于缺少专业化的审判人员,普通法院在破产清算类案件的审理出现困难,进而导致案件受理难,案件审理质效整体水平也不高。据调研了解,目前部分地区的人民法院设立了专门的破产审判庭室,专业化审理破产清算类案件,从上述设立专业化破产清算类案件审判庭室法院反馈的实践表明,凡是设立了专门破产审判庭的法院所审理的企业破产清算类案件,在程序把握、实体法的运用上,都体现出较高的水准。说明建立破产清算类案件专业化审判队伍对破产清算类案件的审理质效有很大提高。

但在普通法院设立专业化破产清算类案件审判庭室对破产清算类案件专业化审判队伍建设的程度仍不足,破产清算类案件不同于普通民商事类案件,尤其是在案件数量方面,与普通民商事案件有较大差距,因此,如在普通法院设立破

产清算类案件专业化审判庭室,在案件资源上可能会过度分散,也不利于破产清算类案件的专业化审判队伍的建设,因此,设立专门的破产法院可以更好地整合专业人才培养资源,更好地培养破产清算类案件审判人才。

(二)对破产类案件的考核标准不科学

根据现有的法院内部对法官的案件考核机制,没有能够考虑破产案件的特殊性、复杂性,导致法官审理破产案件的积极性不高。考核机制的不合理突出表现在两个方面:一是破产清算类案件的审理数量与普通民商事案件数量同等折算。根据现在法院绩效考核的标准,案件审结数量是一个非常重要和基础的考核指标,在很多情况下,案件的审结数量乃至成为绩效考核的唯一标准。与普通民商事类案件相比,破产案件比一般民商事案件法律关系更加复杂,程序更为烦琐,需投入相当于普通民商事案件数倍的工作量,尤其针对规模较大公司的破产重整案件,案件工作量更为耗大,但在现有绩效考核体系下,破产清算类案件的审理数量与普通民商事案件数量同等折算,导致破产清算类案件的真实的工作量无法得到体现,办案人员积极性也受到影响。二是案件审限规定不合理,破产清算类案件因其程序本身的复杂和烦琐,审理周期较长,尤其针对债权债务关系复杂,资产规模庞大的公司以及涉及破产重整的案件,审理期限可能会达到数年,但现阶段,大部分法院仍将破产清算与普通民商事案件放在一起考核办案人员的案件审理周期,并将此作为绩效考核的一个指标,导致承办破产清算类案件的承办人员比其他承办人员案件受理期限长,影响了审理破产案件承办人员、部门庭室以及法院整体的绩效考核,损害了审理破产清算类案件的积极性。①

二、建立破产法院的必要性及积极效果

(一)破产清算类案件专业化审理和人才培养的需要

如上文所述,因破产清算类案件涉及的法律关系复杂,程序烦琐,该类案件的审理需要非常专业化的审判队伍来从事,现阶段,因缺少专业化的审判队伍,

① 参见王欣新、徐阳光:《中国破产法的困境与出路——破产案件受理数量下降的原因及应对》,载《第六届中国破产法论坛论文集》,第6~7页。

成为阻碍提升破产清算类案件审理质效的重要障碍,建立破产法院可以专业化审理破产清算类案件并培养专业化的审判队伍,主要体现在:一是建立破产法院可以集中案件资源,为人才培养提供案件资源。破产案件的数量不可能与普通民商事案件一样,因此,在现有普通法院承办破产清算类案件的模式下,破产清算类案件资源分散,破产清算类案件数量少,案件种类单一,无法为人才培养提供充分和全面的案件资源。在建立破产法院后,可以集中一个地区的破产清算类的案件资源,提高了破产清算类案件的案件数量和案件种类的全面性。二是破产法院可为培养破产案件专业化审判队伍提供更加全面保障。普通法院案件种类繁多,很难就破产清算类这一专业领域的审判队伍的培养制定完善的规划和机制。破产法院则可针对培养审理破产清算类案件的专业化队伍的各方面需求提供更加全面的保障,可以提供更加专业的人才培养计划,在破产领域方面的研究也会更加专业,对提升破产清算类案件的质效有更大的益处。

(二)建立对破产清算类案件科学考核标准需要

破产法院建立后,在案件绩效考核方面,可建立一套适用于破产清算类案件的案件绩效考核体系,因脱离了与普通民商事一起考核的弊端,破产法院的案件绩效考核将独立利于普通法院案件考核评价机制,破产法院的案件考核机制将完全针对破产清算类案件的特点,在涉及案件审限等方面的设计将更加符合破产清算类案件的绩效考核规律,调动办案人员办理该类案件的积极性。

(三)破产清算类案件信息共享和整合的需要

破产清算类案件涉及利益主体众多,因此破产清算类案件信息的公开和共享对利益相关人显得尤为重要,也是推动提高破产清算类案件审理质效的需要。现阶段,因破产清算类案件审理分散,没有统一信息公示系统,对于该类案件的利益主体了解案情,及时行使自己的权利造成了障碍。现在,最高人民法院在大力推行审判信息一体化建设,但针对现在破产清算类案件资源的分散,需要统一协调各级法院,建立破产清算类案件信息同一系统工程量耗大,且后续系统运行也有赖于每个法院都能及时全面的录入、更新案件信息,运行效果也无法保障。建立破产法院,在整合案件资源的同时,也整合了破产案件信息,在此基础上建立地区性质甚至全国性质的破产清算类案件信息系统,将大大减少该系统的工程量,也能充分保证该系统的后续运行。

三、国外破产法院特点和经验借鉴

最近几年,美国联邦破产法院受理的破产案件每年都要超过100万件,2005年达到了160余万件,2012年达到130余万件。① 破产及清算制度的高效运行,为美国的经济发展做出了非常重要的贡献。

美国破产法院经历了100多年的发展,已经成为美国法律体系中不可或缺的重要一环,在保护债权人切实利益、确保市场主体有效退出、维护市场良性信用体系方面发挥着举足轻重的作用。②

(一)美国破产法院的特点

破产法院是美国联邦法院体系的一部分,在财政、适用法律和人员上均具有独立性。具体体现在以下几方面。

1. 破产法院的财政独立性

美国联邦法院的财政由国会最终审批。具体来说,美国联邦法院的经费是由联邦司法系统内的联邦司法会议在征求法院同意后,做出预算报告,具体程序为:法院向国会提出下一财政年度财政预算申请报告。国会审批通过法院提交的预算报告后,法院即可在新的财政年度开始时得到经费,即每年的10月1日。与联邦法院相反,美国各州法院的经费由各州拨备。由于州法院的财政受制于各州,因此,州法院的财政预算需要与州政府进行沟通。③

2. 破产法院适用法律的独立性

破产法院适用的法律是破产法。根据美国《宪法》,国会对制定全国统一的破产法律具有立法权,美国各州无破产法方面的立法权,州政府和州法院也无权就国会制定的统一破产法进行干涉。这样,各州的立法机关便不能依据各州实际情况制定破产法律,对各州的债权人作倾向性的保护,以此排除了州政府的干涉,保证破产案件排除了地方因素的干扰。

① 参见李曙光:《美国破产法院综述》,载《域外法制》2013年第10期。
② 同上。
③ 同上。

3. 破产法官的独立性

破产法院的法官虽然与一般的联邦法院法官任命程序有所不同,但是其仍然不受州议会或者州政府的干涉。破产法官由破产法院所在区法院的上级法院,即巡回法院进行任命。而对破产法官的免职则必须经过巡回区审判委员会的多数法官同意且必须经过严格的程序后才能生效。

4. 破产法院的体系完备性

经过100多年的变革和发展,破产法院在美国所有区均已建立,并且法官数量众多。每个破产法院至少有1名破产法官,最多会有22名破产法官(加利福尼亚州中心法院)。此外,破产法官队伍庞大,已占有相当大的比例,加利福尼亚州东区法院破产法官和其他法官的比例甚至达到了1∶1,最少的比例也有1∶6(路易斯安那州东区法院)。而美国全国的破产法官与非破产法官的比例也基本上达到了1∶2的程度。①

(二)美国破产法院的运行效果

美国破产法院审理了如安然破产、克莱斯勒破产、通用破产案等在美国轰动一时的案例,在美国破产法学界和理论界具有极高的声望,为美国经济的发展做出了贡献。

破产研究和人才培养方面,由于破产法理论与实践水乳交融,破产法官曾多次参与甚至主导破产立法,也用判例法影响了破产法的发展走向。因此,破产法官说理论证严谨的判决书往往成为破产实践者领会破产法律精髓的绝佳工具。破产法官的任期是14年,在这段时间里,破产法官会一直审理与破产法相关的案件,而不是依据民事法律、行政法律和刑事法律等进行审判。由于长时间专注于研究一部法律,破产法官必然对破产法律有着深刻的认识;由于长时间集中审判破产案件,破产法官对破产程序的理解和适用非常透彻;由于破产法院将该领域专业的法官聚集在一起,在案件审理中,这些法官就破产案件的审理进行沟通、交流,并形成各种改进意见,对美国破产法的发展和完善,起到了推动作用。

① 参见李曙光:《破产法院与破产法官》,载《法制日报》2007年5月13日,第11版。

四、我国破产法院的设立阶段和任务目标

我国法院分为4级,根据破产法及公司法的规定,破产清算类案件根据公司登记机关的级别分别由基层人民法院和中级人民法院审理。我国破产法院的级别应为中级人民法院,这样,整合后的破产法院可以根据管辖区域的划分审理其辖区内全部的破产清算类案件。我国破产法院应按照省级行政区域设置,在省级行政区域内,由高级法院根据该地区破产清算类案件的实际审理情况和需要设立一个或者数个破产法院,不受地级市行政区域划分的限制。

设立专业化法院在我国已经有较为成熟的经验可以借鉴,知识产权法院的建设标志着我国专业化法院建设的开端。知识产权案件与破产清算类案件均属于专业性很强的案件,知识产权法院建立后,取得了较为明显的效果,对知识产权案件审理质效的提高起到了很大推动作用。破产法院的建设必须要根据我国破产清算类案件的实际审理情况和需要分步骤和分阶段建设。在破产法院分阶段建设过程中,要及时总结上一阶段所积累的成功经验和所暴露的不足之处。破产法院的建设必须立足本土思维,即破产法院功能和建设必须以我国破产清算类案件的实际审理需要,同时应借鉴破产法院建设的国际经验和最新动态。破产法院的建设具体分为以下步骤:

第一阶段,试验阶段。这个阶段是在全国破产清算类案件审理较为发达的地区做试点,现阶段,我国破产清算类案件审理较为发达的部分地区已经设立了专业的破产审判庭室,这部分地区破产清算类案件资源丰富、全面,建立起了初步的破产清算类案件的专业化审判团队,积累了较为丰富的破产清算类案件的审判经验,已经初步具备了设立专业化破产法院的案件资源、审判队伍、审判经验的条件,可先通过对该类地区破产审判庭的资源整合,高级人民法院根据该地区破产清算类案件的实际审理情况和需要,开展设立破产法院的试点工作。在该阶段,整合破产审判队伍的同时,要及时制定破产清算类案件的绩效考核体制,试点法院要及时总结相应经验和需改之处。

第二阶段,推广准备期。在该阶段,未在试点范围内,但是破产案件资源较丰富的法院,开始着手建立专业化的破产审判庭审,开始培养破产清算类案件专业化审判团队,积累破产清算类案件的审理经验,为今后建立破产法院进行准

备。建设专业化破产审判庭室时,要吸收和借鉴已建立破产专业审判庭及破产法院地区的经验,要以建设破产法院为最终目标。试点破产法院在该阶段要初步建立并完善破产法院的管理机制、案件绩效考核机制等配套机制,为破产法院在全国的扩大设立做准备。

第三阶段,破产法院有条件设立期。该阶段是在试点破产法院已经积累总结较为完善的破产法院建设和管理经验以及破产案件资源较为丰富的地区已经完成破产专业审判庭审的建设的基础上,在已建立破产专业审判庭审的地区建设破产法院。该阶段是破产法院设立较大规模的开展阶段,在前一阶段总结的经验和破产专业审判庭建设的基础上开展破产法院的建设,该阶段最终要达到的目标是在全国破产案件资源较为丰富的地区基本完成破产法院的建设,达到大部分破产清算类案件开始由破产法院审理。该阶段也是破产法院制度在我国建立的成熟时期,已经建立了完善的管理和案件绩效评价体系,破产案件的人才培养也初具规模,破产法院审理破产清算类案件的优势也逐步凸显出来。

第四阶段,破产法院的全国推广阶段。此阶段是破产法院的全国推广阶段,该阶段将延续很长时间,但该阶段并不是要求全国各省级辖区均设立破产法院。此处再次强调,破产法院的建立应该由该地区的破产清算类案件审理的实际需要决定,如果一个地区没有一定数量的破产清算类案件,对该类案件审理没有较强需求,则没有必要建立破产法院,可以根据实际情况,以建立破产专业审判庭审等方式提升破产清算类案件的审理质效。对于其他破产清算类案件审理需求逐步增多的地区,可以借鉴已经较为成熟的破产法院建设经验和管理、绩效评价体系,开展本地区的破产法院的建设。

五、结　　语

审判队伍的专业化建设是我国目前司法改革要达到的重点目标之一,审判队伍专业化不仅是法院整个队伍的专业化建设,更深层次的司法改革要达到审判队伍在业务领域的专业化建设及细化分工。设立专门的破产法院,是对我国法院审判队伍专业化建设的更高层次的要求,通过设立破产法院,可以大大提升破产案件的审理质效,为市场经济高效、有序的发展保驾护航。

专业化审判模式下法官专项考核机制初考

——以破产案件承办法官基础审判绩效考核为切入点

孙静波[*]　张　进[**]

法官考核的实质就是司法绩效考核,其与法官利益休戚相关,涉及法官职业化、法官选任等相关制度的推进。① 随着新一轮司法改革的不断深入,如何构建更科学合理的法官业绩评价机制和惩戒机制成为改革聚焦的重点之一。而传统考核机制因其通用性固然可广泛适用于各类案件承办法官,但也因其忽视了特殊类型案件的自有特点而未能对此类案件承办法官予以有的放矢的评判,不利于实现考核机制的应有效用,其中即包括对破产案件承办法官的考核。本文将结合破产案件审理特点,以破产案件承办法官基础审判绩效专项考核为切入点,探讨专业化审判模式下法官考核机制的重构,以期拓宽思路,丰富法官业绩评价体系的内涵。

---

* 北京市房山区人民法院民二庭副庭长。

** 北京市京悦律师事务所金融与资本市场法律事务部副主任。

① 参见孙晨:《法官考核指标体系的重构及其技术运用》,载《巢湖学院学报》2010 年第 4 期。

一、初探:法官专项考核的现实动因

任何制度的构建都是为了回应现实的需求。近年来,不少法院纷纷探索专业化审判,相继成立集中审理特定类型案件的审判庭以优化审判绩效,①其中也包括破产案件审理。随着破产法的实施和新一轮司法改革的启动,对法官实行专项考核已成为推动破产案件专业化审判和法官职业化建设的应有之义,对此可从不同维度予以考量。

(一)法官员额制改革的维度

本轮司法改革提出了法官员额制的构想,要求根据法院辖区经济社会发展状况、人口数、案件数、案件类型、法院审级职能、法官工作量等因素确定法官员额,并明确应建立科学合理、客观公正、符合规律的法官业绩评价机制,完善评价标准,将评价结果作为法官等级晋升、择优遴选的重要依据,完善相关配套措施,以确保优秀法官能留在审判一线。②

笔者认为,法官员额制和法官业绩评价体系相辅相成,前者本质上是压缩现有法官人数,实行精英化培养模式,避免人数过多稀释有限的职业保障资源,而精英化培养模式必然需要一套更个性化、专业化、科学化的法官业绩考核机制予以辅助,使不同法官之间呈现层次差距,实现奖优罚劣,选出真正的司法精英。可以说,如果缺乏科学合理的业绩评价制度,法官员额制将沦为空中楼阁。作为法官群体的组成部分,破产案件承办法官也将纳入员额制。而现有以结案数为主要导向、对不同难度案件适用同一评判标准的考核机制显然未能体现破产案件审判特点和司法规律,难以适应法官员额制的内在需求,与法官职业更为精纯的专业化发展趋势相背离。

---

① 参见吕国清:《关于专业化审判的探索》,载光明网:http://court. gmw. cn/html/article/201310/23/140342. shtml,最后访问日期:2016 年 1 月 8 日。

② 《最高人民法院关于全面深化人民法院改革的意见——人民法院第四个五年改革纲要(2014 ~ 2018)》(法发〔2015〕3 号),载法律图书馆网:http://www. law-lib. com/law/law_view. asp? id = 487180,最后访问日期:2016 年 6 月 1 日。

(二)破产案件特殊性的维度

破产案件相较普通案件有诸多特点,以笔者所在法院为例可一窥之。(见表1)

表1 某法院截至2015年6月正在办理的破产案件情况汇总

案件	已审理时间(月)	职工债权人数(人)	普通债权人数(人)	次债务人数(人)	法律文书及汇报文件数(份)	会议次数(次)	协调部门数量(个)	接待答复人次(2015年3月至6月)
1	6	17	15	16	17	1	2	9
2	7	43	1	0	40	7	2	35
3	94	10	3	0	10	5	1	4
4	108	18	9	0	10	6	1	5
5	65	75	15	29	19	3	4	1
6	12	0	2	1	14	2	1	1
7	57	3	6	0	11	12	4	1

一是处理问题类型多。普通案件仅需在法律框架内裁判涉案争议。而破产案件涉及经济、法律、社会保障等诸多问题,需在诉讼程序之外与管理人、实际控制人、债权人、战略投资人、地方行政部门,甚至法院内部相关庭室多方协调以解决破产进程中遇到的职工安置、中止执行、重整方案等问题,要求法官具备财会、金融、企业经营等诸多专业领域的知识储备及较强的诉外协调能力,以更好地诠释"衡平、指挥、监督、协调等重要角色"。① 而有职业要求,却无与之配套的职业考核机制,显然不利于破产专业法官的成长。二是撰写法律文书多。普通案件即使包含管辖异议、财产保全等问题及最终裁判结果的文书,一般不会超过5份法律文书。而破产案件兼顾程序性问题和实体性问题的一并解决,需要出具的法律文书通常多达10余份。法官为此付出的工作量远超普通案件,而其结案率却远低于同期专注承办普通案件的法官,故有必要予以专项考核。三是调整利益主体多。普通案件多为两造对立纠纷,而破产案件提供了再次博弈、重新配置

① 毕惠岩:《论法院在破产重整程序中的角色和地位》,载《山东审判》2009年第1期。

权益的潜在机制,涉及对债务人、债权人、出资人等多方主体权利的调整,涵盖的利益冲突和价值冲突更复杂。任何裁判行为均可能牵一发而动全身,且有大量工作难以具象化,却是推进破产进程不可或缺的,需要加倍的审慎、精湛的能力、极致的韧性。应通过合理考核完整呈现承办法官的工作难度及其面临的职业压力。四是审理周期耗时多。普通案件主要包含送达、庭审、宣判环节,部分涉及保全、管辖异议等程序性问题的处理,故多能在3个月内审结,适用普通程序也需在6个月内办结,即使因故延长审限耗时也有限。而破产案件流程设置更复杂,涉及审计、评估、拍卖、派生诉讼等诸多环节,且各环节均可能因故受到阻滞,客观上将耗费更长的审理周期。应通过合理考核正视影响审限的客观因素,同时督促法官高效办案。五是恣意裁判机会多。破产法存在较多原则性规定,需要法官行使自由裁量权以解决实务操作问题。而法官控制并推动破产全程,拥有绝对主导权,极易在审计、评估、管理人报酬核定、破产债权确认等众多环节恣意裁判,形成司法腐败高危区,故需要更为周密的制度防范。

(三)收案数整体上升的维度

过去法院一直忽视破产案件承办法官的专项考核很大程度上与破产案件受理数量少密切相关,即认为对于一类每年受理数不足两位数的案件不必予以单独序列考核。而目前法院普遍面临案件上升的司法现状,其中必然包括破产案件。此类案件虽然在整体收案数中所占比例较小,但也呈不容忽视的发展趋势。

众所周知在经济上升期,企业破产数量少,而经济下行期可能会出现成批量企业陷入破产困境。近年来,国内外经济形势均呈不稳定态势,国内市场和国外市场相互影响更密切,实体经济和金融产业相互传递风险凸显,企业破产已并不鲜见,甚至出现上市公司破产、关联企业破产、金融机构破产等诸多新类型案件。此外虽然区域整体经济蓬勃发展,但特定行业因发生波动也可能引发成批量破产案件。因此,破产案件可能呈鲜明的地域和行业特征。① 加之,随着破产法宣

---

① 参见包慧:《浙江企业破产加速 银行盛行突击核销》,载21世纪网:http://www.21cbh.com/HTML/2013-5-8/4MNTg5XzY3ODA4Mw.html,最后访问日期:2015年6月17日。如2012年的经济大省浙江,金融担保、民间借贷领域存在不规范融资、集资,加之部分企业治理结构不规范、会计制度不健全,后因资金链断裂引发金融危机,一批相关企业陷入经营危机,全省破产案件同比上升85.7%。2013年浙江省的破产企业则集中于温州、宁波、嘉兴、杭州等地,其中又以纺织、服饰、电子等传统制造业企业为主。

传的推进及执行不能转破产机制的完善,逐步出现因债务人无财产可供执行的执行案件转入破产程序,导致破产案件整体呈上升趋势。

当破产案件已不再是“个别化”案件、而可能成为常规类案件时,也对破产法官专项考核机制形成倒逼影响——需要以考核结果为基础配置包括法官在内的有限司法资源。

(四)破产审判专业化的维度

随着破产法的适用和发展,破产审判机制改革也提上议程,破产审判专业化趋势日益明显。实际上部分法院已开始尝试对破产案件实行集中管辖,还有些法院则成立专门办理破产案件及其派生诉讼的破产审判庭或破产合议庭。① 既然已经成立专业审判机构,完全有必要设置相应的、专业对口的法官考核机制。即使是受理破产案件较少的法院,对兼办破产案件的法官和仅承办普通案件的法官予以同等考核时也应考虑二者工作量的差异性,适量调整考核机制以调动前者工作潜力,推动破产审判专业化的发展。

总之,通过制度重构吸引真正德才兼备的优质法官参与办案才能为破产案件专业化审理提供人才储备,避免专业审判力量的断层,满足司法工作的现实需求。

二、审视:现行考核机制的检视反思

我国现行法官考核机制主要依据《法官法》,重点考核审判工作业绩,并以考核结果作为官奖惩、培训、辞退、调整职级和工资的依据。② 具体到破产法官的考核存在如下模式:

(一)“一刀切”考核模式

即将破产案件等同普通案件一并考核,并无针对破产案件承办法官的专项

---

① 如深圳市中级人民法院即成立公司清算和破产法庭,太原市中级人民法院成立专业破产法庭,江苏宜兴法院成立金融、破产专业法庭,均体现了破产案件审理专业化的审判理念。

② 参见冯海玲、徐鑫:《论分类管理视角下法官评价体系的重构》,载《山东审判》2015 年第 220 期。

考核内容。考核体系的主要框架为各项审判质效指标的考核,相应设置多项指标,如发改率、调撤率、信访投诉率、结案率等,计算各指标的分值,根据不同指标赋分计算出得分,最后将得分累加得出法官的考核总分数,并进行排名。①

这种无差别考核模式的优势在于考核方法简单、便于操作、适用范围广泛,能较为稳妥地满足现行考核工作的基本需求,但也因其设置相对简单、保守而显得粗略,缺乏新意和个性。该模式多以结案数论英雄,强调各数据指标的排行,惩戒性强于鼓励性,忽略了对裁判之外其他综合素养的考评,缺乏与案件特点的直接对接及细节化的评判视角,未能体现专业化审理的特色。就案件的纵向比较而言,难以体现不同难度破产案件之间的工作量差距;就案件的横向比较而言,更未能将破产案件与普通案件区别开来。同时,也因其可普遍适用于全体审判法官、缺乏针对特殊类案的个性化考核项目,而显得笼统宽泛,难以与破产案件的内在审判规律完全契合,不利于充分调动法官参与承办此类案件的积极性。

(二)结案数折算模式

即将1件破产案件折算成若干件普通案件来计算法官办案数,如办结1件破产案件等同于20件简易程序案件或10件二审案件的结案数,这是在现行评估体系缺陷难以弥补之下的一种变通措施。②

其优势是在一定程度上肯定了破产法官的工作量,将破产案件与普通案件区别考核,相对简单明了,不会增加考核工作量。其不足之处为这种折算机制因缺乏精细化标准而显得较为随意,仅以最终结案数作考评标准不足以反映法官在整个破产案件办理过程中的完整工作表现和综合职业素养。此外,该模式多是个别法院的内部政策,折算系数缺乏统一标准,各法院受理的破产案件数量有限,折算模式对工作量提升不明显,无法有效调动工作积极性,在技术层面难以应用于更大范围内的质效评估体系。③

综上,现有两种考核模式各有利弊。而我们应意识到法官需要具备特定的

① 参见冯海玲、徐鑫:《论分类管理视角下法官评价体系的重构》,载《山东审判》2015年第220期。

② 参见佚名:《关于企业破产案件审限管理和绩效考评的报告》,载南方都市报网:http://paper.oeeee.com/nis/201412/11/304425.html,最后访问日期:2016年6月17日。

③ 同上。

职业要求,“如专业的法律知识、独特的法律思维方式和从业技能、良好的法律职业道德等,这既是历史发展带来的社会分工日益精细化、专业化和复杂化的结果,也是司法的本质要求”。[①] 因此,一套良性考核机制,一方面应能区分法官专业素质与能力的高低,表现优异者因此获得与之匹配的肯定和奖励,从而促使其成长;[②]另一方面还能引导法官遵循特定职业道德规范和法律法规履行职责,依法公正高效行使裁判职权。而忽视破产案件的诸多特点,统一套用“一刀切”的常规考核机制或将破产案件与普通案件进行简单折算都未能完全承载破产案件专业化审理的现实需求,亟须完善。对此,尚未细化案件审理的法院可视情况调整考评项目,具体量化破产审理工作后,相较于普通案件适度增加绩效分值,体现不同类案承办法官之间的考核差异性,实现现有机制与新机制的过渡衔接;而集中管辖破产案件或受理案件较多的法院则可考虑适用更具针对性的专项考核模式。

三、进路:法官专项考核的制度构想

法官专项考核应摒弃以结案率为指挥棒的传统考核模式,根据破产案件特点重新整合法官在具体审判中的加分项和减分项,获取综合分值判断法官的工作表现,具体而言有以下几点。

(一)专项考核机制的整体架构思路

如图1所示,针对破产案件承办法官的基础审判质效专项考核机制在具体架构上可体现为:

一是考核模块包括基础分值和加减分值。对一起破产案件单独赋予一个起算分值,对案件审理工作本身进行考核。在此基础上设置不同的增减分值项目,从案件办理效果、疑难程度等体现法官综合素养和职业能力的维度予以考评。二者合计获得综合性分值作为法官的考核结果。

---

① 参见葛洪义、刘志斌、李燕:《法官、检察官不可纳入“国家公务员”》,载《立法研究》2003年第6期。

② 参见冯海玲、徐鑫:《论分类管理视角下法官评价体系的重构》,载《山东审判》2015年第220期。

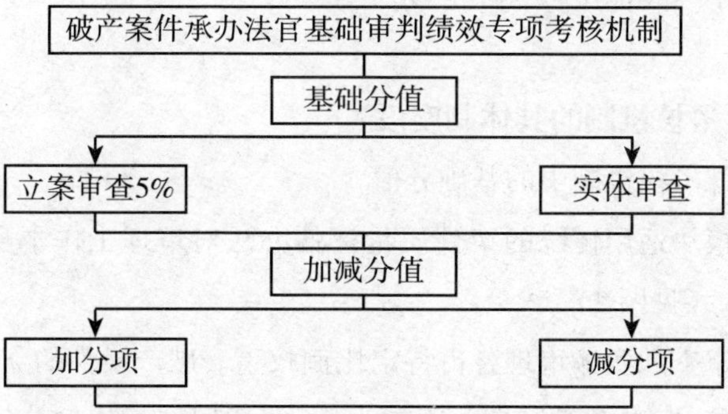

图1　破产案件承办法官基础审判绩效专项考核机制

二是对立案审查和实体审理均予以考核。虽然信息登记、材料接收等工作由立案庭完成,但破产案件能否受理则由审判庭予以实质审查并做出裁定,部分疑难复杂案件的受理还需启动听证等程序。法官从审查破产申请开始即付出工作量,故应对立案审查和实体审理的工作量均予以考核。

三是依案件流程确定不同节点分别考核。依据破产案件包括的不同流程确定相应的考核节点,将一起案件的基础起算分值分散到这些节点予以相应考评。

四是对同一案件不同承办法官分别考核。普通案件可能更换承办人,但不会出现多名法官分享一件案件的工作量。而破产案件相对耗时较长,有可能在审理中更换多名承办法官,如仅对结案时的法官计算结案数而忽视原承办法官的付出无异于抹杀了后者的工作量。故在对一起破产案件整个审理周期进行完整考核的同时,还应对每名法官在其参与的不同阶段完成的工作量分别考核。例如,全程参与此案则无须单独列明该环节分值;仅参与部分环节工作,则将相应环节工作的分值单独纳入该法官的日常工作绩效,而不应再由该案中的其他承办法官分享,从而避免简单折算模式导致的“前人栽树后人乘凉”。

五是加减分模块确定考核分值合理上限。应以基础分值模块为主,在此基础上以加减分模块作为考核辅助项目。故应合理确定后者项下各考核单项的分值上限,避免本末倒置,出现审理工作有缺失、但加分项获分较多甚至反超基础分值的情形。

由此获得的最终分值,实行专项考核的法院可径直将其用于同一序列中的不同破产案件承办法官之间的考核;其他法院则可以该分值为基础,结合现行考核机制综合评判法官在破产案件审理中的审判质效,据此折算出更合理的普通案件工作量用于与其他法官一并考核。

(二)专项考核机制的具体制度设置

1. 破产案件考核机制中的基础分值

基础分值模块适用传统的案件质量评估办法对审理工作本身的合法性、规范性予以考核。(见图2)

一是立案审查和实体审理各占特定比例权重。破产案件的立案审查和实体审理虽均予考核,但二者工作量差距较大,不能适用同一比例分值,故立案审查应占5%,实体审理占95%,以体现二者差异性。

二是不同审理环节依其工作量各占特定权重。根据破产案件所含的审计、评估、债权审核、债权人会议等环节将其细化为多个考核节点,将各节点应完成的工作量和实际完成工作量予以比对评定出该节点分值,工作量大的环节应赋予更多权重。部分案件可能仅经历部分环节,[①]则仅计算该环节分数,体现相同结案数下的不同工作量。其中,由于破产财产和破产债权决定案件全局,指导管理人工作也至关重要,而债权人会议和重整计划、和解计划、清算方案的确定需要付出较多工作量,故相关环节的权重相应较高,其余环节权重则相对降低,以体现不同环节的工作强度和难度。

2. 破产案件考核机制中的加分项目

在常规性工作之外还有些因素能体现法官的专业能力,可将其作为额外加分项纳入考评框架。(见图3)

一是案件综合效果。即社会效果、法律效果、政治效果的综合体现,通过司法调整失衡利益,引导纠纷主体回归理性,推动社会变迁。例如:(1)突发事件的有效应对。破产案件是典型的群体性案件,极易引发各类突发事件,如以过激形式表达诉求等。及早鉴别突发事件萌芽并予以妥善应对应成为破产案件办案效果的考核指标之一。(2)企业职工的妥善安置。职工安置是破产案件中相对复杂又极为重要的问题,尤其是国有企业破产时更为突出。法院无法简单地在法律范畴内独立解决职工安置问题,需要政府等相关部门的配合及配套政策的支

---

① 如部分破产重整案件重整成功后即终结破产程序,而部分案件重整失败,还需回到破产清算流程通过拍卖等方式偿债。

持，故对于债务人在进入破产程序之前已经处理好职工债权或职工安置问题或需要安置的职工人数较少、情况较简单的破产案件，其考核分值应适当低于面临较复杂职工安置问题的破产案件。(3)惠及民生的衍生效应。破产案件在"一揽子"解决濒危企业债务、确保企业合法退出市场的同时，也涉及对其关联企业、交易对象等众多主体权益的调整，并在更深层次上推动了市场经济体制的良性发展。此外，部分破产案件，如重点企业的成功重整还可能在解决法律问题的同时推动辖区经济的发展，激活"上下游企业"的经营。这种改善民生的附带效益应作为加分项纳入考核。

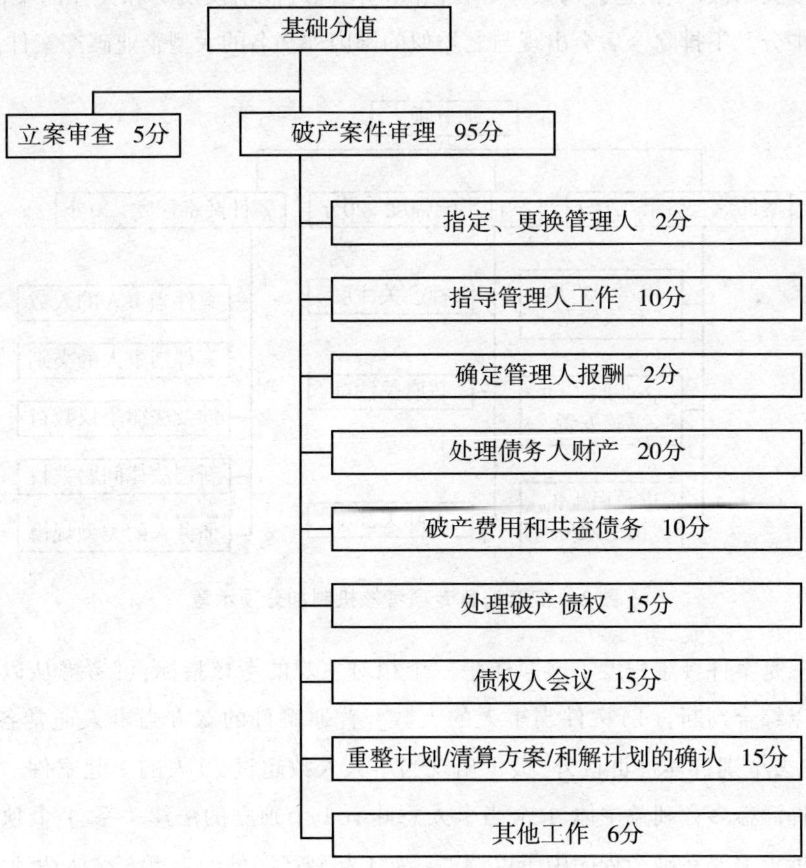

图2 破产法院专项考核分值设定示意

二是案件影响幅度。当案件具备一定影响度时，对于承办法官会形成更大的挑战，这意味着其需为此承受更多的压力、做更多更细致的工作。例如：(1)社会关注度。部分破产案件因特定原因已超越企业自身存亡的界限,其审理结果可能在情理法等方面带来深远或广泛影响,从而在短时间内引发媒体聚焦和公众关注,如三鹿奶粉破产案。(2)政府关注度。某些大型知名企业的破产可能影响其所在产业链的上下游企业,或波及其所在区域的经济发展;部分企业虽属中小型企业,但因为涉及职工安置或特殊债权人群体的权益维护,极易形成潜在的社会不稳定因素,如房地产企业破产时业主债权人可能面临钱房两空的境地故而容易出现过激反应。破产企业所在辖区的政府部门会因此格外关注案件进展。合理应对来自政府部门的这种关注是对法官智慧的考验。(3)国际关注度。如雷曼兄弟破产、柯达公司破产等在国际范围内均能引发反响和关注的案件,应适当加分。不排除今后会出现与之类似的国内外知名的大型企业破产案件。

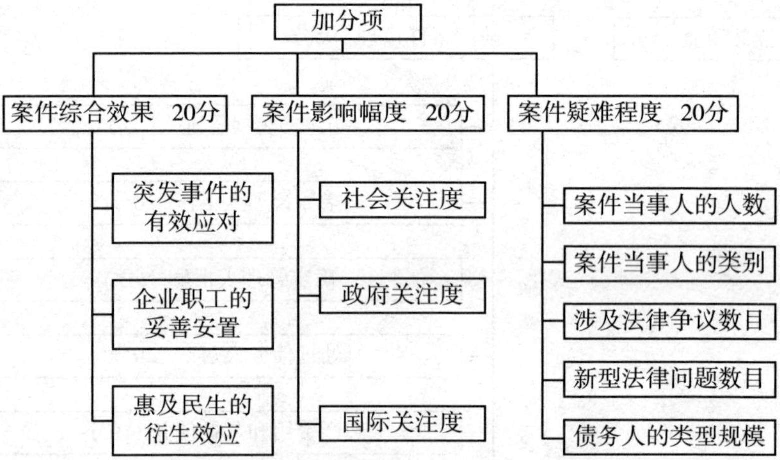

图3 破产法官专项考核机制加分项示意

三是案件疑难程度。这同样是一个相对主观的考核指标,可考虑从以下方面予以综合判断:(1)案件当事人的人数。普通案件的双方当事人通常各为1人,除去个别群体性诉讼外,极少出现当事人人数超过20人的单起案件。而破产案件涵盖多方利益主体,1个当事人意味着1个独立的法律关系、1个独立的权益诉求需要在破产程序中予以调整。如1起破产案件的当事人整体达到20人以上,应认定为人数众多。同时,建议以20人作为一个基数,每增加20名当事人应相应增加一定比例分值。(2)案件当事人的类别。破产案件有时并非仅涉及债权人和债务人,还可能影响债务人出资人、小股东、债务人的连带债务人、担保债权人、职工、战略投资人、有垫资还债意向的第三方等。不同类型的当事人难免有个性化甚至相互冲突的利益需求,即使是同类型当事人内部也可能存在不同利益诉求。故破产案件虽涉及当事人的绝对人数不多,但如涉及多类当事人,则每增加一类利益主体应相应增加分值。(3)涉及法律争议数目。1起普通民事诉讼通常只处理1个法律问题。而破产案件需解决债权确认、别除权、破产撤销权等多个法律问题。同类型法律争议不单独计算,但建议同一起案件中每增加一类法律争议应增加相应比例分值。(4)新型法律问题数目。新破产法及其司法解释相继出台解决了司法实务中的众多问题。但相较于鲜活的现实生活,任何法律都可能存在滞后性。对于破产案件中出现的新型法律问题,鉴于其应对和解决必然需要耗费一定工作量,故应增加一定分值。(5)债务人的类型规模。大中型企业较之小微型企业,国有企业较之民营企业,金融企业较之实体经济企业,股份公司较之有限公司,往往存续时间更长,需要核实账册资料更多,在职工安置、债务清偿、出资人权益调整等方面面临的困难也更多。故债务人的类型和规模也应成为考核指标之一,具体标准可根据各地经济发展水平确定。

3. 破产案件考核机制中的减分项目

对于法官的考核并非是纯粹的业绩考核或者说结案数的考核,而应是业务能力、工作表现、职业操守、工作作风等不同维度的综合判定,并以此为基础对法官予以职业塑造,这才是考核的意义所在。因此,专项考核除去上述加分项,还应包含下列减分项。

一是超越法定审限。公正与效率均是审判追求的价值所在。破产案件在审理流程上虽有别于普通案件,但同样对于特定环节的工作也有时限要求,体现为我国《企业破产法》第10条、第11条、第12条、第14条、第43条等相关规定。故法官应严格依据法律规定的审限完成各环节工作,确实因客观原因需要延长审限也应履行必需的报批程序。否则,无理由、无限制地拖延办案应参照普通案件超审限办案的相关惩戒措施予以扣分。但也需注意虽然破产法对破产案件办理流程的各环节均规定了具体时限,但实践中因为各种原因的存在,很难完全在上述时限内完成特定流程,对此应视情况予以甄别考核。如我国《企业破产法》规定在法院裁定受理破产案件后应在特定时限内完成债务人和管理人的交接工作,但在债权人申请债务人破产的案件中就可能因为债务人不配合导致交接迟迟无法完成;或各方当事人均不愿垫付公告费、审计费等前期费用导致后续环节无法如期推进。此外,在重整案件中寻找适格且有参与重整意愿的战略投资人、制订切实可行的重整方案、具体实施重整计划、评判重整计划实施成败等,均需耗费一定时间。故对于确实因客观因素无法在法定期限内完成的审判工作,法官应予以书面答复,如其理由成立、证据充分,对此则不能简单地认定其超审限办案。

二是提供权力寻租。如前所述,破产案件的诸多环节均存在廉政风险点,掌控整个案件进展的承办法官完全有机会为审计机构、评估机构、拍卖机构、债权人等诸多主体提供权力寻租平台。针对破产案件的特点和各环节的工作完成情况,以及可能存在的违法违规办案等情形,应设置扣减分项,并结合法律法规等予以惩戒,从而确保从细节入手,提高办案流程的规范性、合法性、公正性。

三是适用法律错误。法官最重要的职责在于依据法律做出裁判。而有别于普通案件,破产案件是"一裁终局不可逆"的非诉案件,在法律程序上基本没有上诉、申诉等程序设置,仅有部分环节除外,如可对不受理破产申请的裁定上诉,另外仅可能在破产派生诉讼中行使上诉权。但这并不意味着法官无须适用法律、行使裁判职权。事实上,法官在整个破产案件中作出的各种判断,均是其理解、适用法律的结果,其把控着破产全程的合法性和合理性。而且破产案件涉及多个领域的法律法规及政策的理解和适用,要求法官具备更完备的专业素养。因此,如果在破产案件中,法官适用法律错误,应视其过错程度和造成的后果予以相应扣分。

四是认定事实错误。破产案件虽是典型的非诉案件,即使存在涉案实体争议也应通过破产派生诉讼予以解决,但同样涉及对案件相关事实的认定,如破产申请的材料是否齐备、债务人是否存在破产原因、管理人工作量的确定、共益债务的数额等。如法官未能查明特定事实或认定错误,并因此影响案件公正审理,应为此被扣除相应分值。

五是造成恶劣后果。这是一个相对宽泛的考核要件,是指承办法官在审理中忽视工作方式方法,对突发事件处置不当,实施有损法院形象、违背法官职业道德规范等行为,造成当事人权益受损或其他恶劣后果,应为此受到惩戒和扣分,从而确保责、权、利相统一。

(三)专项考核机制的制度规定建议

笔者建议,可对破产案件承办法官基础审判绩效专项考核机制作如下规定:

1. 破产案件审判绩效评估指标共设基础分模块和加减分模块。

2. 基础分模块共计100分，考核对象为立案审查和实体审理。各考核对象依据各自工作量占据不同权重，立案审查占5%，实体审理占95%。

3. 实体审理内含各流程分设考核节点，并依据需完成的工作量要求赋予不同分值，以承办法官实际完成的工作量判定其应获分值。其中，指定、更换管理人2分；指导管理人工作10分；确定管理人报酬2分；债务人财产的处理20分；破产费用和共益债务10分；破产债权的处理15分；债权人会议15分；重整计划、和解计划、清算方案的确认15分；其他工作6分。

4. 加减分模块共设8项指标，均在基础分值上加减分。加分指标3项：案件综合效果、影响幅度、疑难程度，每项加分不超过20分。减分指标5项：超越法定审限、提供权力寻租、适用法律错误、认定事实错误、造成恶劣后果，每项减分不超过15分。

5. 一起案件先后变更多名承办法官的，不同法官就其负责环节完成的工作量接受考核，分别计算分值。

6. 基础分与加减分的总和为承办法官在一起破产案件审理中的最终工作量考核结果。

四、余　论

司法作为解决社会纠纷的最后一道防线，是一项高度精密、高度专业化的社会活动，需要高素质的专业人才落实到实践中，而一部好的破产法也需要好的法律执行者，①所有这些都离不开合理考核机制的辅助。随着专业化审判的日趋深入，与之对应的法官考核机制也将进一步精细化、个性化。本文选取了专业化审理模式下破产案件这一类案件为视角，就破产案件承办法官基础审判绩效专项考核机制提出初步构想，希望对完善法官考核机制有所裨益。

① 参见毕惠岩：《论法院在破产重整程序中的角色和地位》，载《山东审判》2009年第1期。

航运企业跨境破产的法律困局

孙思琪*

2017年2月17日韩国首尔中央法院正式宣布韩进海运株式会社破产。作为在集装箱海运业务方面曾经位列韩国第一、世界第七的航运企业，成立40年之久的韩进海运就此走入历史。为了应对2008年全球金融危机对航运业造成的持续冲击，国际海事委员会(Comite Maritime International, CMI)早在2010年便成立了关于跨境破产的国际工作组。转眼多年过去，人们对于航运企业跨境破产的关注早已不复当年的热闹，CMI国际工作组也并未取得多少实质性的进展。正在人们渐渐淡忘这一话题的时候，韩进海运于2016年8月申请破产保护，航运企业跨境破产的法律问题再次被推至风口浪尖。本已纷繁复杂的破产法律与海事法律，在航运企业跨境破产中的冲突与碰撞也不可谓不激烈。现象的背后更是两种法律制度之间理念的分歧，恰如流行歌曲形象的譬喻——白天不懂夜的黑。

* 上海海事大学法学院博士研究生。

一、白天与黑夜:破产法律与海事法律的制度冲突

船舶是航运企业最为重要的财产,也是整个海事法律制度的基础与核心所在。船舶的基本功能在于航行全球进行运输,因而船舶涉及的法律关系往往跨越广阔的地域。航运企业一旦陷入破产,引发的法律问题也远比一般企业的跨境破产复杂。跨境破产在破产法学界早已不是新鲜的话题,联合国国际贸易法委员会(United Nations Commission on International Trade Law,UNCITRAL)《跨境破产示范法》(Model Law on Cross-Border Insolvency)自1997年通过以来已有20年,我国对于跨境破产的研究也大多围绕该法展开。但是,在航运企业的跨境破产究竟有何特殊性方面,以及如何因应此种特殊性方面,学界关注不多。这种现象不仅反映了破产法研究与海事法研究之间存在的隔阂,似乎也注定了破产法律制度与海事法律制度之间必然存在的冲突。

1. 国内层面的冲突

破产法律与海事法律在国内层面的制度冲突表现在多个方面。例如,我国《企业破产法》第21条规定:"人民法院受理破产申请后,有关债务人的民事诉讼,只能向受理破产申请的人民法院提起。"该条规定显然对于海事案件的专属管辖不无影响。具体而言,破产法律与海事法律在国内层面的冲突着重表现为债权受偿顺序的冲突,尤其是会受到船舶优先权以及作为其实现方式的船舶扣押的影响。

通常认为,船舶优先权是以船舶为客体的担保物权,法律规定的债权人据此对于船舶拍卖所得价款享有优先受偿的权利。我国《海商法》第22条第1款规定了5种受船舶优先权担保的债权,包括:(1)船长、船员和在船上工作的其他在编人员根据劳动法律、行政法规或者劳动合同所产生的工资、其他劳动报酬、船员遣返费用和社会保险费用的给付请求;(2)在船舶营运中发生的人身伤亡的赔偿请求;(3)船舶吨税、引航费、港务费和其他港口规费的缴付请求;(4)海难救助的救助款项的给付请求;(5)船舶在营运中因侵权行为产生的财产赔偿请求。根据我国《海商法》第23条之规定,以上债权原则上依照上述顺序受偿。

同时,我国《企业破产法》第113条第1款规定了破产财产在优先清偿破产

费用和共益债务后的清偿顺序,包括:(1)破产人所欠职工的工资和医疗、伤残补助、抚恤费用,所欠的应当划入职工个人账户的基本养老保险、基本医疗保险费用,以及法律、行政法规规定应当支付给职工的补偿金;(2)破产人欠缴的除前项规定以外的社会保险费用和破产人所欠税款;(3)普通破产债权。

比较上述两部法律规定的债权受偿顺序,仅在船上人员工资及相关费用和税费方面有所交集,工资和税收历来也在破产债权中居于优先地位。除此之外,我国《海商法》规定的海难救助款项等债权在我国《企业破产法》之下并无优先性,仅能在最末顺位作为普通破产债权清偿。我国《企业破产法》第 19 条规定:"人民法院受理破产申请后,有关债务人财产的保全措施应当解除,执行程序应当中止。"作为行使船舶优先权的必由之路,船舶扣押显然属于该条规定的保全措施,但该条规定的效力是否能够及于破产清算程序中作为担保物权的船舶优先权,现行立法并未明确,学界亦多有争议。我国《企业破产法》第 109 条规定:"对破产人的特定财产享有担保权的权利人,对该特定财产享有优先受偿的权利。"如果认为第 19 条的效力能够及于破产清算程序中的担保物权,上述规定之间似有矛盾之处。因此,有观点认为,船舶所有人破产时受船舶优先权担保的债权人可在自身请求权的限度内对于船舶行使别除权。[①] 但是,由于船舶优先权的行使往往先于破产清算,破产法律之下的普通破产债权如果可以倚仗海事法律的规定获得优先受偿,很有可能阻碍其他普通破产债权获得清偿。而且,由于各国立法对于船舶优先权的法律适用多有分歧,实践中债权人通常会选择扣船更为方便、船舶优先权担保范围更广的国家进行扣船。此种,冲突其实也不仅存在于破产法律与海事法律之间。例如,我国《民用航空法》也规定了"民用航空器优先权",

2. 国际层面的冲突

除管辖权及法律适用等问题外,破产法律与海事法律在国际层面的冲突突出表现为外国破产程序的承认与协助。作为跨境破产中老生常谈的话题,外国破产程序的承认与协助也是《示范法》着重解决的核心问题。受到海事请求保全程序的影响,本已不易的外国破产程序承认与协助对于航运企业的跨境破产显得更为困难。

① 参见李永军:《破产法:理论与规范研究》,中国政法大学出版社 2013 年版,第 306 页。

美国学者马丁·戴维斯(Martin Davies)认为,航运企业的跨境破产存在3个关键时间点:(1)海事请求保全程序启动,以"A"(admiralty)表示;(2)航运企业在主要利益中心所在地的破产程序启动,以"I"(insolvency)表示;(3)破产程序在采纳《示范法》的国家作为外国主要破产程序被承认,以"R"(recognition)表示。由于R的发生以I发生为前提,上述3个时间点在实践中可能存在以下3种发生顺序:①A→I→R;②I→R→A;③I→A→R。[①] 显然海事请求保全程序启动先于破产程序被承认的情形不在少数。即使上述3个时间点的发生顺序为I→R→A,即海事请求保全程序启动在后,海事请求保全程序仍然可能影响破产程序。联合国国际贸易法委员会《国际商事仲裁示范法》(以下简称《示范法》)第15条"申请承认某项外国程序"第1款规定:"外国代表可向法院提出申请,要求承认其已被一项外国程序指定为代表的该外国程序。"但是,此种承认对于航运企业的跨境破产至少存在以下两方面的障碍:

第一,对于未采纳《示范法》的国家难以处理。目前已有41个国家共在43个法域通过了以《示范法》为基础的立法,但仍有大量国家并未采纳《示范法》。虽然未采纳《示范法》的国家也有可能承认外国破产程序,如新加坡对于韩进海运破产程序的承认,但出于保护本国债权人利益等因素,不予承认的情形亦不在少数。例如,韩国虽已采纳《示范法》,但我国尚未采纳《示范法》,因而韩进海运在韩国的破产程序即使已经启动,恐怕也难以得到我国承认。债权人仍然可在我国申请扣押韩进海运的船舶,进而行使船舶优先权以及其他相关权利。

第二,即使在已采纳《示范法》的国家,海事请求保全程序也有可能被视为外国破产程序的例外情形。《示范法》毕竟只能起到指导性的基础作用,在此基础上形成的各国国内法律仍然不尽相同。对于承认外国主要破产程序以后诉讼、扣押等事项的中止,《示范法》第20条允许相关国家在国内立法中规定相应的例外或限制。UNCITRAL《跨境破产示范法颁布及解释指南》提及的例外情形便包

① See Martin Davies. *Cross-border insolvency and admiralty: A middle path of reciprocal comity*. ComitéMaritime International: http://www.comitemaritime.org/Uploads/Work%20In%20Progress/Cross-Border%20Insolvency/Cross-border%20insolvency%20and%20admiralty%20-%20a%20middle%20path%20(002).pdf.

括“担保债权人强制执行债权”。[①] 例如,英国虽然承认了韩进海运在韩国的破产程序,但提供的救济措施却不影响有财产担保的债权人行使权利。

船舶优先权制度的设立,主要是基于公益与衡平之考量,同时充分考虑海上特殊风险的存在。例如,允许海难救助款项优先受偿,主要原因在于救助行为保障了其他债权获得清偿的可能性,否则船舶可能灭失,相应债权的清偿也就无从谈起。船舶扣押作为船舶所有权的行使方式,旨在保障当事人的权利通过正当的法律程序获得实现。破产法律对于破产债权清偿顺序的规定,亦不外乎公益与衡平之考量,但仍与海事法律之间存在明显的冲突。究其原因,不同法律制度的价值目标不尽相同,相应认可的公益与衡平也必然有所差别,制度冲突的背后是两种法律制度之间的理念分歧。

二、效率与秩序:制度冲突背后的理念分歧

规范的商事活动不同决定了破产法律与海事法律之间必然的理念分歧。同为传统商法的分支,破产法律与海事法律的立法理念及价值目标却有着相当明显的差异。“白天与黑夜”的冲突背后,两种法律制度似乎“坚持各自等在原地,把彼此站成两个世界”。破产法律规范破产程序,关注的焦点在于债务人的生死。现代破产法的制度价值之一在于给予债务人重新开始的机会,即诚实的债务人通过破产制度能够从沉重的债务中解脱出来,从而开始新的经济生活。[②] 因此,破产法律的追求在于向死而生,使债务人经历破产以后能够置之死地而后生。但是,海事法律用于规范海事活动,商法的效益性在海事法律中得到充分贯彻。船舶优先权、船舶扣押等制度仅仅关顾具体债权的实现,对于债务人的生死则在所不问。即使债权的实现可能导致债务人破产,也要尽量满足债权的清偿。简言之,海事法律关注效率,破产法律更重秩序。

有财产担保的债权的受偿本身就是跨国破产中的疑难法律问题,原因在于

---

① 联合国国际贸易法委员会:《贸易法委员会跨境破产示范法与颁布及解释指南》,载联合国国际贸易法委员会网:http://www.uncitral.org/pdf/chinese/texts/insolven/1997 - Model-Law-Insol - 2013 - Guide-Enactment-c.pdf,第 85 页。

② 参见[美]大卫·G.爱波斯坦、史蒂夫·H.尼克勒斯、詹姆斯·J.怀特:《美国破产法》,韩长印等译,中国政法大学出版社 2003 年版,第 6 页。

有担保债权的受偿无疑会影响无担保债权的受偿，同时也与破产法律秉持的公平原则存在矛盾。商事交易的目标在于充分利用现有资源以追求最大经济效益，而资金与商品的流转频率与其所获得的效益成正比。① 因此，保障交易便捷是商事法律的基本原则之一。一如船舶优先权的日文表达，船舶优先权是一种"特权"。② 这一制度之下不同类型的债权之间等级森严，孰优孰劣相当分明。对于已被法律明文规定为特权的债权，船舶优先权制度首先关注的是保障债权个体的实现，对于债务清偿全局的形式公平却不多置喙。对于享有此种特权的债权人而言，如果沦落为与其他普通债权在形式上平等受偿，反而可能辜负创设船舶优先权制度的特殊考量，进而造成实质上的不公。而且，船舶航行全球的基本功能导致扣押船舶的机会转瞬即逝，因而债权人必然希望尽早通过扣押船舶建立对自身债权的保障，既可避免陷入在其他普通债权林立的外国主要破产程序中降格以求的窘境，也能免于遭受语言、制度、文化差异造成的障碍。

相比之下，破产法在追求效率的商事活动中更多居于善后、收尾的地位，目的在于形成健康的财务危机处理机制和有序的市场主体退出机制，③公平、秩序便也顺理成章地成为破产法律的主要理念。公平在破产法律中首先表现为公平清偿债权债务，这也是我国《企业破产法》第 1 条确立的立法宗旨之一。如果一种债权基于海事法律的规定却在航运企业的跨境破产中享有特权，便有可能破坏破产法律所追求的公平。当然，破产法作为商事法律也并非不追求效率，但破产法律的效率要求更多在于及时、高效地解决破产事务，尤其是尽量在一个相对统一的破产程序中完成债权清偿，尽量避免个别清偿的发生。船舶被扣押并拍卖显然属于典型的个别清偿，如果航运企业的船舶在主要利益中心以外的世界各地被一再扣押、拍卖，破产程序难免陷入不稳定的未知状态，海事法律与破产法律追求的效率便会发生冲突。

三、走出困局：协调冲突的黎明片刻

海事法律作为法律国际统一卓有成效的领域之一，船舶优先权以及船舶扣

① 参见范健、王建文：《商法学》，法律出版社 2015 年版，第 10 页。

② 船舶优先权在日文中表述为"船舶先取特権"。

③ 参见韩长印主编：《破产法学》，中国政法大学出版社 2007 年版，第 10 页以下。

押法律制度寻求国际统一的进程却始终命运多舛。国际海事立法的历史上曾有3个关于船舶优先权的国际公约,[①]但最终均未取得理想的立法效果。各国物权制度千差万别,物权法往往被归入一国固有法的范畴,即使是一般民事物权制度的国际统一也难有进展。而且,船舶优先权项目的多寡决定了对于特定主体的保护程度,复杂的国际航运活动之中满是各国利益的冲突。船舶扣押领域也曾有2个国际公约,[②]立法效果同样并不理想,原因在于船舶扣押制度涉及各国的司法主权。凡是涉及国家司法主权的法律领域,通常难以取得明显的国际统一效果,外国判决的承认与执行问题便是个中典型。相比之下,外国仲裁裁决的承认与执行问题由于与国家司法主权关联较少,《承认及执行外国仲裁裁决公约》(又称《纽约公约》)在世界范围内已有颇为广泛的影响力。

跨境破产问题本身也与国家司法主权密切相关,而且各国破产法律迥然有异,保护本国债权人利益的理念又根深蒂固。由于航运企业跨境破产同时涉及跨境破产、船舶优先权、船舶扣押等制度,如同白天与黑夜"只在黎明片刻才有浅浅的重叠",试图在国际层面协调破产法律与海事法律的冲突恐怕也并非易事,只能在有限的黎明片刻寻求出路。对于如何走出航运企业跨境破产的法律困局,马丁·戴维斯(Martin Davies)提出的协调之道是互相礼让。然而,这种谦谦君子的理想主义在实践中是否真的行之有效?以外国破产程序的承认与协助为例,目前我国相关法律和政策并非没有关于礼让、互惠的规定。我国《企业破产法》第5条第2款规定了互惠的审查原则;最高人民法院《关于人民法院为"一带一路"建设提供司法服务和保障的若干意见》也明确指出:"要在沿线一些国家尚未与我国缔结司法协助协定的情况下,根据国际司法合作交流意向、对方国家承诺将给予我国司法互惠等情况,可以考虑由我国法院先行给予对方国家当事人司法协助,积极促成形成互惠关系,积极倡导并逐步扩大国际司法协助范围。"但是,我国的跨境破产法律制度并不因此而被认为健全、完善。

孔子有言:"能以礼让为国乎,何有?"[③]法治之难便在于无法凡事皆靠礼让。例如,我国目前的机动车驾驶员培训中也常有礼让的要求,如会车中遇到对方来

---

① 即《1926年统一船舶优先权和抵押权若干法律规定的国际公约》、《1967年统一船舶优先权和抵押权若干法律规定的国际公约》(未生效)和《1993年船舶优先权和抵押权国际公约》(未生效)。

② 即《1952年关于扣押船舶的国际公约》和《1999年国际扣船公约》(未生效)。

③ 语出《论语·里仁》,意为:"若能以礼让治理国家,何难之有?"

车行进有困难需借道时,应当尽量礼让对方先行。但是,一旦发生交通事故,是否礼让却往往不是认定事故责任的考虑因素。礼让更多作为理想化的道德要求用以避免冲突的发生,并不构成当事人的义务,也缺乏强制性的约束力。从国际法的角度考察,礼让也并非具有强制性的义务,而是一国理解国际义务和便利以及对受本国法律保护的法律主体的权利进行适当关注的表示。① 而且,礼让在跨境破产中尚且行之不远,又如何用于协调航运企业的跨境破产问题?法律是由国家强制力保证实施的社会规范,如果礼让能够有效解决法律之间的冲突,法律本身寻求国家强制力保障的意义似乎也显得可疑。对于两种同样受到国家强制力保障的社会规范之间的冲突,也应寻求旗鼓相当的强制力予以解决。

协调破产法律与海事法律之间的冲突,国际层面努力的作用更多在于引导,破产问题似乎注定不能像货物买卖合同一样取得令人赞叹的国际统一成效。CMI 跨境破产国际工作组应当参考《示范法》的模式,尽早尝试制定关于航运企业跨境破产的示范法或立法指南,毕竟《示范法》已经提供了良好的工作基础。但是,工作组现有成员以海事法律专家为主,缺少破产法律专家的参与是否能够妥善完成上述目标,值得审慎考量。也许部门立法、研究的隔阂未来仍将长期存在,但至少对于航运企业跨境破产的法律协调而言,应当打通破产法律与海事法律之间的障碍。单打独斗的部门立法模式恐怕已经难以适应纷繁复杂的现代社会关系。②

通过国际层面的引导,协调冲突的强制力保障仍应立足于国内立法。各国破产法律千差万别,即使海事法律相对统一,但关于船舶优先权、船舶扣押的规定仍多有差异。主要航运国家的国内法律各自明确破产法律与海事法律的关系,应是目前和今后一定时期协调冲突较为可行的出路,一国法律内部的协调本身也是法制统一的题中之义。目前我国立法资源非常有限,修改法律并非易事。我国《企业破产法》如果能够获得宝贵的修改机会,应当明确该法第 19 条、第 109 条与船舶优先权、船舶扣押乃至其他法律相关规定的关系。我国目前破产法律

---

① 参见石静遐:《跨国破产的法律问题研究》,武汉大学出版社 1999 年版,第 94 页。

② 一个典型的例证是,我国《海商法》起草之时曾有关于海上犯罪及其刑罚的规定,但最终该法通过时相关内容均被删除,希望留待我国《刑法》修改之时统一规定在刑法典之中。但是,《海商法》通过以来《刑法》历经多次修改至今仍未规定相关内容,导致我国法律缺失关于海上犯罪及其刑罚的规定。

与海事法律的冲突更多在于规定不明确,处理此种现象应是司法解释的能力可及,因而现阶段可由最高人民法院在充分论证之后出台相关的司法解释,至少明确航运企业破产案件中海事债权的清偿顺序。如果恰有合适的案件,也可考虑在个案的基础上形成指导案例。近年来航运企业的破产呈现逐渐向中型乃至大型企业蔓延的趋势,韩进海运的破产可能并非偶然现象。而且,随着海运强国、"一带一路"、自由贸易试验区、上海国际航运中心、国际海事司法中心等一系列相关国家战略的相继提出,未来我国航运企业自身亦有陷入跨境破产的可能。作为尚未采纳《示范法》的贸易大国、航运大国,未来如何保障我国债权人的受偿权利,应是我国国内法律亟待回应的问题。

七、第七届中国破产法论坛文字实录

2016年8月13～14日，第七届中国破产法论坛在北京友谊宾馆隆重开幕。本届论坛由中国人民大学法学院、中国人民大学破产法研究中心、北京市破产法学会共同主办，北京大成律师事务所、北京市金杜律师事务所、北京市中伦律师事务所、山东华信清算重组集团有限公司、江苏新天伦律师事务所协办，主题包括"僵尸企业"处置与破产法实施、企业挽救制度、关联企业合并破产制度、破产法其他问题4个议题。时任最高人民法院审委会副部级专职委员杜万华发表书面主旨演讲。中国破产法论坛组委会主任、中国人民大学破产法研究中心主任、北京市破产法学会会长王欣新教授，中国人民大学常务副校长、中国民法学研究会会长王利明教授，北京市法学会党组书记、常务副会长苗林，中国人民大学法学院党委书记兼副院长林嘉教授先后在开幕式致辞。最高人民法院信息中心副主任钱晓晨、最高人民法院民二庭副庭长付金联、国家工商行政管理总局企业监管局副局长洪丹，中国消费者报社副总编周卫军，北京市委政法委副书记鲁为，时任北京市第一中级人民法院党组书记、院长吉罗洪，吉林省高级人民法院副院长吕洪民，辽宁省高级人民法院审委会专职委员杨悦等领导和嘉宾应邀出席，来自高等院校、法院系统、政府部门、中介机构等领域的750余位嘉宾与会研讨。

以下是本届论坛研讨的文字实录整理。

开幕式

时间:2016 年 8 月 13 日　上午(8:30~12:20)

地点:北京—友谊宾馆—友谊宫

主持人:徐阳光(中国人民大学法学院副教授、破产法研究中心副主任,北京市破产法学会副会长兼秘书长)

嘉宾致辞

王欣新(中国人民大学教授、破产法研究中心主任,北京市破产法学会会长,中国破产法论坛组委会主任):

尊敬的各位领导、各位来宾大家上午好。欢迎各位嘉宾光临由中国人民大学法学院、中国人民大学破产法研究中心和北京市破产法学会共同举办的第七届中国破产法论坛。现在我代表论坛组委会宣布,第七届中国破产法论坛开幕。

近年来,党中央、国务院对企业破产、“僵尸企业”处置等问题给予了充分的重视。2015 年中央经济工作会议公报强调指出,要依法为实施市场化破产程序创造条件,加快破产案件审理工作。最高人民法院积极落实中央精神,推动破产案件的审判工作,建立了全国企业破产重整案件信息网,于 2015 年 8 月 1 日正式开通运行,并发布了关于企业破产案件信息公开的规定和工作平台的使用办法。此后一些地方法院破产审判庭相继成立,2015 年 8 月 8 日全国首家省级破产审判庭,广东省高级人民法院破产审判庭成立。中国在经济发展过程中遇到了一些困难,引发了中央领导和社会各界对破产法的高度重视,有人说这对破产法来讲是因祸得福。而当破产法的春天到来之际,中国经济进一步健康发展的阳光必然照耀前方的路。

现在我们迎来了第七届中国破产法论坛,本届论坛共收到参会论文200多篇,择优编入会议文集的论文200篇,出席会议的嘉宾有来自全国28个省市和我国香港特别行政区的专家学者、法官、政府工作人员、企业家、律师、会计师等各方面人士约750人,参会人数和论文投稿人数超过了历次会议,可谓盛况空前,反映出社会各界对我国破产法的实施与完善的极大关注和热情支持,让我们为之振奋。

中国破产法论坛以司法实务和理论研究并举、专家学者与实务人员互动共建的方式推动破产法发展,已成为我国进行破产法研究的稳定的交流平台,得到了社会各界的热情支持和高度肯定,中国破产法论坛致力于在大家的参与和支持之下,为破产法的立法完善、司法解释的制定和实务困难的解决做出不断的努力和贡献。本届中国破产法论坛的主题是"僵尸企业处置与破产法实施""企业挽救制度""关联企业合并破产""破产法其他问题"。我们将在友谊宫汇聚英才、凝聚友谊、分享思想,共同为中国破产法的实施与完善而奋斗。我们真诚地希望各位嘉宾能够把自己的研究成果和睿智思想在这里与大家分享,百家争鸣、畅所欲言,共同推动破产法进步。论坛组委会希望各位嘉宾对中国破产法论坛,对大家共同交流平台的创新发展与完善提出宝贵的建议。由于报名参加此次论坛的嘉宾非常踊跃,有的单位几十个人都报名参加,甚至表示站着听会也要参加,大家的热情让我们非常感动,但是组委会不得不适当控制参会名额,所以在此我要对未能够如愿参会的朋友表示歉意。由于现在参会的人数已经达到了友谊宾馆会议接待能力的极限,尽管我们会务组真的已经用尽了"洪荒之力",但可能在就餐、分论坛的均衡等方面难以照顾周全,希望大家能够谅解。

最后,感谢各位领导和各位嘉宾的光临和支持,感谢全国各级法院、各机关单位、各教学科研单位、各律师事务所、会计师事务所、清算事务所等中介机构和各媒体单位的大力支持,感谢各协办单位为论坛所做的组织工作和大力支持,感谢以学会徐阳光秘书长为首的工作人员的辛苦工作,祝各位嘉宾事业有成,身体健康,谢谢!

王利明(中国人民大学常务副校长、中国民法学研究会会长):

尊敬的各位嘉宾,大家早上好。首先请允许我代表中国人民大学向第七届中国破产法论坛的隆重召开表示热烈祝贺,对来自全国各地的700多位专家学者和代表表示热烈的欢迎和衷心的感谢!

大家知道,自2015年以来中央就提出了处置“僵尸企业”,并且将治理“僵尸企业”作为供给侧结构性改革的入口。针对这个问题,法学界对“僵尸企业”的治理和破产问题展开了深度的研究。严格来说,我觉得“僵尸企业”不是一个严谨的法律概念,它是一个经济学的概念。“僵尸企业”也不一定都进入了破产状态,即使是已经进入破产状态的企业也不一定要走破产程序。但是对“僵尸企业”自己来说,破产程序确实是治理“僵尸企业”的一剂良药,是一个非常重要的举措。这是因为,破产法本身规范市场主体。现在政府提出要清理“僵尸企业”,并且提出来要多兼并重组、少破产清算的要求,这与破产程序是非常吻合的。破产法不仅规定了破产清算的方式,还有重整等,这使它能够有效地解决“僵尸企业”面临的问题。从实践来看,现在我们也搞重组,但是大量这种重组都是行政性重组,程序也不规范,而且不少的都是“拉郎配”。这种重组的情况也仅仅针对国企,对大量的非国有企业来说,无法使用这种行政性的重组,所以还是要走司法性重组,这就要纳入破产法范围。但是究竟如何进行还需要思考,因为破产法规定得不是特别详细,所以程序也需要进一步完善。但毫无疑问,将来把这些“僵尸企业”的处置纳入到司法处置的范围,我觉得这可能是一条解决治理破产“僵尸企业”非常有效的办法。

破产法也是有效清理债权债务的法律。“僵尸企业”存在各种债权债务关系,传统的民事诉讼程序难以满足公平竞争的要求,而破产法能够通过管理人制度等各种机制实现公平竞争,不仅能有效地清理债权债务,也是治理“僵尸企业”的有效途径。但是从实践来看,现在真正进入破产程序的案件还很少,只有几千件,甚至有的地方还存在下降的趋势,关键原因还是破产启动动力不足。而且法院现在在受理案件的人力物力方面也遇到了一些困难。目前,有些法院案件爆炸式地增长,人手本来就严重不足,还要应对大量的破产案件,确实存在一定的困难。所以我个人建议:

第一,我们现在要加强司法在处理破产案件的人力物力投入,刚才王会长也谈到,在地方法院建立专门的破产审判庭,这确实是一个非常值得推广的经验,也是一个非常有效的措施。法院应当在处理破产案件当中投入更多的人力物力,否则大量的案件进入不到法院,破产机制就难以发挥应有的作用。

第二,我认为应该设置破产保障基金,设计破产企业的保障机制。这不仅是为了清偿债权债务,现在破产企业最后剩不了多少钱,有的连管理人的报酬都无法支付,这样的话破产就什么都没有了。所以如何通过事先建立破产基金的办法来处理这个问题,是值得我们思考的。

第三,要健全社会保障机制。破产法的有效实施,离不开劳动法和社会保障法的保障。现在破产机制不能发挥应有的作用,一个很重要的原因还是社会保障机制没有相应跟上,所以有必要深入研究相关制度的改进和完善问题,政府的财政应当给予必要的支持,特别是重点解决"僵尸企业"退市后的职工安置等问题。财政应该对此提供支持,这对社会稳定也是很有必要的。

我注意到这次论坛的主题,包括了"僵尸企业"的处置和破产法的实施,也包括了企业挽救制度和关联企业合并等,既有宏观的问题,也有微观层面的问题,这都是我们实践中治理"僵尸企业"遇到的重大实践问题。今天到会的既有理论界的研究破产法的专家学者,也有大量的实务界专家,大家在一起相互研讨、相互切磋,深入探讨,一定会充分发挥破产制度的功能和作用,对有效治理"僵尸企业"、推动破产制度的完善提出许多有建设性的、有价值的参考和建议。我相信大家的参与一定会使本次论坛硕果累累。

最后,预祝本届论坛取得圆满成功,再次感谢大家,谢谢。

苗林(北京市法学会党组书记、常务副会长):

尊敬的各位领导、各位专家学者大家上午好。非常高兴出席第七届中国破产法论坛,这是全国破产法学研究领域的年度盛事,也是一次重要的学术盛会。今天大会上安排开幕致辞的4位嘉宾都是我们北京市法学会委员,王利明老师是人民大学的常务副校长,也是我们北京市法学会学术委员会的委员,王欣新老师是我们北京市法学会破产法学会的会长,将要致辞的林嘉老师也是我们北京市法学会的副会长。这些嘉宾的出席体现了对于这次论坛的重视,也体现了今天论坛的巨大影响力,借此机会,我代表北京市法学会向各位专家和朋友表示感谢,并对第七届中国破产法论坛的胜利召开表示热烈祝贺。

北京市破产法学会成立的时间不是很长,但是在王欣新会长和常务理事会的带领下,是北京市法学会所属40多家研究会当中法学人才荟萃、学术研究活

跃、作用发挥明显的研究组织。总而言之,我们认为北京市破产法学会的工作体现了这样几个特点:

一是学术水平领先。近年来,北京市破产法学会先后举办了破产审判新动态及应对策略的主体报告会、破产重整制度的专题研讨会、房地产企业破产法律问题的专题研讨会、第十一届中国青年经济法博士论坛暨经济法视野中的市场准入与市场退出的问题研讨会等多场学术研讨活动,取得了很好的社会影响。特别是与中国人民大学破产法研究中心、最高人民法院民二庭和北京市高级人民法院等单位联合创办了中国破产法论坛,已经成为全国最具影响力的破产法学术品牌,得到了最高人民法院领导、北京市高级人民法院领导和广大专家学者的好评。

二是研究成果丰硕。北京市破产法学会与中国人民大学破产法研究中心的研究团队共同承担了最高人民法院司法解释的起草、信息平台建设等工作,承担了国家发改委等部门的课题,主持了国家社科基金、教育部、司法部、中国法学会、北京市法学会等国家级、省部级的多项课题,并对国家的经济发展、社会建设和法律建设的需要,深入开展法学研究,为立法司法和法律实践提供了法学的支持。同时北京市破产法学会与中国人民大学破产法研究中心联合创办了破产法文库、破产法前沿系列讲座等研究载体,为广大专家学者与会员参与学术研究活动提供了研究平台。

三是追求协同发展。北京市破产法学会在破产法的研究与交流上,立足北京、面向全国、走向世界。在国内,与最高人民法院民二庭、北京市高级人民法院合作,举办了中国破产法论坛,与山东省法学会企业破产与重组研究会、上海市法学会破产法研究会形成战略合作,推动破产法的研究,取得了可喜的研究成果。在境外,会长王欣新教授作为中国代表团成员参加联合国国际贸易法委员会第五工作组(破产法)的工作会议,参加东亚破产法论坛并做了主题报告,副会长兼秘书长徐阳光两次赴我国台湾地区进行学术交流,并且多次参加各种各样的学术研讨活动。所有这些活动对扩大国内外破产法理论与实务的交流合作起到了积极的示范与引领作用。

四是注重自身建设。2015 年 6 月北京市破产法学会召开了第二次会员代表大会,选举产生了新一届的理事会和学会领导班子,修订完善了学会章程和学会管理制度,扩大了会员发展的范围,吸收了 8 家单位作为团体会员,进一步壮大了会员的队伍,增强了学会的团结凝聚力。

今天举办第七届中国破产法论坛,是我们广大破产法专家学者积极参与国家经济建设、社会建设和法治建设的一种方式,也是破产法学会群策群力、凝聚智慧,共同为国家经济建设、社会建设和法治建设提供智力支持的重要形式。本届论坛共有750余名专家、学者参会,会议收到论文200多篇,将有70多位嘉宾围绕“僵尸企业处置与破产法实施”“企业挽救制度”“关联企业合并破产”等议题作主题发言或进行评议,这是一次规格高、规模大的破产法研究的盛会,既有宏观层面即体制机制构建的内容,又有微观层面具体问题的分析和解决对策的建议,既有理论研究的成果又有实践经验的总结。相信本次论坛必将会碰撞出更多更好的思想火花,形成丰硕的研究成果,对推动中国司法进步发挥智库的作用,希望中国破产法论坛越办越好。

最后,衷心希望北京市破产法学会把握机遇,继往开来,牢牢把握法学研究的正确方向,坚持法学理论与实践的紧密结合,在全面依法治国、建设法治国家的过程中发挥更重大的作用。最后,预祝第七届中国破产法论坛取得圆满成功,谢谢。

林嘉(中国人民大学法学院党委书记兼副院长、教授):

尊敬的各位领导、来宾、各位专家学者,大家好,非常高兴出席第七届中国破产法论坛。今天的论坛可谓嘉宾云集,中国破产法界的各位专家学者、法官云集在此,确实是盛况空前。

中国破产法论坛是中国人民大学法学院资深教授王欣新教授带领破产法学会创立的,至今已经是第七届论坛,在破产法界有越来越大的影响力和越来越高的知名度,所以我谨代表中国人民大学法学院对本次论坛的召开表示最热烈的祝贺,也对今天出席论坛的各位专家学者,表示热烈的欢迎和衷心的感谢。

随着我国经济发展进入新常态,特别是国家提出供给侧结构性改革以来,国家也出台了许多新的产业结构调整和优化升级的政策。去产能、去库存使越来越多的企业面临产业调整和重组发展,包括一些“僵尸企业”面临破产淘汰。面对企业的破产重组,如何在法律层面规范解决,确实是一个重要的课题,所以也吸引了今天这么多的嘉宾来到本次论坛。企业破产归根到底都是一个法律问题,这既涉及立法,也涉及司法,既是一个实体问题,也涉及程序问题,特别是随着改革的深入,破产领域也面临着越来越多的新问题和新挑战,这些都需要我们在理论上进行充分的研究,在立法上进一步完善。同样,在司法裁判中我们也需要有更多的创新。我们也注意到目前许多地方都成立了专门的破产审判庭,法院的审判审理走向更加专业化的道路,这对于公正妥善解决破产问题有非常重要的意义。

企业的破产重组,除了解决破产企业的资产、债权的分配和企业重振之外,我觉得它必然涉及职工的安置,涉及劳动债权的清偿。所以,破产重组不仅仅是引发企业的消灭或者组织形态的变更,也必然会引发劳动关系的调整,因为我本人是做社会法研究,这些年一直关注企业破产和企业重组引发的各种劳动关系问题。近些年我国的劳动争议案件不断上升,相关的争议和企业的破产重组有密切关系。2015 年全国涉及集体劳动争议的案件大概有 2000 多起,包括罢工、停工或怠工现象,其中相当一部分和企业的破产都有关系。比如,2014 年深圳 IBM 公司由于联想的收购引发员工对于安置费的不满,导致 1000 多人罢工,引起了各界的关注。所以这些企业关闭和破产都和职工的权益保障有很密切的关系,在处理这类问题涉及劳动者权益方面,我本人有以下几点思考:

第一,妥善解决好资本和劳动的关系。劳动和资本是市场的两大要素,也是企业生存发展的两个基本要素,两者共生共存。怎么解决好两者的关系,涉及企业破产问题,必然和劳动者权益有关系。我们知道,按照现行法,劳动债权在各类破产债权中的清偿顺位中,在破产费用、共益债权之后,普通债权之前受偿。欠的工资是否应当视为担保债权?工资是基本的生存权的问题。能不能在劳动债权里再做一些区分?能不能给它一些更好的优先权地位?

第二,在处理这些破产重组引发的职工安置问题争议的时候,应当更加严格依照法律的规定和程序。比如,我国《劳动合同法》第 41 条规定,涉及企业的经济性裁员问题,现在很多企业并没有按照第 41 条的规定去做,裁员没有和职工做必要的协商过程,最后导致职工对方案不满,引发了争议,导致社会的不稳定。所以一定要按照法定的程序解决这类问题。当然,更重要的还是要有一个协商程序,不能由企业一方完全说了算,怎么与职工协商,妥善处理安置方案,这是一个非常重要的问题。

第三,法院处理相关案件的时候,还要注重法律的平等适用。因为破产问题涉及中国企业政策法律的延续,最典型一个问题是涉及职工安置费用,在政策性破产中,针对部分国有企业在破产过程中对有本地户籍的职工给安置费。我们曾经参与的一个案件讨论涉及企业破产中不同身份职工的待遇，比如，有北京户口和没有北京户口的职工解决方案不一样。因此，我们要破除一些旧的法律观念，采取更加平等的态度。

参加今天研讨会的，有来自理论界的著名专家学者，也有来自审判一线的富有经验的法官，还有很多实务工作者，相信今天的研讨一定会很精彩，期待大家的发言。

最后预祝本次论坛取得圆满成功，谢谢大家。

主旨演讲

杜万华（时任最高人民法院审判委员会副部级专职委员）：

各位专家、同志们，大家上午好。值此第七届中国破产法论坛召开，我们相聚在一起，共同探讨运用破产法治方式处置"僵尸企业"、服务供给侧结构性改革相关问题，我感到非常愉快。这个论坛迄今已成功举办了6届，不仅实现了搭建"融智"平台以便利各位同仁交流破产学术成果、分享破产实务经验的目的，而且论坛也已然成为凝聚培养法治人才、传播破产法律思想、坚定破产法治信仰的坚固阵地。在此，我谨代表最高人民法院，向本次论坛的召开表示热烈祝贺，向论坛主办方中国人民大学法学院、中国人民大学破产法研究中心、北京市破产法学会表示衷心感谢，向长期以来积极支持人民法院破产司法工作、推动破产司法事业向前迈进的有关机关、单位和社会人士致以崇高敬意。

企业破产法律制度对优化资源配置、规范市场秩序、公平保护各方权益、实现市场出清具有重要作用。自2007年我国《企业破产法》实施以来，人民法院切实发挥破产司法职能，正确运用破产法律受理审理一批企业破产案件，初步展现了破产法律制度调节经济结构、服务企业发展的积极功能。但是，由于对破产制度的认识不全面、企业破产配套制度不完善、破产审理工作机制不健全等因素影响，开展企业破产工作存在较多困难，破产法律制度的作用尚未充分发挥。

党的十八大以来，以习近平同志为总书记的党中央高度重视发展和完善社会主义市场经济。党的十八届五中全会要求更加注重运用市场机制、经济手段、法治办法化解产能过剩，完善企业退出机制。中央经济工作会议强调在处置"僵尸企业"化解过剩产能、推进供给侧结构性改革中司法部门要依法为实施市场化破产程序创造条件。中央的要求指明了我国经济结构性改革方向和路线图，也发出了企业破产司法工作围绕中心、服务大局新的号召。中央制定经济政策、金融政策、产业政策集中处置“僵尸企业”,相当一批企业和产能存在的矛盾已充分暴露。对此,我们既要有效运用破产清算方式淘汰劣质企业和落后产能,又要充分运用破产重整手段促进具有经营价值的企业、产能兼并重组以实现规模经济效益,还要通过公正高效的破产司法工作一体解决“僵尸企业”长期以来累积的各类深层次矛盾、维护公平有序市场秩序。可以说,当前我们正面临运用企业破产法治思维和法治方式促进国家治理体系和治理能力现代化重大契机,全体破产法律人在保障供给侧结构性改革顺利推进中必须勇于担当、敢于作为。

最高人民法院高度重视充分发挥破产审判职能作用稳妥解决“僵尸企业”深层次矛盾,高度重视运用破产法律程序来实现优化资源配置、提升产业层次、实现公平保护。我们总的思路是:以中央“去产能、去库存、去杠杆、降成本、补短板”五大任务为目标,依法积极开展破产案件审理,充分发挥破产审判职能,努力营造市场化破产的良好司法环境,把人民法院办成“生病企业”的医院,切实推动破产审判工作常态化、规范化、法治化。自2016年以来,采取了一系列措施推动企业破产司法工作。下面我就这方面作一个概括的介绍。

一是推动破产案件快速受理审理。推动破产案件快速受理审理是我们工作的重中之重。(1)认真落实破产案件立案登记制改革的要求,努力解决破产案件“启动难”问题。最高人民法院下发了破产案件立案受理问题的通知,督促破产案件依法快速立案受理。(2)加快拟定关于执行案件移送破产审查若干问题的规定,促进符合破产条件的企业快速进入破产。(3)已建成在互联网公开运行的“全国企业破产重整案件信息网”,同时颁布《关于企业破产案件信息公开的规定》《企业破产案件法官工作平台使用办法》《企业破产案件破产管理人工作平台使用办法》三个规范性文件,力求以信息化手段规范和推进破产案件依法受理审理。信息网已于2016年8月1日正式开通运行。一方面,企业破产重整案件信息平台通过“破产案件全覆盖、利益主体全覆盖、法律流程全覆盖”,有机、紧密地将债权人、债务人企业、市场投资者、其他利害关系人以及人民法院联系在一起,实现企业破产程序启动的高效和便捷,落实破产案件各环节正当法律程序,实现依法公平保护。另一方面,信息网开辟专区公布债务人企业信息,不仅及时公布破产企业资产负债状况,而且公布企业产品信息、组织管理信息、市场营销体系等各类信息;不仅公布破产企业的信息,还公布战略投资人、其他破产重整参与人信息。信息平台将企业价值、投资信息在更广阔的市场展现,力促资本、技术、管理能力等要素在全国乃至全球范围内自由流动和有效配置，最大程度激活中国企业的潜能。

二是推动建立破产工作统一协调机制。“僵尸企业”破产通常涉及妥善处理企业退出和产能化解所引发的国有资产保护、金融安全维护、职工安置和再就业保障、非公经济平等保护等一系列问题，涉及面广、影响重大。实践表明，由地方政府和法院共同建立“企业破产工作统一协调机制”，十分有利于依法积极推进“僵尸企业”破产工作。最高人民法院于 2016 年 5 月向各地法院下发了《关于依法开展破产案件审理积极稳妥推进破产企业救治和清算工作的通知》，主要内容之一就是落实各地建立协调机制的问题。目前，很多地方已行动起来，已建立了协调机制。

三是积极协调完善破产配套制度。在完善破产配套制度方面，目前亟待解决的是破产费用保障和破产税收优惠两大问题。破产费用保障方面，对无力支付破产费用而无法开展破产的“僵尸企业”提供费用支持，非常有利于解决“僵尸企业”破产启动难的问题。在破产费用保障上最有效的方式是财政部门拨款援助建立破产费用保障资金，由该资金来保障没有财产的企业能够进行破产。就此，据我了解，中国人民大学破产法研究中心与有关部门已作为专项课题进行了论证。我们也对财政拨款援助的必要性、可行性、操作性进行了研究，并向有关部门提出了建议。在破产税收优惠方面，总体上涉及修改现行相关税法。在税法修改前，我们在个案审理中认真审慎指导地方法院依法、妥善处理税收优惠问题。

四是切实推进破产审理专业化。我们努力打破法院内长期存在的由于没有专门的审判机构，所以法院不愿或不会处理破产案件，由于不处理破产案件所以就更不需要专门审判机构的不良循环，鼓励、支持地方法院建立专门清算与破产审判庭。目前，经过不懈努力和有关部门支持，这方面我们取得了明显成效。最高人民法院于 2016 年 6 月 22 日下发了《关于在中级人民法院设立清算与破产审判庭的工作方案》，确定 2016 年 7 月底前在北京、上海、天津、重庆 4 个直辖市的中级人民法院以及河北、吉林、江苏、浙江、安徽、山东、河南、湖北、湖南、广东、四川 11 个省的省会城市和副省级市中级人民法院设立清算与破产审判庭。2016 年 12 月底前在其余省（区）省会城市和副省级市中级人民法院设立清算与破产审判庭。目前，这一工作已全面铺开，一些中级人民法院已成立专门审判庭。近日,广东省高级人民法院在全国高级法院中率先成立了专门审判庭。

五是采取恰当措施,积极引导有关方面正确认识破产。一方面,我们主动与有关方面沟通,深入介绍破产制度功能和破产审理工作情况,尽力获取多方面的理解、认同和支持,倡导与有关部门成立工作沟通机制。另一方面,指导各地法院积极宣传法律效果与社会效果俱佳的破产典型案例。通过宣传,力求消除认识误区,力求引导充分认识破产重整在推进兼并重组实现规模经济效益、提升企业质量效益方面的积极作用,充分认识破产清算在一体解决企业累积的各类矛盾、去除企业债务杠杆等方面的积极功能,切实树立破产制度是资源有效配置、企业产能顺畅退出的有效法律通道的观念。2016 年 6 月中旬,我们从地方法院审结的案例中遴选了 10 个破产典型案例向社会发布,这些案例以企业破产重整、和解为主,兼有破产清算,旨在引导有关方面对破产树立正确认知。同时,鼓励、支持有条件的地方法院建立破产案件宣传常规机制。

同志们,在破产司法工作方面,我们已经开启了新的时代。目前,从全国范围看,很多方面还需要我们高度重视并不懈努力。在此,希望各位专家、同仁要多关注司法实践,多为破产司法工作提供营养、奉献智慧。我们深信,通过社会各界的共同合作、攻坚克难,必定有力促进企业破产工作市场化、法治化,必定会为供给侧结构性改革、促进经济发展方式转变营造良好司法环境,也必定会使中国法律成为企业发展和投资者权益保护的肥沃土壤。

最后,预祝论坛圆满举行!谢谢大家!

大会主题发言

时间:2016 年 8 月 13 日　上午(9:45~12:20)

地点:北京—友谊宾馆—友谊宫

主持人:李永军(中国政法大学民商经济法学院副院长、教授,北京市破产法学会副会长)

嘉宾演讲

王欣新(中国人民大学破产法研究中心主任、教授,北京市破产法学会会长):

今天我和大家共同探讨的问题是关联企业的实质合并破产。关联企业是企业集团发展过程中必然形成的业态。当关联企业出现破产时,其在债务清理、财产界定、企业成本挽救等方面都会产生很多新问题,要远比单个企业的破产严重得多,尤其在涉及国外企业时,分别进行破产和重组程序,不仅破坏企业的营运和清算价值,导致资产贬值,也可能使债权人借机输送,破坏公平清偿等基本原则。关联企业的合并破产包括企业的合并清算和合并重整,但是我个人认为,不宜把和解程序包括在内,因为和解程序更多是依赖于单个企业内部关联企业的协商,而且要求在提起和解程序申请的时候,必须要提交和解方案,这样就使当事人自愿协商,出现对实质合并的强制性适用的时候,可能会把自愿协商的原则扩大到企业的外围,从而超出了当事人可以自觉的范畴。除此之外,实质合并的重整从实际效果来讲也可以取代和解的社会效益。在破产程序中,涉及关联企业处分,可能有多个法律审判,但是实质合并是所有法律审判中最能体现社会效果的。

从各国立法经验,包括我国的相关的实际案例来看,实质合并的标准可能包括以下几个方面:一是法人人格的高度混同,应该说这是一个最基本的标准。二是资产债务分离成本,有的时候由于法人人格高度混同导致财产的分离、债务的分离非常困难,成本过高。如果强行进行分离,会造成巨大的社会成本,甚至使债权人的清偿财产主要用于分离成本的支出,使破产程序的进行失去主要的意义。三是利益平衡标准。有的人称为破产管理利益标准,也就是说怎么做才能有利于重整的成功或者是提高清算的价值,使整体债权人的利益增加,或者是通过合并使得大多数债权人受到的损失减少,甚至是原来反对合并,清偿率较高的关联企业的债权人也能得到更高的清偿。在这几个标准之中,应该说法人人格混同是最基本的要件,正是由于法人人格的混同,才造成资产债务分离成本过高,才造成在整体重整和分离清算和整体清算等方面出现成本的差异和分配价值的差异。在实质合并的决定权方面,现在有的案例是由法院组织债权人会议进行表决,然后在表决通过的基础之上,法院再作出合并破产的裁定,我认为这个程序是不妥的,首先,是因为债权人的会议在不同的企业之间可能作出不同的决议,尤其是一些企业清偿率比较高的时候,这个合并会对债权人造成一定的利益损失,债权人可能就会反对这个企业合并。其次,关联企业的实质合并涉及的是法人人格的高度混同以及当事人实际权利义务的认定,这种认定是具有司法裁判力的认定,应当只有法院通过裁判的方式才能作出,而债权人会议仅仅是债权人决定其内部事务的平台,没有权利超越设计的宗旨,决定多个企业之间法人人格混同的问题,而且破产法也没有将它纳入债权人会议的职权范围内。除此之外,未来我们还将面临关联企业和关联自己人企业、自然人企业的合并,还有跨界的关联自然人企业的合并,也是我们将来需要逐步解决的。谢谢大家。

王卫国(中国政法大学教授、中国银行法学研究会会长):

我国新的《企业破产法》至少有4个地方值得肯定:第一,在这10年当中,破产法的司法实践经验日益丰富,程序制度不断完善,法官队伍不断强大。第二,破产法律服务队伍,包括律师、清算师的职业队伍日益壮大,技术水平、职业信誉不断提高。第三,我们的破产法理论研究,10年来取得了长足的发展,有大量的成果问世,在理论方面有很多创新的成果,这是值得我们欣慰的。第四,在这10

年来我们验证了企业破产法立法指导原则的正确性,在当前经济下行和去产能的形势下,企业拯救制度也得到了广泛的应用。所以,我今天想简单对企业拯救制度作一个历史回顾和理论性的前瞻。

在当前去产能的情况下,大体上有3个值得我们注意的地方:第一,去产能和清理“僵尸企业”,不是一破两治,我们说的“僵尸企业”不要当成法律的概念,它就是一种经济现象,法律上要用的就是困境企业这个概念。因为“僵尸企业”这个问题不是完全由法律解决的。第二,从这些政策中可以看出,需要采取区别对待的方式,区分不同的情况,采取不同的措施。第三,目前处置“僵尸企业”还是以法庭外的处置措施为主的,司法程序是后盾。

关于前瞻性的问题,我想简单谈几点:第一,目前我们已经进入金融法治时代,所有法律问题都可以从金融的眼光去解读、去考虑、去处理。第二,在金融时代我们的思维首先是系统性思维,一个破产事件它设计债权人和债务人之间的关系,有广泛的社会连带性。第三,多方共赢的理论,它不是一个零和游戏,不能在这个思维下寻找思路,而要使各方得到最大化的共赢。财务破产标准和综合治理的思想要结合起来,现在破产法的财务破产的标准,还不能放弃,但是毕竟存在很多问题,财务破产的原因还是前面的原因。第四,破产程序的稳定性和开放性,过去我们讲破产程序是一个封闭性概念,说的就是这些当事人,就是这些问题。现在看来,当初破产法立法的时候,就是突破1986年破产法行政化的特色,现在我们要让破产法有一定的开放性,很多破产事件的处理,不能拒绝政府的作用,不能拒绝社会组织的作用,牵扯到的问题不仅仅是债权债务的问题,所以我们要处理好这个事件,要动用社会各方面的力量和各方面的资源,妥善处理这些问题,才能达到多方共赢的结果。第五,法庭外的重组制度规范化的问题,目前来说,我们法庭外重组还是一种合同意义上的实践,但是有很多做法可以总结出来进而形成规则。

石静霞(对外经济贸易大学法学院院长、教授,北京市破产法学会副会长):

各位领导、各位来宾,大家早上好!非常荣幸有机会在这里和大家分享有关跨界破产合作方面国际上的新发展和中国的立法和司法实践。我的分享涉及以下几个部分:

第一,跨界破产领域在国际上的新发展主要体现在两个方面:一是联合国国际贸易法委员会所做的、有关破产方面的、示范法为核心的一系列法律文件。二是欧盟。欧盟在去年修改了自身的破产规则,取得了新进展。

第二,国内和国际上的企业集团破产。中国实质合并等方面的立法和司法解释可以参照联合国国际贸易法委员会(United Nations Commission on International Trade Law,UNCITRAL)集团公司的问题。除了《破产法立法指南》之外,UNCITRAL 还有一系列的行动,包括从司法角度看破产法的运行,主要目的在于协助法官处理实际的破产案件,它从法官的角度解析示范法,根据示范法提出承认和申请合作以及其他的问题。对于律师、会计师、破产清算的执业人员来说,一个专门的合作实务指南具有很重要的参考意义。

第三,中国的跨界破产合作。从立法层面分析,我国现行《企业破产法》第 5 条是关于跨境破产的规定,在立法上是非常不完善的。因为当时起草组组长和我说该法第 5 条可以写得长一点,但是只有一条篇幅的空间,且在条文中只能规定一个原则。在司法实践方面,这些年由于立法的不完善,司法实践也是不够统一和完善的。我借此机会呼吁,大家要关注跨界破产,特别是年轻人,我觉得这个领域应该是非常有前途的。从司法实践来讲,2014 年美国新泽西州破产法院,正式承认了浙江尖山广电破产案的司法效力。我个人认为,这个案件对我们中美间的破产合作是有里程碑式影响的。另外,在中国经济的全球化中,我们注意到很多涉及在国内运营的公司在海外上市的案件,如无锡尚德涉及美国的程序、中国的程序。最近的佳兆业案,它是在我国香港特别行政区提起的,美国法院也承认了重整的效力,但是佳兆业主要的运营业务是在内地。这些案件还是很有意思的,希望大家关注。

总而言之,目前进行的供给侧结构性改革或者说去产能、中国经济转型期的特殊情况,给中国破产法的发展提供了特别好的机会,是破产法发展的黄金时期。下一步对示范法的关注,对欧洲规约的关注,我们都可以在今后进一步研究。我国作为世界第二大经济体,越来越多的企业走出去,进行国际化经营,还有"一带一路"战略等,都在呼唤中国的跨界破产在立法和司法实践方面取得真正的发展。我也真正希望,以后在跨界破产领域不再感到这么孤独,谢谢大家!

钱晓晨(最高人民法院信息中心副主任、北京市破产法学会副会长):

我的题目是破产重整信息网建设的一些思考。根据中央的改革精神,我们确立了全国企业破产重整案件信息网的 3 个建设目标:第一个问题,解决融资难。破产重整难在新资金的引入,那么新资金引入的最大难点如何解决?答案是信息化。它能够吸引别人投资,解决融资难,也给投资人提供一个机会。

破产程序参与人的主体有哪些?这跟信息系统的构建直接相关。法官、破产管理人、投资人、债权人、债务人为破产案件参与人的主体,这些主体在法院的信息系统里具有何种影响呢?人民法院的信息建设就像1棵树,中间大树干就是大数据平台,根据信息系统安全等级,法院设置了5个网系,就像5个树杈:法官办案是在法院的专网,我们服务的对象在互联网上,此外,还有涉秘系统、与金融机构联网的专网、部分的局域网。在不同的网络上,我们构建这样的信息系统,就要围绕这样的基础设施进行。这使我们破产重整程序相关的主题分布在整个系统的网系上。我们要打造的系统,就是片片绿叶,绿叶就是不同网系上的不同应用,互联网主要是服务人民群众和当事人的。专网就是服务法官审判执行的,办案系统分布在这个网系上,对于信息网和管理人的平台分布在互联网上,我们还要打造移动互联,便于大家参与破产程序。这是我们整个的架构图,从这里我们可以看到,分布在专网上的是法官工作平台、管理人工作平台。在互联网上,他们的工作支撑起我们互联网上对相关参与人的全流程服务,这样的工作平台会生成大量的信息,包括债务人的信息。数据是生产出来的,而不仅是填报出来的。

第二个问题,就是要解决立案难,到底是在网上直接立案还是预约立案。现在最高人民法院针对公众提供了网上预约立案方式,针对律师提供了直接立案方式,基于便利考虑,还可以提前立案。网上立案的问题除了身份的真实性,还有材料的真实性。材料必须真实,破产程序一启动不是个案,而是一系列的案件,再回头就困难了。

第三个问题,就是要打造破产案件审理的透明度、公信力。我们知道吉林省高级人民法院打造了全省电子法院的模板。这个系统是贯通全国四级法院的能够在网上运转的第一个系统,以信息化3.0为基本要求打造的信息化平台。现在从立案开始到破产程序全流程都可以在网上进行。在管理人的工作平台方面我们打造了全流程、全节点覆盖的平台,我们要帮助引导管理人更便利地开展工作。我们在管理人平台上整合了大量的格式文书,将来会智能生成相关的文书,因为有了当事人信息、债权人的信息,系统就可以自动生成相应的文书,大大方便了大家的工作。同时,管理人和法官的交流完全可以在这个平台上进行,更加便捷,所有的申请、请示、答复都可以在这个平台实现。在全国企业破产重整的一个 LOGO 中,两个手握在一起,表示合作共赢的意思,同时有一个火炬,象征着我们的困境企业浴火重生,阳光指的是程序的公开,最后是一个国旗的颜色,表示对国家的大政方针和宏观政策提供支持。我们用这样的 LOGO,希望我们的破产法治事业兴旺发达,谢谢!

洪丹(国家工商行政管理总局企业监督局副局长):

大家好,今年工商总局和税务总局发文,要求对长期不经营的企业吊销营业执照,是出于商事制度改革的考量。年检制度曾经是企业退出市场的最主要渠道,但当年检制度改革成年报制度,就没有了吊销营业执照的程序,使企业丧失了最主要的退出渠道。一年一年的累积会导致异常经营的企业数量很可能多于正常经营的企业数量。它会造成几方面的问题:一是无法判断本辖区有多少经营企业;二是这些企业长期占用名称资源,影响了新生企业取名;三是影响税务管理。所以我们考虑,还是需要吊销营业执照的程序。

由此我们从公司法制度设计上进行思考。根据英国公司法的规定,公司设立应当方便;如果公司不年报会有处罚,并且还有恢复制度。但我国公司法没有恢复制度。商事制度改革的初衷是还权于民。企业登记、公司登记,这是公民自身的权利,我们认为这不是行政许可,其与行政许可相比是有本质不同的,因为它不涉及有限资源的调整,它可以贡献税收,解决就业。此外,商事制度改革目的就是通过信息对称,维护交易秩序。工商总局商事制度改革建立了企业公示系统以后,系统的查询量很多。所有的企业都可以用互联网查询,这对法律实务的操作、规范关联企业,以及规范企业对外投资都很有帮助。回到刚才谈的商事制度改革话题,我们觉得我国公司法的设计,可以借鉴英国公司法,打通设立、退出、恢复 3 个环节。

章恒筑(时任浙江省高级人民法院审判委员会委员、民二庭庭长):

我的题目是"'僵尸企业'处置与破产审判的常态化"。破产法的实施应该要求常态化,如果说一段时间重视,一段时间不重视,在某种程度上是一种选择性执法,可能会传递出扭曲市场的信号。

浙江省的破产审判有以下几个方面:第一,推进破产法的实施。第二,在浙江省破产审判的生态环境方面,浙江省的市场主体结构是以民营、中小企业为主体,正是由于这样的市场结构,在浙江商事制度审判方面我们有一个提法,即以中小企业司法保障作为商事审判的基本载体。第三,就破产审判而言,浙江省的破产案件有一个明显的特点，是以中小企业为主体，我们概括成双构成现象，一个是构成破产原因，另一个是构成集资犯罪嫌疑，这是我们浙江省破产审判面临的问题，浙江省在2013年出台《关于当前办理集资类刑事案件适用法律若干问题的会议纪要(三)》(浙高法〔2013〕241号)。第四，从浙江省高级人民法院调研指导的角度来看，我们有几项工作：一是从2011年我们出台过浙江法院"司法挂号"制度规范，这可以从网上找得到，也是应对国际金融危机背景下的处置手段，到现在我们每年都发一个破产审判报告，而且我们计划就此形成制度并进行延续。二是从2012年开始，我们每年都有一个重点课题的调研，2012年是市场化导向的破产审判的调研，2013年是经营改革，2014年是完善破产审判的指导监督和外部协调机制，2015年是破产审判常态化调研，今年我们调研报告主题是破产管理人履职情况的调研。

最近以来，浙江出台的《关于处置"僵尸企业"指导意见》，明确提出要按照法治思维和法治方式，尊重人民法院独立依法行使审判权，对接最高人民法院的在破产审判中的部署，完善相关的税收、金融、土地政策，并且要求在各级政府中，要加大对破产法的培训。浙江是海洋大省，航运企业比较多，我们也在推动浙江省国有企业的一些破产法培训，央行和浙江分支行对浙江法院的破产审判工作比较支持，有些问题已经取得了共识。另外，最近财政部会计司出台的清算会计的征求意见稿，我们结合征求意见稿推动行业协会进行研究。总的想法是，我们应该要落实破产法里面关于管理人制作财务状况报告的制度要求，应该引导管理人完善制度财务报告，而不是让管理人去编制财务报表，避免导致管理人工作的形式化，或者加重破产程序中的经济负担。浙江法院的破产审判2016年上半年受理案件比较多，上半年受理了500多件，审结200多件。

夏正芳：(江苏省高级人民法院审判委员会委员、民二庭庭长)：

我们向这次论坛提交的是供给侧结构性改革下强化破产审判促进市场出清相关问题调研的报告，分为四个部分。

第一，供给侧结构性改革具有很重要的使命。一是维系债务人企业处置的秩序；二是释放企业家资源，服务创业创新；三是推动资源优化配置，服务转型升级；四是化解债务风险。

第二，关于供给侧结构性改革中的江苏企业的破产审判，这里有两个问题需要我们回答，一是"僵尸企业"与破产企业是否是同一概念，二是"僵尸企业"清理处置与出清是什么概念。关于“僵尸企业”经营与企业破产的关系,“僵尸企业”的产生源于非市场因素,所以需要相应的非市场手段倒逼出清,当然非市场的干预也会面临一些不容忽视的问题。企业破产是市场经济的产物,当企业产能过剩,超过市场可能的程度时,理性企业会根据市场的情况做出判断,是兼并重组加快转型还是企业破产,而理性的债权人也会根据债务人企业的状况选择单独执行还是申请破产。

第三,当前企业破产审判当中存在受理难、受理乱现象并存的问题。受理难表现在对破产企业设置各种门槛,如果敞开受理,案件是难以消化的。

第四,虽然破产审判是一个社会化的过程,但是我们应该从更多的方面查找原因,在法院内部主要存在以下几个问题:一是思想认识不到位,破产工作开展好的地区,法院领导很重视,有的成立专门的机构和合议庭,配备较强的审判力量。二是内部机制不健全,例如,《企业破产法》没有规定审限,这就带来破产审判案件的拖延。三是破产审判对接机制不畅,这些严重影响了审判绩效。四是管理人的知识、能力、经验都对破产审判是否顺利进行产生了重要的影响。对此,一是要坚持法治破产优先。债转股存在很多风险,如资金风险、意向淘汰风险等,因此应当充分尊重当事人的意思,尊重股权调整和经营结构的优化,避免出现内部控制和审判转股股东利益的情形。二是要建立审判的内控机制,可以建立内控审限机制,以区分破产清算与重整。总之,规范高效的破产审判,应该成为企业出新的新常态。

孙英(山东省高级人民法院审判委员会委员、民二庭庭长):

第一,山东全省法院审理破产案件的主要经验。一是在破中求立,有效推动企业破产重整。二是切实维护职工权益,妥善安置破产企业职工。三是在泰山区审理的合并破产案件中,我们认为达到了实质破产的条件,向企业的债权人以及职工进行沟通,最后表决通过了合并清算的方案。四是创新管理人模式,充分发挥管理人职能作用。包括确定清算组,由清算组委托律师事务所或者会计师事务所等破产清算结构,由专业机构从事财产管理和财产接收管理,成立政府工作组,协调处理相关的国资委、土地、财政等职工保障方面的问题,或者由律师事务所与会计师事务所共同担任管理人。五是探索建立管理人报酬基金,调动管理人积极性。

第二,配合处置“僵尸企业”的主要措施。2016 年年初省法院形成了山东省依法处置"僵尸企业"的调研报告,并且出台了《关于依法审理涉"僵尸企业"案件为经济社会发展提供司法保障的意见》。

第三,我们面临的主要问题,以及应该采取的措施。(1)明确"僵尸企业"的界定。(2)立案登记制情况下理顺立案审查和受理的问题。(3)破产案件的指定管辖和集中管辖的问题。(4)执转破的案件,这将成为我们破产案件新的增长点。(5)关联企业合并破产的问题,我们认为主要审查实质条件。(6)破产企业财产保全以及执行程序终止的问题。(7)企业达到破产条件,又涉及非法集资的问题。(8)管理人制度的问题。(9)管理人、法院与政府职能的定位问题,职工权益保护问题,养老金和医疗保险费用缴纳的问题。此外,还有破产费用的专项基金,以及审判力量的问题,破产程序的简易程序问题,配套程序问题等。

蒋太仁(广西壮族自治区高级人民法院审判委员会委员、民二庭庭长):

我们广西的破产审判情况与大家交流一下。我们做的第一项工作是集中力量打歼灭战。从数据来看,广西壮族自治区破产案件数量虽然不多,但是呈上升趋势,每上升1起案件都代表了我们付出的百倍努力。第二项工作是转变企业和党委的破产认识,最近党委和政府开会要求法院参加,在会议上我们重点解释破产的意义。第三项工作是破产管理人的改革,正在推进。我们的困难在什么地方?第一缺人,第二缺钱,第三缺案件。总结起来,为什么缺案件?一是法官不愿意干,律师不愿意干,当事人不愿意干。律师好不容易查封债务人财产,但法院一宣布破产以后就无法执行该财产了。二是破产审判力量不足。三是经费难,主要是破产经费。刚才石教授提到跨界破产,我们正在建设一些破产基金,我们从国有企业、民营企业建立破产基金,目前就等着相关文件出台。虽然面对这些困难,但我们的破产事业还是有希望的,虽然目前破产案件数量很少,但是潜在力量很大。

徐建新(温州市中级人民法院院长):

大家都知道,早在2011年下半年,温州市爆发了民间借贷的局部金融风波,之后温州市的民营企业面临了前所未有的困境,温州市两级人民法院积极主动适应经济发展新常态,积极去产能、去库存,促升级,推动企业破产审理方式改革,走出了一条以市场化为导向的差异化处置、机制化推进的破产审判制度。温州市2015年和2016年上半年不良贷款额和不良率持续出现了双降。

我们认为,主要是有以下几个方面的原因:第一,温州市企业破产环境好。

第二,温州市有一支专业化的审判法官队伍。第三,温州市有一支强大的管理人队伍,我们成立了温州市的破产案件管理人协会,目前应该是全国第二家地级市协会,一共有35个单位和个人。目前,省内的其他地区和外省,都有温州市的管理人团队的身影。第四,政府解决了破产案件启动难的问题。第五,温州法院具有简化审理机制。

我准备与大家交流以下4个方面的问题:一是破产重整企业的信用修复问题;二是面向企业破产的税收问题;三是银行债权人的表决权问题;四是抵押物处置难问题。首先是关于破产重整企业信用修复的问题,企业重整之前开的账户,在重整以后,如果继续被查封冻结,重整之后的企业,相关款项进入户头照样会被查封,影响重整以后企业的发展。其次是银行征信系统的信用修复问题,由于重整企业重整之前在相关商业银行的企业信贷登记和中国人民银行征信中心的记录都是不良的,重整后换了一个主体,如果继续不良就会开具大额保函,影响重整企业的发展。再次是税务问题,重整以后如果不能更换登记证,那会造成法定代表人和税务登记证名称不一样,影响企业的经营。最后是法院执行系统修复问题,建议以后应该通过人民银行、税务部门等修改征信条例和相关税收法规的方式,为企业重整创造良好条件。

第一分论坛

主题:“僵尸企业”处置与破产法实施

时间:2016 年 8 月 13 日　下午

地点:北京—友谊宾馆—聚英厅

第一单元　　主持人:吕洪民(吉林省高级人民法院副院长)

主题发言

周剑敏(绍兴市中级人民法院副院长):

我的演讲题目是“绍兴市法院处置‘僵尸企业’的实践与探索”。近年来,受宏观经济形势和自身产业结构影响,绍兴市法院抓住有利时机,树立市场导向、司法导向、常态审理的破产审判理念,勇于实践,大胆创新,不断完善破产审判工作机制,充分发挥了对出清市场,调结构、促转型的司法保障作用。通过不断地创新与实践,我们也遇到了不少问题与困难,主要是:第一,破产审判周期长。第二,法规政策不够配套。第三,防范破产逃废债难度大,“穷庙富方丈”现象为社会普遍诟病,严重影响破产程序的公信力。第四,房地产企业破产复杂且敏感。(更多发言内容,详见本辑《破产法论坛》收入的同名论文)

陈晓君(苏州市吴江区人民法院院长):

我的演讲题目是“发挥破产审判职能依法处置‘僵

尸企业'——苏州市吴江区人民法院关于破产审判工作的调研报告"。苏州市吴江区人民法院在2013年以来,受理的破产类的案件数量出现了明显的上升。吴江区人民法院在2009年之前零星受理过一些破产案件,2012年到2013年没有受理破产案件,但是从2013年开始,到2016年7月,一共受理了28件破产案件,上升的幅度非常大。

受理的案件主要的表现为以下几个特征:以债权人申请为主;债务人企业以民营企业为主,纺织企业占比较高,这主要是区域经济的企业类型导致的;破产清算案件为主;审理周期较长,平均审理天数达到了530天;职工债权的清偿比例较高。

同时也面临着以下两个问题:一是房地产案件进入破产的风险加大,近年来主要表现为房地产破产案件急剧上升,已经受理的房地产破产案件已经进入了非常关键的审理期,同时又有几处烂尾楼的出现,接下来可能还有一批房地产案件即将进入破产。二是关联企业合并破产案件增多,主要体现在民营企业很多是家族式管理模式,关联企业管理之间出现财产混同。

在审理破产案件的同时,从案件和企业的自身角度来看,还面临一些问题:第一,对于执转破的案件,程序衔接不顺畅,虽然司法解释作了规定,但是在实际操作过程当中,执行法官对于执行案件转破产的案件的积极性不高。第二,企业财产控制比较难,导致财产查明难。第三,财务清理困难,债权审查比较困难,账务不清。第四,资产变现比较困难,租赁情况比较普遍,税费的负担比较重。第五,管理企业难点的法律问题比较多。

在推动破产审判方式的改革方面,我们认为,首先是破产审判庭的建立问题,最高人民法院已经下发了《关于在中级人民法院设立清算与破产审判庭的工作方案》,但该文件没有涉及基层人民法院,我们也在积极筹备破产审判法院。其次是在资源方面和执行部门完善人员配备。再次是进一步推动破产案件简易审判程序,在立法层面上完全有必要建立专门的破产案件简易程序,解决审理程序冗长、烦琐,费用较高,程序昂贵等问题。最后是解决民营企业,特别是中小企业,企业财产和个人财产混同的问题。在立法层面上能够解决个人资产是否在一定情况下纳入破产中,进行法律上的规定。在法律没有规定的情况下,在实践当中也需要通过分类处理来对待个人财产和企业财产的属性,也需要完善相关的听证程序等,保障相关权益人权利不受侵犯。

齐明(吉林大学法学院教授):

我的演讲题目是"处置'僵尸企业'的破产法进路"。我今天快速浏览了一个新闻标题,叫作"我们要兴奋,但不要兴奋剂"。在处置"僵尸企业"这个问题上,随着国企改革,供给侧结构改革,以及"僵尸企业"这个课题出来的时候,我们需要冷静的沉淀下来进行思考,所以我今天设置的题目是"僵尸企业"破产法进路。

需要明确如下4个方面:一是处置"僵尸企业"的问题是一个法律问题;二是"僵尸企业"的处置能通过法律程序解决;三是"僵尸企业"在处置过程中可能会遇到的障碍以及如何解决;四是"僵尸企业"作为一个经济概念需加以明确。

"僵尸企业"在经济上不能自给自足,但其存在仍具有一定的必要性,而处置"僵尸企业"就是为了解放受困的资产。为达到该目标,破产法发挥了三大作用:一是解放资产,使优良的资产流入具有竞争力的市场当中;二是调整债权债务关系,这是破产法能够发挥的作用;三是通过优胜劣汰的市场退出机制加以处置。破产法的贡献与进路,就是为其提供有效的市场退出机制。破产路径能够实现多重法律效果,可以一劳永逸地集中解决特定债务人企业的全部债务问题。而完成处置"僵尸企业"与破产法,以及破产制度的对接,是发挥破产法作用的重要前提;同时,"僵尸企业"的处置必须是依法处置,包括破产程序依法进行、破产案件的创新依法进行,以及统一破产案件审判的基本问题。

徐根才(浙江省江山市人民法院副院长):

我的演讲题目是"'僵尸企业'的司法甄别与破产清算的市场出清功能"。关于该问题,从三部分入手:一是"僵尸企业"与破产法的联系;二是"僵尸企业"的本意与法律上的定义以及"僵尸企业"的产生原因;三是处置"僵尸企业",政府与法院如何分工合作。(更多发言内容,详见本辑《破产法论坛》收入的同名论文)

徐文鸣(中国政法大学法与经济学研究院讲师):

我的演讲题目是"为什么破产程序被规避?——一个法律经济学的分析视角"。我国采用破产程序审理的案件占企业注销总数的比例长期维持在低于1%的水平,而在美国和英国这一比例在11%左右。根据世界银行的测算,我国债权人使用破产程序能够获得的预期清偿率只有35.5%左右,相比而言,在英国、美国、德国、日本都在80%以上。2006年到2010年,已披露申请重整公司的无担保债权人获得清偿率大约在20%,申请清算公司的债权人清偿率要低于10%。我们结合了美国的一个判例,分析了破产原因的设立,进而对债权人清偿率的影响。与欧美国家相比,我国债权人使用破产程序能够获得的预期清偿率较低。

自由讨论

黄登兰(京开律师事务所律师):

第一,关于执转破程序衔接的问题。第二,关于强制清算程序和破产程序如何衔接的问题。第三,对于长期处于吊销状态的企业,工商局是否可以在作出吊销行政处罚以后,把相应的案件交给法院处理的问题。

陈晓君(苏州市吴江区人民法院院长):

关于执转破的问题,目前现实需要还是非常突出的,具体表现在:执行案件中关联企业担保问题,以及在财产分配方面不能满足公允清偿的问题。在满足了破产启动的条件后,由于有多个诉讼和外地法院的诉讼交织在一起,从执行程序向破产程序的过渡是非常困难的。在这里通过制度方面的改进(如程序的系统化改造方面)和执转破进行衔接匹配。从整体和全局的角度,通过程序的转换解决根本的问题。关于破产程序,当时设计的时候是一个非常昂贵的程序,执转破的时候,有些财产已经进入了待分配的状态,或者没有更多的资产。这时需要简易快捷的破产程序进行匹配和衔接。

徐根才(浙江省江山市人民法院副院长):

从江山市人民法院的实践来看,首先"执转破"程序一般两三个月便可结束,由于有执行程序的结果,无须将其拖延至破产程序中。其次,就是强制清算,依据法律规定,如果资产不足以清偿所有债权的情况下,必须要申请破产清算。最后,吊销并不是注销,吊销之后的企业不在从事经营活动,实际也是一类"僵尸企业",原则上应适用破产程序。另外,针对一些法定代表人、股东下路不明、跑路的,或者企业账目不明确的,须对现有查明的财产进行清理。

薄燕娜(中国政法大学副教授):

发现资不抵债情形,由清算组向人民法院提出破产申请,最高人民法院《关于适用〈中华人民共和国公司法〉若干问题的规定(二)》第17条、第18条对其进行了补充。当一个企业被吊销后,因为它并没有丧失法律的主体资格,会进入自行清算或者强制清算的阶段,这个时候应怎样保全债权人呢?我们可以适用最高人民法院《关于适用〈中华人民共和国公司法〉若干问题的规定(二)》第18

条，当有限责任公司的股东和股份有限公司的董事控股股东在法定期间内没有成立清算组进行清算，使公司的财产遭受损害时，债权人可以直接向这类群体主张赔偿。

嘉宾评议

尹正友（北京市炜衡律师事务所合伙人、北京市破产法学会副会长）：

关于债务链和担保链的问题我有一些个人的思考，在实务中有大量互保的情况，如果此时部分企业出现了严重的问题，按照现有的破产法的制度是没有解决办法的，这需要借助铁腕重组。在各个国家都有铁腕重组的制度，中国的破产法对于铁腕重组，也有制度性的预留。另外，我国监管机构正在起草企业金融债务重组实施办法，该办法的出台将会推动我们铁腕重组拯救方式健康有序地推进。对于执转破的现状，现在的执转破在实践推动过程中存在很大困难，部分推行较好的执转破都发生在同一个辖区内，而如何解决跨辖区的执转破的问题却又是一大难题。

对于"僵尸企业"和破产法的关系，我认为，"僵尸企业"和破产法不是口径完全匹配的关系，我们不能把所有的"僵尸企业"处置的工作都揽过来。我的表述是说，"僵尸企业"有一个特点，就是想救救不了或者是该破破不了，只有这样的企业才是破产法意义上的"僵尸企业"。对于政府在企业破产中的作用，我认为在企业破产这个领域当中，确实需要政府有所担当，政府应当履行必要的职责，特别是对于社会保障，制度稳定和必要的秩序维护职责的承担。另外政府履行的职责更多的是通过服务行政的方式展开。政府在履行其职责时，要有一个弥补缺位的过程，特别是在现有的法律法规和制度没有到位的地方，这些方面需要政府弥补缺位。

"僵尸企业"概念需要具备 3 个实质内涵：第一，它必须大量的占有有限而宝贵的市场资源。第二，它不能产生满足市场需求的有效供给。第三，想救救不了，该破破不了。我个人是从这个角度理解的破产，我们不要被"僵尸企业"的表象迷惑。另外，从操作层面，我完全认同对"僵尸企业"的处置要用法治办法，但是相当一部分还是要庭外重组，中央文件称为兼并重组，当然后面还涉及重整和兼并清算这些内容，但是个人还是要坚持法治标准，简单讲就是看它是否具备《破产法》第 1 款具备的破产原因。最后，"僵尸企业"存在的目标价值就是要释放"僵尸企业"所占用的有限而宝贵的市场资源，借用市场的机制，将资源配置到能够产生有效供给的状态中。

薄燕娜(中国政法大学法学院副教授):

我国《企业破产法》在解决“僵尸企业”的问题上有什么样的作用?我想,即便是处置“僵尸企业”不能够纯粹依赖于我国《企业破产法》的适用,但是在2006年我国《企业破产法》颁布并实施以后,对破产处置不能沦为一种纯粹的政策性的破产程序。在破产法实施中,一旦启动了重整程序,这个过程中就不能有更多的行政介入,这样才能发挥法院的主导作用,《企业破产法》才会真正作为实体裁定和程序适用的依据。在这里特别强调,在处置“僵尸企业”或者受困企业的过程中,不应仅适用《企业破产法》,很多的商事法律和规则都有适用的空间,包括《公司法》及其司法解释。另外,司法实践对于推动《企业破产法》能产生什么样的作用?刚才徐老师也讲到了,要启动破产程序,从破产原因的角度解决“僵尸企业”,那么我们通过大量的“僵尸企业”处置的审理实践,能否推进《企业破产法》立法的进入?是否在这个过程中适度开放程序呢?我认为,开放的一个很好途径就是制度化的引入,例如,我们可以在浙江省、江苏省的审判实践中引入一些方式,把这些立法事件引入立法的过程中,不依赖于司法政策、司法解释,而是以依法处置的思路来解决这个问题,这就是一个制度。另外,虽然刚才提到,“僵尸企业”进入破产程序的难题,第一个是主体的问题,第二个是破产原因的问题。但是在处理“僵尸企业”时,能否考虑最高人民法院《关于适用〈中华人民共和国公司法〉若干问题的规定(二)》确立的强制清偿的问题,甚至当债权人不能提出清偿申请的时候,股东也可以提出清算申请,以及最高人民法院《关于适用〈中华人民共和国公司法〉若干问题的规定(二)》第7条是否可以引入破产的问题。也就是说,在我们考虑破产原因或者考虑破产程序启动申请人的时候,是否可以有上述事项的考虑。现在借鉴《民事诉讼法》中的执转破的制度,使我们的破产程序得到适度的开放。如果将上述事项考虑进破产程序,我想《企业破产法》将会在处置“僵尸企业”的破产中大有作为。

第二单元　　主持人:丁海湖[广东省高级人民法院破产审判庭(执行裁判庭)庭长]

主题发言

王艳华(郑州大学法学院副教授):

我的演讲题目是"困境企业'僵尸化'现象的破产法解读",针对困境企业"僵尸化"现象我想提以下三个问题:首先,困境企业与"僵尸企业"的关系。"僵尸企业"介于困境企业和正常企业之间,是披着正常企业外衣的困境企业。关于困境企业,从法律上来看,困境企业的困境,主要是指不能偿债导致的企业商业运行的窒息;从财务上来看,即现金流的短缺导致企业陷入严重困境,进而退出市场。但是有时"僵尸企业"又能存续,原因就在于政府补贴和银行续贷的"输血",归根结底"僵尸企业"是非市场化因素参与的结果。其次,处置"僵尸企业"的机制,依照不同的分类方式,可以分为再建机制和退出机制、破产机制和非破产机制、行政权主导和司法主导、市场化处置和非市场化处置、运动式的处置方式与常态化的处置方式。在此我重点解释一下退出和再建机制。退出又可以分为解散清算和破产清算,其目的都是让企业退出市场。而再建机制正好相反,目的是拯救企业,其可以分为司法外拯救,司法拯救以及预重整制度。司法拯救是在法院的监督管理保障下进行企业的拯救,可以分为司法和解和司法重整,也就是我们说的破产重整。还有就是预重整,既具有自治机制,也有强制的因素推动企业拯救的成功。最后,适用困境企业的解救途径的选择原则,最主要的标准就是破产条件与政府态度,实质上是市场和非市场因素的博弈。政府应承担破产后续的责任,如职工的安置,社会的稳定等。在"僵尸企业"处置的过程当中应当坚持破产法实施的市场化、法律化和常态化。

赵玉忠(淄博市中级人民法院民二庭庭长):

我的演讲题目是"'僵尸企业'破产处置中的三个问题",助力"僵尸企业"的处置,需要解决以下问题:第一,什么是"僵尸企业"。"僵尸企业"的定性,在法律上多涉及权益的保护,争议的解决;而面对"僵尸企业",法院实质上考虑的还是"僵尸企业"破产的原因。法院当前应当对"僵尸企业"进行分类,制定合理的应对措施,确保法院的破产法不再缺位。第二,为"僵尸企业"量身定制处置模式。(更多发言内容,详见本辑《破产法论坛》收入的同名论文)

许良芳(山东省威海市经济技术开发区法院民事审判庭庭长):

我的演讲题目是"威海市经济技术开发区人民法院清理'僵尸企业'的探索、创新和思考"。威海市经济技术开发区破产案件的特点如下:第一,经济技术开发区人民法院破产案件数量逐年增长。第二,贯彻"多兼并重组,少破产清算"理念。在受理的破产案件中,重整案件占破产案件的60%,这是经济技术开发区人民法院破产案件的一个显著特点。第三,破产企业类型多样化,私营企业比例较高。涉及产业除船舶、机械、药品、医药器械等常规制造业外,以及房地产、装饰、进出口贸易、酒店等企业。(更多发言内容,详见本辑《破产法论坛》收入的同名论文)

杜玉勇(北京市朝阳区人民法院法官):

我的演讲题目是"博弈与重构:走出'僵尸企业'的执行之困",主要分四个方面介绍。第一个方面是"僵尸企业"有两种,一种是人为的,另一种是非人为的。"僵尸企业"主要涉及中介公司、物流公司和其他类型的企业,其共同点是人员的流动性高,而且素质参差不齐。第二个方面是关于"僵尸企业"执行中的乱象。第三个方面是困境的问题。重点谈的是关于执行转破产的问题,包括关于执行转破产的规定方面,还有监管方面的,主要是工商方面。第四个方面是执行立法的问题。希望能在追加变更方面尽早立法。此外,还应进一步拓展法院的执行方法。(更多发言内容,详见本辑《破产法论坛》收入的同名论文)

韩励贞(上海汇同清算事务有限公司总经理):

我的演讲题目是"'僵尸企业'处置的价值取向与方法"。市场经济是优胜劣汰的经济体制,被淘汰的通过依法清算退出市场是正常的途径,也是企业对社会的信用责任,但是随着经济发展进入新常态,社会上还存在着吊销企业,营业者而不清算的企业,这类企业没有任何的实际生产经营能力,有名无实处于半死不活的休眠状况,这种"僵尸企业"的存在,不仅严重妨碍了债权人利益的保护,还危害了社会主义市场经济的健康发展。

近年来,从中央到地方各级政府都对"僵尸企业"的处置越来越重视,因此,有效的解决经济转型期"僵尸企业"的处置问题显得极为重要。下面分三部分汇报:

第一,现状与原因。2016 年 5 月 27 日国家工商总局、国家税务总局印发《关于清理长期停业未经营企业工作有关问题的通知》,也就是 2016 年 97 号文,指出长期停业未经营的企业过多,既占用社会资源,增加了行政成本,又导致企业数据的失真,不利用政府掌握地方经济的实际情况,影响地方政府的客观决策。为了准确掌握内资企业,掌握吊销企业的不清算现状的原因,2005 年上海市企业清算协会与上海市工商局企业注册处成立了一个课题小组,这个课题小组进行了专题调查,从当时调查的情况来看,平均每年有将近 3 万户企业被吊销营业执照。包括国有的、集体的、联营的、私营的,以及其他类型的企业。这些企业类型不同,每年吊销的数量也不同。比如,国有企业 2001 年吊销的是 1360 户,2002 年 1182 户,2003 年 989 户,2004 年下降为 680 户,而私营企业被吊销的数量是逐年上升的。我们从国有企业吊销户数占全部吊销企业户数的比例来看,2001 年占 59.9%,2002 年占 66.9%,2003 年占 70.41%,2004 年占 78.01%,私营企业被吊销营业执照逐年上升,所占的比例也越来越大,成为被吊销的大户。

以上这些情况客观反映了上海企业改革的不断深入,也就是我们平时说的国退民进,这个大政方针在实践中得到回应,但是导致了国有资产的流失,而且大量私营企业被吊销以后,所带来的一系列的社会经济问题亟待解决。

造成这种情况的原因为:现有的法律法规不完善,企业退出市场机制不健全。从投资者的观念来看,他们认为企业吊销就是投资失败,一讲到清算,他们觉得面子上过不去,社会舆论不中听。从经济成本来算,一些企业认为主动清算退出市场,必须履行一系列复杂的手续,还要支付清算费用、清偿债务等,成本很高。而被吊销企业,营业执照觉得无须公司任何行为,而且法律对这个没有相关规定。两害相权取其轻,既然不年检,那何必进行清算而注销登记呢?这一问题反映了在严进宽出的观念下,投资者退出市场的随意性很强,企业退出机制不完善。

第二,社会信用体系不健全,不清算的违法成本过低,由于处于经济转型期,企业投资人趋利态势强,存在偷逃税,还有诈骗等,他们规避法律,采取销声匿迹的方式坐等工商部门吊销营业执照,目前还没有构成全社会信用体系的网络,无法开展有利的信用监督,导致不守信用者成为“过街老鼠”人人喊打。大量“僵尸企业”的存在,阻碍了我国经济结构的调节,冲击了正常的社会秩序,债权人利益难以得到保障。如果对已经退出市场的“僵尸企业”不清算,缺乏足够的约束机制,必将造成违法成本的低成本,同时损害了投资环境。

另外,“僵尸企业”的存在会造成严重的资源浪费,损害优胜劣汰的市场竞争机制,增加银行的不良贷款,企业间债务链也会变得相当复杂,可能会引发系统性风险。近年来政府相当重视,前述97号文当中说到了,落实宽进严管的相关要求,维护良好的市场秩序,加快建立"僵尸企业"强制退出机制,引导企业守法、诚信经营,净化市场的环境,这将有利于推动"僵尸企业"走清算结算,破产清算以及破产重整的路径,依法诚信地退出市场。

第三,依法处置"僵尸企业"并促进经济发展,从目前的司法来看,通过法律规定程序,主要是对企业进行破产清算,促进经济发展。其一,依法处置,解散清算。解散清算是企业根据公司法有关规定,属于公司的自行清算,这个清算既是法律规定的清算行为,同时也是股东自发的行为。解散清算无须国家公权力的介入,以股东为主导成立清算组,对企业进行清算。近年来主动清算很多。其二,强制清算。在当前的经济形势下,仅依靠企业有自律意识进行清算还是不够的,还必须有强大的他律手段,促进依法清算。司法强制清算是通过公权力的介入,当公司的清算业务部履行义务时,10%以上的公司股东可以向法院申请公司强制清算,因此强制清算也是债权人保护其债权的一种司法救济措施。其三,破产清算。破产清算是一种彻底的、全面的强制清算,因其介于强制执行的内容,也可以成为是司法强制的代过之行,包括债权人自行清算,债权人申请以及清算责任人。清算在促进经济方面的作用,在各级人民法院监督指导下的众多清算案例已有验证。我们通过上述途径处置了300多户"僵尸企业",为国有企业、民营企业,外资企业减轻了负担,使市场化资源重新配置,为地区的经济发展注入活力。

综上所述,依法处置"僵尸企业"是促进经济发展的必要途径,建立市场主体预警制度,维护市场秩序,建立市场约束机制,实施阳光下的监督,完善清算法律制度以及市场退出机制,构筑市场主体信用信息共享体系,有利于更好地净化我国的经济市场环境,完善诚信制度,从而使我国经济更健康的发展。谢谢各位的聆听。

刘恩(浙江智仁律师事务所主任):

我演讲的题目是"经济新常态下涉众型企业资金链危机的化解"。本演讲主要从房地产业出发,对影响和存在的问题进行分析,并和大家分享我们在实践中对一些问题的具体解决办法,希望能和大家共同讨论,为今后处理涉众型危机企业提供一些思路。涉众型危机企业是会向不特定群众造成危害后果的企业,其中尤其以房地产企业为典型代表，往往涉及众多的购房户、承租户，而且涉众的群体结构复杂、危害大、处理难。以房地产企业为例来说，在企业经营、项目开发的过程中，均不可避免地存在一些具有一定普遍性、常态性的问题，这些问题往往会最终导致企业面临资金链断裂的危机。一是在开发过程中存在不合理的商业决策和习惯。常见的包括通过民间高额借贷或预售、预租进行融资，在完善运营体系的支撑下采取以销售为主的盈利模式，以及对施工进度的错误估计，导致承诺的交房日期无法兑现等。二是开发的过程中出现违反行政法规或民事交易准则的行为，例如，在无建筑工程许可证的情况下参与施工，未经招投标确立施工主体问题；通过返本销售的方式销售商品房，或者销售未经竣工验收的商品房等违法交易行为，以及其他夸大宣传、违法宣传的行为。三是项目建设过程中不当开发，涉嫌刑事犯罪。比如，不具有房地产销售为目的的，以返本销售、售后包租、销售房产份额等方式非法吸收资金的，涉嫌非法吸收公众存款罪。如上述款项不用于生产经营活动，筹集资金规模明显不成比例，集资款不能返还的还涉嫌集资诈骗罪。面临此类危机化解的对策，应该着眼于资金链的修复，以及群体性利益的平衡。根据危机企业的经营企业，合理借助政府、债权人、战略投资者的力量，采用不同的化解对策。如何在法律框架下设计出最合适的组织方案，是我们在面对这些问题的工作重点，而针对这些特点，我在这里介绍三种化解模式，这也是我们工作当中的总结。

首先，如危机企业的核心项目前期看好，预计收益较大，且群体性问题尚不迫切，则以采用市场性融资继续开发并辅助于预计重整方式推进的化解方式。这种情况下，融资方往往是危机企业的主要债权银行，这个债权银行作为危机企业的主要债权人，对企业和项目的情况一般都比较熟悉，也比较了解，因此对继续开发的前景也能有所预判。出于对前期不良债权的挽救，积极推进化解的进程，在这种情况下，辅助于预重整程序，方案侧重于后续融资的保护，这样的化解可能性就比较大，比较容易实现。

其次，如危机企业的核心项目具备开发前景，存在一定的收益，群体性问题已经具备相当的紧迫性，社会融资的谈判、尽调已不具备实施的空间和时间，可以考虑政府性的融资，即通过政府或平台工资直接垫资融资的方式，及时与债权人协商，快速启动后续的开发，实现经济效益和社会效益的统一，达到危机化解的目的。在这种形式当中，要特别注重运作方案的实际效果。

最后,如企业的核心项目前景不明,此时设计一套完整的偿债方案和继续开发方案尚不具备基础条件,而群体性时间问题迫在眉睫,甚至已经面临爆发,为了平衡群体性危机,在这种情况下可以考虑涉众型债权外围收购的化解形式,通过政府资金或平台公司的外围收购,该模式可将涉众型的债权聚集在一起,使债权结构相对简单,一方面化解了群体性危机的出现,另一方面为后续的清算创造出更加顺利的环境,如有可能也可以进行重整。以上是我们三种解决涉众型企业资金链的化解方案。更需要关注的是,要结合法律手段和市场手段,借助多方力量,利用市场思维解决涉众型企业的危机,这是当下该类企业操作的多方手段,也是最佳方式。

自由讨论

郭玉棉【北京大成(石家庄)律师事务所专职律师、合伙人】:

我们目前接触到一个"僵尸企业"的项目,设置了一个特殊项目公司,将有效资源隔离出来,由第三方竞价,将有效资源转让给第三方,由第三方经营这个公司,将有效资源盘活。第一,"僵尸企业"和新成立的特殊项目公司在法律上的关系。第二,如果"僵尸企业"在清算中不能全部清偿债权人的债权,则"僵尸企业"的债权人是否有权向特殊项目公司主张债权?

王艳华(郑州大学法学院副教授):

根据你的介绍,我觉得这个特殊项目公司实质上是一种信托方式。通过信托方式设立的公司具有破产隔离的法律效果,在"僵尸企业"遭遇破产的情形下,的确可以起到一定的作用。

尹正友(北京市炜衡律师事务所合伙人、北京市破产法学会副会长):

当某一企业陷入经营困境,但这个企业中有一部分非常有效而宝贵的市场资源,则应想办法把这些市场资源拯救出来。例如,美国通用公司陷入经营困境时,美国联邦政府联合加拿大政府,成立一个新的通用公司,并把原来的老通用公司改成通用汽车清算公司,并把老通用公司所有的有价值的资产、业务、人员、知识产权和战略信息整体打包,在持续经营的条件下,由新的通用公司整体受让。这个问题有几点需要考虑:第一,通过将旧公司所有的资产、业务、人员、知识产权整体打包,并设立一个第三方主体,由其进行资产受让,可以构建一个合理的程序。第二,若不拯救困境企业,则有效的资源不能被拯救出来。在企业的死与活的之间有一个价差,我们的专业术语称为新增利益。通过对新增利益的合理分配,可以兼顾到各方的利益,便利破产程序的进行。如果当地对这种做法的接受程度不能达到共识,我还推荐一个更安全的做法。依我国《企业破产法》的规定,在第一次债权人会议召开以前,若发生破产法规定的重大处置行为,则申请进入破产程序后,在召开第一次债权人会议时可报请法院。

嘉宾评议

周东瑞(江苏省海门市人民法院院长):

刚才我们聆听了5位学者和司法实务专家的精彩主题发言,既有王教授从学理上对“僵尸企业”进行的全面解读,也有司法实务部门的审判专家从不同角度对“僵尸企业”及其处置作的深度分析,还有清算公司和律师事务所的实务专家从他们的角度出发对被吊销企业以及涉众型企业的分析。杜玉勇法官作为朝阳法院一名执行法官,就执行当中的反规制问题进行了专题研究,并从这一角度谈到了“僵尸企业”的处置,很有启发。解决执行难问题是2016年年初最高人民法院院长向中央和全国人民作出的承诺,全国各高级人民法院也纷纷在抓紧落实这一目标,江苏省高级人民法院也已经确定在2年内解决执行难问题。对于执行中的一些“僵尸企业”的处置,我觉得杜法官从执行反规制角度所做的分析很有启发。上海汇同清算事务有限公司总经理韩励贞老师以工商部门吊销企业为切入点,分析了与吊销企业相关的“僵尸企业”处置。在市场出清机制上,吊销企业的数量十分巨大,且绝大部分没有经过清算程序,这块企业的出清是我们研究的重要部分。破产法要研究法律问题,更要研究社会问题。破产法的实施中有一系列难题,包括破产启动难、破产重整难、破产资产处置难、破产管理人选人难等。现在江苏省海门市人民法院破产案件审判数量呈大幅上升趋势,自2015年以来,海门市人民法院从体制机制各个方面对执转破问题进行了研究,这一方式对执行难问题的解决起到了很大作用。经过1年多的尝试,我们从理念上总结了2句话:一是要坚持“两手抓”,即把庭外和庭内相结合,把困难企业的拯救和破产企业的审判工作结合起来。二是要坚持“两条腿走路”,把法院和政府的作用结合起来。

陈克征(温州天原会计师事务所总经理):

有些专家认为,“僵尸企业”不需要定义,但我认为还是应该对“僵尸企业”作一个界定,只有如此才能选出恰当样本进行研究,以更好地发现问题、解决问题。王艳华教授把“僵尸企业”界定为困境企业中的一部分,即将其中政府支持或者银行续贷的企业定义为“僵尸企业”。若这些困境企业在可预计的未来能够摆脱困境,则不应归类为“僵尸企业”。评判这些企业未来能不能摆脱困境的权利应该是在债权人,而不是政府。王教授概括了“僵尸企业”退出的几种机制,基本上涵盖了目前在破产重整中的做法,很值得借鉴。赵玉忠庭长在“僵尸企业”处置模式中,提到了企业总体债务和企业核心价值的问题,并提出,政府的介入对“僵尸企业”的处置是有利的,但政府的深度介入对管理人带来的问题是,依法处置的实现可能存在风险。也就是说,管理人在寻找政府的需求和破产法规定的平衡点时,需要很大的智慧。许良芳庭长介绍了威海市经济技术开发区人民法院处置“僵尸企业”的探索、创新和思考的经验,这些经验在书本上、课堂上是看不到的。债权人为何不愿破产?第一,担心承担法律后果。困境企业往往存在经营不规范的问题,走破产程序的话,很容易承担法律责任。第二,担心清偿比例不合理,造成己方利益受损。第三,担心资产定性不合理。

第二分论坛

主题:企业挽救制度

时间:2016 年 8 月 13 日　下午

地点:友谊宾馆—瑞宾楼—二层会议室

第一单元　　主持人:杨悦(辽宁省高级人民法院审判委员会专职委员)

主题发言

季诺(方达律师事务所合伙人):

第一,以破产重整受理的重整条件为入口表达核心思想,法院的审查应该尽量做到宽松,尊重市场主体的选择。在破产重整的受理过程中,法院只要守住破产重整不得被滥用的底线即可。如果债务人面临破产的困境,自己主动申请重整,其对具体的财务状况和经营状况是最了解的,法院应该给予充分的尊重。但是目前法院的门槛还是放得比较高,在理论上仍然有很大的问题。即便在重整过程中由债务人申请自行管理,我觉得也是可以考虑的。从本质上来讲,还是一个商务问题。在我们参与的很多与破产有关的案件中,法院凭材料判断这个企业是否应该进行重整,我觉得还是应该先进入破产程序再进行判断,这本质上是一个市场主体的博弈,实际上很难说在进行重整的条件上,有一个判断重整价值且能普遍适用的模型。

第二,中央经济工作会议提出“多兼并重组,少破产清算”,我们要对此进行深入理解,不能简单地转化为多重整少清算。我国《企业破产法》的实施本来就晚,或者说没有得到比较有效的施行,实际上很多进行破产的企业,已经不具有重整价值。如果此时我们还说要多重整少破产清算,就是用一个新的谎言去掩盖前面的思维,或者动用更多的社会资源去拯救一个不该拯救的企业。世界银行也非常关注中国的不良资产和破产的问题,并曾经到我们所进行调研,我也表达了同样的观点。所以我个人认为,在目前的情况下,大部分破产案件中的危机企业已经错过了最佳的挽救时期,因为银行和金融体系的问题以及考虑员工安置的问题,整个《企业破产法》的适用都是延误的,在这个情况下不太合适重整。在短期内如果我们不能多破产少重整,未来的多重整少破产清算不可能实现。我认为,所有的破产都应该往前提,《企业破产法》不仅是破产阶段的法律、清算和重整的法律,它是一个市场经济运行的宪法,它应该和我国《公司法》的公司治理结构和经营相结合。

第三,债务人要关心自己的目的。在最近的破产重整的制度建设中,最高人民法院和地方法院有一些创新,比如,建立了一些破产预警机制,这是非常好的做法,包括全球性征募投资人。当一个企业发生困境或者危机,包括公司控制权争夺时,在这种情况下,如果某一个股东或者是高管无法参与公司运营时,公司应怎么来运转?国外通常会引用第三方的咨询机构。

最后想说的是,大家对待重整,在观念上有冲突,主要是担心社会稳定的问题。很多地方已经建立了一些劳动债权的救助机构或者保险机制,根据我们的经验,在这种情况下,员工宁愿离开企业找新的工作,而不愿意在以后没有前途的企业。

何旺翔(南京财经大学法学院副教授):

我的演讲题目是“债务人自行管理制度的反思与完善”。大家对债务人自行管理还是有认识的误区和偏见。重整不是一个单纯的法律问题,在管理人管理的模式下,要引入具有经营管理知识和经验的人;在债务人自行管理的情况下,也要引入相应的重整经验的人。(更多发言内容,详见本辑《破产法论坛》收入的同名论文)

叶建平(温州市人大法工委办公室主任):

我的演讲题目是“论‘价值思维’和‘无害准则’在重整中的适用”,主要是向大家汇报温州中城建设集团有限公司这个案件,在此案中我们提出了价值思维和无害规则在重整中的适用。这个建筑企业债权达到52亿元,建筑工人3万多人,建筑工地598个,同时建筑行业面临资质续用问题和普遍的挂靠经营问题等,面对这类案件要使用价值思维和无害规则。价值思维就是进行利益的衡量;无害规则就是当事人在法律范围内权利自由的最大外缘,也是确定司法裁量中"合法性"审查最大的边界。我国《企业破产法》第87条规定了"不低于清算所获得的清偿比例",为我们提供了法律依据。具体的操作方法就是把中城公司原有的股东权益,包括可能应收的资产、可能确定及未发现的各种应收款物列一个清单,清单之外的都放在一个子公司里。成立的新公司没有历史负担,不影响他人权利义务,该全资子公司主要从事清算业务。无害规则需要具体情况具体分析。如果这个方法用得好,我们将来很多情况都可以用这种方法来进行处置,以最小的代价获得最大的利益。这两个方法仍在实践中不断地进行进一步探索,希望大家提出批评。

蒋瑜(江苏省新天伦律师事务所破产事务部负责人):

我的演讲题目是"股权出售式重整初探"。股权出售式就是债务人成立一个全资子公司,把资产装到全资子公司里面,然后把全资子公司的股权进行转让或者是通过重整的方式找到投资人并卖给投资人。它有4点优势:一是切除无效资产,可以在重整中把无效的资产拍卖掉;二是避免因债务人的股权存在质押,或者是法院查封带来的重整后股权无法过户的问题;三是避免在股权质押重整以后,需要进行大量的协调;四是避免债务带来所得税的问题。弊端在于:一是没有办法保留好的资源;二是要承担流转税。股权出售式重整可能更有利于挽救债务人经营的事业,实现价值最大化;资产出售式重整在一定程度上可以利用原来的壳资源,使人更有安全感。此外,股权出售式重整的出资形式较为灵活,在税收上也有一些优势,可以节约税收。第一个问题,公司被法院受理破产申请后,能否再设立子公司?这个问题已经在实践中被我们解决了,因为公司还没有宣告破产,所以可以设立子公司。第二个问题,是否损害了债权人的利益?它并没有脱离债务人的控制,还是在债务人名下,只不过改变了债务人对资产的控制方式。第三个问题,关于路径的问题。我们通过沟通与重整投资人签订了一个重整的框架协议,然后争取在债权人委员会得到支持。

张海(重庆市海川资产清算服务公司总经理):

破产重整制度作为我国现行《企业破产法》的重大创新,对挽救危困企业起到重要作用。债权人因债务股权上升,而获得转股债权的机会,也避免了债权人对债务人可能破产讨债的担忧。鉴于债转股的优点,破产管理人越来越多地将债转股运用到重整实务中。我国债转股分为政策性债转股、商业性债转股。重整程序中的债转股符合商业性债转股的基本特征但也有不同。重整程序中的债转股本质上是一种以股偿债型,双方当事人具有被动性,但当事人意思自治受限。

自由讨论

黄莲香(山东省胶东市律师事务所律师):请问何教授,能不能详细的展示一下你刚才说的分阶段授权模式?

何旺翔(南京财经大学法学院副教授):我国《公司法》规定了危机机制,企业债务和资产不协调的时候,就是企业发生危机的时候,管理层有义务告知。一旦发现企业危机情况,相关的重整专家或者重整顾问团队就已经介入。通常在重整管理团队介入后,他们也会对管理层进行调整,聘请具有重整经验的经营管理人,这样的情况在欧美国家较为常见。债权人自行管理还有一个优势,它不仅可以延续到重整前,还可以保证重整成功之后的连续性。

债务人自行管理的批准是一个逐步向前的趋势,在裁定重整前,我个人倾向是债务人自行管理批准的常态化,这时候一般情况下除非有债权人提出异议,否则应该批准债务人自行管理。通过这样一个试行的效果,可以表明这个企业是否适合重整,是否能发挥债务人自行管理的优势。到裁定重整阶段时,法院考量的债务人自行管理批准的核心的因素在于是否会损害债权人的利益。如果法院发现有转移资产或者滥用重整的情况,显然这时候不适合债务人自行管理,此时程序转换的灵活性就凸显出来了。这是统一框架下破产程序的优势,具有一定的程序转换的灵活性。还有一个事后制约的机制,即债务人自行管理撤销的问题,也可以把它加入债务人自行管理监督体系,法院经债务人或相关人员的申请,可以撤销债务人自行管理。这是我们立法当中都需要加以完善的,也希望在座的各位专家学者通过各种各样的方式给我们有更多交流的机会,谢谢各位!

王新忠(江苏省汇君律师事务所合伙人):请教叶主任,在破产重整中债务人自行管理的情况下,按我国《企业破产法》规定,重整计划草案应该由债务人制订。但实务中有债务人向管理人提出，债务人没有能力去制作这个草案，认为应由管理人制作。对这个问题请问叶主任怎么看？

叶建平（温州市人大法工委办公室主任）：关于自行管理由谁来制作重整计划草案，是有明确法律规定的，但是在现实中确实存在这个问题。债务人实际上没有能力制作草案，更务实的考虑是由管理人协助。温州市现在的破产宣传工作比较好，很多人已经形成“跳楼跑路不如破产保护”的意识，希望能够继续存续或者成功重整，对重整工作较配合。在办理案件时，我们会召开一些协调会、沟通会，在债权人会议前开一些筹备会，通过这样的方式促成债务人配合管理人。从接管、调查、以后的债务申报、审核和处置各方面来说，都能够得到比较好的配合，使债务人配合管理人做好这些工作。从实际来看，还没有债务人自己提出重整计划草案的。

郑炬（山东省淄博市中级人民法院民二庭法官）：我刚刚裁定了一个建筑企业的案件，和温州中城集团一案有点相似，其建筑企业和项目部是挂靠经营，在审计评估和模拟破产清算清偿率的时候，是把项目部的资产负债剥离出去，还是合并一起进行处理？项目部的资产负债、建筑职工企业的几十个在建项目以及农民工的工资应如何处理？

叶建平（温州市人大法工委办公室主任）：首先要对挂靠的形式有基本了解，挂靠经营是内部承包，对外的责任仍然还是公司债务人。从现实的经营情况来看，项目经营人往往自己都有一些垫资，如果他能够把这块的业务拉出来自己独立完成，或者以原公司的名义继续履行，对他来讲仍然是有好处的。涉及具体情况衡量的问题，我们遵循效益最大原则。

嘉宾评议

周家开（广西高级人民法院执行裁判庭副庭长）：季诺律师提到了关于破产重整审查的若干事项问题，指出不要总是希望多重整少清算，不停地去重整完全没有价值的企业。但我认为，先进来再说的观念有其好处，当然，公司的董监高在公司出现困难和出现破产原因的情况下，应该有义务也有责任提出挽救企业的方案，包括提出破产重整申请。何旺祥教授的论文逻辑性主题鲜明，特别是后面的律师向何教授的问题提得非常好，他也发表了自己的看法。自行管理和管理人的监督是不矛盾的，他们各自有各自的职责范围，相互制约，相互配合，共同为债权人服务，同时向人民法院报告工作。叶建平院长今天介绍的案子很有代表性,是一个建筑企业破产重整的问题,利用价值思维和无害规则把这个建筑企业重整成功。蒋律师的发言关于出售式重整,出售式重整有资产出售式重整,如美国的通用汽车公司重整案。另外,股权出售式重整,也很有参考价值。张总提到了重整企业债转股的问题,债转股的问题也是我们重整方式的一大方式。张总提出了发生的原因,而且进行了分类,政策性的、商业性的,特别是在重整程序中,我们对于应该怎样进行债转股也进行了分析。债转股的确是我们要注意的问题,要防止对债权人的二次伤害。张海总经理对债转股进行了分析。最后讨论的是跨境破产的问题,这是片新天地,应该纳入我们中国破产法论坛的主题中进行讨论,可以做成一个分论坛。

张婷(北京大成律师事务所高级合伙人):从企业拯救的角度谈一下我的思考。首先,关于挽救方式。我们不应该把眼光局限在重整制度本身,重整只是一种路径,除此之外还有法庭外重组和预重整。法庭外重组其实用得最多,有的企业可能并不适合用重整制度,而是其他一些创新机制保障法庭外重组,作路径分析的时候要考虑企业特殊性。预重整把法庭外重组和司法重整的优点相结合,最大的特点是从法庭外重组转到法庭内的司法重整,效率很高。前期作债务梳理的重整方案可以缩短时间,把司法重整带给企业经营的负面影响降到最低。其次,挽救措施要采取多种手段,要做一些有针对性分析,核心是债务重组,如何把债务风险化解到最低。担保债权需要细化到特殊类型的债权,采取不同风险的化解方式。在实务中会经常考虑金融债权或者非金融债权的债权违约问题、债权平移的问题,特别是像金融债权可能涉及不稳定因素,只要实质上公平保护了债权人的利益、债权人都能够认可,就是重整最根本的目标。挽救一个企业还需其他制度配套。在政策法律层面,很多企业真正的风险存在于金融债权,要支持银行业继续续贷。在收益所得税问题方面,浙江省走得比较靠前,从国税的角度出台了一些规定。在财务会计方面,财政部 2016 年也出台了一个关于破产清算的相关规定,提到重整清算。关于投资人市场的培育,不管是法庭外重组还是法庭内重整,都需要有投资人的参与支持。

第二单元　　主持人:杨玉泉(成都市中级人民法院副院长)

主题发言

胡利玲(中国政法大学教授):我的演讲题目是“重整计划批准的标准:实证

研究与理论分析”。(更多发言内容,详见本辑《破产法论坛》收入的同名论文)

丁燕(青岛大学法学院副教授):

我的演讲题目是“企业重整融资方式创新之探究”。(更多发言内容,详见本辑《破产法论坛》收入的同名论文)

吴长波(西南政法大学民商法学院副教授):大家下午好,我的演讲题目是“上市公司重整中对债权人利益的保护”。(更多发言内容,详见本辑《破产法论坛》收入的同名论文)

郝朝晖(北京市金杜律师事务所上海分所合伙人、上海律协破产清算委员会副主任):

我的演讲题目是“细化强制批准重整计划的法定标准——以美国破产法为参考”。我国《企业破产法》对强制批准重整计划制度仅有框架性规定,司法实务中对于强制批准的把握尚处于初级阶段,目前法院在面对强制批准重整计划时,总体持保守态度。我国《企业破产法》第87条规定了人民法院强制批准重整计划草案的条件,也强调了对反对重整计划草案的债权人组别的保护,但是立法过于粗略且不具有系统性,同时立法文字表述本身也存在歧义。在重整制度中,需要设定尽可能客观详细的标准来判定重整计划是否符合破产法的立法精神,以“过程公平”来最大限度地促进和保障“实体公平”,并且须在满足一定条件的前提下方能行使强制批准权力,而这些标准正是需要立法者通过细化法律规定来进一步明确。美国《破产法典》作为世界各国破产法立法体系中较为典范的一部立法是值得借鉴的。因此我国《企业破产法》在借鉴美国破产法的时候应更加注意立法的系统性,提高立法技术,使法律条文更具象化,并且在我国《企业破产法》中进一步明确正常批准重整计划的具体标准,为强制批准机制奠定合理且合法的基础;同时,细化强裁标准的立法,公正平等地保护反对重整计划草案债权人组的利益。

王少华(深圳白衣骑士资产管理股份有限公司董事长):我的演讲题目是“让企业活着等到重组方,最大限度提高普通债权的清偿率”。目前普通债权的清偿率很低,那么应如何最大限度提高债权清偿率呢?我们的模式是投入资金,将企业变成单独的代工方,用代工费支付给企业使企业存活,保住运营价值。但这种模式下资金方有很大的风险,因此需要引入专业的第三方监管,构建全套证据链。衡量破产管理人价值有且只有一个指标,即最终清偿的破产财产价值总额,或者普通债权的清偿率。最终清偿的破产价值总额由重组方的报价决定,而后者由企业运营价值决定。所以,保留企业运营价值,让企业活着等到重组方,是破产管理人的第一要务。

自由讨论(略)

嘉宾评议

杜军(最高人民法院民二庭法官):我们国家是从清偿的角度启动破产程序。实际上企业是一个资金的平台,当企业资金链断裂时需要进入破产程序。但资金问题只是作为启动要件,将企业推入破产程序。而立法则是着眼于整个群体、整个社会,我国《企业破产法》不能只关注资金层面,我们的重整制度不能只关注清偿。我们谈的重整,除了解决资本层面的问题,还要解决经营层面的问题,这是最核心的。我们的重整往往过多关注资本的运作,而忽视生产经营的保持。重整的核心并非是保存企业,而应当是保存营业。我国《企业破产法》第 87 条第 4 项的规定在实践中存在困难,真正需要关注的应是重整方案的可行性。法院在企业没有经营方案的情况下不能进行强裁。关于绝对优先的问题,存在分歧。《企业破产法》第 113 条确定了清偿顺序,第 87 条规定调整方案在出资人组方面应当公平公正,也就是说也并非不能保留出资人权利,资不抵债企业的股权并非没有价值。重整的绝对优先可能会有新的考虑。至于组类平等的问题,这不是个大问题,我们可以通过合理的分组来解决,真正重要的是如何认识重整制度。

高丝敏(清华大学法学院助理教授):第一个关键词是移植。我国《企业破产法》第 8 章在很大程度上借鉴了美国《破产法》第 11 章立法的经验规则。美国《破产法》之所以能够成为全球的标杆,因为它的核心是当事人博弈。当事人的博弈能产生效益。但我国《企业破产法》的规则其实是一个虚假的博弈,是最后通牒的博弈。第二个关键词就是意思自治和法院的角色。法官并不比当事人更了解企业的情况,我国《企业破产法》第 86 条、第 87 条其实就是在推动当事人的意思自治达到一个有效率的状态,通过一系列的规则来安排,使当事人协商不会进入一个前置的状态之下,这才是意思自治和法院的干预之间一个很有效的黄金分割点。第三组关键词是金融和破产。破产法就是金融法。破产规则帮助企业发现它真正的经营价值,给出一个正确的评价。最后一组关键词是中国的土壤,中国的破产法永远离不开中国的土壤。

第三分论坛

主题:关联企业合并破产

时间:2016年8月13日　下午

地点:北京—友谊宾馆—嘉宾楼5号会议室

第一单元　　主持人:朱慈蕴(清华大学法学院教授、中国商法研究会副会长)

主题发言

贺丹(北京师范大学法学院副教授):我演讲的题目是“破产实体合并司法裁判标准反思——个比较的视角”。在我国目前的关联企业破产实体合并司法实践中,公司法人格混同是法院作出实体合并的主要裁定标准。对实体合并案例的实证分析表明,单一的裁定标准不能回应实务中的债权人异议,并易于引发对这一制度的质疑。比较法考察发现美国作为这一制度的起源国,就这一问题的司法裁定标准经历了由公司法人格混同标准到综合裁定标准的发展。建议我国将关联企业破产实体合并标准将现有的单一裁定标准扩展为包含资产分离困难标准、破产管理收益标准与债权人期待标准的综合标准,从而更好地发挥实体合并制度在解决公司集团破产问题方面的制度功能。

郁琳(最高人民法院民二庭法官):我的演讲题目是“论关联企业破产整体重整”。(更多发言内容,详见本

辑《破产法论坛》收入的同名论文)

黄建东(南京市中级人民法院民二庭法官):我的演讲题目是“论关联企业破产中‘深石原则’的适用”。(更多发言内容,详见本辑《破产法论坛》收入的同名论文)

王贤成(苏州工业园区人民法院民二庭副庭长):我的演讲题目是“关联企业破产中的衡平居次原则”。关联企业利用控制地位以及关联关系,进行利益输送或者利润转移。一旦子公司破产,将在无形中损害其他债权人的利益。此时为保障其他债权人的利益公平受偿,就涉及应用衡平居次原则进行修整。关联企业破产,涉及3个制度,一是法人格否认制度,二是撤销权,三是无效制度。法人人格否认制度在对外债务承担上具有局限性,而破产撤销制度和破产无效行为制度在对内利益的协调上具有局限性。衡平居次原则可以让控股股东的债权劣后于其他债权来受偿,适用范围更宽泛。在现有的法律下,可以利用民法的平等原则、权利不得滥用的原则以及诚信原则进行修整,这就是平衡居次原则。在实际运用中最大的问题是让债权人决定还是由法官判决决定适用衡平居次原则。

关宪法(河南千叶律师事务所主任):我的演讲题目是“关联企业合并破产重整正当性及制度确立”。我国《企业破产法》颁布实施后,破产法的司法实践广泛展开,关联企业的合并重整问题日益突出,举步维艰。在关联企业合并破产重整适用条件方面,应把握高度混同这一原则,包括人、财、物高度混同3个方面。在债权人权益保护方面,可通过债权人会议表决的方式来确定是否适用破产重整程序。在法律法规方面,应尽快通过立法尤其是司法解释,建立规范的关联企业合并重整制度。

自由讨论

左北平(利安达会计师事务所合伙人):第一,关联企业定义问题,国内研究还没有完整的表述。第二,破产程序启动问题。债务人由于滥用控制权,是受益者;而债权人无法完全获取重整信息。第三,管理人问题,管理人必须具备专业能力,我们管理人团队借助商业评估相关的专家要做深入的调研,结合自己专业经验,给债权人一个清晰的判断信息,第四,法院对实质合并的判断标准是什么?债权债务无法区分的真实原因是什么?另外,债权人意思自治原则,在合并重整和实质合并清算的过程中应该得到充分的体现。目前的主流做法是听证会,但还不够。

张德军[北京大成(济南)律师事务所律师]:现在遇到两个问题,一个是不存在关联关系的企业往来是由一家企业来控制的,那么这种工商上不存在法人关系的企业能不能合并?另一个是在单体向整体发展的时候,要先通过审计证明他有关联关系,但是审计又无法进行,因为法院既然无法进行审计,政府也不想它作为整体。这样的话怎么继续往下,有没有依据?

关宪法(河南千业律师事务所主任):可以先启动一个企业来立案,根据这个立案的审计报告,有了关联的线索,根据那个线索到法院来核实,用证据来界定。

朱慈蕴(清华大学法学院教授、中国商法学研究会副会长):刚才提的这个问题已经涉及关联关系的两种类型,一种是垂直母子型的,另一种是姐妹公司。要特别注意姐妹公司之间的一体化和母子公司、重孙公司的一体化之间的区别。

朱黎(浙江天册律师事务所合伙人):我认为,应当制订一个统一的具体的合并标准,现在实质合并总体来说比较难,管理者更多的是考虑效率。债权人怎么样救济,其实是一个很重要的问题,但是因为破产这么烦琐、庞大,有时候效率优先。如何平衡公平与效率需要好好思考。

王欣新(中国人民大学法学院教授):实质合并是一个客观的存在于世界各国的关联企业中的需要解决的问题,所以联合国贸易法委员会制定的《国际商事仲裁示范法》里明确提到了,当出现这种法人人格严重混同的时候是可以进行实质合并的,国际上已经形成了一个基本共识。剩下的就是怎样把握合并中各方当事人权利,包括一个诚信的利益保障问题。怎样在正当的利益之间找到一个平衡,这恐怕是需要我们在实务当中提出一些建议。此外,程序上的公平不能够影响实体上公平,当程序的进行消耗了当事人实体权利时,那么就要考虑这个程序有没有必要存在。关于财产分割难度,法人人格混合越严重,这个财产分割难度越大。人格混同即财产混合到什么程度才能够进行实质合并,认定的标准必须考虑到破产程序的目的,即为了保障债权人的清偿。所以在判定实质合并的时候非常复杂。

嘉宾评议

刘思萱(苏州大学法学院副教授):贺丹教授的报告与她的论文关联性很高,对于国内很多实质合并的案例作了研究,也为我们未来的研究提供了一些借鉴。我们国内判决书角度写的实质合并问题可能是采用单一的裁判标准,即人格混同。郁琳法官的角度比较广,把企业集团在破产里的程序合并、实质合并和分别处理都谈到了。结合前面的讨论,分离成本高能否作为合并的一个理由,还值得继续研究。

奚安娜(舟山市中级人民法院知产庭庭长):关于实质合并的裁判标准问题,我们是在没有明确法律依据的情况下,才把人格混同作为实质合并的法律依据的,能否实质合并更多的是依据一些综合判断。第一,基于资产分离难度这一实务判断标准,管理人会就实质合并做专项审查报告并提供相应的证据,资产分离的标准更多体现在企业的资产是固定资产还是流动资产,固定资产是一种物理性的难以分离,但是更多的是流动资产的难以分离,如应收账款、存货的难以分离。从审判效率和重整成本上讲,债权债务关系要进行分离,要单独确定为债权债务关系,成本非常高。第二,债权人的外部进入标准,外部债权人进行交易是把控制公司和关联公司作为具有混同性的判断标准。第三,合并重整的可能性。因为重整能否成功需要基于商业的判断,具有很多不确定性,企业需从自己的角度来判断是不是要作出合并重整。

第二单元　　主持人:肖彬(山东省高级人民法院民二庭副庭长)

主题发言

陈唤忠(重庆市江津区人民法院副院长):我的演讲题目是"关于关联企业实质合并破产"。第一,关联企业这个词的表述来源最早是财务会计准则里面表达的关联方,后来在公司法中进行了明确规定。最高人民法院在确定案由时,在公司诉讼里面专门有一条公司关联交易诉讼纠纷。第二,无论是关联企业实质合并,还是其他合并,目前大家关心的是司法判断的标准。在关联性破产中的滥用权利判断上要谨慎,是否进行不当利益的输送才是关键的点。第三,破产关联企业实施合并司法制度完善的建议:(1)应尽快依法确立合并审理的原则和标准;(2)实质合并与分别清算两种方式都可以适用,应由债权人会议表决,或者人民法院依职权裁定;(3)实质合并一定要存在不正当利益的审理,审理合并清算没有影响全体债权人利益时,人民法院可以直接裁定实施;(4)其他完善措施。

韩传华(北京市中咨律师事务所合伙人):我的演讲题目是"关联企业合并破产中的人格混同问题探讨"。第一,民事案件的人格混同和破产案件有没有区别。第二,公司实质混同就是财产权的混同。实际控制人或股东实施了财产混同的行为,造成了公司财产损失,给公平清偿带来损害。如果能够证明2家企业的财产占用、使用、收益、处分是混同的，就能够证明财产混同。第三，审计报告是否是必须的？如果没有审计报告，但是管理人揭露了审计报告中的事实，那么没有审计报告也可以。第四，关联企业及债权人、管理人可以同时申请人格混同。

马学荣(宁夏广播电视大学商学院教师)：我的演讲题目是“论基于公司治理的关联企业破产制度”。(更多发言内容，详见本辑《破产法论坛》收入的同名论文)

朱志亮(江苏省启东市人民法院破产庭副庭长)：我的演讲题目是“抵销权制度在我国关联企业破产中的适用问题初探”。(更多发言内容，详见本辑《破产法论坛》收入的同名论文)

韩建(江苏濠阳律师事务所合伙人)：我的演讲题目是“关联企业合并破产研究”。作为管理人，我觉得法律和实务层面上有以下问题：一是程序的启动，我认为管理人、债权人、债务人可以作为申请主体，法院视情况也可以指导启动。启动的时间应限定在财产未执行清算分配之前。二是要给相关的权利人异议权。三是举证责任分配，申请人承担举证责任，一旦提出异议之后哪怕申请人或者是债权人都要相应的提供相关的证据。四是管辖法院宜采用“债务人主要利益中心”来确定管辖。五是管理人的指定要考虑关联企业之前已经被管理人统一管理。最后一个问题是债权人会议主席的选任可以考虑用主席团模式来进行。

陈萍(苏州大学王健法学院硕士研究生)：我的演讲题目是“实质合并原则在关联企业破产重整中的适用”。(更多发言内容，详见本辑《破产法论坛》收入的同名论文)

自由讨论

石静霞(对外经济贸易大学法学院院长、教授)：第一，要非常地谨慎地进行实体合并。第二，实质合并的价值除了在程序上节约，从而增加给债权人的清偿额之外，其最大的价值在于消灭公司间债权，从而最大增加债权人的受偿额。这个和今天各位讲的实质合并有差异。

朱志亮(江苏省启东市人民法院破产庭副庭长)：刚才我在报告中说抵销跟消灭，是不同的概念。我刚才强调了债权人放弃行使抵销权利的权利，意味着这个企业破产，放弃的是优先受偿的机会，而不是消灭这个债权。

韩建(江苏省濠阳律师事务所合伙人):有些公司表面上是独立的具备法人资格的企业,但所有的资产、人员、管理都高度混同,如果不纳入实质合并,对债权人的伤害不言而喻。

朱志亮(江苏省启东市人民法院破产庭副庭长):实质合并与揭开公司面纱制度定位不同,目的完全不一样,揭开公司面纱一般是对公司个别或母体的债权人给予特殊保护,而合并破产解决的是公司全体债权人的整体清偿问题。

任一民(浙江省京衡律师事务所执行主任):现在企业破产的现状,普遍存在受理难,受理概率很低,很多已经具备破产原因却要经过两三年以后才能进入破产程序,那么也就是说财务发生危机以后还要经过一个漫长的时间才能够到破产程序,那段时间有可能发生的,一种是关联企业之间内部往来是完全捆在一起,一种是对外担保来讲,不说对每一个债权人都提供了担保,但有可能对90%以上的债权人都提供了担保,也就是说在关联企业里,所有的关联企业可能都为他提供了担保,在这样的情况下如果说我们不对他们进行合并破产的话,会产生不公平。用公司法上的法律人格否认机制或用我们现在已经应用的衡平居次规则,是没有办法解决关联企业的这些外部债权人利益的。我们认为按照联合国国际贸易法委员会《破产法立法指南》的规定,我们可以将这两种情形简单归纳为一种情形,即先通过个别诉讼救济。

嘉宾评议

刘静(西南财经大学法学院副教授):我们应该把为什么合并的视角拓宽,不仅建立在法人人格否认这样一个公平的视角,或者说利益衡量,即成本过高这样一个效率的视角,一个成本的经济性的视角,我们要放在一个更高更大的视角,效益的视角来看。也就是说,即便是在不存在实质合并的情况下,我们去做合并。任律师提出了一个很好的案例,如果两个企业没有达到破产重整的界限,就做商业的合并;如果达到了,但是这个债权人很好沟通或者管理人水平很高,通过预重整实现这样合并,实在不行则通过司法重整实现。如何合并?这涉及程序的问题。关于这个债权人表决的问题,要结合地方性的因素,结合当地的人群的认同程度来做具体的程序设计而不能够拘泥。

叶炳坤(厦门市中级人民法院民六庭负责人):今天的分论坛对实质合并的相关理论、具体制度问题进行了深入研究和探讨。但各位主讲人都把制度建设作为重点,对制度的救济性研究或建议反而较少。实质性合并破产影响债权人利益和交易的正常进行。破产程序一旦终结不可逆,为保护债权人利益,应当给债权人一个相应的救济程序。此外实质性合并破产还涉及国家法律体系的统一性、案件管辖等一系列问题,实质性合并破产制度的设立要慎重。

第四分论坛

主题:破产法其他问题

时间:2016 年 8 月 13 日　下午

地点:北京—友谊宾馆—友谊宫 5 号厅

第一单元　　主持人:沈湧(南京市中级人民法院民二庭庭长)

主题发言

程品方(衢州市衢江区人民法院院长):我的演讲题目是"论共益债务在破产审判实务中的运用——以衢江区人民法院的司法实践为例"。向大家汇报衢江区人民法院的司法实践——共益债务在破产审判实务中的运用,用以解决企业(如朝阳企业、特殊企业)融资难的问题。我们法院司法实践中选择的路径,一是政府融资,二是引入战略投资人,三是设置一个平台。在确保企业融入资金时,因为在对破产法共益债务的解释中,共益债务使用的范围很小,需要扩大对共益债务概念的解释。在实践中,我们法院通过共益债务在破产实践中的运用解决了一些企业的融资难问题,如明德纸业及另一家房地产公司,均达到了很好的效果。在运用共益债务时,需注意几个问题:第一,要实现利益的最大化,维护全体债权人的共同利益、社会的稳定;第二,债权人自治是运用好共益债务的一个前提;第三,要处理好破产法与其他法的关系,合理界定共益债务的性质。

张玉海(上海交通大学法学院博士研究生):我的演讲题目是“登记对抗主义下未登记抵押权在抵押人破产时的效力”。从益阳通程水泥公司破产重整案引入,该案涉及的问题为:(1)在未破产时,未登记之动产抵押权得否对抗无担保之普通债权人;(2)对于这种非破产法下的对抗力,破产法是否一概予以尊重;(3)未登记之抵押权人得否在发生破产时继续进行登记。第一,未登记抵押权的效力边界。这一问题产生的根源在于登记公示之公信力缺失,我国可以通过第三人的善意取得制度实现同样的制度功能。第二,对未登记抵押权的撤销。现在主流观点认为,在破产之外,未登记之担保债权人会面临无担保债权人的竞争,因后者可通过获取司法优先权的方式取得优先于未登记担保债权人的受偿地位。在我国破产法中引入强臂撤销权利,既可能使债务人的总资产价值得以维持甚至增加,又可能提高债务人资产处置的效益,还可减少用于预防他人的“损人利己”行为而必须付出的防御性代价。第三,破产临界期及破产程序中继续登记的禁止。此问题可细分为两个维度破产临界期内继续进行登记的偏颇撤销问题、破产中继续进行登记的自动冻结问题。

韩骏(浙江省京衡律师事务所律师):我的演讲题目是“出租人破产财产的租赁负担消除问题及解决”。(更多发言内容,详见本辑《破产法论坛》收入的同名论文)

李乐敏(浙江省振邦律师事务所主任):我的演讲题目是“‘跑路’背景下的‘僵尸企业’处置中的职工利益保护”。第一部分是从跑路企业职工利益的情况分析。第二部分是职工方面的限制与利益考量。第三部分是企业破产对职工利益保护现状。第四部分是如何更好地保护职工利益。(更多发言内容,详见本辑《破产法论坛》收入的同名论文)

宋全胜[中欣重组顾问(北京)有限公司总经理]:我的演讲题目是“破产程序中的债务人企业所得税的立法建议”。(更多发言内容,详见本辑《破产法论坛》收入的同名论文)

自由讨论

费本根(安徽省明博律师事务所):在破产法分配顺序中,税收债权优先于普通债权,有与债权人争利之嫌。另外,针对企业豁免的债务,如果国家对此不征税,就减轻了企业的负担,使他们轻装上阵,去创造更大的利益,也创造更多的税收。否则税收这根“稻草”可能会把企业彻底压死,从长远角度来讲国家利益会受到损失。这些问题我们可以向上层和立法机关决策机关进行呼吁,在顶层设计上解决这些问题。

唐高翔(北京市盈科律师事务所):对于企业重整的债务免除,从两个方面来看:从债权人角度看,债务重整对其造成的损失会在其企业所得税方面扣除;对应地,从债务人角度看,就是债务重整的收益,应该缴纳税收。综合这两个方面看,重整收益纳税是公平的。现在对税收滞纳金有两种判决,一种判决是把它作为一般债权,另一种判决将滞纳金作为滞后债权,滞后债权完全没有实现的可能性,税务机关常在这方面扯皮。国税方面有一个文件,把税收滞纳金和税款等同处理,将税务滞纳金和税款同时征收,实际上就是对滞纳金赋予优先权。最高人民法院的司法解释认为破产法里面没有对滞纳金作出规定,就应该在一般债权之后进行处理。

李玲(安徽省恒咸律师事务所):在重整的过程中可能会产生或有债权,对清算或者重组的企业来说属于或有债务,目前没有明确的规定。与其在所得税方面计较,还不如在重整方面把它做成或有债务,这样可能会避免所得税方面的考量,当然这能不能够具体去操作可能要根据具体的情况去把握。

朱磊(徐州中信破产咨询服务有限公司):破产清算过程中的所得税问题应该分两种情况看,一种情况就是企业在破产过程中,整个清算企业是独立的,和我们原来在正常经营中是不同的,企业在正常经营期间整个会计的核算体系是假设持续经营,而且进行配比原则的前提下进行核算;另一种情况是进入了清算阶段,这些假设的基础都不存在,所以应该把整个破产清算期间作为独立的、特别的处理环节进行纳税,而不能把单个的资产处置收益来算。

王玉霞(威海三合企业清算事务所有限公司):企业向职工借款,并以借款到期日账面存货作为抵押,企业破产之后职工是否享有优先权?

李乐敏(浙江省振邦律师事务所):没有登记的抵押权人在破产程序中,抵押权是不能对抗破产程序中无担保债权的,这是在现有的框架下最高人民法院的立场。这其实跟我原来的观点是不一样的,我认为是立法的问题,现有的立法应该修改,但是最高人民法院那个案子中提到,在破产程序中,把无担保债权人和一般债权人作为未登记对抗的第三人。第三人无担保债权要先偿还。

张欣(淄博长和清算咨询有限公司):职工的住房公积金是否应该纳入职工

债权作为优先保障的范畴,这个在实务中是很困难的抉择。大量的民营企业从2008年开始进入破产程序,民营企业关于职工权利的保障实际上并不是特别规范,大量的民营企业实际上没有执行住房公积金制度,当职工来主张住房公积金权益的时候,应该把它作为何种债权对待?在企业清算之后,实际上可供分配的财产非常有限,各方在一个公开、公正的情况下,作有限的蛋糕切分,从个人角度来说,我更倾向于把住房公积金主张为普通债权。有的时候非常矛盾,这里面可能还是职工权益如何保障的问题。

郑成新(中国信达资产有限公司):在拯救企业过程中,一是要平衡好多方的利益。二是要想方设法去拯救这个企业,要稳定,绝对不能够“按下葫芦浮起瓢”。三是要“发展”,一定要从发展中解决所有的问题,我们一定要考虑到重组和重整的问题。

嘉宾评议

黄贤华(上海市高级人民法院民二庭审判长):企业的债权人希望自己债权清偿率比较高,做法有二:第一种就是要把这个蛋糕做得越大越大,要把破产财产做得越大越好。第二种是债权人自己要比别人跑得快,有两种路径:一是具有特殊的身份,比如,职工;二是特定的权利,如抵押权,具优先受偿的权利。所以最终围绕的是清偿顺位的问题,依据身份与权利的属性。对于共益债务的问题,法律为什么对共益债务规定得如此严苛,显然是不希望共益债务所占的份额多,如果共益债务多了则对其他债权人来说得不到清偿的可能性就会更大。还有一个关于“僵尸企业”职工利益的保护问题,上海在政府层面有一个欠薪保障基金,我们前段时间也跟政府相关部门在进行沟通协商,希望在不久的将来这个制度能够在我们上海破产实践当中引入。

慈云西(深圳市中级人民法院公司清算与破产庭副庭长):今年论坛还是非常的热闹,非常的喜庆,主要是因为论坛的定位。作为论坛,一般理解就是“高大上”,比较偏理论,但是我们这届论坛更多的是关注实务的问题,这是一次理论界跟实务界结合的比较好的论坛。破产法列举了6种共益债务情形,例如,兜底条款,很严格的,实际上刚性的规定给我们司法审判造成了不少困扰。对共益债务,要区分在停止经营情况下产生的还是在继续经营状态下产生的。职工权益保护可能是破产的问题,也可能涉及社会问题,这不是法院考虑的问题,把它交给法院是额外的负担。登记对抗主义下未登记抵押权在抵押人破产时的效力,是一个民法问题。作为法官如果要否定这个项目,风险很大,法院是司法部门,在实践中我们只能依法办案。

第二单元　　主持人:雷运龙(北京市高级人民法院执行局副局长兼执行二庭庭长)

主题发言

郭靖祎(华东政法大学经济法学院博士研究生):我的演讲题目是“破产程序简化的理论探究”。我国现行破产程序适用率过低,应当通过简化程序、提高效率唤醒破产法,使之充分发挥职能和效用。破产程序简化的必要性包括三个方面:第一个方面是成本的问题,主要借鉴了温州市中级人民法院做的一个调研结果,他们提到了破产的程序时间特别长、费用特别高,成本比较高的问题。2007年我国《企业破产法》生效,2008 年金融危机。照理来说,金融危机来了应该破产案件会越来越多,但其实我们是一路走低的。第二个方面是效率,我们要节省时间,提高程序效率,让企业能够更快地推出市场,但是如果我们的程序按照 3年期限的话,其实这个效率还是很有问题的。第三个方面从正义的角度考虑,程序简化的通常做法有减少环节、合并程序、缩短期限、降低投入。问题在于要减少哪些环节?减少任何一个环节都有可能损害正义。减少哪些环节不会损害正义,是我们要考量的一个问题。破产程序作为特殊程序,应当通过职权主义提升效率、通过当事人主义缓解破产程序的张力、通过合作主义升华破产程序的成效。具体而言,包括引入小额诉讼程序、在非讼程序部分引入听证程序、在非司法性事务上采取更灵活简便的方式等。

张妍(广州市中级人民法院商事庭审判长):我的演讲题目是“打破‘僵尸企业’不死神话——以股东清算义务之法律规制为研究视角”。(更多发言内容,详见本辑《破产法论坛》收入的同名论文)

唐华(成都市武侯区人民法院法官):我的演讲题目是“破产案件中的刑民交叉问题——从解读破产法的目的与功能出发”。(更多发言内容,详见本辑《破产法论坛》收入的同名论文)

吴宓(中国香港特别行政区李约翰企业管理咨询有限公司董事总经理):我的演讲题目是“我国香港特别行政区个人破产制度”。在我国香港特别行政区个人破产案的处理阶段中,最基本的人员包括债权人和债务人,还有一个就是法庭,但是法庭参与不多。在我国香港特别行政区有一个政府部门叫作破产管理署,它有两个重要功能:一是在没有私人做破产管理人的时候兼当破产管理人;二是在私人做破产管理人时作为监管机构。在我国香港特别行政区,破产的债务人如果觉得自己资不抵债,可以自行申请破产;债权人也可以申请。不管谁提出申请,之后有法庭聆讯的程序。破产人通常于破产令作出 4 年后可自动解除破产,受托人可决定是否对自动解除破产令提出反对,如果提出反对,破产案可以延长,但最多只可以延长到 8 年。反对只能基于法律规定的 8 个理由作出,并且一定要在自动解除之前 3 个月之内提出反对,要不然法庭就不会受理了。破产管理人最主要的功能就是追收资产、进行调查和派发资产给这些债权人,那么资产主要指什么呢?楼、车是资产是没问题的,但是不包括类似于衣服之类的,另外还有一些特殊的资产。在个人破产中也需要考虑合理的家庭需要等因素。破产之前我们要对破产令之前的交易进行调查,一般来说最主要的依据就是我国香港特别行政区《破产条例》第 49 条和第 50 条。另外,个人自愿安排程序是破产以外的另一个选择。如果债权人会议上大多数债权人批准,那么在法律上即对所有债权人都具有约束力。

项军权(温州市破产管理人协会会长):我的演讲题目是“破产管理人协会的建立对完善破产管理人制度的作用”。(更多发言内容,详见本辑《破产法论坛》收入的同名论文)

葛晓初[艾睿铂投资咨询(上海)有限公司总经理]:我的演讲题目是“专业咨询公司在企业破产重组中的作用”。2008 年全球金融危机时,通用汽车公司全年销售急剧下滑,全年亏损 300 亿美元,债务 1700 亿美元。通用的董事长请求政府资助的方案被反驳,于是找到 AlixPartners 寻求帮助。AlixPartners 创始人认为,当公司进入破产时,这个企业一定有具有价值的资产存在,一定有专业的方法使其有价值的资产发挥价值,于是跟通用的董事会说应该做以下 4 件事情:第一,成立新的通用汽车公司,把原来的产品进行逐一分析,把有竞争力产品的生产线员工放到新的通用洗车公司,剩下的放在旧的通用洗车公司,把债务的大部分放在旧的通用洗车公司;第二,要跟所有的债权人进行谈判,让他们看到新的通用洗车公司是有发展潜力的,可以在今后的市场中创造回报及价值;第三,新的通用洗车公司在资产重组的过程中把资产剥离后并不能自然而然地成功,还需要把新的资产重新进行定位,把成本降下来;第四,老的通用里面的资产要逐步出售,这样能够变现以偿还债权人。我们今天的讨论都集中在企业出现了破产的情况,重点需要考虑怎样在这个过程中通过整合财物、运营等比较专业的方法,来帮助这些企业在破产前或者破产过程中能够真正地解决存在的问题。

自由讨论

马西蒙(陕西省丰瑞律师事务所律师):我有一个问题想请问一下项会长,对于破产企业的信用恢复,我国法律在立法上没有规定,基本都是靠着市政府协调去解决这些问题。破产企业在信用恢复上会遇到很多的困难,我想请您介绍一下,温州市在这方面是怎么做的?如何才能够保证这些"快死"的企业被救活之后不再"死掉"?

项军权(温州市破产管理人协会会长):破产是需要全社会共同关注的,许多企业就是因为丧失信用,才造成贷款上的障碍。温州毕竟是个地级市,不可能解决全国性的问题。温州市目前通过联席会议商议解决破产问题,如果企业过去的信用不好,经过破产重组以后,就承认它已经成为一个新的企业,虽然不可能把它原来的历史记录全部抹去,但重整以后银行会承认这个新的公司是干净的。

黄贤华(上海市高级人民法院民二庭审判长):吴先生,目前内地企业破产里"三无企业"的破产比较常见,"三无"就是说没有人员、没有账户、没有资产。我想了解一下在香港特别行政区有没有这样的"三无企业"破产,如果没有的话,你能不能介绍一下是哪些规则防范了这些三无企业?如果有的话,这些三无企业将接受什么样的制裁?

吴宓(中国香港特别行政区李约翰企业管理咨询有限公司董事、总经理):在香港特别行政区其实有2种途径防范三无企业,首先,如果你做了企业上市,需要在公司注册地登记年报,如果不交报表,两三年之后会被自动剔除。但是,像有些企业,没有资产,没有运作,没有负债,一直挂在里面,公司每年还是交年报表,那就让他交下去,当然如果这个企业本身觉得要被"清掉"了,就会进行董事会清偿程序。如果一个企业是三无企业,其债权人就有权去香港特别行政区法庭申请。

韩骏(浙江京衡律师事务所律师):吴先生,我想了解一下香港特别行政区的个人破产制度,作为管理人,如何监管个人在破产期间的所有行为?

吴宓(中国香港特别行政区李约翰企业管理咨询有限公司董事、总经理):这种破产案子我们要跟8年左右,在这个时间里,债务人每年要提交一个周年状况报表,如果在1年内债务人收入大于支出,结余的部分就要交给我们作为这个破产案里面的资产还给债权人,当然我们可以对此报告的收支情况进行调查调整,经过这个程序后,我们会进行反馈并决定下一年要求债务人拿多少钱来,如果不交,就会用破产罪刑的方式去逼债务人达到我们的要求,如果他几年都无法达到要求,我们就可以跟法院反映债务人不合作,当然这本身对有些人来讲是没有什么阻碍力的,但对很多人来说是不方便的事情,因为在破产期里面有很多事情是受到限制的。

费本根(安徽省明博律师事务所合伙人):吴先生,您好,我有两个问题请教您。第一,在内地经常遇到债权人申请破产以后,债务人不是很配合的问题,比如,移交印章不配合。我国香港特别行政区似乎有强制接管制度,即一旦申请破产,就有政府部门的人和管理人来强制接管企业。第二,在我国香港特别行政区,企业或者个人破产后,是否有恶意的逃避债务情况,这种情况多不多?如果发现这种情况,是否必然会受到刑事的追究?

吴宓(中国香港特别行政区李约翰企业管理咨询有限公司董事、总经理):第一,关于控制资产,是有一系列途径的,比如,债务人有房产的,我们可以去进行土地注册,这样就没人可以买债务人的地,这些不需要债务人的合作我们就可以做得到。在内地可能印章很重要,在香港特别行政区印章是不重要的,债务人之前对银行有什么签名都不会被承认,银行只会承认我们的指示。第二,我国香港特别行政区当然会存在逃债现象,在刑事上我们要证明存在恶意必须证明100%的盖然性法官才会判我们赢,在民事上我们只要证明50%法官就会判我们赢。如果是企业破产,本来债务人对债务没有个人责任,但如果我们胜诉了,债务人个人就要对这个债务负责。

冯锦卫(北京市英福斯律师事务所主任):我们会通过强制清算和申请破产程序解决无法执行的案件。我觉得一个公司没有账目比没有财产更可怕,因此,我认为可以对这些案件进行分类,分为有账目可以正常清算的案件和没有账目、账目不完整不可以正常清算的案件。我觉得有必要规定一个股东承担有限责任的前提条件,就是股东要督促公司合法的设置账目,并且要妥善的保管它。通过加重股东责任反过来促使股东和企业合法经营。

吴宓(中国香港特别行政区李约翰企业管理咨询有限公司董事、总经理):我同意冯律师的意见,企业如果在资不抵债的情况下继续营业,这个期间内的任何债务都是要个人负责的,但是什么叫资不抵债继续营业呢?其中一个假设是,你没有保存你的账册,从没有账册开始就算进入资不抵债继续营业的状态了,所以在这里有一个很有利的工具,确保股东将这个账册保存,因为如果没有账册就算企业资可以抵债也不行。

郭瑞(重庆市第五中级人民法院副院长):下面我要介绍一个重整案件,某公司的两个股东中的一个失踪了,之后政府成立了处置领导小组,现在出现的问题是,虽然管理人可以通过减少日常开支等产生结余,但是可能10年8年也还不上债,破产法对重整计划草案的提出有个期限,就是半年再加3个月,现在已经超过这个期限了。这个案件由我们法院辖区内的一个基层人民法院管辖,他们问如何解决这个问题?目前主要是银行债权人不同意重整方案,但是其他的债权人包括没有抵押担保的债权人都同意重组。

费本根(安徽省明博律师事务所律师):这个问题我们专门探讨过,从立法的目的考量,这个期限只要是有利于这个企业重整,能让企业存活和发展,就可以突破。设置期限只是为了鼓励大家以最快的速度来完成,超过这个期限是没关系的。

章菁(浙江省京衡律师事务所资产管理法律部副主任):刚才听了唐法官关于刑民交叉问题的看法,我个人有一些感想和感受,我们之前办过一个案子涉及刑民交叉问题,我们非常认同唐法官的观点和她提出来的一些做法,我们这个案子应该说基本上做到了刑民协同,使刑事程序跟民事程序共同推进,当然这个也离不开当地政府的支持。这个案子的几个阶段跟刑事程序都是紧密连接的,一个是债权申报的阶段,我们基本上会将刑事报案的债权人纳入破产申报的债权人里,债权审查时所依据的证据材料也是参考了刑事侦查机关调查的证据材料,在最后认定标准时我们也考虑了当事人实际融资的行为,适当地对他进行了一些标准上的调整,这是一个方面。第二个方面是资产清偿问题,因为感觉在调查企业资产时,我们的手段是受限的,所以说在这个案子里面我们是借助了公安的力量,对一些转移的或者说是未在账面体现的资产进行了一些调查和固定证据,有一些就通过公安的调查,当事人表示愿意返还,最后达到了资产催收的效果。第三个方面就是关于债权分配的问题,唐法官也提到关于财产返还的问题,我们也认为非法吸收公众存款案件里面受害人财产他绝大部分体现为资金,资金体现在债务人账户时,就构成资产混同,此时,受害人财产返还这样一个资产特定化的要求可能难以实现,最后我们作了一个统一的分配。案件结束后债权人表示满意,社会效果也比较好。

嘉宾评议

杨春华(暨南大学法学院教授):唐华法官讲的是民刑交叉问题,理论上有几个切入点,比如,诉有三要素——诉讼标的、诉讼主体和诉讼内容,案子里主要是主体和诉讼标的。吴先生讲的是个人破产问题,很多情况下,债务人都是个人,但我对个人破产持比较悲观的态度。

孙小平(原北京市第一中级人民法院民三庭庭长):我就管理人方面发表一下我自己的看法。《企业破产法》自 2006 年颁布以来到现在已有 10 年,每年的破产案件数量并不多,根本没有检验出这部法律的效率到底如何。现实存在的问题是,破产的效率确实低,所以是不是能从参与过的主体上,考虑如何提高它的效率。我认为大家都忽略了一个点,就是管理人。谁最愿意处理破产事务,谁觉得这个事最应该干呢?是管理人。对于设立管理人的方式,摇号的初衷就错了。管理人的选任方式是要实现破产法的价值,当然也兼顾法官的廉洁问题,它的主要目标是什么?管理人在破产程序中负责破产企业的管理、处分、业务经营。在这种情况下,管理人是一个行业,是独立的、以营利为目的的行业,因此管理人一定要实现招投标,这样可以提高破产法效率。要真正让破产法的价值发挥出来,法院没有足够的精力,债务人债权人没有积极性,所以只有依靠专业的管理人队伍。在这个过程中,要有一个公平的招投标性质的优胜劣汰的过程,只有管理人行业能够真正获得利益,破产法事业才能最终获得蓬勃发展。

大会主题发言

时间:2016 年 8 月 14 日　上午(8:30 ~ 10:15)

地点:北京—友谊宾馆—友谊宫聚英厅

主持人:汤维建(中国人民大学破产法研究中心副主任、教授,中国民事诉讼法学研究会副会长)

主题发言

陆晓燕(无锡市中级人民法院金融庭副庭长、北京市破产法学会副秘书长):

今天向大家汇报的议题是“破产重整实践的市场化进程”。主要是讨论我们是怎样认识到破产重整实践必须要遵循市场规律展开,我们为什么要遵循市场规律,以及怎样来遵循市场规律。

我来自无锡市中级人民法院,选取的是无锡市样本。无锡市样本具有一定的典型性。我们拥有多种类型的重整经验。我们有全国第一例破产重整、江苏省第一二例上市公司破产重整、尚德电力破产重整。按照法律标准去判断,既有完成了重整程序的案例,又有由破产重整转入破产清算的案例;根据破产重整的实际效果,在走完重整程序的案例中,既有企业复兴的成功案例,又有陷入“植物人公司”或者再次破产清算的失败案例;分析重整失败的原因,既有重整企业本身缺乏再建希望的原因,也有重整程序在关键节点裁量失当的原因。所以,我就以无锡市样本,谈谈破产重整实践的市场化进程。

1. 破产重整制度对我国市场经济的意义

其意义在于,拯救濒危企业的司法有形之手;尤其对陷入濒危的"僵尸企业",更具改造功能

从破产法官的角度,破产重整,是指对已具破产原因或有破产原因之虞、同时又有再建希望的债务人企业,由审判组织依照法定程序主持各方利害关系人协商或强制调整他们的利益,在利益平衡中完成对债务人企业的债务清理和营业整顿,使之摆脱财务困境和重获经营能力的企业再建制度。

进入破产重整的债务人企业,往往是以"僵尸"的形态陷入濒危,它们的特征是,具备社会性,但无市场性。一方面,"僵尸企业"的存续,能够维持GDP、维持贷款和维持就业,具备社会价值;另一方面,"僵尸企业"没有盈利能力,长期经营亏损,无法自我修复,不具备市场价值。

如果放任市场无形之手去调整,"僵尸企业"必然会被优胜劣汰、破产清算;然而为了保持社会价值,政府和银行有形之手又往往用财税优惠和廉价贷款维持"僵尸企业",却将政府和银行越套越牢,既损害市场的资源配置功能,又损害市场的公平竞争功能。

"僵尸企业"社会价值与市场价值之间的矛盾,激发了破产重整制度的功能,它是司法"有形之手",通过破产重整中的债务延免和资源重置,能将有再建希望的濒危企业改造为健康企业,在保留社会价值的同时,激活市场价值,使市场效益与社会稳定成为兼顾项。

2. 前后期案例的成败对比

破产重整实践对"僵尸企业"的司法改造,必须与市场规律进行结合;因此,我们的破产重整实践也在反思中前行,迈入了市场化的进程。

何为重整成功?按我国《企业破产法》提供的程序性标准——重整计划执行完毕,即宣告重整成功。早期的破产重整实践为推动程序上的"成功",也即债权人会议对重整计划的表决通过或法院对重整计划的强制批准,将偿债方案作为重整计划的制作重点甚至是唯一内容,却对经营方案少有考虑。由此将破产重整异化为单一的债务清理和低层次的企业保留。然而,透过市场的视角,我们看到重整成功的真正标志,是濒危企业通过破产重整中的资源重置,完成企业再建和恢复企业盈利,成为真正的市场主体,摆脱依赖有形之手生存的"僵尸"状态。也就是说,通过破产重整——司法有形之手的短期调整,却是将企业送往一条依

赖市场“无形之手”足以生存的可持续发展之路。

一是重整目的必须具备市场性。濒危企业的重整目的,应是改造成为能够盈利的健康企业,而非强行延续企业主体而陷入新的“僵尸”状态。曾经在一件重整案例中,企业在完成重整后,沦为“植物人”,没有再经营。这是因为,当时企业面临退城进园,债权人为获取退城进园的补偿款而推动重整;至于偿债之后的经营,无人加以考虑。而如今,我们在重整计划的设计中,均要求列出明确具体、具备可执行性的经营方案。

二是重整对象必须具备市场性。濒危企业能否重整,应考量市场价值,而非仅评估社会价值。又有一个重整案例,重整企业是一个创造 GDP、维持就业的明星企业。当地政府以社会稳定为主要考量,投入极大资源,动员各方力量,促使债权人会议通过重整计划。然而该企业的市场价值不被看好,投资人招募始终搁浅,经营方案随之落空,各项债权无法按原计划受偿。2 年后,该企业转入破产清算,资产值由 2.32 亿元降至 1.38 亿元,负债额由 6.66 亿元升至 8.37 亿元,重整失败成本巨大。反观尚德电力、霞客环保、西姆莱斯等,分别具备光伏行业龙头、上市公司壳资源、管制行业准入资质等市场价值,破产重整引发了市场的普遍关注和踊跃投资。

三是重整程序必须具备市场性。我们有过一个程序意义上的成功案例,重整计划制作、表决、批准、执行一路通畅。然而由于实施存续型重整保留了企业外壳,在重整完成 1 年后,诸多未在重整期间申报的债权人按重整计划规定的同类债权清偿条件向企业补充求偿,税务机关按重整豁免债务金额的 25% 向企业计收所得税,迫使企业再度破产清算。反之,在安信达金属一案走的是清算程序,但通过土地厂房设备等破产财产的整体变价,由受让人以整体财产新设江苏亚太安信达铝业有限公司,吸收老员工、增纳新员工,持续营业已 7 年,成为当地的就业和纳税大户。

四是重整方法必须具备市场性。濒危企业的重整方法,应结合市场手段。有一件破产重整案件,在债务人股东存在诚信危机的情况下,选择了债务人自营模式,由债务人提交重整计划草案,债务人股东自己担任重整投资人,债权受偿率仅 30%;与债权人以股权让渡方式招募的重整投资人提供的 60% 债权受偿率相去甚远。重整计划草案不仅未获通过,还引发了极大矛盾。反之,尚德电力、霞客环保系在全国范围内公开招募重整投资人,入选的重整投资人给出了契合市场标准的债权受偿率，使重整计划得以通过。

3. 破产重整实践应当怎样遵循市场规律——运用法治手段保障市场在资源配置中的决定性作用

第一，要驱动对破产重整的市场投资。债权人推动重整，目标是债权受偿；政府推动重整，目标是企业延续；唯有投资人推动重整，目标是企业恢复盈利以便其获取投资回报。在此意义上，投资人的重整目的与重整本意最为契合。并且，重整投资也是将濒危企业从外部"输血"的病危状态改造为内部"造血"的健康状态的必要资源。

第二，要评估重整对象的市场价值。将濒危企业比作"病马"，尽管"活马"价值高于"马肉"价值，但"救马"费用也高于"杀马"费用。什么样的"病马"具备救治价值？其一，"病马"必须能够救得活；其二，重整投资人能够获得投资收益。

第三，要选择便捷经济的重整程序。刚才讲到"救马"费用，重整程序的选择就是为了降低"救马"费用。我国《企业破产法》只规定了存续型重整，存续型重整是"原壳再建"，延续原企业法人资格，通过债务清理和经营调整，在原企业外壳内再建。破产实践中存在重整式清算，重整式清算是"换壳新建"，实施的是破产清算，但对涉及尚具活力营业的破产财产施以整体变价，让该部分营业"换壳新建"。"原壳再建"能保留依赖原壳延续维系的无形资产，如上市公司、管制行业公司的稀缺壳资源。"换壳新建"能解除原壳的历史遗留，如重整豁免债务金额较大，会产生高额企业所得税以及可能存在大量未申报债务的情形。我们要根据企业的特点，本着程序经济的原则，选择"原壳再建"还是"换壳新建"。

第四，要运用将市场手段与司法措施叠加的重整方法。让"无形之手"配套"有形之手"。一是将适用于普通企业的市场重组，升级为适用于濒危企业的破产重整。市场重组需要尽职调查，让管理人帮助尽职调查，使它规范、详尽和兜底。市场重组需要债务清理，破产重整可经由多数债权人同意或法院强批进行债务清理。市场重组往往需要股权让渡，破产重整可经由多数股东同意或法院强批进行股权让渡。二是通过市场化招募重整投资人，准确评估重整企业的市场价值。无人参与招募，证明该企业不具备市场价值，应当及时转入破产清算；多人参与竞争，应当遵从"价高者得"等市场法则。如对尚德电力，政府推荐的意向重整方仅给出20亿股权让渡款；转入市场化招募后，顺风光电愿意提供30亿，大大提高了债权受偿率。并且，市场化招募吸引到的通常是真正的商业选择，而非短期的行政行为。顺风光电既能在集团内部吸纳尚德电力的光伏产量,解决其他意向重整方无力解决的产能过剩问题,又能将母公司在我国香港特别行政区上市的壳资源与尚德电力子公司的生产优势结合在一起,完成资本运作。究其实质,对企业发展足够自信,才能选择最大投入。三是设计预重整制度,衔接程序外重组与程序内重整。预重整的原理是,在债权人得到完整准确信息的前提下,如果他在市场重组中作出了预表决,并承诺同意将预表决结果延续到司法程序中,破产重整就不再需要重新表决,可以直接裁定批准重整计划。较之单一的破产重整,预重整将协商重整计划草案内容、制作重整计划草案、提交主要债权人表决这三项步骤前移出司法程序,交市场自治完成,大幅压降破产重整的时间、费用和资源成本;较之单一的市场重组,预重整又用足了破产重整的制度保障,把市场重组升级成了破产重整。

徐战成(浙江省国家税务局政策法规处副主任科员):

到了会场之后我才发现,在750多名参会人员中,只有我一个人来自税务机关。其实,一个没有税务机关参与的破产程序,应该说是不完整的。无论是前期可能存在的税收债权,还是后期资产处置方面产生的税款,直至最后的税务注销环节,都绕不开税务机关。囿于发言时间的限制,我一共简单谈以下10个已经初步明确的问题:第一,税务机关能否向人民法院提出启动破产程序的申请;第二,税收债权的涵盖范围及申报程序;第三,税收滞纳金申报截止时间的确定和注意事项;第四,税收征收管理法和企业破产法关于税收优先权冲突的协调;第五,破产受理前的税款强制执行是否可能被破产撤销权否决;第六,破产程序中处置资产产生的税款性质界定和清偿顺序;第七,破产程序中履行合同和资产处置必需发票的供应;第八,税务机关对破产重整计划的参与和纳税评价;第九,破产程序中资产处置产生税款的纳税义务的承担;第十,税收债权未获全额清偿但经法定裁定终结破产程序的税务注销。

以上问题,有的是浙江省政府经过研究已经有了明确,有的是温州市国税局、地税局和人民法院的操作口径,有的是浙江省政府与浙江省高级人民法院沟通中达成的初步共识。此外,简单回应几个问题:第一,税收减免问题。这方面的呼声很大,各方对税务机关的期待很高。第二,信用修复问题。企业重生后,纳税信用登记能不能快速修复。第三,税收债权申报时,金额以“现状”为准,还是以清查后为准。

对于债务豁免问题,从破产程序的性质来看,相当于一个人进入了大病晚期,重整就是新生,清算就是死亡,前者讲究的是各方让步共同挽救,后者讲究的是公平有序分配遗产。然而,原理终究是原理,在法律没有规定的情况下,实务操作中不可能自作主张,税收法定的底线不能突破,立法者和执法者的身份不能混同。更可行的做法是推动立法的修改,而非期待基层执法者"睁一只眼闭一只眼"。至于税务注销问题,这个还是得多沟通,法院作为司法机关,总会有办法的。

提瑞婷(山东省华信清算重组集团有限公司董事长、山东省法学会企业破产与重组研究会副会长兼秘书长):

我的演讲题目是"以破产管理项目化信息化提高'僵尸企业'处置质效"。从 2015 年下半年,我们作为执业机构深切地感受到了最高人民法院和各地市中级人民法院为依法实施破产程序创造了条件,也配套了出台了很多的文件。根据中国"僵尸企业"研究报告,大型、中型和小型企业分别是 1 万家、5 万家、13 万家。"僵尸企业"退出的程序,一个是重整,另一个是和解,还有一个是破产清算。活法是重整和和解,死法就是破产清算,作为执业机构,我们感觉到破产法的春天来了。

一是管理人办案质效对"僵尸企业"处置产生的影响,众所周知,《企业破产法》实施后并没有取得预期的效果,管理人不能妥善解决问题,潜在风险大,法院质疑管理人办案能力和质效,不敢轻易立案。二是对"僵尸企业"发展去向的影响,在"僵尸企业"进入破产程序后,管理人决定了企业能否顺利盘活存续,或者清算退出终结经济法律关系。三是对"僵尸企业"处置效率的影响,管理人的办案能力和管理能力直接决定着处置的效率与效果。比如,淄博市中级人民法院刚刚出台了量化考核办法,已经开始对我们的执业过程进行监督。我们的办案能力直接决定了处置的效率,最高人民法院专门指出,企业进入破产程序以后的工作,很大程度上就是管理人的工作,决定了企业是续存还是消亡,所以要提升管理人的队伍素质。

从我们现在执业的三类机构来说,实施管理人制度已经 8 年了,我们自己认为得到了长足的发展,可是从各领导评价来说,我们总体执业能力不强,职业化能力不高,主要表现在五个方面:

一是管理人机构和执业人员缺乏实践经验,在全国案件破产立案难的情况下,我们承办的破产案件是可数的,很多机构甚至还没有做过破产案件,当然很多机构也没有做过大型的案件,因此,这些机构就没有处理大案的经验,缺乏经验就缺乏处理问题和矛盾的能力。

二是管理人能力不全面,团队协作能力不高。大型“僵尸企业”的处置需要律师、会计师等多方面的专家共同完成处置,目前的机构人员结构不合理,兼职人员较多,专业性不足,特别缺乏统一协调处置沟通的能力,很难全面的履职。

三是案件处置系统性差,“僵尸企业”处置的质效难保证。我们知道“僵尸企业”处置利益众多,涉及复杂的程度高,系统性要求也高,尤其是多主体、多目标,需要同时在一个时点上同时实现,执业的难度更大。大部分在执业管理中缺乏项目的系统规划和控制,导致项目的管理风险贫乏,与目标管理存在较大的差距,甚至很难按照要求完成任务,严重制约了处理的效率,也导致了现在的破产案件在三年至五年的时间段比较多。

四是行业缺乏统一标准,服务水平参差不齐。管理人行业刚刚起步,也没有建立统一的执业标准,由于理念不同,对破产法认识要求不同,模式也不同,所以水平参差不齐,缺乏流程和规范的指引,使法院对破产案件很难有统一的评价标准,很难适应即将到来的良好的市场环境和发展趋势。所以说,执业机构期待流程化、系统化、规范化。

五是介绍一下我们的项目管理。首先要介绍的是项目管理实践。项目管理模式不能适应复杂度高,跨县域、多项目同时管理的需求,影响办案效率。我们华信的部门分工式的管理模式,有五大业务部门:律师管理部、清算管理部、应急管理四部、产权管理部、并购重组部;还有五大保障部门:营销部、人事部、网络中心、行政部、财结中心。2008 年以后美国引入了法律服务项目化管理实践。2008 年金融危机爆发后,美国客户大幅度压缩法律服务的支出,强烈要求降低法律服务的收费,客户提出了更系统的解决方案,而且通过寻求技术方面的措施,让法律服务更低价。分散化的律所通过专业化的合作,律师从法律专家变为项目经理。2010 年我学习了项目工程管理的硕士课程,同年正式开启了华信信息化建设的步伐,2012 年开始梳理流程和标准,逐步形成项目化管理模式基础。2016 年华信清算根据项目化管理模式,申报了 ISO9001 质量管理体系认证,现在已经获得通过。

其次要介绍的是项目管理模式,项目管理是一种管理理念和方法,是以项目为核心,将不同项目或职能的人员组合成一个项目团队,以项目经理为主导进行管理,目前国内主要应用于工程项目和软件开发会展方面。法律方面的研究是先有的,我们看到破产重组项目具有典型的项目化特点,它最主要的内涵就是工作范围和工作任务的分解分清职责。信息化是我们将全生命周期、全工作范围的梳理,把它进行了云清算项目管理,在2016年7月17日隆重上线。总之,我们认为破产项目符合项目管理的特点,而且凭借信息化,凭借强大的技术能够发挥出对多主体的协作作用,对“僵尸企业”的处置提供诊断。

许胜锋(北京市中伦律师事务所合伙人、破产业务负责人):

我发言的题目是“管理人制度适用的现实困局及对策”。第一,关于管理人指定的问题。应正视中介机构在重整策划中的积极作用,由重整策划中介机构担任管理人对于重整的实施具有更加积极的作用,且中介机构参与重整策划不宜被认定为与破产案件有利害关系。另外建议应当允许法院根据重整申请人的推荐指定管理人。第二,重构管理人对有担保财产的收费制度。对收费条件和收费比例进行调整,允许管理人对有担保财产计收报酬。第三,应继续深化管理人报酬制度的市场化运作。有必要规定管理人报酬上限的例外情形,为实现个案正义保留空间。建议引入按时计酬制度以弥补制度缺陷,对破产案件的收费问题应当允许分期支付和预付支付。

赵坤成(北京市金杜律师事务所合伙人):

我的发言题目是“新经济常态下破产重整理念的深化革新”。第一,目前破产重整的理念正在逐步树立起来。破产重整的配套制度在不断完善,越来越多的债权人意识到重整是一个比较好的解困工具,越来越多的债权人开始越来越积极地参与到重整中来,外界对于重整的认知也在改观。第二,破产重整制度依然存在许多问题。外界对于重整制度的整体认识存在不足,很多金融机构仍有较严重的破产逃债的观念,正确的破产重整理念在社会上依然缺位,许多配套制度仍然不够完善。第三,对于破产重整理念的深化革新应注意以下几方面问题:一是要坚持有利于推进企业增强市场经济活力的宏观目标;二是应该鼓励重整方式和重整思路的多样性;三是应引入社会资本和产业资本积极重组。

伍兆荣(中国香港特别行政区柯伍陈律师事务所资深合伙人):

我的演讲题目是“我国香港特别行政区破产法修改动态与重点问题”。由于时间关系,只集中在两方面:一方面是在无产可破困境下的融资安排;另一方面是企业资不抵债时的个人责任的问题。

1. 无产可破的问题。无产可破——破产企业没有或缺乏可供分配的财产,无法支付破产清盘的费用。很多时候,无产可破是因为企业主管人在申请破产前无偿转让财产,或者将财产隐匿、转移等,营造一个无产可破的假象来逃避债务。针对上述情况,我国香港特别行政区法院近年在清盘诉讼资助安排上有相当发展。传统普通法禁止助讼及包揽诉讼:助讼指肆意和擅自介入他人纠纷,而助讼人本身与案件各方及标的并无关系。包揽诉讼属于助讼的一种。从事包揽诉讼的人以协助当事人打官司,换取当事人在胜诉后将争议财产的其中一部分给予他作为报酬。助讼及包揽诉讼之所以被禁止,源于中世纪时富人通过法律诉讼手段来欺压穷人,妨碍司法公正。

2. 第三方诉讼资助的合法性。近年来,我国香港特别行政区法院已逐渐意识到禁止助讼和包揽诉讼可能使缺乏资金的当事人无法进行诉讼以寻求司法公义,因而逐渐采纳更为宽松和务实的态度。在 Unruh v. Seeberger (2007) 10 HKCFAR 31 一案中,香港特别行政区终审法院指出,针对助讼及包揽诉讼的法律涉及公共政策事宜,当中又涉及随时代而变化的价值判断,法庭必须将此等概念与现代公共政策相互权衡。法院承认有三种情况属于例外:如果第三方能证明其对诉讼结果享有合法权益;如果当事人能说服法庭接纳,他应当获准取得第三方的资助,使其可获得提供寻求公义的渠道;破产程序中的法定例外情况。

3. 第三方诉讼资助安排。资助他人诉讼的安排在破产清盘程序中被认为是合法的,也越来越常见,如 Re Cyberworks Audio Video Technology Ltd (2010) 2 HKLRD。第三方诉讼资助安排通常采用的方式如下:由商业机构资助当事人(破产案件中的清盘人)进行申索,以收取所获得益的某个百分比的款项作为回报。若败诉,则由资助者承担后果,例如,赔偿对方讼费等,或者清盘人将可以提出的申索,作为一种无形资产出售和转让给为此支付对价的买方。香港特别行政区法律改革委员会于 2015 年年底发布的报告书《第三方资助仲裁》中的一项调查显示,在诉讼资助安排中,第三方出资者通常可在个案得益中享有介乎 8% 至 55% 的权益。但大多数的第三方诉讼资助协议都是保密的。在香港特别行政区历史上最大的破产清盘案——"雅佳控股有限公司"案中,通过转卖诉讼权利或是与第三方资助者达成资助协议,清盘人得以推进破产程序,将表面上看来"无产可破"的案件变成"有产可破",扩大了债务人可供分配的资产,维护了债权人的利益。香港特别行政区政府于 2016 年 6 月 3 日最新发布已通过的《2016

年公司(清盘及杂项条文)(修订)条例》,但现时尚不知晓该《修订条例》将何时实施。《修订条例》制定了一系列措施,旨在加强对债权人的保障,精简清盘程序,使清盘程序更完备健全。

4. 在无力偿债情况下营商的董事个人责任。“在无力偿债情况下营商”(insolvent trading)公司在已无力偿债即无能力偿付到期应付而尚欠的债项后继续经营招致债项或债务。董事[包括“影子董事”(shadow director)]是否应当对公司在无力偿债情况下继续营商招致的债务承担个人责任。当公司资不抵债,或濒临破产时,董事对债权人负有注意义务与责任。董事不能只考虑其自身或股东的利益。但是要求董事承担个人责任可能会令董事因担心担责而更倾向不必要地把公司自愿清盘或接管。

很多英联邦国家,如英国、澳大利亚都有法例规商不正当营商。我国香港特别行政区法律改革委员会于 1996 年发表《企业拯救及无力偿债情况下营商报告书》,拟引入与英国不正当营商。一个比较近的案例发生在 2014 年的案例。清盘人指被告人作为公司的非执行董事,知道或理应知道公司无力偿债,无望恢复偿债能力,理应安排委任临时清盘人或宣布公司无力偿债,但被告人并未这样做,反而任由公司继续经营,结果到公司清盘时,净亏损额增长了 12.3 亿港元,因此,清盘人被被告违反了其董事责任。

嘉宾评议

韩长印(上海交通大学凯原法学院特聘教授、上海市法学会破产法研究会会长、中国人民大学破产法研究中心副主任):

第一,破产重整的运行应树立市场化理念,同时也要注重法治化思维,破产重整中的许多技术问题、细节问题还有需要注意的地方。第二,对于管理人报酬的确定方法,应尝试建立市场化导向机制。第三,对于无产可破的企业,立法不应过于苛刻,不应让过于严苛的立法影响市场的发展。第四,对于破产程序中的税收问题,韩教授表示应厘清税收债权的性质,作出合理的制度安排。第五,应逐步推进对破产管理人制度的改革,很多问题即使在现阶段立法中没有明确规定,也可以在实务中加以倡导,以解决现实问题。第六,破产重整制度具有重大意义,其理念的革新也具有重要价值,应加强对重整制度的宣传,发挥重整制度的作用。第七,其他破产法治先进国家以及我国香港特别行政区破产法的许多制度都具有重要的借鉴意义,应加以重视。

开放式交流

时间:2016 年 8 月 14 日　上午(10:30～12:00)

地点:北京—友谊宾馆—友谊宫

主持人:郑志斌(北京大成律师事务所高级合伙人、中国人民大学破产法研究中心副主任、北京市破产法学会副会长)

交流嘉宾:王欣新(中国人民大学破产法研究中心主任、北京市破产法学会会长)、杨忠孝(华东政法大学教授、上海市法学会破产法研究会副会长)、章恒筑(浙江省高级人民法院审判委员会委员、民二庭庭长)、杨征宇[国浩律师(北京)事务所高级顾问]、池伟宏(北京大成律师事务所高级顾问)、任一民(浙江省京衡律师事务所副主任)。

提问:我想请教一下有关职工债权方面的问题,在企业破产受理之前,有些离职的高管通过法院的判决书确定了工资,比如,已经确定了 10 万多元,但是一直没有执行,在企业宣告破产以后,该职工申报职工债权,那么,管理人是应当依据判决书来支付这 10 万元的工资,还是依据《企业破产法》的规定,把他的工资调整为普通职工的平均工资呢？谢谢。

任一民:这个问题还有一些背景不是很清楚,我们作个假设,如果高管的工资是发生在破产程序之间的,我们应该按照我国《企业破产法》的规定认定。如果所拖欠的高管工资是在破产程序启动之前的,还是按照《企业破产法》有关的规则确认它的标准。

王欣新:刚才任律师讲的原则是没有问题的,我觉得有些东西可以再细化一下,关键看欠薪是什么时候发生的。如果在是破产程序之前比较长的期间内,当时企业还没有发生破产原因,也没有职工欠薪。如果是在破产之前且企业发生破产原因的情况下拖欠的工资,按照最高人民法院《关于适用〈中华人民共和国企业破产法〉若干问题的规定(二)》第24条的规定,应按照该企业职工平均工资计算的部分作为拖欠职工工资清偿,高出该企业职工平均工资计算的部分,可以作为普通破产债权清偿。即使有判决,如果和破产法冲突,破产法的相关规定应该优先适用。所以要看具体欠薪的时间,欠薪时其他职工是否欠薪,还要看发生破产原因的状态,进行综合的判断。

郑志斌:这么多年大家经常会提到破产程序当中有关高管工资的问题。我们破产法中对高管的工资的规定有一定的惩罚性,这是基于破产清算的状态下,也就是说在企业破产清算时,高管对此应该承担这样的责任,因此对高管的薪水要进行特别的调整。如果谈到重整的话,要从重整的理念来思考这个问题,美国法上的重整程序有一个关键员工保留计划,为了鼓励重整成功,对高管或者是核心人员有一个激励机制,并非一定是按照破产清算中的规定来处理。因此,我认为应当区分破产清算与重整制度进行分析。

王欣新:重整和清算原则是不同的,尤其是在债务人自行管理的情况下,原来的高管仍处于聘用期间,当初我国《企业破产法》及其司法解释的规定主要是从清算的角度考虑。

章恒筑:管理人在接受债权登记的时候,涉及职工高管的债权,还涉及一些处罚性的违约金,还有一些判决或者调解,是应该照单全收,还是申请启动审判监督程序,抑或是只把法律文书作为一个依据?我最近在思考一个诉讼中的情势变迁问题,我国《民法通则》第108条规定:“债务应当清偿。暂时无力偿还的,经债权人同意或者人民法院裁决,可以由债务人分期偿还。有能力偿还拒不偿还的,由人民法院判决强制偿还。”这一规定有没有可能激活应用到企业危机的情形中。对一些过高的利息,在债务人无力偿还的时候,我们不一定要撤销审判监督程序,而是将其作为接受申报的依据,这个应该是可以尝试的。在实务中,浙江中小企业往往有一些民间借贷的高息,对高息的处理原则上,采用减租减息的条款,当然这里面也有政府风险处置的作用,确定一个合理的利息偿付标准,因此对于生效的裁判文书,我们是照单全收还是只是作为一种依据,我认为值得进一步研究。

提问:在重整计划批准以后,按照破产法的规定,债权人对债务人非常不信任,这种情况下是由管理人执行重整计划还是通过其他方式执行这个重整计划?

杨征宇:当初我们对破产法重整程序进行研究时,强调尊重重整程序当中商业谈判的价值,尽量避免法律或者是司法权力过度的干预,它本身就是一个商业博弈、商业谈判的结果。假设通过各方当事人的参与、起草、表决、通过这个重整计划,它核心的价值还是商业计划。由谁来执行最合适,这本身也是一个博弈的结果,法院和法官最好不要进行强制性干预。

王欣新:首先,在通常的重整中,实际上所谓的债务人在重整之前和重整之后主体发生了变化,一般的重整都有新的战略投资者加入,而且往往在债务人企业中占据控股的地位,如果重整计划由债务人执行,这个时候的债务人是相当于新的控制人、新的主体。其次,可能有的案件是债务人自行管理财产和营业事务,同时债务人的出资人在重整计划中可能还保留相当的股权。此时,在重整计划批准之前,作为债权人包括管理人,就要考虑到信任关系的问题,尤其是债权人对债务人信任,可以集体更换债务人企业的高管团队,也可以进行必要的调整。在重整计划批准之后,管理人和债权人会议仍然有相应监督的职责,所以从这个角度来说也可以适当的起到一定的制约作用。当然,重点是前期在重整计划里扫除障碍。

郑志斌:破产清算与破产重整的价值追求是不一样的,破产清算侧重的是秩序规则,重整强调的是再生,更多的是利益双方的协商、谈判。这个问题,我想请杨忠孝老师从商法的角度探讨一下,也请章恒筑庭长从司法的角度讨论一下。我的一个体会是,从商法的角度理解破产,好多事是理解不了的,例如,在破产程序中的企业,其原有的公司治理结构和原有的经营到底是什么关系。到目前为止,我觉得这个问题在理论上仍然没有说清楚,实践中的情形是五花八门的。

杨忠孝:公司法强调尊重公司自己的逻辑来解决,重整制度之所以放在破产法中,是因为在重整过程中,对债权债务是要做调整的,而在公司法当中一般没有这样的制度设计,对一个重整公司进行债权债务调整或者股权调整,在公司法上找不到这样的依据。因此,目前大多数依据都规定在破产法中。说到这里就要回到基本的立场,即使我们现在在破产法中规定重整制度也千万不要忘记,重整制度也要在一定程度上考虑和遵从当事人的意志,需要尊重出资人在公司正常经营当中应该有的权利,最大限度承认公司法上所说的股东自治的原则,包括合并重整或者权利义务调整时,也需要要有这样的表决机制。所以回到前面说的问题,如果一个公司经过大家意思表示最终形成了一个重整计划,在重整计划执行过程中由谁来执行这个计划,这个意思表示本身就应当是重整计划的一部分,也反映了债权人与其他权利人的意思。

章恒筑:法院对于重整计划的制订和执行应当如何妥当行使影响力,包括如何监督的问题,我有以下几点看法。破产审判的常态化推进,在浙江总结出 4 个板块:司法平台、府院联动、管理人工作、经营创新。我认为破产法的实施不应该有明显的短板,也千万不要忽略任何一块短板。我以前也提司法主导,但破产也是一种市场的另外的侧面,在涉及资源配置时,法院不应主导资源配置问题。破产法从某种意义上说也是一门公司法。打个比喻,一家进入了危机状态的公司,它仍然应当遵循我们公司法所说的谨慎介入商业谈判,从这个角度来讲,我更愿意说司法是一个平台。在重整程序中,我们有两种模式:一是管理人制订重整计划草案;二是自行管理的债务人制订重整计划草案。在管理人制订重整计划草案的情形中,法院和债权人会议对管理人有监督权;在债务人自行制订的时候,法院、债权人会议还有管理人有监督权。我们现在对债权人会议的重要性以及谨慎行使裁定的审判权方面的关注是不够的。另外,在重整和清算的关系上,从宣传导向上讲,我觉得现在有些企业并不是一有危机就直接寻求法院帮助,其在到达法院之前就已经处置过了,当到达法院的时候已经有了基本的判断。在实践中,我们特别强调谨慎处理以下几类的重整,包括所谓的维稳式重整、淘汰式重整,还有程序空转式重整、掠夺式重整(有些企业暂时困难了,就马上有新的权利人进入,把原来的老板赶走,这都是一种实质的不公平)。也要注意到目前在重整制度实施方面我们遇到的一些障碍,比如,税收"瓶颈"、融资的"瓶颈",还有信用修复的"瓶颈"。另外,王欣新老师所说的出售式重整,强调我们要保护公司的营运价值,使我感觉到我们要更多注重破产清算在资源配置中的作用。具体的监督方式,一个是要慎重适用重整程序,另一个是要慎重使用强制批准,还要进一步发挥债权人的监督作用。另外,重整计划草案应当对重整计划的执行问题作出一些妥善的安排。管理人对企业的管理,我们可能更多地认为是法律上的一种监督状态,但是有时候还要借用债权制度,甚至引进第三方的托管公司,这些都可以尝试。

郑志斌:关于公司的管理模式,但是从各地来看,我想问章庭长一个问题,如果以浙江为例,占有中的债务人(DIP)模式到底能不能落地,为什么在浙江还没有出现,我们跟美国究竟有哪些不同?

章恒筑:实践中存在"老板跑路"的事,但是我们也注意到,虽然"老板跑路"了,但高管留下来了,高管的作用依然在发挥。其实,也有一些没有"跑路"的老板还是尽职尽责的,甚至不仅在重整案件中,也包括一些破产清算案件。即使是"跑路"的老板,个别老板"跑路"的时候会留下一笔钱,所以情况不好一概而论。总的来讲,一方面对原有债务人企业的高管本身存在的法律和道德上的问题,我们要加以约束;另一方面,在法律的允许范围内应最大限度利用企业家管理的资源,企业家的才能本身也是一种资源。

任一民:在浙江省的实践当中,特别是最近几年很多再建型的重整模式,我们很大程度上借助类似于 DIP 的管理模式,也就是说由债务人或者说债务人的高管团队继续负责营业,这样的案例不在少数。在实践中,我们认识到企业的运营管理如果纯粹靠中介机构机构,不一定具备这方面直接的经营管理能力,我们能够做好的更多的是经营的监管或者是经营的协调,使债务人的企业价值在重整程序里得到比较好的维持。并且,依我的个人理解,将来如果我们对非上市公司(包括中小型企业)进行重整,保存它的营业价值,还是要充分借助现有的经营团队或者原有的实际控制人。当然,如果现有的经营团队或原有实际控制人存在严重的不规范操作问题,在这种情况下,我们可能要引进第三方进行托管运营等模式运作。我个人的一点感受是,中介机构如果仅靠自己的力量来做好继续营业是非常困难的,至少要引进相应的团队进行经营。

王欣新:为什么 DIP 在美国是主导模式,在中国则相对少很多?主要是破产文化的问题。在美国,一家企业一旦发生困境就会马上申请重整,这个时候它还保留了相当多的资金和优质资产。在企业很早进入重整程序的情况下它具有自行管理的基础,也具有自行重整的相应的资源。而在我国,现在的企业重整很多都是到"半死"的时候,甚至是"彻底死"的时候才申请重整,这就使企业在自行管理过程中,往往丧失相应的资源,只能靠管理人引进新的战略投资者解决经营的问题。新的战略投资者在经营中起主导作用时,我们也称之为 DIP 模式,但是它并不是真正的债务人自行管理的DIP,所以,我们需要在企业之间进一步宣传破产文化,让大家在遇到困难的时候,不仅要找政府、找银行,还要找破产法,这样的话,中国的重整才能提高成功率,才能使企业得到挽救,达到立法真正的目的。

提问:在重整案件确定投资人之前,一般情况下管理人、债务人都要和意向投资人进行接触谈判,有的存在政府的介入,甚至在有些特殊的案件中,管理人已经请意向投资人进行托管。那么,下一步的招募投资人是否一定要采取公开招募的形式?如果采取公开招募的形式,是否招募的程序要完全符合招投标法和其他有关招投标的规定?

杨征宇:我们的重整制度客观上还是在借鉴国外经验,国外在破产法实施过程中非常强调商人之间自治、协商的价值。在国内,刚才你提到前期接触一些投资人也好,或者前期不接触投资人,统一的招投标也好,甚至是债权人推荐也好,无论是债务人、管理人,或者是债权人推荐的投资人,他们之间都是可以竞争的。从这个角度来说,我特别强重整计划的拟定、协商、修改、讨论、表决、再讨论、再表决、执行,所有的过程都应该是开放式的、协商式的、商人自治式的。

池伟宏:我非常赞成杨征宇律师的态度和理念。我认为,预重整模式在商业上是非常有它的存在逻辑和价值的,法官不应该过多介入公司的商业行为。作为法官来讲,我们只需要做到符合法律程序。预重整模式的推广已经引起了业界的重视,比如,在澳大利亚的立法改革中,将预重整的制度特别列出来作为一项重要的内容,表明预重整在商业中的生命力,这在中国也有推广的基础,但我们在司法实践中,并没有充分利用这个制度。在招募投资者这个问题上,不应该把这个程序完全僵化在司法程序中,而应该由管理人、债务人、股东这些利害关系人通过谈判来处理。所以,我一直认为,无论我们招募公告里设计的方案如何完美,它毕竟是一个商业的判断,因此在商业判断里,作为法官是不可能深入介入一个企业的商业计划的。

郑志斌:我想请教一下杨老师,我们讲重整本身是重组,包括资产、业务、债务重组等,只不过是把重组的内容放到了司法程序里。那么,商业和司法究竟是一个什么关系?重整的本质究竟是什么?

杨忠孝:我觉得对重整的理解确实是有两个逻辑:一是商业逻辑,二是法律逻辑。其实这是一个交叉的问题,在破产重整当中既要体现商业逻辑又要体现法律逻辑,如果我们考虑比较多的法律逻辑,就必须尊重这个法律逻辑建立的基础还是商业逻辑。首先,以我个人的理解,从中国当下来讲,目前尚未建立起非常强大、有效的投资市场。我们现有的很多企业经营状况不是太好,有没有投资机构或资本对这样的资产感兴趣?如果没有,为什么不感兴趣?原因很复杂,王老师看到了这个问题就是破产文化的问题。首先,中国启动破产程序,一是企业负债水平先天性的比较高;二是启动程序的时候,企业大多数的情况下已经信用耗尽;三是现有的市场没有培育起足够良好的投资市场,如果要培育好投资市场,我们可能有一系列的法律要修订,要回到商业逻辑上。其次,从公司法来讲,相关利益各方应该参与公司重整治理,所有利害相关人都应该有权知道该公司一旦进入重整以后的基本情形,而且在重要的决策中让他有所参与,无论是提议还是反驳。最后,管理人在这个过程中应该尽到勤勉忠诚的义务。如果在寻找投资者的过程中,各方利益主体用各种方法表达他的意思,管理人在选择过程中尽到了勤勉尽责,加上资本市场在这里发育比较完整,这时候破产重组才真正是一个市场,而不是狭义地担心利益输送的问题。

章恒筑:我补充一句,为什么法官和管理人这么热衷于审计、评估、拍卖、招募,这还是一种根深蒂固的自我保护意识,就是希望最后不要出什么事,就是认认真真走程序,把握不当就是过度程序,过度程序就会影响效率的发挥。

提问:请问王欣新老师关于出售式重整的问题,我记得陆晓燕法官提到过重整式清算与出售式重整的区别,昨天的分论坛有律师提出,为了达到资产隔离的效果,可以专门以信托的方式设立一个公司。请问出售式重整和这个模式的区别是什么?

王欣新:出售式重整强调的是对具有生命力的营业完整的出售,保存了公司无形资产等一系列的资源,它与破产清算本身相比是有差异的。破产清算是不管通过什么渠道、什么方式,我一定要把所有东西卖掉,能整体卖掉的整体卖,不能整体买的就拆开一项一项卖,破产清算的方式和出售式重整本身还有其他的差异。关于重整的模式,分为存续式重整、出售式重整和清算式重整,也有的是以营业出售的方式解决企业清算的问题。如果单纯从学术上讲,清算式重整强调的是重整和清算程序的衔接,像美国等国家的立法规定,在进行重整的时候,如果重整计划不能通过要转为清算,它就马上可以在相应的程序里制订出一个清算计划,付诸表决,不走其他的复杂程序。而在我国,重整程序终结以后需要再启动一个新的破产清算程序。清算式重整也以清算和重整的衔接作为要点,目的是简化程序,提高效率,减少资源的损耗。出售式重整有多种组合方式,除了资产、营业的出售方式,也可以考虑将债权人企业中有效资产组成一个新的公司,通过出售股权的方式进行出售,这里面涉及的利益就是税收上的调整,还有其他一些资产处置方面的便利等。总之,出售式重整和存续式重整区分的关键,就是是否保留原有企业的外壳。

提问:在破产申请前,债务人委托了律师事务所进行破产重整,合同约定如果重整成功,债务人向律所支付一笔不小的费用。请问如果申请裁定受理重整申请以后,这个合同是继续履行还是需要变更?

池伟宏:个人认为,在受理破产重整之前,如果债务人已经聘请了重整顾问策划重整程序,在受理重整申请之后,管理人可以作出继续履行重整顾问合同的约定,因为这样做有利于整个重整程序的推进,从法律上来讲,这属于在受理破产程序之前已经成立,但双方均未履行完毕的合同,管理人有权作出继续履行的决定;从效率上来说,也有利于重整程序的进行。可能有些案件不一定提出重整申请,可能先提出破产清算申请,在实践当中这也是一种重整的策划。在预重整的模式中,我曾经认为在受理破产清算申请到正式启动重整、转入重整这个阶段,其实也属于广义上的预重整的模式。无论是从法律上还是商业来讲,我个人认为管理人都应当支持这种在重整策划中产生的重整顾问合同继续履行,这是合理的选择,也是合法的选择。如果清算的话,从破产财产的角度来看,法官可能会考虑到由于你约定了这么一个律师费,可能会减少债权清偿率,这个要看个案的情况。通常来说,如果作清算程序的约定,不会约定过高的律师费的标准。因为在双方协商过程中,如果重整失败,过高的律师费会被债权人质疑。严格来讲,我赞成无论是在清算还是重整中,这个衔接的合同如果可以继续履行就继续履行。

提问:在重整条件下,税收债权可否在重整计划中安排分期偿还?按照我们以往的案例,都是必须100%偿还的,特别是税收债权巨额的欠款,这个原因是长期形成的。对未来的战略投资者来说,这笔刚性兑付的现金是一个巨大的障碍,这一障碍能不能突破?税收债权是否应当绝对优先?

王欣新:先说税收优先权的问题,这个问题在破产法立法时是有争议的。从我个人的角度来说,任何一项权利都必须保障其公开性,如果是隐蔽性的优先权,其他人是无法规避的。现在有时候会出现,在交易之前无法查到企业欠税的情况。所以在当初破产法立法时,税收债权的公开性往往是不具备的。至于现在的环境是不是变了,是否需要在两个法律间进行新的协商,这是需要另外考虑的。关于税收的缓缴问题,在税收征管法里有相应的规定,在什么情况下可以缓缴是有法可依的,破产法对此并没有作出特别规定。

章恒筑:能不能缓缴的问题,可能需要府院协调机制来解决,更多的还是通过协调、沟通来解决,特别是在顶层设计方面,破产法和税法的一些冲突迫切需要协调。

提问:我们有一个烂尾楼项目,涉及几千人的债权人,在破产之前发生了续建费用,在破产之后能否按照共益债务优先清偿?在进入破产程序以后,需要通过什么样的程序履行?此外,未来在破产法修订过程中,关于预重整会不会有相关的内容,对我们实务人来说有哪些期待?

任一民:在预重整期间进行续建费用的融资,包括继续建设的决定,这涉及两个层面的问题:一个是合同能不能继续履行的问题,另一个是如果继续履行,相关的费用债权怎么审定、怎么评价,如果解除合同怎么办的问题。第一,关于合同是否继续履行,我认为只要符合我国《企业破产法》第 18 条的规定,管理人是有选择权的,但是关于这样的选择权是否需要通过债权人会议进行表决的问题,我的个人意见是不需要,这是管理人职责范围的权力。第二,如果在预重整期间发生的有助于继续履行的,应该继续执行。第三,预重整期间涉及烂尾楼的处理中的续建费用融资,应是站在共益债务的角度进行思考,对于继续履行的合同,特别是在约定期间发生的合同,是否可以说之前的融资也可以作为供应债务对待的问题,我个人认为是可以的。我们为了保障权益的安全,也可以设立一些其他的担保,特别是新增财产的担保。关于共益债务的界定,我们在很大层面上应该理解为相当于工程上的共益债务,国外就是为了维护标的物价值发生的优先权,我认为在我们的实务当中可以适用。

王欣新:预重整的目的就是通过把债务人在进入重整程序之前和债权人等相关当事人进行重整内容谈判的成果,以法律的方式加以固化,并且把它的效果延伸到破产程序中,进而省略在破产程序中的债权人会议表决等程序。你前面谈好了,主要债权人表决通过了,剩下就是直接申请法院通过,申请时把重整方案都提交上去,法院会审查你原来司法外的程序是否符合破产法的相应规定,当事人知情权是否得到保障，如果都符合的话，法院在裁定受理重整申请的同时批准重整计划，就不需要再进行债权会议的表决了，这在美国是有相应规定的。我们希望尽快把预重整纳入新的破产法或相应的司法解释中，现在浙江有一些相当于预重整的形式，但是有些法律程序，按现在的法律规定难以省略，至于什么时候这方面的司法解释能够出台，还不好说。

提问：我们处理很多我国香港特别行政区个人破产的案件，发现在国内有很多资产，可是目前没有个人破产处理办法，所以我希望听一听国内的专家对我国香港特别行政区个人破产中的受托人处理破产人在国内资产的看法。我知道你们已经用了很长时间研究在国内推动个人破产法，我想了解一下最近的发展情况？

章恒筑：我们还没有完整的个人破产制度，但是一般散见在一些执行程序的规则里。关于个人破产立法，每年都有全国人大代表提出议案，也希望引起更多的重视。此外，浙江省台州市对一些被执行人为个人的执行案件进行探索，在没有个人破产法的情况下能够退出执行程序，我也在进一步关注这个问题。总之，我认为，一是要推动立法，二是要有一些基层实务的总结。

池伟宏：我跟大家汇报一下个人破产条例在深圳市推动的情况，虽然说目前没有明确的结论，但 2015 年我们关于个人破产的调研已经完成了，也向深圳市人大常委会提交了建议稿，并已向全国人民代表大会作了解释，但目前还没有得到授权，因此目前还没有启动，处于推动状态。

闭幕式

主持人:刘兰芳(原北京市高级人民法院审判委员会委员、民二庭庭长,北京市破产法学会副会长)

闭幕总结:徐阳光(中国人民大学破产法研究中心副主任、北京市破产法学会副会长兼秘书长)

各位嘉宾,大家一天半的讨论辛苦了,我做一个简短的总结。昨天晚上做了一个梦,梦见今天上午会场人很少了,我就赶快跑过来看是否需要调整一下椅子,结果早上到的时候发现会场人非常多。我还发现,好几次一开破产法的会议,本来有雾霾或者阴天的,马上阳光就出来了。一天半的研讨,非常激烈,有很多思想的碰撞,这次我们还特别邀请到了工商总局、税务局的专家来交流,但是由于参会人数多,交流不是很深入,我希望今后我们能在这方面加以弥补。另外,我们今天开放式交流的环节非常受欢迎,自论坛创设开放式交流环节以来,每一次的效果都非常好,每一次王欣新老师都表示希望再延长一点时间,希望有更多的时间可以让大家进行交流,但是时间永远是不够的,所以我们才要不断地举办会议,将没有交流到的问题留在下一次。

这次论坛的成功举办,要特别感谢最高人民法院的支持,感谢全国各地法院系统和管理人系统的嘉宾的支持,感谢北京市政法系统、北京市法学会对我们的支持。

特别向北京市炜衡律师事务所、北京市大成律师事务所、北京市金杜律师事务所、北京市中伦律师事务所、山东华信清算重组集团有限公司、江苏省新天伦律师事务所6家协办单位的鼎力相助表示感谢,期待下一次的聚会!

图书在版编目(CIP)数据

破产法论坛. 第十三辑 / 王欣新, 郑志斌主编. --
北京 : 法律出版社, 2018
(破产法文库 / 王欣新主编)
ISBN 978 - 7 - 5197 - 2831 - 1

Ⅰ. ①破… Ⅱ. ①王… ②郑… Ⅲ. ①破产法 - 中国
- 文集 Ⅳ. ①D922.291.924 - 53

中国版本图书馆 CIP 数据核字(2018)第 240695 号

破产法论坛(第十三辑)
POCHANFA LUNTAN(DI SHISAN JI)

王欣新 郑志斌 主编

策划编辑 沈小英
责任编辑 沈小英 张泽华
装帧设计 马 帅

出版 法律出版社
总发行 中国法律图书有限公司
经销 新华书店
印刷 中煤(北京)印务有限公司
责任校对 杨锦华
责任印制 吕亚莉

编辑统筹 财经法治出版分社
开本 720 毫米 × 960 毫米 1/16
印张 57.75
字数 989 千
版本 2018 年 11 月第 1 版
印次 2018 年 11 月第 1 次印刷

法律出版社/北京市丰台区莲花池西里 7 号(100073)
网址/www. lawpress. com. cn
投稿邮箱/info@ lawpress. com. cn
举报维权邮箱/jbwq@ lawpress. com. cn
销售热线/010 - 83938336
咨询电话/010 - 83938038

中国法律图书有限公司/北京市丰台区莲花池西里 7 号(100073)
全国各地中法图分、子公司销售电话:
统一销售客服/400 - 660 - 6393
第一法律书店/010 - 83938334/8335 西安分公司/029 - 85330678 重庆分公司/023 - 67453036
上海分公司/021 - 62071639/1636 深圳分公司/0755 - 83072995

书号:ISBN 978 - 7 - 5197 - 2831 - 1 **定价**:230.00 元
(如有缺页或倒装,中国法律图书有限公司负责退换)